U0785250

德城年鉴

DECHENG YEARBOOK

2018

德州市德城区人民政府 主办

德州市德城区地方史志办公室 编

方志出版社
Publishing House of Local Records

2017 年 1 月 4 日，中共德城区委书记巩洪波（前排左三）调研工业企业运行情况

2017年10月1日，中共德城区委书记巩洪波（前排右二）调研节日市场供应情况

2017年9月2日，中共德城区委副书记、区长王洪林（左三）调研生态环境整治工作

2017年9月25日，中共德城区委副书记、区长王洪林（左五）督导联合办税服务厅建设工作

2017 年 11 月 28 日，德城区人大常委会主任闫书德（前排右四）考察数字化城管平台运行情况

2017 年 4 月 28 日，德城区政协主席徐世勇（前排右二）考察楼宇经济发展情况

荣誉德城

RONGYU DECHENG

中国优秀旅游城市

中国太阳城

中国中央空调城

中国双拥模范城

国家卫生城市

国家级园林城市

国家可持续发展实验区

国家新能源与生物产业基地

国家知识产权强区（县）工程试点区

国家慢性非传染性疾病综合防控示范区

国家妇幼健康优质服务示范区

全国平安建设先进区

全国民政工作先进区

全国社区服务工作先进区

全国和谐社区建设示范城区

全国农村社区建设实验全覆盖示范单位

全国义务教育发展基本均衡区

全国素质教育示范区

全国科技进步先进区

全国体育工作先进区

全国计划生育优质服务先进区

全国“六五”普法中期先进区

数字德城

SHUZI DECHENG

2017

年末常住人口 44.7 万人

地区生产总值 296.10 亿元

第一产业增加值 4.51 亿元

第二产业增加值 115.71 亿元

第三产业增加值 175.88 亿元

第一、二、三产业构成 1.5:39.1:59.4

人均生产总值 66774 元

粮食总产量 122506 吨

棉花产量 131 吨

蔬菜产量 43343 吨

肉类产量 7968 吨

禽蛋产量 4725 吨

奶类产量 230 吨

水产品产量 4115 吨

固定资产投资 225.65 亿元

社会消费品零售总额 193.39 亿元

进出口总额 17.23 亿元

出口总额 14.78 亿元

进口总额 2.45 亿元

公共财政预算收入 19.24 亿元

公共财政预算支出 19.15 亿元

城市居民人均年可支配收入 25382 元

农村居民人均年可支配收入 13776 元

授权发明专利 51 件

年末在校生 62921 人

医疗卫生机构拥有床位 1995 张

编纂说明 Notes to editors

一、《德城年鉴》（2018卷）以马克思列宁主义、毛泽东思想、邓小平理论、“三个代表”重要思想、科学发展观、习近平新时代中国特色社会主义思想为指导，坚持辩证唯物主义和历史唯物主义的立场、观点和方法。

二、《德城年鉴》（2018卷）全面、系统、翔实地载录德城区自然、经济、政治、文化、社会、生态等领域文献资料，为各级领导人把握区情科学决策提供依据，为各地各界人士了解德城、研究德城、建设德城提供参照，为编纂地方志积累资料，为后人留存地情信息。

三、《德城年鉴》（2018卷）记事地域，为德城行政区域。依市区一体体制和各项事业发展溢出、扩散、辐射实际，为记事完整，相关内容超出德城区域。

四、《德城年鉴》（2018卷）记事时间，从2017年1月1日至2017年12月31日。为记事完整，相关内容适当上溯或下延。

五、《德城年鉴》（2018卷）记事结构，采用分类编纂法，以类目、分目、条目构成框架结构主体。

全书设25个类目：特载、大事记、德城概览、机构、政党政务、社会团体、军事、法治、经济管理、农业水利、工业、交通通信、城建环保、商贸流通、财政税务、金融保险证券、科学、教育、文化新闻体育、卫生医药、社会、政要文选、镇街（园区）概况、人物、附录。

条目体为全书记事体例，条目为全书内容基本单元，条目标题以方头括号【 】标示。

六、《德城年鉴》（2018卷）基础资料由区直各部门，各镇街，国家、省、市驻区单位提供。综合数据摘自德城区统计局统计公报，统计局未做统计的，以各专业部门提供数据为准。插图由相关单位报送或选自公开媒体。

七、《德城年鉴》（2018卷）所载录文字、图片资料，坚持无偿原则。凡符合年鉴内容要求、体式要求的资料，均无偿载录。

《德城年鉴》（2018卷）不征集有偿彩页资料。

德城区地方史志编纂委员会

名 誉 主 任　巩洪波

主　　　任　王洪林

副　主　任　王　勇　张仲钵　于志新　戴连强　井俊恩　蔡学平

委　　　员　赵恩祥　田增振　解彦彤　王　静　王　垒　赵恩海

闫希志　杨国锋　张　杰　刘　峰　战新生　马云飞

韩良平　魏　峰　张全心　汤福国　刘　军　王新峰

许　斌　姜桂军

《德城年鉴》（2018卷）编审人员

主　　审　于志新

副 主 审　蔡学平

主　　编　姜桂军

编　　辑　姜桂军　姜淑华　孔德青

撰稿人（按姓氏笔画为序）

于卫红	于　泳	马志敏	马金英	马晓春	马振雷	马歆滢	王　水	王风池	王玉荣
王　宁	王立平	王立华	王凤林	王汝明	王　冲	王　冰	王　伟	王　丽	王洪艳
王志敏	王　怡	王福胜	王　勇	王树金	王　莹	王爱芹	王　超	王　雯	王　琛
王道建	王琦霞	王雪丽	王建峰	王　振	王　艳	王艳芳	王　峰	王晓文	王萌萌
王　琰	王　晶	王新库	王　静	王静敏	王　镇	王　磊	王　慧	韦立艳	韦清云
方　田	孔祥国	石庆重	石国辉	石　康	卢颖萍	田新国	付红兵	付建军	白　金
仝　伟	宁国凯	冯　君	冯新中	闫佳琪	邢书瑞	邢月圆	邢泽峰	曲元祯	吕红卫
朱治国	伍亚川	任文博	任传征	任　倩	任淑娟	任　鹏	任　鹤	刘卫东	刘　平
刘玉卿	刘　军	刘延强	刘　钊	刘秀芹	刘　健	刘尚恒	刘保国	刘　晖	刘爱忠
刘美荣	刘　威	刘莉莉	刘　辉	刘雪洁	刘　蒙	刘　翠	齐珊珊	安宝辉	祁　敏
许万飞	许　亮	孙小东	孙立艳	孙占泉	孙　彬	孙　勇	孙城龙	孙培培	孙　菲
孙　威	孙琳琳	孙　静	苏洪升	杜芳芳	李子明	李丙江	李延芬	李冬刚	李美生
李俊池	李国帅	李英娟	李淑芳	李淑玲	李　涛	李梦真	李　哲	李　强	李　琰
李增福	李震龙	杨小军	杨　友	杨晓霖	杨　凯	杨荣文	杨家祯	杨振宝	杨　涛
杨　梅	杨菲菲	杨　儒	肖　雪	吴昊南	吴晓蒙	何桂红	何尉豪	佟文昌	冷路芹
沙瀚翔	宋仕杰	张小辉	张卫忠	张文娟	张元鹏	张丹丹	张玉娟	张立军	张东莉
张玉刚	张吉富	张传奇	张宗凯	张伯林	张志玮	张明超	张恒玉	张洪亮	张晓燕
张振巧	张雅慧	张　瑞	张瑞超	张　慧	陈红霞	陈　婷	陈　涛	陈新刚	陈　燕
苑丁壬	金淑平	罗希志	周艳秋	周　媛	庞明华	赵玉彬	赵仁强	赵秀青	赵　静
赵　霞	郝秀杰	郝胜海	哈福生	秘英敏	钱　铮	荆晓翠	荣　林	胡秀丽	胡晓静
钟　华	姜东辉	姜淑萍	姜　静	洪　亮	宫　庆	祝丽娜	祝道瑞	秦　怡	袁凌新
袁　媛	贾立红	贾生水	夏春明	夏　梦	夏建磊	柴延军	徐　亮	徐　瑞	殷红旭
高云华	高凤香	高仕乐	高玉宝	高东涛	高庆菊	高印涛	高志静	高　明	高银平
高婷婷	郭长征	郭洪敏	郭胜明	郭莹莹	郭　倩	郭　超	唐保菊	桑玉梅	野兆磊
陶丙文	陶　慧	黄英军	黄　玲	曹云飞	曹　莹	曹　媛	曹　霞	常　林	崔世勇
崔兴芹	崔顺文	康希福	商　怡	彭　林	彭　爽	董　利	董建文	董　艳	蒋　焱
韩玉增	韩　华	韩　娜	韩秋云	韩　斌	鲁连才	鲁　强	靳晓辉	甄　春	满志刚
游征兵	鲍　方	蔡秀菊	蔡　静	滕韶晖	潘　杰	薛　飞	魏　鹏	魏　磊	魏　巍

目 录

特 载

Special Features

在全区经济工作暨干部作风建设大会上的主持讲话………………………………… (001)

Speech at the Conference on Economic Work and Cadre's Working Style Construction of the District

在区委十六届二次全体会议上关于区委常委会工作的报告………………………… (005)

Report on the work of the Standing Committee of the District Party Committee at the Second Plenary Session of the 16th Session of the District Committee

在区委十六届一次全会上的讲话………… (011)

Speech at the First Plenary Session of the 16th Committee of the District Committee

抢抓机遇　加快新旧动能转换　推动全区经济社会实现高质量发展……………… (012)

Seize the opportunity　Accelerate the transformation of old and new driving forces　Promote high-quality development of the economic and society in the district

——在全区经济工作暨干部作风建设大会上的讲话

政府工作报告……………………………… (019)

Report on the work of the Government

——2018年1月16日在德城区第十七届人民代表大会第二次会议上

大 事 记

Chronicle of Events

1月 ………………………………………… (027)

2月 ………………………………………… (028)

3月 ………………………………………… (029)

4月 ………………………………………… (032)

5月 ………………………………………… (034)

6月 ………………………………………… (036)

7月 ………………………………………… (039)

8月 ………………………………………… (043)

9月 ………………………………………… (046)

10月 ……………………………………… (050)

11月 ……………………………………… (052)

12月 ……………………………………… (055)

德 城 概 览

Overview of Decheng District

地　理……………………………………… (060)

Geographical features

地名由来 ………………………………… (060)

位置 ……………………………………… (060)

地形地貌 ………………………………… (060)

水文 ……………………………………… (060)

气候 ……………………………………… (060)

自然资源 ………………………………… (060)

灾害 ……………………………………… (060)

政区人口…………………………………… (061)

Administrative divisions and population

政区沿革 ………………………………… (061)

政区划分 ………………………………… (061)

人口面积 ………………………………… (061)

特　产……………………………………… (062)

Specialties

德州西瓜 ………………………………… (062)

黄河涯蜜桃 ……………………………… (062)

德州菊花 ………………………………… (062)

德州大驴 ………………………………… (063)

德州金丝贴 ……………………………… (063)

著名工业品牌……………………………… (063)

Famous industrial brands

宇虹新颜料 ……………………………… (063)

德州齿轮 ………………………………… (064)

奥德曼葡萄酒 …………………………… (064)

德药制药 ………………………………… (064)

目　录

华源生态科技 …………………………… （064）
晶华集团 ……………………………… （064）
格瑞德集团 …………………………… （065）
山东双一集团 ………………………… （065）
地方名吃………………………………… （065）
Local famous food
又一村蒸包 …………………………… （065）
清德冠香园羊肠 ……………………… （065）
崔记扒鸡 ……………………………… （065）
德瑞大包 ……………………………… （066）
永盛斋扒鸡 …………………………… （066）
永盛斋酱牛肉 ………………………… （066）
李记馋嘴鸡鸭 ………………………… （066）
风景名胜………………………………… （066）
Scenic spots
德州动植物园旅游区 ………………… （066）
明月湖景区 …………………………… （067）
锦绣川景区 …………………………… （068）
植物园景区 …………………………… （068）
人民公园景区 ………………………… （069）
妇女儿童活动中心景区 ……………… （069）
万亩桃园景区 ………………………… （070）
秦怡・奥斯卡影视城 ………………… （070）
文物古迹………………………………… （070）
Cultural relics
苏禄国东王墓园 ……………………… （070）
德州烈士陵园 ………………………… （071）
高道悦墓 ……………………………… （071）
北厂沉船遗址 ………………………… （071）
老城墙遗址 …………………………… （072）
德州窑址 ……………………………… （072）
闸子滚水坝遗址 ……………………… （072）
窑上窑遗址 …………………………… （072）
明代铜铳 ……………………………… （073）
古　树…………………………………… （073）
Old trees
A-1 号 ………………………………… （073）
A-2 号 ………………………………… （073）
A-3 号 ………………………………… （073）
A-4 号 ………………………………… （074）
A-5 号 ………………………………… （074）
A-6 号 ………………………………… （074）
A-7 号 ………………………………… （075）
A-8 号 ………………………………… （075）
A-9 号 ………………………………… （075）
A-10 号 ………………………………… （076）
B-1 号 ………………………………… （076）
B-2 号 ………………………………… （077）
B-3 号 ………………………………… （077）
B-4 号 ………………………………… （077）
非物质文化遗产………………………… （078）
Intangible cultural heritage
德州扒鸡 ……………………………… （078）
德州黑陶 ……………………………… （078）
德州陶埙 ……………………………… （079）
德州跑驴 ……………………………… （079）
德州高跷 ……………………………… （079）
水兽旱船 ……………………………… （079）
老德州羊肠子 ………………………… （080）
建志剪纸 ……………………………… （080）
戊极大功力拳 ………………………… （081）
安武术 ………………………………… （081）
历史事件………………………………… （083）
Historical events
靖难之役与德州 ……………………… （083）
德州十二连城 ………………………… （083）
李自成大顺军攻占德州 ……………… （084）
日军侵占德州 ………………………… （084）
赵庄桥惨案 …………………………… （084）
许庄惨案 ……………………………… （084）
西魏庄惨案 …………………………… （085）
南赵庄惨案 …………………………… （085）
张吉野惨案 …………………………… （085）
日军炮击宋奇屯 ……………………… （086）
德州市撤市设区 ……………………… （086）
历史名人………………………………… （086）

Contents

Historical figures

董仲舒 …………………………………… （086）
程　绍 …………………………………… （086）
田张氏 …………………………………… （087）
田　雯 …………………………………… （087）
卢见曾 …………………………………… （088）
孙星衍 …………………………………… （088）
卢荫溥 …………………………………… （089）
许效农 …………………………………… （090）
刘淑度 …………………………………… （090）
刘特夫 …………………………………… （091）
张　龙 …………………………………… （091）

国民经济和社会发展状况…………………… （093）

National economic and social development status

综合指标 ………………………………… （093）
农林牧渔业 ……………………………… （093）
工业和建筑业 …………………………… （094）
固定资产投资 …………………………… （095）
国内贸易和旅游 ………………………… （095）
对外经济 ………………………………… （095）
财政 ……………………………………… （096）
科技 教育 卫生 文化 体育 …………… （096）
城乡建设 环境保护 安全生产 ………… （096）
人口 居民生活 社会保障 ……………… （097）

精神文明建设………………………………… （097）

Spiritual civilization construction

开展践行社会主义核心价值观实践活动 ……………………………………………… （097）
深化四德工程 …………………………… （097）
深入推进乡村文明行动 ………………… （097）
顺利完成创城任务 ……………………… （097）

生态文明建设………………………………… （098）

Ecological civilization construction

年度环境质量指标 ……………………… （098）
大气污染防治 …………………………… （098）
水污染防治 ……………………………… （098）
环境管理 ………………………………… （098）
生态环境治理约谈 ……………………… （098）
工业生态环保治理 ……………………… （099）
采暖季错峰生产 ………………………… （099）
扬尘治理工作 …………………………… （099）
市容市貌环境综合整治 ………………… （099）
城市违法建设治理 ……………………… （100）
铁路沿线环境治理 ……………………… （100）
餐饮业油烟专项整治 …………………… （100）
散煤、散乱污“两散”治理 …………… （100）
畜禽养殖污染综合治理 ………………… （100）
环境执法 ………………………………… （100）
农村无害化厕所改造 …………………… （100）
建筑节能改造 …………………………… （100）
气代煤电代煤工作 ……………………… （101）
绿色出行活动 …………………………… （101）
造林绿化 ………………………………… （101）

机　构

Organizations

中共德城区委及所属部门…………………… （102）

CPC Decheng District Committee and its affiliated departments

中共德城区委 …………………………… （102）
办公室 …………………………………… （102）
组织部 …………………………………… （102）
宣传部 …………………………………… （102）
统一战线工作部 ………………………… （102）
政法委员会 ……………………………… （102）
区扶贫开发领导小组办公室 …………… （102）
区委巡察办公室 ………………………… （102）
区委第一巡察组 ………………………… （102）
区委第二巡察组 ………………………… （102）
区委第三巡察组 ………………………… （102）
区委第四巡察组 ………………………… （103）
信访局 …………………………………… （103）
机构编制委员会办公室 ………………… （103）
区直机关工作委员会 …………………… （103）
老干部局 ………………………………… （103）

目　录

台湾工作办公室 …………………………（103）
老龄工作委员会办公室 ………………（103）
农村工作办公室 …………………………（103）
档案局 ……………………………………（103）
党史研究室 ………………………………（103）
党　校 ……………………………………（103）
老年人大学 ………………………………（103）
区综合考评委员会办公室 ……………（103）
区精神文明建设委员会办公室 ………（103）
区舆情办公室 ……………………………（103）
中共德城区纪委及所属部门………………（103）
CPC Decheng District Discipline Inspection Commission and its affiliated departments
中共德城区纪委 …………………………（103）
办公室 ……………………………………（103）
党风政风监督室 …………………………（103）
组织部 ……………………………………（103）
案件审理室 ………………………………（103）
案件管理室 ………………………………（103）
信访室 ……………………………………（103）
第一纪检监察室 …………………………（103）
第二纪检监察室 …………………………（103）
第三纪检监察室 …………………………（104）
派驻第一纪工委（监察分局）…………（104）
派驻第二纪工委（监察分局）…………（104）
派驻第三纪工委（监察分局）…………（104）
派驻第四纪工委（监察分局）…………（104）
德城区人大常委会及所属委室……………（104）
Decheng District People's Congress Standing Committee and its affiliated committees and offices
常务委员会 ………………………………（104）
内务司法委员会 …………………………（104）
财政经济委员会 …………………………（104）
教科文卫委员会 …………………………（104）
城建环保委员会 …………………………（104）
农业农村委员会 …………………………（104）
民族侨务外事委员会 ……………………（104）
办公室 ……………………………………（104）
信访室 ……………………………………（104）
研究室 ……………………………………（104）
人事代表工作室 …………………………（104）
法制工作委员会 …………………………（104）
财政经济工作委员会 ……………………（104）
教育科学文化卫生工作委员会 ………（104）
城乡建设环境保护工作委员会 ………（104）
民族侨务外事工作委员会 ……………（104）
农业农村工作委员会 ……………………（104）
预算审查工作委员会 ……………………（104）
德城区政府及所属部门单位………………（105）
Decheng District Government and its affiliated departments and units
德城区人民政府 …………………………（105）
办公室 ……………………………………（105）
应急办公室 ………………………………（105）
综合治税办公室 …………………………（105）
地方史志办公室 …………………………（105）
法制办公室 ………………………………（105）
外事侨务办公室 …………………………（105）
机关行政事务管理局 ……………………（105）
金融工作办公室 …………………………（105）
发展和改革局 ……………………………（105）
经济和信息化局 …………………………（105）
教育局 ……………………………………（105）
科技局 ……………………………………（105）
民政局 ……………………………………（105）
监察局 ……………………………………（105）
司法局 ……………………………………（105）
人力资源和社会保障局 ………………（105）
财政局 ……………………………………（105）
审计局 ……………………………………（106）
统计局 ……………………………………（106）
住房和城乡建设局 ………………………（106）
商务局 ……………………………………（106）
农业局 ……………………………………（106）
林业局 ……………………………………（106）
水务局 ……………………………………（106）

Contents

文化和新闻出版局 …… (106)
卫生和计划生育局 …… (106)
食品药品监督管理局 …… (106)
工商行政管理局 …… (106)
质量技术监督局 …… (106)
体育局 …… (106)
民族与宗教事务局 …… (106)
城市管理行政执法局 …… (106)
安全生产监督管理局 …… (106)
物价局 …… (106)
畜牧兽医局 …… (106)
经济合作局 …… (106)
旅游局 …… (106)
商业总公司 …… (106)
物资总公司 …… (106)
供销合作社联合社 …… (106)
蔬菜局 …… (107)
水产局 …… (107)
农业机械管理局 …… (107)

政协德城区委员会及所属委室 …… (107)

CPPCC Decheng District Committee and its affiliated committees and offices

政协德城区委员会 …… (107)
办公室 …… (107)
委员活动室 …… (107)
文史委员会 …… (107)
学习委员会 …… (107)
法制联谊委员会 …… (107)
经济科技委员会 …… (107)

德城区法院　检察院 …… (107)

Court and procuratorate of Decheng District

人民法院 …… (107)
人民检察院 …… (107)

驻区军事机关 …… (107)

Military authority in the district

德城区人武部 …… (107)
德州市公安消防支队德城区大队 …… (107)

各民主党派　工商联 …… (108)

Democratic parties Federation of industry and commerce

中国国民党革命委员会德城支部 …… (108)
中国民主同盟德城支部 …… (108)
中国民主建国会德城支部 …… (108)
中国民主促进会德城支部 …… (108)
中国农工民主党德城支部 …… (108)
中国致公党德城支部 …… (108)
九三学社德城支部 …… (108)
德城区工商业联合会 …… (108)

社会团体 …… (109)

Social organizations

区总工会 …… (109)
共青团德城区委员会 …… (109)
区妇女联合会 …… (109)
区科学技术协会 …… (109)
区归国华侨联合会 …… (109)
区文学艺术界联合会 …… (109)
区残疾人联合会 …… (109)
区关工委办公室 …… (109)
区红十字会办公室 …… (109)

新闻单位 …… (109)

Press units

德城区宣传中心 …… (109)
德城区广播电视编辑部 …… (109)
德州日报德城版编辑部 …… (109)

国家、省、市驻区单位 …… (109)

National, provincial and municipal units in Decheng

市区国税局 …… (109)
区地方税务分局 …… (109)
区公路管理分局 …… (109)
城区交通运输管理分局 …… (110)
区公安分局 …… (110)
市交通警察支队直属一大队 …… (110)
区粮食分局 …… (110)
区规划分局 …… (110)
区国土资源分局 …… (110)
区房管分局 …… (110)
市环境保护局直属分局 …… (110)

目　录

区住房公积金管理部 ………………… （110）
德州火车站 …………………………… （110）
区烟草专卖局（营销部）……………… （110）
区盐务局（盐业公司）………………… （110）
中国移动通信集团山东有限公司德城区
　分公司 ……………………………… （110）
中国电信有限公司德州德城区分公司
　……………………………………… （110）
金融保险机构……………………………… （110）
Financial and insurance institutions
中国工商银行股份有限公司德州德城支行
　……………………………………… （110）
中国农业银行股份有限公司德州德城支行
　……………………………………… （110）
中国建设银行股份有限公司德州德城支行
　……………………………………… （110）
中国银行股份有限公司德州德城支行
　……………………………………… （110）
中国邮政储蓄银行德州市分行营业部
　……………………………………… （110）
德州农村商业银行股份有限公司 …… （110）
威海市商业银行德州分行 …………… （111）
恒丰银行德州分行 …………………… （111）
青岛银行德州分行 …………………… （111）
齐鲁银行德州分行 …………………… （111）
中国人民财产保险股份有限公司德城支
　公司 ………………………………… （111）
中国人寿财产保险股份有限公司德州市
　德城支公司 ………………………… （111）
中国人寿保险股份有限公司德城区支公司
　……………………………………… （111）
中国太平洋财产保险股份有限公司德州
　中心支公司（城区）………………… （111）
中国太平洋人寿保险股份有限公司德城支
　公司 ………………………………… （111）
中国大地财产保险股份有限公司德州德城
　营销服务部 ………………………… （111）
中华联合财产保险股份有限公司德城区
　支公司 ……………………………… （111）
中国平安人寿保险股份有限公司德州中心
　支公司德城区营销服务部 ………… （111）
建信人寿保险股份有限公司德州中心支
　公司 ………………………………… （111）
学　校……………………………………… （111）
Schools
德城区教师进修学校 ………………… （111）
德州信息工程中等专业学校 ………… （111）
德州二职专 …………………………… （111）
德州市第三中学 ……………………… （111）
德州市第四中学 ……………………… （111）
德州市第五中学 ……………………… （111）
德州市第九中学 ……………………… （111）
德州市第十中学 ……………………… （112）
德州市第十一中学 …………………… （112）
德州市德城区明诚学校 ……………… （112）
德城区二屯镇中学 …………………… （112）
德城区黄河涯镇第一中学 …………… （112）
德城区王村店中学 …………………… （112）
德州市实验小学 ……………………… （112）
德州市新湖北路小学 ………………… （112）
德州市黎明街小学 …………………… （112）
德州市建设街小学 …………………… （112）
德州市北园小学 ……………………… （112）
德州市天衢东路小学 ………………… （112）
德城区第二实验小学 ………………… （112）
德州市东风东路小学 ………………… （112）
新影街小学 …………………………… （112）
德州市解放南路小学 ………………… （112）
德州市解放北路小学 ………………… （112）
德州市新湖南路小学 ………………… （112）
德州市光明街小学 …………………… （112）
德州市湖滨北路小学 ………………… （112）
德州学院附属小学 …………………… （112）
德州市石芦街小学 …………………… （112）
德城区丰乐屯中心小学 ……………… （113）
特殊教育中心 ………………………… （113）

Contents

德州市德城区区直机关幼儿园 ……… (113)

医院 妇幼保健中心 疾控中心………… (113)

Hospitals, maternal and child health center, and center for disease control

德州市立医院 ………………………… (113)

德州市立医院分院 …………………… (113)

德州联合医院 ………………………… (113)

德城区妇幼保健计划生育服务中心 … (113)

德城区疾病预防控制中心 …………… (113)

政党 政务

Political Party Political Affairs

中国共产党德州市德城区委员会………… (114)

CPC Decheng District Committee

中共德城区第十六次代表大会提要 … (114)

Summary of the 16th Congress of the Decheng District of CPC

概况 ……………………………………… (114)

中共德城区第十五届委员会全委会提要 ……………………………………… (115)

Summary of the 15th Committee and Committee of the Whole of Decheng District

第八次会议 …………………………… (115)

中共德城区第十六届委员会全委会提要 ……………………………………… (115)

Summary of the 16th Committee and Committee of the Whole of Decheng District

第一次会议 …………………………… (115)

第二次会议 …………………………… (116)

中共德城区第十五届委员会常委（扩大）会议提要 …………………………… (118)

Summary of CPC 15th Meeting of the Standing Committee of Decheng District (enlarged)

2017 年 1 月 3 日会议 ……………… (118)

2017 年 1 月 7 日会议 ……………… (118)

中共德城区第十六届委员会常委（扩大）会议提要 …………………………… (118)

Summary of CPC 16th Meeting of the Standing Committee of Decheng District (enlarged)

2017 年 1 月 18 日会议 …………………… (118)

2017 年 1 月 23 日会议 …………………… (119)

2017 年 2 月 3 日会议 …………………… (120)

2017 年 2 月 14 日会议 …………………… (121)

2017 年 2 月 18 日会议 …………………… (121)

2017 年 2 月 27 日会议 …………………… (122)

2017 年 3 月 20 日会议 …………………… (124)

2017 年 3 月 31 日会议 …………………… (125)

2017 年 4 月 14 日会议 …………………… (126)

2017 年 4 月 25 日会议 …………………… (127)

2017 年 6 月 9 日会议 …………………… (127)

2017 年 6 月 19 日会议 …………………… (128)

2017 年 7 月 6 日会议 …………………… (129)

2017 年 8 月 5 日会议 …………………… (130)

2017 年 8 月 10 日会议 …………………… (130)

2017 年 8 月 14 日会议 …………………… (131)

2017 年 8 月 21 日会议 …………………… (131)

2017 年 8 月 23 日会议 …………………… (132)

2017 年 10 月 20 日会议 ………………… (133)

2017 年 11 月 3 日会议 …………………… (134)

2017 年 12 月 5 日会议 …………………… (134)

2017 年 12 月 12 日会议 ………………… (135)

中共德城区第十五届委员会重要会议提要 ……………………………………… (136)

Summary of 15th important meeting of the CPC Committee of Decheng District

区委抓基层党建工作述职评议会议 … (136)

中共德城区第十六届委员会重要会议提要 ……………………………………… (136)

Summary of 16th important meeting of the CPC Committee of Decheng District

德城区新任职干部集体谈话会议 …… (136)

德城区信访维稳工作会议 …………… (136)

德城区工作务虚会议 ………………… (136)

德城区援疆干部人才座谈会 ………… (136)

全区经济工作暨 2016 年度协同发展考评

目 录

总结大会 ……………………………（136）
德城区公安工作会议 …………………（136）
全区领导干部思想作风建设大会 ……（137）
德城区 2017 年“三八”国际妇女节庆祝大会 ……………………………………（137）
德城区重点民生项目调度会 …………（137）
全区宣传文化工作会议 ………………（137）
全区农业农村暨扶贫开发工作会议 …（137）
全区组织工作会议 ……………………（137）
全区统战工作会议 ……………………（137）
德城区委政法暨维稳“大调研、大排查、大整改”工作会议 …………………（137）
德城区总工会十五届十四次全委扩大会议 …………………………………………（137）
全区协同发展督查评议工作会议 ……（137）
德城区工商联（总商会）第十三次代表大会 ……………………………………（137）
中共德城区委办公室全体人员会议 …（138）
德城区迎“五一”“匠心筑梦 劳动最美”颁奖晚会 ……………………………（138）
德城区创建全国文明城市动员大会 …（138）
德城区青年干部风采展示大赛（决赛）暨庆“五四”表彰大会 ……………（138）
全区机关党的工作会议 ………………（138）
德城区庆祝“5·12”护士节暨“十佳护士”表彰会 ………………………………（138）
全区退役士兵安置和权益保障政策落实工作会议 ……………………………（138）
全区推进“两学一做”学习教育常态化制度化工作座谈会 …………………（138）
德城区创建全国文明城市工作调度会议 …………………………………………（138）
德城区安全生产专题会议 ……………（138）
全区社区家长学校建设推进会 ………（138）
德城区集贸市场创城调度会议 ………（138）
德城区 2017 年第一轮巡察工作动员部署会议 ……………………………………（139）
德城区庆祝建党九十六周年暨“丰华经验”报告会 ……………………………（139）
德城区推进城乡网格化管理工作培训会议 …………………………………………（139）
德城区创建全国文明城市工作部署会议 …………………………………………（139）
德城区暑期青少年关爱工作协调部署会议 …………………………………………（139）
城区“清风德城”教育行动动员会议 …………………………………………（139）
德城区全区规范干部日常管理工作会议 …………………………………………（139）
德城区新的社会阶层人士统战工作会议 …………………………………………（139）
德城区 2017 年教师节庆祝大会 ………（139）
德城区十六届区委第二轮巡察工作动员部署会 ……………………………（139）
德城区民主党派参政议政工作座谈会 …………………………………………（139）
全区领导干部会议 ……………………（139）
共青团德城区第二十二次代表大会 …（139）
德城区“银农直联”工作动员会 ……（140）
德城区综治委预防青少年违法犯罪专项组会议 ………………………………（140）
城区德城区新的社会阶层人士联合会第一次代表大会 ……………………（140）
德城区社区“两委”换届选举工作动员会议 ………………………………（140）
德城区领导干部座谈会 ………………（140）
德城区残疾人联合会第七次代表大会 …………………………………………（140）
区委办公室工作 ………………………（140）
Work of the District Committee Office
荣誉 …………………………………（140）
思想政治建设实现新突破 ……………（140）
办文办会效率和质量不断提升 ………（140）
政策研究、信息和改革工作进步明显 …………………………………………（141）
行政效能工作迈上新台阶 ……………（141）

Contents

工作作风建设取得新进步 …………… (141)
组织工作 ……………………………… (141)
Organization work
着力加强换届后领导班子和干部队伍建设 ……………………………………… (141)
切实提升基层党组织组织力 ………… (142)
持续强化人才支撑引领作用 ………… (142)
贯彻学习十九大精神 ………………… (142)
“两学一做”学习教育常态化制度化 … (142)
打造过硬支部 ………………………… (143)
推行城乡网格化 ……………………… (143)
夯实基层保障 ………………………… (143)
改善工作作风 ………………………… (143)
老干部工作 …………………………… (143)
Veteran cadre work
坚持以学促进　提高思想政治意识 … (143)
完善管理服务　构筑精神文明高地 … (143)
坚持从严治党　筑牢坚强政治保障 … (144)
宣传工作 ……………………………… (145)
Propaganda work
理论武装 ……………………………… (145)
新闻宣传 ……………………………… (146)
舆情引导 ……………………………… (146)
文化繁荣 ……………………………… (146)
统一战线工作 ………………………… (147)
Work of the united front
民主党派工作 ………………………… (147)
党外干部工作 ………………………… (147)
党外代表人士队伍建设 ……………… (147)
经济统战工作 ………………………… (147)
统战理论宣传工作 …………………… (148)
脱贫攻坚工作 ………………………… (148)
Poverty alleviation work
组织机构 ……………………………… (148)
贫困对象全部脱贫 …………………… (148)
坚持项目带动 ………………………… (148)
严格动态管理 ………………………… (148)
构建共扶格局 ………………………… (148)
机构编制管理 ………………………… (148)
Administration of institution establishment
政府机构和体制改革 ………………… (148)
放管服改革 …………………………… (149)
机构编制资源配置 …………………… (149)
事业单位监督管理服务工作 ………… (149)
农村工作 ……………………………… (149)
Rural work
概况 …………………………………… (149)
社区建设工作 ………………………… (149)
产业园区建设工作 …………………… (149)
社区配套情况 ………………………… (149)
美丽乡村建设情况 …………………… (150)
扶贫脱贫情况 ………………………… (150)
对台工作 ……………………………… (150)
Work related to Taiwan
赴外地招商 …………………………… (150)
邀请外地客商到德城区考察 ………… (150)
交往交流 ……………………………… (150)
机关党建 ……………………………… (150)
Party building
机关创建活动 ………………………… (150)
机关党建工作 ………………………… (150)
荣誉 …………………………………… (151)
信访工作 ……………………………… (151)
Petition work
维稳安保 ……………………………… (151)
领导包案 ……………………………… (151)
领导下访 ……………………………… (151)
党史研究 ……………………………… (152)
Research of Party history
专题研究 ……………………………… (152)
资料征编 ……………………………… (152)
党史宣传 ……………………………… (152)
党校工作 ……………………………… (152)
Party school work
干部培训 ……………………………… (152)
理论研究 ……………………………… (152)

目　录

学校管理 …………………………… （152）
老年人大学工作 ……………………… （152）
Work of college for the aged
强化管理 …………………………… （152）
校园安全 …………………………… （152）
教学工作 …………………………… （152）
档案局工作 ………………………… （153）
Work of the Archives Bureau
接收档案 …………………………… （153）
档案工作指导 ……………………… （153）
档案利用 …………………………… （153）
新档案馆建设 ……………………… （153）
荣誉 ………………………………… （153）
档案馆简介 ………………………… （153）
中共德城区纪律检查委员会……………… （154）
CPC Commission for Discipline Inspection of Decheng District
重要会议 …………………………… （154）
Important meetings
中共德城区第十六届纪律检查委员会全委会提要 …………………………… （154）
全区纪检监察干部队伍建设会议 …… （155）
全区纪检监察系统半年工作汇报会 … （156）
中共德城区纪律检查委员会日常工作概要 ……………………………………… （156）
Daily work summary of CPC Discipline Inspection Commission of Decheng District
突出责任担当 严肃责任追究 推动“两个责任”落实 …………………………… （156）
突出纠正“四风”开展专项治理 深化纪律作风建设 …………………………… （156）
突出挺纪在前 用好“四种形态”强化监督执纪问责 …………………………… （157）
突出源头治理 加强信访工作 整治群众身边问题 ……………………………… （157）
突出重点任务 强力推进开展 追责问责环保问题 ……………………………… （158）
突出教育警示 狠抓文化建设 营造清正廉洁氛围 …………………………… （158）
突出自身建设 严格监督管理 打造过硬干部队伍 …………………………… （159）
德城区人民代表大会常务委员会………… （160）
The Standing Committee of Decheng District People's Congress
第十七届人大常委会组成人员 ……… （160）
第十七届人民代表大会第一次会议 … （160）
第十六届人大常委会（例会）………… （160）
第十七届人大常委会（例会）………… （160）
第十六届人大常委会主任会议 ……… （161）
第十七届人大常委会主任会议 ……… （161）
第十七届人大常委会重要会议 ……… （161）
调研考察 …………………………… （161）
选举任免 …………………………… （162）
监督工作 …………………………… （162）
代表工作 …………………………… （163）
德城区人民政府………………………… （163）
Decheng District People's Government
国家、省、市在德城区召开会议 …… （163）
National, provincial and municipal organizations hold meetings in Decheng District
环保部巡查组座谈会 ………………… （163）
德州市“气代煤电代煤”工作调度推进会 ……………………………………… （163）
德城区人民政府专题会议提要 ……… （164）
Summary of the special session of Decheng District People's Government
德城区政府领导班子民主生活会 …… （164）
全区市容市貌综合整治和空气质量专项督查工作部署会议 …………………… （164）
德城区四轮低速电动车规范整治行动会议 ……………………………………… （164）
德城区环保工作调度会议 …………… （164）
德城区政府区长办公会议 …………… （164）
道路交通管理专项整治新闻发布会 … （165）
德城区政务公开工作调度会 ………… （165）
全区政务公开暨政务服务平台建设工作

Contents

会议 …………………………………… (165)
全区环境污染状况摸排核查工作部署会议 …………………………………… (165)
德城区环保工作调度会 ……………… (165)
德城区低效闲置用地暨土地使用税清查征缴专项整治工作会议 …………… (165)
德城区窗口单位服务规范化建设座谈会 …………………………………… (165)
德城区被征地农民社会保障政策落实工作会 ……………………………… (165)
德城区棚改现场调度会 ……………… (166)
德城区政府生态文明建设专题学习会议 …………………………………… (166)
德城区打击恶意逃废银行债务优化金融生态环境集中行动动员会议 ……… (166)
德城区环保工作调度会议 …………… (166)
德城区锅炉整治专项工作会议 ……… (166)
德城区城市违法建设治理工作会议 … (166)
德城区环保督查情况通报会议 ……… (166)
全区食品药品安全暨创建省级食品安全城市推进会议 ……………………… (167)
全区安全生产工作会议 ……………… (167)
德城区小散乱污企业专项整治工作调度会 …………………………………… (167)
全区散煤清洁化治理工作会议 ……… (167)
全区退役士兵安置和权益保障政策落实工作会议 …………………………… (167)
德城区政府廉政工作会议 …………… (168)
全区违建治理现场调度会 …………… (168)
全区安全生产工作紧急会议 ………… (168)
全区安全生产隐患全面排查、集中整治专题会议 …………………………… (168)
全区创建省级食品安全城市调度会 … (168)
德城区打击恶意逃废银行债务优化金融生态环境工作调度会议 …………… (168)
德城区召开老旧住宅小区整治改造现场会 …………………………………… (168)
德城区水污染防治工作调度会议 …… (168)
德城区化工产业安全生产转型升级工作调度会议 …………………………… (168)
德城区化工产业安全生产转型升级工作责任落实部署会议 ………………… (169)
德城区“清风德城”教育行动调度会 …………………………………… (169)
德城区国家园林城市复审工作推进会 …………………………………… (169)
德城区全面实行河长制工作推进会议 …………………………………… (169)
德城区环保工作调度会议 …………… (169)
德城区安全生产工作会议 …………… (169)
德城区环保工作调度会议 …………… (169)
德城区政府重点工作调度会 ………… (169)
德城区供暖季重点行业企业错峰生产调控方案专家评审会 ………………… (169)
德城区安全生产专项巡查工作动员部署会议 ………………………………… (169)
环保督察事项整改情况现场推进会 … (169)
德城区老旧住宅小区房屋情况摸排工作部署会议 …………………………… (170)
城区国民经济运行情况新闻发布会 … (170)
德城区迎接安全生产专项巡查工作会议 …………………………………… (170)
德城区洁净型煤推广工作调度会议 … (170)
德城区“护航十九大、消防平安攻坚行动”工作部署会议 ………………… (170)
德城区“散乱污”企业整治工作会议 …………………………………… (170)
德城区 PPP 项目推进汇报会 ……… (170)
德城区安全生产工作专项调度会议 … (170)
德城区扬尘污染综合治理集中行动工作会议 ………………………………… (170)
德城区政府常务扩大会议 …………… (170)
德城区防治艾滋病工作委员会成员单位会议 ………………………………… (171)
德城区安全生产会议 ………………… (171)
德城区重点民兵分队集结点验大会 … (171)

目 录

区政府办公室工作 …………………… (171)
Work of the District Government Office
政务服务 …………………… (171)
文稿撰写 …………………… (171)
协调督查 …………………… (171)
信息编报 …………………… (171)
市民热线 …………………… (172)
政策研究 …………………… (172)
Policy research
概况 …………………… (172)
应急处置 …………………… (172)
Emergency response
概况 …………………… (172)
应急预案管理 …………………… (172)
应急示范点建设 …………………… (172)
应急预案演练 …………………… (172)
应急知识宣传 …………………… (172)
综合治税管理 …………………… (172)
Comprehensive taxation management
涉税案件查处 …………………… (172)
跟踪房地产专项检查税款入库 ……… (172)
志鉴编纂 …………………… (173)
Complication of annals and yearbook
年鉴编纂 …………………… (173)
德城区本级史志事业法规建设 ……… (173)
方志馆建设 …………………… (173)
镇村志部门志编纂 …………………… (173)
书稿报送 …………………… (173)
宣传信息工作 …………………… (173)
德城区史志办自身建设 …………… (173)
法治工作 …………………… (174)
Law work
政府涉法事务 …………………… (174)
执法证审查申领 …………………… (174)
法律培训宣传 …………………… (174)
外事侨务工作 …………………… (174)
Work of foreign affairs and overseas Chinese affairs
扎实做好为侨服务工作 …………… (174)
指导苏禄东王后裔祭祖、纪念活动 … (174)
指导德州第五中学对外友好交流活动 …………………… (174)
协助外国媒体到德城区采访 ………… (174)
金融服务 …………………… (174)
Financial services
增加信贷投放 保障间接融资到位 … (174)
对接资本市场 持续优化融资结构 … (174)
强化招金引银 全面丰富金融业态 … (175)
开展雷霆行动 严厉打击恶意逃债 … (175)
狠抓专项整治 确保金融环境安全 … (175)
机关事务管理 …………………… (176)
Government Office affairs administration
机构概况 …………………… (176)
物业管理保障到位 …………………… (176)
安全保卫措施 …………………… (176)
机构节能 …………………… (176)
公务用车管理 …………………… (177)
民政工作 …………………… (177)
Civil administration work
创新亮点 …………………… (177)
社会保障 …………………… (177)
养老工作 …………………… (178)
社区建设 …………………… (178)
拥军优属 …………………… (178)
专项社会事务工作 …………………… (179)
德州市殡仪馆简介 …………………… (179)
人力资源管理与社会保障 …………… (179)
Human resource management and social security
荣誉 …………………… (179)
社会保险工作 …………………… (179)
就业工作 …………………… (180)
人才工作 …………………… (180)
机关事业单位管理服务工作 ………… (180)
劳动关系 …………………… (180)
旅 游 …………………… (180)
Tourism
好客山东贺年会 …………………… (180)

Contents

旅游合作推介 …………………………… (181)
旅游厕所革命 …………………………… (181)
万亩生态园赏花节 ……………………… (181)
文明城创建 ……………………………… (181)
旅游安全 ………………………………… (181)
招商与区域合作 ………………………… (181)
Investment attracting and regional cooperation
招商引资 ………………………………… (181)
协同发展 ………………………………… (182)
楼宇经济 ………………………………… (182)
政协德城区委员会……………………… (182)
CPPCC Committee of Decheng District
第政协第十三届德城区委员会全委会议
…………………………………………… (182)
政协第十三届德城区委员会常委会议
…………………………………………… (182)
政协第十三届德城区委员会主席办公会
…………………………………………… (183)
提案工作 ………………………………… (183)
考察调研 ………………………………… (183)
各民主党派　工商联…………………… (185)
Democratic parties and Federation of industry and commerce
中国国民党革命委员会德城支部 …… (185)
Revolutionary Committee of the Chinese Kuomintang Decheng Branch
参政议政 ………………………………… (185)
重要活动 ………………………………… (185)
中国民主同盟德城支部 ……………… (185)
China Democratic League Decheng Branch
参政议政 ………………………………… (185)
重要活动 ………………………………… (185)
中国民主建国会德城支部 …………… (185)
China Democratic National Construction Association Decheng Branch
参政议政 ………………………………… (185)
重要活动 ………………………………… (186)
中国民主促进会德城支部 …………… (186)
China Association for Promoting Democracy Decheng Branch
参政议政 ………………………………… (186)
重要活动 ………………………………… (186)
中国农工民主党德城支部 …………… (186)
Chinese Peasants and Workers Democratic Party Decheng Branch
参政议政 ………………………………… (186)
重要活动 ………………………………… (186)
中国致公党德城支部 ………………… (186)
China Zhi Gong Party Decheng Branch
参政议政 ………………………………… (186)
重要活动 ………………………………… (186)
九三学社德城支部 …………………… (186)
Jiu San Society Decheng Branch
参政议政 ………………………………… (186)
重要活动 ………………………………… (187)
德城区工商业联合会 ………………… (187)
Federation of Industry and Commerce of Decheng District
服务协同发展 …………………………… (187)
招商引资工作 …………………………… (187)
经济联谊活动 …………………………… (187)
会员服务工作 …………………………… (187)
组织建设工作 …………………………… (187)
社会公益活动 …………………………… (187)

社会团体

Social Organizations

德城区总工会…………………………… (188)
Federation of Trade Unions of Decheng District
弘扬工匠精神 …………………………… (188)
组织建设 ………………………………… (188)
劳模评选 ………………………………… (188)
劳模权益保障 …………………………… (189)
劳动竞赛 ………………………………… (189)
共青团德城区委员会…………………… (189)

目 录

Decheng Committee of the Communist Youth League

组织学习宣传党的十九大精神系列活动 …… (189)

网上共青团建设成效显著 …… (189)

品牌活动助力文明城市创建 …… (189)

青春绿色行动共建美丽德城 …… (190)

青春扶贫行动聚焦行业扶贫 …… (190)

青春同行维护青少年权益 …… (190)

德城区妇女联合会 …… (191)

Women's Federation of Decheng District

妇女宣传思想 …… (191)

妇联基层组织建设 …… (191)

妇女创业就业工作 …… (191)

妇女儿童合法权益维护 …… (191)

德城区归国华侨联合会 …… (192)

Returned Overseas Chinese Association of Decheng District

为侨服务和群众工作 …… (192)

联谊工作及文化交流 …… (192)

参政议政 …… (192)

参加环保攻坚行动 …… (192)

参加扶贫攻坚行动 …… (192)

参加党员服务群众活动 …… (193)

德城区关心下一代工作委员会 …… (193)

Offspring Care Committee of Decheng District

荣誉 …… (193)

深入开展“两史”学习教育活动 …… (193)

营造青少年健康成长良好社会环境 …… (193)

加强基层组织建设 …… (194)

军 事

Military Affairs

德城区人武部 …… (195)

People's Armed Forces of Decheng District

荣誉 …… (195)

政治工作 …… (195)

军事工作 …… (195)

征兵工作 …… (195)

安全工作 …… (195)

人民防空 …… (196)

Civil air defense

组织“8·15”防空警报试鸣活动 …… (196)

人防训练演练 …… (196)

应急避难场所建设 …… (196)

人防宣传教育 …… (196)

法 治

Rule of Law

政法委及综治 …… (197)

Politics and law committee and comprehensive management of public

加强社会面稳控 …… (197)

加强社会治安综合治理 …… (197)

及时化解社会矛盾 …… (197)

夯实基层基础 …… (197)

政法队伍建设 …… (197)

公　安 …… (198)

Public Security

德州市公安局德城分局 …… (198)

Dezhou Municipal Public Security Bureau Decheng Branch

概况 …… (198)

全力打好“主动维稳攻坚战” …… (198)

全力打好“合成化基层基础攻坚战” …… (198)

全力做实打击整治、安全监管、治理服务“三项治理工程” …… (198)

全力塑造规范、担当、活力三型公安队伍 …… (198)

德州市交通警察支队直属一大队 …… (199)

Dezhou Traffic Police Detachment, directly subordinated No.1 Battalion

强化路面秩序管理　严厉打击重点违法行为 …… (199)

强化隐患排查治理　完善道路交通安全设施 …… (199)

Contents

服务社会发展大局　圆满完成各类交通警卫任务 …… (199)
消　防 …… (200)
Fire protection
全区消防工作会议 …… (200)
灭火救灾 …… (200)
重点保障任务 …… (200)
隐患整治 …… (200)
备战练兵 …… (200)
责任体系建设 …… (201)
检　察 …… (201)
Procuratorial work
荣誉 …… (201)
刑事检察 …… (201)
反贪反渎 …… (201)
预防职务犯罪 …… (201)
刑罚执行监督 …… (201)
民事行政检察 …… (201)
控告申诉检察 …… (202)
法　院 …… (202)
Court
审判工作 …… (202)
执行工作 …… (202)
队伍建设 …… (203)
司法公开 …… (203)
司法改革 …… (204)
司法服务 …… (204)
司法行政 …… (205)
Judicial administration
区司法局工作 …… (205)
Work of Decheng Bureau of Justice
公共法律服务体系建设全面提速 …… (205)
“一村（社区）一法律顾问”工作全面铺开 …… (205)
司法行政各项工作迈上新台阶化 …… (205)
德州监狱业务工作 …… (206)
Work of Dezhou Prison
荣膺全国文明单位称号 …… (206)
完成 3.31 调犯行动 …… (206)
承办省司法厅党组务虚会 …… (206)
顺利实现安全年 …… (206)

经济管理

Economic Management

发展与改革 …… (207)
Development and reform
规划编制 …… (207)
区域战略推进 …… (207)
推动发展服务业 …… (207)
重点项目建设 …… (207)
重点项目推进 …… (207)
工业创新 …… (208)
统　计 …… (208)
Statistics
统计基层基础建设不断加强 …… (208)
做好各项大型普查和调查工作 …… (209)
质量技术监督 …… (209)
Quality and technological supervision
名牌带动战略 …… (209)
标准化计量工作 …… (209)
产品质量和特种设备安全 …… (210)
服务社会　质量为民 …… (210)
国土资源管理 …… (210)
Land and resources administration
概况 …… (210)
中期规划调整 …… (210)
征地供地 …… (210)
规范土地秩序 …… (211)
永久基本农田划定 …… (211)
审　计 …… (211)
Audit
荣誉 …… (211)
完成项目情况 …… (211)
政策跟踪审计 …… (211)
财政金融审计 …… (211)

目　录

民生审计 …………………………… (211)
经济责任审计 …………………………… (211)
政府投资审计 …………………………… (211)
信息宣传 …………………………… (212)
能力提升 …………………………… (212)
文化建设 …………………………… (212)
内审工作 …………………………… (212)

安全生产监督管理…………………………… (212)
Supervision of safety production
安全生产隐患“大快严”集中行动 … (212)
双重预防机制建设 …………………… (213)
通过省政府安委会安全生产巡查 …… (214)

食品药品监管…………………………… (214)
Food and drug administration
组织机构 …………………………… (214)
创建省级食品安全城市 ……………… (215)
“食品药品十大联合执法行动” ……… (215)
日常监管与专项整治 ………………… (215)
建设食药监管“天网工程” …………… (215)
全面推进食品药品安全社会共治 …… (215)

工商行政管理…………………………… (215)
Industry and commerce administration
工商登记注册 ……………………… (215)
市场监管 …………………………… (216)
商标广告 …………………………… (217)
合同监管 …………………………… (217)
消费者权益保护 …………………… (217)
法治工作 …………………………… (218)
协会工作 …………………………… (218)

物价管理…………………………… (218)
Price control
做好价格基础工作 ………………… (218)
规范收费监管　落实收费目录清单制度
和收费公示制度 ………………… (218)
加强市场价格监管检查 …………… (219)
积极办理价格鉴证和价格认定工作 … (219)
部署开展在市场体系建设中建立公平竞争
审查制度工作 …………………… (219)

农业　水利

Agriculture & Water Conservancy

农　业…………………………… (220)
Agriculture
组织机构 …………………………… (220)
农业概况 …………………………… (220)
粮食生产 …………………………… (220)
惠农政策 …………………………… (220)
放心农场建设 ……………………… (220)
农业种植结构调整 ………………… (221)
农村土地制度改革 ………………… (222)
农产品质量管理 …………………… (222)
科技助农 …………………………… (223)
德州圣丰种业有限公司简介 ……… (223)

林　业…………………………… (224)
Forestry
树木种类 …………………………… (224)
造林绿化 …………………………… (224)
林政管理 …………………………… (224)
林业执法 …………………………… (224)
特色经济林 ………………………… (224)
林木病虫害防治成效显著 ………… (225)
德州市德城区苗圃 ………………… (225)

畜牧业…………………………… (225)
Animal husbandry
畜禽种类 …………………………… (225)
畜禽养殖场 ………………………… (226)
饲料厂 ……………………………… (226)
产业化经营 ………………………… (226)
发展现代化的品质畜牧业 ………… (226)
畜牧业政策性保险 ………………… (226)
动物疫病防控 ……………………… (227)
畜禽及产品检疫 …………………… (227)
畜禽养殖污染综合治理 …………… (228)
科技推广 …………………………… (228)
山东德州扒鸡集团有限公司简介 …… (229)

Contents

重点畜禽养殖场简介 …………………… (229)
水产养殖………………………………… (232)
Aquaculture
概况 …………………………………… (232)
水产品种类 …………………………… (232)
产业化经营 …………………………… (232)
基层渔业技术推广体系 ……………… (232)
项目建设 ……………………………… (233)
鱼病防治 ……………………………… (233)
水产品质量安全 ……………………… (233)
渔政执法 ……………………………… (233)
增殖放流 ……………………………… (234)
蔬菜生产………………………………… (234)
Vegetable production
概况 …………………………………… (234)
蔬菜种类 ……………………………… (234)
农业结构调整 ………………………… (234)
城市休闲农业 ………………………… (234)
精品特色农业示范镇规划 …………… (235)
蔬菜产品质量安全 …………………… (235)
德州市德高蔬菜种苗研究所 ………… (235)
重点蔬菜园区 ………………………… (236)
农机管理………………………………… (241)
Agricultural machinery management
农机概况 ……………………………… (241)
农机化生产 …………………………… (241)
服务体系建设 ………………………… (241)
农机购置补贴 ………………………… (241)
深松作业监管 ………………………… (241)
监督管理 ……………………………… (241)
新技术新机具推广 …………………… (242)
三农服务………………………………… (242)
"Agriculture, rural areas and farmers" services
供销社机构概况 ……………………… (242)
德城区供销社资产运营管理公司成立
…………………………………… (242)
德城区供销社收回国铭商贸公司和东方宾馆 ………………………………… (242)
经营指标 ……………………………… (242)
为农服务中心建设 …………………… (242)
党建带社建、社村共建工作 ………… (243)
农村现代流通服务网络建设 ………… (243)
农民专业合作社建设 ………………… (243)
大田作物托管 ………………………… (243)
新型农民培训 ………………………… (243)
农机服务　农资销售 ………………… (243)
水　利…………………………………… (243)
Water conservancy
概况 …………………………………… (243)
水资源管理工作 ……………………… (243)
防汛抗旱工作 ………………………… (244)
实施民生项目　改善农村生产生活条件
…………………………………… (244)
攻坚克难　扎实推进重点项目 ……… (244)
向上争取工作 ………………………… (245)
南水北调东线德州市区供水单元工程
…………………………………… (245)

工　业

Industry

综　述…………………………………… (246)
Overview
机构设置 ……………………………… (246)
概况 …………………………………… (246)
重点企业培植 ………………………… (246)
重点项目 ……………………………… (246)
“两化”融合 ………………………… (246)
科技创新 ……………………………… (246)
环保 …………………………………… (247)
技术改造 ……………………………… (247)
向上争取 ……………………………… (247)
节能降耗 ……………………………… (247)
国家电网德州供电公司中心城区业务
…………………………………… (251)
Services of State Grid Dezhou Power Company in central

目 录

city area
概况 …………………………………… (251)
工程建设 ………………………………… (251)
电网运行 ………………………………… (251)
供电服务 ………………………………… (251)
工业企业（基地）简介……………………… (251)
Introduction of industrial enterprises (bases)
德州金田高新技术创业发展有限公司 …………………………………………… (251)
益海嘉里（德州）粮油工业有限公司 …………………………………………… (252)
德州欧莱恩永兴碳素有限公司 ……… (252)
德州元茂纺织有限公司 ……………… (252)
德州东方希望碳素有限公司 ………… (252)
德州市鑫华润科技股份有限公司 …… (253)
山东宇虹新颜料股份有限公司 ……… (253)
德州绿霸精细化工有限公司 ………… (253)
德州博旺五金工具制品有限公司 …… (254)
德州市荣光生物科技有限公司 ……… (254)
悦缘复合材料科技有限公司 ………… (254)
德城区亚星管道设备厂 ……………… (254)
德州耐垦工业自动化设备有限公司 …………………………………………… (255)
德州力维机械有限公司 ……………… (255)
德州梅卡尔机电科技有限公司 ……… (256)
德州德药制药有限公司 ……………… (256)
德州齿轮有限公司 …………………… (256)
德州实华化工有限公司 ……………… (257)
德州晶华有限公司 …………………… (257)
山东格瑞德集团 ……………………… (257)
德州华源生态科技有限公司 ………… (258)
山东德州邸氏电子有限公司 ………… (258)
德州萨美特电源有限公司 …………… (259)
德州枫林自控设备有限责任公司 …… (259)
山东双一科技股份有限公司 ………… (259)

交通 通信

Traffic & Communication

交通运输……………………………………… (260)
Transportation
城区交通运输管理分局 ……………… (260)
District Transportation Administration Branch
概况 ………………………………………… (260)
农村公路安全生命防护工程 ………… (260)
农村公路建设 ………………………… (260)
农村公路养护 ………………………… (260)
德州汽车总站 ………………………… (260)
Dezhou Bus Terminal
概况 ………………………………………… (260)
客运板块和旅游板块 ………………… (261)
佳佳快运仓储物流板块 ……………… (261)
站域经济板块 ………………………… (261)
客服热线 ……………………………… (261)
德州综合客运站 ……………………… (261)
Dezhou Integrated Passenger Station
概况 ………………………………………… (261)
公 路………………………………………… (262)
Highway
德城公路局 …………………………… (262)
Dezhou Municipal Highway Bureau
概况 ………………………………………… (262)
数字化建设 …………………………… (262)
全力做好扬尘治理 …………………… (262)
推进公路安全设施整治提升攻坚月活动 …………………………………………… (262)
开展工作标准巩固月活动 …………… (263)
行业文化建设树精品 ………………… (263)
思想作风建设全力加强 ……………… (263)
铁 路………………………………………… (264)
Railway
德州市铁路办公室中心城区业务 …… (264)
Services of Dezhou Railway Office in central city area

Contents

石济客专基本完工　德州至济南西年底通车运营 ……（264）
推进完成两条铁路联络线征迁和建设 ……（264）
研究出台政策方案 推动中心城区铁路专用线整合升级 ……（264）
基本完成 3 条已建成铁路遗留问题的处理工作 ……（264）
积极开展中心城区城市轻轨线网规划论证编制工作 ……（264）
德州火车站 ……（265）
Dezhou Railway Station
概况 ……（265）
运输生产 ……（265）
运行安全 ……（265）
安全措施 ……（265）
新站房投入使用 ……（265）
队伍素质 ……（266）
高铁德州东站 ……（266）
Dezhou East High-speed Rail Station
概况 ……（266）
东站布局 ……（266）
运输业务 ……（266）
青太线开通 ……（266）
公交衔接 ……（266）
邮　政 ……（267）
Postal service
中国邮政集团公司德州市分公司城区邮政局 ……（267）
China Post Group Dezhou Branch District Post Office
业务发展稳中有好 质量效益稳步提升 ……（267）
金融翼深化转型 稳步发展 ……（267）
寄递翼固本强基 快速突破 ……（267）
综合平台整合突破 迅猛发展 ……（267）
文化传媒精耕市场 不断超越 ……（267）
基础管理科学规范 队伍建设不断加强 ……（267）
合规经营和安全管理持续深化 管理水平明显提高 ……（267）
党团建设扎实推进 企业文化逐步完善 ……（267）
电　信 ……（268）
Telecommunications
中国移动通信集团山东有限公司德城区分公司 ……（268）
China Mobile Communications Group Shandong Company Decheng Branch
业务运营 ……（268）
集团信息化 ……（268）
网络建设 ……（268）
安全生产 ……（269）
中国联合网络通信有限公司德州市分公司中心城区业务 ……（269）
Businesses of China United Network Communications Co., Ltd. Dezhou Branch in central city area
业务种类 ……（269）
网络建设 ……（269）
业务运营 ……（270）
应急通信保障 ……（270）
客户服务 ……（270）
中国电信有限公司德州德城区分公司 ……（271）
China Telecom Co., Ltd. Dezhou Decheng Branch
公司总体经营持续向好 ……（271）
响应国家“提速降费”助力经济发展 ……（271）
顺应 4G 发展趋势　加快网络建设　提升消费者通信质量 ……（271）

城建　环保

Urban Construction & Environment Protection

城乡建设 ……（272）
Urban and rural construction
区住房和城乡建设局业务 ……（272）

目 录

Services of the District Housing and Urban–Rural Development Bureau
城建工程 …………………………… (272)
棚户区改造 …………………………… (272)
房屋征收 …………………………… (272)
老旧住宅小区整治改造 …………………… (272)
农村无害化厕所改造 …………………… (272)
建筑节能改造 …………………………… (272)
气代煤电代煤工作 …………………… (273)
质量监督检查 …………………………… (273)
安监信息系统 …………………………… (273)
施工安全 …………………………… (273)
安全文明工地创建 …………………… (273)
农民工工资保障 …………………… (273)
扬尘治理工作 …………………………… (273)
城乡规划 …………………………… (274)
Urban and rural planning
概况 …………………………… (274)
城市公共交通 …………………………… (275)
Urban public transport
年度客运量 …………………………… (275)
服务能力和品质逐步提升 ……………… (275)
安全生产态势持续平稳 ……………… (275)
发挥公益属性 积极承担社会责任 …… (275)
党建工作扎实开展 …………………… (276)
文化建设丰富多彩 …………………… (276)
公用事业管理 …………………………… (276)
Urban utilities management
公用事业配套设施 …………………… (276)
运行安全检查 …………………………… (276)
居民住宅区服务 …………………… (277)
规划编制 …………………………… (277)
房产管理 …………………………… (277)
Property management
物业管理 …………………………… (277)
市区保障性住房建设 …………………… (278)
住房公积金管理 …………………… (278)
Housing provident fund management
概况 …………………………… (278)
住房公积金征缴 …………………… (279)
住房公积金使用 …………………… (279)
荣誉 …………………………… (280)
归集扩面 …………………………… (280)
提取情况 …………………………… (280)
贷款情况 …………………………… (280)
城市管理 …………………………… (280)
Urban management
概况 …………………………… (280)
市容市貌环境综合整治 ……………… (280)
城市违法建设治理 …………………… (280)
铁路沿线环境治理 …………………… (280)
创建国家文明城市 …………………… (281)
大气污染防治 环境保护 ……………… (281)
国家园林城市复查 …………………… (281)
户外广告专项整治 …………………… (281)
市政工程单位简介 …………………… (285)
Introduction of municipal engineering units
德州市市政工程建设总公司 ………… (285)
Dezhou Municipal Engineering Construction Corporation
概况 …………………………… (285)
德州市园林管理局 …………………… (285)
Dezhou Landscape Bureau
概况 …………………………… (285)
荣誉 …………………………… (286)
抓重点 求实效 目标任务顺利完成 … (286)
抓业务 重精细 长效管理成果显著 … (286)
抓党建 夯基础 党性修养全面增强 … (286)
公用事业单位业务 …………………… (287)
Services of Utility Units
德州市供水总公司 …………………… (287)
Dezhou Water Supply Corporation
概况 …………………………… (287)
业务指标 …………………………… (287)
供水设施建设 …………………………… (287)
安全生产保持平稳向好 ……………… (288)
供水服务水平持续提高 ……………… (288)

Contents

供水队伍建设科学高效 …………………（289）
沃特净水有限公司经营概况 …………（289）
水表厂经营概况 ………………………（289）
德州市燃气总公司 ……………………（290）
Dezhou Gas Corporation
概况 ……………………………………（290）
主要经济指标 …………………………（290）
用户发展情况 …………………………（290）
管网建设情况 …………………………（290）
推动新南门站项目建设进度 …………（290）
气代煤项目取得突出成绩 ……………（290）
天然气管线穿越京沪铁路工程进展顺利
……………………………………（290）
企业安全管理工作再上新台阶 ………（290）
提升客户服务工作水平 ………………（291）
强化企业品牌宣传 ……………………（291）
加强企业内部管理 ……………………（291）
德州中燃城市燃气发展有限公司 ……（291）
Dezhou Zhongran Urban Gas Development Co., Ltd.
概况 ……………………………………（291）
主要经济指标 …………………………（291）
用户发展情况 …………………………（291）
管网建设情况 …………………………（291）
全力推进气代煤项目 …………………（291）
积极开展老旧小区改造 ………………（292）
切实抓好 LPG 储存站建设 …………（292）
新兴业务取得新进展 …………………（292）
进一步提升安全管理 …………………（292）
客服管理和服务工作不断加强 ………（293）
继续深化企业管理 ……………………（293）
德州市热力公司 ………………………（293）
Dezhou Thermal Power Company
概况 ……………………………………（293）
供热运行 ………………………………（294）
供热宣传 ………………………………（294）
用户服务 ………………………………（294）
安全管理 ………………………………（294）
节能降耗 ………………………………（294）
工程建设 ………………………………（294）
职工培训 ………………………………（294）
德州市新源热力有限公司 ……………（295）
Dezhou Xinyuan Thermal Power Co., Ltd.
概况 ……………………………………（295）
2017—2018 年度冬季供热工作安全平稳推进 ……………………………（295）
加快项目建设改造步伐 ………………（295）
提高供热服务水平 ……………………（295）
确保安全生产 …………………………（296）
加强企业文化建设 ……………………（296）
环境保护 ………………………………（296）
Environment protection
环保直属分局业务 ……………………（296）
Services of directly subordinated branch of the Environment Protection Bureau
年度环境质量指标 ……………………（296）
大气污染防治 …………………………（297）
水污染防治 ……………………………（297）
环境管理 ………………………………（297）
环境执法 ………………………………（297）
驻区污水处理企业简介 ………………（297）
Introduction of sewage treatment enterprises in Decheng
上实环境（德州）污水处理有限公司
……………………………………（297）
德州卓澳水质净化有限公司 …………（298）

商贸　流通

Commerce & Trade Circulation

综　述 …………………………………（299）
Overview
商贸服务 ………………………………（299）
新兴服务业 ……………………………（299）
市场建设 ………………………………（299）
餐饮住宿 ………………………………（299）
对外贸易 ………………………………（299）
利用外资 ………………………………（299）

目　录

对外经济合作 …………………………（300）
荣誉 ……………………………………（300）
商业总公司　物资总公司…………………（301）
Commerce Corporation　Goods and Materials Corporation
商业总公司工作 ………………………（301）
Work of the Commerce Corporation
机构概况 ………………………………（301）
平安稳定 ………………………………（301）
招商引资 ………………………………（302）
安全生产 ………………………………（302）
职工待遇 ………………………………（302）
党风廉政建设 …………………………（302）
物资总公司工作 ………………………（303）
Work of the Goods and Materials Corporation
机构设置 ………………………………（303）
学习教育工作 …………………………（303）
强化信访预警机制 ……………………（303）
招商引资工作 …………………………（303）
党风廉政建设工作 ……………………（303）
安全生产工作 …………………………（303）
粮食　食盐…………………………………（304）
Grain & Salt
粮食储备流通 …………………………（304）
Grain reserve circulation
地储粮管理安全有效 …………………（304）
着力提升粮食依法行政能力和服务水平 ……………………………………（304）
高标准严要求落实粮食安全责任制 …（304）
扎实做好夏粮收购工作 ………………（304）
稳步推进贸易粮经营 …………………（304）
创新性筹建快餐项目 …………………（304）
盐产品经营 ……………………………（305）
Salt product management
概况 ……………………………………（305）
食盐专营 ………………………………（305）
市场监管 ………………………………（305）
烟草专卖……………………………………（306）
Tobacco monopoly
指标概况 ………………………………（306）
卷烟销售 ………………………………（306）
专营政策 ………………………………（306）
市场监管 ………………………………（306）
石油经营……………………………………（307）
Petroleum management
中国石化销售有限公司山东德州石油分公司中心城区业务 ……………………（307）
Business of Sinopec Sales Co., Ltd. Shandong Dezhou Branch in central city area
销售网点 ………………………………（307）
市场经营 ………………………………（307）
社会责任 ………………………………（307）
经营安全 ………………………………（307）
质量管理 ………………………………（307）
网络建设 ………………………………（307）
中国石油天然气股份有限公司山东销售德州分公司中心城区业务 …………（308）
Business of PetroChina Co. Shandong Sales Company Dezhou Branch in central city area
销售网点 ………………………………（308）
市场经营 ………………………………（308）
安全环保 ………………………………（308）
社会责任 ………………………………（308）
企业文化 ………………………………（308）
重点宾馆酒店简介…………………………（309）
Introduction of key hotels
德苑大酒店 ……………………………（309）
德州东来顺饭庄 ………………………（309）
重点商场简介………………………………（309）
Introduction of key malls
德州市百货大楼 ………………………（309）
Dezhou Department Store
概况 ……………………………………（309）
品牌升级 ………………………………（309）
主题营销 ………………………………（309）
加强管理 ………………………………（309）
服务提速 ………………………………（310）

Contents

夯实基础 …………………………… （310）
企业文化 …………………………… （310）
华联商厦 …………………………… （310）
Hualian Department Store
概况 ………………………………… （310）
锐意进取的华联 …………………… （310）
信誉至上的华联 …………………… （311）
山东省德州市鲁北大厦有限责任公司
…………………………………… （311）
Shandong Dezhou Lubei Building Co., Ltd.
概况 ………………………………… （311）
经营格局 …………………………… （311）
加强品牌引进 美化购物环境 ……… （311）
加强企业宣传 抓好营销促销 ……… （311）
坚持以人为本 提高企业凝聚 ……… （311）
银座商城 …………………………… （311）
Inzone Shopping Mall
概况 ………………………………… （311）
商务推介 …………………………… （311）
企业联谊 …………………………… （312）
文化励志 …………………………… （312）
服务社会 …………………………… （312）

财政 税务

Finance & Taxation

财 政………………………………… （313）
Finance
区财政局工作 ……………………… （313）
Work of the District Finance Bureau
概况 ………………………………… （313）
持续增强财政实力 ………………… （313）
积极支持经济发展 ………………… （313）
加大农业支持力度 ………………… （313）
优化财政支出结构 ………………… （313）
大力保障民生支出 ………………… （313）
提高财政管理水平 ………………… （314）
财政业务培训 ……………………… （314）
税 务………………………………… （314）
Taxation
国家税务 …………………………… （314）
National taxation
突出党建统领 聚力筑牢根基 ……… （314）
重视以文化人 打造“致家”文化品牌
…………………………………… （314）
坚持依法行政 构建法治国税 ……… （315）
依法履行职责 服务经济发展 ……… （315）
加强队伍建设 改进工作作风 ……… （316）
地方税务 …………………………… （317）
Local taxation
概况 ………………………………… （317）
税收收入 …………………………… （317）
税收管理 …………………………… （317）
纳税服务 …………………………… （317）

金融 保险 证券

Finance, Insurance & Security

金 融………………………………… （318）
Finance
中国农业发展银行德州市分行 ……… （318）
Agricultural Development Bank of China, Dezhou Branch
存贷业务 …………………………… （318）
政策性收购创新高 ………………… （318）
推进棚改贷款营销 ………………… （318）
中国工商银行股份有限公司德州德城
支行 ……………………………… （318）
Industrial and Commercial Bank of China, Dezhou Decheng Branch
荣誉 ………………………………… （318）
投放贷款 …………………………… （318）
中间业务 …………………………… （318）
机构整合 …………………………… （319）
网点整体装修改造 ………………… （319）
中国农业银行股份有限公司德州德城支行
…………………………………… （319）

目 录

Agricultural Bank of China Co., Ltd., Dezhou Decheng Branch
荣誉 …… (319)
网点划转 …… (319)
资金实力持续增强 …… (319)
信贷规模不断扩大 …… (319)
中间业务大幅增长 …… (319)
盈利能力迅猛提高 …… (319)
中国建设银行股份有限公司德州德城支行 …… (319)
China Construction Bank Dezhou Decheng Branch
业务指标 …… (319)
政银企合作 …… (319)
居民住房按揭和消费贷款 …… (319)
中国银行股份有限公司德州德城支行 …… (320)
Agricultural Bank of China, Dezhou Decheng Branch
存贷业务 …… (320)
中间业务 …… (320)
资产质量 …… (320)
服务经济 …… (320)
德州农村商业银行股份有限公司 …… (320)
Dezhou Rural Commercial Bank Co., Ltd.
概况 …… (320)
存贷业务 …… (320)
中间业务 …… (320)
服务经济 …… (320)
中国邮政储蓄银行德州市分行 …… (321)
Postal Savings Bank of China, Dezhou Branch
经营业绩 …… (321)
管理支撑 …… (321)
风控能力 …… (321)
设施建设 …… (322)
德州银行股份有限公司 …… (322)
Dezhou Bank Co., Ltd.
存贷业务 …… (322)
中间业务 …… (322)
渠道建设 …… (322)
服务经济 …… (323)
风险管理 …… (323)
威海市商业银行德州分行 …… (324)
Weihai City Commercial Bank Dezhou Branch
概况 …… (324)
荣誉 …… (324)
经营业绩 …… (324)
恒丰银行德州分行 …… (324)
Evergrowing Bank Dezhou Branch
概况 …… (324)
荣誉 …… (324)
经营业绩 …… (324)
青岛银行德州分行 …… (324)
Qingdao Bank Dezhou Branch
品牌建设 …… (324)
存贷业务 …… (324)
风险防范 …… (324)
平台、接口建设 …… (324)
业务创新 …… (325)
齐鲁银行德州分行 …… (325)
Qilu Bank Dezhou Branch
经营业绩 …… (325)
做足本地化文章 零售业务多点开花 …… (325)
围绕平台化求突破 公司业务扎实推进 …… (325)
机构建设扎实推进 倾力支持县区发展 …… (325)
完善规章制度建设 强化考核引导作用 …… (325)
对外协调更加顺畅 合作领域不断扩大 …… (325)
保 险 …… (326)
Insurance
中国人寿财产保险股份有限公司德州市德城支公司 …… (326)
China Life Property and Casualty Insurance Co., Ltd. Dezhou Decheng Branch
公司概况 …… (326)

Contents

经营指标 ……………………………… (326)
缴纳税款 ……………………………… (326)
创新服务理念 支持德州经济发展 …… (326)
中国人民财产保险股份有限公司德城支公司 ……………………………… (326)
People's Insurance Company of China, Decheng Branch
概况 ……………………………… (326)
创新转型 ……………………………… (327)
服务经济 ……………………………… (327)
中国人寿保险股份有限公司德城区支公司 ……………………………… (327)
China Life Property and Casualty Insurance Co., Ltd. Decheng Branch
经营业绩 ……………………………… (327)
搭建销售平台 提高资源整合能力和资源交叉利用率 ……………………………… (327)
加强内控合规体系建设 ………………… (327)
勇担社会责任 树立良好社会形象 …… (328)
中国太平洋财产保险股份有限公司德州中心支公司(城区) ………………… (328)
China Pacific Insurance (group) Co.,Ltd. Dezhou Center Branch (urban)
概况 ……………………………… (328)
公司总体经营持续向好 ………………… (328)
车险业务实现“双优”目标 ………… (328)
非车险盈利能力进一步增强 ………… (328)
按时足额缴纳代收各类税金 ………… (328)
创新保险服务 全力支持德州经济发展 (328)
中国太平洋人寿保险股份有限公司德城支公司 ……………………………… (328)
China Pacific Insurance (group) Co., Ltd. Decheng Branch
概况 ……………………………… (328)
经营业绩 ……………………………… (328)
中国大地财产保险股份有限公司德州德城营销服务部 ……………………… (329)
China Continent Insurance Co., Ltd. Dezhou Decheng Marketing Services Department
概况 ……………………………… (329)
经营指标 ……………………………… (329)
建信人寿保险股份有限公司德州中心支公司中心城区业务 ………………… (329)
Business of CCB Life Insurance Co., Ltd. Dezhou Center Branch in central city area
概况 ……………………………… (329)
中华联合财产保险股份有限公司德城区支公司 ……………………………… (329)
China United Property Insurance Co., Ltd. Decheng Branch
概况 ……………………………… (329)
业务指标 ……………………………… (329)
业务创新 ……………………………… (329)
中国平安人寿保险股份有限公司德州中心支公司德城区营销服务部 …… (330)
China Ping An Life Insurance Co., Ltd. Dezhou Center Branch, Decheng Marketing Service Department
概况 ……………………………… (330)
经营业绩 ……………………………… (330)
销售队伍建设 ……………………………… (330)
阳光财产保险股份有限公司德州中心支公司 ……………………………… (330)
Sunshine Property and Casualty Insurance Co., Ltd. Dezhou Branch
经营业绩 ……………………………… (330)
成本管控 ……………………………… (330)
理赔管控 ……………………………… (330)
阳光人寿保险股份有限公司德州中心支公司 ……………………………… (330)
Sunshine Life Insurance Co., Ltd. Dezhou Center Branch
概况 ……………………………… (330)
上缴税金 ……………………………… (330)
保费收入与赔付支出 ………………… (330)
经营理念 ……………………………… (331)
新华人寿保险股份有限公司德州中心支公司 ……………………………… (331)
New China Life Insurance Co., Ltd. Dezhou Center

目　录

Branch
概况 ……………………………………… （331）
经营指标 ………………………………… （331）
经营措施 ………………………………… （331）
证　券……………………………………… （331）
Security
中泰证券股份有限公司德州分公司 … （331）
Zhongtai Securities Co., Ltd. Dezhou Branch
概况 ……………………………………… （331）
经营指标 ………………………………… （331）
年度经营工作亮点 ……………………… （331）
深度服务山东市场工作 ………………… （331）
中信证券（山东）有限责任公司德州湖滨中大道证券营业部 ………………… （332）
CITIC Securities (Shandong) Co., Ltd. Dezhou Hubinzhong Avenue Securities Sales Department
概况 ……………………………………… （332）
经营范围 ………………………………… （332）
经营业绩 ………………………………… （332）

科　学

Science

科技局工作………………………………… （333）
Work of the Science and Technology Bureau
科技业务成果 …………………………… （333）
凝神聚力 开展五大科技活动 ………… （333）
走出去 请进来 深入开展“双招双引” ……………………………………… （333）
真抓实干 科技业务质量明显提升 …… （333）
加强组织建设 扎扎实实搞好科技服务 ……………………………………… （333）
科协工作…………………………………… （334）
Work of the Association for Science and Technology
基层科普行动计划 ……………………… （334）
科普工作 ………………………………… （334）
优秀科技工作者 ………………………… （334）
气　象……………………………………… （334）
Meteorology
德州市气象局业务工作 ………………… （334）
Work of the Dezhou Meteorological Bureau
提高公共气象服务水平 ………………… （334）
提升气象防灾减灾能力 ………………… （335）
做好为农气象服务 ……………………… （335）
提高安全生产监管服务水平 …………… （335）
全力支持中心城区和新农村建设 …… （335）
德城区 / 中心城区气象条件分析 …… （335）
Analysis of meteorological conditions in Decheng District/central city area
气候概况 ………………………………… （335）
气温 ……………………………………… （335）
降水 ……………………………………… （335）
日照 ……………………………………… （336）
主要气候事件 …………………………… （336）
地　震……………………………………… （336）
Earthquake
德州市地震局防震减灾工作 …………… （336）
Earthquake disaster reduction work of Dezhou Seismology Bureau
概况 ……………………………………… （336）
科研单位简介……………………………… （337）
Introduction of research units
德州工科所有限责任公司 ……………… （337）
Dezhou Engineering and Science Institute Co., Ltd.
概况 ……………………………………… （337）
年度科研成果 …………………………… （337）
年度经营数据 …………………………… （337）
德州市农业科学研究院 ………………… （337）
Dezhou Agricultural Science Research Institute
概况 ……………………………………… （337）
机构设置 ………………………………… （337）
科技创新 ………………………………… （337）
科技服务 ………………………………… （338）

Contents

教 育

Education

综　述………………………………………（339）
Overview
荣誉 ……………………………………（339）
学校建设 ………………………………（339）
学前教育 ………………………………（339）
义务教育 ………………………………（339）
职业教育 ………………………………（340）
教育教学 ………………………………（340）
素质教育 ………………………………（340）
队伍建设 ………………………………（340）
学校管理 ………………………………（340）
教育成果 ………………………………（341）
区属学校工作……………………………（341）
Work of District subordinated schools
德城区教师进修学校 …………………（341）
Decheng Teachers Training School
概况 ……………………………………（341）
教学教研 ………………………………（341）
教师队伍 ………………………………（342）
德州信息工程中等专业学校 …………（342）
Dezhou Information Engineering Secondary School
概况 ……………………………………（342）
职业教育 ………………………………（343）
德育工作 ………………………………（343）
师资培养 ………………………………（343）
成人教育 ………………………………（343）
社会服务 ………………………………（343）
体制创新 ………………………………（343）
新校区实训区建设 ……………………（344）
德州市第二职业中等专业学校 ………（344）
Dezhou No.2 Vocational Secondary School
概况 ……………………………………（344）
教学教研 ………………………………（344）
师资培养 ………………………………（344）
教学成果 ………………………………（344）
学生管理 ………………………………（344）
校企合作 ………………………………（345）
德州市第三中学 ………………………（345）
Dezhou Third Middle School
学校概况 ………………………………（345）
学校发展愿景 …………………………（345）
深化课改　打造和谐高效课堂 ………（345）
实施青蓝工程　助力教师专业成长 …（346）
注重课程开发　全方位提升学生综合素质 ……………………………………（346）
德州市第四中学 ………………………（346）
Dezhou Fourth Middle School
概况 ……………………………………（346）
打造特色品牌学校　共建和合精神家园 ……………………………………（347）
开展自信教育　促进学生成长 ………（347）
加速教师培养　助推名师梦想 ………（347）
弘扬传统文化　厚泽精神家园 ………（347）
德州市第五中学 ………………………（347）
Dezhou Fifth Middle School
概况 ……………………………………（347）
荣誉 ……………………………………（348）
教师队伍建设 …………………………（348）
教学改革 ………………………………（349）
教学研究 ………………………………（349）
面向全体学生 贯彻教育方针 …………（349）
综合管理 后勤保障 ……………………（350）
德州市第九中学 ………………………（350）
Dezhou Ninth Middle School
概况 ……………………………………（350）
师德师风建设 …………………………（350）
开展特色课程 …………………………（350）
打造书香校园 …………………………（350）
基于小组合作学习下的“235”教学模式 ……………………………………（350）
青年教师培养 …………………………（350）
德州市第十中学 ………………………（351）

目 录

Dezhou Tenth Middle School
概况 …… (351)
教师文化 …… (351)
课程文化 …… (351)
德育文化 …… (351)
环境文化 …… (351)
设施建设 …… (351)
德州市第十一中学 …… (351)
Dezhou Eleventh Middle School
概况 …… (351)
荣誉 …… (352)
教师队伍建设 …… (352)
思维导图实用于教学 …… (352)
教学楼施工建设 …… (352)
德州市德城区明诚学校 …… (352)
Decheng Mingcheng School in Dezhou
学校概况 …… (352)
民主管理 …… (353)
党建活动 …… (353)
教育教学研究 …… (354)
强化教师队伍 …… (354)
打造优秀团队 …… (355)
德育建设 …… (355)
营造安全校园 …… (356)
德城区二屯镇中学 …… (357)
Decheng Ercheng Town Middle School
概况 …… (357)
荣誉 …… (357)
学校管理 …… (357)
教师队伍建设 …… (357)
教育教学 …… (357)
食宿综合楼建设 …… (357)
德城区黄河涯镇第一中学 …… (357)
Decheng Huangheya Town No. 1 Middle School
概况 …… (357)
教学工作 …… (357)
队伍建设 …… (358)
项目建设 …… (358)
校园安全 …… (358)
王村店中学 …… (358)
Wangcundian Middle School
概况 …… (358)
德州市实验小学 …… (358)
Dezhou Experimental Primary School
概况 …… (358)
荣誉 …… (358)
营造良好教育生态 丰盈内涵发展的根基 …… (358)
基于课程标准教学 聚力内涵发展的关键 …… (359)
完善生态课程设置 拓宽内涵发展的途径 …… (359)
促优教师专业成长 奠定内涵发展的前提 …… (359)
创新生态德育机制 彰显内涵发展的本源 …… (359)
优化后勤服务工作 夯筑内涵发展的保障 …… (359)
德州市新湖北路小学 …… (360)
Dezhou Xinhubeilu Primary School
概况 …… (360)
民主管理 …… (360)
立德树人 …… (360)
多彩活动 …… (360)
高效课堂 …… (360)
教学教研 …… (360)
师资培养 …… (361)
大量阅读 …… (361)
师德建设 …… (361)
教学成果 …… (361)
设施建设 …… (361)
德州市黎明街小学 …… (361)
Dezhou Limingjie Primary School
概况 …… (361)
课题研究 …… (362)
青蓝工程 …… (362)

Contents

特色课程人人参与　自主选课 ……… (362)
开展家庭教育系列讲座 推进家校合作 …… (363)
基础设施维修 …… (363)
德州市建设街小学 …… (363)
Dezhou Jianshejie Primary School
概况 …… (363)
认真落实常规管理 …… (363)
扎实开展学科教研 …… (363)
积极推进课题研究 …… (363)
多彩活动提升素养 …… (364)
民主凝聚团队力量 …… (364)
德州市北园小学 …… (364)
Dezhou Beiyuan Primary School
概况 …… (364)
夯实根基　锻造和谐团队 …… (365)
多措并举　提高教学质量 …… (365)
立德树人　培育阳光少年 …… (366)
优化环境　建设和谐校园 …… (367)
德州市天衢东路小学 …… (367)
Dezhou Tianqudonglu Primary School
学校概况 …… (367)
荣誉 …… (367)
学校管理 …… (367)
教学教研 …… (368)
学生培养 …… (368)
师资培养 …… (369)
德城区第二实验小学 …… (369)
Decheng No.2 Experimental Primary School
概况 …… (369)
开展德育活动 …… (369)
营造文化氛围 …… (369)
启动校本课程 …… (370)
教师队伍建设 …… (370)
德州市东风东路小学 …… (370)
Dezhou Dongfengdonglu Primary School
概况 …… (370)
教学成果 …… (370)
学生培养 …… (371)
教学教研 …… (372)
师资培养 …… (372)
设施建设 …… (373)
德州市新影街小学 …… (373)
Dezhou Xinyingjie Primary School
概况 …… (373)
教师培训 …… (373)
教学教研 …… (373)
德育工作 …… (373)
德州市解放南路小学 …… (374)
Dezhou Jiefangnanlu Primary School
学校概况 …… (374)
教学教研 …… (374)
教育成果 …… (374)
师资培养 …… (374)
德州市解放北路小学 …… (374)
Dezhou Jiefangbeilu Primary School
概况 …… (374)
荣誉 …… (374)
尊重生命　认知生命 …… (374)
关注生命　唤醒生命 …… (374)
启迪生命　放飞生命 …… (375)
德州市新湖南路小学 …… (375)
Dezhou Xinhunanlu Primary School
学校概况 …… (375)
荣誉 …… (375)
尚美课程　润泽幸福童年 …… (375)
多彩活动　绽放生命精彩 …… (376)
梯级培养　助力教师成长 …… (376)
民主管理　营造和谐文化 …… (376)
联盟教研　彰显合作共赢 …… (376)
德州市光明街小学 …… (377)
Dezhou Guangmingjie Primary School
学校概况 …… (377)
教学教研 …… (377)
课题研究 …… (377)
课程建设 …… (378)

目　录

队伍建设 ………………………………… (378)
德育工作 ………………………………… (378)
家委会工作 ……………………………… (379)
设施建设 ………………………………… (379)
德州市湖滨北路小学 …………………… (379)
Dezhou Hubinbeilu Primary School
概况 ……………………………………… (379)
学校管理 ………………………………… (379)
办学条件 ………………………………… (379)
教学管理 ………………………………… (380)
德育管理 ………………………………… (380)
德州学院附属小学 ……………………… (380)
Dezhou College Affiliated Primary School
概况 ……………………………………… (380)
办学宗旨 ………………………………… (380)
学校发展目标 …………………………… (380)
德育工作 ………………………………… (381)
教学工作 ………………………………… (381)
教科研工作 ……………………………… (381)
体卫艺工作 ……………………………… (381)
后勤工作 ………………………………… (381)
德州市石芦街小学 ……………………… (382)
Dezhou Shilujie Primary School
概况 ……………………………………… (382)
荣誉 ……………………………………… (382)
丰富课程设置 …………………………… (382)
创新德育形式 …………………………… (382)
打造高效课堂 …………………………… (382)
助力教师成长 …………………………… (382)
缔造完美教室 …………………………… (383)
加强民主管理 …………………………… (383)
建设美丽校园 …………………………… (383)
德城区丰乐屯中心小学 ………………… (383)
Decheng Fengletun Central Primary School
学校管理 ………………………………… (383)
教师队伍建设 …………………………… (383)
教育教学 ………………………………… (383)
德城区特殊教育中心 …………………… (384)
Decheng Special Education Center
概况 ……………………………………… (384)
规范课程设置 …………………………… (384)
师德建设 ………………………………… (384)
突出特色办学 …………………………… (384)
德城区区直机关幼儿园 ………………… (384)
Decheng Directly Subordinated Unit Kindergarten
概况 ……………………………………… (384)
幼儿活动 ………………………………… (385)
教师成长 ………………………………… (385)
专家学者指导 …………………………… (385)
示范引领 ………………………………… (385)
家园共建 ………………………………… (386)
依法办园 ………………………………… (386)
安全防范 ………………………………… (386)

文化　新闻　体育

Culture, Press & Sports

文　化 …………………………………… (387)
Culture
德州大运河文化 ………………………… (387)
Dezhou Grand Canal culture
成功申请世界文化遗产 ………………… (387)
南运河德州段 …………………………… (387)
德州大运河概况 ………………………… (387)
大运河遗产构成 ………………………… (387)
文艺创作 ………………………………… (387)
Literary and artistic creation
文学 ……………………………………… (387)
书法 ……………………………………… (387)
音乐 ……………………………………… (387)
队伍建设 ………………………………… (387)
区文新局工作 …………………………… (388)
Work of the Department of Culture, Press and Publication of Decheng
努力创造风清气正的和谐局面 ………… (388)
持续提升公共文化服务体系建设 ……… (388)

Contents

文化惠民活动丰富多彩 …………………（389）
严格执法维护文化市场秩序 …………（389）
认真做好文化遗产保护 ………………（389）
文化产业取得新进步 …………………（390）
德州新华集团中心城区业务 …………（390）
Business of Dezhou Xinhua Group in central city area
主业经营 ……………………………（390）
多元化经营 …………………………（390）
新型网点建设 ………………………（390）
工作创新 文化亮点 …………………（390）
德城区文化产业简介……………………（390）
Introduction of cultural industry in Decheng District
新街口文化产业园 ……………………（390）
德州梁子黑陶文化有限公司 …………（391）
德州农耕文化教育体验园 ……………（391）
驻中心城区文化设施简介………………（392）
Introduction of cultural facilities in central city area
德州市图书馆 ………………………（392）
德州市文化馆 ………………………（393）
德州市博物馆 ………………………（393）
德州市工人文化宫 ……………………（393）
德州市青少年宫 ………………………（394）
中国黑陶城博物馆 ……………………（394）
新　闻……………………………………（394）
Press
区宣传中心业务工作 …………………（394）
Work of the District Propaganda Center
机构概况 ……………………………（394）
业务概述 ……………………………（395）
广播电视新闻工作 ……………………（395）
报纸新闻工作 ………………………（395）
新媒体新闻工作 ………………………（395）
上级新闻媒体 ………………………（396）
Superior news media
驻市区新闻单位 ………………………（396）
驻市区网络媒体 ………………………（396）
德州电视台简介 ………………………（396）
体　育……………………………………（396）
Sports
荣誉 …………………………………（396）
概况 …………………………………（396）
群众体育 ……………………………（397）
竞技体育 ……………………………（397）
体育协会 ……………………………（397）
体育产业 ……………………………（397）
驻中心城区体育设施简介………………（397）
Introduction of sports facilities in central city area
德州市体育中心 ………………………（397）
德州市五环体育馆 ……………………（398）

卫生　医药

Sanitation & Medicine

卫生综述…………………………………（399）
Overview of sanitation conditions
医药卫生体制改革不断深化 …………（399）
医疗卫生服务能力不断提升 …………（399）
公共卫生服务水平不断增强 …………（399）
创新发展健康服务业 …………………（399）
计划生育服务管理成效显著 …………（400）
统筹推进创卫复审和安全生产等工作 ……………………………………（400）
招商引资招才引智向上争取积极推进 ……………………………………（400）
基层党建工作常抓不懈 ………………（400）
党风廉政主体责任全面落实 …………（400）
医院　疾控中心　血站…………………（401）
Hospitals, centre for disease control and blood station
德州市立医院 ………………………（401）
Dezhou Municipal Hospital
加强对外交流与合作 南融北接谱写新篇章 ……………………………………（401）
以医疗技术为核心 持续加强质量安全 ……………………………………（401）
加强人才队伍建设 大力实施“人才兴院”战略 ………………………………（402）

目　录

以患者为中心 从细节入手 基础服务设施提档升级 ……………………………（402）
优化服务流程 发挥信息优势 提升患者的就医获得感 …………………………（402）
加强医院精细化管理 推进公立医院法人治理结构改革 ………………………（402）
创新公益服务 自觉履行社会责任 ……（403）
发展专科优势 打造强势品牌 分院工作再上新台阶 …………………………（403）
德州联合医院 …………………………（403）
Dezhou United Hospital
坚持走“集团式发展”道路 …………（403）
外树形象 内强素质 推进人文医院建设 ……………………………………………（404）
凸显中医药特色 打造中医药特色品牌 ……………………………………………（405）
发展特色专科 提高医疗水平 …………（405）
投入高端设备 更好地为临床提供诊断治疗依据 ……………………………（407）
改善诊医流程 优化网络环境 …………（407）
热心公益事业 开展惠民活动 …………（407）
德城区妇幼保健计划生育服务中心 …（407）
Decheng Maternal and Child Health and Family Planning Service Center
业务指标完成情况 ……………………（407）
加强学科体系建设 提升服务能力 ……（407）
融入协会医联体集团建设 提升业务能力 ……………………………………………（408）
持续改进医护质量 医疗救治能力得到提升 ……………………………………………（408）
认真履职 提高妇幼公共卫生服务水平 ……………………………………………（408）
播撒健康 为广大妇女儿童搭建安全屏障 ……………………………………………（408）
德城区疾病预防控制中心 ……………（409）
Dezhou Centre for Disease Prevention and Control
疾病预防控制工作核心定位提升 职责效能显著 ……………………………………（409）
卫生监督执法理念转变 力度及效能提升 ……………………………………………（410）
做好宣传先导 大力实施健康促进与健康教育 ……………………………………（411）
强化技术支撑 卫生检验监测服务水平提升 ……………………………………（412）
德州市中心血站 ………………………（412）
Dezhou Central Blood Station
概况 ……………………………………（412）
采供血情况 ……………………………（412）
临床用血供应 …………………………（412）
供血安全保障 …………………………（413）
安全信访和维稳工作 …………………（413）

社　会

Social Affairs

民族宗教事务……………………………（414）
Ethnic and religious affairs
新建两处民族团结进步宣传教育基地和外来少数民族服务站 ………………（414）
认真开展伊斯兰教协会专项检查工作 ……………………………………………（414）
顺利完成米市清真寺和北营清真寺换届工作 ……………………………………（414）
开展清真食品大调研大排查工作 ……（414）
开展宗教政策法规学习月活动 ………（414）
开展以规范为主题的和谐寺观教堂创建活动 ……………………………………（415）
积极争取少数民族惠民政策落实 ……（415）
迎接国家宗教局到德城区调研 ………（415）
迎接市区两级人大对民族宗教工作视察 ……………………………………………（415）
老龄工作…………………………………（415）
Work related to the aged
养老保障 ………………………………（415）
助老活动 ………………………………（416）
老年维权 ………………………………（416）

Contents

向上争取 ………………………………… (416)
残疾人工作……………………………… (417)
Work related to the disabled
康复服务 ………………………………… (417)
教育就业 ………………………………… (417)
扶残助残 ………………………………… (417)
维权工作 ………………………………… (417)
宣传文体 ………………………………… (417)
组织建设 ………………………………… (418)
红十字会工作…………………………… (418)
Work of the Red Cross
开展红十字博爱周宣传活动 ………… (418)
开展走访慰问送温暖和扶贫救助活动
…………………………………………… (418)
开展无偿献血和器官移植活动 ……… (418)

政要文选

Political Selections

关于德城区加快建设现代服务业创新创业园区的调研报告………………………… (419)
Research report on accelerating the construction of modern service industry, innovation and entrepreneurship park in Decheng District
德城区人大常委会党组工作汇报………… (423)
Report of the Party group work of Decheng District People's Congress Standing Committee
严守政治规矩 履行责任担当 全面推进"两学一做"学习常态化制度化 ……… (425)
Strictly abide by political rules, fulfill responsibility, comprehensively promote regularization and institutionalization of "all Party members to have a solid understanding of the Party Constitution, Party regulations, and related major policy addresses and to meet Party standards"
建立大网格 打造新品牌 努力推动城市管理再上新台阶………………………… (431)
Build great grid, creat new brands, and promote urban management to a new level
德城区安全生产形势分析及对策建议…… (433)
Analysis of safety production situation in Decheng District and countermeasures
牢记使命 敢于亮剑 开启正风反腐新篇章
………………………………………………… (436)
Keep in mind the mission, dare to "show the sword", open a new chapter of ethos correction and anti-corruption
在全区务虚工作会议上的发言…………… (437)
Speech at the District Retreat
在全区宣传文化工作会议上的讲话……… (439)
Speech at the District Propaganda and Culture Work Conference
抓住四个关键点 全面提高政法综治维稳工作水平……………………………… (445)
Fouse on four key points, comprehensively improve the level of political and legal comprehensive management and stability maintaining
强化宗旨意识 密切联系群众 深入开展统战工作进社区活动………………… (446)
Strengthen\ tenets, closely contact with the masses, carry out activities of introducing the united front work into the community
践行"五个坚持" 当好"五个角色" … (447)
Practice "five persistences", play the "five roles" well
——关于如何做好新形势下党委办公室工作的几点思考
德城区农业转移人口市民化调研报告…… (450)
Investigation report on urbanization of agricultural transfer population in Decheng District
关于加快德城区健康养老服务业发展的调研报告…………………………………… (454)
Research report on accelerating the development of health care service industry in Decheng District
关于德城区食品药品监管体制改革的调研报告…………………………………… (458)
Research report on reform of food and drug supervision system in Decheng District

目　录

关于德城区加快现代服务业发展的调研报告 ……………………………… （460）
Research report on speeding up the development of modern service industry in Decheng District

镇街（园区）概况

Overview of Towns and Streets (Parks)

天衢工业园……………………………… （464）
Tianqu Industrial Park
概况 ……………………………… （464）
扶持重点项目实现转型升级 ……………… （464）
全力推进环境保护工作 ………………… （465）
构建安全稳定社会环境 ………………… （465）
天衢街道……………………………… （466）
Tianqu Street
政区概况 ……………………………… （466）
Introduction of administrative divisions
名称来历 ……………………………… （466）
地理位置 ……………………………… （466）
政区沿革 ……………………………… （466）
政区划分 ……………………………… （466）
人口面积 ……………………………… （466）
自然条件 ……………………………… （467）
Natural conditions
地形地貌 ……………………………… （467）
气候 ……………………………… （467）
水文 ……………………………… （467）
自然灾害 ……………………………… （467）
主要道路 ……………………………… （467）
经济概况 ……………………………… （467）
Economic profile
农业 ……………………………… （467）
畜牧业 ……………………………… （467）
林业 ……………………………… （467）
工业 ……………………………… （467）
财政金融 ……………………………… （467）
社会发展 ……………………………… （467）
Social development
文化艺术 ……………………………… （467）
教育 ……………………………… （467）
医疗卫生 ……………………………… （467）
体育 ……………………………… （467）
社会保障 ……………………………… （467）
基础设施 ……………………………… （467）
Infrastructure
交通运输 ……………………………… （467）
城市道路 ……………………………… （468）
给排水 ……………………………… （468）
二屯镇……………………………… （468）
Ertun Town
政区概况 ……………………………… （468）
Introduction of administrative divisions
名称来历 ……………………………… （468）
地理位置 ……………………………… （468）
政区沿革 ……………………………… （468）
政区划分 ……………………………… （468）
人口面积 ……………………………… （468）
自然条件 ……………………………… （468）
Natural conditions
地形地貌 ……………………………… （468）
气候 ……………………………… （468）
水文 ……………………………… （469）
自然灾害 ……………………………… （469）
经济概况 ……………………………… （469）
Economic profile
农业 ……………………………… （469）
畜牧业 ……………………………… （469）
林业 ……………………………… （469）
工业 ……………………………… （469）
商业外贸 ……………………………… （469）
财政金融 ……………………………… （469）
社会发展 ……………………………… （469）
Social development
文化艺术 ……………………………… （469）
教育 ……………………………… （469）

Contents

医疗卫生 …… (469)
体育 …… (469)
广播电视 …… (469)
社会保障 …… (469)
基础设施 …… (469)
Infrastructure
交通运输 …… (469)
邮政电信 …… (469)
市政建设 …… (469)
Municipal Construction
城市道路交通 …… (469)
环境治理 …… (469)
供电 …… (469)
黄河涯镇 …… (470)
Huangheya Town
政区概况 …… (470)
Introduction of administrative divisions
名称来历 …… (470)
地理位置 …… (470)
政区沿革 …… (470)
政区划分 …… (470)
人口面积 …… (470)
自然条件 …… (470)
Natural conditions
地形地貌 …… (470)
气候 …… (470)
水文 …… (470)
自然灾害 …… (471)
经济概况 …… (471)
Economic profile
农业 …… (471)
畜牧业 …… (471)
林业 …… (471)
商业外贸 …… (471)
财政金融 …… (471)
社会发展 …… (471)
Social development
文化艺术 …… (471)
教育 …… (471)
医疗卫生 …… (471)
体育 …… (471)
广播电视 …… (471)
社会保障 …… (471)
基础设施 …… (471)
Infrastructure
交通运输 …… (471)
邮政电信 …… (471)
城区市政建设 …… (471)
District urban construction
城市道路 …… (471)
公共交通 …… (471)
供电 …… (471)
新华街道 …… (472)
Xinhua Street
政区概况 …… (472)
Introduction of administrative divisions
名称来历 …… (472)
地理位置 …… (472)
政区沿革 …… (472)
政区划分 …… (472)
人口面积 …… (472)
自然条件 …… (472)
Natural conditions
地形地貌 …… (472)
气候 …… (472)
水文 …… (473)
自然灾害 …… (473)
经济概况 …… (473)
Economic profile
农业 …… (473)
畜牧业 …… (473)
工业 …… (473)
商业外贸 …… (473)
财政金融 …… (473)
社会发展 …… (473)
Social development

目 录

文化艺术 …………………………………… (473)
教育 ………………………………………… (473)
医疗卫生 …………………………………… (473)
体育 ………………………………………… (473)
广播电视 …………………………………… (473)
社会保障 …………………………………… (473)
基础设施 …………………………………… (474)
Infrastructure
交通运输 …………………………………… (474)
邮政电信 …………………………………… (474)
城区市政建设 ……………………………… (474)
District urban construction
城市道路 …………………………………… (474)
公共交通 …………………………………… (474)
给排水 ……………………………………… (474)
供电 ………………………………………… (474)
园林绿化 …………………………………… (474)
广川街道 …………………………………… (474)
Guangchuan Street
政区概况 …………………………………… (474)
Introduction of administrative divisions
名称来历 …………………………………… (474)
地理位置 …………………………………… (474)
政区沿革 …………………………………… (475)
政区划分 …………………………………… (475)
人口面积 …………………………………… (475)
自然条件 …………………………………… (475)
Natural conditions
地形 ………………………………………… (475)
气候 ………………………………………… (475)
水文 ………………………………………… (475)
自然灾害 …………………………………… (475)
基层组织建设 ……………………………… (475)
概况 ………………………………………… (475)
经济概况 …………………………………… (475)
Economic profile
商业外贸 …………………………………… (475)
财政金融 …………………………………… (475)
招商引资 …………………………………… (475)
项目建设 …………………………………… (475)
棚户区改造 ………………………………… (476)
老旧小区改造 ……………………………… (476)
社会发展 …………………………………… (476)
Social development
文化艺术 …………………………………… (476)
教育 ………………………………………… (476)
医疗卫生 …………………………………… (476)
体育 ………………………………………… (476)
社会保障 …………………………………… (476)
强化监管 保障社会安全稳定 ……………… (476)
基础设施 …………………………………… (477)
Infrastructure
城市道路 …………………………………… (477)
交通运输 …………………………………… (477)
公共交通 …………………………………… (477)
园林绿化 …………………………………… (477)
新湖街道 …………………………………… (477)
Xinhu Street
政区概况 …………………………………… (477)
Introduction of administrative divisions
名称来历 …………………………………… (477)
地理位置 …………………………………… (477)
政区沿革 …………………………………… (477)
政区划分 …………………………………… (477)
人口面积 …………………………………… (477)
自然条件 …………………………………… (478)
Natural conditions
地形地貌 …………………………………… (478)
气候 ………………………………………… (478)
水文 ………………………………………… (478)
自然灾害 …………………………………… (478)
经济概况 …………………………………… (478)
Economic profile
商业外贸 …………………………………… (478)
财政金融 …………………………………… (478)
社会发展 …………………………………… (478)

Contents

Social development
文化艺术 …………………………………… (478)
教育 ………………………………………… (478)
医疗卫生 …………………………………… (478)
体育 ………………………………………… (478)
广播电视 …………………………………… (478)
社会保障 …………………………………… (478)
基础设施 …………………………………… (479)
Infrastructure
交通运输 …………………………………… (479)
邮政电信 …………………………………… (479)
城区市政建设 ……………………………… (479)
District urban construction
城市道路 …………………………………… (479)
公共交通 …………………………………… (479)
给排水 ……………………………………… (479)
供电 ………………………………………… (479)
园林绿化 …………………………………… (479)

人　物

Figures

区级领导干部 ………………………………… (480)
District-level leading cadres
区直部门 …………………………………… (481)
District directly subordinated department
区　委 ……………………………………… (481)
District Committee
人　大 ……………………………………… (481)
People's Congress
人民团体 …………………………………… (482)
People's Organization
国家、省、市驻区单位 ……………………… (483)
National, provincial and municipal units in Decheng
著名企业家 ………………………………… (484)
Famous entrepreneurs
科技英才 …………………………………… (486)
Technology talents
青年标兵 …………………………………… (491)
Youth models

附录：重要文件　统计资料

Appendix: Important Documents & Statistical Data

重要文件 …………………………………… (494)
Important documents
德城区人民政府关于部分社区行政管理权属调整工作方案 …………………… (494)
Decheng People’s Government’s administration on some communities
重要文件目录 ………………………………… (495)
Catalog of important documents
中共德城区委 2017 年文件目录 ……… (495)
2017 CPC Decheng District Committee Documents Catalog
德城区人大常委会 2017 年文件目录 … (497)
2017 Decheng District People’s Congress Standing Committee Document Catalog
德城区人民政府 2017 年文件目录 …… (498)
2017 Decheng People's Government Document Catalog
中共德城区纪律检查委员会 2017 年文件目录 ………………………………… (501)
2017 CPC Decheng District Commission for Discipline Inspection Document Catalog Catalog
光荣榜 ……………………………………… (502)
Honour roll
中共德城区委　德城区人民政府关于 2017 年度德城发展排头兵表彰的通报 ……………………………………………… (502)
Notification on commendation of development leaders of Decheng in 2017 by CPC Decheng District Committee and the People's Government of Decheng District
统计资料 …………………………………… (505)
Statistical data
德城区 2017 年度统计资料选编 ………… (505)
2017 Decheng District Statistical Data Selections

目 录

德城区地方志工作管理办法………………… （508）
Decheng District Local Chroniclesy Work Management Measures

索 引

Indexes

主题索引……………………………………………… （511）

特　　载

在全区经济工作暨干部作风建设大会上的主持讲话

2018 年 2 月 24 日

巩洪波

今天，我们召开全区经济工作暨干部作风建设大会，主要任务是认真贯彻落实上级经济工作会议和全省全面展开新旧动能转换重大工程动员大会、全市作风建设会议精神，总结成绩、表彰先进，转变作风、狠抓落实，动员全区上下进一步从严从实、奋发有为，对标一流、争先进位，确保 2018 年各项工作开好局、起好步，推动“富美新强”典范区建设迈出新步伐。

过去的一年，全区上下高举习近平新时代中国特色社会主义思想伟大旗帜，认真学习贯彻党的十九大精神，以“富美新强”典范区为奋斗目标，深入实施“产业强区、创新兴区、服务立区、开放活区”四大战略，紧紧围绕“财源建设、城市建管、民生改善、安全稳定、从严治党”五大重点，从严从实、奋发有为，对标一流、争先进位，经济社会发展呈现稳中向好态势。从区级层面来看，经济实力走在全市前列，全区地区生产总值位居全市第 2 位，一般公共预算收入增幅位居全市第 3 位。民生保障水平不断提高，在全市综合考评中，教育、卫生、居住环境、文化生活、社会治安和干部作风 6 个方面满意度由去年的全市第 11 名上升到第 4 名，经济发展环境满意度由去年的第 10 名上升到第 1 名。从镇街层面来看，各镇街顶住压力、克服困难，解放思想、开拓创新，打造了一批工作亮点。天衢街道荣获全市综合实力 20 强乡镇（街道）第 3 名。建设高创智造谷，引入全市首家国家重点实验室，实华化工税收突破 2 亿元。新华街道荣获全市综合实力 20 强乡镇（街道）第 11 名，双一科技成为全市首家在深交所上市企业。新湖街道荣获全市综合实力 20 强乡镇（街道）第 10 名。培育形成“丰华模式”基层党建服务品牌，得到省委刘家义书记、市委陈勇书记充分肯定。广川街道全年无集体访、越级访、非访，被授予全省信访稳定工作先进集体、全市十九大维稳先进集体。黄河涯镇狠抓精神文明建设，焦庄社区荣获“全国文明村镇”荣誉称号。二屯镇荣获全市跨越发展十强乡镇第 1 名。从部门层面来看，各部门单位围绕中心、服务大局，担当负责、主动作为，各项工作迈上新台阶。精神文明建设、健康服务业创新发展、义务教育均衡发展、卫生计生综合监督等 7 项工作荣获省级以上荣誉称号。老旧住宅小区整治改造、省选派挂职干部等 10 项工作在全省系统内做典型发言。创新创优工作位居全市第 3 名。财政、发改、统计、科技、商务、金融办、食药监等部门负责的指标综合成绩位居全市前列。

成绩的取得，是市委、市政府坚强领导的结果，是全区上下共同努力的结果。刚才受到表彰的先进单位，是为全区改革发展稳定作出贡献的优秀代表。在此，我代表区委、区政府，向大家表示热烈祝贺！向辛勤工作在各条战线的同志们以及节日期间坚守岗位的干部职工表示衷心感谢！

肯定成绩的同时，必须清醒看到，我们工作中还存在一些差距和不足。一是重点工作落实不力。竞争性指标中，协同发展重点任务目标（第 9 名）、协同发展情况督查评议（第 7 名）、“三个一批”等重点工作督查（第 7 名）、新旧动能转换（第 6 名）成绩都不理想。反映了部分镇街、部门担当精神不足，攻坚克难勇气不够。二是为民服务意识不强。我区脱贫攻坚任务相对较轻，但还是扣了 6.07 分；太平街综合楼地下室常年积水问题被中央环保督察组反馈，省委刘家义书记亲自督办。反映了一些党员干部宗旨意识淡薄，服务群众不主动，解决问题不彻底。三是底线工作抓得不牢。控制性指标中，进京非访和越级访扣掉 19 分，高出全市平均分一倍（市平均扣分 9.3 分），成为最大短板、最弱一环。2017 年共发生安全生产事故 5 起、死亡 5 人，“5·12”较大道路交通事故教训深刻。暴露了我区部分党员干部责任感缺失，存在麻痹松懈思想，作风不严、不实、不细。四是全面从严治党不严。2017 年，纪检监察机关立案 88 件，给予党纪政纪处分 85 人。反映了各级党委（党组）全面从严治党责任落实不到位，监督不力、管理不严。这些工作背后的作风问题，就是荣誉感、责任心不强的问题。荣誉激发动力、荣誉鼓舞士气、荣誉成就大业、荣誉孕育责任，荣誉背后就是责任。希望大家深刻反思、深入查摆、认真整改。

今年是贯彻落实党的十九大精神的开局之年，是改革开放 40 周年，是决胜全面建成小康社会、实施“十三五”规划的关键一年。做好今年工作，优良作风保障至关重要。大家要深刻认识加强作风建设的极端重要性和紧迫性，进一步深化“对标一流、争先进位，争当德城发展排头兵”活动，突出“荣誉、责任”主题，以优良作风推动实际工作，以实际工作磨炼良好作风。下面，根据区委常委会研究的意见，讲五个方面的问题。

一、始终保持政治过硬，开拓一流思想境界

毛泽东同志曾指出，“不讲政治，就等于没有灵魂。”讲政治，是党员干部的立身之本，是加强作风建设第一要求。全区党员干部要旗帜鲜明讲政治，不断提高政治站位，增强政治觉悟，提升思想境界，做政治上的明白人。

一要牢固树立“四个意识”。增强“四个意识”是弘扬优良作风、加强党性修养的必然要求。要坚持把维护习近平总书记核心地位、领袖权威作为第一位的政治要求，旗帜鲜明拥戴核心，坚定不移维护核心，忠贞不渝捍卫核心。要以“四个意识”为政治标杆，经常对照自查，看看自己是不是对党绝对忠诚，是不是坚决维护中央权威和集中统一领导，是不是坚定自觉向党中央对标看齐。要始终保持强大的政治定力，注重提高政治鉴别力、政治敏锐力，在大是大非问题面前，始终保持头脑清醒，绝不散布与中央精神相悖的言论，敢于、善于回击错误的思想和言论，旗帜鲜明地维护好党的形象。

二要持续强化理论武装。改进作风首先要从理论上武装起来，增强政治“免疫力”，筑牢思想“防火墙”。要学好用好习近平新时代中国特色社会主义思想这一强大理论武器，把学习贯彻习近平新时代中国特色社会主义思想作为当前和今后一个时期的重大政治任务，以高度的思想自觉和行动自觉，全面学、系统学、深入学，做到真学真懂真信真用。要超前谋划、认真开展“不忘初心、牢记使命”主题教育，以“大学习、大宣讲、大调研、大落实”活动为载体，把学习宣传贯彻习近平新时代中国特色社会主义思想不断推向深入。

三要严格落实上级要求。旗帜鲜明讲政治，不是空喊口号，也不是简单表态，而是要见诸行动，务求实效。要增强大局观念，紧紧围绕“富美新强”典范区建设，摆正本镇街、本部门工作在全局中的位置，一切服从和服务大局。要严守政治纪律、政治规矩，不折不扣贯彻落实中央和省、市、区重大决策部署，决不允许“上有政策、下有对策”，决不允许有令不行、有禁不止，决不允许打折扣、搞变通。要强化执行能力，针对表态多调门高、行动少落实差等突出问题，采取过硬措施，坚决加以整改，确保上级决策部署落地生根、取得实效。

二、恪守不渝为民情怀，擦亮一流服务品牌

习近平总书记指出：“要解决好群众最关心最直接最现实的利益问题，真正把功夫下到察实情、出实招、办实事、求实效上”。全区各级各部门要认真践行以人民为中心的发展思想，一件事情接着一件事情办，一年接着一年干，切实在为民服务中转作风、树新风。

一要突出问题导向。去年以来，各级各部门始终把群众对美好生活的向往作为奋斗目标，做了大量工作，取得了较好成效，民生支出占比达到 82.8%，群众满意度不断提高。但依然存在很多不足和短板，中小学“大班额”化解不彻底、城镇棚户区和老旧住宅小区整治改造推进不快、群众合理诉求不能得到及时有效解决，等等。各级各部门要牢固树立问题导向，以问题整改倒逼作风改进，全力办好中小学“大班额”化解、医疗卫生等民生实事，做到群众关心什么、期盼什么，工作开展就抓住什么、政策举措就推进什么，将民生承诺一件件做实、民生举措一项项夯实，真正把民生工作做到群众心坎上。特别是对“12345”市民热线转办的事项，要认真研究、及时回应，个性问题即知即改、立行立改，共性问题列出清单、逐项整改，全力提升群众满意度。

二要密切联系群众。习近平总书记强调“加强作风建设必须紧扣保持党同人民群众血肉联系这个关键”“领导干部要保持对人民的赤子之心，坚持工作重心下移，扑下身子深入群众”。各级各部门要认真践行“一线工作法”，沉下身子、放下架子，投入更多时间精力走基层、接地气，掌握具体情况，摸清实际问题，在思想上融入群众、感情上贴近群众、工作上着眼群众，做到思路在一线谋划，工作在一线落实，问题在一线解决，切实密切党同人民群众的血肉联系。

三要优化便民服务。要树立马上办、我来办、帮你办“三办”服务理念，实施效能提升工程，“亮剑”庸懒散、“开刀”中梗阻；加快启用区政务服务中心，对审批和便民事项实行“一窗受理”“一网通办”，推动更多事项实现“零跑腿”“只跑一次”，打造高效便捷政务服务环境。要健全公共文化服务体系，加快推进文化馆、图书馆、档案馆、史志馆“四馆”建设，注重提升社区综合服务能力，推广“丰华模式”，加快构建“5 分钟便民生活圈”，切实让群众感到“服务无处不在、幸福就在身边”。

三、背水攻坚狠抓落实，争创一流工作业绩

习近平总书记强调“抓落实来不得花拳绣腿，必须落到实处”。全区各级各部门要牢固树立争先意识，昂扬攻坚斗志，撸起袖子加油干，以踏石留印、抓铁有痕的韧劲推动各项工作落实。

一要领导带头抓落实。从我和洪林同志带头，区委常委、副区长、人大、政协都要充分发挥表率作用，带头动真碰硬，带头承担责任，形成工作合力，使干部干起来有压力、有信心、有希望。各级各部门一把手要带头成为工作的“落实者”、行动的“实践者”、政令的“维护者”，带领广大干部群众一步一个脚印地把各项工作推向前进。全区上下要树立做就做最好、干就干一流的创业精神，立足本职，以最高标准、最严要求，快捷高效执行、不打折扣落实，说到做到、务实高效，干出新业绩、树立新形象。

二要聚焦重点抓落实。在新旧动能转换上，要认真落实全省全面展开新旧动能转换重大工程动员大会精神，把加快新旧动能转换作为当前和今后一个时期全区经济发展的总牵引，以项目建设为抓手，实施“传统产业提升”“新兴产业培育”计划，高效整合利用土地资源，提高产品附加值，逐步形成新动能主导经济发展的新格局，确保进入全市“第一方阵”。在城市建管上，高标准推进 17 个城镇棚户区、67 个老旧小区整治改造，深化“城市畅通”工程，坚持市容市貌整治不放松，重拳治理违法建设，下大气力解决好占道经营、乱搭乱建、环境卫生等城市顽疾，打造“净、序、畅、美”城市新形象。在脱贫攻坚上，要像抓环保一样抓脱贫攻坚，持续巩固农村脱贫成果，进一步强化纪检监察和审计监督，依法依规、严格管理，对挤占、挪用、截留、贪污扶贫资金等行为，做到“零容忍”，从严惩处、绝不姑息。在底线工作上，要未雨绸缪、提前谋划，精心组织、周密部署，着力打好安全生产、生态环保、社会

稳定、金融风险防控攻坚战，坚决守住生态防线、安全底线。特别是要把今年作为“信访积案化解年”，严格落实领导包案制度，畅通群众诉求渠道，全力减存量、遏增量，对重点群体、重点人员盯紧靠牢、严防死守，确保稳控在辖区，坚决杜绝集体访、越级访和各类安全事故发生，确保以党的十九大安保维稳标准圆满完成全国“两会”安保维稳任务。同时，要加大资金、项目等向上争取力度，搞好与市直对口部门的沟通协调，实现无缝对接、及时有效衔接，确保各项工作高效顺利推进。

三要严督实导抓落实。要强化目标倒逼、时间倒推、进度倒排、责任倒追的落实机制，“两办”督查科室要认真履行职责，真跟实盯，已经落实的查成效，正在落实的查进度，没有落实的查责任，发现问题促整改，盯住不落实的事，追究不落实的人，一个声音喊到底、一个目标干到底，完不成任务一查到底。在这里，区委、区政府明确一个态度：就是支持各位常委、副区长大胆工作，履职尽责；支持镇街、部门、企业按照上级党委、政府和区委、区政府要求，大胆开拓工作。

四、驰而不息敲锤拧丝，打造一流干部队伍

毛泽东同志指出，政治路线确定之后，干部就是决定的因素。要时刻把干部队伍建设作为推进事业发展的关键因素抓实抓好，强化管理监督，激发生机活力，努力建设一支高素质专业化干部队伍。

一要树牢正确用人导向。为政之要，首在得人。要坚持把“20字”好干部标准贯穿到选人用人全过程，从严把好动议提名、考察考核、程序步骤“三关”，坚决防止随意变通、程序空转，杜绝“带病提拔”。要认真落实组工干部一线考察识别干部机制，对谋划工作有思路、开展工作有韧劲、推动工作有激情、落实工作有贡献的基层干部，大胆选拔、放手使用，形成干部愿下基层、扎根基层的良好局面，激发干事创业热情。要加大优秀年轻干部培养选拔力度，主动发现、热情关怀、真情帮助，近期区委将下发《关于鼓励人才挂职工作的实施办法》，选拔优秀年轻干部既“沉下去”又“走出去”，多岗位、跨区域培养锻炼，加快年轻干部成长步伐。

二要坚持严管厚爱并重。要牢固树立“严管就是厚爱、厚爱必须严管”理念，从严监督管理干部，突出抓好“一把手”和关键岗位干部监督，准确运用监督执纪“四种形态”，充分发挥“量化预警37条”作用，对苗头性、倾向性问题，及时“咬耳朵”“扯袖子”，坚决防止小毛病演化为大问题。要弘扬实干担当精神，健全容错免责、激励关怀机制，旗帜鲜明为敢于担当、踏实做事、不谋私利的干部撑腰鼓劲。要完善干部考核评价机制，突出“能者上、庸者下、平者让”考核导向，强化结果运用，把考核结果与评先树优、选拔任用相挂钩，工作突出的优先提拔重用，工作不力的严肃追责问责，着力解决好“考而不究”“考用两张皮”的问题，切实发挥考核结果“指挥棒”作用。

三要全面增强能力水平。习近平总书记要求，领导干部“既要有想干事、真干事的自觉，又要有会干事、干成事的本领”。全区党员干部特别是领导干部要坚决克服本领恐慌，加快知识更新，加强实践锻炼，全面提升素质能力。要积极响应习近平总书记“全党来一个大学习”号召，自觉把学习当成一种生活态度、一种工作责任、一种精神追求，坚持缺什么补什么、未来需要什么现在就学什么，优化知识结构、拓宽眼界视野，做到说内行话、做明白人、干正确事，不断增强工作的科学性、预见性、主动性。市委决定，从本月23日开始到月底，在全市开展集中学习活动，半天工作、半天集中学习，区委宣传部要抓好学习的组织实施和督导检查，各级各部门要精心组织、周密安排，确保取得实效。要大兴调研之风，坚持学用结合、知行合一，结合当前开展的“大学习、大宣讲、大调研、大落实”活动，了解社情民意、完善政策举措、解决实际问题，在实践锻炼中提高能力、增长才干。

五、一以贯之严实标准，营造一流政治生态

习近平总书记强调：政治生态好，人心就顺、正气就足；政治生态不好，就会人心涣散、弊病丛生。要认真把握新时代党的建设总要求，从严从实管党治党，努力营造风清气正的良好政治生态。

一要严肃党内政治生活。严肃党内政治生活是全面从严治党的基础。要严格执行《关于新形势下党内政治生活的若干准则》，认真落实“三会

一课”、双重组织生活会等各项制度，烧旺锤炼党性的“大熔炉”，让党员干部习惯于以党内政治生活扫除头脑中的灰尘、清理思想上的垃圾、规范干事创业的行为。要擦亮批评与自我批评这个有力武器，大胆使用、经常使用，勇于自我革命，敢于思想交锋，坚决克服“好人主义”。要加强党内政治文化建设，弘扬忠诚老实、公道正派、实事求是、清正廉洁等价值观，坚决抵制庸俗腐朽政治文化，不断培厚良好政治生态的土壤。

二要不断夯实基层基础。党的基层组织是党全部工作和战斗力的基础。要以全面进步、全面过硬为目标，以提升组织力为重点，突出政治功能，着力实施城市党建“擦亮品牌”、农村党建“强基固本”、“两新”组织党建“提质增效”、机关党建“效能提升”四大工程，不断夯实基层战斗堡垒。要持续开展基层党建巡查，选派优秀机关干部担任党建特派员、优秀社区工作者担任巡查员；推行社区“两委”班子目标承诺、业绩公示、定期述职、问责奖惩“四制”管理，在区直部门年度考核中引入社区评价机制，进一步压紧压实基层党建工作责任。要选优配强基层党组织班子，建立不合格党组织书记特别是社区党组织书记及时调整制度，持续整顿软弱涣散党组织，切实提升凝聚力和战斗力。

三要持之以恒正风肃纪。党的十九大发出了坚定不移全面从严治党、持之以恒正风肃纪的强烈信号。要聚焦“四风”新表现，驰而不息纠治隐形变异“四风”，露头就打、现形就抓，一以贯之、一刻不松、一抓到底，坚决防止回潮复燃，把作风转变的好势头保持下去。要擦亮巡察利剑，用好执纪问责这个“撒手锏”，失责必问、问责必严，抓住典型、通报曝光，真正让党员干部知敬畏、存戒惧、守底线。要始终保持反腐高压态势，严肃查处教育卫生、征地拆迁、扶贫救济、强农惠民等领域“微腐败”，坚决惩治“蝇贪”，把全面从严治党覆盖到“最后一公里”。党员领导干部要带头改进作风，坚决反对特权思想、特权现象，以行动作号令、以身教作榜样，形成“头雁效应”。

即将进入 3 月份，实现首季开门红，时间紧迫、任务艰巨。让我们更加紧密地团结在以习近平为核心的党中央周围，在市委、市政府坚强领导下，牢牢抓住当前有利时机，以时不我待、只争朝夕的精神，统筹抓好财税增收、民生保障、生态环保、城市建管、安保维稳、党的建设等各项工作，勇担重任、砥砺前行，对标一流、争先进位，奋力开创“富美新强”典范区建设新局面。

在区委十六届二次全体会议上关于区委常委会工作的报告

2017 年 12 月 6 日

巩洪波

现在，我受区委常委会委托，向全会作工作报告。

区第十六次党代会以来，在市委的坚强领导下，区委常委会认真贯彻落实党的十八大、十八届历次全会和党的十九大精神，深入学习贯彻习近平新时代中国特色社会主义思想，全面落实省第十一次党代会、市第十五次党代会决策部署，统筹推进“五位一体”总体布局，协调推进“四个全面”战略布局，深入实施“产业强区、创新兴区、服务立区、开放活区”四大战略，紧紧围绕“财源建设、城市建管、民生改善、安全稳定、从严治党”五大重点，从严从实、奋发有为，对标一流、争先进位，经济社会呈现出稳中向好的良好态势，“富美新强”典范区建设迈出坚实步伐。

一、深刻领会和把握习近平新时代中国特色社会主义思想，切实增强学习宣传贯彻党的十九大精神的自觉性坚定性

区委常委会围绕学习宣传贯彻党的十九大精

神，加强领导、精心组织，认真研究、周密部署，动员全区上下认真学习领会实质内涵，为党的十九大精神在德城落地生根奠定了坚实基础。

（一）充分认识重大意义。区委常委会深切感到，党的十八大以来党和国家事业之所以取得历史性辉煌成就、发生历史性深刻变革，关键是有习近平总书记这个坚强领导核心，有习近平新时代中国特色社会主义思想这个科学指导思想。习近平新时代中国特色社会主义思想，回应了坚持和发展中国特色社会主义的实践要求，为在新时代推进党和国家事业提供了思想指南，对决胜全面建成小康社会、实现中华民族伟大复兴的中国梦，具有重大现实意义和深远历史意义。区委常委会以此进一步统一了思想、凝聚了共识，增强了“四个意识”、坚定了“四个自信”，驾驭经济社会发展能力进一步提升。

（二）全面加强理论武装。深入学习贯彻党的十八大、十八届历次全会以及习近平总书记系列重要讲话精神和治国理政新理念新思想新战略，及时传达学习中央和省市重要会议精神，特别是将学习宣传贯彻党的十九大精神作为首要政治任务，学深学透、入脑入心，切实用十九大精神武装头脑、指导实践、推动工作。召开区委常委班子民主生活会，参加所在党支部专题组织生活会，带头深入基层讲党课，持续加强自身建设。今年以来，区委常委会专题学习12次，区委理论学习中心组集体学习、研讨13次，举办专题辅导报告会3次、各类培训班7期，轮训干部1700余人次。

（三）精心细致安排部署。扎实做好学习党的十九大精神组织工作，要求全区各级党组织集中收听收看了党的十九大开幕会盛况。党的十九大闭幕后，相继召开区委常委扩大会议、全区领导干部会议，并专门下发通知，对十九大精神学习宣传工作作出了全面部署。动员全区上下认认真真、原原本本地学习十九大和相关文件精神，列入干部培训必修课，深刻领会精神实质和丰富内涵，广大党员和社会各界学习贯彻十九大精神的热情空前高涨。

（四）广泛深入宣传发动。充分发挥传统媒体和新兴媒体作用，开辟专题专栏，进行全方位、多层次、宽领域宣传报道，学习贯彻十九大精神氛围日益浓厚。组建党的十九大精神宣讲团，区委常委带头深入基层开展面对面宣讲，推动党的十九大精神进企业、进农村、进机关、进校园、进社区、进网站，努力实现学习宣传全覆盖。

二、从严从实做好安保维稳工作，社会大局和谐稳定

坚持把做好党的十九大安保维稳工作作为重大政治任务，突出“三个一切”和“五个不发生”目标要求，精心组织、周密部署，上下联动、严防死守，着力打好安全生产、生态环保、社会稳定三大攻坚战，为党的十九大胜利召开营造了良好环境。

（一）全力打好安全生产攻坚战。始终坚持“红线”意识、“底线”思维，把安全生产作为“365工程”，按照管行业必须管安全、管业务必须管安全、管生产经营必须管安全和谁主管谁负责的原则，督促落实党委政府领导责任、行业部门监管责任、镇街属地管理责任和企业主体责任，健全“专家查隐患，企业抓整改，政府抓督导”工作机制，切实织密织牢了安全生产网。深入开展安全生产大检查、安全生产隐患“大快严”、安全生产百日攻坚、化工产业安全生产转型升级“四大行动”，无缝隙、全覆盖排查整治人员密集场所以及消防、道路交通、建筑施工、危化品等关键领域安全隐患，对17家化工企业落实“八项断然措施”，特别是解决了由市政府挂牌督办4家企业的重大安全隐患，消除了长期悬而未决的隐患顽疾，累计整改各类安全隐患1.2万项、立案查处违法案件185起，全区没有发生重特大安全生产责任事故。强化食品药品监管，大力开展“十大联合执法行动”和“小餐桌”集中整治，省级食品安全城市创建工作顺利通过中期考核验收。

（二）全力打好生态环保攻坚战。牢固树立“绿水青山就是金山银山”理念，全面打响生态环境治理攻坚战，实行区直部门“包街、包路、包工地”工作机制，全区61个部门、300余名机关干部、550名网格员投身到治污一线。健全区、镇街、村居三级网格化监管网络，实行区域、人员、职责、任务、奖惩“五定”管理，形成了“属地管理、分级负责、无缝对接、全面覆盖、责任到人”的环境监管大格局。高标准完成中央环保督察和16轮次大气污染防治强化督查问题整改任务。全力做好秋冬季大气污染防治，加强散煤、

散乱污“两散”治理，取缔“散乱污”企业212家，整改提升363家，超额完成2万吨洁净型煤推广任务，在全市率先完成燃煤小锅炉“清零”任务；完成7220户“气代煤”工程，完成市下达任务的240%。辖区9条河流全面落实三级河长制，萱蕙河等黑臭水体治理工程进展顺利。1—10月份，PM10、PM2.5同比分别改善10.4%和8.2%，二氧化硫浓度全市最低，空气质量良好以上天数较去年同期增加12天。

（三）全力打好社会稳定攻坚战。坚持安保维稳压倒一切，及时成立党的十九大安保维稳工作领导小组，制定出台工作方案，召开了安保维稳常委会、动员会、专题会，明确要求全区领导干部要严格遵循“九不准”“三个第一时间”和“三个一律”工作要求，对十九大前后的安保维稳工作作出安排部署。坚持抓早、抓小、抓苗头、抓关键人，深入开展维稳工作“大调研、大排查、大整改”活动，扎实推进排查安全隐患防范四类风险专项行动，充分发挥群防群治优势和基层网格员作用，实行“N+1”工作模式，全力将矛盾问题化解在萌芽、稳控在当地。健全完善“五位一体”社会面巡防机制，保持严打整治高压态势。认真落实领导接访和包案处理信访问题制度，实行区委常委包保镇街责任制，建立“日巡查机制”，向镇街派驻维稳督查专员，实时掌握工作动态，圆满完成了党的十九大、全国和省、市“两会”等重大敏感时期安保维稳任务。今年以来，非访登记次数同比下降40%，妥善安置军队退役人员777人。同时，积极做好金融风险防控工作，大力开展互联网金融专项整治、打击逃废银行债务雷霆行动，加快构建立体化金融风险防控体系。

三、加快新旧动能转换，经济运行稳中有进

牢牢牵住新旧动能转换“牛鼻子”，着力在扩投资、强招引、促转型上下功夫，不断提高发展质量和效益，全区经济社会保持持续健康稳定发展。

（一）综合实力明显增强。1—10月份，预计实现地区生产总值252.3亿元，总量居全市第二位。完成一般公共预算收入17.44亿元，可比增长13.1%，进度居全市首位。实现规模以上固定资产投资194.77亿元，同比增长9.5%。城乡居民人均可支配收入达到18297元，居全市首位。前三季度县市区主要指标考核成绩居十二个县市区第三名。

（二）产业发展质效双优。坚持以质效双优为导向、转型升级为主线，实施“产业强区”战略，努力构建具有城市特色的现代产业体系，三次产业比例优化调整为2.0∶38.4∶59.6。一是强化三产，现代服务业提质增效。培育了金融大厦、银座大厦、百脑汇等商务楼宇44座，商务总面积达到89.22万平方米，楼宇企业达到1250家。1—10月份，楼宇税收总量12.5亿元，占三次产业全口径税收比重的38.7%。实现社会消费品零售总额160.3亿元，居全市首位。服务业增加值完成150.4亿元，占GDP比重达到59.6%，占比居全市首位。各类金融机构达到68家，存贷款余额居全市前列。二是优化二产，高端工业加速膨胀。做大做强14家“三航”计划、21家“三个一百”企业，规模以上工业实现主营业务收入271.9亿元、利税16.7亿元，分别增长13.2%和8.7%。特别是实华化工龙头效应显现，2016年实现销售收入23.9亿元、纳税1.2亿元，今年1—10月份完成销售收入25.2亿元、纳税1.85亿元，全年纳税有望突破2亿元。双一科技成功上市，成为全市首家在深交所上市的企业，全区挂牌上市企业累计达到18家。三是提升一产，现代农业特色明显。大力发展休闲观光旅游农业，建成现代农业园区29个，规模以上农业龙头企业31家；深入实施“放心农产品”工程，健全完善农产品质量安全标准体系，“三品一标”认证数量28个，“三品一标”产品产地认证面积占食用农产品产地总面积70%以上。

（三）协同发展成果丰硕。成立楼宇经济、现代金融等11个产业办公室，新签约项目63个，新开工项目54个，到位资金78.2亿元。其中，京津冀项目到位资金32亿元，占比达到40.92%。引进投资10亿元的德隆博德尔循环经济产业园等过亿元项目18个。投资110亿元的运河新城项目、投资50亿元的未来科技城项目成功签约。规划建设天衢高创智造谷，引进高端人才领军项目15个，全市首个先进成形技术与装备国家重点实验室成功落户。对外贸易企稳回升，完成进出口总值14.4亿元，同比增长5.9%。其中，出口12.3亿元，同比增长12.6%。实际利用外资1536万

美元，同比增长269.2%，总量、增幅均居全市第二位。

（四）项目建设成效显著。1—10月份，总投资294.4亿元的45个重点项目完成投资85.8亿元，占年度计划的82.3%，其中，实华化工、凯盛晶华等7个市级重点项目完成投资29.6亿元，快于时间进度5个百分点。投资9亿元的华戎银泰城市综合体、投资6亿元的月星生活广场等24个新开工项目快速推进。加大向上争取力度，前三季度累计争取项目建设资金1.63亿元。建立领导包保责任制，成立10个重点城建项目、4个重点产业项目推进小组，明确了牵头领导、责任单位、责任主体，确保项目建设落到实处。举行重点项目集中签约开工竣工仪式，集中观摩检阅各镇街项目建设情况，进一步传导了压力，增强了全区项目建设责任感、紧迫感。

四、蹄疾步稳推进改革创新，发展动力持续增强

坚持把改革创新、优化环境作为建设“富美新强”典范区的强劲动力，不断释放发展活力、挖潜发展潜力。

（一）改革任务有序落实。投融资体制、镇街财税体制、群团、党建等30项重点改革事项稳妥实施，成功组建区重点建设投资公司，在全市率先推行街道“大工委制”，全国法院第二批扩大量刑规范化范围、全省社区治理暨养老服务创新实验区、房地产建筑业税收一体化平台等3项国家和省级改革试点扎实推进。整合11个部门26项设企证照，实现“多证合一”。1—10月份，新增市场主体7901家，同比增长50.5%。持续深化“放管服”改革，以“互联网+政务服务”推动“最多跑一次”改革，公布首批“零跑腿”“最多跑一次”事项82项，累计取消调整行政许可和中介收费项目9项，群众满意度不断提升。

（二）创新引领日益凸显。实施“创新兴区”战略，强企业、搭平台、聚人才，省级以上高新技术企业、创新型企业达到11家，高新技术产值占工业总产值比重达到32.9%。充分利用现有楼宇、孵化载体和闲置厂房，建设创新平台，“天衢高创智造谷”“众智长城－梧桐树众创空间”、银座“科技创业工场”等一批创新创业基地投入运营，全区累计建成省级创新平台载体27家。1—9月份，累计申请专利629件、授权352件，稳居全市首位。积极开展“招研引学”，39家科技型企业与山东省科学院、天津大学等52家高校院所建立产学研合作关系，转化科技成果48项。在今年举办的中国·德州京津冀鲁资本技术交易大会上，我区签约科技成果转移转化项目12项。深入实施“天衢计划”人才新政，加快建设人力资源服务产业园，引进专家汪峻峰等各类高层次人才33人，“筑巢引凤”效应明显。

（三）发展环境优化提升。实施“服务立区”战略，牢固树立“政府创造环境、企业创造财富”发展理念，常态化开展“进、解、促”活动，精准对接、精准服务、精准施策，全力破解制约企业发展的土地、资金、审批等瓶颈问题。1—10月份，新增制造业贷款2.69亿元，有效促进了实体经济发展。认真落实减税降费政策，全面清理规范涉企收费，取消行政事业性收费和政府性基金8项，减免小微企业税款6974万元，极大提振了企业发展信心。

五、持之以恒加强民主政治和宣传思想文化工作，发展团结和谐局面巩固扎实

积极推进民主法治建设，充分发挥思想文化凝心铸魂作用，进一步汇聚起建设“富美新强”典范区、全面建成小康社会的强大合力。

（一）民主法治建设水平不断提高。坚持和完善人民代表大会制度，切实保障人大及其常委会依法履行职责，增强人大监督实效，推动镇街人大发挥职能作用。支持政协履行政治协商、民主监督、参政议政职能，制定出台《关于进一步加强全区基层政协工作的意见》，一批议政协商成果成为党政决策的重要参考。巩固发展爱国统一战线，深化与各民主党派、工商联和无党派人士的合作共事，积极助推非公有制经济健康发展。全力维护民族宗教领域和谐稳定。加强和改进群团工作，充分发挥工会、共青团、妇联等群团组织桥梁纽带作用。深入实施“七五”普法规划和2016—2020年依法治区规划，“法律六进”工作扎实推进，全社会法治观念明显增强。

（二）意识形态工作抓牢抓实。牢牢掌握意识形态工作领导权、话语权，创新宣传方式方法，建成“德城媒立方”，推动传统媒体与新兴媒体融合发展，讲好德城故事、传播德城声音、展示德城形象，始终把握正确舆论导向。注重典型培植，深化文明创建，广泛开展社会主义核心价值观主题实践活动，深入实施“四德工程”，全力做好创建全国文明城市工作任务，持续推进乡村文明行动，扎实开展群众性精神文明创建活动，文明观念深入人心。

（三）公共文化服务体系日趋完善。加快实施文化惠民工程，图书馆、文化馆、档案馆“三馆”建设项目全面启动，五环体育馆和全民健身广场改扩建项目开工建设，青少年示范性综合实践基地建成投用。积极推进公共文化服务均等化，不断丰富全民阅读活动，农村社区实现基层综合性文化服务中心全覆盖。传承发展非物质文化遗产，加强德州古城墙等遗址保护，做大黑陶等优势文化产业，文化事业和产业发展迈出新步伐。

六、认真践行以人民为中心的发展思想，群众获得感幸福感更加充实

突出普惠共享，聚焦群众最关心最直接最现实的利益问题，保基本、补短板、兜底线，不断满足人民日益增长的美好生活需要。1—10月份，民生支出11.5亿元，占可用财力的比例达到82%。

（一）社会事业实现新进步。坚持优先发展教育事业，明诚学校等6所化解“大班额”学校竣工使用，萱蕙学校等18所学校加快建设，黄河涯镇一中等8所“全面改薄”学校年底全部竣工，被评为“全国素质教育先进区”。区妇幼保健院等一批医疗卫生项目启动实施，市立医院、联合医院先后加入北京医疗联合体，市民在本地即可享受首都优质医疗服务。大力发展健康服务业，积极探索“医养结合”新模式，被授予省级健康服务业创新发展实验区。不断夯实社会保障，1—10月份新增城镇就业3416人，企业养老保险扩面3870人，各项社保待遇累计支出7.8亿元，同比增长12%。社会救助、社会福利、慈善事业、优抚安置等工作全面加强。

（二）城乡建设呈现新面貌。总投资13.6亿元的6大类20项重点城建工程加快建设，累计完成投资12.1亿元。池口、堤岭等6个城镇棚户区改造项目进展顺利，3110套新开工任务全部开工，基本建成854套，基本建成任务率达到122%。整治改造北园小区、岔河小区等第二批56个老旧住宅小区，惠及居民1.2万户、3.8万人。以创建全国文明城市为契机，重拳整治市容市貌，实施城市“畅通工程”，突出解决管理粗放、交通拥堵、环境脏乱等“城市病”问题，依法治理各类违法建设50万平方米，营造了“净、序、畅、美”良好城市环境。健全完善数字化管理平台，构建“网格化管理＋数字化监督”综合管理模式，探索推行市场化运作，城市管理实现长效化、规范化。实施特色小镇培育计划，运河休闲文旅小镇入选市级特色小镇，加快“两区同建”步伐，新建、续建社区9个，城乡面貌日新月异。

（三）脱贫攻坚取得新进展。精准实施动态调整，脱贫及时销号、返贫及时挂号，在全市率先完成农村贫困户脱贫任务。坚持产业带动，光伏产业扶贫工程全部并网发电，鑫昂、南湖庄园等重点扶贫项目加快推进。统筹推进城镇困难群众救助帮扶，确保小康路上“不漏一户、不落一人”。加强扶贫资金审计监督，严查扶贫领域违纪违规案件，确保了扶贫资金安全规范使用。

七、坚定不移全面从严治党，党的建设全面进步

认真贯彻落实全面从严治党新部署新要求，始终把抓好党建作为最大政绩，切实履行管党治党责任，推动全面从严治党向纵深发展。

（一）管党治党责任有效落实。深入推进“两学一做”学习教育常态化制度化，严格落实“三会一课”、组织生活会、谈心谈话等组织生活制度，建立基层党建常态化巡查机制，健全完善“签字背书”、督导检查、述职述廉、述责述廉、评议考评等督责循环链条，推动了全面从严治党向基层延伸。今年以来，制定主体责任谈话等5项制度，督导检查落实“两个责任”情况9次，追究主体责任77人。

（二）干部队伍建设更加完善。始终坚持“20字”好干部标准，牢固树立正确选人用人导向，选人用人科学化水平不断提高。建立组工干部一线考察识别工作机制，注重在基层一线培养干部、发现干部、使用干部，打通了干部“能上能下”渠道。加强干部监督管理，实行量化预警机制，重拳整治“庸懒散”，着力打造尚实干、勇担当、敢作为干部队伍。1—10月份，发放预警告知书34份、开展警示提醒谈话40次，通报“庸懒散”

问题12起12人。

（三）干事创业热情空前高涨。深入开展“对标一流、争先进位，争当德城发展排头兵”活动，弘扬实干精神，强化担当意识，拉升工作标杆，干事创业氛围日益浓厚。制定干部激励关怀机制，出台干事创业容错免责办法，关心爱护基层干部，旗帜鲜明为实干者鼓劲、为改革者撑腰、为担当者担当。选派9名优秀年轻干部，到镇街挂职副书记、副主任，充分调动了干事创业积极性。

（四）基层党建基础全面夯实。加强社区服务型党组织建设，培育形成“乐缝创意坊”、“555”民主管理模式等党建品牌，社区党建“丰华模式”得到省委刘家义书记、市委陈勇书记充分肯定。全面推行网格化管理，建立“区—镇街—管区（社区）—基本网格”四级服务管理平台，打通了密切联系服务群众“最后一公里”。稳步推进农村社区党支部领办创办土地股份合作社工作，成立土地合作社23家。持续推进基层党建问题整改，整顿软弱涣散党组织13个，基层党组织建设全面进步、全面过硬。

（五）党风廉政建设持续加强。持之以恒正风肃纪，驰而不息纠治“四风”，1—10月份，全区共查处违反中央八项规定精神问题7起、处分11人，通报“四风”问题典型案例5起、处分11人。成立区委巡察机构，开展巡察2轮，巡察利剑震慑作用充分发挥。强化环保领域执纪监督，追责问责党员干部71人次。坚持无禁区、全覆盖、零容忍，保持反腐高压态势。1—10月份，全区纪检监察机关立案82件，结案62件，给予党纪政纪处分62人，推动了管党治党走向“严实硬”。

十六届区委常委会高度重视自身建设，制定出台加强自身建设意见，以身作则、以上率下，努力打造政治坚定、团结有力、奋发有为、作风优良、清正廉洁的坚强领导集体。一是坚决维护核心。旗帜鲜明讲政治，不断强化“四个意识”，坚定不移维护党中央权威和集中统一领导，始终在思想上政治上行动上同以习近平为核心的党中央保持高度一致。二是严格执行民主集中制。认真遵守党的组织原则和领导制度，严格按照规则议事决策办事，总揽全局、协调各方，充分发扬民主，增进团结统一，执政能力和领导水平进一步提高。三是带头改进工作作风。严格落实中央八项规定精神，持之以恒纠“四风”、转作风，深入基层一线，密切联系群众，带头真抓实干、求真务实，推动了全区党风政风持续好转。四是坚持弘扬清风正气。切实履行全面从严治党主体责任，从严从实抓班子、带队伍，严以律己、廉洁从政，自觉接受各方监督，努力为全区党员干部作出表率。

这些成绩的取得，是习近平新时代中国特色社会主义思想科学指导的结果，是市委、市政府正确领导的结果，是全区广大党员干部群众同心同德、团结拼搏的结果。区委委员、候补委员，区几大班子和各级各部门各个方面，对区委常委会的工作给予了充分信任和大力支持。在此，我代表区委常委会向同志们表示衷心的感谢！

在总结工作的同时，区委常委会也清醒地认识到，对照上级部署要求，对比群众所期所盼，工作中还存在一些问题和不足。主要体现在：发展不平衡不充分的问题比较突出，传统产业比重大，工业缺大少强，转型升级任务艰巨；城市功能不够完善，公共服务资源配置不够均衡，城市管理不够精细；民生领域还有不少短板，安全生产、环境保护压力依然较大，社会治理能力还需提高；干部队伍的思想、作风和能力还不能完全适应新形势新任务的要求等等。对这些问题，区委常委会高度重视，将采取有力措施，认真加以解决。

希望同志们对区委常委会的工作提出意见和建议。

在区委十六届一次全会上的讲话

2017 年 1 月 11 日

巩洪波

刚刚胜利闭幕的区第十六次党代会，选举产生了中国共产党德州市德城区第十六届委员会和纪律检查委员会。刚才，区委十六届一次全会又选举产生了新一届区委常委和书记、副书记，通过了区纪委一次全会的选举结果，标志着新一届区委领导班子正式成立。在此，我代表新当选的第十六届区委常委，对同志们的信任和支持表示衷心的感谢！

从现在起，区委新一届班子就接过了历史的接力棒，肩负起全面建成小康社会、建设“富美新强”典范区的神圣使命。我们要倍加珍惜时代提供的机遇和舞台，倍加珍惜组织的厚爱和重托，倍加珍惜人民的信任和期待，始终保持昂扬向上的精神状态、攻坚克难的顽强意志、锐意进取的干事激情，恪尽职守、团结奋斗，不忘初心、继续前进，努力完成区第十六次党代会提出的各项目标任务，向市委和全区人民交上一份满意的答卷。借此机会，我就加强区委班子建设提几点希望和要求，与大家共勉。

一要坚定理想信念，做对党忠诚的表率。对党忠诚是党员领导干部最基本的政治素养、最根本的政治要求。要始终高擎理想信念之旗，常补精神之“钙”、常培思想之源、常固信仰之根，做到在党言党、在党为党、在党爱党，时刻保持思想上的清醒和政治上的坚定。要自觉加强理论武装，深入系统学习中国特色社会主义理论体系，认真学习、深刻领会习近平总书记系列重要讲话精神和治国理政新理念、新思想、新战略，进一步增强道路自信、理论自信、制度自信和文化自信。要牢牢把好正确政治方向，站稳政治立场，切实增强政治意识、大局意识、核心意识、看齐意识，在思想上政治上行动上同以习近平同志为核心的党中央保持高度一致，确保党中央和省委、市委各项决策部署在德城落地生根。

二要勇担发展之责，做求真务实的表率。“政贵于行，事成于实”。区第十六次党代会已经吹响了建设“富美新强”典范区的号角，我们要坚持既定的战略思路不动摇，不做表面文章、不搞形式主义、不搞标新立异，少说多干、真抓实干、埋头苦干，力求发展有新举措、改革有新突破、创新有新局面、开放有新格局。要更加自觉地研究新常态、学习新理念，善于运用市场规律、法治思维解决发展中的问题，提高履职能力、增强攻坚本领，努力使自己成为引领发展的行家里手。要敢于负责、勇于担当，对本次党代会作出的决策部署、确定的目标任务，要带头研究谋划、带头狠抓落实，确保每项工作落到实处、见到实效，努力把发展蓝图变成美好现实。

三要践行根本宗旨，做勤政为民的表率。“民为邦本，政得其民”。全心全意为人民服务是我们党的根本宗旨，也是领导干部从政施政的最大追求。我们要牢记为民初心，坚持以人民为中心的发展思想，把群众对美好生活的向往作为奋斗目标，把群众满意作为工作最高标准，切实做到问政于民、问计于民、问需于民，充分调动广大群众参与全区改革发展稳定的积极性、主动性和创造性。要深怀为民之情，设身处地为群众着想，真心实意为群众办事，像关心亲人一样关心群众，像感受亲情一样感受民意，做到想群众之所想，急群众之所急，始终与群众同呼吸、共命运、心连心，在同群众朝夕相处中增进对群众的感情、增强服务群众的本领。要多办利民之事，加大民生投入力度，千方百计解决群众最关心、最直接、最现实的利益问题，补齐民生短板，满足群众多样化需求，织密民生保障网，让群众在共建共享发展中有更多幸福感获得感。

四要汇聚各方力量，做团结协作的表率。“上下同欲者胜，风雨同舟者兴”。团结是班子力量的源泉，是事业成功的保证。我们要心系共同事业维护团结，时刻以群众利益、发展大局为重，坚持以和共事、以和谋事、以和成事、以和兴事，做到心往一处想、智往一处谋、劲往一处使，齐心协力推动德城事业更好发展。要落实民主制度保障团结，严格贯彻执行民主集中制，完善区委全委会、常委会议事规则和决策程序，提高决策科学化、民主化水平。严肃党内政治生活，正确运用批评和自我批评的武器，常沟通、勤交流、多提醒，大事讲原则、小事讲风格，做到在合作共事中加强理解，在团结奋进中实现和谐。要凝聚各方力量增进团结，充分发挥区委统揽全局、协调各方的作用，支持区人大常委会、区政府、区政协履行职责，密切同各民主党派、工商联和无党派人士联系，巩固壮大爱国统一战线，广泛凝聚共识，汇聚发展合力，形成万众一心干事业、群策群力谋发展的良好局面。

五要永葆公仆本色，做廉洁从政的表率。“水清沙自洁，官贤弊自绝”。清正廉洁是领导干部的立身之本、从政之要。作为领导干部，要管好手中权力，牢固树立正确的权力观，心存敬畏、手握戒尺，做到秉公用权、阳光用权、依法用权，绝不能以权谋私、徇私枉法。要严守纪律规矩，带头尊崇党章，严格执行领导干部廉洁自律各项规定，坚守廉洁从政底线，决不逾越党纪法规红线。要锤炼品行操守，模范遵守社会公德、职业道德、家庭美德，保持高尚精神追求，培养健康生活情趣，筑牢拒腐防变思想防线，始终做到自重、自省、自警、自励。要落实“一岗双责”，切实担负起全面从严治党政治责任，从严从实抓好班子、带好队伍、管好亲属和身边工作人员，培育清正家风，带出清廉队伍，树立良好风气。要正确对待监督，把监督当作爱护，自觉接受党内监督、法律监督、舆论监督和群众监督，永葆共产党人的浩然正气和清廉本色。

做“五个表率”，是新一届区委班子加强自身建设的基本要求，也是我们向全区党员干部群众作出的郑重承诺。区委常委会是全区领导核心，常委会的工作直接关系区委工作成效，影响着改革发展稳定大局。面对新形势新任务，区委常委会必须切实加强自身建设，研究制定《关于进一步加强区委常委会自身建设的意见》，践行“三严三实”要求，努力转变作风，狠抓工作落实，保持党的先进性和纯洁性，不断提高科学执政水平，真正把区委常委会建设成为推动全区经济社会发展的坚强领导核心。作为“班长”，我一定以身作则、率先垂范。希望大家相互监督、相互勉励，共同把新一届区委班子建设成让组织放心、让群众满意的坚强领导集体。

责任在心重千钧，使命在肩当奋进。让我们更加紧密地团结在以习近平同志为核心的党中央周围，在市委的坚强领导下，团结带领全区党员干部群众，同心同德、

真抓实干、砥砺前行，为全面建成小康社会、建设“富美新强”典范区而努力奋斗！

抢抓机遇　加快新旧动能转换
推动全区经济社会实现高质量发展

——在全区经济工作暨干部作风建设大会上的讲话

2018年2月24日

王洪林

今天这次会议，主要任务是贯彻落实中央、省、市经济工作会议和全市作风建设会议精神，回顾总结2017年工作成绩，安排部署今年重点工作和作风建设任务。刚才，会议隆重表彰了2017年度做出突出贡献的先进单位。首先，我代表区委、区政府，向受到表彰的先进单位和个人，表示热烈的祝贺！一会儿，巩书记还要作重要讲话，希望大家认真学习，深刻领会，抓好落实。下面，

就做好今年全区经济工作，我先讲几点意见。

一、坚定信心，抢抓机遇，进一步增强加快高质量发展的紧迫感和使命感

近年来，历届区委、区政府团结带领全区人民拼搏努力、接续奋斗，全区经济社会发展取得了明显成效，为加快发展奠定了坚实的基础。特别是去年以来，在市委、市政府的坚强领导下，全区上下认真学习贯彻党的十九大精神，坚持发展第一要务不动摇，以高质量发展为引领，从严从实、奋发有为，实现了“一个持续向好、两个稳步提升、三个显著进步”：“一个持续向好”，是主要经济指标持续向好。主要经济指标均完成年度任务，多项指标较上年度大幅跃升。其中，社会消费品零售总额、第三产业占 GDP 比重、实际利用外资增速、城乡居民人均可支配收入等指标均居全市首位；GDP 总量、公共财政预算收入增速、高新技术投资增速、实际利用外资总量、工业用电量增速等指标居全市前三位。在 2017 年度全市协同发展综合考评中，我区经济社会发展主要指标得分（231.26 分）居全市首位。“两个稳步提升”：一是产业质效稳步提升。三次产业结构、税收结构、财政收入占 GDP 的比重持续优化，城乡居民收入跑赢 GDP 增速。谋划实施了一批新旧动能转换重大项目，楼宇经济、银行保险等新兴业态贡献度持续提升，现代服务业占第三产业比重达到 58% 以上。传统优势产业加速转型，战略性新兴产业蓬勃发展，工业投资增速居全市首位，规模以上工业企业销售收入、利润、利税三项增幅均居全市前六位，为历年来所未有，实体经济支撑力持续增强。二是动能活力稳步提升。双一科技成为全市首家在深交所上市企业。45 个重点项目、20 项城建工程均完成年度投资计划，固定资产投资保持较快增长。京津冀项目占招商项目比重达到 43.5%，对接融入的广度、深度不断拓展。重点领域改革取得积极成效，在全市综合考评中，经济发展环境满意度居全市首位。“三个显著进步”：一是民生福祉显著进步。区级财政民生支出达到 15.87 亿元，增长 29%，增幅为近年来最高。棚户区、老旧小区改造工程扎实推进，脱贫攻坚和教育、医疗、养老、社会保障等民生事业全面进步，成功创建全国素质教育示范区、省级健康服务业创新发展试验区、省级食品安全城市。二是底线工作显著进步。全区上下牢固树立“红线”意识和底线思维，全力以赴抓重点、攻难点，生态环境治理取得显著成效，安全生产、金融风险防控、十九大维稳安保等工作得到上级充分肯定。三是干事激情显著进步。一年来，面对诸多大事、要事、难事，全区广大干部凝心聚力、负重前行，一锤一锤钉钉子、一件一件抓落实，争先进位的意识更加强烈，从严从实的作风日益彰显。

在取得成绩的同时，也要清醒地看到，我区在经济社会发展中，还存在一些矛盾和短板。一是项目短板。产业项目整体上仍然偏少，特别是高质量的大项目、好项目、财源型项目不足，带动产业发展的能力较弱。二是产业短板。三次产业结构不优、层次不高、竞争力不强，传统产业占比较大，新兴产业占比较小，亟待转型升级。三是环境短板。虽然群众满意度、经济发展环境等指标实现大幅提升，但在营商环境方面，仍然存在一些影响和制约发展的突出问题。四是作风短板。个别干部仍存在精神不振、作风不实、能力不强、担当不够等问题，与新形势、新要求不相适应。对此，我们必须高度重视，制定精准、务实的措施，逐项加以解决。

客观正确认识当前经济形势，是把握机遇、应对挑战，做好经济工作的重要前提。一方面，良好的宏观环境，提供了“稳”的基础。习近平总书记指出，我国正处于一个大有可为的历史机遇期。中央继续把“稳中求进”作为工作总基调，经济长期向好的基本面没有变，特别是党的十九大作出了“两个阶段”“两步走”的战略安排，为中国未来指明了前进方向，更加坚定了我们推动高质量发展的信心和决心。中央经济工作会议和农村工作会议，将区域协调发展战略和乡村振兴战略更加具体化，必将为县域经济发展注入强大动力。另一方面，重大的战略机遇，提供了“进”的动力。2月22日，春节后上班第一天，省委、省政府就高规格召开了全省全面展开新旧动能转换重大工程动员大会，吹响了聚焦聚力高质量发展、推动“走在前列、由大到强、全面求强”的号角。省政府出台的《综合试验区建设总体方案》政策含金量高、叠加效应明显，明确支持德州壮大新能源等新兴产业，改造化工、纺织等传统产业，支持德州积极融入京津冀协同发展国家战略，为我们提供了前所未有的政策保障。市委、市政府也高度重视中心城区发展，在空间布局和功能定位优化方面出台了多项重要举措，等等。

总之，无论是宏观环境机遇，还是重大政策机遇，这些都是普惠性的，机遇伴随着挑战，如果抓不住、抓不紧，这些机遇就会稍纵即逝，良机就会变成危机，在新一轮的竞相发展中我们就会落伍。为此，必须坚定信心、抢抓机遇，以更大力度推动高质量发展，努力争得先机、赢得主动。

二、加快新旧动能转换，奋力推动全区经济社会实现高质量发展

实施新旧动能转换重大工程，是省委、省政府作出的重大战略部署，是解决大而不强、发展不平衡不充分问题，推动高质量发展的总抓手。当前，我区经济发展的质量效益还不高，竞争力不够强，尤其是可持续发展的能力还不够强，加快新旧动能转换、推动高质量发展是我们的当务之急、重中之重。

根据高质量发展要求，综合考虑各方面支撑因素，2018年全区经济工作奋斗目标是：地区生产总值增长8%左右，一般公共预算收入增长12%左右，规模以上固定资产投资增长9%以上，社会消费品零售总额增长10.5%左右，城镇和农村居民人均可支配收入分别增长8%和9.5%以上。

在推进新旧动能转换工作实践中，要坚持以实体经济为支撑，以培育现代产业为基础，以协同发展、项目建设为保障，以增进民生福祉为落脚点。主要抓好五个方面重点工作：

（一）加快实体经济转型升级。做好“去、增、提”三篇文章，通过“四新”促“四化”，加快传统产业转型升级、新兴产业培育壮大，构建质量更好、结构更优、效益更高的现代工业体系。一是聚集力量培植龙头企业，在做大做强优势产业上下功夫、求实效。抢抓我省建设创新型省份、国家技术创新工程试点省机遇，大力实施工业强基工程，集中资源、集中力量，全力支持龙头企业发展，延长产业链，打造优势产业集群。全力支持实华化工增投资、上项目、补产业，打造以实华为龙头的全国一流绿色化工产业园；全力支持凯盛晶华加快项目建设，尽早建成全国绿色建材产业园；全力支持双一科技、格瑞德集团集约创新发展，打造全国知名的高性能复合材料产业基地；全力支持华源科技对外合作、腾笼换鸟，打造高端智能纺织产业基地；全力支持德州齿轮破解瓶颈制约、加快创新发展，打造高端机械装备制造基地；全力支持益海嘉里增投资、上项目，延长产业链，发展精深加工，打造食品深加工产业园。计划利用3至5年时间，通过引导鼓励企业抓技改项目、抓科研创新、抓品牌创建、抓精益管理，按照“四新”促“四化”要求，推动六大传统产业“老树发新芽”，打造成为支撑德城高质量发展的主引擎。同时，要珍惜企业家这一宝贵财富，努力营造尊重、支持企业家干事创业的浓厚氛围，培养造就一批富有创新精神、工匠精神、担当精神的优秀企业家。二是组织现代发展要素，在培育新动能下功夫、求实效。在推进存量变革的同时，要组织好技术、人才两大现代要素，大力谋划推动增量快速崛起。龚正省长在全省新旧动能转换重大工程动员大会上提出了“三个第一”，即创新是引领科技发展的第一动力，科技是第一生产力，创新人才是第一资源。我们必须在三个方面下功夫、见实效：一要大力培植高附加值、高成长性的科技小巨人。围绕我省重点发展的新旧动能转换“十强产业”，实施新一轮高成长企业培育计划。通过财政扶持、平台融资、机构担保等措施，支持鑫华润、力维机械、耐垦自动化、德隆博德尔、梅卡尔机电等一批高创企业做大做强，力争年内高新技术企业数量、投资、产值、占比“四个指标”全部提升。二要积极搭建创新平台。对现有骨干企业制定落实扶持政策，

支持鼓励实华化工、凯盛晶华、华源纺织等重点企业，积极对接大院大所，共建创新平台，打造政产学研金服用“北斗七星”创新共同体，让企业插上科技创新的翅膀，着力培育一批有核心竞争力的创新型领军企业。要重点抓好14个技改示范项目，引导传统产业企业进行信息化、智能化改造，实施“设备换芯”、“生产换线”、“机器换人”，在价值链条上向研发、设计、品牌、营销、服务等“微笑曲线”两端延伸，力争三年时间完成主导产业企业新一轮高水平技术改造，推动新材料、节能环保等新兴产业拉长链条、扩大规模，力争战略性新兴产业增加值占GDP的比重达到15%，提高1个百分点。三要做好人才工作。按照“一年打基础、两年上台阶、三年求突破”的要求，扎扎实实做好人才工作。各部门、各企业都要增强重视人才、重视科技的意识，主要抓好三个方面工作：一是搞好协调，及时解决人才工作中遇到的难题；二是搭建平台，让人才创新创业有空间、有舞台；三是落实政策，制定“一对一”个性化服务方案，让人才无后顾之忧，真正留住、用好人才。三是优化环境、完善配套，提升园区承载力。我区土地资源稀缺，要大力推进节约集约发展、高质量发展。天衢工业园要围绕打造“产业新区、城市新城”目标，高标准实施战略定位、产业布局、风貌提升“三大规划”，着力打造三大风貌片区（高新制造风貌区、产城融合风貌区、商贸服务风貌区）、八条风貌轴带（纵向：湖滨北大道、德贤大街；横向：马厂路、小李路、滨德高速、萱惠路、盛园路）、八个风貌节点（两个入口门户节点、六个道路交叉口节点），同步实施景观绿带、雨污分流等环境提升工程，持续完善商贸、信息、金融、物流等配套功能，提升园区承载能力。积极争创省级化工园区，促进化工产业转型升级、集聚发展。新华工业园要在拓展板块功能、促进产城融合上下功夫，抓好科技、商务、生态、生活等功能片区的规划设计，谋划引进一批具有引领性、带动力的高质量项目，通过“优二进三”，实现产业转型升级与城市功能优化互推共进。

（二）加快服务业提档升级。作为中心城区，要把服务业作为最大的比较优势来打造，努力解决传统服务业、生活性服务业占比较高，现代服务业、生产性服务业占比较低的短板问题，推动服务业发展提速、结构提档、效益提升。一是抓服务业质效提升。按照构建现代产业体系的思路，改造提升商贸、物流等传统业态。鼓励德百、银座等商贸企业创新商业模式，完善餐饮、教育、休闲、娱乐等服务功能，建设“一站式、全龄层”现代商业综合体。优化东北商贸物流城功能布局，支持城南德百物流园尽快开工，大力发展智慧物流、冷链物流等特色物流，打造南、北两个物流中心。培育壮大楼宇经济、现代金融、电子商务、人力资源、文化旅游等新兴业态。楼宇经济要按照特色发展、提升服务的要求，由区政府牵头，有关镇街和部门配合，研究制定发展规划、产业培育、服务保障等具体措施。要突出财源、效益导向，着力解决楼宇项目层次低、布局散、纳税少等问题，积极盘活低效闲置楼宇，引导唐人中心、百脑汇资讯广场等重点楼宇，以及天衢人力资源服务产业园等专业园区，主攻层次高、纳税多的技术咨询、研发设计等科技服务业，以及楼宇工业、人力资源服务、文化创意等业态，加快培育“亿元楼”、打造“主题楼”、创建“特色楼”。要把金融服务业放到重中之重的位置来谋划、来引领、来打造，有关镇街、部门要研究制定优惠扶持政策，大力引进创业投资、私募股权投资等新兴金融业态，确保新增金融机构4家以上。依托万达广场、天虹广场等载体，打造电子商务发展基地。大力挖掘大运河、梁子黑陶等旅游资源，加快蓝城运河新城、东海波尔多风情小镇等项目建设，大力发展养生游、生态游、文化游，确保破题见效。二是抓服务业项目推进。着力抓好文化旅游、精品商贸等总投资297亿元的31个三产项目，确保锦湖物流园等14个项目开工建设，东方红名店街、月星家居广场等13个项目竣工运营，力争全年完成投资93.2亿元。三是抓服务业规划设计。以争创全省现代服务业集聚示范区为契机，研究制定现代服务业区域发展规划和转型升级实施方案，对产业布局、项目业态、扶持政策进行顶层设计、统筹谋划，推动服务业向更广领域、更高层次发展。

（三）大力实施乡村振兴战略。按照“产业兴旺、生态宜居、乡风文明、治理有效、生活富裕”总体要求，加快农业供给侧结构性改革，提高农业绿色化、优质化、特色化、品牌化水平。一是壮大提升现代农业。坚持以工业化理念谋划农业，将现代经营方式、产业组织方式引入农业企业，突出一二三产融合、粮经饲统筹，大力发展精深加工，推动永盛斋、奥德曼等31家龙头企业提档升级。深入实施质量兴农战略，加快乐丰农业、实训中心等现代园区建设，推行标准化、品牌化生产，推动农业由“增产”转向“提质”。二是扎实推进农村制度改革。加快推进“三权分置”，规范农村土地流转交易，鼓励发展农民专业合作社、家庭农场等新型农业经营主体，扎实推进农村集体资产股份制改革，通过“资源变股权、资金变股金、农民变股东”，把闲置和低效农村资源、资金利用起来，开展股份合作经营或委托经营，带动更多农民增收致富。三是加快农村基础设施建设。坚持以工补农、以城带乡，推动教育、文化、卫生等公共资源向农村延伸。深入开展农村人居环境三年整治行动，实施农村“七改”工程（改路、改电、改校、改房、改水、改厕、改暖），推动城乡基础设施互联互通、共建共享。加快推进“美丽乡村”建设，在完成东西屯、王村店等3个省级示范村试点任务的基础上，尽快实现“美丽乡村”全覆盖。

（四）聚力主攻项目建设。要举全区之力开展“项目建设突破年”活动，以高质量的项目引领高质量发展。

一是创新方式方法，在招商引资上下功夫、求实效。招商引资是培育新动能的必由之路，也是有效手段，必须摆在更加重要的位置抓紧抓实。今年是京津冀协同发展至关重要的一年，北京非首都功能疏解步伐将进一步加快，各级各部门要抢抓“窗口期”、机遇期，成立专门班子，深入研究京津、深度对接京津，全面提高对接实效。突出以商招商。发挥现有龙头企业作用，围绕关联行业、配套企业、上下游企业这些丰富的资源开展招商。抓好产业招商。研究制定关于加强产业招商的意见，各分管领导、责任部门要按照“管产业必须管招商”的原则，深入研究、准确把握所负责产业的发展定位、招商方向、对接目标，分产业制定招商规划，确保每个产业至少引进1个过亿元项目。创新招商方式。瞄准京津、济南和长三角、珠三角等重点区域，紧盯世界500强企业、大型央企、领军名企，加强对其产业布局、投资趋向的跟踪研究，提高招商的精准度。进一步做实楼宇、园区、项目、网络四大招商平台，精心组织京津、上海等区域的专题招商活动，确保全年新签约项目20个以上，到位资金100亿元以上。强化招商实效。要狠抓招商落地，重点抓好中青旅苏禄王风情园、新华未来科技城、北京金盛高端铝材制造等40个招商线索和在谈项目的跟踪对接工作，确保早日落地。对去年与北京、杭州、天津等地投资客商签约的8个重点项目，有关部门要靠上服务，完善手续，尽快达到开工条件。要坚持招优引强，突出投资强度、安全环保、亩均产出等关键指标，不能“剜到篮子都是菜”，坚决杜绝低层次项目进入。积极招才引智。牢固树立人才第一资源理念，通过引进产业领军人才、高科技人才，引进一批加快新旧动能转换的“四新”项目。积极探索兼职专家、“假日博士”等柔性引才模式，拓宽引才渠道。扩大对外开放。抢抓“一带一路”建设等重大机遇，大力拓展对外贸易，狠抓30家外贸骨干企业培植，推进吉达进出口南非海外仓建设。利用好我省举办的欧洲商务周和“选择山东”全球路演活动，积极引进知名外资企业。

二是加大工作力度，在推进重点项目建设上下功夫、求实效。坚持一切资源向项目聚焦、一切工作向项目发力，在全区上下迅速掀起新一轮大干项目的热潮。要聚力攻坚干项目。今年，我区筛选了总投资365.8亿元的43个区级重点项目，每个项目都明确了包保领导、责任单位、时间节点和完成目标。各责任单位要按照“项目清单化、清单责任化、责任具体化”工作要求，抓紧制定推进方案，做到目标、措施、时限、进度、责任“五个明确”，将任务一压到底、责任一抓到底。要抢抓当前春季施工黄金期，千方百计加快项目建设，确保全年完成投资130亿元以上。特别是对实华化工40万吨PVC装置节能减排、凯盛晶华绿色建材产业园、益海嘉里小麦深加工等8个市级重点项目，要坚持高标准、快节奏、大力度，集中全力快速推进，确保快竣工、快投产、快达效。要攻坚克难推项目。把3月份定为“突击月”、4至6月份定为“攻坚季”、全年定为“突破年”，由包保领导带头，责任单位负责，实行周调度、月通报、季考核、半年观摩，对遇到的困难和问题，要现场办公、一线解决、限期销号。区委、区政府将建立联席会议、目标倒逼、挂牌督办、考核奖惩等制度，旗帜鲜明地以项目建设评政绩、论英雄。要千方百计争项目。今年，我省设立6000亿元的新旧动能转换基金，出台100多项政策措施支持“四新”项目建设。各级各相关部门要加强政策研究，敏锐捕捉机遇，高标准策划和储备一批项目，争取列入省、市新旧动能转换重大项目库，力争全年争取资金突破6亿元。

（五）大力抓好财源建设。面对今年巨大的收支压力，财税部门和各镇街必须紧紧地把财源建设抓在手上。要狠抓财税增收。坚持一手抓增量培植，一手抓存量挖潜，深化联合办税，强化综合治税，组织开展土地使用税、餐饮药店增值税等专项治理行动，引导企业诚信经营、依法纳税，严厉打击各类偷、逃、漏税行为，确保各项税种及时、足额、均衡入库。同时，财税部门要认真落实国家税收优惠政策，使企业在降成本方面享受实惠、收到实效。要发挥财政杠杆作用。加大对新旧动能转换工程的财政政策支持力度，达到四两拨千斤的效果。年初，我区设立了2000万元的新旧动能转换基金，由财政部门牵头，相关部门配合，切实用好、用活、用出效果。要拓展融资渠道。在政府债务约束趋紧的大环境下，学会运用市场化方式破解资金制约。要持续深化投融资体制改革，综合运用资源整合、股权置换、设立基金等方式，提升区重点建设投资公司资本实力和运作能力。加快推进PPP项目运作，对已经入库的项目，尽快确定社会资本方，确保6月底前出进度、出形象；对正在谋划中的项目，抓紧完成“两评一案”等前期准备工作，力争尽快入库实施。要优化支出结构。按照“突出重点、有保有压”的原则，做好财政资金安排，做到既尽力而为，又量力而行，不乱铺摊子，把有限的财力用在刀刃上。

三、守底线、补短板，全面优化发展环境

（一）加强城市建管，优化人居环境。谋划实施好总投资17.2亿元的8大类、13项重点城建工程。在资金保障方面，要全力争取政策性银行贷款和国家专项建设基金，同时，通过PPP、发行政府债券等方式，积极引入社会资本。在土地征收方面，强力推进征收拆迁，对堤岭、池口等棚改项目，要改变“零敲碎打”的老路子，通过片区作战、协同攻坚，切实提高征收效率。在手续办理方面，要学会打好“提前量”，消除项目建设的“中梗阻”。全区17个棚改项目、67处老旧小区改造工程，都要按照时间表、路线图，卡紧时间节点，确保按期竣工。以“三城联创”为契机，大力实施“靓城行动”，重点解决交通拥堵、占道经营、“马路拉链”等城市管理顽疾，加快补齐影响群众生活品质的短板。

（二）强化环境治理，优化生态环境。各级各部门要牢固树立“绿水青山就是金山银山”理念，以更大力度、更强决心打好生态环境治理攻坚战。重点推进蓝天、碧水、净土、利剑“四大行动”，继续大力度压煤、治尘、控车、除味、增绿，深入实施“清河行动”，加强农业面源污染防治，确保完成上级下达的生态修复治理任务。要提高政治站位，推进中央环保督察反馈事项整改落实，组织开展“回头看”行动，根除隐患、防止反弹，确保不打折扣、不留尾巴。要坚持“零容忍”理念，加大环境执法力度，督促企业落实主体责任，对消极应付、弄虚作假、整改不力的单位及责任人，区委、区政府将严肃问责追责。通过高标准的要求、大力度的举措，努力打造良好的生态环境，吸引高端人才和高端项目入驻我区。

（三）防范底线风险，优化社会环境。要牢固树立底线思维、强化红线意识，以底线工作倒逼动能转换，推动安全发展。一是坚守安全生产底线。我们要清醒地认识到，当前我区在一些重点领域、重点部位，仍然还有一些“心头之患”没有消除。今年，要持续深化落实“企业主体责任年”活动，通过政府有关部门严格落实监管责任、管理责任，督促企业真正将主体责任不折不扣落实到位。要深入开展安全生产大检查、安全生产隐患“大快严”、重点行业领域专项整治“三大行动”，确保事故起数、死亡人数“双下降”。二是坚守社会稳定底线。今年又是一个特殊的年份，大事、要事非常多，相继面临全国“两会”、青岛“上合峰会”和改革开放40周年纪念活动等重大社会稳定任务。各级各部门要严格落实区委、区政府有关会议部署要求，提早做好各项基础性工作，一时一刻也不能放松，扎实做好全年的信访

维稳工作。同时，强力开展扫黑除恶专项斗争，营造更加安全、有序、稳定的社会环境。三是坚守金融风险底线。近年来，金融领域风险呈现复杂化、多样化、隐蔽化趋势，必须引起我们的高度警惕。要强化金融运行监管，深入推进“破圈保链”，对各类苗头性问题，做到早识别、早预警、早处置，严厉打击恶意逃废、非法集资等违法行为，坚决守住不发生区域性、系统性金融风险的底线。

（四）加大民生投入，优化幸福人文环境。从解决关系人民群众切身利益的热点、难点问题入手，实现民生改善和经济发展良性循环。要持续巩固脱贫成果，坚持扶贫与扶志、扶智相结合，年内 4 个涉农镇街都要新上 1 个扶贫产业项目。对解决“大班额”项目开展集中攻坚，9 月份前完成剩余 17 所学校建设。提高与京津冀地区医疗卫生、健康养老等领域的对接合作层次，引进实施一批标杆示范项目，促进医养健康产业发展；高标准规划建设“四馆”项目，力争今年全面开工，2020 年前全面投入使用。大力推进“双安双创”，着力提高食品安全保障能力。统筹推进就业创业、全民参保、困难群体救助等工作，筑牢民生保障网。

（五）推进改革创新，优化营商环境。在改革开放 40 周年这个具有特殊意义的年份，必须以更大的力度推进改革。要持续深化“放管服”改革，牢固树立“政府创造环境、企业创业财富”理念，当好服务企业的“店小二”，做到有困必帮、无事不扰，构建“亲”“清”新型政商关系。严肃查处乱检查、乱收费等问题，创造良好的法制政务环境，让企业安心发展、放心经营。加快转变政府职能，厘清政府和市场的边界，该管的管到位，该放的放到底；围绕企业、群众反映集中的办事环节“痛点”、“堵点”和“难点”，优化办事流程，简化办事手续，让企业“轻装上阵”，让群众轻松办事。

四、精心组织、提升本领，为高质量发展提供有力保障

（一）明确任务，压实责任。新旧动能转换是一项重大的系统工程，区委、区政府将成立专门的领导机构，研究制定推进机制，及时协调解决工作中的重大问题。各级各部门“一把手”要亲自抓、负总责，各单位要密切配合、通力协作，形成整体合力。今天会上下达了财政收入、固定资产投资、向上争取、招商引资和企业养老保险五项重点工作任务，各级各部门要对照任务目标要求，早安排、早动手、早准备，不折不扣抓好落实，确保坚决完成各项任务目标。

（二）提升能力，用心谋划。面对新旧动能转换的新任务、新要求，党员干部要不断学习新理论、掌握新知识、开阔新眼界，全力解决本领短板、知识弱项、视野局限，使专业素养和工作能力跟上时代节拍，努力成为做好工作的行家里手。要认真研究新旧动能转换的政策，按照上级顶层设计的要求进行统筹谋划，以系统思维、战略思维抓好工作安排，及时捕捉掌握最新的工作动态，密切跟踪前沿信息，提高工作的精准度、争取的实效性。

（三）转变作风，争创一流。各级各部门要牢固树立“对标一流、争创一流”意识，各项工作主动寻标对标，争当排头兵、勇做领跑者。区委、区政府大力弘扬“三个倡树、三个反对”：一是倡树从严从实、奋发有为，反对浑浑噩噩、碌碌无为；二是倡树勇于担当、攻坚克难，反对拈轻怕重、不思进取；三是倡树解放思想、创新实干，反对因循守旧、贻误发展。

（四）强化督导，严格考核。今年，区委、区政府将按照新旧动能转换的要求，对考核办法和标准进行调整优化，以鲜明有力的导向引领全区新旧动能转换，引领高质量发展。同时，进一步健全完善督导督查机制，做到既督任务、督进度、督成效，又查认识、查责任、查作风，严厉整治庸懒散、重拳惩治不作为，对工作推进不及时、落实不到位的，严肃问责追责，确保圆满完成各项目标任务。

幸福都是奋斗出来的。省委、省政府对新旧动能转换重大工程提出了“一年全面起势、三年初见成效、五年取得突破、十年塑成优势”的明确要求。当前马上就要进入 3 月份，机遇不等人、时间不等人，我们要进一步增强“开局就是决战、起步就是冲刺”的意识，各项工作都要按照“以旬保月、以月保季、以季保年”的要求，拉开架势、全面铺开，以抓铁有痕、踏石留印的精神，撸起袖子加油干，确保实现首季“开门红”，努力实现全年“满堂彩”。

政府工作报告

——2018年1月16日在德城区第十七届人民代表大会第二次会议上

王洪林

现在，我代表德城区人民政府向大会报告工作，请予审议，并请区政协委员和其他列席会议的同志提出意见。

一、2017年工作回顾

2017年，我们认真贯彻党的十八大、十八届历次全会和党的十九大精神，在市委、市政府和区委的坚强领导下，在区人大、区政协的监督支持下，团结依靠全区人民，坚持稳中求进工作总基调，大力实施“产业强区、创新兴区、服务立区、开放活区”四大战略，紧紧围绕“财源建设、城市建管、民生改善、安全稳定、从严治党”五大重点，攻坚克难、真抓实干，“富美新强”典范区建设迈出坚实步伐，圆满完成了区十七届人大一次会议确定的各项任务目标。

（一）抓牢发展要务，综合实力显著提升。各项主要经济指标均居全市前列，预计全年完成地区生产总值310亿元，同比增长7.7%，总量居全市第二位。完成一般公共预算收入19.24亿元，可比增长12.7%，增幅居全市第三位。完成规模以上固定资产投资220亿元，同比增长10.5%。城镇和农村居民人均可支配收入分别达到25380元、13810元，同比分别增长8.1%和9.0%。安全生产、节能减排等主要约束性指标全面完成。

（二）加快动能转换，产业发展提质增效。以供给侧结构性改革为主线，推进传统产业升级、新兴产业培育，三次产业比例优化调整为1.5：39.5：59。一是服务业扩量提质。传统商贸效益提升，年营业收入超过10亿元的商贸企业达到4家、交易额过亿元市场27处，全区社会消费品零售总额达到196亿元，同比增长10.5%，总量居全市首位。新兴业态加速集聚，楼宇企业达到1200余家，创建税收过千万元楼宇3座。新增电商业户300家，建成智慧便利店107家。新增各类金融机构4家，累计达到68家，存款余额426亿元、贷款余额299亿元。二是工业经济转型升级。化工、食品加工、纺织服装等传统优势产业加速转型，完成工业技改投资50亿元，同比增长51.5%。新材料、节能环保、高端装备制造等战略性新兴产业蓬勃发展，全年利润同比增长11%。全区规模以上工业实现销售收入333.6亿元、利税22.2亿元，同比分别增长11.8%、8.5%。销售收入过亿元企业达到40家，实华化工纳税突破2亿元。双一科技成为全市首家在深交所上市的企业，挂牌上市企业达到18家，创建市级以上高新技术企业17家，新增市级以上创新型平台9家，新建院士工作站2家，高新技术产业产值占工业总产值比重达到32.9%，同比提高1.3个百分点。三是现代农业稳步发展。坚守耕地保护红线，划定永久基本农田11.29万亩，整改拆除违法用地

397亩。省级农产品质量安全区创建扎实推进，建成现代农业示范园区29个，“三品一标”产品达到28个。村级集体资产股份制改革顺利推进，各项强农惠农政策全面落实，新增农民专业合作社40家、家庭农场7家。新增造林面积3400亩，全区林木覆盖率达到36%。

（三）深化协同发展，开放合作成果丰硕。深入推进招商引资、招才引智，新签约项目73个，到位资金93.2亿元，其中京津冀项目占比达到43.5%，博德尔循环经济产业园等22个投资过亿元项目成功签约。引进“千人计划”、“泰山学者”等各类高层次人才40人，天衢高创智造谷引进高端项目15个，全市首个先进成形技术与装备国家重点实验室成功落户。实施5000万元以上重点项目45个，完成投资105亿元，实华化工年产40万吨PVC装置节能减排、凯盛晶华绿色建材产业园等重点项目进展顺利。完成进出口总值18亿元，实际利用外资2187万美元，同比增长426%。

（四）突出建管并重，城乡面貌持续改观。实施6大类、20项城建工程，累计完成投资13.6亿元。新建改造太阳湖大道、福盛路等7条道路。实施前小屯、李旺庄等16个重点征收项目，征收总面积18.6万平方米。加快推进堤岭、池口等6个城镇棚户区改造项目，3110套新开工任务全部完成。大东关、邹李等6个社区的1350户居民回迁新居。启动实施北园小区、岔河小区等56个老旧住宅小区整治改造，惠及居民3.8万人。健全完善城市管理长效机制，实施设施提升、精细管理、文明普及、示范引领、全民共创“五大工程”，建成“全天候、零死角”数字化管理平台，深入开展市容市貌综合整治行动，治理各类违法建设47.6万平方米，规范各类餐饮经营单位2900余家，“脏、乱、差”等突出问题得到明显改善，城市功能形象、市民文明素质明显提升，顺利获得全国文明城市提名。新型城镇化建设迈出坚实步伐，改造农村厕所10525户，提前完成农村无害化卫生厕所改造任务。东西屯、王村店等3个社区列为省级“美丽乡村建设示范村”试点，二屯北厂运河休闲文旅小镇入选市级特色小镇，全区常住人口城镇化率达到86%。

（五）坚持铁腕治污，生态环境明显改善。重拳治理大气污染，建立三级网格化环境监管体系，整治、取缔“散乱污”企业575家，完成“气代煤、电代煤”改造工程7084户，推广洁净型煤2.1万吨，在全市率先实现燃煤小锅炉“清零”，建筑工地、区管道路、渣土运输等领域扬尘管控措施全面落实，全年“蓝天白云、繁星闪烁”天数达到240天，比上年增加58天，“雾霾少了，呼吸更顺畅了”成为我们最切身的感受。深入推进水污染防治，9条河流全面落实三级“河长制”，萱蕙河、长庄沟黑臭水体治理进展顺利，新华片区污水管网竣工验收，岔河田龙庄断面水质较上年度明显改善。坚持“零容忍、全覆盖、严执法”，累计查处环境违法行为254件，一批环境突出问题得到有效解决，良好的生态环境成为城市发展新优势。

（六）强化民生保障，群众福祉持续增进。区级财政民生支出达到15.87亿元，占公共财政预算支出的82.8%。9所学校“改薄”任务全部完成，萱蕙学校、东风东路小学等18所解决“大班额”项目加快推进，招聘教师392名，小学、初中起始年级班额分别接近和达到省定标准，“大班额”问题得到有效缓解。中考成绩优秀率稳居全市首位，被评为全国素质教育示范区。市立医院、联合医院对接北大人民医院、广安门医院等京津优质医疗资源取得新突破，完成2所公立医院法人治理结构建设，成功创建全市唯一一家“省卫生计生综合监督示范区”，艾滋病综合防治工作成绩突出，代表山东省在全国会议上进行了经验介绍。新建高标准社区综合养老服务中心2处，全区规范化养老机构达到4家，养老床位达到550张，省级社区治理暨养老服务创新实验区顺利通过中期验收。成功创建省级健康服务业创新发展试验区。新增企业养老保险扩面4370人，养老金实现“十三连涨”。职工大病保险全面实施，累计支出各项社会保险10.8亿元，同比增长12%。为363户职工家庭发放住房公积金贷款1.06亿元。脱贫攻坚基本任务全面完成，扶贫对象人均年收入均超过省定标准。全年发放社会救助救济资金3410万元，受益群众1.19万人。青少年示范性综合实践基地建成使用，基层综合性文化服务中心实现城乡全覆盖，农家书屋建设成为全省典型，梁子黑陶、新街口文化产业园成功入选全省重点文化产业项目，“送演出下基层”、全民阅读等群众性文化活动丰富多彩。安全生产“大快严”集中行动和“化安转”专项行动持续深化，事故起数同比下降 68.8%。金融风险得到有效防控，不良贷款率持续下降。省级食品安全城市创建工作扎实推进，顺利通过中期验收。健全完善矛盾纠纷多元化解机制，群众合理诉求得到及时有效解决，退役士兵安置和权益保障政策全面落实，为 488 名士兵落实公益性岗位，发放保障资金 1135 万元。依法重拳打击违法犯罪行为，立体化社会治安防控体系不断健全，为党的十九大胜利召开营造了和谐稳定的良好环境。此外，物价、档案、史志、老龄、外事侨务、民族宗教、武装、残疾人事业等工作也都取得新的成绩。

（七）勇于改革创新，政府建设不断加强。综合行政执法体制改革全面推进，建立起了权责统一、精简高效、执行有力的行政执法体制。“放管服”改革深入推进，公共服务、行政权力“两张清单”全部面向社会公布，取消调整行政许可、中介服务收费事项 9 项，公布首批“最多跑一次”事项 82 项，涉企证照办理实现“多证合一”。国地税联合办税大厅投入使用，“事好办、腿少跑、创业易”正在成为常态，全年新增市场主体 9384 家，同比增长 28%。新建区重点建设投资公司，完善区与镇街财政体制，激发了加快发展的积极性和主动性。政府法制建设取得新进展，所有政府重大决策事项全部经过法律顾问审查、廉政风险评估。建成区公共法律服务中心，“一村（社区）一法律顾问”实现全覆盖。积极推进政府信息公开，政务服务平台实现省、市、区三级互联互通，“社区代办”服务工作被纳入国务院试点。从严从紧控制行政运行成本，“三公”经费支出下降 5%。自觉接受人大法律监督、政协民主监督和群众社会监督，广泛听取社会各方面意见，办理各级人大代表建议和政协委员提案 148 件。深入学习宣传贯彻党的十九大精神，扎实推进“两学一做”学习教育常态化制度化，大力开展“对标一流、争先进位，争当德城发展排头兵”活动，干部群众精神面貌焕然一新。全面落实党风廉政建设主体责任，坚定不移惩治腐败，驰而不息纠正“四风”，营造了风清气正的良好政治生态。

各位代表，2017 年是本届政府的开局之年，也是德城发展史上极不平凡的一年。这一年，大事多、难事多，面临的压力和挑战前所未有。回顾过去的一年，有三点经验值得我们倍加珍惜。一是必须坚定不移解放思想、改革创新。思想的领先决定发展的领先。一年来，全区广大党员干部摆脱路径依赖、突破固有思维，牢固树立新发展理念，在加快动能转换、推进产业升级、深化协同发展等工作中，抢抓重大机遇、争创发展优势，善于运用创新之举、改革之法破解瓶颈制约，多项工作在全市乃至全省有特色、有亮点、有位次，开创了加快发展、走在前列的新局面。二是必须坚定不移干事创业、担当作为。作风硬才能事业兴。一年来，区委树立正确导向，驰而不息狠抓作风建设，用优良作风凝聚党心民心，倡树起“以干事为荣、以担当为责”的风向标，开创了风正、心齐、劲足的大好局面。面对环境治理、安全生产、社会稳定等一个又一个严峻考验，各级干部特别是广大基层干部困难面前不动摇、压力当头不松劲，付出了大量心血和汗水，谱写了许多动人的篇章。很多同志坚守一线、连续作战，甩开膀子、奋力攻坚，攻克了一道道难关，打赢了一场场硬仗。实践充分证明，只要坚定信心、坚守信念，就没有克服不了的困难；只要众志成城、同舟共济，就没有实现不了的目标；只要担当尽责、苦干实干，就没有夺取不了的胜利。三是必须坚定不移践行宗旨、不忘初心。人心是最大的政治。一年来，我们把群众满意作为政府工作的“试金石”，坚持一切为了人民、一切依靠人民，坚持问需于民、问政于民，坚持尊重民意、顺应民意，不断密切与群众的血肉联系，努力让改革发展成果更多、更公平地惠及全体人民。政府的一切工作，有了广泛的群众基础，有了群众的信任拥护，才能不断取得进步，实现更快更好发展。

过去的一年，成绩令人振奋，经验弥足珍贵。这是市委、市政府和区委统揽全局、正确领导的结果，是区人大、区政协大力支持、有效监督的结果，也是全区广大干部群众同心同德、攻坚克难的结果。在此，我代表德城区人民政府，向给予我们鼎力支持的人大代表、政协委员和各界人士，向全区人民以及所有为德城发展做出贡献的同志们、朋友们，表示崇高的敬意和衷心的感谢！

在肯定成绩的同时，我们也要清醒地认识到，当前我区经济社会发展中还存在不少困难和问题，主要表现在：经济发展的质量和效益不高，总量不足与结构不优的矛盾并存，动能转换、转型升级任务依然艰巨，支撑发展的大项目、好项目和高层次人才不足，协同发展对接融入不够充分。城市建设管理水平仍然较低，功能形象和社会文明程度亟待提升，城乡发展不平衡、不充分的问题比较突出。资源环境约束加剧，生态修复治理任务仍然十分繁重。财政保障能力较弱，民生欠账依然较多，公共服务、风险防控等领域还存在诸多短板。少数干部精神不振、作风不实、能力不强、担当不够的问题依然存在，工作标准、服务效能有待进一步提升，等等。对此，我们将高度重视、认真对待，强化措施、努力解决，绝不辜负全区人民的厚望与重托！

二、2018 年总体思路和工作重点

2018 年，是贯彻落实党的十九大精神的开局之年，是改革开放 40 周年，是决胜全面建成小康社会、实施“十三五”规划承上启下的关键一年。做好今年的政府工作，任务艰巨，意义重大。根据区委总体部署，今年政府工作的指导思想是：深入学习贯彻党的十九大精神，以习近平新时代中国特色社会主义思想为指导，牢牢把握发展第一要务，认真践行新发展理念，以供给侧结构性改革为主线，以新旧动能转换为动力，深入实施“产业强区、创新兴区、服务立区、开放活区”四大战略，坚持质量优先、项目引领，突出抓好协同发展、城乡建管、生态环保、民生改善、安全稳定等工作重点，不忘初心、牢记使命，对标一流、争先进位，努力在建设“富美新强”典范区上迈出更加坚实的步伐。主要经济预期目标为：地区生产总值增长 7.5% 左右，一般公共预算收入增长 6% 以上，规模以上固定资产投资增长 8.5% 以上，社会消费品零售总额增长 10% 左右，城镇和农村居民人均可支配收入分别增长 8% 和 9% 以上，环境保护、土地利用、单位生产总值综合能耗等均控制在下达指标以内，推动高质量发展。围绕实现上述目标，重点做好七个方面的工作：

（一）集聚新业态，提升服务业发展层次。突出高端化、特色化、智慧化方向，提高服务业发展质量和效益，力争全年完成服务业增加值 198.3 亿元，增长 8.4%，争创全省现代服务业集聚示范区。改造提升传统服务业。围绕丰富新供给、扩大新消费，引导餐饮住宿、批发零售等传统商贸创新经营模式，提升服务品质，加快向现代商贸转型。支持百脑汇、银座大学路店等项目尽快运营，打造精品商贸“新地标”。培育壮大现代服务业。大力发展楼宇经济，抓好楼宇项目的规划、引进、管理和服务。广泛引进企业总部、银行保险、研发设计等业态，打造一批特色鲜明、贡献突出的主题楼宇，全年新增楼宇企业 300 家以上。深入实施电子商务“四个一”培植工程，重点打造万达工业电商、银座跨境电商等 8 大电商园区，力争新增电商企业 200 家。积极发展现代物流，有序启动物流园区“退城进园”，支持德百物流园项目尽快落地开工。实施“旅游 +”融合工程，充分挖掘黄河涯自然生态资源和大运河历史文化资源，大力发展观光旅游、健康养生、文化教育等业态，不断满足群众“幸福产业”新需求。

（二）培育新动能，加快工业转型升级。抢抓我省建设国家新旧动能转换综合试验区、创新型省份等重大机遇，坚持以“四新”促“四化”，推动产业体系质量变革、效率变革、动力变革。一是增强重点企业带动力。建立“进解促”长效帮扶机制，深化“亲”“清”新型政商关系，对 20 家纳入“三个一百”工程和“三航”计划的企业，以及 48 家规模以上企业进行重点帮扶，真心实意地帮助企业解困减负、加快发展。实施成长型企业递进培养工程，引导梅卡尔机电、耐垦自动化等企业，专注细分领域，做强核心技术，打造一批单打冠军、行业“小巨人”，力争全年新增 10 家规模以上企业、10 家市级以上“专精特新”企业。二是增强主导产业支撑力。加快旧动能变革、新动能培育，着力构建双轮驱动、双能互动的产业发展新格局。实施“传统产业提升”计划，加快淘汰低端落后产能，推动传统产业走智慧化、融合化、高端化的新路子。全力抓好总投资 72.8 亿元的 14 个重点技改项目，充分发挥实华化工、凯盛晶华、华源生态、益海嘉里等龙头企业带动作用，引导化工、建材、纺织服装、食品加工等传统产业广泛采用新技术、新工艺、新装备，实施新一轮升级改造，推动传统产业向价值链高端迈进。加强企业家队伍建设，培养一批具有世界

眼光、战略思维、创新精神的企业家，通过理念创新、制度创新、管理创新，摆脱传统路径依赖，建立现代企业制度。实施“新兴产业倍增”计划，支持德州齿轮、格瑞德等骨干企业以更大力度推进协同创新、开放式创新，促进大数据、云计算、物联网的广泛运用，实现研发数字化、装备智能化。加快博德尔循环经济产业园、佳纳物流托盘等项目建设，打造特色新兴产业基地，推动新材料、节能环保、高端装备制造等新兴产业加快发展。全年新兴产业增加值占生产总值比重提高1个百分点以上。三是增强科技创新驱动力。发挥企业创新主体作用，深入开展招研引学，积极对接大院大所，全年新建市级以上创新平台6家、转化重大科技成果20个以上。新增市级以上高新技术企业10家，高新技术产业产值占比达到34%。依托新华未来科技城项目，规划建设“千人计划”产业园，打造区域创新高地。引导中矿橡塑、博德尔等企业主动对接资本市场，支持上市企业扩大融资规模，力争直接融资突破30亿元。四是增强产业园区承载力。高标准实施天衢工业园战略定位、产业布局、景观功能“三大规划”，改造提升德贤大街、湖滨北大道等道路，实施景观绿带、雨污分流等环境提升工程，完善园区配套功能，形成投资开发的“热岛效应”。加快园区二次开发步伐，推进齿轮公司老厂区、晶峰北货场“退城进园”，促进企业转型升级、凤凰涅槃。盘活低效闲置资源，大力开展“零地招商”，提高单位土地产出效益，实现集约节约发展。确保全年引进过10亿元大项目5个，“三高”型企业4家以上。新华工业园围绕打造“产城融合示范区、特色产业创新区”目标，发挥双一科技、鑫华润带动效应，引进一批高创低碳型企业，推动城南片区快速崛起。

（三）增创新优势，提高现代农业质效。深入实施乡村振兴战略，坚持质量兴农、绿色兴农，加快形成全环节升级、全链条升值、全产业融合的“新六产”发展格局。一是加快“放心农场”建设。稳定小麦种植面积，完成5000亩高标准农田建设，提高粮食安全保障能力。优化农业种植结构，扩大杂粮蔬菜、特色林果等作物种植5000亩以上。加强农产品质量安全监管，增设农产品追溯点16个，新增“三品一标”认证2个以上，确保通过省级农产品质量安全区验收。二是构建现代农业产业体系。坚持城镇化引领、工业化推动，打造一、二、三产互动融合、新型城镇与特色农业联动发展格局。扶持鑫昂、奥德曼等企业延伸链条、壮大规模，发挥益海嘉里等龙头企业带动作用，打造优质农产品直供基地；加快乐丰农业、实训中心等现代园区建设，新增设施农业、生态农业面积3000亩；谋划引进涉农领军企业、特色项目，新增市级以上农业龙头企业2家。大力发展各类新型经营主体，积极培育新型职业农民，新增农民专业合作社10家、家庭农场5家。三是深化农村制度改革。加快推进“三权分置”，规范农村土地流转交易，鼓励农村党支部领创办土地股份合作社，新增土地流转面积6000亩以上，建成为农服务中心2处。完成村级集体资产股份制改革，增强集体经济活力，带动更多农民增收致富。

（四）打造新引擎，持续深化改革开放。以改革为第一动力、项目为第一抓手，全力开展“项目建设突破年”活动，以项目优势争创发展优势。一是纵深推进协同发展。牢牢抓住北京加快非首都功能疏解、雄安新区建设等重大机遇，深度融入京津冀一体化，大力推进专业招商、精准招商，着力引进一批支撑力强、带动力大的动能转换项目。瞄准重点区域，精心组织活动，提高招商实效，力促新华未来科技城等大项目尽快落地开工。全年引进过亿元项目25个以上，到位资金突破100亿元。更大力度推进招才引智，以高层次人才团队和紧缺急需人才为重点，优化人才培养、吸引、留住、用好“软环境”，深入实施“天衢计划”人才新政，加快建设人力资源服务产业园，全年引进创新创业领军人才30人以上，培养高技能人才300人以上。二是聚力攻坚项目建设。进一步强化项目支撑意识，举全区之力抓好总投资372亿元的47个重点项目，力争全年完成投资134.3亿元。建立完善“项目清单化、清单责任化、责任具体化”推进机制，确保博德尔循环经济产业园等项目开工建设，凯盛晶华绿色建材产业园、益海嘉里小麦深加工等项目竣工运营。密切关注上级政策动向、投资方向，积极争取政策和资金支持。三是深化重点领域改革。大力推进行政管理体制和机构改革，加快政府职能转变，进一步提升行政效能。深化“放管服”改革，全面清理各类中介服务及行政事业性收费项目。建成区政务服务中心，对行政审批和便民服务事项实行“一窗受理”、“一网通办”，推动更多事项实现“零跑腿”和“只跑一次”。推进工商登记全程电子化等商事制度改革，进一步放宽市场准入，力争全年新增市场主体8000家、“四上”企业20家。加快投融资体制改革，发挥区重点建设投资公司平台作用，引导社会资本参与支持旧城改造、设施提升等工程建设。深化财税体制改革，建立规范透明、约束有力的预算制度，拓宽绩效评价方式和范围，把每一笔钱都花在明处、用在实处。四是持续提升外经外贸。主动融入“一带一路”战略，鼓励企业积极参加“百企下南洋”、“中国—东盟中小企业合作高峰会”等活动，引导企业“走出去”开拓市场。狠抓30家外贸骨干企业培植，加快推进东北城东盟商品交易博览中心建设，力争进出口总值达到19亿元。积极引进外资企业，鼓励益海嘉里增资扩产，力促实际利用外资实现新突破。

（五）提升新品位，促进城乡融合发展。积极推进“生态修复、城市修补”，促进城乡均衡发展、共同繁荣。一是高标准推进城市建设。重点实施民生改善、市政基础设施建设等总投资24.7亿元的4大类、21项城建工程。加快推进魏庄、前小屯等17个城镇棚户区改造项目，启动实施铁路宿舍、恒丰小区等67个老旧住宅小区整治改造，让群众生活更方便、住的更舒心。改造提升迎宾路、新湖北大街等10条道路，构建畅通便捷的路网体系。强力推进堤岭、池口等10个项目地块的征收拆迁工作，拓展城市发展空间。启动雨污分流工程，推进海绵城市建设，提升城市载体功能。二是高效能实施城市管理。完成城市管理综合行政执法体制改革，全面推行环卫市场化运作模式，启动“智慧路灯”平台建设，打造“智慧城管”，提高城市管理精细化、数字化水平。认真落实《德州市城乡容貌和环境卫生管理条例》，以国家卫生城市复审和全国文明城市创建为契机，大力实施“靓城行动”，持续开展市容市貌、违法建设、餐饮油烟“三大整治行动”，深入推进背街小巷、便民市场、铁路沿线、公共厕所“四大提升工程”，着力解决医院、学校等重点部位和路段的交通拥堵问题，让城市家园更加整洁美丽、畅通有序。三是高水平推动城镇发展。按照“五化八通八有”标准，加强黄河涯、二屯两个“卫星镇”道路、供水、供热、污水处理等基础设施建设，推动教育、文化、卫生等资源向农村延伸，让农村居民最大程度享受到与城市居民均等的基本公共服务。深入开展“生态文明乡村”和“美丽乡村”建设，持续提高城乡环卫一体化水平。大力发展商贸物流、旅游休闲、健康养生等优势产业，谋划一批低污染、低能耗、高效益的“两低一高”产业项目，实现经济效益、生态效益“双提升”。

（六）打造新生态，让群众共享美丽宜居环境。实行最严格的生态环境保护制度，深入推进“四大行动”，全民共治、源头防治，确保环境质量持续改善。一是开展蓝天行动。全力打好铁腕治霾“组合拳”，加严管控扬尘、燃煤、烟尘、尾气等重点污染源，让蓝天常驻、空气常新。112条区管道路实现机扫全覆盖，辖区建筑工地全部落实“六个100%”措施。稳步实施农村清洁能源替代，持续推进“气代煤、电代煤”改造工程，完成2吨以上燃气锅炉低氮燃烧改造。强化渣土运输车监管，解决好重型车辆穿城问题。严格落实企业错峰生产和重污染天气应急响应措施。抓好农田林网体系建设，推动PM10、PM2.5平均浓度持续降低，空气质量良好以上天数持续增加。二是开展碧水行动。健全完善“河长制”长效机制，深入开展“清河行动”，重拳治理河道乱占乱建、乱倒乱排等“八乱”问题，实现河清水畅、岸绿景美。实施天衢、二屯水网生态综合治理工程，全面完成萱蕙河、长庄沟黑臭水体治理，完善天衢工业园污水管网，努力消除建成区黑臭水体。稳步推进干流河道、镇级干渠、农田沟渠综合治理，构建城区北部“清水绕城”生态水网体系。强化工业企业及污水处理厂出水监管，全面完成畜禽养殖提升改造，确保国控断面水质稳定达标。三是开展净土行动。严格落实《土壤污染防治行动计划》，加强污染土壤修复治理，逐步改善土壤环境质量。四是开展利剑行动。扎实开展污染源普查工作，夯实环境治理保护基础。加快淘汰落后产能，实施污染物排放总量控制，确保完成年度节能减排目标。加大部门联动、行刑衔接和综合执法工作力度，对环境违法行为“亮剑”惩处，坚决守好我们的绿色家园。

（七）顺应新需求，推动民生事业普惠共享。始终把人民利益摆在至高无上的地位，坚持在发展中保障和改善民生，努力让群众的获得感、幸福感、安全感更加充实、更有保障、更可持续。一是坚决打赢脱贫攻坚战。持续巩固脱贫成效，严格落实“两不愁、三保障”要求，强化产业扶贫、创业就业扶贫等精准帮扶措施，建立防止返贫长效机制，推动救助帮扶对象向城市困难群体延伸，小康路上绝不让一个贫困群众掉队。二是优先发展教育事业。完成第十一中学、西长小学等18所学校建设，新增学位2.4万个，更好解决中小学“大班额”问题。按照全市统一部署，启动小区配套幼儿园公办和委托式管理改革，新建湖滨家园、新华等4所幼儿园，缓解局部“入园难”问题，努力实现“幼有所育”。积极探索现代化、集团化办学模式，加快推进中小学校长职级制、教师“区管校聘”和绩效改革，激发广大教师教育教学积极性。认真落实乡村教师支持计划，努力推进城乡教育一体化、均衡化发展，争创国家义务教育发展优质均衡区。加快建设德城创业孵化职教园区，积极创建国家社区教育示范区。三是加快健康德城建设。持续深化医药卫生体制改革，健全完善现代医院管理制度，积极推进分级诊疗，扎实做好重大传染病和慢性病防治，为群众提供全方位、全周期健康服务。加快推进区妇幼保健院、肛肠医院新院区建设，巩固扩大“京津医联体”合作成果，让群众在家门口享受到更加优质的医疗服务。全面落实计划生育家庭发展政策，促进人口均衡发展。以创建省级医养结合示范区为契机，制定养老产业发展规划，支持社会力量举办养老机构，创新“医疗＋养老”融合发展新模式，年内新建规范化养老机构2家，新增养老床位150张，培育医养结合示范项目5个。深入实施食品安全战略，强化源头防控、全程管控、全域严控，争创国家食品安全城市，保障群众“舌尖上的安全”。四是完善社会保障体系。持续推进“全民参保”计划，下大力气抓好城乡养老、医疗保险提标扩面，确保企业养老保险新增扩面4000人以上、征缴基金2.96亿元。鼓励创业带动就业，全年新增就业3900人以上。五是繁荣发展文体事业。深入学习宣传贯彻习近平新时代中国特色社会主义思想，把社会主义核心价值观融入公民思想道德建设全过程。实施“乡村记忆”工程，保护、传承、利用好大运河文化遗产，力争纳入国家大运河文化带专项规划。健全公共文化服务体系，加快推进文化馆、图书馆、档案馆、史志馆“四馆”建设，加强基层文化建设，为群众提供更加丰富的精神食粮。实施全民健身计划，改造提升五环体育馆和全民健身广场，让更多人享受运动快乐、拥有健康体魄。六是加强和创新社会治理。大力推进社会治理体制创新，强化网格化管理、信息化支撑、法治化保障，构筑全民共建共治共享的社会治理新格局。健全社会稳定风险评估机制，深化矛盾纠纷调处化解，及时解决群众合理诉求。深入推进平安德城建设，实施“雪亮”工程，完善社会治安防控体系，始终保持对各类违法犯罪的严打态势。持续优化金融生态环境，坚决打击恶意逃废、非法集资等行为，严格规范政府债务，坚决守住不发生系统性金融风险的底线。树牢“生命至上、安全第一”的思想，严格落实企业主体责任，深入推进风险分级管控、隐患排查治理“两个体系”建设，持续深化“大快严”集中行动和“化安转”专项行动，加大危化品、消防、烟花爆竹、道路交通等重点领域巡查执法力度，坚决杜绝较大及以上事故发生。强化应急管理，提高应对突发事件处置能力，努力维护和谐稳定的大好局面。

统筹做好统计、审计、物价、老龄、武装、外事侨务、民族宗教、残疾人等工作，谋求新成效，实现新突破。

中国特色社会主义进入了新时代，使命呼唤担当、梦想引领未来。政府一班人将以新时代的理念、新时代的视野、新时代的行动，切实加强自身建设，提高自身能力，在新的长征路上，当好实干者、奋进者、搏击者，展现新时代的新气象、新作为。

不忘初心，恪守为民之责。学习好、贯彻好、实践好党的十九大精神，是我们当前和今后一个时期首要的政治任务。要真正学懂弄通做实，深刻把握习近平新时代中国特色社会主义思想的内涵要义，增强“四个意识”，坚定“四个自信”，让党的十九大精神成为推动工作、加快发展的精神航标、力量源泉。坚持把纪律和规矩挺在前面，始终对党绝对忠诚，坚决同以习近平同志为核心的党中央保持高度一致。扎实开展“不忘初心、牢记使命”主题教育和“大学习、大宣讲、大调研、大落实”活动，打造信念过硬、政治过硬、责任过硬、能力过硬、作风过硬的干部队伍。认真践行以人民为中心的发展思想，把人民对美好生活的向往，作为我们永恒的奋斗目标，时刻植根人民、敬畏人民、心系人民，对群众赞同、群众受益的事，放开手脚、快干实干；对违背和损害群众利益的事，坚决反对、严肃惩处，以赤诚的公仆之心，践行维护群众利益之责。

循法而行，把握施政之要。坚持法治政府、法治社会一体建设，把依法治区贯穿政府工作全过程。严格规范公正文明执法，落实重大行政决策法定程序，对涉及群众切身利益的重要事项，更充分地倾听和征求社会公众、专家学者的意见建议，提高决策科学化、民主化、法治化水平。扎实开展“七五”普法，全面推进严格执法、公正司法、全民守法。深入推进政务决策、执行、管理、服务和结果全过程公开，切实保障群众的知情权、参与权、表达权和监督权。坚决维护区委权威，严格执行区人大及其常委会的决议、决定，自觉接受人大法律监督和政协民主监督，认真做好建议、提案办理工作。加强诚信体系建设，弘扬契约精神，坚决兑现承诺，以政府诚信带动社会诚信。

务实担当，大兴实干之风。打铁必须自身硬，重任千钧惟担当。政府一班人将按照新时代对干部素质提出的新要求，大兴调查研究之风，全面增强改革创新、科学发展、狠抓落实、驾驭风险等“八种本领”，做到既有担当的宽肩膀，又有成事的真本领。增强“对标一流、争创一流”意识，各项工作拉高标杆、提高标准，努力走在前列。把对党忠诚、为党分忧、为党尽职、为民造福作为根本政治担当，大力发扬“钉钉子”精神，对上级的决策部署、肩负的发展重任，脚踏实地、真抓实干，持续用力、久久为功，以看得见、摸得着的成效取信于民。健全完善督查督办、激励考核、容错纠错等机制，严惩为官不为、懒政怠政，旗帜鲜明地支持改革者、鼓励担当者、厚待干事者、宽容失误者，让“高扬干事风向标，撸起袖子加油干”成为德城发展的主旋律。

严字当头，坚守清廉之道。坚持党要管党、全面从严治党，始终保持“作风建设永远在路上”的清醒认识，巩固和拓展落实中央“八项规定”精神成果，认真查找、坚决纠正“四风”突出问题，特别是形式主义、官僚主义的新表现。严控“三公”经费支出，切实做到节俭施政、简朴从政，把有限的财力用到群众最期盼、最紧迫的事情上，用政府的“紧日子”换取群众的“好日子”。全面落实党风廉政建设“两个责任”，增强政治定力、纪律定力、抵腐定力，强化重点领域、关键环节的审计监督，自觉接受监察委员会的监督，重拳整治侵害群众利益的不正之风，严肃惩处违纪违法行为，努力打造为民政府、法治政府、诚信政府、廉洁政府。

各位代表，新时代蓝图宏伟，新征程催人奋进！让我们更加紧密地团结在以习近平为核心的党中央周围，高举中国特色社会主义伟大旗帜，以习近平新时代中国特色社会主义思想为指导，在市委、市政府和区委的坚强领导下，紧紧团结依靠全区人民，以更加坚定的信心、更加昂扬的斗志、更加务实的作风，不忘初心、牢记使命，从严从实、奋发有为，为建设“富美新强”典范区而努力奋斗！

大事记

1月

1日

中共德城区委副书记、代区长王洪林发表新年贺词。

2日

元旦假期，德州火车站和德州汽车总站共发送旅客4.5万余人次，其中德州火车站发送旅客1.6万余人次，德州汽车总站发送旅客2.9万余人次。较上年减少7000余人次。

同日

中共德城区委副书记、代区长王洪林对大气污染防治工作开展情况进行现场察看，安排部署大气污染防治应急应对工作。德城区副区长张建栋参加。

4—6日

中共德城区委书记巩洪波到天衢街道、二屯镇、新湖街道、黄河涯镇、广川街道调研经济社会发展情况。德城区政府党组副书记、天衢工业园党工委书记、管委会主任郑茂侠参加。

10日

中共山东省委老干部局副局长宋文军到德城区看望慰问老红军袁美义。

11日

德城区设分会场组织收看全国、全省、全市安全生产电视会议。中共德城区委副书记、代区长王洪林出席。中共德城区委常委、副区长徐世勇，中共德城区委常委杨振生，中共德城区委常委、副区长骆晓东，中共德城区委常委、副区长李福广，德城区副区长李和平，德城区副区长孙大鹏参加。

同日

德州火车站二站台改造工程竣工。是日零时起恢复基本运行，涉及46列客车。

12日

德州益海小学举行落成仪式。中共德城区委副书记、代区长王洪林出席。中共德城区委常委、副区长徐世勇参加。

同日

第一届全省文明家庭表彰大会在济南举行。德城区新华街道三七社区七西村李俊春民家庭、德城区二屯镇第三店村周春华家庭受到表彰。

13日

德州市副市长杨玖庆到德城区重点台资企业走访慰问。中共德城区委书记巩洪波，中共德城区委副书记、代区长王洪林陪同。中共德城区委常委杨振生，中共德城区委常委、办公室主任王勇参加。

15日

中共德城区委书记巩洪波，中共德城区委副书记、代区长王洪林，德城区政协主席闫书德，中共德城区委副书记张志芳看望出席区政协十三届一次会议的老领导、政协委员和区十七届人大一次会议的人大代表。

18日

德城区召开老干部工作情况通报会。中共德城区委书记巩洪波主持会议并作重要讲话。中共德城区委副书记、区长王洪林通报2016年全区经济社会发展情况和2017年主要工作安排。德城区人大常委会主任闫书德，德城区政协主席徐世勇出席。中共德城区委常委、组织部部长许勇，中共德城区委常委、办公室主任王勇参加。

19日

中共德州市委副书记、市长陈飞到预备役后勤保障旅、消防支队走访慰问。德州市政协主席翟长生，德州市政府秘书长王震秀，中共德城区委书记巩洪波，中共德城区委副书记、区长王洪林陪同。中共德城区委常委、办公室主任王勇参加。

同日

中共德州市委常委、德州军分区政委刘晓明到结对帮扶点德城区黄河涯镇焦庄村慰问困难群众。中共德城区委书记巩洪波陪同。中共德城区委常委、办公室主任王勇，德城区副区长纪勇，德城区人武部部长赵庆海参加。

同日

山东省科学院和济南中建建筑设计院专家到德城区考察。中共德城区委副书记、区长王洪林陪同。中共德城区委常委、组织部部长许勇，德城区副区长魏磊参加。

20日

德州市副市长董绍辉到德城区走访慰问老党员、困难群众和优抚对象。中共德城区委副书记、区长王洪林陪同。德城区副区长纪勇参加。

同日

德州市副市长、公安局长于松岩到德城区检查春节期间食品安全工作。中共德城区委副书记、区长王洪林陪同。德城区副区长于志新参加。

同日

是日晚，由中共德城区委、德城区人民政府主办，区委宣传部、区文新局承办的2017年德城区春节文艺晚会在德城区文化馆剧场举行。中共德城区委副书记、区长王洪林，德城区人大常委会主任闫书德，德城区政协主席徐世勇出席。德城区区级领导班子成员参加。

22—24日

中共德城区委书记巩洪波，中共德城区委副书记、区长王洪林，德城区人大常委会主任闫书德，德城区政协主席徐世勇，中共德城区委副书记张志芳到生活困难党员和老党员、特困职工（劳模）、残障人员、低保对象及优抚对象、高龄老人家中走访慰问。

同日

德城区举办“青春邀约话成长”希望之星座谈会，14名受助贫困大学生和爱心企业代表参加。中共德城区委副书记张志芳出席。

23日

中共德州市委书记、人大常委会主任陈勇到德城区参加指导区委常委班子民主生活会。

同日

中共德州市委副书记、市长陈飞到德城区检查节日期间市场供应，看望坚守生产一线的干部职工。德州市副市长杨玖庆陪同。德城区副区长张国亮参加。

24日

中共德城区委书记巩洪波，中共德城区委副书记、区长王洪林，德城区人大常委会主任闫书德，德城区政协主席徐世勇，中共德城区委副书记张志芳慰问坚守工作一线的干部职工。中共德城区委常委、副区长杨振生，中共德城区委常委、办公室主任王勇参加。

25日

德城区劳动人事争议仲裁院被山东省人力资源和社会保障厅、山东省劳动人事争议仲裁委员会授予2016年度省级标准化劳动人事争议仲裁院荣誉称号。

26日

中共德州市委副书记、市长陈飞到德城区走访慰问坚守工作岗位的一线干部职工。德州市副市长范宇新，德州市政府秘书长王震秀，中共德城区委副书记、区长王洪林陪同。

◎ 2016年度全国综合减灾示范社区公布。广川街道文化社区登榜。

◎ 德城区吉达进出口有限公司在南非投资设立“德州吉达进出口有限公司”成功获批，注册资本100万美元。这是继双一集团、力维机械之后，第三家走出国门到海外投资的德城区企业。

◎ 2016年度山东省职工技术创新能手名单公布。德城区华源生态科技有限公司技术主管刘明哲上榜。

◎ 德城区获批山东省出口农产品质量安全示范区。

◎ 山东省经信委发布全省第四批省级工业设计中心和前三批省级工业设计中心复核结果。德州市鑫华润科技股份有限公司和山东格瑞德集团有限公司2家企业工业设计中心通过评审，被正式认定为省级工业设计中心。

2月

4日

德城区开展集中学习活动。以学习促收心归位，迅速把思想和精力转移到工作上来，为圆满完成今年各项工作任务开好局、起好步。

7日

中共德州市委常委、组织部部长赵艺丁到德

城区调研基层党建、经济社会发展工作。中共德城区委书记巩洪波，中共德城区委副书记、区长王洪林陪同。中共德城区委常委、组织部部长许勇，中共德城区委常委、办公室主任王勇参加。

同日

中共德城区委副书记张志芳召开分管部门领导座谈会，就如何做好部门主要负责人、干好本职工作进行交流。

同日

中共德城区委常委、政法委书记李福广到宁津县参观学习政法工作经验。

8 日

德城区区级班子成员进行集中学习。德城区人大常委会主任闫书德，德城区政协主席徐世勇，中共德城区委副书记张志芳出席。

10 日

德城区召开全民参保登记工作会议。中共德城区委常委、副区长杨振生出席会议并讲话。

12 日

德城区召开市容市貌综合整治和空气质量专项督查工作部署会议。中共德城区委副书记、区长王洪林主持并讲话。中共德城区委常委、副区长杨振生，中共德城区委常委、宣传部部长骆晓东，中共德城区委常委、政法委书记李福广，德城区副区长孙大鹏，德城区政协副主席刘英参加。

14 日

中共德州市委书记、人大常委会主任陈勇到德城区代表团驻地，看望出席德州市第十五次党代会的德城区代表。中共德州市委常委、常务副市长张传忠，中共德州市委常委、秘书长刘长民，中共德州市委常委、宣传部部长单传海，中共德州市委常委、德州军分区政委刘晓明，中共德州市委常委、组织部部长赵艺丁参加。

15 日

中共德州市委书记、人大常委会主任陈勇到德州市第十五次党代会德城代表团与代表们共同讨论“两个报告”。陈勇强调德城区地位特殊、位置重要，要在践行新理念、实现新发展，决胜全面小康进程中走在前面、当好表率。中共德州市委常委、秘书长刘长民，中共德州市委常委、组织部长赵艺丁参加讨论。中共德城区委书记巩洪波主持讨论会。

20—21 日

中共德城区委书记巩洪波，中共德城区委副书记、区长王洪林到各镇街就环境保护工作开展落实情况进行调研督导。中共德城区委常委、办公室主任王勇，德城区副区长孙大鹏参加。

22 日

德州市文广新局联合德州市教育局在德州九中举行“非遗进校园”活动。德城区副区长张国亮参加。

23 日

中共德州市委书记、人大常委会主任陈勇参加德州市十八届人大一次会议德城代表团审议。强调要坚持以新发展理念为引领，充分发挥优势，对标先进城市，更好发挥中心城区的龙头带动作用。中共德州市委常委、秘书长刘长民，德州军分区司令员张俊杰，德州军分区政委刘晓明，中共德城区委书记巩洪波，中共德城区委副书记、区长王洪林，德城区人大常委会主任闫书德参加。

26 日

中共德城区委副书记、区长王洪林督导检查环保重点工作情况。德城区副区长孙大鹏参加。

27 日

德城区集中约谈德州东方希望碳素有限公司、山东宇虹新颜料股份有限公司、德州天宇化学工业有限公司、德州永兴碳素有限公司、德州欧莱恩永兴碳素有限公司、德州实华化工有限公司 6 家企业负责人及相关单位负责人，对环保部空气质量专项督查中发现的问题进行责任追究。中共德城区委常委、副区长杨振生，德城区副区长孙大鹏出席。

同日

山东省人社厅规划财务处处长李玉亮到德城区调研基层服务平台规范化建设工作。中共德城区委常委、副区长杨振生陪同。

◎ 农银人寿德州中心支公司落户德城区。

3 月

1 日

德城区重点项目集中签约开工竣工仪式隆重举行。德州市人大常委会主任韩建亭，德州市人大常委会副主任陈璞平，中共德城区委书记巩洪波，中共德城区委副书记、区长王洪林，德城区人大常委会主任闫书德，德城区政协主席徐世勇出席。德城区政府党组副书记郑茂侠，中共德城区委常委、副区长杨振生，德城区副区长张国亮参加。

同日

中共德城区委书记巩洪波调研城建工作。中共德城区委常委、办公室主任王勇，德城区副区长孙大鹏参加。

2日

中共德城区委书记巩洪波到区信访局公开接待群众来访。中共德城区委常委、办公室主任王勇参加。

同日

中共德城区委副书记、区长王洪林到黄河涯镇调研智慧温室大棚、尚品漫城文化产业园等重点项目推进情况。德城区副区长纪勇参加。

同日

加拿大工程院院士陈璞，山东省科学院专家孔彪到德城区考察。中共德城区委常委、副区长杨振生，德城区副区长魏磊陪同。

3日

德州市副市长范宇新到德城区调研重点城建项目工作。中共德城区委书记巩洪波，中共德城区委副书记、区长王洪林陪同。中共德城区委常委、办公室主任王勇参加。

同日

中共德城区委副书记、区长王洪林到凯盛晶华绿色建材产业园项目现场办公。

同日

山东省住房城乡建设厅工程质量安全监管处调研员姜经文到德城区督查全国“两会”期间安全生产工作。中共德城区委常委、副区长杨振生陪同。

同日

德城区青少年思想道德教育基地暨雷锋事迹图片展览馆正式开馆。中共德城区委常委、副区长杨振生，中共德城区委常委、宣传部部长骆晓东出席。

5日

中共德城区委副书记、区长王洪林到区信访局公开接待群众来访。

同日

德城区召开环保工作调度会，对“小散乱污”企业、燃煤锅炉等大气污染防治突出环境问题整治工作进行调度和部署。中共德城区委副书记、区长王洪林主持并讲话。德城区副区长孙大鹏参加。

6日

国家宗教局三司司长马劲到德城区调研。德城区副区长于志新陪同。

同日

中共德城区委副书记、区长王洪林调研城建工作。副区长孙大鹏参加。

7日

中共山东省委常委、政法委书记张江汀到德城区督导全国“两会”安保工作。中共德州市委书记陈勇，中共德州市委常委、政法委书记杨玖庆，中共德州市委常委、秘书长刘长民，德州市副市长、公安局局长于松岩，中共德城区委书记巩洪波陪同。

同日

山东省科学院专家孔彪到德城区就新能源锂硅电池项目合作进行交流对接。德城区副区长魏磊陪同。

8日

由山东省编办副主任王振乾带队的山东省宗教工作领导小组调研检查组到德城区就全国、全省宗教工作会议精神贯彻落实情况进行调研检查。中共德城区委常委、副区长杨振生陪同。

同日

中共德城区委书记巩洪波调研市容市貌综合整治工作。德城区副区长孙大鹏参加。

同日

中共德城区委副书记、区长王洪林调研萱蕙河黑臭水体治理工作，就黑臭水体治理工程进展情况进行现场督办。德城区副区长纪勇参加。

9日

德城区设分会场组织收看德州市农村工作会议。中共德城区委副书记张志芳在德州市主会场参加。德城区人大常委会副主任李和平，德城区政协副主席王太勇在分会场收看。

10日

德城区组织开展义务植树造林活动。中共德

城区委书记巩洪波，德城区人大常委会主任闫书德，德城区政协主席徐世勇、中共德城区委副书记王亮出席。

13 日

德州市立医院加入北京大学人民医院医联体。

14 日

中共德城区委书记巩洪波调研教育工作。中共德城区委常委、办公室主任王勇，德城区副区长张国亮参加。

同日

山东省食药监局调研组到德城区开展药品零售企业飞行检查。此次活动采取“双随机”模式，分别随机抽取两家零售连锁门店和单体药店进行现场检查，重点对药店人员到岗履职情况、药品购销存记录、含麻黄碱复方制剂、中药饮片、处方药销售等进行检查，并借助快检设备，对质量可疑的中药饮片进行快检。通过检查，检查组对德城区药品零售企业经营规范情况给予肯定，认可德城区食药监管工作。

15—16 日

山东省文化厅厅长王磊到德城区调研文化建设情况。德州市副市长马俊昀，中共德城区委书记巩洪波，中共德城区委副书记、区长王洪林陪同。中共德城区委常委、办公室主任王勇参加。

16 日

中共德城区委副书记张志芳到天衢工业园调研。

同日

德城区副区长纪勇赴齐河县学习公共法律服务体系建设方面先进经验。

17 日

中共德州市委副书记、市长陈飞到德城区调研项目建设和林业生产工作。德州市政府秘书长王震秀，中共德城区委书记巩洪波，中共德城区委副书记、区长王洪林陪同。中共德城区委常委、办公室主任王勇参加。

21 日

德城区设分会场组织收看国务院第五次廉政工作视频会议。中共德城区委副书记、区长王洪林出席。中共德城区委常委、副区长杨振生，中共德城区委常委、纪检委书记王玉成参加。

22 日

中共德城区委副书记张志芳到新湖街道调研社区建设、楼宇经济和基层党建工作。

同日

中共德城区委常委、副区长杨振生到天衢街道督导重点项目建设情况。

23 日

山东省发改委经济形势调研组到德城区调研。中共德城区委书记巩洪波陪同。中共德城区委常委、副区长杨振生，中共德城区委常委、办公室主任王勇参加。

同日

是日至 24 日，中共德城区委书记巩洪波调研职业教育、养老产业化项目建设和农业产业化工作。中共德城区委常委、办公室主任王勇，德城区副区长张国亮参加。

28 日

德城区设分会场组织收看 2017 年全国医改工作视频会议。中共德城区委书记巩洪波出席。中共德城区委常委、副区长杨振生，德城区副区长于志新参加。

同日

德城区政协主席徐世勇走访调研部分政协委员企业。德城区政协副主席刘英、王太勇、戴连强、高玉林参加。

30 日

中共德州市委书记陈勇到德城区新湖街道丰华社区调研社区党建和管理服务工作。中共德州市委常委、秘书长刘长民，中共德州市委常委、宣传部部长景文新，中共德州市委常委、组织部部长赵艺丁，中共德城区委副书记、区长王洪林陪同。中共德城区委常委、办公室主任王勇参加。

同日

山东省政协秘书长张心骥到德城区调研基层政协组织建设。德州市政协主席翟长生，德州市政协副主席王春利，德城区政协主席徐世勇陪同。

同日

中共德城区委副书记张志芳、王亮到广川街道就基层党建、项目建设、楼宇经济情况进行调研。

同日

中共德城区委副书记张志芳到德州老年人大

学调研。

31 日

德城区设分会场组织收看全省安全生产专题报告电视会议。中共德城区委副书记、区长王洪林出席。德城区政府党组副书记郑茂侠，德城区副区长纪勇、于志新参加。

同日

德城区人大常委会主任闫书德到天衢工业园调研“二次创业”。德城区人大常委会副主任张仲钵、李和平、张建栋、李晖、刘安国参加。

同日

山东省民政厅社会福利和慈善事业促进处副处长王善义到德城区调研社区治理暨养老服务创新实验区建设工作。德城区副区长纪勇陪同。

◎ 德城区馨秋种苗科技有限公司承担的国家星火计划“德玉梨规模化繁育及有机富硒丰产栽培技术应用推广”项目通过国家验收。

◎ 山东省经信委发布 2017 年山东省企业技术改造导向目录。德城区筛选提报的 7 个项目入选。

◎ 山东省 2016 年度“科技金桥奖”评审结果公布。山东格瑞德集团有限公司自主研发的“降膜式冷水机组”项目荣获优秀项目二等奖。

◎ 在山东省巾帼文明岗岗位创新成果展示活动中，德州市第五中学化学组获评“2016 年度山东省十大创新巾帼文明岗”，德州市第五中学化学特色高效课堂的构建及实施获评“2016 年度山东省十大巾帼文明岗岗位创新成果”，德州市第十中学小升初英语衔接校本教材获评“2016 年度山东省优秀巾帼文明岗岗位创新成果”。

◎ 德城区工商管理系统在全市率先实行“一审核制”，即改革创新登记流程，企业登记审批由原来的一审、一核两个环节，缩减为一个环节，由一人受理和审批办结，审批时间由原来的一周改为 3 个工作日发照。

4 月

1 日

共青团山东省委综合督导组到德城区调研指导工作。中共德城区委副书记王亮陪同。

同日

德城区人大常委会对区民政局工作进行评议。德城区人大常委会副主任张仲钵出席。

6 日

德州市政协副主席许绍华到德城区调研基层政协工作。中共德城区委书记巩洪波，德城区政协主席徐世勇陪同。中共德城区委常委、办公室主任王勇，德城区政协副主席刘英、王太勇、高玉林参加。

同日

中共德城区委书记巩洪波就企业科技创新发展进行专题调研。中共德城区委副书记王亮，中共德城区委常委、办公室主任王勇参加。

同日

中共德城区委常委、副区长杨振生，德城区副区长孙大鹏到济南市历下区学习 EPC 工程总承包经验和做法。

7 日

德城区人大常委会副主任张仲钵、李和平、张建栋、李晖、刘安国调研考察全区乡村旅游工作。

10 日

德城区设分会场组织收看全省、全市全域土地督察通报问题整改暨开展闲置低效用地盘活利用专项行动电视会议。中共德城区委副书记、区长王洪林出席。德城区副区长孙大鹏参加。

同日

是日至 14 日，山东省安全生产异地执法检查组对德城区进行检查。

13 日

德城区设分会场组织收看山东省政府第五次廉政工作会议。中共德城区委副书记、区长王洪林出席。中共德城区委常委、纪检委书记王玉成参加。

同日

德州市侨联调研组到德城区侨属企业进行走访调研。德城区副区长于志新陪同。

14 日

德城区人民政府与德州学院举行战略合作签约仪式，双方签订战略合作框架协议。德州学院党委书记刘文烈，德州学院党委委员、副校长巩建闽，中共德城区委书记巩洪波，德州学院区委副书记、区长王洪林出席仪式。中共德城区委常委、组织部部长许勇，中共德城区委常委、办公室主任王勇，德城区副区长魏磊参加。

同日

上午，由德州市环保局直属分局牵头，德城区安监局、德城区公安分局、德城区消防大队等部门组成联合执法组，深入德州东方希望碳素有限公司进行详细检查，并依法对其进行查封。针对该企业不正常使用污染处理设施、非法处置危险废物、扬尘污染等环境违法行为，市环保局直属分局对其处以 110 万元的定额罚款，同时，将该企业环境违法行为移送至德州市公安局德城分局。

18 日

中共德城区委副书记、区长王洪林到黄河涯镇调研养老服务业发展和重点项目建设情况。德城区副区长纪勇参加。

同日

德城区人大常委会评议调研组对区安监局工作情况进行评议。德城区人大常委会副主任李和平出席。

19 日

中共德城区委副书记、区长王洪林到天衢街道金田创业园调研，在新华街道主持召开棚户区改造项目调度会。德城区副区长魏磊参加。

20 日

中共德城区委书记巩洪波到黄河涯镇、二屯镇就运河文化、扶贫工作进行调研。中共德城区委常委、办公室主任王勇参加。

同日

中共德城区委副书记、区长王洪林到新湖街道和广川街道调研。

同日

德城区人大常委会副主任张仲钵、李和平、张建栋、李晖、刘安国对区人民法院执行工作情况进行调研。

21 日

德城区设分会场组织收看全市安全生产专题宣讲报告视频会。中共德城区委副书记、区长王洪林出席。中共德城区委常委、副区长杨振生，德城区副区长纪勇、于志新、张国亮参加。

同日

中共德城区委副书记、区长王洪林调研铁路沿线环境整治工作。中共德城区委常委、宣传部部长骆晓东参加。

25 日

山东省老龄办副主任肖培树到德城区就老年宜居环境建设和老年人优待工作开展调研活动。德城区副区长张国亮陪同。

同日

德州市公用事业管理局调研组到德城区调研安全生产工作。德城区副区长孙大鹏陪同。

26 日

德州市人大常委会副主任周玉刚，德州市政协副主席、德州市民族宗教局局长马传先到德城区视察。中共德城区委书记巩洪波，德城区人大常委会主任闫书德陪同。中共德城区委常委、副区长杨振声，中共德城区委常委、办公室主任王勇，德城区人大常委会副主任李和平参加。

27 日

德州市人力资源和社会保障局、德城区人民政府共同举办德州市暨德城区（2017）职工职业技能大赛。中共德州市委组织部副部长、人社局局长何连生，德州市人社局副局长桑青，中共德城区委常委、副区长杨振生，德城区人大常委会副主任李和平，德城区政协副主席王太勇出席开幕式。比赛设置电工、焊工、车工及叉车工 4 个工种的比赛项目，近百名技术能手参加比赛，最终决出一等奖 4 名，二等奖 8 名，三等奖 12 名。

30 日

中共德州市委副书记、市长陈飞到德城区检查节日期间公共安全工作。德州市政府秘书长王震秀，中共德城区委副书记、区长王洪林陪同。

同日

中共德城区委副书记、区长王洪林调研棚户区改造项目。德城区副区长孙大鹏、张国亮参加。

◎ 在第八届亚洲葡萄酒质量大赛上，德州奥德曼酒庄生产的葡萄酒典藏蛇龙珠干红，荣获金奖。

◎ 山东省第五批重点文化企业、重点文化产业项目、重点文化产业园区评选揭晓。德城区的德州黑陶非遗文化产品传承发展平台（德州梁子黑陶博物馆）入选重点文化产业项目，新街口创意文化产业园（山东新街口文化产业有限公司）入选重点文化产业园区。

◎ 德城区工商联荣获全省“五好”县（区）级工商联称号。

◎ 由山东省人民政府节约能源办公室、山东省科学技术厅、山东省农业厅等9个单位联合开展评选的“第四届低碳山东功勋人物”揭晓。德城区德州华北纸业有限公司董事长谢振东登榜。

◎ 德州力维机械有限公司总经理陈良获评齐鲁最美青年。

◎ 德州市第七批有突出贡献的中青年专家暨第五批优秀中青年专家人选公示结束。德城区天衢中心小学范胜杰获评德州市有突出贡献的中青年专家，山东格瑞德集团有限公司陈玉良获评德州市优秀中青年专家。

5月

3日

中共德州市委副书记、市长陈飞调研中心城区重点项目建设工作。德州市副市长范宇新，德州市政府秘书长王震秀，中共德城区委书记巩洪波，中共德城区委副书记、区长王洪林陪同。中共德城区委常委、宣传部部长骆晓东，中共德城区委常委、办公室主任王勇，德城区副区长孙大鹏参加。

同日

德城区人大常委会主任闫书德视察城市管理工作。德城区人大常委会副主任张仲钵、李和平、张建栋、李晖，德城区副区长孙大鹏参加。

同日

浙江客商到德城区德药制药有限公司对接交流。中共德城区委常委、组织部部长许勇，德城区副区长魏磊陪同。

4日

德州市副市长范宇新到德城区督导老旧小区整治改造工作。德城区副区长孙大鹏陪同。

同日

中共德城区委书记巩洪波到区信访大厅公开接待群众来访。

同日

德城区设分会场组织收看促进全省金融稳健发展电视会议。中共德城区委副书记、区长王洪林出席。德城区副区长于志新参加。

同日

济宁市泗水县人大常委会主任刘庆恩到德城区交流人大专项工作评议经验。德城区人大常委会主任闫书德陪同。德城区人大常委会副主任张仲钵参加。

5日

中共德城区委书记巩洪波就城乡环卫一体化、市容市貌、铁路沿线综合整治工作进行专题调研。中共德城区委常委、宣传部部长骆晓东，中共德城区委常委、办公室主任王勇陪同。

同日

德城区设分会场组织收看德州市政府廉政工作视频会议。中共德城区委副书记、区长王洪林出席。中共德城区委常委、副区长杨振生，中共德城区委常委、纪检委书记王玉成参加。

8日

中共德城区委副书记、区长王洪林调研棚户区改造和违法建设治理工作。德城区副区长孙大鹏参加。

同日

中共德城区委常委、副区长杨振生督查部分民生项目建设情况。

9日

德州市人民检察院检察长郭晓东到德城区调研指导检察工作。中共德城区委书记巩洪波陪同。中共德城区委常委、办公室主任王勇参加。

10日

德城区设分会场组织收看全省防汛抗旱总指挥部成员（扩大）会议。中共德城区委副书记、区长王洪林出席并讲话。德城区副区长纪勇，德城区人武部部长赵庆海参加。

同日

德城区设分会场组织收看全市散煤清洁化治理工作会议。中共德城区委副书记、区长王洪林出席。德城区副区长张国亮参加。

11日

德城区设分会场组织收看全省卫生与健康视频会议。中共德城区委副书记、区长王洪林出席。

同日

是日至12日，德城区举办全区安全生产监

督管理人员培训班，开展安全生产执法能力培训活动。德城区人大常委会副主任李和平出席开班仪式。

13 日

中共德城区委书记巩洪波，中共德城区委副书记、区长王洪林调研重点民生项目建设工作。中共德城区委常委、副区长杨振生，中共德城区委常委、组织部部长许勇，中共德城区委常委、办公室主任王勇，德城区副区长孙大鹏、张国亮参加。

15 日

德州市启用全国统一版机动车选号系统。

16 日

德城区教育局与德州学院举行合作签约仪式。

同日

为方便农民进城卖瓜卖菜，设置 62 个销售点的 2017 年德州市中心城区瓜果蔬菜临时销售布局图正式公布。

17 日

德城区设分会场组织收看全省全面实行“河长制”工作动员部署电视会议。中共德城区委书记巩洪波，中共德城区委副书记、区长王洪林，中共德城区委副书记张志芳出席。德城区副区长纪勇、张国亮，德城区政协副主席王太勇参加。

同日

由国家卫计委疾控局主办，第三轮全国艾滋病综合防治示范区控制艾滋病经性传播综合防控试点工作启动会在重庆市召开。德城区副区长于志新在会上作题为《扎实做好艾滋病防控，筑牢群众健康屏障》的典型发言。

18 日

8 时 20 分，中国共产党优秀党员、海军石岛巡防区后勤卫生所原所长、老红军袁美义，因病医治无效在德州市逝世，享年 101 岁。袁美义，四川广元人，民国 5 年（1916）3 月出生，民国 22 年（1933）6 月参加革命工作，1937 年 10 月加入中国共产党，民国 26 年（1959）9 月在德州市离职休养，1978 年 10 月离休。历任红四方面军三十一军军医院通讯员、看护员、卫生员，三十一军 386 旅卫生队看护班长；一二九师师部医生，太行军区七分队一所 43 团、改编 27 团医生；晋冀鲁豫三纵队家属学校卫生所队长，二野女大三分校休养所卫生所长；海军石岛巡防区后勤卫生所所长。享受副省长级医疗待遇。

19 日

德城区肛肠医院加入北京市肛肠医院医疗联合体，举行签约协作揭牌仪式。德州市副市长董绍辉，北京市西城区副区长郁治，北京市肛肠医院院长张秀，中共德城区委副书记、区长王洪林出席。德城区副区长于志新参加。

同日

德城干部大讲堂组织机关公文写作知识讲座。

22 日

中共德城区委常委、组织部部长许勇到德州职业技术学院为德州基层干部学历教育 2016 级社会工作专业学员上专题党课。

同日

是日起，德城区科级干部学习贯彻党的十八届六中全会精神轮训班开班。轮训共分 4 期，培训 320 名科级干部。

23 日

中共德州市委副书记、市长陈飞到德城区调研城建项目建设情况。德州市副市长范宇新，德州市政府党组成员、德州经济技术开发区党工委书记鄂宏达，中共德城区委书记巩洪波陪同。中共德城区委常委、办公室主任王勇，德城区副区长孙大鹏参加。

同日

德城区成立丰华社区先进事迹宣讲团，启动“丰华经验”巡回宣讲活动。中共德城区委常委、组织部部长许勇，中共德城区委常委、宣传部部长骆晓东出席启动仪式。

同日

德城区租用通辽市神鹰通用航空有限公司 R44 直升机，对全区路网、水网等重点区域进行低空飞行作业，全力防治美国白蛾等林业有害生物。共飞行 40 个架次，喷施灭幼脲药剂 8 吨，飞防面积 3 万亩。

24 日

德州市政协副主席许绍华到德城区调研特色小镇建设情况。中共德城区委书记巩洪波，德城区政协主席徐世勇陪同。中共德城区委常委、办公室主任王勇，德城区副区长纪勇参加。

同日

在由中国商业联合会主办的中国零售商大会上，德百集团被评为2017中国十佳商业品牌。

25日

山东省档案局副局长苏东亮到德城区考察督导区级档案馆新馆建设工作情况。中共德城区委书记巩洪波陪同。中共德城区委常委、办公室主任王勇参加。

同日

德州市政府安委会第一包县督查组到德城区开展中共山东省第十一次党代会期间安全生产督查工作。中共德城区委常委、副区长杨振生陪同。

26—28日

第二届中国（德州）对接京津冀优质农产品博览会在太阳谷皇明国际会议中心举行。德城区13家农产品企业参展。

同日

为期3天的2017年全国职业院校技能大赛中职组汽车营销赛项在德州市落下帷幕。此次大赛共有来自全国34个省、自治区、直辖市、计划单列市的61所学校122名选手参赛。经过3天激烈角逐，共产生6个一等奖、12个二等奖、18个三等奖。德州交通职业中等专业学校选手邓瑶、李康宁取得一等奖第一名成绩，荣获全国冠军。

27日

中共德城区委副书记、区长王洪林，中共德城区委副书记张志芳到部分重点民生项目建设现场进行调研。中共德城区委常委、副区长杨振生，中共德城区委常委、办公室主任王勇，德城区副区长孙大鹏、张国亮参加。

◎ 山东省发展改革委等6部门联合下发全省第二批省级健康服务业创新发展试验区名单。德城区登榜。

◎ 在第九届中国（山东）工艺美术博览会上，梁子黑陶推出的作品《绝代双骄》《女子乐坊》分别获得“神龙杯”山东省工艺美术精品奖金奖、创意奖金奖，《竹林雀语》获设计创新奖银奖。

◎ 山东省经信委下达2017年全省第一批技术创新项目计划。德城区格瑞德、华源纺织、双一科技、德药制药4家企业的7个项目被列入计划。

6月

1日

德州市教育系统“小手拉大手 共创文明城”启动仪式暨德城区教育系统“诗文润童心 文明伴成长”庆“六一”文艺演出在中心广场举行。中共德州市委常委、宣传部部长景文新，德州市人大常委会副主任陈璞平，德州市政协副主席康志民，中共德城区委书记巩洪波，德城区人大常委会主任闫书德出席。中共德城区委常委、宣传部部长骆晓东，中共德城区委常委、办公室主任王勇，德城区副区长张国亮，德城区政协副主席刘英参加。

同日

是日起，德城区全面启动“安全生产月”活动。

2日

德城区设分会场组织收看全市全面实行“河长制”工作动员部署视频会议。中共德城区委书记巩洪波，中共德城区委副书记、区长王洪林，中共德城区委副书记张志芳出席。德城区人大常委会副主任张建栋，德城区副区长纪勇、于志新、张国亮参加。

5日

德城区举行中日老年服务与管理研讨会暨中日（德州）老年福祉产业培训中心揭牌仪式。德城区副区长张国亮出席。

6日

中共德州市委书记陈勇，中共德州市委副书记、市长陈飞带领全市协同发展督查评议项目活动与会人员到德城区对兴河湾智慧医养中心、萱蕙学校、前小屯棚户区改造拆迁、凯盛晶华等19个项目进行观摩。中共德城区委书记巩洪波，中共德城区委副书记、区长王洪林，德城区人大常委会主任闫书德，德城区政协主席徐世勇，中共德城区委副书记张志芳陪同。中共德城区委常委、副区长杨振生，中共德城区委常委、宣传部部长骆晓东，中共德城区委常委、政法委书记李福广，中共德城区委常委、办公室主任王勇，德城区副区长孙大鹏，张国亮参加。

7日

乐陵市党政考察团到德城区观摩。中共德城

区委常委、宣传部部长骆晓东，德城区副区长孙大鹏陪同。

8 日

国家农业部农机化管理司巡视员潘学峰到德城区督导“三夏”农机化生产工作。山东省农机局局长卜祥联，德州市副市长董绍辉，中共德城区委副书记、区长王洪林陪同。德城区副区长纪勇参加。

同日

“智慧德城”手机客户端正式上线。山东广电新媒体有限责任公司董事长郭战江，中共德城区委常委、宣传部部长骆晓东分别致辞。德城区副区长纪勇主持上线仪式。

9 日

中共德城区委理论中心组（扩大）暨德城干部大讲堂在德城区文化馆剧场举行。山东交通学院交通战略与品牌文化研究中心主任、教授李文义为全区党政干部作题为《领导干部素养与管理艺术》的讲座。中共德城区委书记巩洪波，德城区人大常委会主任闫书德，德城区政协主席徐世勇出席。德城区在职县级干部参加。

同日

德城区设分会场组织收看全省排查安全隐患防范四类风险专项行动部署电视会议。中共德城区委副书记、区长王洪林，中共德城区委副书记张志芳出席。中共德城区委常委、副区长杨振生，中共德城区委常委、政法委书记李福广参加。

11 日

德州市政府办公室全体人员以及德州市热线办、电政办、驻京联络处、驻津联络处主任到德城区参观考察全市上半年督查评议项目。中共德城区委副书记、区长王洪林陪同。德城区副区长张国亮参加。

13 日

中共德城区委副书记、区长王洪林，德城区人大常委会主任闫书德，德城区政协主席徐世勇，中共德城区委副书记张志芳、王亮收看中共山东省第十一次代表大会开幕式，收看中共山东省委书记刘家义所作的报告。

同日

中共德城区委常委、统战部部长孟宇到民建德城区支部调研。

15 日

山东省政协委员联络委主任高峰岗到德城区就基层委员联络室建设工作进行调研。德州市政协副主席王春利，中共德城区委副书记、区长王洪林，德城区政协主席徐世勇陪同。

同日

德州市廉洁家风伴成长教育活动成员单位到德城区参观考察“廉洁家风伴成长”活动开展情况。中共德城区委常委、纪检委书记王玉成陪同。

16—19 日

山东省出口食品农产品质量安全示范省成果总结活动在威海市举办。德城区奥德曼酒庄系列红酒、沙杨农场系列营养餐、克代尔啤酒厂系列啤酒、永盛斋扒鸡公司系列肉食品、鑫昂科技公司“吃不够”西瓜 5 个品牌农产品参展。

20 日

2017 首届全市“优能杯”眼镜工匠职业技能大赛在德城区举行。德州市政协副主席、工商联主席辛志才，德城区政协副主席刘英出席开幕式。

同日

德城区设分会场组织收看全省加强环保工作紧急电视会议。中共德城区委副书记、区长王洪林出席。德城区副区长孙大鹏参加。

同日

中国残联专家全程观摩指导德城区残疾人基本服务状况和需求信息数据动态更新培训会。根据上级残联统一部署，德城区在全市率先完成全区 4852 名残疾人数据上报工作。

21 日

工业和信息化部节能与综合利用司司长高云虎到德城区督导京津冀及周边地区“2+26”城市大气污染防治工作。德州市副市长马俊昀，中共德城区委副书记、区长王洪林陪同。

同日

德城区举办“重家庭、传家教、塑家风”主题演讲比赛决赛。中共德州市委宣传部副部长、德州日报社党委书记史成志，中共德城区委副书记张志芳出席。中共德城区委常委、宣传部部长骆晓东，德城区人大常委会副主任张仲钵，德城区副区长于志新，德城区政协副主席刘英参加。

同日

德城区举行扶贫献爱心捐赠仪式暨健康扶贫

义诊活动。德城区副区长于志新参加。

22 日

德城区设分会场组织收看全省化工产业安全生产转型升级专项行动动员部署电视会议。中共德城区委书记巩洪波，中共德城区委副书记、区长王洪林出席并讲话。

同日

德州市经济技术开发区党工委考察团到德城区参观考察。中共德城区委副书记张志芳陪同。中共德城区委常委、组织部部长许勇参加。

25 日

市区国税局举办以“青年建功十三五 青春献礼十九大”为主题的“青年文明号开放周”启动仪式。中共德城区委副书记王亮出席。

26 日

德州市政协副主席马传先到小锅市清真寺走访慰问穆斯林群众。德城区政协主席徐世勇陪同。德城区副区长于志新参加。

27 日

山东省发改委副主任潘好亮到德城区就 2016 年度中央预算内投资项目推进情况进行督查。中共德州市委常委、常务副市长张传忠，中共德城区委副书记、区长王洪林陪同。德城区副区长张国亮参加。

同日

德城区新湖街道举行区域化党建工作、特色党群服务项目推进展示会。中共德城区委副书记张志芳出席。中共德城区委常委、纪检委书记王玉成参加。

同日

由中共德城区委宣传部、德城区文明办、德城区教育局主办的“国学小名士”经典诵读大赛在德州五中举行。中共德州市委宣传部副部长、文明办主任常树风，中共德城区委常委、宣传部部长骆晓东出席。

28 日

德州市人大常委会副主任魏洪祥、钟玲到德城区人民法院调研执行工作情况。德州市中级人民法院院长孟祥刚，中共德城区委书记巩洪波，德城区人大常委会主任闫书德陪同。中共德城区委常委、办公室主任王勇，德城区人大常委会副主任张仲钵参加。

同日

德城区政协主席徐世勇对全区食品药品安全进行调研视察。德城区副区长于志新，德城区政协副主席刘英、刘惠平、王太勇、戴连强、高玉林参加。

29 日

中共德城区委举办“两学一做”专题教育党课。中共德城区委书记巩洪波为社区党组织书记作题为《不忘初心 牢记使命 争做群众信赖的优秀社区党组织书记》的党课。中共德城区委常委、纪检委书记王玉成，中共德城区委常委、组织部部长许勇，中共德城区委常委、办公室主任王勇，德城区人大常委会副主任张建栋，德城区副区长于志新，德城区政协副主席刘英参加。

同日

德州市职能办调研组到德城区调研棚改项目审批流程优化工作。中共德城区委常委、副区长杨振生陪同。

同日

德城区举办“真情颂党恩 喜迎十九大”纪念中国共产党诞辰 96 周年离退休干部书画展。中共德城区委常委、组织部部长许勇出席开展仪式。

30 日

中共德州市委副书记刘贵堂到德城区新华街道走访慰问党员并到联系帮带支部过组织生活。中共德城区委书记巩洪波陪同。中共德城区委常委、组织部部长许勇，中共德城区委常委、办公室主任王勇参加。

同日

德州市人大常委会副主任陈璞平到德城区就食品安全工作专题调研。中共德城区委书记巩洪波，德城区人大常委会主任闫书德陪同。中共德城区委常委、办公室主任王勇，德城区人大常委会副主任张仲钵，德城区副区长于志新参加。

同日

德州市创建无传销县（市、区）观摩团到德城区对典型创建现场进行观摩。德城区副区长张国亮陪同。

同日

德城区 15 家兽药经营企业全部安装山东省兽药追溯系统，全部成功实现数据网上上传。德城区成为全市首家网上兽药监管单位。

◎ 在中国共产党建党96周年来临之际，中共德城区委书记巩洪波，中共德城区委副书记、区长王洪林，中共德城区委副书记张志芳、王亮走访慰问部分新中国成立前老党员、离任社区党支部书记和生活困难党员。中共德城区委常委、副区长杨振生，中共德城区委常委、纪检委书记王玉成，中共德城区委常委、组织部部长许勇，中共德城区委常委、宣传部部长骆晓东，中共德城区委常委、政法委书记李福广，中共德城区委常委、办公室主任王勇参加。

◎ 在中国共产党成立96周年之际，为扎实推进党风廉政宣传教育和廉洁文化建设，德城区集中组织党员领导干部到德州市廉洁教育展厅参观。中共德城区委副书记、区长王洪林，德城区人大常委会主任闫书德，德城区政协主席徐世勇，中共德城区委副书记张志芳等德城区几大班子领导参加。

◎ 德城区新湖街道荣获全国社区服务先进街道称号。

◎ 德城区新湖街道胜利社区、状元府社区荣获全国社区服务先进社区称号。

◎ 自6月起，至12月底，德城区开展化工产业安全隐患大排查快整治严执法紧急行动。坚持“全覆盖、零容忍、严执法、重实效”，对化工生产和危化品储存、运输、经营、使用、废弃处置等环节，重拳出击、铁腕整治各类安全隐患，严厉打击各类非法违规行为，彻底关闭取缔非法违规化工项目，坚决遏制较大及以上事故发生。

◎ 2017年山东省知识产权示范企业评选结果公布。德药制药有限公司入选。

◎ 德城区全面完成82条道路排水管网清淤疏通工作。

◎ 山东省经信委下达2017年全省第二批技术创新项目计划。德城区格瑞德集团、双一集团、齿轮公司、实华化工4个企业的6个项目被列入计划。

◎ 德城区老干部辛长洪荣获全省最美老干部志愿者称号。

◎ 德城区霞光红老干部志愿者服务队荣获全省最美老干部志愿服务组织称号。

7月

4日

山东省人大常委会委员、城环委副主任委员周清利到德城区就贯彻实施《中华人民共和国环境保护法》及环保部强化督察问题整改情况进行检查。德州市人大常委会副主任陈璞平，德城区人大常委会主任闫书德陪同。德城区副区长孙大鹏参加。

同日

山东省民政厅副厅长张孟强到德城区调研社区治理暨养老服务创新实验区创建工作。德州市副市长董绍辉，中共德城区委副书记、区长王洪林陪同。德城区副区长纪勇参加。

同日

中共德州市委常委、秘书长刘长民到德城区督导环保工作。中共德城区委书记巩洪波陪同。中共德城区委常委、办公室主任王勇，德城区副区长孙大鹏参加。

同日

中共德城区委书记巩洪波在区信访中心公开接待群众来访。中共德城区委常委、办公室主任王勇参加。

同日

德城区人大常委会视察组就全区环保工作进行视察。德城区人大常委会副主任张仲钵、李和平、张建栋、刘安国参加。

5日

德州市副市长范宇新到德城区督导重点环保问题整改工作。中共德城区委副书记、区长王洪林陪同。德城区副区长孙大鹏参加。

同日

中共德城区委书记巩洪波调研防汛工作。德城区副区长纪勇参加。

同日

是日起，德城区开展为期一周的涉嫌非法集资联合排查清理活动。

6日

中共德州市委常委、宣传部部长景文新到德城区检查卫计系统创城工作开展情况。中共德城区委书记巩洪波陪同。中共德城区委常委、宣传部部长骆晓东，中共德城区委常委、办公室主任王勇参加。

同日

中共德城区委书记巩洪波就食品安全工作进行专题调研。中共德城区委常委、办公室主任王勇，德城区副区长于志新参加。

7日

中共德城区委书记巩洪波，中共德城区委副书记、区长王洪林就重点城建项目建设情况进行专项督导。中共德城区委常委、办公室主任王勇参加。

同日

中共德城区委常委、宣传部部长骆晓东为宣传干部上题为《强理论 强政治 强素质 强作风，争做“两学一做”排头兵》的党课。

8日

中共山东省委老干部局副局长、离退休干部工委副书记吕德义到德城区就贯彻落实中央、省委进一步加强离退休干部工作有关文件情况进行督导。中共德城区委常委、组织部部长许勇陪同。

9日

奥德曼红酒文化艺术馆开馆，奥德曼红酒文化旅游节启动。中共德州市委宣传部副部长常树风、李文豪，中共德城区委常委、宣传部部长骆晓东出席启动仪式。

10日

中共德城区委书记巩洪波，中共德城区委副书记、区长王洪林，中共德城区委副书记张志芳分别到联系帮扶社区调研指导基层党建工作，了解基层党建工作现状和存在的问题，与镇街、社区党员干部广泛交流，听取对加强基层组织建设的意见建议。

同日

德州市全市化工产业安全生产转型升级专项行动动员部署视频会议召开，德城区设分会场收看。中共德城区委书记巩洪波在德州市主会场参加会议。中共德城区委副书记、区长王洪林，中共德城区委副书记张志芳，中共德城区委常委，德城区副区长在分会场参加会议。

同日

德城区副区长于志新就创建省级食品安全城市工作进行实地督导。

10—11日

省推进“两学一做”学习教育常态化制度化和基层党建重点任务集中督导调研组到德城区督导调研。中共德城区委书记巩洪波陪同。中共德城区委常委、组织部长许勇参加。

11日

中共德城区委书记巩洪波，中共德城区委副书记、区长王洪林分别就化工企业安全生产、产业转型升级进行专项督导。

同日

全省化工产业安全生产转型升级专项行动检查组到德城区开展专项检查。中共德城区委副书记、区长王洪林陪同。中共德城区委常委、副区长杨振生参加。

同日

中共德城区委副书记、区长王洪林到德城区信访大厅公开接待群众来访。

同日

山东省宗教局民间信仰工作调研组到德城区就民间信仰和清真寺民主管理情况进行调研。德城区副区长于志新陪同。

调研组对小锅市清真寺和小锅市民族团结进步宣传教育基地进行了实地查看，并与清真寺和社区负责人进行了交流，详细了解区基层宗教工作开展情况。调研组对区基层宗教工作和民族团结进步宣传教育基地建设工作给予高度评价，希望清真寺民主管理委员会继续发挥积极作用，管理好清真寺各项事务，把清真寺建设成为宣传党和国家宗教方针政策的主阵地，切实引导信教群众爱国爱教，为社会和谐发展贡献力量。民族团结进步宣传教育基地要经常性地开展活动，宣传民族团结进步先进典型，促进民族团结进步，实现共同繁荣发展。

12日

中共德城区委书记巩洪波，中共德城区委副书记、区长王洪林，中共德城区委副书记张志芳调研德城区全国文明城市创建工作。中共德城区委常委、宣传部部长骆晓东参加。

13日

德城区开展化工企业安全生产转型升级整治夜查活动。中共德城区委常委、副区长杨振生参加。

14日

中共德城区委书记巩洪波，中共德城区委副书记、区长王洪林，中共德城区委副书记张志芳分别带队深入各镇街，现场督导重点环保问题整改情况。中共德城区委常委、政法委书记李福广参加。

15日

中共德城区委副书记、区长王洪林现场调研南运河第三店国控断面水污染超标问题。经仔细查看、认真排查确定，德城区辖区内无污水直排问题。

同日

中共德城区委副书记、区长王洪林到黄河涯镇督导重点环保问题整改情况。

16日

中共德城区委书记巩洪波就"小散乱污"企业整改情况和社区网格化建设工作进行督导调研。中共德城区委常委、组织部部长许勇，中共德城区委常委、办公室主任王勇参加。

17日

德州市副市长范宇新到德城区督查水体整治和环境保护工作。中共德城区委书记巩洪波，中共德城区委副书记、区长王洪林陪同。中共德城区委常委、办公室主任王勇，德城区副区长孙大鹏参加。

同日

德城公安分局会同环保分局到天衢街道辖区内一无名印花企业，就其未办理工商、环保手续前提下违法生产、偷排污水的违法行为勘察取证、封存现场，当场对企业负责人韦某某采取强制措施，并于19日对外出归来的房东赵某某进行控制。韦某某、赵某某被刑事拘留。

同日

德城区人大常委会主任闫书德就全区维稳工作进行实地视察。德城区人大常委会副主任张仲钵、李和平、张建栋参加。

18日

是日起，德州市200辆新能源公交车陆续投入使用。德州市区新能源公交车占比达到97%以上，空调车占比达到94%以上。随着此次新能源公交车的陆续上线运营，德州市公交所有线路及车辆实现全国交通一卡通互联互通全覆盖。

19日

德州市创建全国文明城市消夏晚会在黑马剧院举行。中共德州市委常委、宣传部部长景文新，中共德城区委常委、宣传部部长骆晓东出席。

20日

德城区设分会场组织收看全国全省安全生产电视会议。中共德城区委副书记、区长王洪林出席。德城区政府党组副书记郑茂侠，中共德城区委常委、副区长杨振生，德城区副区长纪勇、于志新、张国亮参加。

21日

德城区设分会场组织收看全省环境保护突出问题综合整治攻坚动员视频会议。中共德城区委书记巩洪波，中共德城区委副书记、区长王洪林，德城区人大常委会主任闫书德，德城区政协主席徐世勇出席。中共德城区委常委，德城区副区长参加。

22日

中共德城区委副书记、区长王洪林到天衢街道督导黑臭水体整治工作。德城区副区长孙大鹏参加。

23日

德城区设分会场组织收看全省国有企业改革发展工作视频会议。中共德城区委书记巩洪波，中共德城区委副书记、区长王洪林，德城区人大常委会主任闫书德，德城区政协主席徐世勇出席。中共德城区委常委，德城区人大常委会副主任，德城区副区长，德城区政协副主席参加。

24日

德城区设分会场组织收看全省支持非公有制经济健康发展工作视频会议。中共德城区委书记巩洪波，中共德城区委副书记、区长王洪林出席。中共德城区委常委、副区长杨振生，中共德城区委常委、组织部部长许勇，中共德城区委常委、统战部部长孟宇，中共德城区委常委、办公室主任王勇参加。

25日

山东省台办副主任张民忠到德城区调研对台工作开展情况。德城区副区长张国亮陪同。

同日

中共德城区委副书记、区长王洪林到二屯镇就全面落实"河长制"及水污染防治工作进行专题调研。德城区副区长纪勇参加。

26日

德州市副市长董绍辉到德城区调研缓解“大班额”项目进展情况。中共德城区委书记巩洪波陪同。中共德城区委常委、办公室主任王勇，德城区副区长张国亮参加。

27日

山东省食药监局副局长李超群到德城区调研食品药品监管工作。中共德城区委书记巩洪波陪同。德城区副区长于志新参加。

同日

中国·德州京津冀鲁资本技术交易大会在德州市委党校报告厅开幕。是日，德城区举行项目集中签约仪式。中共德城区委副书记、区长王洪林出席德城区签约仪式。德城区副区长于志新参加。

同日

全区关工委工作会议召开并举行“五老”志愿者颁证仪式。中共德城区委副书记张志芳出席。

同日

甘肃省张掖市文化市场综合执法人员一行到德城区对口交流学习。中共德城区委常委、宣传部部长骆晓东陪同。

28日

德州市副市长范宇新到德城区信访中心公开接访。中共德城区委副书记、区长王洪林陪同。

同日

山东省政协常委吴辉建到德城区就加强高层次人才培养引进工作进行调研。德州市政协副主席崔书强，德城区政协主席徐世勇陪同。

同日

德城区设分会场组织收看全市征兵工作电视会议。中共德城区委副书记、区长王洪林出席。德城区副区长纪勇参加。

同日

德城区二屯镇“气代煤”工程正式启动。该工程涉及全镇14个村庄，3700余户居民，铺设天然气管道20余公里，基本实现镇域全覆盖。

28—29日

中共德城区委书记巩洪波，中共德城区委副书记、区长王洪林，德城区人大常委会主任闫书德，德城区政协主席徐世勇，中共德城区委副书记张志芳分别到天衢街道、新华街道、新湖街道、广川街道、黄河涯镇公开接访。中共德城区委常委、办公室主任王勇参加。

31日

中共山东省委宣传部副部长、文明办主任刘宝莅到德城区调研全国文明城市创建工作。中共德州市委常委、宣传部部长景文新，中共德城区委书记巩洪波陪同。中共德城区委常委、宣传部部长骆晓东，中共德城区委常委、办公室主任王勇参加。

同日

德州市副市长董绍辉到德城区走访慰问伤残军人和抗战老兵。中共德城区委书记巩洪波陪同。中共德城区委常委、办公室主任王勇，德城区副区长纪勇参加。

同日

中共德城区委书记巩洪波，中共德城区委副书记、区长王洪林走访慰问驻区部队官兵。中共德城区委常委、办公室主任王勇，德城区人武部部长赵庆海参加。

同日

中共德城区委书记巩洪波调研“河长制”工作落实情况。中共德城区委常委、办公室主任王勇，德城区副区长纪勇参加。

同日

德州联合医院加入中国中医科学院广安门医院医联体，在北京市举行协作签约仪式。

同日

德州巾帼家政服务标准化试点和德州交通安全宣教标准化试点纳入2017年度“山东标准”建设行动计划。

◎ 国务院批准《德州市城市总体规划（2011—2020年）》。

◎ 德城区总工会首次组织24名有较大贡献和一定社会影响力的在职劳动模范分两批次参加为期5天的疗休养活动。

◎ 中共德城区委全面启动第一轮巡查工作。设立4个巡查组，对区物价局、区安监局、区金融办、区老龄办、区妇联、区民宗局开展巡查，进一步落实全面从严治党要求，督促有关部门单位党组（党委）落实全面从严治党主体责任。

◎ 德城区推进网格化管理工作联席会议工

作组抽调精干力量组成6个督导组，通过面谈、查阅资料和实地查看等方式，从镇街、社区（管区）、基本网格三个层面对各镇街网格化管理筹备情况实地督导，进一步推进全区城乡网格化管理工作。

◎ 德州市2017年度拟批建工程技术研究中心名单公布。德城区德隆博德尔环保“德州市固体废弃物综合处理与利用工程技术研究中心”、耐垦智能装备“德州市工业机器人工程技术研究中心”、力维机械“德州市橡胶履带驱动系统工程技术研究中心”、德州梁子黑陶“德州市黑陶烧制技艺工程技术研究中心”4家工程技术研究中心登榜。

◎ 德州市立医院推出线上服务平台。患者通过关注医院微信公众号和支付宝服务号，并绑定自己、家人、朋友及其他人的就诊卡就可以借助这一平台实现挂号、缴费、查看报告、就医反馈等功能。

◎ 德州市人防办牵头，将德城区、经济技术开发区、运河经济开发区的长河公园、减河湿地公园、新湖风景区、德州学院运动场等20处公园、绿地和操场作为应急避难场所，安装平面示意图、标志牌、功能区指示牌。截至2017年7月底，德州市中心城区应急避难场所使用面积达200万平方米，能够容纳80万人。应急避难场所具备应急消防措施、应急供水、应急供电等10种应急避险功能。

◎ 为进一步加强学生小饭桌食品安全监管工作，切实保障中小学生饮食安全，德城区食药监局牵头各镇街、区教育局等部门，联合开展小饭桌摸底调查活动。

◎ 德城区人民法院实行“一人一案一账号”，精细管理提升执行款办案质效。

◎ 德州市立医院和联合医院分别召开首届理事会会议，审议通过医院章程，任命理事长，实行法人治理结构，完成公立医院体制改革。

◎ 中国轻工业联合会发布“2016年度中国轻工业百强企业”榜单。德城区鑫华润科技有限公司入选。

8月

1日

中共德州市委副书记刘贵堂到德城区走访慰问优抚对象。德州军分区政委刘晓明，中共德城区委书记巩洪波陪同。

同日

德州军分区司令员张俊杰到德城区检查指导征兵体检工作。德州市副市长董绍辉，德州军分区副司令员曹光，德城区副区长纪勇陪同。

同日

德城区设分会场组织收看庆祝中国人民解放军建军90周年大会实况。中共德城区委书记巩洪波，德城区人大常委会主任闫书德，德城区政协主席徐世勇，中共德城区委副书记张志芳出席。德城区区级领导班子成员参加。

2日

德城区设分会场组织收看中共山东省委山东省政府重点工作推进情况视频会议。中共德城区委书记巩洪波，德城区人大常委会主任闫书德，德城区政协主席徐世勇，中共德城区委副书记张志芳出席。德城区几大班子领导参加。

3日

德州市政协副主席、工商联主席辛志才到德城区调研工商联会员企业工作。中共德城区委常委、统战部部长孟宇陪同。

同日

德城区政协主席徐世勇就重点产业和城建项目进行专题调研。德城区副区长孙大鹏，德城区政协副主席王太勇、戴连强、高玉林参加。

同日

德城区人民政府与新疆建设兵团第十二师五一农场缔结友好单位，举行签约仪式。中共德城区委常委、副区长杨振生，新疆建设兵团第十二师五一农场党委常委、副场长王洪涛，中共德城区委常委、组织部部长许勇，中共德城区委常委、统战部部长孟宇，德城区副区长纪勇出席。

同日

德城区工商联召开主席（扩大）会议，贯彻学习省委、省政府重点工作推进情况视频会议精神，总结区工商联上半年工作情况，就下一步主要工作进行安排部署。中共德城区委常委、统战部部长孟宇出席。

4日

德州市政协主席翟长生到德城区就京杭大运河德州市区段保护、传承与开发利用情况进行专题调研。德州市政协副主席康志民，德州市政协秘书长魏增新，中共德城区委书记巩洪波，德城区政协主席徐世勇陪同。中共德城区委常委、办公室主任王勇参加。

同日

德城区举行全国人大常委会机关挂职干部欢迎会，欢迎王瑾、方舟、傅芳芳3名优秀干部到德城区挂职锻炼。全国人大常委会办公厅人事局干部一处处长刘建国，中共德州市委组织部常务副部长袁希君，中共德城区委书记巩洪波，德城区人大常委会主任闫书德出席。中共德城区委常委、组织部部长许勇，中共德城区委常委、办公室主任王勇参加。

6日

山东省住建厅专家考察组到德城区考察黑臭水体整治工作。中共德城区委副书记、区长王洪林陪同。德城区副区长孙大鹏、纪勇参加。

8日

山东双一科技股份有限公司在深圳证券交易所举行创业板首发上市仪式。

9日

德州市关工委主任满春重到德城区检查指导关心下一代工作。中共德城区委书记巩洪波，中共德城区委副书记、关工委主任张志芳陪同。中共德城区委常委、办公室主任王勇参加。

同日

2016年“食安山东”餐饮服务品牌示范创建名单公示。德州万达广场、德州学院启秀餐厅、湖滨路李先生加州牛肉面快餐店入围。

10日

德城区设分会场组织收看中央第三环境保护督察组督察山东省工作动员会。中共德城区委书记巩洪波，中共德城区委副书记、区长王洪林，德城区人大常委会主任闫书德，德城区政协主席徐世勇，中共德城区委副书记张志芳出席。全省动员会议后，巩洪波、王洪林分别就贯彻落实上级会议精神和做好全区下一步环保工作进行安排部署。德城区几大班子领导参加。

同日

中共德城区委书记巩洪波，中共德城区委副书记、区长王洪林到天衢街道、二屯镇督导环境保护工作。中共德城区委常委、办公室主任王勇，德城区副区长孙大鹏、纪勇参加。

11日

德城区设分会场组织收看全市加快推进冬季取暖“气代煤、电代煤”工作电视会。中共德城区委副书记、区长王洪林出席。德城区副区长孙大鹏参加。

同日

德城区人大常委会主任闫书德视察安全生产工作。中共德城区委常委、副区长杨振生，德城区人大常委会副主任张仲钵、李和平参加。

12日

中共德城区委副书记、区长王洪林到黄河涯镇和新华街道办事处就“散乱污”企业和畜禽养殖整治等工作进行专项督导。德城区副区长孙大鹏、纪勇参加。

同日

德城开展公共卫生行业安全生产专项检查。中共德城区委常委、副区长杨振生，德城区副区长于志新参加。

15日

中共德城区委副书记、区长王洪林会同市住建局、公共事业局主要负责人及市区有关部门负责人召开现场会，对中央环保督察组交办的事项整改情况进行检查落实。

同日

德城区组织召开激光退火项目投资推介会。中共德城区委常委、组织部部长许勇出席。

同日

中共德城区委统战部组织召开全区经济运行情况通报会。中共德城区委常委、统战部部长孟宇主持并讲话。

同日

是日起至10月20日，德城区工商局、德城公安分局联合，集中时间、集中警力对传销犯罪活动进行“全方位”“地毯式”清剿。

同日

上午9时40分至10时30分，德州市中心城区试鸣防空警报。

16日

中共山东省委书记刘家义到德城区督导解决中央环保督察组转办信访问题。中共山东省委常委、秘书长胡文容，中共德州市委书记陈勇，中共德州市委副书记、市长陈飞参加。

同日

德州市人大调研组到德城区调研乡村旅游企业发展情况。德城区人大常委会副主任李和平，德城区副区长于志新陪同。

17日

中共德城区委书记巩洪波到天衢工业园督导环保工作。中共德城区委常委、办公室主任王勇参加。

18日

中共德州市委副书记、市长陈飞到德城区调研督导城市防汛工作。德州市副市长范宇新，中共德城区委书记巩洪波陪同。中共德城区委常委、办公室主任王勇，德城区副区长孙大鹏参加。

19日

中共德州市委副书记、市长陈飞到德城区督导解决中央环保督察组转办信访问题。

同日

中共德城区委副书记、区长王洪林到天衢街道、新湖街道、二屯镇督导环保工作。德城区副区长孙大鹏、纪勇参加。

20日

中共德城区委书记巩洪波，中共德城区委副书记、区长王洪林现场督导中央环保督察组转办环保信访问题。中共德城区委常委、办公室主任王勇，德城区副区长孙大鹏参加。

22日

德州市人大常委会副主任魏洪祥、钟玲到德城区调研检察院侦查监督工作。德州市人民检察院检察长郭晓冬，德城区人大常委会主任闫书德陪同。中共德城区委常委、政法委书记李福广，德城区人大常委会副主任张仲钵参加。

同日

德州市副市长马俊昀到德城区就首届德州文化惠民消费季特约文化企业进行调研。中共德城区委副书记、区长王洪林陪同。德城区副区长于志新参加。

23日

中共山东省委政研室副主任王玉河到德城区就基层党建工作进行专题调研。中共德城区委书记巩洪波陪同。中共德城区委常委、组织部部长许勇，中共德城区委常委、办公室主任王勇参加。

同日

德城区人大常委会主任闫书德到德州市立医院视察指导工作，参加德州市第十八届人大代表德城区第四小组学习活动。德城区人大常委会副主任张仲钵、李和平、张建栋、刘安国参加。

24日

全国人大常委会办公厅考察组到广川街道考察座谈。德城区人大常委会主任闫书德陪同。中共德城区委常委、副区长王瑾参加。

同日

德城区总工会联合德州农商银行举行2017年“金秋助学”活动助学金发放仪式。中共德城区委副书记王亮出席。

25日

德州市副市长范宇新到德城区现场督导中央环保督察组转办信访问题。中共德城区委副书记、区长王洪林陪同。德城区副区长孙大鹏参加。

同日

德城区设分会场组织收看全市推进农村党支部领办创办土地股份合作社服务农业适度规模经营动员会议。中共德城区委书记巩洪波，中共德城区委副书记、区长王洪林，中共德城区委副书记张志芳出席。

同日

德州博德尔循环经济产业园项目签约仪式在德城区举行。中共德城区委副书记、区长王洪林出席。德城区副区长张国亮参加。

29日

德州市副市长范宇新到德城区调研规划项目进展情况。中共德城区委副书记、区长王洪林陪同。德城区副区长孙大鹏参加。

同日

人社部社会保险事业管理中心督查组到德城区就人社系统窗口单位作风建设工作进行专项督查。德城区副区长于志新陪同。

30日

德州市质监局安全生产大检查督察组到德城

区检查安全生产工作。德城区副区长张国亮陪同。

31日

德城区检察院被山东省人民检察院授予全省检察机关"六型"建设示范院。

◎ 德城区制定出台环境保护工作责任清单，将大气污染防治、水污染防治、土壤污染防治、环境安全、生态建设、环境影响评价等108项环保工作任务逐项进行分解，通过列明环保责任清单，划定环保"责任田"，构建齐抓共管的环保工作格局。

◎《德州市城市总体规划（2011—2020年）》获得国务院批准。《规划》提出，将划定更新旧城范围，提升土地利用水平和整体活力。

◎ 德城区天衢工业园入选全国首批农村创业创新园区。

◎ 山东省第九批特级教师名单公布。德城区第十中学宋彦琳、实验小学于秋婷、二屯镇中心幼儿园于景军3名教师入选。

◎ 德州市立医院党总支书记、理事长段立新荣获全国卫生计生系统先进工作者称号。

◎ 山东省发改委公示2017年度西部经济隆起带和扶贫开发重点区域引进急需紧缺人才支持项目计划。德城区德药制药公司、鑫华润公司申报的两项目入选。德药制药公司引进人才高钟镐，项目是紫杉烷类药物（紫杉醇、多西他赛）靶向纳米胶束研究；鑫华润公司引进人才张丽丽，项目是轻质耐磨聚酰胺鞋用大底材料研发。

◎ 德城区奥德曼酒庄生态园荣获2017年山东省生态休闲农业示范园区称号。

◎ 德州市第四届十佳科技工作者和第五届优秀科技工作者评选揭晓。格瑞德集团高级工程师管印贵荣获德州市十佳科技工作者称号，华源纺织有限公司助理工程师刘明哲、德州市立医院副主任医师王萍荣获德州市优秀科技工作者称号。

◎ 德州市工商局公示"守合同重信用"企业名单。德城区47家企业登榜。

◎ 2017中国围棋大会比赛在鄂尔多斯举行。德州三中学生杨明松获得闪电战亚军和混双锦标赛季军，被中国棋院授予业余6段棋手证书，晋级准职业水平。

◎ 耐肯公司智能化焊接机器人项目获得院地产学研协同创新基金支持100万元。该项目是耐肯公司与山东省科学院自动化研究所合作研发项目，项目总投资200万元，其中自筹资金100万元。院地产学研协同创新基金支持100万元，其中，德城区与山东省科学院分别支持50万元。

◎ 德州市下发2017年度煤炭质量主要控制指标，对生产、流通、运输等环节的煤质检测作出详细规定。

◎ 德城区出台环境保护工作责任清单。

9月

2日

德城区设分会场组织收看中共山东省委山东省政府重点工作推进情况视频会议。中共德城区委书记巩洪波，中共德城区委副书记、区长王洪林，德城区人大常委会主任闫书德，德城区政协主席徐世勇，中共德城区委副书记张志芳出席。德城区几大班子领导成员参加。

同日

中共德城区委副书记、区长王洪林调研餐饮业油烟整治工作。

4日

德州市秋冬季大气污染攻坚动员视频会议召开，贯彻落实京津冀及周边地区大气污染防治协作机制第十次会议、环保部《京津冀及周边地区2017—2018年秋冬季大气污染综合治理攻坚行动方案》工作座谈会议精神，对全市秋冬季大气污染攻坚工作进行动员部署。中共德城区委书记巩洪波在德州市主会场出席。德城区设分会场组织收看。中共德城区委副书记、区长王洪林出席德城区分会场。中共德城区委常委、副区长杨振生，中共德城区委常委、纪检委书记王玉成，中共德城区委常委、宣传部部长骆晓东，中共德城区委常委、办公室主任王勇，德城区副区长孙大鹏、纪勇、于志新、张国亮参加。

同日

德城区工商局完成对德州曌禾教育咨询有限公司的网上审核，为其发出电子营业执照。此为全省正式实施注册登记电子化后，德城区发出的第一份电子营业执照，标志着德城区企业登记正式开启全程电子化新模式。

同日

国家文物局调研组到德城区调研大运河遗产（山东段）保护工作。调研评估组先后考察了二屯镇第三店、三湾展示区等遗产点段的保护、管理及遗产监测、利用等情况，认真听取区在大运河日常保护和遗产监测过程中遇到的难题以及解决方案，并对区所取得的遗产保护成绩和积累的保护经验给予充分肯定，对存在问题提出了积极中肯的指导意见，并对运河文化建设提出了切实可行的建议。

6日

德州市副市长马俊昀到德城区就实华化工有限公司项目建设存在问题进行现场办公。中共德城区委副书记、区长王洪林陪同。

7日

山东省化工行业工会主席王吉盛到德城区检查“查保促”工作。

8日

中共德州市委副书记、市长陈飞到德城区慰问一线教师。德州市副市长董绍辉，德州市政府秘书长王震秀，中共德城区委书记巩洪波陪同。中共德城区委常委、办公室主任王勇参加。

同日

德州市人大常委会副主任魏洪祥到德城区就苏禄王墓保护工作开展立法调研。中共德城区委副书记、区长王洪林，德城区人大常委会主任闫书德陪同。德城区政府党组副书记郑茂侠，中共德城区委常委、副区长王瑾，德城区人大常委会副主任张仲钵参加。

同日

中共德城区委书记巩洪波，中共德城区委副书记、区长王洪林，德城区政协主席徐世勇慰问教师。中共德城区委常委、办公室主任王勇，德城区副区长张国亮参加。

同日

德城区工商联会员企业爱心捐助仪式在黄河涯镇奥德曼酒庄举行。中共德城区委副书记张志芳出席。中共德城区委常委、统战部部长孟宇，德城区副区长纪勇参加。

同日

德城区召开十六届区委第二轮巡察工作动员部署会，落实区委第二轮巡察工作总体部署，对本轮巡察工作进行动员安排。中共德州市委巡察办副主任闫晓莉，中共德城区委常委、纪委书记、区委巡察工作领导小组组长王玉成出席。中共德城区委常委、组织部部长许勇主持会议。

同日

山东省卫计委督查组到德城区就2017年全面两孩政策与计划生育服务管理改革落实情况进行专项督查。德城区副区长于志新介绍有关工作开展情况。

9日

中共德城区驻京流动党员党委成立。中共德城区委常委、组织部部长许勇出席仪式。

11日

山东省政府安委会安全生产第三巡查组在德城区召开安全生产巡查工作汇报会议。巡查组副组长、山东省住建厅执法监察总队党委书记栾启亭讲话。中共德城区委书记巩洪波主持会议。中共德城区委副书记、区长王洪林汇报德城区安全生产工作情况。德城区政府党组副书记郑茂侠，中共德城区委常委、副区长杨振生，德城区副区长孙大鹏、纪勇参加。

同日

中共德州市委常委、组织部部长赵艺丁到德城区调研农村社区党支部领办创办土地股份合作社情况和推进城乡网格化工作。中共德城区委书记巩洪波陪同。中共德城区委常委、组织部部长许勇参加。

同日

中共山东省委宣传部宣教处调研员张萍萍到德城区调研“四德”工程建设工作。中共德城区委常委、宣传部部长骆晓东陪同。

12日

山东省民政厅福利彩票发行中心主任赵立杰到德城区督导民政政策落实情况。德城区副区长纪勇陪同。

13日

中共德城区委副书记、区长王洪林调研“气代煤”工作。德城区副区长孙大鹏参加。

同日

德城区设分会场组织收看全市深化放管服改革进一步优化政务环境工作电视会议。中共德城区委副书记、区长王洪林，中共德城区委副书记张志芳出席。中共德城区委常委、副区长杨振生，中共德城区委常委、办公室主任王勇，德城区副区长纪勇参加。

19日

德州市副市长范宇新到德城区公开接待群众来访。中共德城区委副书记、区长王洪林陪同。

同日

中共德城区委副书记、区长王洪林到新华街道调研德城区肛肠医院新院区项目建设情况。德城区副区长于志新参加。

20日

是日至23日，中共德城区委书记巩洪波，中共德城区委副书记、区长王洪林，德城区人大常委会主任闫书德，德城区政协主席徐世勇，中共德城区委副书记张志芳分别到镇街公开接待群众来访。中共德城区委常委、办公室主任王勇参加。

同日

德城区设分会场组织收看全省第二轮第一书记工作总结暨第三轮工作推进会议。中共德城区委副书记张志芳出席。中共德城区委常委、组织部部长许勇参加。

21日

中共德城区委书记巩洪波现场调研大气污染防治工作。德城区副区长孙大鹏参加。

同日

中共德城区委副书记、区长王洪林督导散煤清洁化治理工作。德城区副区长张国亮参加。

同日

德城区政协主席徐世勇对全区卫计重点项目建设和公立医院改革等情况专题调研。德城区副区长于志新，德城区政协副主席刘英、王太勇、戴连强、高玉林参加。

同日

中共德城区委副书记张志芳到新华街道陈公社区为党员干部讲党课。

同日

零时起，全国实行新旅客列车运行图。调图后，高铁德州东站增开14列，共计开行列车136列，上行58列，下行78列。

22日

德城区设分会场组织收看中共山东省委、山东省政府重点工作推进情况视频会议。中共德城区委书记巩洪波，中共德城区委副书记、区长王洪林，德城区政协主席徐世勇，中共德城区委副书记张志芳出席。

同日

德城区工商管理系统实施市场监管“双随机一公开”制度。“双随机一公开”抽查，第一次涵盖各业务条线全部职责，最大限度整合监管资源，有效实施监管风险的发现、分类、监控，逐步实现对企业的“一次抽、全面查、综合诊治”。

25日

中共德城区委副书记、区长王洪林督导联合办税服务厅建设工作。中共德城区委常委、副区长杨振生参加。

同日

是日起，德州市医疗保险实现跨省异地就医联网结算。

同日

由《光明日报》《农民日报》和新华网等10余家中央媒体组成的采访团到德城区，就首届山东文化惠民消费季活动开展情况进行深入采访。

26日

德城区设分会场组织收看全省开放型经济发展大会。中共德城区委书记巩洪波，中共德城区委副书记、区长王洪林，德城区政协主席徐世勇出席。德城区副区长张国亮参加。

同日

山东省经济和信息化委员会公布2017年两化融合管理体系贯标试点企业名单。德州实华化工有限公司入选国家级两化融合贯标试点企业，山东格瑞德集团有限公司入选省级两化融合管理体系贯标试点企业。

27日

德城区设分会场组织收看全省、全市秋冬季大气污染综合治理攻坚行动电视会议。中共德城区委副书记、区长王洪林出席并讲话。德城区副区长孙大鹏参加。

28日

山东省住房和城乡建设厅副厅长周善东到德城区调研老旧小区改造工作。

同日

德州市政协副主席崔书强到德城区就文广新

工作调研。中共德城区委常委、副区长王瑾，德城区人大常委会副主任李和平，德城区副区长于志新陪同。

同日

中共德城区委书记巩洪波，中共德城区委副书记、区长王洪林现场督导秋冬季大气污染防治工作。德城区副区长孙大鹏参加。

同日

德城区“清风颂廉政，丹心献祖国”喜迎国庆暨“清风德城”教育行动文艺会演在新街口文化馆剧场举行。中共德城区委副书记、区长王洪林，德城区人大常委会主任闫书德出席。中共德城区委常委、纪检委书记王玉成，中共德城区委常委、统战部部长孟宇，德城区人大常委会副主任张仲钵，德城区副区长纪勇、于志新、张国亮，德城区政协副主席高玉林参加。

同日

东营市垦利区政协主席张葆春到德城区考察基层政协建设工作。德城区政协主席徐世勇陪同。德城区政协副主席刘英参加。

同日

德城区对大型游乐设施进行安全检查。德城区副区长张国亮参加。

28日—10月8日

为应对国庆中秋假期客流高峰，方便旅客出行，德州火车站加开6列临时列车。

29日

德城区在新街口文化馆剧场举行中央“八项规定”精神政策宣讲报告会。报告会邀请中共德州市纪委常委郭宗军就党纪党规、党内问责、纠正“四风”等方面内容开展宣讲。中共德城区委书记巩洪波，中共德城区委副书记、区长王洪林，德城区人大常委会主任闫书德，德城区政协主席徐世勇，中共德城区委副书记张志芳出席。德城区几大班子领导参加。

30日

是日为中国烈士纪念日。上午，德州市在革命烈士陵园隆重举行公祭活动，缅怀烈士功绩，弘扬烈士精神。中共德州市委书记陈勇，中共德州市委副书记、市长陈飞，德州市人大常委会主任韩建亭，德州市政协主席翟长生等德州市几大班子领导；中共德城区委书记巩洪波，中共德城区委副书记、区长王洪林，德城区人大常委会主任闫书德，德城区政协主席徐世勇，中共德城区委副书记张志芳等德城区几大班子领导与社会各界代表参加活动。

同日

中共德城区委副书记张志芳到顺丰快递天衢营业点、东北城德邦网点督导寄递物流业安全管理工作。中共德城区委常委、政法委书记李福广，德城区副区长张国亮参加。

同日

德城区明敬食品有限公司生猪屠宰场建成投产，被德州市政府批准为定点生猪屠宰企业。公司占地14950平方米，年屠宰加工生猪能力20万头。屠宰场安装30个摄像头，对生猪进厂、待宰圈、宰杀、瘦肉精检测、肉制品检验、肉品出厂等各环节实行24小时监控，以保证生猪屠宰加工全过程受到监管。

◎ 在第十三届全运会上，德城区培养输送的运动员程冲获得田径女子4×400米冠军、男女混合4×400米冠军和女子400米亚军，骆玉玺获得男子1500米决赛冠军。

◎ 德城区初中学生阚立言被西安交通大学少年班录取。

◎ 德州市举行寄生虫病防治工作岗位技能竞赛。德城区以总分第一名的成绩获得团体一等奖。

◎ 禹城市旅游局督查组到德城区进行旅游安全交叉检查。

◎ 德城区对畜产品质量进行安全检查。

◎ 第十二届亚洲品牌盛典在香港举行。“德药制药”荣膺中国医药行业十大领军品牌殊荣。德州德药制药有限公司董事长卞建钢荣获中国（行业）品牌十大创新人物称号。

◎ 第三届全国职业院校信息化技术与教学融合优质课大赛在德州交通职业中等专业学校举行。全国近200名职业院校教师参赛。德州信息工程学校教师钟玲艳荣获一等奖。

◎ 第十五届山东省旅游商品创新设计大赛落幕。德城区奥德曼酒庄有限公司的迷奥系列红葡萄酒获得优秀奖。

◎ 德州市举行第三届职工职业技能大赛。德城区选手取得优异成绩。育婴师工种包揽前五名；梳棉机修工种获得第一名、第二名、第四名；会计技能工种获得第二名；财务技能工种获得两个一等奖，三个三等奖。

◎ 浙江大学技术转移中心专家到德城区格瑞德集团、德隆环保公司、耐垦自动化公司、梅卡尔机电公司调研。

10 月

1 日

中共德城区委副书记、区长王洪林到德州动植物园检查督导假日旅游安全工作。德城区副区长于志新参加。

同日

是日起，德州市中心城区各加油站供应符合国Ⅵ标准的车用汽柴油。

8 日

德城区住房公积金纳入全国住房公积金异地转移接续平台。

10 日

德城区发布扬尘污染综合治理集中行动方案，推进落实德州市 2017—2018 年秋冬季大气污染综合治理攻坚行动，促进城市扬尘污染治理，确保完成秋冬季大气污染综合治理攻坚任务。

11 日

中共德州市委书记陈勇到德城区调研食品药品安全工作。中共德州市委常委、秘书长刘长民，中共德城区委书记巩洪波陪同。中共德城区委常委、办公室主任王勇参加。

同日

山东省政府参事张德宽到德城区调研“气代煤、电代煤”工作。中共德城区委副书记、区长王洪林陪同。德城区副区长孙大鹏参加。

同日

是日和 13 日，德州市政协调研组到德城区调研文化工作。到德城区政协副主席高玉林陪同。

13 日

中共德州市委副书记刘贵堂到德城区走访慰问老年人。中共德城区委书记巩洪波陪同。中共德城区委常委、办公室主任王勇参加。

同日

德城区少先队表彰大会暨明诚学校建队仪式在明诚学校举行。共青团德州市委书记王成，中共德城区委副书记王亮出席。

14 日

中共德城区委副书记、区长王洪林就扬尘治理工作进行调研。德城区副区长孙大鹏参加。

15 日

中共德城区委书记巩洪波就排查安全隐患防范四类风险工作进行调研。中共德城区委常委、办公室主任王勇参加。

同日

中共德城区委副书记、区长王洪林检查“小饭桌”和民办教育机构安全工作。中共德城区委常委、副区长杨振生，德城区副区长于志新、张国亮参加。

16 日

山东省妇联副主席魏艳菊到德城区丰华社区、状元府社区调研指导“妇女之家”建设情况。中共德州市委常委、统战部部长彭小毛，中共德城区委书记巩洪波，中共德城区委副书记王亮陪同。

同日

中共德城区委副书记、区长王洪林就扬尘污染治理工作进行专题调研。德城区副区长孙大鹏参加。

17 日

中共德城区委书记巩洪波到接访中心公开接待群众来访。中共德城区委常委、办公室主任王勇参加。

17—18 日

中共德城区委副书记、区长王洪林到新华街道、天衢街道，就全区重污染天气应对工作进行专项督导。德城区副区长孙大鹏参加。

18 日

上午 9 时，中国共产党第十九次全国代表大会在北京隆重开幕。中共德城区委书记巩洪波，中共德城区委副书记、区长王洪林，区人大常委会主任闫书德，区政协主席徐世勇，中共德城区委副书记张志芳、王亮等德城区几大班子成员集中收看党的十九大开幕会直播盛况。

同日

德州市副市长马俊昀到德城区督查安全生产工作。中共德城区委副书记、区长王洪林陪同。中共德城区委常委、副区长杨振生参加。

19 日

华夏银行济南分行行长夏阳到德城区考察德州分行设立事宜。中共德城区委副书记、区长王洪林陪同。德城区副区长张国亮参加。

20 日

德城区设分会场组织收看全市脱贫攻坚视频会议。中共德城区委书记巩洪波，中共德城区委副书记、区长王洪林，中共德城区委副书记张志芳出席。中共德城区委常委、纪检委书记王玉成，中共德城区委常委、组织部部长许勇参加。

23 日

德州市政府“放管服”改革督察组到德城区督查“放官服”改革工作。

24 日

德州市人大常委会副主任陈璞平到德城区专题调研体育工作开展情况。中共德城区委书记巩洪波，德城区人大常委会主任闫书德陪同。中共德城区委常委、办公室主任王勇参加。

同日

山东鲁信文化传媒投资集团有限公司总经理李高峰到德城区考察文化产业项目。中共德城区委副书记、区长王洪林陪同。中共德城区委常委、副区长王磊，德城区副区长于志新参加。

25 日

中共德城区委书记巩洪波，中共德城区委副书记、区长王洪林，德城区人大常委会主任闫书德，德城区政协主席徐世勇，中共德城区委副书记张志芳分别走访慰问高龄老年人。中共德城区委常委、副区长杨振生，中共德城区委常委、组织部部长许勇，中共德城区委常委、宣传部部长骆晓东，中共德城区委常委、统战部部长孟宇，中共德城区委常委、办公室主任王勇，德城区副区长于志新、张国亮参加。

26 日

德城区举办全区农村社区党支部领办创办土地股份合作社工作培训会。各镇街组织委员、经营站长等 50 余人参加培训。

27 日

中共德州市委常委、统战部部长彭小毛到德城区宝丽洁公司参观。中共德城区委书记巩洪波陪同。中共德城区委常委、统战部部长孟宇参加。

同日

德州市第五届放鱼周在锦绣川风景区启动。3 万余尾鱼苗被放入岔河水域。

30 日

中共德城区委副书记、区长王洪林调研东北城项目建设情况，召开现场调度会议。德城区副区长张国亮参加。

31 日

中共德城区委书记巩洪波到黄河涯镇调研扶贫工作，了解扶贫项目建设情况，走访贫困群众。中共德城区委常委、办公室主任王勇，德城区副区长纪勇参加。

同日

德州市经信委主任王爱民到德城区就工业错峰生产工作落实情况进行专项检查。中共德城区委副书记、区长王洪林陪同。

◎ 德城区人民检察院被高检院授予全国文明接待示范窗口荣誉称号。

◎ 中共德城区委统战部组织 5 名书画艺术工作者到邹李社区为居民服务，送美好祝福；在部分社区开展法律进社区活动。中共德州市委常委、统战部部长彭小毛就德城区统战工作进社区作出批示，要求在全市推广。

◎ 德城区政务服务“社区代办”纳入国务院试点。

◎ 山东省经信委下达 2017 年全省第三批技术创新项目计划。德城区 12 个项目入选。

◎ 德州市网格化督导组到德城区督导网格化管理、“两新”组织党建工作情况。

◎ 德城区第一批群众和企业到政府办事“零跑腿”和“只跑一次”事项清单梳理完成，在区政府网站向全社会公开。

◎ 德城区全面建立区、镇街、村居三级河长组织体系。各级河长共计 152 名，其中区级河长 10 名，镇街级河长 41 名，村居级河长 101 名。

◎ 德城区公示行政事业性收费和政府性基金目录清单。

◎ 山东省经信委公布 2017 年全省入选国家级和省级两化融合管理体系贯标试点企业名单。德州实华化工有限公司入选 2017 年国家级两化融合贯标试点企业，山东格瑞德集团有限公司入选省级两化融合管理体系贯标试点。

◎ 首届全国创业就业服务展示交流会活动在济南市召开。全国170个优秀项目参与展示交流。德城区梁子黑陶和建志剪纸两个展示项目荣获优秀项目奖。

◎ 中共德城区委巡察组集中向第一轮被巡察单位反馈情况。

11月

1日

德城区召开海内外高端专家座谈会。中共德城区委书记巩洪波出席并讲话。中共德城区委常委、副区长杨振生，中共德城区委常委、组织部部长许勇，中共德城区委常委、办公室主任王勇，德城区副区长于志新参加。

同日

中共德城区委书记巩洪波督导中央环保督查组交办案件整改落实情况。中共德城区委常委、办公室主任王勇，德城区副区长孙大鹏参加。

同日

天津新华投资集团董事长张春静到德城区就德州科技城项目合作情况进行深入洽谈。德城区政府党组副书记郑茂侠，中共德城区委常委、副区长杨振生陪同。

同日

德城区副区长王鹏到天衢工业园环保型企业进行调研，了解企业人才引进及科技创新情况。

2日

第二届“智汇德州”人才创新创业周启动仪式暨“德州鲁北人才改革试验区”揭牌仪式与重点项目签约仪式在中共德州市委党校举行。中共德城区委书记巩洪波，中共德城区委副书记、区长王洪林，中共德城区委常委、副区长王瑾，中共德城区委常委、组织部部长许勇，德城区副区长魏磊参加活动。

同日

德城区召开专家座谈会。中共德城区委副书记、区长王洪林出席并讲话。中共德城区委常委、副区长杨振生，中共德城区委常委、组织部部长许勇，德城区副区长张国亮参加。

3日

党的十九大代表、中共德州市委书记陈勇到德城区广川街道祥和社区宣讲党的十九大精神，与基层党员干部座谈交流。中共德州市委常委、秘书长刘长民，中共德城区委书记巩洪波陪同。中共德城区委常委、组织部部长许勇，中共德城区委常委、办公室主任王勇参加。

4日

山东省政务信息系统整合共享专项工作组综合组副组长孙志强到德城区就社区公共服务综合信息平台建设使用情况进行调研。中共德城区委副书记、区长王洪林陪同。德城区副区长纪勇参加。

同日

德百集团有限公司董事长杨维星到德城区考察项目投资。中共德城区委副书记、区长王洪林陪同。德城区副区长于志新参加。

6日

全国人大科教文卫委副主任委员、中国工程院院士王陇德到德城区考察基层卫生信息网络建设和慢病宣教防治情况。德州市副市长董绍辉，中共德城区委副书记、区长王洪林陪同。德城区副区长于志新参加。

同日

德城区设分会场组织收看中央宣讲团党的十九大精神报告视频会议。中共德城区委副书记、区长王洪林，德城区人大常委会主任闫书德，德城区政协主席徐世勇，中共德城区委副书记张志芳出席。德城区几大班子领导，担任过区级领导职务的老干部参加。

7日

德州市政协副主席康志民、马传先到德城区就基层政协工作进行督导。德城区政协主席徐世勇陪同。德城区政协副主席刘英参加。

同日

中共德城区委副书记、区长王洪林，中共德城区委副书记张志芳到天衢街道、二屯镇调研重点项目建设情况。中共德城区委常委、副区长杨振生，中共德城区委常委、组织部部长许勇，中共德城区委常委、办公室主任王勇参加。

8日

全省创建食品安全城市观摩团到德城区观摩。中共德城区委副书记、区长王洪林陪同。德城区副区长于志新参加。

同日

德城区组织开展“工商联会员企业集中日”观摩学习活动。中共德城区委常委、统战部部长孟宇出席。

9日

德州市副市长范宇新到德城区调研中心城区供热工作。中共德城区委副书记、区长王洪林陪同。德城区副区长孙大鹏参加。

同日

德州市副市长马俊昀到德城区调研中央空调产业联盟企业。中共德城区委常委、副区长杨振生陪同。

10日

10时，德州火车站客运新站房正式投入使用。同日11时30分，临时站房停止使用。德州火车站站房改造工程由北京铁路局和德州市共同投资，总投资超2亿元，总建筑面积约1万平方米，建成后年发送旅客量将由当前的200多万人次增加至350万人次。德州火车站站房改造工程包括拆除既有站房及雨棚，新建站房综合楼。新建站房由地下一层和地上两层组成，地下一层与车站广场地下工程相通，可供出租车运行；地上两层为候车厅，地上一层设有7个服务窗口和售票窗口，自动售（取）票机增至11台。此外，新建站房南侧改建成公交换乘中心。

11日

中共德城区委副书记、区长王洪林到黄河涯镇就“清河行动”有关工作进行专项督导检查。德城区副区长纪勇参加。

同日

是日至12日，德城区成功承办全国第五届和谐杯小学幼儿园“七说”说课大赛。德城区教育局被授予特殊贡献奖。

14日

中共山东省委宣讲团党的十九大精神报告会在德州市举行，党的十九大代表、省委宣讲团成员、山东财经大学党委书记王邵军作宣讲报告。德城区设分会场组织收看，德城区人大常委会主任闫书德，德城区政协主席徐世勇，中共德城区委副书记张志芳出席。

15日

德州市人大常委会副主任魏洪祥到德城区人大常委会机关宣讲党的十九大精神。德城区人大常委会主任闫书德主持。德城区人大常委会副主任张仲钵、李和平、刘安国参加。

16日

中共德城区委副书记张志芳到新华街道新园社区宣讲党的十九大精神。

同日

德城区人大常委会副主任李和平、刘安国调研台资企业。

17日

山东省人大常委会党组副书记、副主任于晓明，全国人大常委会办公厅人事局局长宋锐到德城区看望全国人大机关挂职干部。中共德州市委书记陈勇，中共德州市委常委、秘书长刘长民，德州市人大常委会副主任周玉刚，德城区人大常委会主任闫书德，中共德城区委副书记张志芳陪同。中共德城区委常委、副区长王瑾，中共德城区委常委、办公室主任王勇参加。

同日

中共德州市委宣讲团党的十九大精神报告会在德城区举行。中共德州市委党的十九大精神宣讲团成员，德州市民政局党组书记、局长李淑华作宣讲报告。德城区政协主席徐世勇出席。德城区几大班子领导参加。

同日

全国精神文明建设表彰大会在北京人民大会堂举行。德城区黄河涯镇焦庄村被评为全国文明村，德州市实验小学被评为全国文明学校。

21日

中共德州市委书记陈勇，中共德州市委副书记、市长陈飞带领全市协同发展督查评议项目活动与会人员到德城区观摩。中共德城区委副书记、区长王洪林，德城区人大常委会主任闫书德，德城区政协主席徐世勇，中共德城区委副书记张志芳陪同。中共德城区委常委、副区长杨振生，中共德城区委常委、宣传部部长骆晓东，中共德城区委常委、政法委书记李福广，中共德城区委常委、办公室主任王勇参加。

同日

山东省卫生计生综合监督示范区现场评审专家组到德城区评审验收省级卫生计生综合监督示范区创建工作。德城区副区长于志新陪同。

22日

中共德城区委副书记、区长王洪林调研城建工作。德城区副区长孙大鹏参加。

同日

夏津县、乐陵市、平原县党政考察团到德城区参观考察经济社会发展及项目建设工作。中共德城区委副书记张志芳，中共德城区委常委、副区长杨振生，中共德城区委常委、办公室主任王勇，德城区副区长于志新、张国亮分别陪同。

23日

中共德城区委副书记张志芳带领德城区党政考察团到齐河县、临邑县、乐陵市、宁津县参观考察。中共德城区委常委、副区长杨振生，德城区副区长孙大鹏参加。

同日

中共德城区委常委、纪委书记王玉成到二屯镇程何社区宣讲党的十九大精神。

同日

中共德城区委常委、统战部部长孟宇到德州联兴集团宣讲十九大精神。

24日

德城区人大常委会主任闫书德到黄河涯镇焦庄社区宣讲党的十九大精神。

同日

德城区政协主席徐世勇就全区教育工作进行专题调研。德城区政协副主席刘英、王太勇、戴连强、高玉林参加。

同日

德城区人大常委会副主任刘安国到新华街道宣讲党的十九大精神。

同日

德城区副区长纪勇到于赵社区宣讲党的十九大精神。

同日

中共德州市委改革办到德城区督查2017年度改革任务推进落实情况。

25日

林兰名中医工作室落户德州联合医院。林兰，国家级名老中医，全国中医内科内分泌学重点学科学术带头人，中国中医科学院首席研究员，北京广安门医院内分泌科创建者，从医50余年，在糖尿病、甲状腺疾病及各种内科疑难杂症治疗方面，积累了丰富的临床经验。

同日

中国教育报以《德城教育 魂系生命 根系民情》为题报道德城区“全区公平、整体优质”教育发展情况。

26日

全市统计基层基础建设现场观摩团到德城区观摩。中共德城区委副书记、区长王洪林陪同。中共德城区委常委、副区长杨振生参加。

同日

德州市立医院针灸理疗科主任王传侠荣获山东省基层中医药适宜技术技能竞赛个人推拿二等奖。

27日

德城区设分会场组织收看中共山东省委、山东省政府重点工作推进落实情况视频会议。中共德城区委书记巩洪波，中共德城区委副书记、区长王洪林，德城区人大常委会主任闫书德，德城区政协主席徐世勇，中共德城区委副书记张志芳出席。德城区几大班子领导参加。

同日

中共德城区委书记巩洪波到新湖街道青龙桥社区宣讲党的十九大精神。

同日

中共德城区委副书记、区长王洪林调研解决“大班额”学校项目工作。德城区副区长张国亮参加。

同日

德城区举行“青年说”宣讲团成立暨“青春建功新时代——十九大精神走进青年”主题宣讲活动启动仪式。中共德城区委副书记张志芳出席并讲话。

同日

中共德城区委常委、办公室主任王勇到新湖街道城隍庙社区宣讲党的十九大精神。

同日

是日至12月5日，德城区开展规范幼儿园办园行为专项督查。

同日

德城区格瑞德集团有限公司与齐鲁工业大学（山东省科学院）举行产学研合作基地签约暨揭牌仪式。

27—28 日

中共德城区委常委、宣传部部长骆晓东为二屯镇机关和社区干部、全区新闻媒体工作者宣讲党的十九大精神。

28 日

德州市政府安委会副主任、安监局局长杨晓波到德城区督导考核安全生产工作。中共德城区委副书记、区长王洪林陪同。中共德城区委常委、副区长杨振生参加。

同日

德城区副区长魏磊带领德城区科技型企业负责人到山东省科学院参观学习，进行工作对接。

同日

中共德城区委常委、政法委书记李福广到黄河涯镇宣讲党的十九大精神。

同日

德城区人大常委会副主任张建栋到黄河涯镇王村店社区宣讲党的十九大精神。

同日

德城区副区长张国亮到德州市第三中学宣讲党的十九大精神。

同日

德城区政协副主席刘英到广川街道锦绣川社区宣讲十九大精神。

30 日

德城区设分会场组织收看全省社会治安综合治理工作创新暨表彰大会。中共德城区委副书记、区长王洪林，中共德城区委副书记张志芳出席。中共德城区委常委、政法委书记李福广，德城区人大常委会副主任张仲钵，德城区政协副主席刘英参加。

同日

中共德城区委副书记、区长王洪林到实华化工为企业党员干部职工宣讲党的十九大精神。

同日

中共德城区委常委、副区长杨振生到格瑞德集团宣讲党的十九大精神。

同日

德城区人大常委会副主任张仲钵到第四实验小学为教职员工宣讲党的十九大精神。

◎ 德城区农产品质量安全区创建通过市级验收；德城区创建省级农产品质量安全区建设项目通过立项。

◎ 山东省经信委公布全省第 24 批省级企业技术中心名单。德城区实华化工入选。截至 2017 年 10 月，德城区入选省级企业技术中心的企业达到 9 家，分别为格瑞德、德州齿轮、德药制药、双一科技、鑫华润、宇虹新颜料、华北纸业、实华化工、华源纺织。

◎ 2017 年取暖季，德州市中心城区新增集中供热面积 377.92 万平方米。

◎ 德州市实验小学荣获全国首届文明校园称号。

◎ 黄河涯镇焦庄村荣获第五届全国文明村称号。

◎ 2017 山东民营企业家创富市值 300 强榜单发布。德城区双一科技王庆华家族以市值 26.12 亿元列第 135 位。

◎ 格瑞德成立集团技术中心。将技术人员划分为 19 个定向研究小组，瞄准高精尖领域攻坚破难，为企业转型升级积聚后发动力。为激励各分公司投身研发，集团承担所有研发费用，建立完善的考核机制，定期对技术人员在项目、团队基础管理、培训、人才梯队建设等方面进行综合评比。坚持走出去、引进来相结合，组织技术人员赴全国各地参加展会，进行集中培训，同时，以项目合作方式，与科研院所、高校等建立联系，引进外部人才。集团拥有博士后科研工作站、山东省地源热泵工程研究中心等多个研发平台，专利总数 195 件，发明专利 22 件。

◎ 德城区对全区危化品重点企业开展安全检查。

12 月

1 日

国家重点地区和重点城市煤炭消费减量替代检查组到德城区开展专项检查。中共德城区委副书记、区长王洪林陪同。中共德城区委常委、副区长杨振生参加。

同日

德城区副区长于志新到广川街道宣讲党的十九大精神。

同日

是日至2018年春节前，德城区开展农民工工资支付专项检查，对工程建设、餐饮服务等领域拖欠农民工工资情况重点督查。

1—31日

德城区对酒类生产企业开展为期一个月的专项整治行动，重点打击侵犯注册商标专用权和仿冒知名品牌酒名称、包装、装潢等不正当竞争行为。

4日

德州市、德城区开展以“学习贯彻党的十九大精神，维护宪法权威”为主题的国家宪法日集中宣传活动。德州市人大常委会副主任魏洪祥，德州市中级人民法院院长孟祥刚，德州市政协副主席崔书强，中共德城区委副书记、区长王洪林出席活动。德城区人大常委会副主任刘安国，德城区政协副主席刘惠平参加。

同日

德城区召开统战系统学习十九大报告暨宗教形势报告会。中共德城区委常委、统战部部长孟宇，德城区副区长于志新出席。

5日

山东省中小企业局局长王兆春到德城区调研中小企业发展工作。中共德城区委常委、副区长杨振生陪同。

同日

德州市政协副主席吕永忠到德城区调研医养结合工作。德城区政协副主席王太勇陪同。

同日

中共德城区委常委、副区长杨振生到岔河天衢段、广川段、新华段现场调研“河长制”工作落实情况及“清河行动”开展情况。

6日

山东省政务信息系统整合共享专项督导组到德城区督导。德城区副区长于志新陪同。

同日

德州市政协副主席崔书强到德城区调研侨资台资企业发展情况。德城区政协副主席高玉林陪同。

7日

“上好佳—德州五中”助学基金发放仪式举行。德州市人大常委会副主任周玉刚，德城区人大常委会副主任张仲钵，德城区副区长于志新，上好佳总经理室高级经理徐国源出席。

同日

中共德城区委书记巩洪波到中共德城区委巡察办、新湖街道、天衢街道于赵社区，就履行全面从严治党主体责任和党风廉政建设重点工作开展专题调研。中共德城区委常委、纪检委书记王玉成，中共德城区委常委、办公室主任王勇参加。

同日

是日起，德城区启动为期100天的冬季严打“铁拳”专项行动暨基层基础建设整治集中行动。

8日

德州市副市长范宇新到德城区进行“大学习、大宣讲、大调研、大落实”走访调研活动。德城区副区长孙大鹏陪同。

9日

德城区组织公务员法、参照公务员法管理单位及事业单位700余名副科级以上党员领导干部参加德廉和党风党纪知识集中测试。

11日

德州市人大常委会副主任魏洪祥到德城区开展“大学习、大宣讲、大调研、大落实”活动。德城区人大常委会主任闫书德陪同。

12日

中共山东省委办公厅巡视员周勇到德城区就老年志愿服务工作进行调研。中共德城区委书记巩洪波陪同。中共德城区委常委、办公室主任王勇参加。

同日

中共德城区委常委、副区长杨振生，德城区副区长纪勇到天衢街道、二屯镇督查烟花爆竹安全监管和消防安全工作。

同日

是日至2018年1月底，德城区开展打击破坏森林和野生动植物资源违法犯罪“飓风1号”专项行动。

13日

中共德城区委常委、统战部部长孟宇到新阶联会员企业东北城调研。

同日

山东省、德州市、德城区三级档案局组成联合测评组，对德城区人民法院申报“山东省档案工作科学化管理示范单位”进行测评。德城区人民法院以优异成绩通过评查验收。

14 日

德城区开展下半年协同发展督查评议活动。中共德城区委书记巩洪波，中共德城区委副书记、区长王洪林，德城区人大常委会主任闫书德，德城区政协主席徐世勇，中共德城区委副书记张志芳出席。中共德城区委常委，德城区人大常委会副主任，德城区政府党组副书记，德城区副区长，德城区政协副主席参加。

16 日

德城区举办预算绩效管理培训班，邀请山东财经大学财税学院副教授晁毓欣授课。中共德城区委副书记、区长王洪林出席。中共德城区委常委、副区长杨振生参加。

同日

德城区新阶联会员企业英翔教育培训学校举办“点亮规划之灯，成就智慧人生”第二届家庭教育高峰论坛。中共德城区委常委、统战部部长孟宇出席并致辞。

同日

德城区获评全国素质教育示范区。

同日

是日起，德州市德城区、德州经济技术开发区、德州运河经济开发区车用天然气最高销售价格由每立方米 3.7 元调整为每立方米 4 元。有效期至 2018 年 3 月底。

18—27 日

德城区科级干部学习贯彻党的十九大精神专题培训班在区委党校开班。

19 日

结合正在开展的“大学习、大宣讲、大调研、大落实”活动，中共德城区委书记巩洪波到新湖街道开展调研。中共德城区委常委、办公室主任王勇参加。

同日

德州力维机械有限公司与中国兵器装备集团重庆长安工业（集团）公司签订特种履带装备战略合作协议。

20 日

国家海洋局北海分局海洋经济调查事中质量抽查工作组到德城区开展涉海单位清查事中质量抽查工作。

同日

山东省残联检查组到德城区检查验收创建全省残疾人文化体育建设示范区工作情况。德城区副区长于志新陪同。

同日

德城区畜禽养殖污染整治工作任务全部完成。禁养区内 93 家养殖场户于 8 月 30 日全部完成关闭、搬迁任务。255 家养殖场户完成粪污处理设施建设改造，通过畜牧兽医局和环保直属分局联合验收，其中 54 家规模养殖场粪污处理设施配建率 100%，位于德州市前列。

21 日

德城区政协主席徐世勇到二屯镇华北纸业公司开展“大学习、大宣传、大调研、大落实”活动。

同日

中共德城区委常委、统战部部长孟宇到二屯镇闸子村开展“大学习、大宣讲、大调研、大落实”活动。

22 日

德城区人大常委会主任闫书德到天衢街道罗家院社区开展“大学习、大宣讲、大调研、大落实”活动。

同日

中共德城区委常委、纪委书记王玉成到新华街道李何社区开展“大学习、大宣讲、大调研、大落实”活动。

25 日

德州市暨德城区“青年先行助安全 警钟长鸣保平安”主题活动启动仪式在新湖街道康乐社区举行。共青团德州市委书记王成，中共德城区委副书记张志芳出席。

26 日

“光华课堂·党的十九大精神走进‘青年之家’”到德城区开展公益讲座。共青团德州市委书记王成，中共德城区委常委、宣传部部长骆晓东出席。

同日

德城区人大常委会副主任张仲钵到新湖街道康乐社区开展“大学习、大宣讲、大调研、大落实”活动。

28日

中共山东省委政法委副书记、综治办主任李娥到德城区开展“集中调研月”活动，就网格化管理等政法综治重点工作进行调研。中共德城区委书记巩洪波陪同。中共德城区委常委、政法委书记李福广参加。

同日

标志着国家“四纵四横”高速铁路网“四横”完美收官的石家庄至济南高速铁路正式开通运营。是日上午9时16分，石济高铁首趟列车，由石家庄至青岛北的D1611次列车抵达高铁德州东站。石济高铁自石家庄站引出，经河北省衡水市、沧州市，山东省德州市，抵达济南市，全长298公里。设石家庄、石家庄东、藁城南、辛集南、衡水北、景州、德州东、平原东、禹城东、济南西10个车站，运营时速250公里。

29日

中共德城区委书记巩洪波，中共德城区委副书记、区长王洪林到市国税局、市地税局、市财政局、联合办税服务大厅走访慰问。中共德城区委常委、副区长杨振生，中共德城区委常委、办公室主任王勇参加。

同日

德城区举办第三届中小学合唱比赛。德城区副区长张国亮出席。

同日

德城区奥德曼葡萄酒庄生态园被评为国家AAA级景区。

◎ 德城区农村集体产权制度改革试点工作全面完成，12个试点村累计确权10323股，量化资产898万元，资源167万平方米，发放股权证书3083本。通过市级检查验收。

◎ 德城区获评国家级妇幼健康优质服务示范区。

◎ 山东省教育厅公布第二批省规范化中等职业学校建设工程项目验收评估结果。德州信息工程学校通过验收评估，晋升为山东省规范化中等职业学校。

◎ 由中国职业技术教育学会教学工作委员会主办的“2017年全国中等职业学校财经类专业‘创新杯’教师说课比赛”在广州市举行。德州信息工程学校教师钟玲艳荣获比赛一等奖。

◎ 国家体育总局发布《关于表彰2013—2016年度全国群众体育先进单位和先进个人的决定》。德城区体育局荣获全国群众体育先进单位称号。

◎ 德州市公布第二批文化产业示范基地名单。德城区德星感觉影视文化传媒有限公司、宏曲文化传媒有限公司、建志剪纸艺术制作中心、敬一轩艺术馆登榜。

◎ 德州市公布第八批首席技师名单。德城区建志剪纸艺术制作中心张建志，木子李餐饮管理有限公司李文春，德州天元集团有限责任公司高德峰荣获德州市首席技师称号。

◎ 德州市人才工作领导小组办公室对德州市优秀企业家进行公示。德州实华化工有限公司总经理颜景河、德州华源生态科技有限公司董事长王福华、德州德药制药有限公司董事长卞建钢、德州齿轮有限公司总经理赵新昌、山东双一科技股份有限公司总经理姚建美、山东格瑞德集团有限公司董事长兼总经理管印贵上榜。

◎ 德州市第五届优秀科技工作者暨第四届十佳科技工作者评选表彰大会召开。格瑞德集团高级工程师管印贵获评十佳科技工作者，记个人二等功；德州市立医院副主任医师王萍、华源纺织公司助理工程师刘明哲获评优秀科技工作者，记个人三等功。

◎ 山东省2017年度森林乡镇、森林村居名单公布。德城区新华街道七西村登榜。

◎ 德城区实施食药监管“天网工程”，实现对所辖范围内视频图像实时监控及应急指挥功能，逐步推动食品药品质量安全监管工作从“人海战术”走向“智慧监管”。

◎ 山东省2017年优秀首席信息官评选结果揭晓。德州实华化工有限公司李刚荣膺优秀首席信息官，山东格瑞德集团有限公司谈庆松荣膺优秀信息化主管。

◎ 山东省民政厅公布第六批“全省综合减灾示范社区”名单。德城区新湖街道状元府社区、小锅市社区上榜。

◎ 全国第二批中小学中华优秀文化艺术传承学校认定结果公示。德州市第五中学、德城区石芦街小学入选。

◎ 山东省知识产权局发布认定2017年第二

批山东省知识产权示范企业名单。山东格瑞德集团荣获山东省知识产权示范企业称号。

◎ 德城区华源生态科技有限公司细纱车间保全工祁英杰荣获德州最美职工称号。

德城概览

地　理

【地名由来】 位于德州市主城区，故名。

【位置】 地处东经115° 45′～117° 36′，北纬36° 24′ 25″～38° 0′ 32″，山东省西北部，冀鲁交界处，全国交通枢纽。东至德州市经济技术开发区，南至平原县、武城县，西至德州市运河经济开发区、河北省故城县，北至河北省吴桥县。德城区人民政府驻新湖街道东方红西路1378号。电话区号0534，邮政编码253000。

【地形地貌】 地处黄河下游冲积平原，地势西高东低，城区相对起伏不大，湖塘多。城区主要有新湖、九龙湾、减河湿地等。

【水文】 境内马颊河、漳卫新河、减河流经全境，全长29千米。流域面积4.62平方千米，排涝流量511立方米/秒，防洪流量780立方米/秒，多年平均径流利用量2025万立方米。

【气候】 属暖温带大陆性季风气候，气候温和，四季分明。春季干旱少雨，夏季炎热多雨，秋季凉爽干燥，冬季寒冷少雪。多年平均气温12.7℃。1月平均气温-2.9℃，极端最低气温-27.0℃（1958年1月15日）。7月平均气温26.5℃，极端最高气温43.4℃（1955年7月23日）。平均气温年较差29.5℃，最大日较差23.6℃（1995年2月6日）。无霜期年平均205天，最长达234天，最短达175天。年平均日照时数2647.2小时。年平均降水量570.2毫米，年平均降雨日数为85天，最多达115天（1990年），最少为64天（1999年）。极端年最大雨量1088.1毫米（1964年），极端年最少雨量220.3毫米（1986年）。降雨集中在每年6—8月，7月最多。

【自然资源】 境内已探明地下矿藏资源有粘土和地热。耐火黏土地质储量丰富，本地属平原地区，境内均有分布。地热资源开发较晚。水资源1.1亿立方米，可利用量0.8亿立方米，其中地下水资源总量0.3亿立方米，可开采利用量为0.1亿立方米。其他自然资源有耕地37.7万亩，林地面积65.8平方公里，果园面积2.3万亩。植物资源有灌木类、杂草类、水生浮游植物类84种。动物资源有哺乳类、爬行两栖类、昆虫类、水生脊椎类、底栖类、浮游类、飞禽类等7类。

【灾害】 主要自然灾害有旱灾、涝灾、风灾、雷灾、雹灾、低温等。旱涝出现概率较高。发生频率为61%，旱年以春旱为主，涝年以夏涝为主。成灾暴雨概率为58%，暴雨中心集中在新华办事处、二屯镇、黄河涯镇。冰雹多发生在偏旱年份里，4—10月有可能发生，5—6月，8—9月出现机率较多，多下午到傍晚发生。降雹时间5—10、几十分钟不等，大小似玉米粒，平均直径5毫米。一般不会全部掩盖地面。重降雹深度可达2～3厘米。干热风、霜冻每年都出现。干热风多在5月下旬至6月上旬出现，霜冻春霜占30%，秋霜占70%，是危害农作物的主要灾害。1986，1997，2002年三年中年降水量不足350毫米，属于特旱年。1990年夏季出现4次暴雨，多数乡镇农田不同程度内涝。2003年10月9—12日连续降水达211毫米，部分农田受灾严重。2007年9月26日至10月7日，出现连阴雨天气，致使玉米霉烂，棉花质量下降，小麦播种期推迟。

政区人口

【政区沿革】 夏、商、周三代，本地属有鬲氏之国。春秋战国时代称鬲邑，属齐国。公元前221年，秦统一中国，郡天下，置鬲县，属齐郡，后改属济北郡。西汉时代，鬲县为青州平原郡。新莽时期属安定公国。东汉时代属青州平原郡。西晋时代属冀州平原国。东晋时代分属后赵、前燕、前秦、后燕、南燕，为青州平原郡。南北朝时期属北魏、东魏、为冀州安德郡。南北朝梁太平元年（556）废鬲县，并入安德县（今陵县）。

隋开皇六年（586），于旧广川县（今河北枣强县境）东80里，原鬲县地另置广川县，先属冀州，后属德州。隋开皇仁寿元年（601），为避太子讳，改广川县为长河县，属平原郡。

唐武德四年（621），长河县改属德州（德州治安德县）。天宝元年（742）改属平原郡。乾元元年（758）复属德州。元和四年（809），移长河县治于白桥。元和十年（815），移长河县治于河东小胡城（今德州市区）。

五代时期，长河县属德州。后周显得元年（954），废长河县为镇，归并将陵县。

北宋时期，将陵县属河北东路德州。宋景祐元年（1034），移将陵县治于长河镇。景祐二年（1035），省安陵县入将陵县，改属永静军。宣和五年（1123），割将陵县东北部置吴桥县。建炎元年（1127），将陵县属河北东路景州。

宝祐元年（1253），改将陵县属河间路，是年升将陵县为陵州，隶属济南路。咸淳元年（1265），降陵州为县。咸淳二年（1266），复升为州，还属河间路，陵城故县入陵州。元至元二十三年（1286），割陵州西南境另置故城县。

明洪武元年（1368），降陵州为陵县，属山东济宁府。洪武二年（1369），改属德州。洪武七年（1374），废陵县移德州治于此，并废安德县入德州，领平原、德平二县，属济南府。洪武九年（1376），设德州正卫。洪武十三年（1380），割安德废县东境别置陵县。永乐五年（1407），增设德州左卫，州卫同城而治，其军屯半散于州境，半散于沿运河各州县，绵亘200余里。

清代，德州属山东济南府。康熙二十七年（1688），裁德州左卫归并德州正卫。雍正三年（1725），拨平原、德平二县属济南府，德州定为散州。光绪二十八年（1902），裁德州正卫，其军屯归并于就近各县，归并德州者计7所57屯。

民国元年（1912），德州改为德县，属山东省济西道。民国二年（1913）改属东临道。民国四年（1925）改属德临道。民国十七年（1928），废道制，德县直属山东省政府。民国二十五年（1936），全省划12行政区，德县属第四行政督察专员公署。

民国二十六年（1937）10月，德县被日本占领。民国二十七（1938），伪山东省公署将全省划为4道，德县属鲁北道。民国二十九年（1940），伪省公署又划全省为10道，德县属东临道。民国三十四年（1945）8月日本投降至民国三十五年（1946）6月，德县属国民党鲁西北第二办事处。

民国三十五年（1946）6月，德县解放后，析置德州市，属渤海行署第二专署。1949年7月，渤海二专署改为冻北专署，辖德州市。1950年5月裁德州市归并德县，属德州专署。1951年3月，复置德州市。1956年3月，撤销德州专署，德州市改属聊城专署。1961年7月，德州专署恢复。1967年，德州专署更名德州地区，德州市归其管辖。1994年12月，撤销德州地区，设地级德州市，德州市改为德城区。

【政区划分】 2017年年末，辖新华、新湖、广川、天衢4个街道，二屯、黄河涯2个镇，共有48个城市社区、54个农村社区。

【人口面积】 2017年年末，辖区内常住人口44.7万人。2017年，全区出生人口4702人，出生率11.75‰；死亡人口1530人，死亡率3.82‰；人口自然增长率7.93‰。

境域东西最大距离9千米，南北最大距离29千米。城区面积27.3平方千米，其中陆地22.73平方千米，占83.3%；水域4.57平方千米，占

16.7%。人口密度为每平方千米1906人。

特　产

【德州西瓜】 地方著名特产。文字记载有三百余年历史。以个大、皮薄、品质优良闻名。产地在德城区黄河涯镇。历史上主要品种有喇嘛瓜、梨皮、白皮三异、三白、手巾条、五月鲜等。其中喇嘛瓜长圆形，两端微锐，皮呈黄绿色，表面茴香叶纹，瓜皮微厚，瓜子鲜红，瓜瓤深黄浅黄两种，细致无丝，入口脆沙，为瓜中之珍。70年代后期，引进蜜宝、旭东、庆丰、中育六号、中汴一号、郑州三号、富久光等优良品种，获得大面积丰收。1985年、1986年在山东省全省西瓜评优会上两次名列前茅。1990年在河南开封全国首届西瓜评优会上，齐红、丰收二号、华夏新红宝被评为优质产品。2014年5月，鑫昂蔬菜示范园“吃不够”西瓜夺得德州市首届西瓜大赛瓜王，庆丰西瓜专业种植合作社和绿鑫源农民种植合作社选送西瓜分获一、二等奖。2014年12月，德州西瓜荣登德州市首届“知名品牌蔬菜”榜。

德城区2009年成立德州西瓜产业协会。注册“德州西瓜”地理标志商标。庆丰西瓜获得有机西瓜产品认证。引进新疆抗重茬先锋、安业9号、台湾小兰等优质抗病西瓜新品种。通过在蔬菜园区试种推广，以不同种植模式总结集成系统的优质高产栽培技术，在专业合作社带动下，实现规模效益。2010年后，西瓜播种面积近8000亩，总产量3万余吨，生产茬口安排合理，上市时间比较均衡。

【黄河涯蜜桃】 产于德城区黄河涯镇。有30年栽培历史。栽种地为沙壤/沙砾土质，排水条件好，光照充足，加之多施用有机肥，因而具有独特品质。成熟期在4—10月。2010年后，黄河涯蜜桃形成产业，种植万亩，30万株，年产量3000万公斤，主要销售地区有北京、天津、上海、广州、福建等。

【德州菊花】 曾经为德州市（县级）市花。以盆栽为主，也叫春盆菊。每年秋冬之际，将菊花芽栽入盆中入室过冬。次年春季按每株一盆分栽。经过倒盆、打头等管理，至秋季开花。德州菊花品种多，色泽各异，其中“山村春色”“黄鹤云飞”“七宝楼台”“仙露蟠桃”“古都瑞雪”“紫阁青霜”“电掣金蛇”“陶然友”“旭涛”等优良品种为佼佼者。1982年在上海市全国首届菊花展览会上，德州菊花以其棵矮、杆粗、叶茂、花大、花

齐、色艳等特点被评为全国第一名。2014 年 10 月，在山东省第八届菊展上，德州菊花 200 个品种参展，共获得 25 项大奖，获奖数量列全省第一。其中，项目比赛中，荣获布置艺术奖、百菊赛一等奖、悬崖菊一等奖、景型菊一等奖；独本专项品种菊荣获 9 个奖项，其中“墨王”“黄河”“金山王”“风飘绿绮”“万山红遍”获得一等奖；多本专项品种菊荣获 10 个奖项，其中“金龙献血爪”“金缕流霞”“墨王”“黄河”“金山王”“紫霞秋英”“万山红遍”“巧堆腊雪”获得一等奖；案头菊荣获 2 个奖项，其中“一品红”获得一等奖。

【德州大驴】 宋代时由西部地区传入，经过长期选育成为优畜良种。体躯一般为 126 ~ 136 厘米，最高 155 厘米。体质坚实，耐粗饲，易役使，适应性强。皮质柔韧厚实，可用于制革或作为名贵中药“阿胶”原料。德州大驴按毛色分“三粉”和“乌头”，表现出不同的体质和遗传类型。三粉：全身毛色纯黑，唯鼻、眼周围和腹下为白色，四肢细而刚劲，肌腱明显，蹄高而小，皮薄毛细，

头清秀耳立，体重偏轻，步样轻快。乌头：全身毛色乌黑无杂毛，各部位均显厚实，四肢较粗重，蹄低而大，体形偏重，胸宽而深，堪称中国现有驴种的重型驴。

【德州金丝贴】 又称皇冠贴画，系粘贴书画工艺品，采用独特装裱工艺纯手工精制而成，融国画、美工、布贴、镶嵌、名绣、沥粉贴金等艺术精华于一体，是传统文化与现代科技结合的产物。金丝贴用绫、罗、绸、缎、锦、帛、绨等各种各样的织物制成，品种丰富，适用于厅、堂、室、廊等高级场所和别墅、住宅高档装饰。

著名工业品牌

【宇虹新颜料】 山东宇虹新颜料股份有限公司所属“宇虹”“凯虹”商标，系山东省著名商标。宇虹新颜料公司，全国同行业及德城区首家挂牌上市企业，获评中国有机颜料专业委员会委员单位、国家高新技术企业、省级企业技术中心省一企一

宇虹 YUHONG ®

凯虹 KAIHONG ®

技术创新企业，拥有省级有机颜料清洁生产全过程控制示范工程技术研究中心。公司专业生产“宇虹”“凯虹”牌系列有机颜料，红、黄、橙系列有机颜料 40 多个品种近 100 种剂型，被广泛用于油墨、油漆、涂料、塑料、橡胶、文教、印花色浆等行业，产品销往全国各地，出口到欧美、东南亚、韩国、日本等地。公司有机颜料工程技术研究中心拥有博士、硕士、重点高等院校毕业生 40 余名，拥有世界上最先进的气质色谱联用仪、ICP 等离子光谱仪、颜料粒径测定仪等分析检测仪器，可为客户提供定制化研发、生产与服务。公司拥有 9 项发明专利、3 项省级科技成果，其中颜料黄 139 产品经专家鉴定达到世界先进水平，获得国家级中小企业创新基金支持。

【德州齿轮】 德州齿轮有限公司是德州市重点支持的装备制造企业，中国机械管理示范企业，山东省高新技术企业，省级企业技术中心。“山齿”牌商标 2010 年获得山东省著名商标。产品获得山东省名牌产品荣誉称号。企业荣获中国齿轮协会管理创新进步奖、山东省管理创新成果一等奖荣誉称号。产品涉及轻重型卡车、机床、农业装备、工程、石油机械、电动汽车等 60 多个机型 260 多个品种。

【奥德曼葡萄酒】 德州奥德曼葡萄酒庄有限公司创建于 2001 年。已建立 2000 余亩的酿酒葡萄示范基地，国内先进的全不锈钢葡萄处理及发酵设备，全自动流水灌装设备，储存原酒的大型酒窖全部为法国进口的橡木桶。通过 ISO 9001 质量体系认证。2011 年 10 月 12 日通过有机认证，获得有机转换认证证书，实现了有机葡萄种植和有机葡萄酒加工。在葡萄酒产品上研究开发了典藏蛇龙珠干红、特醇干红、高浓养生干红、有机葡萄酒等多个新产品。2012 年 6 月在烟台举行的第六届克隆宾杯国际葡萄酒大赛中蛇龙珠干红获得银奖。

【德药制药】 德州德药制药有限公司是一家现代化综合性制药企业，先后被认定为国家综合性新药研发大平台示范企业，高新技术企业，省级企业技术中心，企业工程技术中心，荣获“省级重合同守信用企业”“全国和谐劳动关系优秀企业”等称号。

【华源生态科技】 德州华源生态科技有限公司成立于 2003 年，发展有华源、富华两个公司。山东省高新技术企业，首批院士工作站企业。获得国家纺织品中心新型纤维纱线产品开发基地、中国棉纺织行业协会中国差别化纱线精品基地、中国针织工业协会功能性纤维应用开发基地认证。员工 2600 人，注册资金 1.2 亿元，规模 30 万锭。主要产品有天然功能性纤维、阻燃纤维、工业用纤维等。产品销往国内各地，出口日本、韩国、美国、欧洲等几十个国家和地区。“锦密纺”系列产品荣获山东省名牌产品、中国驰名商标称号。主要产品的经济指标排省内同行业前三位，连续入选中国纺织服装企业竞争力 500 强企业（排名第 34 位），中国棉纺色纺行业竞争力 20 强企业（排名第 7 位）。

【晶华集团】 晶华集团是世界最大的空心玻璃砖生产基地，全国重要的日用玻璃生产基地，江北地区重要的浮法玻璃生产基地。2013 年中国民营企业 100 强，中国建材企业 500 强。集团跨越建材、轻工两大行业，主导产品：浮法玻璃、空心玻璃砖、日用玻璃、药用玻璃、日化玻璃、陶瓷瓶。

【格瑞德集团】 全国最大建材行业前 500 家企业，全国制冷空调行业前 20 名企业，山东省制冷空调行业前 10 强企业，德州市制冷空调及复合材料前三强企业。主要从事空调制冷以及玻璃钢复合材料行业，包括中央空调主机及末端系列产品和玻璃钢夹砂缠绕管道、大型储罐、风电机舱罩等产品。中国驰名商标。国家火炬计划主持单位，国家机电设备安装一级资质、空气净化工程贰级资质单位，中国专利山东明星企业，中国机械工业企业管理进步示范企业，山东省企业技术中心，山东省玻璃钢复合材料及应用工程技术研究中心，山东省创新型企业，山东省重合同守信用企业。

【山东双一集团】 山东双一集团有限公司是一家以复合材料产品设计、制造和服务于一体的现代化省级高新技术企业。主要从事高性能碳纤维制品结构及功能件、大型非金属模具、风力发电部件、游艇船舶壳体、医疗器械部件、工程机械车罩及轨道与公共交通覆盖件等高端复合材料产品的制造。通过了国际质量体系认证、环境管理体系认证、职业健康安全管理体系认证、GJB 9001B−2009 国军标认证。被授予省著名商标。获得省级重合同守信用企业荣誉称号。

地方名吃

【又一村蒸包】 又一村饭店创建于清光绪十六年（1890），当时叫“有益村”，是由德州城一顾姓人氏开办的包子铺。“有益村”的包子齿留馨香，名闻遐迩。1933 年前后，包子铺经理、原天津狗不理包子铺学徒王凤祥、任万祥等人在吸取天津狗不理包子制作技术基础上，对包子制作工艺改良，做出的灌汤包形如白菊，嫩面汤馅，嚼劲好，满口香。清末县令唐叶凤取古诗“柳暗花明又一村”之意，谐“有益村”之音，为包子铺题名为“又一村”。荣获 1990 年山东省饮食业优质产品称号。2004 年 5 月被授予“山东名小吃”称号。

【清德冠香园羊肠】 又名清血肠，俗称羊肠子。性热，有祛除哮喘和胃寒的作用。羊肠子入口爽而不腻，异香诱人，无腥膻气味。它的汤更有一种独特的清香味。

【崔记扒鸡】 源于传统扒鸡工艺，1982 年起生产，经过改进形成自己的特点。精选健康的农家散养鸡，宰杀整理后新鲜白条鸡经手工造型后两腿盘起，爪入鸡膛，双翅经脖颈由嘴中交叉而出，全鸡呈卧体，似鸭浮水面，口衔羽翎，鸡身均匀涂抹糖水，放锅

内油炸上色，炸至色泽金黄，在百年老汤中用文火焖煮而成。经测定含蛋白质30.25%，脂肪小于8%，盐分小于3.5%，水分小于68%，富含多种氨基酸和维生素，是一种高蛋白低脂肪的美味佳品，具有健脾、开胃、补肾、强心、利肺功效，食补上品。

【德瑞大包】“德瑞楼”始创于民国十八年（1929），原名“德瑞楼饭莊”，位于老德州城南门外，创始人高殿瑞。因名中带瑞，位居德县，故名“德瑞楼”。先后被省市餐饮协会授予“山东餐饮老字号”“山东（中华）鲁菜馆”牌匾。

德瑞大包独笼独具，选用优质笨猪上好带皮五花肉，配以面酱、葱、姜炒制加工，再调制加入芸豆丁，使蒸熟的包子色香味俱全，晶莹剔透。“独具匠心形似菊，色香味鲜御膳品”是对德瑞大包的赞誉。先后被授予“中华传统名吃”“德州名小吃”称号。

【永盛斋扒鸡】德州“永盛斋”牌五香脱骨扒鸡采用历代名家之传艺，取百家技术之精华，扬现代科技之手段。产品采用优质鲜白条，辅料为砂仁、肉桂、花椒、大料、丁香等十六种名贵佐料，不使用任何色素、香精等添加剂，选料考究，工

艺严谨，配料科学，加工精细，营养价值高，肉嫩味醇，清香高雅，味透骨髓，形色兼备，五香脱骨。

【永盛斋酱牛肉】原料选择有讲究，只用德州出产的鲁西北黄牛前腿腱子肉，做出的成品口感佳，酱香浓郁，味纯肉嫩。含有丰富的蛋白质，氨基酸组成更接近人体需要，能提高机体抗病能力，寒冬食牛肉有暖胃作用，补益上品。

【李记馋嘴鸡鸭】李记馋嘴鸡鸭1995年建店。1999年发明馋嘴鸭、馋嘴鸡，各种大腿小腿等多个品种。独家经营的馋嘴鸡采用小笨鸡为原料，配有40多种中草药腌制而成，不含激素，外酥内嫩，色泽金黄、风味独特，营养价值高。

风景名胜

【德州动植物园旅游区】国家A级旅游景区。位于德州市中心城区南郊，南外环以北，减河以西。

2016年10月1日开园。规划占地1000余亩，辐射人口3000万，设计年接待游客120万余人。以生物保护、生物科普、生态体验、绿色休闲为主要功能的主题公园。鲁北地区大型综合生态旅游目的地。整个旅游区主要设计建设动物园、植物园、游乐园三大主题园区，以“生命足迹”为设计理念，通过提灌泵站引入运河支流减河活水为水系，园区中心设置生命大道，并以此为主线贯穿全园，动植物生命足迹由此展开，展现城市与环境密不可分的共生关系。

动物园区位于旅游区西部，占地200亩，按照动物的种类和习性，设计建设猛兽区、鸣禽区、小动物放养区、热带食草动物区、动物表演小剧场以及海洋剧场，设计建设大熊猫、东北虎、长颈鹿、大象、河马、鳄鱼，海狮等50余个馆舍，共引进饲养动物120多个品种，1000多头（只）。动物场馆设计既注重不同物种生活习性要求、本土特色挖掘与展示，又注重形成层次丰富、建筑景观点缀其中、个性鲜明的景区景象。

植物园区位于旅游区东部，占地400余亩，通过水系开挖回填、地形塑造、管网建设、道路硬化、地面铺装、苗木种植等工程措施，设置为入口景观区、植物展示区、水景景观区、湿地涵养区、苗圃科研区、科普展示区6个功能分区，松柏园、木兰园、槭树园、海棠园、桃李园、枣园、樱花园、石榴园、季秀园、牡丹园、竹园、兰园、菊园、梅园、丁香园、忍冬园16处植物专类园，月季沉床园、儿童植物园、感觉园、芳香园、爱情蔷薇园、纪念树栽植园、岩石药草园、阳光园、空气园9处特色专类园。植物园区设计展现空气、阳光与水三大生命主题，总体按“柯郎奎斯特系统”中植物进化顺序的亚纲进行分类，选取每类亚纲植物中具有代表性及观赏价值高的植物，形成各种专类小观赏园展示。植物品种达到384种，80%为适合本地生长树种，20%为专类特色树种。园区照明设计突出节能低碳，大面积应用LED太阳能节能灯。

游乐园区位于旅游区南部，占地150余亩，新上大型摩天轮、大摆锤、丛林飞鼠、激流勇进、花果山漂流、高空飞翔、高空滑索、立环跑车、碰碰车、豪华转马、跑马场、历险城、体能乐园、自控飞机、滑行龙、水上滚桶、海洋欢乐岛、儿童碰碰船、亲子乐园、儿童城堡、儿童嘉年华等20多个游乐项目。同时配置餐饮购物服务设施，提升旅游服务接待功能。

德州市中心城区7路公交线路通往动植物园旅游区。

【明月湖景区】 德州城市标志。原名新湖风景区。位于德州市中心，北依东方红路，南临东风路，占地2100亩，拥有水面600亩，由中心广场、世纪广场、文化中心、希森欢乐岛、明月湖、观湖城休闲广场、大片园林绿地组成，是一个集文化、休闲、娱乐、体育为一体的公共区域。

历史上新湖区域为芦苇泥塘。1959年德州市政府对新湖区域环境的治理提上日程，之后10年挖湖、筑堤、修路，建成两段砖石护岸，在西北角建设了八柱重檐龙凤亭以及两座四柱百鸽亭，建造起伏地形，种植树木花草，新湖周边环境得以改善，呈现公园形态。

1969年10月至1972年10月，开挖新湖总面积近25万立方米，总土方量近80万立方米，增加城市建筑用地913.5亩。

20世纪80年代，对位于叠翠山位置的湖心公园进行完善。

1994年实施东、南、西三湖连体工程。

1998年中心广场建成，分休闲广场、文化广场和体育广场，通过跨湖滨大道天桥与新湖融为一体。

2000年世纪广场建成，由铺装树林广场、下沉式广场以及绿地休闲广场三部分组成，主题雕塑“世纪风”高21米。世纪广场与中心广场分列湖滨大道西、东两侧，成为一体。

2001年将原中共德州市委机关驻地改建为文

化中心，包括工人文化宫、图书馆、电影院、老年活动中心。

2002年清风苑、体育健身区、希森欢乐岛建成。体育健身区镶嵌着两块铺地刻石，一块刻有清宣统三年（1911）德州城图，一块刻有民国二十三年（1934）德县第一区图。希森欢乐岛有过山车、豪华木马等10余台大型娱乐设备。

2002年将位于东风路北面的原有三座建筑物改建成艺术馆、剧院、青少年宫，与文化中心连为一体，成为文化中心的组成部分。

湖区属于开放型湖滨公园，分为东湖、中湖、西湖、南湖和东南湖，五湖相连，园林耸翠，内设明月桥、玉带晴空桥、叠翠山、船站、踏浪台、知春亭、梅园等，湖区补水及时，水质好，2010年后，初冬时节湖面常现十数只野生禽鸟游荡景观。

2008年德州市政府有关部门征求社会各方面意见，决定将新湖更名为明月湖。2009年9月，一座古朴典雅的牌坊在新湖风景区南口的两块铺地刻石中间偏北方位落成，新湖从此有了一个靓丽的名字——明月湖。

2009年位于解放中大道东侧、东方红西路南侧的观湖城综合体工程竣工。观湖城综合体，地下一层为购物商场，地上为休闲广场。休闲广场与明月湖风景区连接在一起，成为风景区的组成部分。观湖城休闲广场外围解放中大道、东方红西路交会拐角处，修筑象征清代德州城古城墙的带有垛口的围墙，东方红西路围墙开出城门形状，在围墙南侧树立有古南门标记物。

【锦绣川景区】 依岔河的河道河滩建造的休闲公园。全长10公里，水面宽200米，有跨河大桥、木栈桥、卵石滩、博弈平台、观光走廊等景点。始建于2003年。位于德城区与德州市经济技术开发区结合处。

【植物园景区】 位于德城区大学路南侧，湖滨大道西侧。集观赏、科普、娱乐于一体的专业公园。占地4.6公顷。植物配置以乡土树种为主，共有44科、82属、150多个品种。辟有常绿、落叶、红叶、月季、樱花、海棠等园区。始建于1998年，至2000年形成规模景区。园区构筑起伏地形、假山、仿真榕树、凉亭、长廊、护岸、温室等基础设施。以本地种苗为主，又从河南省和山东省菏泽市、泰安市等地引入多种异地植物，种植花草树木。由日本新居滨市别仔雄狮俱乐部捐资150万日元建造日本民居一座。

2013年，景区按照创建国家园林城市标准，以增强科普性、丰富苗木品种、提高绿化覆盖率、营造文化氛围为宗旨，实施景观提升工程：

在园区制高点增建六角重檐石亭，在水系湖边增建水榭凉亭，配置景石和花灌木，石亭、水榭与树阵广场原有连亭花架相呼应，形成园区主景观；

增设科普牌和指引牌，制作安装600块树木铭牌，制作防腐木园区说明牌，加装园区指示牌；

增设小品景观，在月季园增加三组屏风花架，形成上层空间，在主园路设置两组单臂花架，观赏的同时方便游客休息，在次园路安放三组拱形花架，月季爬蔓，形成花门花廊；

增设汀步一百块，方便游客漫步，在坐凳下铺装红色透水砖，便利游客小憩；

增加园区适地树种、花卉、地被草坪，新种植草坪和地被5000平方米，花草8000株，完善植物景观层次和品种数量。

【人民公园景区】 前身是豆腐巷陈家花园。始建于1958年。位于德城区东风路南侧，向阳路东侧，解放路西侧。经过续建和完善，成为集园林景观、动物观赏、休闲娱乐于一体的综合型公园。占地170亩，其中水体面积60亩。2008年5月1日免费对市民开放。

园区的园林建筑，一山、一榭、两廊、五亭、八桥分布掩映在浓荫翠柏中，连接贯穿公园水系，构成整个景观的骨架结构。标志性建筑——水榭，建于1959年，仿苏式建筑，平台临水围绕低平的栏杆，供坐憩凭依，建筑的面水一侧是主要观景方向，既可在室内观景，也可到平台上游憩眺望，与水平面景色相协调，水景配合得宜。

东湖，湖面波光粼粼。环湖路宽敞平整，设施齐全。湖心岛原为苗木种植基地，经改造，形成湖中有岛、岛上有亭台的景观。

游乐区，在东主路两侧，有弯月飞车、自控飞机、碰碰车、转马等大型项目，有咖啡杯、龙船、垂钓、沙画制作等中小型项目。

健身区，位于中部，有1000平方米广场，安装88套（件）体育器材。

动物观赏区，位于南端，又分为动物园和趣味园两部分。动物园有动物45种500余只（头），其中国家一级保护动物有东北虎、梅花鹿、绿孔雀、黑鹳、大鸨、麋鹿，国家二级保护动物有恒河猴、黑熊、蓝马鸡、白鹇、白天鹅。动物园规模列鲁西北之首，年接待游客十几万人，担负着野生动物救护和疾病防疫、公众生态环境科普科研职能。趣味园有爬行动物展览馆和小动物圈养区。

园内植物120多种，形成“三季有花、四季常青”的园林景观。树形高大的小叶朴、法桐、白蜡、国槐、构树、合欢等乔木遍布公园，夏季浓荫遮天蔽日。植物活化石——银杏树，在公园扎根生长50多年，每年枝繁叶茂，开花结果。迎春、碧桃、紫叶李、紫薇等灌木自春到秋花期连绵，石榴、木瓜海棠秋季硕果累累，挂满枝头。两座廊架上紫藤虬枝攀缘，春天里一串串的紫色花穗开满廊架。园区引种南方植物芭蕉有10多年，已经连续两年开花结果。

2011年，对园区水系进行清淤和护岸加固，对仿古建筑水榭和凉亭进行修复，对湖心岛进行改造。

2012年，实施园容环境提升工程。铺装透水砖6000平方米，铺装路面大理石700平方米，铺装沥青混凝土罩面2600平方米，建造廊架一座，种植栾树、丁香等乔灌木29种3144株，栽植绿篱、草皮、竹类3700平方米。

【妇女儿童活动中心景区】 始建于1987年。原名德州市儿童乐园，1998年更名为德州市妇女儿童活动中心。集校外素质教育、儿童娱乐、大众休闲健身于一体的公共活动场所。位于德城区湖滨大道西侧，植物园景区南侧。占地 104 亩（约 6.9 万平方米）。园区内建有幼儿园、少年儿童挑战游戏空间和轮滑馆，设有太空漫步、淘气堡等 15 项中小型儿童游艺项目，设有大众健身区域和星光路、莲池晒月等特色景观。园区树木成荫，鸟语花香，湖景相映，风景宜人。

【万亩桃园景区】 2002 年开始建设。国家农业标准化示范区。山东省服务业发展重点项目。鲁西北最大的旅游观光生态园区。德州市十大旅游景点之一。配套设施完善，生态环境优美，集餐饮、住宿、观光娱乐于一体。位于德城区黄河涯镇，北和德州市中心城区接壤，东起黄河故道，南依马颊河，西与武城县、河北省故城县隔运河相望。京沪铁路、105 国道、101 省道和幸福大道纵贯南北。园内建有桃花源酒店和垂钓、果蔬采摘等多处景点。

每年 4 月有赏花节，8 月有采摘节。至 2015 年，举办 8 届赏花节、采摘节。

【秦怡·奥斯卡影视城】 旅游景区。摄影基地。位于德城区解放北大道，韵达物流园斜对面。2010 年秋季落成，总面积 5000 平方米。包括中国馆、欧洲馆、韩国馆、古时尚馆、蝴蝶公主馆、地中海景观、皇庭大厅等，内含几十个主题区域，数千个场景。全新的拍摄手法，全新的设计理念，全面颠覆固有的婚纱摄影概念，创领中国影楼业新格局。

文物古迹

【苏禄国东王墓园】 全国重点文物保护单位。以王墓、祠庙、御碑亭、牌坊、甬道和清真寺为主的陵园式古建筑群。坐落在德城区北营社区。中国境内仅有的两座外国国王墓之一，中国历史上唯一带有守陵村落的异邦王陵。

明永乐十五年（1417）7 月，苏禄国（位于今菲律宾苏禄群岛）三位国王——东王、西王和峒王，以东王巴都葛叭哈剌为尊，率领家眷、官员 340 多人组成的友好使团到访中国，在北京受到永乐皇帝隆重接待。苏禄使团在京居留 27 天。

9 月，三王辞归。途中东王患病，13 日在德州以北的安陵逝世。永乐帝闻讣遣官致祭，赐谥“恭定”，亲撰悼文。10 月 3 日以王礼厚葬德州，为其修建王墓。东王妃葛木宁，次子温哈剌，三子安都鲁以及侍从共 10 人留居中国，居丧 3 年。

明永乐十六年（1418），明政府在苏禄国东王

埋葬地建陵区。墓前修造祠庙，树立“御制苏禄国东王碑”，明成祖撰写碑文。南面墓道两旁有翁仲和石马、石羊等物。陵墓和明代礼制所规定的亲王陵墓规格相同。

东王墓建成后，明朝皇帝对守墓的东王后裔照顾，赐田免税，从山东历城县迁来夏、马、陈三姓3户回族居民服侍东王守墓后人。明宣德年间，在东王墓西南面立清真寺一座，于安、温二姓各选掌教一人，负责宗教事务。明永乐二十二年（1424），明政府派人护送王妃葛木宁回国，由于对东王的眷恋，次年她再次返回德州，从此再未离开，与两位王子长期留居德州，直到去世。在苏禄国东王墓东南方，有3个比王墓略小的墓，为王妃和王子的坟墓。

清朝时，对苏禄国东王后裔仍然给予照顾。清雍正九年（1731），根据留居德州的东王八代孙温崇凯、安汝奇提出的加入中国籍请求，清政府礼部同意守墓人等子孙，以温、安二姓入籍德州。从此苏禄国东王的两支后裔温、安两姓，以华籍苏禄人身份在德州安家落户，与当地回、汉民族和睦相处，成为中华民族大家庭中的一员。虽然人数不多，但也生齿日繁，聚村而居，到2010年后，苏禄东王后裔在中国承传至第二十一代。

1956年，苏禄国东王墓被山东省人民政府列为重点文物保护单位。1988年1月，被国务院公布为全国重点文物保护单位。1980年，国家文物局和省地市有关部门拨款，对流散破损的翁仲、华表、石兽做整形复原，14件石雕重新按序排列在墓道两侧。1985年，德州市政府投资重建东王祠庙，祠庙内有陵恩门、陵恩殿和东西配殿，增添回廊，新建“芳名远播”牌楼。1997年，德州市政府投资完成王妃、王子墓扩建工程，御碑楼维修工程，修仿古围墙310米，碑廊300平方米，地下排水工程450米，墓区绿化初具规模。至此，修整后的苏禄国东王墓区，成为一座古朴肃穆、松柏环绕、整洁美丽的陵园景区。

【德州烈士陵园】 市级文物保护单位。省级重点烈士纪念建筑物保护单位。1988年建成，位于德城区天衢路。2002年11月，择地运河东畔迁建，2004年9月竣工，位于德城区二屯镇西北街。陵园内建有人民英雄纪念馆，建有人民英雄纪念碑，存放抗美援朝战争参战战斗机一架，植存国槐翠柏若干。

【高道悦墓】 市级文物保护点。位于德城区二屯镇胡官营村东北部。封土塚东西长约50米，南北宽约60米，面积3000平方米左右。墓志刊登于《考古》杂志。70年代遭到毁坏。2010年后，该地呈沟状，植有低龄杂树。

【北厂沉船遗址】 市级文物保护点。位于德城区二屯镇西南街北300米，运河北岸，马厂旧址处。

1998年，取土时发现沉船一艘，船上载有宋、元时期瓷器和铜钱若干。2010年后，此处地表可见条石、青砖、瓦片和豆青、青花、黑釉白瓷瓷器残片。

【老城墙遗址】 市级文物保护点。位于德城区晶峰玻璃厂西墙外，西邻小锅市街。2010年后，残留墙体高约10米，宽约10米，长约15米。300年历史遗存。

【德州窑址】 市级文物保护点。位于德城区迎宾路德州方向机厂院内，西距运河故道约100米。遗址东西约60米，南北约100米，占地6000平方米左右。在遗址上曾采集到大量宋元时期加彩瓷人、执壶、瓷篮和划花瓷枕以及瓷盘、瓷碗等器物。2006年7月，德州方向机厂拆迁时，在其院内地表下约2米，发现早年废弃瓷窑址一处，窑体南北方向，上部残损，底部砖墙基本保存完整；窑底部呈马蹄形，窑门、火膛位于窑室南部，窑室南北约3.2米，东西约3.1米，烟道残存0.7米左右；在窑室填土残存遗物中有瓷盘、瓷碗等残片和窑具垫饼、绍圣元宝铜钱，出土瓷片白釉较多，胎质坚硬，厚薄均匀。

【闸子滚水坝遗址】 市级文物保护点。位于德城区天衢街道闸子村西，运河里程标示碑020处。分布面积20000平方米左右。清代运河水利设施。东岸现存基石4块，呈长条形，暴露部分长50～80厘米，宽40厘米，厚38厘米。

【窑上窑遗址】 市级文物保护点。位于德城区岔

河东侧，窑上西部，南距伙房村 200 米。遗址东西约 150 米，南北约 1000 米，面积 1.5 万平方米左右。90 年代调查时窑址保存略好，2000 年后，修筑德州南外环线取土时，靠近岔河处破坏面积约 7500 平方米（东西约 50 米、南北约 150 米）。据《德州志》："洪武三十年筑卫城，砖不足，于城南开窑烧砖。城南窑上、伙房二村其故址也。"

【明代铜铳】 1977 年 11 月，德城区天衢街道哨马营村村民在村南修筑水渠时，铜铳出土。德州市图书馆收藏。这件带有铭文的铜铳，铭记了铸

地、铸匠、年代、重量。

铜铳，铜制品，由火镗、药室、尾銎三部分组成，通高 31 厘米，通体铸五道加固箍，呈竹节状。火镗铸有 5 行铭文："福州右卫军器局监造官镇抚候成吏詹迫进教师郑子刚习学军匠陈仲卿等洪武十年　月　日造""日字二号三斤五两"。

古　树

【A-1 号】 国槐 Sophora japonica Linn. 位于德城区湖滨大道与解放大道南交叉口，别名豆槐、槐。豆科，槐属，落叶乔木，树龄 300 年以上。

外形特征：树高 14 米，干高 6 米，冠高 8 米。胸围 270 厘米，胸径 87 厘米，基径 95 厘米，地表围径 298 厘米。树干通直，50 厘米以下中空，树洞直径约 25 厘米，上部分枝处也中空，有火烧痕迹。树冠长势弱，呈开心形。冠幅东西 8 米，南北 6 米。有四大主枝，分布东、南、北、西北方向，其中西北方向主枝因干枯于 1997 年锯掉，树冠偏向东侧，其他三大主枝上萌芽较多，成枝力较弱，侧枝较少，整个树冠长势较弱，通过 2004 年复壮措施，几年来长势旺盛起来。

【A-2 号】 国槐 Sophora japonica Linn. 位于德城区三八路齐鲁证券公司门前，别名豆槐、槐。豆科，槐属，落叶乔木，树龄 100 年以上。

外形特征：树高 9.5 米，干高 2 米，冠高 7.5 米。胸围 220 厘米，胸径 70 厘米，基径 73 厘米，地表围径 230 厘米。树干通直，从基部至 2 米处有开放式树洞。树冠三大主枝，分布东北、南、西南方向，仅东北向分枝存活。最长枝方向东北长 4 米，最短枝方向西长 2 米，冠幅东西 10 米，南北 6 米，平均 8 米。主枝上萌芽较多，侧枝较少，长势良好。

【A-3 号】 国槐 Sophora japonica Linn. 位于德城区东方红路德州市广电中心院内，别名豆槐、槐。豆科，槐属，落叶乔木，树龄 100 年以上。

外形特征：树高 9 米，干高 3 米，冠高 6 米。

胸围 214 厘米，胸径 68 厘米，基径 81 厘米，地表围径 254 厘米。树干弯曲，整体稍向北倾斜，基部有直径 30 厘米的树疤。树冠广圆形，主枝分布均匀，侧枝较多，树头丰满茂盛，整体树冠向北向上倾斜，南侧树冠丰满，北侧、东北侧均有一枯枝。最长枝方向南长 7 米，最短枝方向北长 3 米，冠幅东西 6 米，南北 10 米，平均 8 米。

【A-4 号】 国槐 Sophora japonica Linn. 位于德城区迎宾路金谷园小区内，别名豆槐、槐。豆科，槐属，落叶乔木，树龄 200 年以上。

外形特征：树高 6 米，干高 2.5 米，冠高 3.5 米。胸围 185 厘米，胸径 59 厘米，基径 75 厘米，地表围径 235 厘米。树干通直，树干东南向开裂、中空。树冠较小，冠幅东西 5 米，南北长 3.5 米，主枝分布均匀，长势一般，有老化现象，树冠顶端有干枝。

2003 年，古树被金谷园开发商移植，已成活。

【A-5 号】 国槐 Sophora japonica Linn. 位于德城区柴市街服装城内，别名豆槐、槐。豆科，槐属，落叶乔木，树龄 300 年以上。

外形特征：树高 8 米，干高 2 米，冠高 6 米。胸围 172 厘米，胸径 57 厘米，基径 60 厘米，地表围径 190 厘米。树干通直，树干开裂空洞，仅靠局部树皮和木介质存活。树冠较小，冠幅东西 5 米，南北长 4 米，三大分枝，北、南、东向各一枝，东向分枝已干枯，长势弱。2003 年 4 月，树洞内失火，经过三个小时被扑灭。

【A-6 号】 国槐 Sophora japonica Linn. 位于德城区和平街银座商城西邻，别名豆槐、槐。豆科，槐属，落叶乔木，树龄 200 年以上。

外形特征：树高 8 米，干高 4 米，冠高 4 米。胸围 180 厘米，胸径 57 厘米，基径 66 厘米，地表围径 208 厘米。树干弯曲，树干东南侧开裂空洞，有火烧痕迹，整体向北旋转生长。树冠分枝处东北方向有砍过痕迹，仅西侧一大主枝，侧枝较多，树头丰满，树冠偏西南方向，冠幅东西 5 米，南北长 4 米。

【A-7 号】 国槐 Sophora japonica Linn. 位于德城区桥口社区居委会西邻原穆斯林糕点厂院内，别名豆槐、槐。豆科，槐属，落叶乔木，树龄 600

年以上。

外形特征：树高 13 米，干高 5 米，冠高 8 米。胸围 290 厘米，胸径 92 厘米，基径 99 厘米，地表围径 310 厘米。树干通直，树干粗壮，树干 3 米处有树疤，树形奇特，仅东北向一明显主枝，其余分枝不明显，且多呈下垂式生长，长势良好，枝繁叶茂，开花较多。冠幅东西 7 米，南北长 9 米，平均 8 米，最长枝东北向长 5 米，最短枝西向长 3 米。

【A-8 号】 国槐 Sophora japonica Linn. 位于德城区小锅市 26-2 号院，别名豆槐、槐。豆科，槐属，落叶乔木，树龄 200 年以上。

外形特征：树高 7 米，干高 3 米，冠高 4 米。胸围 180 厘米，胸径 57 厘米，基径 62 厘米，地表围径 195 厘米。树干弯曲，1 米以下中空，外观上看不出来，向南倾斜于影背墙之上，树干 0.5 米处有直径 30 厘米树洞。西北向、东南向两大分枝，树冠较小，层次不分明，长势良好，有少量枯枝。冠幅东西 9 米，南北长 8 米，平均 8.5 米，最长枝西北向长 5 米，最短枝南向长 3 米。

【A-9 号】 国槐 Sophora japonica Linn. 位于德城区黎明街原曙光浴池门前，别名豆槐、槐。豆科，

槐属，落叶乔木，树龄400年以上。

外形特征：树高8米，干高3米，冠高5米。胸围236厘米，胸径75厘米，基径111厘米，地表围径350厘米。树干弯曲向东倾斜，有多个洞状疤痕及树瘤，树身有火烧痕迹。三大分枝，北面一枝长势较差，向南生长，树冠总体偏南，树冠丰满，长势较好。冠幅东西11米，南北长9米，平均10米，最长枝西向长6米，最短枝北向长4米。

【A–10号】 枣树 Zizyphus jujuba. 位于德城区池口村455号院子里，北纬37°，东经116°，海拔

25米。鼠李科，枣属。树龄100年以上。

外形特征：树高6米左右，胸围128厘米，胸径41厘米，基径55厘米，地表围径173厘米，冠幅11×10米，最长枝方向东和南，长6米，最短枝方向北，长4米。树冠丰满，呈卵形。树形优美，长势旺盛。树干通直，干高2米。树皮呈灰褐色，质地粗糙，有开裂，在西朝向从基部至上有80厘米的开裂，南朝向从基部至上有40厘米的开裂，东南朝向在基部上端40厘米处有15厘米的开裂，树干的中心从基部至分枝处是空心的。树木周围无植被，硬路铺装，排水良好。

【B–1号】 国槐 Sophora japonica Linn. 位于德城区西邻，运河开发区时代花园小区内，别名豆槐、槐。豆科，槐属，落叶乔木，树龄200年以上。

外形特征：树高12米，干高3米，冠高9米。胸围186厘米，胸径59厘米，基径64厘米，地表围径202厘米。树干通直，树干基部至1.5米处有开裂。树冠卵圆形，两大分枝，分布东南、北方向，树头稍向东倾，枯枝较多，长势，北面一枝长势较差，向南生长，树冠总体偏南，树冠丰满，长势较好。冠幅东西7米，南北长7米，平均7米，最长枝南向长4米，最短枝北向长3

米。

古树原栽植于盐店口北街 111 号门口，2004 年地块拆迁，时代花园小区开发商进行建设，古树被保护下来，长势较好。

【B-2 号】 国槐 Sophora japonica Linn. 位于德城区西邻，运河开发区时代花园小区内，别名豆槐、槐。豆科，槐属，落叶乔木，树龄 150 年以上。

外形特征：树高 11 米，干高 3 米，冠高 8 米。胸围 205 厘米，胸径 65 厘米，基径 69 厘米，地表围径 218 厘米。树干斜直，向东倾斜。树干基部至 0.8 米处有开裂，分枝处亦开裂中空。树冠卵圆形，四大分枝，东向一枝长势旺盛，整株长势较好。冠幅东西 8 米，南北长 6 米，平均 7 米，最长枝东向长 4 米，最短枝北向长 3 米。古树原栽植于盐店口北街 3 号门口，2004 年地块拆迁，时代花园小区开发商进行建设，古树被保护下来，栽植于小区南侧楼间绿地内，长势较好。

【B-3 号】 枣树 Zizyphus jujube. 位于德城区西邻，运河开发区时代花园小区内，鼠李科，枣属。树龄 100 年以上。

外形特征：树高 8 米左右，胸围 186 厘米，胸径 59 厘米，基径 64 厘米，地表围径 202 厘米，冠幅 8×6 米，东西向 6 米，南北向 8 米，平均 7 米，最长枝北向 4.5 米，最短枝西向长 2.5 米。树冠丰满，呈扁圆形。三大分枝，树形优美，长势较好，层次分明，结果较多。树干通直，干高 2.5 米，树皮呈灰褐色，质地粗糙，有开裂，在西侧朝向从基部开裂、中空，分枝干亦开裂。古树原栽植在盐店口北街，2004 年地块拆迁，时代花园

小区开发商进行建设，古树被保护下来，栽植于小区北围墙南侧绿地内，长势较好。

【B-4 号】 枣树 Zizyphus jujube. 位于德城区西

邻，运河开发区时代花园小区内，鼠李科，枣属。树龄100年以上。

外形特征：树高8米左右，胸围130厘米，胸径41厘米，基径50厘米，地表围径158厘米，冠幅4×4米。树冠呈卵圆形，三大分枝，东向一枝枯萎，整株长势弱，树冠较小，向西倾斜。树干斜直，干高3米，树皮呈灰褐色，质地粗糙，有开裂，在东侧基部至0.6米高处有树洞，分枝处开裂。古树原栽植于盐店口北街，2004年地块拆迁，时代花园小区开发商进行建设，古树被保护下来，栽植于小区北围墙南侧绿地内，长势良好。

非物质文化遗产

【德州扒鸡】 其制作工艺系国家级非物质文化遗产代表性项目。地方著名特产。清康熙三十一年（1692）扒鸡面世。以五香脱骨、肉嫩松软、清香不腻等特点闻名，有神州一奇之美称。1702年康熙皇帝南巡驻跸德州，下榻著名诗人田雯家，尝到了州城名产五香脱骨扒鸡。从此，德州扒鸡做为贡品进入宫廷。乾隆年间，扒鸡制作艺人被召进皇宫御膳房，从而，德州扒鸡名扬天下。

传统德州扒鸡精选重量1千克左右的优质鸡，经过宰鸡、盘鸡、煮鸡等11道工序，火候掌握轻重有序，配料多寡依季节气温而定，工艺严格考究。

二十世纪初，扒鸡传人德州宝兰斋饭庄掌柜侯宝庆、德顺斋掌柜韩世功等认真总结祖制经验，探索试制，完善工艺，改进配方，综合运用传统的烧、熏、酥、炸、卤等手法，加工制成具有独特风味的“五香脱骨扒鸡”。其特点：造型优美，整鸡呈伏卧羽状，栩栩如生；色泽艳丽，成品金黄透红，晶莹华贵；香气醇厚，成品香味浓郁；口感咸淡适中，香而不腻；熟烂脱骨，正品不失原形，趁热抖动，骨肉分离。

德州扒鸡自问世以来，受到各界好评。1956年，在“山东省肉类加工评比会”上，被评为同类产品第一名，同年6月在北京“全国食品评展会”上，被誉为“中华第一鸡”。自1981—1983年，在商业部举办的“全国肉禽蛋类制品评比会”上，连续三届获优质产品称号。1988年获首届中国食品博览会最高奖银奖。1989年获全国首届民用产品大赛精英奖。1990年获90年代国内首届美化生活大奖赛金奖。1985年6月，日本新居滨市中获公民馆友好访华团到德州扒鸡联合企业公司访问，日本教授藤原建树品尝德州扒鸡后挥毫题词“美味世界第一”。2014年11月，在第十五届中国绿色食品博览会上，山东德州扒鸡股份有限公司生产的扒鸡获得金奖。

【德州黑陶】 其制作工艺系国家级非物质文化遗产代表性项目。地方著名特产。有6000年历史，起源于龙山文化，由山东民间灰陶深化发展而来。

德州黑陶属无釉细素陶器。采用运河两岸红胶泥为原料，传统手工轮制，在陶体晾干过程中压光、雕刻，烧制而成。常规工艺有选材、滤泥、练泥、成型、修型、挑沙压光、软刻、干燥、烧制、出窑、硬刻11道工序。坯体有单层拉型成坯，一底双层合成坯等。坯体表面采取画线、压花、阴刻、浮刻、立体刻、镂空等多种手法，产品造型多样。有各式花盆、花罐、笔筒、画

卷筒、笔洗、挂盘、壶钵等几十个品种，数百种样式。

成品黑陶质地纯净细腻，密度大，色泽协调，轻扣发声，清脆悦耳，阳光照射下黑中透蓝，如金属器。

20 世纪 70 年代以来，德州黑陶形成规模生产。产品销往澳大利亚、马来西亚、德国、英国、荷兰等国家。

【德州陶埙】 省级非物质文化遗产代表性项目。陶埙，气鸣乐器。中国最古老的吹奏乐器。陶埙在八音中属土音。最早文献记载始于《诗经》。周代流行，秦汉以后用于宫廷雅乐。清光绪年间（1875—1908），河北吴桥县吴浔源根据地下发掘陶埙实物，复制出五音孔陶埙，并撰有《埙谱》一卷。

德城区西郊五里庄李雨村，自幼受家庭熏陶爱好音乐，和吴浔源是亲戚，受赠《埙谱》手抄本一卷、五孔陶埙一个。他根据吴浔源赠的埙，仿制出工字调（D 调）、五字调（G 调）为主的埙，在民间流传。二十世纪二十年代初，山东省公署在济南开博览会，李雨村制作的埙获银质嘉禾章一枚。他留有古曲谱《三落》《梅花三弄》《大寄生草》《高山流水》等。

李雨村的儿子李孟才是陶埙制作和吹奏的第三代传人。

李孟才的次子李钟汾是陶埙制作和吹奏的第四代传人，市级非物质文化遗产项目（古埙）代表性传承人。他在五音孔的基础上制作出八音孔陶埙，在温度阶梯烧制的火候以及音孔的音准关系上有技术突破。

【德州跑驴】 省级非物质文化遗产代表性项目。民国十九年（1930），德州郊区马庄村民袁福生赶马车结识了德州驻军二十三师军人刘长河。刘长河会演唱社戏《王小赶脚》，两人共同探索改编了这出社戏。袁福生凭多年赶车侍弄牲口的经验

和本身的武功基础，把勒环、着鞭、扬蹄、撒欢、闹性等动作表演得惟妙惟肖，创作了生动逼真的德州跑驴这一民间舞蹈形式。演出形式有单驴、对驴和驴队。如今这一民间艺术形式有了长足发展，各镇、街都有跑驴演出队伍，演员由几十人发展到 200 余人。济南、栖霞等地先后邀请德城区跑驴队伍前往表演，在全省有一定的影响。

【德州高跷】 市级非物质文化遗产代表性项目。表演包括领伞（指挥 2 ~ 3 人）、乐队（3 鼓 6 锣）、演员（16 人 8 对）。剧中生、旦、净、丑角色齐全，从所扮演性别看是 10 男 6 女。8 对角色中，打头的头陀（武松打扮）和英哥，二人双手各执长约 50 厘米的硬质木棒；接下来一对是醉老道（诸葛亮穿八卦衣装束）和老座子（青衣打扮）手执长翎羽毛扇；第三对是樵夫（黄天霸扮相）和白蛇；第四对是傻公子和青蛇；第五对为渔翁（《打渔杀家》肖恩打扮）和渔婆；第六对是傻小子和妈妈娘；第七对是刘二姐和刘二混；第八对是瞎子和瘸子。德城区有两支高跷表演队伍。

【水兽旱船】 市级非物质文化遗产代表性项目。有 200 多年历史。改编自白蛇传里面水漫金山寺

一段戏，剧中人物有白蛇、青蛇、许仙、法海和水怪。演出形式边唱边表。唱腔以河北梆子为主。旱船上坐着白蛇、青蛇、水怪（有鲤鱼、鳖鱼、蛤蜊、田螺）。水怪的眼睛安装灯泡，旱船周围挂上灯泡，在夜色中闪闪发光，使之醒目。表演程式以十字穿花、八字穿花为主。春节、元宵节进行表演，丰富居民文化生活，是德州民间文化的重要组成部分。

【老德州羊肠子】 起源于德城区北部。其制作工艺为市级非物质文化遗产代表性项目。又名羊肠汤、清血肠。主料：羊肠衣，羊血。配料：淀粉，香油。制作工序：摘肠、翻肠洗肠、兑制灌料、灌制、盘肠、煮肠、晾肠、熬汤、烫肠、盛碗出锅。制作要点：用羊血拌淀粉加葱花香油香料等灌入羊肠，煮熟切段加汤而食。20世纪80年代推向街市，2010年后出现小型专营门店。

清朝年间，德州城居住着部分满族人。清宣统三年（1911）辛亥革命爆发，清政府倒台，一些人陷入衣食无着境地。一位吴姓满族人，原来在家中喜食用此物，其法秘而不传。此时为生计挑担子上街做起卖羊肠汤的摊贩。由于风味独特，

居然一炮打响。其制作方法被在吴家帮工的汉族人杨某继承下来。杨家传赵家。赵家传曹雪燕。羊肠汤入口爽而不腻，异香诱人，无腥膻气味，性热，有祛除哮喘和养胃功效。

德城区香旺街头羊肠馆创办人、香旺街头老德州羊肠子品牌创始人曹雪燕，是德州羊肠汤第六代传人。曹雪燕精研传统工艺，在保留羊肠子传统口感基础上，借鉴其他粉肠、羊汤做法，对传统工艺有所取舍，配置汤料时，降低羊油、羊肠头的用量，主要用山羊骨熬汤，将原来浓香口味调制成鲜香口味，为保留羊肠子原有异香，在灌制中精心选用纯小磨香油并加大香油比例。香旺街头老德州羊肠汤特点：皮脆，肠滑，汤鲜肠美，口口生香，回味无穷。

2012年，香旺街头老德州羊肠子荣登齐鲁电视台食全食美品牌。2014年，香旺街头老德州羊肠子在淘宝网首家开设专营网店，通过创新包转运输方法、产品速食方法，解决羊肠子长途运输问题，通过电子商务渠道向更广区域推介。

【建志剪纸】 中国剪纸起源于原始社会，在久远的历史发展中与彩陶艺术、岩画艺术相互影响并进，递延着古老民族的人文精神，成为中华传统文化的组成部分。

建志剪纸，其制作工艺系市级非物质文化遗产代表性项目。其文脉，可追到禹城市房寺镇张庄。至张建志，已祖传五代。

建志剪纸艺术文化制作中心，位于德城区。集开发、设计、生产、销售于一体。剪纸工具有剪刀、刻刀、垫板。剪纸材料，普通剪纸一般采用蜡光纸，染色剪纸一般采用白色生宣纸。工艺特点主要在“三分刀工七分染”。工艺流程有“熏样”“闷”“刻制”“着色”四个步骤。剪纸方法，有折叠剪法、对称剪法、阴阳剪法三种。剪纸作品装裱，采用不同颜色和规格的丝绸作为绫子、抱头。剪纸作品表现的内容有人物、花鸟、山水、脸谱、十二生肖、古典名著故事、吉祥娃娃等，花样上千种，行销全国各地和德国、法国等欧洲

国家。

【戊极大功力拳】 源于德城区。其习练套路和程式为市级非物质文化遗产代表性项目。又名安炉拳。道家修炼养生内功的基本功法。在导引功法基础上演化出十二路弹腿，正反六教士长拳，滚珠掌，功夫拳小架、老架、老花架对练，二十四式桩功，养生拍打功等基本套路。徒手单练套路，讲究一路慢、二路快、三路展转崩弹、四路抖撞连环、五路上下结合、六路快慢相接。戊极大功力拳的习练，快而不乱，处处稳准狠，慢而不散，周身如水中游鱼，松静自然。器械，则有刀、枪、剑、棍、峨眉刺等。长期坚持习练，可以疏通人身十二经络，打通任督二脉，增强武者内力，延年益寿。

戊极大功力拳又是一种实用拳种，讲究怎么练就怎么用。在练与用的结合上，一招含三招，一式变三式，虚虚实实，真真假假。戊极大功力拳中前点、后跳、左转、右绕是主要的技法特点，配合灵活的步伐，可打可拿可摔。戊极大功力拳讲究虚而待发，像狮子、老虎、猎豹马上要追捕猎物，千钧力量集于身上，将要爆发而并未爆发。因此戊极大功力拳在习练时，看起来随意，然而却处处惊险，招招制敌。戊极大功力拳另一个特点叫迟打快，练起来迟，运动快，行的是气，走的是意。

戊极大功力拳是道家功法精华，武当派最高内功心法之一。此功内外双修，动静结合，通过长期吸、运、闭、喷气，配合身体外部、躯干、四肢一系列特定动作的锻炼和拍打，达到内可除病治伤，外可抗击承打之功效。

习练戊极大功力拳，拳法可以轻柔舒畅，可以刚劲勇猛，在讲求实战、重发力的同时，更加注重内功修为，将健身养生融入其中。

清嘉庆年间（1796—1820），德州城南蔡村王东升，在五凤岭一出家和尚处习得一身武艺，武当内家功法尤为精深，时人传诵。王东升见同乡李和生品行敦厚，对其倾囊相授平生所学。李和生将拳法传给潘姓弟子，后潘姓弟子出家永庆寺，法号妙希。妙希禅师传班仲远。班仲远传王长利。王长利为戊极大功力拳第五代传人。

【安武术】 安武术，安氏家族武术。

安武术第三代传承人安树葆于 1949 年 8 月调至德州市工作，1958 年调离，在德州市定居工作生活 10 年。第四代传承人安德生 1949 年 10 月在德州市出生，1958 年随父亲安树葆离开德州市。1989 年 2 月，第四代传承人安德生携其儿子、第五代传承人安剑秋定居德州市。安武术的三代传承人长年在德城区 / 中心城区纳徒授艺。2012 年 7 月始，在德州市人民公园开馆授徒。2016 年 8 月，安武术馆在德州市经济技术开发区董子文化街落成。在德城区 / 中心城区，安武术有厚重的群众基础，习练者以万计。此为安武术在德城区 / 中心城区的缘起和发展。

安武术，始于清末，源于少林，历代传承兼容并蓄，吸纳京津著名拳师之精华，经勤修苦习、感悟研究，终至融会贯通。至第五代安剑秋，家族武术含纳八极、八卦、形意、太极、少林、六合等传统拳种，亦具散打、摔跤与柔术之技击风格，集养生、健身、技击为一体。安氏家族武术，立志于弘扬传统国术，经历代积淀、光大，已经桃李满园，艺业遍布。

安氏高祖安立瑞，安武术创建人。生于晚清，汉族，祖籍河北省唐山市。幼年好武，师从当地少林寺还俗武僧练习少林拳、六合拳，尤以拳法、刀法、棍术见长。24岁由友人举荐入清府衙门当差，因精于武艺做了捕快，专事捉贼拿赃，追凶缉盗。任职期间兢兢业业，屡破奇案，深得都司信任而得以接连提拔，后因抓捕沙俄间谍受到总府重赏，升任至总捕头，掌管丰润、玉田等三县巡卫。众人皆以有缘与其结识、修习武艺为荣。此间门庭若市，门徒广众。安立瑞不吝所学，无论高官幕僚、平民布衣，皆乐教好施，倾囊相授，得其艺业者不计其数。至清末民初，西方列强割据，国内军阀混战。安立瑞不满政局，辞官卸任。后成立镖局，保护一方平安；坚持习武传艺，不曾间断。受其正直、仁义之人性感召，众徒自发组织同盟会，追随其弘扬武道、健人体魄，惩恶扬善、济世助贫。

安武术第二代传承人安继海。清光绪二十年（1894）10月出生于唐山市。6岁随父亲安立瑞习少林拳，勤奋刻苦且天资聪颖，16岁已精通家传武技，并代父授艺。17岁赴天津谋生。偶得机缘，在法租界领事馆厨房做徒，学习厨艺，后升至厨师长。此间练功持之以恒，数寒暑如一日，功力愈加醇厚。后经天津国术总会塘沽分会试训考核，获得塘沽区国术馆总教头职位，遂正式教徒授艺。其为人正直豪爽、仗义好交，遍访天津武林界各派著名人士，诚心交流、切磋技艺，与众多武林名家结下深厚友谊。年过三旬，武学造诣在天津已经小有名气，然技艺精湛却谦逊好学，先后师从少林名师李荣甲学习金刚罗汉拳，师从沧州“刘大架子”传人王景坡学习八极拳，师从近代形意拳大师李存义之高足刘云集学习形意拳，师从八卦掌宗师程廷华之爱徒后天八卦掌创始人高义盛学习八卦掌，并与同门师兄弟静意观道长曲克章学习老派武当太极拳。人至中年，其在天津武林界已赫赫有名，颇具威望。抗日战争爆发后，与津门另七位武术名家结盟，武林人称“大八义”。民国三十年（1941），以“大八义”为主体，团结诸多爱国武林人士，共同创立中华国术学会天津分会，任总监事。带领众志士筹资捐物、集药购粮、助训新兵、掩护伤员，全力抗日。晚年，其坚持习武、深研中医、修习道功，精于经络调理、骨骼穴位推拿，并将毕生武学心得编纂成书，为后代传承留下极其珍贵的艺业文献。

安武术第三代传承人安树葆。生于民国十一年（1922）4月出生于天津。5岁随父亲安继海习少林拳、六合拳，10余岁始习内家拳，几年时间尽学祖传武艺，偏爱八极、形意拳，尤好靠桩、打板等操桩功夫。因痴迷于硬架拳，又随其师叔学习孟村八极，随天津拳师唐玉坤学习形意拳。17岁初中毕业，到天津铁路局工作，同时协助父亲在塘沽国术馆教徒。独练铁砂掌与八极桩法4年，练至身如锻铁，手似钢钩。21岁时，挑战号称打遍天津卫无对手的外来拳师“盖东洼”，只施两手便重挫对方而声名大振，而后接连打擂天津“娘娘宫”等几处聚集流氓地痞黑帮拳馆，获胜，遂出道，并执教于天津十三国术馆，任总教练。自创醉拳、醉剑、软拳及多种硬桩功技击方法，以发力迅猛、动如闪电著称。闻其技艺精湛而登门拜师者络绎不绝。后因协助共产党伤员转移，被日本宪兵队以窝藏之名抓捕。在狱中受尽酷刑但始终不言伤员行踪。幸得天津国术总会出面担保，付重金方得以救赎。出狱后，博得长辈首肯，联手另八位志同道合的武林名家后代，义结金兰，获得“小九义”美誉，引领天津武林年轻一代，追随父辈与众义士投身拥军救国的行动中。1949年8月，因铁路局工作调动，举家搬至山东省德州市，在德州市生活十年，1958年调回天津工作。期间传艺一批弟子，至今桃李满园。曾于20世纪80年代被中国武术协会授予全国优秀武术辅导员称号，获得天津市政府提名表彰。其一生严谨教学，授徒无数，仅就天津市、德州市两地，亲传弟子人数过千。

安武术第四代传承人安德生。1949年10月生于德州市，1958年随父亲安树葆移居天津。6岁开始习武，至16岁已遍学家传武术，并协助父亲教习学生。后作为知青下乡到内蒙古呼伦贝尔，生活20年。期间不曾间断修习武术，更坚持授徒，教习家族传统功夫，在当地传业近千人。1989年2月携家人回到德州市工作生活，并依父亲愿望在德州市接棒授徒，弘扬安氏家族八极拳、形意拳、八卦掌、太极拳等优秀拳种。1996—1999年在浙江省温州市开馆授徒，创办安氏武术温州训练基地，后因工作原因回到德州市，继续教武传艺。其亲传弟子人数过千，2000—2010年，又有外国学生慕名到德州市跟随习武。至2016年，仍然每天早晨在德州市人民公园带领众弟子练习武术。作为老一辈武术家，安德生始终坚守弘扬国术、发展文化的传统精神。

安武术第五代传承人安剑秋。1981年6月生于内蒙古呼伦贝尔，1989年2月随父亲安德生到德州市工作生活。所擅长武术专业：自由搏击，散打，摔跤；八极拳，少林拳，各种器械及用法；太极拳，形意拳，八卦掌，各种器械及用法；编排实战武打动作。致力于传统武学与儒、释、道文化相结合，创编出独特的武学体系。2002年10月，获得北京市传统武术大赛八极拳男子组冠军；2002年11月，获得全国八卦掌邀请赛男子组亚军；2003年10月，获得全国形意拳邀请赛男子组冠军；2004年11月，获得全国武术散打争霸赛（保定）武术项——八极拳冠军；2010年8月，获得山东省第二届传统武术大赛八极拳冠军；2011年10月，获得北京第一届国际武术青年节八极拳冠军；2014年7月，获得山东省第四届传统武术大赛八极拳冠军、棍术冠军；2014年7月，获得北京第四届国际武术青年节八极拳冠军；2016年7月，获得山东省第五届传统武术大赛八极拳冠军。8岁习武，随父亲安德生学习少林拳、八极拳。16岁，随父亲到温州市经营武馆，协助教学管理，开始学习并精修太极、形意、八卦等内家拳。2000年，在德州市德城区教授韩国留学生，正式教授家族传统拳术、搏击术。2001年，在北京体育大学预习班学习，并专业修习散打，又到河北省专业队修习散打；同时在大学教授家族武术，法、意、英、荷兰、塞黑等多个国家20余名留学生拜师学习。2004—2006年，在河北云飞武术学校任武教处主任、常务副校长，管理、教授自由搏击、散打、传统拳搏击术。2007年至2009年，在北京中国语言大学与外国朋友共同创办中、法、泰三国综合搏击俱乐部，负责武术技击与散打部分，教授欧、美、日、韩及华侨留学生120余人。2012年，在德州市德城区成立安氏武术传统文化学校，教授太极拳、八极拳、形意拳、八卦掌和各种传统技击拳法以及散打、摔跤等现代搏击武术，教授国内外学生数百人。同时，开始走出国门纳徒授艺。2012年10月，赴德国、奥地利教学，授徒200余人；2015年5月，赴德国、瑞士教学，授徒500余人；2016年4月，赴德国、瑞士、西班牙教学，授徒600多人。

历史事件

【靖难之役与德州】 明建文元年（1399）3月，建文帝鉴于诸王拥兵自重，决定削藩，遂派都督韩观屯兵德州。8月，燕王朱棣北平起兵，靖难之役爆发。10月，建文帝命李景隆为大将，在德州合兵50万，攻打朱棣，进驻河间府。韩观在德州卫城以北（今长庄、北厂一带）修筑十二连城，保护粮仓。12月，李景隆战败，退至德州修整。

建文二年（1400）5月，李景隆率兵攻燕，大战于白沟河，败绩回撤。燕将陈亨、张信率兵乘胜追击，6月攻占德州缴获军粮100余万担。9月，明都督盛庸、山东参政铁铉率军收复德州。建文帝遂命盛庸为平燕将军，驻守德州。

建文三年（1401），盛庸率兵20万攻燕，激战于夹河，惨败后退守德州。燕王朱棣乘胜追击，在德州一带先后击败明朝廷80万军队，掌握了战争主动权。

【德州十二连城】 靖难之役中，明建文帝朝廷军大将李景隆图长期坚守，所建。完全由人工夯土而成。建文二年（1400）春天始建。总体规模，南起现今德城区天衢街道的北营社区（村）、张庄社区（村），北至哨马营社区（村），西倚运河，东至长庄社区（村）、王家道口社区（村），南北长4公里，东西宽2.5公里。从南至北依次为鲍家城、夏家城、王家城、何家城、肖家城、顾家城、瞿家城、白贺城、钱家城、哨马城、边家城、陈家城。

十二连城建筑还没有完全收尾，就仓促应用于战斗。几经攻守置换，建文帝朝廷军彻底失败。经过炮火洗劫，加之夯土建筑不利于长期保存，十二连城没有几年时间便被夷为平地。

【李自成大顺军攻占德州】 清顺治元年（1644），李自成起义军攻克北京，即派大将郭升率骑兵万余进军山东。4月8日，举攻克德州，建大顺地方政权，吴徵文任知州。

【日军侵占德州】 民国二十六年（1937）9月，侵华日军华北方面军第二集团军第十师团（矶谷师团，师团长矶谷廉介）先头部队，沿津浦铁路由北向南侵入德县境域，进犯德州城。驻德县的中国国民党第二十九军第七十四师、第八十一师等部，大量征集民工和物资，构筑城防工事。月底，中国国民党第五战区副司令长官兼第三集团军总司令韩复榘命令德州国民党守军大部弃城南退，仅留第八十一师二四三旅旅长运其昌率四八五团在德州城北的长庄、北厂一带设防断后。

9月30日，日军出动飞机8架次轮番轰炸德州城北门、小西门和火车站。随后，日军第十师团兵临城北。运其昌部凭借工事在长庄、北厂一带阻击，激战3昼夜。日军改变战术，正面佯攻，两面夹攻，运部不敌，败退城内。日军遂发动攻城战斗，装甲车向城墙西北段发射炮弹数百发，设于长庄、前后园等地的日军炮兵也集中火力猛轰德州城。运其昌指挥部队以城墙为防线，将火炮架于城楼反击，打退日军数次进攻。在日军即将攻入小西门的危急关头，李姓营长率敢死队与日军展开肉搏战，一连连长挥舞大刀带头冲杀，负伤不下火线，最后壮烈殉国。

10月3日凌晨2时，日军将城墙北段炸开一缺口。运其昌部孤立无援，伤亡甚大，撤出德州城。

3日拂晓，日军先头部队由城墙缺口和小西门冲入城内。自此，德州被日本侵略军占领8年。

【赵庄桥惨案】 民国二十六年（1937）9月30日上午，侵华日军先头部队，沿津浦铁路由北向南侵入德县。中国国民党第二十九军一部退至德州城北的于庄、后赵庄一带。有爱国官兵，奋起反抗，打死日军十余人。爱国官兵伤亡十五六人，寡不敌众，继续南退。中午，日军侵占于庄、后赵庄，搜捕中国官兵，对中国民众报复性屠杀。

在于庄，民众鲍氏、安国成、赵文斌、赵方年、安国贤被杀害。民众安玉山、安国华、安树元、安庆增、安连臣、王振山、安吉臣、荆长岭、代某以及另一位不知姓名者，被日军捉住，捆绑，毒打。安国华等怒斥日军：“我们都是老百姓，你们为什么杀人打人？”一名手持军刀的日军头目大怒，命令日军士兵撕开他们的衣服，用铁丝穿进锁骨，连成一串，前拉后推，逼至赵庄桥。

在后赵庄，民众赵德玉、赵德山兄弟两家共10口人，除2人逃出外，其余8人被日军搜出，毒打，妇女遭受侮辱。赵德玉等怒斥日军。日军将其中5人，连同民众韩国柱、韩青田，用铁丝捆绑双手，逼至赵庄桥。

是日下午，4时许，在赵庄桥，日军将于庄10名、后赵庄7名共计17名民众用刺刀逐一猛刺滥挑，杀害，将尸体抛至河水中。

此惨案中，侵华日军在赵庄桥杀害无辜中国民众17人，在于庄杀害5人，共计22人；烧毁民房40余间，砸毁民房门窗、宰杀民众牲畜、抢掠民众财物若干。

【许庄惨案】 民国二十六年（1937）10月3日，日军南侵部队抵达德县城南许庄、纪庄、二十里铺一带宿营。在许庄，日军砸毁村民们门窗，扒通户与户之间院墙，在墙上挖射击孔，构筑简易防御工事，将未及逃难的60名青壮年捉住集中关押于村民翟风新家院内，将未及逃难老弱妇孺捉住关押于另一院内，以防村民反抗和走漏消息。

10月4日夜，南退至黄河涯以南苦水铺一带的国民党军第七十四师某部爱国官兵，偷袭在许庄、纪庄宿营的日军，双方发生激战。国民党军官兵于拂晓前撤退。有两名掉队士兵手提步枪跑到翟风新家中，其中一名又跑出去。村民梁福山脱下长袍给跑进来的士兵穿上，将他的枪藏起来。两名士兵跑进院内的情形，被站在北侧房顶上的日军岗哨发现。

10 月 5 日凌晨，一群日军冲入翟风新家院内，搜查出混在村民中的中国士兵，将其捆绑后押走。为追查另一名士兵下落，日军将关押在院内的青壮年们衣服剥掉，三五个一串捆绑连接在一起，押至村民梁德胜家院内。日军用铁锹猛砍他们背部，令其面东而跪，尽快招供。然而，村民们无人答话。气急败坏的日军遂将梁福山等 10 人拉至村西道沟枪杀。宋国庆、王老实等 3 位老年村民冒险前来求情，日军将他们拖至 50 名青壮年中，一起逼至村民张金城家猪圈旁。日军用军刀砍，刺刀捅，将 53 名无辜村民屠杀，连同 3 名殉国的中国士兵遗体全部抛入猪圈，抱来干柴点燃往遗体上扔，最后推倒猪圈围墙，将村民遗体压在下面。

逃难村民返回。宋国庆的妻子、女儿承受不住打击，投水自杀。张文山的母亲得知丈夫遇害，带着三儿一女跳入水塘，仅张文山一人被救生还。

此惨案中，被日本侵略军残杀和逼死者共计 72 人。

【西魏庄惨案】 民国二十六年（1937）年 10 月 4 日上午，德州城西郊三里庄村民唐明华、唐章岁、唐小五、唐顺荣、彭义才、陈老五 6 人潜回家中取衣物，未及离去，一股日军窜入村中逐户搜捕，唐明华等 6 人被包围。日军将其押至西魏庄，关押在村民王凤林家院内。4 日夜间，日军对 6 名村民严刑拷打、威胁利诱，逼迫他们供出三里庄其他村民逃难躲藏地点，唐明华等 6 名村民始终不招供。日军恼羞成怒，5 日凌晨，将彭义才用刺刀杀死，将陈老五用军刀砍死，将唐章岁、唐小五、唐顺荣枪杀；暂留唐明华 1 人为其挑水劈柴。不几日，唐明华在挑水途中寻机逃出日军魔掌。

此次惨案，5 名无辜村民遭日军杀害。

【南赵庄惨案】 民国二十六年（1937）10 月 4 日深夜，侵华日军窜至德州城南的赵庄，逐户砸门搜查中国军人。民众闭门不出。日军将临街多个柴草垛点燃，设伏引捕。民众赵万和、赵崑、赵宾被捉住，捆绑，毒打，押至钱庄，用烈火烧死。民众许树堂、阎庚辰被捉住，毒打，用刺刀刺死。

此惨案中，侵华日军杀害无辜中国民众 5 人。

【张吉野惨案】 黄河涯镇张吉野村，东依马颊河，西傍津浦铁路。日军占领德州后，在距张吉野村南一华里半的马颊河大桥北端设置日军据点、伪军据点，据点中的日军、伪军经常到周围村庄抢掠民财、骚扰滋事。为防骚扰，据点周围村庄夜间都有青壮年执夜守更。

民国二十六年（1937）10 月 17 日夜，张吉野村执夜守更人张希昌、小脉到村南田地里挖未收完的花生充饥，不慎被巡道的日军发现、包围，遭拳打脚踢，又被刺刀捅穿起来，乱刀刺死。继而，日军撬门砸户、闯入村民家中搜寻青壮年。村民李才发在胡同内被抓，因拒绝给日军带路被枪击、刺刀乱挑而死。经过 2 个多小时的逐户搜寻，日军将村民张万臣、邹明德、张书堂、张士文、张振东、张振禄、张希亭、张希文的父亲 8 人反绑手臂押到村西头苇子湾边大坑旁，用刺刀一一挑入坑内。除张振禄，其余 7 人当场被杀害。张振禄被挑 12 刀，尚存气息，他苏醒过来，艰难爬回家中，由儿子送到邻村岳父家中躲避；18 日，日军又到各村抓人行凶，躺在炕上的张振禄因受到惊吓而气绝身亡。村民张连元被日军抓往据点做劳工，在给日军挑水途中寻机逃跑，复被抓，被捆绑在一棵大树上，左右两肋被刺四刀，脸被一刀刺穿后又像拉锯一样刺了几个来回，鲜血、碎肉、牙齿从口内一齐涌出，日军见其奄奄一息方才离去；张连元被李家桥村村民救下，在滚爬到王家浅村时，因伤势过重而死亡。

此次惨案，日军杀害无辜村民 12 人。

民国二十七年（1938）初春，因铁路失修，日军一辆军用列车在张吉野村头脱轨，造成重大事故。日军迁怒于张吉野村村民，出动百余个日军、伪军突袭张吉野村，将未及逃出的 120 余名村民驱赶到火车脱轨处的田野里跪着，日军在村民四周架起机枪，对村民用皮鞭抽打、用枪托砸、用钉子鞋踢踹；50 余个日军闯入村中抢掠财物、点火烧房，大火将村庄吞噬。直到傍晚，村民才被放回村中。

此次火焚村庄的惨剧，张吉野村被烧毁土瓦房舍 307 间、家具 1500 余件、衣服被褥 20000 余件、农用大车 17 辆、农具 200 余件、粮食 15000

余千克、花生 10000 余千克、鸭梨 25000 余千克、家禽 300 余只。

为生计，许多村民被迫逃往他乡。村民于金芳一家包括 7 名孩子在内的 13 口人外出逃难，因饥寒交迫，3 名女儿、1 名儿子相继死在漂泊的路途。

【日军炮击宋奇屯】 日军制造许庄惨案后，在黄河涯镇宋奇屯村设立据点，对周围村庄严加控制，制造恐怖气氛。民国二十八年（1939）冬季的一天早晨，日军向宋奇屯村内发射数枚炮弹，当即炸死村民贾发云的母亲、刘云汉的母亲。炮止，日军窜入村中抢掠村民若干财物，宰杀 10 余头耕牛，掳走 12 名青壮年村民充当劳工。被掳走的村民多数下落不明。

此次惨案，2 名村民惨遭日军炮击死亡。

【德州市撤市设区】 1994 年 12 月 17 日，中华人民共和国国务院以国函〔1994〕132 号文件，批

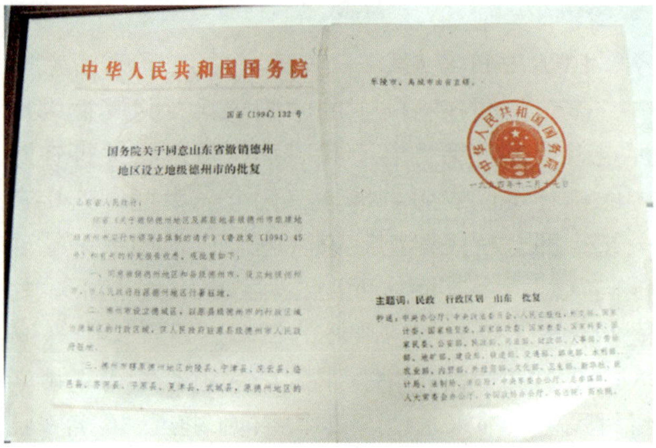
中华人民共和国国务院

国函〔1994〕132 号

国务院关于同意山东省撤销德州地区设立地级德州市的批复

主题词：民政　行政区划　山东　批复

复山东省人民政府《关于撤销德州地区及其驻地县级德州市组建地级德州市实行市领导县体制的请示》（鲁政发〔1994〕45 号），同意撤销德州地区和县级德州市。设立地级德州市。德州市设立德城区，以原县级德州市的行政区域为德城区的行政区域，德城区人民政府驻原县级德州市人民政府驻地。

历史名人

【董仲舒】（前 179 年—前 104 年）汉族，汉广川人，汉代思想家、哲学家、政治家、教育家。少年时酷爱学习，读起书来常常忘记吃饭和睡觉，曾下帷读书三年不窥庭园。汉元光元年（前 134），汉武帝下诏征求治国方略。董仲舒在举贤良对策中系统地提出了天人感应、大一统学说和罢黜百家、表彰六经主张。董仲舒的儒家思想维护了汉武帝的集权统治，为当时社会政治和经济的稳定做出了一定贡献。汉元光元年（前 134）始，任江都易王刘非国相 10 年。元朔四年（前 125）始，任胶西王刘端国相 4 年。董仲舒任国相期间，借古喻今，指出“仁人，做任何事情都是为了匡扶正义而不是为了个人的利益，明确了解自己的道义准则而不贪图功劳”。对两位王的思想有积极引导，获得敬重。后辞职回家，在家读书著书，朝廷每逢大事，会让使者及廷尉到他家征询意见，仍然受到汉武帝的重视。汉太初元年（前 104 年），董仲舒病逝。董仲舒著作多，有一百多篇文章、辞赋传世。尚存的有《天人三策》《玉杯》《春秋》《繁露》《清明》等。

【程绍】（1557—1639）字公业。德城区人。幼年天资聪颖，勤奋好学，熟读经书，旁涉百家，才识过人。明万历十六年（1588）考取举人，次年中进士。授河南司阳、汝宁府推官。为人严峻耿直，沉静稳重，雄才大略，富有正义感，断案决狱有神鬼破胆之誉。万历

二十二年（1594）擢户科给事中，迁吏部左给事中，稽查六部百官之事。矿税使上奏皇帝下令逮捕主管官吏，程绍再三予以抗论。山西税使劾夏县知县韩薰，程绍特疏申理，上书自诸津要。同朝劝其敛笔，绍言："食皇家禄，就得上报国家，下安黎民，安能顾个人生命安危。"帝怒斥，遂被削职为民。

程绍归德后，亲朋好友慰问。绍曰："君不负职，无官，何病？"于是，修整濯锦园，栽树植竹养花种草，教授两个儿子功课，又扶危济困，广行修桥补路、兴修水利等善事，还倡导复兴古学，强调诗文创作服务于现实生活。

泰昌元年（1620），程绍被召回京，起用太常寺少卿，掌管祭祀、礼乐。天启四年（1624），擢都察院右副都御使，巡抚河南，精心治吏，按时接纳军需粮草，为防出现意外将粮草存入洞穴之中，命守备人员对粮草加强警戒。回京后，适逢熹宗仪封族人，绍根据自己的调查和掌握的材料，逐一列清，呈于皇帝，停止了对他们的调封。后因报玉玺疏言"玉玺并非国宝，国之宝在贤臣"，推荐东林党人邹元标、冯从吾、王纪、周嘉谟、钟羽正、余懋衡、曹于汴等人，被宦官魏忠贤排斥。程绍遂移疾归里。

天启六年（1626），浙江巡抚潘汝桢为讨好魏忠贤上疏请建魏忠贤祠。皇帝允准后各地督抚大员纷纷效法。德州知州也议建魏忠贤生祠，程绍得知后坚决反对，率诸绅士力阻之。

崇祯六年（1633），程绍被召回京，起用工部右侍郎。激浊扬清，使兵民安定和睦，深受民众爱戴。两年后，乞休归里。崇祯十二年（1639），卒于家。崇祯十三年（1640），皇帝派遣监察御史严云京谕祭一坛。

程绍著有《西河奏议》《出山三事疏草》《澹息居遗稿》。

【田张氏】（1615—1691）清代德州乡贤，才女，诗人。田绪宗妻子，田雯母亲。她没有自己的名字，以本家姓前冠夫家姓行世。

她出生在德州城内一个书香门第。受家学熏陶，加之明中期以后德州文化昌盛，她学到很多私塾里才能够学到的系统知识。《清史稿》说她"通《诗》《春秋传》，能文"。其长子田雯说她"善读书，年七十余手不释卷，精通经史以及佛氏诸子，每发表议论，全合乎古圣贤之道，并能多所阐明"。

18 岁时，她由父亲保媒嫁入田家，为人妻人母。先是与丈夫绪宗一起在吴桥办私塾授徒。绪宗 43 岁，在她的支持鼓励下考中清顺治九年（1652）进士。顺治十一年（1654）二月，绪宗带着次子田需前往浙江丽水赴知县任。到任后绪宗工作兢兢业业，勤勤恳恳，但由于水土不服，加上本人不注意保养身体，患急性肠炎在任所内离世。得到丈夫重病消息的田张氏，带着年仅 19 岁的长子田雯，急速赶到丽水官衙。虽然未能聆听到丈夫遗言，但她冷静果断地接管县衙内所有丈夫经手账目文书。母子俩费时两天两夜，强忍悲痛理清绪宗半年来所经手账目。在知州监督下，田张氏代丈夫与代理知县做工作交接，赢得社会好评。回到德州后，原来资助过绪宗的亲戚朋友，纷纷上门逼债，一时把田张氏逼得走投无路，不得不将家中田产变卖许多抵债。个别豪强趁机欺凌寡母孤儿，以种种理由强行霸占田家土地。这一时期田张氏与孩子们陷入困境。但是毕竟知书达理，是位有胆识的才女，她满怀信心地把希望寄托在 3 个儿子身上。她一方面通过诉讼应付豪强欺凌，争取正当权益，一方面四处筹措钱粮，用以维持一家生计。为了不使儿子们分散读书精力，硬是天大的事情自己扛着，不让孩子们知道家中变故。十年后，大儿子田雯考取进士，家庭焕发生机。又五年，二儿子田需考取进士，家庭出现辉煌。三儿子田霡虽然没有考取进士，但后来成为全国知名诗人。她的孙子田肇丽、重孙田同之，受她学识品行影响，都成为对社会对民众有贡献的官吏，成为著名诗人。田张氏因此多次受到清廷的覃恩封赠，被封为太孺人、太宜人、太恭人、太夫人。她晚年主要随大儿子田雯生活，多半时间读书吟诗。有诗集《茹荼吟》传世。

【田雯】（1635—1704）清初大臣，诗人。字紫纶，一字子纶，亦字纶霞，号漪亭，自号山姜子，晚号蒙斋。德城区人。顺治十七年（1660）举乡试，康熙三年（1664）中进士，授秘书院中书，累迁户部主事、员外郎、工部郎中。时常与在京为官的王士禛等人切磋诗文。康熙十九年

（1680）督学江南，每次巡察考场禁止官员铺张接待，所取之士多异才。康熙二十三年（1684）授湖广督粮道。后回京历任光禄寺少卿、鸿胪寺卿。康熙二十六年（1687）出任江苏巡抚。奉旨督修淮安高安堰河工。后调任贵州巡抚。致力发展贵州文教事业，增建县学，整修书院，奖掖黔中人才。公余暇日，亲至书院督课，黔省文风日盛。时黔省东南苗民偶有骚乱，广东总督建议合兵会剿，田雯以“制苗之法，犯则治之，否则防之而已，毋庸动众劳民也”力阻之。康熙三十年（1691）七月，因母丧离职。丧期满后起补刑部侍郎。康熙三十八年（1699），调任户部侍郎，主管宝泉局。康熙四十年（1701）以病乞休回籍。慕济南风景，择居于济南大明湖畔。康熙四十三年（1704）二月卒于家。

田雯天资聪颖，博览群书，工诗善文，自成一家，与文学大家王士禛、施闰章等人同享盛名。一生着述甚丰，有《古欢堂集》36 卷、《长河志籍考》10 卷、《黔书》2 卷、《黔苗蛮记》1 卷、《蒙斋年谱》4 卷、《幼学编》4 卷、《诗传全体备义》等行世。

【卢见曾】（1690—1768）字澹园，又字抱孙，号雅雨，又号道悦子。德城区人。性度高廓，不拘小节。形貌矮瘦，人称“矮卢”。少年青年时期先后师从王士祯、田雯等，学业大进。康熙五十年（1711）中举人，康熙六十年（1721）中进士。雍正三年（1725）被委任为四川洪雅县知县。“除杂派，清积牍，一以俭勤为治”，整顿社会秩序，受到百姓称誉。雍正十三年（1735），被调为颍州（今安徽阜阳）知州。恢复颍州西湖水利工程，水有蓄泄，利及一州，避免淹没之患。乾隆元年（1736）被擢升为两准盐运使（治扬州）。作“灶属商亭，粮归灶纳”决断，核发文契，维护盐民利益，盐民追念卢见曾，自动筹资修建卢公祠以为纪念。然而却因此得罪贪官污吏和不法盐商，他们蜚语诬告。乾隆五年（1740）被革职充军发配到塞外。乾隆九年（1744）冤案昭雪，被补为直隶滦州知州。第二年又升为永平府知府。带领所属抚宁官民筑坝阻水，解除来洋河对抚宁城的威胁。乾隆十八年（1753），复调两准盐运使。筹集资金，开挖修浚扬州城周围河池，免除水患之隐。沿小秦淮修建红桥二十四景及金焦楼观，使扬州更加妩媚多姿，一时游人如织，名流学士云集。乾隆二十二年（1757）春在红桥举行修禊活动，郑燮、陈撰、厉鹗、惠栋、沈大成、陈章等数十人皆为上客，卢见曾作七言律诗四首……其时和修禊韵者七千余人，编次诗三百卷。乾隆二十七年（1762），告老还乡。乾隆三十年（1765），乾隆南巡路过德州，书“德水耆英”匾额赐之。乾隆三十三年（1768），两准盐引案发，被逮论绞，死于狱中。三年后，大学士刘统勋为其昭雪。

卢见曾平生著述丰富，所著《雅雨堂诗集》《雅雨堂文集》《雅江新政》《出塞集》《感旧集》《金石三例》《雅雨堂石集》《山左诗钞》等统称《雅雨堂丛书》，共计 11 种 128 卷，为后人留下文化遗产。积极从事刻书活动，先后校刊的有《乾凿度》《战国策》《尚书大全》《周易集解》《经义考》等三十种，是清代中期著名的校勘家。

【孙星衍】（1753—1818）字渊如，号伯渊，江苏常州人。清乾隆五十二年（1787）进士，授翰林院编修，充三通馆校理；乾隆六十年（1795）授山东兖沂曹济道，治所兖州。清嘉庆元年（1796）补山东督粮道，治所德州；嘉庆十二年（1807）任山东布政使。藏书家，目录学家。

嘉庆十年（1805）夏秋之际，值卫河上游经临清闸口水涨高于闸内之水，闸口被迫关闭，粮艘阻滞。孙星衍组织指挥疏浚四女寺减水河工程，以泄卫河之水。为惜民力，保障农业生产，孙星衍不动用两岸民夫，而是通过协调运筹动用驻守德州的满营军队完成疏浚工程，博得民众好评。

德州民众为铭记孙星衍功绩，将其崇祀德州名宦祠。

清代德州驻军主要为满洲驻防兵，负责德州区域安全。到清嘉庆年间（1796—1820），满洲军人从起初的500人增至2700余人。驻军人数多了，粮食供应指标却未增加，仍是岁支道仓米7800石，其中折色3000石（每石支银1两）。此事引起孙星衍注意。他算账，每年将剩余粮食运交通州仓，需要运费2000两白银，如果废止折色，让驻军将3000石粮食就地领走，那么既节约运费，军人生计又能得到改善。这是利国利军好事。于是，孙星衍将此意奏请朝廷。朝廷认为此议甚好，很快便批复准许。清光绪《德州乡土志》称赞孙星衍仁民爱士。

清嘉庆二年（1797），民众在德州城北第三屯河道内发现高贞碑。高贞碑曾一度被置于岸边，无人问津。嘉庆十一年（1806），孙星衍得知后，立刻将此碑移至州学棂星门内。他随即写下韵文，刻于碑阴："碑浮卫水兮，移之学宫。墓崩弛兮其人传。惟贵戚之尚德兮，曷借勋名之灿然。我无建树于兹土兮，独好古以穷年。愧岘首之羊公兮，庶后人之宁想乎碑前。"写跋语："嘉庆丙寅（1806）岁，王孝廉保训告我，德州卫河第三屯出高贞碑。与知州原逊志、库大使沈志水移置学宫。"署名"赐进士及第山东督粮道阳湖孙星衍撰书刊记"。嘉庆十五年（1810）正月十五日，身为山东布政使的孙星衍回到德州，将秦朝李斯写的泰山刻石铭文篆书残字29字，刻于高贞碑的碑阴。篆书下面的跋语为："篆泰山刻石，以乾隆五年毁于火，传书漫漶。余藏有旧拓本，尚可寻求笔意。严君可均通篆法，因嘱双钩上石，勒德州学高贞碑之阴，以永其传。嘉庆庚午上元日兰陵孙星衍记。"

高贞碑是北朝碑刻中方笔楷书的代表作品，点画清峻劲健，结字稳健俊整，字形微扁，底盘稍大，显得庄重稳健，在风格上十分接近唐人楷法。碑高222厘米，宽98厘米，厚18.5厘米。碑额篆书阳文"龙骧将军营州刺史高懿侯碑"。碑文计24行，每行46字，北魏正光四年（523）立石，记载高贞一生功德。中华人民共和国建立后，高贞碑藏于德州市图书馆。1981年调山东省文化厅。现藏于山东石刻艺术博物馆。

孙星衍任山东督粮道时的住所，在汉代丞相公孙弘所封平津故址，于是孙星衍便以"平津馆"名其书斋。闻名于世的《平津馆丛书》《平津馆文稿》《平津馆金石萃编》等书，均在平津馆完成。《平津馆丛书》以精校著称，汇辑周秦以来古籍43种254卷，内容除收录孙星衍自著《尚书今古文注疏》《芳茂山人诗录》9卷外，主要涉及兵书类、政书类、医学类等著作。《续修四库全书提要》对《平津馆丛书》评价："周秦诸子，凡有疑似之处，有此校录，均可迎刃而解。"

留有《平津馆记》石刻。《平津馆记》石刻，是清嘉庆十一年（1806）五月，孙星衍撰文，幕客钱泳书写的一块记铭碑。从珍藏的《平津馆记》拓片推断，此碑高0.94米，宽0.62米。题额为阴刻篆书"平津馆记"，旁小字为"庚午岁重九日五松居士（孙星衍）补题"。碑文有隶书12行，186字，字体端庄淳古。碑记文曰："鬲津至平原曰平津。经汉高城入海，公孙丞相以此封焉。予参藩山左，驻节安德，地为平原故郡。当燕齐孔道，通人过访无虚日，非有翘材之馆也。官贫兼负帮项，布被脱粟，非以为诈也。位业去古人远甚，谢策甲科，偶相似，又不足述也。所以名吾馆者，以识风土古迹，后之士大夫为国树人，或有慕夫廾阖之风也。铭曰：九河故道，鬲曰平津。有怀公孙，约己树人。臣门如水，常满车轶。清风在堂，金石声出。舍此传舍，名之强名。随会可作，相如复生。"

【卢荫溥】（1760—1839）字霖生，号南石。德城区人。一生历经乾隆、嘉庆、道光三朝，从政五十多年，历任军机大臣，吏、户、礼、兵、刑、工各部尚书，多次奉诏出使，按事决狱，被授予体仁阁大学士和大学士加太子太保、太子太傅之衔。九岁时，其家庭因祖父见曾官司而贫困，随母归依外祖父家生活，读书长山。三年后，大学士刘统勋为见曾昭雪。荫溥刻苦励学，至是始得应科举。乾隆四十六年（1781）中进士，选庶吉士，授编修。乾隆五十六年（1791）大考，降礼部主事。累司文柄，典山西乡试，督河南学政。嘉庆五年（1800）充军机章京，川、楚军事多所赞画。嘉庆八年（1803）孝淑睿皇后奉安山陵，故事，皇后葬礼无成式，礼臣所议未当。荫溥回直仪曹，考定礼文，草撰大仪，奏上，如议行。数随大臣赴各省按事，累擢光禄寺少卿。嘉庆十六年（1811），大学士戴衢亨卒，仁宗以荫溥谙习枢务，数奉使有劳，加四品卿衔，命在军机大臣上行走。历通政司副使、光禄寺卿、内阁学士。嘉庆十八年（1813），擢兵部侍郎，调户部。扈从热河，会教匪起，滑县林清入犯禁城，夜半闻报，至行在面进机宜，越日从驾还京。事平，优叙，赐子本举人。嘉庆二十二年（1817），擢礼部尚书，调兵部。荫溥实心任事，特加太子少保。寻调户部，兼署刑、吏两部尚书。嘉庆二十三年（1818），馆臣撰进明鉴，未合上意，命荫溥偕托津、章煦、英和、和瑛为总裁，遴择翰林才识兼长者，重加核改，书成，诏褒之。工部主事潘恭辰监督琉璃窑，不受陋规，驭吏严，吏诬讦侵冒，下狱。恭辰贫而无援，文书证据不得直，罪且不测，舆论愤之。上微闻，命荫溥详鞫，得其状，释恭辰，置吏於法。后恭辰至云南布政使，以清操名。嘉庆二十五年（1820），典会试，会元陈继昌，乡试、殿试皆第一。有清一代科举得三元者，唯乾隆中钱棨及继昌两人。上制诗，命荫溥等赓和，以纪盛事。是年秋，帝崩，因撰拟遗诏不慎，降五级留任。寻调工部。道光元年（1821），调吏部，兼管顺天府尹，罢军机大臣。次年，犹以直军机久，调任后亦能尽心，加恩予优叙。道光七年（1827），协办大学士。道光十年（1830），拜体仁阁大学士，管理刑部。道光十三年（1833），以疾乞休，加太子太保，食全俸。

卢荫溥为官专心职守、殚心竭力、老成练达，为清朝中期股肱、耳目之臣。道光十九年（1839）被晋加太子太傅之衔，寻卒。赠太子太师，谥文肃。

【许效农】（1898—1986）曾用名许炳炎、祝浩然。民主人士。民国十一年（1922）7月毕业于山东省立师范学校。先后在邱县、德县第一高等小学和冠县、德州、蒲台等师范学校任教。民国十七年至民国十九年（1928—1930）任德县教育局教育委员。抗日战争爆发后，辞去冠县师范校长职务，回乡教私塾、务农。后任教于陵县、德县。民国三十三年（1944）10月奔赴抗日根据地，任德县抗日民主政府督学。1949年后任职于渤海二中、临邑师范、平原师范。1955年后，任政协德州市委员会副主席、德州市副市长、德州市人大常委会副主任，至1980年，连续27年当选山东省人民代表。

许效农在济南读书期间，正值五四运动，开始接受进步思想。参加王尽美组织的马克思列宁主义学术研究会，开办工人夜校为工人授课。从事教育工作后，注重身教，

以陶行知先生为楷模，向学生宣讲人民第一的爱国思想，用诙谐语言讽刺汉奸和反动官僚。前半生为教育事业呕心沥血，为国家培养了大批人才。参加革命后，参与创办泺北师范、平原师范，为恢复和发展师范教育做出了贡献。

担任市级领导职务后，许效农谦虚谨慎，平易近人，以普通国家工作人员身份严格要求自己。甘居陋室，所住几间平房年久失修，政府派人修缮，他总说比群众住得还要好，婉言谢绝。国家困难时期，常步行到郊区、街巷检查工作。他主持编纂的1960年德州市志文稿，为后人修志提供了有价值的资料。1961年去省里参加会议，在古旧书店发现德州市清代诗人田雯所遗文物脊令图，立即向市委主要领导汇报，购回，存于市图书馆。他博古通今，对德州历史有研究。

许效农与中国共产党合作共事数十年。1957年3月，出席全国政协二届三次会议，列席最高国务会议。曾三进怀仁堂，四次受到毛泽东接见。真诚拥护共产党领导，热爱社会主义，年逾八旬仍然关心国家大事和德州市各项建设事业。1986年6月，德州解放40周年，欣然命笔："年老逢盛世，党恩大如天。"同年8月8日逝世。

【刘淑度】（1899—1985）名师仪，女，祖籍德城区长庄乡北厂村，出生于河北省正定县，后定居北京，著名篆刻家。民国十七年至民国十九年（1918—1930），刘淑度先后就读于保定高级小学、上海神州女子中学、北京女子师范大学国文系。毕业后，曾给著名文

史专家郑振铎当助手，参与编纂《插图本中国文学史》《世界文库》《李长吉诗集》《岑参诗集》，标点《二十四史儒林和文苑传》。民国二十四年（1935）秋应中国古史学家顾颉刚之邀，到史学研究会历史组管理乙部图书。抗日战争中离开北京到南京图书馆，初任编目工作，后为庋藏部主任。1945年秋转入教育界，在南京第二女子中学任国文教师。中华人民共和国成立后调至金陵大学附中。1958年在南京第十中学退休后，回北京定居。

刘淑度潜心于篆刻艺术，成就斐然。民国十六年（1927）9月拜齐白石为师，技艺大进。1929年秋齐白石赞誉她“吾弟子数年来技艺大进，与吾乱真”“已成女子篆刻家先驱”，亲刻“千石印室”印章相赠，为其印谱集作序。民国二十二年（1933），刘淑度为鲁迅与郑振铎合作辑刻的《北平笺谱》精刻名印，民国二十三年（1934）1月出版，深受日、英、法、苏等国木刻艺术家欢迎。她曾为鲁迅、钱玄同、许寿裳、朱自清、郭绍虞、郑振铎、谢冰心、李苦禅等人治印。其中受鲁迅嘱托镌刻的“鲁迅”“旅隼”两方印，深得鲁迅珍视，常在书籍及所著封面上使用，今已珍藏于“鲁迅博物馆”。1984年由北京师范大学出版社出版《淑度百印集》。北京图书馆金石组帮其整理了仅存的部分印章，名为《刘淑度刻石残存集》。

刘淑度桑梓情深，精心刻治了一方“家在德水之阳”朱纹印章，表示对故里德州的怀念。晚年，她将珍藏多年的稀世珍品献给国家，将平生所得稿费和奖金1.28万元，委托中国妇女儿童福利基金会捐献给德州，作为妇女儿童福利事业费用。1985年病逝于北京市。

【刘特夫】（1910.08—1990.02）原名卢冠州。德城区人。早年向往革命，追求救国救民的真理。民国十七年（1928）在济南省立第一师范学校读书期间开始接受革命思想。“九一八”事变后毅然投身革命，加入中国共产主义青年团，民国二十年（1931）11月加入中国共产党，积极参加和组织学生抗日救亡运动，从事党的地下工作。民国二十二年（1933）2月被国民党反动派逮捕入狱。在狱中，面对敌人的威逼利诱坚贞不屈，严守机密，带头绝食，同敌人进行坚决斗争。

民国二十六年（1937）抗日战争爆发，在全国抗日救亡的高潮中，获释出狱。出狱后，参与组建人民抗日武装组织，创建抗日根据地，参加了民国二十七年（1938）1月的徂徕山起义。8月，山东各地抗日起义武装组织整编为八路军山东纵队，任纵队第四支队政治指导员。12月，任第四支队政治部组织干事兼党总支书记。民国二十八年（1939）5月，任第四支队政治直属队教导员。民国二十九年（1940）5月，任第四支队卫生部政治委员。民国三十二年（1943）1月，任中共莒北县工作委员会书记。民国三十三年（1944）9月，任中共青岛工作委员会（地下）书记。长期从事部队工作，组织、宣传、教育群众积极参加抗日，不畏艰险，英勇奋斗，为抗日战争的胜利做出积极贡献。

解放战争时期，历任中共青岛工作委员会（地下）书记、青岛中纺公司军事代表、党委副书记等职。在敌占区组织发动群众，保存发展革命力量，积极开展对敌斗争，为加强敌占区党的建设和建立人民政权做了卓有成效的工作。

中华人民共和国成立后，任青岛中纺公司党委副书记、书记。1954年，任中共青岛市委常委、工业部副部长、部长。1956年，任中共青岛市委副书记、书记处书记。1959年3月，任中共青岛市委代理第一书记，后任中共青岛市委第一书记，为青岛市的工业建设和青岛市的繁荣发展做出贡献。晚年身患重病。关心国内外大事，研究、撰写党史资料，严格要求自己，保持革命晚节。

1976年6月，离职休养。1984年7月，经中共中央批准享受副省级待遇。任中国人民政治协商会议山东省第四届委员会常务委员。1990年2月10日，在济南逝世。

【张龙】（1915.12—1996.06）原名张书元，字文轩，曾化名王克城，民国四年（1915）12月25日生于山东省陵县义渡口乡张庄。民国二十七年（1938）参加革命，同年12月加入中国共产党，历任村农会主席、民兵队长、德县战委

会副主任、德县抗日区长兼区队长、德州武工队政委、津浦铁路办事处主任、齐河县委部长、解放军军官训练团政委、禹城县委副书记、德州市委书记兼市长、聊城地委部长、德州专署副专员、德州棉纺厂党委书记兼革委会主任、德州行署副专员兼地区经委主任等职。1996年6月22日病故。

张龙幼年因天灾匪患家道渐衰。"九一八"事变后他追求进步，曾两度入乡农学校接受军训，"七七"事变后，他对国民党弃土南逃甚感失望回家务农。

民国二十七年（1938）9月，八路军一一五师东进抗日挺进纵队开赴冀鲁边区发动敌后抗日，张龙积极响应并被选为村农会主席、民兵队长和抗日小学校董，他利用村小学举办成人抗日夜校，宣传党的政治主张组织群众参加抗日斗争。同年11月他参加中华民族解放先锋队，12月加入中国共产党。民国二十八年（1939）6月，他突破土顽"曹五旅"阻力，带领本村8名青年参加八路军招致曹部仇视，致家人屡遭迫害。同年6月他赴济阳李会野庄，动员该庄170余名红枪会会员集体参加八路军，在此基础上组建八路军济阳支队，张龙任二连指导员。11月任一一五师第二游击大队民运组组长，民国二十九年（1940）4月任德县战委会副主任。

民国三十年（1941）3月，日伪军推行"治安强化运动"，疯狂地围剿冀鲁边区，全县抗日武装遭受严重损失，张龙临危受命担任德县三区区长兼区队长，他率队顽强坚持，保存了抗日有生力量。同年下半年他调任德县九区区长兼区队长，恢复了被敌人破坏的九区抗日政权。民国三十一年（1942）6月起日军疯狂扫荡根据地达2个月，德县抗日武装损失严重，他又到形势最严峻的德县八区任区长兼区队长，很快打开局面。9月到日伪占领的德县七区任抗日区长兼区队长，通过广泛发动群众，打击土匪黑团瓦解伪组织，使七区由敌占区变为抗日游击根据地。民国三十二年（1943）11月，他率七区队一夜连拔董屠庄、仙人桥2个伪军据点和1个伪警察所，俘伪军警百余人缴枪百余支。民国三十三年（1944）4月，他带领七区队通过电话诱歼陈宝亮据点30余名伪军。同年10月他调任德县三区区长兼区队长，12月他智取西堂据点，俘伪大队副以下70余人，缴枪70余支。

民国三十四年（1945）2月德州武工队成立，张龙任政委。他带领武工队员在德州城周围百余村庄一面动员群众展开反奸诉苦减租减息运动，一面坚持武装斗争。同年8月，武工队与德县二区队合并成立德州武工大队，张龙任政委。他率队配合八路军渤海军区主力围困德州城，打击出犯伪军。在坚持武装斗争同时，12月他又受命领导城内情报工作，为解放德州做准备。民国三十五年（1946）1月，他率队配合渤海军区主力伏击出城北逃的刘佩忱部大股顽伪，取得较大战果。2月渤海区党委批示组建津浦铁路办事处，张龙任主任，以加强对铁路工作的领导。11月，张龙调任齐河县委城工部长，对临近济南的齐河对敌斗争做出贡献。自1948年9月起，他先后担任过华东军区解放军军官训练团一分团政委、渤海行署和平医院政治处主任。

新中国成立后，张龙1950年5月任禹城县委副书记。1951年10月至1956年3月，他先后任德州市委副书记兼副市长、市委书记兼市长，为发展经济做出贡献。1952年他主持修建胜利桥，结束了运河两岸靠摆渡通行的历史，对改善交通促进经济起到极大作用。1953年5月他主持建立德州拖拉机站为全市农业机械化打下基础。同年夏运河决口，他积极组织指挥全市抗洪，并亲临一线参加抢险，极大稳定了群众情绪，激励起大家战胜洪水的斗志。1956年4月至1961年6月，他先后任聊城地委工业部副部长、莘县县委书记、聊城地委财贸部副部长、政法部副部长、地委常委兼工业部部长。1961年7月起，他先后任德州地委常委兼德州专署副专员、德州市委书记。在上述任职期间，他实事求是，密切联系群众关心群众生活，艰苦朴素平易近人，树立起党在人民群众中的良好形象。1974年10月，他到德州棉纺厂工作（1976年11月被正式任命为厂党委书记兼革委会主任），深入车间班组跟班劳动，研究解决问题，以实际行动重新坚定了广大干部职工对党的信念，促进了全厂形势好转。

1979年8月他调任德州行署副专员兼地区经委主任，1983年11月离休。离休后他受聘为德州地委党史委顾问，为党史工作继续做出贡献。

1991年，他不顾自己年事已高亲自编写材料，为多家单位做传统教育报告并在报纸上撰文纪念党的生日，受到广泛好评。

国民经济和社会发展状况

【综合指标】 经济实现平稳增长。2017年实现地区生产总值（GDP）296.10亿元，按可比价格计算，同比增长7.6%。其中，第一产业实现增加值4.51亿元，下降1.4%；第二产业实现增加值115.71亿元，增长6.6%；第三产业实现增加值175.88亿元，增长8.6%。人均地区生产总值（GDP）达到66774元，增长4.3%。

产业结构持续优化。三次产业结构由上年的1.5∶40.1∶58.4调整优化为1.5∶39.1∶59.4。服务业增加值增幅高出地区生产总值（GDP）增幅1.0个百分点，占GDP的比重达59.4%，比上年提高1.0个百分点，对GDP增长的贡献率达65.6%，拉动GDP增长5.0个百分点。

物价水平温和上涨。全年居民消费价格指数（CPI）上涨1.2%。服务价格指数上涨2.9%，消费品价格指数上涨0.1%。其中，食品烟酒类、衣着类、居住类、生活用品及服务类、交通和通信类、教育文化和娱乐类、医疗保健类、其他用品和服务类分别上涨−1.7%、0.0%、3.7%、1.1%、1.3%、2.3%、5.1%和0.7%。商品零售价格指数上涨1.2%。工业生产者购进价格上涨6.6%，工业生产者出厂价格上涨6.0%。

民营经济发展活跃。全年民营经济户数达4.82万户，从业人员9.66万人，注册资金326.00亿元，分别较上年同期增长12.8%、14.3%、37.0%。私营企业户数、从业人员、注册资金分别达到1.11万户、1.58万人、299.83亿元，分别增长37.0%、50.0%、39.4%。

【农林牧渔业】 农林牧渔平稳发展。全年实现农林牧渔业增加值50799万元，增长1.2%。其中，农业增加值29726万元，林业增加值713万元，牧业增加值13994万元，渔业增加值716万元，农林牧渔服务业增加值5650万元；农、林、牧、渔业及农林牧渔业服务业增加值比为58.5∶1.4∶27.6∶1.4∶11.1。

农业生产保持稳定。全年农作物播种面积24.35万亩。其中，粮食播种面积22.27万亩，棉花播种面积0.13万亩，蔬菜播种面积1.29万亩，瓜果类播种面积0.61万亩，油料播种面积0.05万亩。全年粮食总产量达到122506吨，棉花产量131吨，蔬菜产量43343吨。全年肉类产量7968吨。生猪年末存栏14585头，牛年末存栏166头，羊年末存栏4233只，家禽年末存栏1838807只。

主要农牧业产品产量表

产品名称	单 位	产 量
粮食产量	吨	122506
夏粮产量	吨	57345
秋粮产量	吨	65161
棉花产量	吨	131
蔬菜产量	吨	43343
瓜类产量	吨	21425
水果产量	吨	8938

续表

产品名称	单 位	产 量
肉类产量	吨	7968
禽肉产量	吨	5961
猪肉产量	吨	1961
牛羊肉产量	吨	46
禽蛋产量	吨	4725
奶类产量	吨	230
猪年末存栏	头	14585
牛年末存栏	头	166
羊年末存栏	只	4233

林业生产持续发展。全年新增植树造林面积138公顷，植树38万株；幼林抚育1091公顷，当年育苗309公顷。实有林地面积3796.97公顷，森林覆盖率达16.3%。

水产养殖稳定发展。全年水产品养殖面积330.67公顷，与上年持平；水产品产量4115吨，增长6.1%。

农业生产条件继续改善。全年农用机械总动力20.34万千瓦，增长1.4%；农用大中型拖拉机1074台，联合收割机881台；农村用电量1456.88万千瓦时，化肥施用量(实物量)1.24万吨，农用柴油使用量1754.50吨，农药使用量196吨；配套机电井1984眼，总灌溉面积9.33千公顷，其中，节水灌溉面积7760公顷，除涝面积3370公顷。

【工业和建筑业】 工业经济平稳增长。全年规模以上工业企业83家，实现增加值91.4亿元，增长7.3%。其中，轻工业实现增加值21.7亿元，增长5.6%；重工业实现增加值69.7亿元，增长8.7%。

高新占比持续提升。全年规模以上高新技术产业实现总产值101.63亿元，占规模以上工业总产值的比重33.3%，比上年提高1.6个百分点。

企业效益稳步上升。全年规模以上工业实现主营业务收入317.21亿元，增长13.0%；实现利税25.27亿元，增长10.6%；实现利润11.01亿元，增长14.8%。全区工业主营业务收入过亿元的企业36家，其中，过10亿元的企业4家；利税过1000万元的企业24家，其中，过亿元的企业4家。

规模以上工业增加值及增长速度表

指标名称	增加值（亿元）	增长（±%）
总 计	91.4	7.3
其中：轻工业	21.7	5.6
重工业	69.7	8.7
其中：国有企业	32.8	8.9
集体企业	–	–

续表

指标名称	增加值（亿元）	增长（±%）
股份合作企业	–	–
股份制企业	51.4	5.6
外商及港澳台商投资企业	7.2	-9.2
其他经济类型企业	–	–
其中：国有控股企业	44.5	12.8
其中：非公有制企业	46.8	-2.4
其中：大中型工业企业	33.0	13.5
其中：国有企业	0.2	–

建筑业稳中向好。全年资质以内建筑企业 43 家，完成总产值 62.77 亿元，增长 11.3%；完成建筑工程产值 54.07 亿元，增长 12.4%；完成安装工程产值 8.52 亿元，增长 23.5%；签订合同额 129.69 亿元，增长 22.8%；实现营业收入 54.40 亿元，增长 10.1%。

【固定资产投资】 固定资产投资平稳增长。全年规模以上固定资产投资完成 225.65 亿元，增长 8.0%。第二产业完成投资 84.18 亿元，增长 32.8%，其中，工业投资 83.75 亿元，增长 44.1%；第三产业完成投资 141.47 亿元，增长 18.8%。三次产业投资比例由上年的 2.1∶34.0∶63.9 调整为 0∶37.3∶62.7。工业投资中，技术改造投资完成 57.5 亿元，增长 69.8%；高新技术投资完成 26.34 亿元，增长 37.9%。

房地产市场健康发展。全年房地产开发投资完成 32.69 亿元，增长 38.7%。其中，住宅投资完成 24.54 亿元，增长 25.8%，占全部房地产开发投资的 75.1%。房屋施工面积 498.95 万平方米，增长 16.0%，其中，住宅施工面积 355.72 万平方米，增长 13.9%。商品房销售面积 65.45 万平方米，增长 6.8%；商品房销售额 35.71 亿元，增长 10.8%。

【国内贸易和旅游】 消费市场运行稳健。全年实现社会消费品零售总额 193.39 亿元，增长 10.2%。其中，批发零售业实现社会消费品零售额 171.54 亿元，增长 9.7%，占社会消费品零售总额的 88.7%；住宿餐饮业实现社会消费品零售额 21.85 亿元，增长 14.3%，占社会消费品零售总额的 11.3%。94 家限额以上批发零售和住宿餐饮企业实现社会消费品零售额 63.01 亿元，增长 12.7%，市场份额 32.6%；非公有制经济实现社会消费品零售额 99.60 亿元，增长 10.3%，市场份额 51.5%。

商贸市场繁荣活跃。全年各类专业市场发展到 68 处。其中，年交易额过 50 亿元的市场达到 2 处，过 20 亿元市场 6 处，过亿元市场 27 处，完成市场交易额 750 亿元，同比增长 11.2%。

旅游业稳步发展。全年接待国内外游客 458.8 万人次，同比增长 8.5%，实现旅游收入 23.50 亿元，同比增长 8.3%。

【对外经济】 对外贸易企稳回暖。全区有进出口实绩的企业 150 家，完成进出口总值 17.23 亿元，同比下降 0.1%。其中，进口 2.45 亿元，下降 22.7%；出口 14.78 亿元，增长 5.0%。30 家骨干企业累计进出口总额 13.80 亿元，同比下降 4.9%。其中，5 家企业进出口总额超过亿元；25 家企业进出口总额过千万元。

对外合作保持稳定。全区外派劳务输出人数 448 人，完成境外投资额 650 万美元。新批 1 家外资企业，合同利用外资 44.45 万美元；实际到账外资 2187 万美元，同比增长 425.7%。

【财政】 财政收支平稳运行。全年完成公共财政预算收入19.24亿元，其中，税收收入16.76亿元，占公共财政预算收入的87.1%。公共财政预算支出19.15亿元，增长5.8%。其中，一般公共服务支出1.98亿元，增长6.4%；教育支出5.27亿元，增长15.7%；城乡社区支出1.34亿元，下降43.5%；社会保障和就业支出4.34亿元，增长34.3%；医疗卫生与计划生育支出1.92亿元，下降23.2%。

【科技 教育 卫生 文化 体育】 科技创新成果丰硕。全年1项获山东省科技进步二等奖，2项获山东省专利奖，1项获山东省科技金桥奖；1项获市科技进步一等奖，3项获二等奖，1项获三等奖。全年申请发明专利101件，授权发明专利51件。全区拥有市级以上科技创新平台26家、高新技术企业26家。

教育事业全面发展。年末拥有各类学校45处，当年招生15148人，在校生62921人，专任教师3486人。其中，普通中等学校10处，当年招生5937人，在校生18240人，专任教师1206人；职业中学2处，当年招生1771人，在校生4612人，专任教师227人；小学33处，当年招生7440人，在校生40069人，专任教师2053人。注册幼儿园104处，专任教师1576人，入园儿童20365人。九年义务教育入学率达100%。

卫生事业稳步推进。年末拥有各类医疗卫生机构344家，其中，综合医院2家，疾病预防控制中心和妇幼保健院各1家，其他各类门诊卫生院（所、社区卫生服务中心）340家；拥有医疗床位1995张，各类卫生专业技术人员2590人，其中，医生1385人。

文化事业繁荣兴旺。年末拥有文化馆、图书馆各1家；培训戏曲、舞蹈、民俗等方面的文化骨干5000余人次，现有文化大院102处，业余文艺团队100余支；为社区免费送戏100余场，组织“百姓大舞台”系列广场戏曲演唱活动50多场；成功举办第十三届社区文化艺术节，区本级巡演50余场，市文化惠民送戏下乡39场，镇街自行演出200余场次；按时完成“一村一月一场”放映任务；提升农家书屋38家，新建17家，发送图书5.62万册；为6个文化站发放电脑115台，为102个社区发放广场舞设备130套。

体育运动全面推进。6个镇街均成立了体育总会，共配备健身站点210个，社会体育指导员111名；全年举办22项全民健身赛事，参加人数2942人；组织山东省“百县”篮球、“千乡”乒乓球和“万人”象棋德城区选拔赛，共402人参加；参与举办和承办了德城区中小学生足球、篮球、乒乓球、羽毛球、田径、游泳、围棋七大联赛、德州市中小学生游泳联赛、德州市第二届气排球比赛。第十三届全国运动会中，区输送运动员获得田径男女混合4×400米接力冠军，女子4×400米接力冠军，女子400米亚军，田径男子1500米冠军，为历史最高成绩。向上争取专项资金、市级体彩公益金、大型体育场馆免费低收费开放补助资金和体育活动补助资金等790.49万元。

【城乡建设 环境保护 安全生产】 城乡建设步伐加快。全年实施民生改善、文化教育与公益事业建设、市政基础设施建设、城市安全与保障、景区生态建设和城市综合体建设等6大类、20项城建工程，完成投资13.65亿元；完成了7084户“气代煤、电代煤”改造工作；完成7个项目、实施了10个项目的房屋征收工作和3个工厂的房屋拆除工作，共拆除房屋43.75万平方米，其中征收房屋18.75万平方米，拆除工业厂房25万平方米；对56个老旧小区进行改造，计划投资1.19亿元，已完成总项目进度60%左右；大力推进棚户区改造工程，基本建成854套。

生态环境持续改善。全区细颗粒物（PM2.5）、可吸入颗粒物（PM10）、二氧化硫平均浓度分别为66微克/立方米、123微克/立方米、22微克/立方米，分别改善16%、13.4%、33.3%，二氧化氮平均浓度为41微克/立方米，改善-2.5%。“蓝天白云”天数240天，同比增加58天，增长率为31.9%。

安全生产事故下降。全区纳入考核统计范围的行业领域共发生安全生产事故5起，死亡5人。生产经营性道路交通事故4起，下降66.7%，死亡4人，与2016年持平。工矿商贸行业领域事故1起，下降66.7%，死亡1人，下降85.7%。亿元GDP事故死亡率为0.017，工矿商贸十万就业人员死亡率为0.17，道路交通万车死亡率为0.57。

【人口 居民生活 社会保障】 城镇化水平进一步提升。年末辖区内常住人口 44.70 万人，其中，城镇人口 38.45 万人，农村人口 6.25 万人。常住人口城镇化率 86.02%，比上年提高 0.07 个百分点。

人口自然增长率下降。全年出生人口 4702 人，出生率 11.75‰；死亡人口 1530 人，死亡率 3.82‰；人口自然增长率 7.93‰，比上年下降 2.95 个千分点。

居民收入稳步增加。全年城乡居民人均可支配收入 23244 元，增长 8.9%。其中，城镇居民人均可支配收入 25382 元，增长 8.1%；农村居民人均可支配收入 13776 元，增长 9.0%。

就业形势总体稳定。全年新增城镇就业人员 3855 人，其中，失业人员再就业 1110 人，安置特困人员就业 125 人；全年共举办各类职业培训 59 个班期、培训 2207 人；开展创业培训 14 个班期、培训 424 人；发放一次性创业补贴和创业岗位开发补贴 5.5 万元，带动就业 240 人。城镇登记失业率控制在 3.2% 以内。

社保水平稳步提升。年末企业职工基本养老保险参保人数 36150 人，增长 4.0%；征缴养老保险费 29161 万元，增长 13.5%；全年共为 14800 名企业离退休人员发放养老保险金 43406 万元，分别增长 5.4% 和 10.5%；失业保险参保人数 24251 人，增长 3.8%；发放失业保险金 506 万元，下降 35.1%。城镇职工医疗保险参保人数 41816 人，增长 1.0%；收缴医疗保险和大额医疗救助金 13533 万元，增长 23.7%；支付医疗保险费 13081 万元，增长 11.4%。年末享受最低生活保障人员 6687 人，其中，城市 3657 人，农村 3030 人；农村“五保”对象 68 人。

精神文明建设

【开展践行社会主义核心价值观实践活动】 组织开展第六届全区道德模范、德州好人、德城好人推荐评选活动，推荐德城好人 33 人，德州好人 2 人，山东好人 2 人，山东好人之星 1 人，市区国税局局长刘卫东入选 12 月份中国好人榜，在全区形成知荣辱、讲道德、促和谐的文明风尚。组织开展文明校园创建活动及“国学小名士”经典诵读比赛，推荐 10 名选手参加市级比赛，区委宣传部荣获德州市第四届“国学小名士”经典诵读电视大赛优秀组织奖。德州市实验小学荣获首届全国文明校园称号。开展文明交通劝导服务活动，组织 22 个文明单位志愿者在主要交通路口，定期开展文明交通劝导活动，提高广大市民文明出行意识。

【深化四德工程】 加强善行义举四德榜网上平台建设，各社区、学校、机关、企业善行义举四德榜全部更新，覆盖率 100%，群众上榜率达 100% 以上，30 个单位的善行义举四德榜被评为“优榜”，焦文玉被评为全省善行义举四德榜“榜上有名”先模人物。

【深入推进乡村文明行动】 深化移风易俗工作，举行首届农村青年集体婚礼，成立红娘协会，倡导婚庆新风。重新修订城乡环卫一体化工作方案，加快推进市场化运作，上报乡村文明家园项目 3 个，申报全国文明村镇 1 个、乡村学校少年宫项目 1 个，黄河涯镇焦庄村荣获第五届全国文明村镇称号。

【顺利完成创城任务】 成立以区委书记和区长任组长的创建全国文明城市领导小组，抽调精干力量集中办公，公开招聘 15 名工作人员充实工作力量。在媒体开设专题专栏，印发创城宣传页、宣传海报、市民文明手册 15 万余份，发放“文明用餐”提示牌 1 万余个、调查问卷 5 万余份，安装创城公益宣传道旗 1000 余个，开展“文明交通劝导”“创城医疗志愿服务进社区”等主题活动，组织创城主题文艺会演 10 余场次，市民参与度大幅提升。突出市容环境、交通秩序、食品药品、校园周边等整治重点，对近千处点位进行拉网式检查，下发 56 份问题督办单责令整改，按照区委“建立量化预警机制”“强化监督执纪问责”的要求，对 16 个工作不力的单位进行了通报预警。实行区直部门包保老旧小区工作制度，50 多家单位组织机关干部深入小区开展帮扶共建，小区面貌大为改观。

（张丹丹）

生态文明建设

【年度环境质量指标】 2017 年，全区细颗粒物（PM2.5）、可吸入颗粒物（PM10）、二氧化硫平均浓度分别为 66 微克 / 立方米、123 微克 / 立方米、22 微克 / 立方米，分别改善 16%、13.4%、33.3%，二氧化氮平均浓度为 41 微克 / 立方米，改善 –2.5%。

2017 年，“蓝天白云，繁星闪烁”天数 240 天，同比增加 58 天，增长率为 31.9%。

2017 年，岔河田龙庄国控断面水质不断改善。

【大气污染防治】 德城区在全市率先全面完成 189 台 10 吨及以下燃煤锅炉清零工作；14 台燃气锅炉低氮燃烧改造工作全面完成。8 家商混企业全面完成扬尘治理任务并完成在线监测设备的安装；10 处高架源全部完成在线监控设施安装联网工作。全面推进化工、涂装、印刷、玻璃钢等重点行业 VOCs 综合治理，83 家企业全部完成规范整治工作；46 家加油站全部安装三级油气回收装置；全面完成 30 家工业企业无组织排放源治理工作。积极妥善应对重污染天气，238 家涉气排放企业按照“一厂一策”的原则制定应急响应操作方案，应急启动期间，对相关企业加大检查力度和巡查频次，确保停限产措施落实到位。分类整治“散乱污”企业，对 212 家达不到治理效果，且不符合产业政策和布局规划的企业依法予以淘汰取缔，对 363 家符合提升改造条件的补办环保手续，整治工作于 9 月底前全面完成。配合交通部门对 101 家汽修行业 VOCs 进行综合治理，均已安装治污设施；配合建设部门对 43 家在建施工工地扬尘规范化管理进行监督检查，均能够落实“六个百分百”要求，所有符合安装在线监控设施条件的施工工地全部安装完成并实现联网；配合城管部门对 63 家餐饮油烟单位进行综合治理，已全部安装油烟治理设备。

【水污染防治】 全面贯彻落实《水污染防治行动计划》。配合相关部门和镇街加快推进萱蕙河和长庄沟黑臭水体整治、天衢工业园和新华片区污水管网等重点工程建设进度，全面消除中心城区黑臭水体。加大对辖区污水处理厂和重点排污企业监管力度，督导企业实施治污再提高工程，加严排放标准，确保出水水质达稳定标排放，彻底消除辖区污水直排口。2017 年，岔河田龙庄国控断面水质不断改善。

【环境管理】 强化危险废物监管，将涉危废企业纳入规范管理，按照“一企一档”的标准建立档案，实施动态管理。着力做好源头防控，严守“生态保护红线、环境质量底线、资源利用上线和环境准入负面清单”，严把建设项目环评审批关口，对不符合产业政策和区域发展要求的项目，坚决不予审批落地。结合污染排放特征和地方排放标准实施要求，逐步开展重点行业排污许可证核发工作，推进重点行业治污升级改造。截至 2017 年 6 月底，完成造纸和火电等行业 2 家企业的排污许可证核发工作，分别是德州华北纸业有限公司和德州实华化工有限公司。截至 2017 年底，完成印染、农药等行业 4 家企业的排污许可证核发工作，分别是德州奥珍针织厂、德州市华昌织巾有限责任公司、德州绿霸精细化工有限公司和德州雪豹化学有限公司。严守环境安全底线，出台《突发环境事件应急预案》《辐射事故应急预案》《水污染事故应急处置预案》，全区 42 家环境风险企业全部编制突发环境事件应急预案，应急体系不断完善。

【生态环境治理约谈】 2017 年 2 月 27 日，德城区集中约谈德州东方希望碳素有限公司、山东宇虹新颜料股份有限公司、德州天宇化学工业有限公司、德州永兴碳素有限公司、德州欧莱恩永兴碳素有限公司、德州实华化工有限公司 6 家企业负责人及相关单位负责人，对环保部空气质量专项督查中发现的问题进行责任追究。中共德城区委常委、副区长杨振生，德城区副区长孙大鹏出席。约谈会上指出了德城区在环境保护工作方面存在的问题，并对6家企业在大气污染防治方面存在的问题作了详细列举。会议责成环保直属分局、区经信局依据相关法律法规，对上述6家企业尽快处理到位；责成监察局对环保直属分局、天衢街道等单位相关责任人进行追责。约谈会要求，各相关部门和企业要提高认识、端正态度、迅速整改，确保按照规定时限整改达标。要吸取教训，深刻反思，进一步落实工作责任，加大工作力度，严守法律法规红线和环境保护底线。

【工业生态环保治理】 按照省、市部署要求，积极开展“大快严”集中行动和“化安转”专项行动，严格落实八项断然措施，联合镇街和有关部门深入企业现场进行明察暗访，对相关企业进行“两断两清”（断水、断电，清产品、清原料）。聘请安全环保专家对“三评级一评价”企业整改落实情况进行督导检查。在全市率先完成10吨以上燃煤锅炉改造整治任务，组织人员对全区铸造企业进行摸排，按照要求进行停产处置。做好对地条钢企业的打击处置力度，营造和谐有序的发展环境。按照“一企一方案”原则，指导重点行业企业制定错峰生产实施方案，深入企业车间检查错峰生产落实情况，确保上级政策措施不折不扣执行到位。抽调多名人员配合有关部门做好“散乱污”企业整治和改造提升类企业认定工作。

【采暖季错峰生产】 德城区研究制定2017年采暖季错峰生产实施方案，按照“一企一方案”“一企一册”原则，以秋冬季为关键时期，以重点区域、重点领域、重点时段、重点问题为攻坚方向，对重点行业企业实行错峰生产，全面打响秋冬季大气污染攻坚战。8月7日，德城区组织召开全区错峰生产调控方案专家评审论证会，对调控方案进行充分论证、指导和审定，并提出具体修改意见。8月21日，德城区参加全市错峰生产调控方案培训会，根据与会专家意见建议，对调控方案进一步调整完善。按照京津冀及周边地区、德州市秋冬季大气污染综合整治攻坚行动方案要求，德城区将铸造企业错峰生产和大宗物料错峰运输充实到调控方案中。为加大重点行业企业调控力度，德城区对实华化工、虹桥染料、宇虹新颜料、天宇化工等重点行业企业（承担居民供暖的生产设施除外），明确将大修、检修等工程安排在错峰生产期内。

【扬尘治理工作】 建立完善扬尘防治管理责任体系，将在建工程分片包干至每个监督人员，每个项目均安排具体人员进行负责，分解任务，压实责任，督导企业落实扬尘污染治理主体责任，强化治理措施和资金投入，要求全区规模以上房屋建筑工程安装视频监控和环境监测系统，实现画面及扬尘监测数据的实时传输，积极开展扬尘治理攻坚行动，采取突击检查等方式督促责任单位加快扬尘突出问题整改落实，对扬尘治理不达标、市区挂牌督办、媒体多次曝光、公众投诉反映强烈、慢作为不作为的工程项目，按规定对责任单位主要负责人进行约谈，综合运用停工整改、经济处罚、行政问责、诚信评价扣分、限制投标资格、暂停执业资格等手段，并按规定追责问责。根据德城区重污染天气应急指挥部通知及时启动重污染天气应急响应，通过短信、微信、博客、电话等方式及时传达给各项目负责人，并在建筑工地门口张贴应急通知，应急期间对全区在建工地应急响应落实情况进行巡查，对不落实或落实不到位的项目进行行政处罚。全面执行采暖季土石方作业停工措施，建设施工工程在采暖季期间，原则上应停止土石方开挖、渣土运输等易产生扬尘的施工作业。全年对在建房屋建筑工程扬尘治理情况日常巡查3000余次，下达限期整改通知书共计201份，停工整改通知书26份，对唐人中心、池口家园、万达广场等30余个项目进行处罚，共处罚款128余万元，约谈企业37家。

【市容市貌环境综合整治】 制定《德城区市容市貌综合整治方案》，成立由城管、工商、食药、交警一大队、各镇街抽调111人的联合执法队伍。开展联合整治28次，出动人员1000余人次、车辆160余台次，发放《致广大市民的一封信》等各类明白纸10000余份，重点对火车站周边、汽车站周边、东地路、文化路、新华路等重点路段进行整顿。共计拆除破旧户外广告牌匾255块，整治流动摊点320余户，整治店外经营220余处，规范户外广告89处，暂扣三轮车等经营工具180余件，有力推进市容市貌管理工作顺利进行。

【城市违法建设治理】 制定《德城区城市违法建设治理行动实施方案》，成立区政府主要负责人任组长的领导小组，办公室下设综合办、法制办、督导办、宣传办四个办公室，抽调人员集中办公。通过摸排，共统计违法建设58.95万平方米，截至2017年底，完成各类整治48.6万平方米。

【铁路沿线环境治理】 制定《全区铁路沿线环境综合整治工作实施方案》，编制《德城区京沪铁路沿线两侧环境综合整治规划编制大纲》，根据工作要求，共种植各类树木8.7万余株，累计出动铲车、挖掘机等各类机械设备100台，出动人员450余人，对82处垃圾点进行清理，清除各类垃圾8000余立方米，粉刷墙体约22万平方米，基本完成铁路沿线环境治理任务。

【餐饮业油烟专项整治】 制定《德城区餐饮业油烟专项整治工作实施方案》，成立由城管、工商、食药、环保、区政府督查室等部门组成的联合执法队伍，各镇街也组成20个联合执法队伍，对2913家餐饮业单位、个体户全面督促检查，把安装净化设备、油烟管道排放、完善排水和噪音隔离设施作为基本要求督促整改。对未达到要求的，依法责令限期整改，并实施行政处罚。对严重扰民的，依法责令限期关闭。同时，烧烤摊按照划定区域就餐，让出盲道及人行道路（距路牙石2～3米），铺设隔油地布，配备餐厨垃圾收集桶，夜间经营到10点。对没按照要求实施的，依法整治或取缔占道经营摊点。截至2017年底，共发放明白纸1万份，规范餐饮油烟、烧烤共2821家，取缔关停92家。

【散煤、散乱污"两散"治理】 德城区坚持"零容忍、全覆盖、严执法"，加强散煤、散乱污"两散"治理，强化点源、面源、移动源"三源"管控，全力推进秋冬季大气污染综合治理。实行区直部门"包街、包路、包工地"工作机制，全区61个部门、300余名机关干部投身到攻坚一线。累计整改取缔散乱污企业575家，销售洁净型煤2.1万吨，淘汰燃煤小锅炉189台，在全市率先完成"清零"任务。

【畜禽养殖污染综合治理】 为打好畜禽养殖污染综合治理攻坚战，作为牵头单位，德城区畜牧兽医局召开3次治理工作调度会，全区畜禽养殖污染整治工作有序推进，禁养区内93家养殖场户于8月30日全部完成关搬任务；255家养殖场户完成粪污处理设施建设改造，通过环保直属分局和区畜牧兽医局联合验收，其中54家规模养殖场粪污处理设施配建率达100%，位于全市前列。根据《德城区2017年大气污染防治工作要点》（〔2017〕4号文件）精神，德城区畜牧兽医局及时制定《德城区畜禽尸体焚烧处理设施治理工作方案》，召开专题会议进行安排部署。5月底前，各镇街排查出的4座畜禽尸体焚烧炉已全部拆除，全面完成畜禽尸体焚烧处理设施排查清理工作。在中央环保督查期间，全区收到各级环保督办件和电话投诉案件共计12件，由于行动迅速，措施得力，上述12件信访投诉案件得到圆满解决。

【环境执法】 2017年，德城区共出动执法人员5000余人次，检查企业1800余家次，查处环境违法行为220余件，对221家企业实施行政处罚，罚款金额550万元。环保直属分局与公安部门联合执法30余次，移送司法机关处理的案件8起，有力震慑环境违法行为。

【农村无害化厕所改造】 完成农村无害化厕所改造10525户，基本实现全区无害化卫生厕所全覆盖。深入镇村细化责任、认真督导，将改厕计划落实到户；开展厕所改造施工现场质量安全巡查与施工技术指导监督，及时对发现问题提出整改意见，实行倒排工期、挂图作战等工作方法，形成主要领导负总责、各部门各司其职的工作格局，提前完成年度工作任务，使德城区农村人居环境进一步改善。

【建筑节能改造】 积极推广太阳能光热建筑一体化应用及绿色建筑。2017年，6个小区完成太阳能光热建筑一体化应用20余万平方米。督促新开工工程使用由省建设厅认证和市住建局备案的新型墙材，全面推广节能与结构一体化技术。对全区新开工建筑从设计、图审、节能备案到施工及验收阶段层层把关，全部执行建筑节能居住建筑节能75%、公共建筑节能65%强制性标准，工程节能达标率100%。自2017年4月1日起依据政策停止对墙改基金的征收，依法依规做好停征之前基金的返还工作。

【气代煤电代煤工作】 2017年，德州市级下达德城区改造任务为3000户，截至2017年底，德城区共完成7084户“气代煤、电代煤”工程（其中气代煤6860户，电代煤224户），完成市级下达任务的236.1%，超额完成改造任务，施工企业在每个村都设有常驻后期服务人员，为后期运营维护做好保障。德城区二屯镇闸子村成为中心城区首个通气点火的村庄；9月28日全市现场会在二屯镇李庄村召开；11月9日，二屯镇杨庄村召开通气点火仪式，陈飞市长出席；德城区“气代煤、电代煤”工作多次在省、市级媒体进行报道。

【绿色出行活动】 德州市中心城区2017年9月22日开展绿色出行活动。活动的主题是“绿色交通·共享出行”。是日，有关部门在中心广场设立宣传台，发放宣传材料和调查问卷；公共汽车公司开展“2017年922绿色出行公交纪念版IC卡”发售和优惠活动；当天封存公车，各机关及事业单位带头少开一天车，倡导社会车辆尽量停驶；市区划定无车示范区域，除公交车、出租车、线路客运车辆（19座以上）、军警车、救护车、消防车、工程抢险车和特殊勤务车辆外，限制机动车辆通行。限行时间为9：00至17：30；限行区域为东风路以北（含）、三八路以南（含）、湖滨大道以东（含）、德兴大道以西（含）区域。

【造林绿化】 紧紧围绕打造“绿满德城，生态强区”目标，全力开展林业生产工作。全区完成新造林3400亩，植树72万株，完善农田林网1.5万亩，新植树木成活率达到90%，保存率达到100%。一是推进绿色通道建设。对104国道、105国道、101省道、353省道、幸福大道、滨德高速及减河等重点路网、水网断点进行补植完善。二是完善农田防护林体系，打造绿色防护屏障，全年完善农田林网1.5万亩。三是抓好全民义务植树。积极组织开展全民义务植树活动，在植树平台、苗木等方面做好周密细致安排，确保全面义务植树活动顺利开展。四是抓好村镇绿化。着重对村庄道路、庭院、闲置地进行绿化，以乔木为主，实行乔灌花相结合，着力改善农村环境，美化农民家园。五是发展花卉苗木。全区共有花卉苗木4630亩，100亩以上育苗基地10处，总产苗量690万株，其中2017年新育苗350亩。

机　构

中共德城区委及所属部门

中共德城区委

书　记　巩洪波
副书记　王洪林
　　　　张志芳（女）
常　委　巩洪波
　　　　王洪林
　　　　张志芳（女）
　　　　徐世勇（1 月离职）
　　　　王　瑾（女，挂职，7 月任职）
　　　　杨振生
　　　　张仲钵（1 月离职）
　　　　王玉成
　　　　许　勇
　　　　骆晓东（1 月任职）
　　　　李福广（1 月任职）
　　　　孟　宇
　　　　王　勇（1 月任职）
　　　　王　磊（挂职）
　　　　王　伟（挂职，2 月离职）
　　　　刘建国（挂职，4 月离职）

办公室

主　任　王　勇
副主任　刘金华
　　　　张志强（1 月离职）
　　　　杨　磊（1 月任职）
　　　　赵玉彬　陈新刚

组织部

部　长　许　勇
副部长　郭洪民（常务）
　　　　杨宏新　邱连军
　　　　赵恩祥（1 月离职）
　　　　张　杰（1 月任职）
　　　　石　磊
　　　　田增振（1 月任职）

宣传部

部　长　张仲钵（1 月离职）
　　　　骆晓东（1 月任职）
副部长　解彦彤（常务）
　　　　胡树志　王　静（女）
　　　　李金奎　王　垒

统一战线工作部

部　长　张仲钵（兼，1 月离职）
　　　　孟　宇（1 月任职）
副部长　程保东（常务）
　　　　段云静（女）
　　　　李振洲
　　　　白吉亮（回族）
　　　　姜洪博（1 月离职）
　　　　郑立新（1 月任职）

政法委员会

书　记　李福广（1 月任职）
副书记　关海涛　于志刚

区扶贫开发领导小组办公室

主　任　纪　勇（兼）
副主任　陈新刚（兼，常务）
刘宏明　丛　涛

区委巡察办公室

主　任　李　鲲（6 月任职）
副主任　孙兴民（6 月任职）

区委第一巡察组

组　长　范振中（兼，6 月任职）
副组长　冯　亮（女，兼，6 月任职）

区委第二巡察组

组　长　杨希波（兼，6 月任职）
副组长　李广录（兼，6 月任职）

区委第三巡察组

组　长　王太强（兼，6 月任职）
副组长　綦玉珍（女，兼，6 月任职）

区委第四巡察组

组　长　杨　波（兼，6 月任职）

副组长　田文强（兼，6 月任职）

信访局

局　长　刘金华（兼）

副局长　郑云飞　滕　波

机构编制委员会办公室

主　任　张志强（兼，1 月离职）

杨　磊（兼，1 月任职）

区直机关工作委员会

书　记　杨宏新（兼）

副书记　安德才

老干部局

局　长　邱连军（兼）

副局长　白风岭

台湾工作办公室

主　任　刘　峰（1 月离职）

王奎山（1 月任职）

副主任　贾卫卫（女）

老龄工作委员会办公室

主　任　魏　峰（1 月离职）

王　莉（女，1 月任职）

副主任　李春萍（女）

刘明星（女，1 月任职）

农村工作办公室

主　任　杜深友

副主任　季世志　郝荣军

档案局

局　长　闫希志

副局长　康　晖（女）

党史研究室

主　任　赵恩海

党　校

校　长　巩洪波（兼）

副校长　孙绍广（常务）

王连才　娄德利　张爱民

老年人大学

副校长　刘　蔚（女，常务）

区综合考评委员会办公室

主　任　石　磊

区精神文明建设委员会办公室

主　任　胡树志（兼）

副主任　苏国强

区舆情办公室

主　任　李金奎（兼）

中共德城区纪委及所属部门

中共德城区纪委

书　记　王玉成

副书记　吴海蓉（女，常务）

郭立海

常　委　郝荣建（1 月离职）

杨　波（1 月离职）

李伟华　任　鹏

李　超（1 月任职）

董　伟（1 月任职）

办公室

主　任　董　伟

副主任　张中华（10 月任职）

党风政风监督室

主　任　王　龙

组织部

部　长　李伟华

副部长　乜　超（女，10 月任职）

案件审理室

主　任　杨　波（1 月离职）

辛　苹（女，主持工作）

案件管理室

主　任　屠玉清（1 月任职）

信访室

主　任　董　辉（女）

第一纪检监察室

主持工作　赵振军

第二纪检监察室

主　任　李　超

第三纪检监察室

主　任　任　鹏

副主任　朱元鹏（10 月任职）

派驻第一纪工委（监察分局）

书　记（局　长）　范振中

副书记（副局长）　冯　亮（女）

派驻第二纪工委（监察分局）

书　记（局　长）　杨希波

副书记（副局长）　李广录（1 月任职）

派驻第三纪工委（监察分局）

书　记（局　长）　王太强

副书记（副局长）　綦玉珍（女，1 月任职）

派驻第四纪工委（监察分局）

书　记（局　长）　杨　磊（1 月离职）

杨　波（1 月任职）

副书记（副局长）　孙兴民（6 月离职）

田文强（1 月任职）

德城区人大常委会及所属委室

常务委员会

主　　任　闫书德（1 月任职）

第一副主任　王少坤（1 月离职）

副　主　任　张仲钵（1 月任职）

李和平（女，1 月任职）

张建栋（1 月任职）

李德山（1 月离职）

丁丽霞（女，1 月离职）

李国杰（1 月离职）

李　晖（1 月任职）

刘安国（1 月任职）

内务司法委员会

主任委员　周莲花（女，1 月任职）

副主任委员　宋一军（1 月任职）

财政经济委员会

主任委员　刘长军（1 月任职）

副主任委员　孙瑞生（1 月任职）

教科文卫委员会

主任委员　陈洪升（1 月任职）

副主任委员　杨福星（1 月任职）

城建环保委员会

副主任委员　韩湮非（1 月任职）

尹世凯（1 月任职）

农业农村委员会

副主任委员　顾洪刚（1 月任职）

民族侨务外事委员会

副主任委员　曹胜春（1 月任职）

张志强（1 月任职）

办公室

主　任　杨学华

副主任　张　敏（女）　张春升

信访室

主　任　叶建坤

副主任　张宏伟

研究室

主　任　高银平（女）

人事代表工作室

主　任　贾静文（女）

副主任　周风娟（女，12 月离职）

法制工作委员会

主　任　宋一军

财政经济工作委员会

主　任　孙瑞生

副主任　马　燕（女，12 月离职）

教育科学文化卫生工作委员会

主　任　杨福星

副主任　李书锐

城乡建设环境保护工作委员会

主　任　尹世凯

民族侨务外事工作委员会

主　任　张志强（1 月任职）

农业农村工作委员会

副主任　周风娟（女，12 月任职）

预算审查工作委员会

副主任　马　燕（女，12 月任职）

德城区政府及所属部门单位

德城区人民政府

区 长 王洪林（1 月任职）

副区长 徐世勇（1 月离职）

王 瑾（女，挂职，7 月任职）

杨振生（1 月任职）

王 磊（挂职）

王 伟（挂职，2 月离职）

刘建国（挂职，4 月离职）

李和平（女，1 月离职）

张建栋（1 月离职）

骆晓东（1 月离职）

孙大鹏 纪 勇

李福广（1 月离职）

于志新（女，1 月任职）

张国亮（1 月任职）

魏 磊（挂职，12 月离职）

李玉林（挂职，8 月离职）

张 岩（挂职，9 月离职）

王 鹏（挂职，10 月任职）

办公室

主 任 李 晖（1 月离职）

赵恩祥（1 月任职）

副主任 姜 龙 袁明智

应急办公室

主 任 柴金虎（1 月离职）

综合治税办公室

主 任 王 凯

地方史志办公室

主 任 蔡学平（1 月任职）

副主任 姜桂军

法制办公室

主 任 赵会昌

外事侨务办公室

副主任 姜立辉

机关行政事务管理局

局 长 姜 龙（兼）

副局长 郭晓东 王书明

金融工作办公室

主 任 郑洪福

副主任 冯 强（回族）

发展和改革局

局 长 杨国锋

副局长 陈玉峰 李洪波 叶青山

经济和信息化局

局 长 战新生

副局长 史庆茂 史向荣 李连国

教育局

局 长 韩良平

副局长 李继康 刘呈祥

闫焕荣（女）

科技局

局 长 陈红升（1 月离职）

魏 峰（1 月任职）

副局长 翟占新 李玉洁（女）

民政局

局 长 陈红升（兼，1 月离职）

郑志永（1 月任职）

副局长 魏向梅（女）

高 峰（1 月离职）

杜丙新

监察局

局 长 吴海蓉（女）

副局长 郝荣建 高玉林

司法局

局 长 周莲花（女，1 月离职）

张全心（1 月任职）

副局长 刘惠平（女） 卢成志

田秀昀（女）

人力资源和社会保障局

局 长 赵恩祥（兼，1 月离职）

张 杰（兼，1 月任职）

副局长 刘德兴 孙春利 杨明新

财政局

局 长 刘安国（1 月离职）

汤福国（1 月任职）

副局长　徐　静（女）　蒙家清
郭宗勇

审计局

局　长　刘　军
副局长　蒋淑芹（女）　侯淑霞（女）
李艳玲（女）

统计局

局　长　王新峰
副局长　李　民　马　峰
赵海荣（女）

住房和城乡建设局

局　长　商金路
副局长　刘德利　刘　芳（女）
付立军

商务局

局　长　张　杰（1月离职）
刘　峰（1月任职）
副局长　赵红云（女）　王红霞（女）
刘建忠

农业局

局　长　马云飞
副局长　王秀军　刘天鹏　曹连杰

林业局

局　长　孙彦田
副局长　朱连河　陈洪勇

水务局

局　长　井立周
副局长　李新华　陈洪装

文化和新闻出版局

局　长　王　垒
副局长　郝文智　解淑娟（女）

卫生和计划生育局

局　长　张艳霞（女）
副局长　李　静（女）
孟庆荣（女）　徐志明
肖尚文　于　晖

食品药品监督管理局

局　长　王子彪（1月离职）
焦振东（1月任职）
副局长　杨秀山　刘　帅　刘乐兵

工商行政管理局

局　长　刘长军（1月离职）
陈利华（1月任职）
副局长　姜世伟

质量技术监督局

局　长　孙祥忠
副局长　赵志军

体育局

局　长　石　勇
副局长　丁庆林　李晓乐（女）

民族与宗教事务局

局　长　白吉亮（兼，回族）
副局长　高玉宝（回族）

城市管理行政执法局

局　长　张建军（1月任职）
副局长　张士杰　沈学武　王宝福

安全生产监督管理局

局　长　张全心（1月离职）
柴金虎（1月任职）
副局长　齐守发　申海斌

物价局

局　长　张洪涛
副局长　王　怡（女）　李志刚

畜牧兽医局

局　　长　史建武
党组书记　崔世勇
副 局 长　崔世勇（兼）　李昌新
刘清华（1月任职）

经济合作局

局　长　姜洪博（1月任职）
副局长　赵玉栋
刘　闯（1月任职）

旅游局

局　长　马　坚（回族）
副局长　闫玉新（女）

商业总公司

总 经 理　侯宝新
副总经理　孙志强　李文生

物资总公司

总 经 理　李建民
副总经理　王增梅（女）

供销合作社联合社

理事会主任　焦振东（兼，1月离职）
高　峰（1月任职）

理事会副主任　王凤昌

蔬菜局

局　长　齐云志

副局长　仝　伟（女）　张广田

水产局

局　长　焦振东（1 月离职）

李　鲲（1 月任职，6 月离职）

副局长　乔桂芹（女）

刘玉东　高培平

农业机械管理局

局　长　王彦洪（女）

副局长　高庆伟　赵秀青（女）

政协德城区委员会及所属委室

政协德城区委员会

主　席　闫书德（1 月离职）

徐世勇（1 月任职）

副主席　马振东　刘　英（女）

刘惠平（女）　王太勇

戴连强　高玉林（1 月任职）

秘书长　鲁连才

办公室

主　任　鲁连才

委员活动室

主　任　王子彪（1 月任职）

文史委员会

主　任　王　欣（女）

学习委员会

主　任　祖淑芳（女）

法制联谊委员会

主　任　张守海

经济科技委员会

副主任　倪　斌

德城区法院　检察院

人民法院

院　长　韩秀海（1 月任职）

副院长　曲培华　柴卫正

付东芳（女，满族）

人民检察院

检 察 长　戴志军

副检察长　银营军　范福江

贾春峰　樊　荔（女）

驻区军事机关

德城区人武部

部　　长　赵庆海

政治委员　温福顺（6 月任职）

副 部 长　朱慧军（7 月离职）

井俊恩（8 月任职）

德州市公安消防支队德城区大队

大队长　孙万寿

教导员　申海峰

各民主党派　工商联

中国国民党革命委员会德城支部

主　委　吴金刚

副主委　纪文梅（女）

王广达

中国民主同盟德城支部

主　委　周春颖

副主委　赵　强

中国民主建国会德城支部

主　委　高玉林

副主委　苗　健（女）　张　伟

中国民主促进会德城支部

主　委　王太勇

副主委　李秀臣

中国农工民主党德城支部

主　委　毕建梅（女）

副主委　王艳丽（女）　任　岷

中国致公党德城支部

主　委　史建武

副主委　韩华民

九三学社德城支部

主　委　任桂英（女）

副主委　牟健秀（女）

丁淑敏（女）

德城区工商业联合会

会　　长　王福华

党组书记　姜洪博（兼，1月离职）

郑立新（兼，1月任职）

常务副会长　姜洪博（兼，1月离职）

郑立新（兼，1月任职）

副 会 长　魏　红（女，驻会，1月离职）

钮玉峰（驻会）

王　新（驻会，1月任职）

张书奎（4月任职）

车长利（4月离职）

陈都方

朱　鸿（4月离职）

刘桂祥

黄　义（4月离职）

张开利（4月离职）

韩华民（4月离职）

张成河　王宗兴

陶亚斌（4月离职）

董海峰（4月离职）

李　峰（4月离职）

孙苓芸（女，4月离职）

郭　静（女，4月离职）

周玉廷（4月离职）

于　洋（4月离职）

于　红（女，4月离职）

孙迪江（4月离职）

王光义（4月离职）

孙晓雷（4月离职）

张洪博（4月离职）

黄有东（4月离职）

车炳涛（4月任职）

李玉芳（女，4月任职）

姬　涛（4月任职）

王志强（4月任职）

王亚洲（4月任职）

安志骏（4月任职）

徐　义（4月任职）

王付军（4月任职）

翟春泉（4月任职）

梁丽霞（女，4月任职）

王碧波（4月任职）

郭经田（4月任职）

王　冰（4月任职）

王光炜（4月任职）

申书信（4月任职）

索存川（4月任职）

社会团体

区总工会

主　席　周风华（女）

副主席　冯　军　夏艾钧　孙建波

共青团德城区委员会

书　记　聂玉辉（9 月任职）

副书记　邵　雯（女）　赵　杨（女）

陈广山（挂职，11 月离职）

区妇女联合会

主　席　聂兴一（女）

副主席　刘秀芹（女）　李文静（女）

区科学技术协会

主　席　贾玉贵

副主席　郑延栋　姜延文

区归国华侨联合会

主　席　韩　冬（女）

副主席　张　薇（女）

区文学艺术界联合会

主　　席　王太勇

党组书记　许　斌

副 主 席　吕红卫（女）　张传奇

区残疾人联合会

理 事 长　黄文阁

副理事长　张军茹（女）

区关工委办公室

主　任　尹训磊

区红十字会办公室

副主任　郑景德

新闻单位

德城区宣传中心

主　任　王　静（女，兼）

副主任　曹东昱　石国辉

德城区广播电视编辑部

主　任　蔡金霞（女）

总　编　曹　晶（女）

德州日报德城版编辑部

总　编　韩雁冰（女，回族）

国家、省、市驻区单位

市区国税局

局　长　杨立洪（2 月离职）

刘卫东（2 月任职）

副局长　曲　冰（挂职）

肖　力（2 月离职）

朱悦东（2 月离职）

王　军（2 月离职）

李　敏

区地方税务分局

局　长　门贵斌

副局长　曹立平　耿宗华　平兆瑞

区公路管理分局

局　长　王志刚（9 月离职）

徐欣波（9 月任职）

副局长　霍俊香（女，9 月离职）

杜金升（9 月离职）

刘传亮（9 月离职）

赵　晖（9 月离职）

杨兆霞（女，回族）

张国勇（回族）

孙长征（9 月任职）

城区交通运输管理分局

局　长　段万海

副局长　万振胜　韩奎水

区公安分局

局　长　张金文

政　委　李炳新

副局长　张　勇　井站文

董建国　杨树波

副政委　于中辉

市交通警察支队直属一大队

大队长　邵　勇

政　委　路卫东

副大队长　崔永新　杜德军

周　静（女）　刘　军

区粮食分局

局　长　姚　兰（女）

副局长　苗春潮

区规划分局

局　长　李新生

副局长　王立华

区国土资源分局

局　长　于志勇

副局长　刘少华　曹云飞

区房管分局

局　长　苏黎兴

副局长　陈　婷（女）

市环境保护局直属分局

局　长　车俊山

副局长　方　田　徐长昆

区住房公积金管理部

主　任　周月明（女）

副主任　纪立新

德州火车站

站　长　袁　伟

副站长　王运行　耿尽忠　宋付新

孙俊河

区烟草专卖局（营销部）

局　长　薛　伟

副局长　马金栋

副经理　王　毅

区盐务局（盐业公司）

局　长（经理）　方德臣（兼）

中国移动通信集团山东有限公司德城区分公司

总经理　张岩飞（4 月离职）

苗玉晖（4 月任职）

副总经理　张云云（女，6 月任职）

姚国霞（女）

中国电信有限公司德州德城区分公司

经　理　刘永志

副经理　王　平（女）

金融保险机构

中国工商银行股份有限公司德州德城支行

行　长　苗　萌

副行长　郭　超（常务）

李媛媛（女）　刘学鹏

中国农业银行股份有限公司德州德城支行

行　长　王丹力（女）

副行长　宋国胜　祁玉国

郭红香（女）

中国建设银行股份有限公司德州德城支行

行　长　魏志军

副行长　刘　岩

马　磊（回族）

中国银行股份有限公司德州德城支行

行　长　王春峰

副行长　于红卫　王华智

刘瑞生

中国邮政储蓄银行德州市分行营业部

总经理　孙　涛（10 月离职）

副总经理　李姗姗（女，10 月离职）

王　勇（10 月离职）

周　将（挂职，10 月离职）

德州农村商业银行股份有限公司

董事长　付小剑（满族，7 月离职）

李友山（7 月任职）

行　长　李国永

监事长 杨卫红（11 月离职）
王丙章（11 月任职）
副行长 于恩刚（11 月离职）
纪秀娟（女，11 月离职）
王丙章（11 月离职）
张 娟（女，11 月任职）
张 帅（11 月任职）
范士敏（11 月任职）

威海市商业银行德州分行
行 长 姬 刚
副行长 王 邕 耿晓旭（女）

恒丰银行德州分行
行 长 孙惠良（5 月离职）
魏 玲（女，5 月任职）
副行长 魏 玲（女，5 月离职）
张 宁
毕 懿（女，1 月任职）

青岛银行德州分行
行 长 胡少华
副行长 孙晓斌

齐鲁银行德州分行
行 长 侯 彬（2 月离职）
卢 滨（2 月任职）
副行长 刘洪起

中国人民财产保险股份有限公司德城支公司
经 理 郑德华
副经理 吴俊东 李宝德
王洪霞（女）

中国人寿财产保险股份有限公司德州市德城支公司
经 理 卞德涛
副经理 王丽霞（女）

中国人寿保险股份有限公司德城区支公司
经 理 万青德（满族）
副经理 杨文菊（女）

中国太平洋财产保险股份有限公司德州中心支公司（城区）
总 经 理 孙春龙
副总经理 王登峰（10 月离职）
吴 静（女） 刘持海

中国太平洋人寿保险股份有限公司德城支公司
经 理 王永峰

中国大地财产保险股份有限公司德州德城营销服务部
经 理 张振巧（女，兼）

中华联合财产保险股份有限公司德城区支公司
经 理 颜世俊

中国平安人寿保险股份有限公司德州中心支公司德城区营销服务部
经 理 廉昊翰

建信人寿保险股份有限公司德州中心支公司
副总经理 王炳涛（主持工作，11 月任职）

学 校

德城区教师进修学校
校 长 宫炳峰
副校长 张 庆 袁 慧（女）
邓朝珍 杨玉华（女）

德州信息工程中等专业学校
校 长 李金梅（女）
副校长 朱建武 郑书娥（女）
王训峰

德州二职专
校 长 任年华
副校长 田新国 宋立刚 杨晓东
郝 欣

德州市第三中学
校 长 李朝霞（女）
副校长 傅 镇

德州市第四中学
校 长 孙吉强
副校长 田新兰（女） 国玉忠

德州市第五中学
校 长 冯 权
副校长 王福德 王秀红（女）
徐洪鑫

德州市第九中学
校 长 申青学

副校长　丁淑敏（女）　夏建敏（女）

德州市第十中学

校　长　宋彦琳（女）

副校长　叶建河　孙书华

德州市第十一中学

校　长　王　丁

副校长　韩洪柱　董　伟　刘泽勇

吴　梅（女）

德州市德城区明诚学校

校　长　刘呈祥（兼）

副校长　韩　萍（女）

德城区二屯镇中学

校　长　纪英瑞

副校长　卢金国

德城区黄河涯镇第一中学

校　长　李林麒

副校长　耿建民

李英娟（女）

德城区王村店中学

校　长　张洪亮

副校长　王世敬

德州市实验小学

校　长　苏　霞（女）

副校长　汤　鹏　陈凤珍（女）

冉　凯（9 月任职）

德州市新湖北路小学

校　长　范丽玲（女）

副校长　李淑敏（女）　詹　俊

德州市黎明街小学

校　长　张文军

副校长　沈　涛　刘学杰（女）

孙　静　韩秋云（女）

德州市建设街小学

校　长　李延敏（女，回族）

副校长　周金峰　李　宣　佟文昌

侯秀凤（女）

德州市北园小学

校　长　吕天惠（女）

副校长　李开梅（女）

鲁　强　曹叔隽

德州市天衢东路小学

校　长　韦立霞（女）

副校长　盖艳平（女）　李世民

任　鹏　王文华

德城区第二实验小学

校　长　侯智敏（女）

副校长　朱金华（女）　郭　明（女）

王　静（女）

德州市东风东路小学

校　长　张　红（女）

副校长　李子明

杨　娜（女，回族）

新影街小学

校　长　郑海滨

副校长　张爱国

张　静（女）

德州市解放南路小学

校　长　崔顺文

副校长　朱春雨　陈红霞（女）

李广明

德州市解放北路小学

校　长　于洪涛

副校长　高凤香（女）　罗钰鑫（女）

陈　婧（女）

德州市新湖南路小学

校　长　马瑞娟（女）

副校长　梁立稹　郭玉芬（女）

李新岩

德州市光明街小学

校　长　王玉梅（女）

副校长　杨振宝

褚艳杰（女）

德州市湖滨北路小学

校　长　吴艳霞（女）

副校长　王冬梅（女）　赵宝江

韦清云　刘　霞（女）

德州学院附属小学

校　长　于　莉（女）

副校长　程红红（女）　高　翔

德州市石芦街小学

校　长　王　芳（女）

副校长　蔡新孝　韩　华（女）

王汉润

德城区丰乐屯中心小学

校　长　李　强

特殊教育中心

校　长　李福成

副校长　王福良

德州市德城区区直机关幼儿园

园　长　高兰荣（女）

副园长　邹秀珍（女）　孟丽华（女）

　　　　贾艳春（女）

医院　妇幼保健中心　疾控中心

德州市立医院

理事长（院长）段立新

副院长　袁建中　叶召民　万灵民

　　　　王勤山

德州市立医院分院

院　长　郭延昭

德州联合医院

理事长（院长）许建东

副院长　侯万文　毛泉报

德城区妇幼保健计划生育服务中心

主　任　郑秀花（女）

副主任　史力均　崔凤环（女）

　　　　赵兰芝（女）

德城区疾病预防控制中心

主　任（所　长）宗　心

副主任（副所长）王保山　张世来

政党　政务

中国共产党德州市德城区委员会

中共德城区第十六次代表大会提要

【概况】 中国共产党德州市德城区第十六次代表大会，2017 年 1 月 10 日至 11 日在美丽华大酒店丽华一厅举行。大会应到代表 209 人，实到代表 204 人。巩洪波代表中国共产党德州市德城区第十五届委员会向大会作题为《对标一流 争先进位 为建设“富美新强”典范区而努力奋斗》的报告。大会选出中共德州市德城区第十六届委员会委员 34 名、候补委员 7 名，区纪律检查委员会委员 23 名，德城区出席市第十五次党代会代表 23 名，通过关于十五届区委工作报告的决议和关于区纪委工作报告的决议。

大会批准巩洪波代表十五届区委所做的工作报告，对十五届区委的工作给予充分肯定。这次大会，在市委换届选举督导组的大力支持和精心指导下，经过全体代表的共同努力，圆满完成了大会预定的各项任务，使这次大会开成了一次承

2017 年 1 月 11 日，在中共德城区第十六次代表大会第二次全体会议上，巩洪波参加投票

2017 年 1 月 11 日，中共德城区第十六次代表大会第二次全体会议，代表们举手表决通过相关决议

前启后、继往开来的大会，一次求真务实、开拓进取的大会，一次团结鼓劲、和谐奋进的大会。大会期间，全体代表肩负全区人民的重托和期望，以对党、对人民、对事业高度负责的精神，以饱满的政治热情和崇高的使命感、责任感，认真履行自己的权利和义务，为圆满完成大会各项议程作出了积极的努力。

大会充分肯定了十五届区委的工作。大会认为，区第十五次党代会以来，区委团结带领全区各级党组织和广大党员干部群众，高举中国特色社会主义伟大旗帜，以邓小平理论、“三个代表”重要思想、科学发展观为指导，深入贯彻党的十八大、十八届历次全会和习近平总书记系列重要讲话精神，统筹推进“五位一体”总体布局，协调推进“四个全面”战略布局，认真践行“创新、协调、绿色、开放、共享”五大发展理念，从严从实、奋发有为，团结拼搏、创新实干，全区呈现出经济持续发展、社会和谐稳定、人民安居乐业的良好局面。

大会认为，报告深刻分析了德城区发展面临的形势，提出了今后五年工作的发展思路、目标任务和主要措施，符合中央和省委、市委要求，符合德城实际，充分体现了广大党员干部群众的愿望，是德城区今后五年各项工作的指导性文件，是各级党组织团结带领全区人民加快德城协同发展、科学发展的行动纲领。

大会指出，今后五年，是德城区全面建成小康社会的决胜时期，是加快供给侧结构性改革的攻坚时期，也是实现德城跨越赶超的关键时期，全区各级党组织要坚定不移地坚持以协同发展为引领，以城市经济为主线，深入实施“产业强区、创新兴区、服务立区、开放活区”四大战略，紧紧围绕“财源建设、城市建管、民生改善、安全稳定、从严治党”五大重点，从严从实、奋发有为，对标一流、争先进位，着力推进政治、经济、文化、社会、生态文明建设和党的建设全面协调发展。

大会号召，全区各级党组织和广大党员干部群众要紧密团结在以习近平为核心的党中央周围，高举中国特色社会主义伟大旗帜，在省委、市委的坚强领导下，团结带领全区广大党员和干部群众，奋发有为、只争朝夕，继往开来、勇攀高峰，为全面建成小康社会，建设“富美新强”典范区而努力奋斗。

大会充分肯定了区纪委的工作。大会认为，区十五次党代会以来，区第十五届纪律检查委员会在市纪委和区委的坚强领导下，切实履行党章赋予的神圣职责，聚焦主业主责，压紧夯实“两个责任”，强化监督执纪问责，深入推进党风廉政建设和反腐败斗争，各项工作取得了新的明显成效，为全区经济社会发展提供了有力保证。

大会要求，全区纪检监察系统要全面贯彻党的十八大、十八届历次全会和习近平总书记系列重要讲话精神，保持坚强政治定力，坚持全面从严治党、依规治党，全面加强党的纪律建设，深入落实“两个责任”，驰而不息推进作风建设，加大纪律审查力度，深化纪律检查体制改革，进一步强化党员干部教育监督，打造过硬纪检监察队伍，不断探索“不敢腐、不能腐、不想腐”的有效机制，深入推进党风廉政建设和反腐败工作，为建设“富美新强”典范区提供坚强保证。

中共德城区第十五届委员会全委会提要

【第八次会议】 中共德城区第十五届委员会第八次会议，2017 年 1 月 3 日召开。出席会议的区委委员 25 人、候补委员 6 人。区委常委会主持会议。会议听取区第十六次党代会日程安排及筹备情况汇报；讨论通过区第十六次党代会主席团成员、秘书长、主席团常务委员、执行主席建议名单；讨论通过区第十六次党代会代表资格审查委员会主任、委员建议名单；审定区第十六次党代会列席人员建议名单；讨论通过区第十六次党代会选举办法（草案）；讨论通过区第十六届区委委员、候补委员、纪委委员和出席市第十五次党代会代表候选人预备人选建议名单；投票确定出席市第十五次党代会代表候选人预备人选建议名单。

中共德城区第十六届委员会全委会提要

【第一次会议】 中共德城区第十六届委员会第一次全体会议，2017 年 1 月 11 日在美丽华大酒店举行。会议应到委员 34 名、候补委员 7 名，实到委员 34 名、候补委员 7 名。会议选举产生新一届区委领导机构。巩洪波当选为区委书记，王洪林、张志芳当选为区委副书记。巩洪波、王洪林、张志芳、杨振生、王玉成、许勇、骆晓东、李福广、孟宇、王勇当选为区委常委。中共德城区委书记巩洪波讲话。

【第二次会议】 中共德城区第十六届委员会第二次全体会议，2017 年 12 月 6 日在综合楼八楼第三会议室举行。出席会议的有区委委员 31 人、候补委员 7 人。区纪委委员和有关方面负责人列席会议。会议由区委常委会主持。中共德城区委书记巩洪波受区委常委会委托作工作报告。

全会深入学习贯彻党的十九大、十九届一中全会、省委十一届二次全会和市委十五届三次全会精神，听取和讨论了巩洪波作的工作报告，审议通过了《中共德州市德城区委关于深入学习贯彻党的十九大精神的决议》。

全会一致认为，党的十九大是在全面建成小康社会决胜阶段、中国特色社会主义进入新时代的关键时期召开的一次十分重要的大会。大会通过的十八届中央委员会的报告，描绘了决胜全面建成小康社会、夺取新时代中国特色社会主义伟大胜利的宏伟蓝图，进一步指明了党和国家事业的前进方向，是党团结带领全国各族人民在新时代坚持和发展中国特色社会主义的政治宣言和行动纲领，是马克思主义的纲领性文献。大会通过的中央纪委工作报告，明确了当前和今后一个时期党风廉政建设和反腐败工作的总体要求、具体安排，对进一步做好党风廉政建设和反腐败工作，纵深推进全面从严治党，具有重要意义。大会通过的党章修正案，确立了习近平新时代中国特色社会主义思想的历史地位，体现了全党全国各族人民的共同意志，是大会作出的历史性贡献。党的十九大和十九届一中全会选举产生的以习近平同志为核心的新一届中央领导集体，体现了全党意志、反映了全国各族人民心愿，为在新的时代条件下进行伟大斗争、建设伟大工程、推进伟大事业、实现伟大梦想提供了坚强政治保证和组织保证。全区各级党组织和广大党员干部要充分认识党的十九大的重大意义，深入学习贯彻党的十九大精神，坚持用习近平新时代中国特色社会主义思想武装头脑、指导实践、推动工作，努力开创“富美新强”典范区建设新局面。

全会强调，党的十八大以来，党和国家事业取得了全方位、开创性的成就，发生了历史性深刻变革，归根结底是靠“两个关键”，关键有习近平总书记这个坚强的领导核心，关键有习近平新时代中国特色社会主义思想这个科学的指导思想。习近平总书记展现了马克思主义政治家、思想家、理论家、战略家的雄韬伟略、远见卓识、坚定信念和崇高品质，不愧为全党全军全国各族人民的坚强核心。全区各级党组织和广大党员干部要更加牢固树立“四个意识”，旗帜鲜明讲政治，始终对党忠诚，始终忠诚核心、拥戴核心、维护核心、紧跟核心，始终以党的旗帜为旗帜、以党的方向为方向、以党的意志为意志，坚定不移同以习近平为核心的党中央保持高度一致，以实际行动推动习近平新时代中国特色社会主义思想在德城落地生根、开花结果。

全会充分肯定了区第十六次党代会以来区委常委会的工作。一致认为，在市委的坚强领导下，区委常委会认真贯彻落实党的十八大、十八届历次全会和党的十九大精神，深入学习贯彻习近平新时代中国特色社会主义思想，全面落实省第十一次党代会、市第十五次党代会决策部署，统筹推进“五位一体”总体布局，协调推进“四个全面”战略布局，深入实施“产业强区、创新兴区、服务立区、开放活区”四大战略，紧紧围绕“财源建设、城市建管、民生改善、安全稳定、从严治党”五大重点，从严从实、奋发有为，对标一流、争先进位，经济社会呈现出稳中向好的良好态势，“富美新强”典范区建设迈出坚实步伐。

全会审议通过的《中共德州市德城区委关于深入学习贯彻党的十九大精神的决议》，从六个方面作出了部署。（一）充分认识党的十九大的重大意义；（二）坚持不懈用习近平新时代中国特色社会主义思想武装头脑指导实践推动工作；（三）迅速兴起学习宣传贯彻党的十九大精神热潮；（四）以党的十九大精神为引领开创“富美新强”典范区建设新局面；（五）坚定不移推动全面从严治党向纵深发展；（六）切实加强组织领导。

全会指出，全区各级党组织和广大党员干部，要把学习宣传贯彻党的十九大精神作为当前和今后一个时期的首要政治任务和头等大事，加强组织领导，迅速兴起学习宣传贯彻热潮。要按照习近平总书记在十九届中央政治局第一次集体学习会上和政治局常委瞻仰中共一大会址时提出的要求，认真落实省委十一届二次全会和市委十五届三次全会精神，原原本本、原汁原味学习好党的十九大报告和党章，在学懂、弄通、做实上下功夫，准确领会把握党的十九大精神的思想精髓、核心要义。把着力点聚焦到习近平新时代中国特色社会主义思想是党必须长期坚持的指导思想上，聚焦到5年来党和国家事业取得历史性成就和发生历史性变革上，聚焦到作出中国特色社会主义进入了新时代、我国社会主要矛盾已经转化为人民日益增长的美好生活需要和不平衡不充分的发展之间的矛盾等重大论断的深远影响上，聚焦到贯彻落实党的十九大的重大决策部署上，聚焦到以习近平同志为核心的新一届中央领导集体是深受全党全国各族人民拥护和信赖的领导集体上，切实把思想和行动统一到党的十九大精神上来。

全会强调，要用党的十九大精神指导实践引领发展，坚持以习近平新时代中国特色社会主义思想为指导，全面贯彻党的基本理论、基本路线、基本方略，坚决落实中央和省委、市委部署要求，按照区第十六次党代会确定的任务目标，决胜全面建成小康社会，努力开创“富美新强”典范区建设新局面。要坚定不移地贯彻新发展理念，把发展作为第一要务，坚持质量第一、效益优先，推动经济发展质量变革、效率变革、动力变革，持续发展壮大实体经济，加快新旧动能转换，深入实施协同发展战略，全面优化改善发展环境，加快构建现代化经济体系。要大力发展社会主义民主政治，坚持党的领导、人民当家做主、依法治国有机统一，巩固和发展生动活泼、安定团结的政治局面。要坚定文化自信，深化习近平新时代中国特色社会主义思想学习宣传教育，牢牢掌握意识形态工作领导权、主导权、话语权，推动文化事业和文化产业繁荣发展。要始终坚持以人民为中心的发展思想，解决好群众最关心最直接最现实的利益问题，在幼有所育、学有所教、劳有所得、病有所医、老有所养、住有所居、弱有所扶上不断取得新进展，切实增强群众获得感、幸福感。要坚决守住生态环保、安全生产、社会稳定三条底线，坚持不懈治理环境，扎实做好安全生产、食品药品安全、社会治安、信访稳定等工作，全力维护社会和谐稳定。

全会要求，要牢牢把握新时代党的建设总要求，坚持党要管党、全面从严治党，切实肩负起管党治党的政治责任，始终保持党的建设正确政治方向，推动全面从严治党向纵深发展。要把政治建设摆在首位，旗帜鲜明讲政治，坚决维护党中央权威，牢固树立“四个意识”，严守党章党规党纪，提高政治觉悟、增强政治定力、牢记政治责任。要自觉用习近平新时代中国特色社会主义思想武装头脑，严肃党内政治生活，坚持民主集中制，夯实思想建设基础。要强化大抓基层导向，以全面进步、全面过硬为目标，以提升组织力为重点，突出政治功能，打造坚强战斗堡垒。要坚持正确选人用人导向，注重在一线发现、考察、识别干部，认真落实好量化预警、干事创业容错免责、干部激励关怀等机制，打造过硬干部队伍。要持之以恒正风肃纪，坚持不懈纠正“四风”，落实党和国家监督体系建设的部署要求，始终保持反腐高压态势，营造良好政治生态。

全会强调，全面学习贯彻党的十九大精神，要紧密联系实际、学深悟透，做到知行合一、学用结合，真正把学习贯彻党的十九大精神激发出的热情和动力，转化为谋划工作、推动落实的具体成效。要聚焦制约德城发展的突出问题，锐意进取、真抓实干，决胜全面建成小康社会，加快建设“富美新强”典范区。要以学习宣传贯彻党的十九大精神为动力，统筹抓好岁末年初各项工作，科学谋划好明年和今后一段时期的工作，确保今年收好尾、明年起好步。

全会号召，全区各级党组织和广大党员干部，要更加紧密地团结在以习近平为核心的党中央周围，高举中国特色社会主义伟大旗帜，以习近平新时代中国特色社会主义思想为指导，深入学习贯彻党的十九大精神，不忘初心、牢记使命，从严从实、奋发有为，对标一流、争先进位，努力建设“富美新强”典范区，为决胜全面建成小康社会、夺取新时代中国特色社会主义伟大胜利、实现中华民族伟大复兴的中国梦不懈奋斗。

中共德城区第十五届委员会常委（扩大）会议提要

【2017年1月3日会议】 综合楼八楼第一会议室。巩洪波主持。

会议听取区第十六次党代会日程安排及筹备情况；讨论区第十六次党代会主席团成员、秘书长、主席团常务委员、执行主席、代表资格审查委员会主任、委员、列席人员建议名单；讨论区第十六届区委委员、候补委员、纪委委员和出席市第十五次党代会代表候选人预备人选建议名单；讨论区第十六次党代会选举办法，并形成《草案》。

【2017年1月7日会议】 综合楼八楼第一会议室。巩洪波主持。

会议听取《中国共产党德州市德城区第十六次代表大会报告（讨论稿）》《政府工作报告（讨论稿）》起草情况汇报，就报告进行讨论。

中共德城区第十六届委员会常委（扩大）会议提要

【2017年1月18日会议】 综合楼八楼第一会议室。巩洪波主持。

议题：安排部署当前重点工作。

决议事项：一、研究区委常委工作分工。会议原则同意区委常委工作分工方案。会议要求，区委班子要倍加珍惜组织的厚爱和重托，倍加珍惜人民的信任和期待，恪尽职守、团结奋斗，不忘初心、继续前进，努力完成既定各项目标任务，向市委和全区人民交上一份满意的答卷。一要出主意、当参谋。坚持着眼长远、超前谋划，积极为全区改革发展提建议、想办法、出主意、拿方案，牢牢把握工作主动权。坚持工作学习化、学习工作化，问题课题化、课题常规化，把工作当成学问来研究，对重大问题见微知著、深谋远虑，提高分析和解决问题的能力。提交常委会研究的议题必须提前做好充分的综合调查和研究论证工作，确保议题有高度、有深度。二要明职责、抓落实。既要保持上进心、求知欲、责任感，高标准严要求抓好各项工作，确保新老班子“无缝交接”；又要强化底线思维，恪守底线原则，牢牢守住底线，充分估计困难挑战，周密制定防范措施，切实做到未雨绸缪，防患于未然，保证各项工作稳扎稳打、万无一失。三要勤通气、多沟通。要心系共同事业维护团结，做事要统一思想、抓住要害，经常沟通、凝聚共识，处理好相互之间关系，对苗头性、倾向性的问题抓早抓小、及时纠正，齐心协力推动德城事业更好发展。四要唱黑脸、勇担责。要手握戒尺、讲究原则，厘清权责关系，对分管部门“一岗双责”，统筹不包揽，放手不撒手，及时掌握工作亮点、特点、难点和风险点，切实担负起领导责任。五要立全局、善补台。善于从全局的高度认识筹划工作，着眼于大局思考问题，着眼于大局改进工作方法，着眼于大局落实工作任务，把自身工作同改革发展大局联系起来，相互之间密切配合、搞好衔接、拾遗补阙，形成齐抓共管的良好局面。六要齐努力、谋发展。坚持既定的战略思路不动摇，少说多干、真抓实干、埋头苦干，提高履职能力、增强攻坚本领，努力把党代会描绘的发展蓝图变成美好现实。要严守纪律规矩，带头尊崇党章，自觉接受监督，管好亲属和身边工作人员，永葆共产党人浩然正气和清廉本色。

二、安排部署当前重点工作。会议指出，全区第十六次党代会和区“两会”提出了今后五年全区改革发展的总体思路和目标要求，对全区党的建设和经济社会各项事业作出全面部署。把目标任务落实好，事关经济社会发展全局，事关全面建成小康社会，事关“富美新强”典范区奋斗目标的实现，是全区各级各部门的重大任务。全区上下要迅速把思想和行动统一到区委、区政府的决策部署上来，从严从实、奋发有为，对标一流、争先进位，全力以赴抓好各项工作落实。会议要求，一要做好近期会议筹备工作。由区委办公室、区政府办公室负责，提前准备、精心做好区委民主生活会、新任干部廉政谈话、经济工作会议、全区领导干部思想作风建设大会等重要会议筹备工作，确保各项会议顺利进行。二要进一步改进工作作风。由区委办公室负责，制定常委会议事规则；区纪委、区委组织部负责，研究加强干部作风建设意见，积极探索、建立健全加强干部作风建设长效机制。三要加强人大、政协工作。继续深化“进解促”活动，扩大帮扶企业范围，可以考虑人大、政协领导同志积极参与其中，努力为经济社会发展大局多做贡献。

【2017 年 1 月 23 日会议】 综合楼八楼第一会议室。巩洪波主持。

议题：传达市委书记陈勇在区委常委班子民主生活会上的讲话精神；传达市委书记陈勇在 2016 年度县市区委书记和市委市直机关工委书记抓基层党建工作述职评议会议上的讲话精神；传达市纪委十四届八次全体会议精神。

决议事项：一、传达市委书记陈勇在区委常委班子民主生活会上的讲话精神。会议指出，市委陈勇书记在区委常委班子民主生活会上的讲话高屋建瓴、语重心长，对德城去年工作给予充分肯定，对新一届区委班子寄予厚望，提出了“德城好则德州好、德城稳则德州稳、德城文明则德州文明”的希望和要求。全区上下要认真领会陈勇书记重要讲话精神，进一步统一思想、提高认识、增进共识，以更大的决心、更有力的举措，全力加快“富美新强”典范区建设。会议要求，一要抓发展，谋求跨越赶超。清醒地认识到当前经济社会发展中面临的困难和问题，结合上级部署要求，主动担当、积极作为，对照各自指标，逐项研究、深刻剖析，摸清底子、查找不足，尽快拿出解决方案，确保实现突破。把经济园区建设、城市建设管理和社区建设管理牢牢抓在手上，大力实施“产业富区、创新兴区、服务立区、开放活区”四大战略，开展精准招商，加快项目建设，加强税收征管，全力帮扶企业，努力形成人人想发展、抓发展、促发展的浓厚氛围。加强考核督导力度，检查工作不发通知、不打招呼、直到现场，对重点工作日督查、周通报、月调度、季考核，一环扣一环，持续推进工作落实，提高工作执行力。二要抓服务，全力改善民生。把优化环境作为加快经济社会发展的重要突破口，大力实施“服务立区”战略，坚持问题导向，认真研究在城市管理、社区管理等工作中存在的薄弱环节，组织安排赴外地学习先进的城市管理经验，制定符合德城实际的制度措施，切实解决群众反映强烈的突出问题，以实际成效取信于民。坚持把信访工作当作送上门的群众工作，严格落实约访、包案制度，全力化解各类矛盾纠纷，确保实现信访、非访总量双降。三要抓作风，激发干事激情。聚焦作风问题，大力开展“对标一流、争先进位，争当德城发展排头兵”活动，弘扬实干担当精神，保持争先创优态势，站在全省、全市的格局上，对标一流、争先进位，提升境界、提振士气，拉高标杆、奋起直追。组织、纪检部门要主动“走出去”，学习外地作风建设的先进经验，出台进一步加强干部作风建设的相关意见，研究建立容错纠错机制，让大家放下包袱、集中精力，努力营造浓厚干事创业氛围。要高度重视问题背后的作风问题，弛而不息加强作风建设，重拳整治“庸懒散”，切实消除“中梗阻”，推动作风建设常态化、长效化。要狠抓问题整改，对本次民主生活会上查摆出的问题，要认真梳理、建立清单、列出时限，切实把整改工作抓细抓实抓到位。对区第十六次党代会报告、政府工作报告确立的目标任务，要尽快细化量化具体化，明确完成时限、任务节点、分管领导和责任部门。督查部门要逐项跟进、定期督查、建立台账，确保各项工作落到实处、见到实效。四要抓廉政，从严管党治党。要从讲政治、顾大局的高度，充分认识加强党风廉政建设的重要性，认真学习贯彻《准则》《条例》，深刻领会实质，切实履行好全面从严治党主体责任。要从严监督管理干部，层层传导压力，纪委、组织部门要研究建立“蓝、黄、橙、红”四级预警机制，对出现问题的干部，及时启动预警、开展谈话，切实推动全面从严治党从“宽松软”走向“严实硬”。要在强化制约监督上下功夫，从严从实加强内部管理，全力支持纪委、审计等部门开展工作，对排查出的苗头性、倾向性问题，抓好事前预防、事中监控、事后查处，防止小错酿成大错。五要抓班子，打造过硬队伍。常委、副区长要倍加珍惜组织和人民信任和重托，努力加强自身建设，提高履职能力，增强攻坚本领，打造坚强有力的领导集体。要出主意、当参谋。把工作当成学问来研究，对重大问题见微知著、深谋远虑，积极为全区改革发展提建议、想办法、出主意、拿方案，把握工作主动权。要明职责、抓落实。保持上进心、求知欲、责任感，强化底线思维，充分估计困难挑战，周密制定防范措施，做到未雨绸缪，防患于未然。要勤通气、多沟通。心系共同事业维护团结，经常沟通、凝聚共识，处理好与上级之间、同事之间关系，齐心协力推动德城事业更好发展。要唱黑脸、勇担责。手握戒尺、讲究原则，厘清权责关系，对分管部门“一岗双责”，及时掌握工作特点、亮点、难点和风险点，切实担负起领导责任。要立全局、善补台。从全局的高度认识筹划工作，相互之间密切配合、搞好衔接、拾遗补阙，形成齐抓共管的良好局面。要齐努力、谋发展。坚持既定的战略思路不动摇，少说多干、真抓实干、埋头苦干，提高履职能力、增强攻坚本领，努力把党代会描绘的发展蓝图变成美好现实。

二、传达市委书记陈勇在2016年度县市区委书记和市委市直机关工委书记抓基层党建工作述职评议会议上的讲话精神。会议指出，市委陈勇书记重要讲话充分肯定了县市区换届工作，指出“检验换届成效的关键在于能否开创改革发展稳定新局面”，并对下一步工作做出了重要部署，提出了明确要求。全区领导干部要切实增强责任感使命感，以高度的思想自觉和行动自觉，强化“四个意识”，提高领导能力，在新岗位、新起点有新发展、新作为。会议要求，要把学习贯彻陈勇书记重要讲话精神，作为重要政治任务，学深悟透、入脑入心，切实增强学习贯彻讲话精神的思想自觉、政治自觉和行动自觉。要坚持以新发展理念为指导，最大限度缩短适应期、过渡期，抓住岁末年初有利时机，科学谋划、精准施策，确保首季“开门好”、全年好。要增强政治敏锐性，提高执行力，坚决守住党风廉政建设、信访稳定、安全生产、生态环保、民生改善、金融风险等工作底线。

三、传达市纪委十四届八次全体会议精神。会议指出，市纪委十四届八次全会是贯彻落实十八届中央纪委七次全会和省纪委十届八次全会精神的具体实践，为党风廉政建设和反腐败斗争指明了方向，具有很强的指导性和针对性。各级各部门要进一步增强全面从严治党的责任感、使命感和紧迫感，始终保持战略定力和政治定力，推动全面从严治党不断取得新成效，为建设“富美新强”典范区作出新的更大贡献。会议要求，要认真学习全会公报和中央、省委、市委领导同志重要讲话精神，深刻领会丰富内涵、准确把握精神实质，切实把思想认识统一到中央和省委、市委对党风廉政建设和反腐败斗争的形势判断和决策部署上来。要履行好全面从严治党主体责任，坚持在常和长、严和实、深和细上下功夫，让失责必问、问责必严成为常态，不断把党风廉政建设和反腐败斗争引向深入。要全力支持纪委依法依纪开展工作，持续深入落实中央八项规定精神和省委、市委实施办法，积极践行“三严三实”要求，继续加强制度建设，巩固提升“四风”整治成果。会议强调，春节将至，各级领导干部要绷紧纪律这根“弦”，带头弘扬节俭、廉洁过年良好风气，认真落实中央八项规定精神，严格执行领导干部廉洁自律各项规定。纪检部门要抓住这一时间节点，积极履行监督责任，深入开展明察暗访，严查隐性变异“四风”问题，真正过一个“廉洁年”。要统筹安排信访稳定、安全生产、食品安全等工作，确保群众过一个“祥和春节”。

【2017年2月3日会议】 综合楼八楼第一会议室。巩洪波主持。

议题：听取2017年全区重点项目和城建项目有关情况的汇报。

决议事项：听取2017年全区重点项目和城建项目有关情况的汇报。会议指出，2017年全区重点项目和城建项目建设时间紧、任务重、压力大，要进一步强化“抓项目就是抓发展”意识，牢牢抓住项目建设不放松，加强领导、落实责任，突出重点、攻坚克难，全力推进项目建设。一要细化工作措施。对确定的重点项目，各包保小组要主动思考、超前谋划，从实从细制定工作方案、推进措施，明确任务目标、重点难点、时间节点，扎扎实实推进项目建设。增强方案的针对性和可操作性。二要加强协调配合。各包保领导和责任部门要认真研究项目实施过程中涉及的土地、规划、环保等相关问题，积极推动解决，确保项目快开工、早建设；各镇街、区建设局、区城管局等要加大土地收储力度，狠抓建设环境整治，助推项目顺利实施；要进一步创新融资模式，在向上争取、银行贷款、PPP融资等方面想办法、下功夫，破解项目建设资金瓶颈。三要强化督导考核。牵头领导要强化责任意识，亲力亲为、一线作战，对包保项目加强调度、跟踪协调，抓好各项工作落实。区委办公室、区政府办公室要加大督查力度，定期通报重点项目进展情况和存在问题，形成压力传递、责任倒逼。要进一步完善考核评价办法，调动干部工作积极性、主动性、创造性。四要严格规范管理。要在方案审查、招标投标、资金使用等方面，完善规章制度，严格管理程序，明确责任分工，强化信息公开，确保项目建设决策科学、程序规范、过程公开、责任明确，实现“阳光化”运作。

【2017 年 2 月 14 日会议】 综合楼八楼第一会议室。巩洪波主持。

议题：听取关于加快推进区政府投融资平台市场化改制工作情况和《加快全区金融产业发展》起草情况汇报；听取市容市貌综合整治情况汇报；听取全区环保工作情况汇报。

决议事项：一、听取关于加快推进区政府投融资平台市场化改制工作情况和《加快全区金融产业发展》起草情况汇报。会议指出，当前全区财政增收压力大，建设资金需求量多，企业融资困难，严重制约经济社会发展。要推动融资平台向“市场化”“实体化”转型，努力拓宽项目建设融资渠道，破解政府融资瓶颈，为经济社会发展注入新活力。会议要求，要严格落实中央、省、市有关文件精神，出实招、迈大步，切实把我区投融资平台真正建立起来。一要搭好班子、建好队伍。要坚持德才兼备、专业务实、勇于创新的选人原则，精心选聘高层次、高素质的经营管理、技术人才，建立一支懂金融、会管理、敢创新的人才队伍，夯实人才保障。二要学习经验、稳妥起步。要借鉴济南、青岛、重庆等先进地区成功运作模式，结合德城实际，制定科学管用的工作方案，确保稳起步、早运转、快见效。三要边学边干、务求实效。坚持学习和实践相结合，在学习中克服困难、解决问题，形成良性循环。国资管理部门要充分发挥监管作用，实现资产保值增值，打造实力雄厚、管理规范、功能齐全、支撑明显的区域发展投融资平台。会议原则同意《关于加快推进德城区政府投融资平台市场化改制工作的建议》《德城区人民政府关于加快全区金融产业发展的意见》，根据区委常委会研究意见，对文件进行进一步修改完善。

二、听取市容市貌综合整治情况汇报。会议指出，市容市貌综合整治工作是建设“富美新强”典范区的重要内容，是新一届党政班子对全区人民的庄严承诺，也是一项重要的政治任务。要统一思想、高度重视，密切配合、强化措施，确保尽快取得明显成效。会议要求，一要加强宣传动员。利用宣传车、广播、明白纸等多种载体，深入广泛开展宣传，做好群众工作，争取社会各界理解支持，形成人人参与的浓厚氛围。二要形成工作合力。有效整合城管、工商、公安等部门力量，开展联合执法行动，确保市容市貌短时间内有显著提升。要加强执法队伍培训，依法依规、文明执法，用实际行动争取群众配合。三要坚持疏堵结合。在加大整治力度的同时，广泛听取群众意见建议，统筹安排好便民服务、困难群众救助帮扶，方便群众生活，满足群众需求，维护好群众正当利益。

三、听取全区环保工作情况汇报。会议要求，要高度重视环保部空气质量专项督查、中央环保督查活动，站在讲政治、顾大局的高度，强化源头控制，抓好问题整改，严厉打击环境违法行为，坚决守住环保红线。要坚持问题导向，从快、从实、从细抓好大气污染、水环境污染、畜禽养殖污染等突出环保问题整改工作，确保尽快取得成效。要对环保信访积案，细致分析、深入研究，逐一制定解决方案，集中精力化解一批突出环境信访问题，并及时反馈。要严格落实网格化管理，定区域、定职责、定人员、定任务、定考核，确保管理到位、监督到位、整改到位，提升我区环境质量。会议强调，各分管区级领导要与相关部门单位对全年工作早谋划、早部署，认真梳理每季度、半年和全年的工作计划，明确任务目标和时间节点，分析存在的难点和问题，扎实推动各项工作有序开展。各级领导干部要自觉担负起从严治党主体责任，时时处处坚持高标准、严要求，带头遵守和执行中央八项规定精神，做廉洁自律的模范。

【2017 年 2 月 18 日会议】 综合楼八楼第一会议室。巩洪波主持。

议题：传达学习市党代会会议精神及市委书

记陈勇在德城团分团会议上的讲话精神；安排部署近期重点工作。

决议事项：一、传达学习市党代会会议精神及市委书记陈勇在德城团分团会议上的讲话精神。会议指出，德州市第十五次党代会是在全面建成小康社会、实现第一个百年奋斗目标、迈向第二个百年奋斗目标、建设协同发展示范区的关键时期召开的一次重要会议。市委陈勇书记所做的报告，提出了建设协同发展示范区，奋力夺取全面建成小康社会新胜利的宏伟目标，提出了“六个明显提升”的具体要求，为德州未来发展定准了方向、提供了遵循。全区上下要把贯彻落实党代会精神作为当前和今后一个时期的一项重大政治任务，与深入学习贯彻党的十八届六中全会精神、习近平总书记系列重要讲话精神相结合，与陈勇书记对德城区提出的一系列重要指示精神相结合，与加快实施协同发展战略、建设“富美新强”典范区相结合，加大宣传力度，抓好贯彻落实。

二、安排部署近期重点工作。会议指出，当前经济社会发展工作任务重、头绪多、压力大，全区上下要认真领会把握陈勇书记提出的“德城好则德州好、德城稳则德州稳、德城文明则德州文明”要求，对标一流、争先进位，推动全区经济社会持续健康发展。一是扎实做好全区经济工作暨2016年度协同发展考评总结大会筹备工作。会议决定大会于2月20日召开，相关部门要通力协作、密切配合，积极主动做好各项筹备工作，确保大会顺利召开。二是积极筹备全市重点项目“三个一批”活动。要以活动开展为契机，创新工作方式方法，加强工作统筹谋划，务求“双招双引”、重点项目建设取得实效。三是全力抓好市容市貌综合整治。要高度重视、集中精力，按照市容市貌整治方案，迅速行动，强化措施，狠抓落实，确保尽快见到成效，以实际行动取信于民。四是加快推进投融资平台建设。要积极学习先进地区成功运作模式，扎实稳妥做好搭班子、建队伍等前期准备工作，尽快启动投融资平台运作。五是加快民生项目建设。要认真学习研究市委、市政府对民生项目建设的新部署、新要求，迎难而上、攻坚克难，进一步提升全区民生建设水平，推动民生事业迈上新台阶。相关部门要扎实做好民生项目评估论证工作，确保各项民生政策落到实处。六是做好信访稳定、安全生产和环境保护工作。要加强责任意识，深入细致排查解决分管领域信访风险点，强化信息预警处理，紧盯关键信访案件，确保全国和省、市“两会”期间不出现问题。要树立底线思维，组织开展全方位排查，坚决消除安全生产隐患，确保全区安全生产形势持续稳定。要积极开展环境保护自查自纠工作，全面深入排查环境风险隐患，查找存在的问题和不足，尽快整改落实，通过扎实的工作，推动突出环境问题解决。会议强调，当前各项工作任务繁重、头绪繁多，要统筹谋划，按照“先易后难、先急后缓”原则，认真梳理全年工作，做到“心中有数”，牢牢把握工作主动权。

【2017年2月27日会议】 综合楼八楼第一会议室。巩洪波主持。

议题：传达学习市“两会”精神；传达学习市考评总结大会会议精神；听取《关于建立量化预警机制从严从实监督管理干部情况的实施意见（试行）》《关于开展“对标一流、争先进位，争当德城发展排头兵”活动的实施方案》《关于全区综合考评整改提升工作的汇报》起草情况汇报；听取《德城区改革创新干事创业容错免责实施办法（试行）》起草情况汇报；安排部署近期重点工作。

决议事项：一、传达学习市“两会”精神。会议指出，市十八届人大一次会议、市政协十四届一次会议是在全面建成小康社会决胜阶段、建设协同发展示范区关键时期召开的重要会议，对于贯彻落实省“两会”和市十五次党代会精神、以优异成绩迎接党的十九大和省第十一次党代会胜利召开，具有重要意义和深远影响。市委陈勇书记在参加德城代表团讨论时指出：“德城区要坚持以新发展理念为引领，充分发挥优势，对标先进城市，更好发挥中心城区的龙头带动作用”，提出了“加快产业转型升级、加强城市建设管理、着力保障改善民生、打造忠诚干净担当的干部队伍”四方面要求。全区上下要把学习贯彻市“两会”和陈勇书记重要讲话精神作为当前和今后一个时期的重要政治任务，认真学习领会、全面准确把握，切实把思想和行动统一到市委、市政府各项决策部署上来。要准确把握市委、市政府确定的发展思路、主要任务和具体要求，结合全区发展大局和自身工作实际，明确时间表、制定路线图，把各项重点工作抓紧、抓实、抓严、抓细，以实际成效推动会议精神落到实处。

二、传达学习市考评总结大会会议精神。会议指出，市委陈勇书记在大会上的讲话，提出了“抓住机遇、用好机遇；抓紧时间、加快发展；从严从实、狠抓落实”三个方面要求，动员全市广大党员干部群众抓住机遇、抓紧时间、狠抓落实，迅速投入到各项工作中去，确保开局之年起好步、开好局。全区上下要认真学习、深刻领会会议精神，进一步统一思想、振奋精神、坚定信心、鼓足干劲，在全区掀起对标一流、争先进位，争当德城发展排头兵的干事创业热潮。要对全市综合考评办法，逐项对照检查，分析差距不足，确定目标任务，制定具体改进措施，确保各项工作争先进位。要加强与市级对口部门衔接，多汇报、多沟通，及时掌握考评动态。

三、听取《关于建立量化预警机制从严从实监督管理干部情况的实施意见（试行）》《关于开展“对标一流、争先进位，争当德城发展排头兵”活动的实施方案》《关于全区综合考评整改提升工作的汇报》起草情况汇报。会议原则同意《关于建立量化预警机制从严从实监督管理干部情况的实施意见（试行）》《关于开展“对标一流、争先进位，争当德城发展排头兵”活动的实施方案》《关于全区综合考评整改提升工作的汇报》，由区委组织部负责，根据区委常委会研究意见做好相关工作。

四、听取《德城区改革创新干事创业容错免责实施办法（试行）》起草情况汇报。会议原则同意《德城区改革创新干事创业容错免责实施办法（试行）》，由区纪委负责，根据区委常委会研究意见做好相关工作。

五、安排部署近期重点工作。会议指出，要以贯彻落实全市重要会议精神为动力，从严从实、奋发有为，对标一流、争先进位，全力加快“富美新强”典范区建设。一是切实改进工作作风。《关于开展“对标一流、争先进位，争当德城发展排头兵”活动的实施方案》是目标，目的是对标先进、查找不足，加强学习、改进工作，明确努力方向和奋斗目标，重点解决“不会为”的问题。《德城区改革创新干事创业容错免责实施办法（试行）》是保障，目的就是为了鼓励各级干部放手干事，旗帜鲜明地支持、保护担当者，重点解决“不敢为”的问题。《关于建立量化预警机制从严从实监督管理干部情况的实施意见（试行）》是戒尺，对苗头性、倾向性问题及时提醒教育帮助，纠正错误，用制度倒逼工作落实，重点解决“慢作为、乱作为、不作为”的问题。全区领导干部要深刻领会文件精神，准确把握文件要求，确保把文件政策用足用好。领导同志要以身作则、率先垂范，凡是要求镇街、部门单位做到的，区四大班子首先要做到；凡是要求广大干部做到的，区级领导干部首先要做到，形成一级抓一级、一级带一级、层层抓落实的工作格局。会议决定，全区领导干部思想作风建设大会于2月28日召开。二是做好环境保护工作。要树立生态“红线”意识，高度重视、全力配合环保部空气质量专项督查工作，以环保部专项督查为切入点，深入广泛开展环境隐患自查自纠，不留死角、不留情面，做到真查、真改、真落实。对督察组反馈的情况，要直面问题、主动担当，逐项逐条梳理研究，尽快制定整改方案和工作台账，逐一对账销号。三是抓好财税增收。要全面摸清税源底数，加强完善税源管理，挖掘税收潜力，强化工作督导，把握征收主动权，确保税收应收尽收、足额入库。四是加快重点项目建设。各牵头领导、责任单位，按照重点项目包保责任制要求，不等不靠、积极作为，帮助企业解决资金、土地、规划、环保等方面难题，确保重点项目快开工、快推进、快见效。五是做好全国、全省“两会”期间安全保卫工作。要坚持“属地管理、属事管理”，紧盯关键时间节点，加强信息收集和隐患排查，对可能发生的信访案件，进一步摸清底子，全面掌握情况，能解决的尽快解决，暂时不能解决的要做好稳控工作。要落实安全生产“一岗双责、党政同责”，开展安全生产隐患排查，强化对重点企业、重点行业监管，切实消除安全隐患，严防重特大事故发生。要加强舆情监控，正确引导社会舆论，为经济社会发展营造良好氛围。六是规范区委常委会议事规则。各区委常委、副区长和有关部门要对需要提交区委常委会讨论研究的议题，提前梳理、尽早谋划，科学制定每周、每月、每季度工作计划，做到有条不紊、心中有数。需提交区委常委会议讨论研究的事项，有关区委常委、副区长和部门单位应提前深入调查研究，争取有关部门意见建议，拿出比较成熟的意见后，形成规范的汇报材料，提交区委常委会讨论研究。需提交常委会议研究讨论的事项，由区委办公室收集整理。

【2017年3月20日会议】 综合楼八楼第一会议室。巩洪波主持。

议题：传达学习全国“两会”精神；通报近期信访维稳工作情况；传达学习省市组织部长会议精神和《中共中央组织部关于印发〈党委（党组）讨论决定干部任免事项守则〉的通知》；听取安全生产工作情况汇报；听取环保督查工作情况汇报。

决议事项：一、传达学习全国“两会”精神。会议指出，这次全国“两会”是在全面建成小康社会进入决胜阶段召开的一次重要会议，对夺取全面建成小康社会决胜阶段的伟大胜利、开创中国特色社会主义建设新局面，影响深远、意义重大。各级各部门要把学习宣传贯彻全国“两会”精神作为当前和今后一个时期的重要政治任务，认真学习习近平总书记参加有关代表团审议和政协委员联组讨论时的重要讲话精神，深刻理解会议提出的一系列新思想、新观点、新要求，准确把握今年重点工作部署，吃透精髓要义、领会精神实质，切实把学习成果转化为推进改革、谋划发展的实际成效。要把学习全国“两会”精神与学习市、区近期重要会议精神结合起来，与贯彻落实区委、区政府决策部署结合起来，对经济发展、民生项目建设、环境保护、信访维稳、安全生产等重点工作早部署、早安排，抓紧时间、抓紧推进，切实把政治热情转化为工作动力。

二、通报近期信访维稳工作情况。会议指出，今年全国大事要事多，要时刻保持清醒头脑，认清当前形势，把握规律特点，明确责任、强化措施，牢牢把握信访工作主动权。会议要求，一要强化基层基础。充分发挥社区最前沿阵地的优势，按照抓早、抓小、抓苗头、抓关键人要求，对各领域信访问题和矛盾纠纷进行认真排查，实现信访工作提前防范、超前化解。二要狠抓积案化解。突出“事要解决”，对现有信访积案和上级交办信访事项进行分类梳理，建立工作台账，明确专人负责，推动问题解决。三要坚持领导包案。区级领导每月对包保信访案件进行一次下访，协调有关部门处结信访事项。各镇街部门要采取带案下访、结案回访、联合会访等多种形式接待上访群众。四要推进信访听证。严格规范信访听证办理程序，提高上访群众信服力，降低重复访发生。五要强化信息预警。把《综治维稳·每日信息》作为必看材料认真研读，对预警信息立即安排，迅速处置，防止久拖不决。处置过程中，要做好记录，留痕备查。事后要加强督办督查，对重点信访案件办结一件，销号一件，确保问题得到有效解决。六要注意以点带面。从个别信访案件出发，思考某个领域行业可能存在的共性问题，探索解决问题的突破点，有针对性地制定好解决措施。

三、传达学习省市组织部长会议精神和《中共中央组织部关于印发〈党委（党组）讨论决定干部任免事项守则〉的通知》。会议指出，各级各部门要认真学习、深刻领会会议和文件精神，紧密联系实际抓好贯彻落实，切实把思想认识统一到中央和省委、市委部署要求上来。会议要求，一要扎实推进“两学一做”学习教育。把“两学一做”学习教育与加强思想教育、严格组织生活、民主意识决策、建设服务型党组织结合起来，抓好制度提升和日常督导，使学习教育成为党员干部日常需要和行为习惯。二要打造过硬干部队伍。要严格按照文件关于干部任免的新规定，进一步规范各级党委（党组）议事程序和决策程序，严把干部选拔任用讨论决定关，巩固风清气正、选贤任能的良好氛围。充分运用干部能上能下、容错免责、关怀激励等制度，激发干部队伍活力。三要全面夯实基层基础。进一步强化党对社区“两委”换届选举工作的领导，积极开展农村“三整治一增强”活动，严把人选标准，严格换届程序，严肃工作纪律，确保社区“两委”换届选举工作依法依规顺利进行。要严格党员发展程序，从严发展、教育、管理、服务党员。四要健全人才体制机制。完善人才政策体系，研究制定全区“5111人才工程”和奖励办法，加大人才政策宣传力度，营造良好创新创业环境，激发引才融智活力。

四、听取安全生产工作情况汇报。会议指出，安全生产事关人民福祉，事关经济社会发展大局。全区上下要时刻保持清醒头脑，进一步加强安全生产监管，确保全区安全生产形势持续稳定向好。会议要求，一要严格落实安全生产责任制。建立完善“党政同责、一岗双责、齐抓共管”安全生产责任体系，扎实落实企业主体责任，督促落实属地管理责任，明确部门行业监管责任，强化安全防范措施。二要扎实开展安全生产隐患排查。按照“专家查隐患、企业抓整改、部门抓监管”的要求，对全区所有生产经营单位开展“拉网式”排查，不留情面、不留死角、不留隐患，对于发现问题、整改不力的企业，果断关停，限期整改。三要开展重点领域行业安全生产大检查。在危险化学品监管方面，组织专项整治，落实企业主体责任，保障企业安全投入，提高企业安全标准化运行质量；在消防安全方面，落实消防安全重点单位监管，加大“九小场所”、居民社区检查执法力度，确保隐患整改到位；在建筑工程领域方面，提高施工单位准入门槛，强化指导监管，从源头杜绝建筑施工安全隐患；在养老机构方面，组织镇街、民政、公安、消防等部门建立联合执法队伍，开展专项检查，对违规运营单位依法依规责令限期整改，坚决消除安全隐患。四是不断强化安全生产教育培训。抓好执法人员、监管人员、企业安全人员教育培训，以典型案例和惨痛教训，提高相关人员安全意识和防范能力。

五、听取环保督查工作情况汇报。会议指出，当前我区面临的环保形势依然严峻，任务十分艰巨。全区上下要站在讲政治、讲大局的高度，进一步突出中心城区特殊区位，把解决环境问题作为增进民生福祉突破口，狠抓各类环境问题的整改落实，提升城区大气环境质量。会议要求，一要进一步健全网格化监管体系。制定《德城区网格化环境监管体系实施细则》，建立区、镇街、村（居）纵向三级网格，层层压实责任，做到边界清晰、责任明确、任务具体。二要推动网格化监管体系尽快运转。加大网格员、网格长培训力度，落实社区（村）网格员工作经费，确保职能作用得到充分发挥，实现环境监管全覆盖、无缝隙管理。三要完善网格化监管监督考核机制。健全完善网格监督体系，不定期开展摸排巡查，对环境监管工作中不作为、慢作为行为，适时启动问责机制，倒逼工作落实。四要全力整改环境保护问题。要严格按照环保部督查组反馈要求，坚持问题导向，从实从细建立问题台账，逐一整改销号。要把对群众反映的突出问题和久拖未决的环境问题，一并纳入整改范围，逐条深入研究，落实整改措施，确保得到妥善解决。深入开展自查自纠行动，逐领域、逐行业、逐镇街开展拉网式排查，全力做好问题整改。对发现的共性问题，要统筹安排、系统研究，抓紧制定科学有效的机制办法，从制度上堵塞漏洞。统筹解决水污染、土地污染等环境问题，依法严厉打击环境违法行为，坚决防止环保问题发生反弹。

【2017 年 3 月 31 日会议】 综合楼八楼第一会议室。巩洪波主持。

议题：集中学习《中国共产党工作机关条例（试行）》；传达学习市委书记陈勇在丰华社区座谈会上的重要讲话精神。

决议事项：一、集中学习《中国共产党工作机关条例（试行）》。会议指出，《中国共产党工作机关条例（试行）》是继党组工作条例、地方党委工作条例之后加强党的组织制度建设的又一重要举措，对于夯实党的执政治国的组织制度基础，推进国家治理体系和治理能力现代化，提高党的领导水平和执政水平具有重要意义。全区各级党组织要深刻领会《条例》重要意义，准确把握《条例》丰富内涵和精神实质，认真学习、大力宣传，把《条例》精神及时传达到全区广大党员干部中去，积极营造学《条例》、用《条例》、落实《条例》的浓厚氛围。

二、传达学习市委书记陈勇在丰华社区座谈会上的重要讲话精神。会议要求，一要加强学习，认真落实讲话精神。陈勇书记讲话思想深刻、内涵丰富，情真意切、通俗易懂，对做好全区基层党组织建设工作提供了重要遵循。全区各级党组织特别是镇街党（工）委，要把学习贯彻陈勇书记重要讲话精神作为当前和今后一个时期的重要政治任务，及时传达到每个基层党组织、每一名党员，学深学透、入脑入心，领会精神实质，明确工作要求，切实把思想和行动统一到陈勇书记重要讲话精神上来，为“富美新强”典范区建设提供坚强组织保障。二要各司其职，努力提升基层组织建设水平。各级党委（党组）要结合推动“两学一做”学习教育常态化、制度化，学习借鉴先进经验，以丰华社区为标杆和样板，积极推广“丰华模式”，打造更多像丰华社区这样的为民服务坚强战斗堡垒。要把今年作为“基层组织建设年”，加大投入力度，夯实基础保障，不断提高基层党组织建设水平。组织、民政等相关部门要密切配合、加强指导，为社区建设排忧解难，解决实际问题。宣传部门、新闻媒体要加大舆论宣传力度，精心组织策划，开设宣传专栏，聚焦基层干部，开展全方位、多层次、宽领域的宣传报道，深度挖掘典型，积极传播正能量，为全区基层党组织建设营造浓厚氛围。要结合“三整治一增强”活动，加强社区社会治理，严厉打击违法犯罪、“微腐败”和破坏社区“两委”换届选举违法行为，增强基层党组织凝聚力战斗力。三要举一反三，打造更多亮点工作。要对丰华社区党总支和志愿服务队伍工作经验进行总结提炼，在全区开展向丰华社区党总支学习活动，列出时间表、划定路线图，激励全区各级党组织和党员干部，发挥党员模范带头作用，在各岗位上凸显旗帜作用，让先进经验在全区“开花结果”。要把服务群众作为工作出发点和落脚点，特别是民生工作部门要立足本职工作，主动服务、创新服务，结合正在开展的“对标一流、争先进位，争当德城发展排头兵”活动，打造特色、形成亮点，真正把“服务立区”战略贯彻到工作各个层面、各个环节，以实际行动赢得群众认可和信任。

【2017 年 4 月 14 日会议】 综合楼八楼第一会议室。巩洪波主持。

议题：传达学习全市维稳工作“大调研、大排查、大整改”动员大会精神；听取环保督查反馈会议有关情况汇报；听取新媒体资源整合利用情况汇报。

决议事项：一、传达学习全市维稳工作“大调研、大排查、大整改”动员大会精神。会议指出，当前信访形势依然复杂严峻，全区上下要认真学习贯彻会议精神，充分认识开展活动的重要意义，切实提高站位、认清形势，敢于担当、勇于负责，确保取得实效，为“富美新强”典范区建设创造良好环境。会议要求，要在各行各业、各个领域开展信访隐患大排查活动，对排查出的矛盾纠纷隐患实行分类管理，逐项落实责任领导和责任单位，限时加以解决，切实将信访隐患和苗头消灭在萌芽之中。要狠抓信访积案化解，包保领导要以上率下、一线作战，认真掌握情况，研究解决办法，制定有力措施，确保彻底化解包保积案。区级领导要勇于担当，主动认领《综治维稳·每日信息》中预警信息，及时到相关部门单位研究情况，拿出切实可行的解决办法，避免小事拖大，增加后期解决难度。区委办公室、区政府办公室要加强督导，对预警信息处理情况及时调度、及时销号、及时通报，倒逼问题解决。要在依法处理信访人合理诉求基础上，对非法缠访、闹访人员采取强制措施，规范信访秩序，维护和谐社会环境。

二、听取环保督查反馈会议有关情况汇报。会议指出，环境保护事关人民福祉，事关经济社会发展大局，任务艰巨、责任重大。全区各级各部门要站在讲政治、顾大局的角度，高度重视环保工作，以此次环保督查为契机，标本兼治、铁腕治理，以更大决心、更实举措，推动全区环境质量持续改善。会议要求，一要狠抓问题整改。要坚持问题导向，按照“一个问题，一套方案，一个责任人，一抓到底”的“四个一”工作机制，不等不拖、立行立改，制定整改方案，明确整改时限，实行销号管理，确保各项问题尽快整改到位。二要倒逼责任落实。要召集全区重点监管企业，组织召开环保问题整改通报会，对前期环保部专项督查问题整改情况进行通报，引导企业痛定思痛、举一反三、吸取教训，进一步增强企业生态意识、环保意识，变“要我改”为“我要改”，切实提高企业整改的积极性、主动性。三要严格自查自纠。要坚持不留死角、不留情面，在全区范围内开展“饱和式”自查自纠，聘请专业人士，全面梳理排查环境问题隐患，列出清单、建立台账，从严从实进行问题整改。对出现环保问题的企业，该限期整改的限期整改，该关停的坚决关停，同时做好关停企业的安全监管。要坚持铁腕执法、铁面问责，对违反相关规定、工作落实不力、问题整改不到位的相关企业及个人依法依规进行严肃处理，彻底治理环保问题隐患，坚决守住生态红线。

三、听取新媒体资源整合利用情况汇报。会议原则同意《关于新媒体资源整合利用的思路和打算》，由区委宣传部负责，根据常委会研究意见，做好相关工作。会议要求，要通过新媒体资源的整合利用，有效整合微信、微博、报纸、电视等媒体资源，实现资源共享和综合利用，提高信息传播的准确性和时效性，扩大新闻宣传的覆盖面和影响力。要丰富手机客户端功能，打造融德城新闻、智慧政务、信息发布、便民服务、在线交流为一体的综合平台，顺应群众需求和发展需要。要以此为契机，构建宣传信息工作体系。

【2017 年 4 月 25 日会议】 综合楼八楼第一会议室。巩洪波主持。

议题：传达德州市创建全国文明城市动员大会会议精神；听取市容市貌综合整治工作开展情况汇报；听取关于开展“对标丰华、争先进位，打造过硬党支部”活动实施方案的汇报。

决议事项：一、传达德州市创建全国文明城市动员大会会议精神。会议指出，全国文明城市是综合评价城市发展水平的最高荣誉，其创建过程是对城市工作的全面体检，创建成果是对城市品质的权威认证，创建标准是城市发展的科学指南。创建全国文明城市是市委、市政府在成功创建国家园林城市、国家卫生城市后提出的又一重要举措，对于协同发展示范区建设具有重要意义。德城区作为“创城”主战场，要认真贯彻落实陈勇书记在全市创城动员会议上的讲话精神，发挥好主力军、先锋队作用，坚持把“为人民群众创城、创城为人民群众”作为创城工作的根本出发点和落脚点，切实增强创城工作的紧迫感、责任感，对照任务目标，坚持问题导向，明确工作重点，细化责任分工，狠抓薄弱环节的整改提升，坚决完成各项创建任务。

二、听取市容市貌综合整治工作开展情况汇报。会议指出，全区开展市容市貌综合整治以来，各项工作成效显著，城市环境明显改善，群众满意度不断提升，在完善城市建管机制，提高城市管理水平，推进拆违治乱等方面任务繁重。各级各部门要深刻认识市容市貌整治工作的艰巨性、长期性和复杂性，与创建全国文明城市工作紧密结合起来，坚持问题导向，加大监督检查力度，认真查找差距不足。要认真借鉴济南、泰安、日照等先进地方经验做法，摒弃传统思维，创新工作模式，加快建立数字化管理平台，探索推行市场化运作，通过合理增设便民摊点，加强规范管理，推动城市管理向精细化、长效化、规范化迈进，努力提升城市形象。要按照“先难后易、先公后私、先党员后群众”的原则，稳步推进违法建设治理，对棚户区、老旧住宅小区内以及群众反映强烈的违建进行“零容忍、无条件”拆除；要进一步压实细化责任，加强配合，加大宣传力度，充分发挥社区业主委员会的作用，全力打好拆违攻坚战，坚决遏制违建蔓延势头。

三、听取关于开展“对标丰华、争先进位，打造过硬党支部”活动实施方案的汇报。会议原则同意《关于开展“对标丰华、争先进位，打造过硬党支部”活动的实施方案》，由区委组织部负责，根据常委会意见，对文件作进一步修改完善。

【2017 年 6 月 9 日会议】 综合楼八楼第一会议室。巩洪波主持。

议题：传达学习全市干部监督工作会议精神；听取《2017 年度德城区协同发展综合考评办法》起草情况汇报；听取《德城区党政机关事业单位工作人员请销假管理办法》起草情况汇报；研究部署近期重点工作。

决议事项：一、传达学习全市干部监督工作会议精神。会议指出，要深入学习全市干部监督工作会议精神，贯彻全面从严治党新要求，大力加强干部队伍监督，努力建设一支为民务实清廉的干部队伍。要以全市农村“三整治一增强”活动为契机，进一步做好社区换届风气监督工作，严把选人用人各个环节和关口，真正把政治上靠得住、工作上有本事、作风上过得硬、人民群众信得过的优秀社区干部选出来。要坚定不移抓好超职数配备干部、领导干部违规在企业、社团兼职等专项整治工作，认真研究制定具体实施方案，确保市委部署要求得到不折不扣落实。

二、听取《2017 年度德城区协同发展综合考评办法》起草情况汇报。会议原则同意《2017 年度德城区协同发展综合考评办法》，由区委组织部负责，根据区委常委会研究意见做好相关工作，执行过程中的好经验、好做法要及时吸收到下一年的考评办法之中。

三、听取《德城区党政机关事业单位工作人员请销假管理办法》起草情况汇报。会议原则同意《德城区党政机关事业单位工作人员请销假管理办法》，由区量化预警办公室负责，根据区委常委会研究意见做好相关工作。各镇街、部门要及时组织本单位人员认真学习《办法》精神，严格遵照执行。

四、研究部署近期重点工作。会议指出，当前任务重、时间紧，要进一步坚定信心、提振士气，对标一流、争先进位，加快“富美新强”典范区建设，以优异成绩迎接党的十九大和省第十一次党代会胜利召开。一要维护社会和谐稳定。要转变观念、打开思路，充分认识做好信访工作的特殊重要性，克服麻痹思想和松懈情绪，切实增强政治责任感和工作紧迫感，由各镇街负责，全面梳理重点信访积案；要抓早、抓小、抓苗头、抓关键人，特别是在社区“两委”换届、非法融资、军队退役人员权益保障等重点领域，加大隐患排查和初信初访解决力度，确保矛盾问题化解在萌芽状态。二要抓好安全生产。要时刻绷紧安全生产这根弦，一时一刻不能放松，按照“专家查隐患、企业抓整改、政府抓督导”要求，深化重点行业领域专项治理，加大对重点领域隐患的排查整治力度，不留死角、不留情面，严格执法、务求实效，确保不发生重特大安全事故。三要做好环保工作。要牢固树立绿色发展理念，以环保部督查组督导检查为抓手，完善区、镇街、社区三级网格化环保监管体系，按照“三个饱和式”要求，加大投入、强化监管、严厉问责，努力消除环境问题隐患。要开展黑臭水体集中整治，全方位改善水体环境，彻底消除辖区内黑臭水体，增强人民群众获得感。四要扎实推进房屋拆迁安置工作。要巩固房屋拆迁安置工作良好势头，再接再厉、乘势而上，按照市、区工作部署，高标准续推进拆违拆临、棚户区改造等工作。要推广前小屯村棚户区改造、罗家院安置区等成功经验，增强干部干事创业信心。五要加快项目建设进度。要把项目建设牢牢抓在手上，定出时间表、路线图，以时不我待的紧迫感，全力推进项目建设，对工作中遇到的手续、融资、征收等困难和问题，不回避、不推脱，迎难而上、加快解决，确保项目早日开工建设。

【2017年6月19日会议】 综合楼八楼第一会议室。巩洪波主持。

议题：传达学习省第十一次党代会会议精神；传达学习全市环保督查问题整改紧急会议精神；传达学习全市宣传部长会议精神，研究部署创建全国文明城市工作。

决议事项：一、传达学习省第十一次党代会会议精神。会议指出，省第十一次党代会是我省在全面建成小康社会决胜阶段和由大到强战略性转变的关键时期召开的一次十分重要的会议。刘家义同志代表十届省委所作的报告，思想深邃、总揽全局，内涵丰富、重点突出，通篇贯彻着习近平总书记系列重要讲话精神和治国理政新理念新思想新战略，把走在前列作为长期坚持的目标定位和根本要求，对山东发展作出新的战略谋划和全面部署，对经济文化强省建设提出新的目标要求，是山东实现创新发展、持续发展、领先发展的目标指引，充分体现了省委的责任担当，顺应了人民群众的美好期盼。会议要求，要把学习宣传贯彻省党代会精神，作为当前和今后一个时期的重要政治任务。全区各级党组织要把学习贯彻省第十一次党代会精神摆上突出位置，周密安排部署，精心组织实施，迅速兴起学习贯彻热潮。要制定学习计划和方案，组织引导广大党员干部群众深入学习会议精神，全面准确领会党代会精神实质。要发挥领导干部的表率示范作用，使各级领导干部先学一步、学深一层，带动广大党员干部群众学深学透、学以致用。要创新学习方式方法，既采取党委（党组）理论学习中心组学习、组织研讨班、举办报告会等形式集中学习，又借助各种新媒体、新形式组织引导党员干部群众深入开展自学。区委宣传部要尽快组织宣讲团，深入基层和群众开展宣讲，在全区迅速营造浓厚的学习宣传氛围，使之家喻户晓、深入人心。要加强对学习贯彻党代会精神的督促检查，跟踪了解和掌握学习贯彻情况，各类媒体要开辟专题专栏，注重总结推广学习贯彻中的好经验好做法，不断把学习宣传贯彻工作引向深入。要把学习贯彻省党代会精神与做好当前各项工作结合起来，对照时限要求，加强统筹谋划，确保全年目标圆满实现，以实际工作成果检验贯彻落实成效。

二、传达学习全市环保督查问题整改紧急会议精神。会议指出，全区环保和安全生产形势严峻、压力巨大，各级各部门必须认清形势、高度重视，全面贯彻落实好会议精神，从严从实抓好问题排查整改，以问题的解决推动环保督查和安全生产工作的提升。一要抓好环境保护工作。对环保督察组反馈的环境问题、重点督办问题，要逐条研究解决方法、制定整改方案，明确责任人、时间点，确保按照上级要求整改到位，整改情况每天报区委区政府主要领导同志。要规范行政执法流程，强化后续监管责任，做好镇街部门交接程序衔接、行政执法与刑事司法衔接，严厉打击违法违规行为，形成有力震慑。要充分发挥网格员作用，强化督导问责，对因重视不够、措施不力、责任不落实的严肃追责，确保网格化监管体系运转顺畅、发挥实效。要开展“小散乱污”企业集中整治，摸清底数、建立台账，对纳入取缔范围的，按照“两断三清”（断水、断电、清除原料、清除产品、清除设备）的原则全面彻底取缔，不留死角盲区；对尚未纳入取缔范围的，立即停产整顿、限期整改到位；对新发现而未列入整治台账的，一并整治取缔，确保整治工作取得实效，生态环境质量持续改善。二要做好安全生产工作。牢固树立“红线”意识、底线思维，始终绷紧安全生产这根弦。要严格落实“三不”原则（不留死角、不留情面、不留隐患），在全区开展安全隐患大排查活动，对危险化学品、道路交通、消防等重点领域进行大排查、大整治，对发现的问题和隐患建立台账、严格执法、顶格处罚、公开曝光，坚决遏制重特大安全事故发生。镇街、社区要高度重视社区居民家庭安全防范工作，全面摸排用电、用水、用气、饮食、防火等安全隐患，认真抓好整改，确保有效防范；对孤寡老人、独居老人、五保户等特殊群体，要逐户调查、登记造册、动态管理，确保居民生命财产安全。要做好省政府安全生产督查迎检准备工作，对照考核重点，全面梳理、自查自纠、查漏补缺，确保不出现纰漏。

三、传达学习全市宣传部长会议精神。会议指出，全市宣传部长会议全面贯彻落实全省宣传部长座谈会和全省宣传部长会议精神，对新形势下的宣传工作提出了新要求，具有很强的针对性和指导性，全区上下要深刻领会、抓好落实，切实把思想和行动统一到省委、市委关于加强宣传思想工作的决策部署上来。要深入学习会议精神，牢牢把握省委、市委关于加强宣传工作的指导思想、工作重点和工作要求，把好新闻报道审核关，高扬主旋律、打好主动仗，力争全区宣传工作再上新台阶。

四、研究部署创建全国文明城市工作。会议指出，我区作为全市创建全国文明城市的主战场，任务艰巨、责任重大，全区上下要以更加坚定的责任担当，勇挑重担、敢于负责，掀起全国文明城市创建热潮。一要加大宣传力度。要积极宣传创城的重大举措、目标任务、工作动态，突出报道创城工作带来的好变化、好反响、好典型，提高居民知晓率和支持率，营造浓厚创城氛围。二要打造示范样板。突出示范引领，着力打造一批特色明显、示范带动性强的样板社区、单位、市场、服务窗口、医院、学校等，推广成功经验做法，全面推进创城工作。三要强化督导检查。对照责任分工，加强对各责任单位落实工作任务的情况进行督促检查，对检查中存在的问题，向该单位和分管区级领导分别下发督办通知单，限期整改。对落实整改不力的单位及个人，依据量化预警37条，严肃追究问责。围绕环境卫生、交通秩序和市场秩序等群众关心关注的问题进行舆论监督，加大不文明现象和行为的曝光力度。四是加大综合整治力度。工作任务重、压力大的部分区直部门以及各镇街等责任单位，要分工明确、密切配合，进一步加大对背街小巷、学校、医院、集贸市场、商场、宾馆、老旧小区等整治力度，坚持常态整治、常态监督、常态推进。五是规范档案收集整理。按照市创城办要求，及时提报相关材料，确保按照时限高标准完成档案资料提报工作。

【2017年7月6日会议】 综合楼八楼第一会议室。巩洪波主持。

议题：听取环保工作开展情况汇报。

决议事项：听取环保工作开展情况汇报。会议原则同意《全区环保工作开展情况汇报》，由环保直属分局、区环保办负责，根据常委会意见，做好相关工作。会议指出，德城区作为中心城区，环境保护工作责任大、任务重，要按照中央和省市环保工作部署要求，对全区环境保护工作全面梳理，摸清情况，查找不足，研究制定改进措施，确保打赢生态环境治理攻坚战。会议要求，一要提高思想认识。始终把环境保护工作作为重大政治任务和民生工程，增强思想自觉和行动自觉，主动践行绿色发展理念，以更高的标准、更严的要求、更大的力度，不断推进环境保护工作向纵深发展，提高环境治理的能力和水平。二要强化专项整治。要全面彻底整改环保督查问题，对环保强化督查发现的问题，逐条研究解决方案、制定整改措施，盯紧靠牢、销号管理，确保按照时限要求整改到位。要深入推进“小散乱污”企业整治，做实做细清单台账，纳入取缔范围的按照“两断三清”原则立即彻底取缔；未纳入取缔范围的限期完成整改。同时，加强关停企业事后监管，严防死灰复燃。要加强生产现场管理，提高企业管理水平，做到生产现场按照区域画线分类、各类物料摆放合理、安全标识明晰规范、生产环境整洁有序。要抓好扬尘治理，加大道路清洗和保洁力度，严控工地扬尘，持续改善大气环境质量。三要压实工作责任。进一步压实镇街属地管理责任、部门属事管理责任和网格员监管责任，加大考核督导力度，定期通报工作进度，提升环保监管效能。

【2017年8月5日会议】 综合楼八楼第一会议室。巩洪波主持。

议题：传达学习《习近平总书记在省部级主要领导干部专题研讨班上的重要讲话》和《大众日报》鲁义署名文章。

决议事项：传达学习《习近平总书记在省部级主要领导干部专题研讨班上的重要讲话》和《大众日报》鲁义署名文章。会议指出，习近平总书记重要讲话，科学分析了当前国际国内形势，深刻阐述了5年来党和国家事业发生的历史性变革，深刻阐述了新的历史条件下坚持和发展中国特色社会主义的一系列重大理论和实践问题，深刻阐明了未来一个时期党和国家事业发展的大政方针和行动纲领，提出了一系列新的重要思想、重要观点、重大判断、重大举措，具有很强的思想性、战略性、前瞻性、指导性，为党的十九大胜利召开奠定了重要的政治基础、思想基础、理论基础。各级各部门要切实增强“四个意识”，认真组织好讲话精神的学习宣传贯彻，引导广大党员干部切实把思想和行动统一到讲话精神上来，自觉在思想上政治上行动上同以习近平为核心的党中央保持高度一致。

《大众日报》鲁义署名文章思想深邃、总揽全局，内涵丰富、重点突出，充分体现了省党代会精神和省委省政府新部署新要求，具有很强的指导性和针对性。各级各部门要把学习贯彻文章精神作为当前和今后一个时期的重要政治任务，纳入党委（党组）理论学习中心组和“两学一做”学习教育重要内容，坚持原汁原味学、逐字逐句学，切实把握核心要义，深刻领会精神实质，真正做到以文章精神武装头脑、统一思想、指导工作。要将学习文章精神与贯彻落实中央和省市决策部署有机结合起来，坚持学以致用、理论联系实践，加快推进省第十一次党代会精神在德城落地开花，切实把思想和行动统一到中央和省市部署要求上来，统筹做好新旧动能转换、信访稳定、安全生产、环境保护、社会综合治理等各项工作，以优异成绩迎接党的十九大胜利召开。

【2017年8月10日会议】 综合楼八楼第一会议室。巩洪波主持。

议题：传达全市脱贫攻坚专项部署会议精神，听取全区扶贫工作情况汇报，安排部署下步全区扶贫工作。

决议事项：会议指出，各级各部门必须从旗帜鲜明讲政治的高度，深刻认识脱贫攻坚是一项极其严肃的重大政治任务，认清形势、明确任务、常抓不懈，确保脱贫攻坚取得扎扎实实的成效。一是识贫上要精准精确。扎实开展脱贫攻坚专项整治行动，完善台账资料，切实把工作落细落实。要精准识别扶贫对象，严格对照国家和我省贫困人口认定要求和标准，按照“区不漏镇街、镇街不漏村、村不漏户、户不漏人”的原则，一户一户“拿尺子量”，一人一人“用条件卡”，彻底摸清底数，认真比对核查，坚决做到底数清晰。要精准查实致贫原因，坚持问题导向，逐一查清贫困程度、致贫原因，找准“贫根”、“困源”，列出问题清单，因户施策、因人施策。精准实施动态调整，建立完善扶贫对象有序退出机制，做到脱贫销号、返贫挂号，真正让群众认账、群众满意。同时，开展城镇困难人口摸底，加大城镇困难群众救助帮扶力度，努力实现全区城镇、农村贫困人口共同脱贫致富。二是责任上要压紧压实。严格落实脱贫攻坚一把手负责制和包保责任制，区级领导要带头深入包保镇街，开展督促指导，了解情况、指导工作、解决问题。各涉农镇街书记要始终把脱贫攻坚摆在首位、放在心上、抓在手上、扛在肩上，亲自调研、亲自部署、亲自督办。驻社区“第一书记”要立足贫困群众帮扶需求，发挥主观能动性，制定行之有效的帮扶措施，拓宽脱贫致富渠道，尽早让贫困群众脱贫。区直部门、企事业单位、镇街干部要结对帮扶到户，真心实意纾困解难。区扶贫工作领导小组要强化统筹协调，动态掌握扶贫政策、措施、责任落实情况，及时发现和解决工作中存在的问题，有力有序有效推进扶贫攻坚各项工作。区扶贫办要充分发挥好综合、指导、督促、协调、参谋作用，各成员单位要各司其职、各负其责，真正汇聚打赢脱贫攻坚战的强大合力。三是考核上要动真动硬。突出考核的科学性，按照市扶贫办制定的考核验收办法，进一步完善精准扶贫考核指标体系，优化指标结构。突出考核的实效性，区委组织部、“两办”督查科室和区扶贫办要定期开展督查，加大暗访督查和动态跟踪力度，及时发现问题、及时整改，同时积极开展第三方独立评估，坚决杜绝“假脱贫”、“被脱贫”和“数字脱贫”，确保脱贫工作落到实处、见到实效。突出考核的权威性，将考核结果作为干部选拔任用、年度考核的重要依据，充分发挥督查考核的导向作用。四是监管上要严格严厉。切实加强纪检监察和审计监督，对挤占、挪用、截留、贪污扶贫资金等行为，做到“零容忍”，从严惩处、绝不姑息。要对工作落实情况进行“回头看”，确保精准扶贫政策、项目和资金，尤其是产业、教育、医疗等政策、项目和资金到户到人。要以严实精神抓好脱贫攻坚，对工作中弄虚作假、敷衍了事、违规操作，特别是对出现“被脱贫”“数字脱贫”“虚假脱贫”现象并造成恶劣影响的，要依法依规追究相关责任。区纪委要按照上级文件精神和安排部署，制定扶贫领域监督执纪问责实施办法，以执纪问责倒逼责任落实。

【2017 年 8 月 14 日会议】 综合楼八楼第一会议室。巩洪波主持。

议题：听取关于拟定《德城区城市社区工作者职业化管理办法》的汇报。

决议事项：会议原则同意《德城区城市社区工作者职业化管理办法》。会议指出，德城区是中心城区、老城区，城市社区管理工作任务重、压力大，《管理办法》的出台，对进一步规范社区工作者职业化管理、提升城区精细化管理水平具有很强的指导性、针对性和可操作性。会议要求，要以《管理办法》出台为契机，进一步充实城市社区工作力量，提升城市社区管理服务水平。一要尽快组建队伍。顺应社工职业化发展趋势，依据市委推进区域化党建工作意见，结合我区实际统筹谋划，打造一支结构合理、素质优良、能力突出、群众满意的职业化、专业化、规范化城市社区工作者队伍。二要加强队伍建设。要规范城市社区工作人员的管理和待遇，保障合法权益，巩固和加强队伍建设，切实做到日常管理规范、工资报酬规范、绩效考核规范、激励保障规范“四规范”。三要积极探索实践。在工作中不断研究城市社区工作者职业化管理的新情况，创新方式方法、总结规律经验，提高职业化管理水平，为“富美新强”典范区建设提供坚强保障。

【2017 年 8 月 21 日会议】 综合楼八楼第一会议室。巩洪波主持。

议题：传达学习省委书记刘家义到德城区视察讲话精神和刘家义、龚正环保批示精神；听取中央环保督察组转办信访问题整改情况汇报；研究部署安全生产工作。

决议事项：一、传达学习省委书记刘家义到德城区视察讲话精神和刘家义、龚正环保批示精神。会议指出，省委书记刘家义在德城区督导解决环保信访问题时的重要指示精神，完全符合中央要求和德城实际，是对全区广大干部群众的有力鞭策，也是做好环境保护工作的根本遵循。全区上下要深入学习刘家义讲话精神和刘家义、龚正环保批示要求，进一步树立“绿水青山就是金山银山”理念，把中央环保督察当作落实“绿色发展”理念，推动生态文明建设、加快新旧动能转换的重大契机，以高度的政治自觉，高标准、高质量抓好环保工作，坚决打赢生态环境治理攻坚战。

二、听取中央环保督察组转办信访问题整改情况汇报。会议指出，中央环保督察组转办的信访问题，是对全区生态文明建设和环境保护工作的一次重要检验，各级各部门要牢固树立“四个意识”，主动配合、坚决整改，全力保障环保督察工作。会议要求，一要迅速行动、立行立改。对发现的问题，要照单全收、主动认领，落实“第一时间组织督办、第一时间赶到现场、第一时间清查问题、第一时间查明责任、第一时间处理追责”要求，能整改的马上整改，不能立即解决的要迅速制定方案、明确责任、限时整改。二要深入一线、解决问题。要牢固树立以人民为中心的发展理念，对群众反映的环保信访问题逐项梳理、全力处置，做到事事有着落、件件有回音。要做好深入细致的思想政治工作和宣传引导工作，最大限度凝聚共识，共同做好整改工作。由区城管局负责，进一步加大餐饮油烟污染、建筑施工场界环境噪声等群众身边环境问题排查解决力度，还人民群众一个良好生活环境。三要加强领导、压实责任。区级领导要严格落实环境保护“一岗双责”，坚持“管行业必须管环保、管业务必须管环保、管生产经营必须管环保”工作原则，进一步熟悉环保业务，深入包保镇街或分管领域安排、调度、部署环保工作。各镇街、部门要深入开展环保问题“自查自纠”，全面深入排查环境风险隐患，建立台账、明确时限、立查立改，确保不留死角、不留隐患、不再反弹。要按照市协调联络组要求，把转办件涉及镇街的包保领导作为该转办件的区级党政分管负责人，抓好问题整改及工作措施跟进落实。

三、研究部署安全生产工作。会议指出，安全生产工作事关人民群众生命财产安全，事关经济社会发展大局，责任重于泰山。此次省安委会安全生产巡查工作要求高、延伸广、标准严，是对我区安全生产工作的一次全面体检和政治检查。全区上下要把思想和行动统一到省委、省政府的决策部署上来，以此次巡查为契机，坚持问题导向，狠抓工作落实，确保安全生产形势持续稳定。会议要求，一要加强组织领导。各镇街、各部门、各企业主要负责同志要亲自研究部署、动员组织、督查督办，对照迎检事项、问题清单研究具体方案，分解细化任务，落实人员责任，全力保障巡查工作顺利进行。二要强化学习培训。由区政府办公室负责，尽快把2015年以来上级党委、政府关于安全生产的各项政策、文件、制度等编纂成册，下发到各镇街、相关部门。各级领导干部、具体工作人员，要结合工作实际，认真学习研究上级各项决策部署，做到应知应会、熟记于心。三要完善档案资料。各责任单位要对照巡查重点事项清单，按照“严格、到位、全程留痕”的原则，逐条逐项对会议纪要、制度文件、执法文书、工作台账等整理完善，实现全程“留痕”与“闭环”管理，于8月25日前将巡查资料报送区安委会办公室。四要做好协调配合。各镇街、各部门要尽快成立专门协调小组，专职负责与巡查组的协调配合，第一时间安排落实巡查组提出的任务、要求。要严格执行24小时值班、领导带班制度，如遇突发事件和重要情况，立即采取预防和应急处置措施，确保事件得到及时有效处置。五要强化督导问责。由区政府办公室、区安委会负责，把迎查准备工作作为重点督查内容，对重点任务进展情况一日一调度、一周一督查。要建立企业人员、公职人员责任倒查机制，对因工作不力造成严重影响的，按照安全生产“一票否决”制度和“量化预警37条”规定，严肃追究相关单位和个人责任。

【2017年8月23日会议】 综合楼八楼第一会议室。巩洪波主持。

议题：传达全市县市区委书记会议精神。

决议事项：传达全市县市区委书记会议精神。会议指出，陈勇书记、陈飞市长在全市县市区委书记会议上的讲话，分析问题深刻精准到位，对工作落实、责任落实有措施、有力度，完全符合上级要求，符合德州实际，为做好当前环保工作指明了方向。各级各相关部门要以全市县市区委书记会议精神为指引，进一步统一思想、加强领导，坚决扛起生态文明建设政治责任，以更加负责的态度、更加坚定的决心、更加有力的措施，坚决抓好中央环保督察转办信访问题整改落实。会议要求，一要提高政治站位。抓好环保问题整改落实，不仅是发展问题、民生问题，更是检验“四个意识”的重要标准。要旗帜鲜明讲政治，对中央环保督察组交办事项和群众反映的环保问题，要端正态度，主动认领，严肃整改，确保不留死角、不留隐患。二要主动担当作为。要坚持问题导向，疏堵结合，对城区小饭店、烧烤店、建筑工地等产生油烟、噪音的场所，开展细致全面排查，该整改的整改，该关停的关停，坚决避免“一刀切”，切实解决涉及民生的突出环保问题，不断提升群众满意度。要加强舆论引导和舆情管控，加大“12345”“12369”等热线的宣传、覆盖力度，拓宽信息收集渠道，主动接受社会监督。三要积极整改到位。要进一步加大整改力度，加快整改速度，快速处置，盯紧靠牢。要及时上报情况，不断提高信访事项办理的规范性、时效性。各包保镇街区级领导要带头履职尽责，深入一线、深入现场，及时了解处理好群众反映的环保信访问题，做到真联系、真指导、真督促。四要坚决防止反弹。要加大巡查、抽查力度，对整改完成的中央环保督察发现问题、转办信访问题，不定期开展“回头看”，坚决防止反弹回潮，确保整改见到实效。

【2017 年 10 月 20 日会议】 综合楼八楼第一会议室。巩洪波主持。

议题：传达学习党的十九大开幕会精神；听取全区创建省级食品安全城市工作情况汇报。

决议事项：一、传达学习党的十九大开幕会精神。会议指出，党的十九大是在我国全面建成小康社会关键阶段、中国特色社会主义发展关键时期召开的一次十分重要的大会。开幕会高举中国特色社会主义伟大旗帜，以马克思列宁主义、毛泽东思想、邓小平理论、“三个代表”重要思想、科学发展观为指导，深入贯彻习近平总书记系列重要讲话精神和治国理政新理念新思想新战略，认真总结过去 5 年的工作，制定适应新时代要求的行动纲领和大政方针，必将极大地鼓舞和激励全党全军全国各族人民更加紧密地团结在以习近平为核心的党中央周围，振奋精神、砥砺奋进、再接再厉，决胜全面建成小康社会，不断开创中国特色社会主义新局面，为实现“两个一百年”奋斗目标、实现中华民族伟大复兴的中国梦继续奋斗。会议要求，一要提高思想认识，把握精神实质。各级党组织和广大党员干部要充分认识党的十九大的重大意义，牢固树立政治意识、大局意识、核心意识、看齐意识，坚决维护习近平总书记核心地位、领袖权威，坚决维护以习近平同志为核心的党中央权威和集中统一领导，自觉在思想上政治上行动上同以习近平为核心的党中央保持高度一致。二要强化理论学习，坚定理想信念。各级党组织要把学习贯彻党的十九大开幕会精神，作为一项重大的政治任务，周密安排部署，精心组织实施，迅速兴起学习宣传贯彻热潮。要把学习贯彻党的十九大开幕会精神作为推进“两学一做”学习教育常态化制度化的重要内容，立足实际开展学习研讨，加深理解提高认识，教育引导党员干部学习领会党的十九大精神，使学习贯彻党的十九大精神成为广大党员干部的共同意志和自觉行动。要发挥领导干部的表率示范作用，各级领导干部先学一步、学深一层，带动广大党员干部群众学深学透、学以致用。要加强对学习贯彻党的十九大开幕会精神的督促检查，及时跟踪了解和掌握学习贯彻情况。三要加强宣传引导，营造良好氛围。各级党组织和宣传部门要集中各种资源，运用各种形式，努力扩大宣传效应。各级党组织要增强阵地意识、责任意识，牢牢把握党的十九大宣传的正确舆论导向，坚持团结稳定鼓劲、正面宣传为主，严肃宣传纪律，严格审核把关，唱响主旋律，汇聚正能量，不断把学习宣传贯彻党的十九大精神引向深入。宣传部门要突出特色、体现特长，充分发挥互联网、“两微一端”等新兴媒体的作用，集中力量进行全面准确、深入浅出、生动活泼的宣传报道，形成正面宣传强势。区委党校要尽快组织宣讲团，深入机关、企业、学校、社区，全面准确深入宣讲，完成好党的十九大宣传任务。各类媒体要开辟专题专栏，注重总结推广学习贯彻中的好经验好做法，不断把学习宣传贯彻工作引向深入。

二、听取全区创建省级食品安全城市工作情况汇报。会议指出，省级食品安全城市创建工作进入最终考核验收阶段，到了攻坚冲刺的关键节点。各镇街、区直各部门要进一步强化时间观念，切实增强责任感和自觉性，从更高层次、更高要求、更高水平上谋划创城工作，迎难而上，加压奋进，全力争取创城工作的决定性胜利。会议要求，一要抓好现场迎查点准备工作。按照《现场检查百分考核标准》，对 14 个业态逐项对标，进行全面细致的整改完善，确保达到测评标准。要加大小作坊、小餐饮、食品摊点等“三小”场所和农贸市场的监管力度，对具备改造条件的要借鉴外地成功做法，进行高起点、高标准的升级改造；暂不具备改造条件的要加大卫生保洁力度，改善经营环境，提高整体水平，保障食品安全。二要提升档案资料整理水平。根据省级最新验收标准，及时审核修订上报资料，确保档案资料齐全完整。深入挖掘食品监管领域的特色工作，争取创城验收加分项，为顺利通过验收提供保障。三要加大宣传引导力度。要充分利用条幅、标语、LED 显示屏、智慧德城 APP 等多种形式广泛宣传，积极营造良好的宣传氛围。要积极开展创城主题签名、“你点我检”长效便民服务等活动，引导群众主动参与，不断提升群众知晓率和满意度。四要形成工作合力。创建工作领导小组在创城中发现的问题，在职权范围内的要立即整改到位；不在职权范围内的要及时转交其他部门，并做好问题整改的跟踪督导。各部门要落实“管行业必须管安全”要求，对创建工作领导小组交办的问题，主动认领、积极作为，全力以赴抓好整改落实。

【2017 年 11 月 3 日会议】 综合楼八楼第一会议室。巩洪波主持。

议题：传达学习市委书记陈勇在祥和社区宣讲党的十九大精神时的讲话，部署党的十九大精神宣传贯彻工作。

决议事项：传达学习市委书记陈勇在祥和社区宣讲党的十九大精神时的讲话，部署党的十九大精神宣传贯彻工作。会议指出，市委陈勇书记围绕贯彻落实党的十九大精神，上了一堂生动朴实的党课，讲话通篇贯穿了十九大提出的新思想、新目标、新任务和新要求，对十九大精神进行了深入浅出、精准翔实的阐释，为我区后续开展好十九大精神学习宣传贯彻提供了遵循和指导。全区各级党组织要把认真学习、广泛宣传和全面贯彻党的十九大精神作为首要政治任务，按照市委、区委部署要求，迅速行动、精心组织、周密安排，把党的十九大精神学习好、宣传好、贯彻好，切实把思想和行动统一到党的十九大精神上来，把智慧和力量凝聚到落实党的十九大提出的重大决策部署上来。会议要求，一要在深刻领会习近平新时代中国特色社会主义思想上下功夫。全区各级党组织要牢固树立“四个意识”，进一步增强维护以习近平为核心的党中央权威和集中统一领导的自觉性和坚定性，增强坚持以习近平新时代中国特色社会主义思想为行动指南的自觉性和坚定性，坚持不懈用习近平新时代中国特色社会主义思想武装头脑、凝聚力量、推动工作，更好地引领和推动党的十九大精神在德城落地落实。二要在准确把握决胜全面建成小康社会、开启全面建设社会主义现代化国家新征程这个新目标上下功夫。要全面贯彻落实党的十九大确立的各项目标任务，坚持问题导向，认真践行新发展理念，加快新旧动能转换，深入实施“产业强区、创新兴区、服务立区、开放活区”四大战略，攻坚克难、扎实苦干，努力开创“富美新强”典范区建设新局面。三要在认真践行以人民为中心的发展思想上下功夫。要坚持以人民为中心的发展思想，从群众关心的事情做起，从让群众满意的事情做起，切实提高保障和改善民生水平，不断满足群众日益增长的美好生活需要。四要在全面落实新时代党的建设的新要求新部署上下功夫。要牢固树立“四个意识”，坚持以习近平新时代中国特色社会主义思想为指引，在政治立场、政治方向、政治原则、政治道路上同以习近平为核心的党中央保持高度一致，一切听从党中央指挥。要坚持正确选人用人导向，严肃党内政治生活，严明政治纪律和政治规矩，加强基层党组织建设，从严从实抓好社区“两委”换届，着力打造一支忠诚、干净、担当的高素质干部队伍。要加强干部日常监督管理，切实转变工作作风。要严格落实管党治党主体责任和监督责任，强化监督执纪问责，持之以恒正风肃纪，全力营造风清气正的良好政治生态。

【2017 年 12 月 5 日会议】 综合楼八楼第一会议

室。巩洪波主持。

议题：学习宣传贯彻党的十九大精神；听取《关于深入学习贯彻党的十九大精神，认真开展“大学习、大宣讲、大调研、大落实”活动的实施方案》起草情况汇报。

决议事项：一、学习宣传贯彻党的十九大精神。会议指出，区委对学习宣传贯彻党的十九大精神高度重视，相继召开区委常委扩大会议、理论中心组学习会议、全区领导干部会议，对十九大精神学习宣传工作作出了全面部署。组建党的十九大精神宣讲团，深入基层开展面对面宣讲，推动党的十九大精神进企业、进农村、进机关、进校园、进社区、进网站，努力实现了学习宣传全覆盖。动员全区上下认认真真、原原本本地学习十九大和相关文件精神，列入干部培训必修课，深刻领会精神实质和丰富内涵，广大党员和社会各界学习贯彻十九大精神的热情空前高涨。下一步，要按照中央决策部署和省委、市委要求，进一步兴起学习宣传贯彻热潮，确保党的十九大精神在德城落地生根、开花结果。会议集中学习了《新时代中国特色社会主义思想和基本方略》。会议认为，习近平新时代中国特色社会主义思想，内涵丰富、思想深邃，是马克思主义中国化最新成果，是党和人民实践经验和集体智慧的结晶，是中国特色社会主义理论体系的重要组成部分，是全党全国人民为实现中华民族伟大复兴而奋斗的行动指南，必须长期坚持并不断发展。会议要求，全区各级各部门要深刻把握习近平新时代中国特色社会主义思想的精神实质，以习近平新时代中国特色社会主义思想武装头脑、指导实践、推动工作，不断完善发展思路、目标任务和工作举措，谋划好明年及今后工作，把党的十九大精神转化为“富美新强”典范区建设的生动实践和强大动力。

二、听取《关于深入学习贯彻党的十九大精神，认真开展“大学习、大宣讲、大调研、大落实”活动的实施方案》起草情况汇报。会议原则同意《关于深入学习贯彻党的十九大精神认真开展“大学习、大宣讲、大调研、大落实”活动的实施方案（送审稿）》。会议指出，学习贯彻党的十九大精神是当前和今后一个时期的首要政治任务和头等大事，各级各部门要提高政治站位、强化政治担当，通过活动开展，把党的十九大精神带给群众，把人民群众的需要带回党委政府，着力解决好人民群众最关心、最直接、最现实的利益问题，切实担负起组织群众、宣传群众、凝聚群众、服务群众的职责，推动学习贯彻党的十九大精神覆盖到基层，确保中央和省市区决策部署落到实处。要把开展活动与从严落实党委抓党建主体责任、社区“两委”换届、城乡网格化管理等工作结合起来，推动全面从严治党向基层延伸。区委宣传部、区委党校要把好宣讲内容审核关，确保群众理解不跑偏，不变调。区活动办公室要对活动全程督促检查，对敷衍应付、群众不满意、影响整体活动推进和落实的相关部门主要负责人，给予量化预警。

【2017 年 12 月 12 日会议】 综合楼八楼第一会议室。巩洪波主持。

议题：传达学习《习近平总书记关于进一步纠正“四风”、加强作风建设重要批示的通知》；听取全区党内法规工作情况的汇报。

决议事项：一、传达学习《习近平总书记关于进一步纠正“四风”、加强作风建设重要批示的通知》。会议指出，习近平总书记的重要指示精神，彰显了党中央坚持全面从严治党、持之以恒正风肃纪的鲜明态度和坚定决心，对于全区深入学习贯彻党的十九大精神、进一步加强作风建设，具有重要指导意义。各级各部门要牢固树立“四个意识”，提高政治站位和政治自觉，清醒看到“四风”问题的顽固性反复性，以永远在路上的坚韧态度抓作风、改作风、转作风，进一步增强作风建设的思想自觉和行动自觉。会议要求，一要坚持以上率下。各级领导干部要率先垂范、层层带动，从细处着手、从小事抓起，坚决防止不良风气滋生蔓延，不断巩固和拓展落实中央八项规定精神的成果。区级领导要充分发挥带头示范作用，切实抓好包保镇街和分管部门的作风建设。二要认真对照检查。要按照习近平总书记指示要求，认真查找“四风”突出问题，特别是形式主义、官僚主义的新表现，采取过硬措施，坚决加以整改，务求取得实效。三要严格落实责任。要认真落实党委主体责任和纪委监督责任，把“四风”建设抓在日常、严在经常，锲而不舍加强作风建设，以新气象新作为推动党的十九大精神落地生根。区委办公室、区人大办公室、区政府办公室和区政协办公室要严格按照通知要求把好关，切实抓好贯彻落实，坚决防止“四风”问题反弹回潮。

二、听取全区党内法规工作情况的汇报。党内法规工作是推动党的建设科学化水平、增强党的执政能力、巩固党的执政基础的重要内容，直接影响到党做决策、促发展、保民生的成败得失。下一步，要深入贯彻落实中央和省委、市委部署要求，严格落实党内法规制度建设主体责任，不断健全完善党内规范性文件工作体制机制，着力提高党内法规制度执行力。要严格坚持“五审”制度（前置审批、初稿审核、区委常委会议审议、法规科再审核、区领导审签），紧紧围绕“三不”原则（不迟报、不漏报、不错报），做到备案审查精益求精，特别是对一些保密文件和涉及敏感信息的文件要严格按照保密规定，正确处理好文件执行与保密的关系，切实实现党内规范性文件“有件必备、有备必审、有错必纠”。

中共德城区第十五届委员会重要会议提要

【区委抓基层党建工作述职评议会议】 2017年1月9日召开。中共德城区委书记巩洪波主持并讲话。中共德城区委副书记、代区长王洪林，中共德城区委副书记张志芳出席。中共德城区委常委参加。中共德州市委组织部有关负责同志到会指导。会议对区直机关工委书记、镇街党（工）委书记抓基层党建工作进行述职评议，认真分析当前党建工作形势，深入查摆问题和不足，就下一步全区基层党建工作提出具体要求。

中共德城区第十六届委员会重要会议提要

【德城区新任职干部集体谈话会议】 2017年1月24日召开。中共德城区委书记巩洪波主持会议并讲话。中共德城区委副书记、区长王洪林，中共德城区委副书记张志芳出席。中共德城区委常委、组织部部长许勇，中共德城区委常委、办公室主任王勇参加。

【德城区信访维稳工作会议】 2017年1月25日召开。贯彻落实全市信访维稳工作会议精神，安排部署信访维稳工作。中共德城区委副书记张志芳出席。中共德城区委常委、政法委书记李福广参加。

【德城区工作务虚会议】 2017年2月6日召开。围绕实施“四大战略”“五大重点”，建设“富美新强”典范区，着重研究谋划事关全区发展的一系列重大问题。中共德城区委书记巩洪波主持会议并作重要讲话。中共德城区委副书记、区长王洪林，德城区人大常委会主任闫书德，德城区政协主席徐世勇，中共德城区委副书记张志芳出席。中共德城区委常委，德城区政府党组副书记，德城区副区长参加。

【德城区援疆干部人才座谈会】 2017年2月18日召开。欢送新一批援疆干部人才启程赴疆。中共德城区委书记巩洪波出席并讲话。中共德城区委副书记、区长王洪林，中共德城区委副书记张志芳出席。中共德城区委常委、组织部部长许勇参加。

【全区经济工作暨2016年度协同发展考评总结大会】 2017年2月20日召开。会议全面贯彻落实中央、全省、全市经济工作会议精神和德州市第十五次党代会精神，研究部署2017年经济工作任务，动员全区上下深入实施“产业强区、创新兴区、服务立区、开放活区”四大战略，紧紧围绕“财源建设、城市建管、民生改善、安全稳定、从严治党”五大重点，进一步从严从实、奋发有为，对标一流、争先进位，确保各项工作开好局、起好步，加快推进“富美新强”典范区建设。中共德城区委书记巩洪波主持会议并作重要讲话。中共德城区委副书记、区长王洪林讲话。德城区人大常委会主任闫书德，德城区政协主席徐世勇，中共德城区委副书记张志芳出席。德城区区级班子成员参加。

【德城区公安工作会议】 2017年2月20日召开。

总结2016年全区公安工作，对2017年工作任务进行部署。中共德城区委副书记张志芳出席。中共德城区委常委、政法委书记李福广，德城区副区长纪勇参加。

【全区领导干部思想作风建设大会】 2017年2月28日召开。深入分析当前德城干部队伍中存在的问题，动员全区上下，勇于担当，激情干事，为加快建设“富美新强”典范区提供坚强组织保障。会议宣读《中共德城区委关于开展“对标一流、争先进位，争当德城发展排头兵”活动的实施方案》《中共德城区委关于建立量化预警机制从严从实监督管理干部的实施意见（试行）》《德城区改革创新干事创业容错免责实施办法（试行）》。中共德城区委书记巩洪波讲话。中共德城区委副书记、区长王洪林主持。德城区人大常委会主任闫书德，德城区政协主席徐世勇，中共德城区委副书记张志芳出席。德城区区级班子成员参加。

【德城区2017年“三八”国际妇女节庆祝大会】 2017年3月6日召开。中共德城区委副书记张志芳出席并讲话。中共德城区委常委、宣传部部长骆晓东，德城区人大常委会副主任李晖，德城区副区长于志新，德城区政协副主席刘英、刘惠平参加。

【德城区重点民生项目调度会】 2017年3月15日召开。研究部署重点民生项目推进工作。中共德城区委书记巩洪波主持并讲话。中共德城区委副书记、区长王洪林，德城区政协主席徐世勇，中共德城区委副书记张志芳出席。中共德城区委常委，德城区副区长参加。

【全区宣传文化工作会议】 2017年3月21日召开。贯彻全市宣传文化工作会议精神，总结2016年全区宣传文化工作，部署2017年全区宣传文化工作任务。中共德城区委常委、宣传部部长骆晓东出席并讲话。德城区副区长于志新主持。

【全区农业农村暨扶贫开发工作会议】 2017年3月23日召开。贯彻落实中央、省、市农村工作会议和区党代会、区“两会”精神，安排部署2017年全区“三农”工作。中共德城区委副书记张志芳、王亮出席。德城区副区长纪勇，德城区政协副主席刘英参加。

【全区组织工作会议】 2017年3月24日召开。传达省、市组织部长会议精神和区委书记巩洪波对全区组织工作重要批示，安排部署2017年工作任务。中共德城区委副书记张志芳出席。中共德城区委常委、组织部部长许勇参加。

【全区统战工作会议】 2017年3月24日召开。传达贯彻全市统战部长会议精神和区委书记巩洪波对全区统战工作的重要批示，安排部署2017年统战工作任务。中共德城区委常委、统战部部长孟宇出席。

【德城区委政法暨维稳“大调研、大排查、大整改”工作会议】 2017年4月1日召开。中共德城区委副书记张志芳出席。中共德城区委常委、政法委书记李福广，德城区副区长纪勇参加。

【德城区总工会十五届十四次全委扩大会议】 2017年4月10日召开。中共德城区委副书记王亮（挂职）出席。中共德城区委常委、副区长刘建国（挂职）参加。

【全区协同发展督查评议工作会议】 2017年4月11日至12日召开。集中观摩检阅2017年以来各镇街协同发展取得的新成绩、新成果，对照先进找差距，学习先进谋赶超，激励各镇街变压力为动力，确保全年工作开好头起好步。中共德城区委书记巩洪波主持并作重要讲话。中共德城区委副书记、区长王洪林就做好下一步工作进行安排部署。德城区人大常委会主任闫书德，德城区政协主席徐世勇，中共德城区委副书记张志芳、王亮出席。中共德城区委常委，德城区人大常委会副主任，德城区政府党组副书记，德城区副区长，德城区政协副主席参加。

【德城区工商联（总商会）第十三次代表大会】 2017年4月21日召开。中共德城区委副书记张志芳出席。中共德城区委常委、统战部部长孟宇参加。王福华当选为德城区工商业联合会第十三届执行委员会主席、德城区总商会会长。

【中共德城区委办公室全体人员会议】 2017年4月25日召开。中共德城区委书记巩洪波，中共德城区委副书记张志芳出席。中共德城区委常委、办公室主任王勇参加。在开展民主评议党员工作后，巩洪波对区委办公室近年来的工作表示肯定，对区委办公室全体人员提出努力争做“四个表率”的要求和希望。

【德城区迎“五一”“匠心筑梦 劳动最美”颁奖晚会】 2017年4月27日举办。对“最美工匠”“最美职工”“工匠精神企业”进行表彰。德州市总工会党组书记、常务副主席朱秀彦，德城区人大常委会主任闫书德，德城区政协主席徐世勇出席。中共德城区委副书记张志芳致辞。中共德城区委常委、副区长杨振生，中共德城区委常委、政法委书记李福广参加。

【德城区创建全国文明城市动员大会】 2017年4月28日召开。贯彻落实全市创建全国文明城市动员大会精神，对全区创城工作进行全面安排部署。中共德城区委书记巩洪波作重要讲话。中共德城区委副书记、区长王洪林主持。德城区人大常委会主任闫书德，中共德城区委副书记张志芳、王亮出席。德城区几大班子领参加。

【德城区青年干部风采展示大赛（决赛）暨庆“五四”表彰大会】 2017年5月3日举办。中共德城区委副书记张志芳、王亮出席。中共德城区委常委、组织部部长许勇，德城区人大常委会副主任刘安国，德城区政协副主席戴连强参加。

【全区机关党的工作会议】 2017年5月4日召开。总结2016年机关党建工作，安排部署2017年机关党建工作。中共德城区委副书记张志芳出席并讲话。中共德城区委常委、组织部部长许勇，中共德城区委常委、办公室主任王勇参加。

【德城区庆祝“5·12”护士节暨“十佳护士”表彰会】 2017年5月10日召开。中共德城区委副书记张志芳出席。德城区人大常委会副主任张仲钵，德城区副区长于志新，德城区政协副主席刘英参加。

【全区退役士兵安置和权益保障政策落实工作会议】 2017年5月18日召开。中共德城区委副书记、区长王洪林主持并讲话。德城区副区长纪勇，德城区人武部部长赵庆海参加。

【全区推进“两学一做”学习教育常态化制度化工作座谈会】 2017年5月18日召开。对全区推进“两学一做”学习教育常态化制度化作出安排。中共德城区委书记巩洪波讲话。中共德城区委副书记、区长王洪林传达习近平总书记重要指示精神和省、市会议精神。德城区人大常委会主任闫书德，德城区政协主席徐世勇，中共德城区委副书记张志芳、王亮出席。中共德城区委常委参加。

【德城区创建全国文明城市工作调度会议】 2017年5月26日召开。贯彻落实全市创建全国文明城市动员会议精神，对全区创城工作进行调度，对下一步创城工作作出安排部署。中共德城区委书记巩洪波作重要讲话。中共德城区委副书记、区长王洪林出席。中共德城区委副书记张志芳主持。中共德城区委常委、组织部部长许勇，中共德城区委常委、宣传部部长骆晓东，中共德城区委常委、办公室主任王勇，德城区副区长张国亮参加。

【德城区安全生产专题会议】 2017年6月3日召开。中共德城区委书记巩洪波主持并讲话。中共德城区委副书记、区长王洪林出席。中共德城区委常委、副区长杨振生，中共德城区委常委、宣传部部长骆晓东，中共德城区委常委、政法委书记李福广，中共德城区委常委、办公室主任王勇，德城区副区长孙大鹏、纪勇、于志新、张国亮参加。

【全区社区家长学校建设推进会】 2017年6月16日召开。中共德城区委副书记张志芳出席。

【德城区集贸市场创城调度会议】 2017年6月27日召开。中共德城区委常委、宣传部部长、创城办主任骆晓东出席。

【德城区 2017 年第一轮巡察工作动员部署会议】 2017 年 6 月 28 日召开。中共德城区委常委、纪检委书记王玉成出席并讲话。

【德城区庆祝建党九十六周年暨“丰华经验”报告会】 2017 年 6 月 30 日召开。中共德城区委副书记张志芳出席。中共德城区委常委、组织部部长许勇，中共德城区委常委、宣传部部长骆晓东参加。

【德城区推进城乡网格化管理工作培训会议】 2017 年 7 月 18 日召开。

【德城区创建全国文明城市工作部署会议】 2017 年 7 月 21 日召开。会议深入贯彻落实全市创城工作调度会议精神，对全区创建全国文明城市工作进行再动员、再部署。中共德城区委书记巩洪波主持并讲话。中共德城区委常委、宣传部长骆晓东，中共德城区委常委、办公室主任王勇，德城区人大常委会副主任张仲钵，德城区副区长于志新，德城区政协副主席刘英参加。

【德城区暑期青少年关爱工作协调部署会议】 2017 年 8 月 2 日召开。中共德城区委副书记张志芳主持并讲话。德城区副区长于志新参加。

【城区“清风德城”教育行动动员会议】 2017 年 8 月 4 日召开。中共德城区委副书记张志芳主持。德州市监察局副局长、办公室主任马伟彪，中共德州市纪委宣传部部长孙立宁，中共德城区委常委、纪委书记王玉成出席。

【德城区全区规范干部日常管理工作会议】 2017 年 8 月 29 日召开。中共德城区委副书记张志芳主持并讲话。中共德城区委常委、纪检委书记王玉成，中共德城区委常委、组织部部长许勇参加。

【德城区新的社会阶层人士统战工作会议】 2017 年 8 月 30 日召开。中共德城区委书记巩洪波作出批示。中共德城区委常委、统战部长孟宇出席会议并讲话。

【德城区 2017 年教师节庆祝大会】 2017 年 9 月 8 日召开。表彰为德城区教育事业作出突出贡献的优秀教师和优秀教育工作者。中共德城区委书记巩洪波出席并讲话。德城区人大常委会主任闫书德，德城区政协主席徐世勇出席。中共德城区委常委、副区长杨振生，中共德城区委常委、组织部长许勇，中共德城区委常委、宣传部长骆晓东，中共德城区委常委、办公室主任王勇，德城区人大常委会副主任张仲钵，德城区副区长张国亮，德城区政协副主席王太勇参加。

【德城区十六届区委第二轮巡察工作动员部署会】 2017 年 9 月 8 日召开。落实区委第二轮巡察工作总体部署，对本轮巡察工作进行动员安排。中共德州市委巡察办副主任闫晓莉，中共德城区委常委、纪委书记、区委巡察工作领导小组组长王玉成出席。中共德城区委常委、组织部部长许勇主持会议。

【德城区民主党派参政议政工作座谈会】 2017 年 9 月 21 日召开。中共德城区委常委、统战部部长孟宇出席并讲话。

【全区领导干部会议】 2017 年 10 月 26 日召开。集中收看省、市领导干部会议实况，传达学习党的十九大精神，要求全区各级党组织和广大党员干部群众以习近平新时代中国特色社会主义思想武装头脑、指导实践，不忘初心、牢记使命，在全区迅速兴起学习宣传贯彻十九大精神的热潮。中共德城区委书记巩洪波主持并讲话。中共德城区委副书记、区长王洪林，德城区人大常委会主任闫书德，德城区政协主席徐世勇，中共德城区委副书记张志芳、王亮出席。德城区几大班子领导参加。

【共青团德城区第二十二次代表大会】 2017 年 10 月 27 日召开。中共德城区委书记巩洪波出席并讲话。共青团德州市委副书记张方瑞，德城区人大常委会主任闫书德，德城区政协主席徐世勇，中共德城区委副书记张志芳、王亮出席。中共德城区委常委、副区长杨振生，中共德城区委常委、组织部部长许勇，中共德城区委常委、宣传部部长骆晓东，中共德城区委常委、办公室主任王勇参加。

【德城区“银农直联”工作动员会】 2017年11月7日召开。中共德城区委常委、纪委书记王玉成出席。会议集中听取《德城区“银农直联”工作实施办法》，对德城区“银农直联”工作进行安排部署。此项工作将进一步提升农村集体财务规范化管理水平，促进全区农村基层党风廉政建设。

【德城区综治委预防青少年违法犯罪专项组会议】 2017年11月28日召开。中共德城区委常委、政法委书记李福广出席并讲话。

【城区德城区新的社会阶层人士联合会第一次代表大会】 2017年11月30日召开。中共德城区委书记巩洪波作出重要批示。中共德城区委常委、统战部长孟宇，德城区人大常委会副主任张建栋，德城区政协副主席王太勇出席。

【德城区社区“两委”换届选举工作动员会议】 2017年12月20日召开。安排部署全区社区“两委”换届选举工作。中共德城区委书记巩洪波会前作出批示。中共德城区委副书记张志芳出席并讲话。中共德城区委常委、组织部部长许勇，德城区副区长纪勇参加。

【德城区领导干部座谈会】 2017年12月27日召开。深入学习贯彻党的十九大精神，坚持以习近平新时代中国特色社会主义思想为指导，认真总结2017年工作，研究谋划2018年工作。中共德城区委书记巩洪波主持并讲话。中共德城区委副书记、区长王洪林讲话。德城区人大常委会主任闫书德，德城区政协主席徐世勇，中共德城区委副书记张志芳出席。

【德城区残疾人联合会第七次代表大会】 2017年12月29日召开。中共德城区委副书记张志芳出席。中共德城区委常委、组织部部长许勇，中共德城区委常委、宣传部部长骆晓东，德城区副区长于志新参加。

（王勇　赵玉彬　邢书瑞）

区委办公室工作

【荣誉】 2017年，中共德城区委办公室荣获德城发展排头兵先进区直部门（单位）一等奖，顺利通过升级文明单位复审。

【思想政治建设实现新突破】 始终把提升整体政治素养作为首要任务，坚持以马克思列宁主义、毛泽东思想、邓小平理论、“三个代表”重要思想、科学发展观、习近平新时代中国特色社会主义思想为指导，不断健全完善学习制度，深入学习贯彻党的十九大和习近平总书记系列重要讲话精神，不断丰富学习内容，改进学习方法，提高学习效率，在思想上、政治上、行动上与党中央和省、市、区委保持了高度一致。深入推进“两学一做”学习教育常态化制度化，每月15日组织全体党员开展“党员学习活动日”活动，深入学习党规党章和习近平总书记系列重要讲话精神，推动党内教育从“关键少数”向办公室全体党员拓展，从集中性教育向经常性教育延伸，共组织办公室人员开展集体学习9次，每人都认真抄写党章、写心得体会，思想政治水平得到新提升。

【办文办会效率和质量不断提升】 文字材料方面，努力适应新形势、新任务、新要求，在发挥智囊和参谋作用上狠下功夫，切实发挥好以文辅政职能。牢固树立精品意识，吃透上级精神，精心锤炼文字，圆满完成了全区经济工作会议讲话、区委十六届二次全委会报告等重要文字材料的撰写任务。领导干部思想作风建设大会、创建国家文明城动员会等重要讲话得到区委领导充分肯定。共起草、修改、审核各类文字材料700多篇，整理区委常委（扩大）会议纪要35期。文件运转方面，建立严格的文件审核、收发、签批、传阅、归档制度，提高办文速度和发文质量，做到了及时、准确、规范。全年共收文322件、发文246件，全部按照规定流转处理。会务服务方面，按照“精简会议活动、切实改进会风”的要求，周密部署、细致安排，顺利筹办了全区经济工作会议、区委十六届二次全体会议等会议及活动300余场次，无一差错。

【政策研究、信息和改革工作进步明显】 调查研究方面，围绕区委中心工作，聚焦经济社会发展中领导关注、群众关心的热点问题，深入镇街、部门、企业开展调研12次，了解发展现状，深入剖析问题，研究解决对策，形成了有价值的调研报告10余篇，为区委掌握全局、把握大势、正确决策提供参考依据。信息工作方面，突出“短、平、快”的特点，围绕党的方针政策、上级党委的工作部署和全区经济发展、社会稳定、党的建设等领域工作，共编发《德城信息》209期，上报省委、市委信息2000余篇，省委采用14篇，市委采用233篇。深化改革方面，紧密联系德城实际，蹄疾步稳，狠抓落实，积极稳妥推进3项省级改革试点、30项具体改革事项，共出台《德城区群团改革方案》《关于加强城乡社区协商的实施意见》等32项改革方案。开展专项督察3次，形成专项督察报告3项，下发督察告知单68份，圆满完成了全年改革任务。

【行政效能工作迈上新台阶】 督查工作方面，对区委重要会议、重大决策事项以及重点项目建设、生态环保、民生保障等重点工作，通过多种手段开展督查，开展现场督查80余次，形成督查专报50期。建立领导批示销号制度，办理市级领导批示件11件，区级领导批示件145件，确保“批必办、办必果、果必报”。办理“人民网”地方领导留言板的登记、转发、回复、落实工作21件，回复率达100%。后勤保障方面，按照“主动、细心、周到、高效”的要求，完成各项接待任务120批次，车队安全行驶20万公里。

【工作作风建设取得新进步】 始终把增强能力、提高素质作为提高工作水平和服务质量的重要保证，围绕提高办公室整体工作水平和服务质量，着力打造一支政治坚定、素质优良、创新进取、善谋实干的干部队伍。干事氛围更加浓厚。深入开展“对标一流，争先进位，争当德城发展排头兵”活动，不断强化团结、实干、进取精神，始终保持朝气蓬勃、健康向上的精神状态和良好风貌。通过公务员考录，2名优秀年轻干部充实到办公室队伍。机关运行规范有序。修订完善了公务接待、请销假、财务、车辆、值班、保密等内部管理制度。规范日常工作流程和办事程序，落实限时办理制、责任追究制等制度，进一步严明工作纪律，领导班子率先垂范，使办公室各项工作便于操作，有章可循。行政决策科学民主。不断完善民主集中制，严格执行“三重一大”决策制度，凡重要工作、重大活动安排、财务开支等重大问题通过办公室主任会议及时研究、及时通报，增强了决策的科学化民主化水平。党风廉政建设深入推进。严格落实党风廉政建设主体责任，严守党的政治纪律和政治规矩，落实中央“八项规定”，防止“四风”问题反弹回潮，打造一支信念坚定、作风过硬干部队伍。包保联系工作扎实开展。积极联系帮扶黄河涯镇齐庄村张秀波贫困户，帮助贫困户分析贫困原因，寻找脱贫致富的路子，并为贫困户送去油、面、大米、棉被等生活用品，切实增强了全体党员干部宗旨意识、服务意识，进一步密切了与群众的关系。

（邢书瑞）

组织工作

【着力加强换届后领导班子和干部队伍建设】 2017年2月28日，召开全区领导干部思想作风建设大会，动员全区上下勇于担当，激情干事，撸起袖子加油干，迈开步子朝前奔，全区干事创业氛围日益浓厚。

开展争当排头兵活动。以“丰华模式”为典范，制定出台《中共德城区委关于开展“对标一流、争先进位，争当德城发展排头兵”活动的实施方案》，分类指导各个领域确定争创目标，年底兑现奖惩，全区上下干事激情空前高涨。选派9名优秀年轻干部，到镇街挂职副书记、副主任，进一步培强基层工作力量，充分调动干部干事创业积极性。

创新实施干部一线考察。按照全员覆盖、分工负责的原则，成立4个谈话组分赴各镇街、部门，做到“管他的”“他管的”“他身边的”人必谈，谈话1000余人。在对干部年度考核的基础上，收集“责任清单”“成效清单”“鉴定清单”1500余份，为选准用好干部提供准确依据。

探索干部量化预警管理。建立干部监督管理量化预警机制，管细管小管早，出台“量化预警

37条”，实施蓝、黄、橙、红四色预警，对照触犯情形响应预警，下大气力整治“不作为、慢作为、乱作为”以及庸、懒、散、拖等现象。全年发放《预警告知书》33份（蓝色13份，黄色21份），警示谈话40次，为干部做事划底线。

建立干部激励关怀制度。把严管和厚爱结合起来，制定出台《德城区改革创新干事创业容错免责实施办法（试行）》，鼓励干部坚持原则和底线，设定10种减责免责情形。出台《关于建立干部激励关怀机制的实施意见》，制定13条激励措施，做法在《山东组工信息》刊发。

【切实提升基层党组织组织力】 突出抓好提升基层党组织组织力这个重点，坚持系统谋划、分类推进，全面提升基层组织建设整体水平。

层层压实党建责任。建立区委书记议事会制度和基层党建、干部监督等联席会议制度，制定《关于把区委常委所在支部建成示范支部的通知》，开展基层党建大调研，在49个城市社区推广“555”民主管理模式（社区“五员”提议、“五会”决策、“五方”监督），多次到丰华、祥和等社区调研推动，解决征地拆迁、驻地停车等问题120余件，有关做法被人民网刊发。

推进城市基层党建。在全市率先推行街道“大工委制”，4个城市街道全部撤“党委”改设“党工委”，49个城市社区党组织全部改为党总支。制定城市社区和驻区单位两张工作清单，将共驻共建范围延伸到100个市直机关，实现中心城区城市社区联系服务全覆盖。在建立全市首个楼宇党总支、楼宇党群服务中心基础上，探索新湖街道“红色商圈”党建模式，形成社区党组织、党群服务中心、党群工作站、社会组织、群众团体“五位一体”工作格局，破解“两新”组织新领域党建难题。

稳步推进“两委”换届。及早谋划，从2017年3月起，区委常委和党员副区长全部靠上负责，区级、部门、镇街三级联动定期接访下访，对问题全面起底清淤，换届前整顿软弱涣散党组织13个。换届中，强化督导指导，严格程序环节，严肃换届纪律，跟进做好集体谈话、集中轮训。

【持续强化人才支撑引领作用】 坚持人才强区战略，牢牢抓住人才战略资源，以创新体制优化人才发展环境为重点，努力打造走在全省、全市前列的创新标杆。

完善党管人才机制。起草制定“天衢计划”及配套文件，形成完整政策体系。建立健全人才工作者队伍，设立镇街、部门、企业人才办，组织浙大专题培训班和广东、浙江考察学习，开阔眼界，提升能力。加大考核权重，对镇街和区直部门实行差别化考核，提升人才意识和工作积极性。加大人才投入，兑现人才奖补资金800万元。

加强人才引培力度。充分发挥“黄金30条”“天衢计划”效用，围绕区内重点产业和企业，坚持柔性引才模式，引进陈蕴博院士、王靖康院士等40余名高层次人才，10人入选省级人才工程。引进重点高校毕业生到企业72人。组织海内外高端专家德城企业行活动，吸引69余名高层次人才到德对接交流，达成合作意向11项。引进培育高技能人才431人，5人获批“德州市优秀企业家”。

推进平台载体建设。深入实施“一企一平台”工程，全市新增省级、市级企业创新平台15家，引进先进成形技术与装备国家重点实验室。推动建设天衢高创智造谷、人力资源服务产业园、众志长城孵化器、联兴人才产业园，完善人才工作基础平台。

提升服务人才水平。完善党委联系服务专家制度，提升人才向心力。归集、建设人才公寓3万平方米，推广人才工作微信群、公众号，建立人才成员单位例会制度，提升人才工作者服务意识，人才服务能力得到改善。组织开展“人才政策进企业”宣讲会，编印发放各级人才政策汇编1000余册。

【贯彻学习十九大精神】 把贯彻学习十九大精神作为首要政治任务，在全区开展“大学习、大宣讲、大调研、大落实”活动。区级领导开展宣讲32次，各级各部门单位开展联系走访290余次。学习竞赛检验效果。德城区在“灯塔—党建在线”第二期竞赛中位列全省第三名，6个镇街全部进入全省前200名。

【“两学一做”学习教育常态化制度化】 建立党

员活动日制度。将每月15日定为党员活动日，区委统筹确定每月活动主题，为每个支部订制活动记录本，活动情况全程纪实。建立基层党建常态化巡查机制，坚持“一月一督查一通报”，加大实地督导、随机抽查力度；运用好宣传册、口袋书、微党课等有效方式，增强学习的吸引力和感染力。

【打造过硬支部】 开展“对标丰华、争先进位，打造过硬党支部”活动。在全市率先出台各领域党组织建设标准，在补齐党建短板上持续用力。“乐缝创意坊”党支部入选全省过硬支部典型案例。社区党建“丰华模式”得到省委刘家义书记和市委陈勇书记充分肯定，在全市推广经验。

【推行城乡网格化】 搭建区级、镇街网格管理中心、管区（社区）网格站、基本网格四级平台，把基层党建、综治维稳、公共安全、生态环保等统一纳入网格化管理。基本网格层面中49个城市社区划分为174个网格，114个自然村各自建立基本网格。制定网格化管理工作标准，实现“上面千条线、基层一张网”。出台20项底线清单，消除各类隐患1979个。在全市率先出台网格员积分奖励办法，充分调动网格员工作积极性，实现全区域覆盖、全天候服务、无缝隙衔接、动态化管理，形成党建引领基层社会治理的有效模式。

【夯实基层保障】 区财政拨付1053万元保障村级运转、980万元保障城市为民服务，镇街兜底1550万元保障城市运转。54个农村社区集体经济均达10万元，44个符合条件农村社区注册23家土地股份合作社，覆盖率列全市第一。

【改善工作作风】 弘扬“三在”精神，改进文风会风，全年新建制度12项，修订制度7项，建立健全了科级干部推荐、中层干部任免和工作人员请销假管理、日常管理等行之有效、着眼长远的制度，切实提升了组织工作满意度。

（孙威）

老干部工作

【坚持以学促进　提高思想政治意识】 加强教育，做好离退休老干部的思想政治工作。开展以“做合格党员、做模范长者、增添正能量”为主题的教育活动和十九大精神宣传贯彻系列活动；组织“建言十九大”问卷调查活动；召开“畅谈十八大以来发展变化、展望十九大胜利召开”座谈会3次；组织“喜迎十九大”老干部书画展，组织老干部集中收看十九大开幕式，为离退休干部定制发放《党章》《十九大报告单行本》等书籍500余份。

扩大宣传，发挥先进典型引领示范作用。加大宣传力度，在《德州日报》《今日头条》以及“德州老干部工作”“德城老干部”网络公众平台等媒体刊登先进事迹材料，深入宣传德城区全国离退休干部先进个人冯良才、全省“五好”离退休干部先进个人孙庆华、全市优秀社区退休干部魏世岭等老干部的先进事迹；积极在离退休干部党支部中开展“对标丰华，争先进位，争当德城发展排头兵”活动；组织丰华社区孙庆华等4名离退休干部组成宣讲团赴乐陵市、禹城市等地做“志愿服务、奉献社会”主题宣讲报告；在全区开展最美志愿者评选活动，凝聚老有所为正能量。

强化学习，注重提升老干部工作者的政治理论素养。利用周五学习日、每月党员活动日开展“两学一做”学习教育。宣传贯彻十九大精神，通过观看专题教育片，召开支部大会、民主生活会、学习交流会等形式，组织老干部工作者深入学习习近平新时代中国特色社会主义新思想、新任务、新要求，围绕“如何在落实新时代党的建设总要求中持续推进老干部党建工作”进行学习研讨，通过集中学习，使老干部工作者统一思想，坚定信念，提高素质，明确工作方向。

【完善管理服务　构筑精神文明高地】 规范离退休党组织建设，保障离退休干部权益。制定出台《德城区关于进一步加强和改进离退休干部工作的实施方案》《全区离退休干部“两学一做”学习教育常态化制度化实施方案》《关于在全区离退休干部党员中开展“学习党的十九大精神”活动的通知》等文件，调整离退休党工委工作职责，明确离退休党组织工作责任，加强对离退休干部党支部的工作指导，组织离退休干部党员带头到社区宣讲党的十九大精神。完善和落实离退休干部党

中共德城区委书记巩洪波（中），中共德城区委副书记、区长王洪林（右）亲切看望老干部贾玉水（左）

员阅读文件、参加重要会议和重大活动、通报情况、订阅报刊和购买学习资料等制度，健全和落实走访慰问制度，在重要纪念日、重大庆典和老年节、元旦、春节集中走访慰问，在离退休干部生病住院、家庭出项重大变故时及时关心看望，把党组织的关心、关怀传递到老干部心中。

完善离休干部“三个机制”，加大财政支持力度。针对离休老干部进入高年龄、高发病期的实际情况，将德城区离休干部医疗统筹金标准提升至每人每年 20000 元；争取上级专项转移支付资金 150 万元。协调市立医院，增加老干部病房，改善老干部就医环境，提高老干部的医疗保障水平；定期组织离退休干部健康查体，协调解决定点医院和异地就医的矛盾；做好特殊困难离休干部及遗属帮扶工作，发放特殊困难专项帮扶金 21000 元；积极开展为老干部办实事、做好事、解难事活动，解决老干部信访 21 件。

筑牢“党建 + 正能量”模式，打造正能量服务品牌。牢牢把握为党和人民事业增添正能量的价值取向，充分发挥老干部优势特长，积极创新载体、搭建平台，整合力量，在丰华社区组建“霞光红”老干部志愿服务组织和丰华社区离退休干部党支部。霞光红老干部志愿者服务队缝缝补补密切党群关系的先进事迹，被《中国老年报》在头版头条刊登，中组部原部长张全景对此报道专门写评语；积极组织广大老干部参加全省“最美老干部志愿者、最美老干部志愿服务组织、最佳老干部志愿服务项目”评选活动，德城区老干部辛长洪荣获“山东省最美老干部志愿者”称号，德城区霞光红老干部志愿者服务队被评为“山东省最美老干部志愿服务组织”，德城区霞光红绿色环保日项目、马市社区“四点半”学校荣获“山东省最佳老干部志愿服务项目”奖；完善老干部权益保护调解委员会工作职能，成立法律援助宣讲团；“五老”志愿者队伍进一步壮大，人数达 752 人，进校园、进社区举办报告会 4 次，开展主题教育活动 60 余场，受教育人数 2 万余人。

创新活动形式，积极推行文化养老。把握重要节日、纪念日等时间节点，组织书画、摄影、楹联、诗词、征文等活动。组织“畅谈十八大以来变化、展望十九大胜利召开”“夸夸我家这五年、晒晒幸福好生活、展望德城新发展”征文活动；在老干部活动中心开展“真情颂党恩，喜迎十九大”——纪念中国共产党诞辰 96 周年离退休干部“喜迎十九大，共筑中国梦”书画展，为党的十九大胜利召开营造了良好社会氛围。

【坚持从严治党　筑牢坚强政治保障】 一是加强宣传教育，增强廉洁从政意识。为贯彻落实全面从严治党要求，局党支部精心组织、周密部署，扎实开展“三严三实”“两学一做”学习教育，引导广大党员干部筑牢廉洁自律的思想防线；开展“以案明纪”大讨论活动，通过对典型违规违纪问题进行集中讨论，增强党员干部的纪律意识、规矩意识、法治意识，做到以案为鉴、警钟长鸣；认真组织局科级干部参加全区德廉党风党纪知识学习考试，并取得优异成绩。建立全员谈话制度，完善谈话登记台账，对干部苗头性、倾向性问题及时提醒教育帮助。

二是落实主体责任，规范廉洁工作行为。明确党委“一把手”是廉政建设主体责任制目标制定、检查、考核的第一责任人。同时按照“谁主管、谁负责，层层抓落实”的工作原则，将反腐倡廉工作任务分解到各科室，落实到具体责任人，明确工作程序，规范干部行为；坚持民主集中制，涉及重大事项决策提交局领导班子集体讨论；严格机关内部管理制度，坚持节假日领导干部带班制和工作日实名签到制，落实《德城区党政机关事业单位工作人员请销假管理办法》，严格履行请、销假手续。

三是加强监督检查，做到奖惩措施分明。严格执行党内监督各项制度，重新修订局机关各科室工作条例，明确干部职责分工，规范干部行为，实行绩效考核制度，对不合格干部进行诫勉谈话；落实《中共德城区委关于建立干部激励关怀机制的实施意见》，鼓励干部职工敢于担当、真抓实干；主动接受派驻纪工委监督的同时加大内部监督力度，不断创新监督检查的方式方法，提高监督检查的针对性和有效性，确保政令畅通。

（徐亮）

2017 年 9 月 26 日，德城区“迎接十九大 永远跟党走”理论宣讲团深入广川街道宣讲习近平总书记系列重要讲话精神和治国理政新理念新思想新战略

宣传工作

【理论武装】 2017 年，德城区委宣传部围绕党和国家重大方针政策和区委、区政府中心工作，开展理论学习、理论宣讲、理论研究等工作。

深化理论学习内容。一是强化区委中心组理论学习，制定《2017 年德城区委理论学习中心组学习方案》《2017 年德城区委理论学习中心组学习制度》，把党的十九大精神和习近平总书记系列重要讲话精神作为学习重点，通过集中学习、集体研讨、重点发言、举办读书会、专题辅导报告会等形式，提升学习质量和效果。全年共开展集中学习 12 次，举办专题辅导报告会 5 期。二是深入学习贯彻党的十八届六中全会精神。开展春节后集中学习活动，制定《集中学习活动配档表》，重点学习近平总书记系列重要讲话精神和《党章》《党内政治生活的若干准则》《党内监督条例》等规章制度以及中央、省、市、区重要会议、文件精神，要求广大党员干部坚持以上率下，更加严格要求，充分发挥示范带头作用，坚定不移推进全面从严治党，始终把严的要求贯彻到各项工作中。同时，在区内媒体开辟专题专栏，深入宣传报道了全区各级各单位春节后学习活动开展情况。

开展理论宣讲活动。一是围绕学习宣传贯彻党的十九大精神，区级领导带头宣讲，同时组建区委宣讲团，开展十九大精神巡回宣讲，截至 2017 年底，累计宣讲 90 余场，受众 2 万余人。邀请市委宣讲团成员、市民政局局长李淑华到德城区作题为《铭记时代使命，全面开启中国特色社会主义新征程》报告，引起热烈反响。二是积极开展百姓宣讲活动。组织开展“中国梦·党在心中”主题宣讲活动，选拔 3 名优秀宣讲员参加全市宣讲，分别荣获宣讲类、曲艺类二等奖。丰华社区孙庆华、王芳、王占元、颜玲 4 人组成“丰华经验”宣讲团在全区宣讲，受邀赴乐陵市等县、市巡回宣讲。

丰富理论学习形式。一是在报纸、电视、网络等媒体开设专题专栏，引导广大党员干部群众深入学习领会习近平新时代中国特色社会主义思想，准确把握党的十九大精神的思想精髓、核心要义，增强了学习宣传贯彻实效。二是组织开展全区“重家庭、传家教、塑家风”主题演讲比赛，选拔 2 名优秀选手参加全市演讲比赛，分别荣获一等奖、三等奖。此次活动提高广大党员干部对家庭、家教、家风建设的认识，进而积极弘扬中华传统美德，以良好的家风影响和推动党风政风民风建设。三是积极举办社科普及活动，推动社会科学知识进机关、进学校、进企业、进农村、进社区，将社科普及向基层延伸，提升了社科普及周的影响力和辐射力。新街口文化园、梁子黑陶被评为省级社会科学普及教育基地。

【新闻宣传】 2017年，在区委、区政府正确领导下，新闻宣传工作深入贯彻党的十八届历次全会、党的十九大精神以及习近平总书记系列重要讲话精神，牢牢把握全区发展大局和工作中心，通过加强重大新闻宣传、创新对外宣传平台、加强机制队伍建设，为建设“富美新强”典范区营造良好的舆论氛围。

加强重大新闻宣传。围绕全区“四大战略”“五大重点”以及作风建设、文明创城等工作重点，在媒体开设“建设‘富美新强’典范区”“争当德城发展排头兵”等专题专栏，大力宣传创业、创新、创优典型，营造对标一流、争先进位浓厚氛围。《德州日报·德城版》共发行129期，《德城新闻》共播出325期，在市级以上主流媒体发稿237篇，其中各版（电视）头条31篇（条）。认真落实市委书记陈勇对丰华社区的指示精神，邀请上级主流媒体，对丰华社区进行深入采访和系列报道，在《中国老年报》头版头条刊发《霞光映德城、奉献无止境》，得到中组部原部长张全景的赞誉，专门写下评语。“丰华经验”在全区推广，激励各级党组织和党员干部，时刻发扬党员模范带头作用，在各岗位上凸显旗帜作用，更好地诠释“为人民服务”的真谛。

完善宣传工作机制。坚持新闻例会、定期通报、跟班学习等制度，每月末定期召开新闻例会，由各镇街、有关部门提报新闻线索，确定下月宣传要点，选调基层通讯员定期跟班学习，邀请中央媒体编辑、记者，对全区领导干部和200余名骨干通讯员进行培训，提高领导干部的新闻素养和基层通讯员的写作水平。策划召开第二届邻里文化节、全区道路交通集中整治、德城区2017年经济运行情况、德城区人民法院执行工作4次新闻发布会，推动全区政务公开制度化、规范化建设。

加强新媒体平台建设。认真做好前期筹备工作，积极与山东手机台轻快云平台搞好合作，“智慧德城”手机客户端于2017年6月8日成功上线，同时加大宣传推广力度，全区党员干部全面下载安装“智慧德城”手机客户端。在此基础上，将“大德之城”微信、“德城发布”微博、《山东手机报德城专刊》进行移交整合，与“智慧德城”手机客户端集中办公、统一发布，于6月16日正式建成“德城媒立方”。调整理顺区宣传中心组织架构和管理体制，由区宣传中心统筹管理《德州日报·德城版》《德城新闻》和“德城媒立方”等各类媒体，促进传统媒体与新兴媒体融合发展。

【舆情引导】 2017年，德城区委宣传部扎实推进舆论引导，有效化解舆论热点难点问题，积极维护舆情稳定，不断增强对舆情引导的协调和管理能力，为全区经济社会发展创造良好的舆论环境。

加强舆情制度建设。在坚持舆情值班、登记上报、分析研判等制度的基础上，建立舆情信息收集平台，进一步加强与纪委、政法委、公安分局等部门的密切合作，实现舆情共享，确保第一时间掌握舆情、最短时间控制舆情。

健全舆情信息网络。举办全区舆情信息工作培训班，对全区120余名舆情信息员进行培训，利用QQ群共享、公共邮箱对网评员不定期培训，共报送舆情信息2300余条。启用“鹰眼舆情监测分析系统”，填补德城区舆情监测技术空白，在党的十九大期间发挥重要作用。利用在《德州日报·德城版》开辟专栏的形式，将每月舆情信息报送数量进行公开，这一形式大大提高了德城区的信息报送数量。

及时有效处置舆情。加强网上热点问题的正面引导，撰写新闻通稿6篇，舆情信息9期，正面引导发帖2500余条，妥善处理“黄河涯一经营业户非法存放烟花爆竹发生爆炸”“丰华小区一浴池锅炉着火事件”等6起较大网络舆情，有效化解舆情危机。

【文化繁荣】 2017年，紧紧围绕全区工作中心，以人民群众精神文化需求为出发点和落脚点，求真务实，扎实工作，有力地推进各项文化建设事业发展。

深化文化惠民工程。开展“送演出下基层”活动6场，举办美术、音乐、舞蹈等公益性培训100个班次，培训学员2000余人次。组织“成长路上·感恩有你”主题读书征文活动，参加全市“书卷长流·伴随一生”读书朗诵比赛，分别荣获二等奖、三等奖和优秀奖。以数字图书馆建设为基础，全面构建“德城活动云”APP，全力推进图书馆智能化。建立“德城区方志馆”，完善了地方文献采购、征集、呈缴、交换、复制、数字化等多种方式相结合的地方文献建设机制。建立“光明之家视障数字阅览室”，为盲人群体通过书籍和网络获取更多的知识信息搭建平台。

开展邻里文化活动。开展为期3个月的第二届邻里文化节，组织开展楼门文化、“最美邻居”评选、邻里公约征集、社区志愿服务以及系列文体活动，丰富居民生活，增进邻里友谊，促进了社区和谐。

扶持文化产业发展。成立全区文化产业发展工作领导小组，帮助奥德曼酒庄、建志剪纸等4家企业完成省重点文化企业项目库更新工作。组织企业申报省级文化产业发展专项资金，梁子黑陶“非遗文化产品传承发展平台”获得500万元专项资金扶持。在第五批全省重点文化企业、项目、园区评选中，梁子黑陶入选重点文化产业项目，新街口入选重点文化产业园区。推荐建志剪纸、大成微雕2家文化企业参加全国文化产业博览会；在第九届中国（山东）工艺美术博览会上，梁子黑陶选送的作品摘得2金1银。深入推动“厚道鲁商”倡树行动，德百集团、韩嘉木业等4家企业被命名全市诚信企业暨优秀企业文化示范基地，3家企业正在注册“厚道鲁商”商标。

（张丹丹）

统一战线工作

【民主党派工作】 充分发挥各民主党派联系广泛的作用，围绕提升社区服务质量，拓展社区服务职能，改进社区服务方式，开展调查研究和社会实践活动。组织各党派支部对德城区新湖街道丰华社区等社区展开调研，分析现状，查找问题，提合理化改进建议，让社会职能发挥得更好。开展形式多样的活动，凝聚人心团结力量。组织6名民革党员到祥和社区为社区群众写字绘画30余幅，通过宣传推介，进一步提升群众艺术修养。联系5名书画艺术工作者到邹李社区为老人写寿字，送去对老人美好的祝福与祝愿。在部分社区开展法律进社区活动。统战进社区工作得到市委常委统战部部长彭小毛批示，要求市委统战部总结经验全市推广。

【党外干部工作】 对全区党外干部进行全面调查摸底，继续完善以区委党校为主体，以社会主义学校为平台，联合区委组织部，对党外干部及党外代表人士进行轮训。11月份，在区委党校举办党外干部及党外代表人士培训班。主要围绕学习贯彻十九大会议精神及坚持和发展中国特色社会主义、实现中华民族伟大复兴中国梦等课题展开。继续与组织部门联合选派4名党外干部到黄河涯镇、新湖街道两个实践锻炼基地挂职锻炼。

【党外代表人士队伍建设】 德城区成立新的社会阶层人士联合会。11月30日，德城区新的社会阶层人士联合会第一次会员代表大会召开。区委书记巩洪波会前作出重要批示。会议审议并通过《德城区新的社会阶层人士联合会章程（草案）》、《德城区新的社会阶层人士联合会第一次会员代表大会选举办法（草案）》，选举产生德城区新的社会阶层人士联合会第一届理事会会长、常务副会长、副会长、秘书长、副秘书长、常务理事、理事，选举产生德城区新的社会阶层人士联合会第一届监事会监事长、副监事长、监事。与会领导为德州市新的社会阶层统战工作实践创新基地、德城区新的社会阶层人士联合会揭牌。

【经济统战工作】 工商联圆满完成换届。4月21日，成功召开德城区工商联（总商会）第十三次代表大会。选举产生了新一届区工商联执委会和领导机构，明确今后五年的工作思路、任务目标，为开创工作新局面打下坚实基础。主动投身经济主战场。发挥统一战线联系广泛的资源优势，加强与党派中央、全联、省联以及北京、天津、长三角、珠三角地区统战部、商会及社团的联系。总投资3000万元的希良食品公司项目正式落地。帮助民营企业破解发展难题。先后到永兴碳素、宇虹新颜料、鑫华润、天祥大厦、益海嘉里等多家会员企业进行走访调研。了解企业经营状况，面临的困难问题等，积极帮助协调解决。在得知永兴碳素缺少高级环保人才后，积极联系相关科研院校，为企业寻求人才。宇虹新颜料、鑫华润面临发展扩建困局、进度缓慢的问题，统战部协调相关部门，简化程序，为企业按计划实现扩建任务提供保障。5 月 9 日，组织梁子黑陶、安防科技、宇虹新颜料等 9 家企业参加市工商联组织的“银企直通车”活动，与全市各大银行金融机构进行对接洽谈，活动中有 3 家企业与银行达成合作意向。加强对外交流。充分发挥“联”的作用，加强对外交流。赴吉林省延吉市进行学习交流，与延吉市工商联建立友好商会。迎接昌邑市工商联到德城区考察，缔结友好商会。组织骨干会员企业参加在浙江大学举办的“创新驱动与人才战略”专题培训班。为提高企业发展决策、管理、经营能力，应对经济新常态转型升级增添助力。

【统战理论宣传工作】 做好重点课题调研工作，形成调研报告 2 篇。在各级媒体发表调研宣传信息稿件 31 篇。圆满完成“两刊”征订任务。引导统一战线各界成员就全区招商引资、项目建设、民生改善等重点工作中开展调研，撰写调研报告 11 篇，向人大、政协提交提案、议案、建议 53 件（条）。

（何尉豪）

脱贫攻坚工作

【组织机构】 德城区扶贫开发领导小组办公室，2016 年 1 月成立，系区委序列议事协调部门。

【贫困对象全部脱贫】 2017 年，德城区按照德州市委关于扶贫攻坚工作总体部署，突出抓好项目建设、部门帮扶、行业扶贫等重点环节，积极整合扶贫资金，精准发力、精准施策，各项扶贫工作成效明显。德城区建档立卡的 97 户、197 人贫困对象按照要求全部实现脱贫。

【坚持项目带动】 针对全区 90% 以上的贫困对象为老弱病残、无劳动能力的现实，投资 332.5 万元的光伏产业扶贫项目全部并网发电。投资 106 万元的南湖庄园项目，建成高标准蔬菜大棚 5 个，全区贫困对象每年实现分红 9 万元。按照省、市整合涉农资金的要求，督促区农业局集中统筹整合资金 60 万元，实施鑫昂种苗、奥德曼扶贫车间，引导贫困群众“进会、入社、上链”，增加贫困户收入。各镇街加大工作力度，安排公益岗位。充分发挥省级公益基金作用，累计投入资金 390 万元，与民政、教育、财政等部门联合实施黄河涯敬老院、学校基础设施改造提升等项目建设，真正把好事办实、实事办好。

【严格动态管理】 按照德州市扶贫办的工作部署，德城区扶贫开发领导小组及时向四个涉农镇街下发《关于扎实开展贫困人口动态调整工作的通知》，严格标准，保质保量，扎实做好贫困人口动态调整工作。德城区 8 户、19 名贫困对象实现脱贫；各镇街按照市扶贫办对于返贫和新纳入人员按照最新政策要求进行宣传发动、排查摸底、民主评议，全区没有返贫和新纳入的贫困对象。同时，召集公安、交警、工商、教育、人社、民政、水务、农机等部门的专题调度会议，针对市扶贫办对于贫困对象“八种不能退出情形”“十种不能纳入情形”进行全面信息比对，提前介入，确保应纳尽纳、应退尽退。同时，指导督促各镇街研究做好非建档立卡贫困户的困难群众的保障措施。

【构建共扶格局】 坚持点、线、面结合，建立划片、分线、包户工作机制，18 名区级领导、96 家部门单位与所有贫困对象结对帮扶，量化任务，落实责任，一包到底。加大教育、医疗、住房“三保障”水平，区委统战部先期动员华源纺织、安捷汽车等 5 家企业捐款 5 万元，惠及全区所有贫困对象；教育系统积极开展“泛海助学”“雨露计划”，对义务教育阶段适龄贫困学生按照每生 1000 元标准进行资助；卫生系统筹集 50 万元药品，对于患病贫困对象进行健康扶贫，免费为所有贫困对象开展健康查体；认真落实扶贫特惠保政策，正在组织镇街与人寿保险、新华保险、泰山保险进行大病理赔对接工作。96 家单位发挥部门优势，利用重大节日、国家扶贫日等时间节点深入贫困对象家中，访寒问暖，提供帮助，送去米面油等慰问品及慰问金。

（陈新刚）

机构编制管理

【政府机构和体制改革】 综合行政执法体制改革有序开展，实现综合执法与专业执法相结合；法院、检察院机构编制上划顺利完成，进一步提升司法公信力；完成监察委组建工作，助推反腐工作链延伸；公立医院法人治理结构初步形成，有效推动公立医院事业健康持续发展。

【放管服改革】 一是放字当头，权力进一步简化。取消调整行政许可、中介服务收费事项9项，截至2017年底，全区共保留行政许可128项，行政权力事项2732项。二是管字托底，管理进一步精细化。完善"双随机一公开"监管机制，编制并公布区级随机抽查事项清单，全区随机抽查事项清单共208项。三是服字提升，公共服务进一步优化。编制公开区级、镇（街道）公共服务事项目录以及镇街行政权力清单两张清单，群众幸福感与获得感进一步提升。全面清理盖章、证明类材料，进一步提高办事效率，群众办事难"顽疾"有效化解。开展年检和政府指定培训清理工作，区级共保留年检事项12项、政府指定培训4项。公布首批"零跑腿""最多跑一次"事项82项，打通服务群众"最后一公里"。

【机构编制资源配置】 一是强化机构编制实名制管理。落实机构编制管理月报，每月与机关事业单位进行人员信息变动情况对接，及时维护机构编制实名制系统。二是科学申报2018年度用编进人计划。保障乡镇、基层一线和重点行业、领域用编进人，重点支持中小学使用编制补充人员，引导中小学合理调整教师结构。三是优化事业单位资源配置。集中清理"僵尸"事业单位，收回相应编制资源，用于社会管理、民生保障等需要重点加强的领域。四是推进机构编制台账化精细管理。汇集全区各部门、事业单位成立（设立）以来的调整变化文件，逐条录入详细情况，形成机构编制电子台账。

【事业单位监督管理服务工作】 一是积极开展事业单位绩效考核。协调区监察局、财政局、审计局和事业单位主管部门，对全区114家事业单位分单元进行考核，并将考核结果公示。二是全面完成事业单位年度报告公开。全区应进行年度报告公示的143年事业单位全部按时完成年度报告公示。三是积极开展事业单位"双随机、一公开"监管，选取4家事业单位进行实地核查。四是试点开展事业单位业务范围清单化管理工作。全面梳理33家试点单位业务事项，编制《事业单位业务范围清单》并向社会公示。五是落实党政群机关统一社会信用代码管理办法。截至2017年底，共办理党政群机关统一社会信用代码证书初领业务6项，换发业务36项。六是认真做好事业单位法人日常登记工作。全年以来共办理事业单位法人登记28项。

（苑丁壬）

农村工作

【概况】 以两区同建和美丽乡村建设为抓手，按照产业兴旺、生态宜居、乡风文明、治理有效、生活富裕的总要求，统筹推进德城区新农村建设。全区规划的20个并建点已启动19个，启动率95%，总建成面积176.62万平方米，总入住户数10468户；规划实施32个产业园区建设，已建成20个；高标准实施美丽乡村建设；全区党支部领办创办土地股份合作社8个。

【社区建设工作】 2017年，稳妥推进两区同建工作，其中新开工社区1个，续建社区8个，在建1010户，在建面积11.2万平方米，建成面积7.92万平方米，入住520户；旧村拆除1840户、920亩，涉及3个行政村（二屯镇东北街村、天衢街道前小屯村和李旺庄），续建示范产业园区7个。

【产业园区建设工作】 2017年，德城区进一步加大投入，重点推进包括润德水产、粮油产业园、凯胜绿色建材7个产业园区建设。

【社区配套情况】 全区已启动建设的19个并建社区，全面按照路、水、电、暖、气、电话、有线电视、宽带等基础设施"八通"标准规划建设，全面保障农民群众居住条件。充分考虑服务半

2017年11月9日，德州市农业农村重点工作观摩团到黄河涯镇王村店社区观摩省级美丽乡村示范村创建工作

径、资源共享、交通便利、发展潜力等因素，按照“五室、三站、一校、一场所”要求，20个并建社区全部建设社区服务中心。加大环境综合整治力度，优化社区居住条件。

【美丽乡村建设情况】 美丽乡村建设扎实推进，争取省级财政资金300万元建设3个省级美丽乡村建设项目，三个项目村分别是黄河涯镇王村店社区、东西屯社区和二屯镇老渡口社区，三个项目基本建设完成。

【扶贫脱贫情况】 根据年初区委区政府下达的扶贫任务，农办整合上年的30万元生态文明建设资金，新修翻修黄河涯镇岳高埔村铁路西道路两侧排水沟1100余米，改善周围村民道路出行环境，有效地解决排水难问题。镇政府通过光伏产业扶贫，提供公益就业岗位来增加贫困户收入。贫困户全部实现脱贫。

（高仕乐）

对台工作

【赴外地招商】 2017年3月，根据区政府要求，德城区台办主任王奎山，德城区台办经贸科科长于泳赴厦门开展招商活动。在厦门期间，拜访厦门云金资本管理有限公司、厦门绿莱农业科技有限公司、厦门宝晖集团、中国并购公会厦门分会等众多企业和客商，发挥对台、对闽招商重要平台作用。

【邀请外地客商到德城区考察】 全年共邀请东莞方皓汽车配件有限公司、台湾太平洋森活集团、东莞天姿洋伞进出口有限公司、厦门宝晖集团、台湾喜多人文母婴护理服务有限公司等多客商就现代服务业、生态旅游农业、高端制造业等项目到德城区考察投资环境。

【交往交流】 组织德州太平洋纺织机械有限公司、德州大东机械有限公司、德州元茂纺织有限公司企业有关人员赴台湾考察学习交流，收到好效果。

（于泳）

机关党建

【机关创建活动】 德城区直机关按照区委开展的“对标丰华、争先进位，打造过硬党支部”活动提出的区直部门单位党组织的建设标准，围绕组织坚强有力、党员管理规范、制度机制健全、基础保障到位、工作成效明显等方面，细化具体要求，使每个基层党组织定有标尺、干有方向。机关工委对照标准，严格考核验收，着力解决基层党建薄弱环节和短板问题。通过定期调度检查，反复对比分析，培养选树一批过硬支部典型，真正推动党的建设与中心工作、业务工作融合发展、相互促进，为建设“富美新强”典范区提供坚强组织保障。

【机关党建工作】 落实党建责任。健全工作机制，发挥桥梁纽带作用，带头开展十九大精神的学习，形成党组织书记带头抓、班子成员分工抓、党员干部共同抓的党建工作机制。夯实机关党建工作基础，落实党员领导干部双重组织生活制度，严格贯彻“三重一大”制度，落实民主集中制，对重大问题实行集体研究决定。创新工作方法，运用党建信息交流微信群等对党员进行开放式、互动式学习教育，利用媒体力量广泛宣传好经验、好做法、好典型。在《德州日报》要闻综合版、市直工委官方网站、市直工委《机关党建》《德州日报》德城版等，发表重点稿件20余篇。

加强组织建设，提高基层党组织凝聚力和战斗力。完善各项制度，积极开展“两学一做”学习教育和“党员活动日”，整理“三会一课”等党内制度汇编，邀请专家授课20余人次，组织领导干部讲党课、集中学习活动300余场次，培训党员干部2000余人次。着重解决机关党建“灯下黑”。充分发挥区“过硬党支部”和“机关服务品牌”创建单位的典型示范带动作用，打造机关过硬党支部。组织召开全区机关党的工作会议，对机关党建工作进行安排部署。注重提高党员队伍质量，制定“区直机关工委党员发展工作流程图”，全年考察入党积极分子120余人，发展党员33人，转正28人。组织开展清风德城“廉洁机关教育实践活动”，不断增强机关党员干部的法纪观念和勤廉自觉，筑牢机关党员干部思想根基。

认真落实党建重点工作任务。根据党员信息数据库和党费缴纳情况，严格核实并及时调整党员党籍信息。督促指导2个机关党委、6个党总支、135个党支部按期换届工作。做好党费收缴工作，保证党费收缴、使用和管理工作严格到位。将行业扶贫行动与区直机关“网格化党员联系服务群众”和“双向报到”活动相结合，联系贫困群众百余户，为困难户送去慰问金，并积极申请低保办理、助残补助等多项政策。

2017年5月4日，德城区召开机关党的工作会议

【荣誉】德城区机关工委研究课题《过硬党支部建设》荣获德州市2017年度机关党建优秀调研成果一等奖。

（祝丽娜）

信访工作

【维稳安保】全国“两会”、“一带一路”北京会议以及党的十九大期间，德城区由区级领导带队到北京值班，各单位全力以赴共同做好维稳安保工作，没有出现有影响的信访问题。2017年12月8日，德城区委、区政府获得全市党的十九大安保维稳工作先进单位荣誉称号，新湖街道、广川街道、二屯镇、德城公安分局、德城区经信局、德城区人社局、德城区监察局、德城区法院、德城区卫计局同时先进单位荣誉称号；德城区信访局副局长郑云飞获得全省党的十九大安保维稳工作先进个人荣誉称号，记二等功。

【领导包案】全区有涉众型信访问题隐患39起，初步估算涉及群众约23896户（人）。其中，征地拆迁类15起，涉及群众5478多户（人）；不动产证办理类5起，涉及群众约2119户；欠薪或保险类8起，涉及群众1735人；困难企业职工要求兑现独生子女一次性养老补助类，涉及企业107家；失独家庭要求相关待遇类，涉及群众30余人；企业经营类1起，涉及群众34人，资金816.6万元；物业管理类1起，涉及群众200余户；工程建设类3起，涉及群众2100户（人）；涉军问题2类，涉及1700余人。对上述问题，全部由区级领导包案处理。

【领导下访】2017年7月份，区委、区政府印发《区级领导干部到基层公开接访实施方案》，区领导巩洪波、王洪林等积极到相关镇街公开接访，广泛收集群众意见建议，认真分析整理，研究提出切实可行的解决办法和措施；各镇街依照区里做法，组织领导干部到各村（社区）走访座谈，征求群众意见，了解群众诉求。截至2017年底，11名区级领导到基层接待群众27起48人次，有效处理群众合理诉求22起。7月28日，德州市副市长范宇新到德城区接待信访群众。（刘尚恒）

党史研究

【专题研究】 进一步开展《德城改革开放实录》研究编写工作，对各单位上报的56篇专题进行审稿，逐一提出修改意见，完成其中8篇稿件的修改。全面完成4个市级课题的编写、修改、审定和上报。

【资料征编】 组织开展1949年10月至1978年12月期间历任中共德州市委书记口述史征编。搜集整理8位中共德州市委书记生平简历，征集1篇回忆录、1篇亲属回忆文章，整理14篇重要讲话文稿，开展对1位老书记现场访谈。

【党史宣传】 在德州市、德城区各类新闻媒体登载党史党建方面文章、史料、动态10余篇。

（张瑞超）

党校工作

【干部培训】 德城区委党校根据区委批示和区委组织部的具体指导，2017年2月14日开办全区城管局在职人员岗前培训班，培训人数85人；5月22日至6月底连续开办六期科级干部学习贯彻党的十八届六中全会精神轮训班，培训人数378人；8月14日开办一期新录用公务员培训班，培训人数65人；9月25日开办一期社区党组织书记培训班，培训人数108人;9月26日开办德城区“新农村、新生活、新女性”骨干培训班，培训人数88人；9月28日开办德城区社区专职工作者培训班，培训人数85人；11月27日开办一期中青年干部学习贯彻十九大精神专题培训班，培训人数70人；12月开办二期科级干部十九大理论培训班，培训人数152人；一期全区教育、卫生系统学习贯彻党的十九大精神集中培训班，培训人数622人。全年共培训主体班次人数1653人，创历史新高。另外，通过流动党校到区直部门、镇街、各大企业讲党课20余次，听课人数达1200人次，实现培训全覆盖。党的十九大召开后，派骨干教师到中央党校、省委党校学习，做到“先学一步、学深一层”，成立德城区党校“十九大”宣讲团，进机关、进企业、进社区及时宣讲党的十九大精神，做到“学懂、弄通、做实”，切实发挥党校理论宣传阵地作用。培训工作结合“两学一做”学习教育，坚持党性，创新进取，推动全区“两学一做”教育开展，并取得令人满意的效果。为抓好干部培训，总结行之有效的经验，根据实际需要，设置课程，安排师资，开门办学。与上级党校、高等院校加强纵向联系，与区直部门加强横向联系，结合自身教师队伍建设，打造成一支党性强、素质高、讲课好的专兼职教师队伍。通过实践，建成自己的师资库和专题库。培训中强调学习纪律，注重党性锻炼，保证学习效果。

【理论研究】 2017年，一篇论文荣获省委党校系统理论研讨会三等奖。

【学校管理】 按照中央、省、市党校工作会议的有关精神，贯彻习近平总书记在中央党校的讲话精神，全面加强党校建设，坚持“党校姓党”，从严治校，牢固树立政治意识、大局意识、核心意识、看齐意识，突出德城区委党校的特色，努力提高办学水平，不断改进教学方式，创新培训内容，改善办学条件。

（庞明华）

老年人大学工作

【强化管理】 建立健全《学员安全管理制度》《班长岗位职责》《学员管理细则》《招生报名工作流程》，提高教学规范化管理水平。

【校园安全】 建立健全《雨雪天气停课机制》《应急救护保障机制》《校外活动安全预防机制》《安全用电排查机制》，细化具体措施12项，保障人员和财产安全。

【教学工作】 在教学安排上，开设书画、声乐、瑜伽、模特、电子琴、手工编织等10余门专业，设置22个班级，累计招生1000余人。根据老年人需求适时穿插开设家庭急救、卫生保健、消防安全、法律法规等知识讲座，邀请专家开展专题讲座2场，受众600余人次，发放相关资料

2017 年 6 月 21 日，德州老年人大学举办庆“七一”书画作品展

500 余份。在教学方法上，采取“走出去、请进来”，不断“借外力、增内功”，举办名家讲堂 4 次，写生活动 4 次，书画作品展 2 次，展出作品 200 余幅。在教学活动上，发挥老有所为，组织合唱队、舞蹈队、腰鼓队、书画协会等团体，参与“和谐邻里文化节”、德州市广场舞大赛，举办庆“七一”书画作品展、喜迎十九大主题笔会等活动。

（王伟）

档案局工作

【接收档案】 2017 年，区档案局共接收图书资料共计 310 册。

【档案工作指导】 认真开展档案指导工作，区人民法院顺利通过山东省档案工作科学化管理示范单位测评、区审计局通过全省档案工作先进单位测评；积极配合全区做好省环保督查、安全生产检查和党的十九大安保维稳档案资料整理工作；多次到区财政局、黄河涯镇进行档案指导。

【档案利用】 提供档案资料查阅利用 5245 卷（件、册）次，接待利用者 181 人次。

【新档案馆建设】 2017 年，德城区新档案馆选址初步确定，推进规划设计，筹建工作进展顺利。

2017 年 5 月 25 日，山东省档案局副局长苏东亮带领省委、省政府加快推进区（县、市）级综合档案馆建设督导组，在德州市档案局局长李纪三陪同下，到德城区考察督导区级档案馆建设工作情况。督导组查看德城区档案馆库房设施设备和办公环境，实地查看新档案馆选址现场，听取有关工作汇报，肯定德城区前期推进档案馆建设所取得成绩。同时，督导组就全面落实省委会议文件精神、着力解决好新馆建设中存在的困难和问题、进一步加快档案馆建设进度，提出具体意见和要求。

【荣誉】 2017 年，德城区档案局荣获全省档案宣传工作先进集体称号。德城区档案局张慧荣获全省档案宣传工作先进个人称号。

（张慧）

【档案馆简介】 德城区档案馆位于东方红西路 1378 号区委、区政府办公大楼内。建筑面积 488.6 平方米，其中库房、阅览室、检索室面积 335.6 平方米，办公室面积 153 平方米。馆内配置微机、温

2017 年 5 月 25 日，山东省档案局副局长苏东亮（右二）带领省委、省政府加快推进区（县、市）级综合档案馆建设督导组到德城区考察督导区级档案馆建设工作情况

2017 年 12 月 13 日，山东省、德州市、德城区三级档案局组成联合测评组，对德城区人民法院申报“山东省档案工作科学化管理示范单位”、德城区审计局申报“山东省档案工作科学化管理先进单位”进行测评

湿度自动控制仪、消毒机、去湿机、复印机、吸尘器、照相机、扫描仪、中央空调等设施、设备。

馆藏档案资料。截至 2017 年底，德城区档案馆馆藏档案 117 个全宗，45426 卷，3653 件。上架排列总长度 522.56 米；资料 26916 册。馆藏德城区委、政府、人大、政协、纪检委及其直属党政机关、群众团体、企事业单位档案 27729 卷，1229 件。主要有文书档案、会计档案、专业档案、科技档案、声像档案等多种门类。这部分档案从不同角度记载和反映德城区新时期政治、经济、科学文化事业的发展历程及取得的伟大成就，具有较高的利用价值和鲜明的地方特色。

馆藏资料分为政治、经济、历史等 12 大类 52 个属类，26717 册。主要有德城区在不同历史时期形成的县志、市志、专业志、市属各乡（公社）志、街道办事处发展史等史志书；《人民日报》《国务院公报》《山东行政公报》《大众日报》《文汇报》《德州市报》等杂志合订本；各种版本的工具书。其中比较珍贵的有乾隆五十三年（1788）《德州志》，民国二十四年（1935）《德县志》。

档案管理。档案工作制度。德城区档案馆出台并规范档案收集制度、档案资料保管制度、档案整理编目制度、档案保密制度、档案查（借）阅利用制度、档案资料统计制度、档案鉴定制度、安全保卫与消防工作制度。

基础业务建设。德城区档案馆出台荣誉档案管理办法和社区档案管理办法，使荣誉档案盒社区档案的收集、整理、保管、查借阅得到规范。

根据馆藏积极开展档案编研工作，编辑《德城区档案馆档案利用效果实例汇编》《档案利用分析》。根据馆藏整理反映德城丰富独特的南部生态文化形成历史和发展变化的《南苑寻踪》和反映我区教育事业发展进程的《名城记忆 教育篇》。

组织开展以“档案——我们共同的记忆”为主题的国际档案日系列宣传活动。充分挖掘德城区档案馆馆藏资料，在《德州日报·德城版》发表“德城档案 典藏历史”一文，参加德州市档案局主办的国际档案日宣传晚会，演出诗朗诵“德城—共同的记忆”制作纪录片，全面展示德城历史，提升公众档案意识。

（张慧）

中共德城区纪律检查委员会

重要会议

【中共德城区第十六届纪律检查委员会全委会提要】 **第一次会议。**2017 年 1 月 11 日召开。会议讨论通过中国共产党德州市德城区纪律检查委员会第一次全体会议选举办法，通过监票人建议名单，选举产生新一届区纪委书记、副书记、常务委员会委员。本次会议应到委员 23 名，实到 23 名，符合规定人数。经报请十六届区委一次会议批准，王玉成当选为第十六届区纪委书记，吴海蓉、郭立海当选为第十六届区纪委副书记，王玉成、吴海蓉、郭立海、李伟华、任鹏、李超、董伟当选为第十六届区纪委常务委员会委员。

第二次会议。2017年2月10日召开。会议深入学习贯彻习近平总书记重要讲话和十八届中央纪委七次全会、省纪委十届八次全会和市纪委十四届八次全会精神，总结2016年全区党风廉政建设和反腐败工作，部署2017年工作任务。中共德城区委书记巩洪波出席并讲话。德城区人大常委会主任闫书德，德城区政协主席徐世勇，中共德城区委副书记张志芳出席。中共德城区委常委、纪检委书记王玉成主持会议，代表区纪委常委会作题为《忠诚维护党章 全面履行职责 推动全面从严治党向纵深发展》的工作报告。德城区几大班子领导参加。

巩洪波在讲话中指出，全区各级党组织和广大党员干部要深入学习领会习近平总书记重要讲话和中央、省、市纪委全会精神，切实增强管党治党的信心和决心，切实明确工作重点和努力方向，切实增强全面从严治党的系统性、创造性、实效性。巩洪波强调，2017年是实施“十三五”规划的重要一年，是落实《准则》《条例》，构建不敢腐、不能腐、不想腐机制的关键一年。2017年工作总体要求是：深入贯彻党的十八大、十八届历次全会和习近平总书记系列重要讲话精神，统筹推进“五位一体”总体布局，协调推进“四个全面”战略布局，坚决维护以习近平为核心的党中央权威，坚持全面从严治党，严肃党内政治生活，强化党内监督，推进标本兼治，加强纪律建设，持之以恒抓好作风建设，把反腐败斗争引向深入，践行忠诚干净担当，推动全面从严治党向纵深发展，为建设“富美新强”典范区提供坚强的纪律保证和作风保证。一要严明党的纪律，严格执行《准则》《条例》。二要持续加压施力，推动主体责任落实。三要狠抓作风建设，持之以恒纠治“四风”。四要践行“四种形态”，持续加大反腐力度。五要规范选人用人，营造良好政治生态。六要加强自身建设，打造过硬干部队伍。全区各级各部门，要坚持标本兼治、多措并举，铸牢理想信念之魂，培育文化自信之根，厚植廉洁自律之本，扎紧制度体系之笼，不断推进全面从严治党向纵深发展。巩洪波强调，推动全面从严治党，使命光荣、责任重大。全区上下要紧密团结在以习近平为核心的党中央周围，在省委、市委的坚强领导下，从严从实、奋发有为，不断开创全面从严治党新局面，为全面建成小康社会，建设“富美新强”典范区作出新的更大贡献！

王玉成在主持会议时指出，各级各部门要把思想认识统一到全会精神上来，把思想统一到中央和省委、市委、区委对形势的判断和任务部署上来，从严从实，狠抓落实，坚定不移推进党风廉政建设和反腐败斗争。各级党组织要以实际行动把全会精神落实到位，切实履行全面从严治党主体责任。各级纪委（纪检组）要认真履行监督责任，持续深化“三转”，强化监督执纪问责，忠诚履行党章赋予的职责，确保党风廉政建设和反腐败工作各项任务落到实处。

会上，巩洪波与各镇街党（工）委书记签订《落实全面从严治党主体责任责任书》，王玉成与各镇街纪委书记签订《落实全面从严治党监督责任责任书》。

第三次会议。2017年12月7日召开。中共德城区委常委、区纪委书记王玉成出席并讲话。王玉成要求，全区纪检监察机关和纪检监察干部要全面学习领会党的十九大精神，准确把握全面从严治党新理论、新论断、新部署、新要求，真正把思想统一到十九大精神上来，把力量凝聚到实现十九大确定的各项任务上来。要坚持以习近平新时代中国特色社会主义思想为指导，牢牢把握正确政治方向；坚持把党的政治建设摆在首位，严明政治纪律和政治规矩；压实管党治党政治责任，推动责任落地生根；驰而不息纠正“四风”，持之以恒推进作风建设；有效用好“四种形态”，坚定不移地加强纪律建设；深化标本兼治，努力夺取反腐败斗争压倒性胜利；完善监督体系，形成监督合力。要全面落实打铁必须自身硬的要求，提升能力素质，加强作风建设，完善内控机制，以更高的标准、更严的要求，打造一支特别守纪律、讲奉献、能战斗的纪检监察队伍。

【全区纪检监察干部队伍建设会议】 2017年4月13日召开。传达学习省、市纪检监察干部队伍建设会议精神和省委常委、纪委书记陈辐宽在德州调研座谈会上的讲话精神。中共德城区委常委、纪检委书记王玉成出席并讲话。王玉成指出，纪检监察机关是管党治党的重要力量，纪律检查工作是全面从严治党的重要方面。强化纪检监察干部队伍建设，对于全面提升纪检监察机关能力和水平，更好适应新形势、新任务，全面从严治党具有重要作用。王玉成要求，要从政治和大局高度、从推进全面从严治党向纵深发展的高度，充分认识加强纪检监察队伍建设的重大意义，进一步增强紧迫感、责任感和使命感。要切实加强自身建设，打造过硬纪检监察干部队伍，着力培育纪检监察干部忠诚、干净、担当的品格，推动纪检监察干部队伍政治更强、素质更硬、纪律更严、作风更优、形象更好，为落实全面从严治党要求、履行监督责任提供坚强组织保证。

【全区纪检监察系统半年工作汇报会】 2017年7月同27日召开。中共德城区委常委、纪检委书记王玉成出席。会议指出，2017年上半年全区纪检监察系统按照“二、三、四”工作思路，压实“两个责任”，深化纠治“四风”、执纪审查和专项整治“三项工作”，完善“四种形态”运用机制、环境保护领域监督执纪问责机制、作风建设长效机制和廉政教育常态机制等四项机制，全力推进反腐倡廉工作，基本实现了时间任务“双过半”。会议强调，下半年要着重做好压紧压实“两个责任”、坚持不懈纠治“四风”顽疾、坚持挺纪在前严厉惩治腐败、加大开展扶贫领域及环保领域专项问责力度、强化信访举报工作、扎实推进党风廉政宣传教育、全面强化巡察和派驻监督、坚持抓好自身建设等八方面工作，圆满完成今年各项目标任务，为建设“富美新强”典范区作出新的更大贡献。

中共德城区纪律检查委员会日常工作概要

【突出责任担当 严肃责任追究 推动“两个责任”落实】 建立压力传导责任机制。2017年，中共德城区第十六届纪律检查委员会把党风廉政建设和反腐败工作纳入全区总体工作通盘谋划，做到同研究、同部署、同落实、同考核。坚持以上率下，突出节点管理，落实正风肃纪月报告及节假日检查通报制度。2017年，区委听取和研究反腐倡廉工作14次，制定印发全区“三整治一增强”活动、落实中央八项规定情况季报和主体责任谈话等5项规章制度。区委、区政府班子成员和下一级党委（党组）领导班子主要负责人谈心谈话122人次。通过推行年初“签字背书”、季度督导检查、年中述职述廉、年底评议考评等督责循环链条，构建落实“两个责任”压力传导机制。

建立“三清单一平台”责任平台。“三清单”即党委主体责任、纪委监督责任和矛盾隐患风险责任3份清单。其中，党委主体责任细分为领导班子共性责任、主要负责人及领导班子成员个性责任16个方面56个小项；纪委监督责任细分为督责、促责、问责、追责等8个方面30个小项；矛盾隐患风险清单细分为财经纪律、安全生产、信访稳定、党风廉政等4方面风险排查，2017年，全区各级各部门共排查风险点415条。“一平台”即运用“互联网+”思维，将3项责任清单任务落实到负责人员，完成时限具体到月份，推进措施兼顾到风险，并在每月考评系统中填报完成情况。建立“三清单一平台”，既有效的防控权力运行风险和推动精细化勘界定责，又更好的推进落实“两个责任”工作常态化和规范化。

开展巡察倒逼责任落实。2017年，开展2轮巡察，围绕“三大问题”，聚焦“六项纪律”，先后对12个部门、乡镇开展巡察。共发现问题365个，提出整改意见建议47条，边巡边改问题11个，移交问题线索12条。同时，对2015年、2016年五轮巡察发现的285个问题，从落实主体责任、落实中央八项规定精神等方面入手，开展巡察整改“回头看”活动。

【突出纠正“四风”开展专项治理 深化纪律作风建设】 推进作风建设长效化。进一步加强作风建设，坚决查处有令不行、有禁不止等行为，重点围绕“富美新强”典范区建设，集中开展“庸懒散”问题整治，坚决查处不作为、慢作为、乱作为突出问题。协助区委起草干部干事创业容错免责办法，在正确把握政策界限的同时，着力解决一些干部不负责任、不敢担当等问题，树立遏制腐败、鼓励干事的执纪导向。

强化提醒教育。把握春节、清明、端午、中秋等关键节点，紧抓公款吃喝、公款旅游、收送节礼等纠治重点，综合运用印发文件、微信推送、媒体宣传、廉政短信等提醒方式，严明纪律，早作提醒。印发《关于开展落实中央八项规定集中整治防止“四风”反弹的通知》《关于进一步规范外出培训、参加学术会议等活动的通知》等文件，强化十八大以来党风廉政建设法规制度贯彻落实，抓制度修订完善，抓“四风”抬头反弹，抓提前督导预警，抓规定刚性执行，全面严明规矩纪律。

严格监督检查。在督促各部门单位抓好公车、公房、公务接待等问题治理的基础上，整合镇街纪委力量坚持交叉检查、逢节必查、每周必查，严查隐形变异“四风”问题。督促主管部门对全区 37 家机关事业单位食堂以及旅游企业、大额餐饮发票等进行摸底调查，通过自查自纠、明察暗访、群众监督等形式，针对“四风”问题明察暗访 80 次，梳理排查隐形变异“四风”问题线索，有效遏制隐性变异“四风”问题。

严肃通报曝光。健全快查快结快通报制度，对“四风”问题线索快速反应、优先处置。结合查处的问题印发通报，通报曝光违反中央八项规定精神问题、党风廉政建设责任制追究以及发生在群众身边腐败问题。

【突出挺纪在前 用好“四种形态”强化监督执纪问责】 严明政治纪律、组织纪律和换届纪律。加强对政治纪律执行情况的监督检查，确保政令畅通。在县乡领导班子换届工作中，把好“两代表一委员”的政治关和廉洁关，回复党风廉政意见征求回复 306 人次，作出廉政鉴定 7 份，确保换届风清气正。

坚持抓早抓小，把好纪律防线。把“第一种形态”作为践行其他三种形态的基石，既注重惩治极少数又注重管住绝大多数，实现工作重点向纪严于法、纪在法前的方向转变。同时，采取会议灌输、专题培训、任前考试、廉政谈话、廉政约谈、函询谈话、诫勉谈话等多种形式，使“四种形态”有机地融入到监督执纪问责各项工作。

规范软件硬件建设，确保执纪审查安全。按照上级有关安全执纪规定要求，对城区纪律审查安全工作情况进行全面自查、整改，确保执纪审查谈话点硬件设施齐全、有效，审查程序、安全制度、应急预案等按规定执行，联合办案科室开展走读式谈话过程和医疗急救演示，规范流程操作。全年没有发生一起执纪安全事故。

【突出源头治理 加强信访工作 整治群众身边问题】 开展信访重复举报专项治理。一是畅通信访举报渠道。在全区各级纪检监察部门设立“举报指南”；在官方微信“清风德城”增加“微举报”模块连接到“12388”网络举报平台；开通“9600112”扶贫领域举报热线并在区纪委官网设置举报专栏；制作“德城区纪委邀请您以人民的名义正风反腐”的微信链接，整合全部信访举报方式通过“清风德城”微信号推送给关注的党员群众，切实方便群众举报。二是加大重点乡镇督导力度。明确重点乡镇信访件办理时限，缩短办案周期，严格审核把关。三是创新开展纪检监察重复信访举报“百日攻坚”专项行动。在做好重复信访问题专项治理规定动作的同时，创新开展以“百日攻坚”为主题的全区纪检监察重复信访举报专项行动，重点对 2016 年以来已结案但未息诉罢访、超期未结案和正在办理的重复信访事项以及省市区领导批办的信访事项进行化解，全力解决信访积案难题。截至 2017 年底，排查出的 15 件难点信访事项全部办结。四是多措并举确保十九大期间信访稳定。12388 纪检监察信访举报电话 24 小时专人值守，确保举报渠道畅通无阻。派遣区纪委班子成员和派驻机构书记，深入的到各镇街，实地督察信访隐患，发现问题及时上报、适时处置，避免越级访现象发生。

开展农村基层“微腐败”专项治理。一是逐级夯实责任。实行区纪委常委包保镇街“零查处”问责和月通报机制，各常委对所包保乡镇工作负总责，镇街党委书记为第一责任人、纪委书记为直接责任人，对工作推进不力的，约谈镇街纪委书记；对压案不查、侵害群众利益的不正之风和腐败问题“零查处”的，约谈镇街党委书记，全区通报。二是实施银农直联工程。印发《德城区“银农直联”工作实施办法》，将四个涉农镇街全部纳入，对现有“123 农廉网”财务软件进行升级，打造具备网上查询、转账汇款、电子对账等功能的“银农直联”网络平台，解决因现金交易不易被监管而出现截留、吃回扣等现象。三是深挖案源线索。围绕五大问题，强化直查快办，发挥好来信、来访、举报电话等举报平台的作用。对信访矛盾集中、群众反映强烈和上级批转的问题线索，实行挂号交办、跟踪督办、限时办结、销号管理。四是严肃执纪审查。严肃查处扶贫领域、惠农政策落实、土地补偿等事项中以权谋私、虚报冒领、优亲厚友、弄虚作假等案件，对典型案例在全区进行通报，以案促教，形成震慑。

开展查处村务公开工作中形式主义问题专项整治。一是督促推行以公开职权流程图和监控图，建立职权行使备案表，接受纪委监督、内部监督和社会监督为主要内容的“213”社区权力运行风险防控模式，规范公开内容、形式、程序和时限，加大对村务公开的推进和监督力度。二是强化与民政、农业、信访、市民热线等部门联系对接，聚焦重点人员、重要事件和重点环节，与农业局、民政局组成联合检查组，从全区随机抽取29个村进行了全面检查，规范公开内容、公开形式、公开程序和公开时限。三是将“微腐败”治理工作、村务公开、重点乡镇督导、农村“三资”监督管理和村级纪检员队伍建设有机融合，统筹推进。

开展扶贫领域专项监督执纪问责。一是强化责任担当，织密监督网络。实行纪委常委包保制度，一名常委包保一个镇街，对所包保乡镇工作负总责。以廉政谈话、约谈提醒等多种方式督导乡镇党委监督力量、工作重心向扶贫领域倾斜。要求社区（村级）纪检委员全程参与扶贫政策落实、资金使用等各环节，每月按时向镇街纪委汇报，充分发挥“就近”监督作用。二是聚焦重点人群，精准靶向发力。将镇街和村居干部，特别是管钱、管物、管项目和监管部门具体负责人作为重点监督对象。把以形式主义、官僚主义对待扶贫工作、做表面文章，弄虚作假、阳奉阴违，打折扣、搞变通等问题，贪污挪用、截留私分，优亲厚友、虚报冒领问题作为重点监督内容。三是严肃问责追究，倒逼责任落实。通过问责强化党员干部“扶真贫、真扶贫”的责任意识和使命担当，对存在的违纪问题，严格实行“一案四查”，确保真问责、问真责。

【突出重点任务 强力推进开展 追责问责环保问题】 抓组织领导，坚决压实责任。成立环保督查追责小组，区纪委主要领导任组长，亲自上阵，为环保督查提供坚强纪律保障。制定出台《关于强化环境保护领域执纪监督开展专项问责行动的实施办法》，进一步细化完善追责问责工作台账，实行追责问责工作日报告制度，分层分类细化追责问责时间表、路线图、责任人、办理时限。

抓监督指导，确保履职到位。坚持从严从实从快开展监督执纪问责，督促指导案件办理单位按照时限调查核实。对相关责任单位、责任人在办理中央环保督察组转办件过程中，是否存在推诿扯皮、办理不力等行为进行全面排查，严肃追究过程责任。

抓追责问责，彰显“利器”效力。强化追责问责“稳、准、狠、快”要求，坚持以历史辩证态度处理问题，找准法律政策依据、党纪条规依据、责任划分依据、处理档次依据。实践运用“四种形态”，区分对待，区别处理，不搞“一刀切”。给予党纪政纪处分的，确保经得起历史和实践的检验。对已约谈、已追责的，强化政策解释、心理疏导和回访教育。实现既教育干部，又推动环保问题整改，确保全区社会大局稳定。

【突出教育警示 狠抓文化建设 营造清正廉洁氛围】 强化党风廉政宣传。坚持传统媒体和新兴媒体互融互合，在《德州日报》《德州晚报》《齐鲁晚报》等新闻媒体发表稿件230篇。提高纪检监察网站、廉政短信平台、清风德城微信公众号等新兴优势媒体的宣教释纪功效，推送微信廉政消息44期160余条，更新网站信息370余篇，累计向全区1800余名党员干部发送廉政短信准确数22000余条。组织全区专职纪检网评员积极撰写正面舆论引导文章，全年发表正面宣传引导文章220余篇。

加强党风廉政教育。在全区范围开展“清风德城”教育行动，制定6个层面具体实施方案，通过开展一系列廉政教育活动，创造风清气正、积极向上的社会环境。组织镇街中层以上党员干部、社区党支部书记、科级干部轮训学员等400余人赴市廉洁教育中心接受警示教育。编印1000册《忏悔与剖析》作为德城区党员干部学思践悟系列丛书之警示篇，剖析违纪案情，及违纪违法者的心灵忏悔，深刻警醒全区党员干部。组织2017年度新录（聘）用39名公务员和26名事业单位工作人员开展任前警示教育。联合区妇联、区文明办发放家庭助廉倡议书，并推荐39本廉政教育宣传读物。组织全区74名纪检监察干部参加《监督执纪工作规则》在线测试答题，特别是将公、检、法、司纪检组长（纪委书记）也纳入学习测试范围，经过测试合格率达到100%，其中90分以上者达到94.6%。

开展廉政文化建设。选取德州五中、新湖北路小学作为“廉洁家风伴成长”试点学校，指导开展廉洁主题班队会、崇廉尚洁演讲比赛等活动，营造崇廉向善的社会氛围。在全区开展“清风润德城、廉洁伴我行”活动，利用读书输廉，典型导廉，公开示廉等形式树立勤廉座右铭，形成崇廉、倡廉、促廉的良好氛围。举办“清风颂廉政 丹心献祖国”廉政主题文艺演出，全区400余名党员干部观看。积极参加省纪委宣传部“爸妈的叮咛——我的家风传承”征集活动，其中文字作品《传承优良家风 矢志躬身前行》荣获三等奖。

【突出自身建设 严格监督管理 打造过硬干部队伍】 狠抓学习培训，提升能力素质。制定十九大精神学习培训计划，将学习宣传贯彻十九大精神作为全区纪检监察系统当前和今后一个时期的首要政治任务，通过听讲座、看教材、谈体会等形式，以自学与集体学习相结合的方式积极组织开展十九大精神专题学习活动。同时，坚持周五集体学习和荐学活动，先后组织机关学习44次，推荐优秀文章、视频28人次；采取办班培训、跟案培训等举措强化业务能力提升。全年镇街纪检干部以案代训19人次，选派培训95人次，对基层纪检干部180余人次进行全员培训，干部队伍整体素质得到有效提升。

加强作风建设，提升自身修养。召开全区纪检监察干部队伍建设会议，7名班子成员分别签订《纪检监察机关落实全面从严治党主体责任责任书》；扎实开展“自身建设年”活动，制定出台《德城区纪检监察干部“八小时之外”行为规范（试行）》，提出“十要十不”规范和具体要求，将其制作成展板和桌牌，在全区纪检监察系统悬挂排放。编印《德城区纪检监察系统“自身建设年”活动学习资料汇编》，向全区76名纪检监察干部发放。各业务部室编印更新业务手册“每室一册”9套18本，组织委局机关及派驻机构全体干部开展谈心谈话90余人次，进一步强化履职担当责任意识。开展“作风建设强化月”活动，不定期对全区纪检监察机关及纪检监察干部的履职情况、工作纪律执行情况、工作制度落实情况进行督导检查8次，进一步强化了全区纪检干部的纪律意识。

优化干部结构，提升整体活力。严格按照标准选拔纪检干部，新一届的区纪委班子平均年龄41岁，具有大学本科学历占比71.4%。学历层次总体提升、专业结构更趋合理。制定纪检监察机关干部资格准入制度，把年龄结构、学历文凭、综合素质作为机关选调干部的硬性标准，2017年按此制度新录用4名公务员。制发《德城区纪委借调、抽调和内部借用工作人员暂行办法》，规范借调（用）工作人员程序。积极推进区委巡察制度的建立和组织机构运行等相关工作的开展，设立巡察办和4个巡察组，核定巡察机构行政编制。

严格考核制度，提升工作质效。在做好2016年度全区纪检监察系统年度目标考核、排名表彰和奖优罚劣的基础上，制定2017年度工作要素综合考核办法。健全完善镇街纪检委员“5+1”工作机制，细化工作制度和考核制度，对排名靠后的5%的村级纪检委员实行末位淘汰，进一步突出考核实效，激发工作动力，上半年量化考核中，各镇街纪委根据考核成绩调整任命村级纪检委员4人。

稳步推进区深化监察体制改革试点工作。成立区深化监察体制改革试点工作小组，下设办公室和三个专项小组，明确各自职责任务，为推进改革工作提供组织保障。研究制定《德城区深化监察体制改革试点实施方案》，明确指导思想、工作原则、目标任务等，细化推进步骤和完成时限，厘清各方责任和工作任务，为改革工作提供政策依据。对区检察系统涉改部门的人员情况、领导职数等方面进行情况分析，建立《检察院涉改部门人员信息册》，起草《区检察系统涉改部门人员谈心谈话实施方案》，对涉改部门人员履行工作职责及德能勤绩廉方面的表现、个人转隶意愿、任职回避等情况进行详细了解，为下一步推进人员融合做好准备。

（张雅慧）

德城区人民代表大会常务委员会

【第十七届人大常委会组成人员】 德城区第十七届人民代表大会第一次会议选举常委会组成人员27人，后经德城区第十七届人民代表大会第二次会议补选1人，共28人。其中，常委会主任1人，副主任5人，委员22人。

【第十七届人民代表大会第一次会议】 2017年1月16日至18日召开。会期3天。主要议程：一、听取和审议德城区人民政府工作报告；二、审查、批准德城区2016年国民经济和社会发展计划执行情况的报告及2017年国民经济和社会发展计划；三、审查、批准德城区2016年财政预算执行情况的报告及2017年区级财政预算；四、听取和审议德城区人大常委会工作报告；五、听取和审议德城区人民法院工作报告；六、听取和审议德城区人民检察院工作报告；七、选举事项；八、其他事项。

【第十六届人大常委会（例会）】 **第四十次会议。**2017年1月9日召开。决议事项：一、听取区十七届人大一次会议筹备工作情况的报告；二、审议并表决通过关于召开区十七届人大一次会议的决定（草案）；三、审议、批准区十六届人大常委会代表资格审查委员会关于区十七届人大代表资格的审查报告（草案）；四、审议并表决通过区十七届人大一次会议主席团和秘书长建议名单、区十七届人大一次会议议案审查委员会建议名单、区十七届人大一次会议计划预算审查委员会建议名单、列席区十七届人大一次会议人员范围的决定（草案）、区人大常委会工作报告（草案）；五、书面印发有关材料。

【第十七届人大常委会（例会）】 **第一次会议。**2017年1月20日召开。决议事项：一、会议听取区委常委、常务副区长杨振生受区政府委托所作的《关于提请将德城区双河社区棚户改造项目建设贷款资金补充列入区级财政预算的议案》及相关情况说明；二、审议通过《德城区人大常委会关于批准将德城区双河社区棚改项目建设贷款资金列入区级财政预算的决定（草案）》；三、公布德城区人大常委会党组成员及区人大常委会主任、副主任工作分工。

第二次会议。2017年2月4日召开。决议事项：一、会议审议并通过区十七届人大常委会代表资格审查委员会成员名单（草案）；二、表决通过相关人事任免事项，向新任命同志颁发任命书；三、新任命人员向宪法进行宣誓，部分新任命人员作表态发言。

第三次会议。2017年3月14日召开。决议事项：一、会议表决通过2017年度被评议部门和单位；二、审议通过区人大常委会2017年工作要点（草案）和区人大常委会关于在全体代表中开展“双岗建功、助推发展”主题实践活动的实施意见（草案）。

第四次会议。2017年5月17日召开。决议事项：一、会议听取审议关于德城区工业经济发展情况的报告和德城区人民法院关于执行工作情况的报告；二、表决通过区人大常委会关于支持推动人民法院基本解决执行难工作的决议；三、表决通过有关人事任免事项。

第五次会议。2017年7月21日召开。决议事项：一、会议听取审议区政府关于德城区2017年上半年国民经济和社会发展计划执行情况的报告、关于德城区2016年财政决算（草案）和2017年上半年预算执行情况的报告并作出相应决议、关于德城区2016年度区级预算执行和其他财政收支的审计工作报告；二、书面印发有关材料。

第六次会议。2017年9月14日召开。决议事项：一、会议听取审议区人民政府关于人大代表建议、批评和意见办理情况的报告，听取区人民检察院关于刑事执行检察工作情况的报告、区政府关于司法工作情况的报告、环保直属分局关于全区环保工作情况的报告；二、张仲钵就有关报告作审议情况总结。

第七次会议。2017年11月29日召开。决议事项：一、会议听取并评议区民政局、区财政局、区安监局、区城管局、市区国税局、市地税德城分局的工作报告；二、张仲钵就有关报告作评议情况总结。

第八次会议。2017 年 12 月 29 日召开。决议事项：会议听取审议 2017 年区财政预算变更情况的报告（草案），做出相关决定；听取审议并表决通过区人大常委会关于召开区十七届人大会二次会议的决定（草案）；听取区十七届人大二次会议筹备工作情况的报告；审议并表决通过关于接受部分人大代表辞职请求的决定；审议、批准区十七届人大常委会代表资格审查委员会关于区十七届人大代表资格的审查报告；审议并表决通过区人大常委会工作报告（草案）、列席区十七届人大二次会议人员范围的决定（草案）、拟提请区十七届人大二次会议预备会议选举的区十七届人大二次会议主席团和秘书长建议名单、区十七届人大二次会议议案审查委员会建议名单、区十七届人大二次会议议程（草案）。

【第十六届人大常委会主任会议】 **第六十次会议**。2017 年 1 月 9 日召开。初审区十六届人大常委会第四十次会议有关事宜。

【第十七届人大常委会主任会议】 **第一次会议**。2017 年 1 月 20 日召开。研究区十七届人大常委会第一次会议有关事项。

第二次会议。2017 年 2 月 3 日召开。研究区十七届人大常委会第二次会议有关事项。

第三次会议。2017 年 3 月 13 日召开。初审区十七届人大常委会第三次会议有关事项。

第四次会议。2017 年 5 月 12 日召开。研究区十七届人大常委会第四次会议有关事项。

第五次会议。2017 年 7 月 19 日召开。研究区十七届人大常委会第五次会议有关事项。

第六次会议。2017 年 8 月 16 日召开。一、传达学习德城办发〔2017〕7 号文《关于印发〈德城区党政机关事业单位工作人员请销假管理办法〉的通知》。二、传达学习区委组织部《关于进一步清理整改“裸官”“企业兼职（任职）”“吃空饷”等问题的通知》

第七次会议。2017 年 9 月 12 日召开。研究区十七届人大常委会第六次会议有关事项。

第八次会议。2017 年 9 月 13 日召开。审议通过预算审查前听取区人大代表和社会各界建议的若干规定。

第九次会议。2017 年 10 月 11 日召开。一、强调严肃工作纪律和工作作风；二、强调组织部全员谈话时几点要求；三、传达德城区扬尘治理工作台账通知。

第十次会议。2017 年 12 月 5 日召开。一、传达区委常委会议有关事项；二、强调“吃空饷”问题，严肃工作纪律要求；三、通报市人大部分专委会委员情况；四、研究筹备人代会注意事项。

第十一次会议。2017 年 12 月 28 日召开。研究德城区第十七届人民代表大会第二次会议有关事项。

【第十七届人大常委会重要会议】 2017 年 2 月 28 日，区人大机关传达学习全区领导干部思想作风建设会议精神。

2017 年 3 月 29 日，举行德城区“人大讲堂”。

2017 年 4 月 5 日至 11 日，集中“充电”打造履职新动力。德城区人大常委会组织第二批干部参加全国人大会议中心举办的 2017 年人大代表和人大干部能力提升培训班。此次培训共 21 人参加，包括部分人大代表、各镇街人大机构负责人和机关干部。

2017 年 7 月 7 日，区人大常委会机关开展领导干部讲党课活动。闫书德作《做对党绝对忠诚的老实人》专题党课。

2017 年 10 月 18 日上午，中国共产党第十九次全国代表大会在北京人民大会堂隆重开幕。区人大常委会机关干部准时守候在屏幕前，观看大会现场直播，认真聆听习近平代表十八届中央委员会在大会开幕式上所作的报告。

2017 年 11 月 1 日，区人大常委会召开党组（扩大）会议，传达学习党的十九大精神，研究部署区人大常委会及机关学习贯彻工作。

【调研考察】 2017 年 3 月 31 日，区人大常委会调研组到天衢工业园调研“二次创业”项目。调研组先后到实华化工、格瑞德产业园、凯盛晶华、卡姆帕特纺织公司、益海嘉里和于赵社区，实地视察部分产业项目和民生项目的建设运行情况。

2017年4月20日，区人大常委会调研组对区法院执行工作进行调研。

2017年5月3日，区人大常委会视察城市管理执法工作。视察组先后实地视察人民医院西门、南市街、二百亩、育英大街、西长村等地，实地查看了解环境综合整治工作开展情况。

2017年7月4日，区人大常委会视察组到实华化工有限公司、润德混凝土有限公司、绿霸精细化工有限公司、新友粮饲料有限公司、华北纸业有限公司等企业就全区环保工作进行视察，召开座谈会。

2017年7月17日，区人大常委会主任闫书德带领区人大常委会调研组就全区维稳工作进行实地调研。调研组先后到滨德高速大广公安检查站、南龙社区“温馨家园服务中心”、德州市公安局德城分局合成作战大厅进行实地调研。

2017年8月11日，区人大常委会主任闫书德带领视察组就全区安全生产工作进行视察。视察组先后到天衢购物中心、德州实华化工有限公司、德州元茂纺织有限公司、益海嘉里（德州）粮油工业有限公司等企业实地视察，召开座谈会。

2017年8月23日，区人大常委会主任闫书德带领视察组到市立医院视察指导工作，参加德州市第十八届人大代表德城区第四小组学习活动。

2017年8月23日，德城区人大常委会主任、副主任参加德州市第十八届人大代表德城区第四小组学习活动

2017年11月16日，区人大常委会调研组对台资企业进行调研。调研组一行先后到德州博旺五金工具制品有限公司、德州元茂纺织有限公司、德州百脑汇资讯广场等台资企业进行实地考察。

2017年11月28日，区人大常委会对区民政局、区财政局、区安监局、区城管局、市区国税局、市地税德城分局的十一个相关视察点进行实地视察。

【选举任免】 全年依法任免国家工作人员48人次，举行向宪法宣誓仪式3次。

【监督工作】 区人大常委会围绕改革发展稳定大局，遵循监督法和相关法律法规的监督原则、监督形式、监督手段，边实践、边探索，依法有效开展监督工作。

围绕区委战略部署，依法讨论决定重大事项。围绕区委加快棚户区改造工作部署，支持政府投融资工作，作出关于批准将德城区双河社区棚改项目建设贷款资金列入区级财政预算的决定，有效推动棚户区改造项目的顺利实施，为全区民生改善奠定坚实基础。

围绕全区改革发展，充分发挥监督支持作用。面对经济下行压力加大的形势，常委会对经济运行情况把脉问诊，听取、审议2016年决算和审计工作情况、2017年上半年预算和计划执行情况的报告，全面了解掌握各项指标的完成进度。组织人大代表对“二次创业”进行调研，深入天衢工业园多家重点企业全方位、多层次调查研究，联合发改、经信、金融部门召开座谈会，并听取区政府关于全区工业经济、商贸流通发展情况的汇报，坚持问题导向，提出中肯意见和建议。重视支持审计监督，跟踪督促审计问题的整改落实，促进全区财政资金的高效规范运转。

主动作为，全力融入中心工作。常委会牢固树立大局观念和全局意识，正确处理人大工作与区委中心工作的关系，毫不动摇地服从服务于全区工作大局。积极参与对环境保护、食品安全、安全生产、社会稳定、民生改善、重大项目建设的调研，多次深入基层，搞调研、提建议、解难题、促进度，达到在参与中监督，在监督中支持的良好效果。

【代表工作】 人大代表是国家权力机关的组成人员，既代表人民行使国家权力，又是国家权力机关联系人民群众的重要纽带，只有做好代表工作，才能使人大工作始终扎根于人民群众之中。区人大常委会始终积极组织代表开展活动，密切联系，周到服务，丰富人大代表工作的内涵，促进人大工作的发展。

抓培训，提高代表履职能力。换届后，及时组织部分代表赴全国人大培训中心进行培训，就如何履行岗位职责、执行代表职务、服务经济发展、回应群众诉求等方面进行学习培训，并开通德城区人大常委会微信公众号，通过公众号“每日一题”的形式，强化学习，全面提升代表的履职能力。组织6个镇、街人大主席、主任和区人大机关相关委室负责人到济宁微山县、枣庄滕州市学习考察，探索建立“人大代表工作站”，为代表依法履职搭建平台和载体。截至2017年底，全区共建起24个标准化“代表工作站”，实现每个镇、街的每个代表小组均有1个标准化工作站目标，实现统一命名、统一设施、统一制度、统一履职规范、统一人员配备的“五统一”要求，真正让代表有履职活动之家。

抓创新，完善代表活动方式。常委会制定下发2017年人大代表“双岗建功，助推发展”主题实践活动实施方案，并以此为主线，组织实施全年的代表活动。根据代表的职业特点和专业优势，有计划的安排代表列席常委会议，邀请代表参加常委会组织的调研、视察、工作评议等活动，保障代表的知情权、参与权。

抓督办，激发代表履职活力。把代表满意、群众认可作为办好建议的第一标准，加大督办力度。年初及时交办，梳理确定督办重点；年中限期结办，广泛征求代表意见；年末跟踪问效，深入排查“回头看”，有效提高部门办理工作力度和代表建议办理满意度。

（高银平　闫佳琪）

德城区人民政府

国家、省、市在德城区召开会议

【环保部巡查组座谈会】 2017年11月3日，环保部巡查组德州四组在德城区召开座谈会。中共德城区委副书记、区长王洪林出席。德城区副区长孙大鹏参加。在听取区政府和各镇（街）、区直有关部门大气污染综合治理情况汇报后，巡查组对德城区环保工作给予充分肯定，指出德城区认真贯彻落实党中央、国务院有关决策部署，采取系列有效措施，大气污染治理工作取得初步成效。巡查组要求，要继续充分发挥环保网格作用，持续加大管控力度，密切配合大气污染防治强化督查工作，借势借力破解环保难点问题，推动全区大气污染综合治理取得新成效。要继续加强组织领导，强化工作力量，突出重点、综合施策，重点着眼于短板问题和薄弱环节，精准、深入地抓好各项环境治理工作。王洪林表示，区委区政府将始终站在讲政治、讲大局的高度，坚定不移推进生态环境治理，全力保障和配合好督查组执法督查工作。下一步，将按照巡查组和上级各项部署要求，进一步提高政治站位，根据《攻坚方案》目标要求，通过强化责任落实、强化重点突出问题整改、强化督导考核、强化问责追责，确保将各项重点任务、重点措施不折不扣落到实处，努力推动全区环境质量持续改善。

【德州市“气代煤电代煤”工作调度推进会】 2017年9月26日，德州市“气代煤电代煤”工作调度推进会在德城区召开。德州市副市长范宇新出席会议。中共德城区委副书记、区长王洪林，德城区副区长孙大鹏参加会议。与会人员到德城区二屯镇李庄村参观调研。范宇新要求，冬季取暖“气代煤、电代煤”工作是今冬明春京津冀大气污染综合治理攻坚战的重要内容，是必须完成的政治任务、民心工程。各级各有关部门要进一步增强危机感和压力感，统筹把握“气代煤、电代煤”工作的关键环节。要坚持问题导向，破解瓶颈制约，解决实际问题，全力推进项目建设。要提高工作标准，确保“气代煤、电代煤”质量安全、使用安全、施工安全。要抓好对接协调，从当前需要、长远发展、应急保障等方面，着力解决源头保障和政策衔接问题。范宇新强调，各级各有关部门要牢固树立志在必得、志在必胜的信心，用责任担当的精神扎扎实实推进工作。要强化保障措施，严谨做细做实任务台账，严格加强督导考核，强化舆论宣传引导，确保按时完成工作任务，向市委、市政府和全市人民交上一份合格答卷。

德城区人民政府专题会议提要

【德城区政府领导班子民主生活会】 2017 年 1 月 25 日召开。中共德城区委副书记、区长王洪林主持。德城区政府党组副书记郑茂侠，中共德城区委常委、副区长杨振生，德城区副区长纪勇、于志新、张国亮参加。德城区副区长孙大鹏列席。会议要求，区政府每名班子成员要以此次民主生活会为新起点，不断加强作风建设，努力在问题整改上见实效。带头增强“四个意识”，始终如一向党中央看齐。要模范遵守《准则》《条例》，自觉按照更高标准、更严要求约束自己。始终坚持发展第一要务不动摇，坚持以协同发展为引领，深入实施“四大战略”，紧紧围绕“五大重点”，努力建设“富美新强”典范区。

【全区市容市貌综合整治和空气质量专项督查工作部署会议】 2017 年 2 月 12 日召开。中共德城区委副书记、区长王洪林主持。中共德城区委常委、副区长杨振生，中共德城区委常委、宣传部部长骆晓东，中共德城区委常委、政法委书记李福广，德城区副区长孙大鹏，德城区政协副主席刘英参加。会议要求，坚持党政同责、一岗双责，切实把责任扛在肩上、把工作抓在手上；要加强组织领导，保障各方密切协同推进、合力攻坚作战；要大力宣传发动，引导群众广泛参与，营造铺天盖地的舆论氛围；要强化考核奖惩，开展经常性、阶段性和最终性考核，按照时间节点保质保量完成任务。

【德城区四轮低速电动车规范整治行动会议】 2017 年 2 月 20 日召开。中共德城区委常委、副区长杨振生出席并讲话。会议要求，各镇街、各有关部门按照“三个一批”的原则，通过规范整治，解决四轮低速电动车生产、销售、使用等管理不规范问题。要牢固树立大局意识和一盘棋的思想，各司其职，密切配合；要加强督导检查，确保把规范整治工作任务真正落到实处，不走过场。

【德城区环保工作调度会议】 2017 年 3 月 5 日召开。中共德城区委副书记、区长王洪林主持并讲话。会议要求，各相关镇街和部门要以严肃的政治态度做好大气污染防治工作，切实承担起环境治理的政治责任，进一步强化对污染企业的环境监管和整治力度，抓好工业源、扬尘源项目排查整治，严格落实重污染天气应急预案，确保治理成效。

【德城区政府区长办公会议】 2017 年 3 月 13 日召开。中共德城区委副书记、区长王洪林主持会议，研究部署安全生产、环境保护等重点工作。德城区政府党组副书记郑茂侠，中共德城区委常委、副区长杨振生，德城区副区长孙大鹏、纪勇、张国亮参加。会议听取全区安全生产工作汇报，对《德城区网格化环境监管体系实施细则》进行研究讨论。王洪林指出，要统筹推进产业、城建和民生领域重点项目，认真谋划全市协同发展督查评议项目，明确时间节点，落实责任措施，确保形象进度。王洪林强调，要时刻绷紧安全生产这根弦，切实记在心上、抓在手上。要突出问题导向，增强危机意识，本着哪里有问题就整改哪里的原则，不留死角、不留情面，全面排查整治，切实从根本上消除隐患。要层层传导压力，压实安全责任，强化安全生产企业主体责任和行业部门的监管责任，通过零容忍、严执法，倒逼企业主体责任落实，真正做到安全投入、安全培训、基础管理、应急救援“四个到位”。区安委会各成员单位主要负责人、分管负责人要深入一线，查找安全隐患，发挥好“关键少数”作用，严盯死守，抓紧抓实，每项工作都要明确时间表、路线图，确保隐患整治到位。环保工作要进一步完善网格化环境监管体系实施细则，建立区、镇街、村（居）三级网格，健全巡查、查处、监督、评价和考核负面清单等机制，充分发挥网格员、网格长职能作用。各有关部门要对照各自责任分工，抓好运行，保障措施落实到位。

【道路交通管理专项整治新闻发布会】 2017年3月14日召开。中共德城区委副书记、区长王洪林出席。德城区副区长纪勇，德城区政协副主席王太勇参加。会议要求，整合全社会资源，在政府的领导下发挥各职能部门作用，下大气力、下大决心，采取强有力的措施予以治理。要对机动车乱停乱放的违法行为采取“零容忍”的态度，持续开展大力度、高密度的集中治理。要加大宣传力度，最大程度争取广大群众对交通秩序专项治理工作的理解、支持与参与。

【德城区政务公开工作调度会】 2017年3月15日召开。德城区政府党组副书记郑茂侠出席。会议要求，各镇街、部门主要负责人要切实提高认识，亲自安排部署，明确专人负责，确定分管领导和具体责任人，按照政务公开任务分工，查漏补缺，全力抓好落实。政府办公室要将全区政务公开和政府网站考核工作常态化、制度化，充分发挥监督和业务指导作用，每月召开评比会议，通报有关情况，促进各单位相互学习，相互交流；强化考核，将考核成绩作为各单位年度协同发展综合考评体系的重要依据。

【全区政务公开暨政务服务平台建设工作会议】 2017年3月22日召开。德城区政府党组副书记郑茂侠出席并讲话。会议要求，全力推进区级门户网站群建设，尽快完成政务服务平台建设，加快区级办公OA系统应用步伐。积极开展“四个一”活动，即单位主要领导同志参加一次在线访谈活动、听取一次政务公开工作汇报、带头解读一次重要政策、出席一次新闻发布会，积极回应社会和群众关注的问题。

【全区环境污染状况摸排核查工作部署会议】 2017年3月22日召开。德城区副区长孙大鹏主持。会议详细分析了当前全区环境污染治理现状，对下一步全区环境污染摸排工作进行部署，并提出工作要求。德城区出台《德城区环境监管网格化体系实施细则（试行）》，建立各级政府组织实施、环保部门统一协调、相关部门各负其责、社会各界广泛参与的环境监管大格局。要建立纵向区、镇街、村（居）三级网格，通过建立责任制，构建环境监管信息系统，分类推进环境监管工作开展。

【德城区环保工作调度会】 2017年3月23日召开。德城区副区长孙大鹏出席并讲话。会议要求，各相关镇街、各职能部门要站在讲政治的高度推进环保工作，以高度的责任感落实环境保护工作。迅速对辖区内和分管领域的规模企业和“小散乱污”企业再进行一次拉网式、饱和式排查。各相关企业也要充分认识环保工作的重要性，全面落实环保责任，认真梳理自身情况，迅速制定方案、全面立即整改，确保企业生产符合环保要求。

【德城区低效闲置用地暨土地使用税清查征缴专项整治工作会议】 2017年3月24日召开。中共德城区委副书记、区长王洪林主持并讲话。会议要求，各级各有关部门要统一思想，深刻认识此次专项整治的重要意义。各镇街要对辖区内所有土地进行清查摸底，建立台账、分类推进。同时，要采取行之有效的方式，对活动的重要意义、政策措施进行广泛宣传引导，提高全社会的知晓率和参与度。税务部门要切实发挥主体作用，按照法定职责权限，担当作为，依法征缴和追缴应缴税款。

【德城区窗口单位服务规范化建设座谈会】 2017年3月28日召开。德城区政府党组副书记郑茂侠出席并讲话。

【德城区被征地农民社会保障政策落实工作会】 2017年3月29日召开。中共德城区委常委、副区长杨振生出席。会议要求，充分认识被征地农民社会保障政策落实的重要性，按照公开、公正、透明、整体推进的原则，准确把握被征地农民社会保障工作的关键环节，全面落实社会保障政策，将其纳入居民养老保险体系，维护被征地农民的根本利益，促进社会和谐稳定。

【德城区棚改现场调度会】 2017年4月1日召开。中共德城区委副书记、区长王洪林出席。会议要求，各级各部门要切实把棚户区改造作为当前的中心工作之一，全力解决改造过程中遇到的困难，为项目推进创造良好条件，让棚户区群众早日享受到优美宜居的生活环境。相关镇街和部门要进一步增强政治意识、大局意识和担当意识，进一步加大攻坚力度，深入棚改一线摸排情况，找准工作突破点，千方百计破解征收难题。要集聚资源要素，调动各方面力量推进棚改工作，确保按照时间节点完成既定工作任务。

【德城区政府生态文明建设专题学习会议】 2017年4月1日召开。中共德城区委副书记、区长王洪林出席并讲话。中共德城区委常委、副区长杨振生，中共德城区委常委、副区长王磊，中共德城区委常委、副区长刘建国，德城区副区长孙大鹏、纪勇、于志新、魏磊参加。会议要求，进一步统一思想，提高认识，切实增强生态文明建设的责任感和紧迫感，全力推进大气、水体、土壤污染防治，持续加大工业排放、燃煤锅炉、建筑扬尘、餐饮油烟等重点领域整治力度，全面改善生态环境。严格落实环境保护“党政同责”“一岗双责”、自然资源离任审计和终身追责等制度，坚决杜绝环境违法行为。

【德城区打击恶意逃废银行债务优化金融生态环境集中行动动员会议】 2017年4月7日召开。王洪林出席并讲话。中共德城区委常委、副区长杨振生，中共德城区委常委、政法委书记李福广参加。会议要求，各级各有关部门要充分认识优化金融生态环境的重要性、紧迫性，统一思想，凝聚共识，强化措施，严厉打击涉及金融的违法、违规及犯罪行为，为全区经济社会发展营造安全健康的环境。要把优化金融生态环境集中到清收不良贷款、打击恶意逃废银行债务上来，每天盘点任务进度，解决问题，确保集中行动取得实效。

【德城区环保工作调度会议】 2017年4月7日召开。中共德城区委副书记、区长王洪林出席并讲话。中共德城区委常委、副区长杨振生，德城区副区长孙大鹏、张国亮参加。会议要求，各级各部门要做到思想认识再提高，充分认识环境保护工作的重要性、长期性和艰巨性，推动各项工作迅速、彻底、扎实落实到位。各镇街、部门要时刻保持清醒头脑，按照环保部督查方案要求，逐一制定整改措施，确保责任清晰、无缝覆盖。要强化担当意识，认真落实环保工作“党政同责、一岗双责”要求，逐层分解责任，逐一落实措施，确保各项工作措施落实到位、见到实效。

【德城区锅炉整治专项工作会议】 2017年4月7日召开。中共德城区委常委、副区长杨振生主持并讲话。会议要求，在全区范围内开展拉网式大排查行动，各镇街、各有关部门要加强领导，密切配合，明确责任，建立长效监管机制。认真查找在锅炉使用中存在的生产安全事故隐患，对排查出的问题和隐患抓好整改落实，确保专项整治工作取得扎实效果。

【德城区城市违法建设治理工作会议】 2017年4月10日召开。中共德城区委副书记、区长王洪林出席并讲话。中共德城区委副书记张志芳，德城区副区长孙大鹏、纪勇参加。会议要求，要切实增强违法建设治理工作的紧迫感和责任感，把握标准，摸清底数，对影响棚户区、老旧小区改造，群众反映强烈，违法占用土地以及无法完善手续的违建，要明确整改时限，实行销号管理，坚决进行拆除。要按照“先难后易、先公后私、先党员后群众”的原则推进工作，不折不扣落实工作任务。要宣传动员到位，加大政策宣传，营造良好社会舆论氛围，最大限度地争取群众的理解和支持。会上宣读《德城区城市违法建设治理行动实施方案》。

【德城区环保督查情况通报会议】 2017年4月17日召开。中共德城区委副书记、区长王洪林主持并讲话。中共德城区委常委、副区长杨振生，德城区副区长孙大鹏、纪勇参加。会议要求，要依法依规、从严从实对督查组反馈的问题进行整改，做到整改不到位绝不放过、问题不解决绝不放过、责任不追究绝不放过。各企业要坚决克服侥幸心理和麻痹思想，全面消除隐患。各企业要在思想上真正树立“绿水青山就是金山银山”的强烈意识，高度重视环保问题，彻底自查整改，为企业发展创优环境；各监管部门要实施最严格的环境保护制度，推进全过程、无缝隙监管，倒逼企业落实主体责任，确保全区无重大环保违法行为发生。

【全区食品药品安全暨创建省级食品安全城市推进会议】 2017年4月19日召开。中共德城区委副书记、区长王洪林主持并讲话。德城区副区长纪勇、于志新、张国亮参加。会议要求，全区上下要充分认识食品安全工作的极端重要性，进一步统一思想、凝聚共识，努力推动德城区食品药品安全及创建省级食品安全城市工作全面有序开展。各级各部门要突出重点，狠抓落实，确保创城工作高标准完成。各镇街及成员单位都要切实承担责任，确保圆满完成德城区食品药品安全及省级食品安全城市创建工作，为建设“富美新强”典范区作出积极贡献。

【全区安全生产工作会议】 2017年4月25日召开。中共德城区委副书记、区长王洪林主持并讲话。德城区政府党组副书记郑茂侠，中共德城区委常委、副区长杨振生，德城区副区长张国亮参加。会议要求，各级各部门、各生产企业要持续加大安全教育和宣传力度，坚决杜绝麻痹大意、心存侥幸心理，全面彻底地做好隐患排查工作。各企业要深刻认识安全生产的重要性，认真履行主体责任，排除各类隐患，促进健康发展。各级各部门要加强对企业安全生产“第一责任人”履职尽责情况的监督检查，确保企业主体责任落实。

【德城区小散乱污企业专项整治工作调度会】 2017年5月10日召开。中共德城区委副书记、区长王洪林出席。中共德城区委常委、副区长杨振生，德城区副区长孙大鹏参加。会议指出，要认清形势、提高认识。当前全区仍存在一些突出问题，各相关责任部门要进一步增强忧患意识和危机意识，坚决克服麻痹思想、侥幸心理和懈怠情绪，迅速全面开展小散乱污专项整治行动，确保彻底消除问题隐患。会议强调，要统一标准、强力推进。坚持全区“一盘棋”，统一口径、统一标准、统一行动，协同作战、统筹推进。对纳入取缔范围的小散乱污企业，要全面彻底取缔，不留死角盲区；对尚未纳入取缔范围的，要立即停产整顿，限期完成整改。自6月起，凡发现小散乱污企业仍未停产的，将严肃追究相关“网格长”“网格监管员”责任，并对问题集中区域的负责人进行公开约谈。会议要求，要压实责任、形成合力。把责任严格落实到领导、部门、镇街、网格、企业和具体责任人。各镇街作为实施主体，要全面落实属地管理责任，摸清小散乱污企业底数，在落实整改要求上，决不能有丝毫侥幸心理；环保、经信、工商、安监、公安、消防等部门要立足职能、协调配合，成立联合执法小组，开展综合督导和问题整改“回头看”活动，做到“未明确责任人的不放过、问题未查清的不放过、问题未整改完成的不放过、处理不到位的不放过、未建立长效机制的不放过”。要加大宣传力度，实施跟踪报道，在全社会营造主动参与、共同监督的浓厚氛围。

【全区散煤清洁化治理工作会议】 2017年5月12日召开。中共德城区委副书记、区长王洪林主持并讲话。德城区副区长张国亮参加。会议要求，各级各部门要切实增强责任感和紧迫感，着力破解燃煤污染治理难题。要深入社区村居，广泛宣传清洁煤好处，赢得百姓认可。相关部门要抓好流通环节，注重市场综合整治，加大市场主体监管、交通运输治理力度，杜绝不符合要求的散煤流入我区。要注重城区的综合整治，摸清底数，确保洁净型煤、环保炉具全面覆盖和市场全面治理。

【全区退役士兵安置和权益保障政策落实工作会议】 2017年5月18日召开。中共德城区委副书记、区长王洪林主持并讲话。德城区副区长纪勇参加。会议要求，高度重视退役士兵安置和权益保障工作，严格把握标准，迅速扎实地开展好信息登记工作，严格落实责任，确保退役士兵合法权益得到有效保障。

【德城区政府廉政工作会议】 2017年5月19日召开。中共德城区委副书记、区长王洪林出席并讲话。德城区政府党组副书记郑茂侠，中共德城区委常委、副区长杨振生，德城区副区长孙大鹏、纪勇、于志新、张国亮参加。会议要求，各级领导干部务必要高度警惕、站在讲政治、讲大局的高度，坚定不移推进党风廉政建设和反腐败斗争。要深化“放管服”改革，管好用好财政公共资金，强化廉政警示教育和风险排查预警，防止廉政风险演变成腐败问题。要严守政治规矩，压实主体责任，自觉把党风廉政建设与业务工作同部署、同推进、同考核，推进党风政风持续好转。

【全区违建治理现场调度会】 2017年5月24日召开。中共德城区委副书记、区长王洪林主持并讲话。德城区副区长孙大鹏参加。会议要求，各级各有关部门要统一思想、坚定信心，单位“一把手”要负总责，不折不扣落实区委、区政府部署要求，以更大的决心和力度，坚决打好违建治理攻坚战。要坚持“和”字当头，最大限度争取群众的理解支持；要牢固树立“一盘棋”思想，集中人员力量、加强协调配合，形成上下联动、协同推进违建治理的强大合力。

【全区安全生产工作紧急会议】 2017年6月1日召开。中共德城区委常委、副区长杨振生出席并讲话。会议就全区“安全生产月”活动进行部署。

【全区安全生产隐患全面排查、集中整治专题会议】 2017年6月4日召开。中共德城区委常委、副区长杨振生出席。

【全区创建省级食品安全城市调度会】 2017年6月14日召开。中共德城区委副书记、区长王洪林主持并讲话。德城区副区长于志新参加。会议要求，要思想再统一、认识再提高充分认清形势，全面排查问题，逐一整改到位。要坚持问题导向，严格对照验收标准和上级要求，查摆问题，列出清单、建立台账、销号管理，坚决杜绝反弹现象。各镇街、各部门主要负责同志要对食安创城工作亲自抓、负总责，分管同志靠上抓、具体抓，确保食品安全责任到边到沿。

【德城区打击恶意逃废银行债务优化金融生态环境工作调度会议】 2017年6月28日召开。中共德城区委副书记、区长王洪林出席并讲话。中共德城区委常委、副区长杨振生，中共德城区委常委、政法委书记李福广参加。会议要求，要多管齐下，加大清欠力度，开展专题行动，让恶意逃废行为受到法律严惩。要创新举措，强化宣传引导。让不讲信用、恶意逃废的企业和个人处处受限、无地自容。要务求实效，加大督导检查力度，确保集中行动扎实开展、取得实效。

【德城区召开老旧住宅小区整治改造现场会】 2017年6月30日召开。中共德城区委副书记、区长王洪林出席并讲话。德城区副区长孙大鹏参加。会议要求，各级各相关部门要进一步增强责任感和紧迫感，把老旧住宅小区改造工作抓紧、抓实、抓好，不断提升城市宜居性和群众满意度。要认真践行群众路线，顶层设计、深入调研、超前谋划，广泛征求群众意见建议，最大限度地满足群众合理诉求。要加快老旧住宅小区改造进度，卡紧时间节点、压茬梯次推进，保质保量、扎扎实实开展好整治改造工作，争取让群众早日共享发展成果。

【德城区水污染防治工作调度会议】 2017年7月9日召开。中共德城区委副书记、区长王洪林出席并讲话。德城区副区长纪勇参加。会议要求，各级各有关部门要充分认清当前环保工作面临的严峻形势，进一步增强政治意识、大局意识和责任意识，提振精神、强化措施、浓厚氛围，全力抓好水污染防治工作。要加快推进水污染防治重点工作任务落实，统筹兼顾工作标准、工程质量和施工安全，坚决打好水污染防治攻坚战。

【德城区化工产业安全生产转型升级工作调度会议】 2017年7月13日召开。中共德城区委副书记、区长王洪林主持并讲话。中共德城区委常委、副区长杨振生参加。会议要求，各级各部门要始终把安全生产摆在工作的重中之重，严格落实上级部署要求，以实际行动保护人民群众生命财产安全。要严格落实“八项断然措施”，严格落实属地管理责任、部门监管责任和企业主体责任，进一步摸清化工企业底数，建立企业台账，真正做到监督管理“无缝隙”、问题整改“无盲区”，全力提升环境治理水平。

【德城区化工产业安全生产转型升级工作责任落实部署会议】 2017年7月17日召开。中共德城区委常委、副区长杨振生出席并讲话。

【德城区“清风德城”教育行动调度会】 2017年7月17日召开。对制定具体教育实践活动实施方案进行部署。

【德城区国家园林城市复审工作推进会】 2017年7月18日召开。德城区副区长孙大鹏安排部署复审工作。

【德城区全面实行河长制工作推进会议】 2017年7月21日召开。中共德城区委副书记、区长王洪林主持并讲话。德城区副区长纪勇参加。

【德城区环保工作调度会议】 2017年7月24日召开。中共德城区委副书记、区长王洪林主持并讲话。德城区副区长孙大鹏、纪勇参加。会议要求，要深刻认识当前环保工作面临的严峻形势，深入开展“散乱污”企业专项整治，加大扬尘治理力度，加快水体污染治理进度，积极推进畜禽养殖禁养区关闭搬迁工作，推进环境治理持续改善。

【德城区安全生产工作会议】 2017年7月25日召开。中共德城区委常委、副区长杨振生出席。会议要求，进一步强化安全生产责任，以有效防范较大及以上事故为主要着力点，严格落实各项安全防范责任和措施，确保全区安全生产形势稳定好转。各级各部门要把自查自纠、隐患整治、执法检查、督导巡查贯穿始终，随查随治，巩固提升，确保大检查各项工作扎实有效开展。

【德城区环保工作调度会议】 2017年7月26日召开。中共德城区委副书记、区长王洪林出席。德城区副区长孙大鹏参加。会议要求，各级各部门要针对“散乱污”企业、畜禽养殖、黑臭水体、大气污染、汽修行业等重点环保问题，压实主体责任，狠抓整改落实。要严格落实网格化监管责任，对“散乱污”企业全面落实“两断三清”要求；强力实施黑臭水体整治，加快推进海绵城市建设；积极推进畜禽养殖禁养区关闭搬迁工作，坚决杜绝环境违法事件发生。

【德城区政府重点工作调度会】 2017年7月29日召开。就PPP项目，池口、堤岭安置区建设以及缓解“大班额”工作进行安排部署。中共德城区委副书记、区长王洪林主持并讲话。中共德城区委常委、副区长杨振生，德城区副区长孙大鹏、纪勇、于志新、张国亮参加。

【德城区供暖季重点行业企业错峰生产调控方案专家评审会】 2017年8月7日召开。会议邀请德州市能源监测中心专家对错峰生产调控方案逐一进行论证、审定，确定8家企业为2017年供暖季错峰生产企业。

【德城区安全生产专项巡查工作动员部署会议】 2017年8月11日召开。中共德城区委副书记、区长王洪林出席。中共德城区委常委、副区长杨振生参加。会议要求，各级各部门要把做好迎查工作作为当前一项重大政治任务，以此次专项巡查为良好契机，进一步规范提升全区安全生产能力和水平。要强化协调配合，牢固树立“一盘棋”思想，严禁推诿扯皮，确保安全生产工作横到边、纵到底，促进全区安全生产形势持续稳定向好。

【环保督察事项整改情况现场推进会】 2017年8月15日召开。中共德城区委副书记、区长王洪林会同市住建局、公共事业局主要负责人及市区有关部门负责人召开现场会，对中央环保督察组交办的事项整改情况进行检查落实。8月13日，中央督察组向德城区交办“某综合楼地下室存有积水并伴有恶臭”事项，区委区政府高度重视，第一时间赶赴现场进行查看并立即制定出整改方案。针对积水问题，迅速组织专业施工队伍对地下室进行排水、清淤、通风，对化粪池进行清淤，排入黎明小学南门排水沟。地下室1500余立方米积水已全部排完，将地下室排水管道接入城市污水管网，解决渗水漏水问题；聘请省建筑科学研究院专家对综合楼建筑质量进行全面勘察，商请市住建局和市公共事业局组织专家尽快查找漏水点，制定整改解决方案；优先安排该小区列入2017年的老旧住宅小区改造计划，将供排水管道、取暖一并改造，特事特办，加快实施，彻底解决积水问题和群众其他诉求；责成新湖街道办事处积极走访住户，做好解释说明工作。

【德城区老旧住宅小区房屋情况摸排工作部署会议】 2017年8月15日召开。德城区副区长孙大鹏出席。

【城区国民经济运行情况新闻发布会】 2017年8月16日召开。中共德城区委常委、副区长杨振生主持会议。

【德城区迎接安全生产专项巡查工作会议】 2017年8月29日召开。中共德城区委常委、副区长杨振生出席。

【德城区洁净型煤推广工作调度会议】 2017年8月31日召开。中共德城区委副书记、区长王洪林出席。中共德城区委常委、副区长王瑾，德城区副区长张国亮参加。会议要求，各级各有关部门要高度重视，坚定信心，认真落实市、区部署要求，细化分解任务目标，加大洁净型煤推广配送力度，做到保质保量供应，让老百姓应买尽买、放心使用，确保圆满完成散煤清洁化治理工作任务。

【德城区“护航十九大、消防平安攻坚行动”工作部署会议】 2017年9月8日召开。德城区副区长纪勇出席。

【德城区“散乱污”企业整治工作会议】 2017年9月12日召开。中共德城区委副书记、区长王洪林出席。中共德城区委常委、副区长王瑾，德城区副区长孙大鹏参加。会议要求，各级各有关部门要强化担当意识和责任意识，充分认清形势，保持清醒头脑，坚决克服麻痹思想和松懈情绪，坚决杜绝标准不高、把关不严等问题出现，要进一步提高“散乱污”企业整治标准，高标准、严要求完成散煤治理、环保炉具推广和气代煤、电代煤等工作任务，全面落实禁煤措施，确保全面完成秋冬季大气污染综合治理任务目标。

【德城区PPP项目推进汇报会】 2017年9月18日召开。中共德城区委副书记、区长王洪林出席。中共德城区委常委、副区长王瑾，中共德城区委常委、副区长杨振生，德城区副区长孙大鹏、纪勇、于志新、张国亮参加。会议要求，各项目实施单位要明确时间节点，结合项目进展和工作实际，制定详细工作计划，确保在春节之前完成项目前期各项准备工作。要明确任务责任，各项目牵头领导和具体实施单位，要按照分工，落实责任、全力推进，扎实做好项目实施各阶段工作，保项目扎实有序推进。

【德城区安全生产工作专项调度会议】 2017年9月28日召开。中共德城区委常委、副区长杨振生主持并讲话。会议要求，强化组织领导，周密安排部署，全面落实安全责任，加强旅游安全、交通运输安全、危化品企业安全、人员密集场所消防安全监管，要加强节日期间应急值守，加大隐患排查整治力度，坚决防止各类重特大事故发生，确保节日及“十九大”期间安全生产形势稳定。

【德城区扬尘污染综合治理集中行动工作会议】 2017年10月10日召开。中共德城区委副书记、区长王洪林出席。中共德城区委常委、办公室主任王勇，德城区人大常委会副主任张建栋，德城区副区长孙大鹏，德城区政协副主席刘英参加。会议要求，统一思想，充分认识扬尘污染治理的必要性和紧迫性，健全机制、落实责任，全区动员、齐抓共管，重点落实建筑工地扬尘、道路扬尘治理工作，严抓严控渣土运输车、鞭炮燃放，高标准完成工地防尘网覆盖等工作，切实从源头上控制扬尘污染问题，全面打好扬尘污染综合治理攻坚战，切实促进我区大气环境质量逐步改善。

【德城区政府常务扩大会议】 2017年10月30日

召开。贯彻落实全市、全区领导干部会议部署，传达学习党的十九大和十九届一中全会精神，动员区政府全体班子成员以习近平新时代中国特色社会主义思想武装头脑、指导实践，不忘初心、牢记使命，努力开创全区经济社会发展新局面。中共德城区委副书记、区长王洪林主持并讲话。德城区政府党组成员参加。

【德城区防治艾滋病工作委员会成员单位会议】2017年12月5日召开。德城区副区长于志新出席。

【德城区安全生产会议】2017年12月8日召开。中共德城区委常委、副区长杨振生出席。

【德城区重点民兵分队集结点验大会】2017年12月28日召开。德城区副区长纪勇出席。

（宫庆　刘威）

区政府办公室工作

【政务服务】负责组织安排区政府召开的综合性会议及办公室召开的有关会议和区政府领导的政务活动，掌握重要政务工作情况，对需要区政府处理的突发事件和重大事故进行协调联络；负责与区委办公室、区人大常委会办公室、区政协办公室的有关工作联系；协助办公室领导组织协调机关日常工作；负责以区政府、区政府办公室名义发出文电的审核、送签和制发；负责收发各类传真电报，办理上级来电；负责文电、印鉴管理和全区政府系统公文处理工作的业务指导；负责人事管理工作；负责区政府的机要保密、档案管理工作；负责区政府门户网站建设、运行、维护、管理和内容保障工作；推进全区政府系统电子政务建设；负责区政府及区政府办公室文件、区政府领导重要讲话和区政府各部门重要文件发布；指导、协调、监督全区政府信息公开工作。2017年具体工作，一是严格公文办理，突出抓好拟文、审核、校对、制发等关键环节，切实提高公文质量。累计制发公文400余件，办理上级明传电报、电话通知1100余件；二是强化综合协调，狠抓会前准备、会中服务、会后落实，精心组织、周密安排各类会议、活动，共承办各类会议500余次，成功组织了全区重点项目集中开工竣工签约仪式、全市协同发展督查评议活动等重要活动30余次；三是加快推进政务公开。加强政府信息公开平台建设，政务服务平台实现省、市、区、镇街“四级”互联互通。完成政府门户网站归并整合工作，全年累计发布各类信息2万条，畅通了政府和群众互动渠道。启动政府信息系统整合共享工作，累计上传目录信息1681条。

【文稿撰写】负责区政府综合性文件及有关文稿的起草、审核、把关、处理；起草政府工作报告、经济工作会议等大型会议讲话稿和理论性文章；负责对口文秘工作；负责区长办公会议、区政府专题会议的记录和纪要的整理工作；完成领导交办的其他工作任务。2017年，在综合文稿起草上，树立精品意识，吃透上级精神，精心锤炼文字，圆满完成了全市协同发展督查评议活动、政府工作报告等重要文字材料的撰写任务。累计起草各类讲话、汇报、报告等文稿560余篇，形成有效文字280余万字。

【协调督查】负责区政府重要工作会议决定事项、重要文件、领导批示的督办工作；承担市政府交办的事项；组织协调、督促检查人大代表议案、建议和政协委员提案办理工作。2017年，累计完成政务督查通报90期，办理市区领导批示件25件，转办人大代表建议、政协委员提案148件，围绕重点项目建设、招商引资、重污染天气应急响应等工作开展现场督查180余次。

【信息编报】负责全面、高效、准确收集处理政府工作信息，及时为区政府领导提供有参考价值的信息；负责向市政府办公室和新闻单位报送全区各项工作信息；及时编发《政务信息》《内部情况交流》等信息刊物；做好全区政府系统信息网络建设和信息员培训工作。2017年，信息工作密切围绕重大社情民意以及全局性、重点性工作，准确、及时对我区社会经济发展的新做法、新亮点进行总结宣传。全年累计编发《政务信息》42期、《内部情况交流》41期；上报市政府办公室信息536条，采用182条，其中被国办采用5条，省办采用5条，6篇信息被市级以上领导批示。

【市民热线】 负责市民热线网络建设；受理人民群众通过市民热线反映的问题，做好市、区领导批示的督办、反馈工作；根据群众反映，对全区政府系统执行服务承诺制度情况进行监督。2017年，坚持“听民意、办实事、解难题”工作理念，以解决群众反映的热点、难点问题为重点，不断创新举措，规范流程，积极构建督办落实机制，全区市民热线办理工作取得显著成效。全年共受理市民热线承办件1.9万件，按时回复率100%，合理诉求满意率95%。

（宫庆　刘威）

政策研究

【概况】 紧紧围绕区政府中心工作，针对全区经济和社会生活中的热点、难点问题，搞好调查研究，并形成高水平、有价值的调研报告；高质量完成上级和领导交办的有关课题调查研究，掌握翔实的第一手材料，为领导科学决策提供依据；服务区政府领导同志的调研活动。2017年，聚焦经济社会发展中领导关注、群众关心的热点问题，围绕新旧动能转化、养老服务业发展等重大课题进行深入调研，形成了《关于加快德城区健康养老服务业发展的调研报告》等调研报告10余篇，为服务领导决策发挥了重要作用。

（宫庆　刘威）

应急处置

【概况】 应急管理是指政府及其他公共机构在突发事件的事前预防、事发应对、事中处置和善后恢复过程中，通过建立必要的应对机制，采取一系列必要措施，应用科学、技术、规划与管理等手段，保障公众生命、健康和财产安全，促进社会和谐健康发展的有关活动。

【应急预案管理】 参照省、市总体预案和专项预案的范围，在前期制定的各项预案的基础上，修订、完善《德城区突发事件总体应急预案》和4个专项预案；指导完成各镇街道、区政府有关部门、单位应急预案的制定、修订工作。全区制定总体预案及各类专项预案总数共58套，均已备案。

【应急示范点建设】 以镇（街道）、村（社区）、学校、医院、企业等基层组织和单位为重点，通过应急管理示范点建设，逐步在全区各基层单位推动应急管理工作。对已批复的德城区首批6所学校、2所医院、2处企业区级应急管理示范点，加强监督管理，充分发挥其示范带动作用。

【应急预案演练】 根据德城区实际，着重在危化品安全生产、卫生防疫、校园安全、食品安全等方面进行应急预案演练，2017年全区各级各部门累计举行各类应急演练180余次，参演人员12000余人。

【应急知识宣传】 深入开展应急知识进社区、进农村、进企业、进学校的“四进”活动，切实加大应急知识培训、宣传力度。一是邀请相关专家授课，组织开展突发事件应急处置培训、安全生产业务培训、防汛应急培训、消防培训、救灾救济工作工作培训10余场次，参加人员2000余人次，提高应对各种突发事件的整体能力。二是结合“全国防灾减灾日”“食品安全宣传活动周”“全国安全生产月”活动，开展形式多样、内容丰富的公共安全主题宣传活动，使群众掌握避险和自救、互救等基本知识，增强应急处置能力。三是在各镇街开辟宣传阵地。以各社区为单位进行宣传，全年共制作宣传条幅600余幅，发放安全生产、公共卫生、消防等宣传资料20000多份，提高群众参与应急管理工作的能力和自救能力。

（刘健）

综合治税管理

【涉税案件查处】 2017年受理举报案件**起，经查，被举报单位没有发现偷漏税行为。

【跟踪房地产专项检查税款入库】 配合税务机关对全区的出租房屋进行调查并登记造册，做好工作总结。

（常林）

志鉴编纂

【年鉴编纂】 编纂出版《德城年鉴》(2017卷)。《德城年鉴》(2017卷)是德城区政府综合年鉴，德城区人民政府主办，德城区地方史志办公室编纂，全书记事时间从2016年1月1日至2016年12月31日，记事地域为德城行政区域，记事结构采用分类编纂法，以篇目、分目、条目构成框架结构主体，设26个篇目。全书534页，77万字，圆脊硬皮精装。889×1194，1/16。2017年6月由中国文史出版社正式出版，国内外发行，书号ISBN 978-7-5034-9262-4，中国版本图书馆CIP数据核字(2017)第121236号。

2017卷《德城年鉴》在全市优秀史志成果评选中荣获优秀年鉴奖。

2017卷《德城年鉴》由中国国家图书馆收藏，由中国知网全文收录。

启动《德城年鉴》(2018卷)编纂工作。修订、印制、下发编纂方案。资料征集工作全面铺开，整体推进。

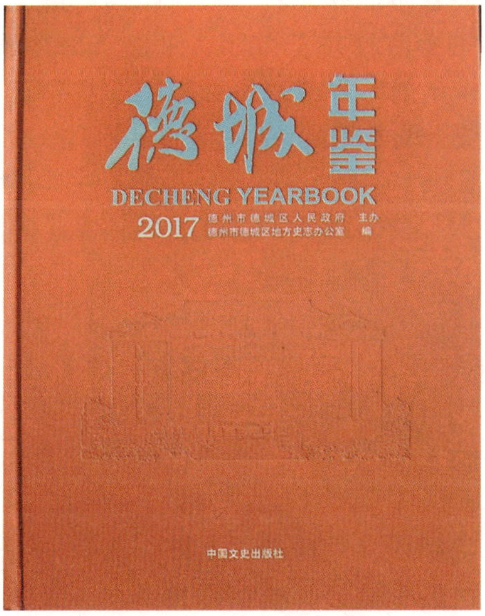

《德城年鉴》(2017卷)

【德城区本级史志事业法规建设】 贯彻国务院、山东省政府、德州市政府地方史志事业发展规划纲要精神，遵照上级要求，结合德城区实际，2017年，出台《德城区地方史志事业发展规划纲要(2017—2020年)》。区本级规划纲要总的精神是，以三级规划纲要精神在德城区落地生根，推动依法修志、依法治志，推动德城区地方史志事业志、鉴、馆、研全方位均衡发展，推动实现德城区史志工作“三全”任务目标，推动德城区史志事业转型升级。

【方志馆建设】 和文新局合作，合理利用区图书馆现有馆舍。区图书馆位于德城区新华路新街口院里，建筑面积1800平方米，其中一楼建筑面积500平方米。2017年，在图书馆一楼馆内开辟方志专区。

2017年，继续全国范围的志书类资料交换工作，全年共交换志书、年鉴100多本。

【镇村志部门志编纂】 落实省史志编纂委员会《关于做好乡镇村志编修工作的意见》，倡导、推动村志编纂工作。完成《罗庄志》《大刘庄志》等村志、街道志共9部，正在编修的有《于官屯村志》《小锅市村志》等7部。

在德城区直各部门中积极倡导和宣传编修志书工作。《水利志》编修完毕。

组织镇、村志编辑人员参加省史志办举办的全省村镇志培训班，提高修志水平。

【书稿报送】 完成2017年度《山东省地方史志年鉴》《山东年鉴》《德州年鉴》德城区资料提报工作。

【宣传信息工作】 2017年，注重对外宣传工作，向省情网、市情网、德城报、区委信息科发送稿件20篇，多次被采用。

【德城区史志办自身建设】 2017年，建立健全各项规章制度。将《内部控制制度》《办公室公共场所保障制度》等规章制度要求落实到实处。严肃财经纪律，规范财务管理。定期开展党务、政务、财务公开，增强工作透明度。加强纪律、廉洁自律、落实好中央八项规定精神，坚持持之以恒纠“四风”，坚决杜绝“慵懒散慢”行为，通过自查自纠，及时整改，进一步强化内部制度监管，自我提升形象和工作效能，营造风清气正的工作氛围，齐心协力，对标一流，争当全市史志系统排头兵。

法治工作

【政府涉法事务】 集中行使行政复议职权，2017年共接到行政复议电话咨询132件，现场咨询43件。收到书面行政复议申请共22件，其中受理18件，不予受理4件。落实规范性文件清理长效机制，经清理，继续有效的政府规范性文件10件，废止4件，宣布失效1件。全年制发规范性文件2件。全年行政应诉案件共24件，应出庭案件17件，实际出庭17件，行政机关负责人出庭率100%。

【执法证审查申领】 年审政府行政执法证220件，新申领133件。清理全区行政执法人员87名。

【法律培训宣传】 举办预防职务犯罪和规范行政执法专题培训班，组织全区后备执法人员150余人参加宪法及公共法律知识考试。

（吴晓蒙）

外事侨务工作

【扎实做好为侨服务工作】 始终坚持“为侨服务”宗旨，把为侨服务工作摆在首要位置。一是认真贯彻涉侨法律法规。深入学习培训《中华人民共和国归侨侨眷权益保护法》《山东省归侨侨眷保护条例》等法律法规，严格依法办事，有效维护广大归侨侨眷、华侨华人的合法权益。二是做好贫困归侨侨眷救助工作。2017年春节前夕，对13名贫困归侨侨眷进行救助，每人发放救助金1000元，切实保障归侨、侨眷基本生活。三是广泛开展对外推介活动。通过各种形式的宣传，全方位展示德城区产业优势、地理位置、交通环境和人文禀赋，增强外商、侨商在德投资兴业的信心。在2017年第九届华商企业科技创新合作交流会上，德城区政府与新加坡丰益集团签署总投资6亿元的挂面、面粉加工项目，这些项目的落成有力壮大德城区产业规模，优化产业结构，促进经济健康发展。

【指导苏禄东王后裔祭祖、纪念活动】 2017年9月13日，在北营苏禄王墓清真寺，举办苏禄东王后裔祭祖、纪念活动。此次活动时值苏禄东王首次访华600周年，是经苏禄东王后裔请求，寺管会出面组织的苏禄东王后裔祭祖、纪念活动，同时也邀请包括苏禄苏丹公主在内的几位在菲苏禄东王后裔参加此次活动。活动期间，德城区政府外事侨务办公室积极协调属地街道，做好活动周边环境和稳定工作，保障此次大型民间祭祖活动顺利进行。

【指导德州第五中学对外友好交流活动】 2017年12月7日，上好佳集团带领百余名菲律宾光启中学师生到德州友好交流，拜谒苏禄东王墓，在第五中学举办“上好佳—德州五中”助学基金发放仪式，为10名受助学生发放助学金。仪式结束后，中菲两国学生互动交流，结下友谊，有力推动双方在教育领域的交流合作。德城区政府外事侨务办公室对德州第五中学对外友好交流活动给予指导。

【协助外国媒体到德城区采访】 德城区政府外事侨务办公室协助菲律宾马拉卡南宫广播电视台到德城区拍摄苏禄东王御园，采访苏禄东王后裔，追溯600年前苏禄苏丹不远万里来华事迹，宣传中菲历史上的友好关系。

（吴昊南）

金融服务

【增加信贷投放　保障间接融资到位】 充分发挥银行传统融资主渠道的作用，鼓励引导各银行机构积极向上争取信贷，持续扩大信贷投放，通过组织银企对接、产品创新、政金合作等多种形式，调整信贷结构，支持经济发展。加快推进政府融资平台市场化建设，整合归并资产，完善治理框架，积极开拓融资渠道，加快对接“三馆、三医院”PPP建设，坚持公益类项目和商业化项目的双推动，夯实工作基础。

【对接资本市场　持续优化融资结构】 2017年8月双一科技在深圳证券交易所敲锣上市，募集资金5.8亿，成为德城区第一家深市上市企业。加强对上市企业后备力量的培植，形成完善的企业上市梯队。积极推动已成功挂牌新三板的可恩口腔、鑫华润、宇虹新颜料等企业加快资本对接，完善治理结构，推进重组并购，加速收购步伐，同时关注企业资本运作，加大力度监督企业用好募投资金。加强与中信证券、中泰证券等中介机构的联系，通过组织座谈会、企业实地调研等活动，协调双方沟通交流，帮助梅卡尔机电、力维机械、荣光生物、中矿橡塑等企业积极筹备新三板上市，持续跟进对拟上市的博德尔环保设备的跟踪服务，积极帮助企业去杠杆力度，帮扶企业通过股权融资、债权融资、融资租赁等方式提高企业资金利用率。

【强化招金引银　全面丰富金融业态】 积极引进各类金融业态，完善金融体系，构建由银行、证券公司、融资性担保公司、小额信贷公司、保险公司等多种金融机构组成的完备金融体系，多措并举，多方发力，形成优势互补、风险分散、协同发展金融格局。2017年，积极与华夏银行、西南证券、中煤财险等进行多次接洽，银河证券、山西证券已开业试营，安邦健康保险有望落地。华夏银行正在积极接洽，蓝城运河小镇项目正在加快推进，通过考察交流，初步制定规划。截至2017年底，德城区已有12家银行机构，5家证券机构，41家保险机构，10家地方民间机构，形成多元化金融服务格局。

【开展雷霆行动　严厉打击恶意逃债】 积极防范金融风险，以坚决遏制金融机构不良贷款为切入点，以实现不良贷款总额和不良贷款率“双降”为目标，积极行动，综合施策，迅速推进。成立专门工作组，组建6个专业小组，分配任务，压实责任，明确奖惩。成立德城区金融风险应急处置办公室，对全区风险企业进行全面排查摸底，调度、督导和考核各镇街金融风险化解处置工作的开展情况和风险化解措施落实情况。通过银行清收、盘活清收、行政清收、司法清收等方式，累计化解不良贷款0.5亿元。积极争取省联社、市银监局工作支持，制定《风险化解工作方案》，从公司架构、市场化处置、政府支持等多方面施策，确保不良贷款的化解工作有序进行。在大力公开曝光“老赖”名单的同时，强化引导宣传，采取以案说法、媒体公告、发放明白纸等多种方式，加强警示教育，形成打击逃废债务强大声势，有效推进诚信德城建设。

【狠抓专项整治　确保金融环境安全】 一是进一步调整充实了防范和处置非法集资专项整治工作小组、互联网金融风险专项整治工作领导小组，明确责任人，建立沟通联络机制，联合区工商局、区公安分局、各镇街在全区进行全面风险摸排走访，确保不留死角。二是针对存在风险隐患的片区、楼宇、公司实行网格化管理，明确到人，完善联审联办联查机制，联合工商局、经侦大队、市区国税局、地税分局等部门成立德城区非法集资联合调查取证工作小组，确保联合取证工作机制的有序、有效运作，做到对金融风险及时预警、及时响应、及时处置。三是在中心广场、德州学院、金融大厦、社区活动中心等人员密集场

2017年8月8日，深圳证券交易所，双一科技上市仪式。右起第六位为德州市人大常委会主任韩建亭，右起第四位为中共德城区委副书记、区长王洪林

所，开展打击非法集资宣传活动，通过发放明白纸、悬挂宣传横幅、设立宣传展板、现场答疑等形式向群众宣传非法集资的特征及危害性，通过广播、电视、报纸、微信平台、电子显示屏等多方式、多渠道、全方位的宣传，引导群众树立正确的投资理念。2017年，德城区非法集资案件立案8起，进入起诉阶段的2起，历史未结案件5起，对疑似风险点进行严密监控，维护健康稳定的金融环境。

（王道建）

机关事务管理

【机构概况】 德城区机关行政事务管理局为全额正科级事业单位。主要职责是管理综合办公楼行政事务，负责公共机构节能及公车管理工作，负责综合办公楼、大院安全、卫生、消防和机电设备维护工作，负责机关各类文件传送工作。

机关行政事务管理局编制为20人，配局长1职，副局长3职。局内设文秘科、管理科、保卫科、公务用车管理科、公共机构节能科5个科室，各设科长1职。

【物业管理保障到位】 加强对德城区综合楼中央空调冷却塔管道、机组管道、蓄水池等的维护处理。清洗办公楼风机滤网，更换机组过滤器及冷冻机油，清洗机组冷凝器，维修冷却塔布水器及循环泵电机等，为夏季中央空调运行提供较好的前期准备工作。开机期间，根据天气情况进行相应空调温度调节，最大限度降低能耗。制冷期结束后，配合中标方（山东德建建筑科技股份有限公司）更换全楼风盘系统、冷凝水排放系统、各风盘进回水支管，加装进回水阀门，更换两台系统循环泵、两台新型冷却塔及管道，同时又增加食堂供暖系统更新改造，为冬季及时正常供暖打下基础。供暖期间严守操作规程，定时开关机，及时处理各种故障，确保供暖正常运行。2017年10月对德城区综合办公楼全楼开水器漏电保护系统进行更换改造，切实消除安全隐患。同时，改造全楼走廊吊顶及新型LED走廊灯，改善办公环境，节约电力资源。

德城区机关行政事务管理局对供排水设备及管道定期进行检查、保养，严防“跑、冒、滴、漏”等现象的发生，更换全楼卫生间小便池排水管道，解决脏堵问题，此外，为提高区级领导班子办公效率，对区委、区政府综合办公楼3、5、6、7楼部分领导办公室进行整修改造。

认真做好原交警支队大楼交接工作，确保顺利交接。不动产权证书办理完毕，电梯监理、德城区政务服务中心电梯采购及安装项目、德城区政务大厅改造项目工程、德城区政务服务中心设备更新（水、电、消防及部分土建部分）、德城政务服务中心设备更新工程监理均已完成中标工作。同时，原交警支队新版图纸和室外管网图纸均设计完成。

【安全保卫措施】 按照“预防为主、防治结合”的原则，重点加强防盗技术装备检查，确保其处于正常工作状态。加强了门卫值守管理，严格工作纪律，落实24小时值守、外来人员进门登记、夜间巡查等工作制度。消防监控室值班人员经过消防培训，全部持证上岗。强化防火防灾预防管理，坚持每周巡查消防设备设施和疏散通道，不定期进行消防专项检查，发现问题及时整改，使消防设备保持正常状态。2017年8月对综合楼内的消防报警及喷淋系统进行改造更新，维修应急照明灯65支，维修消防指示标志63个，切实消除潜在安全隐患。按照电梯维护技术要求，每周进行电梯安全检查，查找问题排除隐患，确保机关电梯安全运行。

【机构节能】 德城区机关行政事务管理局坚持以《关于2017年全国节能宣传周和全国低碳日活动的通知》为指导，根据市局的要求，加强节能宣传教育，积极组织各公共机构践行“节能有我，绿色共享”的主题宣传活动，实现“以点带面”的示范带动作用。积极响应全国“工业低碳发展”的低碳日主题活动，大力宣传低碳城市建设，推行以“节约、环保、健康”为主题的绿色办公行为。积极参加国管局和市机关事务管理局的能耗统计工作培训、节能管理业务培训等，并顺利获得结业证。

2017年12月，配合市机关事务管理局，严格按照《山东省公共机构节约能源资源考核工作规程》对全区被抽查到的 10 家公共机构节约能源资源进行认真考核，就考核问题提出相应整改建议，市机关事务管理局对德城区公共机构节能工作给予高度的肯定。

2017 年 9 月 12 日，山东省福利彩票发行中心主任赵立杰（前排右二）到德城区调研

【公务用车管理】 按照上级部署安排，德城区机关行政事务管理局积极推进党政机关公务用车改革。截至 2017 年底，德城区按规定保留车辆数为 190 辆。

德城区实际处置公务用车 159 辆，通过招投标方式采购拍卖项目服务，按照公开、公平、公正原则，由山东恒泰拍卖有限公司中标。2017 年 2 月 28 日、3 月 30 日分别进行第一次和第二、三次车辆拍卖，区机关行政事务管理局和区国资办派员进行全程监督，流拍车辆按照国有资产处理方式进行处理。2017 年 3 月底前，取消车辆全部处理完毕，其中，拍卖数量 142 辆，报废数量 17 辆。

区机关行政事务管理局认真贯彻落实《山东省公务用车标识化管理实施方案》（鲁车改组字〔2017〕3 号），严格按照市公务用车领导改革小组确定的标准和要求，按照应喷涂车辆数量、车型及使用性质等，有序组织党政机关对机要通信应急用车和 17 部门外行政执法用车进行喷涂工作。德城区公车喷涂数量为 106 辆。其中，机要通信应急用车 80 辆，17 部门外行政执法用车 25 辆，离退休干部服务用车 1 辆（该车不在本次参改范围内，但根据上级要求，需进行喷涂）。德城区 9 辆公务用车按照规定没有进行喷涂，其中，实物保障用车 2 辆，涉及国家安全、侦查办案用车 4 辆，接待调研用车 3 辆（中巴）。公务用车改革后，按照规定积极开展督导检查，要求相关参改单位对违规用车等情形进行自查，同时，安装公务用车专项监督电话，接受公众监督。

（彭爽）

民政工作

【创新亮点】 2017 年 10 月 25 日，德城区政务服务“社区代办”服务被纳入国务院政务服务综合改革试点，全省唯一。

【社会保障】 一是加强低保规范化建设。结合“访解惠”活动，开展第二轮“阳光低保”专项行动，完善走访核查、信息核对、反馈公示、人员备案等程序，切实做到应保尽保、应退尽退。二是低保兜底功能进一步增强。1—10 月，共发放低保金 2085.72 万元，保障了城乡 4067 户、6995 名困难群体基本生活。三是专项救助成效显著。开展大学生救助、医疗救助、临时救助等专项救助活动，1—10 月，共救助大学生 19 人，医疗救助 19 人、50.08 万元，临时救助 3397 人、125.70 万元。四是整合资源便民利民。将传统的社会化发放方式变为通过财政惠农补贴“一本通”系统发放，提高了资金监督管理水平。五是深入开展“5·12”防灾减灾宣传。通过在网站开专栏、在社区贴挂图、在街巷挂横幅、在宣传栏集中宣传等方式，深入开展“5·12”防灾减灾宣传周活动。将广川街道岔河、文化社区为集中宣传站，在其他社区设立宣传点，发放《中国减灾》杂志 200 册、自救互助宣传传单 3000 余张（册），挂图 300 余幅，有力提升了社区群众的防灾减灾意识和避灾自救能力。六是落实各项福利政策。全年发放高龄津贴 272 人次、35.4 万元；困难老年人失能护理补贴 32 人次、2.3 万元；发放残疾人两项补贴 328.4 万元，受益残疾人达 3421 人次。七是组织开展系列慈善捐助活动。开展“情暖万家 2017”慈善救助活动。投入近10万元，对1000户低保特困户实施春节救助；将基督教会捐赠的毛巾、澡巾、香皂等洗漱用品并全部定向捐赠给敬老院；启动2017年度“慈心一日捐”活动，截至2017年底接收善款18.785万元。

【养老工作】 一是加快示范型养老中心项目建设。胜利、青龙桥两个省级示范养老项目进展顺利，其中心湖阳光颐养中心全部投入使用，成为全区首个获得养老设立许可的机构；青龙桥社区综合养老服务中心部分投入使用。除此之外，还积极探索医养结合新模式，启动兴河湾智慧养老中心建设，在上半年全市民生项目观摩中被重点观摩。二是开展了养老服务机构集中整治。按照民政部养老机构设立许可标准，建立常态化执法机制，提高联合执法频次。全年组织各类检（巡）查6次。十九大前夕，又投资25万余元，为全区13个养老机构紧急升级远程监控和语音调度系统，提高养老机构安全等级，有效预防和避免各类安全事故的发生。

德城区福利养老机构一览表

单位名称	地　址	床　位
二屯镇敬老院	二屯镇政府驻地	78
黄河涯镇敬老院	黄河涯镇闫屯	90
天衢街道敬老院	翟时社区院内	110

【社区建设】 社区综合信息服务平台搭建完成后，区民政局着力发挥设施平台功能，力促工作效率提升。一是加强信息采集和利用。通过高拍仪、信息采集器、手持终端等输入设备，采集人口、不动产、商户等基础数据，记录过程数据，完善综合数据；应用三级电子签章，推行网上审批，实现了公共服务、商业服务、互助服务、公益志愿服务信息的共用共享。二是加大培训力度。先后组织全区性的业务培训三次，使新功能、新版块及时得到应用。三是社会工作发展取得历史性突破。扎实推进社工项目品牌建设，在日常调度督导的基础上，召开年中专家评审会，完成岔河、新四合等5个社区的社工项目的中期评审。今年3月份，城隍庙社区一社工项目被省民政厅评为优秀奖。四是积极开展社区协商，在全市率先出台意见，并在城隍庙、新园、索庄等5个社区开展试点。

【拥军优属】 一是完成全区退役士兵安置和权益保障工作。5月份以来，按照上级要求和区委区政府部署，民政局牵头，会同人社、人武、公安、教育等部门集中办公，通过开通热线、发放彩页、网站刊载、张贴标语等方式，解读相关政策。在部门协同下，利用个案、小组等专业社会工作方法，梳理出自全区1978年以来符合政府安置条件的退役士兵4060人，排查出符合“省11条”政策人员811人，其中4人重新安置工作，安排到国有企业上岗；287人领取一次性自谋职业补助金426.31万元；520名退役士兵领取待安置期生活费100.55万元；479名退役士兵选择专项公益性岗位工作，34名其他诉求人员正在逐步落实。在规定时间内全部“清零”。同时，加大对部分“两参”、农村兵等群体的稳控力度。统筹救助资源，有针对性地帮助解决涉军群体实际困难，确保了十九大之前和期间的社会稳定。二是完成退役士兵信息比对和采集工作。3月以来特别是5月份以后，采取集中办公、部门协同、镇街蹲点形式，全面摸清了全区4060名自1978年以来符合政府安置条件的退役士兵信息，建立分类台账，逐人落实政策，如期实现“清零”目标。三是落实各项优待抚恤政策。全年发放各类优抚资金1000余万元，其中义务兵家庭优待金492余万元，自主择业补偿金218余万元，全面实施免费技能培训等扶助政策。四是进一步加强优抚医疗制度建设。对全区在乡老复员军人、伤残军人、参核参战退役人员和带病回乡退伍军人等100名优抚对象巡诊查体，建立健康档案，安排 7 名优抚对象赴泰安荣军医院疗养。

【专项社会事务工作】 完成社会组织年检工作。对 2016 年度末登记在册的 26 家社会团体、民办非企业单位进行年度检查。通过机构自查、部门审查、第三方评估，最终由民政部门做出结论。圆满完成清明安全祭扫工作。通过下发文件、实地督导、设置观测点等方式，严密监测公墓等殡葬服务单位用火防控、人员疏导、车辆调度，确保了清明节安全文明祭扫。婚姻登记环境进一步优化。全面应用窗口单位服务用语，并按照国家要求免收婚姻登记工本费，1—10 月共办理结婚登记 3169 对，离婚登记 1480 对，补发结（离）婚证 1481 对，合格率 100%。加大流浪乞讨人员救助力度。依托 108 个流浪乞讨人员救助网点，开展日常巡查，畅通发现、报告、联动、救助渠道，全年未发生极端事件。第二次全国地名普查工作进展顺利，编录地名普查信息 2880 条，补设村碑 79 块，安装小街巷标牌 136 块，地名公共服务功能进一步增强；六是向上争取成效显著，1—9 月共向上争取无偿资金 4488.98 万元。

（李延芬　安宝辉　杨小军　王峰　王晶　鲍方　杨涛　杨儒）

【德州市殡仪馆简介】 始建于 1966 年 9 月。历经两次搬迁。现址位于德城区城发路西首，二屯镇程何庄西北。距市中心 12 公里。新馆占地 73 亩，建筑面积 13067 平方米，2004 年始建，2006 年 3 月建成投入使用。拥有大中小型告别厅 3 个，运尸车 4 辆，遗体冷藏柜 15 个，火化炉 5 台。殡葬服务区域为德城区、经济技术开发区、运河开发区，服务辐射范围河北省景县、故城县、吴桥县。每年服务遗体数量 3300 具左右。

德州市殡仪馆是市民政局直属单位，自收自支事业单位。截至 2015 年底，有干部职工 31 人，其中在编人员 11 人，合同制人员 20 人。

德州市殡仪馆

人力资源管理与社会保障

【荣誉】 2017 年，德城区劳动人事争议仲裁院被山东省人力资源和社会保障厅、山东省劳动人事争议仲裁委员会授予 2016 年度省级标准化劳动人事争议仲裁院荣誉称号。

德州市人力资源和社会保障局、德城区人民政府共同举办德州市暨德城区（2017）职工职业技能大赛。比赛设置电工、焊工、车工及叉车工 4 个工种的比赛项目，近百名技术能手参加比赛，最终决出一等奖 4 名，二等奖 8 名，三等奖 12 名。大赛的成功举办，对于弘扬“工匠精神”、加强全区高技能人才队伍建设具有现实推动作用。

【社会保险工作】 2017 年，各项社会保险均完成全年任务目标，其中企业养老保险征缴基金 2.92 亿元，完成市政府下达任务的 107%，同比增长 13.5%，确保 1.48 万名退休职工养老保险待遇按时足额发放，全年共征缴各项社保基金 6.26 亿元，同比增长 13.6%；企业养老金实现“十三连涨”，全年发放企业离退休人员养老保险待遇 4.55 亿元。全面启动职工大病保险和跨省异地就医联网结算工作，19 类特效药纳入基本医疗保险合规医疗费用范围。第 11 次上调失业保险金发放标准，连续 13 年提高工伤、工亡职工待遇，使职工基本生活得到更好保障。将机关事业单位养老保险纳入“一票征缴”，按照新制度并启用社会保障卡为机关事业单位退休人员发放养老金，积极推进社保卡就医一卡通业务，不断促进社保服务便捷化。2017 年度发放各项社会保险待遇 9.7 亿元，同比

2017年4月27日，德州市暨德城区（2017）职工职业技能大赛开幕

增长10.4%。

【就业工作】 强化载体建设，落实创业就业政策，全区就业创业工作平稳推进，全年实现新增城镇就业3900人。德城区三个社区荣获省首批“四型就业社区”称号，三家市级创业孵化基地（园区）通过市级复审，全区创新创业平台进一步拓宽。全年开设就业创业培训班73期，培训2631人，完成全年任务的177%，形成培训登记、技能培训、技能鉴定、政策落实“一条龙”工作模式。稳步推进创业担保贷款工作，全年支付创业担保贷款贴息80.72万元，全面落实对符合条件的小微企业和个体工商户一次性创业补贴扶持政策。组织建志剪纸和梁子黑陶两个展示项目参加全国首届创业就业服务展示交流活动，获得“优秀项目奖”荣誉称号。

【人才工作】 “智汇德州”人才创新创业周邀请外国专家6人，各地专家学者10人到德城区对接。其中，宇虹化工与宋秀山专家就高性能有机颜料合成及改性项目正式签约。发放大学生就业创业生活补贴90万元，完成全年任务的138%，高层次人才认定完成1670人，完成全年任务的121%。开展“金蓝领”技师培训项目，举办首届德州市暨德城区（2017）职工职业技能大赛等市级技能大赛，全年新增高技能人才366名，申报1人获评“全国技术能手”，3人获评“齐鲁首席技师”荣誉称号，2人获评“山东省技术能手”荣誉称号。积极引进外国专家及先进技术，成功申报省级引智成果示范推广项目2项、省级引进国外专家项目1项，推荐奥德曼酒庄入选全省引进国外智力成果示范推广基地。

【机关事业单位管理服务工作】 严格考风考纪，人事考试安全运行，与全省同步面向社会公开招考、聘用公务员39人，事业单位工作人员193人，初任培训后已全部到岗。配合区教育局招聘中小学后备教师260名。严格遵照核岗、评审、聘任流程开展工作，对教育系统164名教师进行聘任。上报专业技术人员中高级评审材料210人，组建评审委员会评审初中级材料1035人，评定初级材料195人。

【劳动关系】 不断加强执法力度，年检及日常巡查用人单位385家，涉及职工1.5万人，补发拖欠职工工资300余万元，督促企业与职工签订劳动合同4300余人，依法维护职工合法权益。实施一体执法、阳光仲裁，全年共接收劳动案件150件，其中立案受理各类劳动争议案件128件，涉案金额181.8万元，按期结案率100%，劳动人事争议仲裁院获得“省级示范仲裁院”荣誉称号。妥善处结职工举报投诉，截至2017年底共受理各类职工投诉450余件，立案230件，结案230件，结案率100%。处理“12345”市民热线和承诺热线1448件，信访案件21件，全部做到事事有回音，件件有落实。做好军转干部解困和稳定工作，全年共为91名企业军转干部按市级标准及时发放待遇及补助117余万元。抽调多名业务骨干派驻到退役士兵安置权益保障工作组现场办公，处理矛盾、解答疑惑800余件，组织484名有公岗诉求的待岗失业人员参加专项公益性岗位考试，分配到镇街及区直有关部门。

（周艳秋）

旅　游

【好客山东贺年会】 加强领导，成立由分管副区长任组长的“2017 好客山东（德城）贺年会”工作领导小组；制定《德城区 2017 年“好客山东（德城）贺年会”活动方案》。区旅游局作为牵头协调部门，立足本职工作，指导和安排各镇街特别是城市主要街道和社区、各大商场、酒店都悬挂和张贴宣传贺年会活动的横幅和海报，做好贺年会氛围营造宣传工作。组织涉旅企业推出特色旅游产品及优惠措施，根据情况在元旦、春节和元宵节三个节点随时注意更新，保证贺年会活动整体有序开展。

2017 年 8 月 16 日，德州市人大常委会乡村旅游考察组到德城区视察乡村旅游工作

【旅游合作推介】 2017 年 3 月 21 日，寿光市旅游局、寿光国际蔬菜博览会组委会、景区一行到德城区做宣传推介。德城区旅游局、辖区内三十多家旅行社受邀参会。推介会上，详细听取寿光旅游资源、菜博会情况介绍、旅行社团队优惠政策等，对 2017 寿光菜博会品牌打造、资源合作、门票政策等内容做重点推介，并针对当地旅行社特点设计规划一系列旅游线路。

【旅游厕所革命】 开展“旅游厕所革命”专项工作。根据国家、省、市旅游主管部门的统一部署，积极开展“厕所革命”专项整治提升工作。督导旅游景区、旅游线路沿线、交通集散点、旅游餐馆、旅游娱乐场所、休闲步行区等的厕所全部达到规定标准，在整体推进基础上，筛选出 19 处新建、改建厕所作为 2017 年度重点督导单位，推动德城区旅游公共服务设施建设，提升旅游品质。经上级业务部门验收合格，获得国家和省旅游专项奖励资金共计 43.5 万元。

【万亩生态园赏花节】 2017 年 4 月中旬，区旅游局配合黄河涯镇举办“第十届万亩生态园赏花节”。活动结合奥德曼葡萄酒庄品酒野营、馨秋生态园赏梨花、万亩桃园赏桃花、馨秋生态园鲜果采摘等活动，全方位展现德城区南部生态区休闲观光之美。活动吸引周边游客及市区居民 20 万人次，带动各项旅游收入 2000 万元。

【文明城创建】 按照市、区创城办相关要求，加大督查力度，实行“一周一总结，半月一抽查，一月一排查”工作方式，随时发现问题，随时整改问题。为扎实推进全国文明城市创建工作，德城区旅游局对全区境内所有星级饭店、旅行社、A 级景区召开动员大会，加大宣传力度，下发创建任务。同时利用德城区旅游局官方微信、微博、网站等新媒体加大宣传力度，对创建工作的先进单位和落后单位进行相应的公开表彰和曝光；巩固现有成果，在全区旅游行业掀起积极创建文明城市热潮。

【旅游安全】 深入贯彻落实党的十八、十九大精神，高度重视安全工作；加强应对恶劣天气，切实做好安全防患工作；加强应急管理和安全教育，提升安全防范能力。精心组织、全面部署，在 6 月份开展以“强化安全发展观念，提升全民安全素质”为主题的安全生产月活动。活动期间，德城区旅游市场秩序良好，无一例重大旅游安全事故，营造良好的旅游氛围。

（任鹤）

招商与区域合作

【招商引资】 2017 年，全区招商引资工作，完成新签约项目 73 个，协议总投资 304 亿元，规模较大的有总投资 10 亿元的博德尔循环经济产业园项目、总投资 7 亿元的深圳好家庭体育器材项目、总投资5亿元的佳纳物流托盘项目和总投资14亿元的风力发电项目；新开工项目54个，其中规模较大的有总投资10亿元的小麦深加工项目、总投资15亿元的万达C区项目、总投资9亿元的华戎银泰城市综合体项目、总投资6亿元的月星生活广场项目和总投资4亿元的东方红名店街项目；累计到位资金93.2亿元，完成全年招商引资任务。

2017年，收集招商引资线索120条，重要在谈项目46个。其中投资规模较大的有恒大产城融合项目、太平洋森活集团特色小镇项目、以岭健康产业项目、新鸥鹏教育城项目、中凡控股集团生建地块项目、新辰控股电商孵化产业园项目、荣盛房地产项目。

【协同发展】 2017年，科学制定工作方案，多次赴京对接国家发改委、国资委、全国工商联、北京福建商会；邀请北京易艾斯德科技有限公司、光合文旅控股、北京碳世纪科技、北京维也纳酒店集团等20余家企业到德城区投资考察。其中，北京维也纳酒店、中国昊华化工集团40万吨EDC催化重整、中建材凯盛晶华绿色建材产业园进展顺利，中国华戎控股有限公司华戎银泰综合体项目已开工，中车集团与格瑞德集团合资合作的轨道交通复合材料项目正在洽谈。

【楼宇经济】 截至2017年底，全区建成3000平方米以上的商务楼宇44座，商务总面积89.22万平方米。其中，已投入运营的商务楼宇40座，总面积78.15万平方米，即将投入运营的金茂大厦、聚秀城等商务楼宇4座，面积11.07万平方米。全区楼宇企业达1200余家，其中2017年新增楼宇企业152家，主要涉及电子信息、金融保险、广告策划、咨询培训、软件开发等行业。凯弘保险、君康保险、农银人寿等企业的相继入驻，楼宇经济进一步壮大，金融大厦全年税收突破4500万元，银座大厦、天翔大厦全年税收突破1500万元。

（满志刚　任倩）

政协德城区委员会

【第政协第十三届德城区委员会全委会议】 2017年1月15日至16日，中国人民政治协商会议第十三届德城区委员会第一次会议在美丽华大酒店丽华一厅举行。第一次全体会议，有两项议程：一是听取闫书德同志作《政协第十二届德城区委员会常务委员会工作报告》二是刘惠平作《政协第十二届德城区委员会常务委员会提案工作报告》。第二次全体会议，选举产生政协第十三届德城区委员会主席、副主席、秘书长、常务委员；听取区政协十三届一次会议提案审查情况的报告，通过区政协十三届一次会议决议。

【政协第十三届德城区委员会常委会议】 2017年1月6日会议。德城区政协主席闫书德主持会议。副主席刘英、刘惠平、王太勇、戴连强出席。会议审议通过关于召开区政协十三届一次会议的决定；审议通过区政协十三届一次会议报告建议人名单；审议并讨论十二届区政协常委会工作报告；审议并讨论十二届区政协常委会提案工作报告；听取关于十三届区政协委员情况的说明。会议决定中国人民政治协商会议第十三届德城区委员会第一次会议于2017年1月14日至16日召开，会期三天。

2017年3月9日会议。德城区政协主席徐世勇主持并讲话。副主席刘英、刘惠平、王太勇、戴连强出席。会议传达市政协十四届一次会议精神；公布区政协领导班子工作分工；宣读政协德州市德城区委员会2017年度主要活动安排计划；审议通过政协德州市德城区委员会关于区政协委员履行职责的暂行规定；审议通过政协十三届德州市德城区委员会关于专门委员会设置的决定；审议通过政协十三届德州市德城区委员会关于各专门委员会主任、副主任任免的决定。

2017年7月6日会议。德城区政协主席徐世勇，副主席刘惠萍、王太勇、戴连强出席。会议传达山东省第十一次党代会会议精神；集体学习翟长生主席在市政协第一期政协委员专题培训班上作的题为《如何做一名合格的政协委员》的报告；徐世勇作《严守政治规矩，履行责任担当，全面推进“两学一做”学习教育常态化制度化》专题党课。徐世勇在党课中指出，政协组织要充分认识“两学一做”教育常态化、制度化的重要性，要守纪律讲规矩，带头强化党性修养，党员要时刻做到“心中有党、心中有民、心中有责、心中有戒”。政协委员要牢记使命，履职尽责，真正当好“智囊团”，既要在自身岗位上发挥引领作用，又要在积极履职中发挥表率作用，争做新时期合格的政协委员。

【政协第十三届德城区委员会主席办公会】 2017年2月18日会议。德城区政协主席徐世勇，副主席刘英、刘惠平、王太勇、戴连强、高玉林出席会议。会议传达市政协十四届一次会议精神，公布德城区政协领导班子分工，听取并讨论关于政协十三届德城区委员会专门委员会设置的决定（草案），听取关于政协十三届德城区委员会专门委员会专门委员会主任、副主任任免的决定（草案），听取并讨论关于区政协委员履行职责的暂行规定（草案），听取并讨论区政协2017年度主要协商活动计划以及关于召开区政协十三届一次常委会议的相关决定。

2017年9月15日会议。德城区政协主席徐世勇，副主席刘英出席会议。会议传达学习《关于实行党员积分制管理的通知》《关于建立健全基层党组织按期换届提醒督促机制的实施办法》，共同学习《习近平总书记的成长之路》，与会人员观看系列纪录片《大国外交—大道之行》。

2017年11月1日会议。德城区政协主席徐世勇，副主席刘英、刘惠平、王太勇、戴连强、高玉林出席会议。集中传达学习党的十九大报告精神。会议指出，党的十九大把习近平新时代中国特色社会主义思想写入党章，确立为党必须长期坚持的指导思想，为实现中华民族伟大复兴的中国梦提供了强大思想武器和根本保证。政协机关全体干部党员要切实提高认识，全面深刻理解和把握十九大精神，坚持用习近平新时代中国特色社会主义思想武装头脑。要认真学习贯彻十九大关于人民政协工作的重大部署和要求，把协商民主贯穿到政治协商、民主监督、参政议政的全过程，完善协商议政内容和形式，着力增进共识、促进团结努力，将政协事业推向前进。

2017年11月15日会议。德城区政协主席徐世勇，副主席刘英、刘惠平、王太勇、戴连强、高玉林出席会议。会议详细听取区政协十三届二次会议各筹备小组工作准备情况。徐世勇指出，要用心工作，精益求精，保证质量，注意细节，要将大会各项筹备工作进行梳理，确保各项筹备工作细之又细、万无一失，要搞好配合，通力合作，树牢“一盘棋”思想，严肃纪律，以良好的面貌展示政协组织和政协委员的良好形象。

2017年12月29日会议。德城区政协主席徐世勇，副主席刘英、刘惠平、王太勇、戴连强、高玉林出席会议。会议听取关于区政协十三届二次会议筹备情况的工作汇报，对会议期间的具体事项和人员分工进行部署，并集中讨论了政协第十三届德城区委员会常务委员会工作报告（草案）和政协第十三届德城区委员会常务委员会提案工作报告（草案）。

【提案工作】 2017年，德城区政协常委会深入贯彻落实党的十八大、十八届历次全会和十九大精神，以习近平新时代中国特色社会主义思想为指导，在中共德城区委的坚强领导下，牢牢把握团结和民主两大主题，围绕中心，服务大局，履职尽责，担当作为，提案质量和办理实效得到明显提升，为助推“富美新强”典范区建设作出积极贡献。

德城区政协十三届一次会议以来，全体政协委员、政协各参加单位和专门委员会，围绕区委、区政府的中心工作和人民群众关注的热点、难点问题，建言献策，建功立业。一年来，共收到委员提案178件，经提案委员会审查，立案173件，立案率97.2%。按类别分，经济建设方面的提案57件，占32.9%；教科文卫体方面的提案68件，占39.3%；劳动人事、社会保障方面的提案42件，占24.3%；政协统战、民族宗教等方面提案6件，占3.5%。在政协提案委、“两办”和各承办单位的共同努力下，全部办理完毕，提案办复满意度达97.8%。切实做到件件有着落，事事有回音。

【考察调研】 2017年3月28日，德城区政协主席徐世勇带队走访调研部分政协委员企业，了解企业发展及委员履职情况。调研组一行先后到山东青城养老集团、奥德曼葡萄酒庄、科辉太阳能有限公司、润德健身中心、山东双企集团龙城国际项目实地调研，深入生产建设一线，详细了解企业的生产经营情况。徐世勇首先对本届政协委员认真履职，积极参加政协活动的做法表示肯定。他指出，政协委员作为各个领域的精英人才，要充分发挥人民政协智力密集、人才荟萃的优势，广泛开展调查研究，为德城区经济社会建有用之言，献可行之策。

2017 年 4 月 6 日，德州市政协副主席许绍华到德城区调研基层政协工作。中共德城区委书记巩洪波，德城区政协主席徐世勇，中共德城区委常委、办公室主任王勇，德城区政协副主席刘英、王太勇、高玉林参加调研。许绍华一行先后到黄河涯镇、奥德曼酒庄、新街口、市乡镇企业局、萧何庄、新湖街道等地进行实地调研并召开座谈会。在听取相关情况汇报后，许绍华充分肯定德城区政协工作取得的成绩。他要求，要进一步健全基层政协组织，充分发挥政协委员联系广泛的优势，深入调研，多出良策，努力在各领域、各行业发挥带头表率作用，加强和推动基层政协工作深入开展。

2017 年 4 月 27 日，德城区政协主席徐世勇带队对楼宇经济及电子商务业进行调研视察。区调研组先后到银座大厦、百脑汇资讯广场、金融大厦、唐人中心、天祥大厦实地调研视察。在调研中徐世勇详细听取工作人员汇报，询问楼宇招商运营、入驻企业、管理服务等情况，并针对具体工作提出意见。

2017 年 5 月 24 日，德州市政协副主席许绍华到德城区调研特色小镇建设情况。中共德城区委书记巩洪波，德城区政协主席徐世勇，中共德城区委常委、办公室主任王勇，德城区副区长纪勇参加调研。许绍华一行先后到黄河涯镇德公馆、二屯镇北厂运河文化小镇进行实地调研，对德城区特色小镇建设情况给予充分肯定，认为德城区产业特色鲜明、人文气息浓厚、生态环境优美、功能叠加融合，特色小镇建设工作取得显著成效。

2017 年 6 月 26 日，德州市政协副主席、民宗局局长马传先到德城区小锅市清真寺走访慰问穆斯林群众，带去慰问金和慰问品，祝贺穆斯林传统节日开斋节快乐。德城区政协主席徐世勇，德城区副区长于志新参加活动。

2017 年 6 月 28 日，德城区政协主席徐世勇带领区政协调研组，对全区食品药品安全进行调研视察，详细了解创建食品安全城市情况。调研组先后到贵都大酒店、德州一中食堂、百姓缘大药房、德百超市天衢店等地实地考察，深入了解各相关企业单位经营运作、生产记录及产品质量安全管理工作并召开座谈会，听取全区创建食品安全城市情况汇报及各参会委员和协商部门的意见建议。德城区副区长于志新，德城区政协副主席刘英、刘惠平、王太勇、戴连强、高玉林参加调研。

2017 年 7 月 7 日，德城区政协主席徐世勇先后到二屯镇、新湖街道、广川街道、新华街道、黄河涯镇以及经济界别小组和教育界别小组实地检查指导基层政协委员联络室建设工作。

2017 年 7 月 28 日，山东省政协常委吴辉建带领省政协中共、特邀界别活动调研组到德城区，就加强高层次人才培养引进工作进行调研。德州市政协副主席崔书强，德城区政协主席徐世勇参加调研。调研组对德城区高度重视人才培养和引进工作，创新工作体制机制，在培才、引才、用才、留才等方面的做法给予肯定。

2017 年 8 月 3 日，德城区政协主席徐世勇带领调研组就重点产业和城建项目进行专题调研。调研组先后到李旺庄棚户区改造项目、罗家院棚户区改造项目、萱蕙学校、凯盛晶华特种玻璃生产线升级项目、实华化工 PVC 装置节能减排项目等地进行实地调研。在随后召开的座谈会上，调研组听取德城区 2017 年上半年重点项目和重点产业建设情况，了解工作中存在的困难和问题。德城区副区长孙大鹏，德城区政协副主席王太勇、戴连强、高玉林参加调研。

2017 年 8 月 4 日，德州市政协主席翟长生带领市政协调研组就“京杭大运河德州市区段保护、传承与开发利用情况”到德城区进行专题调研。德州市政协副主席康志民，德州市政协秘书长魏增新，中共德城区委书记巩洪波，德城区政协主席徐世勇，中共德城区委常委、办公室主任王勇参加调研。调研组实地查看德城区大运河北厂漕仓遗址、三湾展示区等现场，就京杭大运河德州市区段沿线保护、传承与开发利用情况，听取有关部门情况汇报。

2017 年 9 月 28 日，东营市垦利区政协主席张葆春带领考察团一行，到德城区考察基层政协建设工作。德城区政协主席徐世勇，副主席刘英陪同活动。考察团一行先后到天衢街道政协委员联络室、苏禄王御园等地进行实地参观，听取相关情况介绍。考察团充分肯定德城区政协工作取得的成绩，认为德城区高度重视政协委员联络室建设，为政协委员发挥经济发展带动作用、参政议政的主体作用、本职工作中的带头作用搭建新平台，政协工作更加贴近基层、更好地服务群众。

2017 年 11 月 24 日，德城区政协主席徐世勇带领部分政协委员，就全区教育工作进行专题调研，详细了解全区解决大班额学校建设情况。调研组一行先后深入到萱蕙学校、东风东路小学及明诚学校等处进行实地调研，召开座谈会。在座谈会上，委员们提出了具体可行的建议。

（鲁连才　李琰）

各民主党派　工商联

中国国民党革命委员会德城支部

【参政议政】 积极参加中共德城区委召开的民主协商会、意见征求会、情况通报会及座谈会，就重大问题的决策、重要人事安排、重大方针政策的制订和执行进行协商，发表意见，提出建议。撰写社情民意 20 余条，向市、区两级政协提交 8 件政协提案。

【重要活动】 一是在中共中央“五一口号”发布 69 周年之际，组织支部优秀党员赴乐陵市冀鲁边革命基地参观，开展教育活动；二是在中秋佳节来临之际，组织支部班子成员走访慰问民革老党员；三是选派两名骨干党员参加全市党外人士培训班；四是与区委统战部联合，在广川街道文化站举办“不忘初心、庆国庆喜迎十九大——艺术家进社区”笔会活动，在邹李社区举办“喜迎十九大，欢度重阳节——艺术进社区”大型笔会活动；五是组织支部全体党员学习十九大和习近平总书记系列讲话精神。

中国民主同盟德城支部

【参政议政】 组织全体盟员深入基层调研，撰写提案。市、区两会共提交提案议案 26 份。副主委赵强撰写的《关于打造德城区特色文化街区的建议》《关于化解德城区学校“大班额”的建议》《大力整治市区空气污染的建议》《关于德城区“十三五”时期文化创意产业发展的建议》《关于德城区职业教育供给侧改革的建议》及其他盟员撰写的 10 余件提案，受到区委区政府高度重视，相关部门作了及时回复并研究解决。

【重要活动】 一是积极组织盟员参加民盟庆祝建党 96 周年征文活动及文艺演出活动。赵海荣诗歌作品《民盟人》荣获一等奖，发表在《山东民盟》上；二是深入新湖街道罗南社区、南关社区举办心理讲座，为失独老人进行心理辅导；三是为少年儿童开办暑期免费艺术培训，受到社区群众的欢迎。四是推荐 6 名盟员参加民盟市委举办的“民盟书画院”，送去参展作品 6 幅。

中国民主建国会德城支部

【参政议政】 民建德城支部努力加强调研和提案工作，不断提升支部参政议政水平。通过会员本职工作和专题调研等形式，对电商、物流、法治、教育、社区建管、心理健康等方面课题进行深入调查研究，为提出提案打下坚实基础。先后向各级人大、政协提交提案和建议 80 余条、向民建德州市委会提交社情民意 27 条，参加各级各部门组织的调研、座谈、评议 30 多人次。支部会员陈绍全作为法律专家受邀参加山东省立法听证会，为山东省立法工作提出专业意见。会员管雪松提出的营改增方面的建议被民建中央采用并成为全国政协的调研课题。

【重要活动】一是组织召开企业家座谈会，邀请专家学者为企业家解读习近平总书记“亲”“清”新型政商关系和扶持企业发展的政策；二是成立专家服务团，组织会内法律、税务、会计师事务所等有关方面的会员定期登门为会员企业提供服务，防范和控制企业经营风险；三是积极组织企业家会员参加民建中央举办的风险投资、非公经济论坛等活动，帮助企业家们增长知识，开阔眼界，更新理念。

中国民主促进会德城支部

【参政议政】一是充分发挥 2 名区人大代表、10 名区政协委员的作用，利用“两会”平台，撰写并提交提案、建议 25 件；二是开展“一人一策”活动，撰写社情民意 26 条，调研报告 3 份，其中 8 条被市政协、民进省委采纳；三是积极参与民进市委会组织的“议政论坛”，1 名会员作书面发言，2 名会员作大会发言，位列民进德州市各支部之首。

【重要活动】联合市书协开展书法大讲堂，每周五、六、日晚上授课，听课人次累积近千人；二是充分利用二屯镇丰乐屯“同心教育基地”，开展对口支教 30 课时；三是培育并建设“双智创业中心”社会实践基地，两位会员联袂创办慨而康律师事务所。支部主委王太勇创作的组诗《守夜》被中国诗歌网评为“中国好诗”，在《诗刊》社举办的国际诗酒大赛中获得银奖。

中国农工民主党德城支部

【参政议政】积极参加政协及统战部门组织召开的座谈会、征求意见会、情况通报会等，就德城区经济、卫生、城建、文化等许多方面提出意见和建议 20 余条；担任各级政协委员、受聘特约监督员的党员，认真履行参政议政和民主监督职能，积极反映社情民意，提出有价值的建议和意见。向市、区两会提交提案议案 30 余件。

【重要活动】一是组织召开学习中共十九大报告及农工党十六大精神座谈会，把学习宣传贯彻中共十九大精神作为当前和今后一个时期的首要政治任务；二是组织支部部分党员到德州市产品检验检测研究院质检所开展食品实验室开放日活动，近距离了解食品及相关产品检验检测流程；三是组织六批近千名师生到奥德曼葡萄种植基地参加活动。实地参观奥德曼红酒文化馆、文化长廊，了解世界葡萄酒文化历史和中国葡萄酒文化发展历程。

中国致公党德城支部

【参政议政】先后向市、区两会提交《关于规范早教市场的建议》《关于加强学校门口交通拥堵治理的建议》《关于大力发展智能制造装备产业的建议》《关于村级两委领办创办经济合作实体的建议》《关于尽快出台限制燃放烟花炮竹管理的建议》等 10 余篇提案，其中《关于大力发展智能制造装备产业的建议》被市委会主委扩大会议定为致公党 2018 年两会发言材料。

【重要活动】一是到烟台、威海参观学习基层支部党建工作，制定支部各项制度，完善档案管理，规范支部活动场所；二是组织党员到党员企业参观学习，激发党员双岗建功的热情；三是积极参加课题调研，通过了解德州市企业的发展状况，存在的问题和困难，企业家们的愿望和需求，有针对性地撰写提案和社情民意信息；四是与爱尔眼科医院联合举办“爱眼”活动进学校、进社会，先后为黎明小学、建设小学、第九中学、辛庄社区等 3000 余名学生、居民进行义诊，免费为 3 位社区老人做白内障手术，受到一致好评。

九三学社德城支部

【参政议政】召开专题参政议政工作座谈会，撰写高质量的提案议案 30 余件（条）提交市、区两会。与全区 6 个镇街党委面对面沟通，就区里的重点工作，突出党派优势，横向联合，搞好协作，为会员深入调研营造良好环境。支持社员参加民主监督、民主考评、民意调查、民意座谈会等活动，推动行风、政风改进。

【重要活动】 在永庆社区筹备建设黑陶文化传承教育基地；与九三学社二支社合作，在锦绣川社区建立信息化大数据试点；与青年委员会联合发起“五个一”倡议活动（倡议每位青年社员每年至少撰写一件提案，反应一条社情民意，读一本专著或开一次推介交流会、座谈会，开展一次调研活动，每年办一件力所能及的实事）。

德城区工商业联合会

【服务协同发展】 强化会员企业主体意识，促进企业家充分认识人才的引领作用，走以产业吸引人才，让人才引领产业的新路子。会员企业宇虹新颜料股份有限公司院士工作站被批准为2017年第一批德州市企（事）业院士工作站。与韩国专家合作的“有机颜料制备及易分散技术”被评为2017年度山东省高端外国专家项目。天祥置业有限公司与清华大学合作，共同成立“蓝色智谷”软件园，努力打造京津冀软件科技孵化示范区。可恩口腔医院积极对接山东大学，力促山东口腔医学研究所落户德城。分区域、分行业对德州籍在外成功企业家进行调查摸底，建立176人的人才库，引导鼓励会员企业加强与在外相关产业的沟通联系，扩展交流合作的渠道。

【招商引资工作】 会员企业充分发挥自身政策熟、信息灵、人脉广的优势，积极搜集招商线索，取得显著成效。投资3000万元的恩泉食品公司项目投产运营。投资3.6亿元的特色小镇项目、投资5000万元的银行入驻项目在积极洽谈中。

【经济联谊活动】 以产业为媒，与吉林省延吉市、潍坊昌邑市缔结为友好商会。积极实施“走出去”战略，激励引导企业会员走出国门考察国际市场，参与国际竞争。鑫华润参加第十二届印度尼西亚国际皮草与鞋类工业展览会。德兴集团与以色列英飞尼迪集团联合创立的中以（德州）国际技术转移中心项目落户德州。

【会员服务工作】 组织梁子黑陶、安防科技等9家企业参加全市“银企直通车”活动，与各大银行金融机构进行对接洽谈，有3家企业与银行达成初步合作意向。扎实开展“真情服务面对面，助推发展心贴心”“百日进百企”活动。将省委、省政府《关于支持非公有制经济健康发展的十条意见》打印成册送到企业家手中，当好政策的宣传员、情况调研员、问题协调员、发展引导员，切实为企业带来实实在在的支持。组织常委企业家到二屯镇重点企业、齐河县中关村软件科技园进行观摩学习，借鉴先进企业的新思维、新路子。鑫华润入选中国轻工业财政能力百强企业，德兴旗下创新创业平台“创梦空间”成功晋升国家级众创空间、省级科技企业孵化器，奥德曼酒庄被评为省级休闲农业园区，宇虹新颜料入选德州市“启航”培植计划。

【组织建设工作】 成功召开德城区工商联（总商会）第十三次代表大会，选举产生新一届区工商联执委会和领导机构，明确今后五年的工作思路、任务目标，为开创工作新局面打下坚实基础。对党支部进行改选，强化基层党组织的战斗堡垒作用。以“六有”为标准，建设党员活动室，完善三会一课、四簿一册、民主生活会等制度，保证党建工作的有序开展。扎实开展形式多样的党员集中日活动。

【社会公益活动】 动员全区企业家致富思源、回报社会，为构建和谐社会发挥积极作用。华源生态、奥德曼酒庄、天祥置业、安防科技、众捷汽车等5家企业为全区96户贫困户捐款5万元，取得良好社会效益。德兴集团、鑫华润、英翔眼镜公司等慷慨解囊向社会各界捐款捐物累计292.2万元，展现新时代企业家富而思进、无私奉献的高尚品质。

（韦立艳　何尉豪）

社会团体

德城区总工会

【弘扬工匠精神】 以弘扬“工匠精神”为切入点，在全区开展寻找“德城最美工匠”及选树“德城最美职工”系列活动。4月27日，举办全区迎五一“匠心筑梦 劳动最美”颁奖晚会，市总工会、区委、区政府、区人大、区政协主要领导及分管领导出席晚会，区委副书记张志芳致辞，会议隆重表彰首届10名“德城最美工匠”、10名“德城最美职工”以及3家“工匠精神企业”，提升榜样人物的示范引领作用，使爱岗敬业、精益求精、追求卓越的“工匠”精神日益成为广大职工的主体意识和主流精神。

【组织建设】 对全区基层工会数量再次进行统计，截至2017年底，全区基层工会377家，发展会员4.3万名。组建全市首家新社会组织工会联合会，覆盖36家社会组织；组建全市首家最大规模家政服务业工会联合会，覆盖家政服务企业70多家；组建新街口文化产业园工会联合会，成为全市文化产业园区工会联合会新亮点。为努力破解镇街、产业工会发展瓶颈，按照上级工会要求，公开招聘社会化工会工作者，在德州市众信公证处的监督下，经过笔试、面试、体检考察程序，最终在142名考生中录取8名社会化工作者，初步解决镇街、产业工会多年存在的人员少、年龄结构老化问题。

【劳模评选】 在省、市庆“五一”表彰会上，全区有2人荣获省富民兴鲁劳动奖章，14人荣获德州市五一劳动奖章，2人荣评“德州工匠”，1人获得“德州工匠”提名奖，4家单位荣获市级“五一劳动奖状”，3个班组获评市级工人先锋号，1个班组获评市级安全生产标准化班组，1家劳模工作室获评市级劳模创新工作室，1家单位荣获全市职工职业道德建设十佳单位。获奖数量居于全市工会系统前列。

2017年4月27日，德城区举办迎五一“匠心筑梦　劳动最美”最美工匠颁奖晚会

2017 年 8 月 24 日，德城区举行金秋助学金发放仪式

【劳模权益保障】 研究出台德城工运史上第一个区级劳模疗休养文件《德城区总工会关于组织劳动模范（先进工作者）疗休养管理办法》。7 月，先后组织 24 名基层一线劳模分两批次参加为期 5 天的青岛疗休养活动。参与活动的劳模们表示，通过参加休养活动，深深体会到党和政府的关怀，感受到工会组织的温暖，今后会倍加珍惜荣誉，更加勤奋工作，最大限度发挥示范带动作用，感恩组织，感恩社会。五一前，组织全区 103 名市级以上劳模免费查体，得到劳模的一致赞誉。

【劳动竞赛】 区总工会以弘扬工匠精神、推进新时代产业工人队伍建设为主题，搭建竞赛活动平台，深化职工技术创新竞赛活动。在全市第三届职工职业技能大赛中，区总工会共选派 46 名选手组成 14 个代表队参加 10 个工种的比赛，其中，育婴师工种前五名被德城区包揽，梳棉机修获得第一、二、四名的好成绩，会计技能获得第二名，财务技能获得 2 个一等奖、3 个三等奖。持续开展工友创业带头人选树活动，进一步发现和培养更多的创业典型，1 人荣获全省工友创业先进个人，1 人荣获全市工友创业先进个人。

（李震龙）

共青团德城区委员会

【组织学习宣传党的十九大精神系列活动】 在全省率先将“习近平新时代中国特色社会主义思想”写入团代会工作报告。在全市率先成立“德城区‘青年说’宣讲团”，启动“青春建功新时代－十九大精神走进青年”主题宣讲活动。2017 年，团区委共召开常委（扩大）会专题传达学习十九大精神 2 次，邀请团中央宣传团成员到德城区“青年之家”宣讲 1 次，举办专题培训班 1 期，在社区、企业、“两新”组织举办宣讲活动 20 场，面向中小学校少先队员、团员举办各种形式的宣讲活动 25 场，“德城青年”公众号推送党的十九大精神知识 5 期，覆盖团员青年 10.2 万人次，推动十九大精神在青年群体之中入脑入心。

【网上共青团建设成效显著】 2017 年春节前夕，制作“德州文明·从我做起”微视频，并通过腾讯视频、微信公众平台发布，在社会上引起广泛响应。在母亲节期间，通过“德城青年”微信公众号发起“我为母亲送祝福”活动，收集团员青年为母亲祝福留言千余条，并选出 10 名幸运青年，由爱心企业为他们的母亲送去节日礼物。在“六一”期间，开展“微心愿”认领活动，将 50 名贫困小学生的心愿通过网络发布，仅 2 天时间就被社会爱心人士认领。“德城青年”微信公众号粉丝由年初的 2000 余人，增长到 8346 人。

【品牌活动助力文明城市创建】 学雷锋志愿服务。3 月份，举行“青春无悔担当 雷锋精神永驻”学雷锋志愿服务活动启动仪式，成立 3 支德城区学雷锋青年志愿者服务队；同时建成雷锋事迹图片展览馆，并向社会免费开放，累计接待参观者 4 万余人次。

大学生志愿支教。继续开展大学生志愿支教“艺蕾行动”，全年共招募 88 名德州学院大学生志愿者到 11 所农村小学教授音、体、美课程。

志愿服务进校园。组织医疗志愿者为二屯镇

2017年11月27日，德城区"青年说"宣讲团成立启动仪式在市立医院举行

丰乐屯小学150余名学生进行健康查体，为6名贫困学生发放免费配镜卡，为48名有配镜需求的学生发放配镜代金券。

法治宣讲进校园。团区委和区人民法院在德州第十中学联合开展校园法制宣传教育活动，以"向校园欺凌说NO"为主题，为近200名学生上了一堂生动的法制课，帮助他们增长法律知识，提高预防犯罪能力。

举办诗词大会。7、8月份发动团员青年通过微信答题形式参与德州诗词大会。9月15日在德州十中举行德城区诗词大会地面赛，选取微信答题前60名选手进入地面赛，通过笔试、必答、抢答、飞花令等环节，最终决出一等奖2名，二等奖3名，三等奖5名。

【青春绿色行动共建美丽德城】 在全区少先队员中开展"小手拉大手，共筑碧水蓝天"活动，春节期间开展"绿色春节情，别样中国梦"主题活动，通过微信宣传、征文比赛、体验传统文化等方式号召广大青少年拒绝烟花爆竹，绿色安全过春节。2017年3月，组织4所小学的少先队员代表开展"小手拉大手 共建美丽新德城"职业体验活动，通过体验环卫工人、园林工人、交警、餐厅服务员等职业，使少先队员们树立环保意识。

【青春扶贫行动聚焦行业扶贫】 春节期间，开展"团团伴成长·暖冬行动"走访活动，为全区60余名贫困青少年赠送助学金和书包、文具、篮球、米面等物品，累计资金1万元。2月，组织青年企业家为全区40岁以下建档立卡贫困户家庭捐赠御寒衣物、爱心药箱等生活必需品。共计为全区有40岁以下人员的建档立卡贫困户家庭赠送羊毛被39床，急救箱39套，家中有初中以下在学青少年的建档立卡贫困户家庭赠送羽绒服21件，发放物品价值近2万元。5月，与扶贫办联合下发《"金晖助老"青春扶贫志愿服务活动实施方案》，组建"金晖助老"青年志愿服务队伍，针对全区14名建档立卡贫困人口中65岁以上不集中供养的留守、失独贫困老年人，达到老人与志愿者1∶2结对，开展志愿服务工作。7月，组织开展希望工程"圆梦大学"行动，为25名符合条件的大学新生募集资助金9万元。

【青春同行维护青少年权益】 2月，召开"青春邀约话成长"希望之星座谈会，组织30余名历年来"圆梦大学"行动资助的大学新生畅谈学习和生活现状，区委副书记张志芳向每名大学生赠送了图书作为新年礼物，鼓励他们不忘初心，努力奋斗，勇敢追逐梦想。开展"七彩假期，安全伴我"暑期青少年关爱活动，为黄河涯镇的20余名留守儿童讲解了家庭自救常识、溺水自救知识、消防安全知识等，提高青少年的自护能力。围绕"扶持引导青年社会组织健康有序发展"，举办"共青团与人大代表、政协委员面对面"活动。召开综治委预防青少年违法犯罪专项组工作会议，回顾总结2017年全区"预青"工作，分析研判形势，安排部署2018年重点工作，努力开创预防青少年违法犯罪工作的新局面。

（姜东辉）

德城区妇女联合会

2017年6月16日，中共德城区委副书记张志芳（前排右二）调研社区家长学校建设工作

【妇女宣传思想】 积极推进廉洁家庭教育实践活动，建立市级廉政文化进家庭示范点，发放家庭助廉倡议书、推荐廉政教育宣传读物，收集优秀家风家训家信，举办共祝祖国好、喜庆十九大“正气清风”专场朗读会，带领各级妇联干部提高政治站位；创新三八红旗手（集体）、“最美家庭”评选，隆重表彰各行各业200名先进妇女典型，专版宣传，引领风尚，纪慎言等6户家庭获得省市最美家庭等荣誉称号；开展“新农村新生活新女性”培训活动，累计培训19场次1268人；开通认证妇联微信公众号、官方微博，利用新媒体，深入宣传妇联工作；组织50余场次近3500多名女性参加“争做巾帼好网民”活动，为文明德城建设贡献自己的力量；深入推进巾帼志愿服务工作，初步形成品牌特色，丰华社区乐缝创意坊等得到省妇联高度肯定，入选全省巾帼志愿服务典型案例。

【妇联基层组织建设】 开展“基层妇联组织改革学习年”及专题调研活动，城隍庙社区妇儿家园晋升省级妇儿家园；组织50名基层妇联干部参加干部培训及家庭教育公益讲座，有效提升业务理论水平；顺利完成102社区妇代会改建妇联工作，充实和优化基层妇干队伍。

【妇女创业就业工作】 组织省级巾帼文明岗岗位创新成果展示及省级大姐品牌创建活动，德州五中获得全省创新成果展示第一名，楼门口网络科技有限公司等6家企业获得省级大姐手工坊品牌称号；开展“巾帼送暖”关爱活动，为全区86名建档立卡贫困妇女送去200余件御寒衣物和棉被以及价值3000元的学习用品；组织新型职业女农民、育婴师技能培训，全区由妇女领办或联合创办的新型农业经营主体达13处，带动更多的妇女脱贫致富。

【妇女儿童合法权益维护】 制定完善《德城区妇女儿童发展“十三五”规划》，对妇女儿童健康、社会保障等方面提出了具体规划，推选“十二五”规划市级先进集体6个，先进个人13名；开展《中华人民共和国反家庭暴力法》宣传、基层民警培

2017年3月6日，德城区召开“三八”国际妇女节庆祝大会，对2016年度荣获妇联系统荣誉称号的集体和个人进行表彰

训，提升家暴接警实效，有效维护了家庭和谐和社会稳定；开展巾帼维权志愿者“进社区、进家庭、到身边”等活动，累计发放宣传资料1000余册，受惠妇女2000余人，黄河涯镇妇联宣传活动在山东普法杂志上刊登，受到省妇联权益部的表扬；畅通“12338”等妇女维权渠道，接待来访来电23件，结案率达100%；建立“两癌”贫困妇女数据库，4名农村贫困“两癌”母亲得到救助；组织全区四点半学校志愿者培训会议，发放体育用品百余件；组织区直部门爱心女干部开展“关注儿童·爱在六一”捐书公益活动，募集图书上千余册；召开全区社区家长学校推进会，实现全区社区家长学校全覆盖，荣获全市妇女儿童工作、关心下一代工作先进集体。

（刘秀芹　王爱芹）

德城区归国华侨联合会

【为侨服务和群众工作】 做好维护侨益及群众工作。建立重大节日必访、重大疾病必访、重大事件必访“三必访”制度，尽心竭力为侨服务。将侨联办公电话“2666051”设为助侨专线，对归侨侨眷进行法律宣传、困难帮扶，开设至今为涉侨考生加分、工资待遇等政策咨询10余次；围绕“急侨企之所急，帮侨企之所需”主题，深入部分侨资企业走访调研。压缩办公开支，购置生活必需品走访区属归侨侨眷王进修、沈道义等，受到侨界群众广泛好评。

【联谊工作及文化交流】 发挥自身优势，加强海外联谊活动。积极组织中小学生踊跃参加由中国侨联、中国台联、人民日报海外版、中国国际广播电台、中央电视台、快乐作文杂志社6家单位主办的第十八届世界华人学生作文大赛活动。根据要求筛选出100篇寄往大赛组委会，德城区16名师生获大赛奖项：实验小学的董天纬、李婉琪、王亚茹三名同学荣获二等奖；李若瞳、高一丁、王紫宁、刘明鑫、魏子栋5名同学荣获三等奖；同时，有8位老师分别荣获二、三等指导奖。

【参政议政】 积极主动做好参政议政工作。组织侨界政协委员深入开展调查研究工作，并撰写高质量提案，围绕经济文化建设和解决侨界群众关心的实际问题建言献策；不断加强与侨界人大代表、政协委员的联系，协助他们开展参政议政工作，不断提高侨界的影响力。

【参加环保攻坚行动】 为推进落实《德州市2017—2018年秋冬季大气污染综合治理攻坚行动方案》和《德州市中心城区扬尘污染综合治理集中行动方案》，有效控制城市扬尘污染，确保完成秋冬季大气污染综合治理攻坚任务，根据省、市、区部署要求，区侨联根据工作实际，建立健全工作机制、落实责任到人，全员联动、齐抓共管，用最严格的标准、最严密的措施，确保完成扬尘污染治理工作。

【参加扶贫攻坚行动】 在精准扶贫工作中，区侨联按照省、市、区扶贫办统一要求，针对精准扶贫对象黄河涯镇王律村村民孙吉新，制定扶贫方

德城区侨联主席韩冬（左三）到黄河涯镇王律村村民孙吉新家中探望，共商脱贫事宜

案、措施，确定专职联络员，多次到孙吉新家中走访慰问，了解家庭生活情况、致贫原因，送去慰问金及米面油等生活必需品，帮助其解决生产生活中存在的实际困难。在进行慰问活动的同时，充分利用报纸、网站等媒体，开展扶贫志愿者行动，宣传党的强农惠农富农政策，向贫困户宣传党和国家对贫困地区贫困群众的关心关爱，坚定脱贫信念。截至2017年底，经过侨联和黄河涯镇政府的帮扶，孙吉新的家庭总收入是14252元（包括工资性收入、公益性岗位收入，光伏产业扶贫工程收入、低保户收入及其他收入），年人均纯收入是3563元，已经达到脱贫标准。2017年孙吉新继续享受脱贫政策，领取各项政府帮扶收入，侨联也继续按照帮扶措施进行帮扶，2017年8月，为其女儿上大学协调工会、残联筹集救助款总计6000元，积极参加“爱心扶贫慈心一日捐”募捐活动，共捐助资金800元，全部用于扶贫脱贫工作。

【参加党员服务群众活动】 在“网格化党员服务群众”活动中，区侨联定向联系新湖街道马市社区，实行双向报到，建立服务台账。确定新湖街道马市社区9户网格化社区帮扶户为联系服务对象；到困难群众家中走访慰问，了解困难情况，出谋划策；对社区群众进行党建知识普及、侨务法律法规政策宣传；每逢节假日都与社区群众进行座谈，送上节日慰问品。

（王丽）

德城区关心下一代工作委员会

【荣誉】 2017年，德城区关工委紧紧把握社会主义核心价值体系教育主题，坚持围绕中心、服务大局，坚持服务青少年正确方向，积极努力，主动作为，全区关心下一代工作有序有效开展，取得新突破。德城区关工委、学院附小被评为先进集体，张振安、高志静被评为先进工作者。13个基层单位、14名个人获市级表彰，居全市前列。

【深入开展“两史”学习教育活动】 以党史国史教育为重点，深入开展“学党史、颂党恩、跟党走”主题教育活动50余次。结合重要时间节点和事件，邀请“五老”进校园、进社区，到青少年校外活动场所和各类爱国主义教育基地，开展红色故事志愿讲解，阅读爱国书籍，引导教育青少年学习党史国史，激发广大青少年心向党、热爱党、拥护党、永远跟党走的热情。通过调查研究，召开座谈会，开展理论研讨，总结交流经验，对“两史”学习教育活动进行分析总结，使“两史”学习教育活动延伸到幼儿园、机关、企业，受教育46000余人次。

【营造青少年健康成长良好社会环境】 根据省、市关工委工作部署，联合公、检、法、司深入开展法律“进机关、进乡村、进社区、进学校、进企业”法制宣传教育主题活动，举办法制宣讲报告83场次，开展消防安全教育125场次，网吧监督35次，受教育青少年4.2万人次。总结推广部分学校的经验做法，采取专题宣传、专家讲座、知识竞赛、读普法书籍、看普法影视片、发放宣传图册等形式，促进法制教育稳步前进。全区各中小学普遍参与创建“零犯罪学校”，有效预防和减少青少年违法犯罪，帮助存有不良行为的青少年实现思想转变和行为转变。

联合区纪委、教育局、团区委开展“廉洁家风伴成长”教育活动，有效发挥校园主阵地作用，在五中和新湖北路小学这两个试点单位，结合课堂教学、课外活动、校园文化建设、“两史”和法制教育、家庭教育等活动，建立廉洁家风教育室（教育长廊）、开展“小手拉大手”“廉洁从教”演讲比赛、“弘扬中华民族家庭美德、树立良好家风”读书活动和“家风伴成长”文艺演出等系列活动，构建校园良好廉洁氛围。

广泛开展暑期安全教育活动。协调镇街、妇联关工委，组织辖区内“五老”人员到“四点半学校”、道德讲堂等场所，开展党史国史学习教育、安全教育、法制宣传、文明礼仪教育等活动，丰富青少年的假期生活，继续为儿童服好务；协调团区委开展“彩虹伞·暑期安全”青少年自护教育活动，增强青少年特别是留守儿童自护意识和能力；协调区综治办、区文新局、区工商局、公安分局等部门关工委，深入开展青少年活动场所夏季专项整治活动，组织社区“五老”义务网吧监督员，加强对网吧的安全管理，杜绝未成年人进网吧，防止青少年沉迷网络游戏；协调交警直属一大队关工委，对违规车辆进行集中检查，严厉查处青少年学生违规乘驾车辆。开展青少年文明交通劝导活动，组织部分青少年到路口进行交通劝导。

协调工会、共青团、妇联、残联、文化、教育等部门一起关注青少年中的失学、失业、失足群体，努力为他们多办实事，帮扶农村留守儿童109人、家庭困难儿童838人、孤残生病儿童136人、捐资助学96人，共计200余万元。

【加强基层组织建设】 截至2017年底，德城区有关工委组织213个，3月全市关工委会议后，调整充实72个。5月，在区委、区政府支持下，将刚退下来、威望高、身体好、经验丰富、乐于奉献、热爱关心下一代工作的同志及时调整充实到领导班子，提升改善办公条件。召开全区关工委工作会议暨“五老”志愿者颁证仪式。截至2017年底，德城区有“五老”1226人，其中2017年新增766人。健全“两史”教育宣讲团、法制教育宣讲团、校外辅导员和网吧义务监督员队伍，辅助教育、文化、工商、公安、综治等部门，加强校园安全工作。积极开展培植先进、学习先进、争做先进的活动，大力宣传“五老”精神和“五老”先进事迹，新涌现出张振安、邢玉荣等“五老”志愿者先进典型，得到省市区各级表彰。

（高志静）

军 事

德城区人武部

【荣誉】 2017年，中共德城区人武部党委被中共山东省军区党委表彰为先进团级党委；德城区人武部被山东省军区表彰为兴武建功先进单位。

【政治工作】 坚持用习主席系列重要讲话精神武装头脑、引领方向、统领建设，认真贯彻落实“三严三实”要求，持续抓好学习贯彻新古田政工会精神“下篇文章”，聚力推进“两学一做”学习常态化制度化，认真学习贯彻习主席“七一”重要讲话精神，扎实开展各类学习教育活动。积极参加军分区庆祝建军90周年书画摄影展，参观革命烈士陵园、重温入党誓词，严格周四学习日、周五党团日落实，采取每日点名基本知识“你问我答”、每周党日重点内容随机抽考、每月党课热点问题集中辨析、每次党员大会强军实践建言献策等形式反复学习，广大干部职工“维护核心、看齐追随”意识不断增强。“八一”前夕，区人武部组织开展走访慰问军烈属和困难群众，评选表彰“优秀兵妈妈”“优秀好军嫂”，举行义务兵优抚金发放仪式等系列活动庆祝建军90周年。坚持教育引导与集中整治相结合，召开专题组织生活会，认真对照检查，彻底肃清郭、徐流毒影响，始终保持高度稳定和集中统一。

【军事工作】 狠抓战备教育、战备演练、战备值班和值班室人员24小时值班等战备制度落实，人员战备意识显著提升。深入研究民兵整组的特点要求，积极探索“行政手段统、法规制度推、爱国热情促、按需分类建”的编组办法，调整充实“应急、支援、储备”三大类30支分队，突出抓好以维稳处突、抗洪防汛、应急救援为主要内容的应急分队训练，先后接受省军区、军分区考核拉动，参与执行保障现役部队战役过境，均在规定时间内按要求集结到位，人员名册相符，装具器材齐全，情况处置得当，赢得军地各级好评。现役干部、专武干部、民兵骨干参加各类考核比武，成绩较为优异，人武部连续多年被表彰为军事训练先进单位。

【征兵工作】 2017年初，利用为入伍新兵家庭发放“光荣牌”和走访慰问等时机进行摸底调查；4、5月份，开展兵役登记和兵员预征工作，与3所院校大学生面对面宣传发动；征兵全面展开后，采取多种手段广泛宣传，逐个步骤、逐项内容、逐村逐户、逐系逐班的动员发动；八一前夕，足额发放义务兵优待金492万元，发放比例100%。协调开展退伍兵免费职业技能培训；扎实开展新兵役前教育训练，增强应征青年吃苦耐劳的意识和适应军营的能力；协调地方纪委参与征兵工作，邀请人大代表、政协委员担任监督员，体检、政审、定兵向社会全面公开。认真贯彻落实军分区制定出台的《德州市征兵考核办法》《新兵检疫复查期拒服兵役处罚办法》，深入宣传教育，严格落实优抚待遇，加强廉洁征兵倒查，体检政考合格青年明显增多，圆满完成任务，高学历兵员达到65%。

【安全工作】 坚持把从严治军、加强管理作为基础性、经常性工作紧抓不放。持续开展“六抓六防”“四清两统”“百日安全活动”等教育整顿活动，按照“强化安全意识，坚持预先防范，严格安全制度，突出安全重点”的总体思路，一以贯之地狠抓安全事故防范。在部署每项工作、执行每项任务时，对可能出现的安全问题都提前预判、预先要求、早做防范。定期召开安全形势分析会，落实安全风险评估制度，进行安全警示教育、条令条例考核和驾驶员教育整顿，组织每日抽查、定期检查和隐患排查，完善配套防暴恐设施，开展军警民应急演练，干部职工遵章守纪意识和安全防范能力不断增强。在军委国防动员部、省军区和军分区组织的多次安全工作检查中，均未发现明显问题。2017 年 7 月 25 日，德州军分区在德城区人武部召开安全管理工作现场会。支家斌副司令员、战备建设处赵传俊处长，各县（市、区）人武部部长和机关同志参加会议。与会人员现场观摩德城区人武部警卫值班室、营区防卫课目演练和安全管理工作资料展评。支家斌副司令员对德城区人武部在较短时间内完成会议组织筹备工作给予充分肯定，就下一步扎实做好全区安全管理工作提出具体标准要求。

（张卫忠）

人民防空

【组织“8·15”防空警报试鸣活动】 2017 年 8 月 15 日，成功组织防空警报试鸣。警示全体市民居安思危、警惕外来侵略、珍惜来之不易的和平工作生活环境，号召全体市民在各自工作岗位上尽职尽责、踏实肯干，为建设坚不可摧的国防做出应有贡献。

【人防训练演练】 联合德州市第五中学组织防践踏安全教育，进行全校疏散演练。

在某社区组织开展早期居民疏散演练、医疗救护演练和消防演练。

【应急避难场所建设】 依创建全国文明城市标准要求，按照“因地制宜、合理规划、综合利用、就近避难、保障安全、长期使用、便于管理”的原则，在中心城区多处公园、绿地和操场建成应急避难场所。

【人防宣传教育】 坚持与教育部门定期联系，落实初级中学民防教育。利用“5·12 防灾减灾日”“8·15”防空警报试鸣日等时机开展防灾减灾宣传活动，通过设立人防宣传展台，展出防空防灾知识展板，向市民发放《防空防灾知识手册》等宣传资料，对市民咨询问题耐心解答。

（游征兵）

法　治

政法委及综治

【加强社会面稳控】 深化信息预警机制建设，成立综治维稳每日信息报送处置中心，预警内幕信息多条，妥善处置网上有害信息多条、临警群体事件多起次。强化反暴恐维稳防线建设，强化核查关口，未发生涉恐案件。组织开展打击“门徒会”等专项行动，查破邪教案件多起，未发生影响政治安全案事件。始终保持严打高压态势，组织开展严打整治专项行动多个，破获案件多起，抓获犯罪嫌疑人多人。圆满完成党的十九大、“一带一路”高峰论坛、各级“两会”、省十一次党代会等重大安保任务多起，确保敏感时期社会安全稳定。

【加强社会治安综合治理】 大力推进信息化建设，安装 wifi 采集设备多套，收集海量数据，为综治工作开展提供第一手资料。完善多元数据合成作战指挥系统，完成多处铁路沿线、多处公交站点、多处薄弱环节视频监控建设任务，以及“村村通”多处视频监控建设任务，全区立体化治安防控体系更加完善。深化“三无”镇街、“五无”社区（村）创建活动，加强重点区域、重点行业专项整治，查处治安案件多起，查处违反治安管理行为人多人。查处交通违法多起，整改危爆安全隐患多处次、火灾隐患多处次，确保车站、广场、学校等人员密集场所公共安全。健全流动人口、特殊人群服务管理机制，新接收社区服刑人员多人，登记严重精神障碍患者多人，纳管五类重点人口多人。加大护校安园、铁路护路、烟草市场等整治力度，查破涉毒案件多起，查破食药品案件多起。对全区多家寄递企业多个网点摸排隐患、建档备案，落实上级“三个 100%”要求。

【及时化解社会矛盾】 指派援助案件多件，结案多件，提供法律咨询多次，发放宣传册多册，为群众挽回经济损。办结案件中，婚姻、继承类家庭纠纷案件多件，劳动争议案件多件，民间借贷案件多件，土地房屋纠纷案件多件，刑事案件多件。

健全完善矛盾纠纷多元化解机制，推行重大决策社会稳定风险评估，建立未成年人权益保护等 8 个专业调解组织，专兼职矛盾调解人员达到 589 人，矛盾调解成功率达 98%。组织开展“重点矛盾纠纷排查月活动”“大调研、大排查、大整改”等活动，全面排查涉及企业改制、拖欠工资、城建拆迁、涉法涉诉等矛盾纠纷，调处各类矛盾纠纷多起，大量矛盾化解在基层和萌芽状态。坚持信访维稳联席会议制度，有效处置各类信访复杂事项多起。

【夯实基层基础】 建立健全综治工作站（点）880 余处，镇（街道）综治工作中心基本实现全覆盖。改建社区综治中心 18 个，选配村级综治主任队伍 187 人。新建公共法律服务站 4 个、司法行政工作室 52 个，切实将司法行政工作延伸到群众家门口。投入 2000 余万元，对 10 个派出所进行全面升级打造，2 个派出所被省厅评为一级公安派出所。

【政法队伍建设】 深入学习党的十九大精神以及习总书记系列重要讲话精神，深入开展“两学一做”学习教育，广大干警“四个意识”不断增强，综合素质、业务能力显著提升，政法干部“四个自信”不断提升。提高社会治理社会化、法治化、智能化、专业化水平。组织开展案件评查，扎实推进执法司法公正。统筹推进司法体制改革，圆满完成上级部署的改革任务。认真学习贯彻党风廉政建设新规定，全区政法系统风清气正、工作热情明显提高。

（郭长征）

公　安

德州市公安局德城分局

【概况】 德州市公安局德城分局为公安部表彰的全国首批优秀公安局之一，主要负责德城区治安工作的行政管理和刑事执法，承担全区231平方公里、55万人口的治安保卫任务。德城分局隶属德州市公安局，行政级别副处级，截至2017年底，有民警372人（男民警293人，女民警79人），其中公务员286人，事业编人员42人，工勤44人。辅警802人。派出所民警161人，占全局总警力的48.5%。德城分局下设22个正科级机构，其中执法勤务机构7个（指挥中心、国内安全保卫大队、刑事侦查大队、经济犯罪侦查大队、治安管理大队、网络安全保卫大队、特巡警大队），综合管理机构3个（政工室、法制室、警务保障室），纪检（监察）室1个，公安检查站1个，派出所10个（建设街派出所、车站派出所、东地派出所、湖滨北路派出所、新河东路派出所、剪子股派出所、长庄派出所、于官屯派出所、二屯派出所、黄河涯派出所）。2012年新增全额预算管理事业单位1个（特巡警大队）。

德城分局以“保安全护稳定、强服务促发展”为主线，树立新理念、落实新举措，全面深化公安改革，着力打造“三大品牌”。一是全力打造警务实战品牌。全面推行“合成警务工程”，创新以“合成研判、合成指挥、合成防控、合成侦查打击”为主体的多元数据合成作战机制。推行“千警进所”、“所队合一”工程，率先规范派出所“三队一室”合成运行模式。实行全时空、无缝隙、联勤联动、衔接支援巡控模式，合成立体防控能力持续提升。命案侦破保持100%。二是全力打造特色治理服务品牌。创新“智慧社区”“阳光服务”工程。推行以动态管控、优化服务为重心的流动人口服务管理机制。作为首批试点发放电动自行车智能防盗系统标签75285套，中央媒体进行宣传报道。创新研发分局“平安德城”微信平台。高标建成南关和南龙社区“德馨家园服务中心”，社区戒毒康复执行率达到100%。三是全力打造规范化建设品牌。探索创新以“三审查一复核”为主体的“统一审核、统一出口”工作机制，公安部、省厅领导予以肯定。初信初访持续下降，有责信访保持“零增长”。

【全力打好“主动维稳攻坚战”】 深入开展“排查安全隐患防范四类风险专项行动”、维稳“大调研、大排查、大整改”活动，强化政治安全、常态反恐、动态管控、多元化解、网上斗争等维稳防线建设。党的十九大、“一带一路”高峰论坛、各级“两会”等重要会议、重大节日活动和敏感节点安保、警卫任务安全无异常。

【全力打好“合成化基层基础攻坚战”】 落实2000余万元建设经费，对10个派出所全面进行升级打造。派出所警力比例达到51.7%。探索推行“智慧社区”警务模式，固化派出所“三队一室”“所队合一”“交巡合一”运行机制。大力推行立体侦查、立体勘察、立体防控模式，提档优化一体化合成作战机制。完成公交站点、京沪铁路沿线、薄弱部位及村村通视频监控建设。与公安部一所签订战略合作协议。设置网格员819人、警务助理122人。

【全力做实打击整治、安全监管、治理服务“三项治理工程”】 开展打黑除恶打霸治痞、“三打击一整治”、打击“盗抢骗”等系列严打整治专项行动。2017年破获案件1946起，抓获犯罪嫌疑人716人，刑事拘留662人，提请批准逮捕220人，起诉472人，直诉472人。5起命案成功侦破。查处治安案件2903起、违反治安管理行为人3120人。全区盗抢案件、火灾事故同比下降20.6%、27.21%。全面落实“放管服”38项行政改革服务便民利民措施，优化完善流动人口服务管理机制。

【全力塑造规范、担当、活力三型公安队伍】 推动警情流转、网上办案、执法公开深度融合，深化受立案制度改革，完善两统一工作机制，实现有责信访“零增长”。深入推进“两学一做”学习教育常态化制度化，开展“迎接十九大忠诚保平安”主题教育实践活动。分局29个党支部全部完成换届选举。开展针对性、实战化培训21次。广泛开展争先创优活动，7个集体、32名个人荣获市级以上荣誉，6个集体、31名个人荣记二等功、三等功，分局被评为全市安保维稳工作先进单位，1个基层单位被评为全国优秀基层单位，1名同志被评为全国特级优秀人民警察。

（曹霞　杨凯）

德州市交通警察支队直属一大队

【强化路面秩序管理　严厉打击重点违法行为】深入开展严重交通违法行为专项整治行动，织密道路交通管控网，保持对严重交通违法行为的高压严管态势。2017年，大队组织开展异地交叉执法行动、渣土车专项整治行动、三轮车、摩托车专项整治行动、大货车交通违法集中整治行动等各类集中整治行动340余次，查处各类交通违法行为156891起，其中酒后驾驶617起，醉酒驾驶52起，涉牌涉证3894起，低速载货汽车、三轮车、拖拉机违法载人347起，大货车闯禁行违法行为4730起，暂扣违法渣土车、三轮车、摩托车等违法车辆716辆，形成严查、严管、严控的高压态势，进一步净化辖区道路交通环境。

【强化隐患排查治理　完善道路交通安全设施】为认真贯彻省政府办公厅《关于贯彻国办发〔2014〕55号文件实施公路安全生命防护工程的意见》要求，扎实推进道路交通安全隐患排查治理工作，建立健全道路交通安全隐患排查治理常态长效工作机制，实现全市预防事故、减少伤亡、保障畅通的任务目标，以“平安行·你我他”活动为契机，全面排查辖区国省道、市区道路、县乡道路和学校周边路段道路交通安全隐患，构筑生命安全防护工程。2017年，大队累计排查整治各类交通安全隐患45余处，对城区14个支路的交通组织进行优化再造，施划标线8000平方米，安装标志标牌180余处，调整和新增交通信号灯14处、增设交通隔离护栏6000米。2017年，全区共发生一般和简易道路交通事故数同比下降2.7%，伤人数同比下降11.64%，死亡数同比下降12.4%，财产损失同比下降8.67%，道路交通安全形势总体平稳、有序。

【服务社会发展大局　圆满完成各类交通警卫任务】为确保重要节日和重大活动期间交通秩序良好有序，服务大局，大队结合新时期交通警卫工作的新要求，全体民警充分发挥不怕吃苦、不怕疲劳、连续作战的精神，克服警卫任务中点多、线长、警力少、天气恶劣、次数多等困难，确保各项任务完成万无一失。2017年，大队先后圆满完成上级领导视察调研以及“两会”“两考”等一系列重要交通安全勤务保卫工作260余次。在各项勤务保卫工作中，大队始终按照上级工作部署，认真制定工作方案，合理安排警力，提前勘察地形、路况，对路面突发事件提出预案，各科、室、中队也能够按照大队要求，进一步细化工作措施，层层落实工作责任，各项工作都明确分工、责任到人，和其他警种密切协作、扎实工作，确保各项活动顺利进行，圆满完成各项道路交通安全保卫工作任务。

（张宗凯）

市交通警察支队直属一大队交警执法

消　防

【全区消防工作会议】 2017年3月17日召开。德城区副区长纪勇出席会议并讲话。

2017年4月6日，消防官兵成功处置“4·6”丰华浴池火灾

【灭火救灾】 2017年，共接警出动875起，出动消防车2187辆次，人员6467人次，抢救被困人员29人，疏散人员372人，抢救财产价值5207.9万元，保护财产价值约8500余万元。成功参与处置“4·6”丰华浴池火灾、“6·3”山东宇虹新颜料股份有限公司偶氮车间火灾、“9·18”山东诺安生态肥业有限公司生产车间火灾3起较大火灾事故，保护周边地区人民群众的生命财产安全。

【重点保障任务】 圆满完成党的十九大消防安全保卫工作任务。期间，大队全警全力积极开展常态化、错时制消防安全检查，期间，共检查社会单位3288家，督促整改隐患6509处，办理行政处罚案件82起，责令三停24家，对久拖未改的重大火灾隐患单位卓越制衣有限公司集中曝光，实施临时查封；对103家重点单位50余家高层建筑物业管理单位进行集中约谈，签订150余份《党的十九大消防安全保卫责任书》，发动重点单位、一般单位、九小场所签订《消防安全告知书》《承诺书》8500余份，张贴《防火公告》1万余份；完善“六熟悉”演练记录23份，对127处微型消防站进行拉动演练，培训微型消防站队员860人次；落实巡查措施，对重点场所、不放心场所进行执勤巡逻，全区消防安全形势高度稳定，圆满完成党的十九大消防安全保卫任务。

【隐患整治】 紧紧围绕十九大安保这条工作主线，部署开展公共娱乐场所、商市场、学校幼儿园、化工企业专项检查及高层建筑、电气火灾综合治理和党的十九大安保等10个专项行动。年内，共检查单位4673家，督促整改火灾隐患7564处，核查举报投诉110起，临时查封单位57家，提请政府挂牌督办重大火灾隐患单位4家，责令三停单位59家，行政处罚单位177家，分别比上年同期相比提高258%、658%、120%、850%、100%、830%、142%，始终保持整治火灾隐患的高压态势。

2017年9月2日，德州市百货大楼家电商场，消防官兵对辖区内人员密集场所进行夜间“六熟悉”演练

【备战练兵】 全年组织官兵熟悉演练重点单位106家次、高层建筑单位20家、地下建筑单位25家，危化品企业11家，及时修订完善应急预案和卡片式预

案。在全市消防部队冬季百日大练兵考核和尖兵比武对抗赛活动中取得团体第一名，1 名现役士兵、3 名政府专职消防员尖兵比武对抗赛个人总成绩进入前六名。

【责任体系建设】 大队提请，德城区政府 2017 年 3 月 17 日召开全区消防工作会议，对 2016 年度消防工作进行总结，对 2017 年度消防工作进行全面部署，与各镇街、行业主管部门签订《2017 年消防工作目标责任书》，明确 2017 年度消防工作的任务目标和职责。

（冯君）

2017 年 5 月 26 日，德城区明月湖风景区，消防官兵成功营救深陷淤泥中的老人

检　察

【荣誉】 2017 年 10 月，德城区检察院被高检院授予全国文明接待示范窗口荣誉称号。2017 年 8 月，德城区人民检察院被山东省检察院授予全省检察机关“六型”建设示范院。

德城区人民检察院荣获检察系统全国文明接待室称号

【刑事检察】 批准逮捕各类刑事犯罪 251 件 341 人，提起公诉 395 件 509 人，法院判决生效 374 件 456 人，批捕、起诉准确率保持 100%。积极参与打黑除恶、严打暴恐、严打电信网络诈骗等专项行动，依法办理涉枪涉爆案件 6 件 13 人，“黄赌毒”案件 16 件 25 人，电信网络诈骗案件 3 件 5 人，切实维护群众生命财产安全。

【反贪反渎】 立查贪污贿赂犯罪和渎职侵权犯罪案件 11 件 21 人，提起公诉 11 件 15 人，判决 9 件 13 人。其中查办县级干部 2 人，科级干部 5 人，大案 6 件 9 人。

【预防职务犯罪】 向发案单位提出检察建议 4 份，开展职务犯罪预防宣传和警示教育活动 29 次；撰写职务犯罪案例剖析 2 件，预防调研报告 2 篇；聘请预防志愿者，制作廉政短片、公益广告、微电影 5 部，全力推进社会化预防宣传，促进腐败源头治理。

【刑罚执行监督】 加强刑事执行监督工作，组织开展“社区矫正工作专项检察”活动，对 242 名社区矫正人员进行检察、摸底，提出书面纠正违法 7 件 7 人，全部得到纠正。对强制医疗案件监督，犯罪嫌疑人陶某被德城区法院决定强制医疗后，德城区人民检察院及时对执行医院的医疗档案、监管条件进行检察监督，对执行工作提出建议，切实保障被强制医疗人合法权益。

【民事行政检察】 共办理各类民事、行政检察案件 27 件，其中办理审判活动违法监督案件 3 件，支持监督并向法院发出检察建议2份，不支持监督申请1件；执行监督案件8件，支持监督并向法院提出检察建议6份，不支持监督申请1件。办理行政执法检察监督案件12件，对行政机关不当履行职责提出检察建议12份。提请抗诉案件1件。提起公益诉讼案件1件。支持起诉案件1件。提出再审检察建议案件1件。同时，办理市院交办案件13件。

远程庭审

【控告申诉检察】 开展文明接访、下访、寻访等活动，妥善处理来信39件、来访118件205人，其中集体访3件78人，办理国家司法救助案件8件，共发放国家司法救助金3.6万元；办结刑事申诉案件5件，均已息诉、罢访；初核举报线索4件；办理不立案线索审查案件1件、国家赔偿案件1件；受理民事诉讼监督案件14件，均转民行科办理。工作中进一步规范司法行为，加大检务公开力度，提高人民群众满意度和司法公信力，为维护社会稳定和经济发展发挥积极作用。

（宁国凯）

法　院

【审判工作】 2017年，德城区人民法院共受理各类案件9700件，同比上升40%，办结9631件，同比上升33%。法官人均结案253件。民商事案件调解撤诉率21.59%，服判息诉率95.5%，反映审判质量效率的关键指标持续向好。

建章立制规范管理。组建38个独任制团队，严格落实法官办案责任，实现让审理者裁判、由裁判者负责。认真坚持院领导带头办案制度、专家法官会议制度，深化司法改革。对案件审理情况实行每月通报，分析数据、提前预警，实行循环分案机制，充分激发团队办案潜力。

推进平安德城建设。围绕全区平安建设工作部署，准确、快速审理各类刑事案件，积极参与社会治安综合治理，保障全区长治久安、人民安居乐业。全年共审结刑事案件391件，判处犯罪分子469人。

妥善化解矛盾纠纷。助力新旧动能转换和产业转型升级，深入企业走访调研帮扶，为全区经济发展提供精准服务。建立涉企案件速裁机制，加快企业资金回笼；活用强制措施，保障企业发展空间。设立绿色通道，优先办理劳动就业、赡养抚养、农民工工资等民生案件，最大限度维护人民群众合法权益。完善司法救助机制，为生活困难的当事人发放救助金7.5万元，减缓免诉讼费23.6万元。

充分发挥行政审判职能。监督、支持依法行政，支持配合政府推动行政机关负责人出庭应诉，行政机关负责人出庭应诉率100%。践行“绿水青山就是金山银山”发展理念，加大环境处罚非诉执行案件支持力度，服务全区大气污染防治工作，守护碧水蓝天。全年共审结行政案件70件，审查行政非诉执行案件19件，促进社会管理逐步纳入法制轨道。

【执行工作】 为实现基本解决“执行难”这一目标，创新机制，攻坚克难，2017年全年共受理执行案件4179件，执结3690件，实际执行到位金额3.13亿元。

创设财产保全组。将案件诉讼保全纳入执行局工作范围，网上开展对被执行人的存款、车辆、房产土地财产的查询、查封、扣押、冻结等措施，提高查控效率，减轻当事人诉累，节约审理法官时间。

加大执行积案清理力度。打破八小时工作制，开展“夏日风暴”“百日攻坚”等专项活动，灵活运用“子夜突袭”“凌晨出击”等手段，穷尽一切执行措施，最大限度实现当事人权益。

加大失信联合惩戒力度。2017 年累计曝光失信被执行单位和个人名单 4437 例，签批拘留措施 102 人次，有力震慑失信行为。

加大信息化应用力度。大力建设执行指挥中心，实现执行案款“一案一账号”，开展网络司法拍卖 110 次，成交额 1039.78 万元，实现拍卖标的物价值的最大化。

依法打击逃废银行债务。积极参与农商行清欠攻坚活动，共查封厂房 21 间、土地 4 处、汽车 26 辆、房屋 6 套，为区农商行收回不良贷款 3831.7 万元，有力维护德城区金融环境稳定。

2017 年 12 月 13 日，德城区人民法院申报的“山东省档案工作科学化管理示范单位”项目以 98.5 分通过省、市、区三级联合验收组测评

以纪律作风建设为保障，坚持规矩治院。严格落实“两个责任”，使“一岗双责”得到有效落实。充分发挥纪检监察部门的职能作用，积极开展司法作风检查，采取日常督查和专项检查相结合、监督检查与考核检查相结合的方式，将司法作风检查监督工作常态化、长效化。利用上党课、交流谈心、诫勉谈话、警示教育基地受教育等方式，增强广大干警的廉洁自律意识和拒腐防变能力。

【队伍建设】 以思想政治建设为统领，坚持政治建院。坚持固本强基的理念，始终把思想政治建设放在首位，坚持党的领导，坚持以习近平新时代中国特色社会主义思想为指引。坚持开展“两学一做”“不忘初心、牢记使命”主题教育活动和党员活动日、党员网格化管理等活动，抓党建带队建，坚持学习制度化、形式多样化、载体多元化，不断提升全院干警政策理论水平，确保法院工作始终沿着正确方向前进。

以能力水平提升为根本，坚持素质强院。按照“走出去、请进来”的方针，多次邀请专家前来授课，先后组织干警到先进法院学习交流、到中国政法大学开展司法技能培训，到省法官培训学院、党校参加各类专业学习；对书记员队伍开展每月速录测评；对法警队伍进行入警培训、岗位技能大练兵活动；开展法院公众开放日活动，邀请人大代表、人民团体等旁听庭审，形成大学生观摩庭审常态机制，切实提升庭审技能和水平。

【司法公开】 建设普法志愿者队伍。成立有 67 名干警在内的普法志愿者队伍，积极参加普法活动。广泛开展法治宣传教育，请进来，建立青少年法制教育基地，组织中小学生分批走进法院，观摩开庭，开展模拟法庭。走出去，走进学校为师生上法制课，选择对青少年教育有利的案件，邀请在校师生、学生家长进行旁听，倾力关注留守儿童的自我保护和法治教育。

加大司法公开力度。为民服务智能化，增配自助立案设备及新媒体电子显示屏，开发德城区法院公共服务网，丰富微信公众平台，开通律师服务平台、便民数字化平台，对案件当事人发送审判节点提醒，设立诉讼材料转接中心，安装智能云柜，为群众提供更方便快捷的诉讼服务。进行档案数字化加工及库房改造，实现存储数字化、管理智能化、利用网络化的四级法院档案信息共享平台，实现司法公开。

【司法改革】 2017年，德城区人民法院坚定不移全面推进司法体制改革，进一步加强审判管理，提升审判质效，促进司法为民、公正司法。

司法人员分类管理。德城区人民法院积极推进司法人员分类管理制度改革，法官、审判辅助人员、司法行政人员各归其位、各尽其责。按照以案定额、按岗定员、总量控制、省级统筹的原则，经过严格考试考核、遴选委员会专业把关等程序，遴选产生38名员额法官，组建38个审判执行团队。通过这项改革，实现法院人员向办案一线集中，资源配置更加合理，审判质效持续提升。

德城区人民法院研发智能化材料收转柜系统，在执行立案大厅安装100个诉讼材料收转云储柜。智能云储柜的启用，使当事人能够自助快捷地提交诉讼材料，减轻诉累，保证材料收转安全

司法职业保障、省以下地方法院人财物统一管理改革任务稳妥推进。实行法官员额制后，员额法官按照单独职务序列进行管理，确定批复十六名一级法官、十三名二级法官、两名三级法官、一名四级高级法官。法官等级与行政职级脱钩。

加快推进司法权运行机制改革。对案件审理情况实行每月通报，分析数据、提前预警。取消裁判文书层级签批制度，落实“让审理者裁判、让裁判者负责”的司法原则。落实院领导带头办案制度，积极倡导班子领导主办各类疑难复杂和新类型案件，并以制度形式规定院长、副院长每年办理案件数量，通过言传身教、典型示范的作用，带动全体法官钻研审判业务，提升“多办案、快办案、办好案”的工作意识。建立专家法官会议制度，集体研判重大疑难复杂案件。

【司法服务】 德城区法院坚持把群众呼声作为第一信号，把群众满意作为第一标准，紧紧围绕群众需求，进行了一系列的改革和建设。

对两处法庭进行升级改造。增配安保设备、人员，对法庭院落进行整修、绿化，改善功能用房，在运河法庭建成法制教育基地，加强周边群众的法治教育。

将安检大厅改造前移。所有外来人员均需通过安检通道进入法院，进出分区，实现进出人员资料的储存、备查，达到人员进出平衡，全力保障来院人员的人身安全。2017年9月13日，最高院暗访组对德城区人民法院安保工作给予充分肯定，予以全国通报表扬。十九大期间强化安保措施，维护安全运行，德城区人民法院法警大队荣获省政法委表彰。

启用执行立案查控大厅。实现执行立案、保全网上工作一站式服务，真正为当事人节省诉讼时间，提高案件执行效率。

完善诉讼服务中心职能。增配自助立案设备及新媒体电子显示屏，方便群众诉讼，推进司法公开。设置智能云储柜，对当事人递交的材料进行登记并短信通知法官，法官凭发送的验证码领取，畅通当事人与法官之间的诉讼材料流转渠道。

建成智能档案管理中心。卷宗档案实现数字化，档案查询实现一键即查，档案材料实现信息共享。德城区法院被评为山东省档案工作科学化管理示范单位。

（陶慧）

司法行政

区司法局工作

【公共法律服务体系建设全面提速】 为加快构建覆盖城乡居民的公共法律服务体系，更好地服务保障和改善民生，维护人民群众合法权益，着力打造综合性、便利性、多层次公共法律服务平台，将法律援助服务大厅提档升级改造成区公共法律服务中心，大厅内设置法律服务、法律援助、人民调解、公证等服务事项，配备6名工作人员，功能完备，设施齐全。黄河涯镇、新华街道、新湖街道建成高标准公共法律服务中心，二屯镇、天衢街道、广川街道公共法律服务中心的硬件设施进一步提升，功能进一步完善。按照“打造亮点，以点带面，整体推进”的工作思路，根据“统一场所、统一制度、统一标牌”的标准，全年完成98个社区司法行政工作室建设，占全区社区总数的95.1%。

【“一村（社区）一法律顾问”工作全面铺开】 在区委、区政府出台《关于开展“一村（社区）一法律顾问”工作的实施意见的通知》基础上，成立专门领导小组，召开“一村（社区）一法律顾问”工作推进会，分别到六个镇、街道办事处，和主要负责人以及分管领导进行座谈和分析，因地制宜制定切实可行的工作方案。全区所有社区全部签订法律顾问聘用合同。为推动“一村（社区）一法律顾问”工作规范化，制定印发一整套规范制度，统一法律顾问工作台账、工作日志。完善法律顾问工作经费保障、管理、培训、考核、服务评价等机制。把“一村（社区）一法律顾问”工作与公共法律服务实体平台建设有机结合，做到“软硬”齐头并进。引导法律顾问深入社区，提供法律服务和法律援助，开展法治宣传，化解矛盾纠纷。实现工作重心由法律顾问全覆盖的形式到效能效用实际发挥的转变，打通服务群众“最后一公里”。

2017年6月30日，德州市司法局局长扈建军（左一）到德城区调研法律顾问工作

【司法行政各项工作迈上新台阶化】 法治宣传迈出新步伐。按照“七五”普法规划的任务和目标，扎实开展“法律六进”工作。建立覆盖76个部门、6个镇街的“谁执法谁普法”联络员微信交流群，分3批次召开“谁执法谁普法”工作调度会。人民调解取得新成效。全区480余名基层人民调解员实现持证上岗，九大行业调委会共调处纠纷480件，调解成功479件，成功率高达99.79%。特殊人群管理得到新加强。全区累计接收社区服刑人员718人，解矫465人，现有在矫人员253名，定位手机应配发率100%，定位成功率100%。法律服务管理有新改进。为全区14家律师事务所125名律师以及18家法律服务所164名法律工作者进行年度检查。法律援助工作取得新跨越。全年共指派援助案件729件，案件数量和质量均在全市名列前茅。积极开拓公证事业发展新空间，全年办理各类公证事项6000余件，简化办证流程，将便民惠民落在实处。

（刘辉）

驻区律师事务所简表

名　称	主　任	住　所
山东众成清泰（德州）律师事务所	艾宪松	德州市三八东路1288号鑫星国际大厦24楼
山东慨而慷律师事务所	李秀臣	德州市经济开发区康博大道千亿晟商务中心五楼
山东鸿正律师事务所	王秀鸿	德州市德城区德兴北大道378号
山东铜镜律师事务所	房瑞坚	德州市德城区湖滨北路吉祥苑A号楼4层3406号
山东德洲律师事务所	郑学光	德州市经济开发区东方红路1851号
山东雁震律师事务所	胡玉华	德州市德城区湖滨北路235号
山东思昂律师事务所	庞小华	德州市经济开发区董子文化街D区2号楼9号1-2层
山东蓝泉律师事务所	陈绍全	德州市德城区新湖路南龙小区42号-10层
山东家硕律师事务所	鞠传君	德州市德城区湖滨路如意苑公寓4-7号
山东鑫大公律师事务所	赵文华	德州市德城区东方红路金紫荆园综合楼1-6-1号
山东雪丽律师事务所	王丽	德州市德城区解放北路律师楼2号楼
山东宏论律师事务所	陈仲春	德州市德城区湖滨北路桦林如意苑小区沿街3层601号
山东涵诺律师事务所	李德志	德州市德城区天衢中路699号天翔大厦22层
山东智点律师事务所	何红庆	德州市德城区东方红路316号

德州监狱业务工作

【荣膺全国文明单位称号】 德州监狱在连续6年保持省级文明单位的基础上，加强文明创建。2017年11月17日，荣膺全国文明单位荣誉称号。

【完成3.31调犯行动】 3月31日，成功将部分郓州监狱罪犯安全顺利调运至德州监狱。此次行动是监狱搬迁新址以来第二次跨地市大规模集中调犯。

【承办省司法厅党组务虚会】 11月27日至28日，德州监狱承办山东省司法厅党组务虚会，开创德州监狱历史先河。

【顺利实现安全年】 截至12月31日，连续实现第24个监管安全年和第29个安全生产年，实现监管场所持续安全稳定，教育改造质量和执法公信力不断提升。

（张文娟）

经济管理

发展与改革

【规划编制】 为进一步强化规划和政策引领，德城区发展和改革局起草《德城区加快推进生态文明建设实施方案》《推进供给侧结构性改革建设富美新强典范区的意见》等指导性文件，两个文件区委分别以德城发〔2017〕9号和德城发〔2017〕16号文件在全区印发。

【区域战略推进】 融入京津冀及省“一圈一带”（省会城市群经济圈，西部经济隆起带）建设工作开展顺利。完善并落实推进区域发展的实施方案，加强组织协调和重点项目建设。2017年，德城区争取到全省区域发展专项资金625万元。加强项目管理，指导企业用好上级资金，建设运营好项目，通过省发改委对省区域战略推进专项资金使用管理情况的检查。同时，研究起草德城区新旧动能转换重大工程思路和措施，做好全区新旧动能转换重大工程推进小组办公室日常工作。

【推动发展服务业】 一是服务业发展水平进一步提高。把服务业作为挖掘增长潜力、促进经济转型升级、加快新旧动能转换、保持经济稳定增长的重要抓手，以传统服务业转型升级、服务业发展新动能培育为重点，发挥优势，突出特色，优化布局，促进服务业扩大规模、拓展空间、优质高效发展。被认定为“山东省重点服务业城区”“全省健康服务业创新发展试验区”。德城区交通集团、新街口文化产业有限公司、德百集团三家企业被列为山东省重点服务业企业。2017年预计全区服务业增加值完成182.9亿元，同比提高0.6个百分点；占GDP的比重达到59%，服务业完成投资136亿元，占全部固定资产投资的61.8%，社会消费品零售总额196亿元，同比增长10.5%。二是传统商贸效益提升。年营业收入超过10亿元的商贸企业达到4家、交易额过亿元市场27处，全区社会消费品零售总额达到196亿元，增长10.5%。三是新兴业态加速集聚。金融保险、商贸服务、现代物流、健康服务等业态蓬勃发展，楼宇企业达到1200余家，创建税收过千万楼宇3座。四是电子商务集体快速发展。建成万达工业电商产业园等8处电商园区，建成智慧便利店80余家，各类金融机构达到68家，存款余额426亿元、贷款余额299亿元，五是创新平台建设成效显著。建成“天衢高创智造谷”、众智长城人才双创产业园—梧桐树众创空间被评为市级众创空间；新增企业技术中心、工程（技术）研究中心等市级以上科技创新平台7家。

【重点项目建设】 2017年，全区重点项目45个，完成投资105亿元，完成年度计划的101%。其中，市级重点项目7个，完成投资37亿元，完成年度计划的110%。堤岭安置区、金茂大厦、教育大班额、实华高效节能集中供热、山东力洋复材高性能纤维技术应用工程实验室、学校改薄、润德水产养殖项目竣工。全年共办理项目立项365件，按时办结率和群众满意率均达到100%。

【重点项目推进】 抓好前期谋划。建好项目储备库，全面掌握在谈、签约和计划开工项目的详细进展情况。加强与央企和世界500强等企业的对接，承接好京津冀、“一圈一带”产业转移，搞好项目策划和对接，力争引进一批高端装备制造、高新技术和战略性新兴产业项目，形成每年投产一批、在建一批、开工一批、储备一批的滚动发展格局。

做优软硬环境。加快转变政府职能，完善重大项目审批绿色通道，强化全程跟踪服务，落实责任清单制度。坚持项目建设调度制度，切实解决项目重点困难和问题，积极为项目落地、建设提供条件，强化服务，改善环境。

加大协调服务力度。整合区级领导、街道、部门的力量，落实责任，以重点项目为抓手，认真落实包保责任制，重心下移，一线服务，摸实情，办实事，帮助排忧解难。坚持项目建设调度制度，对需重点解决困难和问题的项目，对照任务，按照时限，切实解决土地、拆迁、规划、环评、建设工程许可证、政策落实等问题，全力推进项目加快建设。

加强督查考核。严格实施全区重点项目建设"月报制"，要求各镇街及有关部门于每月25日前上报项目洽谈、签约、开工、进展、竣工、运营、完成投资等情况。

【工业创新】 依据"三二联动"目标，坚持毫不动摇促二产，实施创新驱动战略，改造提升传统产业，大力培育新兴产业，加快转型升级步伐。一是提升工业存量。围绕机械制造、绿色化工、电子信息、纺织服装、食品加工、中央空调等主导产业，加快转型升级，解决存量问题。推动老城区企业搬迁，实施齿轮、宇虹化工、振华、虹桥化工等老企业实施搬迁工程，提升产能，增加企业效益。二是优化工业增量。先后帮助格瑞德、实华、华源纺织、鑫华润等企业，采用新技术、新工艺、新材料，上新项目，培植骨干龙头，带动产业集群发展。三是提高技术含量。提高自主创新能力，加快科技进步，推动企业与科研院所、高等院校开展广泛合作，发展高新技术产业，建立工程实验室（研究中心）创新平台。申请认定德州齿轮公司"德州市汽车变速器工程实验室"一家。截至2017年底，全区拥有工程实验室（研究中心）11家，其中，省级3家，市级8家。

（陶丙文　杨晓霖　罗希志）

统　计

【统计基层基础建设不断加强】 区委、区政府高度重视统计基层基础工作，成立由区长任组长的德城区统计工作领导小组，加强对统计工作的协调力度；区政府印发《关于进一步加强统计工作的意见》，对加强统计基层基础工作进行再部署，确保提高统计源头数据质量，提高统计公信力。一是镇街统计站建设更加规范化。各镇街成立"统计管理服务中心"；近两年来，为各统计站配备多台计算机、打印机，促进办公设备更新；充分发挥VPN专线的优势，统计站内形成小局域网，所有统计用计算机实现同步登陆统计内网，保障各项统计工作的顺利开展。二是以企业星级评定为抓手，加强企业规范化建设。截至2017年底，全区"四上"企业基本达到有机构、有人员、有制度、有资格、有台账、有牌子、有场所、有设备的"八有"标准。三是专业科室人员多次深入统计站和"四上"企业进行调研，详细解基层基础建设中存在的问题，进行现场指导。同时，对企业和统计站人员进行多次培训，确保统计数据质量不断提高。四是全区统一制作"四上"企业统计电子档案，一企一档，规范完整；"四下"企业按社区分列企业名单，企业统计单子档案实现区、镇街、社区三级共享。五是健全基层网络，社区按区域划分统计网格，指定网格负

2017年11月26日，德州市统计系统负责人到德城区进行统计基层基础工作观摩

2017 年 8 月 16 日，德城区召开国民经济运行情况新闻发布会，发布 2017 年上半年全区经济运行情况

责人，增强统计的快速反应能力，提高工作效率和工作质量。积极探索基层统计工作新模式，开展“社区统计室”建设试点，在试点的基础上稳步推广。

【做好各项大型普查和调查工作】 一是圆满完成第三次全国农业普查数据搜集上报工作。全区各级农业普查机构以高度的政治责任感、严谨的科学态度和一丝不苟的求实精神，积极筹划，周密部署，狠抓落实，扎实推进普查各项工作有效开展。认真选聘普查员、普查指导员，做好普查业务培训；及早布置普查区和普查小区划分、绘图工作，高质量完成农业普查遥感面积测量工作；广泛搜集各部门相关资料，扎实做好清查摸底工作，准确地筛选出参与普查的农户、界定出规模经营户及从事农业经营的单位，确保普查对象不重不漏；精心组织入户调查工作，严肃普查纪律，做好质量控制，确保普查数据质量，圆满完成第三次全国农业普查的数据搜集上报工作。二是扎实做好 1% 人口抽样调查工作。为确保调查工作顺利推进，保证调查质量，对调查员进行多次培训。积极与公安、计生、民政等部门加强沟通与交流，协调户籍人口、出生人口、死亡人口等相关指标。通过调查员和指导员的共同努力，顺利完成 31 个调查小区的人口抽样调查工作。

（李俊池　孙培培　王静　任文博　何桂红　李梦真　杜芳芳）

质量技术监督

【名牌带动战略】 2017 年，区质监局紧紧围绕全区经济社会发展大局，立足德城实际，将新材料、新能源、高端化工、装备制造、服务业及现代服务业等作为 2017 年山东名牌和山东服务名牌申报的重点。2017 年指导帮扶德州实华化工有限公司的 PVC 树脂产品申报山东名牌，指导帮扶山东楼门口网络科技有限公司、德州英翔眼镜有限公司两家单位申报山东服务名牌。截至 2017 年底，德城区共有山东名牌产品 12 个，山东服务名牌 8 个，名牌总数在全市各县（市、区）中名列前茅。指导帮扶山东德百集团有限公司申报品牌价值测评材料。山东格瑞德集团、德州华源公司两家企业被省质监局列入全省百家品牌高端化企业名单。

【标准化计量工作】 标准化工作方面。2017 年，德城区共有 84 家企业 558 项标准进行自我声明公开，涵盖产品 661 种。组织德城区标准化试点项目单位参加全市服务标准化培训班。德州巾帼管理服务有限公司、德州交警一大队两家单位被省质监局批准列入 2017 年“山东标准”建设行动计划。截至 2017 年底，全区共有 4 家企业共参与制修订国家标准 7 项、行业标准 6 项，有力提高了企业在行业中的话语权和竞争力，凸显了标准在企业转型升级和全区发展方式提速增效和跨越发展中的引领作用。

计量工作方面。指导辖区内 7 家重点用能企业按照《用能单位能源计量器具配备和管理通则》的规定配备能源计量器具，指导并帮助企业进一步完善计量器具台账和计量管理体系，督促其按时上报能源计量信息。与区经信局指导推荐德州实华化工有限公司申报“工业计量标杆示范单位”。继续开展组织节能降耗计量服务队深入重点耗能企业进行技术服务，先后深入德州华北纸业集团、德州实华化工等开展节能技术帮扶宣传活动。强化民生计量监管，深入开展了医用计量器具、加油站等计量专项执法检查活动，切实维护人民群众合法权益。开展“5·20世界计量日宣传活动”。

【产品质量和特种设备安全】 对辖区内获证工业企业严格证后监管，确保工业产品质量安全。深入开展电线电缆、危化品生产企业的专项整治，先后检查企业11家，抽检产品2个，有效保证产品质量安全。督促获证工业企业做好年度自查报告公示工作，对未按要求提交自查报告的依法下达责令改正通知书。配合市局做好产品质量监督抽查工作。

按照《山东省特种设备使用安全管理工作规范》要求，督促企业落实特种设备安全主体责任。主要领导与分管领导、分管领导与科室、稽查中队逐级签订安全生产责任书，强化安全生产的组织保障。深入开展春节、两会期间、“五一”“十一”、十九大期间等重大节假日和车站、公园、学校等重点场所的特种设备安全大检查，共检查单位100余家，发现隐患62起，均督促其依法整改。邀请德州市特检院专家集中开展特种设备生产单位和重点使用单位的隐患排查，共检查特种设备生产、使用单位42家次，发现一般隐患56项，均依法督促其按要求整改完成。深入开展电梯、起重机、气瓶充装单位的专项检查，先后检查单位21家，消除隐患14处。3月，根据区安委会部署，联合安监、电力等部门开展涉氨制冷企业专项整治，对辖区内的3家涉氨制冷企业负责人进行约谈，2家企业整改完毕，1家企业关停。

【服务社会　质量为民】 专项整治持续发力，执法打假成效明显。深入开展春季农资打假专项行动，共检查农资企业3家，抽查产品3个批次，确保农资产品质量安全。对全区低速电动四轮车进行排查摸底，未发现低速电动四轮车生产企业。认真开展全区九大领域安全生产隐患大排查快执法严整治行动、安全生产百日攻坚治理行动、化工产业转型升级等专项整治，共出动执法人员200余人次，检查有关单位80余家，查找隐患30处，均依法督促整改。

质量宣传活动扎实深入，营造良好社会氛围。深入开展“质量月”“3·15消费者权益日”和认证认可日等宣传活动，发放各类宣传资料万余份，进一步提高人民群众质量意识和维权意识。积极利用报纸、电视、电台、网络等媒体宣传质监工作，2017年共发表稿件86篇，其中德州电视台7篇，德州电台18篇，《德州日报》德城版18篇，有效扩大质监社会影响。

依法处理投诉举报，切实维护群众利益。全年处理各类投诉举报87起，有效投诉81起，均依法依规按时处理回复。

（赵仁强）

国土资源管理

【概况】 2017年，德州市国土资源局德城分局以科学发展观和党的十九大精神为指引，紧紧围绕德州市国土资源局和德城区政府工作部署，积极履行尽职尽责保护国土资源，节约集约利用国土资源，尽心尽力维护群众权益的职责，满足德城区经济发展用地需求，保障经济平稳健康发展。

【中期规划调整】 根据德州市土地利用总体规划中期调整方案要求，对照德城区经济社会建设及重点项目建设用地需求情况，积极谋划，多方协调，将不符合土地利用总体规划地块集中上报调整规划，为凯盛晶华等项目提供用地保障，为德城区经济发展预留用地空间，为进一步集约节约利用土地打下了坚实的基础。

【征地供地】 依据《山东省人民政府办公厅关于进一步严格规范征地管理工作的意见》的要求，

2017年报批征收用地面积77.0215公顷，其中农用地面积52.9951公顷，建设用地面积23.9364公顷，未利用地面积0.09公顷，共计20个地块，分两个批次报批。2017年供应土地12宗，面积45.74公顷，为德城区经济社会建设提供用地保障。

【规范土地秩序】 严格落实土地管理制度，大力开展经常性的日常巡查工作，协助做好土地例行督查的整改工作。完成卫片执法检查、全天候遥感、不实耕地核查及年度土地变更调查工作；及时发现和制止违法违规用地行为，做到发现在初始，解决在萌芽。

【永久基本农田划定】 德城区永久基本农田划定工作顺利通过上级验收，新划入永久基本农田3.28万亩，全区基本农田面积达到11.29万亩。根据国土资源部《关于切实落实永久基本农田上图入库落地到户各项任务的通知》(国土资厅发〔2017〕6号)要求，落实永久基本农田落地块、责任书签订、保护区确认表公示和设立保护区标志等“五项任务”，逐级签订永久基本农田保护责任书，设立保护标志牌，按照要求全部完成。

（曹云飞）

审　计

【荣誉】 2017年，德城区审计局局长刘军被山东省总工会授予山东省富民兴鲁劳动奖章，德城区审计局被评为山东省审计厅审计网站宣传工作先进单位。

【完成项目情况】 2017年，共开展项目39个，投入人力资源2239人/天，累计查处违规及管理不规范金额82409万元，提出合理化建议并被采纳49条，追缴入库及节约财政资金1561万元。

【政策跟踪审计】 对照《德城区第十六次党代会工作报告目标任务分解表》《〈政府工作报告〉目标任务分解表》，明确目标任务、压实工作责任，坚持以政策审计为中心、以项目实施为载体、以资金流向为主线，对扶贫资金、散煤清洁化治理、农村危房改造、保护性耕作工程建设等涉及社保、民生等方面10余项政策进行跟踪审计，有效促进国家重大决策部署和政策措施贯彻落实。以全面助推德城区财政改革为导向，深化财政预算审计内容，重点关注预算改革，提升财政精细化管理。已完成10个重点部门的预算执行审计项目，延伸相关单位17个，查处违规及管理不规范金额44460万元。

【财政金融审计】 合理分配审计组成员工作任务，详细分析区财政所有账套，关注预算内资金、预算外资金、政府性债务，或有负债等方面，对20余项专项资金、7个部门、20余家商户进行延伸审计。通过审计发现未清理盘活存量资金300余万元、部门套取旅游厕所奖励资金问题，撰写专题建议3篇。

【民生审计】 坚持“民本审计”工作理念，关注民生、注重公平、加大对三农、社保、医疗、教育、扶贫等专项资金和重点部门的审计力度，依法严肃查处违规违纪问题，当好人民群众利益的“保护神”。同时，积极做好审计扶贫工作，保障德城区二屯镇1户贫困户顺利脱贫。

【经济责任审计】 全面实现“任前告知、任中轮审、离任监督、交接盘点”贯穿领导干部任职全过程的经济责任审计监督模式，坚持把加强贯彻执行民主集中制和“三重一大”制度情况、深入落实中央“八项规定”，厉行勤俭节约、严控“三公”经费情况作为“热点”带入审计监督全过程，先后完成经济责任审计项目21个，查处问题65个，涉及问题金额120万元。通过审计，促进财务核算的规范及相关制度的建立和完善，加强领导干部财经法规意识和依法行政意识，为区委管理、评价和考核选用干部服务。

【政府投资审计】 2017年，共实施25项审计任务，其中决算和结算审计21项，报审值共计7.9亿元，审定值共计7.44亿元，审减值共计0.46亿元；专项审计调查4项，审计资金共计5022万元，为政府节约建设资金，促进全区经济发展。

【信息宣传】 坚持把信息、宣传工作作为转化审计成果，提高审计实效的重要手段，做到微观入手、宏观着眼，针对审计发现的问题，积极提出审计意见和建议，为领导决策提供真实可靠依据。2017年全局共编发各类宣传稿件461篇，信息稿件120篇。宣传稿件被市级及以上媒体采用169篇，与上年全年101篇相比，增加68篇，同比增长67%。其中国家级媒体发表49篇，省级媒体发表34篇，市级媒体发表84篇。信息、宣传稿件采用层次取得显著提升。其中，《中国审计报》较为突出，全年共发表24篇，与上年11篇相比较，同比增长118%。

【能力提升】 坚持以理论学习培养党员干部信仰，先后组织政德教育、德城审计大讲堂等学习培训6期，培训328人次；创新干部培养机制，鼓励局内年轻人员参与上级审计机关组织开展的大型项目审理，将日常业务工作中表现突出的年轻审计人员推荐到省厅挂职锻炼。2017年累计派出42人次参与审计署、省厅、市局审计项目，实现以审代训，选派1人赴省厅挂职锻炼，走活上下“一盘棋”。截至2017年底，局内通过省厅计算机中级资格人员15人，中高级审计师比重达到52%以上。

【文化建设】 在前期建成“文化长廊”的基础上，及时更新长廊内容，搭建党员活动室；连续10年获得省级精神文明先进单位，夯实干部职工的荣誉感和责任感。

【内审工作】 全面打造德城内审品牌，坚持“帮、改、促、训”工作原则，积极开展“送审上门”，深入基层一线做好服务工作。2017年，扩大培训范围，先后组织全区内审人员196人次参加各类培训；向全区镇街、行业内审机构赠送《中国内部审计准则》《审计常用法律法规文件汇编》《山东内审专刊》等学习书籍资料，规范业务操作；强化信息宣传工作，2017年共发表内审信息和宣传稿件54篇，其中国家级11篇，省级28篇，市级15篇。2017年德城区内审指导中心获全省“内审信息宣传工作先进单位”的荣誉称号，连续三年荣获省内审协会授予的先进协会。

（韩娜　孙琳琳）

安全生产监督管理

【安全生产隐患“大快严”集中行动】 2017年，德城区安监局采取企业自查、专家诊断、镇街（部门）普查、区级督查的方式，在全区持续深入开展安全生产隐患大排查、快整治、严执法集中行动，充分发挥各企业的安全生产主体作用、专家的专业技术支撑作用、政府部门的监督管理作用，坚决守住“不发生重特大生产安全事故”这条底线。按照省委、省政府将集中行动延期至2018年底的部署要求，区安委会办公室成立综合督导、工矿商贸、危险化学品、巡查暗访4个工作组，延续“专家查隐患，企业抓整改，政府抓督导”的工作

2017年9月11日，省政府安委会安全生产第三巡查组在德城区召开安全生产巡查工作汇报会议

2017 年 7 月 11 日，中共德城区委书记巩洪波（右三）检查督导安全生产工作

模式，采取“四不两直”、明察暗访、专家问诊、购买服务等方式，全面排查安全生产一般性、习惯性违章违规行为，深入排查容易发生重特大事故的场所部位和岗位环节，取得扎实效果。“大快严”集中行动中，共发现各类安全隐患 12258 项，整改 11906 项，整改率达 97.13%。以安全生产隐患“大快严”集中行动为依托，德城区安监局精心组织全区安全生产大检查。区委、区政府将 2017 年确定为“企业安全生产主体责任落实年”，与安全生产百日攻坚治理行动、化工产业安全隐患“大快严”紧急行动有机结合、压茬推进，铁腕整治企业安全隐患和非法违法行为。在全面排查整治的基础上，重点突出危险化学品、道路交通、烟花爆竹、特种设备、涉氨涉爆、人员密集场所、建筑施工等事故多发易发领域，依法严惩一批违法违规行为，彻底治理一批重大事故隐患，关闭取缔一批违法违规和不符合安全生产条件的企业，联合惩戒一批严重失信企业，问责曝光一批责任不落实、措施不力的单位和个人，坚决防范因排查不彻底、整治不严格而发生较大及以上生产安全事故。2017 年，共对各类生产经营单位立案 185 件，处罚 335.08 万元，较上年大幅增长。

【双重预防机制建设】 根据省、市政府安委会关于建立完善安全生产风险管控和隐患排查治理双重预防机制的有关文件要求，德城区安监局大力开展“双体系”建设工作，以推行安全生产隐患排查治理、风险分级管控双重预防机制为突破口，建立完善安全生产信息化系统，逐步实现关口前移、精准监管、源头治理、科学预防，构建安全生产长效机制。一是明晰责任。在区政府统一领导下，按照分级负责的原则，德城区各镇街负责组织推进本辖区安全生产风险管控和隐患排查治理体系建设，区政府有关部门负责对接上级对口部门，推进本行业（领域）安全生产风险管控和隐患排查治理体系建设，企业承担本单位建立和实施安全生产风险管控和隐患排查治理的主体责任。同时，各镇街、有关部门按照责任分工，对照安全生产双重预防工作建设任务要求，立足本辖区、本行业（领域）、本企业实际，制定具体培训计划和工作方案，细化任务，明确时限，做到责任到人、任务到岗、措施到位。二是学习推广。为大力推广“双体系”建设稳步开展，在邀请专家组织召开专题培训会议，进一步创新监管方式方法，切实落实安全生产主体责任的基础上，6 月 13 日，组织天衢、新华等 4 个镇街和重点企业安全生产负责人召开工贸领域“双体系”建设工作推进会，传达《关于明确全市 2017 年度工贸行业风险分级管控与隐患排查治理体系建设工作阶段任务的通知》（德安监发〔2017〕22 号），对文件的贯彻执行做明确要求；7 月 27 日，德城区选派专门人员参加省局组织的省级标杆企业“双体系”建设观摩会，学习临沂省级标杆企业的先进经验和做法。通过认真部署、大力倡导、集中培训、学习观摩等各种方式措施，有力地促进德城区“双体系”建设工作的有效开展。三是执法推动。结合有关企业“两个体系”建设验收评定情况，通过专项执法检查、“大快严”集中行动、日常监管执法检查等形式开展“两个体系”执法检查，对未建立落实风险分级管控和隐患排查治理制度的，依规进行严肃处理，同时将其纳入重点关注对象，实施重点帮扶。通过强有力的执法行动，有力地推动“两个体系”建设顺利开展。四是强化落实。监督指导企业严格落实主体责任，督促企业做好排查风险点、确定风险等级、明确管控措施、风险公告警示、排查消除隐患、加强应急管理、防控职业危害等工作，要求企业“两个体系”建设必须强化自主建设、全员参与、全岗位覆盖、全过程衔接，强化全员安全生产责任制，强化建立严格的考核奖惩制度，夯实基础建设。严格落实政府及部门监管责任，认真抓好标杆企业确定、风险管控标准总结推广、城市风险管控等工作，切实提升安全生产监督管理工作水平。及时确定上报标杆企业，严格落实标杆企业“一企一册”，认真开展对口指导、上门服务工作，聘请相关专家对标杆企业的风险管控标准进行论证、评估、完善和提升。已确定市级化工行业标杆企业1家、职业卫生领域标杆企业1家，区级化工行业标杆企业2家、重点工商贸领域标杆企业3家；共排查二级风险点104个，三级风险点211个，四级风险点1235个，职业病危害风险点136个。

2017年6月23日至25日，德州市安全生产集中执法检查第四检查组对德城区7家企业进行严格检查

【通过省政府安委会安全生产巡查】 德城区安监局超前谋划，超前部署，超前行动，全面迎接省政府安委会9月份安全生产巡查工作，受到省政府安委会督查组的高度评价。一是逐项逐条明确责任分工。多次组织召开巡查工作专题会议，认真传达贯彻部署巡查有关工作，把迎接省安委会安全生产巡查当作重中之重的工作，严格落实迎查工作责任制，按照省安委会巡查通知内容要求，选派精兵强将，逐条逐项明确专人负责，细化任务分工，层层抓好落实。二是搜集整理相关资料。按照巡查内容和责任分工，认真领会文件要求，对照巡查清单，逐条逐项搜集整理相关资料，形成一套完整的汇报、待查卷宗，一项不落地做好准备工作。将2015年以来出台的关于安全生产工作的重要文件汇编成册，对安全生产数据汇总整理、统计分析，准确反映安全生产状况。在此基础上，对照巡查清单，将有关文件、制度、会议纪要、台账、执法文书、工作总结等迎查资料进行梳理，装入档案盒，贴上标签，共组装档案巡查资料档案盒99个。三是做好日常安全监管工作。巡查期间，始终保持高压态势，深入组织开展安全生产大检查、百日攻坚、打击非法违法和大排查快整治严执法集中行动，加强监督检查，严厉打击各类安全生产非法违法行为，特别是对于群众举报，快速核查落实，并做好记录、统计。同时，加大监管执法工作力度，集中力量，深入基层一线开展执法检查工作，防范事故发生，为巡查工作和十九大胜利召开创造平稳的安全生产环境。

（刘雪洁）

食品药品监管

【组织机构】 德城区食品药品监督管理局设有综合办公室、政策法规科、食品安全综合协调科、食品生产监管科、食品流通监管科、餐饮服务食品监管科、药品与医疗器械监管科、保健食品与化妆品监管科、宣传教育科、审批中心10个内设机构，下设新湖街道办事处食品药品监管所、广川街道办事处食品药品监管所、新华街道办事处食品药品监管所、天衢街道办事处（二屯镇）食品药品监管所、黄河涯镇食品药品监管所5个派出机构。全局共有85个编制，其中，行政编制50个，事业编制35个。

2017 年 8 月 16 日，烟台市食品药品监督管理局副局长杜平（右二）带领全省畜禽水产品专项整治工作检查组到德城区就市场经营的畜禽水产品质量安全监管情况进行双随机检查

【创建省级食品安全城市】 2017 年，创新开展省级食安城市与全国文明城市“双城联创”行动，督导业户近万余家，成功打造示范业户近千家、小作坊生产经营示范区 1 个、流通餐饮示范街区 2 个、农村自办宴席示范镇 1 个，起到“培育一个、示范一批、带动一片”良好效果。创城中期验收取得全省第二名成绩。

【“食品药品十大联合执法行动”】 针对食品药品风险点，健全完善联勤联动机制，开展“食品药品十大联合执法行动”，深化和拓展行刑衔接工作，对食品药品领域严重违法违规行为一律从严从快惩处。累计出动执法人员 3000 余人次，执法车辆 900 余台次，检查业户 500 余家，发放公告 600 余份，下达整改通知书 120 余份，移送公安机关 3 起。行动获得省市系统肯定，在社会上引起较大反响。

【日常监管与专项整治】 日常监管实现对食品生产企业风险分级分类管理、餐饮服务食品安全量化分级管理，强化流通环节台账登记及索证索票制度落实、药械安全性监测等工作。同时，结合日常监管中风险高、百姓关注的业态，如学校食堂、校外托管机构、药械生产经营、保健食品、化妆品虚假宣传等方面开展专项整治活动，全面净化食品药品市场。

【建设食药监管“天网工程”】 在条件成熟的业户安装食药监管“天网工程”，初步建立包含政务执法、企业报备及公众服务等 3 个平台的总体架构，为满足食药监管部门对生产、经营环节的食品药品安全性、有效性的统一监督管理提供技术保障。截至 2017 年底，辖区 150 余家学校及托幼机构食堂、3 家大型餐饮酒店、10 家药械经营单位及 9 家养老机构安装调试完毕，逐步向其他经营业户推进。

【全面推进食品药品安全社会共治】 一是实行监管“网格化”。借助 1246 个网格员，编制全区食品药品安全监管网络，打通食药监管的“最后一公里”。二是强化自律意识。开展食品药品从业人员大培训活动，全年开展培训 140 余次，培训 7000 余人次，组织开展安全应急演练 2 次，增强责任意识、法律意识和规范意识。三是营造“全民参与”氛围。利用大型户外宣传牌、宣传横幅、门店 LED 屏设置宣传点 2000 余处，发放食品安全宣传资料 9 万余份；开展食品安全知识进社区、进学校、进企业活动 50 余次。充分利用微信公众号、政务微博、网站等新媒体加强创城宣传，营造人人参与、共同关注食品安全良好舆论氛围。

（王琦霞　王冰）

工商行政管理

【工商登记注册】 继续深化商事登记制度改革，实行企业注册登记“多证合一、一照一码”改革，按照能合尽合、能简尽简、该减则减的原则，将涉企信息进一步整合到营业执照上，统一社会信用代码成为企业唯一的“身份证”。加上前期整合的“五证合一”，共有 31 项备案登记可以纳入“多证合一”改革范围，让“减证”有效带动“简政”。9月启动市场主体全程电子化新模式，让企业登记注册更快更便捷。通过“网上提交材料、网上身份查验、网上审查核准、网上亮照公示”的登记模式，从“面对面”到“键对键”最大程度方便群众网上申报，真正实现“无纸化”，9月4日，完成对德州婴禾教育咨询有限公司在线提交材料的网上审核，发出德城区第一份电子营业执照。实现“互联网＋政务服务”快捷工作模式。实行多证合一、注册登记电子化、一审核制等措施，降低市场准入门槛，优化营商环境，按照政策上最宽、手续上最简、时间上最快、服务上最优的“四优”标准，创建“一套材料、一表登记、一窗受理”的工作模式，在名称核准、受理、审核、领照（换照）等业务实现一条龙服务，提高登记效率。截至2017年底，全区新增市场主体9384家，同比增长28%，其中企业3506户，同比增长22.3%，个体工商户5878户，同比增长31.8%。变更2236户；预先核准企业名称4450余户；换发三证及多证营业执照1115户；接受企业各类查询5029次。

实行企业简易注销登记。企业申请简易注销通过全流程网上登记模式办理。办理简易注销企业不再提交清算报告，只需企业通过商事主体登记及许可审批信用信息公示平台（简称“信用信息公示平台”）免费发布注销公告，公告期限为45天。简易注销登记有利于提升市场退出效率，提高社会资源利用效率，降低企业退出成本，激发市场活力。截至2017年底，共有446家企业通过公示系统进行注销公示，助其顺利退出市场。

加强企业信用体系建设，强化事中事后监管职责。2017年共报送各类市场主体年报34655户，其中企业6747户，年报率82.70%；个体27715户，年报率86.22%；农民专业合作社190户，年报率76%，对于未报送企业年报的市场主体及时列入经营异常名录，将上述信息通过全国企业信用信息公示系统对社会公示。全年共列入经营异常名录市场主体5979户，其中企业1500户，个体4479户；移出市场主体229户，其中企业155户，个体74户。

【市场监管】 开展传销“清剿”行动。与公安部门联合行文，制定《开展打击整治传销违法犯罪专项行动方案》。对德城区出租厂房、出租屋、大型酒店会议室等进行地毯式清查，打击传销组织，发动群众广辟线索，与公安、社区集中开展清剿行动。共清理涉嫌传销窝点4处，遣散传销人员200余人。

开展非融资担保类企业专项检查。对德城区楼宇企业开展拉网式检查，对登记名称中含有“投资”“众筹”“金融服务”“融资担保”等字样的企业，以及非融资类担保企业，采取书式排查和实地到户排查相结合的方式进行摸底排查。排查内容包括企业名称、经营范围、住所（经营场所）、宣传活动、风险警示提示等。对发现的违法违规行为，采取责令限期规范、依法给予行政处罚、追究相关主体责任，从速从严处理，及时向有关部门通报情况，切实维护经济金融安全和社会和谐稳定。共检查非融资担保类企业182家，其中无照经营3家，经营场所与登记地址不符的10家，超范围经营的2家。向金融办移交疑似非法集资线索1起。

对成品油市场加大整治力度。督促加油站落实进货登记台账制度，严把产品质量关，不定期进行检查，建立健全预警机制。根据德州市关于对大气污染防治工作的会议精神及省市工商局的抽检计划，对德城区境内的48家加油站和1座油库进行全面抽检并全部建立成品油监管档案。全年共抽检45家加油站，1座油库，抽检油品91个，车用尿素5个，剩余3家加油站因油罐升级未营业，无法抽检。全年成品油抽检率达100%。

大力开展春秋两季“红盾护农行动”。对辖区内的所有农资经营户进行检查，把农资商品作为检查重点，督促农资经营者健全落实进货检查验收、不合格商品退市等制度，在严把进货质量关的同时，实现农资商品可追溯管理。全年共抽检农资经营户12户，农资样品19个。

按照区政府煤炭质量指标要求，对煤炭市场进行专项整治。对辖区内的42家散煤经营户进行检查，对30户持照经营户建立监管台账，取缔无照经营11户。同时配合相关部门对德城区清洁型煤华海配送中心进行四次抽检，抽检样品11个，合格率达100%。

积极开展文明城创建活动。充分发挥工商职

能作用，积极开展创建全国文明城工作。对照创建目标任务涉及的16项指标，制定方案，细化台账，在10处集贸市场制作悬挂文明经营宣传展板100余块，条幅14个，进一步规范市场经营秩序和环境卫生。开展创城公益广告征集活动，利用公共资源发布核心价值观助力文明城创建，在城区主干道、汽车站牌发布创城广告200余条。开展校园周边网吧专项整治，严查黑网吧。规范创城档案60余份，为创建文明城贡献力量。

开展企业安全生产隐患大快严整治。严把市场准入关，对涉及危险化学品等重点行业的企业，严格把关，并积极履行“双告知”职责。对危险化学品经营企业主体档案进行复查。对批准文件有效期届满或过期的生产经营单位，列出清单，依法责令其办理变更登记或注销登记，及时书面通报相关主管部门。对辖区内化工企业进行逐户排查，严查超范围经营、年报信息虚假等违法行为。与相关执法部门联合执法，开展重点行业大检查，对化工企业、烟花爆竹等危险行业进行专项整治，严查无照经营行为。建立监管档案9个，监管资料200余份。全年共出动执法人员200余人次，检查市场经营主体178户。

【商标广告】 大力加强商标注册工作。全年共注册商标207件，其中涉农商标16件。积极开展“商标助企大走访活动”“马德里国际商标注册突击月”活动，以商标国际注册目标企业，争创中国驰名商标、山东省著名商标、市知名商标意向企业，地理标志证明商标企业及意向企业为重点，采取实地调研、座谈交流、现场办公等方式逐一走访，实行“一企一策”。共走访企业62家，其中意向申报马德里国际注册商标企业13家，意向申报中国驰名商标企业2家。

严厉打击商标侵权行为，依法加强商标专用权的保护。全年共受理商标侵权案件11起，均处理完毕。

开展广告法律法规宣传培训工作。全年举办广告培训3次。

开展户外虚假违法广告整治。以强化户外广告、互联网广告的监管为主。发挥户外广告监测系统作用，安排专人及时依法对总局派发的违法广告线索进行查看处理，第一时间对相关广告经营主体，下达《告诫通知书》责令整改，对严重违法广告从重从速调查处理。开展对人类辅助生殖技术、医学美容、食品、保健食品、非法集资等各项广告专项整治活动。全年共受理投诉案件147起，均处理完毕。

【合同监管】 开展“守合同重信用”企业公示。通过自愿报名、预审、系统表格填报、材料报送、评审等程序，指导47家企业通过市级公示，被评为市级“守合同重信用”企业。

开展动产抵押登记，为企业拓宽融资渠道。2017年，严格按照新《动产抵押登记办法》登记程序，办理动产抵押登记20份，为企业融资约19亿元。

加强对拍卖企业监管力度，受理拍卖备案60起，现场监拍2次。

开展合同条款专项整治。针对房屋中介类、家政服务类合同格式条款进行指导、督促，收集旅游业务相关合同67余份，约谈10次，下达行政指导5份。

开展涉农企业合同条款大走访活动。为规范涉农企业和农户专业合同文本，预防合同纠纷。走访黄河涯、二屯镇的涉农企业、家庭农场、农民专业合作社等农业经营主体，推广涉农合同示范文本，防止利用订单农业进行合同欺诈，损害农民权益行为。

【消费者权益保护】 开通“12315”网络投诉平台，推进“互联网＋政务服务”，促进消费维权便捷化。全年共受理投诉单168起，举报53件。

扎实做好“12345”热线办理工作。实行“统一受理，分类处置，限时办结、统一上报”工作机制，严格执行“事事有着落，件件有回复”原则，突出工作的针对性，时效性，主动性，确保件件有落实。全年共受理投诉3007件，回复率100%，满意率95%以上。

开展流通领域重点商品质量抽检工作。开展“你举报我抽检”行动，针对投诉量大的商品进行抽样检测，服装类80个批次，通信设备25批次，合格率90%。开展问题“牙签弩”儿童玩具专项检查，出动执法人员64人次，检查校园周边经营户58户，未发现销售“牙签弩”经营行为。开展消费年主题活动。开展消费教育进社区、进企业、进学校，普及消费法律知识和科学消费知识，提针对消费领域存在的热点难点问题，适时发布消费警示，提高广大消费者的依法维权意识。

【法治工作】 积极梳理权责服清单。加强权责服动态系统日常监管，进一步梳理确认相关事项。共梳理法律、法规、规章等200余部，梳理出行政权力事项516项，责任清单50项、服务清单16项，“零跑腿”清单1项，“只跑一次”事项清单5项。

组织开展各类普法工作。开展普法宣传活动。通过发放宣传材料、设置宣传展板、开展法律咨询等形式，向市民宣传工商法律知识，引导群众牢固树立宪法法律至上的法治理念。组织全局执法人员参加普法考试。

落实行政执法三项制度。按照上级部门的工作要求，印发《德城区工商局三项制度工作方案》，制定各项制度、流程图共计25项。

【协会工作】 组织各基层劳协分会走访慰问困难会员及社区困难群众。开展光彩服务日、重阳节等节日慰问，走访贫困群众、老党员、孤寡老人近100人，资助贫困大学生10名，脱贫1户，送去米、面、油生活用品和棉衣、棉被等御寒物品，共计2万余元。开展慈心一日捐活动，捐款13000余元。

组织德城区个体私营企业参加第一期全国个私协会员管理创新研修班，推选德州奥德曼酒庄总经理董兴水、山东瑞泰奇医疗器械有限公司董事长杨志、德州辰芊电气设备有限公司董事长王凤华三位企业家代表参加“研修班”学习，研修班培训结束董兴水被评为“优秀班干部”，王凤华被评为“优秀学员”。

开办四期会员服务大讲堂。以“企业信息公示推进会暨新零售电商转型培训”“企业经营转型升级培训”“新零售沙龙”“企业品牌战略和信用建设”为主题，邀请各地电商专家讲解，工商人员业务培训，提高小微企业的经营能力。共计培训企业1000余家。

举办学习贯彻党的十九大会议精神宣讲报告会。为更好宣传十九大精神，加强个私协会员对十九大报告提出的新时代、新成就、新思想、新目标、新部署、新要求的领会，举办培训班，300余名企业家参加培训，邀请德州市宣讲团副团长陈义杰对十九大精神进行讲解，报告深入浅出地从坚持质量第一效益优先、加快互联网和实体经济融合、强化品牌意识、加快传统产业升级、如何抢抓新机遇、在京津冀协同发展中发挥优势等方面阐述十九大报告中就鼓励支持民营经济发展作出的新的重大论述，提高企业发展的信心和动力。

开展“3·15国际消费者权益日”及年主题活动，引导社会舆论关注网络消费热点问题，推动网络经营诚信建设。3月15日当天，在企业和主要街道挂出横幅，张贴宣传画，出动宣传车，设立投诉台、宣传台、咨询台8个，现场接受投诉30多件，接受咨询200多人次，散发宣传材料2000余份。

全年提供各类咨询服务1000多人次，为消费者挽回经济损失16万元，受到消费者称赞。

（冷路芹　高云华　刘莉莉　王洪艳　靳晓辉　秦怡　李晓晨　姜淑萍　袁凌新　赵静）

物价管理

【做好价格基础工作】 一是对市场价格实时监测分析，编制《价格周报表》《价格动态》。二是规范完善农产品成本调查数据采集工作。三是落实“德州价格通”信息发布平台建设工作。

【规范收费监管 落实收费目录清单制度和收费公示制度】 做好行政事业性收费监管工作。物价局配合区财政局编制2017年度《德城区涉企行政事业性收费目录清单》《德城区市级政府定价涉企经营服务性收费目录清单》《德城区行政事业性收费目录清单》《德州市考试考务费目录清单》，同步在区政府网站公布，实行动态管理。依照鲁价费发〔2015〕81号文件通知，继续开展区属98家幼儿园2017年度收费监督管理工作，统一报送上一年度收费情况报告表，更新《幼儿园收费公示表》，经物价局审核，严格要求各幼儿园在醒目位置进行公示，开展监督检查。完成德城区2017年度行政事业性收费年度报告工作。共审验57个部门单位，通过全国收费动态监管系统平台实施网上申报，实行动态督导。

【加强市场价格监管检查】 部署开展明码标价示范店认定工作。在春节、五一、端午、国庆、中秋等传统节日期间，组织开展市场价格监管和巡查活动。做好价格公共服务和价格举报受理工作。共计受理“12358”价格热线、“12345”市民热线、市电视台“承诺热线”举报和咨询案件150件，办结150件，按时办结率达100%，满意度达100%。

【积极办理价格鉴证和价格认定工作】 充分发挥价格裁定和价格矛盾、价格纠纷调解处理的职能作用。2017年共办理刑事案件涉案物品的价格鉴证31件，鉴定总金额116万元，无一复议。

【部署开展在市场体系建设中建立公平竞争审查制度工作】 贯彻落实《国务院关于在市场体系建设中建立公平竞争审查制度的意见》《山东省人民政府关于贯彻国发〔2016〕34号文件在市场体系建设中建立公平竞争审查制度的实施意见》，制定印发德城区《在市场体系建设中建立公平竞争审查制度实施方案》，确保全区各级、各部门有关行为符合公平竞争要求和相关法律法规，维护公平竞争秩序，推动德城经济社会持续健康发展。

（王怡）

农业　水利

农　业

【组织机构】 德城区农业局机关下设5个行政科室，分别是综合办公室、科技教育科、财务审计科、农业产业化办公室（种植业管理科）、农产品质量监管科；下属8个事业单位，分别是德城区农村经济经营管理局、德城区棉花生产办公室、德城区农业技术推广中心、德城区农业高新技术试验示范基地、山东省农业广播电视学校德城区分校、德城区种子管理站、德城区植物保护站、农业综合执法大队；归口管理2个事业单位，分别是德城区棉花原种繁育场、德城区园林二场。

2017年8月16日，山东省、德州市植保专家考察德城区重大疫情监测点

【农业概况】 德城区农业涉及2个镇，2个街道，53个农村社区（114个行政村），耕地面积14.29万亩，农业总户数2.75万户，农业人口10.11万人，人均耕地1.41亩。2017年预计实现农业总产值10.95亿元，可比价增速2.09%；预计农村居民人均可支配收入13810元，可比价增速9.0%。

【粮食生产】 2017年全区小麦种植面积11.05万亩，平均单产542.6公斤，比上年增加0.2公斤，总产6万吨；玉米种植面积10.86万亩，平均单产614.3公斤，总产6.67万吨。

【惠农政策】 落实耕地地力保护补贴资金，创建省级农产品质量安全县项目资金，小麦、玉米、棉花保险资金等农业项目10个。到位资金2033.51万元。

2017年5月3日，德城区防灾减灾田间现场培训

【放心农场建设】 德城区立足京津冀鲁优质农产品供应基地的定位，深入推进农业供给侧结构性改革，按照“创新、协调、绿色、开放、共享”发展理念，发挥区位优势，全力打造周边城市“放心农场”，推动农业转型升级。一是推进农业标准化生产。以“十有”标准建设农产

2017 年 9 月 12 日，外来入侵生物——黄顶菊灭除现场

品标准化基地，各基地按照标准化规程生产，形成推广有标准、生产有记录、产品有标识、质量可追溯、产业成规模的农业标准体系。建成蔬菜、水产、畜牧等各类标准化基地 29 个，面积 1.6 万亩。抢抓京津冀协同发展重大机遇，进一步加强与农科院、山东农业大学等科研院所的技术咨询及业务合作，依托鑫昂农业科技园、电大实训基地，推行“公司 + 合作社 + 农户”“科研机构 + 基地 + 农户”等模式，加快农业科技创新、成果转化应用和示范推广，促进农产品产、加、销一体化经营。坚持以工业化思路、基地化方式推进园区建设，全区 29 个现代农业园区建设顺利推进，奥德曼酒庄有机葡萄生态园、德城区电大实训基地被认定为德州市现代农业示范园区。德岸漫城现代农业产业园项目进展顺利，德城区高效农业示范园的油牡丹种植开启农业转型升级的大门。围绕扒鸡公司、奥德曼酒庄、益海嘉里、粮全其美等 31 家规模以上农业龙头企业，辐射发展粮油、畜牧、林果等特色农业产业，重点培育壮大一批起点高、规模大、带动力强的农业产业化企业。突出企业品牌培育，引导企业开展“三品一标”认证，充分发挥 10 个著名品牌，28 个“三品一标”认证的辐射作用，重点打造德州牌西瓜、奥德曼葡萄酒、吃不够蔬菜等特色品牌。大力引导现有农业龙头企业通过技术革新延伸产业链条，同时加强农产品购销体系建设，促进农业物联网与电子商务融合发展，加强农产品冷链系统、鲜活农产品物流配送中心、农产品产地集配中心等基础设施建设，健全农产品流通网络，确保农产品从“果园子”到“菜篮子”“丝丝入扣”。二是做大做强新型农业经营主体。大力开展示范创建活动，对合作社和家庭农场，择优培强，不断提高规范化管理水平，提升主体规模。加大宣传力度，对示范合作社和家庭农场，开展专题报道，积极打造舆论氛围，提升知名度。组织参观学习，有效开阔眼界，扩展思路。定期对合作社进行调研，掌握最新动态。截至 2017 年底，全区家庭农场达到 38 家，其中德城区鑫旺家庭农场同扒鸡集团合作，走企业 + 农场模式，规模化养鸡，收益稳定；农民专业合作社达到 308 家，种粮大户 26 户，其中德城区沙杨种植农民专业合作社走一二三产融合之路，形成产、加、销一条龙运营模式，多渠道、多方式，切实实现入社农户增收目标。德城区满园春粮食种植专业合作社同禹王集团合作，种植高蛋白千斤豆，价格高于市场普通大豆，效益明显。

【农业种植结构调整】 实施“藏粮于地、藏粮于技”战略和粮食高产创建攻关模式，实现由单纯

2017 年 10 月 31 日，德城区举办农村集体产权制度改革培训班

德城区农产品质量安全监管平台监控室

追求粮食总量向粮食生产质量和效益双增动能转变。稳定小麦、放活夏播作物，积极扩大杂粮、大豆、青贮玉米、特用玉米等种植面积。2017年全区种植结构调整面积共计5560亩，其中大豆1000亩，糯玉米1000亩，杂粮2000亩，中药材丹参60亩，其他1500亩。同时在黄河涯镇建立100亩以上连片规模化种植的优质作物种植业结构调整示范基地2处。

【农村土地制度改革】 开展第三次农村土地承包经营权确权登记颁证扫尾工作，对已发放的土地承包经营权证进行深度排查，进一步纠错改错。5月份，圆满将土地确权登记数据成果向省及国家数据库进行了汇交。在此基础上，积极探索承包地“三权分置”及土地承包经营权抵押贷款工作，联合金融部门开展调研活动，积极探索农村土地承包经营权抵押贷款办法。农村集体产权制度改革试点工作全面完成，12个试点村累计确权10323股，量化资产898万元，资源167万平方米，发放股权证书3083本，圆满通过市级检查验收。深入开展土地流转规范化建设工作，进一步理顺农村土地经营权流转交易管理职能，逐步规范农村土地经营权流转程序，结合农村综合产权流转交易市场建设工作，积极为流转双方提供信息发布、政策咨询等服务，引导流转双方签订规范的流转合同。积极配合组织部门开展农村党支部领办创办土地股份合作社服务农业适度规模经营工作，认真做好合作社的建设指导及培训工作。截至2017年底，全区土地流转面积达到5.16万亩，比上年增加2010多亩。

【农产品质量管理】 2017年11月，德城区农产品质量安全区创建通过市级验收；积极推进省级食品安全城市创建工作，强化农业化学投入品监管，加大初级农产品生产过程质量安全管控力度，取得显著成效；德城区创建省级农产品质量安全县建设项目通过立项，成为2017年山东省16个项目建设县之一。规范农资市场经营秩序，对农资经营业户开展业务培训，签订农资经营责任书，建立经营业户管理档案，推行从业人员持证上岗，培训农资从业人员110余人次。全面推行农药经营告知制度，实现辖区内农药销售登记备案全覆盖，全区44家农药经营门店，登记备案农药品种327个。做好外来入侵有害生物调查和重大有害生物阻截带检疫工作，全面掌握黄顶菊发生危害情况，及时做好防除工作。开展农资打假专项行动和百草枯专项治理，对农资批发市场和乡镇农资门店进行全面检查，严查高毒农药和非法添加违禁成分行为，对市场经销的农资产品进行抽检，确保农业投入品

2017年12月15日，德城区举办基层农技推广补助项目培训班

使用安全。全年共出动执法检查 310 人次，整顿农资市场 10 个次，检查农资生产企业 43 家次，经营业户 220 家次。

【科技助农】 全面实施基层农技推广补助项目，遴选 280 个农业科技示范主体，67 名技术指导员，2 个农业科技实验示范基地，通过精准指导服务，组织交流观摩、辐射带动等措施，推广小麦、玉米、蔬菜新技术、新品种，发放物化补助，建立健全基层农技推广服务机构。对 67 名技术员和 280 个示范主体进行轮训，组织 8 人参加省级培训班，23 人参加市级培训班，通过培训，切实加强高素质农技推广队伍建设。开展新型职业农民培育项目，培训学员 150 余人次。组织开展科技人员下乡服务活动，全年下乡服务 500 余次，指导农户 2000 多户次，编发技术手册及明白纸 10000 余份。

【德州圣丰种业有限公司简介】 德州圣丰种业有限公司创建于 2006 年 6 月 18 日。该公司是集农作物种子科研、生产、加工、经营、服务于一体的持有种子经营许可证的民营种子公司，公司注册资金 500 万元，具有独立法人资格，有员工 17 人，其中高、中级专业技术职称人员 5 人，专业技术人员 5 人。下设育种、生产、检测、经营等部门。公司经济实力雄厚，拥有晒场 1500 平方米，种子加工车间 200 余平方米，标准种子储备库 1100 平方米，检验室 80 余平方米，检验仪器齐全。种子成套加工设备一套。具有较强的种子生产、收购、检验、加工、包装、贮存能力。常年有稳定的种子生产、良种繁育基地 6000 余亩，经销的小麦品种有良星 99、良星 66。玉米杂交种有金博士牌郑单 958、金博士牌蠡玉 37，还有最新审定的玉米新品种济玉 1 号。所经销的小麦和玉米杂交种在德州市甚至在全省都是最新审定的品种，也是在全省和德州市产量水平最高、适应性强、抗病性最好的品种。公司有固定网络经销点 100 余个，经营权限涉及了德城区、陵县、宁津、武城等县市区。小麦良种年销售量 200 万公斤以上，常年经销玉米良种在 30 万公斤以上，在多年的经营实践中，从没有出现过种子质量问题，这也是保证公司信誉、效益和生存关键。

（孔祥国　王凤池　杨友　李淑玲　任淑娟　李增福）

德城区种子公司简表

单位简介	地　址	销售量
德州圣丰种业有限公司	德城区黄河涯镇希望工业园	200 万千克
德州市德高蔬菜种苗研所	德州市经济开发区抬头寺工业园	35 万千克
德州市德优种业有限公司	新湖街道办事处新村中街 112 号	1.5 万千克
德州市博士通种业中心	广川街道办事处湖滨中大道 1181 号办公楼 218（A 室）	1 万千克
德州市宁源种业有限公司	新湖街道办事处新村中路 115 号	1.5 万千克
德州市德超种业有限公司	新湖街道办事处新村街下沿 12 号楼 104 号	2 万千克
德州市德蔬种业有限公司	德州市的城区七西农资市场 36 号 2 楼	2 万千克
德州市超胜种子有限公司	山东省德州市德城区新湖街道办事处新村中街 4 号楼 6 号	1.5 万千克

林　业

【树木种类】 德城区林业生物资源较为丰富，种类繁多。乔灌树种38个科，57个属300多个树种。

主要树种有：毛白杨类、黑杨类、香椿、臭椿、白腊、刺槐、国槐、白榆、柳树、泡桐、法桐、苦楝、五角枫、侧柏、龙柏、枣、苹果、梨、桃、柿子、杏、核桃、葡萄、桑葚、石榴、无花果、李子、银杏、山楂、枸杞、花椒、红叶李、木槿、玉兰、榆叶梅、海棠、碧桃、丁香、紫荆、紫薇、冬青、玫瑰、金银花、紫藤、凌霄、金叶女贞、柽柳、紫穗槐等。

主要乡土树种有：枣、杨、榆、柳、国槐、柽柳。

【造林绿化】 紧紧围绕打造“绿满德城，生态强区”目标，全力开展林业生产工作。全区完成新造林3400亩，植树72万株，完善农田林网1.5万亩，新植树木成活率达到90%，保存率达到100%。一是推进绿色通道建设。对104国道、105国道、101省道、353省道、幸福大道、滨德高速及减河等重点路网、水网断点进行补植完善。二是完善农田防护林体系，打造绿色防护屏障，全年完善农田林网1.5万亩。三是抓好全民义务植树。积极组织开展全民义务植树活动，在植树平台、苗木等方面做好周密细致安排，确保全面义务植树活动顺利开展。四是抓好村镇绿化。着重对村庄道路、庭院、闲置地进行绿化，以乔木为主，实行乔灌花相结合，着力改善农村环境，美化农民家园。五是发展花卉苗木。全区共有花卉苗木4630亩，100亩以上育苗基地10处，总产苗量690万株，其中2017年新育苗350亩。

【林政管理】 一是严格林木采伐管理。严格按照“十三五”限额计划进行采伐管理，全年共办理林木采伐手续46份。二是加强林地资源管理。加强征占用林地审批，依法查处未批就占、未批就建、少批多占、超范围使用林地行为，全年没有发生一起违法侵占林地案件。三是加强木材流通管理。规范木材交易行为，取缔无证或租用的木材加工企业。全年新办理木材经营许可证2份，年审23份。

【林业执法】 充分发挥森林公安职能作用，积极主动开展林业执法，全年共查处涉林案件7起。一是全力开展专项斗争。开展“2017利剑行动”专项行动，集中打击破坏森林和野生动物资源违法犯罪，共出动民警52人次，出动车辆26台次，检查野生动物活动区域7次。主动出击，强化行刑衔接和跨区域、跨部门协作，有效地防止破坏森林和野生动物资源的违法犯罪的发生。二是开展积极森林防火。以森林公安为主体开展了森林防火专项行动，制定专项行动实施方案，明确组织领导，对德城区苗圃、减河湿地、运河湿地等易发火灾地段开展不定期的巡逻检查，及时消除火灾隐患，提前制定防火预案，确保做到万无一失。

【特色经济林】 一是大力发展“城郊型”经济林产业。把经济林作为“农民增收、农业增效、农

2017年3月10日，德城区干部群众150余人在天衢办事处二屯村北侧华鲁灰场南侧参加全民义务植树活动

2017 年 5 月 23 日，德城区租用通辽市神鹰通用航空有限公司 R44 直升机，对全区路网水网等重点区域进行低空飞行作业，全力防治美国白蛾等林业有害生物

村发展”的重要举措来抓，全年新增经济林面积 1200 亩。二是推进标准化生产。大力推进标准化生产，经济林标准化生产程度达到 80% 以上。在第 24 届布鲁塞尔国际葡萄酒大赛上，德城区奥德曼酒庄选送的蛇龙珠干红葡萄酒获得大赛金奖。三是加强食用林产品质量安全监管。全面实施食用林产品质量安全保障工程，制定《德城区 2017 年度食用林产品专项整治实施方案》，完成山东省林业厅果品质量安全与风险监测采样点布点工作，共完成 60 个样本的采样，样本合格率 98% 以上。提升重点企业食安硬件建设，为馨秋、奥德曼公司配备农药残留速测仪器、24 小时实时监控摄像头等设备。

【林木病虫害防治成效显著】 一是合理布设监测网络。全面掌握林业有害生物的发展动态，全区布设 5 个市级专职测报点和 10 个区级专职测报点，每个测报点由专职监测员负责各个测报点的监测和上报。二是实施飞机防治。4 月 10 日，利用 R44 直升机对减河两岸防护林及黄河涯镇等区域的丰产林进行针对重点食叶害虫春尺蠖的飞防施药作业，共飞行 20 架次，防治面积 1.5 万余亩。5 月 22 日，利用 R44 直升机对绿色通道、主要河流流域及大面积丰产林的林木进行低空喷雾施药，共飞行 40 余架次，防治面积 3 万余亩。三是全力开展地面防治。保障整体防控效果，“飞防”结束后，镇街立即启动“防控专业队”，对各村居、林网、小区、单位、企业及“飞防”遗漏区域内 1600 万株树木进行统一药物喷施防治，全面完成地面防控工作。

【德州市德城区苗圃】 德州市德城区苗圃占地 780 亩，有职工 21 人，其中技术人员 8 名，有花卉交易大厅 6000 平方米，鲜切花生产基地 50 亩，蝴蝶兰生产基地 20 亩，基地各种绿化用育苗 300 亩。年销售苗木及花卉达 20 万株，收入 300 余万元。德州市德城区苗圃 2004 年荣获“山东省林业先进单位”称号，2013 年荣获“全省十佳苗圃”称号。

（张伯林　王晓文　黄英军　郝胜海　刘延强　高庆菊）

畜牧业

【畜禽种类】 肉牛：主要品种为鲁西肉牛、南阳肉牛、利木赞肉牛；

奶牛：主要品种为荷斯坦奶牛；

猪：主要品种为长白、大约克、杜洛克、皮特蓝、莱芜黑、太湖；

羊：主要品种为小尾寒羊、波尔山羊、杜波等、崂山奶山羊、沂蒙黑山羊；

蛋鸡：主要品种为海蓝白、海蓝褐、罗曼褐、海赛克斯、农大五号；

肉鸡：主要品种为艾拨益加、艾维茵、罗曼、罗斯 308；

肉鸭：主要品种樱桃谷鸭、北京鸭；

肉兔：主要品种为德国花巨兔、新西兰兔、比利时兔、獭兔；

毛兔：主要品种为安哥拉兔；

马：主要品种为汗血宝马、蒙古马、伊犁马、阿拉伯马。

2017 年 5 月 17 日，德城区畜牧兽医局举办兽药饲料监管工作培训班

【畜禽养殖场】 在 2016 年 76 家规模养殖场基础上，通过畜禽养殖污染治理，2017 年全区有规模养殖场 54 家，其中肉鸡养殖场 27 家，年出栏 750 万只；蛋鸡养殖场 10 家，年产蛋 2600 吨；生猪养殖场 13 家，年出栏 2.5 万头；肉鸭养殖场 3 家，肉羊养殖场 1 家。全区通过省级畜禽标准化示范场验收的规模场 9 家，2017 年新增 1 家，通过市级畜禽标准化示范场验收的规模场 45 家。

【饲料厂】 全区饲料加工厂 7 家，其中年产全价饲料 20 万吨以上的 3 家，年产全价饲料 10 万吨以上的 4 家。

【产业化经营】 依托山东六和集团、德州扒鸡集团两个肉禽加工龙头企业，大力发展肉禽养殖业。山东六和集团在德城区投资 3.6 亿元，建成存栏父母代肉种鸡 8 万套的种鸡场 3 处、年孵化量 3000 万只的孵化场 1 处、年加工全价饲料 30 万吨的饲料厂 1 处。德城区依托该企业建成黄河涯镇、新华办事处两个肉禽养殖基地，成立肉禽养殖合作社 8 家，发展养殖场（户）255 个，年出栏商品肉鸡、肉鸭 1111.9 余万只。德州扒鸡集团充分发挥德州扒鸡名牌优势，年加工生产“德州牌”扒鸡 2000 万只，产品获绿色食品认证。依托该企业建成二屯镇、天衢办事处两个扒鸡专用鸡养殖基地，发展养殖场（户）45 个，年出栏扒鸡专用鸡 260 余万只。

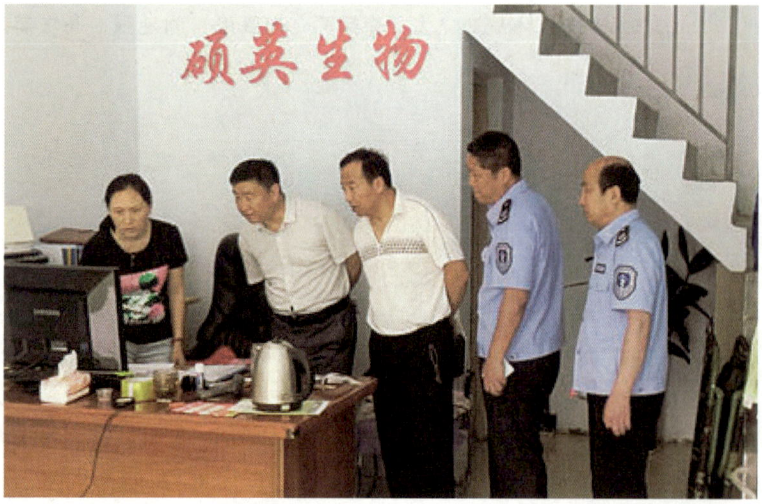

2017 年 6 月 7—8 日，德城区畜牧兽医局对全区兽药经营企业的兽药追溯系统安装和使用情况进行专项检查

【发展现代化的品质畜牧业】 2017 年生猪行情持续高涨，家禽行情喜忧参半。加上新形势下，环保污染治理，部分养殖场被关停，全区畜禽存栏量下降。面对畜牧业发展新形势，德城区畜牧业以新旧动能转换为着力点，努力抓好养殖场标准化创建工作。全年新建、改扩建标准化养殖场 17 处，新增无公害产地和农产品认证 2 个，完成区政府和市局下达任务指标的 142%、200%。其中维田和鑫坤两个畜禽养殖合作社分别投资 500 万元，建设 6 栋全自动标准化笼养肉鸡舍，单批存栏 15 万只，自动化程度走在全市前列。全年生猪、肉鸡年出栏为 6.65 万头、942 万只。

【畜牧业政策性保险】 畜牧兽医局安排专人与保险公司人员一起逐村逐户摸底调查，宣传发动，分别在黄河涯镇、二屯镇召集养殖场户开座谈会，集中讲解保险的相关情况，全区符合政策要求的能繁母猪 970 头、育肥猪 17100 头全部落实政策性养殖业保险投保，做到

2017 年 6 月 26 日，德城区畜牧兽医局举办全区畜禽养殖废弃物无害化处理及资源化利用技术培训班

应保尽保，2017 年度争取国家、省、市补贴资金 388416 元。

【动物疫病防控】 健全完善区、镇（街）、村三级动物疫病防控体系，明确任务，各负其责。强化技术培训，邀请专家对全区村级防疫员进行集中培训 2 次，培训人员达 150 余人次，发放培训宣传资料 800 余份。进一步提高广大参训人员对畜禽养殖污染治理必要性和重要性的认识，为今后转变畜牧业发展模式，改造提升养殖场档次，逐步实现德城区畜牧业发展与环境保护双赢奠定良好的基础。严格考核，及时发放村级防疫员补助。春秋季防疫结束后，为全面掌握防疫情况，抽调专人，由南北两站配合，组成两个暗访组，对全区所有散养畜禽养殖的社区、村 50% 的比例，按照百分制考核标准，进行考核打分。12 月 25 日前通过“一卡通”发放到村级防疫员手中。全年春秋集中免疫禽、猪、羊、小反刍兽疫分别为 120.5 万羽、4.5 万头、1.25 万只、0.82 万只，顺利通过市级验收。

加强对病死畜禽无害化处理监督监管，全区 257 家养殖场户和屠宰场签订委托处理协议，到 2017 年 11 月共处理病死猪 11359 头，病死家禽 10530 公斤，毛皮动物胴体及其他 325 公斤，没有发现病死畜禽流失现象，处理率 100%。

【畜禽及产品检疫】 结合创建“省级食品安全城市”和“省级农产品质量安全示范区”活动，一是加强宣传和培训、营造氛围。印发张贴《给广大养殖户的一封信》《严禁使用“瘦肉精”等违禁物告知书》2000 余份，帮助屠宰场和规模养殖场制定完善各项规章制度 10 个，制作制度牌 36 块，制作宣传条幅 30 余幅。举办各类培训班 8 期，培训质量监管人员、村级防疫员、养殖场户、兽药饲料屠宰生产经营企业人员共计 600 余人次。二是加大畜产品抽检力度。全年进行 9 次集中抽检，其中市级以上抽检 5 次，区级抽检 5 次，共抽检样品 260 多个批次（其中区级 200 个），涵盖畜禽养殖环节、屠宰环节及市场流通环节，完成抽检计划。三是强化兽药饲料企业的监督管理。通过强化监管，严厉打击非法添加行为，取得巨大成效，2017 年，德城区康顺兽医服务有限公司等 3 家兽药经营企业入选全省“双十百家”兽药经营企业示范创建活动名单；全区 15 家兽药经营企业全部安装兽药追溯系统，于 6 月份成功实现数据网上上传，成为全市首家网上兽药监管单位。四是严把生猪屠宰各环节监管。对生猪屠宰各环节，全部安装摄像镜头，做到实时监控，为屠宰企业培训协检员

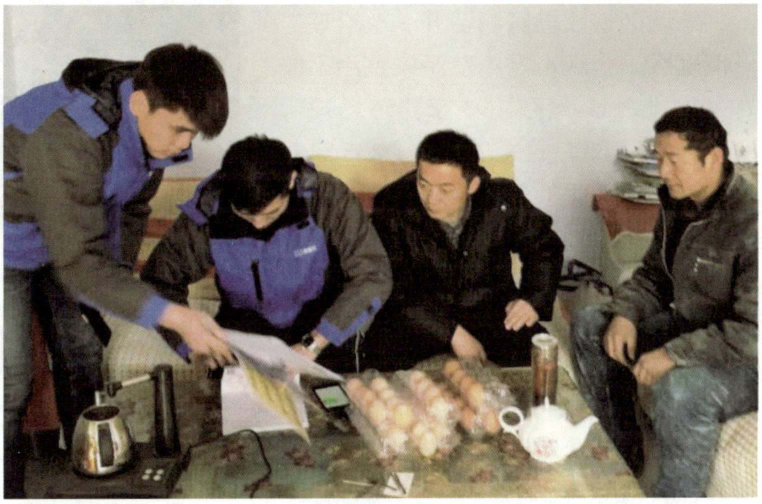

德城区动检所对辖区养殖场进行“瘦肉精”违禁添加剂专项抽检

2017 年 9 月 19 日，德城区畜牧兽医局、环保直属分局联合验收组对辖区内畜禽养殖场户粪污处理设施建设完成情况进行验收

3 名，实施屠宰同步检疫。建立健全检疫出证监管电子档案。对生猪定点屠宰场活猪进行瘦肉精抽检，检测样品 3650 例，检测结果全部合格。五是加大畜产品质量安全专项整治。按照畜产品质量安全专项整治方案，加强部门间协作，严厉打击不法行为。专项整治期间共出动执法人员 160 人次，检查畜禽养殖户 242 户次，屠宰企业 12 个次，处理各种违法案件 4 起，对畜牧业违法行为起到极大震慑作用。

【畜禽养殖污染综合治理】 为打好畜禽养殖污染综合治理攻坚战，作为牵头单位，德城区畜牧兽医局召开 3 次治理工作调度会，全区畜禽养殖污染整治工作有序推进，禁养区内 93 家养殖场户于 8 月 30 日全部完成关搬任务；255 家养殖场户完成粪污处理设施建设改造，通过环保直属分局和区畜牧兽医局联合验收，其中 54 家规模养殖场粪污处理设施配建率达 100%，位于全市前列。根据《德城区 2017 年大气污染防治工作要点》（〔2017〕4 号文件）精神，德城区畜牧兽医局及时制定《德城区畜禽尸体焚烧处理设施治理工作方案》，召开专题会议进行安排部署。5 月底前，各镇街排查出的 4 座畜禽尸体焚烧炉已全部拆除，全面完成畜禽尸体焚烧处理设施排查清理工作。在中央环保督查期间，全区收到各级环保督办件和电话投诉案件共计 12 件，由于行动迅速，措施得力，上述 12 件信访投诉案件得到圆满解决。

【科技推广】 德城区推广畜禽养殖除臭典型技术模式。该除臭模式为高科技 EMBC（复合酵素）工法，主要在饮用水中添加饲用复合酵素，有效提高饲料消化率，减少粪便养分，减少臭气产生。在养殖舍内喷洒复合酵素，益生菌大量繁殖，抑制病菌繁衍，快速除臭，降低呼吸道病发生。养殖舍出粪后，加益生菌剂，经沉降池溢流或固液分离后，固体物经 3 小时快速发酵后，可作为功能性微生物菌肥或养殖舍垫料；液体经三级沉降曝气发酵处理后，达到无害化标准（可在出水口设小鱼池测水质），可回冲圈舍用于快速除臭、节省清洁用水，还可作为苗木叶面肥。该模式适用城市污水、畜牧养殖污水及种植业。该技术已在德城区华鑫养猪场进行试点。

（崔世勇　任传征　王凤林　祁敏　贾生水）

2017 年 12 月 26 日，德城区畜牧兽医局动物卫生监督所、生猪屠宰办公室联合德城区食药监督局、德城公安分局食药环侦大队对全区生猪经营市场私屠乱宰行为进行突击检查，确保老百姓能吃上放心猪肉

山东德州扒鸡集团有限公司

【山东德州扒鸡集团有限公司简介】 市属企业。发端和发展于德城区。中国食品工业优秀企业，中国肉类食品行业50强企业，农业产业化国家重点龙头企业，国家扶贫龙头企业，全国少数民族用品—清真食品类定点生产企业。银行信用等级AAA级。省级企业集团。主营肉类食品、药品、保健品。集团公司下辖扒鸡食品总厂、扒鸡美食城、扒鸡美食海鲜城等十余家公司。企业经营涉及畜禽养殖、肉类制品、保健药品、商品零售、餐饮服务、房地产开发等行业。拥有现代化扒鸡生产线，现代化保健品、蜂产品生产线，GMP大药厂，设备和技术先进。

扒鸡是集团公司拳头产品。“德州扒鸡”是山东德州著名特产。德州扒鸡创产于康熙三十一年（1692），有300多年的历史，素有“中华第一鸡”之誉。历获“部优”“省优”“山东省著名商标”“山东名牌”等60多项荣誉称号。

德州扒鸡的传承，从家庭祖传式经营到师传式经营，子子孙孙一辈辈传下来。扒鸡传人口传心授，采用传统制作技艺，不断提高扒鸡的品位。中华人民共和国成立后，扒鸡经营市场更加稳固和繁盛。1949年，德州市成立扒鸡摊贩管理委员会，对个体商贩进行规范化管理。1952年，成立德州扒鸡联营社。1956年，德州扒鸡联营社所有扒鸡传人加入到德州市国营食品公司。1984年，德州市政府组建成立德州扒鸡联合企业公司；1992年，改称山东德州扒鸡总公司；1998年，成立山东德州扒鸡集团有限公司。2010年8月30日，山东德州扒鸡集团有限公司作为主要发起人成立山东德州扒鸡股份有限公司，该公司于2013年1月承接扒鸡集团的全部禽类养殖、加工和销售业务，主要有肉制品生产、蛋制品生产，批发兼零售预包装食品兼散装食品，主导产品为“德州”牌扒鸡系列绿色产品。

山东德州扒鸡养殖有限公司隶属于山东德州扒鸡股份有限公司，拥有自养场3座，分别是：德城区二屯试验基地、陵城区养殖场、临邑槐林散养基地。其中德城区二屯试验基地占地130亩，采用全密闭、全自动、光控、温控、湿控、自动上料，自动清粪技术，主要为公司提供珍禽品种及817鸡苗，进行各项育种及饲养试验，其孵化场种蛋受精率达92%，孵化率达96%，年出苗量达到400万只。陵城区养殖场主要养殖品种为海兰褐蛋公鸡，占地80亩，采用网上平养技术，年出栏量达40万只。临邑槐林散养基地主要养殖笨鸡，占地100亩，采用网上平养育雏加槐林放养形式，年出栏量达20万只。

2007年，德州扒鸡传统手工技艺被列为省级非物质文化遗产名录。德州牌扒鸡获评中国驰名商标，荣获第十一届中国国际农产品交易会产品金奖。

2006年，山东德州扒鸡集团有限公司被国家商务部认定为第一批中华老字号企业；2013年，山东德州扒鸡股份有限公司被授予中国食品安全年会百家诚信示范单位、中华老字号企业。

山东德州扒鸡股份有限公司通过绿色食品认证、HACCP食品安全控制体系认证、ISO 22000国际质量管理体系认证。

（崔世勇　王凤林　祁敏）

【重点畜禽养殖场简介】 **德城区一统牧业养殖有限公司** 位于黄河涯镇三十里铺村。占地25亩。2017年5月投资新建标准化示范场，总投资80万元，建有2栋标准化肉鸡舍，可存栏肉鸡5万只。

德城区一统牧业养殖有限公司

山东德州扒鸡养殖有限公司标准化鸡场 位于德城区二屯镇第三店村。占地50亩。2017年4月开工扩建的标准化示范场，总投资150万元，新建5处防渗、防雨、防溢流储粪池，提升养殖基地的环保硬件水平。新建3栋标准化笼养鸡舍，可存栏肉鸡5万只。

山东德州扒鸡养殖有限公司标准化鸡场

德城区黄河涯镇士超养猪场 位于黄河涯镇后李村。占地12亩。2017年7月投资新建标准化示范场，总投资80万元，建有2栋标准化猪舍，可存栏生猪1000只，年出栏2000头。

德城区黄河涯镇士超养猪场

德城区鑫坤畜禽养殖农民专业合作社 位于黄河涯镇王村店村。占地30亩。2017年投资新建标准化示范场，总投资171万元，建有3栋标准化肉鸡舍，可出栏肉鸡40万只。

德城区鑫坤畜禽养殖农民专业合作社

德城区维田畜禽养殖专业合作社 位于黄河涯镇王村店村。占地35亩。2017年5月投资新建标准化示范场，总投资145万元，建有3栋标准化肉鸡舍，可出栏肉鸡34.2万只。

德城区维田畜禽养殖专业合作社

德州六和养殖有限公司 位于黄河涯镇。成立于2009年7月。截至2016年底，拥有3个种

德州六和养殖有限公司

禽场，存栏种鸡共计 24 万套；1 个孵化场，年生产商品雏鸡 3000 万只。每个种禽场养殖规模为 8 万套，建有 10 个标准化全密闭式鸡舍，全部实现自动化控制，舍内盘式料线能够自动升降，具有饲料输送料塔。选用优质高产肉鸡品种，制定并实施科学规范的畜禽饲养管理规程，严格遵守饲料、饲料添加剂和兽药使用有关规定，生产过程实行信息化动态管理。

德城区华睿笼养肉鸡场 位于黄河涯镇焦庄村北，占地 11 亩，为 2016 年开工提升建设的标准化示范场。总投资 20 万元，建消毒池 1 个，消毒室 1 个。该场可存栏肉鸡 5 万只，年出栏 25 万只。拥有 2 栋标准化笼养鸡舍，自动控温、自动清粪、自动饮水，全部实行电脑自动化控制，生活区、生产区、粪污无害化处理区三区分开，建有粪污无害化处理设施，购置相应消毒防疫设备。该场标准化建设，极大地节省人力物力，减少环境污染，提高经济效益。

德城区华睿笼养肉鸡场

德城区德顺生态蛋鸡养殖场 位于二屯张牌庄村，占地 12 亩，总投资 30 万元，存栏蛋鸡 10 万只。该场建有 3 栋标准化蛋鸡舍，自动控温、自动清粪、自动饮水，全部实行电脑自动化控制，生活区、生产区、粪污无害化处理区三区分开，建设粪污无害化处理设施，购置相应的消毒防疫设备，养殖档案填写规范完整。该场的标准化建设，极大地节省人力物力，减少了环境污染，提高经济效益，起到良好的社会效益、经济效益和广泛的示范带动作用。该场周围无污染企业，无噪音，通风向阳，给排水方便，交通方便。

德城区德顺生态蛋鸡养殖场

德城区永祥蛋鸡场 位于黄河涯镇沙杨村，占地 15 亩，总投资 50 万元，存栏蛋鸡 6 万只。该场建有 3 栋标准化笼养鸡舍，自动控温、自动清粪、自动饮水，全部实行电脑自动化控制，生活区、生产区、粪污无害化处理区三区分开，建有粪污无害化处理设施，购置相应的消毒防疫设备。

德城区永祥蛋鸡场

德城区康顺家庭农场 位于黄河涯镇闫屯村，占地 45 亩，总投资 500 万元，建筑面积 1.5 万平

德城区康顺家庭农场

方米，存栏肉鸡 12 万只，年出栏 60 万只。该场建有 10 栋标准化笼养鸡舍，自动控温、自动清粪、自动饮水，全部实行电脑自动化控制，节省人力物力，减少环境污染，提高经济效益，起到良好的示范带动作用。

德城区华鑫标准化养猪场 位于黄河涯镇宋奇屯村，占地 35 亩，建于 2012 年。建有 2 栋标准化猪舍，存栏生猪 2000 头，年出栏生猪 3000 头。

国康德州马城 位于黄河涯镇。成立于 2013 年，马城占地 230 亩。截至 2016 年底，总投资 2380 万，拥有 88 匹良种马，其中精品繁育马 48 匹、休闲骑乘马 10 匹以及多匹澳洲良种马，包括全世界最有名的马王帝拉勾的儿子、世界纯血五大马王暴风猫的孙子以及 12 匹澳洲纯血马。拥有马房 160 间。拥有华北地区最大的 1600 米标准赛道。国康德州马城致力于打造华北地区良种马最大的繁育基地及高端休闲、娱乐场所。

（崔世勇　王凤林　祁敏）

德城区华鑫标准化养猪场

国康德州马城

水产养殖

【概况】 德城区水产养殖业以淡水池塘养殖为主，大力发展工厂化循环水养殖。截至 2017 年底，建成工厂化循环水养殖车间 38590 平方米，在建工厂化循环水养殖车间 126000 平方米。全区有渔业公司 3 家，渔业合作组织 3 家，家庭渔场 2 家。以部、省级水产健康养殖创建为契机，创建部级水产健康养殖示范场 1 家，省级水产健康养殖示范场 4 家，培育新型家庭农场 3 家，其中庞氏家庭农场为市级家庭渔场示范场。全区水产品抽样合格率 100%，“三品一标”产品产地认定面积占全区水产养殖总面积的 60.1%。

【水产品种类】 主要养殖品种：罗非鱼、斑点叉尾鮰、鲤鱼、草鱼、鲢鱼、鳙鱼、鲫鱼、黄颡、丁鱼岁、乌鳢、鳗鳅、锦鲤、金鱼。

【产业化经营】 德城区水产养殖发展快，在方法和措施上不断更新。围绕农业部水产健康养殖示范场——德州市德惠淡水鱼养殖有限公司、省级水产健康养殖示范场山东乾园生态农业科技有限公司、德州市润德水产养殖有限公司、庞氏家庭渔场，逐步建立一批技术密集型、资金密集型和低碳经济型的规模养殖基地。充分利用渔民合作社组织对养殖户提供统一苗种供应、统一饲料、统一鱼药、统一模式管理、统一销售等社会化服务，规模化、标准化、产业化程度进一步提高，生态健康养殖观念深入人心，标准化健康养殖技术全面普及。带动渔民增收、渔业增效，提升渔业工业装备化水平，提高产品市场竞争力和产业整体素质。

【基层渔业技术推广体系】 2017 年德城区继续实施基层渔业技术推广体系改革与建设项目。截至 2017 年底举办 6 期养殖户培训班，1 期技术指导员培训班，累计培训 182 余人次。主要培训内容：春季鱼塘科学管理技术、健康养殖与规范用药、鲤鱼池塘标准化养殖技术、罗非鱼池塘标准化养殖技术、池塘综合水质调控及节能减排技术等。编印发放《健康养殖生产记录簿》452 多份，同时发放各种技术资料 1210 余份，编印发放工作简报 4 期。

2017 年 12 月 20 日，国家海洋局北海分局监测中心对德城区开展涉海单位清查工作进行事中质量抽查

【项目建设】 建设工厂化循环水养殖车间 12600 平方米及配套设施。

【鱼病防治】 为搞好水产病害测报，水产局将常规鱼类主导品种等养殖品种纳入测报范围，设立测报区 2 个，渔业病害直报点 4 个。按照“常规监测一月报，应急事件一事报”和“定点、定时、定人”的方法，同时对监测点实行疫病监测月报告制度。

【水产品质量安全】 结合水产品质量安全整治方案，开展风险隐患排查与全市水产品质量安全县交叉检查“精准服务”检查，积极迎接食品安全城市中期验收工作。对“德城区养殖生产单位基本信息”进行摸底检查，健全水产养殖数据库。与各镇、街办事处及养殖户签订《2017 年度水产品质量安全责任书》，制定水产品质量红黑名单制度。按照《2017 年水产品质量安全专项整治方案》开展春、夏、秋、冬 4 次专项检查，重点对水产育苗及生产企业养殖过程渔药和饲料购进及使用情况、库存情况；渔药、饲料是否来自具有生产许可证和批准文号的生产企业情况；硝基呋喃类代谢物、孔雀石绿等禁用药物和有毒有害物质，进行风险隐患摸底排查。经风险隐患排查，德城区没有发现有重大问题的养殖单位，全区状况良好。共检查养殖户 46 家，出动 128 人次。对德城区黄河涯镇齐庄垂钓中心、德城区迎宾市场、德百华联商场超市、德城区三八便民市场、德惠淡水鱼养殖有限公司等单位的罗非鱼、鲤鱼、草鱼、乌鳢、南美白对虾、鲈鱼、鳜鱼、大菱鲆等 23 个样品，进行随机抽样检测，抽检合格率均达 100%。

【渔政执法】 做好水生动物的保护，实行水生野生动物经营许可制度，根据水生野生动物物种的栖息分布和经营利用情况，确定重点查处的保护品种；密切关注水生野生动物养繁殖、表演展览、水产品市场等，确定重点检查场所和环节；对未经批准擅自驯养、经营利用水生野生动物的单位和个人，坚决依法查处，对超范围养殖和经营利用水生野生动物及其产品的，要求停业整顿。进行专项治理，根据专项行动的工作安排，对主要河流、景观水体、引用水源、养殖尾水排放及养殖投入品等进行专项检查，对发现的问题及时处

2017 年 8 月 10 日，德城区水产局开展清网行动

理，8 月，出动 30 余人对漳卫新河，岔河、锦绣川风景区等河道内的渔具和养殖网具进行了彻底清理，坚决清除对河流、景观水体、引用水源等水域形成污染养殖网具及其他物品，同时也保证河流的顺利行洪。严厉打击使用违规渔具从事捕捞生产的行为，加强渔具网目尺寸管理，坚决取缔“绝户网”“迷魂阵”、地笼等禁用渔具，全年共出动执法工作人员 100 次，执法车辆 20 辆次，发放宣传资料 1500 份，清理渔具 16 套，处理群众投诉举报 13 起，查处率达到 100%，群众满意率 100%。

【增殖放流】 开展人工放流，保护渔业生态，10 月 27 日，德州第五届放鱼周在锦绣川风景区启动，3 万余尾鱼苗被放入岔河水域，此次增殖放流将有效改善我市水域生态环境，涵养天然水域渔业资源，实现以鱼养水，以鱼净水，保护水域生态安全。

（王宁　许万飞　王艳芳　哈福生）

蔬菜生产

【概况】 2017 年，德城区蔬菜播种总面积在与上年持平的基础上，新增设施蔬菜面积 0.15 万亩。蔬菜主要种植区域和种植品种是：以黄河涯镇绿源、大史、岳章等社区为主的日光温室黄瓜、大棚豆角、西红柿种植基地；以庆丰有机西瓜示范园、新昂科技示范园、闫屯、叶家园、王律等社区为主的大拱棚西瓜、西红柿、黄瓜种植基地；以嘉禾、张千等社区为主的中小拱棚西瓜、甘蓝、花椰菜种植基地；以二屯镇哨马营社区为主的大棚叶菜种植基地。

【蔬菜种类】 白菜：北京 3 号、德高系列、小义合秋；

西瓜：京欣系列、黄怡人、台湾小兰；

菜花：雪里雅、碧玉 78、日本雪冠；

黄瓜：博美 903、博美 909、津优 35；

豆角：绿状元、美秀 3000、28-2；

甘蓝：雨羽甘蓝、津绿 9167、中甘 17；

茄子：嫁接大红袍、天津快园、步利塔；

油菜：苏州青、五月蔓；

菠菜：小园叶、唐山大叶；

萝卜：莱萝卜、翘头青；

地芸豆：荷兰金牌、超级无筋架豆王；

西红柿：罗拉、盛罗兰、奥米多；

胡萝卜：京红 5 寸、5 寸参。

【农业结构调整】 一是利用“麦收”“秋收”倒茬进行农业结构调整的有利时机，结合德城区设施蔬菜效益一直较好、大量农民工返乡就业的契机，通过强化服务、营造氛围等措施，大力推进种植结构调整，2017 年新增设施蔬菜面积 1500 亩。二是园区建设又有新进展，一是德岸漫城，该园区占地 1500 亩，已建成 12 个日光温室，进行蔬菜生产；另 10 栋占地各为 10 亩的连栋温室和全光照大棚正在规划设计中。三是电大农场实训中心基地建设，2017 年新建一栋连栋温室，温室栽培设施及物联网等配套设备全部安装、调试完成，投入生产。

【城市休闲农业】 以馨秋、鑫昂、电大、康乐等园区为重点，积极发展农业观光采摘园，通过举办蔬菜、西瓜采摘节等多种方式，推动蔬菜形成集生产、服务、观赏、休闲、消费及科普、教育于一体的城市现代农业生产模式。一是不断完善园区设施，增加服务功能，电大农场新建成一处智能连栋温室，馨秋与红樱幼儿园联合体合作建成一处幼教实验基地，德岸漫城建设日光温室 12 栋等，丰富园区活动内容；二是积极开展体验活动，推动园区产品走向高端市场。鑫昂蔬菜园区举办“520”亲子西瓜采摘活动，吃不够西瓜、电大有机蔬菜亮相第二届对接京津冀优质农产品博览会，在博览会期间举办“2017 德城区有机产业发展论坛”暨“吃不够”有机西瓜节，鑫茂、馨秋等与中小学、幼儿园建立合作关系，全年共组织 5000 余名中小学生到园区参观体验农耕生活。

2017 年 10 月 20 日，德城区蔬菜局就市级精品特色农业示范镇规划建设组织相关人员座谈

【精品特色农业示范镇规划】 根据市委、市政府建设精品特色农业示范村镇的方案要求，德城区蔬菜局与黄河涯镇政府、重点园区和重点村相关负责人多次召开座谈会，带领园区和重点村、种植大户到外地参观学习，编制黄河涯镇“德州黄河涯”品牌西瓜精品特色农业示范镇规划，建立与德州美瑞农业发展有限公司的合作关系，为下一步“品牌西瓜”精品特色农业示范镇建设打下基础。

【蔬菜产品质量安全】 根据德城区蔬菜生产实际，搞好生产技术培训和田间技术指导。同时，结合省级食品安全城市示范县创建工作，做好电大、馨秋、鑫昂等蔬菜园区和蔬菜主产区的安全生产指导，规范园区生产标准，做好生产记录，全面推广蔬菜标准化栽培技术，确保蔬菜产品质量安全，提高生产效益。

（仝伟）

【德州市德高蔬菜种苗研究所】 德州市德高蔬菜种苗研究所位于德州市经济开发区抬头寺工业园。创建于 1998 年。集蔬菜种子育、繁、推一体化的民营科技型企业，山东省首批获得主要农作物种子生产许可证和经营许可证的企业之一。经过 16 年艰苦磨砺，依靠自身科研优势和质量优势稳步发展，初步形成一套完善的科研、生产、加工、示范推广体系，已经成为中国蔬菜种子行业的著名品牌。

研究所下设研究部、市场部、财务部、总务部、人力资源部、生产部、国际部等部门和细胞工程与分子育种室、种子加工检验中心等科研工作室以及第一育种场、第二育种场等育种基地。主要从事十字花科蔬菜、大葱、瓜类砧木和黄瓜育种的研究和推广工作，已经先后主持和承担国家农业科技成果转化资金项目、国家 948 葱类育种项目；山东省大白菜科技攻关育种项目、山东省良种工程育种项目和德州市大白菜攻关育种项目。

研究所成立 17 年来，已经在山东、黑龙江、浙江、上海、云南、贵州、湖北等省建立试验中试基地，产品覆盖全国 30 个省市，出口日本、马来西亚、澳大利亚、印度尼西亚和加拿大等国家。每年提供优质种子 30 万公斤以上。根据中国种子协会评价结果，研究所整体育种水平和综合发展实力位于省内三甲，成为我国蔬菜种业的重要力量。

（李淑玲 王荣江）

2017 年 11 月 2 日，德城区蔬菜局技术人员下乡指导

【重点蔬菜园区】 **庆丰有机西瓜示范园** 位于德城区黄河涯镇。法人代表滕俊海。始建于2008年，创始人史庆东。

2008年2月，史庆东在黄河涯镇租用租期20年的耕地133.47亩，创建庆丰有机西瓜示范园，重塑德州西瓜品牌。2008年初，园区投资120万元，进行水、电、路和生产用房等基础设施建设，与德州市农科院合作，引进种植新疆抗重茬先锋、郑抗9号、改良郑抗4号、中农无籽2号等23个优质西瓜品种，试种喇嘛瓜、三白、手巾条等德州地方品种。通过改进种植方式，使用有机肥料、粘虫板等先进适用技术，西瓜品质显著提高。

2009年3月30日，由史庆东、滕俊海、滕俊庆、尹淑兰、张俊华、滕立元6人发起，德州市工商行政管理局德城分局批准，成立德州市德城区庆丰西瓜种植专业合作社，注册资金100万元。

2009年5月23日，德州市蔬菜办公室批准成立德州西瓜产业协会（德菜字〔2009〕7号），法人代表史庆东。

2009年6月18日，由德州市政府出文（德政字〔2009〕53号），德州西瓜产业协会向国家工商行政管理总局申请注册“德州西瓜”地理产品商标，并获批准。

2009年6月和2010年7月，园区西瓜产品经北京中安质环认证中心两次认证，获得有机转换产品认证证书，2011年7月正式获得有机产品认证证书。

2017年5月26日，2017德城区有机产业发展论坛暨有机西瓜节在德州市太阳谷国际会议中心举行

经过两年努力，园区西瓜产品质量和效益显著提高，带动周边西瓜发展。2010年3月至2012年3月，园区承担由山东省财政扶持的农业技术推广项目两个。引进早佳、特大改良京欣3号、抗裂京欣、黄怡人等优质西瓜品种4个，对金太阳无籽一号、郑抗10号等5个西瓜新品种进行试验示范，推广西瓜有机栽培技术、西瓜集约化育苗技术等先进适用技术2项，总结制定西瓜标准化生产技术规程，组织实施西瓜标准化生产技术。

2013年10月22日，庆丰有机西瓜示范园在德州市工商局德城分局进行法人变更，法人代表变更为滕俊海。

经过努力，园区先后引进郑抗3号、新疆抗重茬先锋、安业9号、丰冠、京品F1、绿怡人2号、花怡人2号、台湾小兰等优质抗病西瓜新品种30余个，推广西瓜集约化育苗、西瓜嫁接、有机西瓜栽培、生物肥应用等技术，通过温室、大棚、露地等不同种植模式，合理安排生产茬口，实现西瓜均衡上市。2014年3月，“德州西瓜”获得德州市知名蔬菜品牌荣誉称号，2014年、2015年在德州市首届和第二届“沃夫特”杯西瓜瓜王大赛中，庆丰有机西瓜示范园选送的黑美人、绿怡人西瓜品种均获得一等奖，2015年12月，庆丰有机西瓜示范园获得全国互联网地标产品（果品）50强荣誉称号。

馨秋生态示范园 位于德城区黄河涯镇。德州馨秋种苗科技有限公司于2008年投资创建。

2008年4月份和7月份，德州馨秋种苗科技有限公司两次与黄河涯镇政府签订土地流转合同，共计940亩，开始园区建设。2008年底，园区完成2000万元投资，建成高效设施农业区200亩，露天栽培区600亩，育苗区140亩。

2009年2月，园区生产的草莓、大樱桃、椹莓等产品通过有机转换期认证，依托德城区4月份的万亩桃花节，馨秋产品首次对外开放采摘，成为德州市第一家休闲观光采摘园。

2010年7月，园区流转土地达到

2017 年 10 月 15 日，合益种苗基地集约化育苗 10000 平方米智能连栋温室建设完成，年育苗达 1000 万株

2000 亩，年底完成第二阶段投资，累计投入 4000 余万元，新增设施蔬菜区、休闲采摘区。园区主要产品通过有机转换期，成为有机食品。黄瓜、西红柿等蔬菜品种于 2012 年 12 月通过绿色食品认证。

2013 年初，完成累计 3000 亩土地流转，完成第三阶段投资，累计投入 7000 万元，新增林下养殖区，扩建完善蔬菜等设施栽培区及休闲采摘区基础设施。

截至 2015 年底，园区建成 1020 平方米的检测中心，27 个蔬菜高标准日光温室，15 个全光照大棚，31 个高标准果品日光温室，2 个钢结构大拱棚，1 个钢结构生态展厅。生态展厅采用地源热泵采暖、离子水灌溉、玻璃水幕和遮阳网降温等先进技术，以休闲观赏、科普教育为特色，分为三个区域：北部 320 平方米为休闲消费区，东部 600 平方米为产品展示区，西部 800 平方米为各类北方蔬菜无土栽培区，展示基质栽培、液流栽培、架培、柱培、吊培等不同栽培方式。建成信息检测系统，上位机安装中控机、电台，下位机安装 11 个大棚检测点、室外气象站，开展光度、温度、湿度、二氧化碳浓度、土壤温度、土壤水分等 6 个主要指标的自动检测，实现自动监测、超限报警、数据分析、语音提示等基本功能。

2010 年开始，园区先后承担《秸秆反应堆技术推广项目》《德城区“菜篮子”产品蔬菜生产项目》《馨秋生态园基础设施建设项目》《德城区市级高标准蔬菜示范园创建项目》等多个国家、省、市级示范项目，引进草莓、黄瓜、西红柿等 12 个蔬菜新品种，推广秸秆生物反应堆、测土配方施肥、集约化育苗、草莓有机栽培、黄瓜西红柿绿色栽培等新技术，全面应用防雾滴棚膜、防虫网、遮阳网、反光幕、粘虫板、腐熟有机质、生态转光膜、多膜覆盖等病虫害农业、物理和生物防控技术，按照生产规模化、技术标准化、操作精准化、产品商品化要求，使馨秋蔬菜标准化生产步入快车道。通过项目实施，重点突出园区的有机、富硒、反季节、四季有果有菜特色，将生态、优质、高效、高新技术应用示范融于一体，着重发展科技型、生态型、教育型、观光型、休闲型、高效型现代都市农业，提高农业现代化水平。2015 年全年累计接待 15 万人到园区观光

黄瓜新品种博美

西红柿新品种奥米多

采摘，销售樱桃、梨、草莓等有机果品120万公斤，绿色蔬菜50万公斤，优质苗木120万株。

2010年，“馨秋果品”获评中国著名品牌，馨秋生态示范园获评山东省富硒农产品示范基地。2012年，馨秋生态示范园获评全国休闲农业创意精品大赛华东赛区金奖，获评山东省农业旅游示范点。

德城电大实训基地 位于德城区黄河涯镇。2009年，德州信息工程学校（德城区电大）开设果蔬花卉生产技术、农村经济综合管理、农业机械维护与使用等涉农专业，2010年3月，创建涉农实训基地。

2010年4月，实训基地以“生态、循环、高效”的现代农业发展理念为指导，以特色蔬菜、药食同源中药材、畜禽精品养殖、名优苗木培育为主导产业，建设全光照大棚3座，计2000平方米，种植54味中草药及洋葱、抱子甘蓝、紫色生菜等露地蔬菜。6月，山东省农科院周传海教授到基地技术指导，11月，建成第一座1500平方米冬暖式大棚，投入使用。

2011年，实训基地与德州市农科院合作，建设全光照大棚4座；建成1000平方米的养殖区，引进波尔山羊、莱芜黑猪等优质品种。被定为山东省农科院药用植物研究所试验基地。

2012年，实训基地创新模式，打造新型营销理念，向市民推出会员定制业务，以销定产，周二、周五每周两次为会员配送新鲜放心蔬菜。

2013年4月，实训基地设立营销部、生产部、后勤部，完善基地各项管理制度。10月份，与黄河涯村、崔庄、金庄分别签署土地流转协议，基地面积扩至180亩；同时，对基地建设进行重新规划，将基地定位为具备一定生产功能的实训基地。11月份，新建3座共4000平方米高标准日光温室；同时，开工建设800平方米实训楼，900平方米员工食堂，1000平方米货物车间，于2014年4月投入使用。

2014年，根据现有基础设施情况，实训基地变更原有种植方案，以种植蔬菜、草莓为主，提高冬季蔬菜种植比例。6月份，新建10座共9900平方米高标准日光温室。同年，培训农民工800人次。被定为山东省乡村旅游培训基地。

2015年，实训基地新建832平方米育苗棚、1400平方米驯化棚，设立农业实验室、植物保护实验室、土壤分析实验室、组织培养实验室。聘请德州市农科院、德州学院专家、教授、技术人员开展农业知识讲座等10余次，农民工再就业培训1500人次。9月，被德州市教育局、人社局批准为德州市职业教育现代农业技术公共实训中心，被德州市农广校定为现代农业实训基地，被德城区教育局批准为德城区青少年农耕文化教育体验园、德城区中小学社会实践基地。基地“教育培训、文化推广、科技展示”服务功能得到发挥。

2016年，实训基地引进社会资本，采用PPP模式，投资1.5亿，占地260亩，建设德州市职业教育现代农业技术公共实训中心扩建项目。

经过几年发展，德城电大实训基地将职业教育与社会产业培训有机结合，实现“三园三基地”的科学规划定位：全国职业教育涉农实训基地样

2017年11月6日，集荷兰模式西红柿漏窗式、抱柱式椰糠无土栽培，螺旋仿生无土栽培，链条墙体式无土栽培等不同形式基质栽培模式的电大农场实训中心基地连栋温室基础建设、调试完成，投入生产

板园，城郊农业休闲观光园，农耕文化教育生态园，全国生态循环农业实验示范基地，技术创新与科技成果转化基地，生态农产品实验推广及供给基地。

德州市科苑现代农业示范园 位于德城区黄河涯镇。2012 年 4 月，德州市农业科学研究院与黄河涯镇政府、黄河涯社区签订租期 25 年的土地流转合同，建设占地 500 余亩的德州市科苑现代农业示范园区。园区 2012 年 6 月启动建设，2014 年完工。

园区呈一轴、两心、六园格局。“一轴”即一个景观轴，“两心”即培训办公及管理服务中心、工厂化育苗及组培中心，“六园”即现代农业科研创新园、种质资源与新品种展示园、现代农业标准化生产示范园、新能源工厂化现代农业园、百瓜园、观光采摘园。现代农业科研创新园以科研项目、创新平台为主体，以新技术、新品种、新模式集成、创新、展示为主要功能，重点打造农业科技成果展示基地、农业科技培训基地。工厂化育苗及组培中心主要进行种源保存、繁殖、脱毒、复壮，实现种子种苗示范推广，新建工厂化育苗中心一座，引进适合山东自然生产条件的现代化育苗设备、技术，培育园区内蔬菜生产的优质商品苗，保证园区的种苗质量，在引进国外优良品种的基础上，经过生产及栽培管理和市场销售，筛选出适合中国发展的品种进行大批量工厂化生产。采用现代生物工程技术，大规模组培快繁国内外名优特蔬菜、花卉，满足农业产业园需要。种质资源与新品种展示园主要是展示中国蔬菜、小麦、杂粮等丰富的种质资源及主要农作物栽培的新品种。现代农业标准化示范园，展示现代标准化高效农业生产与经营模式，探索现代农业发展途径，按照标准化生产技术规范，进行规模化、产业化生产示范。标准化蔬菜生产示范，以设施蔬菜生产为主，实现标准化定植、施肥、灌溉、田间管理、采收等。观光采摘园以无土栽培技术为核心，展示创意农业科技成果，如珍稀蔬菜、艺术瓜果以及各种形式的无土栽培模式。通过采用遮阳网、纱网覆罩、病虫害生物防治技术，异色地膜覆盖、有机化栽培，生产有机绿色等高档蔬菜、水果，进行采摘销售。百瓜园，挖掘德州地方品种优势，展示德州西甜瓜浓厚的文化底蕴，搜集世界范围内西甜瓜类型与品种在此展示，引进香炉瓜、特长丝瓜、葫芦、砍瓜等观赏型瓜果。同时，园区结合南部生态区建设，发展休闲观光农业，与德州市建设银行合作，建设市民小菜园，让市民体验蔬菜种植、管理、采摘乐趣。

建园以来，园区充分发挥科研力量优势，开展露地、保护地蔬菜试验研究，承担国家、省、市甘蓝品种区域试验、出口加工蔬菜遗传育种、国外优异和特色作物种质资源引进与利用、山东省辣椒新品种区域试验、山东省农业良种工程设施小西瓜新品种选育、优良番茄砧木筛选及嫁接栽培技术研究、优质色素辣椒新品种良繁与高效生产技术示范、优质抗逆菜心新品种选育等八项新品种选育、试验科研课题，春、秋甘蓝参试品种 100 余个，筛选出适宜地区不同季节抗病、抗逆性以及品质更好的甘蓝品种；选育出适合出口型的加工辣椒品种，同时选育出的德红 1 号、英潮红 4 号、青农干椒 2 号辣椒品种通过山东省农作物品种审定委员会审定；由中国农业科学技术出版社出版专著《加工型辣椒绿色高产高效生产技术》1 部；《色素辣椒新品种选育及高产高效栽培模式研究》项目获 2015 年德州市科技进步二等奖；收集引进作物种质资源 42 份，其中西瓜资源 6 份，甜瓜资源 6 份，西瓜砧木资源 4 份，甜瓜砧木资源 2 份，黄瓜砧木资源 6 份，番茄砧木资源 12 份，茄子砧木资源 6 份；筛选出具有较高育种价值的西瓜、甜瓜种质资源材料各 3 份，瓜类和茄果类优良砧木各 3 份；选育适合日光温室和拱圆形大棚等设施栽培的优质、抗病的小果型西瓜品种和中果型西瓜品种各 1 个；筛选出抗番茄青枯病较强的品种 3 个。承担韭菜优质安全栽培关键技术示范与推广、设施大蒜优质高效生产关键技术研究、有机蔬菜病虫害防治技术研究、LED 光源在蔬菜生产中的应用研究、德州市高标准蔬菜园区创建等 5 项技术推广项目，使园区蔬菜实现标准化生产，园区韭菜产品达到绿色食品要求，设施大蒜的质量和产量得到提高，有机蔬菜种植技术逐步完善和推广。

在产学研结合的同时，及时把种植技术第一时间送到基层。2013 年以来，园区蔬菜技术人员科技服务累计 60 余次，一是服务范围广，多次赴德城区黄河涯镇和夏津县香赵庄镇、雷集镇开展技术服务，针对当地温室大棚黄瓜和有机蔬菜高产栽培进行周年技术指导。二是服务形式多，以现场指导、集中培训、赶科技大集、发放明白纸等形式组织开展科技下乡，解决菜农生产中遇到的实际问题。三是服务成效好，赴德城区、宁津县、平原县、夏津县、陵县、武城县培训基层农技人员和当地菜农，讲解农产品质量安全存在的主要问题，就当地蔬菜生产尤其是保护地蔬菜生产现状提出建议和意见。

鑫昂蔬菜科技示范园 位于德城区黄河涯镇。2012年，注册资金1100万元的山东鑫昂农业科技有限公司成立。同年6月，公司在德城区黄河涯镇东屯村、前李村流转土地136亩，建设鑫昂高标准蔬菜园区。同年，园区进行基础设施建设，建成育苗大棚1个、高标准日光温室4个、大拱棚4个。至2015年，育苗大棚增至4个，瓜菜示范种植大拱棚16个。为更好地保障效益，园区改变传统管理理念，除营销、质量控制部门外，设立技术开发中心、市场销售中心，将成熟的现代化企业运作和农业管理模式进行有效嫁接。

2012年，园区从平原县王大掛乡高薪聘请有丰富种植经验的种菜能手。在种菜能手指导下，当年培育优质西瓜种苗10万株。2013年，园区根据群众需求，进一步扩大育苗规模，培育西瓜苗、茄子苗各20万株。截至2015年底，园区共培育各类瓜菜秧苗240多万株。对购买种苗农户，发明白纸，对种苗的特性、施肥、病虫害防治等做详尽说明，延伸服务链条。

2012年，园区引进示范试种优良西瓜新品种京欣F1、台湾小兰、丰冠等，通过采用日光温室、大拱棚、小拱棚、露地等不同种植模式，合理安排生产茬口，实现西瓜均衡上市。2013年，全面推广配方施肥、双蔓整枝、病虫害综合防治等实用技术，同时将摸索出的种植技术，如一次性铺足腐熟农家肥和其他有机肥构成的底肥，此后不加肥、不冲肥的施肥技术，以及西瓜栽培过程中将一蔓一瓜的技术改进为双蔓整枝一蔓留瓜等技术全面推广应用，园区西瓜产量由2012年的3500公斤增加到4200公斤。为提高土地利用率，园区采用早春西瓜＋茄子、早春甘蓝＋茄子套种技术，大大增加土地效益。同时，自2013年开始，园区连续三年在6月份举办西瓜擂台赛，吸引平原县、武城县、禹城市等周边大批种植大户、蔬菜园区参赛，评出一等奖1个、二等奖2个、三等奖3个，给以适当奖励。同年，园区选用丰冠西瓜品种进行30亩大棚西瓜秋季种植模式的科技攻关，10月25日，举办第一届秋季西瓜采摘节。秋季西瓜品质优良，西瓜含糖量高，口感甜、脆，备受市场欢迎，填补德州市西瓜秋季无供应的空白。2014年5月17日，在首届德州市西瓜瓜王大赛中，园区选送的京欣F1西瓜以总分第一的成绩夺得首届瓜王奖。

2012年10月，园区建成德州市南郊果蔬批发市场。市场的落成让周围的菜农和果农尝到甜头，市场建立以来，年均实现交易额5000多万元，带动种植、物流等行业1000余人就业。至2015年底，已成为济南以北、天津以南、石家庄以东屈指可数的果蔬批发市场。

2014年5月，成立山东鑫昂投资有限公司，以自有资金对周边辐射带动农户投资，采用一对一服务与一条龙服务相结合，资金与科技相结合的方式，实行“基地＋农户＋市场”经营模式，进行产品联销、品牌加盟，实现土地农业集约效益。2014年7月，园区成功注册“吃不够”果蔬品牌。2015年2月，园区被德州市蔬菜办评为市级蔬菜标准化示范园区。

（仝伟　崔兴芹）

2017年5月20日，鑫昂科技有限公司“520”亲子采摘节开幕

农机管理

【农机概况】 截至2017年底，德城区农机总动力达到20.35万千瓦，拖拉机保有量2800台，其中大中型拖拉机1900台。联合收获机保有量407台，深松整地机保有量48台，各类配套农业机械2000台（套）。农机维修网点10个，农机经销企业5个。牧业、水产养殖、农产品初加工等各业机械化装备水平均有一定提高。

【农机化生产】 农机装备水平的提高带动全区农机化生产水平的大提升。小麦的耕、种、收机械化水平，以及小麦秸秆还田率全部达到100%。玉米机械化水平不断提高，免耕精量播种达到100%；玉米机收面积约11万亩，机收率达到95.9%，秸秆还田率100%。秋季机械深松作业持续推广，深松作业面积达1.5万亩。畜牧、水产养殖、农产品初加工等各业机械化水平均有一定提高，全区农机综合机械化水平97.3%，处于全市领先地位。

【服务体系建设】 通过抓组建、抓扶持、抓服务的“三抓”措施，动员农机大户带头组建合作社，对合作社社员购置农业机械优先予以补贴。通过建立微信群，引导关注“德州农机通”公众号等措施，建立农机专业合作社工作联系机制，大力开展人员培训，政策咨询和技术服务，促进农机专业合作社数量、规模、效益全面发展。截至2017年底，德城区农机合作社达到16个，农机大户80个，农机合作社社员260人，各类农业机械480台套，年作业面积30余万亩。农机服务队伍不断壮大发展，为全区农机化生产做出积极贡献。

【农机购置补贴】 2017年实行“自主购机、定额补贴、县级结算、直补到户”操作方式，严把机具核实关，认真做好购机补贴公示，自觉接受群众监督，切实做到组织领导、政策宣传、机具核实、监督管理四到位。确保补贴工作顺利实施。全年补贴资金293.86万元，带动农民投入购机资金约1000万元，购置各类大型先进农业机械120台（套），直接受益农户111户，优化农业机械装备结构。

【深松作业监管】 精心组织落实好机械化深松整地试点项目，认真研究制订机械化深松试点实施方案，严格按照方案要求组织实施。引导农机户加装和升级深松监测设备。严格按照补助程序要求，合理确定9个农机合作社和8个农机大户为作业主体，安装精准化作业设备17台（套），教授农机手使用手机APP，提高农机手使用智能化设备的水平。作业中通过精准化作业监测系统平台和作业现场相结合的方式进行监管，作业后以平台数据为依据兑付补助资金，实现农机作业监管智能化，2017年完成深松作业补助面积1万亩，补助资金35万元全部落实，受益农户达4000多户。

【监督管理】 以农机合作社和维修网点为重点，农机监理、质量投诉、职业技能鉴定、农机维修等工作统筹兼顾。坚持落实责任、规范业务和专

2017年10月13日，德城区农机局技术人员对深松作业进行安全检查

项检查相结合，提高农机综合管理水平，确保生产安全。一是6月份召开农机安全生产培训会，与农机合作社和维修网点负责人签订了农机安全生产责任书29份，并聘请市监理专家讲授农机安全知识，增强农机安全生产防范意识。二是“三夏”“三秋”期间多次开展农机安全专项整治活动，共出动检查车辆60余台次，排查隐患30余起。三是监理工作规范业务程序，严把机械挂牌、年度检验、驾驶员考试关口。

【新技术新机具推广】 围绕粮食生产，大力推广机械深松、粮食烘干、玉米籽粒收等农机化新技术新机具，为全区粮食生产提供科技支撑。积极开展农机大培训大推广活动，组织农机合作社负责人和农机大户40余人到农机博览会参观，到各县市观摩农机植保和粮食烘干等新技术新机械50余人次，召开农机深松培训会1次，参加人员50余人，推动农机新技术新机具推广应用。全年新增各类新型机械102台套，其中包括大中型动力机械36台、小麦收获机械12台、玉米收获机25台、深松联合整地机8台，青储机1台，植保机械5台，推动主要作物全程机械化。

（赵秀青　王超）

三农服务

【供销社机构概况】 2013年9月27日，德城区事业单位监督管理局第2013009号公告，恢复建立德城区供销合作社联合社，隶属于德城区政府行政管理，划归德城区农口部门管理。机关设办公室、人事教育科、行业发展科、财务审计科、党建办公室、安全、信访、招商、统筹统保等科室。社属企业5个：德州市益民商场、德城区物资回收公司、德州市国铭商贸有限公司、德州市东方宾馆、德城区供销农业服务有限公司。控股企业3个：德州旭东农业开发有限公司、德州路韬农业开发有限公司、德州裕隆农业服务有限公司。基层供销社12个：二屯供销社、长庄供销社、陈庄供销社、于官屯供销社、黄河涯供销社、王村店供销社、二十里铺供销社、抬头寺供销社、宋官屯供销社、袁桥供销社、赵宅供销社、赵虎供销社。代管改制企业2个：德州市德苑商贸有限公司、德州市瑞兴农业生产资料有限公司。

【德城区供销社资产运营管理公司成立】 德城区供销社德城供字〔2017〕15号文件《关于成立德城区供销社资产运营管理公司的请示》于2017年6月5日报德城区政府。2017年7月24日《区长办公会议纪要〔2017〕14次》决定：同意成立德城区供销社资产运营管理公司，由德城区副区长纪勇牵头，区财政、审计、工商、金融等部门密切配合，德城区供销社资产运营管理公司资本金由区财政解决。

【德城区供销社收回国铭商贸公司和东方宾馆】 2017年7月24日，《区长办公会议纪要〔2017〕14次》决定：同意东方宾馆划归德城区供销社资产运营管理公司管理，国铭公司（原德州商场）仍由区供销社理事会管理，国铭公司遗留地块2017年底妥善解决。

【经营指标】 2017年，供销系统全年实现销售收入22757.2万元，实现利润148万元、税金210万元，招商引资完成1100万元。

【为农服务中心建设】 德州市德城区供销农业服务有限公司2016年8月3日成立。2017年推进以土地托管服务为重点的三农服务体系建设。

德城区宋奇屯为农服务中心（粮食收购型），为农民生产提供粮食收购与烘干、农资供应、测土配方施肥、统防统治、农机作业、农业技术培训服务。

德城区张庄为农服务中心（市场服务型），为农民生产提供粮食收购销售、农资供应、测土配方施肥、农机服务、农产品物流、农产品电子商务服务，争取2018年上半年开工建设加快投入使用。

德城区王村店为农服务中心，已利用扶贫资

金建设的岳高铺三农服务站已主动承担起黄河涯镇部分农民的农机土地深松作业及农资供应服务，已完成农民土地深松作业 780 亩。

二屯镇为农服务分中心，已购置大型拖拉机 2 台及部分配套机械，能够满足部分农机作业、化肥供应、粮食收购及农作物统防统治功能。

【党建带社建、社村共建工作】 2017 年按照供销社“党建带社建、社村共建”工作推进方案，以建设供销为农服务中心和领办创办 3 家乡镇级农民专业合作社联合社为切入点，对接联系农村社区或村两委 25 余个，其中黄河涯镇 12 个、二屯镇 6 个、赵虎镇 7 个，共建项目有大田土地托管、农资销售、农产品购销、农机服务等项目 30 余个，以共建项目带动和促进农民增收和村集体经济发展。

【农村现代流通服务网络建设】 改造提升农资网点或庄稼医院 6 处，城乡日用品超市 12 处，完善提升农村社区服务中心 3 处，引进各类服务项目 30 余个，有力地促进农村现代流通服务网络的发展。

【农民专业合作社建设】 2017 年，所辖 12 个基层社围绕当地农业产业链各个生产环节领办或创办产业型和服务型农民专业合作社 102 个，区级农民专业合作社联合社 1 家，同时以建设供销为农服务中心为切入点，推进全区农村党支部书记领办创办土地股份合作社工作融入供销社日用品、农资、农产品购销、加工、统防统治、农民培训等服务内容。形成一批管理民主、制度健全、产业带动力强的区域性农民专业合作社。

【大田作物托管】 2017 年，供销系统大田作物托管面积 35000 余亩，其中 4 个为农服务中心托管农民土地 17000 亩，赵宅和二屯 2 个基层社农机、统防统治作业面积 12000 余亩，农民专业合作社托管服务农作物面积 6000 亩。

【新型农民培训】 2017 年，全年培训新型农民种植、养殖、田间管理等农业技术 3000 人次，其中培训新型农民 2650 人次，培训农民合作社社员 300 人次，培训农村社区、村两委成员 50 人次。

【农机服务　农资销售】 2017 年综合服务、农资供应情况。供销社所属王村店、赵宅、二屯等基层供销社有农资经营门市部或网点 6 处，三农服务站丰乐屯、岳高铺 2 处，智能配肥站赵虎供销社 1 处，2017 年销售化肥（二胺、复合肥、尿素）3000 余吨，测土配方肥 800 吨；瑞兴农资公司 1000 多个网点销售化肥 2.6 万吨，销售总额 1.3 亿元；王村店、赵宅、二屯基层社 3 台套拖拉机、深松机农机作业面积 3740 亩，同时租赁 2 架飞防无人机进行农作物病虫害防治，增强农业服务能力。

（张立军）

水　利

【概况】 德城区涉农镇 2 个，涉农街道 2 个，农村社区 53 个，农业总户数 2.72 万户，农业人口 9.59 万人，耕地面积 12.03 万亩。有效灌溉面积 12.03 万亩，高效节水灌溉面积 8.82 亩。截至 2017 年底，有机电井 1929 眼，有中小型灌（排）泵站 43 座。德城区紧紧围绕“灌排设施完善、生态环境良好、工程技术先进、管理高效有力”的现代新型农村水利的安排部署和要求，全面提高水资源供给、水灾害防御和水生态保护三大安全保障能力，使全区农田水利工程设施配套完善，运行稳定高效，“旱能浇、涝能排”灌溉体系基本形成。

【水资源管理工作】 实行最严格的水资源管理制度，加强水资源费的征收与管理。按照《山东省水资源税改革试点实施办法》的要求，2017 年 12 月 1 日实施水资源税改革。德城区水务局与德州市地方税务局德城分局、德城区财政局三家召开协调会，认真学习相关文件要求，明确三家工作职责，制定水资源税纳税人信息核实工作方案，组织开展下户核实工作，核实人员在逐户入户核实信息的同时，逐户发放《水资源费改税情况告知书》，积极向请用水户宣传水资源税改革的重大意义，做好水资源费改税的准备工作。

【防汛抗旱工作】 2017年，德城区平均降雨量为498.8毫米，与上年相比偏少5.1%，较常年偏少2.6%。为确保夏粮丰收及秋收秋种，德城区水务局积极做好抗旱工作。一是积极筹集维修养护资金用于农田水利设施的维修养护，保证灌溉提水设施的正常使用。二是派出工程技术人员对农田水利设施管护人员进行指导培训，提高管护人员的技术水平。三是积极引调黄河水500万立方米用于农田抗旱，保证抗旱水源。在防汛方面，扎实做好防汛各项准备工作。一是根据区、镇（街）换届情况及时调整充实防汛抗旱指挥机构；二是做好防汛值班工作，落实领导带班、24小时值班制度；三是对全区4河7堤（运河右岸、岔河左右岸、减河左右岸、马颊河左右岸）96.018公里堤防、29处涵闸、102处涵管等防汛设施进行2次拉网式检查，及时修订防洪预案，落实防汛物资、防汛队伍、责任人；四是对安庄泵站、果子李闸、陈公闸进行检修，为全区安全度汛做好准备；五是加强天气监测工作，人影办24小时值守，实时监控辖区天气变化、密切关注雷达、卫星云图和天气信息，对高炮进行检修维护，根据上级要求完成对四个炮点的规范化建设。

【实施民生项目　改善农村生产生活条件】 农田水利建设工作。积极筹集维修养护资金对黄河涯镇的4处排灌泵站及农田水利设施进行维修，保证灌溉提水设施的正常使用，增强农田抵御自然灾害的能力。

农业水价改革。扎实开展农业水价综合改革工作，成立德城区农业水价综合改革领导小组，编制《德城区农业水价综合改革工作方案》《德城区农业水价综合改革技术方案》。

安全饮水。积极协助黄河涯镇做好安全饮水试运行工作。2017年底，黄河涯镇全面通水。积极探索全区农村安全饮水工程管理体制。

实施精准帮扶。按照区委部署，区水务局和帮扶的大于庄社区进行对接，对社区贫困户进行走访、慰问，投资近万元解决于庄社区村内自来水管网因压力不足吃水困难的问题；联系医护人员对社区60岁以上老人进行健康查体。

【攻坚克难　扎实推进重点项目】 全面实现“河长制”。按照上级要求，区水务局扎实推进“河长制”工作。区、镇（街道）两级分别成立全面推行“河长制”工作领导小组，组建成立“河长制”办公室。区级“河长制”办公室主任，由区水务局局长兼任；镇（街道）级“河长制”办公室主任，由分管副镇长（副主任）兼任。设立区、镇（街道）、村三级河长，全区共有河长144名，其中区级河长10名，镇街河长38名，村（社区）河长96名，涉及全区大小37条河流，包括省市级河流4条、区级河流5条、镇街级河流28条。经区委、区政府同意，编制印发《德城区全面实行河长制工作方案》和工作制度。编制区、镇（街）、村（社区）级河湖名录及区、镇（街）级各成员单位职责，制作安装区、镇（街）主要河流河长公示牌；编制区级河道“一河一策”综合整治方案、河流岸线利用管理规划；各镇街编制了镇（街）级《全面实行河长制实施方案》、镇街级工作制度、考核办法和“一河一策”综合整治方案。开展巡河护河行动，建立健全河道警长。实施“清河行动”，着重治理违法建筑、非法种植、违规倾倒垃圾、阻水障碍物等违法行为。河长制工作通过德州市河长办考核。

扎实推进PPP项目。扎实推进“河长制”河流治理、污水管网建设、向天衢工业园供水管网建设、黑臭体治理、二屯镇河流沟渠治理和农田灌溉工程建设项目的前期规划及设计工作。区水务局积极和区PPP项目管理中心对接，区PPP项目管理中心委托北京东方园林公司完成项目建议书和可研报告的编制工作，10月底完成项目识别和发起阶段的各项工作。随后水务局委托设计单位进行项目的设计，计划2018年开工。

地下井压采。根据《2017年德州市环境保护突出问题综合整治攻坚方案》《德州市人民政府办公室关于印发德州市中心城区地下水压采工作方案的通知》文件要求，全力推进地下深井摸排封停工作。全区共排查确定173家单位、184眼深井，凡具备条件的全部封停。

【向上争取工作】 积极主动和上级部门对接，了解中央、省投资意向，跑部进省，抓好向上争取工作。2017年向上争取资金31万元。其中农田水利设施运行维护项目21万元，农业水价综合改革项目10万元。同时积极做好安全饮水、水网改造等项目的申报工作，做好项目储备。

（张吉富）

【南水北调东线德州市区供水单元工程】 南水北调东线德州市区供水单元工程，是南水北调东线一期德州市续建配套工程之一。工程从南水北调东线德州段调蓄水库大屯水库引水，在位于大屯水库德州市区供水洞东北约200米处新建供水泵站，设计流量4.0立方米/秒，联接全长26.542千米供水管道，在岔河东侧滩地、省道S353以南300米处，建设管道分水工程，向第三水厂供水管道和华鲁恒升集团供水管道供水，年调水量10919万立方米，总投资42484万元。

工程自2012年12月24日开工建设，2013年12月完成泵站及管道主体工程建设，经过1年6个月的努力，于2014年7月1日向德州市第三水厂和华鲁恒升集团供水管道试通水成功。工程建成，使长江水成为德州市区生产和生活用水，具备了条件。

（孙占泉）

工　业

综　述

【机构设置】 2010年组建德城区经济和信息化局，将区经济贸易局的对内经济运行调控职责、区民营经济发展局的民营经济工业生产行业管理职责、区信息产业局的行政管理职责，整合划入区经济和信息化局。内设机构共6个，分别为综合办公室、经济运行科、科技创新科、企业服务科、信息化科及德城区政府节约能源办公室。所属事业单位共6个，分别是德城区技术改造办公室、德城区职工教育办公室、德城区经济信息服务中心、德城区节能监察大队、德城区工业资产经营公司、德城区油区工作办公室。

【概况】 2017年，全区83家规模以上工业企业预计实现主营业务收入323.3亿元、利税22.7亿元、利润10.5亿元，同比分别增长11.9%、8.2%、11.3%。1—11月，30家重点调度企业实现销售收入96.56亿元、利税8亿元、利润4.88亿元、上缴税金6.1亿元，同比分别增长10.14%、40.22%、42.74%,34.19%，经济发展质量明显优于2016年。销售收入过亿元企业40家，税收超千万元的14家。

【重点企业培植】 2017年,20家企业纳入全市“三个100”培植范围；7家企业纳入“护航”“远航”计划。德州实华化工纳税突破2亿元，山东双一科技实现利润过亿元。德州齿轮公司争取到应急缓释资金700万元。抢抓“一带一路”战略机遇，引导企业积极走出去，格瑞德在老挝自建销售网点，双一科技、力维机械分别在美国和印尼建立生产基地，市场占有率不断提升。

【重点项目】 2017年，10个项目被列入全市工业重点项目计划。其中，护航企业项目3个，分别是德州实华化工有限公司采用无汞新工艺改造年产40万吨PVC装置节能减排项目和40万吨/年50%浓碱及20万吨/年固碱技改项目、德州晶华集团有限公司（600T/D+800T/D）特种玻璃生产线搬迁升级改造及Low-E节能玻璃深加工一体化项目；远航企业项目3个，分别是德州齿轮有限公司齿轮精加工及自动变速器改造项目、德州华源生态科技有限公司喷气涡流芙蓉纺产业化生产线项目、山东格瑞德集团有限公司新型复合材料产业化项目；启航企业项目1个，为山东宇虹新颜料股份有限公司年产12000吨高性能有机颜料技术改造项目；其他企业项目3个，分别是德州绿霸精细化工有限公司年产12000吨高效低毒农药产业化技术改造项目、德州新极佳制衣有限公司年产30万件服装加工项目、益海嘉里（德州）粮油工业有限公司600吨/日小麦加工一期续建及320吨/日挂面项目。10个项目总投资50.39亿元，年度投资21.11亿元。截至11月底，完成投资24.25亿元。

【“两化”融合】 2017年，不断深化“两化”融合进程，实华化工列入全国“两化”融合管理体系贯标试点，格瑞德集团入选省级“两化”融合贯标体系试点，华源生态科技、中泰华研电子科技等4家企业入选全市“两化”深度融合示范企业。德州实华化工有限公司首席信息官李刚荣获2017年山东省优秀首席信息官，山东格瑞德集团有限公司谈庆松荣获优秀信息化主管。

【科技创新】 深化产学研合作，设立“山东省科学院－德城区人民政府产学研协同创新基金”，组织引导企业加强与省科院、山东大学等院校的对接合作，德州耐肯公司智能化焊接机器人项目被列入德城区产学研协同创新基金计划，全市首个先进成形技术与装备国家重点实验室落户天衢工业园高创制造谷。德州实华化工获批省级企业技术中心，截至2017年底，全区市级企业技术中心6家，省级企业技术中心9家，省级工业设计中心3家，工业经济新动能不断积聚，企业发展内生动力不断增强。

【环保】 按照省、市部署要求，积极开展“大快严”集中行动和“化安转”专项行动，严格落实八项断然措施，联合镇街和有关部门深入企业现场进行明察暗访，对相关企业进行“两断两清”（断水、断电，清产品、清原料）。聘请安全环保专家对“三评级一评价”企业整改落实情况进行督导检查。在全市率先完成10吨以上燃煤锅炉改造整治任务，组织人员对全区铸造企业进行摸排，按照要求进行停产处置。做好对地条钢企业的打击处置力度，营造和谐有序的发展环境。按照“一企一方案”原则，指导重点行业企业制定错峰生产实施方案，深入企业车间检查错峰生产落实情况，确保上级政策措施不折不扣执行到位。抽调多名人员配合有关部门做好“散乱污”企业整治和改造提升类企业认定工作。

【技术改造】 2017年，全区在建技改项目29个，全年完成投资40亿元。总投资14.9亿元的凯盛晶华玻璃深加工项目全年完成投资5.63亿元，一期项目预计2018年投产运营。总投资13.3亿元的实华化工40万吨EDC催化重整项目进展顺利，全年完成投资5.97亿元。投资2.48亿元的华源生态涡流芙蓉纺产业化项目，淘汰部分落后生产线设备，引进数台具有国际先进水平喷气涡流纺设备，有效提升产品质量与效益。

【向上争取】 组织力量认真研究国家产业政策和资金投资重点转移趋势，积极对接省、市经信委等对口部门，及时了解国家、省、市相关专项资金和优惠政策。对照中央、省预算内投资计划安排重点，积极编报有关项目，提高项目编报的针对性，不断充实和完善项目资料库，找准方向和突破口。按各专项性质，由各分管领导牵头，强化争取跟踪力度，积极与各级部门加强沟通对接，主动汇报情况，立足经济发展实际，想方设法进入国家、省、市各种优惠政策的盘子，确保项目申报成功。2017年，共申报格瑞德直流变速中央空调、水冷柜机项目，特种玻璃生产线搬迁升级改造及Low-E节能玻璃深加工一体化等7个项目，截至2017年底，到位资金28.5万元，另有3个项目正在审核中。

【节能降耗】 将年度节能目标分解到各重点用能单位，并与重点用能单位签订节能目标管理责任书，督促重点用能单位按进度完成“十三五”节能规划。严格贯彻落实固定资产投资项目节能评估和审查制度。按照要求，建立健全正常的评审程序和评审机制，对各类建设项目进行节能评估审查。对新建、改建、扩建项目在备案、核准和审批的过程中严格进行节能评估和审查制度，对于开展能评的重点项目，及时了解耗能情况，并对其用能进行指导。配合市节能监察支队对全区10家用能企业开展现场节能监察。监察内容为固定资产投资项目节能评估审查制度执行情况、单位产品能耗限额标准执行情况、高耗能落后工艺、产品（设备）淘汰制度执行情况。

（蔡静 王立平 孙小东 李涛 张东莉 董建文 李淑芳 王莹 董建文）

德城区规模以上工业企业一览表

序号	企业名称	地　址	主要产品
市直（10家）			
1	德州晶华集团有限公司	德城区迎宾路122号	浮法玻璃、空心玻璃砖、日用玻璃
2	德州市实华化工有限公司	天衢工业园实华南路6号	离子膜烧碱、PVC树脂、液氯
3	德州德药制药有限公司	德城区三八中路538号	得高宁、咖啡酸片、芬迪宁等
4	德州市齿轮有限公司	德城区大学西路1956号	齿轮、齿轮传动箱
5	德州市虹桥燃料有限公司	天衢工业园虹桥路	染料、颜料、中间体、印染助剂
6	德州市轴承有限公司	德城区解放北大道352号	轴承
7	德州绿霸精细化工有限公司	天衢工业园恒东路228号	马拉硫磷、氟铃脲等
8	德州中燃城市燃气发展有限公司公司	德城区三八中路402号	天然气
9	国网山东电力集团公司德州供电公司	德城区新湖大街1237号	电
10	德州市供水总公司	德城区东地中大街892号	水
天衢街道办事处（45家）			
1	德州市飞龙电工器材有限公司	天衢工业园恒东路201号	漆包线
2	山东中矿橡塑集团有限公司	天衢工业园恒东路300号	矿山机械配件、特种橡胶件
3	德州市荣健体育器材有限公司	德城区格瑞德南区厂区	体育器材
4	德州元茂纺织有限公司	德城区格瑞德路8号	牛仔裤、牛仔布
5	德州长虹机械制造有限公司	天衢工业园科海路6号	石油装备、配件
6	德州市宇虹颜料有限公司	天衢工业园果园路6号	有机颜料
7	德州华鲁德五金制品有限公司	德城区学院西路188号	建筑五金
8	德州市卓越制衣有限公司	天衢工业园格瑞德路16号	羽绒服、防寒服
9	德州宏雷太阳能有限公司	德城区湖滨北大道788号	太阳能热水器、密封圈
10	山东格瑞德集团有限公司	德城区格瑞德路6号	风冷式冷（热）水机组、水源热泵机组
11	益海嘉里（德州）粮油工业有限公司	天衢工业园格瑞德路7号	面粉
12	德州市东连制衣有限公司	德城区德兴北路190号	服装、服饰制作销售
13	德州德隆（集团）环保设备有限公司	德城区湖滨北大道80号	垃圾处理设备
14	德州中科新型建材有限公司	天衢工业园康宁路1187号	混凝土外加剂
15	德州都督纺织品有限公司	天衢工业园德兴北路186号	睡衣、短裤
16	德州富电电子有限公司	德城区苹果园路256号	麦克风、电感线圈、变压器
17	德州市荣光生物新能源有限公司	天衢工业园翟时庄村北	脂肪酸、甲酯
18	德州润德混凝土有限公司	天衢工业园恒东路南侧	预拌商品混凝土

续表

序号	企业名称	地 址	主要产品
19	山东亿家能太阳能有限公司	德城区湖滨北大道175号	太阳能热水器
20	德州温特尔制冷配件有限公司	天衢工业园前小屯村南首	压缩机曲轴
21	德州天宇化学工业有限公司	天衢工业园	乙炔醇（医药中间体）
22	德州市德银机械制造有限公司	天衢工业园罗长路185号	钻床、中心架
23	德州一中食品厂	天衢工业园玉环路96号	火腿
24	德州天利实业有限公司	德城区德兴北大道688号	塑料包装袋
25	山东省德州市金宇机械有限公司	德城区德兴北路18号	减速机
26	德州克代尔集团有限公司	德城区德兴北路北首	啤酒
27	德州华源生态科技有限公司	德城区湖滨北路259号	普梳纱、精梳纱
28	德州永兴碳素有限公司	德城区翟时庄	预焙阳极块
29	德州市永盛斋扒鸡集团有限公司	天衢工业园萱蕙路19号	扒鸡制品
30	山东格瑞德．中兴空调有限公司	德城区格瑞德路6号	玻璃钢风机、冷却塔、管道
31	德州博旺五金工具制品有限公司	天衢工业园育英大街	拖车绳、手拉器、弹性绳
32	山东诚泰防腐科技有限公司	德城区湖滨北路263号	防腐材料、涂料
33	德州同业电缆有限公司	天衢工业园育英大街	电线电缆
34	德州市奥珍针织厂	德城区天衢工业园福昌路	针织套装、毛巾
35	德州东方希望碳素有限公司	德城区翟时庄	预焙阳极块
36	德州欧莱恩永兴碳素有限公司	德城区翟时庄	预焙阳极块
37	德州市洪升精密机械有限公司	天衢工业园	电机壳、毛坯
38	德州市天元液压机具有限公司	天衢工业园西长村	油泵、油缸配件
39	德州金泉有色金属铸造有限公司	德城区德兴北路151号	铜铝铸造、机械加工
40	德州科海电子有限公司	德城区罗赵路99号	卫星电视地面接收设备
41	德州市新源热力有限公司	德城区康宁路986号	供热
42	德州赛佳电子有限公司	天衢工业园格瑞德路	太阳能、测控线
43	德州皇嘉丽涂料有限公司	天衢工业园育英大街	内外墙乳胶漆
44	上实环境（德州污水处理有限公司）	天衢工业园果园路2号	污水处理
45	德州博奥机械有限公司	天衢工业园金田创业中心	深孔钻镗床
新华街道办事处（18家）			
1	德州鑫华润聚氨酯工业有限公司	新华工业园	聚氨酯鞋底、聚氨酯原液、多元醇
2	德州凯瑞绒布有限公司	德城区三七社区七中村	绒布
3	德州金珊食品水产有限公司	德城区双一路大刘庄	肉食品、面食品

续表

序号	企业名称	地　址	主要产品
4	德州方元钢棉纤维有限公司	德城区于官屯村东	
5	德州市德福液压机械设备有限公司	德城区双一路 34 号	液压缸
6	德州市宝力商品混凝土有限公司	德城区双一路 9 号	混凝土
7	德州科辉太阳能有限公司	德城区七西工业园	太阳能光伏板
8	德州众力液压机具有限公司	新华工业园 6 号	电动泵、手动泵
9	山东华宏线路器材有限公司	德城区七中村	铁件加工
10	德州市六和金珊食品有限公司	新华工业园	鸡产品初加工、调理品
11	德州收获饲料有限公司	黄河涯希望工业园	浓缩饲料、混合饲料
12	德州市华孚电磁线有限公司	德城区新华工业园 1 号	漆包线
13	山东省双一集团有限公司	德城区新华工业园	复合材料制品、风机、冷却塔
14	德州市华州制粉有限公司	德城区创业南路	面粉
15	德州鸿雁塑胶有限公司	德城区新华工业园	PVC 管、PP-R 管、PE-RT 管
16	德州亚星管道设备有限公司	新华工业园双一路	扩管机组
17	德州金力聚氨酯保温材料有限公司	德城区大刘村南	聚氨酯组合料、聚氨酯保温管
18	德州金斗面粉有限公司	德城区希望工业园创业路	面粉、面条
新湖街道办事处（1 家）			
1	德州瑞博服装有限公司	德城区解放中大道 878	滑雪服、休闲服
二屯镇（5 家）			
1	耶鲁氏毛皮制造有限公司（德州）	德城区许庄村	毛皮制品、鞋
2	德州市城发混凝土有限公司	德城区城发路 1 号	商品混凝土
3	德州新友粮饲料有限公司	德城区纪店村	饲料
4	德州华北纸业有限公司	德城区二屯镇政府北	静电纸
5	德州筑城商品混凝土有限公司	德城区许庄村	商品混凝土
黄河涯镇（4 家）			
1	德州富达玻璃钢制品有限公司	德城区四新社区窑上村	空调器末端
2	德州新昊纺织有限公司	德城区福山陵园南	纱线
3	山东瑞泰奇洗涤消毒科技有限公司	黄河涯工业园	洗涤消毒系列产品
4	德州六和国力饲料有限公司	黄河涯工业园	配合饲料、浓缩料
合　计	83 家		

国家电网德州供电公司中心城区业务

【概况】 德州中心城区电网发电装机总容量32.51万千瓦，新能源发电装机总容量8.01万千瓦。220千伏变电站5座，主变容量186万千伏安，输电线路224.4公里。110千伏变电站17座，主变容量167.25万千伏安，输电线路302.38公里。35千伏变电站12座，主变容量51.83万千伏安，输电线路225.93公里。35千伏及以上输电线路76条。2017年，德州中心城区用电最高负荷69.8万千瓦，同比增长9.8%，网供最大负荷61.7万千瓦，同比增长10.7%。

【工程建设】 德州永兴110千伏变电站2号主变扩建工程完成竣工验收，满足经济技术开发区工业园区双汇食品、扒鸡集团、乐华陶瓷、鲁盛制药及天衢工业园欧莱恩永兴碳素等企业新增负荷需求，提高供电能力与供电可靠性。德州华宇110kV变电站完成竣工验收，满足德州经济技术开发区中心区域新增用电需求，解决星凯国际广场、金融港、绿城百合花园等项目供电受限问题。24个大项、172个单体配电网工程全面建设完成，新增配变177台、容量3.5万千伏安，新建10千伏线路56.48千米、400伏线路420.12千米。新一轮农网改造升级“两年攻坚战”提前竣工，新通电及改造农田灌溉机井1529眼，受益农田9.55万亩。开展低电压、过电压、重过载歼灭战，累计消除低电压3500户、重过载配变28个，户均配变容量由2016年的2.2千伏安提升至2.8千伏安，同比增长27%。

【电网运行】 电网累计保持安全稳定运行6672天。成功应对“6·12”“7·18”两次飑线风等恶劣天气。加强电网风险防控，发布预警通知书30份，七级以上风险预警实现全覆盖。全面推进安全生产大整顿、大检查，查改问题隐患3897处。组织全员事故应急预想，梳理应急事件167件，编制《应急处置手册汇编》。编制下发《变电站消防管理工作意见》，提前介入变电站、光伏电站消防验收。试点开展激光清除异物13处，完成72条线路无人机“三跨”区段巡检、验收、故障巡视等工作。开展带电局部检测、红外测温432站次，发现处理设备过热缺陷111项。圆满完成“京津冀鲁技术交易大会”“十九大”等32项重大保电任务，确保供电万无一失。

【供电服务】 积极推进中心城区充电基础设施建设，累计建成电动汽车充电站10座、充电桩145台，实现中心城区、高速服务区全覆盖，全年累计充电量213万千瓦时。全面落实业扩“六个一”措施，全年受理业扩报装申请4.8万户，报装完成送电4.07万户，容量102.2万千伏安，线上受理率和业扩协同率均实现100%。大力推广“互联网+”供电服务，电e宝、掌上电力、彩虹营业厅等累计注册22.07万户、绑定12.11万户，线上交费46万笔。完成老旧小区整治改造管理到户项目68项，涉及居民1.43万户。大力实施“电能替代”，开展燃煤锅炉改造、乡镇中小学“电采暖”等示范项目65个，完成“电代煤”220户，中心城区实现电能替代电量1.85亿千瓦时，减排二氧化碳6.14万吨、二氧化硫0.22万吨。落实市政府加快推进“小散乱污”企业取缔工作要求，建立企业用电监控属地负责制，严防企业私自启封用电，助力全市环保治理工作。深化标准化抢修，配网抢修平均处理时长缩短至40分钟。

（郝秀杰　殷红旭　李哲　王新库　宋仕杰　王琰）

工业企业（基地）简介

【德州金田高新技术创业发展有限公司】 位于德城区天衢工业园。成立于2007年3月。截至2015年底，完成投资1.1亿元，建有综合楼1栋、孵化车间5栋、公寓楼4栋、科研及商务楼2栋，共75000平方米，水、电、暖、交通、通信配套设施齐全，是集综合办公、生产加工、产品展示、生活服务、仓储及培训于一体的现代化科技型工业园区，是以促进科技成果转化、培养高新技术企业和企业家为宗旨的科技创业服务载体，是国家创新体系的重要组成部分，是创新创业人才培养基地。公司以服务创业企业发展和促进科技成果转化为宗旨，以体制创新和机制创新为动力，以完善创业环境为手段，以招商引资和管理服务为重点，大力推进创业中心建设的专业化、规模化和示范性。公司认真贯彻落实国家、省、市有关科技创新、高新技术发展、中小企业成长、大学生创业的有关要求，建成"创业苗圃—孵化器—加速器"完整的创业孵化链，将园区打造成为涵盖高新技术创业企业、中小企业、大学生创业，多元素、全方位的综合性创业园区。截至2015年底，在孵企业使用孵化场地近4万平方米，涉及电子信息、服装、节能环保、新能源、新材料等高科技领域。

德州金田高新技术创业发展有限公司先后被认定为国家级高新技术创业服务中心、省级高新技术创业服务中心、省级大学生创业孵化示范基地、德州留学人员创业园、市级大学生创业孵化示范基地、市级中小企业创业示范园区、德城区科技开发交流中心。

【益海嘉里（德州）粮油工业有限公司】 位于德城区天衢工业园湖滨北大道1588号。丰益国际新投资私人有限公司的下属公司。始建于2013年。占地352亩，总投资2980万美元。主要负责人郭经田。公司拥有总资产33,528万元，固定资产14661万元(原值14661万元，净值13799万元)，资产负债率87.29%。公司拥有员工84人，其中大专以上学历58人，技术人员20人。

公司属粮油加工行业，拥有制粉、物流、储藏车间，产品10种，销售涉及行业餐饮、食品加工。主要产品面粉,2015年产量150787吨。主要在国内销售。2015年公司实现主营业务收入54823万元，上缴税金469万元，利润500万元。2016年公司实现主营业务收入70000万元，上缴税金550万元，利润600万元。2017年公司实现主营业务收入637600万元，上缴税金960万元，利润340万元。

【德州欧莱恩永兴碳素有限公司】 位于德州市德城区天衢工业园。始建于2007年。占地120亩，总投资1.13亿元。合资企业。主要负责人阿尔巴科夫·哈吉。公司拥有总资产33229.4万元，固定资产13365.8万元，资产负债率41.36，银行信用等级A。公司拥有员工370人，其中大专以上学历80人，技术人员50人。

公司属制造业，拥有煅烧、成型、焙烧、电厂车间，产品1种，销售涉及电解铝行业，主要销售方向为国外，国内外销售占比1∶3。主要生产电解铝预焙阳极，年产12万吨。2015年公司实现主营业务收入30560万元，上缴税金2374万元，利润658.37万元。2016年公司实现主营业务收入31000万元，上缴税金2500万元，利润660万元。2017年公司实现主营业务收入36600万元，上缴税金3100万元，利润5600万元。

公司排名全国同行业前列。获得德州市纳税先进企业、进出口龙头企业、进出口工业先进单位、工业发展纳税大户称号。

【德州元茂纺织有限公司】 位于天衢工业园。台元纺织公司的下属企业。始建于2007年。占地337亩，总投资2.25亿元。合资企业。主要负责人赖银水。公司拥有总资产15200万元，固定资产6927万元，资产负债率54.5%。公司拥有员工900人，其中大专以上学历60人，技术人员20人。

公司属纺织服装制造行业，拥有缝制、水洗、整包、成衣染车间，产品3种，销售涉及服装批发零售业、服装制造行业。主要销售方向国外，国内外销售占比分别是22%、78%。主要产品牛仔服装、成衣染色服装，2015年产量分别是144.4万件、46.2万件。2015年公司实现主营业务收入13000万元，上缴税金482万元，利润−923万元。2016年公司实现主营业务收入17000万元，上缴税金500万元，利润−180万元。2017年公司实现主营业务收入7800万元，上缴税金430万元，利润−2300万元。

【德州东方希望碳素有限公司】 位于天衢工业园。始建于2006年。占地100亩，总投资1亿元。主要负责人樊文国。公司拥有总资产17452.7万元，固定资产11511万元，资产负债率36.98%，银行信用等级A。公司拥有员工198人，其中大专以上学历23人，技术人员5人。

公司属行业重工制造行业，拥有煅烧车间、成型车间、焙烧车间、检修车间。产品 1 种。销售涉及预焙阳极行业。主要销售方向国内。主要产品预焙阳极 ,2015 年产量 11.8 万吨 , 市场占有率达到 20%。2015 年公司实现主营业务收入 30112 万元，上缴税金 1640 万元，利润 1632 万元。2016 年公司实现主营业务收入 29500 万元，上缴税金 1500 万元，利润 1500 万元。

公司全省同行业排名第 7。

【德州市鑫华润科技股份有限公司】 位于德城区新华工业园双一路 28 号。始建于 1996 年。占地 126 亩。主要负责人李玉才。公司拥有总资产 15000 万元，固定资产 5100 万元，资产负债率 67.5%，银行信用等级 AAA。公司拥有员工 500 人，其中大专以上学历 176 人，技术人员 52 人。

公司属轻工行业，拥有 PU、鞋底原液、橡胶、模具车间，产品 5 种，销售涉及皮革行业。主要销售方向是国内一线品牌及军工厂，国内外销售占比 90%、10%。2015 年公司实现主营业务收入 23006 万元，上缴税金 800 万元，利润 504 万元。2016 年公司实现主营业务收入 26000 万元，上缴税金 1000 万元，利润 600 万元。2017 年公司实现主营业务收入 2.3 亿元，上缴税金 1000 万元，利润 1300 万元。

公司获评山东省高新技术企业、山东省创新型企业，拥有省级企业技术研发中心、市级企业技术研发平台。研发专利及成果有：一种双硬度双物性鞋底及工艺、鞋底沿条贴合模具及工艺、阅兵靴鞋底的研发与生产、舰艇靴鞋底的研发与生产。

公司在同行业全国排名第一。获得专精特新示范企业、依法纳税先进企业、守合同重信用企业称号。

2013 年，公司完成股改，同年上市。

【山东宇虹新颜料股份有限公司】 位于德城区天衢工业园果园路 6 号。始建于 2000 年。占地 24.5 亩。主要负责人陈都方。公司总资产 9303 万元，固定资产 6056 万元，资产负债率 37.16，银行信用等级 A 级。公司拥有员工 222 人，其中大专以上学历 78 人，技术人员 42 人。

公司属精细化工行业，拥有颜料黄、颜料红、颜料橙共五个车间，产品 40 多个品种，销售涉及塑料、橡胶、油墨、油漆、涂料、造纸、文教、印刷、印花色浆行业。产品销往全国各地，出口到东南亚、欧洲和中东等地区。国内外销售占比是 85%、15%。主要产品颜料黄年产 2500 吨，颜料红年产 1500 吨，颜料橙年产 1000 吨。2015 年国内市场占有率 4%。2015 年公司实现主营业务收入 14797 万元，上缴税金 861 万元，净利润 795 万元。2016 年公司实现主营业务收入 19000 万元，上缴税金 1100 万元，利润 1200 万元。2017 年公司实现主营业务收入 1.2 亿元，上缴税金 400 万元，利润 140 万元。

公司在国内有机颜料行业偶氮系列综合排名第 7 名。获评中国染料工业协会理事单位、全国有机颜料专业委员会专家委员单位、国家高新技术企业、山东省一企一技术创新企业、德州市科技成长型重点培植企业和生态文明企业，拥有省级企业技术中心、市级有机颜料工程技术研究中心、市级企业技术中心、市级有机颜料重点实验室，拥有 9 项发明专利。公司始终坚持产品领先战略，多方面、多维度创新发展。有机颜料工程技术研究中心拥有博士、硕士、重点高等院校毕业生 40 余名，拥有世界上最先进的气质色谱联用仪、ICP 等离子光谱仪、颜料粒径测定仪等分析检测仪器，可为客户提供定制化研发、生产与服务。

2012 年 4 月，完成股改，2014 年 10 月，新三板上市。

【德州绿霸精细化工有限公司】 位于德城区天衢工业园恒东路 288 号。山东绿霸化工股份有限公司的全资子公司。始建于 1966 年。占地面积 180 余亩。注册资本 9800 万元。公司主要负责人索存川。公司拥有总资产 20637 万元，固定资产 14623 万元，资产负债率 14.7%，银行信用等级 AA 级。公司拥有员工 260 人，其中大专以上学历 120 人，技术人员 35 人。

德州绿霸精细化工有限公司是国家农药定点生产企业，拥有马拉硫磷原药、氟铃脲原药、敌草快原药等车间，产品 20 余种，产品畅销山东、河北、河南、江苏、广东、浙江等十几个省市和地区，在全国形成比较完善的销售网络和强有力的销售体系，其中马拉硫磷原油在东南亚、欧美几个国家注册，远销东南亚、中东欧美地区，享有较高信誉。公司主要产品产能马拉硫磷年产能4000吨、敌草快600吨、氟铃脲200吨。2015年马拉硫磷产量2700吨，市场占有率60%；敌草快430吨，市场占有率50%，氟铃脲140吨，市场占有率70%。2015年公司实现主营业务收入17524万元，上缴税金1001万元，利润2458万元。2016年公司实现主营业务收入19000万元，上缴税金1100万元，利润2600万元。2017年公司实现主营业务收入30000万元，上缴税金1800万元，利润6000万元。

公司拥有市级企业技术中心、市级工程实验室,6项成果通过德州市科技成果鉴定，形成国家或行业标准8项。母公司山东绿霸化工股份有限公司在新三板上市。

【德州博旺五金工具制品有限公司】 位于天衢工业园肖官屯村。始建于2009年。占地120亩，总投资2.1亿元。是、外商独资企业。主要负责人李续川。公司拥有总资产10222万元，固定资产580万元，资产负债率63.6%，银行信用等级二级。公司拥有员工532人，其中大专以上学历162人，技术人员58人。

公司属五金工具行业，拥有1#、2#、3#、分条、电镀车间，产品20余种，销售涉及运输行业。主要销售国内和欧美地区，国内外销售占比70%、30%。主要产品及2015年产量分别是：弹性绳85万set、捆绑器56万set、货物网61万set、搬家毯48万set,市场占有率分别达到75%、90%、70%、80%。2015年公司实现主营业务收入8697万元，上缴税金151万元，利润81万元。2016年公司实现主营业务收入10500万元，上缴税金180万元，利润100万元。2017年公司实现主营业务收入1.2亿元，上缴税金400万元，利润100万元。

【德州市荣光生物科技有限公司】 位于德州市天衢工业园实华北路。始建于2003年。占地150亩，总投资2亿元。化工型企业。主要负责人李荣光。银行信用等级优质。公司拥有员工60人，其中大专以上学历10人，技术人员12人。

公司属生物新能源行业，拥有生产车间、加工车间，产品2种，销售涉及精细化工、工业溶剂、医药化工、日用化学行业。主要在国内销售。主要产品脂肪酸甲酯，产能10吨/年,2015年产量10万吨,市场占有率10%。2015年公司实现主营业务收入20000万元，上缴税金510万元，利润1000万元。2016年公司实现主营业务收入20000万元，上缴税金600万元，利润1000万元。

公司在同行业全国排名前三。获评全国行业协会理事企业。

【悦缘复合材料科技有限公司】 位于城区湖滨北路278号。始建于2012年。占地13亩，总投资0.3亿元。生产制造型企业。主要负责人李朝华。公司拥有总资产4500万元，固定资产2100万元，资产负债率30%，银行信用等级A级。公司拥有员工30人，其中大专以上学历9人，技术人员3人。

公司属生产制造行业，拥有模压、冲床、包装、成品库车间，产品40种，销售涉及建筑、航空、电力、新能源行业。国内外销售占比30%、35%。市场占有率40%。2015年公司实现主营业务收入5500万元，上缴税金170万元，利润210万元。2016年公司实现主营业务收入7000万元，上缴税金210万元，利润750万元。

公司在同行业全国排名前十，拥有技术研发平台，拥有数项国家专利。

【德城区亚星管道设备厂】 位于德城区新华工业园华润路南首。始建于1996年。占地82亩，总投资1500万元，个人独资企业。主要负责人付朋。公司拥有总资产1900万元，固定资产400万元，资产负债率30%，银行信用等级A。公司拥有员工25人，其中大专以上学历5人，技术人员5人。

公司属设备制造行业，拥有焊接车间、机加工车间，产品15种，销售涉及钢管深加工企业。国内外销售占比40%、60%。主要产品是：扩管机、扩口机、弯管机。2015年公司实现主营业务收入716万元，上缴税金10万元，利润−3万元。2016年公司实现主营业务收入800万元，上缴税金25万元，利润100万元。

【德州耐垦工业自动化设备有限公司】 简称：耐垦工业。位于德州市德城区天衢工业园。国内较早从事工业数字控制技术研发和产品制造的公司，山东省设计研发能力较强的数控切割及焊接设备制造商。

耐垦工业依托创新驱动，加快转型升级，坚持打造国际化、差异化核心竞争力，分别在中低端装备制造领域和中高端装备制造领域与国内外品牌展开交锋，积极参与国际市场竞争，成为中国工业装备制造企业实现高水平运营的一个典范。

耐垦工业从创立初期就在研发上投入较大的力度，积极吸引高水平人才。耐垦工业建立强大的自主研发团队，已经获得10项国家专利。其中数字控制型材钻孔机获得国家发明及新型双专利，便携式数控切割机防阻绊装置、免维护自定位割枪升降体、数控切割机免维护导向机构、一种数控切割机电子离合装置、数控环缝焊接机、脚手架焊接装置机，获得国家实用新型专利。这些自主专利技术率先解决众多业内难题，为业内同行效仿。在自主研发的同时，耐垦工业积极开放自有部分专利供业内同行及上游供应商免费使用，借以促进行业技术发展。

面对国内工业装备制造行业产品科技含量不足，难以与相对成熟的国外企业抗衡的局面，耐垦工业提出以科技创新占领工业装备制造行业领先地位的发展战略，在产品研发方面不断加大投入，已经与上海交通大学、山东省科学院密切合作，签署相关产学研合作协议。在合作、共进、共赢平台上快速推进研发工作，为提升产品技术含量奠定坚实的基础。

2015年，耐垦工业开始着手研发工业多关节机器人产品，设想借此产品的普及能够为促进国内工业智能化进程增添动力，在促进工业转型升级的同时，带动传统制造业生产一线的从业人员从一般人才向专业型人才转变。采用机器人的生产线将形成“技术人员＋普通作业员”的标配，未来企业对懂机器人技术的人才需求将越来越大。机器人本身的自动化程度很高，只要事先输好程序就能正常运作。单从操作一般的机器人而言，小学学历即能胜任，换而言之就是机器人间接地降低就业门槛。采用机器人后，一些需要专业技术或者需要长时间培训的岗位，几天培训就能熟练上岗。而另一类需求较大的员工，则扮演机器人技师乃至工程师角色。在每一台工业机器人高效运转的背后，都离不开技术人员的中枢把控。机器人生产作为高端精密制造行业，其后续保养、调试安装所要求的精度比较高，小至一个减速器里面的一个轴承、一个关节臂间隙的调整，未经专业培训的人很难掌握其中的技术诀窍。推动机器人普及，可以有效提高劳动者就业率，可以间接提高高技术人才在用工环境中所占的比例。

【德州力维机械有限公司】 位于德城区新华街道华润路。成立于2009年。注册资本金2000万元。截至2015年底有员工52人，其中工程技术人员10人，具有中高级技术职称人员3人。截至2015年底，公司拥有57项专利技术，其中实用新型23项、外观专利23项，另有11项发明专利正在审核中。多项专利填补国内外空白。

德州力维机械有限公司是一家以特种橡胶履带为核心技术，专业从事履带动力系统研发及相关特种车辆、装备制造的高新技术企业。截至2015年底，主要有特种履带、特种履带总成、特种履带底盘、特种履带运输车、特种履带智能消防机器人、特种履带智能运动滑板车6大系列产品。

企业的快速发展得益于外部技术力量的支持，几年来，公司先后与中国矿业大学（北京）矿山机器人研究中心、北京理工大学、中科院自动化研究所等科研机构建立长期科研合作关系，并长期聘请中国矿业大学（北京）矿山机器人研究中心赵建伟博士后，研制开发智能型特种履带车产品，建设智能型特种履带车产业化项目。

作为特种橡胶履带行业的龙头企业，力维公司拥有研发能力、多样化的产品、成熟的产品制造工艺和先进的生产设备，在竞争中处于优势。

在营销方面，公司采取网络销售为主、渠道为辅的策略。通过网络开展销售，客户遍布全国各地并扩展到欧美及东南亚市场。在湖南、云南、湖北、广西、广东等履带运输车重点市场，与当地代理商合作，建立起销售与售后一体化的网络。

2015年，公司借助大众创新万众创业和京津冀协同发展的政策利好，仅用半年多时间就推出两大系列产品，特种履带智能运动滑板车、特种履带智能消防机器人。11 月份，针对冬季旅游装备市场，快速推出“火星车”，迅速占领市场。

2017 年，力维机械在印尼建立生产基地，市场占有率不断提升。

【德州梅卡尔机电科技有限公司】 位于德城区天衢工业园。地理位置优越，交通便利，环境优美。成立于 2008 年，总占地面积 25000 平方米，标准厂房面积 11000 平方米。以研发及生产数控等离子切割机，类激光、激光切割机，焊接切割机器人，数控焊接机械，焊接电源为主。经过发展，至 2015 年，公司成为鲁西北地区生产及销售数控等离子、火焰切割机的大型综合性企业。公司现有在职职工 122 人，其中高级职称 8 人，中级职称 22 人；大专以上学历 41 人。拥有大型机械加工设备 30 余台套。公司已顺利通过 ISO 9000 及 ISO 14001 管理体系认证、CCC,CE 产品认证。结合已有的技术、市场、资源和人才优势，确保为客户提供最优化的等离子及火焰切割机设计方案，并以此为基础制造出性能稳定、性价比合理的优质产品。

【德州德药制药有限公司】 集化学制剂和原料药研发、生产于一体的现代化制药企业，山东省首批高新技术企业，国家综合性新药研发大平台示范单位，承担国家火炬计划项目，建有省级企业技术中心，被认定为“山东省口服药物渗透泵制剂工程技术研究中心”“山东省新型药用辅料与缓控释工程实验室”。公司建有固体制剂、大容量注射剂、冻干粉针剂、普通冻干粉针剂、原料药等 5 个 GMP 认证车间，生产心血管、抗肿瘤、解热镇痛药、肠胃药系列 77 个品种。

公司主要产品“得高宁”，稳压、护心、保康宁，获“山东省名牌产品”“山东省著名商标”称号，市场占有率位居国内同类产品前列；“咖啡酸片”，止血、升白（细胞）、增（血）小板，获“山东省名牌产品”称号，专利产品；“富马酸阿奇霉素片”，高效抗生素药，专利产品，市场前景广阔；“芬迪宁”“顺铂”“长春西汀”“得尔夫星”，疗效确切，深受广大医患好评。公司认真贯彻 GMP，严把产品质量关，在各级组织的药品质量抽验中，均保持抽验合格率 100%、质量稳定提高率 100%、质量事故为零的优质纪录。

公司始终坚持“以德制药，药济民生”的经营理念，牢固树立“三品（产品品牌、企业品牌、企业家品牌）合一”的品牌理念，努力打造学习型组织，注重企业文化建设，先后被授予“全国和谐劳动关系优秀企业”“中国企业诚信经营示范单位”“富民兴鲁劳动奖状”“山东省医药行业先进集体”“山东省思想政治工作先进单位”“全省企业文化建设先进单位”“山东省现场管理样板企业”荣誉称号。

【德州齿轮有限公司】 原德州齿轮厂，始建于 1962 年，生产经营用地 9.98 万平方米，建筑面积 4.36 万平方米。在岗员工 602 人，各类专业技术人员 178 人，其中具备高、中级专业技术职称的 58 人。公司拥有各类专业加工和检测设备 520 台（套），其中制齿设备（包括滚、剃、插、磨齿设备）118 台。公司拥有变速箱箱体加工生产线、格里森—胡尔特 SRS410 数控剃刀磨机、蜗杆砂轮磨齿机、YKX3132 数控滚齿机、Y4232CNC1 剃齿机、EBW-4GC 电子束焊机、易普森（IPSEN）和东方热处理多用炉生产线。

公司具有年产各种圆柱齿轮 260 万只，各类汽车变速箱、取力器等齿轮传动箱 3 万台的能力。产品涉及汽车、摩托车、工程机械、大型拖拉机、农用汽车、排灌机械、油田机械等 60 多个机型 260 多个品种。

多年来，公司一直为国内诸多知名大型企业配套。一汽集团、中国重汽集团、徐工集团、临工集团、中国五征集团、山西大同齿轮集团有限公司、北京齿轮总厂、新大洲—本田等企业都与公司建立良好的配套协作关系，为其配套的产品曾多次被评为优质产品或免检产品。2004 年公司成为中国重汽斯太尔车定点供应商。公司建立一套科学完整的质量保证体系，于 2000 年 7 月通过 ISO 9002 国际质量体系认证，2004 年 7 月通过 GB/T19001-2000 质量体系认证。

公司局域网及技术平台的创建为企业实现可持续发展奠定坚实基础，实现计算机辅助设计、计算机辅助工艺设计及电子商务。在各类变速箱设计、齿轮制造工艺等方面积累有丰富经验。

【德州实华化工有限公司】 原德州石油化工总厂，国有独资企业，始建于1971年。2007年底加盟中国化工集团，现为中国化工集团下属的中国化工装备（昊华化工）总公司的全资子公司。

公司现拥有总资产39.47亿元，员工1545人，其中大专以上学历643人，中、高级技校生345人，拥有门类齐全的工程技术队伍。公司主要产品年生产能力：离子膜烧碱40万吨、PVC树脂36万吨，年销售收入可达30亿元。公司已进入“中国行业百强”和“中国化工企业500强”行列，先后获得德州市“重合同守信用企业”“山东省文明单位”“山东省劳动关系和谐单位”“山东省富民兴鲁劳动奖状”“全国安康杯竞赛优胜单位”“全国模范职工之家”荣誉称号。

公司新园区占地面积1500多亩，采用世界先进、国内一流的技术设备，产品质量优异，深受客户好评。公司联合中科院上海高研院、天津大学等科研院校，进行新产品、新路线的研发，重要项目被纳入国家973计划和863计划，获得政府全力支持。德州实华二期项目计划着重发展原料多元化、高附加值的耗氯及氟化工精细产品、特色产品，延长产业链。

【德州晶华有限公司】 中国建材五十强企业，国家级火炬项目实施单位，山东省200户重点工业企业集团之一。集团占地3000亩，辖18个生产厂区，4个铁路货场，6条铁路专运线，下设振华、晶峰、大坝等控股子公司，员工7800人，资产总值36亿元，企业信誉等级AAA。

晶华集团主导产品：浮法玻璃、空心玻璃砖、乳白烤花瓶，医药玻璃瓶，产品全部通过ISO 9002质量体系认证。年产优质浮法玻璃1100万重箱，高档空心玻璃砖3600万块，日用玻璃20万吨，塑钢门窗20万平方米，碳纤维布120万平方米。产品市场覆盖20多个省市，畅销全球160多个国家和地区。晶华空心玻璃砖曾中标奥运水立方工程和上海世博会联合国馆工程，晶华浮法玻璃中标奥运五棵松体育馆工程，深加工玻璃顺利通过3C认证。已建成世界最大的空心玻璃砖生产基地、全国最重要的日用玻璃生产基地、华北地区重要的浮法玻璃生产基地。曾荣获“中国建材名优企业”“中国500家最佳经济效益工业企业”“中国建材百强企业”“中国名牌”“中国市场知名十佳品牌”“山东省名牌”“山东省著名商标”等称号。在同行业中率先构建ERP、CRM、SCM等信息化网络平台，实现信息资源的高度集成与有效统一。

德州晶华集团积极融入京津冀，主动对接央企强企，加速推动传统产业转型升级。牵手中国建筑材料集团有限公司下属全资子公司凯盛科技集团，共同出资建设中国建材凯盛晶华建材产业园项目。

【山东格瑞德集团】 成立于1993年，是中国中央空调支柱企业。占地45万平方米，总资产15.3亿元，年产值近30亿元。拥有员工2000多人，工程技术人员占人员总数30%，其中教授级高工5人，高工15人，中级职称86人，高级技工36人。聘有清华大学科技人员2人，台湾高级科技人员和管理人员4人。是中央空调系统整体解决方案供应商，集中央空调、复合材料产品的研发、设计、生产、销售、安装及维护于一体的大型现代化企业集团，拥有辐射全国的销售、安装、服务、配套体系网络。是中国制冷空调工业协会命名的“德州·中央空调城”的支柱企业。

格瑞德集团跨入全国500家最大建材企业行列，位居全国制冷空调企业前10名，2008年晋级为国家机电设备安装壹级资质，空气净化工程贰级资质，建筑装修装饰工程专业承包三级资质。集团生产的空调产品获得国家制冷设备生产许可证，3C中国国家强制性产品认证、CRAA中国制冷空调行业权威性产品性能认证，在国内同行业中率先获得压力容器国家特种设备设计、制造许可证，制冷主机、风机产品荣获中国节能产品认证，冷却塔产品荣获中国节水产品认证，SMC模压产品荣获山东省卫生厅卫生许可认证。集团被国家人民防空办公室评为“人防工程防护设备定点生产企业”，被中国金融机构授予“AAA级信用企业”，被国家、省授予“全国质量达标企业”“国家火炬计划项目”“山东高新技术企业”“山东省守合同重信用企业”等称号。全面通过ISO 9001国际质量管理体系、ISO 14001国际环境管理体系认证和OHSAS18001职业健康安全管理体系认证，是德州市首家被评为国家二级安全生产标准化的企业，荣获中国质量检验协会颁发的中国质量检验稳定合格产品证书，多次承担国家、省、市级科技攻关项目，累计专利技术成果 80 多项。凝聚自强追求卓越，不断突破创新，产品精益求精。

格瑞德集团以科技为先导，积极搭建人才成长的发展平台。集团研发部先后与清华大学、中央财经大学、哈尔滨工业大学、山东大学等高校和机械工业部设计研究院等国家科研部门建立长期的协作关系，是上海建筑科学研究院产品试验基地，中央财经大学、山东大学、河北工业大学、华东理工大学等高校教学实践基地，美国格林派克及世界品牌产品生产厂家合作单位。

格瑞德集团为用户提供的系列产品有：中央空调主机系列、末端系列、净化设备系列、冷却塔系列、通风人防系列、复合材料系列等十大系列 130 多个品种，产品销售全国三十多个省市自治区，远销美国、澳大利亚、苏丹、马来西亚、泰国等 40 多个国家和地区，遍及轨道交通、地产住宅、石油石化、军工、医药、电力等各大领域，向全国乃至世界贡献了鸟巢、水立方、北京地铁 10 号线、上海东方国贸大厦、天津火车站、沈阳奥体万达广场、山西大剧院、青岛工商局奥帆赛中心、神华集团、中国神马集团、中国石化集团等大批精品工程，其中多项工程荣获国家优质工程奖、中国建筑工程鲁班奖、煤炭行业“太阳杯”工程奖、山东“泰山杯”工程奖。

集团拥有 45 万平方米的生产基地，20 万平方米的高标准生产车间，投巨资引进世界一流的高端空调制作技术和设备、全自动 U 型弯管机、高速数控冲床、自动焊接机、龙门式数控钻床、数控砖塔冲床、自动抛丸机、脱脂烘干机、全自动校直切断机等先进设备。拥有国家级中央空调检测中心，高压达 10KV，检测范围达 2000RT（冷吨），安全性能综合测试仪、卤素检漏仪、核检漏等高端检测设备，确保所有产品出厂前均进行全面检测。在北京、天津、沈阳、西安、武汉、昆明、兰州等全国各地建立 30 多个销售服务公司，建立一套完善的售后服务体系，建立起以市场为导向的多层面、立体化的营销网络和售后服务网络。

2015 年，格瑞德集团投资 1 亿元建设新型风电机舱罩升级改造项目，该项目占面积 50 亩，新建车间、仓库、辅助设施等设施，总建筑面积 28000 平方米，购置胶衣喷涂机、真空泵、风电机舱罩模具等设备 56 台（套）。项目建成后，形成年产 2.0 兆瓦 /2.5 兆瓦风电机舱罩 1000 台（套）的生产能力，新增销售收入 1.5 亿元，年均利润总额 4800 万元。

【德州华源生态科技有限公司】 坐落于德城区天衢工业园，占地 240 亩。以研发、生产、销售差别化新型纤维纱线为主的国家级重点高新技术企业，规模 28 万纱锭。公司高度重视质量建设和产品创新研发，拥有完善的技术创新体系，建立一站三中心：院士工作站、省级一企一技术研发中心、省级企业技术中心、省级芳纶纱紧密集聚纺工程技术研究中心。“专做新产品，不做寻常品”是公司产品的基本指导思想，始终致力于差别化生产，产品定位于“科技、生态、环保、功能”，着力研发生产高附加值产品，致力打造中国差别化纱线精品基地。

2015 年，华源生态科技有限公司研发的“锦密纺”纯棉本色纱被中国棉纺织行业协会推荐为最具影响力产品品牌，公司获评中国针织行业科技贡献奖，荣获全国纺织技术创新示范企业称号，被确认为国家新型纤维纱线产品开发基地、国家功能性纤维应用研发示范基地。

2015 年，华源生态科技有限公司研发的《高档西装锦绒纺纱线的技术研究及产品开发》项目荣获德州市首届企业科技工作者创新大赛科技创新成果三等奖。“锦绒纺”采用跨领域合作创新的方法，将毛纺与棉纺的技术相结合，利用棉纺设备对纤维运动控制更加有力、准确的特性，提升传统毛纺纱线的品质，使生产出的面料布面疵点更少，表面更光洁，强力更高；把棉纺中的差异化新型纤维如天丝、吸湿排汗涤纶、抗起毛起球腈纶等与传统毛纺原料相结合，使传统毛纺面料的优点与新型纤维的优点能够全部保存下来，得到的新型面料获得湿气管理能力、吸湿排汗的功能、抗起毛起球性能。

【山东德州邸氏电子有限公司】 位于德城区天衢工业园。创建于 2005 年。是一家专业从事工业电子产品研发、生产、制造的企业。公司拥有科学的质量管理体系、齐全的检测设备、先进的生产加工设备以及强大的技术力量支持。公司于2005年开始电磁感应加热技术研究，设计制造塑料加工电磁加热设备、石油管道电磁伴热设备等工业级电磁加热产品。2007年开始研发电磁即热技术，2010年研发成功，并注册蓝湖品牌。

邸氏电子有限公司致力于打造全新一代的电热水器——即热式电磁热水器。“蓝湖”电磁即热技术拥有完全的自主知识产权，获得多项国家发明专利、实用新型专利。“蓝湖”即热式电磁热水器具有极高的安全性和节能效果，是电阻式加热（金属发热体、非金属发热体均为电阻式加热）的最佳替代产品，开启电热水器行业技术革命。“蓝湖”实时调研开发，整合全球先进技术，动态跟踪、采集、分析全国各地区的市场环境，为消费者提供更大的便利和实惠个性化、全方位的优质服务。

【德州萨美特电源有限公司】 位于德城区天衢工业园。2008年成立。是一家专业设计、生产高品质纯正弦波逆变电源的高科技企业，产品主要应用于太阳能光伏发电、风力发电系统以及消防应急电源（EPS）系统。公司系列产品包括150瓦、300瓦、600瓦、1200瓦、2000瓦、3000瓦、5000瓦等多种规格，具有节能低耗、性能稳定等优点，获得多项国家发明专利。公司始终坚持“建一流企业、做一流产品、创一流品牌”宗旨，与中科院、山东大学全面合作，保持产品的技术领先优势，建立完整的质量管理体系，严格控制产品质量并保证所有产品符合国家标准。德州萨美特电源有限公司的产品在国内电力、通信、铁路、油田、消防等行业得到广泛应用，并销往美国、日本、荷兰、古巴、印尼、巴基斯坦等国家和地区。

【德州枫林自控设备有限责任公司】 位于德城区天衢工业园。是一家集研发、生产、销售、服务于一体，专业从事暖通空调自控、采暖自控、水利平衡控制、楼宇自动化控制的高新技术企业。公司专业研发生产中央空调末端温度控制器、计费温控器、采暖温控器、新风控制器、壁挂炉温控器和电动阀等产品配件。并与多家专业中央空调、水地暖生产商，新风和壁挂炉厂家进行广泛深入合作。公司先后荣获中国品牌百佳信誉单位、中国品牌理事单位、德州市节能减排高科技企业、德州市守合同重信用企业称号，公司产品先后获评中国产品质量放心品牌、中国著名品牌。

【山东双一科技股份有限公司】 集复合材料产品设计、制造和服务于一体的高新技术企业，注册资金5200万元，总占地面积37万平方米，资产总额3.5亿元，员工700余人。公司在2000年通过ISO 9001国际质量管理体系认证，先后通过ISO 14001：2004环境管理体系认证和GB/T 28001—2001职业健康安全管理体系认证，2014年获得GJB 9001B—2009国军标认证，省级重合同守信用单位。2017年8月8日，山东双一科技在深圳证券交易所举行创业板首发上市仪式，成功上市。

公司主要从事碳纤维制品结构及功能件、大型非金属模具、风力发电机舱罩、游艇船舶壳体、医疗器械部件、工程机械车罩及轨道与公共交通覆盖件等产品的制造。公司先后引进2台世界先进的意大利五轴数控高速CNC加工中心，可以对玻璃钢、碳纤维、可加工塑料、木材、高密度泡沫等非金属材料进行模具制作和产品加工。

公司立足科技创新，潜心产品技术研发，注重产品品质和诚信服务，培养了一批专业的复合材料研发和技术人员。公司产品生产采用模压、热压罐、滚涂、VARI、LRTM、SMC、PDCPD等工艺，拥有万能材料试验机、冲击试验机、测厚仪、激光扫描仪、关节臂三坐标测量机、化学实验室等先进设备，可以对复合材料制品的原材料及其制品进行各项理化指标的检验和测试，保证产品生产过程和最终产品达到客户需求。

为提高与现有客户的战略优势和开拓海外新市场，山东双一科技股份有限公司于2015年2月在美国堪萨斯州哈钦森市以特有的合作策略投资设立分公司，即双一科技美国股份有限公司（英文：SYT USA,Inc）。公司经营范围：主营复合材料生产和组装，产品涉及轨道交通、风能、工业制品、运输业、汽车业、娱乐设施、石油天然气、航空航天行业市场。

交通　通信

交通运输

城区交通运输管理分局

【概况】 德州市交通运输局城区分局，是市局派出正科级机构，其职能是负责三区农村公路的规划、建设和养护管理。位于开发区东风东路1236号。编制23人，其中行政编制11人、事业编制12人，在职人员16人。领导班子由一正两副组成，下设四个科室。有离退人员21人。

德州市交通运输局城区分局共管辖三区农村公路922.89公里，其中县道38.2公里、乡道65.67公里、村道819.02公里。自2003年农村公路改造工程以来，改造农村公路600余公里，进一步提高城区农村公路通行能力，改善广大群众出行环境。

【农村公路安全生命防护工程】 按照《山东省人民政府办公厅关于贯彻国办发〔2014〕55号文件实施公路安全生命防护工程的意见》要求，及时上报示范项目和整改项目。区政府出台《农村公路安全生命防护工程实施方案》，明确目标任务，工作标准、完成时限，各部门职责，2016年5月底提前完成农村公路安全生命防护工程任务。2017年6月，三区农村公路安全生命防护工程通过省市两级验收。

【农村公路建设】 按照《关于对解决市民热线农村道路维修类热点问题进行立项督查的通知》要求，对三区农村公路进行大摸底、大检查，三区需要大修改造的农村公路和村街共有250余公里。制定初步改造方案。截至2017年底，三区农村公路总里程达900余公里，行政村、农村社区油路通达率达到100%，改善农村发展环境、农业生产环境和农民生活环境，为新农村建设和城乡一体化进程提供强有力保障。

【农村公路养护】 德城区将农村公路养护经费纳入财政预算，加强农村公路养护管理工作，按照县道县养、乡道乡养、村道村养的原则，强化对乡村道路的监督检查力度，农村公路好路率达到80%以上。在夏季汛期和冬季冰雪期，提前制定预防方案，落实防汛、防滑物资储备和机械检修，组织抢险队伍，坚持24小时值班，对所辖公路、桥梁等设施进行公路病害及安全隐患排查，采取必要措施消除隐患。

（郭胜明）

干净整洁的二屯镇农村公路（2017年4月19日拍摄）

德州汽车总站

【概况】 德州汽车总站隶属于德州交通集团有限公司，国有一级汽车客运站。管辖德州汽车总站、德州汽车东站、德州综合客运站和德州交通集团金桥国际旅行社。截至 2017 年底，有职工 268 人，有营运线路 89 条，集约化线路 14 条，进站班车 347 辆。辐射冀、豫、晋、陕、内蒙古等省、市、自治区。承担旅客集散、站务服务职能。围绕客运板块、旅游板块、快运仓储物流板块、站域经济板块开展经营工作。

【客运板块和旅游板块】 旅客运输是汽车站传统业务板块。总站设有售票及综合服务大厅，共计 11 个售票窗口，14 台自助售票设备，14 个检票口，21 个发车位。承担长、中、短途旅客运输和城际旅客运输、城乡一体化旅客运输。日发送旅客 4000 余人次。

随着人们出行方式的转变，总站加快转型升级的步伐，开辟道路旅游大市场，实行运游结合，扩大车站功能，延伸服务项目，使客运服务项目扩大至旅游业务、会议及展览服务、旅游包车服务，为市民提供线路丰富的旅游直通车，为市内各单位提供会议、旅游用车包车服务，深受社会各界人士的赞誉和好评。德州汽车总站以更加贴近群众、更加贴近市场的服务，实现从单一客运业务到客运 + 旅游的转变。

【佳佳快运仓储物流板块】 佳佳快运仓储物流是适应现代经济高速发展而建立起来的集客车捎载和仓储物流于一体的货物快速运输系统，安全、快捷、经济、方便，为广大旅客提供快速货运、情感速递、中转运输、上门接送、同城搬运业务。以站内经营线路为依托，拓宽经营渠道，已经形成覆盖全国多省的货物集散网络，“佳佳快运，服务家家”品牌被评为山东省服务名牌。

【站域经济板块】 为适应群众出行快捷化、便利化的需求，总站大力开发站域经济，引进德州扒鸡等著名餐饮品牌进站经营，带动总站向综合性多元化客运站发展。航空港填补鲁西冀东广大区域没有机场的空白，拥有豪华贵宾候机室 1 个，机场直达班车 7 班，可代售全国各大航空公司最低折扣机票，办理航空快运、航空保险、执机、旅客安检等业务，实现陆空无缝对接，大大缩短鲁西冀东广大市民乘机时间。

【客服热线】 “96717114”客服热线是总站服务社会的知名品牌，主要受理班次咨询、预订车票、服务投诉、旅游包车、火车票代理等业务，成为广大旅客出行的贴身向导。

为适应市场经济和旅客运输发展的需要，车站大胆开拓、勇于创新，在经营管理和经营模式上走出一条新路。在原有众多荣誉和成绩上，2013 年获评山东省十佳汽车站、安全生产标准化二级达标单位、巾帼文明示范岗、年度全市安全生产先进单位荣誉称号。2017 年，德州汽车总站工会被省工会授予模范职工小家的称号。

（马志敏）

德州综合客运站

【概况】 位于德城区东邻，京沪高铁德州东站南侧。2011 年 10 月 6 日开工建设，2015 年 8 月 31 日试运营。国家公路运输枢纽总体规划确定的一级客运站。总建筑面积 12.7 万平方米。候车大厅东西长 480 米，南北宽 96 米，最高点达 36 米。投资 7 亿多元。

站场主要包括长途候车大厅和长途停发车场、公交枢纽中心、交通运输服务中心、出租车停车场、阳光换乘大厅和地面连廊、地下停车场区、物流仓储区、检修服务等附属设施在内的八大部分，设有航空港连接机场，实现铁路、公路、航空、出租、公交等多种运输方式的无缝衔接。主要功能是为京沪高铁、太青铁路客运专线旅客提供中转、疏运服务，承担德州市及周边地区旅客出行服务，连接重要旅游景区，植入高端小件物流配送服务。

地上连廊使高铁站前广场、公交枢纽、长途候车大厅、长途客车停发车区连接成为一个有机整体。建筑设计先进。在结构方面采用效率极高的全张力集成体系索穹顶结构，至少截至 2015 年底，该结构为全国应用面积最大的矩形索穹顶结构形式。空调系统采用节能环保的地源热泵空调技术。

德州综合客运站于 2015 年 8 月 31 日试运营。内设有 18 个售票窗口，设有两台自动售票机，安装两台安检设备。德州综合客运站售票与德州汽车客运中心及旗下所有分站和远程售票点实现互联互通。同时，德州综合客运站售票系统加入全省票讯网，可实现网络、手机和微信购票。正式运营后，旅客可直接乘客车抵达陵城区、禹城市、乐陵市、平原县、临邑县、宁津县、武城县、夏津县、庆云县，还有发往全国各地的长途客车、旅游包车。运营可达到日发车班次1500班，日均发送旅客3.5万人。

公交枢纽中心投入使用，拥有104路、106路、107路和112路4条公交线路，运营间隔时间不超过20分钟，每天发车班次300班，往返运送4000余人。乘坐高铁到达德州的旅客出站后南行100米便可到达公交枢纽中心乘坐公交车。

（白金）

公　路

德城公路局

【概况】 德城公路局下设许庄分局和后赵分局，各公路分局实行高度管养一体化管理，以维护国省干道公路良好技术状况为目标，实施日常养护、预防性养护和精细化管理工作，确保辖区内道路畅安舒美的路域环境。

德城公路局管辖国道104线、国道105线、省道101线、幸福大道、大外环，共计79.48公里。

所辖桥梁共计23座，其中大桥11座中桥8座，小桥4座，共计3398.9延米。G104京福线于2003年改建，有大桥梁1座，为白桥大桥。G105京珠线于2004年改建，有桥梁3座，其中大桥2座，为于官屯大桥、三十里铺大桥，中桥1座，为三十里铺中桥。S101济德线于2016年改建，有桥梁5座，其中大桥2座，为黄河涯大桥、李家桥大桥，小桥3座，为前寨桥、孙庄桥、王村店桥。幸福大道于2011年完工通车，有桥梁3座，均为大桥，为南连接线立交桥、减河大桥、马颊河大桥。大外环共有桥梁11座，其中大桥3座，为马颊河岔河大桥、马颊河大桥、减河大桥，中桥7座，为慈家桥等中桥，小桥1座，为雨淋店小桥。

【数字化建设】 与中公高科养护科技股份有限公司合作的智能养护管理系统，能及时、高效地将道路巡查中发现的问题进行反馈，对发现的问题进行及时处理。

【全力做好扬尘治理】 一是加强领导统一组织。召开专项会议讨论部署扬尘治理措施及应急方案，将工作任务细化到人，切实做好扬尘治理工作落实。用实际行动将扬尘治理工作透明化，同时加强组织协调工作，不定时根据方案要求检查工作落实情况，确保扬尘治理工作准确到位。二是定时洒水做好预防。养护科、许庄、后赵分局专门组织人员对洒水车的路线、加水点、行程时间等进行跟踪调查，并做好文字记录，整理调查记录形成洒水实施方案，将防扬尘洒水工作分解细化做到可控易掌握，做到路域全覆盖、人歇车不歇，有效推进洒水工作促进路域环境的整洁美观。三是加强保洁合理绿化。德城公路局在日常公路保洁工作中采取机械化清扫、冲洗和洒水联合作业模式，在定点做好机械保洁工作的同时，对保洁死角、死面及时进行人工补扫，确保达到保洁质量标准。同时因路制宜、因地制宜对辖区国省干线合理绿化、对路树及时补植，绿化里程达到90%以上，加强抚育管理，确保新增路段绿化成活率达到95%，保存率达到90%。2017年11月17日至18日，北京市环境保护科学研究院利用车载走航观测技术，对德州市部分主干道路积尘负荷进行监测，根据德州市中心城区扬尘污染综合治理简报对监测结果的通报，德城公路局所辖路段全部处于绿色道路区域，即积尘负荷小于0.3克/平方米，扬尘治理效果显著。

【推进公路安全设施整治提升攻坚月活动】 根据省、市公路安全设施整治提升攻坚月专项行动的任务要求，结合辖区实际，突出重点，强化措施，全面开展公路养护安全设施排查工作，累计封堵不规范开口 14 个。一是积极争取区政府和有关部门配合。区政府分管副区长亲自安排部署，要求沿线乡镇积极配合。同时，积极协调公安、交警、城管等部门参加行动，为攻坚战提供有力的组织保障和声势支持。二是合理分工，各负其责。成立由局长任总指挥的领导小组，下设施工保障组、交通保障组、协调保障组、生活保障组四个组，确保封堵工作的顺利推进。三是加强巡查，严防破坏公路安全设施。此次封堵按照市局要求，实行波形护栏封堵，部分开口左右两侧分别延长处理，有效确保公路安全设施的安全。加强巡查，避免其他不规范开口出现。

【开展工作标准巩固月活动】 为进一步发扬德城公路勇于争先的优良传统，不断巩固和扩大全年建设成果，进一步完善业务程序，创新工作机制，强化监督检查，凝聚人心，砥砺奋进，德城公路局将 10 月份定为德城公路工作标准巩固月。各科室、分局细化各项工作标准，将任务目标具体化、数据化，确保工作标准的准确性、实用性，用实际行动夯实已取得的工作成绩，巩固工作成果，全局精神面貌大为提升。

【行业文化建设树精品】 邀请消防队教官讲解防火知识，邀请德州学院专业教师讲解演讲技巧，拓宽干部职工知识领域，认真做好“文化落地”工作，不断提升文化讲堂质量。坚持德城“微课堂”授课，用最短时间，分享最真切感悟，课后在德城公路局“微信平台”上将话题继续引申，引导广大干部职工深入领会授课精髓。

注册成立“德城公路局志愿服务队”，旨在通过整体运作，促进德城局文化建设的前进步伐。截至 2017 年底，德城公路局志愿服务注册志愿者人数已经达到全局总人数的一半以上，活动涉及社区爱心捐赠、环境整治、敬老扶弱、关爱儿童等内容。通过志愿服务活动，志愿者增强文化建设的参与感和认同感，提高团队意识和集体荣誉意识，志愿服务成为风尚。

在文化建设工作已有成绩的基础上，组织干部职工集思广益扩思路，以社会基本道德规范为基础，用传统文化为依托，形成有德城局特色的行为规范，归纳整理规范成册，形成《德城公路局干部职工基本行为规范》手册，发放至职工手中，督促广大干部职工学习领悟，身体力行的做一名阳光公路人。

【思想作风建设全力加强】 德城公路局领导班子带头，认真做好党员活动日工作开展，通过理论学习、交流讨论、参观学习等多种形式，加强党员理论知识水平的同时拓展政治视野。严格按照“六项制度”规定开展党员活动日，与“三会一课”、谈心谈话、组织生活会、民主评议党员等党内政治生活内容相结合，由党支部书记带头讲党课，将党员活动日打造为党员学习交流平台，营造热烈的学习气氛，增加党员交流学习机会。同时，不断拓展教育途径。开展重温入党誓词、手抄党章、心得征文、微感悟等文化活动，6 月份赴红旗渠举行“踏红色之路，赴圆梦征程”活动，7 月份组织红色党日活动及以“不忘初心、砥砺前行”为主题的迎“七一”文艺会演，11 月份组织“喜庆十九大 创造新辉煌”文艺会演，从内心深处引发党员干事创业、争先创优激情。

制定下发《德城公路局领导班子党风廉政建设主体责任清单》《德城公路局领导党风廉政建设主体责任清单》《2017 年德城公路局党总支党员

2017 年 6 月 10 日，德城公路局组织开展“踏红色之路 赴圆梦征程”红色主题党员日活动

活动日配档表》等系列文件，对“两学一做”学习进行全面动员部署，以上率下，通过班子成员学，带动党员学，通过党员干部学，带动普通党员学，在全局树立良好学风。强化党风廉政建设主体责任落实，对党风廉政建设工作任务进行分解，完善配套规定和相关制度，班子成员做到党风廉政建设与业务工作、分管工作紧密结合，全面部署，分责落实，严格考核，实行党风廉政建设动态管理登记，使考核结果与评先评优、业务考核挂钩。

（曹媛）

铁　路

德州市铁路办公室中心城区业务

【石济客专基本完工　德州至济南西年底通车运营】 主线完工，石家庄至济南西通车运营。做好石济客专德州段建设协调，创造和维护良好施工环境，主线工程于2017年5月底基本完工。做好石济客专各项通车前准备工作，6月上旬，开始进行石家庄至济南西线联调连试工作。12月28日石家庄至济南西站通车试运营，平原东、禹城东站同时投入运营。

全力争取德州东站房立项批复。经全力争取，中铁总于2017年11月20日召开德州东站房初步设计评审会，中铁设计正完善设计，2018年初可批复建设，施工单位进场开展临建。

全力争取德州动车存车场项目立项建设。动车存车场项目于2017年12月6日铁总评审后，施工图、施工单位招标等各项工作进展顺利，于2018年初开工建设，投入运营后可以使德州东站增开各方向始发高铁。

协调作好德州市配套工程建设。落实匝道、落客平台及东广场各配套项目建设出资单位；协助德达公司和铁三院做好匝道等项目设计对接；督导进度，推进东站房进站匝道及落客平台、东广场立项。

完成德州段土地组卷。积极争取征迁资金，做好兑付工作，协调创造石济客专德州段土地组卷，10月底报送省国土资源厅、国土资源部，德州段土地组卷完成，保证石济客专山东段依法开通运营。

做好石济客专德州段征迁资金审计确权，德州市绝大部分征迁资金已审计确权，维护地方权益。

【推进完成两条铁路联络线征迁和建设】 济青高铁联络线征地拆迁6月份完成，济青高铁联络线工程及石济客专齐河站至济南东站主线线路全部完工，因济南东站进度慢，该段线路及齐河站将随济南东站和济青高铁建成一并投入运营。

济南市铁路大北环（邯济铁路胶济铁路联络线）征迁9月完成，正进行土地组卷上报，施工单位进场建设。

【研究出台政策方案　推动中心城区铁路专用线整合升级】 德州市发改委作为中心城区铁路升级改造领导小组办公室牵头单位，积极做好协调调研工作，反复多次征求市有关部门、单位意见建议，充分归纳吸收各单位意见，起草完善铁路专用线升级改造政策方案，按要求不折不扣完成文件批复各项程序，经市政府研究，该政策方案已批准并发布实施，为中心城区铁路专用线和铁路相邻站场升级改造纲领性文件，是建设改造政策依据。此项工作得到市领导肯定。

【基本完成3条已建成铁路遗留问题的处理工作】 经协调，2017年德大铁路、邯济铁路遗留问题全部解决；京沪高铁绝大部分遗留问题解决，协调京沪高铁公司完成二次征地土地证办理工作。

【积极开展中心城区城市轻轨线网规划论证编制工作】 组织开展城市轨道交通调研论证，委托中铁设计编制完成线网规划草案，组团至芜湖、重庆等外地调研。年底完成德州市城市轨道交通线网规划论证。

（冯新中）

德州火车站

【概况】始建于清光绪三十四年（1908）。由一个只有5股线路、设施简陋的车站，逐步发展成为一个站区全长5.65公里，拥有上行、下行、直通、到达、客站5个车场，南北两个货场，19条专用线的集客运、货运于一体的综合性一等区段站、技检站，京沪铁路与石德铁路重要的客货运中间大站，鲁西北、冀东南铁路客货运输枢纽。隶属北京铁路局沧州车务段。前后方车站：在京沪线上行方向距离北京站376公里，下行方向距离上海站1087公里；在石德线下行方向距离石家庄站182公里；在建的德（州）龙（口）烟（台）线下行方向距离烟台站588公里。客运业务：办理旅客乘降；行李、包裹托运。货运业务：办理整车、零担、集装箱货物发到，办理整车货物承运前保管。不办理罐装危险货物发到。

【运输生产】2017年，因受站改施工部分旅客列车停开的影响，上级对德州站任务指标进行了微调。经过全站干部职工共同努力，基本完成任务。主要指标：中时5.2。停时17.0。装车12110车，日均33.2车。卸车35250车，日均96.6车。货物发送完成605967吨，日均1660吨。旅客发送完成2409191人，日均6600人。客货运输收入完成3.19亿元。

【运行安全】2017年站改施工、运行图调整，给安全运输带来很大影响，德州站充分运用安全风险管理考核机制，狠抓逐级负责制的落实，积极围绕安全运输畅通这条主线，开展安全大检查和应急处置练兵活动，确保车站安全畅通。安全天数：截至2017年12月31日，车站实现连续安全生产9535天。

【安全措施】根据中国铁路总公司运输局运调技术电〔2017〕1057号电报批复，德州站一站台改造施工于2017年7月15日0：00起开始进行，施工期间对部分京沪下行旅客列车进行调整。此次调图涉及德州站变化的旅客列车共计22列，均为停车变通过。为保证调图安全过渡，德州站技术部门组织车站有关人员进行培训，安全教育部门组织新图考试，确保调图相关人员培训考试合格后方可上岗作业。

为加强对站改施工的监督检查，防止施工安全方面可能出现的问题，德州站制定管理制度和奖惩办法，抽调技术、安全、客运等部门的职能人员现场盯控，按照《施工盯控检查日志》的内容对站改施工进行逐项动态控制，配合施工方确保安全和进度，有力地保证车站运输经营的顺利进行。

【新站房投入使用】根据北京铁路局关于《德州站新站房投入使用的通知》（京客电〔2017〕550号）电报，2017年11月10日上午10点，德州站客运新站房正式投入使用，同日临时站房于11点30分停止使用。

站改后新站概况：新建客站主站房面积为9993平方米，整体建筑分为A.B.C三个区域，A区为候车室南部，包括地下出站厅、一楼南部商服区域、办公休息区域、一楼夹层、二楼办公及二楼夹层办公及其他消防、机房等设备设施；B区为候车室中部一楼、二楼候车区域；C区为候车室北部，包括地下行包办理厅、一楼售票、公安制证、贵宾室、二楼商服区域。新增旅客天桥1个，天桥面积为1195平方米。新建行包地道1个，面积为1375平方米（一站台施工完毕后开通

2017年11月10日建成并投入使用的德州站新站房内部设备设施

2017 年 11 月 10 日建成并投入使用的德州站新站房

使用）。站台雨棚面积为 13437 平方米，站台面面积为 15763 平方米。旅客出站通道面积 610 平方米。

站改后新站设备变化：新增电梯 9 部，其中候车室旅客扶梯 2 部，旅客直梯 1 部，行包货梯 1 部，一至三站台各 1 部旅客扶梯，二三站台各 1 部旅客直梯。新建候车室增设自动售票机 8 台。新建候车室、售票厅新增单向门各 1 个。旅客购票、取票、进站上车都要走候车室中门，经过安检。候车座椅共设置 452 个席位。

【队伍素质】 德州站通过日常“两学一做”学习教育和业务培训考核、技术比武等活动，不断提高全员政治和技术业务水平，职工队伍整体素质得到全面提高，涌现出许多先进班组和个人。舍己救人的好职工李树军 2017 年被推荐为北京铁路局“最美京铁人”候选人。

（潘杰）

高铁德州东站

【概况】 德州高铁东站是京沪高速铁路 24 个客运站之一，是京沪高铁与太青客运专线的交会站，位于山东省德州市东部的德州经济技术开发区，中心里程 K314+957，隶属中国铁路北京局集团公司天津西站管辖，是北京局与济南局在京沪高铁的交界站，也是京沪高铁地级城市中规模最大、等级最高的车站之一。

【东站布局】 德州东站总建设规模 9 台 13 线（京沪高铁场 5 台 7 线，石济高铁场 4 台 6 线于 2017 年年底开通），站房建筑面积为 19971 平方米，总建筑高度为 29.7 米；无站台柱雨棚覆盖面积为 32270 平方米，总高度 14.292 米，采用线侧下式站型、上进下出旅客流线模式进行设计。站台长 450 米，宽 12.5 米（基本站台宽 15 米），高 1.25 米。

德州东站设候车厅 2 座，其中二层候车厅面积 1340 平方米，三层候车厅面积 2793 平方米。设有售票厅 2 个，人工售票口 10 个，自动售票机 24 台。其中一层为人工与自动混合售票厅，二层为自动售票厅，一、二层北侧均设有残障售票窗口。站外设高架桥一座，站内三层设人行天桥一座，出站地道一座。车站配有贵宾室两间，大贵宾室面积 105 平方米，小贵宾室 49 平方米。

【运输业务】 截至 2017 年底，德州东站有干部职工 128 人，每日开行列车 150 余列，发送旅客逾 9000 人，且呈现明显上涨趋势。随着其规模的不断发展，极大地带动德州地区在京津冀和鲁西北地区经济发展的区位优势，成为德州地区最有影响力的窗口单位之一。

【青太线开通】 2017 年 12 月 28 日，太青客运专线石济高铁段开通运营，德州东站发展成为连接中国纵横高铁大动脉的枢纽站。开通初期，德州东站石济场开行动车组客车 18 列，京沪和石济高铁方向旅客在德州东站完成零距离便捷换乘，德州地区进一步融入京津冀 1 小时交通圈。

【公交衔接】 德州东站现有直达德州市区方向 106、107、108、112、K1 等公交线路，去往陵城区方向 104 路公交线路。随着综合客运站的落成投用，辐射向周边各县区公交网络逐渐建成。

邮　政

中国邮政集团公司德州市分公司城区邮政局

【业务发展稳中有好　质量效益稳步提升】 中国邮政集团公司德州市城区邮政分公司深入贯彻落实省公司、市公司工作部署，以“三个关注”“四个坚持”“五项工作”统领全局工作，紧紧围绕“12345”工作思路开展各项工作，全年累计收入实现 7418.02 万元，完成全年计划的 101.92%，同比增幅 10.29%，累计完成目标利润 1846.76 万元，超额完成任务目标。

【金融翼深化转型　稳步发展】 全年金融业务实现收入 4996.76 万元，同比增长 5.32%；金融总量新增 5.74 亿元，其中余额年增 1.56 亿元，寿险保费年增 1.88 亿元，理财保有量新增 1.8 亿元。

【寄递翼固本强基　快速突破】 全年累计完成包裹收入 712.3 万元，同比增幅达 57.02%；其中电商快包完成 584 万元，日均收寄 3000 件。

【综合平台整合突破　迅猛发展】 全年累计完成买卖惠交易额 1894 万元，分销业务累计实现收入 300.54 万元，电商业务累计实现收入 160 万元，完成计划进度的 127.68%，超额达成全年计划目标。

【文化传媒精耕市场　不断超越】 函件业务累计完成收入 790 万元，集邮业务累计完成收入 433.51 万元，报刊业务完成收入 30 万元，零售业务完成收入 7.35 万元，超额达成全年计划目标。

【基础管理科学规范　队伍建设不断加强】 分公司按照发展实际，夯实平台建设，强化合规经营，加强财务管理，各项管理日趋科学、规范；同时加强人力资源配置支撑，强化学习、培训的实施，队伍建设不断加强。

【合规经营和安全管理持续深化　管理水平明显提高】 分公司组织十条禁令、红线意识、收寄验视等各项合规经营培训30余次，现场检查100余次，层层签订责任书达到了 100%。同时完成支局的强弱电分离工作，新增监控设施 12 处，实现监控全覆盖，配备消防用品、烟感报警器 22 套，进行安全常规检查 18 次，专项夜查 36 次，合规经营和安全管理工作得到明显加强。

【党团建设扎实推进　企业文化逐步完善】 党建方面。城区分公司认真贯彻落实省、市公司党建暨纪检工作会议精神，全面实施从严治党，严格落实党风廉政建设，确定每周五下午作为党支部的集中学习时间，扎实推进党员包挂支局制度的落实，深入开展“亮身份，树形象”活动。共召开党支部委员、总经理办公会议 25 次，其中集体研究决策重大决策 48 项，重要人事任免 3 项，重大项目和大额资金 2 项。与德城区人民检察院联合启动“预防职务犯罪邮路”项目。持续推进党风廉政建设，对支局长进行全覆盖廉洁谈话 18 人，其中任前廉洁谈话 1 人，廉洁考试 2 次，学习教育及专题培训 233 人，按月进行评估，形成评估报告 6 份，同时对邮政房屋出租管理与金融风险防控管理开展效能监察立项，通过廉政风险防控体系建设，进一步提升预防违规违纪问题的发生。

团建方面。开展“青年文明号开放周”活动，结合德州团市委、希望办开展的“2017 希望工程圆梦行动”活动，分公司团支部组织开展助力“希望工程”图书特卖活动，为业务发展和文明创建发挥良好青年带头作用。

（刘平）

电　信

中国移动通信集团山东有限公司德城区分公司

【业务运营】 德城移动一直秉承“以客户为中心”的经营理念，认真贯彻落实上级公司的工作要求和部署。2017 年 9 月，德州学院、卫校等院校陆续迎来新生入学高峰期，为提升校园师生的网络使用感知，开展网络提速降费工作，2017 年德州移动校园资费比上年套餐资费降低 9 元，流量增加 9.1G 并增加 20750 分钟通话，校园宽带全面覆盖区内所有高校宿舍并免费使用。全年新生办理 6100 户；老生专网 7400 户。

2017 年推出超牛卡、新 4G 飞享套餐、天王卡、不限量套餐等各类长市漫一体化套餐，充分满足各消费阶段客户需求。通过赠费、赠流量、免费体验等活动，积极宣传和引导客户使用长市漫一体化产品，户均节省话费 15 元，为广大州城客户带来实实在在优惠。

推出流量疯狂送、流量折价购等促销活动，在原有流量包套内流量升级的基础上，再进行 5 折优惠促销，每月仅需 10 元即可享受 2G 超大流量，为客户节省 60 元流量费。流量升级活动累计办理 4.96 万户。为不断丰富州城人民免费上网、手机观看视频等移动互联网需求，德州移动倾力推出任我看视频流量包，流量价格低至 0.8 元 / GB, 共办理 1.1 万户，为广大市民提供的随时随地免费看视频的便利。

【集团信息化】 全力做好德城区教育系统信息化网络保障、支撑工作。利用两个月时间，对全区各中小学学校教育网线路进行全面巡检，对各学校日常使用中问题逐一排查、整改，各学校满意度 100%；对网络出口进行优化，完全满足区教育系统对“91 云校”系统的应用需求；8 月，德城区教育局办公楼拆除，公司配合区教育局电教馆对核心机房设备进行整体搬迁，并调测线路，保障德城区教育系统信息化平台正常运转。

为构建全时空、过领域的立体化治安防控体系，打造高中低相互补充的监控格局，公司配合德州市公安局、德州铁塔公司，以高密度覆盖的通信铁塔为载体和平台，建设高空瞭望视频监控系统，扩展平安城市监控网络，为全区治安防控、事件处理、交通管理等工作提供强有力支撑。首批接入 10 个基站监控点位。

为响应市政府的工作要求，协助德城区住建局、公安局、环保局，建设规模以上建筑工地视频监控和环境检测系统，完成 10 余个规模以上建筑工地监控的线路铺设。

网络运行维护会议

【网络建设】 精确规划、精准建设，确保网络领先优势。全年共完成 368 个站点的建设。有线宽带完成 61 个困难小区和 140 个热点的宽带网络建设，端口总数达到 19.5 万余人。集团专线厚覆盖完成 115 个集客项目的建设工作和 1338 个集客点位的维护保障工作。综合业务区完成共计 60 个光交建设。完成二屯、格瑞德汇聚机房土建、配套、传输施工；完成信源机房东北城、罗庄机房的土建。

退服从年初站次考核的局面明显改

善，传输维护工作除接入层未出现任何断点故障，断点考核也维持在中游水平。全年维护工作面临任务多、任务单项数量多等因素，全年仍不松懈，细化各种考核指标，从细微处着手提升网络保障指标。定期召集施工队、设计院、监理、项目经理进行安全知识培训。强调所有的工程建设安全质量问题终身负责，分公司、施工单位、监理单位均要按照相关要求做好工程各环节相关工作，确保工程质量，落实安全防范措施，坚决杜绝违章操作和安全事故发生。

【安全生产】 为全面落实安全生产责任制，按照“党政同责、一岗双责、齐抓共管、失职追责”的安全责任体系要求，遵循“管行业必须管安全，管业务必须管安全，管生产必须管安全”的原则，进一步强化和落实安全生产责任，严肃事故责任追究，有效防范各类安全生产事故发生，确保安全工作真抓真做，细抓细做。强化员工安全知识，切实提高员工防灾、识灾能力，德城区分公司开展安全隐患清查工作。一是开展消防安全生产教育与培训工作，切实提高全体员工防火意识，普及安全知识，掌握消防器材的使用和扑救初起火灾的方法。二是开展实地演练，努力提高员工的防火灾意识和避险、自救、互救能力。三是加强消防安全隐患排查工作，对营业厅、综合楼办公室、基站等重点部门进行隐患排查，对老化电源电线进行重新梳理更换，合理增配灭火器。四是演练结束后，进一步修改和完善消防应急预案，对重点区域、重要部位进行重点监控、重点保障，合理布局消防器材，有效将消防安全工作落到实处。

（彭林）

教育网检测

中国联合网络通信有限公司德州市分公司中心城区业务

【业务种类】 德州联通公司是德州市网络规模最大、综合通信能力最强的基础电信运营商，提供4G、3G、2G、宽带、固话等基础通信业务，满足德州市各类基础通信需求。为降低通信资费，确保用户权益，德州联通全面取消手机国内长途、漫游费，简化和统一套餐、规范和透明消费。以用户、产品、渠道“三适配”为导向，聚焦经营模式转型，通过流量体验、终端拉动和内容应用，加快2G升4G，聚焦“品质＋服务”，持续推进无条件受理、“480”服务承诺和装移机抢单，提升用户服务感知。德州联通全面深入贯彻落实创新、协调、绿色、开放、共享五大发展新理念，以倍加完美的网络、倍加丰富的终端、倍加贴心的产品、倍加便捷的服务，全面满足广大用户的信息服务需求。

【网络建设】 2017年，德州联通公司投资1亿元，进行全光网络、4G、3G以及大数据、云平台等基础网络设施的建设和优化。举全公司之力，投入宽带中国示范城市建设与宽带升级提升工作，联通总带宽出口扩容至1040G，基本实现100M宽带无缝隙支撑能力，部分宽带端口可以支撑100M以上速率。宽带设备容量与承载能力在全省达到中上游水平。移动网络在原有2G、3G网络全覆盖的基础上，快速扩大4G网络覆盖，4G网络规模在2016年实现翻番的基础上又增长17%，全面覆盖了城区、校园、交通干线等重点区域，并逐渐覆盖至乡村，传输速率峰值达到150M，移动宽带通信质量再次实现质的飞跃。

2017年，德州联通公司4G网络聚焦热点区域，新建基站336套、室内分布64处；3G网络新增基站21个。4G

网络面积覆盖率由 71.4% 提升至 79.4%，人口覆盖率由 80% 提升至 84.8%；2/3G 网络面积覆盖达到 87%，人口覆盖率达到至 92%。新建光缆 320 皮长公里，新建、扩容宽带小区和村庄近 500 余个。城域网出口带宽由 840G 扩容到 1040G。

【业务运营】 2017 年，德州联通围绕提升规模效益和发展质量，紧抓重点业务，着力扩大市场份额，保持良好发展态势、业绩水平显著提升。2017 年，全市业务收入 7.6 亿元。发展移网用户 41.7 万户，移动网络用户规模达到 119.7 万户；以全光网建设为契机，开展宽带升级提速，宽带发展 8.88 万户，用户规模到达 53.83 万户。

【应急通信保障】 高考工作重保。2017 年 6 至 7 月份，完成高考考试期间，以及考生志愿报送期间、分数查阅期间的宽带、固话、移动电话业务、光缆线路重保。

全国中职汽车营销技能大赛通信重保。2017 年 5 月 24 日至 5 月 26 日，全国 2017 年中职汽车营销技能大赛在德州经济开发区举行，按照市政府要求，德州联通启动专项通信应急通信保障，对大赛场馆、各代表团入住酒店的通信设备预检预修和比赛期间的各项固话、宽带、移网等开展通信保障和网络监控工作。比赛过程中，各项通信正常，德州联通圆满完成通信保障任务。

第六届中国创新创业大赛新能源及节能环保行业总决赛。2017 年 10 月 12 日至 10 月 16 日，第六届中国创新创业大赛新能源及节能环保行业总决赛在德州举行，德州市行政学院（市委党校）为大会主赛场，德州市中元科技创新创业园、德州市广播电视中心、德州大剧院等为大赛分会场。住宿地点为康博大酒店、凤冠假日大酒店、柳湖书院等。按照市政府要求，德州联通启动专项通信应急通信保障，对大赛场馆、各代表团入住酒店的通信设备预检预修和比赛期间的各项固话、宽带、移网等开展通信保障和网络监控工作。比赛过程中，各项通信正常，德州联通圆满完成通信保障任务。

中国共产党第十九次全国代表大会通信重保。2017 年 10 月 18 日至 10 月 24 日，中国共产党第十九次全国代表大会在北京召开。根据集团和省公司的统一部署，德州联通制定完成相关通信保障方案，成立由公司总经理任组长的保障小组，落实保障责任到部门、到人，逐级签订责任书。严格实行封网制度，停止一切涉及在网运行的设备升级、网络优化和通信割接，加强机房管理和重要线路的巡检，强化安全管理。会议期间，各项通信正常，德州联通圆满完成通信保障任务。

【客户服务】 2017 年德州联通在文明行业创建工作中抓紧六项重点工作任务。一是强化价值引领，提升整体素质；二是解决客户反映的热点难点问题，提高服务水平，提高客户感知；三是强化业务规范管理，维护用户合法权益；四是打击通信诈骗，确保网络信息安全；五是培育行业品牌，建设和谐行业；六是发挥行业优势，履行社会义务。为进一步提升德州联通服务形象，聚焦重点市场，加强服务保障，开展“2017 年客户口碑提升”活动。活动以客户口碑评价为基础，强化基础管理，围绕网络、业务、服务三个方面，关注营业渠道、入户装维和“10010”客服热线三个接触客户最主要的界面，修补短板，强化优势，努力让客户感觉到快速、便捷、热情的服务，提升市场口碑和美誉度。通过一系列工作开展使公司在基础服务能力、经营规范及业务管理、客户服务等方面得到提升。

政企客户方面。公安局“村村通”监控、检察院智慧检察、交警移动执法等信息化项目顺利实施；负责承的“12345 德州市民服务热线”“12315 消费维权热线”“12365 质监热线”平台高效运转；积极推动创新型业务发展，截至 2017 年底，ICT 业务同比增长 172.52%。

大数据业务发展能力显著提升。2017 年 4 月 27 日，由山东联通、中兴通讯、德州市政府注资共同建设的德州市大数据产业园项目正式签约启动。该项目的启动，对德州大数据产业链的打造及德州的经济发展起到推动作用。

2017 年 6 月底，德州市政法委综治办雪亮工程（I 期）项目正式启动，此次项目完成市县乡村四级平台全覆盖，实现数据采集、事件智能研判、各级部门协同及事件跟踪等功能。

2017 年 10 月 13 日，为充分发挥云计算、大数据对促进新旧动能转换的重要作用，省政府召

2017 年 4 月 27 日，德州市政府与山东联通、中兴通讯签订大数据产业园战略合作协议

开全省企业上云启动大会。作为通信运营商，为更好的按照政府工作要求，服务地方企业，德州联通依托自身的网络技术等优势，按照“互联网 +”及智慧城市建设要求，主动配合政府做好企业上云推进，主动承接当地企业上云生态打造，形成“市县两级，齐头并进”的态势，不断满足日益增长的经济社会新需求。

2017 年 10 月 23 日，省政府印发《山东省政务信息系统整合共享实施方案》，提出将按照“统一机构、统一规划、统一网络、统一软件”的要求，全面整合各级政务信息系统。在电子政务服务领域，德州联通将发挥技术、产品和服务优势，整合社会优质资源，按主导和参与两种方式，提供有竞争力的产品和整体解决方案，助推政府工作提升。

2017 年，德州联通“12345”受理中心按照德州市质监局和市政府热线办的要求，成立德州市电梯困人应急救援处置平台，由专人接听处置，为人民群众提供电梯救援救助保障。受理中心全年累计接听各类来电 725566 件，比去年同期增加 4.45%，来电群众对服务的满意率保持在 98% 以上。

（于卫红）

中国电信有限公司德州德城区分公司

【公司总体经营持续向好】 2017 年，中国电信股份有限公司德州德城区分公司收入同比增长迅速，继续巩固在全市的领头羊地位。公司提前完成 2017 年移动网用户发展目标，公司整体发展态势良好。

【响应国家“提速降费”助力经济发展】 2017 年，推出不限量套餐、超牛卡和乐享家等重点营销产品，形成语音、流量可转换的套餐体系，优化用户感知和话费使用效率，推出系列惠民产品：（一）99 元不限量套餐，含全国通话，全国流量，省内不限量，4 张副卡全家共享，200M 宽带，高清电视免费用。（二）天翼云为客户提供海量、安全、高可靠、低成本的数据存储能力，助力中小企业发展，同时推出政务云响应政府信息化需求。（三）物联网（Internet Of Things，简称 IOT），把任何物品与互联网连接起来，进行信息交换和通信，以实现智能化识别、定位、跟踪、监控和管理的一种网络。（四）各手机 + 宽带 + 天翼高清的家庭一揽子电信服务解决方案，便于实现智能家居、家庭云等新技术。智能组网实现专业级的 WiFi 环境评测、组网设计、终端销售、调测部署服务，达到 WiFi 覆盖更优、上网更稳更快的目的。

【顺应 4G 发展趋势 加快网络建设 提升消费者通信质量】 2017 年，中国电信股份有限公司德州德城区分公司在共建共享和优化投资结构的基础上，完成城区网络优化，保障电信网络，特别是 4G 网络畅通；大力推行全网通手机，真正的全网通手机实现一部手机、两个卡槽、三网通用、4G 优选、5 大洲通行。承接上级部门要求，在各级门店进行防范网络诈骗的宣传和专题活动，在全渠道实现实名制发展要求，新开户实现 100% 实名制，为电信行业的规范发展贡献力量。

（刘翠）

城建　环保

城乡建设

区住房和城乡建设局业务

【城建工程】 2017年，中心城区城建计划中涉及德城区的项目，共计民生改善、文化教育与公益事业建设、市政基础设施建设、景区生态建设、城市安全与保障和城市综合体建设等6大类，9大项，20小项，计划投资13.59亿元，全部开工，开工率100%，完成年度计划，完成投资13.65亿元。为确保项目顺利推进，实施重点项目领导包保责任制、现场督查制、定期调度制等推进机制，倒排工期，挂图作战，充分发扬在基层、在一线、在现场“三在”精神，各项工作稳步推进。

【棚户区改造】 2017年，德州市政府下达德城区棚改新开工任务3110套，基本建成700套，涉及邹李二期、池口片区、军分区片区、罗家院、李旺庄和前小屯6个项目，全部开工，开工率100%；基本建成854套，超额完成基本建成任务。

【房屋征收】 完成大班额建设项目、华戎银泰旧城改造项目、火车站广场续建房屋征收项目、李旺庄棚户区改造项目、前小屯棚户区改造项目、湖滨北路小学棚户区改造项目和东风东路小学棚户区改造项目等7个房屋征收项目的房屋征收工作；实施锦绣豪庭旧城改造、市公路局工程处材料处宿舍、堤岭安置区、池口安置区、万源二期、邹李、罗家院、金都花园二期、石芦小学、大东关二期等10个项目的房屋征收工作；完成德州监狱、晶峰玻璃厂和振华玻璃厂等3个项目的房屋拆除工作。共拆除房屋43.75万平方米，其中征收房屋18.75万平方米，拆除工业厂房25万平方米。启动三八西路下穿京沪铁路建设项目、福东片区旧城改造项目和邹李二期棚户区改造等3个项目的房屋征收工作，涉及居民235户，房屋面积46845.87平方米。定期对待建工地执行巡查，下达69份待建工地整改通知书，确保扬尘治理方面不出问题。

【老旧住宅小区整治改造】 积极推进老旧住宅小区整治改造工作，全面完成2016年度老旧小区整治改造任务，物业进驻管理事项得到基本落实，初步实现“小区干净整洁、设施完备、秩序良好，让群众住得安心、舒心”的改造标准。调整完善2017年整治改造计划，全面启动整治改造小区项目56个，涉及楼房388栋，改造总建筑面积88.1万平方米，改造户数11995户，惠及居民38321人。

【农村无害化厕所改造】 完成农村无害化厕所改造10525户，基本实现全区无害化卫生厕所全覆盖。深入镇村细化责任、认真督导，将改厕计划落实到户；开展厕所改造施工现场质量安全巡查与施工技术指导监督，及时对发现问题提出整改意见，实行倒排工期、挂图作战等工作方法，形成主要领导负总责、各部门各司其职的工作格局，提前完成年度工作任务，使德城区农村人居环境进一步改善。

【建筑节能改造】 积极推广太阳能光热建筑一体化应用及绿色建筑。2017年，6个小区完成太阳能光热建筑一体化应用20余万平方米。督促新开工工程使用由省建设厅认证和市住建局备案的新型墙材，全面推广节能与结构一体化技术。对全区新开工建筑从设计、图审、节能备案到施工及验收阶段层层把关，全部执行建筑节能居住建筑节能75%、公共建筑节能65%强制性标准，工程节能达标率100%。自2017年4月1日起依据政策停止对墙改基金的征收，依法依规做好停征之

环保检查组到湖滨家园项目督导检查，对现场情况进行取证

前基金的返还工作。

【气代煤电代煤工作】 2017年，德州市级下达德城区改造任务为3000户，截至2017年底，德城区共完成7084户“气代煤、电代煤”工程（其中气代煤6860户，电代煤224户），完成市级下达任务的236.1%，超额完成改造任务，施工企业在每个村都设有常驻后期服务人员，为后期运营维护做好保障。德城区二屯镇闸子村成为中心城区首个通气点火的村庄；9月28日全市现场会在二屯镇李庄村召开；11月9日二屯镇杨庄村召开通气点火仪式，陈飞市长出席；德城区“气代煤、电代煤”工作多次在省、市级媒体进行报道。

【质量监督检查】 加大工程质量监督力度，将执法监督和促进行业良性发展作为工作重点，力求以高效、优质的服务意识实现社会承诺，树立政府职能部门的良好形象，2017年全区在监工程267个，总建筑面积543.63万平方米，累计开展工程监督巡查、抽查253次，共检查单位工程206个，签发整改通知书56份，进行不良行为记录40次，严格落实整改，质量监督水平不断提高。

【安监信息系统】 建立覆盖全区域、全方位的远程监控平台，全区在建项目与建设局实时监控平台系统的对接率达100%，实现全天候对施工现场安全生产行为和扬尘治理情况进行远程监控，大大提高隐患治理效率，建筑施工安全监管和扬尘防治管理现代化水平进一步提升。

【施工安全】 以依法依规监督为核心，以开展安全生产隐患“大排查、快整治、严执法”等专项整治、强化责任追究为手段，以重大危险源管控、常见安全隐患防治为重点，以有效防范一般事故，坚决杜绝较大以上事故为目标，积极行动，主动作为，深入开展建筑领域安全生产管理工作。在整个建筑施工安全监管工作中完善精细化监管工作流程，明确安全监督备案、日常监督管理、约谈机制等工作程序和监管要求，建立健全安全监管工作制度，按照省、市、区有关治理计划和提升行动抓好日常监督和执法管理，实现了全区无较大以上事故的工作目标。全年开展建筑施工安全生产日常监督巡查500余次，拉网式安全大检查5次，各项专项检查6次，查处安全隐患1700余条，下达限期整改通知书288份，停工通知书44份，对施工中的高大模板支撑体系、深基坑等危大工程，严把方案论证、现场监管和集中整治关，落实专人盯靠、严密监控等措施，严防重大危险源失控形成安全隐患，坚决遏制恶性伤亡事故发生。

【安全文明工地创建】 为推进德城区建筑施工安全标准化建设，营造全区项目比学赶超、争先创优的浓烈氛围，积极鼓励辖区内所有在建工程申报安全文明工地，全年争创省级安全文明工地2个，市级安全文明工地10个。

【农民工工资保障】 积极推行并全面落实施工企业“一书一金一卡”制度，狠抓农民工工资清欠工作，组织开展建筑工程农民工工资支付管理专项检查3次，有效保障农民工合法权益。

【扬尘治理工作】 建立完善扬尘防治管理责任体系，将在建工程分片包干至每个监督人员，每个项目均安排具体人员进行负责，分解任务，压实责任，督导企业落实扬尘污染治理主体责任，强

环保检查组到紫御国都项目督导检查，填写检查意见

化治理措施和资金投入，要求全区规模以上房屋建筑工程安装视频监控和环境监测系统，实现画面及扬尘监测数据的实时传输，积极开展扬尘治理攻坚行动，采取突击检查等方式督促责任单位加快扬尘突出问题整改落实，对扬尘治理不达标、市区挂牌督办、媒体多次曝光、公众投诉反映强烈、慢作为不作为的工程项目，按规定对责任单位主要负责人进行约谈，综合运用停工整改、经济处罚、行政问责、诚信评价扣分、限制投标资格、暂停执业资格等手段，并按规定追责问责。根据德城区重污染天气应急指挥部通知及时启动重污染天气应急响应，通过短信、微信、博客、电话等方式及时传达给各项目负责人，并在建筑工地门口张贴应急通知，应急期间对全区在建工地应急响应落实情况进行巡查，对不落实或落实不到位的项目进行行政处罚。全面执行采暖季土石方作业停工措施，建设施工工程在采暖季期间，原则上应停止土石方开挖、渣土运输等易产生扬尘的施工作业。全年对在建房屋建筑工程扬尘治理情况日常巡查3000余次，下达限期整改通知书共计201份，停工整改通知书26份，对唐人中心、池口家园、万达广场等30余个项目进行处罚，共处罚款128余万元，约谈企业37家。

（王艳）

德城区高度/功能排名前十的建筑物列表

序号	建筑物名称	地址	层数
1	万达广场	德城区湖滨南大道以东，东地南大街以西，新河路以北，新建路以南	33
2	金茂大厦	德城区东方红西路以南，东地大街以东	31
3	华戎银泰中心	德城区东方红西路以北，湖滨中大道以东	26
4	联兴·兴河湾C区	德城区湖滨南大道和解放南大道交叉路口	30
5	德州万源明日国际广场	德城区新河路以北，新建南路以南，东地南大街以东，滨河路以西	33
6	紫御国都	德城区新岭路以南，新建路以北，东地南大街以西	33
7	明诚雅居住宅小区	德城区双魏大道以东，华孚路以北，双河大道以西	28
8	德州东方御越庄园	德城区东风路以南，规划支路以北，德兴南大道以东，滨河路以西	28
9	德州华山·橡树湾	德城区新河东路以北，双魏大道东侧	27
10	湖滨家园小区	德城区湖滨南大道以东，新建路北侧	24

城乡规划

【概况】 为促进德州市城乡规划发展，配合中华人民共和国住房和城乡建设部推动城市总体规划报批工作，德城区规划分局委托上海复旦大学规划建筑设计院，对规划成果进行多轮修改调整。在住建部推动下，《德州市城市总体规划（2011—

2020 年)》于 2017 年 6 月获批。

为进一步贯通德州市东西向交通，保障三八路西段通行能力，便利市民生产生活，邀请北京中铁五院重新修订三八路下穿京沪铁路立交桥工程规划设计。经多次汇报、论证，最终确定采用下穿式立交方案，设计单位正进行地质勘探和方案深化。

根据国家发展改革委等七部委《关于加强城市停车场设施建设的指导意见》，为科学合理地指导市区停车设施建设，合理配置停车资源，引导城市用地合理布局，委托中国城市规划设计研究院，编制完成德州市城市停车设施专项规划，通过市政府审批。为城市停车设施的规划管理提供系统的方法和依据，促进城市静态交通健康和谐发展。

2017 年 1 月 26 日，中共德州市委副书记、市长陈飞（右二）到德州市公共汽车公司调研

为落实市政府办公室《关于印发德州市城市地下综合管廊和海绵城市建设实施方案的通知》要求，解决市区水生态、水资源、水环境、水安全等涉水问题，探索市区海绵城市建设模式，委托德州市城市规划设计研究院和北京清控人居环境研究院有限公司，编制完成德州市海绵城市专项规划，通过市政府审批。启动德州市海绵城市实施方案的编制工作。

按照市委、市政府工作部署，为科学指导市区中心城区市政基础设施建设工作，委托德州市城市规划设计研究院和青岛市市政工程设计研究院有限责任公司，编制完成德州市综合管廊专项规划，通过市政府审批。同时，委托济南市规划设计研究院编制完成《地下管线综合规划及市区管线综合设计导则》。

结合老城区控规修编，启动新华街道办 XH-A\XH-B\XH-C 单元控制性详细规划、广川街道办 LC-B\LC-D 单元控制性详细规划的编制工作。

（王立华）

城市公共交通

【年度客运量】 2017 年，德州市公共汽车公司完成客运量 3000 万人次；实现经营收入 3050 万元，同比减少 1.3%。

【服务能力和品质逐步提升】 一是报请市政府出台德州市关于优先发展城市公共交通的意见，为各项工作的开展提供政策支撑和保障。二是全面做好延时运营工作。按照市委、市政府有关要求，对中心城区 2 路、6 路等 16 条线路延时运营，方便市民的夜间出行。三是优化调整公交线路，服务绿色出行。新开 27 路、128 路、129 路 3 条线路，优化调整 4 路、5 路等 16 条线路；完成对赵虎镇、赵宅区域内农村客运班线的整合收购工作，填补该区域公交线网空白。四是加强场站等基础设施建设。积极推进袁桥、七西两处公交枢纽中心的建设工作。五是在省内率先实现全部线路所有车辆全国交通一卡通互联互通的全覆盖。

【安全生产态势持续平稳】 一是严格落实安全生产责任制，层层签订安全生产责任书，扎实开展“全市交通运输系统道路运输安全专项整治”“安全生产月”等活动，全面做好安全运营和社会稳定工作。二是顺利完成十九大期间安全维稳工作，实现所有营运车辆安保人员全覆盖。

【发挥公益属性 积极承担社会责任】 一是全力做好创建全国文明城市工作，发放“创建全国文明城市”倡议书，开展“礼让斑马线，我来做示范”承诺活动；积极开展文明交通劝导、保护公共环境卫生等志愿服务活动；按要求发布公交候车亭和公交车体公益宣传广告，车辆前后挡风玻璃、车内拉手、公交候车亭创城文明宣传标语覆盖率达到100%，车体公益广告覆盖率达到50%以上。二是认真落实军人、残疾人、老年人、学生等特殊群体优惠免费乘车和“一小时免费优惠换乘”政策，全年新增老年卡12000余张，年服务老年人、残疾人等特殊群体500余万人次。三是做好重污染天气红色预警期间免费乘公交各项准备工作。四是开通清明节“文明祭扫·绿色出行”免费专线和四条临时公交赏花专线，高考期间考生免费乘公交，同时积极开展公交出行宣传周活动，鼓励市民选乘公交车绿色出行。

【党建工作扎实开展】 一是扎实推进“两学一做”学习教育常态化制度化，以党员活动日为抓手，严格落实基层党组织生活制度和“三会一课”制度；组织开展“缅怀革命先烈 祭奠捐国英魂”“弘扬雷锋精神 倡导城市文明”“庆祝建党96周年红色经典诵读”活动。携手罗庄社区党支部，积极开展社区共驻共建活动；完成灯塔党建党员管理系统党员录入、困难党员救助等工作。二是严格落实“一岗双责”责任制和“三重一大”制度，逐级签订“党风廉政建设目标责任书”，制定领导干部及各科室党风廉政建设主体责任清单，加强内部监管，形成“反四风”长效机制；利用公交简报、微信公众号等发布廉政教育宣传信息。三是做好十九大精神的学习宣贯工作。十九大期间组织全体党员认真收听、收看专家解读，积极参加集团组织的十九大精神宣讲会。

【文化建设丰富多彩】 扎实推进“我文明德州文明”主题实践活动，积极开展厚道鲁商竞赛活动。组织志愿者到丰华社区、高铁东站、德百物流批发城公交站等地开展“关爱空巢老人”、倡导绿色简约等志愿活动，开展点钞技能比武、健康知识讲座、“三八”妇女节职工趣味活动、职工象棋、乒乓球、羽毛球比赛等文体活动。2017年，公司先后荣获省公交系统厚道鲁商倡树行动“和谐管理企业”、省模范职工之家、省级文明单位、全国敬老文明号等荣誉称号。助人为乐、拾金不昧、热情服务等蔚成风气，其中39路驾驶员马英涛接力寻找5000元现金、2路驾驶员王国荣帮乘客垫付车费、12路驾驶员牛照华抢救重病患者、19路驾驶员颜景超停车护送小学生过马路、18路驾驶员王仁勇及时送外地老人就医、38路爱心助残等事迹被德州市多家媒体宣传报道，2路驾驶员罗娅平抢救心脏病乘客事迹被省电视台多个栏目宣传报道。

（刘钊）

公用事业管理

【公用事业配套设施】 2017年，累计完成投资5.85亿元，建设改造公用事业管网651公里。一是扎实推进老旧小区专营设施改造工作。完成中心城区78个老旧小区供水、供气、供热管网设施改造工作，改造供水小区67个、供气8个、供热59个。专营企业按照“建管结合”要求，做好后续管理。二是圆满完成“气代煤”改造任务。共计建设燃气主管线27.7公里、支管线及庭院管线309.9公里，完成城区周边43个村庄（社区）、11034户居民的燃气改造。三是大力实施供热设施管网建设。新建改造供热主支管网237公里，完成38个新建小区的供热设施建设，新建改造换热站73座。同时，新建改造供水管网77.2公里，实施第三水厂污泥脱水工程、南部气源项目及配套管网设施建设。截至2017年底，中心城区公用事业管网总长度已达4527公里，相当于从北京到上海两个来回。其中，供水管网1124公里，燃气管网1903公里，供热管网1500公里，供水、供气、供热普及率分别达到95%、97%和75%。

【运行安全检查】 一是扎实推进“放管服”工作，向德城区下放“燃气经营许可证核发”“燃气经营许可证年检”两项燃气审批事项。二是广泛应用远程监控、实时调度、无人值守等信息化系统。供水行业建设源水在线监测共享平台、供水调度在线监测系统、供水水力模型系统和自动化办公平台等；供气建设SCADA生产调度系统、GPS巡线系统；供热整合收费、调度、节能、服务等信息平台，逐步建立运行监控、能耗分析、热网平衡、台账查询、用户服务等功能齐全的智能调控系统。三是积极推进风险分级管控和隐患排查

老旧小区供水改造

用气宣传，确保了“气代煤”实施后的平稳运行。六是局属各公司加大安全投入，购置应急车辆、应急物资、激光侧漏仪等安全设备；进一步优化应急预案，开展应急演练8次，抢险人员全天候待命，随时启动应急响应，公用事业安全保障能力持续强化。

2017年，供水售水量达到3160万吨，市中心城区首次突破三千万大关，较上年增长191.93万吨；天然气供气量2.08亿立方米，较上年增长3000万立方米；集中供热面积达到3706万平方米，较上年增长377.92万平方米。

治理“双体系”建设，企业主体责任得到落实，建立风险源识别台账，全员排查危险源、风险点，采取“四不两直”方式开展“大快严”“保底行动”等专项安全检查行动；严格落实安全生产责任，层层签订安全责任书，建立“纵到底，横到边”的责任体系。四是开展地下管线综合管理系统调试工作，安装精确定位、物联感知等设备，设置供水、燃气、热力监测点224个，加强对地下管线的实时监测。五是严格做好“气代煤”安全运营工作，燃气企业建立起“驻守、巡守、值守”工作机制，加强安全员业务培训，强化安全

老旧小区供热改造

【居民住宅区服务】以“两线一访”、客户服务、驻村帮扶等工作为抓手，服务质量和效率不断提高。创新市民热线办理方式，从公司选派精干人员进驻“12345”市民热线，对投诉集中问题，第一时间解答，第一时间办理，减少办理环节，提升群众满意率。通过微信公众号、微信群、支付宝、手机APP等，发布公告、接收报修、收缴费用，方便群众，提高效率。进一步做好政务服务工作，按规定做好专项配套费收缴工作，公用事业窗口每月被评为“优秀服务窗口”，进一步细化网上办事指南，行政事项许可已实现全程网办。全面建设“一站式”服务大厅，确保“进一个门，办所有事”。

【规划编制】中心城区供水、供气、供热都完成专项规划制定工作。2017年，开展《德州市中心城区燃气专项规划（2016—2030）》修编工作；完成专家评审论证，出具评估论证报告，正在征求市人大意见。

（王镇）

房产管理

【物业管理】严格资质管理。积极推进物业服务企业资质升级、年检、延续、变更等工作。落实中央和省、市加强物业管理工作的系列部署要求，做好物业管理顶层设计，认真研究完善物业行业发展体系，明确行业发展目标，抓好重点任务，

细化保障措施，适时出台指导物业行业发展的指导意见。积极开展调研，着手开展物业招投标管理办法、物业服务规范、物业承接查验办法等一批规范性指导性文件，推动形成更加完善的物业管理制度体系。

切实抓好物业管理业务工作。组织物业企业开展全国文明城市创建工作。一是制定创城工作方案，成立创城指挥部。制定《德州市房产管理中心创建全国文明城市实施方案》（德房政发〔2017〕62号），明确创城任务和责任分工。二是督导重点小区抓好创城宣传。对列入重点督查的11个小区，要求全部张贴创城宣传标语，营造宣传氛围。三是督导物业主管部门抓好整改工作。对市创城办现场组检查发现的问题小区进行认真研究分析，印发《关于领取德州市“全国文明城市测评”实地考察统计结果的通知》，及时向区级物业管理主管部门进行反馈，要求对照创城标准抓好整改落实工作。四是重点督导中心城区老旧小区整治改造专营设施布线工作。全力推进老旧小区整治改造工作。截至2017年底，德州市中心城区老旧小区整治改造项目88个全部开工。

积极办理“12345”市民热线，协调处理物业纠纷。截至2017年底，共办理“12345”市民热线1229件，“承诺热线”16件，现场接访7人次。根据业主诉求，与街道办事处、有关开发企业、物业企业、街道办事处等单位密切配合，多方协调，及时化解物业管理矛盾和纠纷，得到了业主的称赞。

【市区保障性住房建设】 认真做好公共租赁住房的受理、审核和审批工作，严把资格审核审批关。坚持年度复核，加强对公共租赁住房的动态管理。2017年共受理公共租赁住房咨询和申请超过3000户，新增审批公共租赁住房2112户，复核1105户。德城安居苑1464套公租房于年底集中竣工交付使用。公共租赁住房电子档案实现全部扫描；升级公共租赁住房管理信息系统，使之适应“公廉并轨”的政策要求，更加高效、便捷。坚持住房保障信息公开，网站设立了专栏，将公共租赁住房有关政策、项目建设情况、实物配租分配及退出情况等相关信息及时、全面、准确地进行公开；坚持“无情把关”与“有情服务”相结合。

做好住房困难退役士兵住房保障工作。根据统一部署，积极做好住房困难退役士兵保障房集中申报工作。此次集中申报共受理退役士兵申请200余户，务力推进保障性住房工作有序、安全开展。

（陈婷）

住房公积金管理

【概况】 住房公积金德城区管理部位于德州市德城区东方红西路1378号区委区政府院内，2009年7月成立。2011年6月实行垂直管理，隶属于德州市住房公积金管理中心。

德州市住房公积金管理中心德城区管理部为科级事业单位，编制5人，设主任1人，副主任1人。内设综合科、计划财务科、征管科、信贷科4个职能科室。主要职责是编制、执行住房公积金归集、使用计划；负责记载住房公积金缴存、提取、使用情况；负责住房公积金核算；审批住房公积金提取、使用；负责住房公积金保值和归还；负责使用计划执行情况报告；承办市住房公积金管理中心指定的其他事项。

住房公积金德城区管理部是非盈利事业单位，以“便民、利民、惠民”为宗旨，致力于保障和维护广大缴存职工合法权益，帮助更多职工实现

德州市住房公积金管理中心举办政策宣传活动

"住有所居"梦想，为促进德城经济社会发展做出贡献。

【住房公积金征缴】 住房公积金是指国家机关、事业单位、各类企业、民办非企业单位、社会团体（以下统称单位）及其在职职工逐月缴存的具有义务性、互助性和保障性的长期住房储金。住房公积金与养老、医疗、失业、工伤、生育等五项社会保险一样，都具有强制性、法定性，不存在可以不缴的问题。

单位及其在职职工应按时、足额缴存住房公积金并由单位负责办理缴存手续。职工缴存住房公积金和单位为职工缴存住房公积金，全部归职工个人所有。

新设立的单位应当自设立之日起 30 日内到公积金管理部门办理住房公积金缴存登记，自登记之日起 20 日内持公积金部门审核文件，为本单位职工办理住房公积金账户设立和缴存手续。

单位为职工缴存住房公积金月缴存额为职工本人上一年度月平均工资乘以单位住房公积金缴存比例。职工住房公积金月缴存额为职工本人上一年度月平均工资乘以职工住房公积金缴存比例。

住房公积金缴存基数，为职工本人上一年度月平均工资总额。

住房公积金缴存比例，单位和职工均不得低于上一年度职工月平均工资总额 5%，不得高于上一年度职工月平均工资总额 12%。

职工个人缴存住房公积金，由所在单位每月从其工资中代扣代缴。新参加工作职工从参加工作第 2 个月开始缴存住房公积金，月缴额为职工本人当月工资乘以职工住房公积金缴存比例。单位新调入职工从调入单位发放工资之日起缴存住房公积金，月缴额为职工本人当月工资乘以职工住房公积金缴存比例。

职工因工作调动或者与原单位终止劳动关系的，单位应当自上述行为发生之日起 30 日内，为职工办理住房公积金账户转移或者封存手续。

单位不办理住房公积金缴存登记或者不为本单位职工办理住房公积金账户设立手续的，由市住房公积金管理中心根据国务院《住房公积金管理条例》第三十七条规定，责令限期办理，逾期不办理的，处 1 万元以上 5 万元以下罚款。

单位逾期不缴或者少缴住房公积金的，由市住房公积金管理中心责令限期纠正，逾期未纠正的，可以申请法院强制执行。

【住房公积金使用】 德州市住房公积金管理中心授权，住房公积金德城区管理部负责本行政区域内住房公积金的使用。

职工有下列情形之一的，可以申请提取本人住房公积金账户内的存储余额：1. 购买、建造、翻建、大修自住住房的。2. 离休、退休的。3. 在期间死亡的。4. 完全丧失劳动能力，并与单位终止劳动关系的。5. 非因公出境定居的。6. 调离本市的。7. 偿还购房贷款（含商业贷款）本息的。8. 住房门窗节能改造的。9. 享受城镇居民最低生活保障金的。10. 患重特大疾病的。11. 租房提取的。职工应当持提取证明向住房公积金管理部门申请提取住房公积金。住房公积金管理部门应当自受理申请之日起 3 日内作出准予提取或者不准提取的决定，并通知申请人。准予提取的，由受委托银行办理支付手续。

单位实行住房公积金制度满半年，并连续足额为职工缴存住房公积金的，在购买、建造、翻建、大修自住住房时，可以向住房公积金管理部门申请住房公积金贷款。职工购买、建造自住住房申请住房公积金贷款的，应当同时符合下列条件：1. 具有本市城镇常住户口。2. 申请贷款当月之前缴存住房公积金达到规定期限、限额。3. 已交付购（建）房全部价款 20%(二套房 30%) 以上机打票据。4. 具有稳定经济收入和贷款偿还能力，个人信用状况良好。5. 具有一年半之内合法有效购房合同。6. 未发生或者已经全部还清公积金贷款。7. 住房公积金管理部门决定的其他情形。任何单位和个人不得以各种理由阻止符合住房公积金贷款的职工申请住房公积金贷款。住房公积金管理部门应当自受理申请之日起 15 日内作出准予贷款或者不准贷款的决定，并通知申请人。准予贷款的，由受委托银行办理贷款手续。

住房公积金被封存或者冻结的职工，在被解冻之前无贷款资格。

住房公积金贷款的风险，由住房公积金管理中心承担，申请人申请住房公积金贷款的，应当提供担保。住房公积金管理中心在保证住房公积金提取和贷款的前提下，经住房公积金管理委员会批准，可以将住房公积金用于购买国债。住房公积金管理部门不得向他人提供担保。

【荣誉】 2017 年，德城区管理部被山东省住建厅授予全省住房城乡建设系统先进集体称号。

【归集扩面】 全区有 332 个单位 16253 名职工缴存住房公积金，其中非公企业职工 6010 人，占缴存总数的 37%；2017 年全年新增开户单位 68 个，新增缴存职工 2100 人，净增缴存职工 1313 人。月缴存额 1462 万元，年归集额 18103 万元，同期增长 17%。累计归集 79230 万元，同期增长 30%；缴存余额 48685 万元，同期增长 19%。

【提取情况】 全年共为 4359 名职工办理提取 10401 万元，其中，购房提取 646 笔 3584 万元，占提取总额的 34%；偿还商业贷款提取 2515 笔 4209 万元，占提取总额的 40%，其中冲抵还贷 2269 笔 3673 万元；离退休提取 257 笔 1980 万元，占提取总额的 19%；终止劳动关系提取 677 笔 396 万元；租房提取 182 笔 97 万元，其他提取 82 笔 135 万。全区累计为 14611 名职工提取公积金 30546 万元，累计提取预计年底突破 3 亿元。

【贷款情况】 2017 年共为 363 户职工家庭发放贷款 10592 万元。当年回收 6482 万元，无逾期贷款。全区累计共为 2225 户家庭发放住房公积金 58921 万元；贷款余额 40442 万元；个贷率 83%。

（苏洪升）

城市管理

【概况】 德城区城市管理行政执法局成立于 2005 年 10 月，下属城管执法大队、环境卫生管理处、市政设施管理处、园林管理处 4 个单位，现有城管、保洁、市政、园林工作人员计 577 余人。根据《德城区人民政府关于进一步理顺城区城市管理体制的意见》（德城政发〔2012〕20 号），德城区城市管理实行区、街道、社区三级管理体制，区级设城市管理行政执法局，街道（镇）设立城管办公室，社区设专职城管执法联络员。

2017 年 8 月 5 日，滨州市城市管理行政执法局滨城分局局长宋纯杰（前排左二）到德城区参观城市管理工作

【市容市貌环境综合整治】 制定《德城区市容市貌综合整治方案》，成立由城管、工商、食药、交警一大队、各镇街抽调 111 人的联合执法队伍。开展联合整治 28 次，出动人员 1000 余人次、车辆 160 余台次，发放《致广大市民的一封信》等各类明白纸 10000 余份，重点对火车站周边、汽车站周边、东地路、文化路、新华路等重点路段进行整顿。共计拆除破旧户外广告牌匾 255 块，整治流动摊点 320 余户，整治店外经营 220 余处，规范户外广告 89 处，暂扣三轮车等经营工具 180 余件，有力推进市容市貌管理工作顺利进行。

【城市违法建设治理】 制定《德城区城市违法建设治理行动实施方案》，成立区政府主要负责同志任组长的领导小组，办公室下设综合办、法制办、督导办、宣传办四个办公室，抽调人员集中办公。通过摸排，共统计违法建设 58.95 万平方米，截至 2017 年底，完成各类整治 48.6 万平方米。

【铁路沿线环境治理】 制定《全区铁路沿线环境综合整治工作实施方案》，编制《德城区京沪铁路沿线两侧环境综合整治规划编制大纲》，根据工作要求，共种植各类树木 8.7 万余株，累计出动铲车、挖掘机等各类机械设备 100 台，出动人员 450 余人，对 82 处垃圾点进行清理，清除各类垃圾 8000 余方，粉刷墙体约 22 万平方米，基本完成铁路沿线环境治理任务。

【创建国家文明城市】 设置公益广告 144 块 3000 余平方米。加大公厕、垃圾桶等蚊蝇滋生地消杀力度；更换垃圾桶 300 套。提升市政设施维护水平，维修道路 11850 平方米，修复人行道 6200 余平方米，清淤 56.628 公里，更换井篦子 100 余套；更换路灯设施 180 余套，路灯亮灯率保持在 99% 以上。

【大气污染防治 环境保护】 制定《德城区餐饮业油烟专项整治工作实施方案》，成立由城管、工商、食药、环保、区政府督查室等部门组成的联合执法队伍，各镇街也组成 20 个联合执法队伍，对 2913 家餐饮业单位、个体户全面督促检查，把安装净化设备、油烟管道排放、完善排水和噪音隔离设施作为基本要求督促整改。对未达到要求的，依法责令限期整改，并实施行政处罚。对严重扰民的，依法责令限期关闭。同时，烧烤摊按照划定区域就餐，让出盲道及人行道路（距路牙石 2 ~ 3 米），铺设隔油地布，配备餐厨垃圾收集桶，夜间经营到 10 点。对没按照要求实施的，依法整治或取缔占道经营摊点。截至 2017 年底，共发放明白纸 1 万份，规范餐饮油烟、烧烤共 2821 家，取缔关停 92 家。

【国家园林城市复查】 召开迎接国家园林城市复查动员会议，成立领导小组，印发实施方案，对中心城区绿化进行排查摸底，查找问题，进行整改，补植乔灌木 1000 余株，绿化种植面积约 1.4 万平方米。

【户外广告专项整治】 对楼顶广告、广告塔、大型电子显示屏等户外广告彻底排查，分类处理，对存在安全隐患、严重影响市容的 13 块大型广告进行拆除，责令 125 处没有办理相关手续的补办手续。

（野兆磊）

2017 年德城区主干道情况表

道路	宽度（车道数）	长度（千米）	起止点
大学路	35 米	4.928	后园桥 – 岔河西大堤
天衢路	34.5 米	3.955	迎宾大街 – 岔河西大堤
三八路	29.2 米	3.637	迎宾大街 – 滨河路
东方红路	21.5 米	3.483	迎宾大街 – 岔河西大堤
东风路	34 米	3.131	迎宾大街 – 岔河西大堤
新河路	21 米	1.859	解放大道 – 滨河路
德兴路	26 米	2.944	东风路 – 大学路
湖滨大道	31.7 米	6.357	于官屯大桥 – 解放大道
解放大道	33.2 米	7.6	于官屯大桥 – 大学路

2017 年德城区次级道路情况表

道路	宽度（车道数）	长度（千米）	起止点
南市场路	7 米	0.25	向阳路 – 铁三路

续表

道路	宽度（车道数）	长度（千米）	起止点
新村中街	7.5 米	0.25	向阳路－铁三路
铁三路	10 米	0.42	南市场路－东风路
商业街	8.7 米	0.285	太平街－迎宾路
黎明街	11.5 米	0.245	马市街－东方红路
自强街	6 米	0.34	东风路－火车站
南营街	8.8 米	0.243	马市街－迎宾路
水塔小道	5 米	0.21	迎宾路－桥洞
马市街	13.5 米	0.4	东风路－黎明街
光明街	8 米	0.26	解放路－马市街
太平街	9.7 米	0.256	解放路－商业街
南关街	10 米	0.205	解放路－五中
柴市街	8.7 米	0.3	解放路－希森欢乐岛
昌盛胡同	5 米	0.3	三八路—东方红路
北市街	8 米	0.3	三八路－建设街
建设街	8 米	0.58	解放北路－迎宾路
和平街	8 米	0.27	三八路－建设街
旭升街	8 米	0.2	三八路－东方红路
勤奋街	8.5 米	0.68	新湖北大街－尉署街
长青街	8 米	0.45	湖滨北路－新湖大街
青龙街	8.3 米	0.45	湖滨北路－新湖大街
吕家街	8 米	0.43	建设街－天衢路
丰华街	4 米	0.32	解放北路－吕家街
工行东路	4 米	0.3	勤奋街－天衢路
育新街	8 米	0.38	尉署街－解放北路
尉署街	4 米	0.22	勤奋街－石芦街
石芦街	4 米	0.27	市环卫处－解放北路
广川路	6 米	0.39	新湖大街－湖滨大道
胜利街	11 米	0.76	天衢路－青年路
建新街	6.7 米	0.52	天衢路－青年路

续表

道路	宽度（车道数）	长度（千米）	起止点
苏禄王南街	13.2 米	0.65	青年路 – 苏禄王牌坊
苏禄王西街	5 米	0.3	苏禄王牌坊 – 陵西路
康乐路	10 米	0.605	解放北路 – 新湖大街
罗南街	4 米	0.415	天衢路 – 青年路
金三角路	5 米	0.34	解放大道—解放大道
陵西路	19 米	0.93	青年路—大学路
地安街	9 米	0.285	三八路—东方红路
迎宾大街	25 米	0.2389	东风路—青年路
公路局胡同	5 米	0.2	东风路 – 公路局宿舍
花园西胡同	5 米	0.12	三八路 – 宿舍
东升胡同	5 米	0.33	三八路 – 烟厂宿舍
原市委东胡同	5 米	0.12	三八路 – 宿舍
小营胡同	5 米	0.08	三八路 – 宿舍
芦家井街	4.5 米	0.4	育新街 – 石芦街
电大街	7 米	0.12	芦家井街 – 解放北路
友谊街	5 米	0.33	解放北路 – 北营村桥
陵东街	5 米	0.32	友谊街 – 大学路
富荣街	4.4 米	0.4	解放大道—苏禄王南街
城隍庙东西胡同	5 米	0.96	东方红路—三八路
马海东西巷	4 米	0.81	石芦街—天衢路
新湖大街	19 米	5.89566	解放大道 – 大学路
向阳大街	16 米	1.942	东风路 – 解放大道
新建路	14.5 米	0.53	湖滨南路 – 新湖南路
永庆街	9 米	0.435	新华路 – 新岭路
聚福里	5 米	0.05	新湖大街—烟厂宿舍
三兴路	12.4 米	0.4	解放大道—铁路桥
利华路	2.5 米	0.8	湖滨路—新湖南路
新岭路	10 米	1.8	解放大道 – 永庆街
新交小巷	6.7 米	0.6	新岭路—新华路

续表

道路	宽度（车道数）	长度（千米）	起止点
邹李大街	9 米	0.52	新湖大街—解放大道
军供站路	4.5 米	0.2	向阳路 – 军供站
双一路	24 米	2.33	105 国道—大刘庄
华润路	14.5 米	3.34	新河路—谭家铺村北
横河路	14 米	1.1	张八棍村委会—西大堤
创业路	10 米	0.5	101 省道—小辛庄村北
大刘庄路	14 米	0.48	双一路—大刘庄
南出入口 105 国道	18 米	5.6	于官屯大桥 – 南连接线
南出入口 101 省道	12 米	3.6	三岔口—铁道桥
青年路	25 米	4.506	民房 – 滨河路
新华路	15 米	2.704	向阳大街 – 东地南路
文化路	14 米	1.48244	湖滨路—滨河路
东地路	14.3 米	3	大学路—新华路
三里巷	5 米	0.3	文化路 – 东风路
育英大街	14 米	1.1	大学路 – 天衢路
兴文东路	5 米	0.36	德兴北路 – 纺校宿舍
兴文西路	5 米	0.38	东地北路—德兴北路
中原西、南、北街	7.5 米	0.81	大东关村 – 天衢路 – 青年路 – 湖滨路
药桥西巷	8.5 米	0.21	三八路—天衢路
康宁巷	5.5 米	0.274	三八路—天衢路
小东关东街	6 米	0.68	三八路—二棉宿舍
永顺胡同	5 米	0.5	东方红路—三八路
二中西胡同	3.5 米	0.382	文化路 – 东风路
解放北路	21 米	2.779	大学路 – 萱蕙路
湖滨大道	28 米	8.855	大学路 – 二屯村
德兴路	30 米	4.921	大学路 – 北连接线
学院东路	28 米	7.685	大学路 – 吴桥界
东地路	14 米	4.405	大学路 – 萱蕙路
学院西路	14 米	4.875	大学路 – 北连接线

续表

道路	宽度（车道数）	长度（千米）	起止点
果园路	22 米	2.474	解放路－学院东路
尚学路	14 米	1.07	湖滨路－德兴路
盛园路	14 米	2.381	解放路－学院东路
康宁路	11 米	2.202	西长社区－学院东路
萱蕙路	21 米	2.668	索庄地道桥－学院东路
格瑞德路	21 米	1.982	湖滨路－学院东路
小李路	28 米	1.603	湖滨大道－学院东路
富康路	21 米	2.58	学院东路－湖滨路
恒东路	14 米	2.596	学院东路－湖滨路
实华南路	21 米	1.824	学院东路－滨河路
滨河路	21 米	1.59	实华南路－河北界
阳光路	14 米	0.732	萱蕙路－格瑞德路
马厂路	21 米	2.45	学院东路－湖滨大道
德兴路北延	14 米	1.933	北连接线－小李路
翟时社区南路	11 米	0.79	学院东路－学院西路
贾庄社区北路	14 米	0.61	学院东路－学院西路
德辛路	6 米	1.3	马厂路－祝辛庄村

市政工程单位简介

德州市市政工程建设总公司

【概况】 位于德城区新湖北路。始建于1961年。成立时名为市政工程队，1976年更名为市政工程处，1982年分立为市政工程公司，1984年更名为市政建设工程处，1998年更名为德州市市政工程建设总公司。主要承担城市道路、排水、园林绿化、管线铺设、土建安装、混凝土预制构件加工、城市及道路照明、热力管网等城市基础设施和公路、桥梁建设。具有市政工程施工总承包一级、公路工程施工总承包二级、城市园林绿化二级、城市及道路照明三级资质。年施工生产能力6亿元以上。公司自成立以来，承建了300余项国家、省、市重点工程。

德州市园林管理局

【概况】 位于德城区湖滨中大道。1959年成立。成立时名为德州市园林管理所，1975年更名为德州市园林管理处，2013年12月更名为德州市园林管理局。德州市园林管理局机关设办公室，财务科，工程管理科，业务管理科，执法管理科。所属单位有养护管理一大队，养护管理二大队，养护管理三大队，人民公园，苗木管理中心。

【荣誉】 2017 年，德州市园林局荣获山东省职工职业道德建设标兵单位称号，被授予山东省富民兴鲁劳动奖状。

2017 年 9 月 19 日，德州市政协副主席马传先（左二）视察中心城区东风路带状游园工程

【抓重点 求实效 目标任务顺利完成】 国家文明城市创建工作。按照文明城市创建要求，保质保量完成创城攻坚任务。

国家园林城市复审工作。按照上级要求，以道路绿化提升，增加公园绿地为重点，大力开展春季、秋季绿化补植工作，进一步查漏补缺，巩固绿化成果；积极完成复查资料数据的统计调研，对园林局承担的 22 项指标的基础数据及时上报。

大气污染防治工作。严格按照施工扬尘加严管控专项工作要求，对绿化施工现场扬尘防治进行监管。利用春、秋两季种植时机，共补植乔灌木 5 万余株，绿篱 20 万余株，解决 80% 裸露土地绿化问题。

【抓业务 重精细 长效管理成果显著】 重点工程稳步推进。2017 年，实施德州市东出入口、行政中心绿化及亮化提升工程，20 项小型工程项目，完成整地 3 万多平方米，栽植乔灌木 7766 株，绿篱、地被及草坪 27074 平方米。

养护管理规范长效。按照园林养护管理标准，以实现精细化管理为目标，将业务指导与督查考核贯穿日常养护管理工作，绿化管养水平稳步提高。

执法审批及时高效。第一时间制止和处理非法毁绿、占绿事件，做到台账清晰、时时跟踪、即时整改，全年管理区域违法破坏事件明显减少。在绿化审批工作中，共受理工程许可行政审批 120 件；工程设计方案审核 22 件，验收 19 件。

案件办理结案率高。全年共承办数字化城管案件 2900 余件，办结率 100%，无返工件。承办市民热线 182 件，均在规定期限内办结，办结率 100%。

安全生产形势稳定。建全安全责任体系，开展安全生产月、警示教育月、安全生产六问大讨论等活动，坚持例会制度，开展专项检查，多措并举促使安全生产实现“横到边、纵到底”的无缝隙监管。全年共排查整改完成隐患 79 处。

文化建设丰富多彩。深入开展“七个一”活动，结对帮扶，定点服务；组织开展趣味运动会、元旦联欢会、冬季业务培训等活动；强化职工行为规范和道德实践，提高职工道德素质和文化修养。德州市园林局凭借职工职业道德建设中的突出表现，荣获 2017 年度“山东省职工职业道德建设标兵单位”，同时被授予“山东省富民兴鲁劳动奖状”。

【抓党建 夯基础 党性修养全面增强】 夯实“两学一做”学习教育常态化制度化，强化党风廉政建设，牢固树立“四种意识”。严格遵守政治纪律和政治规矩，以履行主体责任为重点，严格落实“一岗双责”“三重一大”“八条禁令”等制度，落实党风廉政建设责任制，签订《党风廉政建设责任书》，开展廉政谈话 13 次。制定《德州市园林管理局“两学一做”学习教育常态化制度化实施方案》，组织各党支部开展专题讨论 15 次，专题党课 10 次，开展“向榜样学习、做合格党员”主题活动。完成党员信息采集和“灯塔—党建在线”平台 e 支部开通工作，开通率与党员注册率达到 100%。发动全体党员积极参加在“灯塔—党建在线”平台上开展的党的十九大精神学习竞赛活动。

（王振）

公用事业单位业务

德州市供水总公司

【概况】 位于德城区东地中大街。前身为德州市自来水公司，1999 年 6 月更名。国有中型一档企业。具有山东省城市市政公用事业城市供水一级资质。下属三个水厂、管线维修处、营业处等 14 个基层单位。公司建有一座地表水厂、两座地下水厂和一座 550 万吨的调蓄水库，设计日供水能力 13.5 万吨，直径 75 毫米以上的供水管网 400 多公里，担负着城区 60 多平方公里、近 60 万人口及企事业单位的供水任务。经过五十多年的发展，德州市供水总公司形成以供水为龙头，集勘察、设计、工程施工、水质检测、水表校验、供水设备研发、自来水深度处理为一体综合性企业。

1956 年，德州市政府批准成立自来水公司筹建委员会，新建设计供水能力 2000 吨 / 日的小型水厂。1957 年 5 月 1 日，第一水厂正式投产送水。1958 年—1962 年、1963 年 4 月—1963 年 12 月、1964 年 1 月—1965 年 5 月、1969 年 7 月，第一水厂进行了四次扩建。1983 年停产。2010 年改为加压调蓄水厂。

德州市第二水厂于 1974 年开工建设，1976 年 12 月竣工试生产，1977 年 1 月正式送水。1980 年扩建。主要采用地下水作为供水水源。2005 年停产。备用水源。

德州市第三水厂 1982 年 10 月动工，1984 年 7 月 1 日生产供水。同年筹建三水厂沟盘河水库。

德州市第四净水厂于 2013 年 5 月 18 日开工，2014 年 5 月 19 日竣工投产。一期设计日供水能力 11 万吨，为中心城区供水安全和基础设施承载能力建设打下基础。

【业务指标】 供水量。2017 年，计划为 3260 万吨，实际完成 3647.87 万吨，超计划 387.87 万吨，比去年同期 3461.76 万吨，增加 186.11 万吨。

售水量。计划为 2727.15 万吨，实际完成 3160.04 万吨（首次突破三千万），超计划 432.89 万吨，比去年同期 2968.11 吨，增加 191.93 万吨。

管网漏失率。计划为 15.5%，完成 12.47%，比上年同期 13.32%，降低 0.85 个百分点，漏失水量为 473.14 万吨。

管网压力合格率。计划为 96%，完成为 96.51%。

设备完好率。计划为 98%，完成为 99.98%。

生产千吨水耗电 240.39 千瓦时，其中三水厂电耗 224.90 度 / 千吨水，四水厂电耗 294.25 千瓦时 / 千吨水；生产千吨水耗氯 2.42 公斤 / 千吨水，其中三水厂氯耗 2.67 公斤 / 千吨水，四水厂氯耗 1.54 公斤 / 千吨水；生产千吨水耗药 9.24 公斤，其中三水厂耗药 10.41 公斤 / 千吨水，四水厂耗药 5.12 公斤 / 千吨水。

四水厂生产千吨水耗液氧 26.25 公斤；生产千吨水耗 PAM 聚丙烯酰胺 0.09 公斤。

【供水设施建设】 主要工程完成情况。城建项目中的市政供水管道工程有省道 353DN400 供水工程、东地路 DN300 供水工程、马市街 De300 供水管道改造工程等 7 个供水工程和 1 个消防栓建设项目。验收完成的有 4 个（省道 353DN400 供水工程、康乐街 De200 供水管道改造工程、马市街 De300 供水管道改造工程、东地路 DN300 供水工程），铺设管道 5162 米；3 个准备施工（太平街 De300 供水管道改造工程、商业街 De300 供水管道改造工程、2017 年消防栓建设项目）；大学路 DN400-600 供水工程随大学路管廊建设施工，因管廊没有建设，该工程无法施工。

城建项目中的老旧小区供水改造工程共计 67 个，符合开工条件的小区 52 个，按时间节点排列施工计划。完工的有 35 个；正在施工的 17 个。

其他市政供水管网建设工程完成情况。先后完成东风路岔河桥 De800 PE 管道改造工程、三水厂 DN1000 原水管道应急工程。

新河路、西外环、运十路 DN700 供水工程基本完成。

尚德十一路、105 国道 DN800 供水工程、富源大街 DN800 供水工程、正在施工。

开口挂表工程和新建小区供水工程建设。完成开口挂表和新建小区供水工程220处。

三水厂污泥脱水工程一次性调试运行成功，采用国内首创的短流程污泥脱水工艺优化完善了三水厂污泥处理工艺设施，供水保障能力不断增强。

【安全生产保持平稳向好】 建立、健全安全生产责任制，层层落实安全责任。按照“党政同责，一岗双责、谁主管谁负责、谁在岗谁负责”的原则，围绕提升公司安全生产管理水平、提升职工安全意识的工作核心，开展安全生产监督、检查和协调工作。公司与各部门与各班组、班组与每个员工层层签订安全生产责任书，将安全目标层层分解，促使公司干部职工人人明确岗位职责，全员安全意识显著提升。

完善应急预案，组织应急演练。为提升公司标准化管理水平，规范、完善各类预案、紧急事件处置方案，更新《公司生产事故应急预案》《公司重污染天气应急预案》《公司备用输水管道应急处置方案》等各类预案，组织相关部门进行演练。按照应急预案管理要求，积极组织各基层单位完善本部门专项应急预案（包括漏氯预案、防汛预案等），进一步完善各专项预案的组织机构、人员职责、应急响应及抢险物资保障等，确保预案措施的可行性，提高公司应对突发事件的能力。按照演练求真、务实，实战性强的原则，2017年共组织消防灭火演练、汛期抢险演练、漏氯专项演练、应急逃生演练共计4次，增强全员安全意识，提高干部职工应对各类险情的能力。

组织安全检查，排除安全隐患。在安全隐患“大排查、快整治、严执法”活动的持续推进下，从5月份开始，“6S”管理活动进入更深层次的素养、安全阶段。公司安全月度检查内容融入“6S”月检当中，安全员每月在“6S”检查时，有针对性地进行专项安全检查，包括各部门对上级安全文件落实情况、班前教育手册签到、施工现场防护、消防设施维护等。通过月度专项检查，促使各部门建立、健全安全生产规章制度和安全管理台账，规范施工现场安全防护措施，同时消防设施及防汛物资的维修、保养也有保障。2017年共排查包括三水厂废旧氯瓶等安全隐患5处，全部整改落实完成。通过隐患排查治理及安全检查工作，真正做到排查有实效，整改重落实，确保安全生产“关口前移、超前预防”。

组织专业培训，加强安全宣传。为积极响应公用事业局“安全警示教育月”活动号召，根据年初制定的安全培训教育计划，4月邀请省安全培训机构讲师，以集中授课形式，对公司近200名干部职工集中开展安全知识讲座。此次安全培训针对供水特点，着重讲解新安全法律法规、施工现场安全操作规范，危险化学品使用操作规程，并且通过事故案例回放分析，教育员工时时牢记安全生产，提高责任意识和安全意识。11月份聘请消防安全讲师，对新入职的11名员工，开展消防安全教育培训，收到了很好的实效。同时，为加强新员工的纪律性和凝聚力，11月16—21日由德州市后勤保障旅教官对11名新员工进行为期一周的军训，各种形式的培训切实提高了公司员工的安全意识。

2017年，按照5月12日“全国防灾减灾日”及6月份全国第16个“安全生产月”的活动要求，积极动员开展宣传活动，深入开展防灾减灾及安全生产宣传、教育活动，利用黑板报、宣传栏、横幅、标语等形式，大力宣传各种安全知识，并按照事业局统一安排，在中心广场向市民发放《安全生产月宣传手册》和《安全知识手册》，宣传各种安全常识。

【供水服务水平持续提高】 稳步发展用水工程。全年共受理新建小区、改造等各类用水业务301件，其中大配套项目31件，新装用水项目124件，改造项目5件。

积极接收供水专营设施及管理维修工作。针对上级部门关于3年内完成老旧小区升级改造接收的要求，公司及时转变思路，运用现有的技术力量，结合实际情况，自行组装生产二次供水设备，锻炼培养技术过硬、经验丰富的二次供水队伍。全新完全接收小区24个，总共已完全接收小区数113个，进行大小各类设备维修、安装工作400余起，确保抢修及时，尽快恢复供水。

高效处理热线投诉和“数字城管”案件。全年受理热线投诉25650件。其中，市民热线转来承办单1865件，市民热线电话67件，承诺热线

22件，自行受理23696件，处结率和反馈率均达到100%。“数字城管”转来案件共计322宗，经确认不属于公司责任范围的122宗，及时回退处理，属于公司的100宗，均及时转办并回复处理结果，在市“数字城管”事项处理的月排名中始终是第一名。

做好低保用水审核工作，主动提供上门服务。全年共办理、审核低保用水352户，撤销不符合低保用水53户。其中对于低保用户较为集中的小区，如安居苑、乾城保障房，提前张贴通知，提前到达做好准备工作，集中办理低保用水的审核，大大方便低保用户。积极组织员工到小区进行供水宣传，主动发放“便民服务卡”，为老、弱、病、残、孕等群体开设“绿色通道”，为行动不便的空巢老人提供上门服务。

企业管理层次不断提升。公司实施大企管规划战略格局，全面推行企业精细化管理，逐步完善规章制度体系，向管理要效益、向管理要规范、向管理要质量，实现公司健康可持续发展。严格落实公司各项规章制度，实行全面预算管理，严格控制成本，保证公司财产安全和生产经营的合法性、真实性、效益性。与基层单位签订《经济目标责任书》，每月进行严格考核，保证公司基层部门有效运营。扩大推行绩效管理，在基层部门进行试点运行，逐步扩大绩效二级分配管理应用部门，改革完善漏失率绩效考核体制，实行全员参与全员考核，充分激发员工在工作中的主观能动性和创新意识。通过召开半年述职会，对各部门半年工作进行盘点梳理，为完成全年工作目标奠定坚实基础。对中层干部完善监督体制，强化民主监督力度，通过民主测评，真实反映一线员工对干部的评价。

加大稽查力度有效降低损失水量。全年共查处各类违法、违章、举报共计9起，挽回直接经济损失10余万元，通过设立独立举报电话、微信举报平台，共接到各行各业及用户和热心市民投诉举报60余起，稽查水表13000块，维护保养抽查闸门、消防栓275台，并对换热站，洗车、洗浴行业，小区自动售水机进行逐一排查，严肃、严厉打击窃水行为。

做好管网维护维修工作。公司供水辐射面积随着城市发展逐步增大，供水管网长度千余公里，管网维修保养共计维修5500余处，更换水表3812块，及时率达98%以上，合格率100%。普查消防栓900多台；按计划保养城区闸门千余台，维修及时率达100%。测漏工作共计检测定点103次、巡查管线37次，城区重点区域普查达4次、查暗漏17处。为尽快地进行开挖、维修、送水提供了技术上的支持，减少漏失。

【供水队伍建设科学高效】 组织青工技能比武大赛，展现公司青年技术人才的工作风采，充分调动了公司青年职工学习技术、钻研业务、提升技能的积极性，营造“以比促学、以学促才，比、学、赶、帮、超”良好工作氛围。

加强专业技术干部队伍建设，完成专业技术人员计算机、职称外语的报考和评审材料上报工作，共审报17人，其中中级5人，初级12人，高级政工师1人。本年度公司职业技能培训与鉴定工作圆满完成，初级工10人，中级工8人，高级工1人，高级技师3人，为公司培养高素质人才奠定坚实的基础。

积极参加市、局组织的各项活动，在由市委市直机关工委主办的“喜迎十九大”——市直机关公务礼仪技能比武决赛中荣获一等奖；在局系统运动会中9各比赛项目取得7个第一；在第三届“九衢泉杯”职工篮球联赛中取得甲级组第一名，展现供水人团结协作、拼搏向上的精神。

【沃特净水有限公司经营概况】 全年实现销售额376万元，同比增长5.6%。增加新品富锶弱碱一次性桶装水，同时提出全员营销模式，从各个方面提升九衢泉品牌经济和社会效益，顺利通过国家和省、市食药局的质量抽查认证。

【水表厂经营概况】 共生产DN15远传水表33350余块，DN15-DN25水表6180块，合计39530余块，保障库存量充足，满足工程用表的各种需求。水表出厂检验合格率达到100%，设备完好率100%。水表检定站共对内校验DN15-150水表17800余块，对外校验非公司用各口径水表600块左右。

德州市燃气总公司

【概况】 1998年8月，德州市煤气公司和德州市天然气筹建处合并，成立德州市燃气总公司。国有中型二级企业。2007年8月18日与中国燃气控股有限公司、海峡经济技术科技合作中心合资成立德州中燃燃气发展有限公司，国有股占50%，中国燃气占49%、海峡科技占1%，注册资本金21425万元。2009年德州市燃气总公司重新恢复原有建制，被公用事业管理局授予燃气特许经营权，从事德州市南部生态区域（含新华街道、长河街道、宋官屯镇、黄河涯镇、抬头寺镇，面积约180平方公里）的天然气业务。

【主要经济指标】 2017年，共完成输气量558.9万立方米，较上年同期翻一番（上年为273万立方米），用户安装回款873.4万元；完成工程投资1200.6万元。

【用户发展情况】 2017年，发展居民用户3037户，较上年同期增长142%（去年为1254户）；发展工业用户11户，商业用户16户。截至2017年底，有居民用户14086户，商业公福用户310家，工业用户23家。

【管网建设情况】 全年共铺设管网31公里，其中，市政中压管网5.5公里，庭院管网25.5公里。截至2017年底，公司拥有燃气管网119.5公里，其中，市政中压管网43.1公里，庭院管网76.4公里。

【推动新南门站项目建设进度】 公司严格按照各审批流程节点，扎实推进项目手续审批工作，指派专门人员负责手续办理，确保项目基础性审批工作完备，经得住检验。2017年，在公用事业管理局党组的大力支持下，公司上下积极协调市规划局、市国土局等相关部门，顺利完成“建设用地规划许可证”、项目地块“不动产权证书”两大重点环节的审批工作，完成项目地块《工程勘察报告》《地震安全性评价报告》，为后续项目建设奠定了有利基础。新南门站项目已完成设计。

【气代煤项目取得突出成绩】 公司2017年度“气代煤”项目涉及常王村、何庄村、果子李村、包庄村四个自然村总计781户，项目新建主管网2.13公里；低压支线管网20.16公里，总投资800万元。对此，公司成立由总经理牵头抓总的气代煤专项工作领导小组，对项目进行周密部署。建设过程中克服资金不足、材料紧缺、队伍匮乏的不利因素，于11月10日前全部安装完毕，11月15日前全部点火调试完毕，履行供暖前让老百姓用上天然气的承诺。

【天然气管线穿越京沪铁路工程进展顺利】 为提升全市调峰储气能力，公司积极推进双路天然气管线穿越京沪铁路工程，一路为DE315天然气管线，可为铁路以西“气代煤”用户提供气源保障，彻底解决铁路以西居民天然气末端压力不足的问题；另一路为ϕ406钢管，可与规划建设的环城天然气高压管网对接，成为调峰储气重要组成部分，为天然气供应提供另一路气源保障。通过前期反复协调济南铁路局涉铁办和济铁设计院，多次到现场勘察，逐项勘测和修正设计方案，截至2017年底，天然气管线穿越京沪铁路施工设计方案已通过专家评审并完成公开招标，总投资548万元，手续已全部办理完毕。

【企业安全管理工作再上新台阶】 把安全管理作为工作重心，重点做好三个结合。将安全工作与工程建设有机结合。对公司所有外包工程进行严格管理，在签订施工合同的同时，签订安全协议，明确安全责任，定期对重点工地进行检查督导，将安全隐患消灭在萌芽状态。将安全工作与“气代煤”项目有机结合。对所有气代煤用户安装物联网表，并每户赠送一台价值300元的燃气报警器，物联网表可实时监控用户气量使用情况，与公司投资建设的国内一流的新收费系统对接，提供准确数据；紧急情况下可通过远程控制，切断燃气阀门，全面监控区域内用气环境，消除安全隐患。将安全工作与日常工作有机结合。坚决落实“一日三巡”制度，对区域内各接气点、调压计量装置进行每天3次巡检，并通过GPS巡检系统实时上传系统平台，为安全运行及隐患排除提供实时数据。全年共完成调压设施维护580次，维护阀井设施 348 次，累计巡线里程 3 万余公里。与 24 个第三方施工工地签订安全协议，累计完成 160 天现场盯守任务，有力保证辖区内燃气设备的安全运行。

【提升客户服务工作水平】 一是搭建智慧燃气平台，充分发挥新硬件在燃气领域的引领作用。坚持信息引领思路，不断搭建和完善信息系统平台，现已形成以调度信息系统为中心、以 GPS 巡检系统和新收费系统为抓手、以 OA 办公系统为纽带的相互串联、互为依托的智慧燃气平台，将各项重点工作有机结合，提升了工作效率和应急反应能力。二是依托系统建设，拓宽服务渠道。依托四大系统建设工作，搭建企业微信公众平台，开通气费充值、安全宣传、在线客服功能版块，用户可通过企业微信号与公司进行零距离沟通，有效营造安全用气氛围，提升了公司与用户的互动频率，彻底解决了路途远、缴费难的弊端。三是革新表具管理收费模式。依托物联网表系统，拓宽缴费服务途径，使用户可以直接在手机和电脑上进行远程缴费，同时，物联网技术应用在智慧燃气方面，可以高安全、低成本的实现对智能燃气表的流量信息进行稳定的数据实时采集、设备状态检测、监控指令下发等远程操作，并将采集的信息及时分析处理，从而实现更有针对性、科学性的动态管理，提升智慧燃气的管理效率和服务水平。四是发挥大调度职能，完善热线转办工作。不断修订“12345”市民热线、公司服务热线接听转办流程，在回复满意率的基础上提升标准，力求首办满意率的提升，全年共承办市民热线 113 件，完成数字城管交办事项 12 件，首次办结满意率均达 100%。

【强化企业品牌宣传】 建立信息中心，汇总公司发展过程中不同阶段、不同节点的重点亮点工作，夯实企业良好社会形象。2017 年，加大主流媒体宣传力度，特别是围绕气代煤项目成立宣传班子，制作有关壁挂炉使用、天然气安全等内容的宣传彩页，录制安全用气常识音频视频资料，及时在村广播站、微信企业号进行广泛宣传推送，让广大用户在短时间内切实提升安全用气意识。

【加强企业内部管理】 2017 年，对公司各项管理制度进行再提炼、再完善，聘请专业老师指导公司 QHSE 管理体系的建设工作，体系文件编制已完成。与此同时，积极收集企业内部管理相关内容，编制和不断完善 8S 管理内容，将各项管理内容融入绩效考核内容和 OA 办公管理范畴，提升全员工作标准。

德州中燃城市燃气发展有限公司

【概况】 位于德城区三八中路。2007 年 8 月 18 日，德州市燃气总公司与中国燃气控股有限公司、海峡经济科技合作中心三方合资组建成立。下设 2 个分公司。主要从事中心城区（包括德城区、运河经济开发区、天衢工业园以及康博大道以西）的天然气业务。

【主要经济指标】 2017 年，销售气量完成 7220 万立方米，比去年增长 717.26 万立方米；安装户数完成 21624 户，比上年的 17702 户增长了 22%；供销输差为 2.86%，比上年的 3.3% 下降了 0.4 个百分点；运营成本 4360 万元，比上年的 4628 万元下降了 6%；根据全年指标任务，净利润完成 2640 万元，预计与上年同期会有增加。

【用户发展情况】 2017 年，新增居民用户 23668 户，新增商业用户 137 家，工业用户 12 家。截至 2017 年底公司民用户 225316 户，商业用户 1890 家，工业用户 36 家。

【管网建设情况】 2017 年，累计完成工程投资 1943.9 万元，敷设市政中压管线 19.95 公里。截至 2017 年底公司管线总长度已达 1223 公里，其中市政中压管线 305 公里，庭院管线 918 公里。

【全力推进气代煤项目】 气代煤工程是政府的一项惠民工程、环保工程，也是公司实施的重点工程。在春节过后启动气代煤工作，组织人员对市区及周边乡镇地区的燃煤用户进行调研，详细了解用户需求，宣传政府惠民政策，积极与政府沟通、洽谈。在人员配备、物资供应等方面做好充分准备，公司上下提前进入战备状态。

2017 年完成气代煤用户 7386 户，其中二屯镇 13 个村 3955 户；城中村气代煤用户 3431 户，包括运河经济开发区 1302 户、天衢街道办事处 1802 户、新湖街道办事处 316 户、新华街道办事处 11 户。敷设气代煤市政中压管线 13.8 公里。

在工程建设中，公司坚持“安全至上，质量第一”的施工原则，成立工程建设领导小组，多次召开工程调度会，分析工作阶段性进展，研究解决管线铺设、户内挂表、炉具安装等问题。在时间紧任务重的情况下，严把工程质量关，加快工程进度，确保工程的如期完工。在进入最后的通气点火阶段，采取全员会战的模式，利用一个月的时间突击进行。在 11 月底，圆满完成今年的气代煤目标任务。整个气代煤项目从工程启动到验收点火通气，仅用 3 个半月的时间，在实施的过程中，全体员加班加点、克服困难全力推进，积累丰富工作经验，为今后的工作打下良好的基础。

【积极开展老旧小区改造】 根据市政府对老旧小区改造工作的部署，积极实施老旧小区改造，深入推进“扫街”工作，协调相关部门办理规划手续，集中安装一批久难协调的老旧小区用户。2017 年完成老旧小区改造安装 2112 户。同时，对供水公司宿舍、预制厂宿舍等 12 个老旧小区改造用户执行相关政策标准，实行减半收费，得到社会赞誉。

【切实抓好 LPG 储存站建设】 北厂液化气储存站位于德城区北场村西南街路北，建筑面积 266.57 平方米。工程于 2017 年 7 月开工建设，春节前后建成投产。对城区周边及业务辐射区域开展市场调研，制定相应业务规划，在公司内部建立各项管理制度、操作规程，为后续的运营管理和市场开拓打好基础，力争投产后尽快实现盈利。

【新兴业务取得新进展】 汽车加气站业务。截至 2017 年底，公司共有大学路加气站、陵西路加气站等 6 座加气站。2017 年，在加气站市场竞争激烈的情况下，通过员工的共同努力，CNG 销气量实现 2463.57 万立方米，占到公司总销气量的 38%。

增值业务销售。积极推进增值业务，开展多种促销活动，通过进小区宣传、电话营销、主流媒体宣传、“安全服务月”活动促销等方式推广中燃宝产品。销售收入稳步增长，实现收入 775 万元，成为公司重要的盈利增长点。

新业务开发。2017 年面对新的形势，积极开展点供、充电桩、分布式能源等新业务。与德州市供销合作社、德州金海大、景县兴越、吴桥粮达、景博玻璃五家企业签订供气合同，均已供气投产，运行状况良好。

2017 年 3 月份与公交公司签订公交充电站工程合同，6 月 1 日建成运行，实现汽车加气、充电的综合应用多元化发展。

与德州市妇幼医院签订天然气分布式能源合作协议并完成集团立项；与德州市立医院、人民医院分院、技术应用研究院等分布式能源合作事宜取得积极进展。

【进一步提升安全管理】 应急保供措施得当。2017 年因气源紧缺，出现全国性“气荒”局面，面对天然气供应的严峻形势，公司高度重视气源保供工作。采取一系列保供措施：一是积极协调上游，提升落实气源指标。与上游供气单位沟通争取气量指标，保障气源供应。二是及时沟通下游，加强日常监控。与工商用户建立沟通机制，与公共汽车公司、各大中院校等用户建立微信交流群，随时掌控用气动向，准确预测用气需求。同时加大宣传力度，倡导安全用气、错峰用气。三是完善应急保障预案。遵循“限工业、保民用”的原则，在气源确实无法保障供给的紧急情况下，对衡水联创、德州宇虹化工等用户进行限量供应。通过以上措施，提升公司安全生产管理水平，确保居民用户特别是气代煤用户的正常供气。

加强安全宣传。加强安全知识宣传，特别是针对气代煤用户，加大宣传力度，公司通过发放明白纸、集中讲解、悬挂条幅、文艺会演等多种方式普及燃气安全知识；根据农村用户安全意识薄弱的特点，拍摄安全视频，向用户宣传安全用气常识、讲解壁挂炉使用要点，灌输安全用气常识；通气时由抄表员逐户签订安全用气合同，一对一教授安全用气规范，在壁挂炉上张贴安全用气及壁挂炉使用常识；同时开展“回头看”活动，利用激光测漏仪和手持测漏仪对气代煤用户室外管道测漏，走访各村，主动发现并解决问题。

组织应急演练。为提高应急队伍快速反应水平和抢险实战能力，7 月 11 日，在天衢工业园组织开展一次涉及多岗位、多业务口的大规模应急抢险演练活动。演练邀请公安、消防、卫生、安监等多部门领导进行现场观摩指导，演练取得圆满成功。通过演练，提高各级员工的应急处置能力和公司的危机管控水平。

做好管网巡线和安全稽查工作。2017 年市区市政道路改造工程较多，在建楼房、市政工程等大的施工交越达 135 余处，为避免发生事故，坚持执行重点环节专人盯；对解放北路人防工程等 6 处重点施工工地，制定保护方案、抢险处置方案；全力保障燃气管线的安全运行。全年完成 17894 户民用户和 1522 户工商用户的稽查工作，共发现安全隐患 473 户均已整改；多次对洗浴中心用户进行重点稽查；使用激光测漏仪对公司辖区内 25 个小区 5269 户空房户进行测漏；发现并处理使用燃气壁挂炉偷盗气用户 5 户，为公司挽回经济损失 3.8 万元。

【客服管理和服务工作不断加强】 做好气代煤的售后服务工作。针对气代煤用户居住比较分散、用户安全用气意识薄弱等问题。为全力做好气代煤用户后续的管网优化、维护等工作，在二屯镇专门设立服务站，安排专职工作人员。全面负责气代煤用户的维修、抄表、巡检、收费等工作，及时就近为乡村用户服务；设立安全巡查、设备维修、隐患治理等工作台账，针对二屯镇建立健全安全管理体系；在二屯镇每个村聘请一名燃气安全管理协管员，进行不定期培训和督导；建立燃气安全管家微信交流平台，实现网格化管理，全天 24 小时为用户提供在线咨询、工单预约、故障报修、安全知识宣传等服务。

实施民用户阶梯气价。为顺利实施居民阶梯气价，公司针对抄表员、前台、热线人员进行 11 次集中培训，联系南京中燃、扬州中燃进行电话对接学习，与集团职能部门沟通对收费系统气价调整，认真学习、贯彻德州市物价局阶梯气价文件政策，出台《德州中燃民用阶梯气价工作实施方案》，在小区内张贴、营业厅公示、客服热线宣传，员工热情、耐心向用户解释。阶梯气价实施前后认真贯彻事业局和公司的部署，积极与物价局沟通，确保民用阶梯气价政策的平稳实施。

开展服务惠民活动。围绕服务提升，公司不断加大投入开展多项惠民服务活动，仅在 6 月份安全服务月中免费向广大用户发放 10000 个管卡；免费为低保孤寡、优抚用户安装中燃宝炉具和金属波纹管，总价值 5000 余元；免费为特困户更换存在安全隐患的燃气表 100 余块，安装波纹管 300 余户。同时向用户讲解用气常识、发放安全用气手册，得到用户的好评。2017 年进一步加大对客服热线的办结力度，全年共接听热线电话 61913 件，其中直接答复类业务 51181 件，占电话量的 83%；转办类业务 10732 件，占电话量的 17%。接市政府转办热线 1264 件，回访 1113 件，满意率达到 98.7%。通过一系列措施，提升服务，对用户的用气安全起到积极的保障作用。

【继续深化企业管理】 进一步推进适岗性评估。在去年试岗性综合测评的的基础上，2017 年又进行工作部署。6 月份，组织中基层员工进行综合理论知识和岗位知识考试，共有 383 人参加，考试组织严密，由公司管理层参与监考。最后结合考试成绩、工作业绩、日常表现等方面对中基层员工进行综合测评，依据最终评估结果的排名情况进行奖惩处理。

完善绩效考核体系。绩效考核工作始终是公司管理的一项重要内容。今年年初，我们又对绩效考核的内容进行了重新修订，在原来考核内容的基础上又增加执行力、会议督办等内容。另外，还有针对性的制订加气站考核、工程进度考核、抄表率考核，使公司各项工作开展的高效有序。

德州市热力公司

【概况】 位于德城区。成立于 1992 年。国有（二）类中型企业。供热方式，以华能德州电厂为热源点，采用热水采暖供热形式为用户集中供热。主要负责德城区（湖滨大道以东、岔河以西、果园路以南、东风路以北区域，以及东风路以南区域）、经济技术开发区（岔河以东、晶华大道以西、东风路以南区域）、运河经济开发区（东风路以南区域）的供热经营和辖区内供热管网设计、施工等工作。中心城区规模最大的供热企业。

【供热运行】 一是做好检修维护工作，全年更换各类阀门384套，清洗除污器356台，清洗换热器136台，修复管网漏点4处，并在24处主管网段安装了球阀，进一步提高了管网运行的安全性。二是针对预热期的各项准备工作，提前与热源厂对接，按照市供热领导小组要求，自11月7日开始为用户供热，一网供水温度70℃，回水温度42℃，小区二网的温度及压力均保持在正常范围之内，供热运行总体平稳良好。三是继续实行“经理包片制、供热片区责任制”，进一步明确责任，狠抓落实，同时，建立安全、节能、服务三大考核体系，以考核来强管理、提水平，进一步提高职工干事创业的积极性。

【供热宣传】 一是加强与各类媒体、电台的沟通协调，对公司的工作情况积极做好宣传，全省级媒体正面报道8次，市级媒体正面报道32次，提高公司良好形象。二是开展“最美热力人”人物推荐和“我为供热干点啥”党员事迹推选活动，制定活动方案，充分调动广大职工的自觉性、主动性。全年共报送职工事迹59篇，其中4位职工事迹被公用事业管理局采用，发布于局微信公众号，1位职工事迹被大众网报道，5位团队事迹被市级媒体报道。三是定期在公司网站、微信公众号发布供热信息及常识，引导用户了解供热、安全用热，提高用户对供热的认知度。

【用户服务】 在以往“一小时见面制、投诉回访制、进社区送温暖”措施的基础上，开拓思路，创新举措，一是设立小区供热服务管家，实行网格化管理，由专人负责某个小区的供热工作，进一步明确责任。二是制作供热台历及服务名片，积极宣传供热常识及工作流程，并对各个小区运行人员的电话进行公布，便于用户与一线人员直接对接，解决问题。三是做好主动服务，由公司运行人员加入小区业主微信群，帮助用户分析问题、解答问题，并对存在的问题及时查看、处理，解决隐患。四是聘请供热专家与公司的技术人员共同成立问题解决小组，在遇到问题时，及时现场处理、拿出解决措施，避免因技术力量不足造成的问题无法解决。

【安全管理】 一是完善安全生产管理体系，编制风险管控与隐患排查治理“两个体系建设”，并健全安全考核制度，每月对所有岗位及人员进行安全考核，确保各项安全措施得到有效落实。二是积极开展各项安全活动，严格按照“安全警示教育月”及“安全生产月”的要求，组织开展安全服务进社区、安全宣讲、警示教育、消防及急救演练等专项活动，切实增强职工安全意识。三是加强应急管理，完善应急预案，通过开展应急演练、加强队伍建设等措施进一步提高抢险抢修工作效率，并多次开展安全大普查活动，检查各类安全隐患，全年整改各类隐患58处，确保安全生产不出问题。

【节能降耗】 一是制定供热运行曲线，明确不同温度下所需要的温度及流量，使供热方案更加科学合理。二是加快换热站自控整改进度，提高供热系统的自动化水平，逐步对所有换热站实现无人值守、自动调节流量。三是对所有换热站进行现场调研，分析运行数据，明确节能措施及改造方案，全年共对160个换热站完成节能改造。

【工程建设】 按照公司2017年度的工程计划，投资2500余万元，新建一网工程12个、二网工程15个、换热站16座；投资2500余万元，改造老旧小区34个，三供一业小区2个；投资500余万元，加装节能设备700余套，改造东地路、水厂路2条老旧管网。通过工程的实施，一是解决佰利金湖城、外滩一号等17家用户155万平方米的集中供热问题。二是改善岔河小区、石化家园等老旧小区的供热效果。

【职工培训】 一是建立培训公众号，定期发布供热知识，共享学习资源，增加职工学习的便利性。二是建立在线培训平台以及实验操作平台，职工既可以进行在线学习，又可以进行实际操作，满足了不同层次、不同阶段、不同岗位职工的学习需要。三是拓宽培训渠道，通过外出学习、外聘讲师、内部业务骨干授课以及传帮带相结合的方式，进一步加大培训力度。自供热结束后，开展各类培训 13 次，外出学习 5 次，使广大职工的业务水平得到提升。

德州市新源热力有限公司

【概况】 位于德城区。2011 年成立。国有独资供热企业。主要承担东北城商贸物流园以及城区大学路以北居民、商业等用户供暖任务。至 2014 年，累计铺设供热主管网 21 公里，供热能力 1200 万平方米。管线由华能德州电厂到华源大街、天衢西路，跨运河穿铁路，经迎宾路、大学路、解放北路、学院东路到达东北城商贸物流园，东延至经济技术开发区。解决北郊电厂关停后 100 万平方米的供热问题，完成天衢工业园城中村改造 5 大个安居社区 40 万平方米供热任务，3.5 万户居民实现集中供暖，解决德州学院 4 万平方米新生宿舍供暖问题。

【2017—2018 年度冬季供热工作安全平稳推进】 进入 10 月，公司全体干部职工提前进入采暖季准备状态。各专业、班组相继组织召开“供热调度会”，详细分析供热生产形势及面临的主要问题，从材料储备、缺陷消除、人员培训、措施预案、现场管理等方面对供热准备工作进行全面安排部署，要求采暖季各个岗位要做到严格管理，确保“操作零失误”。

按照事业局要求，公司上下通力合作，第一时间启动供热设备，保障用户用暖需求，自 11 月 6 日起，公司一次网逐步加压升温，各换热站陆续开启送热，11 月 12 日换热站全部开启投入运行，至 11 月 15 日零时全部达标送暖。2017—2018 年度冬季供热共投入运行换热站 73 个，供热小区和单位 169 个，实际供热面积 318 万平方米。通过各站数据记录与分析，各换热站站运行正常，设备运转良好，供热运行安全稳定，用户家中温暖舒适。

【加快项目建设改造步伐】 全面完成 2017 年新建项目建设工作。根据城区发展规划和新用户发展需求，投资 350 余万元，共完成西曹社区、晶峰药玻宿舍、三和梅园小区、天马粮油宿舍新建项目 4 处，铺设一、二网管道 2700 余米，新建换热站 6 座，新增供热面积 47 万平方米。

全面完成市重点项目老旧小区改造工作。黑马宿舍小区和公交公司宿舍小区是公司 2017 年度的重点老旧小区改造项目，公司在满足小区水力、热力、水压前提下科学制定技术改造方案，并严格按照改造计划和时间节点逐步推进改造工作。一是对小区内的老旧管网进行更新改造；二是对小区楼道内老管到户外部分全部更新，并加装锁闭阀、球阀和过滤器；三是换热站内陈旧设备改造更新，建立远传监控系统，老旧小区改造项目于七月底全部完成，从供热实际来看，小区用热效果明显改善，居民满意度明显提高。

提升供热保障能力，提高用户采暖满意率。公司按公用事业局的总体要求并结合供热管网运行情况，在供热前期投资 500 余万元，对管道老化，年久失修、采暖系统腐蚀、用户采暖效果差的鑫佳园、吉祥苑、新四合、东长东、西长南、化机厂宿舍等 10 余个小区进行二网及换热站设备改造，消除供热隐患，减少了供热矛盾。从供热实际效果来看，改造后小区相比之前用热效果明显改善，管道维修抢险次数明显降低，用户投诉量大大减少，用热效果显著提高。

【提高供热服务水平】 加大供热宣传力度，继续通过内、外部渠道做好供热宣传工作，将缴费信息、报修热线、服务热线、片区工作人员电话等联系方式公布于各小区、换热站、物业、楼道等处，让用户随时随地获取公司服务信息，遇到哪些问题，拨打哪些电话进行沟通，及时为用户提供便捷的用热服务，提高用户满意度。

成立供热服务小组和供热抢修小组，上门为用户开启阀门、清洁滤网、管道放气等用热服务，入户解决在采暖过程中遇到的“疑难杂症”，以高效、便捷、周到的服务保障用户安全舒适用暖。共入户测温 900 余次，开启用户阀门 1766 次，清洗阀门、过滤网 1100 余次，漏水维修 140 余次，更换楼道放气阀 338 个，漏水开关锁闭阀操作 760 余次，受到广大用户的一致好评。

积极做好用户服务热线接听工作。指派专人 24H 接听用户来电，随时了解用户需求，第一时间答复用户在用热期间遇到的各类问题。共接听用户咨询热线3000余个，回复“12345”市民热线996条，受理承诺热线6条，用户合理诉求均严格按照时间节点进行传办，群众满意率100%。同时，公司还通过建立微信公众号、用户交流群等方式，加强与用户间信息沟通，听取用户意见，了解用户诉求，及时向广大用户发布供热法规、服务标准、冬季用热常识等内容，拉近公司与用户间距离，达到“为民解忧、与民沟通”的工作效果。

公司制定年度收费方案，明确收费考核目标和责任，多方式、多举措做好收费工作。一是提高用户缴费意识，广泛宣传缴费政策，发放收费通知4000余份，使收费政策家喻户晓，人人皆知；二是开通微信、支付宝、无线POS等多种支付方式，方便用户缴纳热费，提高收费服务水平；三是与银行、物业做好沟通，为用户开通“绿色通道”，邀请银行工作人员到公司经营大厅进行现场收费，多方式、多举措方便用户缴费。

加大窃热打击力度，优化供热用热环境。公司结合用户缴费信息和各小区用热实际情况，制定《2017—2018供热稽查工作方案》，组织全体职工利用工作和业余时间，以拉网式、循环式等有效方式开展供热稽查工作，深入小区对未缴费用户的采暖设施、采暖状态进行现场核查，严厉打击私接、窃热行为，维护群众切身利益和公司利益，保障热网平衡和用户采暖质量。自11月15日起共对辖区内169个用热小区及单位稽查6遍，处理关停未交费用户3814户，稽查窃热面积达38万余平方米，其中缴费面积3.25平方米，挽回经济损失65万元。

【确保安全生产】 全面完成换热站检修维护工作。“冬病夏治”一直是公司针对供热设施采取的常态化举措。2016—2017采暖季停运后，公司结合运行期间的设备和管网状况，制定设备检修计划和技改方案，检修维护换热站69座，维修保养循环泵、补水泵131台，板式换热器29台；清洗一、二网除污器177个；更换一、二网阀门23套，保养、校验、更换各类仪器仪表420块；检修站内控制柜、配电柜、变频柜共计180台；对防腐保温脱落的管道全部进行重新刷漆保养，为冬季安全、优质、经济运行打下良好的设备基础。

高质量完成技改工作。一是对辖区内12个供热效果差的小区二网，进行消缺改造；二是完善3座换热站远程监控设备，提高自动化水平；三是针对部分小区换热站设备存在“大马拉小车”的现象，根据实际供热情况，重新核算供热参数，适度更换水泵8台。

【加强企业文化建设】 公司充分考虑企业发展目标对人才的需求，分析职工现有工作能力和目标差距，有针对性的展开培训工作。结合工作实际举办“职工大讲堂”，以供热技能、用户服务、安全教育、供热常识、办公技能、换热站基础操作为主要内容，以集中培训、聘请专家授课、赴外学习为主要方式，全方位的展开业务培训工作，全员累计培训50余课时，并全部以优异成绩通过考核，为用户打造一支业务精通、技术过硬的供热服务团队。

发挥企业文化在企业发展中的作用，积极围绕中心工作和职工队伍建设，组织职工参加形式多样、健康向上的文体活动，如组织举办“职工运动会”“礼仪风采大赛”“庆元旦青年职工茶话会”“无偿献血”“扶老助残”等主题活动，陶冶职工情操，强化职工社会责任感，增强企业凝聚力和向心力，逐步形成既有时代责任感，又有自身特色的企业文化。

（王镇）

环境保护

环保直属分局业务

【年度环境质量指标】 2017年，德城区PM10、PM2.5平均浓度分别为123毫克/立方米、66毫克/立方米，同比分别改善13.4%、16.0%。

2017年，“蓝天白云，繁星闪烁”天数240天，同比增加58天，增长率为31.9%。

2017年，岔河田龙庄国控断面水质不断改善。

【大气污染防治】 德城区在全市率先全面完成189台10吨及以下燃煤锅炉清零工作；14台燃气锅炉低氮燃烧改造工作全面完成。8家商混企业全面完成扬尘治理任务并完成在线监测设备的安装；10处高架源全部完成在线监控设施安装联网工作。全面推进化工、涂装、印刷、玻璃钢等重点行业VOCs综合治理，83家企业全部完成规范整治工作；46家加油站全部安装三级油气回收装置；全面完成30家工业企业无组织排放源治理工作。积极妥善应对重污染天气，238家涉气排放企业按照“一厂一策”的原则制定应急响应操作方案，应急启动期间，对相关企业加大检查力度和巡查频次，确保停限产措施落实到位。分类整治“散乱污”企业，对212家达不到治理效果，且不符合产业政策和布局规划的企业依法予以淘汰取缔，对363家符合提升改造条件的补办环保手续，整治工作于9月底前全面完成。配合交通部门对101家汽修行业VOCs进行综合治理，均已安装治污设施；配合建设部门对43家在建施工工地扬尘规范化管理进行监督检查，均能够落实“六个百分百”要求，所有符合安装在线监控设施条件的施工工地全部安装完成并实现联网；配合城管部门对63家餐饮油烟单位进行综合治理，已全部安装油烟治理设备。

【水污染防治】 全面贯彻落实《水污染防治行动计划》。配合相关部门和镇街加快推进萱蕙河和长庄沟黑臭水体整治、天衢工业园和新华片区污水管网等重点工程建设进度，全面消除中心城区黑臭水体。加大对辖区污水处理厂和重点排污企业监管力度，督导企业实施治污再提高工程，加严排放标准，确保出水水质达稳定标排放，彻底消除辖区污水直排口。2017年，岔河田龙庄国控断面水质不断改善。

【环境管理】 强化危险废物监管，将涉危废企业纳入规范管理，按照“一企一档”的标准建立档案，实施动态管理。着力做好源头防控，严守“生态保护红线、环境质量底线、资源利用上线和环境准入负面清单”，严把建设项目环评审批关口，对不符合产业政策和区域发展要求的项目，坚决不予审批落地。结合污染排放特征和地方排放标准实施要求，逐步开展重点行业排污许可证核发工作，推进重点行业治污升级改造。截至2017年6月底，完成造纸和火电等行业2家企业的排污许可证核发工作，分别是德州华北纸业有限公司和德州实华化工有限公司。截至2017年底，完成印染、农药等行业4家企业的排污许可证核发工作，分别是德州奥珍针织厂、德州市华昌织巾有限责任公司、德州绿霸精细化工有限公司和德州雪豹化学有限公司。严守环境安全底线，出台《突发环境事件应急预案》《辐射事故应急预案》《水污染事故应急处置预案》，全区42家环境风险企业全部编制突发环境事件应急预案，应急体系不断完善。

【环境执法】 2017年，共出动执法人员5000余人次，检查企业1800余家次，查处环境违法行为220余件，对221家企业实施行政处罚，罚款金额550万元。与公安部门联合执法30余次，移送司法机关处理的案件8起，有力震慑环境违法行为。

（方田）

驻区污水处理企业简介

【上实环境（德州）污水处理有限公司】 上实环境（德州）污水处理有限公司总投资1.5亿元，公司主要经营业务为市政污水处理，日处理污水能力为10万吨。公司拥有环保部颁发的“环境污染治理设施运营资质证书”（生活污水甲级、工业废水甲级）。2002年1月正式投入运行。主要处理运河以东，岔河以西，苹果园路以南、三干渠以北城区生活污水和少量工业废水。服务面积15平方公里，服务人口40万。经2009年和2011年两次提标改造，出水水质达到国家一级A标准。污水经过处理排入岔河，排放水体恢复鱼类生长。

为使处理后的中水发挥更大社会效益和经济效益，2011年与德州学院达成再生水利用协议，每天有3000立方米水通过泵站输送到德州学院，用于洗手间冲洗、景观及绿化。每年节约自来水100万吨，节约资金200万元。由市政府投资

4000万元建设的深度处理工程已经完工，进入试运行阶段。设计采用微絮凝过滤工艺，日处理能力10万吨。正式运行后每年为市区提供1000万吨景观用水，为德州市的“三河六岸”工程提供水源保证。

【德州卓澳水质净化有限公司】 德州卓澳水质净化有限公司即天衢工业园废水集中处理项目，位于德城区东北部，岔河西岸，距山东、河北省界1公里。主要用于天衢工业园内企业产生的工业废水以及生活污水的处理。服务面积20平方公里，服务人口6万。该项目设计规模日处理污水5万吨，总投资8200万元，分两期建设，其中一期规模为日处理污水2.5万吨，投资4587万元，由中国水务（北京）有限公司投资兴建。配套污水管网长30公里，投资4200万元。

2009年1月，一期工程全面开工建设，同年10月建成并进行调试。工程采用改良UCT生化处理+深度处理工艺，主要由预处理（粗格栅、提升泵站、细格栅、旋流沉砂池、调节沉淀池），UCT生化处理（厌氧池、缺氧池、好氧池、二沉池），深度处理（絮凝沉淀池），消毒处理（接触消毒池），污泥处理（污泥回流井、污泥均质池、污泥脱水间）组成，可有效去除COD/BOD，并能脱氮除磷，出水水质达到《城镇污水处理厂污染物排放标准》（GB18918-2002）一级A标准。进水和出水均安装COD、氨氮在线自动检测装置和视频监控系统，与省、市环保、建设部门联网。同时，为确保公司正常运行，建立健全安全生产、操作规程、巡检等各项规章制度，制订应急预案。

德州卓澳水质净化有限公司的建成与运行，使工业园区企业的污水全部得到集中处理，不仅有效改善岔河田龙庄断面水质，更为优化德城区北部水环境，促进水资源可持续利用，实现经济社会和谐发展做出积极贡献。

（马歆滢）

商贸　流通

综　述

【商贸服务】 2017年，德城区有各类商贸业户48000余个，其中大型商业网点15处，德百集团、龙马金建集团、扒鸡集团、中石化4处商贸企业年营业收入继续保持10亿以上规模，万达广场、万瑞冷藏、鑫昂科技、楼门口科技等一批商贸骨干企业脱颖而出。重点监测的10家商贸流通企业预计年营业收入23亿元、利税1.6亿元，同比增长分别为15.3%和14.5%。商贸流通业继续保持稳步增长的态势。

【新兴服务业】 万达工业电商产业园、银座跨境电商基地、金融大厦、东北城、天虹广场等8处电商园区相继建成投入使用。德百大楼、银座商城等传统企业普遍涉足互联网业务。电商培训机构发展到3家，年培训能力3000余人次。引导楼门口、云媒讯猫等3家企业相继开展"智慧便利店进社区"工程，全区智慧便利店发展到80余家，被市商务局列为项目建设基地，争取专项扶持资金100万元。推进"电子商务进农村"工程，德城区在淘宝、京东等电商平台开设的各类涉农网店达520余家。2017年，全区各类电商业户达到2300多家，完成电子商务交易额154.2亿元，同比增长35.5%。

【市场建设】 截至2017年底，全区共有各类市场68处，其中专业批发市场33处、综合市场8处、便民市场10处，集贸市场17处；过亿元的市场27处，过20亿元的6处，过50亿元的1处。规模较大的批发市场17处，经营范围涉及建材、装饰材料、五金、百货、布匹等，业务辐射周边（包括邻近河北地区）20多个县市区，保持鲁西北、冀东南区域性商品集散中心地位。全区建成运达物流园、鲁北钢材、城南木材、东北城、永兴物流等五大物流园区，总占地约4000亩，建成仓储面积138.2万余平方米，容纳1200余家物流业户，每日进出车辆约960多辆。邮政、天天、顺风等52家快递公司在德城区设立配送网点。涌现出万瑞冷藏、益海嘉里、大力联运、中石油、中储粮等一批规模化物流企业，逐渐成为鲁西北、冀东南重要的区域性物资集散中心。2017年，全区实现集贸成交额750亿元，同比增长11.2%；物流配送额490亿元，同比增长10.9%。

【餐饮住宿】 积极争创老字号，打造特色餐饮品牌，截至2017年底，规模以上餐饮住宿企业28家，其中星级酒店6家，国家级酒家2家，中华老字号3家，山东老字号5家，德州老字号5家，山东名小吃4家，齐鲁名吃4家，德州名小吃15家。组织老字号企业积极参加"山东名品中华行"，扩大品牌影响力，老高家餐饮被认定为德城区第5家山东老字号企业。

【对外贸易】 2017年，全年进出口累计完成172330万元，其中，出口147799万元，进口24531万元。扶持、引导企业用足用好上级扶持政策，全年共到位外经贸发展专项资金204.23万元，已申报（未到位）扶持资金174.49万元。组织召开全区重点进出口企业座谈会，举办外贸进出口转型升级培训会、跨境人民币结算政策培训暨涉外企业融资对接会，帮助企业解决实际困难。深入推进境外百展计划，组织企业参加哈萨克斯坦、伊朗、巴西等国际展会，开拓新兴市场。为23家企业争取春、秋两季广交会展位78个。组织企业参加"跨境电商进万企"等专项培训，引导企业转型升级，培育新的增长点。

【利用外资】 2017年，全区实际利用外资2187万美元，同比增长425.7%，完成任务目标的

136.7%。其中，益海嘉里项目增资到账1070万美元，境外借款1117万美元。深入开展"万企大走访"活动，了解企业诉求，解决实际问题，优化营商环境。全程指导塔高进出口贸易公司网上注册、开立资本金账户、海关备案等，帮助该项目顺利注册，实现合同外资零的突破。

【对外经济合作】 2017年，德城区劳务输出人数448人，合同额1223.76万美元，营业额544.83万美元。德州圣力管道穿越工程有限公司在印度注册境外投资企业，总投资150万美元，已投资24万美元。通源国际、德百集团澳大利亚房地产项目进展顺利，吉达进出口南非海外仓、双一科技美国股份公司年销售额分别达到500万美元、220万美元。

【荣誉】 2017年，德城区商务局夺得全市商务工作先进单位一等奖，荣获全市商贸流通工作先进单位称号。

（柴延军　卢颖萍　滕韶晖　李美生　蔡秀菊　秘英敏）

德城区实体市场简表

名　称	地　址	类　别	交易额（万元）
东北商贸物流城	北靠德滨高速，南临大学路西靠学院东路	五金建材等	1650
德州装饰材料城	湖滨南路以东，新河东路以南	集体	247500
堤岭汽车配件城	东风路	零售	95920
堤岭钢材市场	新堤	零售	185790
堤岭旧货市场	堤岭村	零售	38500
七西农资市场	商贸大道路东三七干渠以东	集体	113300
城南木材市场	向阳路	集体	550000
联兴石材市场	于官屯大桥以南	集体	71390
迎宾市场	迎宾路B31号	批发、农贸	94600
国际商贸城	迎宾路与三八路交叉口	小商品、副食百货批发、零售	110000
东方红纺织品市场	东方红西路1648号	纺织品批发、零售	56100
北园农贸市场	北园小区	农副商品	25300
九州商城	迎宾路	小商品、百货批发、零售	260700
城隍庙商城	黎明街	服装	99000
光明街棉布市场	光明南街	棉布批发	88000
南市场便民市场	向阳南路	农贸	41800
新华农贸市场	新华路	农贸	29700
光明街机电市场	太平街	机电设备	77000
三八路便民市场	三八路	农贸	19800
华园肉食市场	铁三路	肉食	11000
温州服装市场	东方红路	服装	31900

续表

名 称	地 址	类 别	交易额（万元）
观湖城	解放南路	服装、餐饮、电器	5500
白天鹅大厦	湖滨路	电子产品销售、写字间	308000
运达物流园	解放北路 366 号	仓储、物流	110000
鲁北工贸钢材大市场	德兴北路 117 号	钢材	528000
好宜居装饰材料城	北园路中段	装饰材料	93500
永盛斋家俱市场	新湖北路北段	家具	425700
学院地下商城	大学东路与育英大街交汇处	服装	64570

德城区星级宾馆酒店简表（交易额为 2017 年度）

名称	地址	星级	营业额
美丽华大酒店	解放中大道 758 号	四	3485 万元
贵都大酒店	解放中大道 238 号	四	3955 万元
喜俪园大酒店	德州市湖滨中大道 1186 号	三	1927 万元
启德大酒店	三八路 168 号	三	1267 万元
德苑大酒店	解放南大道 255 号	三	1297 万元
裕兴大酒店	德城区东风中路 597 号	二	220 万元

商业总公司 物资总公司

商业总公司工作

【机构概况】 1992 年，德州市人民政府以德政发〔1992〕第 75 号文件，设立德州市商业总公司，与德州市商业局一个机构两块牌子，隶属于德州市政府行政管理，主要指导协调商业系统企业经济运行中各方面工作，研究拟定商业企业体制改革、经济发展的政策措施并监督实施。德城区商业总公司下设办公室、财务科、政工科、安全生产办公室、招商引资办公室、信访办公室、工会、妇联、团委等科室。下属十个企业：德州市人民商场、德州市新湖饭店、德州市东方红实业有限公司、鑫龙商贸有限公司、德州市环球酿造有限公司、德州饭店、德州市曙光浴池、新苑鞋店、彩扩摄影服务中心、商苑开发服务中心。

【平安稳定】 2017 年初，中共德城区商业总公司党委成立“处结信访事项”领导小组，严格实行“一把手亲自抓、分管领导具体抓、其他领导协助抓”领导包保责任制，定期召开局党委工作会议具体研究信访工作，对发生的信访事项做到早发现、早解决。

2014 年政府征收新湖饭店时个别“遗留问题”，2017 年得以圆满解决。避免恶性上访事件发生。

2017年，部分企业由于生产经营困难，影响部分职工不能按时退休。通过不懈努力最终使问题得以圆满解决。

积极化解东方红地下人防工程因施工道路封闭引起的涉及商业系统下属两家企业的店铺经营困难问题。

退伍兵安置工作。自2017年6月此项工作开展以来，德城区商业总公司从区民政局分配来需要排查的人员达到1000人。经过不懈的努力，基本全部落实人员情况，大部分退伍士兵都进行登记并安排新的工作岗位，对已在企业安置的复员军人，实行包保制，做好与企业的对接，同时寻求政府的支持，化解安置中产生的矛盾。由于工作到位，复员军人没有到上级上访的情况。

做好党的十九大期间的维稳安保工作。按照区委、区政府统一部署，德城区商业总公司党委及时召开党的十九大期间维稳安保工作专题会议，建立领导小组，党委书记亲自担任组长。同时印发部署关于做好党的十九大安保维稳工作方案，各企业按照要求制定企业相应方案，按照方案认真落实。通过上下努力，十九大期间没有发生任何上访事件，圆满完成区委、区政府交给的党的十九大期间维稳安保任务。

2017年，共发生17起信访事项（群体上访1起），截至年底已解决10起，还有7起正在逐步解决当中；承接“12345”市民热线5起，处结率达到100%，全系统无非访和进京、到省、到市上访事件发生。

【招商引资】 2017年，商业系统招商引资项目，一是鑫龙商贸有限公司引进重庆金夫人婚纱摄影连锁项目。金夫人婚纱摄影是中国驰名商标，全国第一的婚纱连锁摄影品牌，总投资850万元，在鑫龙商贸公司原有的楼体基础上进行改造，建设成4500平方米德城首屈一指的集婚纱、儿童摄影、民族特色摄影于一体的摄影服务中心，于6月底正式开业运营。

二是环球酿造有限公司在沿袭发扬传统酿造工艺的基础上，对生产工艺和设备设施进行更新改造，从原料上仔细甄选，制作工艺上采用现代化与传统酿造工艺相结合。2017年先后投入100多万元，新建1.5万平方米的天然晾晒厂，购置1000多套不锈钢罐、窖缸、瓷坛等设备，根据山东地域的饮食习惯打造新产品，突出“健康”“绿色”“天然”产品特点，注重饮食安全和饮食健康，对自身产品质量追求精益求精，满足不同消费者的不同饮食习惯和需求。

三是由于东方红地下人防工程施工封路，又一村饭店正常经营受到严重影响。但是，饭店领导班子不畏艰难，锐意进取，几个月时间陆续投入200多万元对二楼和三楼主要经营场所进行装修改造，对汤包工艺进行改良升级，新增全国知名火锅项目，进一步提升又一村饭店在德州餐饮界的竞争力。

【安全生产】 根据商业系统市场、商场、旅馆、饭店等经营环境不同特点，德城区商业总公司党委年初与各企业党支部签订《安全生产经营工作责任书》，要求所有企业要与承包户或租赁门市层层签订《安全生产经营工作责任书》。重点节假日各企业要按照责任书要求安排人员24小时值班，德城区商业总公司党委每月都组织有关单位经常性开展安全生产拉网式排查，消防安全隐患大排查、大整治等专项行动。各企业建立安全隐患排查及整改档案，建档归档、及时处理解决问题，全年企业自查、商业总公司检查抽查29次；整改安全隐患39项，杜绝不安全问题的发生。党的十九大期间，各企业实行24小时值班、领导带班制度，确保十九大期间商业系统的安保稳定，没有发生任何问题。

【职工待遇】 针对商业系统职工工资、生活费低的问题，通过增加企业经济效益，职工工资均保持增长态势，平均提升10%。对职工“五险”的缴纳实施每月重点监控，确保每名职工都能正常办理退休和看病就医。

【党风廉政建设】 按照区纪委统一要求，严格落实党风廉政建设责任制，强力推进党员领导干部廉洁从政各项规章制度的落实，德城区商业总公司党委与企业签订党风廉政建设目标责任书，制定下发《商业系统落实党风廉政建设企业党支部主体责任和局党委监督责任的实施意见》《商业系统企业党支部党风廉政建设主体责任清单》，重点明确企业党支部领导班子责任、企业主要负责人责任和领导班子成员责任，突出德城区商业总公司党委和区第一纪工委主业主责，形成监督有力、制约有效的监督责任落实体系；同时，坚持把完善责任考核、责任追究等制度作为重点，加强督促检查，形成有错必究、有责必问的责任追究体系；完善请销假、签到等日常工作制度，促进机关工作作风转变。

同时，为打造过硬干部队伍，坚持党管人才原则，科学化管理人才，严格执行《党政干部选拔任用工作条例》，制定切实可行的企业人事管理工作的意见，在“三重一大”事项上，始终坚持民主集中制，圆满完成两个企业一把手换届工作，没有发生任何不廉洁情况。

（刘 军）

物资总公司工作

【机构设置】 1993年，德州市人民政府德政发〔1993〕第70号文件，德州市物资局组建德州市物资总公司，与德州市物资局为两块牌子一套机构，同时行使两种职能。主要指导物资系统的改革和发展，研究制定发展规划和年度计划并组织实施；负责全系统党员干部的教育培训工作；对现有国有资产进行监督管理；组织协调物资系统企业经营、安全生产等工作；处理系统内历史遗留问题，加大招商引资工作。德城区物资总公司下设办公室、财务科、政工科、物业办、综治办等科室。

【学习教育工作】 2017年，德城区物资总公司严格贯彻上级要求开展的“两学一做”学习教育重大部署，紧紧围绕“争先进位、对标一流”实践主题，结合本单位实际，制定学习教育活动工作方案，按照学习工作安排表，组织党员干部深入学习党章党规和习近平总书记系列讲话、认真抓好党员活动日的学习制度，采取贯彻传达、集中学习、个人自学、观看、撰写体会、讨论交流等形式组织党员干部进行学习教育。按照要求积极宣传推广省“灯塔－党建在线”平台，党员通过身份认证和实名注册。关注“灯塔”公众号和安装手机客户端。依托“灯塔党建在线”综合管理服务平台，组织党员干部积极参加十九大精神学习竞赛活动，通过在线学习、竞赛答题、以赛促学、以学促做。

【强化信访预警机制】 做好防范和化解工作，定期排查不安定因素与深入企业了解情况和召开各企业负责人会议相结合，局党委认真及时抓好矛盾纠纷的摸排、调处工作，对不稳定因素进行专人包保，明确目标，争取将矛盾和问题解决于基层内部。全年共接待群众来访7件，通过政策解释、说服教育等形式已全部解决，结案率达100%，全年没有发生越级上访事件。

【招商引资工作】 物资系统招商引资引进山东大智教育集团股份有限公司德州分公司。项目投入1000万元。

【党风廉政建设工作】 按照纪工委的工作部署和要求，局党委严格落实党风廉政建设责任制，切实解决领导干部存在的突出问题。组织党员干部认真学习廉政方面的有关文件精神，时刻敲响警钟，廉洁自律，党员干部严格执行上级“八项禁令”，全年没有发生任何违法乱纪行为发生。

【安全生产工作】 加强对安全生产督查力度，采取突击检查、明察暗访、随机抽查、回头检查等方式，深入开展督查检查。及时分析大检查工作中存在的突出问题，建立安全隐患排查和整改档案，杜绝不安全问题发生。严格节假日值班制度，凡重点节假日均安排工作人员值班，值班电话24小时开通，能在第一时间掌握信息，主要领导、分管领导都能及时处理。

（孙勇）

粮食　食盐

粮食储备流通

【地储粮管理安全有效】 强化储备粮日常管理。4月，先后开展储备自查及配合市局清仓查库小组检查等工作，确保小麦数量真实、质量良好、账实相符。同时，强化粮食安全责任意识，全面排查安全隐患，加强安全设施投入力度，保证性能良好有效。

圆满完成2017年地方储备粮轮换工作。5月底前共轮换出库小麦3791吨，完成计划的100%。

按时报送2017年度粮食产后服务项目实施方案、地储粮实物检查底稿、库存粮食储存（收获）年限情况汇总表、粮食库存账实核对工作底稿、2017年地储粮台账、2017年地储粮质量档案、统计数据报表、安全生产相关台账等相关业务数据报表。

【着力提升粮食依法行政能力和服务水平】 认真做好粮食收购许可证的办理工作。全年共受理粮食收购许可30家，其中变更4家，延续13家，新申请办证的5家，依法注销8家。

依法开展粮食执法工作。主要包括粮食行政执法日常检查、粮食流通统计制度专项检查、夏秋粮收购专项检查、席穴囤情况专项检查、国家政策性粮食电子交易专项检查。全年共检查40余家涉粮单位，出动60余人次，执法检查记录相关资料严格整理归档。

深入推进21家放心粮油及粮食流通统计工作。坚持日常监管与长远发展并重，确保百姓粮油消费安全。

【高标准严要求落实粮食安全责任制】 2017年是粮食安全省长责任制首考之年。分局上下把落实粮食安全责任制作为一项重要任务，齐抓共推、全力落实。及时研究谋划考核工作，科学制定考核办法、方案和评分细则，严格考核要求。主动与区农业、科技、财政、统计、国土资源、环保、水务、食药监、工商、质监、物价等部门沟通衔接，认真查找薄弱环节，列出清单，明确措施，整改到位，跟踪落实。在各部门大力支持下，取得总分96.48分的好成绩，获得市局和区政府领导肯定。

【扎实做好夏粮收购工作】 为保证收购顺利有序进行，分局及早安排部署，组织开展小麦生产形势调查，在器械配备、资金调度、安全生产等方面为各收储站提供有力保障，顺利完成夏粮收购任务。

粮食安全考核

【稳步推进贸易粮经营】 收储中心充分利用各收储站所处的区位优势，审时度势，积极扩大经营范围，灵活机动进行购销，粮食经营取得新突破。全年共完成粮食购销8.29万吨，取得良好的经济效益和社会效益。

【创新性筹建快餐项目】 为积极响应市局党委提出的“优质粮食工程”要求，加速三区粮食行业供给侧结构性改革，提高自身适应市场的能力，分局上半年认真开展德州市粮油及餐饮市场前期调

粮食安全考核

研工作。通过近4个月的前期调研，决定创办快餐项目。项目方案制定与选址等工作正在紧锣密鼓地推进中。

（董利）

盐产品经营

【概况】 2017年，全区累计购进各类盐产品5600吨，其中食盐3250吨，比上年增加160吨。小包装900吨，比上年增加14吨。小工业盐1400吨。

2017年，全区累计销售各类盐产品5600吨，其中食盐3400吨，比上年增加100吨，小包装1100吨，比上年增加80吨，小工业盐完成1100吨。

全年盐政部门查处各类涉盐违法案件126起，罚没私盐90吨，罚款1.2万元。

【食盐专营】 德城区盐业公司对全区所有食盐零售网点和用盐单位，开展“管理+沟通+服务”活动，擦亮德州盐业品牌，加强和巩固与消费终端的客情关系，扩大和延伸市场供应链。不断强化专营体制下的市场化运行，根据全年工作任务确定年度绩效考核目标，制定年度业绩指标考评体系，将绩效目标层层分解，掀起“比、学、赶、超”工作热潮。优化食盐供求结构，根据城乡消费层次的不同，有的放矢地调整区域供盐品种，形成城镇市场供应低钠盐、澳盐、弱碱盐、海藻盐为主，农村市场以海晶盐、绿色盐、低钠盐等中、低档盐为主的销售格局，努力提高和丰富人民群众的用盐质量和健康水平。

【市场监管】 一是面对国家推动盐业体制改革，德城区盐业公司与德州电视台、德州日报、德州晚报、齐鲁晚报、齐鲁网等媒体建立合作关系，及时在“直播德州”“社会民生”等电视报刊栏目上做好政策解读，借助媒体告知广大市民现行食盐供应体制的优越性和保障性，消除部分群众对国家继续实行食盐专营政策的误读。

二是结合德州无碘盐和加碘盐交叉供应的特点，坚持入户、进社区、进学校和企事业单位进行食盐安全教育，印制包含整治通告、工业盐的危害、主要合格食盐品种等内容的彩页5万余份，在全市食盐零售网点、饭店餐厅、食品加工等单位进行全覆盖张贴。

三是利用好“3·15”“5·15”集中活动，积极参与政府、群体组织举办的各类公益活动，区公司先后参加由“食品安全周”“12·4”宪法宣传日等活动10余次，印制、发放宣传材料2万余份，树立保障食盐安全、惠及民生的良好盐业形象。

四是加强日常监管，保持市场稳定。对零售网点、餐饮、食品厂定期清理检查，对各大酒类、调料、饮品等大区域代理商不定期进行走访、解读政策，消除不法经营食盐的念头。在市盐务局、市公安局食药环侦支队配合下，查获中盐皓龙、久大应城、益盐堂等违规经营食盐案件。联合食药环侦支队、食药局稽查支队对重点区域、薄弱环节展开专项行动、对30多个用盐企业进行拉网检查、走访、宣传，把每项工作做实。

（马晓春）

烟草专卖

【指标概况】 经营指标完成情况。2017年，销售卷烟27167箱，较上年增长1714箱，增幅6.73%；实现单箱值25500元，较上年增加636元，增幅2.56%；完成销售额69276.14万元，较上年增加5988.9万元，增幅9.46%。

专卖指标完成情况。2017年，新办证364户，注销508户，变更114户，暂停7户，责令停业整顿12户。共查获各类涉烟违法案件118起，经营国际网络案件1起，查获数量310.09万支，涉案金额138.64万元。拘留11人，提请批准逮捕3人。

【卷烟销售】 一是深耕终端，建设精品线。按照“高标准、严要求、逐步推进”的原则，开展“强终端、树形象”终端建设活动，运用“1153工作法”，实施市场走访“四步走”，各基层服务站每个月建设一条精品线，选取部分客户开展以鲁产卷烟为主题的终端形象培育工作，以点带面，以实际行动抓基层、打基础、拉近与零售户的距离。二是深耕市场，发现增长点。充分发挥驻地市场的优势，发展高铁新区市场、高校市场、农村市场等特色市场，通过增加零售户户数、消灭空白村、空白社区，精准投放货源、推介适销品牌上柜等措施促进卷烟销量的提升。三是深化对标，提升工作绩效。以菏泽牡丹区烟草为标杆单位，围绕数据对比、要因分析、提升措施、增比进位的总基调，深入开展对标活动，通过查找差距短板，把对标重点放在指标提升研究上，制定有效措施，高标准对标。

【专营政策】 大张旗鼓地向零售户宣传烟草专卖法律法规，“3·15”期间分别在澳德乐、中心广场开展宣传活动，设立宣传台2个，展板6块，发放宣传资料800余份，微信普法2176户次。“6·29”期间以“组织一次零售户普法宣传、开展一次法律知识上街宣传，更换一期《中华人民共和国烟草专卖法》普法宣传栏”的方式开展宣传。参加“大德之州·平安在我”系列法律法规宣传活动，通过设立3块展板、印制1000份宣传材料。发放针对快递、物流的告知书197份。进一步提高零售户和消费者的守法、规范意识，营造良好的社会舆论氛围。

【市场监管】 一是有效打击违法违规大户。认真建立违法违规卖烟大户名单，其中包括“5万”违法违规大户14户，“2万”违法违规大户12户，违法违规卖烟大户（涉嫌）254户。将排查出的违法违规大户作为重点监管对象，增加检查频次，有效防止二次批发行为，提高中小户的订购率。二是筑牢边缘市场防护屏障。重点检查沿边3公里内零售户308户，及时掌握沿山东边界河北零售户27户的卷烟投放信息。2017年共查获涉及河北省案件36起，查获卷烟19.56万支，联合治安检查站查获案件15起，查获卷烟83.92万支。有效抵制非法卷烟的冲击。三是推进联合市场治理长效化。组织开展2017年“齐鲁之盾”专项行动，开展10次拉网检查行动，查获案件8起，查获卷烟5.94万支，案值1.3万元。开展非行政许可市场联合检查5次，检查349户次，查获案件2起，查获卷烟0.42万支，案值0.38万元。联合公安、交通部门查处无证运输案件19起，查获数量89.06万支，涉案金额31.37万元。联合公安机关查处邮政快递案件7起，查获数量1.65万支，涉案金额0.568万元。四是深化许可证管理规范化。落实一次性告知、限时办结、问责制和群众服务评价机制等，有的放矢地对办证窗口的工作流程进行梳理和优化，提供办理查询和公告公示，推进办证的便民和公正。

（郭倩）

石油经营

中国石化销售有限公司山东德州石油分公司中心城区业务

【销售网点】 2017年，中国石化销售有限公司山东德州石油分公司在德城区设有两个经营片区，油库1座。城区片区拥有在营加油（气）站30座、发卡网点24个、易捷便利店30个。业务范围涵盖成品油、润滑油、天然气、非油品销售，业已形成功能完备、布局合理、流向畅通、保障有力的专业化连锁营销网络。

【市场经营】 2017年，城区片区销售成品油8.32万吨，其中汽油5.12万吨，柴油3.2万吨；销售天然气229.43万方；非油品业务实现销售收入4565万元；加油IC卡发卡3.5万张；加油充值卡销售0.7万张。

【社会责任】 2017年，公司围绕德州发展大局，自觉服从德州市委、市政府的领导，认真履行国有企业的政治责任、社会责任和经济责任，圆满完成资源保供工作。特别是在油库关停改造情况下，积极与省公司和胜稠、济炼、齐鲁驻厂办事处沟通协调，加强成品油资源调度，确保配置计划全部及时兑现，保证市场供应。在"三夏""三秋"农忙时节，指定多座加油站为农业用油专供站，开辟农业用油绿色通道，圆满完成保供任务。为落实《德州市污染防治行动计划工作方案》，公司坚持服从大气污染防治大局，成立加油站改造领导小组，组织10家承包商同步开展双层罐双层管线改造和三次油气回收改造工作，切实履行国有企业环保责任，为德州市大气环境改善作出积极贡献。

2017年12月27日，中国石化山东德州油库投营仪式

【经营安全】 按照"谁主管、谁负责""管业务必须管安全""谁的业务谁负责、谁的属地谁负责、谁的岗位谁负责"的原则，修订HSE考核办法，加大考核和奖惩，严格落实HSE主体责任、主管责任和监管责任。全年组织各类检查8177次，发现问题及时整改，确保本质安全。组织开展应急演练3303次，应急管理水平明显提升。全年未发生任何上报等级安全事故、承包商事故和环保事件，保持职业病发病率零记录。

【质量管理】 加强油品全过程管理和油品抽检工作，对油品从出库到入库，从储存到销售，实行全环节管理，严把油品数质量关，确保为消费者提供质优量足油品。全年成油品共抽检油样1322个，全部化验合格。利用远程调取和现场抽取视频监控的方式，强化"卸油十步法"规范操作，现场核对加油机滤网清洗记录及油罐车施封记录，检查油罐射频铅封台账，一系列行之有效的数质量管控措施严格保障我们油品的质量和数量。

【网络建设】 德州油库改扩建项目经过600多个日夜艰苦努力，完成全部图纸设计及变更施工，设备设施单机试车、联调联试完成，投营前的各项手续齐全，试生产方案备案批复。2017年12月27日，德州油库正式投入试生产。

油库投营，更好发挥全市成油品供应主渠道作用，有效保障全市工农业生产和人民生活用油，为德州市的经济社会发展加油助力。2018年，德州市将推广使用乙醇汽油，中国石化山东德州石油分公司未雨绸缪，提前按德州市政府要求投入乙醇罐及配套设备设施，为德州市乙醇汽油调和配送工作奠定坚实基础。

（王建峰）

中国石油天然气股份有限公司山东销售德州分公司中心城区业务

【销售网点】 中国石油天然气股份有限公司山东德州销售分公司持续扩大网络规模，2017年新投运加油站4座，为更好地完成保供任务打下坚实基础。截至2017年底，在营加油站55座，油库1座，其中中心城区运营加油站20座，业务涵盖汽油、柴油批发与零售，成品油仓储，润滑油、日用百货、农用物资销售等业务。

【市场经营】 公司面严峻市场形势，坚持精准营销、品牌营销，全年销售成品油约15.3万吨，全年实现销售收入8.9亿元，非油品业务实现销售收入6200万元，缴纳各类税金2600万元，获得A级纳税企业、全市内贸流通先进企业称号。

“宝石花”志愿者服务高考学子

【安全环保】 按照政府要求，公司不断推进环保、安全经营，根据计划对所辖加油站进行安全环保改造。公司全力做好维稳工作，护航“十九大”胜利召开，全年开展各类安全检查200余次，公司级应急演练2次，同时库站每月自行组织应急演练，实现库站安全平稳运行，获得山东省安全生产工作先进单位称号。

【社会责任】 公司严把油品质量关，全力做好保供工作，坚持“为爱加油”服务品牌打造，积极履行社会责任，努力实现企地共赢。开展孝心好儿媳、母亲节父亲节送祝福、假期小店长体验、文明交通、爱心义卖、献爱福利院等一系列有爱、有温度的活动。连续12年组织职工无偿献血，连续第5年参与“第一书记”扶贫帮包工作。继续打造环卫工人“爱心驿站”。累计投资193.5万元将43座加油站厕所进行“旅游厕所”改造，获得市委市政府肯定。

【企业文化】 公司扎实开展党建工作，不断完善员工关爱体系，加大“五小工程”投入，开辟库站小绿地22个，更新小厨房设备38站次。组织开展集体生日会、“三八”节女工座谈会、徒步走等活动。开展扶贫帮困送温暖、送清凉工作，对家庭困难员工建档管理，持续跟踪帮扶。同时，公司利用公司内网、微信企业号做好企业宣传工作，与地方媒体积极沟通，做好公益活动及好人好事社会宣传工作，不断传播中国石油正能量。公司连续第6年获评省级文明单位，荣获山东省省直机关职业道德建设先进单位、德州市服务协同发展先进单位、德州市职工职业道德建设先进单位称号。

（石庆重）

重点宾馆酒店简介

【德苑大酒店】 位于德城区解放大道与新华路交叉路口东南方位。国家一级酒家，国家三星级旅游酒店，山东省青年文明号单位，德州市文明单位，德州市重点流通企业，德城区商贸流通企业先进单位。1993年10月创建。经过22年滚动发展，已成为集餐饮、住宿、休闲、健身于一体的综合酒店。

酒店营业面积8600平方米。下设客房部、休闲部、餐饮部。客房部设有行政套房、标准间、三人间、夫妻间和豪华会议室，备有商务中心、购物商场，一次可接纳100人住宿，接洽200人会议。休闲中心设有桑拿光波洗浴、保健按摩和足浴广场，一次可接纳100位宾客。餐饮部设有钓鱼台国宴餐厅、芙蓉轩粤菜餐厅、鲁粤轩、海鲜火锅厅、百惠苑零点大厅和大型宴会厅，一次可接纳600人就餐。

【德州东来顺饭庄】 位于德城区湖滨路与天衢路交叉路口西南方位。2000年1月16日开业。隶属于德州豪门集团有限公司。主要经营北京东来顺传统的木炭铜火锅、电磁炉锅及清真炒菜。另有中餐品牌永和豆浆、豪门粥屋。截至2015年底，拥有一、二、四楼大厅以及二、三、四、五楼38个宴会单间，共计800个餐位。

东来顺饭庄以新鲜的菜品、地道的口味、特色的装修打造特色火锅，更有选料精、刀工美、调料香、火锅旺、底汤鲜、配料细等特点。

重点商场简介

德州市百货大楼

【概况】 德州百货大楼是山东德百集团核心企业之一，位于市区最繁华的商业中心，北邻德州中心广场，是鲁西北、冀东南规模最大、档次最高、服务最优、设施最先进的百货商场。百货大楼1983年建店，2015年营业面积6万平方米。在全国享有诚信的口誉和形象，多年来的诚信经营，打造出金子般的企业品牌，被誉为鲁西北商界的一颗璀璨明珠。

【品牌升级】 2017年，德百大楼先后引进琢盈、啦娜菲、名邦、一席之地、兰梦萱、衣莎美诺、Boy，HS，百图、珂兰、报喜鸟、圣宝龙、荷马、乐卡克、索菲亚工厂店等国内外知名品牌，原有的耐克、斯凯奇、阿迪达斯等品牌也以全新的形象亮相州城，不断提升品牌影响力，加强品牌对销售的拉动作用。西北45、满园春饼等轻餐饮及美甲、饰品等特色品牌，释放更多惬意舒适的放松空间，为时尚一族提供驻足休闲之地，开启人们新的生活印记，完美融合新型的体验业态与美食餐饮，让州城消费者再次眼前一亮。

【主题营销】 2017年，德百大楼大力推动会员体验式营销，充分发挥会员课题小组、创新营销小组的作用，坚持开展每周五的“会员之家”活动，邀请高端会员参与丰富多彩的体验式营销互动，让广大会员朋友得到多元化的购物体验。开展盛享中国年、欢乐闹元宵，蜜恋情人节、三悦春色，宠爱女神、新春VIP答谢、34周年店庆、年中回馈盛典、举国团圆在德百、德百大楼购物节、明星及各项公益活动等主题营销活动，更多地在服务中与顾客产生互动，让购物更具时尚化、个性化、生活化、家庭化，让州城人民在节日期间享受到购物休闲带来的欢乐。

【加强管理】 德百大楼坚持围绕“抓管理降成本、抓质量抢速度、抓服务赢顾客、抓外联促销售、抓宣传树形象、抓培训提素质”六个方面开展工作，对销售业绩、卖场管理、安全卫生、设备维护、装修改造各个方面实行表格化、打分制，落实《重大节点促销活动推进表》《电梯运行日检表》《餐饮业户水、电、气巡检表》《装修施工消防、用电安全检查记录表》等一系列规章制度。号召全员参与合理化建议征集活动，为企业发展献良策。成立合理化建议领导小组，广泛发动有序开展，员工热情高涨，积极参与，共提报合理化建议150余条，涉及运营管理、技术改造、节约挖潜、设备完善等多个方面，提升管理水平、节约费用成本，提高工作效率，收到良好效果。

【服务提速】 德百大楼定期举行“服务提升月”活动，从创新免费服务项目、丰富服务内容、细化服务流程、规范服务礼仪等方面加强全员服务意识和职业素养培训与提升，完善员工服务质量考核标准，开展“最美微笑服务达人”、商场PK赛、会员资料建立健全一票一立、建立“联单互动群，倡导两单加一单，销售不一般的销售理念”微信群中分享优秀服务案例等形式多样的服务质量评先选优活动，激发员工主动、文明、用心、用情服务的动力和能力，提高全员职业素养和服务水平。

【夯实基础】 弘扬劳模精神，培养匠心职工，德百大楼深入贯彻党的十九大精神，打造综合素质过硬的职工队伍，创新杨秀娟品牌工作室“特色路径”，全国劳模杨秀娟和众多的青年岗位能手积极发挥模范带头作用，召开“工匠精神耀德百”技能交流会，紧紧围绕经营服务做好创新、创效工作，培养大批青年岗位技能人才，并多次参与全省总工会组织的职工疗养技能展示交流会，娴熟的技能展示，既交流经验，又宣传企业，获得省内各地职工朋友一致好评。坚持业务竞赛不断，营造“比学赶帮超”工作氛围，组织开展“红花送冠军”“店长交流会”“金牌培训师选拔赛”等活动，对取得优异成绩的销售集体和个人给予表彰奖励并推广学习，鼓励管理人员和员工在微信交流群中晒大单联单以及优质服务案例，在全员中营造良好的工作氛围，从而促进业务能力和服务品质的不断提升，在全员上下营造学习劳模精神、传承工匠精神的浓厚氛围。

【企业文化】 德百大楼始终坚持“诚信经营、海纳百川、以人为本、追求卓越”的原则，着力打造“德百家文化”。通过举办“同心 共赢 一家人”先模座谈暨家属招待宴会、“人间四月天，盛世德百红”朗读者大赛、职工趣味运动会、“红心放歌颂祖国 不忘初心跟党走”红歌会、“新时代 新气象 新作为”广播体操比赛等活动，丰富员工的文娱生活。坚持每周一的升旗仪式，激发全员的爱国热情，国庆节的“欢度国庆”队列展示吸引多家媒体争相报道，每天的广播体操和团队展示不仅提升员工身体素质，更塑造德百大楼蓬勃向上的精神风貌。开展的“立功喜报送到家”和“一次难忘的家访”活动，以及组织优秀的员工携家属赴夏津温泉体验，获得了职工和家属的一致好评，让广大职工及家属融入企业文化，提升其归属感和幸福感，同时也能从另一个角度更加支持职工的工作。在“擎旗走进新时代”2018年德百集团元旦晚会上，精心策划、筹办的节目以全新的舞台表演形式、华美的舞台效果、精彩的真情演绎给广大观众留下深刻的印象，充分展现大楼人爱岗敬业、建功求新的良好精神风貌。

（高明）

华联商厦

【概况】 山东省德百集团华联商厦位于德州市中心城区东风中路1357号。1998年3月28日开业。紧临德州汽车总站，地处商业繁华中心。前身是德州市第三百货零售商店。原为万余平方米的五层式营业楼区。经加扩内厅及东扩构筑连体型区位对接，营业面积达到2万平方米，经营商品10万余种，设施先进，功能齐全，是一座集购物、餐饮、娱乐、休闲于一体的综合性商厦。

【锐意进取的华联】 华联商厦开业17年来，全体员工真抓实干，奋力拼搏，使得华联商厦各项工作突飞猛进，犹如一幅美丽的画卷徐徐展开，成为州城一道靓丽风景。商厦先后荣获全国商业服务业顾客满意企业、山东省百城万店无假货示范店、山东省食品安全诚信单位、山东省价格诚信单位、山东省市消费者满意单位等荣誉称号。诚信华联，用实际行动书写着温暖人心的社会情怀，全体员工像爱护自己的眼睛一样爱护企业商誉，面对更多更强的竞争对手，德百华联商厦信心十足。在德百集团正确领导下，在商厦新一轮领导班子带领下，华联商厦紧锣密鼓地实施新发展战略。

【信誉至上的华联】 华联商厦始终奉行顾客利益高于一切、一切以顾客为中心的服务理念。商厦视质量为生命，有着严格的监督管理机制，严把商品采购关、仓库验收关、柜台上货关。坚持实行质量先行负责制，本着可退可不退的以退为主、可换可不换的以换为主、责任分不清的以我为主的原则，使广大消费者能买到安全、放心商品，赢得社会各界广泛赞誉，树立良好的行业新风。

（曲元祯）

山东省德州市鲁北大厦有限责任公司

【概况】 鲁北大厦位于德州火车站最繁华的商业核心区，是德州的对外窗口企业。1991 年 5 月开业。占地面积 15.8 亩，商业面积 2 万余平方米，资产总额 6600 万元，从业人员 510 人。1998 年，由国有中型（一）企业整体改制为职工人人持股的有限责任公司。2005 年，公司按照《中华人民共和国公司法》《公司章程》对股权进行调整，公司在董事长孙金洲的带领下三会一层健全。先后荣获全国商业信誉企业、省级百城万店无假货示范店、山东省物价计量信得过单位、山东省消费者满意单位、德州市流通系统先进单位称号。

【经营格局】 鲁北大厦在经营上分为商场、宾馆两部分。商场营业面积 13000 平方米，设有 16 个商品部，主要经营家用电器、烟酒副食、化妆百货、服装鞋帽、针纺织品等 60000 余种商品。宾馆拥有客房 100 余间。公司经营理念：坚持顾客为中心，管理为重点，信誉是基础，价格是关键，服务是保证，质量是根本。

【加强品牌引进 美化购物环境】 根据“面向工薪消费，突出大众品牌”的经营思路，各部、组不断调整商品结构，增加大众品牌经营。化妆部引进欧莱雅、同仁堂等品牌化妆品，雀氏婴儿用品、优客除味系列、洁丽雅棉品系列产品，服装部引进了凯撒风采羊绒大衣、爱迪塔仕户外休闲，针织部引进帕兰朵、南极人羊毛衫，鄂绒皇、格日勒纯羊绒衫，皮鞋部改造金猴、亨达、孚德、海宇等品牌专柜，引进金羊、靓妃、富贵牛仔皮鞋。家电商场对彩电部、冰箱部、洗衣机部展台进行全面装修改造，改造后的展台大气、明亮，有效改造了陈旧的购物环境，有效提升顾客购物欲望，使经营效益有了明显提高。

【加强企业宣传 抓好营销促销】 为加强企业宣传，树立企业品牌，公司在德州电视台、武城、景县、故城电视台保持常年广告宣传，将丰富多彩的商品促销、物美价廉的商品信息及时传递给广大消费者。家电商场开展员工、顾客品牌专场内购会、微信营销，都吸引大批消费者积极参与，为企业带来良好收益。

【坚持以人为本 提高企业凝聚力】 公司坚持以人为本的现代企业管理理论。公司时时刻刻关心职工生活，春节前为特困职工申请了特困补助。举办丰富多彩的文体娱乐活动，丰富职工的业余文化生活，培养职工的团队精神，提高企业的凝聚力。

（魏磊）

银座商城

【概况】 银座集团是山东省商业集团有限公司投资开办的一家跨区域、多业态的大型连锁商业企业，是山东省商贸流通领域重点骨干企业，是全国知名大型百货连锁企业。

德州银座 2008 年入驻德州零售市场，2017 年 9 月 23 日齐河店盛大开业，这是银座在德州区域开办的第 6 家门店。截至 2017 年底，总营业面积近 16 万平方米，有员工 5000 多人。银座到德州区域开展业务，呈现出崭新经营理念和经营业态，为德州消费者提供新选择，对德州市服务业发展起到推动作用。

【商务推介】 2017 年 9 月 26 日，“活力鲁商”城市定向挑战系列赛第十站德州站在银座大学路店拉开序幕，鲁商集团党委常委、工会主席李香军和集团各产业领导参加开幕式，为比赛鸣枪。德州站共吸引1000余名选手参加，组织文艺节目19个。活动的成功举办展现鲁商人风采，提升鲁商集团在德州地区的影响力。

银座德州区域开展“爱心助农”公益营销活动。在区域各门店开展“满额赠送爱心甘蓝”活动

【企业联谊】 2017年7月8日至9日，德州银座携手德州市市区国税局、德州市地方税务局德城分局共同举办消夏文艺展演晚会，宣传新税法，规范涉税行为。税法宣传通过文艺节目宣传的形式，引来顾客驻足观看，起到较好的宣传效果，加强与当地职能部门的沟通，为以后的工作奠下良好基础。

【文化励志】 2017年4月6日，银座集团德州区域组织员工到德州市烈士陵园开展祭奠革命烈士志愿活动。员工代表激情演讲，全体庄严默哀，向人民英雄纪念碑献花篮，在工作人员的带领下参观人民英雄纪念馆。整个活动庄重肃穆，弘扬爱国主义精神，激发广大员工全心奉献做事创业的热情。

【服务社会】 公司在不断做大做强零售事业的同时，时刻不忘回报社会。公司一直热心参与各类社会活动，全面开展各项爱心活动，支持城区文化建设，积极配合市创城工作，充分展示高度的社会责任感和高尚的企业精神。

2017年3月3日，德州银座携手新湖街道办事处幸福传递站开展公益植树活动。活动中德州银座共有30人参加，植树100余棵，为改善京杭古运河道护岸土壤、绿化景观献力。活动体现企业关心公益事业，环境保护等方面做出新的努力，扩大影响力。

2017年6月7日，德州银座组织员工志愿者走进高考侯考区，将水和遮阳品发给守候的家长，传递关爱和陪伴。期间通过广告宣传片等形式呼吁市民绿色出行，创造良好环境。活动宣传银座公益形象，服务社会、回报社会，体现履信尚义、兴商润民企业使命。

2017年9月12日早9时，德州银座中心店组织员工方队为德城区2017年新兵入伍举行了欢送仪式。德州银座向光荣入伍的新兵表示祝贺，希望军人牢记家乡人民的期望和重托，扎根军营、不辱使命，争取早日在部队建功立业，为德州人民争光、为实现“强国梦”“强军梦”贡献力量。

银座商城德州店联合新湖街道城隍庙社区、银座大厦党群服务中心开展了主题为“走进老人院、关爱老人、送温暖”公益联欢活动，为老人们送上诚挚的祝福和重阳节的慰问品。活动弘扬中华民族的传统美德，提升企业形象。

银座德州区域开展“爱心助农”公益营销活动。活动前期，面对德州市杨虎镇甘蓝菜滞销的情况，区域领导高度重视，安排专人第一时间与菜农取得联系，于区域各门店内开展“满额赠送爱心甘蓝”活动，购物之余的“爱心之礼”让顾客称赞不决，活动现场“原产地采购甘蓝”宣传片的播放，更是吸引到顾客的驻足和对菜农的关注。活动体现“兴商润民”的企业精神，扩大影响力，提升银座的公益形象。

（刘美荣）

财政　税务

财　政

区财政局工作

【概况】 2017年，德城区财政局紧紧围绕全区财政重点工作，坚持以财源建设为中心、以“顾全大局、公正理财、严于律己、争创一流”为服务品牌，积极发挥财政职能作用，完成地方财政收入19.2亿元，比上年增长12.7%，超额完成年初我区制定的税收收入增长10%的工作任务。

【持续增强财政实力】 2017年完成地方财政收入19.2亿元，比上年增长12.7%，收入总量居全市第4位；税收收入完成16.8亿元，占收入的比重为87%。一是强化督导考核，不断加大对财税部门、各镇街收入协调调度力度，督促各镇街、各部门瞄准全年收入目标任务，均衡入库。二是密切配合国、地税部门，组织开展房产税、土地使用税等专项整治活动，做好税源分析，强化对重点税种、重点行业的税收征管力度。三是严格“收支两条线”，强化非税收入管理，加强对重点单位的票据检查及收支两条线检查工作，发挥非税收入潜力。

【积极支持经济发展】 强化财政政策、资金引导，积极落实各项财政扶持政策，实现经济发展与财政增收的良性互动。一是大力支持重点项目建设，充分利用金融支持破解资金难题，融资7.3亿元支持前小屯棚户区改造项目。全年共争取土地政府收益及土地补偿4.91亿元，拨付2.48亿元，力推凯盛晶华绿色产业园、深圳好家庭健康产业园等重点项目顺利实施。二是加快推进政府和社会资本合作（PPP）工作，强化财政资金的杠杆和导向作用，引导社会资本投入经济社会发展的关键环节，选定德城区妇幼保健院和肛肠医院等6个项目采用“PPP”模式，积极推进项目规范实施。

【加大农业支持力度】 积极开展农业支持保护补贴发放工作，累计发放农业支持保护补贴资金1381万元，惠及1.67万种粮农户。申请国家补贴资金251万元用于政策性农业保险，提升农业应对灾害风险的能力，促进保产增收。支持南部生态片区发展，投资560万元用于黄河涯镇5000亩高标准农田建设。争取省级资金700万元用于黄河涯镇乡村连片治理项目，提升农村基础设施建设和绿化美化水平。

【优化财政支出结构】 以“保正常运转、办民生实事、解发展难题”为中心，进一步优化支出结构。一是严格控制一般性支出，区直部门一般性机构运转支出压减5%。二是拓宽预算绩效评价方式及范围，提高财政资金使用效益，在全市率先开展部门整体性支出绩效评价，扎实开展11个预算部门自评项目和8个财政重点评价项目，效果显著。三是规范发展财政投资评审，全年评审项目53个，审减金额1.2亿元，审减率15.12%。四是加强政府采购监督，2017年政府采购规模5.4亿元，节约资金3631万元，节支率6.71%。五是建立盘活财政存量资金长效机制，清理盘活财政存量资金1.87亿元。

【大力保障民生支出】 全年民生支出15.87亿元，占公共财政支出的比重达到82.8%。其中，教育支出5.27亿元，社会保障和就业支出4.34亿元，医疗卫生与计划生育支出1.92亿元，各项民生政策和民生项目得到及时足额保障。安排退役士兵专项资金1665万元，公立医院改革补助275万元，筛选、整合涉农资金246万元用于精准扶贫工作，保障全区社会与民生的和谐稳定。

【提高财政管理水平】 紧紧围绕供给侧结构性改革这条主线，加强政府债务管理，建立健全地方政府债务风险预警和应急处理机制。贯彻落实减费降费政策，全年取消行政事业性收费7项，政府性基金1项，减收839万元。认真落实“放管服”改革，进一步简化财政资金拨付流程，缩短流转时间，加快资金拨付。稳步推进镇街财政体制改革，坚持财权与事权相匹配、事权与支出责任相一致的原则，进一步明确区镇（街）两级收入范围和事权划分，建立完善收支激励约束机制，规范镇街财政管理。健全完善公开透明的预决算公开制度，全区69家预算单位做到“全公开”。深入推行公务卡制度，累计办理公务卡2668张，较上年增长21%，公务消费结算金额达2541万元。开展财政工资统一代发工作，全区财政工资实现全部发放至个人。规范国有资产监督管理，出台深化区属国有企业改革的相关文件，完善国有资产管理体制。全面完成清理预算单位实有资金账户工作，全区66家一级预算单位的零余额账户统一变更为基本户，收回统筹使用资金2700余万元，上缴财政代管资金1300余万元。

【财政业务培训】 2017年5月25日，德城区财政局举办区直预算单位清理银行账户培训会，区直预算单位主要负责人和财务人员参加。12月16日，德城区财政局举办全区预算绩效管理培训班，镇街及区直预算单位主要负责人和财务人员参加。

（许亮）

税务

国家税务

【突出党建统领 聚力筑牢根基】 认真学习贯彻党要管党和全面从严治党要求，紧紧围绕组织建设、责任落实、制度执行、两学一做、载体建设五项工作要点，向市局党建工作看齐，努力让市区国税局党的建设工作既体现国税系统特点，又反映德城地方特色。

一是强化组织建设。根据局内实际情况，对原有的党建工作领导小组和党风廉政建设工作领导小组进行调整，成立党建办，抽调精干人员专门负责全局党建工作。根据实际情况制定党组理论中心组学习制度和年度学习计划，将中心组学习范围扩大到各党支部书记，每次学习都严格按照时间节点执行，统一定制《党组中心组学习记录》笔记本，统一记录，随开随记。

二是强化制度执行。严格执行“三会一课”制度，组织党员联系实际学习理论、学习业务。认真落实每月一次的党员活动日制度，认真书写学习笔记、心得体会，做到学习时间、内容、人员、效果“四落实”。坚持支部书记上党课制度，制订党课计划，各党支部书记每半年至少为党员上一次党课。定期对党员的学习记录进行检查、展评，对会议记录的规范情况进行总结。

三是加强载体建设。设立专门的党员活动室，购置图书，增设图书角，增加党员阅读量，提升党员党性素养。利用内部网站、微信公众号等新媒体大力宣传党建工作，使党的各项方针政策、党的最新理论研究成果、党建各项活动能够快速在群众中传播，营造良好的党建工作环境。定期编印党建信息专刊，分为党的基础知识、党建活动信息和先进党员风采三个部分，紧紧围绕“严格管理带好队、控住风险收好税、深化改革站好位”的主题，充分展示市区国税局党建工作取得的新成绩、新经验、新做法。同时，在机关大厅增设“两学一做”学习教育宣传展板，加强“两学一做”学习教育的宣传引导。

四是丰富党建活动。邀请德城区检察院预防腐败局检察官为全体税务干部作预防职务犯罪专题讲座；各支部组织党员开展默写入党誓词活动；邀请德城区纪委、区委组织部、区委宣传部等10余个地方党政部门领导担当评委，举办迎七一“永远跟党走 共筑国税梦”主题演讲比赛。

【重视以文化人 打造“致家”文化品牌】 根据市

局关于文化国税建设有关要求，结合市区国税局实际，全力打造“致家”文化品牌。突出哺育人才，打造成长之家，6人报名参加注册税务师考试，2人取得研究生学历，2人代表全市国税系统参加“岗位大练兵 业务大比武”纳税服务岗省局选拔考试并获得优异成绩。突出大爱润心，打造奉献之家，干部职工积极参加助老助贫助残志愿服务活动，领导带头到路口执勤疏导交通，受益商户主动送来锦旗表示感谢，德州电视台等主流媒体联合采访报道。突出人文关怀，打造温馨之家，为每一位新入职公务员送上一封家书，让他们的父母安心，让职工体会到国税大家庭的温暖；突出服务为要，打造和谐之家，领导带队进企业，察实情、解难题、促发展，以税银互动化解企业流动资金难题，主动上门落实研发费用加计扣除，积极落实减免税政策扶持小微企业，让企业有到家之感。市区国税局“致家”文化理念深入人心，“致家”文化品牌越叫越响。

【坚持依法行政 构建法治国税】 市区国税局认真学习贯彻执行宪法和国家法律法规，紧抓“五个要点”，进一步推进依法行政，规范税收执法，提升法律意识，降低执法风险。市区国税局新华税务分局被市国税局评为法治建设示范分局。

抓住“牢固树立依法行政理念”这一核心点。坚持主体合法、权限合法，内容合法和程序合法原则，按照合理执法、诚实守信、权责统一的要求，做到有权必有责、用权受监督、违法受追究、侵权要赔偿，自觉把自身置身于党和人民的监督之下，切实保障行政行为的合法性和严肃性，杜绝以权压法，徇私枉法的发生。

抓住“提高干部法律意识和执法素质”这一出发点。按计划分批次组织执法人员定期开展“依法行政”专题培训，以理论提升干部基本素质，用实例细化执法注意事项，以教训提高干部法律警觉，不断提升税务干部的规范执法意识和自我保护意识。

抓住“制定执法权力清单和责任清单”这一落实点。结合市区国税局工作实际，依据税收法律法规规章及规范性文件，制定《市区国税局“一体四化”风险风控工作实施意见》，将税收工作的风险进行细化，实现“工作制度化、制度具体化、具体标准化、标准模块化”，制作各风险点的模板，通过“图表并行”的方式对权力进行规范。

紧紧抓住“示范引路”这一关键点。以新华分局荣获全市国税系统“法治建设示范分局”称号为契机，进一步培养和发现一批依法行政的先进单位和先进个人，通过典型引路，发挥榜样力量，激发全局建设法治国税的积极性和创造性。

紧紧抓住“深化监督机制”这一保障点。建立横向到边、纵向到底的监控体系和行政执法过错责任追究制度，界定行政执法过错行为，明确追究方式、追究程序。同时，拓展监督面，变事后监督为事前、事中监督，变结果监督为过程监督，变部分监督为全面监督。

【依法履行职责 服务经济发展】 协调推进联合办税服务厅建设。根据德城区政府工作安排，德城区国地税办税服务厅和部分征收单位全部迁往天弘广场。在地方政府的大力支持下，市区国税局与德州市地税局德城分局密切配合，协调推进国地税联合办税服务厅整体装修方案设计、文化上墙展示、办公用品采购等工作。尤其在督导施工进度方面，市区国税局先后多次向区政府主要领导、分管领导作专题汇报，争取工作支持。区政府主要负责同志先后两次召开施工现场办公会协调部署工作。2017年12月18日，市区国税局办税服务厅、税源管理一科、税源管理二科、德城分局、稽查局入驻天弘广场，办税服务厅正式开始运营，社会各界反响良好。在“互联网+税务”大背景下，德城区国税地税联合办税服务大厅新购置24小时自助办税机20台，用于纳税人自助代开专用及普通发票，减少纳税人窗口办理等待时间；添加定额发票领购机2台，成为德州市第一个设立“微税e站”的办税服务大厅，“网上预约，发票寄存，扫码领取”，创新而又便捷；新大厅将人工办理服务窗口增加至28个，一窗双机双系统，国地税业务一站式办理，全程实现无纸化办税，在满足办税需求的同时积极践行高效、环保、便捷的办税理念。办税设备升级促进办事效率升级，服务质量提升带来纳税人满意度提升。德城区国税地税联合办税服务厅的建立将办税面积扩大到3500平方米，成为名副其实的大厅plus。同时，在设计过程中细化24小时自助办税服务厅，无纸化办税受理区，办税服务窗口等功能分区。通过布置文化展板、广播屏、宣传栏等精心装点纳税人等候区，突出展现“文化国税”新风采。“等办分离”为纳税人提供更舒适办税环境和办税体验。

纳税服务持续优化。梳理常用业务流程总结提炼六类110项“全国统一事项”，在文本示范区对照表证单书公示相关业务的二维码，纳税人如需办理某项业务，只需扫描一下二维码，便可明确该项业务的办税流程、所需资料、办理时限等信息。围绕营改增纳税人大辅导、国务院六项减税政策进行深入宣传辅导，组织专题辅导会9期，辅导纳税人4000余户次。

强化国地税协作。严格落实合作规范3.0，在办税服务厅实现一人一窗双系统。国地税两家办税服务厅共设置16个办税窗口实行联合办税，现已在代开发票、发票领购、综合业务办理等方面实现了深度融合，获得了纳税人的一致好评。国地税联合对辖区内2666户纳税人进行纳税信用等级评价，其中评出A级纳税人78户，B级纳税人2138户，C级纳税人440户，D级纳税人10户。国地税全年共联合催缴纳税人741户，补缴入库增值税附加税费近300万元。地税办税服务厅共代开国税普通发票481份，征收增值税157.58万元。

严格落实各项税收优惠政策。认真落实小微企业优惠政策，利用“纳税人之家”平台、市区国税微信公众号等新媒介及时发布相关政策，将小微企业最新优惠政策送达每个小型微利企业，不留死角，没有遗漏，确保小型微利企业对税收优惠政策能充分了解。制作《致纳税人的一封信》，连同省局《小型微利企业所得税优惠政策宣传材料》一起向所有的小微企业发放，以确保政策宣传覆盖全部的小型微利企业，累计共发放宣传材料1300余份，共为小微企业减免税款8200万元；为资源综合利用企业、福利企业办理退税844.07万元；为出口企业办理出口退税10454万元，办理调库3820万元，有效激发“双创”活力。强化税收稽查。加强案源筛选，推进电子查账，检查企业103户，稽查评估税款4812万元。

【加强队伍建设 改进工作作风】 素质能力不断加强。结合“两学一做”教育活动开展，进一步修改和完善教育培训实施方案，结合单位特点制定教育培训计划，定期开展教育培训活动。截至2017年底，共组织各类教育培训13次，培训内容涵盖政治理论、公务员相关法律法规，以及各类税收专业知识。积极开展“岗位大练兵 业务大比武”活动。高度重视，积极筹划，为每名干部购买学习教材和习题集，公布税务教育网络学院学习平台，督促各项目组组织夜校学习，争取通过集中学习、定期考试激发大家的比拼精神，在全局范围内掀起学业务、比技能、争当岗位能手的热潮，为税收工作质量的全面提升奠定基础。认真开展“思想大讨论、工作大反思、作风大改进”活动，全局上下聚焦七大问题，进行深刻反思查摆，立足“六个强化”，制定切实措施，强力改进作风。

正风肃纪持续发力。完成对新华分局、天衢分局的巡察工作，深入精准发现问题，巡察震慑作用凸显。认真贯彻落实《德州市国家税务局诚恳接受监督的公开信》，全体国税干部手抄公开信，纷纷表示坚决不越“十六条”底线。严格执行领导干部廉洁自律的若干规定，14名副科级以上干部报告个人有关事项，建立领导干部廉政档案。组织各科室、分局学习《税收违法违纪行为处分规定》《税务系统领导班子和领导干部监督管理办法》《中国共产党问责条例》等文件，组织全体机关干部观看廉政警示教育片《双面人》，提高全局干部职工的廉洁意识和担当意识。

强化工作纪律监督。加强对干部工作纪律、工作作风的监督检查，开展工作纪律明察暗访40余次，通报批评4人次，追究单位负责人2人次。开展廉政谈话90余人次、组织廉政知识测试2次。认真组织承诺热线和阳光热线服务工作。全年共处理咨询、来电8起，及时纠正和解决工作中存在的问题。狠抓责任落实，全面推进党风廉政建设工作任务落实。将党风廉政和反腐倡廉建设重点工作进行任务分解，提出工作建议和要求。深化内控机制建设，对金三换版和“营改增”后税收业务岗位风险点进行重新排查，共排查风险点132个，以实现风险防控源头控制，全员执法及行政管理风险降至最低，确保权力运行不出轨，干部队伍少出或不出事。深入开展巡视意见整改落实，全面开展自查自纠，努力做到不留死角。

（王冲）

地方税务

【概况】 德州市地方税务局德城分局主要负责企业所得税、个人所得税、城镇土地使用税、房产税、城市维护建设税、土地增值税、印花税、耕地占用税、契税及教育费附加、地方教育附加等有关税费的征收管理。2017年，德城分局以组织收入、绩效管理和风险防控为压舱石，以从严治党激活力、精准培训提素质、精准服务促遵从、夯实土房稳税基、国地合作谋共赢五项重点工作为突破口，夯实基础、注重集成、蹄疾步稳、实干创优，较好地完成各项工作任务，得到地方党委政府、上级部门及社会各界的高度认可和肯定。德城分局荣获财源建设先进单位和支持地方经济发展先进单位称号，再次荣获全市地税系统绩效考核优秀单位。

【税收收入】 2017年，德城分局始终坚定不移地把组织收入工作作为中心任务和头等大事来抓，坚持依法征收、应收尽收，强化征管措施，创新征管手段，堵漏挖潜，提质增收，努力把握税收工作主动权，有效实现组织收入的平稳增长。全年累计入库收入8.72亿元，同比增长20.62%，增收1.49亿元。其中中央级完成2.33亿元，同比增长52.32%，增收7992.5万元，区级收入累计完成6.38亿元，同比增长19.95%，增收1.05亿元。

【税收管理】 一是狠抓户籍管理不放松。及时做好纳税人的工商登记数据接收和处理工作，定期补录税务登记信息，全面排查金三系统已登记信息，发现有缺失、错误的及时整改。截至2017年底，全局税务登记户数为25016户，其中单位纳税人11788户，占总户数的44.1%，个体工商户13228户，占总户数的55.9%。2017年新办税务登记6274户，其中个体户3427户，单位纳税人2847户。二是狠抓重点税源管理。针对重点税源，建立完善全区规模企业税源台账，将其纳入重点监控，按月分析预测。对税收发生异常变动的企业加强调研，帮助企业解决生产经营中的实际问题。2017年纳税额50万元以上企业有140家，实现税收6.07亿元，占全局总收入的69.61%，占比比上年度提高近2个百分点，为保持全局收入稳定奠定坚实基础。三是狠抓增量税源管理。紧紧抓住房地产行业迅速回暖，房屋成交量、成交价格双双回升有利时机，通过先税后证、国地税一体化征收等控管手段，加强土地增值税、契税、印花税以及附加税费征管，有效确保增量税源应收尽收。2017年房地产业入库3.64亿元，占收入总量的41.73%，同比增长22.61%，增收6712万元。四是狠抓征管基础管理。深入推进征管基础建设年活动，国地税联动，规范征管数据，夯实征管基础。强化个人所得税管理，利用新上线个人所得税报税平台，强化个人所得税全员全额申报管理；强化年所得12万以上个人所得税申报工作，共自行申报1015人，补缴税款64.43万元；加大个体工商业税种核定工作，强化核定流程，圆满完成2万余户的核定工作；强化财产转让个人所得税管理。2017年个人所得税收入1.24亿元，同比增长34.06%，增收3153.7万元。突出重点行业和重点企业，强化企业所得税管理，开展企业所得税汇算清缴及评估检查，企业所得税入库2.53亿元，同比增长60.5%，增收9518.4万元，为拉动总体税收增长起到重要作用。

【纳税服务】 继续深入落实“便民办税春风行动”，强化国家税务总局纳税服务规范3.0版落地生根。探索推进精准服务，瞄准纳税人多元化需求，打造外部精准服务平台（纳税人端）。共投放服务类、咨询类、场景类、告知类等4大类15项业务，纳税人可有效实现“七能”服务：能看、能听、能学、能问、能查、能约、能审。设计搭建纳税人需求内部流转管理平台（税务机关端），建立纳税人需求快速响应机制，及时有效解决纳税人需求。立足“一体化、全功能”服务定位，租用天虹广场大楼，建设设施先进、功能完备、高效统一的一体化办税大厅。引入等办分离理念，科学设立办税服务区、咨询导税区、网上办税区、填表区、等候区、24小时自助办税服务区等功能设置，做到机构、人员、业务、管理、制度、服务、文化、党建八统一，为纳税人提供一个相对安静、温馨舒适、功能强大、快捷高效的办税环境。

（陈涛　朱治国）

金融　保险　证券

金　融

中国农业发展银行德州市分行

【存贷业务】 2017年末，中国农业发展银行德州市分行各项存款余额19.05亿元，存款日均余额24.6亿元。国际业务结算额9419万美元。贷款余额66.6亿元，其中正常类贷款53.9亿元，占比80.9%；关注类贷款8.62亿元，占比12.9%；不良贷款4.1亿元，占比6.2%。投放基金项目7个，金额2.69亿元。

【政策性收购创新高】 一是开展好托市收购。认真落实国家购销政策和农发行信贷政策，立足德州实际，发挥职能作用，重点通过政策性收购解决农民卖粮问题。提早调研，合理预测，会同粮局、直属库多次召开收购联席会议，在《德州日报》公告23家粮食收购企业名单，分两批联合验收最低收购价库点13个，启动收购库点3个，累计发放最低收购价贷款1400万元，使用资金1178万元，支持收购小麦491万千克。主动改善结算服务，收购旺季营业时间提前至上午8点，收工时间延长至晚上7点；各部门通力配合，安排专人轮班值守，全力满足企业收购资金需要，保证农民售粮款及时足额兑现。二是稳步推进政策性粮食去库存工作，累计去库存累计出库67810吨，实现销售收入13806万元。三是异地库存监管工作全年正常运行。辖内异地库存监管库点15个、涉及7个支行，其中棉花监管库点13个、库存450299万吨，糖库点2个、库存475389吨，肉库点1个、库存800吨。库存完整、账实相符。

【推进棚改贷款营销】 2017年累计发放农业农村基础设施类贷款73180万元，累计收回62601万元，其中债券置换16100万元，截至年末，贷款客户13家、项目17个，贷款余额273029万元，比年初增加10579万元。2017年，及时向市委、市政府汇报棚改信贷政策，阐明信贷支持重点，提出发展思路和建议。配合市政府主办农发行中长期融资培训班，印发《中长期信贷政策摘编》近千份，在全市棚改工作会议上作棚改政策解读，提出项目运作建议。3月份，省住建厅、省财政厅、省农发行等部门在德州召开棚改工作座谈会，省行领导在会上进一步阐明农发行支持棚改项目建设的有利条件和对德州市的办贷优惠政策。在全市棚改工作会议上，农发行是唯一发言的金融机构。市长陈飞在农发行《呈阅件》上批示。通过强化合作，业务发展迎来新机遇，农发行美誉度和话语权明显提升，部分县市党政主要负责人主动到行对接。同时，为带动解决其他问题形成有效助力。

（杨家祯）

中国工商银行股份有限公司德州德城支行

【荣誉】 2017年，中国工商银行股份有限公司德州德城支行所属的东方红路支行荣获工行山东省分行四星级服务网点称号。

【投放贷款】 2017年，中国工商银行股份有限公司德州德城支行面向市场需求，支持区域实体经济和小微企业发展，推动普惠金融，积极提升金融供给。全年共服务上百家企业，累计为110家大中小型企业投放贷款43亿元。

【中间业务】 2017年，中国工商银行股份有限公司德州德城支行积极履行大行责任，为城区企事业单位的职工以及其他城乡居民等累计发放社会保障卡 22475 张，社保卡覆盖范围进一步扩大。

【机构整合】 2017 年 12 月 15 日，德州分行对城区支行进行机构整合：一是对所属网点进行重新划分，德城支行下属东地支行划归分行营业部管辖；原属东风西路支行的新华支行划归德城支行管辖。二是原城区东风西路支行、解放北路支行的业务部门人员整合到德城支行市场营销部，充实人员数量，优化人员结构，德城支行市场营销部的力量进一步增强，风险管理进一步强化。

【网点整体装修改造】 根据分行网点改造统一规划，德城支行营业室于 2017 年 10 月 23 日至 2017 年 12 月 31 日进行网点整体装修改造，率先在全市投入正式运营。装修改造后的网点按总行统一标准建设装修，配备智能服务区，线上线下区、现金服务区、非现金服务区和贵宾理财服务区，完善充实服务设施。通过改造，网点整体服务功能得以提升，为客户带来便捷、高效、舒适的优质体验。

（郭超）

中国农业银行股份有限公司德州德城支行

【荣誉】 2017 年，中国农业银行股份有限公司德州德城支行营业部荣获中国银行业协会“中国银行业文明规范服务五星级营业网点”荣誉称号。

2017 年 8 月 1 日，中国银行业协会验收组到中国农业银行股份有限公司德州德城支行营业部验收“中国银行业文明规范服务五星级营业网点”创建工作

中国农业银行股份有限公司德州德城支行荣获德州市级文明单位、德州市级消费者满意单位、德城区“四德”建设先进单位称号。

【网点划转】 2017 年 11 月 1 日，农行德州康宁支行划转德城支行管理。

【资金实力持续增强】 截至 2017 年末，全行各项存款余额 306921 万元，较年初增长 24265 万元。

【信贷规模不断扩大】 截至 2017 年末，全行各项贷款余额 200668 万元，比年初增长 33137 万元。

【中间业务大幅增长】 截至 2017 年末，实现中间业务收入 1905 万元，同比增幅 14%。

【盈利能力迅猛提高】 截至 2017 年末，实现拨备后利润 5812 万元，较上年同期增长 9%。

（石康）

中国建设银行股份有限公司德州德城支行

【业务指标】 2017 年末，中国建设银行股份有限公司德州德城支行实现拨备前利润 6573 万元；一般性存款 30 亿元，其中对公存款余额 6.55 亿元，个人存款余额 23.45 亿元；各项贷款余额 17.58 亿元，其中对公类贷款余额 9.34 亿元，个人类贷款余额 8.24 亿元；处置不良资产 8027.8 万元，不良贷款率 0.13%。

【政银企合作】 2017 年，发放双河社区棚户区改造项目贷款 13600 万元，实现政府购买服务业务突破；发放中小企业助保金贷款 9 笔，金额合计 2631 万元，进一步密切政银企三方合作。

【居民住房按揭和消费贷款】 2017 年，主要支持东海一号院、东海福满园、桦林万豪公馆、双企龙城国际、华嬉庄园、宝林大东关颐景园、运河鑫城等项目，办理居民住房按揭1.48亿元，办理汽车分期、装修分期、车位分期、现金分期等信用卡分期消费类贷款1.4亿元，促进德城区居民购房和其他消费需求提升。

（王福胜）

中国银行股份有限公司德州德城支行

【存贷业务】 截至2017年末，全行实现税后利润1131万元，同比增加627万元，增幅124.40%；营业净收入实现3075万元，同比新增239万元。各项存款余额72778亿元；各项贷款余额83363万元，较年初增长572万元。

【中间业务】 截至2017年末，全行实现非利息净收入735万元，同比新增70万元。主要包括银行卡业务、国际结算业务、代理业务、电子银行业务等五项主导产品。

【资产质量】 截至2017年末，不良余额932万元，较年初下降776万元，降幅45.43%；不良率下降0.85%. 实现不良余额、不良率“双降”。

【服务经济】 2017年，面对复杂严峻的经营形势，德城中行认真贯彻“担当社会责任、做最好的银行”战略，努力打造智能化全功能网点，为客户提供优质高效等服务体验。为更好地践行社会责任、回馈社会大众，支行积极开展一系列爱民、利民活动，如金融知识进万家、慈心一日捐、社区服务宣传、精准扶贫等。支行设置无障碍通道并加设扶手护栏，便于使用轮椅的客户和盲人安全出入；为行动不便的客户准备专用轮椅，设置绿色服务通道，灵活安排优先窗口；为服务好聋哑客户，支行组织员工参加相关培训，使各岗位员工熟练掌握服务残障人士的基本技能；对于高龄、身体不便等特殊需求客户，支行主动实施上门服务，解决客户燃眉之急。开办助农服务，大力发展个人贷款、惠民业务，支持实体经济，支持中小微企业贷款余额16400万元，为促进德城区经济发展，建设文明德州做出贡献。

（于红卫）

德州农村商业银行股份有限公司

【概况】 德州农村商业银行股份有限公司于2015年12月份正式挂牌成立，注册资本6亿元，在岗员工511人，是德州市中心城区内营业网点最多、服务范围最广的地方性金融机构，服务范围涵盖德州市德城区、经济技术开发区和运河经济开发区三个行政区，在辖内共设立39家营业网点，其中有1个营业部、21家支行、17家分理处。

【存贷业务】 截至2017年末，德州农商银行各项存款余额124.18亿元，较年初增长10.99亿元；各项贷款余额68.3亿元，较年初增长5.3亿元；实现各项收入5.87亿元，拨备前利润8889万元。

【中间业务】 2017年，实现中间业务收入1173万元。主要包括代客理财收入、银行卡业务、国内结算业务等五项主导产品，实现收入1112万元，占中间业务总收入的94.72%，其中代客理财收入819万元，同比增长419万元，增幅104.75%，为中间业务收入的主要部分。

【服务经济】 2017年，德州农商银行聚焦党建这一核心，以党建引领各项事业发展，牢固树立“大发展”思路，积极推动网点转型、力促信贷结构优化升级，创新研发小微贷产品，践行普惠金融战略，金融服务水平及服务质效得到进一步提升。在全辖范围内实施网格化管理，借助流动银行进社区、社区义诊、贷款申请极速办、亮单行动预约有礼等活动形式为社区居民提供金融服务，通过开展“家庭贷·惠农情”进农村以及农金员集中宣讲会等多种形式将“惠农养殖贷”“农户种植贷”等特色农金类惠农贷款“送”至农户家中。加大信贷产品创新力度，紧盯消费类、零售类信贷市场，在家庭消费及商户经营等方面深挖有效需求，拓宽思路，创新研发“商贷通”“天使贷”“白领通”“电动汽车贷”“装修贷”等个贷类产品20余种，提高办贷效率，解决客户融资难题。加快网点转型推进进度，9月起，在上级部门的指导下进行内部体制及运行机制改革，有力地促进全行转型升级、业务发展，细化网点布局优化、营销渠道建设、流程银行打造等方面措施，选取22家成熟社区开展“社区金融E家”推广工作，强化科技支撑。牢固树立“以人为本”服务理念，在精准对接客户金融需求的基础上，以传统“家文化”为主题，推出“幸福家”主题金融服务套餐，为客户提供存款、贷款、理财、支付结算、“智e购”商城等一条龙增值服务，受到客户赞誉，为推动全区经济发展做出贡献。

（郭莹莹）

中国邮政储蓄银行德州市分行

【经营业绩】 2017年，邮储银行德州市分行的储蓄余额、公司存款年日均余额、小额贷款余额、国债年增、票据大管家等业务均居全省前5位；非住房消费贷款创历史新高；成功办理省内首笔国内信用证卖方押汇业务。

【管理支撑】 会计营运能力不断提升。2017年全年会计稽核管理考核居全省第1位。现金备付金率0.61%，同比下降0.02%，预期同比增加收益38万元；公司结算管理工作总体考核居全省第2位，较上年上升1个位次。对账管理工作确保每月银企对账率为100%。通过低效户处理和账户年检，共清理低效账户419户，有效减少分行低效户管理成本。资金汇划业务居全省第1位。顺利完成全辖电子印章上线工作，较好地防范业务风险。加强现金从业人员专业素质提升和培养，在2017年“工行杯”全市金融机构现金业务技能比赛中荣获团体三等奖。

科技支撑稳步推进。确保全年行内金融信息系统的安全稳定运行。在全省安全运行年竞赛考核中居第6位，较上年上升5个位次。完成大总账、票交所、营销话机等20多个系统的上线工作，对全行的UPS、PC机、笔记本等老旧设备进行统一更换，提升运营效率和客户体验。

服务能力有效提升。手机银行结存25.55万户。年激活8.97万户，计划完成率256.17%；竞赛活动期间激活6.59万户，完成率164.85%。全年新增存取款一体机24台，ITM（智能柜员机）21台，移动展业终端20台，优化客户服务体验。全市有效投诉85笔，较上年减少73笔，降幅46.2%。

【风控能力】 授信管理能力持续强化。加强审查审批体系建设，审理各类贷款1.76万笔，增幅4.73%，金额40.18亿元，增幅21.94%；实施审查审批储备库机制、大额及批量业务现场审查机制，加强限时服务管理和集中作业，提升业务处理效率。培养省行“种子”3名，取得省行审查人技能竞赛团体三等奖、总分第5名的好成绩。开展征信抽考146人次，强化征信规范性和安全性管理。

风险管理基础水平不断提升。通过风险与内控委员会会议、资产质量分析会全年揭示重大风险15条，提出风险防控建议22条，落实风险议题12件，解决重大风险问题1件。年末不良贷款限额限率均控制在考核目标以内，全行信用风险管理水平明显提升。

2017年8月1日，中国邮储银行德州市分行三农金融事业部揭牌仪式

法律与合规工作扎实开展。2017年以“平安支行提升年”活动为抓手，积极推进合规经营。一是全员案防意识不断提升，成功堵截11起电信诈骗事件。先后组织1240人次参加德州银监分局案防考试，平均成绩99.31分，居全市金融机构第3位。二是法律事务、消保及反洗钱工作水平显著提升。审查合同179份，协助司法查询350余笔，有效把控了法律风险。全年投诉量明显

下降，自营机构同比减少73笔，降幅46%，代理机构同比减少59笔，降幅15%。反洗钱工作在全市金融机构考核中居第三位，荣获省分行“反洗钱合规知识竞赛”个人一等奖、团体三等奖，代表省行参加全省金融机构反洗钱合规知识竞赛活动，荣获团体、个人三等奖。

安全保卫能力不断提高。组织全员消防安全培训、安全台账会审，落实安防责任，举办3期安全管理培训、44次应急演练，提高安全防范意识和突发事件应急处置能力。自营网点开展全覆盖常规检查2次，发现问题90个；检查代理网点25个，发现问题69个；实施专项检查8次；问题整改率100%。抓住网点达标建设工作的契机，11家网点全部通过验收。严格开展安全工作检查，确保全年安全零事故，无重大安全事件。

【设施建设】 邮储银行德州市分行营运楼项目已达到入驻条件，其中分行营业部已完成迁址开业。2017年，共立项装修改造项目6处，其中4处二级支行，2处自助网点全部投入运营。

（王琛）

德州银行股份有限公司

【存贷业务】 主要经营指标稳步增长。截至2017年12月末，全行资产总额达到465.48亿元，比年初减少2.80亿元，下降0.60%；其中贷款余额217.61亿元，比年初减少4.41亿元，下降1.98%。负债总额429.27亿元，比年初减少5.75亿元，下降1.32%；其中存款余额375.10亿元，比年初增加4.64亿元，增长1.25%；储蓄、对公、保证金存款的占比结构为53∶41∶6。所有者权益36.22亿元，比年初增加2.94亿元，增幅8.84%。实现拨备前利润3.94亿元。提取拨备1.57亿元，实现净利润2.03亿元。缴纳税金2.56亿元。

主要监管指标保持稳定。资本充足率10.62%，较年初增长0.91个百分点；不良贷款余额59534万元，较年初增加2167万元；不良贷款率2.74%，较年初增长0.16个百分点；非应计贷款余额24.54亿元，与不良贷款的比例为412.20%；利息回收率85.40%，较年初下降6.70个百分点；拨备覆盖率204.49%，较年初提高8.63个百分点；成本收入比55.34%，较年初提高6.17个百分点；资产利润率0.44%，同比下降0.11个百分点；资本利润率5.86%，同比下降1.45个百分点。

【中间业务】 发挥网点多、机制活、技术优、人脉广优势，积极开展代收业务、代理保险、代发理财产品、代理税款征缴、验资服务、资金证明等中间业务，在提供便捷多样和高效的金融服务基础上，谋求手续费、代理服务费等中间业务收入最大化。2017年中间业务扩量升级，丰富全行创收来源。一是理财产品累计发行量超过百亿元大关，业务的行业竞争力大幅提高，实现定制型理财产品和同业理财产品发售。二是积极拓展代收有线电视费、水费、第三方资金存管等中间业务产品和服务项目，着力增加中间业务收入。三是提高电子银行替代率，大力推广银行卡、手机银行、网上银行、微信银行、特约商户，2017年主要电子交易笔数替代率均在90%以上，有效拓宽利润创收渠道。

【渠道建设】 2017年，德州银行继续全面推进组织架构改革和渠道建设，大力实施“三化”（规模化、多元化、精细化）经营策略，为战略转型、差异错位和特色发展搭建基础平台和支撑。

以战略发展规划为指引，明确转型发展的目标、方向。为强化全行战略发展能力，提升核心竞争力，2017年初，制定《2017—2019年战略发展规划》，明确战略愿景、发展目标、市场定位及转型总体思路，对未来五年业务发展指标进行预测，制定各业务条线发展规划，为未来发展指明方向。

机构建设扩量提质。以差异化为目标，提升德州银行竞争能力。一是大力推进“下沉经营”战略，拓展发展空间。在已经实现县域网点全覆盖的前提下，继续推进自助网点铺设，先后完成筹建完成2家离行自助银行。二是强化业务创新，增强发展潜力。首先是取得贵金属代销资格，陆续在德州、滨州、烟台聊城等地陆续开展5场贵金属品鉴会活动，丰富产品类别，提高服务形象；其次是去法人机构保险兼业代理许可证，成为新规后省内首家取得许可的法人机构。三是出台新绩效考核办法，完善薪酬绩效考核体系。对现有机构等级评定做创造性改进，形成以等级行评定反映当地的经济条件和业务发展潜力、以星级评定反映被考核行的现状和业绩的全新评定方法及考核方案。同时制定对总部各部门的细化考核指标，将之纳入全行的考核体系中，弥补原有考核体系对总部部门考核力度偏弱的缺失，初步建立比较科学的薪酬绩效考核体系，推动现代化管理进程。

创新力度持续加强。一是进一步完善远程银行项目，加快柜面业务分流，提升了营业网点服务品质。二是实现移动营销项目推广实施，提升大堂经理的营销效率。三是实现直销银行项目技术上线，对于吸引年轻客户，培育核心竞争力具有重要意义。

【服务经济】在发展中结合德州市加快融入京津冀一体化、构建协同发展示范区的导向，坚持服务地方经济、打造地方品牌的定位，加快职责对接和工作部署。一是大力发展快易贷、政保贷、税银互动等重点产品，效果显著。截至 2017 年 12 月末，小微企业贷款达到 137.92 亿元，较上年同期增加 0.43 亿元，小微企业贷款较同期增速 0.31%，超过全部贷款增速 2.29 个百分点，小微企业贷款户数 3775 户，较上年同期增加 28 户；与市国税局合作的“税银互动”产品，支持 A 级纳税人名单中的 104 户优质中小企业，贷款余额 21.32 亿元。二是继续开展德州银行第三届行长走访活动，将“三航”培植企业、困难企业、风险企业纳入走访范围，合理确定对小微企业、涉农企业、科创企业、精准扶贫项目等融资难客户的走访比例，合理安排“进走访”企业、项目、园区的回访，对接融资需求，把握企业发展动态，提升对小微、涉农、科创企业的服务支持力度，制定共 130 户企业、52 个项目、26 个产业园区的走访计划，对 2017 年走访的部分企业、项目进行回访，截至活动结束，共向 72 家企业受理授信业务，授信总量达 37.6 亿元，较走访前增加 3.95 亿元，与 15 家企业达成初步融资意向近亿元。四是自主研发并推出“自主贷”“财付通”“旺铺贷”“信用贷”“易贷卡”“银保贷”“贴息贷”“财富通”“存贷通”等个贷产品和“银保通”“礼仪存单”等柜面产品，推出“即时赢”“周周赢”等储蓄产品，新产品研发和投入市场，促进经营指标不断攀升，为客户个性化的金融需求提供产品支持。

【风险管理】认真开展风险排查，全力加强风险防范。一方面，开展为期 50 天的全面风险排查，以“发现风险隐患、堵塞管理漏洞、严防案件风险”为核心，从风险、合规、运行、授信、电子银行等各业务条线抽调骨干力量组成 5 个检查组，检查范围覆盖所有分支机构全部重点业务。另一方面，风险管理部牵头对全部授信业务进行风险排查，其中重点检查了授信 2000 万元以上客户的经营管理状况、财务状况、风险缓释情况、企业对外担保、非法集资、民间借贷情况等。根据排查出来的问题，各条线部门组织问题整改，并进行责任追究，夯实合规经营的基础。

全面风险管理暨新资本管理办法实施进程有效推进。一是稳步推进项目群管理项目（PMO）的开展实施，制定项目群管理机制。二是积极开展全面风险管理治理与制度体系建设项目，优化全面风险管理治理架构。三是完成资产负债管理系统建设项目，为全行资产负债管理提供先进的管理工具和手段。

金融市场业务风险管控水平稳步提高。结合同业机构金融市场业务案件频发的实际，一是印发《关于加强金融市场业务风险管理的通知》，切实加强金融市场业务风险防范，保障各项业务稳健发展；二是严格同业交易对手和第三方合作机构名单制管理；三是加强对账监督和限额管理，规范同业授信管理和理财业务管理，确保业务合规和安全操作。

流动性管理水平和专业化程度日益提高。一是加强资本约束管理，提升资产负债管理能力，优化资产负债结构配置。按月制定资产结构配置计划，建立资本充足率指标周监测机制，及时调整资产负债结构配置。二是不断完善流动性风险监测指标体系，增强对流动性指标的监测力度，坚持按季开展压力测试，强化流动性限额管理和预警管理，提高流动性风险应急处置能力。三是资产负债管理系统动态部分上线试运行，对资产负债结构和组合进行科学分析，为调整经营策略提供参考，为全行资产负债管理提供科学的决策依据。

信息科技风险管理进一步加强。一是进一步完善信息科技风险防控指标体系建设，梳理和编写完成信息科技内部控制评估工作表，为信息科技风险管理提供管理依据和控制重点。二是加强业务连续性管理，提升灾难应急能力。三是强化外包风险管理，为进行外包商选择提供较为科学的参考依据。四是对灾备中心的业务支撑能力开展风险排查，加强信息系统安全管理。

（蒋焱）

威海市商业银行德州分行

【概况】 威海市商业银行德州分行成立于2013年2月27日，现辖分行营业部、经济开发区支行、临邑支行、禹城支行、齐河支行、运河小微支行、天衢工业园社区支行等7个营业网点，员工143人。分行始终坚持“抓小不放大、聚焦小微、专注零售”市场定位不动摇，紧紧围绕创新型零售银行建设，持续引领特色发展，充分发挥效率优势、服务优势，倾力支持区域经济社会发展。

【荣誉】 2017年，威海市商业银行德州分行荣获德州市最具影响力银行、最具责任感银行、最佳理财服务银行、最佳中小企业金融服务机构、百姓口碑最佳银行称号，业务技能比赛夺得德州市金融系统征信技能竞赛团体二等奖、德州市金融系统国库业务知识竞赛团体赛二等奖、现金业务技能竞赛三等奖。

【经营业绩】 截至2017年末，威海市商业银行德州分行资产总额47.07亿元，同比增加8.21亿元，增长21.13%；实现各项税收2368万元，同比增加232万元，增长10.86%；各项存款余额达到45.70亿元，同比增加8.11亿元，增长21.57%；各项贷款余额达到39.05亿元，同比增加8.30亿元，增长26.99%。

（孙彬）

恒丰银行德州分行

【概况】 恒丰银行为全国性股份制商业银行。恒丰银行德州分行是恒丰银行下属的一家二级分行，成立于2013年7月，位于德州市德城区三八路28号，在职员工87人。下辖三家支行，分别是禹城支行、经济开发区支行及兴河湾小微支行。

【荣誉】 2017年恒丰银行德州分行先后荣获省级文明单位、山东省青年文明号、市直机关共青团工作先进集体、五四红旗团委、全市单位内部治安保卫工作先进集体、德州市金融系统中行杯征信技能竞赛二等奖称号。

【经营业绩】 截至2017年末，恒丰银行德州分行资产规模63.48亿元，较年初新增12.55亿元；一般性存款余额55.2亿元，较年初新增2.09亿元；贷款余额43.69亿元，较年初新增14.23亿元。

（洪亮）

青岛银行德州分行

【品牌建设】 2017年，青岛银行德州分行夺得德州市金融系统征信技能竞赛团体一等奖、德州市金融系统“国库业务”知识竞赛第四名，荣获总行接口银行拓展先进单位、公司业务先进单位、贸金新产品推广先进单位称号。

【存贷业务】 截至2017年末，青岛银行德州分行各项存款余额19.68亿元，其中对公存款14.82亿元，储蓄存款4.86亿元；各项贷款余额15.34亿元，其中对公贷款8.19亿元，个人贷款7.15亿元；全年实现净利润4918.86万元，增幅30.32%。

【风险防范】 2017年，在辖区银行业不良贷款持续增加，区域风险不乐观的背景下，青岛银行德州分行坚决贯彻总行“风管坚实”要求，将风险防控与营治作为分行发展重中之重，强化资产质量与客户层级提升。

【平台、接口建设】 2017年，青岛银行德州分行与德州市融资担保公司、市财金公司、市德达公司、市城投、市交投等5个平台的战略合作不断深化，成功落地多个重大项目。青银重组基金项目帮助企业成功转化危机，为全市金融风险化解提供创新模板；获批市级财政国库集中支付代理银行资格，同时与德州市公共资源交易中心对接的招标通系统顺利上线。

【业务创新】 2017 年，青岛银行德州分行通过参与各类引导基金筹建，成功营销五支基金落户科技支行。德州市首支天使基金总规模 1.5 亿元，为初创期高新技术企业培育、成长提供股权资金支持；德州财金农湾现代农业投资基金，总规模 1 亿元，主要用于投资农业产业项目。强化与人民银行对接，完成全市首笔 3000 万元电票再贴现业务。

（徐瑞）

齐鲁银行德州分行

【经营业绩】 截至 2017 年末，分行各项存款余额 34.12 亿元，较年初增加 0.94 亿元，增幅 2.83%。其中，个人储蓄存款余额 5.1 亿元，较年初增加 2.12 亿元，增幅 70.94%；对公存款（不含保证金存款）余额 19.12 亿元；保证金存款余额 9.91 亿元，较年初增加 1.4 亿元，增幅 16.51%。

各项贷款余额 34.33 亿元，较年初增加 3.85 亿元，增幅 12.63%。

【做足本地化文章 零售业务多点开花】 2017 年末，分行个人日均存款完成全年任务的 113%；非保本理财日均余额完成全年任务的 108%；零售中高端客户增长数完成全年任务的 120%，完成率在各分行排名第二位；保险业务销售完成全年任务的 270%，完成率在各分行排名第一位。同时，个贷业务积极破题解困，围绕各大楼盘积极推销我行车位分期业务，已与十多个楼盘签约和续做了车位分期业务，车位卡分期续作 2182 万元，续作量在各分行排名第一位；信用卡业务有效户数 1015 各，完成全年任务的 127%，完成率位列各分行第二位。

【围绕平台化求突破 公司业务扎实推进】 2017 年，成功支持多个政府主导的县、区棚户区改造、新农村改造和城乡建设 ppp 等重点项目，累计提供资金支持 9.5 亿元。与市级政府平台合作政府购买服务资本金业务、基金业务共计 18.75 亿元。加强对于重点优质企业的持续营销，流动资金贷款、国际业务等业务方面均较上年有大幅进步，带动供应链中下游企业的合作联系、中间业务收入的不断提升。尤其是中收方面，全年信用证业务收入突破 400 万元，保函业务超 50 万元，成功营销一笔 PPP 业务账户监管费实现 120 万元收入，还有银承手续费、委托贷款等业务都有明显提升，超额完成总行下达的中间业务收入年度指标。同时，分行还积极开展同业合作，全年累计营销同业存款 37.41 亿元，同业朋友圈不断拓宽，同业认可度也显著提高。

【机构建设扎实推进 倾力支持县区发展】 7 月份，分行第一家助农网点宁津县郭营伍乡助农服务点开业；9 月，分行第二家县域支行武城支行顺利开业；德州开发区支行、临邑支行的筹建工作也已经启动，分行的网点布局全面提速。为进一步做实城区工作，组建成立分行营业部。为使营销工作更加精准、营销行为更加规范，年内分别对公司银行部和零售银行部实现挂牌。

【完善规章制度建设 强化考核引导作用】 有针对性地对支行（部门）的经营绩效、客户经理、综合柜员制订专门的考核办法，对阶段性营销活动坚持有方案、有目标、有政策、有奖罚，并严格兑现落实，切实成为经营活动的“指挥棒”。对授信政策、审批规则、贷后管理出台实施细则，夯实了制度“防火墙”；认真组织“三违反”“三套利”等自查整改，以“信贷资产质量管理提升年”活动为抓手，先后针对授信业务、征信业务、小微业务、抵质押品管理、印章管理、票据管理等开展专项检查 23 次，及时发现整改多个问题。

【对外协调更加顺畅 合作领域不断扩大】 6 月，分行与省科技厅、德州市科技局共同签订《科技成果转化贷款风险补偿协议》，成为德州市第一家与科技局签订补偿协议的金融机构。12 月，与德州市三家政府平台企业签订 130 亿元综合授信额度的战略合作协议。年内信息数据报送、安全、舆控等工作均未出现重大错误，受到银监局、人行的表扬。在12月初召开的德州市银行业协会第三届会员大会上，分行当选为第三届理事会监事。

（李国帅）

保　险

中国人寿财产保险股份有限公司德州市德城支公司

【公司概况】 中国人寿财产保险股份有限公司德州市德城支公司位于德州市德城区三八中路538号，公司成立于2016年2月1日，在职员工34人。下设4个管理部门、三个营业部、一个农业保险部、一个营业大厅和一个理赔服务大厅。

【经营指标】 截至2017年底，中国人寿财产保险股份有限公司德州市德城支公司共计实现保费收入5191.35万元，累计承担各类风险355.02亿元；处理各类赔款案件3574件，累计支付赔款1334.66万元。

【缴纳税款】 截至2017年底，中国人寿财产保险股份有限公司德州市德城支公司依法缴纳地方税费726.55万元。

【创新服务理念　支持德州经济发展】 在中共德城区委、德城区政府以及德州市公司领导下，中国人寿财产保险股份有限公司德州市德城支公司在城区建立全面的服务网点，以“诚信为本，以客户为尊”的服务理念，利用专业高效的查勘理赔人员和热情周到的销售精英们的服务，为客户提供“零距离、快捷、便利”的承保、理赔等全方位贴心服务，满足客户全方位的保险需求。公司秉承“用心经营，诚信服务”“成己为人，成人达己”的经营理念，在管理集中、服务延伸的基础上，强化服务客户的统一化、规范化与标准化，推出包括“95519”“4008695519”双重客户24小时服务热线保障。迅捷的报案受理服务，科学的现场查勘服务，便捷的支付赔款服务、快速限时的投诉处理服务等全方位客户服务，平均理赔周期在全市财险市场处于领先地位，树立好的社会口碑和品牌效应。

2017年，公司认真完成政策性农业保险的承保和理赔工作，共承保黄河涯镇、二屯镇、赵虎镇和抬头寺乡育肥猪和能繁母猪共计20055头，截至2017年底，共支付赔款20.79万元，受益农户4户。政策性农业保险为广大农户提供经济补偿，充分发挥保险公司经济补偿和社会稳定器作用。

公司在认真落实社会主义核心价值观、实现自身业务又好又快发展的同时，坚持经济效益和社会效益和谐统一，努力承担行业和社会责任，为人民群众、企业单位提供全面的风险保障服务，充分发挥社会风险管理的责任和职能。

（张元鹏）

中国人民财产保险股份有限公司德城支公司

【概况】 中国人民财产保险股份有限公司德州市德城支公司位于德州市德城区青年路992号。1993年6月经山东省保监局批准设立。公司下设办公室、财务科、营业室、理赔科、农险科、车险科、非车险科七个部门，员工及营销员60余人，主营机动车辆保险、企业财产险、家财险、农业保险、责任险、意外健康险等200多个险种。公司的各项工作得到了党委政府和相关部门的高度认可，被中共德城区委、德城区人民政府授予“2016年度全区金融工作先进单位”“2016年度全区纳税先进企业”“2016年度全区纳税成长进步企业”荣誉称号。

公司认真贯彻党的一系列方针政策，紧紧围绕经营效益这个中心，抓住“人民保险、服务人民”这条主线，认真履行国有保险企业的职责，不断加强企业管理，积极开展优质服务，充分发挥保障经济发展、提升民生保障、参与社会治理的服务职能。截至2017年底，公司全险种保费收入 5491.24 万元。

【创新转型】 公司全体员工在业务发展过程中，积极主动的根据市场需求，从内部管理到一线服务，从服务形式到服务内容，都采取有力措施，不断健全服务规范，加大考核力度，努力为客户提供完善优质的保险全过程服务。更新服务理念，抓好服务态度、服务设施和服务环境的转变与创新，培育以市场为导向，以客户为中心的经营理念。要求全体员工树立"客户是上帝"的思想，将"客户满意最大化"作为工作的最高标准。

【服务经济】 公司以依法纳税为切入点，推进企业履行社会职责上新水平。截至 2017 年底，德城支公司上缴税款共计 951.97 万元，其中公司上缴各类税金 467.55 万元，代收代缴车船使用税 484.42 万元。

以履行保障职能为着力点，积极参与政府相关活动。公司为弘扬中华民族扶贫救济的传统美德，积极参与德城区精准扶贫工作，多次与德城区新华办事处扶贫办共同走访贫困独居老人，送去救济物品。做好政策性农险理赔工作，公司农险承保覆盖面不断增多，为确保粮食安全，提升农民抵御风险的能力，保护农民种粮积极性，做出积极贡献。2017 年德州市遭遇大风灾害，赔付面积 8695.17 亩，赔款 65.32 万元，发挥社会稳定器作用，得到各级政府和部门的大力支持和认可。

以参与社会治理为落脚点，大力发展商非业务，让政府放心，为企业保驾护航。治安保险新增 4 个乡镇，投保户数达 8780 户，赔款支出 2.09 万元，14 户家庭受益，降低居民因灾致贫风险，让人民群众真正感受到党委政府的关怀，感受到治安保险缴费少、保障全、保稳定、促平安、保权益的好处，促进社会平安和社会和谐。2017 年企业财产保险参保企业达 39 家，赔款支出 16.62 万元，为企业及时恢复生产提供资金保障，发挥保险应有的效能。全年校园方责任保险和学幼险收取保费 97.3 万元，赔款 110.13 万元，赔付率高达 113.18%，为校园安全提供风险保障，倍受教育部门、学校、家长青睐。

（胡晓静）

中国人寿保险股份有限公司德城区支公司

【经营业绩】 2017 年，中国人寿保险股份有限公司德城区支公司以稳健经营作为全年的工作主题，明确经营思路，把握经营重点，在全年工作上抢抓机遇，积极进取，各项指标都取得较好成绩。业务方面，长险首年期交保费 4521 万元，同比增长 24.34%，其中 5-9 年期及以上保费 3432 万元，10 年期及以上保费 2623 万元；长险首年标准保费 2136 万元，同比增长 19.52%；短险保费 1674 万元，同比增长 11.31%。2017 年全面达成考核指标，超额完成部分追加目标。

【搭建销售平台 提高资源整合能力和资源交叉利用率】 个人寿险业务方面。一、在公司 16 个网点建设和业务持续发展打下良好人力基础之上继续扩大战果，一季度在公司全体员工共同努力下，公司业务总量与增长比例都取得较好成绩，开门红勇创佳绩。二、为积极响应国家全民健康向导，回归"保险姓保"，打响全民健康战，公司在三季度组织开展保障类保险普及推广活动，成效显著。各级主管争做表率，积极陪访，督导销售人员开展业务，在提高收入的同时为广大客户送去健康保障。三、对接总公司、省公司职场标建，继续加大对职场标准化建设的投入，提高职场基础设施标准，张贴宣传海报，进一步营造专业化职场氛围。

【加强内控合规体系建设】 在上年取得良好的内控合规管理效果后，2017 年公司在内部管理、合规经营等方面继续加大力度。一是公司继续加大对各部门的考核力度，继续完善各项规章制度，明确个岗位人员职责，加大对违纪违规行为的责任追究和处罚力度。二是公司严格落实各级主管监管单位和上级公司的管理规定，进一步加强单证管理、内控工作、合规经营宣传管理等重要工作的风险防控，在各职场张贴宣传海报，提高全体人员的责任意识和服务意识，切实做到依法合规经营。

【勇担社会责任 树立良好社会形象】 公司在业务发展同时积极承担社会责任，树立良好的社会形象。一是吸收未就业人员从事保险事业，扩大队伍规模，截至2017年年底，公司人力已达到800多人，为解决社会就业问题贡献自己的一份力量。二是在保险客户出险后迅速理赔，2017年共处理各类赔款案件5364件，累计支付赔款1771万余元，积极挽回客户损失，有效减轻社会压力和政府负担。

（姜静）

中国太平洋财产保险股份有限公司德州中心支公司（城区）

【概况】 中国太平洋财产保险股份有限公司德州中心支公司（城区），下设5个管理部门、7个销售部门和1个营业大厅；在职员工83人。

【公司总体经营持续向好】 保费收入2.17亿元，达成率101%，同比增长11.6%；市场份额在德州产险市场排名前三位；累计承担各类风险659亿元，同比增长18.5%；赔款支出8135万元，已决案件13687件，赔付率37.56%，同比下降6个百分点。

【车险业务实现“双优”目标】 保费收入1.84亿元，同比增长14.2%，达成率104%。车险续保工作全面开花。其中车险续保率60.1%，全省排名第一；个车续保率61.5%，全省排名第一；车商续保率48.7%，全省排名第一；电销续保率67.4%，全省排名第一。

【非车险盈利能力进一步增强】 保费收入1625万元，同比增长-1.6%，达成率95.08%，综合成本率73%，全省排名第二位。

【按时足额缴纳代收各类税金】 依法上缴各类税金818.61万元，代收车船税2472.26万元。

【创新保险服务 全力支持德州经济发展】 全力提升服务品牌。车险理赔时效主要指标一直在全省名列前茅。万元以下案均报案支付周期全省排名第二；357指标、定损1195和1083指标全省排名均为第一。

农险服务能力进一步提高。农险保费收入1641万元；综合成本率36.94%，全省排名前三。农险理赔方面，全力做好大灾理赔服务工作，积极主动与地方农业部门和乡镇政府联系沟通，及时启动大灾应急预案，组织力量第一时间深入灾害一线集中开展查勘定损工作，快速理赔，及时挽回农户损失，有效减轻社会压力和政府负担，受到当地政府和农户的一致好评。

利用新技术新工具，积极做好“N”的文章。利用个人微店、码上保、财富U保、互联网平台业务、服务链嫁接等新工具新技术，增加销售手段，拓宽销售渠道，降低销售成本，为2018年开局做好铺垫。

积极发挥保险的社会管理功能，为德州经济发展保驾护航。将商业保险机制引入食品安全责任险、校园方安全、食雇主责任险、出口信用保险等创新险种，化解社会矛盾纠纷，有效预防和减少了安全生产事故的发生，保护人民群众生命财产安全，维护社会大局的稳定。

（付建军）

中国太平洋人寿保险股份有限公司德城支公司

【概况】 中国太平洋人寿保险股份有限公司德州市德城支公司，原来与市公司（中心支公司）合署办公，2014年3月迁址于天衢东路天翔大厦16楼，与市公司正式分离。德城支公司以“诚信天下、稳健一生、追求卓越”企业核心价值观为指导，以机构晋级达标为牵引，全力加快保险业务发展，各项工作全面达成年度目标。德城支公司被省公司评定“甲级”机构。

【经营业绩】 2017年，公司共实现规模保费收入4382万元；吸纳从业人员466人，缴纳各项税费812.37万元；受理并办结各类保全理赔案件3949件，累计赔款金额3886万元，理赔支付平均时效1.4天。

（王磊）

中国大地财产保险股份有限公司德州德城营销服务部

【概况】 中国大地财产保险股份有限公司成立于2003年10月20日，是中再集团旗下唯一的直保财险公司，总部设在上海，注册资本金64.3亿元人民币。业务经营范围涵盖非寿险业务各个领域，包括企业财产险类、机动车辆保险类、工程险类、责任险类、信用保险类、保证保险类、家庭财产保险类、货物运输保险类、船舶险类、农业保险类以及短期健康保险和意外伤害保险类。公司全国已设立分公司34家、营业部1家，5个层级的机构总数超过1700家，全国性服务网络已经形成。同时在海外设有美国纽约代表处。

中国大地财产保险股份有限公司德城营销服务部位于德州市德城区三八路136号。2008年5月在德城区开始筹建，于2008年7月通过山东省保监局验收批准开业。开业以来，开办车险、企财险、学平险、短期人身意外险等主要险种，以直销为主导，积极推进营销制度建设，连年超额完成山东分公司下达的保费计划，业务量保持年均增速25%以上，保持开业以来无违规、无应收、无赤字经营纪录。

【经营指标】 2017年，中国大地保险股份有限公司德城营销服务部共实现规模保费收入1201万元。其中车险1173万元；责任险11.1万元；货物险5.6万元；其他健康险11.3万元。

（张振巧）

建信人寿保险股份有限公司德州中心支公司中心城区业务

【概况】 建信人寿保险股份有限公司德州中心支公司成立2012年8月12日，原名建信人寿保险有限公司德州中心支公司，2017年3月13日更名。公司在区委、区政府正确领导下，秉承“一朝牵手 关爱永久”的服务理念，积极开拓进取，创新服务模式，提高服务质量，实现又好又快发展局面。2017年，实现保费3.03亿元，累计承担各类风险114.12亿元，全年受理理赔1246件，累计理赔340余万元，依法缴纳税费218.6万元，较上年增长130%。

（张玉娟）

中华联合财产保险股份有限公司德城区支公司

【概况】 中华联合财产保险股份有限公司，是经中国保监会批准，于2006年12月由中华联合保险控股股份有限公司发起设立的全国性财产保险公司。中华财险的业务经营范围涵盖非寿险业务的各个领域，经营的保险产品达4400多个，包括机动车辆保险、企业财产保险、家庭财产保险、工程保险、船舶保险、货物运输保险、责任保险、信用保证保险、农业保险以及短期健康保险和意外伤害保险等。中华财险拥有遍布县乡的基层服务网络。中华财险在全国设立32家分公司，营业网点超过2500个，员工队伍近40000人，形成比较完善的服务网络，建立一支高素质的保险经营与服务专业队伍。

中华财产保险股份有限公司德州中心支公司德城区支公司是2007年6月经山东保监局批准设立的，2014年8月升格为支公司。公司自成立以来，加强诚信体系建设，视诚信为企业生命，不断完善营销机制，强化从业人员职业道德和法律法规教育。公司始终践行“服务至上、信守承诺、回报社会”的服务宗旨，发扬“团结、负责、勤奋、进取”的企业精神，通过诚信服务赢得市场，通过树立品牌形象赢得客户，得到社会各界的广泛认可。

【业务指标】 2017年，中华财产保险股份有限公司德州中心支公司德城区支公司共计实现保费收入458.7余万元，累计承担各类风险14.13亿元，处理有效报案331件，赔款支出163.18万元，满其赔付率31.26%；依法缴纳地方税费74.32万元，其中代扣代缴车船税55.71万元。

【业务创新】 2017年2月12日，中华保险德城区支公司成功中标某单位机动车保险承保权，揭开德城区支公司招标业务新篇章。

2017年3月2日，德城区支公司成功承保新险种个人账户资金损失保险。个人账户资金损失保险的创新推出，让投保人资金使用更加放心。

2017年10月31日，德城区支公司组织开展2017年反洗钱客户信息核查工作。

（高婷婷）

中国平安人寿保险股份有限公司德州中心支公司德城区营销服务部

【概况】 中国平安人寿保险股份有限公司德州中心支公司德城区营销服务部成立于2012年3月9日。2017年9月迁至德州市德城区东风东路68号。

【经营业绩】 截至2017年底，德城区营销服务部在职业务人员1171人。个险累计承保规模保费7889万元。累计赔款支出982.5万元，理赔结案件数1333件。理赔标准案件2日结案率99.05%。

【销售队伍建设】 德州中心支公司秉承业务队伍各层级共好晋升的理念，充分运用公司的科技与综合金融平台，提高队伍产能，提升队伍收入，在合规经营的基础上，快速构建起新时期核心竞争优势。

（邢月圆）

阳光财产保险股份有限公司德州中心支公司

【经营业绩】 2017年12月16日德州中支提前15天全省第一家达成全年计划(阳光产险)。截至2017年12月25日德州中支实现保费收入17591.34万元，达成率103.48%，超时间进度3.48个百分点，同比增长20.14%；超当地行业平均增速6.15个百分点，全市25家财险市场排名第五位。赔款支出6981万元，未决赔款2872万元。从经营单位看，10家四级机构中，5家机构过1千万元。

【成本管控】 2017年德州中支在业务保持稳定增长的同时，成本持续得到较好控制。截至年底，综合成本率为92.93%，经营成本率92.16%，居全省首位；赔款支出6980.34万元，日历年度赔付率为43.77%，居全省第二位，同比上升0.04%，综合费用率为49.66%，同比上升0.89%；人力成本率5.01%，同比下降0.89%；截至年底德州中支累计上缴地方财政利税3196.70万元，增值税751.83万元，其他附加税104.76万元，个税257.77万元，残疾人保障金1.24万元，代收代缴车船税2081.10万元)。

【理赔管控】 严把出口关，坚持数据准确性和及时性。在理赔部全体人员的不懈努力下，克服“报案激增”“人员变动”“考核口径不断变化”等重重困难，各项理赔考核数据在全省乃至全国居于优良水平，在当地行业中口碑颇佳，成效显著。同时服务也不断努力提升，本年度多次获得客户、“95510”表扬及多面锦旗，德州阳光客户服务工作赢得良好社会反响。

截至2017年12月24日，未决赔案件数624件，未决金额2872.万元，车险事故年度结案率95.35%，立案结案率99.75%，在全省始终保持领先地位。

（夏春明）

阳光人寿保险股份有限公司德州中心支公司

【概况】 阳光人寿保险股份有限公司德州中心支公司于2008年10月成立，在德州市行政区域内经营人寿保险、健康保险、意外伤害保险等各类人身保险业务及其再保险业务；经中国保监会批准的其他业务。

【上缴税金】 2017年，阳光人寿德州中支累计缴纳税收518.15万元，较上年增长16.13%。

【保费收入与赔付支出】 2017年，累计保费收入18744.11万元，其中新单保费收入7495.72万元。个人代理渠道保费收入14949.28万元，其中新单保费收入5667.13万元，较上年增长47.37%；公司直销渠道保费收入573.64万元，其中新单保费收入325.40万元，较上年同期降低2.12%；银邮代理渠道保费收入3221.19万元，其中新单保费收入1503.19万元，较上年同期降低65.24%（因响应保监会部署，公司产品调整，银邮渠道保费收入降低）。

2017 年，赔付支出 1509.84 万元，较上年增长 56.83%。

【经营理念】 2017 年，阳光人寿员工弘扬战胜自我、挑战自我的阳光文化，艰苦创业、追求卓越，夯实基础管理，理顺流程，持续健康、快速发展，使阳光保险指标优异、产品结构优良、服务能力卓越，在德州市场的美誉度和知名度得到大幅提升。

（张小辉　荣林）

新华人寿保险股份有限公司德州中心支公司

【概况】 新华人寿保险股份有限公司德州中心支公司，办公地点在德州市德兴中大道 1272 号。直属营销服务部成立于 2003 年。

【经营指标】 2017 年，公司全年累计实现保费 2.54 亿元，累计纳税 614.49 万元，全年累计理赔总金额 1.83 亿万元。

【经营措施】 2017 年，公司不断深化价值转型。个险方面，坚持三个持续，即持续提高部组主管积极性、持续提高部组主管的收入、持续提高部组数量与质量。在团代方面，实现多渠道开拓。在内勤方面，严格基础管理，打造学习型团队，建立节约制度，员工的综合能力和水平得到提升。在风控方面，加强失效确认书签订预警，成立非正常退保及满期给付风险防范工作小组，制定《非正常退保及满期给付风险防范实施方案》。

（张志玮）

证　券

中泰证券股份有限公司德州分公司

【概况】 中泰证券股份有限公司德州分公司 2015 年 9 月份成立，前身为齐鲁证券德州分公司。德州分公司下辖四家营业部，分别是德州三八中路营业部、德州东方红路营业部、禹城汉槐街营业部和临邑瑞园路营业部。其中位于主城区的两家营业部成立较早。德州三八中路营业部成立于 1994 年 9 月，原址位于德城区三八西路 13 号楼，湖滨中大道营业部成立于 1997 年，原址位于德城区体育局五环体育场院内。

【经营指标】 2017 年，中泰证券股份有限公司德州分公司认真贯彻落实省公司年度经营工作会议精神，积极推进营业部业务创新转型，提升工作质量和经营效益，在做好常规经纪业务的基础上，充分发挥自身优势，坚持创新发展，成功实现与私募基金机构合作，取得良好成效。截至 2017 年底，分公司新增客户 2.2 万户，完成（A 股、基金）交易量 836.37 亿元，保证金余额 4.38 亿元，托管市值 137.14 亿元，净增客户资产年累计 −2.71 亿元，本年累计实现营业收入 5560.29 万元，本年累计实现净利润 2918.85 万元，基本完成 2017 年度各项经营指标。

【年度经营工作亮点】 德州分公司以创新业务为主线，以传统通道业务为基础（深挖潜力，做细做深传统业务），整合优势资源（渠道资源如银行、保险、非银行金融机构；客户资源如上市公司、核心优质客户）深耕本地市场，全面提升经营效益。加快机构客户开发力度，挖掘成熟度较高的大客户群体，增加客户资源储备，取得显著成效。

【深度服务山东市场工作】 德州分公司根据总公司工作部署紧紧把握深度服务山东市场工作的机遇，利用区位优势，着重做好企业 IPO、新三板等业务的开拓。从政府的角度出发，融入德州经济发展中去，主动做好政府的投融资参谋，帮助政府排忧解难，赢得政府信任和支持。

（马振雷）

中信证券（山东）有限责任公司德州湖滨中大道证券营业部

【概况】 中信证券（山东）德州湖滨中大道证券营业部成立于2009年8月14日，辖区营业网点1个，位于德城区湖滨中大道909号皇明文化大厦一层、十层、十一层、十三层，营业面积1500平方米。截至2017年底拥有员工35人。

【经营范围】 证券经纪，开放式证券投资基金代销业务，证券投资顾问业务，期货中间介绍业务，保险代理业务。

【经营业绩】 截至2017年底，累计开户3.24万户，托管市值55.88亿元，累计交易量318.58亿元，累计手续费净收入1309.60万元，净利润48.67万元。

（刘保国）

科　学

科技局工作

【科技业务成果】 2017年，德城区新引进国家重点实验室1家，新建省级工程技术研究中心1家、省级院士工作站2家、市级院士工作站1家、重点实验室1家、工程技术研究中心4家、众创空间1家；5家企业被认定为省级高新技术企业，12家企业被认定为市级高新技术企业（其中5家通过认定，7家通过复审）；16家企业入选省科技型中小微企业库，40余家企业提交入库申请，待审批；格瑞德1项目获省技术市场科技金桥奖优秀项目二等奖；德药制药、格瑞德、华源生态、梁子黑陶4家企业5个项目获市科学技术奖（其中一等奖1个、二等奖3个、三等奖1个）；德药制药、格瑞德2家企业通过国家知识产权标准认证，获批山东省知识产权示范企业称号；1至11月，全区专利申请量776件，授权量444件（其中发明专利申请73件、授权41件），位居全市前列。

【凝神聚力 开展五大科技活动】 积极筹备“第二届京津冀鲁技术交易大会”。邀请48位专家参会，高校院所推介科技项目27项，科技成果签约12项，其中，一院士、一千人计划项目在主会场签约。

启动山东省中小微企业创新行动计划。格瑞德和济南大学车全德博士的“绿水青山”团队分获第七名和第三名。

组织参加中国·德州创新创业大赛。引导双一科技等22家企业参会、鑫华润等4家企业展示科技成果。

组织参加智汇德州人才周活动。组织宇虹新颜料等6家企业进行科技成果展示，邀请张健、曲兆松等千人计划特聘专家与德城区企业对接。

开展“科技合作万里行”活动。带领耐垦、金泉等9家企业赴省科学院学习，组织格瑞德赴长春应化所、吉林大学对接交流。

【走出去 请进来 深入开展“双招双引”】 外出参观学习，开阔眼界，加强与大院大所沟通，赴北京中关村、贵州凯里对接科技项目。先后邀请孔彪、张健等七位特聘专家和中科院微电所王晓峰等10多位教授到德城区考察。促成千人计划专家汪俊峰、曹成波分别与德城区中科建材和宇虹签约，省计算机中心与新未来、省科院与恩源科技的合作。周光远教授入选西部人才培养计划，获100万元资金支持。

【真抓实干 科技业务质量明显提升】 高新技术企业认定工作实现新突破。省级高新通过认定5家，市级高新认定12家，1—9月省科技中小微企业入库16家，业务数量分别是上年的5倍、6倍和1倍。

科技创新平台稳步提高。新建市级以上创新创业平台9家，其中省级工程技术研究中心1家、院士工作站2家。截至2017年底，全区院士工作站达到3家。1—11月全区专利申请量776件，授权量444件，其中，发明专利申请73件，授权41件，位居全市前列。

建设天衢高创智造谷。引进机械总院陈蕴博院士和范广宏教授引领的创新团队，建设先进成型国家重点实验室。

科技奖项实现重大突破。荣获“科技金桥奖”1项，省级科学技术进步二等奖1项，山东省专利奖2项，市级科学技术奖5项，实现省级奖项重大突破，获项目扶持资金300多万元；超额完成向上争取和招商引资任务。

【加强组织建设 扎扎实实搞好科技服务】 固本强基，抓好党建。改选党支部，完善党员活动室，建立科技“读书屋”，为建设学习型机关迈出扎实一步。班子成员带头学习十九大报告精神，开展环保治理包保工作，走访慰问老党员，组织精准扶贫、为特困群众义诊、救助残疾职工、敬老院志愿服务等各项活动，增强党组织的战斗力和凝聚力，同时塑造良好的政府形象。

树立一念，当好三员。树立全心全意为企业服务的宗旨观念，当好企业的信息员、情报员、服务员。端正态度、转变作风，为做好科技工作注入强大思想动力。

未雨绸缪，加强培训。先后举办德城区高新技术企业认定培训班和中小微企业创新行动计划培训会，对中小微企业入库和高新技术企业认定申报工作再宣传、再发动、再部署，在全区掀起企业创新创业的浓厚氛围。

开展“进解促”活动。局领导班子成员带队，分成两个工作组，带领全体干部职工大调研、大走访，深入开展“进解促”活动。累计走访企业60余家，征集人才需求、技术难题100余项。

搭建科技微信服务平台。建立“德城区科技服务微信群”“德城专利微信公众号”两个服务平台。截至2017年底，平台纳入企业、科技服务机构、高校院所专家教授155人，科技微信服务平台的建设，加深科技部门与企业、企业与专家之间的沟通交流，提升科技服务效率和质量，为企业科技创新增添微动力。

（刘晖）

科协工作

【基层科普行动计划】 培育扶持状元府社区和新河社区获山东省基层科普行动计划表彰。

【科普工作】 开展科普报告进校园活动，邀请中国海洋大学孙即霖教授，在2所学校做科普报告。开展“全国科普日”“志愿者服务日”“全国防灾减灾日”“科技周”“科普进社区”“崇尚科学反对邪教”等大型主题科普宣传活动6次。

2017年9月16日，德城区科协举办全国科普日活动

【优秀科技工作者】 德州市委市政府授予格瑞德集团管印贵第四届德州市十佳科技工作者荣誉称号，记二等功；德州市委市政府授予华源纺织刘明哲、德州市立医院王萍第五届德州市优秀科技工作者荣誉称号，记三等功。

（韩斌）

气　象

德州市气象局业务工作

【提高公共气象服务水平】 2017年，气象服务能力显著增强，全年向党政领导报送决策服务材料408期、短信70余万条，邮件4000余封。重大社会活动保障有力，多次为重大活动提供有力气象服务。密切关注汛期天气变化，多渠道发布天气预报预警信息，优质的气象服务得到副市长董绍辉批示表扬。气象新闻纳入政府新闻发布机制。构建以“三微一视”为主的新媒体气象服务体系。积极组织世界气象日、防灾减灾日、气象科普进校园等活动，社会反响良好。

【提升气象防灾减灾能力】 气象与农业、安监、环保、城管、水利等 36 个部门建立以预警信号为先导的应急联动和响应机制。国家突发公共事件预警信息发布系统覆盖防汛指挥部和安委会等成员单位、全市 10 个重点行业、93 个社区，气象防灾减灾第一道防线作用得到有效发挥。

【做好为农气象服务】 扎实推进德州粮食安全智慧气象服务示范点项目，实现作物生长动态的逐日模拟及产量预测，初步建立农作物长势、干旱监测及地温反演模型，形成为农服务产品，纳入农业气象服务周报分发政府及农口有关部门。全年发布农气服务材料 167 期，开展农田调查 26 次。进一步提升人工影响天气规范化管理水平，全年开展防雹增雨作业 11 次，为粮食增产丰收做出积极贡献。

【提高安全生产监管服务水平】 全面落实《国务院关于优化建设工程防雷许可的决定》，完成与住建等部门职责交接，实施行政许可 132 项。完善气象社会管理系统，加强“双随机一公开”，建立“一单两库”。开展安全生产攻坚治理，检查危化品及易燃易爆场所 691 个，对发现的问题责令整改，消除隐患。

【全力支持中心城区和新农村建设】 积极开展中心城区大气污染防治气象服务，创新服务产品，邀请中央气象台专家进行环境预报服务业务指导，开发混合层高度预报、环境气象条件评估等服务产品，制作周、月服务专报。开展重污染天气应急服务 12 次，发送服务短信 700 余条、专报 67 期、邮件 342 封。参加“一市一策”大气重污染成因与治理攻关研究项目，气象与环保开通专线，共享 90 个气象观测站、41 个空气质量监测站和 1 个超级站资料。

（邢泽峰　王萌萌）

德城区 / 中心城区气象条件分析

【气候概况】 2017 年度，全市平均气温 13.8℃，较常年偏高 0.6℃。冬季（2016 年 12 月—2017 年 2 月）、春季较常年分别偏高 2.3℃和 2.1℃。全市平均降水量 499.4 毫米，较常年偏少 27.5 毫米。春、秋季较常年偏少，夏季较常年偏多。年内出现大雾、沙尘、高温、风雹、强降雨、寒潮等气候事件。整体来看 2017 年度气候属正常年份。

2017 年度，市区平均气温 15.1℃，较常年偏高 1.3℃。冬季（2016 年 12 月—2017 年 2 月）、春季较常年分别偏高 1.9℃和 2.0℃。市区平均降水量 500.2 毫米，较常年偏少 11.8 毫米。春季较常年偏少，其他季节基本接近常年。市区年日照时数 2540.4 小时，较常年偏多 93.4 小时。年内出现大雾、沙尘、高温、风雹、强降雨、寒潮等气候事件。整体来看 2017 年度气候属正常年份。

【气温】 市区年平均气温 15.1℃，比上年偏高 0.4℃；年极端最高气温 38.5℃，出现在 7 月 11 日；年极端最低气温 -9.6℃，出现在 1 月 20 日。

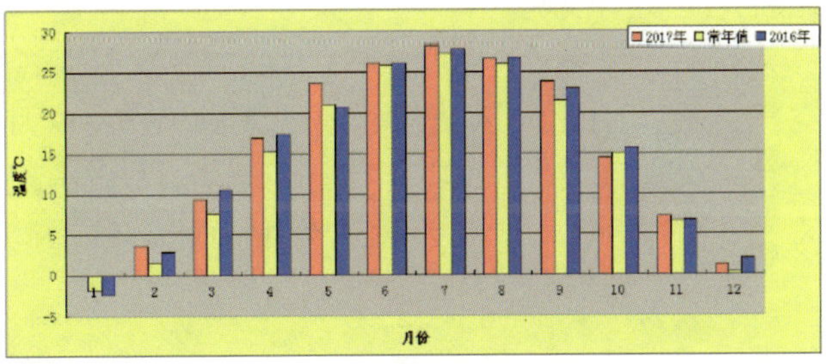

图 1　市区 2017 年每月平均气温对照图

【降水】 市区年降水量 500.2 毫米，比上年偏少 47.2 毫米，由于降水时空分布不均，6、7、8、10 月降水量偏多，其他月份均偏少。

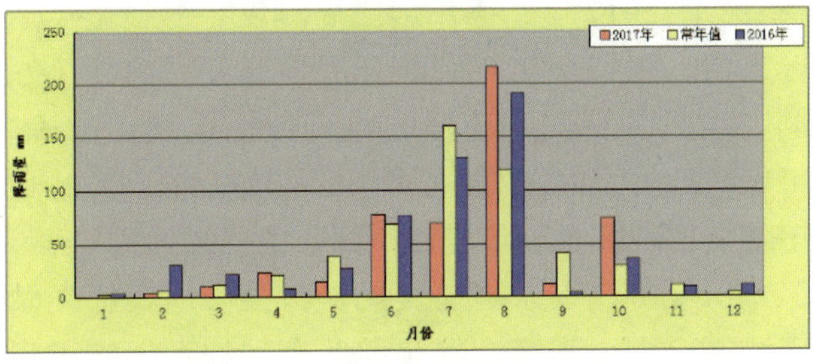

图 2　市区 2017 年每月降水量对照图

【日照】 市区年日照时数2540.4小时，较上年偏多205.7小时。

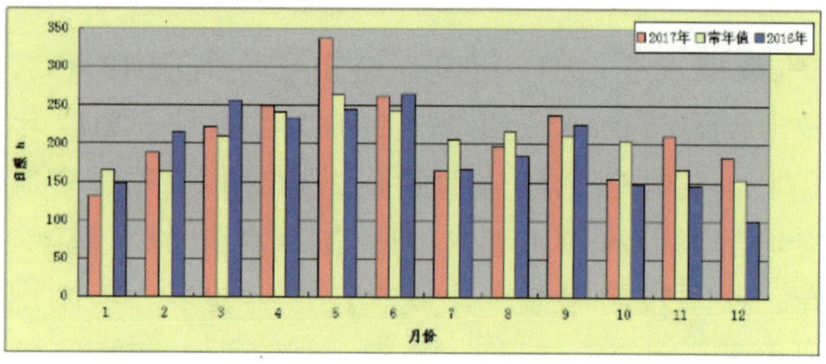

图3 市区2017年每月日照时数对照图

【主要气候事件】 1月大雾超强特多。1月1—7日、12—13日出现持续大雾、局部强浓雾，浓雾期间最低能见度不足100米，尤其12日早晨和下午浓雾生成快、强度大，最小能见度不足50米，给交通出行带来不利影响。

2月出现强降雪。2月21—22日，市区出现中到大雪，降水量4.4毫米，雪深2厘米。是2016年至2017年冬季唯一的一次明显降雪过程。降雪使农田表墒得到补充，利于小麦返青。2月18日是"雨水"节气，该节气寓意气温回升、冰雪融化、降水增多。这次强降雪发生在"雨水"之后，时间比较晚。

春季大风多沙尘强。1—3月共有5次较强冷空气过程，南北大风交替，出现寒潮天气。5月份有4次大风天气，5月4日出现浮尘，5日出现风力7—8级大风，极大风速为17.9米/秒，同时伴有扬沙，最小能见度1.4千米，为近10年最强扬沙天气。

高温集中出现在中伏以前。2017年5月27日开始出现35℃以上高温天气，7月7日进入小暑以前，高温日数有15天，突破1981年以来高温日数最多纪录；进入小暑以后，副热带高压持续偏强，又连续出现7天高温，7月11日最高气温达到38.5℃、湿度60%以上，天气高湿闷热。俗话说"热在中伏"，而2017年7月22日进入中伏之后，高温日数明显减少。

汛期局地短时降水强度大。8月16—18日，德城区有8个区域站雨量达100毫米以上，分布在三八路以北到大学路一带，最大小时雨强出现在德城区烈士陵园，为77.7毫米，最大降水量出现在德城区植物园，为199.7毫米。强降水造成市区短时内涝。

秋收秋种遭遇阴雨天。10月上旬市区平均降水量69.9毫米（列1951年有气象记录以来历史同期第1位），较常年（9.0毫米）偏多60.9毫米。尤其是10月7—10日出现连续降雨天气，影响秋收秋种。

11—12月降水异常偏少。11月以来降水稀少，只有2次降水过程，市区累计平均降水量0.3毫米，较常年（14.0毫米）偏少13.7毫米，列历史同期第3位。其中，12月14日是2017年的降雪初日，比上年晚44天，降水量仅有0.3毫米。

（邢泽峰　王萌萌）

地　震

德州市地震局防震减灾工作

【概况】 2017年，德州地震局测震、强震全年运行正常，坚持全年不间断开展地震微观前兆（水氡、水质）观测，获得的监测数据连续、准确、可靠，数据及时上报中国地震局数据库，在2017年度全省地震系统年度资料评比中获得优秀。

积极协调山东省地震局、各县市地震部门做好测震台网、强震台网及前兆台网的运行维护工作。坚持台网24小时有人值守，及时准确完成地震事件的多台定位和震情速报工作，保障测震、强震台网运行率。前兆台网各前兆监测手段数据准确、连续、可靠，做好前兆数据上报和数据跟踪分析工作。2017年，中国地震局台阵项目山东分项目在德州设6个点，6个点基础数据的前期勘选已全部完成。完成《山东省地震监测志》续志工作。德州市地震局2017年年中趋势会商、2018年度趋势会商报告在全省评比中获得优秀。

（董艳）

科研单位简介

德州工科所有限责任公司

【概况】 前身为德州市工业科学研究所，创建于1979年，原隶属县级德州市科委。1995年德州市撤市设区，原德州地区行政公署撤行署设市，德州市工业科学研究所隶属德州市科技局。2003年3月，由正县级事业单位，改制为有限责任公司。截至2017年底，有职工50余人，其中，中高级以上科研人员占70%，有4人享受国务院特殊津贴。主要从事精细化工、医药化工、环保化工等产品的科研与生产。建所37年，共完成省、部级科研课题30余项，其中有20多项获省、部级科技进步奖，取得较好的经济及社会效益。

【年度科研成果】 2017年，与中科院合作，承担山东省科技发展计划项目《科技金融产业融合创新综合服务研究与示范》。该项目计划总投资300万元，其中取得财政拨款100万元。项目正按计划有序进行中。

2017年，公司医药中间体3、4-二羟基苯甲醛已研制成功，纯度达99.5%以上，远高于国内同类产品，经多家制药企业试用，产品质量稳定，具有较强的经济推广价值。正与多家相关企业进行项目合作谈判。

2017年，抗肿瘤药物中间体培美曲塞二钠的各项工艺条件已基本完成优化，具备中试生产条件。

【年度经营数据】 受国家环保政策利好影响，2017年公司生产销售印染行业污水净水剂1200多吨，生产污泥处理絮凝剂800多吨，取得较好的经济和社会效益。

（韩玉增）

德州市农业科学研究院

【概况】 德州市农科院始建于1961年，前身是德州专区农科所。2006年1月，经德州市机构编制委员会批准，更名为德州市农业科学研究院。

德州市农科院是全市唯一的种养加一体的综合性农业科研机构，是公益一类事业单位，主要从事作物新品种选育、引进、试验、示范及新技术的研究开发等工作，担负着推进德州农业科技进步、支撑和引领德州现代农业发展和服务全市“三农”的重任。

【机构设置】 德州市农科院下设行政办公室、人事管理处、科研管理处、科研成果开发管理处4个职能处室，以及小麦、玉米、棉花、蔬菜、杂粮、农业资源与环境、生物技术、植物保护、农产品加工、林果花卉、畜牧兽医11个专业研究所。下辖德州市良种场，代管市政府所属的市农业科技创新园，德州市农业科技示范园一处。

【科技创新】 新增国家、省级项目14项。主要有主持国家特色蔬菜产业技术体系德州综合试验站，主持中央财政农业发展资金项目“玉米/大豆间作绿色高效种植模式推广”，参加科技部国家重点研发专项“黄淮海东部小麦—玉米周年光温水肥资源优化配置均衡丰产增效关键技术研究与模式构建”，参加科技部国家重点研发计划“化学肥料和农药减施增效综合技术研发”试点专项“德州冬小麦化肥农药减施技术集成研究与示范”和“鲁西北棉花农药减施技术集成研究与示范”，主持农业部西南作物生理生态与耕作重点实验室开放课题“德州地区玉米—大豆带状复合种植模式示范”，主持旱区作物逆境生物学国家重点实验室开放课题“利用六倍体小黑麦创制的小麦新种质的鉴定与抗旱性评价”，主持山东省引进国外智力成果示范推广项目“有机蔬菜标准化生产关键技术集成及产业化示范”，主持山东省重点研发计划（公益类专项）“小麦微核心种质氮素利用效率机制研究及应用”，主持山东省农业技术推广专项资金项目“设施蔬菜连作障碍综合防控关键技术”，主持山东省农业重大应用技术创新项目

德州市农科院专家（右三）指导蔬菜生产

“茶树菇设施栽培高产高效关键技术创新与集成示范”“山东省冬小麦种肥混播技术模式集成创新与示范”，主持山东省自然科学基金（博士基金）项目“60Co-γ射线与NaN_3复合诱变小麦抗旱突变体的创制及TILLING分析”，参加山东省农业重大应用技术创新项目“粮经饲绿色增效周年种植模式和关键技术研究与示范”。2017年，获市级以上科技奖励5项，分别是“夏玉米全程机械化节本增效生产技术集成与推广”获山东省农牧渔业丰收奖合作奖，“鲁西北抗虫棉高产高效防早衰栽培技术集成与推广”获山东省农牧渔业丰收奖三等奖，“标记型杂交棉新品种选育及配套栽培技术”获山东省农科院科技进步奖一等奖，“优质、抗逆菜心（菜薹）新品种选育”获德州市科技进步二等奖，“不同微生物肥调控高产农田土壤微生物区系关键技术研究与推广”获市科技进步合作奖；获得授权实用新型专利8项，分别是“露地西瓜立架增密栽培支撑装置”“露地西瓜半立架增密栽培支撑装置”“新型高效化肥耧”“新型化肥推放架”“蔬菜多功能支架网室”“辣椒防倒支撑装置”“一种玉米株高茎粗测量尺”“田间作业车”；鉴定项目2项，分别是“德州市以小麦适期减量播种为核心的‘五统一’技术体系集成与推广”“工厂化杏鲍菇职能高效栽培技术研究与推广”；田间测产验收项目1项，山东省农业重大应用技术创新项目“德州小型西瓜露地绿色高效生产技术研究与示范”；发表论文31篇。

【科技服务】 领导班子成员带队开展认真细致的调研工作，撰写高水平调研报告。其中两篇报告获得市领导的批示。开展科技服务、信息咨询，组织开展研讨、众筹、观摩等活动5次。在3个规模较大、管理水平较高的家庭农场试验示范“玉米大豆带状复合种植模式”1000多亩，召开全国现场观摩会，获得盖钧镒院士、赵振东院士等与会专家的高度评价，在社会上引起很大反响。全年组织农业科技下乡300多人次，培训农民20000多人次，推广应用先进适用技术20多项，建立新品种、新技术、新成果示范田2000亩。

（李冬刚　王汝明）

教　育

综　述

【荣誉】 2017年，德城区被中国教育协会授予全国素质教育示范区称号。

德城区成功承办全国第五届和谐杯小学幼儿园“七说”说课大赛。德城区教育局被授予特殊贡献奖。

德州市实验小学获评全国文明校园。

德州市第五中学、德州市石芦街小学被认定为全国中小学中华优秀文化艺术传承学校。

德州市第十中学、德城区天衢中心小学入选全国青少年校园足球特色学校。

德城区教师宋彦琳、于秋婷、于景军荣登山东省特级教师榜。

德城区初中学生阚立言代表德州市参加山东省电视台《国学小名士》节目获得全国冠军。阚立言被西安交通大学少年班录取。

中国教育报以《德城教育 魂系生命 根系民情》为题报道德城区“全区公平、整体优质”教育发展情况。

【学校建设】 推进解决大班额和全面“改薄”。明诚学校（小学、初中）、第四实验小学、益海小学、黄河涯镇实验小学等7所学校竣工，萱蕙学校、东风东路小学、二屯镇中心小学等4所学校主体封顶，新湖南路小学、西长小学、十一中学等13所学校主体在建。黄河涯镇于西小学、赵庄小学、沙杨小学、王程寨小学、实验小学、岳高铺小学等9所学校完工。

【学前教育】 下发《德城区幼儿园安全管理基本规范及检查标准》，认真开展自查自纠。7月份，联合公安、消防、食药监等部门开展联合执法，对存在问题隐患的幼儿园责令限期整改，根据整改报告，进行复查。10月16日，对140家校外托管机构负责人开展集中培训，重点讲解消防安全、食物中毒、应急处置知识，在小哈佛托管机构开展安全应急演练，提高校外托管机构应急能力。做好学龄前儿童救助。对经审批设立的公办幼儿园及普惠性的民办幼儿园就读的3～5岁家庭经济困难儿童、烈士子女、孤儿和残疾儿童进行资助，平均资助标准为每生每年1200元，每半年一发放，共4167人次受益。实现农村家庭经济困难学前儿童应助尽助。对家庭特别困难的学前儿童，酌情减免保教费。

【义务教育】 落实好义务教育阶段“两免一补”政策，对就读义务教育阶段的家庭经济困难寄宿生给予生活补助，初中每生每年1250元，每半年一发放，共368人次受益，小学无寄宿生。协助农民服务中心做好留守儿童关爱工作。切实保障入学机会均等。完善外来经商务工人员子女就学

2017年3月21日，德州市“廉洁家风伴成长”教育活动在德城区举行启动仪式

2017 年 3 月 14 日，中共德城区委书记巩洪波（前排中）调研教育工作

等学科教改实验。初步构建“基于精细化管理的高效课堂”“基于项目研究为主体的教师素质提升”“基于课程标准的学科教学”课程体系，开展自然拼读、英语绘本教学课程研究，形成实验小学“四季”课程、学院附小“根的教育”课程、天衢中心小学 UDP 课程等特色课程。落实中小学“自主选课日”制度，学生得到自主个性化发展。

办法，联合人社、工商、公安等部门，开辟绿色通道，坚持公平公正，保障外来务工人员子女受教育权利。严格执行就近入学办法，全面实行小学就近免试入学、初中对口入学制度，入学率达 100%。

【职业教育】 立足京津冀协同发展，以建设协同创新示范区为契机，采用 PPP 模式建设德城创业孵化职教园，项目基础垫层完成，各项工作有序推进。积极探索行业、企业与学校组建专业教学联盟等模式，与北京交通大学电气工程学院签订战略合作协议，在电动汽车、轨道交通、新能源发电等领域进行定制化岗位培训。

【教育教学】 推进高效课堂建设。落实新授课、讲评课、复习课三种课型，史、地、生、品导学案教学，构建“精讲精练、当堂达标”高效课堂教学模式。启动高效课堂比较研究，举办全区高效课堂建设研讨会，开展高效课堂“同课异构”活动。实施联片教研，形成以湖滨北路小学为牵头学校的北部共同体“和谐高效课堂”教学模式；以实验小学为牵头学校的中部共同体“基于标准的教学研究”模式；以新湖南路小学为牵头学校的南部发展共同体建构“简约教学”课堂模式；以建设小学为牵头学校的西部共同体“同课异构，分科教研，测试同析，质量共赢”工作模式。加强中小学课程建设。探索全课程教学、戏剧课程

【素质教育】 完善德育课程体系。加强社会主义核心价值观教育，依托校外爱国主义教育基地、科普基地，推进价值观教育进教材、进课堂、进头脑。积极做好中小学德育课程一体化实施试点工作，落实实施方案，开展实践活动，培养学生良好文明习惯。提高学生综合素质。推进书香校园建设、举办国学小名士诵读大赛、全区青少年诗词大会，进一步强化心理健康教育、生态文明教育、法制教育等，提高学生素养。德州五中学生阚立言代表德州市参加省电视台《国学小名士》节目获得全国冠军，被西安交通大学少年班录取。实施综合素质评价。建立完善中小学绿色评价体系，实施多元评价、综合评价，不断推进学生素质评价全面化、科学化。探索作业布置与批改有效模式，注重过程与方法、情感态度、价值观考察，学生综合素养进一步提高。

【队伍建设】 完善教师交流补充机制。2017 年招聘编制内教师 132 名、后备教师 260 名，有效解决师资不足问题。第十中学宋彦琳、实验小学于秋婷、二屯镇中心幼儿园于景军 3 名教师入选山东省第九批特级教师名单。截至 2017 年底，德城区共有省特级教师 11 名。湖滨北路小学吴艳霞、天衢中心小学范胜杰被评为正高级教师，第二职业中等专业学校傅湘利被评为高级讲师。

【学校管理】 提升学校管理水平。实施新学校行动计划和学校诊断策略，与北京教育学院、天津普育学校、北京翠微小学等京津冀知名学校对接，学习先进办学理念，不断提升管理水平。学院附小与北京翠微学校等京津冀名校形成“三地八校”

教育协同发展联盟。实验小学携手北京光明小学，推进教育教学改革，先后接待韩国始兴、河南内黄、甘肃张掖等国内外地区参观团100多人次来访。擦亮学校管理品牌。实施以培养学生健康自我为目标的学校愿景发展规划和学校发展诊断及新学校计划，丰富学校发展内涵，推动学校高端发展，打造一批办学有特色、教学有特点、人才有特长的精品学校。3所学校成为山东省家庭教育示范基地。第五中学、湖滨北路小学、解放北路小学被评为省级文明校园，实验小学被评为全国文明校园。第五中学、石芦街小学被认定为全国中小学中华优秀文化艺术传承学校。第十中学和天衢中心小学成功入选全国青少年校园足球特色学校。加快建设现代学校制度。推进以学校章程建设为核心的现代学校制度建设，完成“一校一章程”建设。初步探索依法办学、自主管理、民主监督、社会参与的现代学校管理模式，形成一校一规划、一校一评价、一校一章程、一校一制度、一校一特色学校制度体系。

2017年9月8日，中共德城区委副书记、区长王洪林（前排左二）调研教育工作

【教育成果】 12月16日，德城区被中国教育协会授予“全国素质教育示范区”。11月25日，《中国教育报》以《德城教育 魂系生命 根系民情》为题，对德城区“全区公平、整体优质”教育发展情况给予报道。11月11—12日，成功承办全国第五届和谐杯小学幼儿园“七说”说课大赛，被授予“特殊贡献奖”。7月17日，在山东省教育厅公布的《山东省教育厅关于公布省第一批教育信息化试点单位验收结果的通知》（鲁教科字〔2017〕9号）中，德城区教育局榜上有名，被授予山东省“教育信息化示范单位”荣誉称号。

（王树全　康希福　王雪丽　王雯）

区属学校工作

德城区教师进修学校

【概况】 德州市德城区教师进修学校创办于1954年。1985年经山东省人民政府批准备案确定为具有师范性质的副县级中等专业学校。

学校于1992年迁入德城区中原街28号。占地43亩。有建筑面积4050平方米的教学、办公综合楼一栋，内设12个教室，阶梯教室、多媒体教室、微机室、图书资料室、阅览室配套齐全。

【教学教研】 2017年3月、9月，圆满完成德州市社会人员教师资格认定人员的普通话测试工作。

2017年4月，宫炳峰主持的山东省“十二五”重点课题《区域整体推进教育特色的实践研究》通过省级鉴定。

2017年5—6月，组织、推荐、上报2017年山东省中小学教育科研优秀成果评审工作，共推7项优秀科研成果。5月，举办“十三五”省级、市级立项课题开题论证会。

2017年5—12月，继续指导学校以核心课题整合学校现有课题，建立主攻方向明确的课题体系。为确保课题规划与研究过程合乎学术规范，使学校教育科研资料更好地得到保存利用，深入中小学，指导学校教科室在校园网站或内部网上建立管理系统，系统由以下几部分组成：科研计划管理、科研成果管理、教师科研信息管理、科研课题过程管理和文件档案及数据库系统维护。学校及教师各项课题的申报立项、实施进展、文献资料、原始资料、资料整理与分析、科研成果及其推广应用、教师参与科研情况要在学校教育科研网络管理系统中即时、充分地体现。通过科学、规范、高效的过程管理，规范教育科研行为与过程，确保通过鉴定的研究成果具有较高价值。

2017 年 9 月，建立德城区心理健康教育领导小组，精心挑选成员，积极开展工作，于 11 月向山东省心理健康教育研究会推荐 1 个先进单位和 2 名先进个人。

2017 年 9 月，开展全国第十九届普通话宣传周的组织工作，举办德城区首届中小学经典诵读骨干教师培训。

2017 年 9—12 月，对各学校省级课题未结题的课题进行统计与指导，将 3 项省级课题结题材料上报到市教科所。

2017 年 9 月，组织 27 名中小学教师参加山东省科技教育创新发展现场研讨会，推荐 30 所中小学为山东省科技教育创新会员单位，推荐五中、新湖南路小学、实验小学为山东省科技教育创新先进单位。

2017 年 10 月，精心挑选、推荐 5 项成果参加德州市第二十九次社会科学优秀成果评选。

2017 年 11 月，组织 6 所学校参加德州市名师成长俱乐部培训，指导参训学校与教师撰写名师成长俱乐部方案与学科教学思维导图方案。

2017 年 12 月，国家语保工程专家组通过验收。

2017 年 11—12 月，指导、组织、评选、推荐、上报山东省教育科学“十三五”规划课题申报工作，共推 7 项省级课题。继续以“1314”高效课堂建设为突破口，以“12344”学科基地建设为基点，抓实各个学校的研究课题；指导、组织学校申报 6 项全国教育科学“十二五”规划 2015 年度课题。制定 2015《省课题、市重点课题立项评审评分表》《评审专家积分办法》，推荐 9 项山东省与德州市 2015 年度重点课题，推荐 12 项德州市规划课题；积极做好省市课题结题工作。有 3 项省级课题顺利通过省级鉴定，有 6 项市级课题顺利通过市级鉴定；指导学校开展小课题研究工作。天衢东路小学、新湖南路小学、黎明小学等学校基本上做到人人有课题。天衢东路小学刘培培老师 5 月份在《教育研究》发表论文一篇；努力做好培训、交流工作。组织部分学校教师参加了中小学微课程建设与翻转课堂教学实践论坛、山东省中小学心理健康教育教师培训班和首届山东省学习心理论坛。组织乡镇学校校长名师成长现场观摩会。组织 27 名中小学校长与业务校长参加首届全国名师工作室建设研讨会，深入交流探讨名师工作室建设的策略、推进问题；实施问题即课题工程，助推名师战略。引导教师从自己的教育经验中生成、提炼出鲜活的“教育模式”，促进教师由经验型向智慧型、研究型转变；积极参与第十六届“华人少年作文比赛”宣传、督促落实工作；推荐优秀成果参加德州市社科委第二十八次社会科学优秀成果评选，有两项成果获奖；推荐了 8 人进入市级“师德建设、名师成长”专家库；组织全区中小学教师参加中小学教师工作状况网络调查，山东省教育科学研究孙月圣和张连锋主任专门德城区进行指导。

【教师队伍】 学校现有教职工 27 人，专任教师学历全部达到本科以上，其中研究生 2 人、双学历者 3 人，专职教师中具有高级职称人数达 50%，95% 以上人员为中级以上职称。学校先后聘请中央教科所、北京教育学院、省教育学院、德州学院等教科研单位一批具有较高理论水平的教育专家为兼职教师，形成一支人员精干、素质优良、结构优化的专兼职结合的教师队伍。

（王志敏）

德州信息工程中等专业学校

【概况】 德州信息工程中等专业学校是 2001 年在德城区电大工作站的基础上成立并发展起来国家级重点中等专业学校、山东省规范化中等职业学校。学校坚持大职业教育观，遵循“办好职业教育，服务经济社会发展”的办学宗旨，构建起中等职业教育、成人学历教育、社区教育、短期培训、实训基地“五位一体”的办学体系，形成“开放式办学，多元化发展”的办学特色。有教职工 277 人，全日制职业教育在校生 2962 人，成人学历教育在校生 7000 余人，每年完成短期培训 7000 余人次。

【职业教育】 在创建省规范化中等职业学校的引领下，加强专业建设，优化专业布局，新增新能源汽车技术、机器人技术应用专业，计算机平面设计专业被立项为山东省品牌专业。加强校企合作、校校合作，先后与远中人力资源服务公司、通懋机电设备有限公司合作共建机电设备安装与维修专业，与华唐中科教育科技有限公司合作共建电子商务专业，与北京交通大学电气工程学院签订战略合作协议，共建新能源汽车技术专业。通过校企共建，提高学生的应用实践能力，在省、市级技能大赛中荣获 3 个省三等奖、7 个市一等奖；作品“易优选软件”荣获 2017 年山东省黄炎培职业教育奖创新创业大赛三等奖。

作为山东省教学诊断与改进工作试点学校，在数字化校园的基础上，学校初步建立人才培养工作状态数据平台，以完善内部质量保障体系为目标，按照“需求导向、自我保证，多元诊断、重在改进”的工作方针，切实履行规范教学、规范管理。

【德育工作】 构建环境育人、课堂育人、活动育人、实践育人的“四育人”德育体系，开展 8 个主题月活动，成立 14 个社团，举办第十届技能节、第十二届校园文化艺术节、秋季运动会、迎新晚会等文体活动，打造“德能兼备，人人出彩”的学生成长平台。在第六届全国中职学校班主任工作高峰论坛上，学校做专题经验介绍。

【师资培养】 学校全面打造教师队伍，组织中层干部、班主任、新教师等校级全员培训 9 次，举办以“实施精细化管理，促进规范化办学”为主题的第十一届中层干部读书会，通过组织专家讲座、外出学习、新老教师结对子等方式，提升教师的教育教学水平。钟玲艳老师获得全国中等职业学校财经类专业“创新杯”教师说课比赛一等奖，孙宝香老师获得全省第三届中等职业学校班主任基本功大赛三等奖。

【成人教育】 成人学历教育整体工作稳中向好，教务教学管理和服务能力不断加强，全年招生 3700 余人。先后荣获全国高校现代远程教育优秀校外学习中心、中南大学网络教育学院 2017 年度优秀学习中心、中国石油大学（华东）现代远程教育优秀学习中心、山东广播电视大学招生工作先进集体、山东广播电视大学教学管理先进集体称号。

【社会服务】 学校与人社局、药监局、残联等单位合作，承接山东省“金蓝领”焊工技师培训、德城区农村贫困残疾人培训、人社局免费培训等项目，全年完成各类培训 7700 人次。

德城社区学院深入近百个社区、学校及企业，开展法律维权类、生活休闲类、健康养生类、文化涵养类等系列活动 230 余场，打造特色社区教育服务品牌“传统文化进社区”，满足社区居民多样化的学习需求。顺利承办中日老年服务与管理研讨会，推动社区教育和老年教育工作的进一步发展。

【体制创新】 深化办学体制改革，进行混合所有制办学、管理、运营模式的探索与实践。创新教师聘用机制，在区政府的支持下，以政府购买服务形式面向社会公开招聘了 45 名专业教师。

2017 年 7 月 12 日，农业部农村社会事业发展中心休闲农业处处长刘纪昌（右二）到涉农专业实训基地调研

【新校区实训区建设】 2017年5月，新校区、实训区同时开工建设。新校区一期占地面积290亩，建筑面积14.6万平方米，建设信息化楼、实验实训楼、学生活动中心、行政楼。实训区占地面积103亩，一期建设现代农业技术培训楼、老年开放大学教学楼、农村电商创业园孵化楼。

（袁媛）

德州市第二职业中等专业学校

【概况】 德州市第二职业中等专业学校，位于德州市大学西路1269号。截至2017年底，占地面积40844.43平方米（61.27亩）；建筑面积21704.78平方米。固定资产535.46万元。学校为省级重点学校，始建于1963年，原称为德州市第八中学，1980年开始增加职业教育，1987年改名为德州市第三职业高级中学，1993年经省政府批准更名为德州市第二职业中等专业学校，1995年经国家教委和省政府认定为省级重点职业中等专业学校。截至2017年底，学校建有高标准多媒体教室24个，实训实习室21个，其中包括2个汽修车间、1个钣喷车间、1个数控车间、2个钳工车间、1个焊接车间、1个电子实训室、1个电子商务实训室、6个计算机房、1个美术画室、5个钢琴室、1个舞蹈房。截至2017年底，学校设备总值350多万元，生均教学仪器设备2600元，生均纸质图书20.5册，比上一年度均有所上升。学校连续多年被评为国家级“实践教育先进单位”“职业技能鉴定考试培训中心”“特种作业人员操作资格考培基地”。

【教学教研】 学校加大教育教学改革力度，积极探索适合学校实际的“现代学徒制”等教学模式，在教学实践中，积极实施“以项目为导向、以任务为核心”的项目教学法。全力打造高效课堂，积极探讨“教、学、做”紧密结合的教学方法，实现教学方式的根本性转变。将专业人才培养方案在原有基础上进一步进行整合，充实专业建设指导委员会、专业调研报告等方面的内容。升学部紧紧围绕春季高考考试大纲，将相应专业人才培养方案进行补充修正。就业部结合学校实际和就业形势变化，组织用人单位和专业教师团队充分论证，重点就课程设置、实习实训安排、就业方向等做新的调整。人才培养方案调整推动了学校教育教学工作的开展。

【师资培养】 截至2017年底，学校在职教职工127人，其中在编教师104人，聘任教师23人；高级教师65人，教学名师2人。

学校逐步建立健全各项师资培训制度，加强组织领导，积极鼓励教师参加继续教育和学历提升，使之与教师人事制度改革、教师职务评聘相结合，促进教师的终身学习和专业发展。学校以“双师型教师”为培养目标，实施以新任教师岗前培训、在职教师专业提升培训、专业带头人培训、骨干班主任培训等教师专业成长培养体系。2017年6月，学校有4位校级领导、1位班主任和5位专业骨干教师参加省级培训并顺利结业，为学校的教育教学发展增添了助力。

【教学成果】 2017年学校教师有2人次在全国信息化教学大赛中获得二等奖，有7人次在全市信息化教学大赛中斩获一等奖。在2017年全市中职学生文化知识竞赛中，学校参赛人员共20人，获得一等奖6个、二等奖5个、三等奖9个。在2017年全市中职学生专业知识与技能竞赛中，学校参赛人员共17人，获得一等奖2个、二等奖4个、三等奖11个。在2017年全市中职学校第九届技能大赛中，学校参赛队获得二等奖8个，三等奖8个。

【学生管理】 学校2017年招生471人。截至2017年底，在校生规模为1461人，其中2015级478人，2016级512人，2017级471人。学生年龄结构为14岁到16周岁之间，为应届或往届初中毕业生，来自山东省和河北省，巩固率为91%。招生规模、毕业生规模、巩固率均比上一年度有所提高。

在学生管理上，加强部门队伍、班主任队伍、学生会队伍建设力度，加大学习力度，提升政治素质、提高业务水平，统一思想、增强战斗力，使合力空前增强。优化创新德育课程，增加母亲节系列活动、毕业典礼、春季远足等仪式感活动的德育内涵，以之提升学生的职业归属感和职业素养。通过拆书活动、主题演讲、主题班会、元旦联欢会、朗诵比赛等活动，提升学生的综合素质，营造风清气正的学习氛围。通过加强楼道文化、宿舍文化、校园文化的内涵建设，增强校园的熏陶功能。一以贯之地落实常规管理推行《德州二职专学生德育考核实施办法》《德州二职专优秀班级评比办法》，建立家校社会沟通合作机制，携手帮助学生确立正确的世界观、人生观、价值观。

【校企合作】 学校秉持“以服务为宗旨，以就业为导向，以教学为核心，以学生职业生涯发展为目的”的办学思想，建立校企合作长效机制，实行工学结合，校企合作。与浪潮集团、长城汽车股份有限公司、海尔集团、景津压滤机集团有限公司、奇威特集团、妇幼儿童活动中心幼儿园等多家大型企业建立长期稳定合作关系，校企双方共同制定人才培养方案、建设专业、开发课程，培养的学生更符合企业的要求，学校办学能力得到提高，实现校企合作、双赢互利。

学校加入德州职业教育集团、京津冀鲁汽车职业教育联盟、中国商业统计学会职业教育与大数据分会、中华职业教育社。作为职教集团理事会成员，学校和其他兄弟学校一道积极面对职业教育发展新常态，务实作为，精心研究，锐意创新，深化校企合作，服务社会能力明显提高。

学校为2014级所有专业学生进行就业安置，就业率达98%。安排2015级机电、汽修、计算机、幼教、光电等专业学生为期6个月顶岗实习。按照国家实习管理规定完善学校实习管理制度，严格实习管理，安排实习带队老师全程跟踪指导学生实习，学校、企业领导互访频繁，时刻关注实习学生动态，随时解决实习中出现的问题，确保实习保质保量完成，得到家长、企业和社会一致认可好评。

（田新国）

德州市第三中学

【学校概况】 德州市第三中学是一所具有五十多年历史的初级中学，始建于1964年，坐落在德城区吕家街。学校占地面积12781.43平方米，建筑面积5699.23平方米。截至2017年底，共有12个教学班，学生总数535人，专任教师62人，代课教师1人。教师用笔记本计算机60台。有多媒体教室28个。配备音乐教室、美术教室、舞蹈室、物理实验室、化学实验室、生物实验室、史地教室、心理辅导室、多功能室、图书室各一个，图书室有图书3万余册。学校操场设篮球场3个、排球场1个、羽毛球场1个、乒乓球场活动室1个。2017年，学校西南角楼全部拆除并硬化美化，教室学生桌凳全部标准化，教学楼和教师办公室门窗重新更换，网络监控升级，实现无死角全覆盖，校园整体环境焕然一新。

学校先后获得全国创新型教师培养重点科研单位、山东省体育传统项目学校、山东省心理健康教育研究会单位会员学校、德州市教育科学研究重点实验基地、德州市教师职业道德建设示范星学校、德州市依法治校示范学校、市级规范化学校、市级文明单位、德城区学科教研建设基地、德城区教学改革实验学校称号。

【学校发展愿景】 德州三中结合学校实际情况，找准定位，调整思路，确定学校的发展方向。学校发展愿景：建设一所学生快乐、教师幸福、家长满意、社会认可的学校。学生培养目标：自尊、自主、崇礼、尚学。学校五年规划：第一年更新教育教学理念，为全面贯彻落实国家对基础教育的发展要求，促进学校健康、和谐、可持续发展，建章立制，凝神聚力，创建和谐稳定的校园；第三年，巩固和完善各项制度，加强新学校研究，进一步开发校本课程，逐步提升教育教学质量，创建积极进取的校园；第五年，进一步深化课程建设，文化育人，构建快乐幸福的校园。

【深化课改　打造和谐高效课堂】 2017年是德州三中课改深化之年。围绕着教学改革这个核心，德州三中加大资金投入，实现一线教师全体外出天津普育培训，学校校长及教务部门增加推门听课频度，教职员工凝神聚力，多措并举，齐抓共管，积极探索适合学校实际的小组合作学习方式，坚持“先学后教，以学定教”教学原则，以“精讲精练，当堂达标”为手段，以“小循环，步步清”为方法，以夯实基础知识为目的，以学情较

2017年11月4日至5日，德州三中七位优秀青年教师参加在滨州市滨城区第八中学举行的全国和谐杯初高中"七说"说课大赛。其中英语老师吴迪（左二）荣获特等奖；生物老师李凤娇（左一），化学老师张燕（右一），物理老师王明慧（右三）、李潇（左四），政治老师孟鑫鑫（左三）荣获一等奖；数学老师王伟（右二）荣获二等奖。德州三中荣获优秀团体组织奖

好的班级作为试点，以小组捆绑式评价作为突破口，在自主、合作、探究中提高学生的学习兴趣和能力。逐步探索形成具有学科、课型特点和个人特色相结合的教学模式。通过宣传发动、小组建设、学科模式形成、展示汇报、成熟示范、总结推广六阶段，有序推进，逐步铺开，努力打造高效课堂，从而提高课堂效率，全面提升教学质量。学校教风和谐积极务实，学生学风活泼扎实有序，教学质量稳步提升。

【实施青蓝工程　助力教师专业成长】 2017年，学校着眼长远发展，继续有计划地实施青蓝工程，注重青年教师培养，全方位助力青年教师起飞。校本培训秉承"多形式、重实效"原则，采取集中学习和分散学习相结合方式，既注重在教师价值观、人生观、师德观方面长期浸润，又注重学校优质资源利用，挖掘学校骨干教师潜力，在教学方法上精研细磨；加大教师培训投入，既走出去又请进来，开拓教师视野，提高教师队伍素质；实行大教研组集体备课制，实现资源共享，经验互传；采用推门听课制度，及时评课磨课，加强常态课的监督管理；一学期一本书，占领理论高地，召开青年教师读书感悟交流会；参加"全国和谐杯说课大赛"，吴迪老师获得英语学科特等奖，张燕老师、孟鑫鑫老师、王明慧老师、李潇老师、李奉娇老师分别获得本学科一等奖；充分发挥学科带头人、骨干教师的示范作用和老教师的传、帮、带作用，举办德州三中优质示范课；搭建平台，进行2017年新入职教师青年教师汇报课比赛；成立德育小组，让青年教师全员参与学生管理；根据学情教情变化，不断充实学生评教标准，进行"我最喜欢的老师"评选，引领教师的成长方向。

【注重课程开发　全方位提升学生综合素质】 开设开学课程、毕业课程、培优课程、旅游地理课程、文明礼仪课程、中华历史课程、话剧课程、朗诵课程、阅读课程，供学生选择，营造课程文化，促进学生全面发展，让学生个性饱满，构建符合学校实际的校本课程体系，努力打造"生生有特长，人人有品位"的校本课程品牌；整合校内资源，建立篮球、乒乓球、足球、排球、棋类、摄影、绘画、合唱等20个社团，开发学生特长优势，全面提升学生综合素质；开展国学经典进校园活动，潜移默化，氛围熏染；开设团课，采用团员预备制，塑造学生人生价值观；以中国学生发展核心素养、学生培养目标为依据，以活动为载体，设计体育节、读书节、青春宣誓仪式、远足、毕业联欢，在活动中，提高学生能力和素养；以养成教育为主线，抓基础，抓常规，对学生的养成教育坚持从理论上进行指导、从思想上进行启迪、从情感上进行交流、从行为上进行训练，使学生养成健康的生活习惯、良好的学习习惯和文明的行为习惯，把握育人的根本；以海量阅读为依托，阅读经典，沐浴书香，提升学生的审美情趣、人文素养和道德素养。

（魏巍）

德州市第四中学

【概况】 德州市第四中学，是一所全日制九年义务教育的初级中学，前身为德城区人民中学。学

校位于德城区解放南大道1652号，于官屯大桥北三百米处，东临南苑花城。学校占地面积66亩，拥有一座教学楼和一座实验楼，建筑面积7731平方米。学校先后获得市级规范化学校、绿色学校、卫生单位、文明单位等荣誉称号。

【打造特色品牌学校　共建和合精神家园】2017年，经过全体师生的共同努力，学校管理日趋科学化、规范化，办学水平得到进一步提高。在新的形势下，为进一步明确学校发展方向，提出“以生为本，以师为根，科学发展”的办学理念，制定“打造特色品牌学校，共建和谐精神家园”的办学目标，实现学校整体推进、均衡发展的格局，教育教学质量稳步提升，呈现出健康、稳定、和谐、快速发展的良好局面。

【开展自信教育　促进学生成长】德州四中文化建设以自信教育为主题，贯穿学校管理、德育、教学、活动等各个方面。学校申报的“初中生自信教育研究”的省级教研课题，正在逐步深化落实。通过学生会检查日常工作，不断完善学生自我管理、自我检查机制。学生会成员每天监督检查各班的“仪容仪表”“两操”“卫生”“纪律”“自行车摆放”情况，及时公布张贴，做到周评月结，对形成良好的班风、校风起到重要作用。利用国旗下讲话、主题班会、校园广播、宣传栏、班级墙报、初一新生军训、入学教育等形式，特别是学校开展的学生自信演讲活动，对学生进行自信教育和习惯养成教育，收到好效果。通过丰富多彩的校园文化活动加强自信教育。本学年学校成功举办“我爱我班”、“我自信，我成功”演讲比赛，师生远足等活动。以小组自主合作学习为主要形式的课堂教学改革给学生增强自信提供平台，学生参与、讨论、展示的机会增多，自信心不断提高。《绿洲》文学社成为学生活动的主阵地。学生在活动中、在课堂上得以锻炼，获得快乐、自信和成功。

【加速教师培养　助推名师梦想】学校积极探索高效课堂“二四六”教学模式，提高教师的课堂教学水平和课堂驾驭能力，提升学校的教研水平和教学质量，增强教师的自信心。在教师的培养上，学校本着搭台子、铺路子的目的，把教师的学习、培训、提高落到实处。坚持每周半天的教师集中学习培训活动，坚持每周各备课组开展一次集体备课活动。先后组织部分教师到天津普育学校参观学习。学校每学期都组织新教师过关课、青年教师汇报课、优秀教师公开课、名师示范课等课堂教学活动。每讲完一节课，立即组织学科组老师进行说课、评课，切磋技艺，取长补短，共同提高。学校以课堂教学为中心，以校本培训为载体，大力倡导和促进教师的读书学习活动。为促进青年教师的业务成长，学校开展了新老教师结对帮扶工作，组织了教学经验交流会、班级管理交流会，老师们讲得真、说得细，坦诚交流，各有所得。通过学习、反思、交流、实践，教师们在教育理念、教育艺术、教学技巧等方面都得到进一步的提升。

【弘扬传统文化　厚泽精神家园】为弘扬中华优秀传统文化，丰厚教师的文化素养，加强学生思想道德建设，养成学生“讲文明、讲礼貌、讲规矩”的习惯，培养“知理、懂事、感恩、诚信、好学、文明”的优秀中学生，学校从9月开始，在全校师生中开展“学习《弟子规》，争做文明师生”活动。学校给全体教师每人购买《守护传统常识》《弟子规到底说了什么》两本书，给每位学生编印《学习弟子规，争做文明学生》手册，班主任担任传统文化校本课程的教师。通过个人学习、集中学习、观看视频讲座、升旗活动、班会课、诵读比赛、文艺会演、“弟子规”力行表等形式和活动，全体师生学习、诵读、践行《弟子规》。学校政教处、团委组织开展各种相关的活动。一年来，师生的精神面貌、学生的行为习惯都在悄悄发生着变化，对形成良好校风、打造精神家园起到了很好的促进作用。

（高印涛）

德州市第五中学

【概况】始建于1972年，是德城区初中学段首所省级规范化学校。2004年进行扩建和改造。2015年教学区占地面积26680平方米，校舍面积17000平方米。学校建有300米塑胶跑道、人工草坪足球场、塑胶篮球场；建有学术交流中心、功能齐全的多媒体教室、理化生实验室等各种教学、实验设施；设有1600平方米的图书室和学生阅览室；为七年级22个班安装多媒体一体机，新增陶艺室、航模活动室、科技室。五中曾经培养出全国十佳教师、党的第十五大代表尹丽君。在几代五中人的共同努力下，学校先后荣获全国科学教育实验基地、教育部第三届和谐校园先进学校、山东省规范化学校、省级文明单位、省级绿色学校、山东省依法治校示范学校称号。

【荣誉】 2017年，德州五中荣获全国国防教育特色学校、全国青少年校园足球特色学校、山东省十大创新巾帼文明岗、省级文明校园称号。

在2017年学业水平考试中，德州五中考生的德州一中、德州二中、实验高中上线人数分别为566人、917人、963人，德州一中录取人数居全区第一。阚立言、许云迪、王子怡三名学生包揽中考全区前三名。

【教师队伍建设】 一是把师德教育作为学校工作永恒主题。强化师德修养，认真做好党风廉政建设，抓好廉政文化进校园工作。全体教师认真学习《中小学教师职业道德规范》《党的十九大报告》《十九大党章修正案》，认真落实立德树人理念，努力提升思想境界，坚持以德立身、以德立学、以德施教。二是加强班主任队伍建设，努力建设一支胸怀理想、勤于学习、善于合作、职业思想过硬的班主任队伍。通过班主任工作例会和外出学习、讲座、观看视频等措施，多途径多形式地进行班主任培训，鼓励班主任老师撰写工作笔记，12月派26位班主任参加《创新班会活动课》培训。举办优秀班主任经验介绍会、优秀班集体综合考核汇报会，以先进管理理念引领班主任队伍建设。制定不同年级系统德育工作计划，组织班主任认真学习贯彻，使德育教育更有针对性，取得良好的效果。三是坚持“青蓝工程”建设，做好青年教师的传帮带工作。继续办好青年教师发展学校，通过骨干教师示范课、专家讲座、集中学习等方式加大培养青年教师的力度。继续抓好青年教师拜师结对工作，学校为每一位青年教师选配有经验、有能力的中青年骨干教师担当师傅，建立“师徒协作”的共同体，发挥传帮带作用，徒弟先听课、再上课，师傅每周听徒弟一节课，课后及时讨论总结，以老带新，以优带新，以学促新，带动整体教师队伍业务素质提高。制定个人三年发展规划以及撰写教学反思。每位青年教师制定个人三年发展规划，及时撰写教学反思，在学期末选择优秀的结集印刷成册。四是连片教研，抱团发展。扎实落实教研室工作部署，三四五中结成联盟学校，为提高教师专业水平，三所学校组织全体教师分三批赴天津普育学校学习培训，通过听课评课、听讲座，学习王敏勤教授“和谐教学法”教学模式，拓宽视野，革新教育教学理念，为实现高效课堂奠定坚实的基础。举办“七说”说课比赛，50位教师参加了比赛，三中、四中派出老师观摩比赛，通过比赛，老师们对教材的把控能力得到进一步的提高，对和谐教学法加深理解，取得良好效果。举办青年教师讲课比赛。学校组织了50名青年教师参加的讲课比赛，推动青年教师快速进步。五是开展教师读书活动。要

2017年12月7日，菲律宾光启中学与德州五中友好交流暨“上好佳—德州五中”助学基金发放仪式在德州五中成功举行。德州市人大常委会副主任周玉刚（左四），上好佳（中国）有限公司代表徐国源（左五），德州市外侨办主任宋小美（左三），德州市外侨办副主任张爱军（左六），德城区人大常委会副主任张仲钵（左二），德城区副区长于志新（左七）出席仪式

求教师读书与思考有机结合，要能边读边想，紧密联系自己教育教学实践，读出自己的思考与见解，提高认识，培养自己独特的思维与创新意识。做到在读书过程中，认真做好读书笔记，提出质疑，积极思考，及时写下心得体会，务力寻求读书成效的最大化，不断提高自己的各方面素质与综合能力。

【教学改革】 学校制定“德州五中基于小组合作的高效课堂建设实施方案”，构建起具有五中特色的高效课堂教学模式，即基于小组合作学习的“和谐教学法”生态课堂。一是加强小组合作学习培训，包括教师和学生的培训，编印小组合作学习指导手册，举办多次培训会，学期中召开教师座谈会，及时讨论解决实施过程中的问题。二是完善备课制度，制订《德州五中备课细则》，规范集体备课。主管领导深入年级组把关掌舵，在讨论、碰撞中总结成功的做法和经验，使教案既实效又灵活，提高教学效率和教学质量。三是坚持巡课制度，学校领导和教务处、年级领导坚持巡课，发现问题及时沟通处理，创造和谐良好的教学氛围。四是加强教案检查，每周五下午对教案分组例行检查并记录在册，及时提出改进建议。五是坚持周报制度，教务处、年级组每周对教学进行总结、交流、汇总，及时总结经验，查找工作中存在的问题，提出改进措施和方法，制定下周改进措施。

【教学研究】 一是抓好课题申报、立项，选择适于校情的课题，立项后，边总结、边调整、边实施，真正使课题服务于学校教学，已经成功结题《心理健康教育课的模式与内容》《心理健康教育课模式与内容研究》《生态课堂中小组合作学习的实践研究》《高效课堂中教师的有效教学行为研究》课题。二是重视校本课程开发，学校要求全体 45 岁以下老师立足岗位，积极编写符合学生培养目标的校本课程。学校初步选出 120 多个校本课程，基本编写完成。三是资源共享，建立试题库，逐步形成学校有特色的资料管理模式。

【面向全体学生 贯彻教育方针】 校园文化坚持立德树人主题，让教育真正走向人本，走向心灵，为学生幸福人生奠基。坚持面向全体学生，加强正面引导，注重养成教育，灌输正确的世界观、人生观、价值观，养成良好的道德行为习惯；创设多种称号，开展“争先创优”活动，引导学生形成具有远大的理想和抱负，整个校园充满浓厚的积极向上、乐观顽强、健康阳光的文化氛围。一是社团活动异彩纷呈。学校的社团活动有计划、有验收，丰富多彩、创新活跃，“共筑中国梦——团员在行动”活动，“我把青春献祖国”演讲，“绿色班级文化”活动涵盖广泛；庆“六一篝火晚会”、合唱节、体育节、艺术节活动如火如荼；“多彩人生”美术社团在农民画创作中学有所获，在各类艺术展上均有获奖；经典国学社团在 2016 年和 2017 年德州市国学小名士经典诵读电视大赛上获得优异成绩，代表德州市在省级比赛中获奖，阚立言同学获得全国比赛第一名，学校获得国学名校荣誉称号。二是完善“学生实践管理”制度，实施班级量化评比，各项检查评比得分及时公布在《政教周迅》上，促进学生自主管理的自觉性。三是举行“家长进课堂”活动，建立健全三级家委会制度，每班设立“班级家长委员会”，在此基础上设立“年级家长委员会”“学校家长委员会”，体现家长对学校工作的知情权和监督权，邀请家长走进课堂，现场听课，老师和家长充分沟通，学校校长给全体七年级家长作《如何做好小升初衔接》报告，邀请北京四中曾涛老师作家庭教育报告会，收到家校合力、共建和谐校园的效果。四是组织多种报告会，开展“品德教育、法纪教育、安全教育”等活动，邀请山东省检察院讲师团举办“网游的危害”讲座，邀请车站街派出所副所长田晓华进行交通安全知识、做遵纪守法好少年法制教育，利用菲律宾寻根团友好访问之际，联络“上好佳”集团，成立“德州五中—上好佳”助学基金，让更多优秀贫困生感悟今天被助、明天自助、后天助人的精神。一系列具有时代意义和德育培养的活动，促进学生身心成长，学生综合素质不断提高。

在 2017 年 4 月德州市第七届中小学航模竞赛中学校 32 人获得一等奖，再次囊括男女六项团体冠军。在 2017 年 8 月山东省青少年航空航天模型锦标赛中 18 人获得一等奖，获得 3 项男女团体冠军。在 2017 年 8 月全国第二届机器人大赛机器人舞蹈比赛中获得第四名。在 2017 年“体彩杯”德州市中小学篮球联赛中获得男子团体组第一名、女子团体组第二名。在 2017 年“体彩杯”德州市中小学足球联赛中获得女子团体组第二名。在 2017 年德州市校园足球夏令营初中决赛中获男子组第二名。2017 年 10 月“济南出版”杯 2017 年度山东省学校师生书法篆刻大赛中成绩优异。2017 年荣获德州市中小学生艺术节一等奖，代表德州市参加山东省中小学艺术节表演。

【综合管理 后勤保障】 一是安全工作常抓不懈，每位教师都牢固树立“安全工作无小事”意识，防患于未然，把学校安全工作作为“重中之重”抓牢抓好，学校政教、总务等部门建立定期巡视制度，建立安全检查台账，及时发现问题并及时解决，坚决杜绝安全隐患。二是增强服务意识，营造和谐的工作环境，全体教师转变观念，强化全员服务意识，学校要服务于社会和家长，教师要服务于学生，学校领导要服务于全校师生，教师一切工作要服务于学生全面发展和教学质量提升以及学校良好形象塑造。

（王玉荣　王静敏）

德州市第九中学

【概况】 德州市第九中学始建于 1978 年，是一所初级中学，山东省规范化学校和山东省教学示范学校。学校占地 63 亩，校舍面积 31548 平方米，建有 300 米塑胶跑道，人工草坪足球场，室内多功能体育馆，6 个塑胶篮球场，8 个物理、化学、生物实验室，68 个多媒体教室，3 个微机室，3 个劳动技术教室，1 个探究实验室，1 个舞蹈教室，4 个音乐教室，3 个画室，装备 1500 平方米 6 万册图书的图书室、阅览室，每位教职员工配备电脑，实现教学手段现代化。学校先后获得联合国世界遗产青少年教育基地、全国合作教育重点实验单位、全国综合实践活动先进学校、全国劳动技术先进学校、全国综合实践活动课程资源开发与实践先进实验学校、山东省规范化学校、山东省教学示范学校、山东省科普示范学校、德州市文明单位、德州市绿色学校、德州市公民道德建设示范单位称号。

【师德师风建设】 学校积极拓展校本培训的多种形式，将集中学习与个人自修有机结合；同时，加强学校制度建设，以规章规范和约束教师行为，推动师德师风建设纵深发展。组织教职员工进行有效的集中学习。

【开展特色课程】 为突出学校办学特色和亮点、发挥教师特长和潜能，促进学生富有个性地全面发展，2017 年开设 35 门校本课程，涵盖法律、自然、语言、文学、历史、地理、饮食、健美、模特、音乐、美术、计算机、心理学、体育、趣味数学、趣味物理、学习方法等多个领域，促进学生的个性化发展，发挥教师的专业特长。

【打造书香校园】 学校在教学楼走廊配备开放式书架，书架上除了摆放着各类图书以外，还有各种盆栽植物，为孩子营造随时随地阅读的优良环境。学校组织开展读书节图书漂流活动、跳蚤市场义卖活动，激发促进养学生的阅读兴趣，让旧书、旧物换发了新的生命力，培养学生珍惜旧物的良好意识。

【基于小组合作学习下的“235”教学模式】 “235”模式，即 2 棵知识树、3 个步骤、5 个教学环节。在基于小组合作学习下的“235”教学模式的课堂中，通过小组间、师生间的合作讨论，为学生创设一种民主、平等、和谐的课堂氛围，学生学习的热情高了，自信心增强了，主动学习的多了，“我认为”“我觉得”“我的看法是”“我们组的观点是”“我的建议是”等语言多了。一个个高昂的头，一只只高举的手成了课堂中一道亮丽的风景。学生自主学习、合作交流充实课堂，沉闷的课堂气氛不见了。教师观念变了，由台前走到了台后，由演员变成了导演，把表演权还给学生。教师的合作意识增强了，成了学生学习的组织者，合作者、引导者和参与者，独角戏不见了。学校的学习风气浓郁了；逃学、厌学现象不见了。

【青年教师培养】 青年教师是实施素质教育、推进教育现代化的生力军，是未来教育改革与发展的希望。因此，加强对青年教师的培养，使他们尽快成长为思想水平高、业务能力强的骨干教师、优秀教师，是学校一项非常重要的工作。积极组织青年教师参加上级主管部门及学校组织的各种外出培训活动，使青年教师开阔视野、拓宽思路，在课堂教学改革中发挥生力军作用。请有关专家、学校领导为青年教师开展“教学常规及师德建设”“如何备课－上课－听课－评课”“给新教师的几点建议”等系列培训活动。组织“师徒结对”“青蓝工程”“跟踪听课评课”“骨干教师答疑解惑”等以老带新活动。组织青年教师“演讲比赛”“说课比赛”“讲课比赛”等比赛活动。组织青年教师“教坛新秀”“优秀读书笔记”“优秀听课记录”“优秀教学设计”“优秀成长感悟”等评比活动。通过活动的开展，青年教师提升自身素质，增强职业道德，形成正确的教育观念，教育教学水平得到很大提高。

（刘卫东）

德州市第十中学

【概况】 北依北园小区，南邻五环体育场。始建于1989年，2011年由区委、区政府对学校实施改扩建工程。学校占地面积近50亩，建筑面积26000平方米。学校荣获山东省首批初中教学示范校、山东省规范化学校、山东省初中教学先进单位、山东省创新教育基地、山东省普通话校园语言示范学校、山东省语言文字工作先进单位、山东省校本培训示范校、山东省素质教育试点学校、山东省电化教学先进单位、全国劳动技术先进学校、山东省绿色学校、德州市文明单位、德城区办学水平综合评估优秀学校、德城区学校安全工作先进单位、德城区学科教研建设基地、德城区四德工程建设先进单位、德城区先进基层党组织、德城区创建国家园林城市绿化工作先进单位称号。

【教师文化】 追求卓越。学习提升，学然后知不足。组织教师赴北京、上海、天津、青岛等地学习，参观名校，拓宽眼界，开阔思路。

【课程文化】 基于核心素养。启动成长共同体研究。成立项目研究组，召开项目培训会，介绍建设成长共同体的标准与原则。开发助学课程。从学科课程延伸出来，与学科课程密切联系，并且能够促进学科课程学习，对学生知识的巩固和能力的培养都起到重要作用。提炼活动课程。七年级诗文诵读大赛、八年级端午诗会、九年级国学达人评选，传统文化课程初步形成系列。

【德育文化】 全面评价。秉承“崇德励志、弘毅致远”校训，激励学生做“有道德、有理想、有责任、有追求”的人，要求学生好学善学、求知若渴。每月一主题的养成教育，一月一主题，将习惯培养和品德培育落到了实处。三大活动形成教育序列，七年级学生祭扫烈士陵园，培养爱国主义精神；八年级“唱响青春合唱节”，引领学生“追忆红色长征路，共筑青春中国梦”；九年级学生远足，磨炼意志，凝聚友情，激发他们求学拼搏的热情。探索学分制管理，将素质教育纳入学生、班级评价，重视学科教学成绩同时，倡导全面发展，鼓励特长培养，关注学生德育水平、行为习惯。

【环境文化】 求善尚美。十中的环境文化以“育人”为目标，使学生一走进校园就感受到“润物细无声”的教育力量。育人于时时处处。

【设施建设】 投资10万元建设两史文化教育长廊；投资20万元宣传十中，创建文明校园。为保障校园安全，投资12万元安装校园安全监控系统。投资21万元更新办公家具、学生课桌椅。投资55万元安装智能黑板。

（甄春）

德州市第十一中学

【概况】 德州市第十一中学位于德城区新岭路，是德州市规范化学校，市依法治校示范学校，市教育科研工作先进单位，山东省卫生先进单位。学校共有计算机160台。拥有高标准的理化生实验室、多媒体计算机室、图书室、美术室、音乐室、综合实践活动室。有多媒体教室22个，其中，有64台符合标准的高配置微机室一个，19个教学班均配有多媒体教学设备，另有多媒体功能室两个。

【荣誉】 2017年，德州市第十一中学荣获省级体育传统项目学校称号。

【教师队伍建设】 2017年，全体教师分三批到天津普育中学参观交流学习。

由德州十中筹办的“十中和十一中十加一教育联盟活动系列之同课异构”成功举行。开展13个学科同课异构活动。两校52名教师参与讲课及联合教研，活动的开展提升两校教师的教学水平。联盟建立为拓展教师教学思路，合作共赢，共同发展提供新模式。

举行“青蓝”工程师徒结对仪式。

举行德州十一中青年教师讲课比赛。

【思维导图实用于教学】 尝试在教学中使用思维导图。从教师培训到实际课堂教学，从指导学生到手绘作品的汇集，优秀作品层出不穷，部分教师形成教学系列集锦，优化学生学习效果。学校为教师购置《思维导图应用宝典》《零基础思维导图法》书籍，引导教师进行思维导图理论学习；召开“思维导图经验交流会”，分享获得“德州市初中思维导图种子教师”教学过程中对思维导图的认识和经验；通过学科章节思维导图系列编辑，汇编初中全科各年级思维导图集锦，通过对学生思维导图的训练，不仅教会学生自制思维导图，更是通过学生对思维导图的应用改变学生的思维方式。

【教学楼施工建设】 2017年1月，学校对办公楼、学生宿舍、实验楼、图书馆、各功能室搬迁。将实验楼改为学生宿舍。改造实验楼照明电路、空调线路、水路。联系格力空调公司，拆除办公楼40余台空调，安装学生宿舍和值班室空调20多台。

2017年2月，旧教学楼动工拆除，5月份开始打桩建新楼。新建成的教学楼政府投资6800万元，规划用地21527平方米，总建筑面积14030平方米。

联系供热公司，设计换热站，在国庆节期间联系供热公司施工，保证在供暖前换热站成功接入。

因为建设需要，联系青建集团建设二层板房，老师们迁入办公。改造电路、安装空调、拉网线、电话移机、保证老师们的正常办公。

学校新建初三综合楼、风雨操场于2018年1月6日封顶。

2018年1月1日发现青建集团拆除教学楼副楼时，破坏了主楼的承重墙，教学楼成为危楼。在请示学校领导和局领导后，经局领导协调，十一中暂时搬到德城区第四实验小学。2号下午开始搬家，在一天半时间内，将学校全部搬迁至德城区第四实验小学，安排每天接送住校生车辆、食堂送饭。安装电茶炉，为19个教室装黑板，为办公室接通网络、安装插排，拆除老校区机房，清理办公楼内物品，搬运仓库。2018年1月25日学生宿舍搬家至德城区第四实验小学，安装隔断门、窗帘。

（李丙江）

德州市德城区明诚学校

【学校概况】 德州市德城区明诚学校，位于新华街道辖区内，华孚路以南，新园路以西。中共德城区委、德城区政府于2013年起规划筹备，2015年6月正式开工建设。2016年9月部分投入使用。2016年新招一年级学生330人，七年级学生200人，整建制接受原新华中心小学学生800余人。2017年新招一年级学生470人，七年级学生330人。截至2017年底，在校生2100人，共44个教学班。

学校全部建成后，成为德城区南部教育隆起的重要支撑，有效缓解城区入学压力，为附近居民子女提供优质教育。

学校是德城区第一所国办九年一贯制学校，总投资约2.5亿元，占地120亩，总建筑面积5.9万平方米，现启用建筑面积4万平方米。学校设计规模为小学和初中各36个教学班，教职工编制218人，可容纳3420名学生就读。

学校现有教职工129名，其中，面向全国招聘具有市级以上荣誉的优秀教师21人，面向教育部直属重点高校引进研究生12人，从城区各学校抽调骨干教师14人，连续两年面向社会新招考教

2017 年 10 月 13 日，德城区少先队表彰暨明诚学校建队仪式

师 80 人，是一支年轻有活力的教师队伍。

学校规划理念超前，设计全国领先，呈现现代化、网络化、园林化、生态化特色。学校采用中央空调制冷取暖，设计有 400 米环形塑胶跑道及排球场、篮球场。生均占地面积、建筑面积全部达到省定标准。学校建有信息中心、图书阅览室、科学实验室、音乐、美术等学科专业教室。教室配置 75 英寸交互式液晶平板电视、视频展台或紫光短焦投影仪等先进的信息化设备。

【民主管理】 学校坚持扁平化管理策略，把权力下移，实行年级组制和项目管理制。学校微信公众号平台管理、摄像、宣传等几十个项目和学校管理机制研究组、学校文化策划研究组等近 10 个研究小组，分别被 80 多名教师认领；学校注重民主管理，从制度的制定、完善到重大事项的决策，都通过教代会、座谈会、讨论会等形式让教师多渠道、多形式参与，切实了解教师诉求，认真倾听教师意见，确保每项工作的实际效果。学校微信公众号，截至 2017 年底共编发 225 期，成为宣传学校的品牌，起到宣传学校、鼓舞士气的作用；创办校刊《明诚新语》，编辑 4 期，编发 253 篇教师的文章，计 34 万字；编辑校报《春晖报》8 期，约 6.5 万字；学校星空校园电视台正式启用，两周播放一期，现播发节目 5 期；“明诚之声”校园广播站每天中午准时播音，既丰富校园文化，也锻炼学生能力；学校网站同步发布学校信息。

学校坚持“人文关怀、制度管理、价值引领”管理策略，给教师送生日祝福，关心教师子女上学，关爱教师家庭生活都是为了让广大教师切实感受到明诚大家庭的温暖，体会到组织的温暖。同时，学校不断加强制度建设，不断完善学校管理体系，通过科学的制度管理人、评价人、调动人，坚定“不让多干事的人吃亏，不让想干事的人寒心，不让能干事的人埋没”的信条，彰显公平正义，树立良好校风。

【党建活动】 2016 年 9 月，明诚学校党支部正式成立。2017 年在上级部门的指导监督下完成支部委员会的选举工作，党支部工作进一步规范。学校有 31 名正式党员，6 名入党积极分子。学校始终把基层组织建设放在首位，扎实开展“两学一做”学习教育活动，逐步将活动常态化、制度化；严格落实“三会一课”制度，坚持每月党员活动日制度，定期上专题教育党课。每次活动都能做到事前认真谋划，事中认真组织、认真记录，事后认真总结，积极宣传。同时，为了紧跟时代步伐，认真组织学习总书记系列讲话，做到学深学透，用好用活，活学活用。10 月 18 日，组织全校教师观看十九大开幕式盛况；11 月份组织教师学习《党的十九大报告学习辅导百问》《十九大党章修正案学习问题》两本册子，深刻领悟十九大精神，落实“十九大精神进支部，党的精神传万家”主题教育活动精神。根据上级部署要求，严格执行党员积分量化管理考核标准，切实开展党员积分量化管理工作。同时依托“灯塔－党建在线”综合管理服务平台，开通e支部并完善党支部信息，及时撰写支部日志，发挥党员教育网功能，开展在线观看学习，加强党员党性修养。我们始终坚持党内民主，保证党组织的集体决策权和党员的知情权。积极组织青年党员志愿服务活动，充分发挥党员模范作用。

【教育教学研究】 专题研究显特色。确定“锤炼管理艺术、做幸福教师”的班主任培训目标。为提高班级管理的针对性和时效性，成立班级管理项目专题研究小组，班主任自主申报，提出课题，然后进行项目招募，打破年级界限，充分整合资源，组建起八个项目组，分别是《小学低段启蒙自主式班级管理》《班级常规管理项目研究》《好习惯成就好人生》《传承经典，正礼修身》《家校沟通策略研究》《亲子共读时效性研究》《六、七年级有效衔接研究》《九年一贯制高段后进生转化实例研究》。八个项目组自成立起，定期召开项目组会议，研讨并实施课题计划，取得显著成效。

常规教研重实际。坚持每周集体备课，超周备课。坚持常规教研活动。每周、每个学科都固定教研时间，固定场地，明确支持人，做到时间、地点、人员、内容、主讲人“五落实”；同时学校还以“师徒捆绑”为依托，定期分学科举行师徒大教研，针对教学中的疑难问题，师徒之间进行研讨，由徒弟提问，师傅现场解答，形成良好的研究氛围，提高老师的教研能力，促进学校教研质量的提升。

整合教研出亮点。鉴于九年一贯的教学实际，在教研方面鼓励整合教研，主要有同学科跨年级教研和不同学科同主题教研两种方式。同学科跨年级教研，将九年看作一个整体，寻找该学科不同学段教育教学的特点和规律，知识点之间的相互联系，逐步探索适合我们学校学生实际的教学模式，尝试让中学物理、生物等学科老师任教小学高段科学课程，中学政治教师任教小学道德与法治课程，以便更好地做到小初衔接，不同学科同主题教研，即不同学科老师围绕一个主题进行教学研究，寻找不同学科之间的联系与补充，形成整合课程，每学期每班进行一次，以拓宽学生视野，激活学生的求知欲和创新精神。2017年，加入重庆蒲公英教育智库pbl项目式学习项目，成为PBL项目全国联盟校，用一种全新的学习方式，促进学生核心素养的形成。一、四、五年级不同学科的任课老师，分别围绕同一项目展开讨论，进行教研，与专家进行时时沟通和交流。下学期，另外5个pbl项目主题全面落户小学各个年级，更多的学生参与到这种自主、探究的学习中来。

课堂研磨提能力。为帮助青年教师快速成长，以课堂为主阵地，开启不同形式的研课、磨课研讨活动。“校长预约课”“师徒捆绑磨课”“骨干教师引领课”，鼓励不同学科、不同年级的老师参与听课，初中和小学的老师同听课、同研讨，大家在学习中反思，反思中成长。

【强化教师队伍】 教育大计，教师为本。学生发展和学校发展依靠的都是老师，牢固树立“教师第一”的思想，在教师培养方面倾尽全力，全面提升教师的专业素养。读书挖潜夯基，促进自主成长。为了打造学习型学校，培养学习型教师，营造学习型氛围，学校每学年都开展教师同读一本书活动。2017年全体教师共同研读美国著名心理学家罗杰斯和弗莱伯格合著的《自由学习》，成功举办“明诚新语——明诚学校首届教师读书论坛”；为进一步强化读书效果，开启青年教师书沙龙活动，组织青年教师分章节研讨，一起碰撞书中的智慧，汲取书中的精华，体味成长的幸福。利用学校微信群，经常为大家推选好文章，老师们也会随时分享好的作品，大家共同研讨学习，共同提高。

外训开阔视野，把握教育的时代脉搏。学校尽可能地多为老师们提供各种学习机会，用学习来凝聚教师和发展学校。曾多次派教师到北京、天津、杭州等地外出听课、培训、学习，开阔视野。外出学习的教师，返校后及时进行不同形式的汇报和二次培训，充分发挥出辐射引领作用。2017年，教师外出培训费用269445.86元，占学校公用经费的18%，远远超出5%的教师培训费比例。

吸纳先进理念，提升教学实力。学校加入全国九年一贯制学校优质校联盟，在更高层次上与名校交流；带领老师们深入天津普育学校学习，就高效课堂及小组合作模式进行深入研究；在日常活动中与德州九中进行联片教研，邀请九中优秀老师到校送课。学校以数学学科为切入点，与城区南部五校一起跟随天津特级教师徐长青学习实践简约教学理念，开展系列教学研修活动。与重庆蒲公英教育智库签订协议，选取八个主题进行 PBL 项目式学习。11 月 18 日，蒲公英教育智库课程服务负责人、课程项目发展经理李栋，蒲公英教育智库理念和课程中心总监胡明明及美国 HTH 高中教师 Kyle Wagner 亲临学校，进行项目式学习的指导。然后，在一、四、五年级开始项目式学习的探索和实践，每个项目组的不同学科老师围绕同一项目带领学生积极参与其中，提高学生们学习的积极和主动性。项目组老师的敬业和探索精神，得到智库专家的好评。

【打造优秀团队】 九年一贯制学校，小学教师和初中教师在统一的学习管理模式下共同成长，学校充分发挥教师资源优势，对全校教师进行资源整合，形成区域名师——学科骨干——青年新秀系列，分类指导、梯度培养的方法，实行以“名师俱乐部”为引领，“教师发展中心”为指导，“青年教师论坛”为平台的教师梯队培养建设发展格局，让全校教师都能找到自己的价值定位。

名师引路明方向。学校有齐鲁名师工程候选人 1 人、德州名师工程候选人 1 人，学校聘请她们领衔建立名师成长俱乐部，具备条件的老师自愿申报，经过严格资格审定，组建起包括中学和小学阶段共 8 名优秀教师组成的名师成长团队。围绕“扎实笃行，成就名师”的指导思想展开各项活动，发挥集体智慧，发扬个人专业特长。

骨干表率树榜样。明诚学校教师发展中心成立后，聘请 35 位学科骨干教师为发展中心指导教师，积极发挥骨干教师的帮带作用，在指导新教师成长的同时，要求他们也发展自己、成就自己，促进明诚高质量教师队伍的建设。在 2017 年的全国“和谐杯”说课比赛中，共有 13 名青年教师参加，四名教师荣获特等奖，其他教师获一等奖，同时荣获团体金牌奖。

新手提升展新姿。为促进青年教师迅速走上专业发展的快车道，学校开展“师徒结对”，实行“青蓝”工程，要求青年教师在师傅的引领下，掌握“五会”，即“会备课、会上课、会说课、会听课、会评课”；做到“五个成长”：在阅读中成长，在研讨中成长，在合作中成长，在反思中成长，在展示中成长。通过教学基本功竞赛、汇报课展示、优质课评比、备课比赛等多种形式，快速提高新教师的工作水平和教学能力。

【德育建设】 明诚学校是一所年轻的学校，在学生培养的进程中，大胆实践，真正用心、用情、用爱引导学生自我成长、主动成长，让好习惯伴随孩子健康、快乐成长。

重视德育工作，构建和谐校园。牢固树立“德为首、智为重、体为基、美为求”的育人观念，坚持德育管理人本化，德育工作全程化，主题队会系列化。在全体教职工中明确：人人都是德育工作者。从学生实际出发，按学生身心特点分三个层面确立四段德育目标，分层递进实施德育管理。一至二年级为规范行为习惯系列教育，三至五年级为提高个人素质系列教育；六至七年级为增强爱国情感系列教育；八至九年级为确立远大志向系列教育。

加强课程建设，推进课程改革。学校大力加强课程建设，努力推进课程改革，促进学生学习方式的变化，从学生的身心发展特点出发，开展丰富多彩的教学活动，培养学生的多种能力与情趣。大力推进小组合作学习方式，不断提高课堂效率。从不同年级学生身心特点出发，合理组织安排学习单元，一年级个个坐，二、三年级对对坐，高年级组组坐，努力构建高效灵活的“小组合作课堂”。为培养中学生对物理、化学等学科的兴趣，从七年级开始开设物理、化学兴趣课，通过实验、故事、游戏等方式寓教于乐。一是提高孩子们对物理、化学的兴趣，二是为后面的常规学习打下基础。全校共开设游泳、跆拳道、播音主持等 52 种校本课程，每周五下午的第 6、第 7 节的校本课程时间，学生根据自己的爱好，选择参加适合自己的校本课程学习，为不同层次，不同爱好的学生提供丰富发展空间，希望孩子们按照各自优势去发展，在艺术、体育、科技等多个方面，让每一个孩子都能绽放光彩。针对学生的现状，尝试在部分年级实施分层教学，走班教学，实行分层检测，为学习程度不同学生提供不同的测试题目。因材施教，“因材施考”，让学生始终保持自信心、自尊心，同时给学有余力的学生更大的发展空间。

活动育人，全面提升学生素养。以月主题教育、专题教育和节日活动为主线，开展丰富多彩的团队活动，提高学生的素质。学校对全体中队辅导员进行全面培训；成功举办德城区少先队入队示范活动暨新队员入队仪式；成功举办首届“童心如歌 梦想飞扬”——庆“六一”文艺演出活动；举办“喜迎十九大，我向习爷爷说句心里话”主题板报评比活动；成功举办全校广播体操比赛活动；参加2017年全区中小学春季田径运动会；学校节目入选全区“六一”文艺会演；举行“迎国庆·喜迎十九大”动感中队小百灵合唱比赛；举行第二届大队委换届选举和学生会竞选活动；举办“快乐阅读·诗意写作”秦文君老师阅读分享会；建队节成功举办德城区少先队表彰大会暨明诚学校建队仪式；进行班级文化评比活动；进行冬季三项体育比赛活动。学生们在形式各样的活动中增加见识，锻炼能力，综合素养得以提升。

注重文化熏陶，优化育人环境。结合学校三年规划目标，以及学期德育计划、少先队计划，将班级精神文化、组织文化、制度文化、环境文化、活动文化、课程文化、网络文化七个方面的建设作为主要发展内容，努力创建富有特色的和谐班级。在“家长向往、社会认可、区域名校”的总目标指引下，校园文化建设努力做到美化人文环境，提高人文素养，着力打造学生的第二家园。以学校师生的校园生活为背景，鼓励每个孩子做最优秀的自己，正在精心分期创设明诚学校特色的校园文化，让学生入眼、入耳、入脑、入心。教学楼主门厅以“教天地人事，育生命自觉，做最优秀的自己”为主题，鼓励孩子们都能勤勉努力，做最好的自己。与蒲公英教育智库合作，结合学校课程建设，对校园文化进行设计。总体思路是：一楼：山与川；二楼：草与木；三楼：器与人；四楼：天与地；五楼：鱼虫鸟兽的整体来统一规划，让文化和课程进行有机结合。每个班的特色班级文化初见成效，各班在完善固定栏目的基础上，结合本班特色进行补充完善，给学生提供充分展示的空间和平台。楼梯、走廊……随处都有学生行为养成的“温馨提示”，让学生随时随处都能自觉检查和规范自己的行为举止。学校为低年级精心设计的入学指导手册，对学生各种学习习惯的养成进行引导和强化，用文化的力量传递一种习惯，传承一种美德。高年级学生亲自动手实践，独立创作的班徽，生动形象地体现了班级的核心价值理念。人人都是创作者，人人都是班级文化的建设者，展现明诚学校独特的育人文化。

【营造安全校园】 安全工作无小事。始终把学校安全工作放在关键位置抓紧抓实。以专职安全员为轴心，以学校各部门为主线，横向到边，纵向到底的安全工作网络，对学校安全工作实行全员、全方位、全过程的安全管理，做到责任层层落实，信息及时互通反馈。认真制定学校安全工作计划、制定岗位安全责任制，实行安全工作与岗位工作日考核并举，从而使安全这根弦在每个教职工心中都始终绷紧；认真做好各种值班工作，切实抓好学校安全防范。认真制定各类值班制度与职责，严格值班纪律，采取双管齐下和多管齐下的安全管理措施，如：节假日值班有门卫值班、后勤值班、领导值班；平时值班有各年级教师值班，学校年级组长值班和学生值勤。各种值班均有记录，发现问题，及时处理解决，有些萌发性的问题，利用晨会及时教育，把问题处理在萌芽阶段。值周教师每天早上和中午提前半小时到岗，跟踪掌握学校的教育教学情况和学生的学习活动情况。学校的安全管理达到一环扣一环，环环紧扣。

学生的安全教育做到有的放矢，学校的安全检查督查做到常抓不懈，做到警钟长鸣，严格要求。要求全体教师常学习勤检查，始终绷紧安全这根弦，切实做到安全工作时时讲、处处讲、人人讲。制定各类安全工作预案，确保各类灾害事故处理在第一时间。对上级有关安全方面的文件和会议精神，能做到及时地贯彻和学习，根据其精神结合学校工作实际，认真组织检查落实，提出防范的具体措施和要求，将各个环节的责任落实到人。以“安全教育月”“安全教育周”“安全教育日”为契机，加强安全教育，利用班队会、广播、校园电台等开展各类教育活动。请消防大队的消防官兵给师生宣讲消防知识，使师生掌握消防的一些基本知识和技能。各班开展以安全为主题的大讨论，增强了师生的安全意识。

德城区二屯镇中学

【概况】 德城区二屯镇中学始建于1971年，1971年至1980年是一所高中学校，1980年改办初中。学校占地33677.5平方米，建筑面积6221平方米。教学楼于1994建成，总投资108万元，建筑面积2760平方米。2006年投资171万元新建成2264.8平方米的综合楼一幢，2008年投资10万元配备省一类标准理、化、生仪器室、实验室。音、体、美、卫器材达到省标准化学校建设标准。实现班班通多媒体，专业教师人手一机。图书室藏书25086册。学校先后被授予市、区级规范化学校、文明单位、绿色学校、优秀家长学校、家庭教育先进单位、平安建设先进单位，警校共建先进单位、电化教学试点学校称号。

【荣誉】 2017年，德城区二屯镇中学荣获德州市初中教学成果综合考评二等奖。

德城区二屯镇中学成功承办德州市第三届“小班化教学”交流研讨会。

【学校管理】 二屯中学人勤勉思考，坚持顶层设计，整体构建和梳理学校的办学思路。确立以美国教育家杜威“教育即生长”理念为支撑，以“生长教育”为核心，以“植根乡土文化，尊重学生成长天性，回归教育本源”为办学理念，以“博学、笃志、厚德、至善”为校训，以“做学生崇拜的教师，办人民满意的教育”为办学目标，以“有少年梦想、有创新精神、有自由人格、有家国情怀”为育人方向的办学体系。

【教师队伍建设】 名师引领构筑骨干教师成长快车道。推行骨干教师开课赛课、青年教师教学反思等活动，引导骨干教师和青年教师进一步聚集课堂，关注质量，提升课堂教学评价、示范和反思的能力；深化“青蓝工程”，由学校教研组牵手，成立青蓝工作室，强化各成员的目标和责任意识，学初期由师傅上一节高水平示范课，然后指导徒弟上一节公开课，形成课例或案例；开设青蓝工程成员专题报告会，宣传和推介研究成果，推动学校学科发展。深度推进校本教研活动。建立健全校本教研组管理制度，实行分层研修教研体系，着力解决教师教学中遇到的实际问题。备课组有序开展集体研课活动，做到“三研”“四备”，即一课一研、一案（导学案）一研、一卷一研，备课标教材、备考纲考题、备教法学法、备学生作业。

【教育教学】 课堂是实施素质教育的主渠道，是学生成人、成才的主阵地，是提升教育教学质量的总抓手。2017年，学校在高效课堂教学改革中不断探索，形成以“两化、双自主”为特色的高效课堂教学模式，即“小班化、教学信息化，自主学习，自主管理”，进一步形成以导学案引领前置性学习，小组合作引领课中学习，“慧学云”“云校”平台引领课后巩固的教学模式。

【食宿综合楼建设】 2017年9月25日，二屯镇中学食宿综合楼正式投入使用。食宿综合楼工程是教育部全面改薄项目，2016年12月开工，总投资500万元，建筑面积2556平方米。食宿楼内配备有学生餐厅、洗漱间、卫生间、活动室，采用天然气地暖供暖，24小时热水淋浴。食宿综合楼建成，可容纳336名学生食宿，改善学生在校学习生活条件，消除安全隐患，促进学校教育教学质量整体提升。

（唐保菊）

德城区黄河涯镇第一中学

【概况】 德城区黄河涯镇第一中学，始建于1956年。校园占地56.6亩，建筑面积8037平方米。学校荣获德州市文明单位、德州市体育工作先进单位、德州市教育系统先进集体、德城区教学改革示范学校称号。

【教学工作】 借鉴普育模式、和谐互助教学模式，对学校621模式重新确立学科教学模式及操作流程。学校先后组织全体任课教师到天津普育学校跟岗学习。开学初，各教研组对本学科教学流程进行调整，结合学生实际、教学实际，对各学科教学流程进行讨论，由组长为同科教师讲解学科操作流程，按新模式进行集体备课。9个学科举行示范课，基本达到预期的效果，621自主管理与互助学习初步成熟。

【队伍建设】 以校本研修为主阵地，提升教师智慧和能力。一是让教师走出去。4月份，组织15名骨干教师赴即墨参加2017高效课堂发展论坛。6月份组织20名教师赴天津普育学校进行培训。二是组织全员参加远程研修。不论是暑期集中学习还是开学后分散学习，无一人旷课，全部完成研修任务，学校被授予远程研修优秀组织单位。

【项目建设】 继续完善基础设施建设。学生公寓楼项目开工建设，进入后期装修，按照学校规划，于2018年建成封闭式寄宿制学校。学校综合楼工程2017年8月开工建设，预计2018年9月投入使用，一所高标准农村中学将以全新面貌为辖区村民提供优质教育。

【校园安全】 牢固树立“安全重于泰山”“安全工作无小事”意识，防患于未然。强化师生交通安全、消防安全、饮食卫生安全意识，坚持做到安全教育每周一集中、每月一主题，学校建设期间，安排专人负责工地安全，与施工方签订安全目标责任书，确保学校不发生任何事故。

（李英娟）

王村店中学

【概况】 王村店中学始创于1958年，原名平原县第五中学，1989年定名为王村店中学。校园占地60亩，建筑面积5000余平方米。

学校全面贯彻党的教育方针，以精神文化引导人，以环境文化熏陶人，以制度文化激励人，以行为文化塑造人。始终秉承“爱与责任”办学理念，提出“幸福润心，书香溢美”发展愿景。全面落实“用爱的阳光，把学校办成对学生、对家长、对社会负责的乐园、学园”办学目标。全体教师励志进取、爱岗爱生，所有学生友爱互助、勤奋好学，形成“言行致美、书香致远”校风，“爱校爱友，好学会学”学风，“爱校爱生，乐教善教”教风。学校努力打造校园文化，让学生在文化浸润中进步，在潜移默化中成长。

学校全体教职工，以饱满的热情，工作在教学一线，内抓管理，外树形象，在各级教育部门的正确领导下，全体老师通过辛勤的努力，获得丰硕的成果，提高自身素质，为教育教学打下坚实的基础。2017年5月承接国家义务教育质量监测工作，受到省巡视领导表扬，工作在平台上被推广。

用爱心和汗水浇灌希望，用激情和智慧打造未来，是全体王村店中学教师的誓言，站在新的起点，学校将不负上级关怀，人民重托、社会期望，以办人民满意的学校为契机，朝着建设一流教师，培养一流学生，打造一流名校目标迈进。

（张洪亮）

德州市实验小学

【概况】 德州市实验小学是一所省级优质示范学校，1963年建校，原名德州市东方红路第一小学，1993年更名为德州市实验小学。校园占地2.2万平方米、建筑面积8000平方米，两座集教学、办公、实验为一体的现代化综合楼，50个教学班。

【荣誉】 2017年，学校成功承办德城区小学语文主题学习教学现场会、德州市“互联网+教育”联盟学校首次教研活动现场会。学校荣获全国第一届文明校园、全国微创新教育年度学校、山东省心理健康教育研究先进单位、德州市普法教育先进集体、德城区红旗大队称号。

【营造良好教育生态 丰盈内涵发展的根基】 学校文化建设是学校发展的精神动力，营造一种“让每个生命都得到成长”的优质教育生态文化是实小人着力践行的课题。

凝练学校章程文化，让群体共同价值化为个体发展的主动和自觉。学校把创建具有核心价值认同和行为准则的学校章程文化作为促进管理工作提升的关键抓手，提炼出“教书育人、不忘初心，课程改变、课堂改变、学校才会改变，规矩植根于心、师德落实于行”等十二条作为学校的核心价值准则。

从管理逐步走向治理，让争先创优、主动有位成为制度建设的主旋律。学校在成功实施行政管理帮扶与团队自主管理相结合管理模式的基础上，进一步优化理念，着力探索“从管理走向治理”的变革，实行级部自主管理机制，以教育教学为中心，转变科室职能让管理逐步走向服务；实施级部内部项目认领制，让教师站在学校管理的中央。

丰厚生态环境文化，让优美校园环境成为引领人、涵养人的家园。星艺楼的投入使用让每个孩子向科学家一样进行研究成为现实，科学探究室、星空教室、机器人活动室等 13 个高标准的功能教室进一步让孩子实践探究的空间不断扩充。

【基于课程标准教学　聚力内涵发展的关键】 学校以“基于课程标准的目标教学”探索实践为引领，力求形成良好的教学生态文化，促进课堂教学优质高效。

学校组织教师成立课改小组从研读学科课标入手，在综合考量目标、内容、实施、评价四要素的基础上，完成了语文、数学、英语三个学科学期纲要的编写，建立起较为系统、完整的学科教学体系。

学校积极倡导依托专题行动研究的方式促进教研组建设。教研活动不断从形式走向内涵，从经验走向科学。

学校注重主题项目课型的专项突破。举行了以“聚焦目标引领，深化教学改革”为主题的第八届教学节，全校教师听课多达 2300 人次。以教学数据作为课堂诊断的有效依托，设计使用《课堂教学评价表》和《课堂教学观察检核表》作为课堂教学目标落实的评价依据，为目标有效落实打下坚实的基础。

【完善生态课程设置　拓宽内涵发展的途径】 学校以学生“核心素养”的主旨要求为统领竖起课程建设的标的，逐步形成“一体两翼三层四类”的生态课程群图谱架构。

课程实施，以搭建多彩成长平台为有效载体。生态基础课程注重已有课程资源的优化整合。生态特色课程实施因时令而变、与节气相连，四个季节的课程依次延伸，课程实施注重跨学科的有机组合，以“体育节”“艺术节”“科技节”“读书节”四个节日为主线将课程安排进行有效贯穿。

学校以“课程目标”为依托，实施过程为依据，采取过程性评价和终结性评价相结合，对于作品类、操作成果类以现场展示为主；对于项目研究类课程以成果报告、书面整理展开评价。

【促优教师专业成长　奠定内涵发展的前提】 遵循以人为本理念，探索教师梯级团队建设模式。紧密结合团队项目认领制的管理模式，引领每位教师根据学科特点及自身特长，选择适合自己的教学、科研及管理项目进行认领，较好地营造出自我成长、同伴互助、专业引领的工作氛围，促进了教师团队素质的整体提高。

学校以核心价值观为引领，充分激发教师个体发展的内需力。扎实开展“树立四面旗帜”活动，用榜样的力量引领教师团队比学赶超，引领青年教师明确方向、扎实进取。杨秀清老师成功评选为德州市最美教师，于秋婷老师入围德州名师工程培养人选，袁鲁禹、夏宝珠两位老师分获省优质课一、二等奖，谭魏巍、张彩霞等四位老师获市优质课一等奖，二十余人获区优质课一等奖。

让学习成为教师的生活常态是学校一直努力思考的问题。学校全力开拓“四条专业提升路径”，构建以课题研究为引领、以读书研讨为载体、以研修培训为基础、以实践反思为过程的校本研训模式，引领教师专业成长。学校四项省级课题顺利结题，国家级重点课题“减负增效的有效策略研究”结题并喜获国家级科研成果一等奖。

【创新生态德育机制　彰显内涵发展的本源】 学校增强全员德育意识，构建起“全员—三线—多元”的网络化育人管理体系。

学校关注学生习惯养成，搭建多元发展平台。有效提升了学生的整体素养。

【优化后勤服务工作　夯筑内涵发展的保障】 强化安全防范措施，打造平安和谐校园。健全和规范各项安全工作规章制度，定期检查校园安全工作，发现问题及时整改，杜绝各类安全隐患，确保安全工作不留死角。

优化服务保障有力，规范管理开源节流。坚持财务公开制度，严格实施公务卡报销、严格执行保修维修制度，进一步健全了学校财物管理制度。压缩开支，厉行节约，提高物品的使用率。

（刘爱忠）

德州市新湖北路小学

【概况】 德州市新湖北路小学始建于1965年，坐落于新湖北大街2076号。学校占地面积5569平方米，建筑面积3856平方米。截至2017年底，学校有教师55人，在校生1022人。学校先后荣获德州市规范化学校、德州市巾帼建功先进单位、德州市三项活动先进集体、德州市廉政建设示范校、德州市依法治校示范学校、德州市关工委先进集体、德城区文明单位、德城区红旗大队称号。

【民主管理】 民主治校，以精细管理创建新时期精神文明。更新管理理念，统一班子思想。领导班子利用假期不断充电，通过读书、看视频，思考新学校的办学方向，提高中层干部的管理水平。每周采用头脑风暴式研讨学校发展的方向，根据学校实际，且行且思且修正，明确教学质量是生命线，德育目标是重点，团队发展是关键的办学思路。提升思想，引领行动。通过培训学习，引领中层干部、全体教师把心思凝聚在想干事上，把工作定位在真干事上，把能力体现在会干事上，把目标锁定在干成事上。从思想到行动，各年级分化细化目标，逐层落实，每个年级根据学生年龄特点、心理特点不同，制定不同的要求和具体措施，为学生的发展铺垫阶梯。

【立德树人】 利用“开学第一课”传达《新湖北路小学在校生一日常规》，从“到校、两操、课间、课堂、集会、放学”六大常规入手，告知学生应该从哪儿做、怎么做。家长会下发《实验西校习惯养成一日作息时间表》，从早到晚告知家长孩子做什么、怎么做，给家长一个好建议，指导学生形成良好习惯。开展“我的班级我做主”活动，争当班级管理员，班级所有事物都让学生管理，让每个学生都能发挥自己的作用，真正做到人人有事做，事事有人管。提高学生积极性，锻炼学生能力，增强学生责任心。

【多彩活动】 四、五、六年级学生军训，体育节、大跳绳比赛、拔河比赛、单项体育比赛、校园篮球赛、大课间跑操、徒步拉链等，增强学生体质，磨炼他们的意志。“让生命充满爱”感恩教育，艺术节、中小衔接联谊，读书节、“我是校园朗诵家”、科技节等活动，让他们学会感恩，发展他们的个性，熏陶他们的品格。安全知识竞赛、法制讲座进校园、防震、防火、防踩踏等系列安全演练等，增强学生自我保护意识，为学生的安全筑起一道安全屏障。

【高效课堂】 工欲善其事，必先利其器。教师是高效课堂实施的关键，引领教师深入学习《解码高效课堂》，以“统一内容、分散学习、圈注标划、集中反馈”为基本模式，了解、学习、践行高效课堂理论，进而将新理念内化，成为打造自己的高效课堂源头活水。“三人行，必有我师”，充分集体研讨、教后反思等活动，引领教师互相学习，共同发展，充分发挥团队力量，一人精品课，多人受益，年级组的整体水平提高了。在一楼开辟教师练字园地，单周练习粉笔字，对好的字进行圈点勾画，激发教师练字积极性；双周培训钢笔字，请专业书法老师现场指导，提高教师写字技巧。为开阔教师视野，继续“请进来，走出去”，邀请外校优秀教师到校讲座，选派骨干教师地外出学习和培训。把名师请到身边——“春之雨”网络视频课程学习活动，学校购买网络视频学习卡，统一安排学习日期，自主选择学习内容，学后抒写体会感想。为教师提高自身教育教学水平搭建另一平台。

【教学教研】 引领生“动”课堂，开启“动”力之源。校长亲历课堂，引领课堂改革，在高效课堂探究中，校长提出让学生动起来的思路，得到上级专家的认可，通过一节节的实践，赋予生“动”课堂丰富内涵：生“动”课堂就是让学生“动”起来的课堂。学生在“动”的过程中，动眼观察、动手操作、动脑思考，动口表达，动情感悟……是以“学”为本而不是以“教”为本的课堂，是真正触动学生心灵、看得见学生成长的“动”

态生成的高效课堂。

【师资培养】 聚焦“高效”课堂，促进教师成长。为加速青年教师成长步伐，每周青年教师听老教师 3 至 5 节课，并随时邀请老教师指导课堂，课堂上、办公室中是这些年轻教师的身影，他们熟悉学习常规，钻研课堂，逐步成长，站稳课堂。新教师磨课，名师工作室教师引领课，骨干教师研讨课、汇报课异彩纷呈，大家互相学习，共同进步。青年教师的汇报课彰显出他们的茁壮成长。市教研室谢志平老师参加的数学组重建课，在原生课的基础上进行修改重建，对学生进行上课前的前测，和学习后的后侧分析，让老师真正找到问题所在，明确努力方向。语文组低、中、高各学段均具特色，低年级的田字格九点练字、看图写话取得阶段成果，中年级阅读课、高年级习作研讨课都取得可喜成果，老师在研讨后，继续完善，分别在本班进行复制教学，取得好效果。一堂好课受益上百人。

【大量阅读】 世界著名教育家苏霍姆林斯基说过：阅读是对“学习困难的”学生进行智育的重要手段，学生学习越感到困难，他在脑力劳动中遇到的困难越多，他就越需要阅读。学校近两年购进图书近 3 万册，人均 30 册，阅览室、楼道内开放书架、班级图书角充实图书，孩子们达到想读就读的条件。最强劲的潜力，最给力的成绩，都存在于大量的阅读中。不读书的孩子在学习的道路上是不会走远的。学校二楼阅览室充盈书香气息，每周 2 至 3 节阅读课使孩子们汲取着阅读带来乐趣和力量。楼道内的全天候开放书架、班级图书角也成了孩子们的乐园，课间、放学后总会看到那些如饥似渴的小书虫流连忘返，读书正改变着孩子，让孩子变得更加文明。

【师德建设】 以学校全体教师会议、学校网站为主要阵地，采用集中教育和分散学习等方式，把师德教育内涵传递给每位教师。每周的校委会上，总是第一时间围绕“师德”做发言；全体教师会上，总是把教育教学过程中的师德方面的正能量的共性案例和个例作为典型激励，让所有教师都感受到师德带给学生、带给老师的无形力量。学校网站的光荣榜，有师德优秀教师的事例，有勤奋好学教师的身影……这种“让老师感受到被爱和爱他人”的师德教育核心一直贯穿在学校工会工作的整个过程。坚持每学期一次的师德述职活动；坚持每学年一次的领导、教师、学生及家长对教师的评议活动；坚持让教师读书，写读书心得，倡导精神文明，推动校园文化建设；使全体教师深刻认识到师德建设既是一种职业要求，也是一种良心责任，推动师德建设的积极发展。

【教学成果】 在激励教育的激励下，学校收获累累硕果：在王敏勤全国赛课活动、全国第七届“和谐杯”说课大赛中 6 名教师获得一等奖，学校获得“优秀组织奖”。六年级学业水平测试位居全区第 7 名；全市六年级抽测考试，总分全区排名第 3；在全市学生写字比赛中获得第 6 名。学校舞蹈社团在区教师节、“六一”、市诗词大会、市廉洁文艺会演、省校园文化艺术节等演出活动中大放光彩，学校合唱团在区中小学合唱比赛中荣获一等奖。《童心剪未来》被选送到省里参加比赛。“航模大赛”“金话筒比赛”“华人作文大赛”活动中均有 20 多人次获奖。两名学生参加市宣讲十九大演讲比赛荣获一二等奖，一名学生被评为德城区优秀少先队员，四二中队被评为德城区“优秀中队”，荣获 2017 年德州市关心下一代集体单位等。这一切都说明我们“三好一会”育人目标在厚积薄发，持续发力。

【设施建设】 学校建有 1 个科学实验室，1 个微机室，1 个图书室及阅览室，1 个录播教室，1 个音乐室及舞蹈室，1 个教师阅览室及多功能室，1 个心理咨询室，1 个名师工作室，1 个卫生室。2017 年学校对楼道内校园文化进行重新设计，重新装修楼道，更加凸显学校办学特色，创造更好育人环境。更新楼道和操场上监控设备，实现全部高清影像。所有屋顶重新做防水，防止出现屋顶漏水情况。

（张晓燕）

德州市黎明街小学

【概况】 德州市黎明街小学地处城区繁华地

段——步行街。始建于1907年，占地面积8401平方米，建筑面积6975平方米，截至2016年底，有教职工103人，28个教学班，1700余名学生。学校建有校园网、闭路电视系统、多媒体教室等现代化教学设施；有录播室、微机室、陶艺室、阅览室、舞蹈练功室、综合实践活动室等10多个功能教室。学校先后被评为山东省首批省规范化学校，山东省实施中国小公民道德建设设计划示范基地，山东省学校民主管理先进单位，山东省依法治校示范校，山东省依靠职工办教育先进单位，省级教学示范校省级卫生先进单位。市级文明单位，市级五星职代会创建活动创新单位，德城区德育示范基地。学校以“为学生的终生幸福奠基”为己任，从养成教育入手，倡导“尚美”教育，提炼出“养习致美”核心文化。注重习惯养成，致力于创建幸福校园。重视学生志趣培养，培养文雅而有礼、扎实而学博、体健而艺美的淳美黎明少年。注重教师团队的和谐发展，通过“教师发展工程”“身边科研工程”，引领教师学习和实践，提升教师专业化水平，修炼精善的教学能力，致力于培养“美善”教师团队。

特色社团活动

【课题研究】 教研处在实践中落地生根，组织老师们定期分组召开课题会议，及时检验课题进度，在课题中期进行展示汇报。开展“人人都是研究者”活动，在全校开展多种多样的小课题沙龙。

【青蓝工程】 学校分学科，分人员，召开“青蓝工程”动员会，设立青年教师结对联盟，举办“青蓝工程”师徒交沙龙。

【特色课程人人参与　自主选课】 学校通过构建多元、开放、富有活力的课程体系，拓展教育资源，经过选拔，确定一批特色鲜明的社团，全校学生自主选课，全员参与，做到一人一社团，一人一特色。

推进课上课下、全方位小组合作学习模式建设，建立学习、纪律、德育多方面评价体系，促进学生全面发展。

学校校英语组积极探索微课在教学中的实践应用，通过微课助力英语教学，转化师生角色，改变教学生态，探索基于微课的英语课堂新模式。

数学计算与解决能力大赛

语文学科举办汉字主题活动，培养学科核心素养，让学生感悟汉字深厚底蕴，弘扬中华传统文明。

数学学科开展计算、解决问题能力大赛，关注学生数学核心素养。

举办“热爱人民军队 培育国防精神”专题教育讲座，邀请中国人民解放军教官为师生讲述国防常识。

学校各中队开展“喜迎十九大，我向习爷爷说句心里话”主题活动。通过活动，坚定同学们热爱党、热爱祖国、热爱人民的决心，增强少先队员红领巾心向党的使命感。

学校的情景舞蹈《最美师生情》情节感人，动作整齐优美，表演形式独具一格，在2017年山东省中小学生艺术节比赛中，得到评委高度赞扬。

【开展家庭教育系列讲座 推进家校合作】 为加强家校合作，提高家庭教育水平，真正达到家校携手共同培育孩子的目的，学校开展《了解孩子 做智慧父母》《陪孩子一起成长》《和粗心说再见》家庭教育系列讲座，二级心理咨询师田秋红老师主讲，为家长提供各方面的家庭教育辅导和咨询，共筑孩子成长之路。

【基础设施维修】 学校研究，决定对楼内铁质暖气管道更新换代，更换成PPR管材，使暖气水流堵塞这一问题得到根本上解决。

对教学楼顶防水保温层修缮。

更换塑胶楼梯踏板，既保证学生上下楼梯不会被磕伤碰伤，又减少噪音；联系专业墙绘师对铁楼梯内外墙壁进行美化，形成生动、活泼新气象，在提高视觉观感的同时起到育人作用。

（孙静　韩秋云　胡秀丽　钟华　孙菲）

德州市建设街小学

【概况】 德州市建设街小学创建于民国元年（1912）。经数次改扩建，占地面积8442平方米，建筑面积6546平方米。首批省级规范化学校。学校先后获得全国写字（书法艺术）教育实验学校、全国科学教育实验基地、山东省规范化学校、山东省艺术教育示范学校、山东省电教示范学校、山东省教学示范学校称号。

【认真落实常规管理】 坚持向教学“六认真”要质量。对备课、上课、作业、辅导、测试等环节的落实力求精细、精准。坚持“三备一思”，集体备课突出单元模块主题，确定目标、重难点、基本教学流程，梳理主问题，明确当堂检测和课后练习。常规诊断采取预约检查与抽查相结合，每次检查后召开反馈会，对发现问题督促整改，对问题较多的老师面对面约谈。做好“每周易错题过关检测”“单元检测”，及时查漏补缺。严格考试纪律，改变年级循环交叉阅卷为分学段集体阅卷，规范评卷程序和标准，做到完成阅卷不过夜。考查结束后分学段分期进行试卷分析，反思课堂问题，调整工作思路。

校际教研突出“专家引领”的作用，成立名师工作室一起制定了具体详尽的联片活动计划和方案。共同组织了语数英三个学科名师观摩课，邀请了著名教育专家罗龙强老师进行暑期培训。罗老师结合课例分析，为学校语文老师们进行了阅读教学的有效诊断，并对青年教师进行了面对面的说课指导，取得了良好的效果，真正做到了问题同研、资源共享，携手并进。

【扎实开展学科教研】 校内教研侧重“教材解读”“教学策略”，以集体备课和课例研讨为主，适当增加专题研讨。“课时说课——评析质疑——上课展示”充分发挥教研组团队的力量。落实课前有效预习。3至6年级学生建立学科记录本，绘制学科知识树，培养了学生归纳的能力，让学生把零散的知识由点串成线，由线织成面，再由面组成体，用外显的形式帮助学生建构起知识网络。

【积极推进课题研究】 教科研是一个学校教学质量得以提升的前沿阵地，学校投入大量时间和精力积极开展校内外教研活动，调动全体教师的科研热情和积极性。2016年立项的课题《促进学生学习的校本课程开发与研究》通过市级督查，学校课题组对课题研究进展情况进行自查自纠，上报并通过了中期报告。下一步，继续积累材料进行教育教学实践，等待最后结题。《基于学生核心素养发展的基础教育课程与教学改革研究》的子课题《在小学语文课程实施与教学中落实“人文底蕴”核心素养的策略与途径研究》《小学德育课程整合研究》两项课题全部正式立项，完成开题报告。老师们在教学中研究，在研究中教学，提升理论水平，丰富实践智慧。

【多彩活动提升素养】以活动为载体，让学生在活动中体验，在活动中感悟，进而提升道德素质和人文素养。每周升旗仪式上契合德育主题的演讲、校风校训的培育、升旗班级的展示，使升旗仪式成为德育工作的重要阵地；开展“学雷锋，做一个有道德的人”专题系列活动，但是根据时代的特质和特点又不断赋予雷锋精神新的内容和内涵。植树节，开展“人人争当护绿使者”主题实践活动。清明节，徒步到烈士陵园，表达对烈士深情怀念和无限敬佩之情。“三八妇女节”“父亲节”“母亲节”少先队组织全体队员填写“生命的起源问卷调查表”，给父母写一封感谢信等形式表达对父母的爱。教师节送上一张贺卡，一份手抄报，一本好作业等绿色祝福，让队员把感恩之心落实到具体的行动中。“七一”党的生日和“十一”国庆节，通过组织全体队员观看爱国电影、办手抄报、演讲比赛等形式表达对祖国的热爱。

“喜迎十九大，我向习爷爷说句心里话”少先队系列活动。活动课上，师生共同制作精美的手抄报、明信片、贺卡等，用最稚嫩，最真挚的话语表达了最纯真的感情与祝愿。毛泽东诞辰124周年之际，主席诗词诵读活动，以此来纪念和缅怀老一辈革命家的丰功伟绩，让社会主义核心价值观根植师生心中。

坚持展开社会实践活动。结合学校《远足励志》校本课程主题目标，举行3至6年级“儒风雅韵踏春行”远足活动。归途中的互帮互助，扶助弱小让团结互助的团队意识成为最好的践行。自带塑料袋，不让垃圾落地，不让红领巾蒙羞，进一步促进了孩子的环保的意识；三年级分批来到鑫茂园综合实践活动基地，充实和丰富校本课程的内容，开启课外实践活动的新模式。

“六一”儿童节之际，“唱响中国梦 欢乐庆六一”校园合唱活动；开学初，以“开蒙启智·明礼自立”为主题的开笔礼开学典礼，建队节之际，举行“喜迎十九大，红领巾相约中国梦”庆祝建队节68周年暨新队员入队仪式；每年的离校教育也已成为校本课程的一部分，今日的告别是为明日更好的重逢，愿建设毕业的学子他日捷报频传，为校争光。

【民主凝聚团队力量】学校注重民主管理，从制度的制定完善到重大事情的决策，有自上而下，自下而上的反复过程。教代会、座谈会、讨论会、校务公开等形式使教师多渠道、多形式参与民主管理，主人翁意识逐渐增强。评先树优坚持“用事实说话，用勤奋说话，用成绩说话”，通过优秀团队、优秀教师、优秀班主任、师德标兵的评选表彰，弘扬正能量，形成良好的舆论氛围。学校工会认真做好“五必访”工作，一年来共走访慰问教师和家属50余次，使大家感受到学校的温暖和关怀，团结温馨、积极向上的工作氛围逐渐形成。

（佟文昌）

德州市北园小学

【概况】德州市北园小学建于1989年，学校占地面积12000平方米，有教学班40个，学生2400余人，教职工118人。校园布局合理，环境整洁优美。学校设施齐全、功能完善，有200米的环形塑胶操场以及配置先进的图书阅览室、录播室、科学探究实验室、舞蹈室、综合实践活动室、多功能报告厅、安全体验室、心理咨询室等专业教室。学校教学楼鸟瞰图宛如一把钥匙形状，象征着学校将成为北园学子开启成功人生智慧之门的金钥匙。

北园小学坚持“建和谐校园、办和谐教育、促和谐发展”的办学理念，把“弘扬传统文化、打造书香校园”作为契合自身发展的办学特色，致力于打造“老百姓家门口的高品质学校”。在国家课程改革逐渐走向深化，学生、家长、社会对基础教育要求越发多元化的时代背景下，基于学校“和谐育人、育和谐人”的办学目标、师生的实际情况以及学校的发展现状，把学生培养目标确定为“健康自信、文明自律、勤勉自主的阳光少年”，把教师培养目标确定为“乐群善美、乐研善思、乐启善导的幸福教师”，通过自主发展6—3—2课程体系的建构和教师自主成长共同体的建设，促进师生的全面发展、差异发展、自主发展，推动学校的整体和谐发展。

学校获得全国和谐杯小学优质学校、全国特色学校、全国劳动技术教育先进学校、全国红旗大队、山东省规范化学校、山东省教学示范校、山东省电教示范学校、山东省校园语言示范单位、山东省体育传统项目学校、山东省科技教育示范学校称号。

2017年3月17日，山东省教科院、德州市教科院组织的部编版小学语文三年级下册教材试教研讨活动在北园小学举行

【夯实根基　锻造和谐团队】 扎实开展以教育教学反思为载体的师德建设活动，把对教师职业道德的要求真正落实到一点一滴的工作中。以《师道》为载体精心进行教学反思，每学期组织师德述职，把对工作成绩的总结和对问题的反思结合起来，通过具体事例、具体数字来阐述。

学校党支部认真落实“三会一课”、党费收缴、党员学习、党员发展、党员积分等制度，坚持“两学一做”学习教育活动常态化制度化，扎实开展学习廖俊波先进事迹、观看《榜样》、组织灯塔在线网上学习及答题竞赛等富有成效的党员活动。通过党员干部的学习进一步加强责任意识、担当意识，带动身边的广大教职工扎扎实实做好工作，树立了良好的教育形象。

拓宽培训渠道，为教师的专业成长提供保障。首先是形式多样、不同专题的校本培训，如高效课堂培训、现代信息技术培训、学习小组的建设与管理、“我的文化我的班”等。其次是赴教育先进地区观摩学习，先后派八十余人次赴北京、上海、天津、西安等地听课、听报告，这些教师返校后通过制作美篇、汇报等形式对老师们进行二次培训，做到一人学习，多人受益。同时，以青年教师为主体的“专业成长工作室”深入推进，由原来指定的三个学习组升级为自主成立的九个研究项目组。大家自主申报，自愿结合，目标明确，措施具体，“我的成长我做主”。

2017年度，学校有两项市级课题结题，三项省级专项课题、三项市级重点课题批准立项。二十多名青年教师在各级教学比赛中获奖。曹宁宁参加全省小学数学优秀课例展评并推荐参加全国录像课评选，多次在名师优课观摩研讨会以及市区教学培训会上执教观摩课、做个人成长报告，撰写的教学设计在《小学数学教学》发表。张敏在全省说课比赛中荣获二等奖。夏曼、李菲菲分别在全区主题学习赛课和电教优质课比赛中获得一等奖。张敏、宿婷婷先后在全市科学、道德与法治学科培训活动中执教观摩课，德州名师赵静在培训会上评课并做经验介绍，获得一致好评。王朝霞、王建东、宿婷婷三位老师编写的地方教材《廉洁家风伴成长》出版发行。张桂菊、肖红燕等七位教师参加部编版三下语文教材的试教工作，得到省市区三级教研部门表扬。

【多措并举　提高教学质量】 坚持向教学“六认真”要质量。集体备课突出单元主题，确定目标、重难点、教学模式，梳理主问题，设计好板书内容、当堂检测和课后练习。个人备课注重个性化的完善，针对本班学生实际和自己教学特点适当调整和补充。课中实行巡查，及时发现问题并进行反馈。课后针对检测情况及时进行教学反思。每单元做好“过关检测”，及时查漏补缺。期中期末测试严格考试纪律，规范评卷程序和标准。考查结束后召开质量分析会，与兄弟学校进行横向比较，与自己班级原来成绩进行纵向比较，通过数据分析找差距找不足，调整教学思路。对备课教案、作业批改进行不定期全面检查，并及时反馈检查情况，督促改进。通过组织专项比赛夯实基础，先后组织数学计算、解决问题，语文百字词、作文，英语词汇等多项专项比赛，评选出优胜班级和各项小能手。

对小组合作学习进一步完善和规范，制定评比细则，规范了课堂评价，培养学生的合作能力和团队精神。严密组织四年级科学、思品学科的国家义务教育质量监测。尤其是毕业班的老师团结协作、无私奉献、忘我工作，使毕业班统考成绩大幅提升，进入全区第一梯队。

在“北斗七星”教育联盟的共同推动下，依托天津教科院王敏勤教授和谐高效教学法，切实把握“精讲精练，当堂达标”的高效课堂教学实质。学校组织全体教师进行专题学习，把学期工作计划、要求等编印成《教学工作手册》。本年度共参加了十余次联盟会议，共同组织五次专家报告会，王敏勤、罗龙强、崔成林、徐长青等专家亲临现场予以指导。全体语数英教师参加的寒暑假单元备课说课活动，进一步规范了“三说”集体备课，达到了资源共享。人人“七说”使教师从浅层备课走向深层备课，细读课标、深研教材逐渐成为教师备课的习惯。语数英教师的普育学访以及联盟全体教师参加的教学公开课，使大家明晰了和谐高效五步教学的具体做法。样有层次、有梯度、有步骤的深钻细研和一轮轮的说课活动，使教每位教师都经过一番全面历练。小组合作学习在三至六年级全面铺开，“让学习真实的发生”已经初见成效，精细、和谐、高效的课堂教学理念已经深入人心。今年，学校有30余人次先后参加全国和谐杯说课、讲课、说专题比赛，其中白云梦、马彦珍、王欣欣、张敏、张翠翠、张潇菁、岳力力、朱萌萌、赵林林、林平燕荣获特等奖。

切实锤炼教师课堂实战能力，是提高教师专业水平的重要途径。在运用知识树的形式进行三说、七说深研教材后，我们陆续举办“小讲堂”和“大讲堂”讲课活动，积极探索适合学校各学科、各种课型的高效课堂模式。每个学期先开展“小讲堂”，即教研组层面的公开课。每周各教研组先按照五步教学模式进行集体备课，精备一课，形成共案，然后由一位教师执教公开课，全组教师听课评课，发现的问题在下一周的集体备课中改进。下周再精备一课，由另一位老师执教。这样周而复始，组内教师轮流执教公开课。从备课到上课，再到评课、反思、改进，都是大家的意见，集体的智慧。期中考试后再开展“大讲堂”，也就是学科层面的公开课，每个教研组都推荐一节课在全校范围内上公开课（“初建课”），各教研组从不同的维度进行观课、议课，然后再次修改教学设计，第二天换班上“重建课”。课后把好的设计、好的做法进行总结，固定下来，推广应用。对各组的“重建课”学校组织评委进行打分评比，作为优秀教研组评选的重要依据。一轮轮的“小讲堂”“大讲堂”交替进行，每位教师都参与其中，既奉献智慧，也共享成果。经过一年的积极探索，初步形成各学科新授课、练习课、复习课等课型的基本模式，教学方式发生变化，课堂效率有很大提高。

【立德树人　培育阳光少年】 依据学生培养目标，学校分别从“身体与心理健康”“道德与习惯养成”“学习态度与方法”三方面研究细化为低中高三个学段具体目标。具体落实到行动层面制定“北园小学一日常规要求”，每周一个重点训练项目。通过“画出最美常规要求”活动使学生真正懂得一日常规的内涵并落实在行动上。每天实行百分制大检查，每周评选优秀班级发放流动红旗，每学期评选常规优胜班级。少先队积极开展“七彩阳光”争章活动，涵盖德智体美劳各个方面，只要在某一方面或某一项活动中有良好的表现即可得到一枚“七彩阳光”章。少先队制定具体的争章活动细则，定期进行升级兑换。争章活动的开展促进学生的全面发展和良好习惯的养成。

每周升旗仪式上契合德育主题的演讲、社会主义核心价值观的培育、校风校训的阐释，使升旗仪式成为德育工作的重要阵地；隔周的主题队活动，每月一期的“青少年讲坛”，给学生指引正确的人生方向；校园读书节系列活动、经典诗文朗诵比赛、歌咏比赛、游学活动、传统体育项目比赛等活动以及丰富多彩的社会实践活动丰富学生的校园生活，提升了综合素质。

一方面通过三级家委会建设，让家长参与到学校管理和学生管理中来，每周的驻校轮值让家长走进校园，充分了解学校生活，对学校提出建议。同时利用家长学校提供全新的家教理念和实用的家教方法。另一方面，通过召开家长会，组织家长问卷调查，开展“百名教师访千家”活动，密切家校联系，有效解决教育难题，赢得家长的支持和配合。

【优化环境　建设和谐校园】 校门口两棵高大的育人树彰显着学校“和谐育人”的办学理念，七彩读书廊、书香亭显示着学校“书香校园”的办学特色，墙面上 24 个字核心价值观熠熠生辉，楼道内分十个板块展示师生昂扬向上的精神风貌。操场，通道、卫生间的墙面也精心布置，让每一处都成为文化，成为风景。教室内班级文化更是各具特色，异彩纷呈。学校投资 24 万元新建云桌面机房，投资 52 万更新全部教室的投影等电教设备，投资 9 万元更新 15 个教室的课桌凳等等，投资 57 万元对教学楼外墙粉刷、楼顶防水等。学校面貌焕然一新，办学条件不断改善，师生们有更好的工作和学习环境。

进一步加强各项安全管理工作，完善管理网络，层层签订岗位安全责任书。充分利用技防设施设备，实行无缝覆盖，全程监控。通过定期检查和设施改造，及时消除安全隐患。对师生加强安全教育，定期组织疏散演练，利用书信和微信等形式提醒家长尽到监护责任。与建设派出所、交警部门、北园社区通力合作，为学生营造安全和谐的学习环境。

（鲁　强）

德州市天衢东路小学

【学校概况】 德州市天衢东路小学始建于 1989 年，为一校两院，占地面积 21000 平方米，建筑面积 9800 余平方米。截至 2017 年底，学校共有 53 个教学班，在校生 3112 名，教职工 169 名。

学校全面实践“和谐高效”教学，以学定教，顺学而教，当堂达标，智造“和谐高效”真实课堂。注重营造浓厚的校园文化氛围：“三字经”“儒家八德”为学生树立为人做事的标准；班级文化建设，营造诚信、友爱、向上的温馨育人环境。“叮咚合唱团”“叮咚舞蹈队”“叮咚美术社”等 20 个社团丰富学生的课余生活，“体育节”“艺术节”“读书节”“毕业季”等成为实现“向学　明礼”学生培养目标的有效载体。

学校实行教师成长积分制管理办法，激活教师成长意识，激发教师工作潜能，实现教师职业幸福，提高办学效益，赢得上级领导和社会的广泛赞誉。先后荣获全国校园文化建设百佳学校、全国科研工作先进单位、山东省规范化学校、山东省绿色学校、山东省电化教育示范校、山东省少先队工作示范校等多项荣誉。

【荣誉】 2017 年，德州市天衢东路小学荣获德州市职工职业道德十佳单位、德州市单位内部治安保卫工作先进单位称号。

德州市天衢东路小学积分制管理专著《积分制助力学校发展》(书号：ISBN 978-7-5552-4407-3) 由青岛出版社出版发行。

德州市天衢东路小学在全国第五届“和谐杯”小学七说说课大赛中参赛教师共获得 16 个特等奖，8 个一等奖，3 个二等奖，学校荣获团队金牌和优秀组织奖。

【学校管理】 作为德州市师德建设基地，学校有效运用积分制实现动态管理，激活教师发展潜能，树立高尚的师德风范。学校积分制管理专著《积分制助力学校发展》由青岛出版社出版发行，专著的发行为加强对外联系又打开一扇窗口。学校在德州市承办的“山东省师德建设成果展”上作积分制管理特色展示；走进陕西师范大学举办的国培校长班、苏州市举办的校长及骨干教师培训班。教师节前夕《德州晚报》用两个版面对积分制管理经验进行专题报道。

师德修养提升是学校发展的关键，学校以榜样引领师德师风建设。党支部进一步推进“两学一做”活动，提高党性修养，增强党性意识。举办师德师风演讲比赛，评选“天衢美丽教师”“最佳合作团队”“教学明星”“科研明星”“优秀班主任”“师德标兵”，鲜活教师身边的榜样，以“星”为灯，燎原天衢。学校精心营造温馨“教工之家”。通过教代会增强教职工主人翁责任感，依规实施校务公开，促进学校民主廉政建设。为丰富教师业余生活，学校在原有书法社团基础上，成立瑜伽、烘焙、舞蹈社团，各种社团定期活动，愉悦

2017年11月10日，曲阜师范大学师德考察团到德州市天衢东路小学考察调研交流

教师身心。学校及时探望、慰问生病职工及家属，为教师及教师子女送结婚祝福，走访慰问离退休教师，将关心和温暖送到每一位教师的心坎。

2017年，校园环境文化建设进一步提档升级。一是东校区楼道和班级文化进行整体构建，西校区教学楼窗户全部更换，办公室安装空调，改善办公环境和学习环境；二是东、西两校区教学楼楼顶重新做防水层，改装消防管道系统；三是实现学生活动学习处室的触控一体化。学校坚持“安全第一，预防为主”原则，定期召开安全主题班会，和全体教师签订《安全教育目标责任书》《课堂教学安全责任书》，将“安全大过天”思想根植于心。每月进行安全隐患排查，杜绝安全事故发生。开展法制、消防安全等讲座活动，发放安全告知书，增加法律知识和自救自护能力，每月举行师生紧急疏散安全演练，提高师生应急处理能力。多措并举，为学生的幸福成长保驾护航。

【教学教研】 全面提高教育教学质量，全面提升学生核心素养，课堂是阵地，课程是抓手，落实是关键。学校严格落实教学常规工作，抓严细节、抓实过程，校级及中层分配到教研组，参与周教研和教研组各项活动，精心指导教学教研，深入落实课堂教学小组合作建设。学校积极实践探索“和谐高效”课堂教学，以学定教，顺学而导，小组合作，当堂达标，智造真实课堂。组建教研组学术委员会，汇聚教师团队智慧和力量，为课堂教学改革把握方向。以北斗七星教育联盟为平台，开展课堂教学联片教研活动；以“七说”说课为主的常态教研，老中青教师全员参与，人人登台说课。多措并举有序推进课堂教学改革，从入模逐步走向建模。2017年经历先打样→再研讨→最后展示的多轮循环，也经历喜悦→沮丧→又喜悦的心路历程。

学校教科研工作再上新台阶。一项省级课题顺利结题，一项国家级课题和六项市级课题提交结题材料，正在结题鉴定中。开展第六届小课题颁奖暨青年教师展示活动，对2016—2017学年度学校41项小课题进行结题鉴定，为2017—2018学年度的42项小课题立项开题，活动受到与会专家肯定。小课题沙龙常态化，小课题培训固定化，小课题研究微论文、微案例、微教学设计评选明确化，小课题研究展示更具操作化，这“四化”提高教师的研究能力。

【学生培养】 良好习惯的培养，是学生幸福童年的奠基石，家校共育，让其受益终生。学校以班级百分制考核为抓手，对班级常规管理进行日检查，周公示，全面规范学生行为习惯；通过好习惯复活、好习惯运动会、国旗下讲话、道德讲堂等形式，进行文明礼仪道德熏陶。通过体育节、运动会、开学典礼、毕业典礼、读书节、艺术节……让学生感受校园生活丰富多彩。各种节点教育，涵养学生性情。家长会、家长开放日，促进家校沟通，形成教育合力。

依据“向学 明礼”学生培养目标，将课程有效融合，利用周四下午实行走班制，真正把学习选择权还给学生，34门校本课程和20个精品社团，关注学生个性，实现身心智趣的协同发展。以“叮咚”命名的田径社团、篮球社团、航模社团、合唱社团均在德城区组织的各专项活动中取得优异成绩。“美丽家乡种我心——童眼看德州”作为社会实践课程中的一门，让学生与大自然进行亲密拥抱，磨炼意志。

2017 年 5 月 10 日，河北省承德市宽城满族自治县教育考察团到德州市天衢东路小学考察调研交流

【师资培养】 教师专业素养的全面提升是学校发展的关键，学校牢固树立“教师第一”的思想，倾尽全力为教师成长创造良好的内研氛围和外训环境，激励助推教师做“最好的自我”。一是征订《小学语文教师》《小学数学教师》《读者》等 70 余种报刊，自己编撰校本期刊《润》，供教师细读品味。二是落实《青年教师自主成长工作室章程》，采用“LDC（教师发展共同体）模式”和“3+2+X”个人成长方案，设计印制天衢东路小学纸质成长币，以成长币的方式记录教师前行脚步。三是挖掘内部资源进行经验共享。期末复习交流、“三说”展示、语文教学妙招分享、优秀课题结题展示等活动让老师们发展有标，进步有本。

2017 年，学校共派出 230 余人次外出学习，让老师们开阔视野。继续加强与徐长青工作室对接，八次共派出不同学科青年教师 65 人次，赴津参加徐长青工作室简约教学基地的教研活动和成果年会。学校先后邀请王敏勤教授和徐长青老师到校指导，举办“北斗七星教育联盟”和谐高效教学研讨会和“徐长青简约教学报告会”，联盟校 500 余人参会聆听，通过评课、讲座、交流为老师们拨云见日，指点迷津。

（任鹏）

德城区第二实验小学

【概况】 德州市第二实验小学位于天衢路中段胜利街，于 2011 年 9 月 1 日正式投入使用。新校占地 21 亩，建筑面积 5128 平方米。学校有 29 个教学班，1580 名学生，83 名教师。2017 年，德州市第二实验小学在办学条件极其受限、功能教室严重不足的情况下，全体师生深挖潜力、调动内驱力最大限度地弱化和降低办学条件不足带来的影响，用激情和热情弥补不足，扎扎实实地加快课程建设，构建学校文化，推动学校内涵发展、特色发展。“本真教育”理念落地生根。各项工作捷报频传，向上级领导、向社区居民、向学生家长交上一份份答卷，标志着“建设社区内优质学校”目标初步实现，学校已经走入良性发展快车道。

【开展德育活动】 学校始终坚持“育人为本，德育为先，真育人，育真人”的理念，站在为学生终身发展、持续发展考虑的高度，不断探究和创新德育模式，逐步形成“携手并肩，全员育德；落实课程，学科育德；策略研究，科研育德；板块管理，活动育德；家校联手，合力育德”的实施模式，书写德育新篇章。针对不同孩子的兴趣特长，学校成立“七彩桥广播”“百灵鸟合唱”“海棠书法”“魔幻绘馆”“阳光篮球”“航模”等丰富多彩的小社团，发展学生个性，开启学生心智。创新性地开展“炫彩德育”系列体验活动。校园魅力四节“春季体育节、夏季艺术节、秋季合唱节、冬季阅读节”，“运动会、篮球赛、冬季五项”等阳光体育活动，师生同演同练。学校开展的“百家讲堂”活动先后有近 200 名家长积极参与，授课内容有摄影知识讲座、奇妙的海洋生物、中国书法之魅力、安全用电小常识、魅力德州、粽香情浓等。

【营造文化氛围】 立足“孩子进入学校不仅仅是为了学习知识而是为了更好地成长”，学校确立“本真教育”这一主题。“本”是指教育的本源，即回归教育的本质，遵循教育规律，解放人的智慧，提升人创造未来的能力；“真”首先是指“真知识”，另一个内涵则是“真品格”。“本真教育”

使学生知行合一，成为求真、向善、尚美的人，这是教育的起点，又是教育的归宿。“以爱心塑造爱心，以健康培养健康，以智慧点亮智慧”成为每一个教师的行为准则；“千教万教教人求真，千学万学学做真人”是学校的核心理念；“有教无类”是教师遵循的教育原则；争做“七好”阳光少年，“帮助每个孩子成为更好的自己”是学校的培养目标；形成“修己安人，教学相长”的学校文化。

【启动校本课程】 课程体现一所学校的教育内涵、价值取向，只有课程建设才能推动学校的文化发展。学校师生秉承“本真教育”理念，以学生的和谐发展为本，集思广益，因地制宜，充分挖掘课程资源，强化课程综合实践功能，开发符合学校实际的系列课程，逐步形成“基础课程实，活动课程新、探究课程活”的课程框架。学校拥有多张课程名片：“童话课程”“国学经典课程”“绿植课程”“家乡课程”“社团课程”“家长课程”“活动课程”……形成内容丰富的“本真课程”体系。

德育课程成为促进学生生命成长的基石；体育课程让活动课程成为孩子们生命成长中的美丽记忆；社团课程是学生生命成长的快乐源泉；家长课程是家校合力陪伴孩子们健康成长的情感纽带；诵读课程成为全校师生精神依托的家园；校园七彩童话课程是孩子们亲近真、善、美的素材，实现文学教育与德育、美育、心理健康教育有效整合。

【教师队伍建设】 教育大计，教师为本。教师是教育的第一资源，有好的教师，才有好的教育。教育的生命力在于教师的成长和发展。学校从师德、教育理念、学科素养、网络技术、教师基本功、教育策略、教科研水平等方面狠抓落实，培养一支有本领做真事、有思想真作为的专业型“本真”教师队伍。“学然后知不足，教然后知困”。当有教学上的困顿时，学习就成为“为有源头活水来”的最好方式。在引领教师专业成长方面，学校采取专家引领、经验传承、专项论坛等方式，为每一位教师量身打造发展路径，力求使教师实现“自主发展、特色成长”。学校先后组织教师们聆听吴正宪老师、蔡鸿盛老师、徐长青老师、王敏勤教授、梁峰校长等教育专家和课程专家的报告。这里面有课改的经验，有课程建设的典范，有魅力课堂的操作，还有学校文化建设的心得，一次次报告震撼着老师们的内心，点燃着老师们课改的激情勇气，增强克服困难的信心，坚定探索与践行“本真教育”的脚步。学校实施“梯队工程”“青蓝工程”搭建成长平台、学习交流平台、业务展示平台，让教师们在自身成长中找到坐标，推动和激励教师专业发展。

（杨荣文）

德州市东风东路小学

【概况】 德州市东风东路小学，位于东风中路326号。创建于1975年。原名德州市四新小学，1983年更名为德州市东风东路小学。德州市规范化学校，德城区第一所全国足球特色学校。

学校占地16968平方米，有教学班21个，在校生近1300人，教职员工64人。拥有标准化操场、微机室、图书阅览室、舞蹈室、探索实验室、科技活动室等多个功能室，各室均配备教学多媒体触控一体机，实现教学手段现代化。

校园内“春天鲜绿映目，夏季苦楝花香，秋季满树红柿、冬季傲雪女桢”，以境韵美形成独有的校园文化标志，象征着东风人“苦练、求是、求真”道德风景和勃勃生机。

“幸福”是学校的文化底色，以“办适合孩子的教育”为追求，整合落实国家课程为根本，以特色社团为阵地，以丰富的实践活动为载体，以“体育节、读书节、艺术节、足球节、合唱节、教学节、科技节、电影节”八大节日为依托丰富课程文化，遵循“挖掘和发展学生个性与全面发展协调统一”的育人原则，培养“健康、明礼、乐学”具有创新和实践能力的东风学子。学校致力于建设“学生向往、教师幸福、家长放心、社会满意”的现代化规范学校，在幸福文化的引领下，“对标一流 争先进位”，办人民满意，为建设“富美新强”典范区贡献东风力量。

【教学成果】 2017年，学校认真贯彻落实区教育局工作要求，抓住中片和北片联片教研、抱团发展的教育契机，继续以提高教育教学质量为目标，以高效课堂建设为中心，以学科建模活动为抓手，以提升教师专业素养为关键，深入开展教学研究，优化教育教学管理，以求真、务实、创新的工作作风，对照反思上学年工作中存在的不足，虚心听取老师们的意见和建议，齐心协力、扎扎实实做好教学上的一切活动，争先进位、对标一流，力争取得新的突破。开设“东风大讲堂”，开启学科建模活动，15个不同课型教学模式，使学校“246高效课堂”由校级建模进入一科多模阶段。促使学生学习方式由过去的传授式学习逐步向自主、合作、探究式学习过渡，从而获得自主发展的能力。

全面落实课程计划，学校课程建设初具框架，形成国家、地方、校本三级管理模式。246高效课堂建设实现了国家课程的校本化，足球课程、一日常规课程、戏剧课程、合唱课程、游学课程等学校特色品牌课程稳步发展。

加强与246高效课堂相关的小组合作学习、学生自主学习、实践探索学习、课堂评价、课堂达标检测等环节研究。小组合作学习受到全国和谐教学创始人王敏勤教师肯定。规范常态课，让学科建模落地生根。备课、上课、作业、辅导、检测等常规教学环节制定制度落实到位。加强课堂教学进行巡查，全面了解师生的上课情况及时反馈。加大随机听课和推门听课力度，真正了解教师的常态课情况，督导和引导教师上好常态课，对日常教学存在问题的课堂，反复听课、跟踪指导、分析原因、打磨过关。

按照“求实效”原则，做到工作有布置、有检查、有总结、有改进措施，把各项活动考核公正公平准确地计入学校考核得分。将“基于课程标准的目标教学”和王敏勤教授的和谐高效课堂教学模式与学校“246高效课堂”相结合，开展集体备课，每周五对各年级学科主备人进行备课过关检查。优化作业（课堂检测达标练习）设计，着眼于巩固和消化知识，本着少而精的原则，坚决避免机械性重复性的作业。

通过校内外研训，加强教师队伍建设，尤其要加强青年教师培养工作；开展丰富多彩的学生活动，提高教学质量，促进学生全面发展。2017年3月9日考察晏婴小学课程整合情况学习。听孙景峰校长《校长如何拆除制约课程整合的“天花板”》报告；3月6日和4月7日两次在德州市实验小学参加“基于标准的教学设计”专家指导活动，听张斌博士进行评课；4月12日至13日，在德州市实验小学参加“数概念”纵向教学研讨会，听吴亚萍教授评课和报告；5月2日至7日，到上海师范大学培训学习；6月27日，在德州市实验小学参加“基于标准的教学研究”专家指导活动，再次聆听张斌博士报告《如何做好评价设计》，进行交流座谈；10月26日至27日，在德州市实验小学参加“语文阅读课”研讨会，听李家栋老师如何初建和重建课的专家报告；11月3日，中片教研共同体在德州市东风东路小学举办“小组合作学习”专题研讨课，对德州市东风东路小学“小组合作学习”的开展情况进行高度评价。

【学生培养】 重点工作突出。“发展”是学校的第一要务，学校组建《一日常规课程》课题组，研发《东风东路小学一日常规课程》，将升旗、入校、践行社会主义核心价值观等11个好习惯制定分学段培养目标和措施。借鉴省教科院张斌博士“教学评一体”的课程理念，制定《一日常规课程》的过程性评价方案。

成立校园足球、戏剧课程、儿童诗创编、数学思维训练、语文阅读教学、英语自然拼读等十个项目组，探索学校教育教学发展的特色模式，为学校教育催生新的生长点！校园足球勇夺联赛亚军，现已形成“周周都有足球课，班班都有足球队，人人都会足球操”的浓厚校园足球氛围。2017年4月13日，德城区中小学生春季田径运动会在五环体育场隆重举行。东风东路小学由600名师生参演的大型团体操《畅想幸福，放飞梦想》赢得喝彩，荣获德城区2017年中小学生春季田径运动会暨2017年“体彩杯”德城区田径联赛团体操表演奖。2017年9月9日，东风东路小学团队制作的情景剧《我为老师颁个奖》入选德城区2017年教师节庆祝大会，获得好评。节目颂扬德城区人民教师无私奉献精神，展现广大教育工作者在平凡的工作岗位上锐意进取、昂扬向上的精神风貌。2017年10月12日，参加在济南市举行的山东省少先队改革交流会议，作典型发言。2017年11月，在德城区举办的“班主任论坛征文”比赛中，孙莉获一等奖，卢真真获二等奖。2017年7月，全国第三届中小幼和谐杯“我的文化我的班”班级文化演讲比赛活动中，孙莉、卢真真、王敏、田宁宁获得一等奖。

【教学教研】2017 年，学校在教育科研方面成立教师“潜心研究，智慧前行”发展共同体。让志同道合、有着共同兴趣爱好和研究方向的教师“抱团”发展、共同进步。学校经过反复研讨、慎重选择后成立校园足球、戏剧课程、儿童诗创编、数学思维训练、语文阅读教学、英语自然拼读等十个项目组，以“草根式”小课题研究为突破口，探索学校教育教学发展的特色模式，力争通过项目引领，为学校教育催生新的生长点。为保证各项目组研究方向正确、课题切入点准确及课题报告的专业性，学校特邀德城区教师进修学校副校长邓朝珍亲临指导“草根式”小课题开题报告会。2017 年 6 月 12 日，“草根式”小课题结题报告会举行，总结回顾一学期各项目组课题研究的历程与经验、收获和感受。

【师资培养】加强政治学习。领导干部充分树立政治意识、大局意识、核心意识和看齐意识，时时处处严格要求自己，做老师们的标杆榜样。要求老师们做到的，领导干部首先做到，以上率下，率先垂范。落实党员活动日制度。每月 15 日为党员活动日，开展系列党员活动，学习习近平系列讲话精神，营造“一名党员一面旗，面面党旗扬正气”氛围，抓住学校发展中的关键少数。加强师德学习。学习《中小学职业道德规范》《德州市师德建设意见》，提高全体教师的道德修养。学期伊始，人人签订《师德承诺书》。依托“青年教师培养部落”这个青年教师培养组织，先后三次召开“青年教师交流座谈会”，发挥优秀青年教师的榜样作用，通过传授经验，交流思想，解决疑惑，使青年教师更快地融入这个大家庭，明确奋斗方向。

加强教师师德师风建设，打造一支师德高尚、爱岗敬业、无私奉献的教师队伍。建立师德师风监督小组，制定师德师风实施方案，与教师签订师德师风承诺书；下发师德师风承诺致家长的一封信；在年级组内开展师德师风大讨论活动；期末开展教师师德述职活动；征集师德小故事、忌事忌语净化老师灵魂。规范教师职业规则，建立约束机制，评先树优促教师发展，通过不同形式的宣传，学习，提高教师队伍遵守教师职业规则。制定教师积分制办法，促进教师工作的积极性和责任感；召开教职工代表大会，充分发挥教职工民主参政议政的权利；实行校务公开；每月一次的校长开放日，广泛听取家长、学生、教师的心声，及时处理问题，现场办公；年级组内评选“四德”明星，制作“四德”榜，并上报文明网平台，以榜样的力量带动广大教师，每学期评选优秀教师、师德标兵。为二年级四班的生病学生组织“水滴筹”，做好离退休教师的送温暖工作。

通过手写教案、新教师亮相课、青年教师过关课、骨干青年教师引领课等活动，培养青年教师过硬的基本功。通过师徒结对，自由选择导师的方式，让优秀的老教师从业务上悉心指导、帮助青年教师有序地开展教育教学工作，不断提高教育教学能力和组织管理学生的能力和教育科研能力。期末对青年教师的工作进行考察和评估。对年度优秀青年教师和优秀导师进行奖励和表彰。每周一的 4:05 至 6:00，学校组织教师集体学习和培训活动，高效课堂建设培训、优秀课例展示、专家讲座、教师基本功培训，学课标、硬笔书法培训、经验交流会、学困生经验交流会、小组合作经验报告会、教师读书交流会、班级读书工作交流会、组织“我的文化我的班”班级文化建设培训、班级文化评比和展示活动。

继续做好师生同读一本书活动，扎实推进读书工程。读书是一个人精神成长的重要渠道。每一本好书就是一段人生，甚至就是一段历史。读书的过程是孩子认识人生、发现自我、超越自我的过程。童年的阅读会使孩子终身受益。为此要做好引导和组织工作，营造浓郁书香校园文化氛围，让学生在读书中较劲，在读书中快速成长。全班同读一本书，双周星期五下午前两节为全校集中阅读时间，周一到周五要求学生每天至少阅读半小时，提倡师生以自己喜欢的方式做读书笔记和摘抄等，按照学校“共读一本书”活动安排，各班每两周进行一次读书交流活动。《怎样培养真正的人》《给教师的一百条建议》《基于标准的教学设计》《多元智能理论与实践》等书成为教师日常精神依赖。

“交通文明劝导志愿者”服务团队建设，成为

学校规划效果鸟瞰图

创城工作的代言人。他们严谨的工作作风，向上的工作态度受到市民的称赞，成为教师团队优秀品行的展示窗口。

【设施建设】 各班级全部完成“一体机”的安装工作，实现教育教学方式和手段的现代化。为全面进行大班额改薄工作，学校完成旧教室拆除工作，彻底解决25年来存在的难题，为学校发展迎来2969平方米的科技楼建设。投资约700万元科技楼于2017年7月1日正式开工建设，完成主体的建设工作；利用暑假期间，完成教学楼消防管道改造升级工作，保证校园的消防安全；更换所有教室门，保证教学设施的安全；为美化教学楼的环境，保障学生上下楼的安全行走，对教学楼各楼梯及平台铺设地胶地面，使校园环境和卫生大有改观。

（李子明）

德州市新影街小学

【概况】 学校始终以“责美校园、责美管理、责美教师、责美课堂、责美德育”为抓手，努力践行“责美”教育，每一位教师，充分发扬敬业、奉献、进取、创新精神，履行教书育人的神圣职责，办好人民满意的教育。学校先后荣获全国幸福教育联盟基地学校、国家基础教育实验中心十一五重点课题实验校、全国第五届和谐杯小学幼儿园“七说”说课大赛优秀组织奖、第十四届世界华人学生作文大赛全国优秀组织奖、山东省第28届青少年科技大赛中优秀组织奖、德州市依法治校示范校、德州市青年文明号先进集体、德州市课程资源开发一等奖、德州市文明交通志愿服务先进单位、德州市第九届青少年科技创新（创意）大赛优秀组织奖称号。

【教师培训】 通过学校汇编成册的校本培训教材《周思业想》，大力倡导教师开展《新课标》《新课标解析读本》自学活动，持之以恒进行粉笔字书写培训、暑期系列培训活动，积极组织全校教师参加省暑期远程研修，为学校教育教学质量提高奠定良好基础。

外出取经强技能。学校有计划地组织部分青年骨干教师外出学习。区教育局组织的每次学科研讨活动，学校总是克服各种困难，全员参加。2017年先后组织教师到浙江、内蒙古、潍坊、秦皇岛、天津等地进行培训，做好专题汇报，使学习效益最大化。

【教学教研】 青蓝牵手，以优带新。2017年借助青蓝工程结对等形式，组织教师参与活动的全过程，积极开展听课评课研讨活动，促进教师尤其是青年教师在一次次上课、反思、研讨过程中逐渐走向成熟，教学业务能力得到提高。多种教研促成长，通过小组合作学习课堂研究、会诊式校本教研、骨干引领式校本教研、点评式校本教研，优化教学过程，使课堂教学真正符合高效课堂标准。

【德育工作】 教育主题显品质。2017年，学校在贯彻《小学生守则》《小学生日常行为规范》基础上，认真制定每月教育主题，加强对学生纪律、礼仪、卫生、勤学、劳动等五方面基本行为准则教育，着力培养学生良好品行。为此，开展丰富多彩的教育活动。“感恩活动月”，组织“老师，我爱你”感恩演讲，“我为创城添光彩”“三八节里献爱心”“无纸周誓师大会”“清明节里忆先烈”手抄报等活动，培养学生知恩感恩的思想意识；“艺术活动月”，举办“艺术节”才艺大赛，展示学生的素养；“安全教育月”，开展应急预案演练，提高大家的自护自救意识；“体育活动月”，举办春季运动会及趣味运动会，开展跳绳比赛、拔河比赛、快乐武术操，让学生享受运动，享受快乐；读书节举行责美班级古诗朗读比赛、责美学生书法大赛；暑假，组织“好书伴我成长”暑假读书征文、古诗背诵过关、亲子阅读、行万里路活动。

绿色评价促成长。学校经过艰苦努力，设计出《责美少年争章记录册》，制定《德州市新影街小学责任少年争章创星活动实施方案》。通过争章创星活动的开展、“责任银行”卡的实施，激励学生不断完善和超越自我，调动学生奋发向上的学习热情，不断养成良好学习习惯、卫生习惯、礼仪习惯，促进学生更好地发展。

（付红兵）

德州市解放南路小学

【学校概况】 德州市解放南路小学始建于1978年，位于德城区邹李街328号。占地6248平方米，建筑面积4300平方米。2017年在职教职工66人，学历达标率100%；19个教学班，1073名学生。

【教学教研】 2017年5月30日，山东省教育科学“十二五”重大委托课题子课题2017年度教学专项课题《基于提升小学生数学核心素养的数学思维培养研究》立项。2017年11月6日，德州市教育科学“十三五”规划2017年度重点课题《“和雅”课程体系构建实践研究》立项；一般课题《学科德育课程整合研究》《优秀传统文化教育融入校园文化建设的途径研究》立项。

【教育成果】 德州市解放南路小学校歌《童心飞扬》荣获全国校歌比赛三等奖。9人次荣获中国教育技术协会多元智能专业委员会颁发的第三届“立教杯”全国优课、创课教学大赛一等奖。6人次荣获全国“第五届和谐杯小学幼儿园七说说课大赛”一等奖，学校荣获“优秀组织奖”。学校师生创作演出的舞蹈《映山红》获得2017年全国特长生才艺展示山东赛区金奖。学校获得2017年德州电视台小主持人大赛优秀组织奖。学生足球队获得2017年德城区小学足球比赛第6名。学生篮球队获得2017年德城区小学篮球比赛第2名。

吕恩会老师家庭被评为德城区最美孝德家庭。刘敏老师被授予德城区三八红旗手荣誉称号。董朋朋老师被评为德城区“四德”标兵。

【师资培养】 2017年9月9日举行教师宣誓暨拜师活动。

（桑玉梅　陈红霞　杨菲菲　崔顺文）

德州市解放北路小学

【概况】 解放北路小学始建于民国初年，校名为仓廒小学。解放后迁址市府街小营胡同，1949年迁至伙道仍沿旧名。1954年迁至南门里街，即今校址，改名为南门东街初级小学。1967年学校改名为红卫路一小。1982年改名为解放北路小学。荣获全国科普教育基地、山东省教学示范校、省小交警学校、省少先队示范校、省交通安全示范校、市级规范化小学、市级文明单位称号。

【荣誉】 2017年，德州市解放北路小学获评山东省文明校园。

德州市解放北路小学“新生命教育”理念、做法和经验于2017年12月8日由中国语言文字报专版报道。

【尊重生命　认知生命】 “新生命教育”是“关于生命、关注生命”的教育，是“提升生命幸福指数和价值意义”的教育，是教育过程和实践本身就蕴含和孕育生命活力，彰显生命特征，有生命地自然成长进步的教育形态。解放北路小学“新生命教育”文化体系的构建，首先让师生在“尊重生命”的前提下，真正地认识“生命”的多重属性（自然属性、社会属性、精神属性、时代特性）和生命教育的双重载体（生命和教育），为唤醒、激发、启迪和放飞生命，明确方向，奠定基础。

【关注生命　唤醒生命】 教育大计，教师为本。在“新生命教育”主题的倡导下，“解北”自然而必然地坚持“尊重、平等、民主、自由”的原则，“思想动力”“业务能力”两手一起抓，两手一样硬，全面而总体地提升教师的生命活力，塑造一支德艺双馨的“生命护航队”，以教师生命的成长助推学生生命的成长。在这里，人人是主人，人人是学校发展决策者、管理制度制定者、全面管理执行者、评价考核参与者，人人都在做“最负责的自己”，在几十年来“解北”历代教师的传统写照“做红烛为后代点燃智慧之火，化甘霖育桃李浇开理想之花”此两句之前，被近年来他们的心灵和心态分别添上了“乐”“愿”二字，点亮教师生命成长的文化核心：实心实干，诚心乐干。

【启迪生命　放飞生命】 课堂和课程，以及让“课”充满生活活力和生命色彩的多元活动，是践行“解北”办学理念，启迪与放飞生命的主阵地、主渠道和主载体。因此，学校在研究学生的生活背景和潜能特长的基础上，全面实施课堂、课程改革，竭力创造适合每一个生命成长的教育，切实让教师享受教书育人的幸福，让学生体验生命成长的快乐。学校的四度课堂模式继续蓬勃发展，多次应邀到省内外其他兄弟学校做汇报及展示课，在四度课堂的打造中，老师们得到长足的进步，学校三位青年教师分别在全国语文教学比赛中获奖，其中陈婧老师荣获特等奖。

（高凤香）

12版　理念·特色 LINIAN TESE　2017年12月8日　星期五　语言文字报

新生命教育　还原教育的本真面目

——解读山东省德州市解放北路小学“新生命教育”现象和内涵

2017 年 12 月 8 日，中国语言文字报专版报道德州市解放北路小学“新生命教育”理念、做法和经验

德州市新湖南路小学

【学校概况】 德州市新湖南路小学位于德州市中心城区风景秀丽的明月湖南畔，始建于 1968 年，前身是一所村办小学。1985 年更名为德州市新湖南路小学，占地面积 1350 多平方米。2011 年 8 月，德州市十三局小学合并到新湖南路小学，分为南北校区，两个校区总占地面积 14000 多平方米，建筑面积 7300 余平方米。学校配有微机室、实验室、图书室、阅览室、音乐教室、舞蹈室、美术教室、综合实践活动室、心理咨询室等多个功能教室。学校先后被评为全国特色学校、山东省教学示范校、山东省依法治校先进单位、山东省心理健康教育特色学校。

【荣誉】 2017 年，德州市新湖南路小学荣获全国第五届和谐杯小学七说说课大赛团队金牌奖、德州市中小学机器人邀请赛最佳团队奖，获评山东省体育项目特色学校，被授予德州市三八红旗集体称号。

【尚美课程　润泽幸福童年】 学校以“让每位师生走向成功”为办学宗旨，立足培养目标——“文雅明礼、乐学有智、健康向上、心灵手巧”的新湖学子，为每个儿童的健康成长搭建平台，提供适宜的“养料”。将课程体系建立在核心素养的培塑上，在三级课程的实施方面既保持各自独立性，又存在着内在的联系，以是否适合学生发展为出发点和落脚点，构建“尚文　致美”课程体系，逐步形成学校的两大主题、六大领域成功文化课程，做到国家课程校本化，校本课程个性化，社团课程多样化，活动课程特色化。2017 年成功节尝试打破学科界限设计包含多个学科的统整课程。一年级的“乐学嘉年华”，孩子们快乐闯关，体验学习的快乐；二年级的“嗨，来我家吗”，综合数学学科的方向与位置，融合美术语文学科知识，孩子们自己绘制地图、寻找伙伴家庭住址，按照规定路线、探寻宝藏；三年级的“时间去哪儿了”，结合数学知识认识时分秒，语文学科让学生搜集珍惜时间的名言、诗句、美文，美术学科绘制钟表、设计花钟，班主任布置学生整理自己成长画册，体育课上体验1分钟跳绳，1分钟踢毽子，在持续3周的综合实践活动中，孩子们认识到时间的宝贵，更加懂得珍惜时间；四年级开展的“崭新的我走进你温暖的家”活动。主客双方同学充分准备，进行自我展示，主客互选结成对子后协商制定这一天的活动计划，其中可以包括承担家务、共进三餐、共同学习、一起活动、分享交流成长心得等。一至四年级每个年级一个项目，各学科围绕主题开展一系列探究实践活动，课程统整，学习真实地发生在学生身上，学生的综合素养得到提升。

【多彩活动　绽放生命精彩】学校坚持“立德树人，一心两翼”的德育工作理念。一心：即以学生习惯素养养成为核心，两翼：即以活动体验为路径，以队伍建设为保障。以建设“书韵飘香 幸福盈心的精品学校”发展愿景及学生培养目标为指导，大力实施“642提升工程”，即聚集习惯养成，循序渐进推进“习惯养成六大工程”；开发“四季活动课程”，体验感悟，感恩成长；扎实推进“双发展”模式，缔造完美教室，师生同发展共成长。以“明确规范，引领行为，开展活动，体验感悟；缔造完美教室，师生共成长”为主要路径，促进班主任队伍专业发展，培养成功班主任；让每一个学生健康快乐、成长成材，自主发展，培养成功学生。

【梯级培养　助力教师成长】培养一支具有现代教育理念、专业化发展的教师队伍，成为学校内涵发展的关键。实施“三三三制”的三级阶梯九年培养的管理模式，是促进教师专业成长的一条重要途径。引领教师从三年“种子”的成功培养，向三年“个性化”的骨干发展，最后利用三年时间到“名师俱乐部”锻造成为“专家型”“研究型”“学者型”教师。

为促进教师的快速成长，从“种子”培养，到“个性”打造，再到“名师”修炼，不同层级的老师写出自己具体的成长发展规划，建立好自身发展的专业成长档案，落实好个人阶段任务清单，时刻记录个人的成长足迹。学校为各年级老师们订阅60多种教育教学刊物，每学期为所有老师购买同读的书籍，不断历练老师们的教育涵养。通过引进“简约教学”等优质资源，每月开展专题研究，使校外教研和校本教研有机结合。通过信息技术的培训和网络学习的远程培训，不断提高教师的专业发展。

【民主管理　营造和谐文化】工会充分发挥民主监督作用，按照上级文件要求，每学期开展民主评议学校领导和中层干部活动，认真落实校务公开。在继续做好校务通知栏及各类会议公开的同时，学校公众号和办公群及时更新各项工作安排，各部门设立公共邮箱以便公示反馈各项工作检查评比情况。

学校七届一次教代会讨论通过《新湖南路小学教师综合评价实施方案》《新湖南路小学职称评审办法》，教师工作评价根据评价方案积分评比，公开透明，评选出优秀教师20名，师德先进教师10名。2017年的高级教师评聘完全按照教代会通过的《新湖南路小学职称评审办法》进行，成立由校领导和教师代表组成的职称评审小组，符合条件的老师自愿报名、提供材料，评委小组根据方案逐项为竞聘教师进行核算打分，领导评议和民主评议中，校领导和全体教师民主投票、公开唱票，公平、公正地评选出五位教师，按上级规定进行公示，圆满完成聘任工作。

【联盟教研　彰显合作共赢】2017年，南部联盟五校教研活动在徐长青工作室简约教学理念的引领下，聚焦课堂教学，开展一系列教学研修活动，为老师们不断探索教育教学规律，深化教育教学研究提供交流的平台，促进教师专业发展。先后邀请徐长青、叶鸿林、刘军等名师，通过名师引领，对话课堂，促进高效课堂建设；开展“计算课、习作课”专项研究，不断突破教学难点；选派优秀青年教师连续十周共十次去天津与徐长青老师跟研，培养南部联盟教育改革的领头人；在五校领导带领下，多次走进天津名校，开拓教育视野。五校联盟的领导们在工作室和学校之间为老师们搭建各种成长平台，让更多优秀的教师脱颖而出。

（刘玉卿　钱铮　商怡）

德州市光明街小学

【学校概况】 德州市光明街小学创建于民国初年，民国四年（1915）命名为马神庙初等小学，1974年正式命名为光明街小学。学校占地8.1亩，校舍建筑面积5449.58平方米。截至2017年底，有24个教学班，在校学生1533人，教师55人。学校环境优雅、布局合理、功能教室齐全，图书阅览室、科学探究实验室、美术书法室、音乐舞蹈室、综合实践活动室、微机室、多功能教室、科技室、心理咨询室、卫生室等专业教室一应俱全，图书、音体美、实验等教学器材按标准配备，班班多媒体、教师人手笔记本电脑的配备呈现学校现代化办学条件。

学校以“打造和美教育”为核心，以“为学生全面和谐发展奠基”为办学宗旨，“以人为本，崇和尚美”是学校的办学思想，“以和为贵，以真为美”是全校师生信条。师德建设是学校的风采窗口，向师德要质量，向细节要师德，《以教学反思为载体进行师德建设的探索与实践研究》作为国家级课题立项；高效课堂建设是学校的制高点，承担一项国家级课题，五项省级课题，其中四项课题分获省一、二等奖；校本课程是学校亮丽风景线，开发课程主要分五大板块：楹联文化，传承经典；布贴艺术，陶冶情操；书香成习，写字育人；电影课程，润泽心灵；礼仪课程，儒雅少年。

学校坚持走内涵发展之路，以质量和特色求生存，以改革和创新促发展。曾荣获全国创新型教师培养科研单位、省教育科学“十一五”规划重点课题学校文化与特色建设重点研究基地、省心理健康教育先进学校、市级文明单位、市级规范化学校，市依法治校示范单位、区学科教研建设基地、区教学质量优胜单位等称号。

【教学教研】 抓实备课环节，促进教学相长。集体备课，做到“两统一”“四突出”“一加强”，即：统一研究时间，统一研究地点；突出重点，突出难点，突出课堂设计，突出学法研究；加强检查和督促，把检查结果纳入到备课考核之中。语、数、英每科进行单元“三说”即说教材、说目标、说教学活动。从而实现教学智慧共享，课程资源共享，真正地达到在有限的时间内取得最大的效益。

落实上课细节，向课堂要质量。低年级重点落实“定点”习字法，抓好学习习惯的养成教育；中高年级则进行思维导图的学习与运用，培养学生从整体上把握知识能力。

定期组织常规检查，进行质量检测，时时把握教学动态。每月对教案和作业、练习册、单元测试等做出评价，同时做专题总结汇报，肯定优点，指出不足。坚持周清制度，教科研处严格把关，从周清内容、记录平均分、第一次过关率、第二次过关率及优秀率进行检测，力争将学困生人数降到最低。实行“单元诊断”制度；“期中诊断”制度；每次测试后，各学科进行教学质量分析，制作条形统计图对每个班级进行成绩分析，总结成功的经验和失败的教训，分析每位后进生知识的掌握情况。努力做到考一次，研究一次，提高一次。

积极探索小组合作学习模式，在王敏勤教授和谐教学法引导下，学校层面出台小学合作学习实施方案，教师层面，每个班级制定自己班级小组合作学习实施方案，学校按学科、按批次到天津普育学校跟岗学习，回校后每位教师谈想法、谈感受、谈做法，将所学与自身教学相结合，不断修正小组合作学习方案，达到学生的优势互补、相互协作，逐步实现学生善合作、善倾听、善质疑、善提问、善评价的和谐课堂氛围。

【课题研究】 成立“微课”项目组；“语文积累与运用”项目组；“思维导图”研究项目组；“找点定位”习字项目组；“绘本阅读”教学项目组；“主题学习与趣味作业”项目组等项目研究。其中微课设计与应用项目组与北京微课共建共享联盟，简约数形结合项目组与天津徐长青工作室成功实现对接，共建共享联盟秘书长付彦军曾莅临学校，以《个性化教学与未来教师发展》为主题向老师们展示“互联网＋教育”为课堂带来的巨大变化，开阔老师们研究思路，为个性化课堂开展奠定坚实基础；简约数形结合项目组组长宋新军老师被邀请担任第五届“立教杯”课堂优质课观摩评比专家评委；思维导图项目组以西部连片教研为依托，成功举办思维导图应用讲座，全体教师在备课、上课等环节全面应用，取得良好教育教学效果。为促进研究实效，特举办思维导图和微课设计比赛，做到真研究、真行动、真实效。

【课程建设】 积极探索光明街小学基于“和雅”学生培养目标下的 1 + 1 课程整合教学。即：语文 + 丛书（语文主题学习）；数学 + 数学读本（数学板块式学习）；英语 + 英语绘本；科学 + 探究阅读；品生品社＋礼仪；音乐＋《口琴》课程；美术＋《布贴画》课程；体育＋《校园排舞》课程等。

校本课程的开设，楹联课程与语文教学整合；开设国学课程和电影课程；继续将口琴课程融入音乐课程；将布贴画课程融入美术课程；将小学生礼仪课程、生活微课程、一日课程融入思品课程。学校实施新开发健康教育课程。

【队伍建设】 继续坚持教师基本功培训；开展“师徒结对”活动；名师成长工作室活动实行定时定点；继续抓好影子培训、教师读书活动。

《师道》作为学校的科研特色，贯穿于老师们的教育教学，学校将通过设立“立言馆”，鼓励教师建言立说，发表独到见解，成为有影响力的思想先锋。学校的《师道反思力量》被作为优秀科研成果在全市推介，出版教学反思著作《反思的力量》，师道反思的经验做法在济南、内蒙古、浙江、青岛、重庆等地进行广泛交流和共享，《向青草更青处漫溯》《反思的力量》两篇文章对学校师道反思的做法及取得的阶段性成果进行详细阐述，分别发表在《创新教育》和《中国德育》两本杂志上，师道反思的成功做法得到同行一致认可，临沂、禹城、陵城区、平原、河南等地教育考察团到校参观学习。通过培训，工作室成员尚飞飞、夏雪妍、陈晨、曹媛媛被评为远程研修优秀学员；褚艳杰、庄绪艳、宋新军老师曾代表学校在“全国中小学科研能力提升与教学变革研修班”上做主题交流，得到与会专家和老师的一致好评；王晓楠老师获省信息技术与课程融合优质课一等奖；宋新军老师的微课《认识圆各部分名称及简单特征》获市一等奖；吕菲菲、郝芳禾、王晓楠、周政等老师在全国第五届和谐杯小学幼儿园“七说”说课大赛中分获特等奖和一等奖；学校被评为优秀组织奖和团体金牌奖，成绩的取得也为创建品牌学校发挥着重要作用。

【德育工作】 以德育教育为抓手，全面推进学生综合素质教育；落实德育常规教育，促进文明礼仪养；坚持开展每月主题教育，深入培养日常行为习惯；积极开展社团活动，促进学生多元化发展。

为丰富校园文化，发展学生兴趣与特长，促进学生全面发展，结合学生培养目标，成立布贴画、舞蹈、篮球、书法、航模、琵琶等艺术社团，在每周四下午第三节课定期开展社团活动，为学生搭建自主发展的平台。

在第十七届华人少年作文比赛中，学校有 4 名同学分获一、二等奖；7 名少先队员在德州市第四届科技节暨第七届航模竞赛中分获一等奖和优胜奖；马雨潇同学的《我的航天梦》荣获德州市第九届青少年科技创新大赛一等奖；张从远同学《农家书屋—我的朋友》疑问在全市少年儿童阅读征文中荣获一等奖；崔敬悦同学在全区中小学“学宪法讲宪法”演讲比赛中荣获一等奖；王科荐同学被授予德城区“十佳少先队员”荣誉称号。

学校开展“国学润童年，文明伴成长”文艺会演、“书情画艺”书画展等六一系列活动；在德城区 2017 年庆“六一”文艺汇演中，学校表演的舞蹈剧《联韵》获得圆满成功；学校注重传统文化教育，开展“以诗传情咏和美 以书颂怀赞光明”读书节系列活动，邀请著名儿童文学作家王一梅走进校园，为同学们讲授生动有趣的阅读与写作课。在元旦来临之际，学校开展布贴画、绘画、科技制作大赛，促进学生才艺个性化成长；为落实《国家学生体质健康标准》，11 月为全体同学进行体质检测；同时，坚持每天锻炼一小时阳光体育运动，举办全员参与的春季田径运动会和秋季队列队形、广播操、趣味体育运动会，开展以班级为单位的特色学生体育活动。同时，学校对每位同学实施综合素质评价，建立学生的综合、动态成长档案，对每位学生形成一份综合性评价报告。

【家委会工作】 学校进一步完善家校联系网络平台，实施家庭教育普及工程。设立家长开放日、开展父母智慧大讲堂、校长对话日等活动，本学年在家委会的积极配合组织下，学校成功开展一年级走进农场感受农耕、二年级走进德州博物馆重温历史、三至五年级动植物园寻春、六年级九顶塔一日游的春游实践活动；在元旦来临之际，开展迎元旦亲子才艺大赛活动，系列活动的开展养成少先队员讲文明、懂礼貌的好习惯，培养学生团结友爱、努力奋进的精神品质。

【设施建设】 新增二十六台套多媒体一体机；改造提升校园网络设施；更新所有教室照明设施；全面维修教室和楼道窗户，加装防护栏，使教室内更便利更安全；购置一百五十套学生课桌凳，保障教育教学正常进行。

（杨振宝）

德州市湖滨北路小学

【概况】 德州市湖滨北路小学位于德城区中原社区。始建于 1987 年。学校占地面积 7740 平方米，教学楼面积 5855 平方米。截至 2017 年底，在职教师 119 名，教师达标率 100%，在校学生 2576 名，学生升学率 100%。学校有严格的校风、良好的教风、端正的学风，全体教师事业心强、素质高、观念新，严谨治学、无私奉献，教育教学成果显著，赢得社会各界赞誉。学校先后被评为国家级学习型学校、全国双规教学实验基地、省级规范化学校、山东省心理健康教育先进单位。

王敏勤教授就“全国第五届和谐杯小学幼儿园‘七说’说课大赛暨德州市湖滨北路小学校园文化建设现场会”作总结讲话

【学校管理】 学校管理细实严谨、落地生根。始终坚持规范化办学，以制度促管理，以人性强管理，为学校师生提供全面发展舞台。党建工作踏石留痕——全面学习贯彻党的十九大精神，“两学一做”“五查五看”“三会一课”“灯塔在线研修”“民主评议党员”“民主生活会和党员组织生活会”引领广大教师依法执教、廉洁从教。学习十九大精神，开展大学习、大宣讲、大调研、大落实进支部活动，让党的声音传遍学校角角落落；学习塞罕坝化蛹成蝶创造绿色奇迹，继承“牢记使命、勇于担当”的塞罕坝精神。教育教学以人为本——制定学校发展中长期规划，落实“一校一章程”，让核心素养深入到教育教学工作的各个方面。文化管理相融共生——建设内容形成系列化、常态化，四纵三横主题文化已经形成，突出体现立体环境育人。队伍管理五位一体——以“四实三范”工程为抓手，以学校开展各项活动为途径打造一支勤勉、敬业、奉献、担当的教师队伍。

【办学条件】 办学条件统筹兼顾、日臻完美。购进安装 39 套交互式智能平板一体机、壁挂式展台和推拉黑板；34 个班的木质桌凳更新为铁质升降桌凳；为 1#、2# 教学楼安装消防、卫生清洁供水管道；粉刷 3# 教学楼内外墙壁；铺装 1#、2# 教学楼东西楼梯和 2# 楼 2-4 层楼道高强耐磨地板胶；对西教学楼和北教学楼进行文化设计装帧；小会议室安装无纸化办公设备，全面改善办学条件。按时更新全国及省校舍信息管理平台，校园无杂草、无裸露地面、无污物。建立校园绿化档案，统一规范编号挂牌。各功能室、电教设施、校园网络专人管理，定期保养维护，及时更新，保证教学的正常需要。

【教学管理】 教学工作精细管理、务实高效。从学科出发，从学生核心素养培养出发，不断开发校本课程，每周四下午一二节课实行全校全员走班制。按照《义务教育课程设置及课时安排方案》，通过课堂随机抽查和常规检查，开全课程，开足课时。以“北斗七星教育联盟”为依托充分发挥联片教研的引领作用，开发高效和谐课堂教学模式 63 种。2017 年 11 月 11—12 日，全国第五届和谐杯小学幼儿园“七说”说课大赛暨德州市湖滨北路小学校园文化建设现场会在湖滨北路小学顺利举行。全国 600 余名选手教师参赛。再次见证“北斗七星教育联盟”高效课堂建设的丰硕成果。二至五年级 26 个教学班实行小组合作学习，课堂教学从循环积分、过程积分入手，激励孩子们快乐成长，改变老师的教学方式，学生自主学习、合作探究的好习惯不断养成。和谐高效大讲堂异彩纷呈，“三大两高两开心”的高效课堂已经形成，学生的个性、兴趣、爱好、专长、精神有自己成长和表现的时空，享受着成功的快乐与幸福。

【德育管理】 德育工作创新活动、心性自善。遵照“规则塑造、榜样引领、实践提升”工作方针，努力挖掘出“以活动陶冶人性，用经典浸润人心”工作内涵，开展行为习惯养成教育。深化“养成教育系列训练”活动。充分利用各大节日，开展形式多样的少先队主题教育活动。充分利用重大节日、纪念日，如教师节、中秋节、国庆节、重阳节、“10·13”建队节等节日，有计划地组织开展形式多样的系列主题教育活动，帮助学生树立正确的人生观和价值观，深刻践行社会主义核心价值观。强化班主任队伍建设，完善班主任周例会机制，强化常规工作的检查、评比制度，做好每学期“微笑班级”的评比。加强红领巾监督岗的检查力度，调动学生积极性及自我管理意识，树立良好的学风和校风。通过家校合作课外实践活动，亲情的感恩、健康的延伸，铸就学生心性自善。

（韦清云）

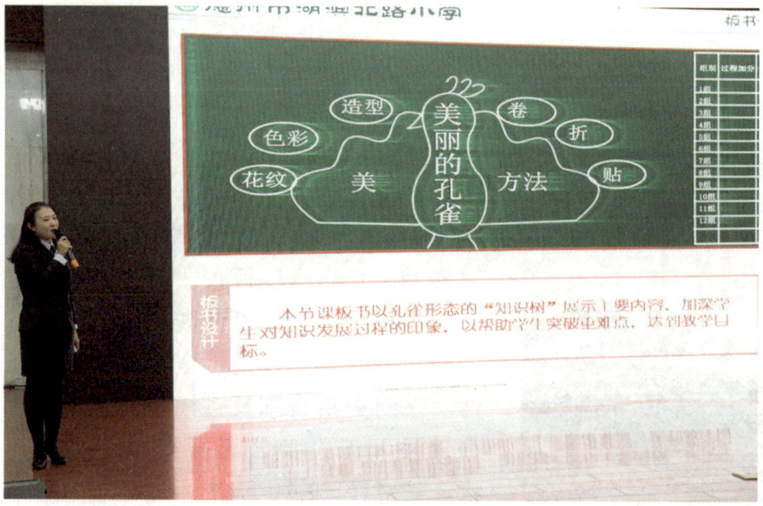

2017 年 11 月 11 日，德州市湖滨北路小学承办“全国第五届和谐杯小学幼儿园‘七说’说课大赛暨德州市湖滨北路小学校园文化建设现场会”。湖滨北路小学张秋林老师现场示范说课

德州学院附属小学

【概况】 德州学院附属小学于 2013 年投资新建，是德城区政府教育均衡发展重点民生工程，按照“高起点规划、高标准设计、高智力对接、高师资配备”进行顶层设计。2014 年 2 月正式投入使用。学校占地 20.29 亩，规模为 30 个教学班。教学楼建筑面积 7900 平方米，框架结构，抗震设防烈度为 8 度。建有信息中心、微机室、图书室、阅览室、音乐室、美术室、形体室、科学实验室、综合实践活动室、多功能教室。所有教师配置 70 英寸交互式液晶平板电视、视频展台等信息化设备。是全省第一所使用新能源取暖、供水的学校。

【办学宗旨】 以“培养有根的中国人”为核心目标，时时处处践行“每一个人都很重要”的办学理念，以“未来教育家”为梦想成就名师，以培养“个性、全面、和谐发展”的学生为宗旨，全面深入实施素质教育。

【学校发展目标】 以苏霍姆林斯基思想为根基，打造有学术魅力和人格魅力的附小教师。全方位育人，让小学教育成为孩子良好人格的奠基，成为学生智慧的启蒙和品德的基石。紧紧围绕“做有根的中国人”培养目标，不断挖掘其内

2017 年 9 月 11 日，中共山东省委宣传部宣教处调研员张萍萍（左一）到德州学院附属小学调研“四德”工程建设工作

涵，通过开设系列德育课程，落实培养目标，培养“团结统一 爱好和平 勤劳勇敢 自强不息”具有中国精神的未来接班人。力争把学院附小建设成为“有内涵，有质量，有特色，有文化”的德城区窗口学校。

【德育工作】 通过培育校风、培养队伍、德育课程等途径来构建“温馨办公室、明礼班级、和谐校园”德育大环境；通过养性、养正、养智、养德等系列活动，探索品格教育的德育品牌；通过整合学校、家长和社会资源，形成管理顺畅、队伍精良、途径广泛、资源优化的德育工作体制。2017 年被评为德州市心理健康教育特色学校、德州市精神文明单位、山东省四德工程建设示范点。

【教学工作】 进一步深化以“和谐高效教学法”为载体的教学研究，形成符合学校实际并适应高效课堂教学改革的课堂教学模式。在继承传统教学常规管理优秀内容的同时，创新教学管理制度，在备课、课堂教学、作业布置与批改、学习过程指导及学生学习评价等方面，形成一套保障课堂变革顺利推进的教学常规管理体制，有效促进学生和谐发展。建设优秀教研组，继续丰富“根的教育课程”体系，开发《二十四节气》等校本特色课程。2017 年被评为“市规范化学校”。

【教科研工作】 坚持“科研强师、科研提质、科研兴校”的工作思路，使教育教学和管理常规工作与教育科研工作有机地融合在一起，形成人人有小课题，人人参与课题研究，打造“精选题、真实践、勤反思”的科研氛围，实施科研课题与常态研究相结合管理策略，提高教师的科研水平；教师学术论文、案例发表、获奖占教师总数 20% 以上，每年都有 3 个以上课题立项或结题，力争荣获市区先进教研组和教科研先进集体。以《德州学院附属小学教师书院》为引领，争取三年时间形成学科书屋有特色，项目书屋出品牌，个人书屋树典型。紧密课题与特色的关系，使课题服务于特色，使特色建设推动课题的研究，力争三年内构建形成能持续推动学校发展的，逐步打响具有学校特色的科研品牌。

【体卫艺工作】 紧紧围绕“做有根的中国人”的学校培养目标，积极研发校本课程《音乐传统乐器进课堂》《体育传统游戏》《废旧材料巧利用》《爱电影 爱生活》等课程。继续开展“向着太阳奔跑”“竹竿舞”“游学课程”“家务劳动课程”“自编操”等丰富多彩的文体活动。充分利用校级社团、班级社团，通过网球、英语剧、古筝、舞蹈、电脑绘画、国画、秘密花园社团、走遍中国绘画社团、刮画社团等社团课程丰富了孩子的学习生活。跑驴、抖空竹等非物质文化遗产进校园活动也丰富学生课余生活。

【后勤工作】 建设好总务后勤工作队伍，树立后勤人员全方位为教育教学服务的意识；科学管理，用数据说话，强化总务后勤部门制度建设、提高服务质量；规范管理，优化办事流程，提高工作效率；牢固树立安全意识，创建平安校园；不断丰富学校文化内涵。关注工作细节，提升服务满意率，使微笑服务、品质服务成为总务工作形象标识。

（荆晓翠　张明超）

德州市石芦街小学

【概况】 德州市石芦街小学，其前身是始建于清光绪十六年（1890）的芦家井街正谊书院。1949年更名为石芦街小学。曾更名为育新小学。1983年恢复德州市石芦街小学校名。学校占地面积7700平方米，建筑面积为4631平方米。2002年被确定为全国小公民道德建设实验学校，2003年成为教育部北师大基础教育课程研究中心科研项目实验基地。

2017年，学校围绕“办让学生快乐、教师幸福、家长认同、社会认可、老百姓家门口的优质学校”这一发展愿景，以全面实施“打造区域内优质学校”为学校发展战略，以高效课堂建设为抓手，以课程建设为突破口，全校上下群策群力，不断提升管理质量，学校各项工作持续协调健康稳定地发展。

【荣誉】 2017年，德州市石芦街小学毕业班教学成绩再次荣获德城区第二名。学校荣获德城区2017年度教学成果一等奖。

德州市石芦街小学成功承办德城区教学工作现场会。校长王芳在会上作题为《根植于教学精细化管理 全面打造和谐高效课堂》的典型发言。

德州市石芦街小学获评全国中华优秀文化艺术传承学校，获评德州市家庭教育师范学校。

【丰富课程设置】 在高质落实国家基础型课程的基础上，学校立足于学生特点、学校特色、教师特长，以京剧精品课程为主，在打造民族艺术教育特色办学品牌方面进行探索。开发《看得见的京剧》《听得懂的京剧》校本教材。全校大课间“戏曲广播体操”展示成为一道靓丽风景。

【创新德育形式】 升旗仪式，开辟师生道德讲堂，营造浓厚育人环境，让诗朗诵、快板、情景剧等走进讲堂，让更多师生得到展示，让师生观摩中提升素养，得到锻炼，更加阳光自信。

趣味活动，提升合作能力。组织第四届趣味体育项目竞赛，展跳跃之美、聚合作之力，让拔河、跳绳等体育活动为师生带来乐趣，培养学生竞争意识、团队意识，强健体质。

校外实践，开阔师生视野。春季组织三至五年级参观德城区蔬菜大棚基地。了解蔬菜、水果生长过程，亲身感受农耕文化。

诵读比赛，再展师生风采。国庆前夕，学校组织“喜迎十九大 吟诵爱国情”经典诵读比赛。一首首美妙的诗词，吟出师生对祖国的赞美，对生活的热爱。师生真情演绎，展示师生最佳风采。

【打造高效课堂】 2017年，学校全面实施“和谐高效课堂模式”，从课前、课中、课后三个方面入手抓实细节管理。为促进小组合作常态化，学校制定奖励机制，由每周各班优胜小组，到每月合作冠军，学校大力表彰。分发大礼包，品尝美味；自选图书、学校买单，采取不同形式进行奖励，让小组合作成为课堂常态。下半年，学校加快信息化进程，创建录播教室。通过录制微课，开辟高效蹊径，让微课走入课堂，服务课堂，服务学生。

【助力教师成长】 以“在学习中成长，在成长中幸福”为理念，积极打造勤奋工作、自主学习的

2017年10月13日，德城区教学工作现场会在德州市石芦街小学召开。德城区教育局局长韩良平、教研室主任李平、各校校长走进石芦街小学各班教室听课

教师队伍，在这种精神的指引下教师们修师德、勤钻研、提能力。通过组织观看名师讲坛、师德述职、师德演讲、评选优秀教师等活动激励教师自我发展与完善。教师师德述职、师德师风承诺书签名活动，进一步杜绝有悖师德师风现象，完善师德师风测评制度。开展党员廉政建设，组织党员到乐陵市冀鲁边革命纪念馆进行红色教育。教师成长读书论坛、班主任智慧论坛等系列交流活动，提升教师教育教学品位；走出去，请进来，提高教师业务素质，让教师日常教学闪耀出睿智光彩。

【缔造完美教室】 学校以“我的文化我的班”为载体，激励班主任“做有思想的班主任，建设有文化的班”，全面打造温馨和谐的班级文化。各班有自己的班级名片、班旗、班级吉祥物、班级公约、评比栏，各小组有文化名，班级文化由学生解读，做到人人熟知班级文化内涵。各班聚众人智慧，创设班级亮点，使班级环境处处闪放光彩。通过班级文化的建设，实现一班一品牌、班班有特色。

【加强民主管理】 做实校务公开，畅通民主渠道；精心组织教代会，齐心协力谋发展。认真筹备，精心组织九届五次教职工大会。鼓励全体教师积极参与学校管理，以主人翁的姿态，为学校美好愿景建言献策。共同修订《石芦街小学校风校训》《石芦街小学销假制度》《石芦街小学五年规划（2015 年 9 月—2020 年 8 月）》。

【建设美丽校园】 2017 年，学校学习、工作环境发生变化。教学楼内铺上蓝色地胶，白色吊顶；更换木门、学生课桌凳；楼内改造厕所，方便师生；新建录播教室、校园电视台，提升学校信息化教学水平。

（韩　华）

德城区丰乐屯中心小学

【学校管理】 学校秉承“以美好的愿景鼓舞人，以严密的制度约束人，以人文的关怀感化人，以科学的评价提升人”管理思路，将“环境优 师资强 质量高 特色浓”设立为办学思想，把“运河文化”中蕴含的“润、容、恒、勇、异”提炼出来作为育人目标。把办学目标、校训、校风等进行解读悬挂在学校的各个角落，目之所及，心之所往，让师生为探索锻造一所真正意义上的农村品牌学校而筚路蓝缕、戮力同心。

【教师队伍建设】 学校建立“新任教师”“骨干教师”“导师”三级培养模式，启动“青蓝工程”师徒结对，采用导师联席制，青蓝结对不再局限于简单的一对一捆绑，而是徒弟的教学困惑拿到青蓝联席会上，所有师傅共同研讨解决。通过汇报课，示范课，青蓝教研等形式为新教师提供“引路子”“出点子”的机会，为中年教师提供“挑大梁”“压担子”的舞台，让老教师发挥“以老带新”的余热，还为具有一定知名度的教师搭建走出学校的机会。邀请德城名师到校授课，零距离切磋交流；派骨干教师去龙口、泰安等地参观学习，提高管理水平；每年选派教师外出听课 20 多人次，开阔视野，提升水平；认真组织远程研修，吸收外部教育资源之精华。

【教育教学】 随着素质教育的深入实施和社会对创新人才的需求，课堂教学对教师的要求越来越高，学校引导教师转变教育观念，即从“知识至上”到“核心素养”，从“学科教学”到“学科教育”，从“学科独立”到“课程整合”，从“单打独斗”到“发展共同体”，从“整齐划一”到“个性呈现”，努力构建以学生的学为中心的课堂，就是把学生的学习和成长放在中心位置来设计教学，按照“自主、合作、探究”基本模式，将“学案导学、小组合作、当堂达标”三个要素融合在一起，多措并举打造“自主 乐学”高效课堂。此外，每周五下午任课教师总结本周教学中的重点题，易错题，编辑成周清试卷进行检测，夯实基础，二次达标，不让班里任何一个学困生掉队；做好月考，及时查漏补缺，为更好的熟悉新教材，要求所有月考试卷都由学科老师自己出题。考查结束，要求老师进行试卷分析，进行优秀率，及格率等统计，认真做好试卷分析，及时进行错题归纳，让学生重新做，再检查，确保人人过关，题题过关。同时认真反思自身课堂教学存在的问题，查漏补缺，确保课堂教学的有效。

（李强）

德城区特殊教育中心

【概况】 德州市德城区特殊教育中心位于德城区解放北大道517号，是德城区唯一一所设有聋哑、弱智儿童康复训练的学校。学校建立于2005年9月，由原德州市新村中街小学（1993年建立）和德州市聋哑学校（1993年建立）合并而成，占地7280平方米，建筑面积2086平方米。截至2017年底，有专业教师20人，在校学生106人，其中智力障碍学生88人，听力障碍学生18人，设有7个教学班。

【规范课程设置】 学校认真贯彻国家《特殊教育提升计（2017—2020年）》相关要求，按照特殊教育学校课程设置纲要安排，开齐开足国家规定课程，秉承“以爱为源、有教无类、开发潜能、绽放生命”的教育理念，以新课程为先导，全面推进新课程改革，引领教师专业成长，在教学管理和改革的实践中寻求创新，办学质量持续稳定提升。

【师德建设】 学校教师认真学习落实《特殊教育教师专业标准》，本着“以学校为本、以师生为本、以发展为本”的管理原则，推进和加强师德师风职业道德建设。以“强化师德建设，狠抓师生养成”为德育工作的切入点，向习惯要素质，向细节要超越，将学校管理的出发点和落脚点定位在对每一位教师的发展提高上，着眼点放在对每一位特殊孩子的身心健康成长上。全体教职员工用爱心浇灌，用耐心育人，用恒心坚守，用清廉铸师魂。营造出一种积极向上、健康和谐的育人环境氛围。

【突出特色办学】 学校积极探索康教结合实施模式，开展个别化训练。开发建设和不断完善实用技能型校本课程，聘请德州非遗传承人等专业教师到校指导，提高听障儿童的艺术素养，让学生掌握一技之长。学校积极构建融合平台，开展融合活动；完善志愿者服务平台，提高志愿服务水平，促进志愿服务持续、专业发展。

德城区区直机关幼儿园

【概况】 德城区区直机关幼儿园，位于德城区三八路1021号。始建于民国35年（1946），前身为原渤海军区幼儿园，是从解放战争硝烟炮火中走出来的“马背摇篮”，有71年发展历史。2008年被评为山东省十佳幼儿园，2017年6月顺利通过省级复评验收。截至2017年底，德城区区直机关幼儿园有“五园”（总园、乾城分园、黄河涯镇中心分园、二屯镇中心分园、北大红缨拉手园）“五基地”（幼儿生活体验基地—学耕苑、德城区学前教育师资培训基地、德州职业技术学院学生实习基地、德州学院学生实习基地、教育部幼儿园园长培训中心教研基地）。幼儿园总园占地6220平方米，建筑面积4275平方米，设有小、中、大全日制教学班16个，在编教师79人。先后荣获国际艺术教育交流先进集体、全国教育实验先进单位、山东省学前教育先进集体、山东省维护妇女儿童权益先进单位、山东省卫生先进单位、德州市教育系统先进集体等20多项国家、省、市级荣誉称号。

区直机关幼儿园牢记历史使命和责任担当，将红色（发展历史）、绿色（生态节能）、蓝色（放

2017年10月11日，中共德州市委书记陈勇（前排右二）到德城区区直机关幼儿园调研食品安全工作

飞梦想）时代三元素融入发展中，传承红色基因，坚持绿色生态，编织蓝色梦想，大力弘扬“摇篮文化”，以爱育爱，让孩子在充满爱的摇篮里，享受注视、温情、关怀、尊重，从而健康快乐地成长。以培养“健康、快乐、文明、乐学”的阳光儿童为目标，爱护孩子的兴趣，呵护孩子的童真，保护孩子的好奇，让孩子们拥有一个开心、快乐的童年，让幼儿园成为“生动活泼的乐园、充满亲情的家园、探索求知的学园、自然阳光的生态园、开放共享的园外园”。

【幼儿活动】 幼儿园以节日为主线，以传统文化、感恩教育为双翼，填充四季色彩，依托大千世界，让幼儿在多彩的活动中放飞自我，快乐成长。“思端午、品端午、乐端午”飘香端午节，“甜甜月饼香，指尖传真情”小手做月饼，“浓情九九、感恩孝老”敬老重阳节等传统节日系列活动，让孩子从情入手，以情促情，在幼小心田播下中华传统文化的种子。游戏是送给孩子最好的礼物——庆“六一”游园会，“人生第一次—游戏润童年·文明伴成长”大班毕业典礼，“勇敢者之夜·今晚不回家”大班合宿活动，“健康快乐 活力无限 绽放幼儿精彩童年”早操比赛，“当萝卜遇上龙虾，蔬果也疯狂”中班级部蔬果亲子制作展示会等活动，引导幼儿感受爱、理解爱、付出爱，真正享受到节日的快乐、活动的魅力，留下美好的童年记忆。在“萌娃超市”爱心义卖活动，“萌娃探红门”大班亲子参观消防支队活动等“萌娃看社会”系列活动中，从日常生活切入，让孩子们在活动中获得体验、在探索中获得新知、在合作中获得自信。

【教师成长】 在区直机关幼儿园党支部的带领下，工会、团支部积极作为，通过开展各项社团活动，让教师做班级的主人、活动的策划、节目的主持，营造阳光向上的团队氛围，为每一名教师提供展示才华、挑战自我的机会，提升教师职业幸福感。同时，幼儿园立足“常规教研＋特色教研”的思路，有效促进教师队伍的专业成长，鼓励教师遵循幼儿年龄特点及身心发展规律，创造性地组织教育活动，渗透“以人为本”的教育理念，打造教师个人成长的有效空间。幼儿园拥有一支师资力量雄厚的教师队伍，其中省特级教师 3 人，省教学能手 5 人，德州学院、德州技术学院客座教授 5 人，入选省教育专家库 2 人，省远程研修课程专家 1 人，市级教研员 3 人，11 位教师被纳入教师资格证国考专家资源库。

注重师德建设，以“奠德基 塑德魂 行德事 铸德品”为师训，树正气，比奉献，涌现出一大批师德好、业务精的高素质教师。2017 年 3 月，王水老师的征文《追梦路上，携爱前行》在中国教育工会山东省委员会开展的主题为“做有理想信念，有道德情操，有扎实学识，有仁爱之心的好老师”师德征文比赛中荣获优秀奖；2017 年 11 月，孟晓、王水、徐彩、张亚迪获全国第五届和谐杯小学幼儿园“七说”说课大赛幼儿园组特等奖，许倩、张莎莎、张晶晶、张玉婷、尹莉、马小童、马小媛、陈娜娜获一等奖；许风莲获德城区“三八红旗手”荣誉称号；姜立静获德城区 2016 年度“四德”标兵称号；张玲获 2016 年度“德城好人之星——敬老爱亲”称号；栾丽美被评为德城区学前教育兼职教研员，其作品《自动售货机带来的乐趣》荣获 2017 年度第十届“当代杯”全国幼儿教师职业技能大赛教育笔记组特等奖；王杰的《我陪你一起迎着风雨前进》荣获 2017 年度第十届“当代杯”全国幼儿教师职业技能大赛论文组二等奖，《妈妈抱抱我》荣获 2017 年度第十届“当代杯”全国幼儿教师职业技能大赛教案组二等奖；姜立静、姚荣珍、张敏荣获德州市文明交通志愿服务先进个人称号。

【专家学者指导】 定期邀请幼教专家进园指导，更新幼教前沿教育理念。东北师范大学缴润凯教授、成都市第十六幼儿园余琳园长、天津市教科院基础教育研究所王敏勤教授、济南经五路幼儿园刘莹园长等专家到园授课、指导，有效促进幼儿园文化发展、教师专业化素质的提升和教育教学能力的提高。

【示范引领】 2017 年区直机关幼儿园与东北师大教育部直属幼儿园园长培训中心签订协议，于 6 月 12 日至 18 日组织德城区幼儿园园长、园所投资人百人团队去东北师大研修。2017 年，幼儿园 13 位教师作为德城区学前教育师资培训基地成员，积极承担全区幼儿园园长、教师的培训任务，

2017 年 6 月 26 日，山东省十佳幼儿园复评专家组到德城区区直机关幼儿园进行山东省省级十佳幼儿园复评工作

面向 1000 多位园长、教师集中培训 11 次。作为德州学院教育科学学院和德州职业技术学院的学生实习基地，连续多年承接两院实习工作任务，2017 年有 448 名幼教学子实习、见习。

【家园共建】 幼儿园践行“与家长温暖同行，和孩子共同成长”的家园共育原则。先后成立班级、园级家长委员会，家委会成员积极参与幼儿园的各项活动，如早操比赛、师德师风演讲比赛中担任评委，每周大型器械的安全检查、每日食材检验等监督保障任务等，通过“体验式”家长会、家长开放日、家长沙龙、家长评教、家长驻园、爱心护卫、家长助教、家长义工等丰富形式，使家长们深入了解和参与幼儿园日常工作，其中“爱心护卫”家长志愿者活动，连续 7 年共 1897 名家长参加。另外，幼儿园以园报（共 94 期，近 10 万份免费发放给家长）、网站、微信沟通平台等形式建立幼儿园立体宣传通道，面向社会大众及家长公开幼儿园活动，已经形成和谐融洽、互助互信的家园联系良好局面。

【依法办园】 幼儿园认真贯彻国家的教育方针，按照保教相结合的原则，加强幼儿园科学管理，规范办园行为，不断提高保教质量，严格遵守《中华人民共和国教育法》《中华人民共和国未成年人保护法》《中华人民共和国教师法》，依据《幼儿园工作规程》《幼儿园教育指导纲要（试行）》《3 ~ 6 岁儿童学习与发展指南》等政策文件，以社会发展为导向，以幼儿需要为根本，不断提升办园质量，为幼儿一生的幸福和发展奠基。

【安全防范】 幼儿园立足工作实际，以创建“平安·和谐校园”为目标，强化教职工安全意识，始终坚持安全与保教并重，实行一岗双责，一手抓保教质量，一手抓安全保障，不断完善幼儿园安全防护长效机制和监督检查机制。成立安全工作领导小组，层层签订《安全责任书》，制定了地震、火灾、幼儿走失、传染病防控等近 10 种应急预案。从人防、物防、技防、心防入手，积极采取有效措施，加强安全管理。通过安全知识培训、安全例会、安全教育活动，增强教师、幼儿的安全意识、自我保护和逃生自救能力。积极践行“5125”安全四部曲，即“5”：每天离园前五分钟安全教育；每周五召开安全工作会议；“1”：一周一个安全教育活动，一周一个健康教育活动；“25”：周五和节日放假前进行 25 分钟的安全教育活动。

在幼儿膳食管理方面，努力做到精细、科学、健康。制作的食品从色、香、味、美、形等方面要求精工细作，每周制定科学合理的食谱，午餐两菜一汤，荤素营养搭配，实行食物总量控制，三餐合理分配（3∶4∶3）；崇尚健康的生活方式，如：按照 3-6 岁幼儿的食用盐、食用油的比例，建立限盐、限油台账。利用农药残留快检室，从源头上杜绝问题食品进入食堂，消除安全隐患。食堂人员持证上岗，严格执行食品安全操作规程，每天对食物及用具分类处理、存放，库存食品专人管理，实行饭菜 48 小时留样、餐前试吃、亮厨行动等，做到餐餐有监管，时时保安全。

（王水）

文化　新闻　体育

文　化

德州大运河文化

【成功申请世界文化遗产】 2014年6月22日，卡塔尔首都多哈，第38届世界遗产大会审议通过中国提交的“大运河”申遗申请。至此，“中国大运河”正式列入世界文化遗产名录。作为大运河保护与申遗点段，南运河德州段参加申遗成功，成为世界文化遗产。

【南运河德州段】 南运河德州段南端起自四女寺枢纽，流经武城县、德城区和运河经济开发区，北端至德城区二屯镇第三店村西北，出山东省境入河北省，全长45公里。为解决河道落差大、水流急、经常决溢问题，南运河在平面布局上设计众多弯道，建造各种形式的堤坝，至今保留着“九龙十八弯”原生古河道形态。

运河德城段全长20.1公里，南段7.8公里在黄河涯境内，北段12.3公里在二屯镇境内。

【德州大运河概况】 大运河德州段由卫运河、南运河和漳卫新河组成。卫运河自夏津县白庄入德州境内，流经夏津、武城两县，至四女寺枢纽，长82.8公里。南运河自四女寺枢纽北流至德城区第三店入河北省，长45公里。漳卫新河上段分为两支，一为原四女寺减河（又称老减河），从四女寺枢纽南进洪闸至吴桥县大王铺，长53公里；一为岔河，从四女寺枢纽北进洪闸至大王铺，长44公里。两支于大王铺汇合后至无棣县埕口入海，长160公里。其中，德州境内河段从四女寺至西齐周务，长211.4公里（包括岔河）。左岸经德州市后入河北省，右岸经平原、陵县、宁津、乐陵、庆云至无棣县埕口入海。

【大运河遗产构成】 主河：卫运河、南运河。

减河：四女寺减河、哨马营减河、岔河。

水利工程设施（含遗址）：四女寺枢纽、哨马营枢纽、恩县洼滞洪区、南运河险工。

航运工程设施遗址：德州码头。

古运河设施和管理机构遗址：德州仓库、北厂漕仓。

非物质文化遗产：运河船工号子。

文艺创作

【文学】 德州籍老作家纪慎言宝刀不老，出版三卷本个人小说集。德州籍小说家何蔚豪深入生活，创作微电影《谁赢了》。区文联邀请省内外作家数十名举办杨建茹、李洪霞长篇小说《秋水无痕》新书研讨会。德州籍小说家高月第二次赴日本参加亚洲网络大神会议。

中国作协会员、山东省文学理论批评委员会委员王太勇在山东艺术杂志社开设艺术评论专栏，其创作的组诗《守夜》在中国诗歌网举办的首届国际诗歌大会现代诗大赛中夺得银奖。

【书法】 区书协举办“我的梦 中国梦”迎国庆大型书画展；区书协瞄准国展与省展，梯次组织并研讨所征集作品，先后有50人次获得入选国展和省展并获奖。

【音乐】 区音协以山东实验民族乐团为依托，抓专业培训，精心排演经典作品。

【队伍建设】 抓基地，强化文艺载体建设。强化和依托黄河涯镇摄影家协会采风基地、天衢街道“书法进万家”创作基地，在天衢街道肖何庄社区德文化书法博物馆、二屯镇丰乐屯中心小学“传统文化进校园”服务基地开展送文化下乡、文化作品下乡、送字画送图书下乡等多种文化惠民活动，加强文学艺术与生态乡村、文明社区的对接，通过开展演出、展览、辅导、采风、创作等系列文化活动，把文艺进社区、志愿者服务与文明城市创建工作结合起来，促进文艺惠民工程和文艺精品工程实施，为艺术家体验生活、采风创作、施展才华、服务百姓提供宽敞舞台。书画家协会先后组织书画家进社区、进乡村活动30多次，义务为群众提供书法、美术作品1000多幅。

（吕红卫　张传奇）

区文新局工作

【努力创造风清气正的和谐局面】德城区文化新闻出版局紧紧围绕“两学一做”学习教育实践活动，把迎接、学习和宣传党的十九大召开、公共文化服务和文化惠民活动等各项工作，科学统筹一起来做。年初制定单位学习教育计划和班子学习计划并认真落实，组织干部职工认真学习党的十八大以来关于文化建设方面的文件精神，学习习总书记系列重要讲话要求，教育职工自觉践行社会主义核心价值观，不断夯实思想基础。积极开展党风廉政建设和风险点排查，提高对加强党风廉政建设重要性的认识和廉洁自律的自觉性。通过学习教育和各项活动开展，使党员干部进一步增强党性修养、坚定理想信念、改进工作作风，真正发挥政治工作的引领护航作用，巩固和拓展“两学一做”学习教育成果。

【持续提升公共文化服务体系建设】德城区公共文化服务体系建设工作主要分为两大块，一是图书馆评估定级，二是基层文化服务中心完善提升。为做好这两项工作，一方面提前谋划，强化组织。召开专门会议，明确责任主体，在编制《德城区关于加快构建现代公共文化服务体系的实施意见》《德城区文新局十三五规划情况》《2017年工作打算》中，都对图书馆评估验收和文化大院建设做出明确具体要求，确保纳入重要议事日程，摆在突出位置。同时健全组织机构，在加强领导上下功夫，在开拓创新上动脑筋，在狠抓落实上求突破，形成区领导亲自研究，亲自部署，文化部门具实施的长效工作机制。另一方面细化考核，责任到人。在基础设施建设过程中，不断细化量化目标考核内容，做到有计划、有部署、有检查，实行年终考核奖励，形成一级抓一级、层层抓落实的责任体系，确保此项工作放在心里，抓在手中，落到实处。投入近40万元为全区19个社区的农家书屋配送图书26200册，于赵社区被授予全国示范农家书屋称号，新园社区李明被评为全国优秀农家书屋管理员；向天衢街道、新华街道等6个镇街文化站，提供免费开放资金总计30万元；为帮助贫困社区基层综合性文化服务中心全部达标，向17个贫困社区基层综合性文化服务中心提供34台电脑，配备近300套的书桌书橱等文化设施。截至2017年底，德城区图书馆争创国家二级图书馆目标已经完成，全区53个农村社区基层综合性文化服务中心抽样合格率100%，全部达标。

2017年，根据德城区政府要求，德城区文化新闻出版局协助德城区地方史志办公室在德城区图书馆劈出专区，设立方志专区，为建立德城区方志馆打基础、积累经验。由德城区地方史志办公室负责管理的400余册方志类图书上架，面向读者借阅。

2017年11月20日，德城区开展出版物市场集中检查清理专项行动

【文化惠民活动丰富多彩】 在全区确定2个镇综合文化站示范点、12个社区（村）综合文化服务中心示范点，与之"结对子"，实行"点对点"群众文艺辅导，累计举办美术、音乐、舞蹈等门类的公益性培训班近200个班次，参加培训学员达到5000余人次，做到"培训一个人，带动一支队伍，影响一片区域"。第十三届社区艺术节期间，除市区组织的近100场曲艺、戏曲、小品等专场演出之外，还发动市民以基层综合性文化服务中心为阵地，自行组织200余场群众演出，受到社区群众的热烈欢迎。在实体图书馆做大做强的基础上，加强数字图书馆建设，全面构建"德城活动云"APP。联合市图书馆、区残联开展盲文书籍、多功能电子助视器、盲文点显器和轮椅捐赠工作，建立"光明之家视障数字阅览室"，为实现盲人群体通过书籍和网络来获取更多的知识及信息搭建平台。2017年新四合社区被评为山东省乡村儒学示范点，在省级大会上做典型发言。

2017年7月29日，德城区第十三届社区文化艺术节开幕式演出

【严格执法维护文化市场秩序】 为做好"创城"工作，确保文化市场健康有序，德城区文化新闻出版局以净化出版物市场、清除网上有害信息、保护青少年身心健康为工作主线，以查缴政治性非法出版物和清除网上有害信息为首要任务，扎实有效开展"清源""净网""秋风""护苗""固边"专项行动。截至2017年底，共组织文化执法检查200余车次，500余人次，发出整改通知书5份，立案查处3起，销毁盗版、非法出版物3万余册。德城区文化新闻出版局获得全市"扫黄打非"进基层示范单位称号，被评为2017年度全省扫黄打非先进集体。

【认真做好文化遗产保护】 按照市局要求，德城区文化新闻出版局安排专人对古遗址的各种资料和数据进行整改和完善，完成古遗址情况大排查。德城区辖区内文物点共计34处，其中全国重点文物保护单位1处，省级文物保护单位3处，市级文物保护单位10处，市级以上文保单位均已建立完善齐全的档案资料，达到有范围、有人员、有标志、有档案"四有"要求。积极向省文物局争取北厂漕仓遗址考古勘探费用50万元、德州城墙遗址抢救性保护资金近600万元，完成《德州城墙遗址抢救行保护方案》，通过省级专家评审。为健全文物保护网络，充分利用好省级文物看护员专项资金，选聘11名文物看护员，对其进行集中培训并签订了安全保护责任书，做到账、物相符，全力保障辖区文物安全。

2017年7月12日，德城区文新局派出专项小组考察黄河涯镇文化站建设情况

【文化产业取得新进步】为做大做强文化产业工作，树立“大文化”理念，充分依托媒体资源，积极引导各级各部门和广大干部群众关注“首届德州文化惠民消费季”大型活动。期间，共重点推介8大项目，其中梁子黑陶、德曲茶社和润德健身等3家企业顺利入围优秀企业。为加快文化产业基地和区域性特色文化产业群建设，认真做好第二批文化产业示范基地申报工作，其中山东星感觉影视文化传媒有限公司、德州宏曲文化传媒公司、建志剪纸、敬一轩艺术馆等4家企业入选。

（马金英　张恒玉）

德州新华集团中心城区业务

【主业经营】实现营业收入3.79亿元，同比增长4016万元，增幅12%；物流中心发货3.58亿元，同比增长6400万元，增幅17.88%。实现利润5073万元，同比增长619万元，增幅13.9%。

发行《全面从严治党面对面》1.7万余册,《习近平谈治国理政（第二卷）》4.8万余册，十九大文件及学习辅导资料59万余册。顺利完成德州市中小学教育教学用书发行工作，确保完成“课前到书、人手一册”政治任务。

【多元化经营】集团开展的文化旅游、教育装备、教育培训等多元化经营项目，实现经营收入6938万元，同比增长5968万元，增幅615.26%。

【新型网点建设】建设完成19个校园书店、社区书店、商圈书店等新型网点，其中高校校园书店5个，中学校园书店12个，社区书店1个，商圈书店1个。

【工作创新　文化亮点】德州新华集团更新中心城区文化路新华书店布局，增设4处读者阅读区，桌椅齐备，环境优雅，堪称圣地。新华书店的业务性质，具有商业经营和地域市民文化提升双重属性。新华书店增设读者阅读区，又布置的典雅、温馨，这一重要举措突出彰显“地域市民文化提升”这个属性。在德州市民勉力提高文化素养的道路上，德州新华集团举起一盏灯。

（沙瀚翔）

德城区文化产业简介

【新街口文化产业园】位于德城区新华路155号。山东新街口文化产业有限公司投资建设，是利用旧厂区进行改造的重点文化产业项目。园区内所有建筑皆以复古为主线，涵盖新民主主义过渡时期、社会主义建设时期、中西合璧新时期三个时代风格。暗灰色调的青砖墙壁，融汇中西的拱形门洞，精致古典的廊门修饰，承载了老德州几代人的历史记忆和情感，具有不可复制和不可替代的历史文化价值。

新街口属于开放模式，两条道路与一条中央走廊贯穿整个园区，园区总占地面积为4.6万平方米。建筑面积5.3万平方米。总投资超过3亿元。根据规划，整个园区由四大时尚板块组成，即文化创意板块、素质教育板块、体育健身板块、休闲美食板块。倾力打造一个具有现代时尚品位、引导风尚潮流的大型城市综合体。它

新街口文化产业园

的出现复合了城市多种业态，满足了现代人一站式综合性多元化消费体验，实现了城市 24 小时繁荣，丰富了市民业余生活，为城市带来全新的生活方式。

园区生态环境优雅，道路交通便捷，配套设施齐全。古朴的街巷、时尚的主题餐厅、休闲后街、安静茶社、浪漫咖啡屋、前卫的音乐喷泉、阳光屋顶、健身会所等成为现代都市文化体验的理想乐土。非物质文化的研究及传承，提升德州文化品位，促进德州文化旅游产业发展。一座冠绝德州的旗舰型城市生态园区，无论投资还是消费，德州新街口文化创意产业园都是最理想的选择。

德州梁子黑陶文化有限公司

新街口文化产业园的建设，坚持以给市民新公园、新景点为理念，实现“园中有景，园在景中”和“移步易景，一步一景”。为了进一步为市民创造放松休闲的好环境，投资 200 余万元建设休闲广场、音乐喷泉、花草长廊，建设大规模室外健身路径和室外活动场地。

新街口文化产业园是德州市一张新的文化产业名片，知名度迅速提升并辐射至河北省、北京市、天津市等地。各界文化名流纷至沓来，园区每年大约承办各类艺术展览、文化演出等两百场次，接待外地以及本地游客 150 万人次。

【德州梁子黑陶文化有限公司】 坐落于德城区新华工业园。国家级非物质文化遗产项目“德州黑陶”保护单位。山东省首批文化产业示范基地。集黑陶生产、销售、服务于一体的德州黑陶产业龙头企业。清华大学、天津美院等高等院校实践基地，德州市社会科学普及示范基地，德州市中小学生课外活动学习示范基地。2005 年投资建设，占地面积 30 亩，生产、办公设施建筑面积 6000 平方米。

公司以研制、开发黑陶艺术品为主，先后开发出传统黑陶、创新硬刻陶、彩陶、漆陶等 300 多种产品，产业规模和市场占有率在同行业中名列前茅，产品遍销全国各大城市，远销海外 20 余个国家和地区，截至 2015 年底，形成有 8 位工艺美术大师、26 位工艺美术师为核心的近百人的专业队伍。

通过科学技术成果鉴定，梁子黑陶硬刻陶技术达到国内领先水平。2010 年公司被选为第四届世界太阳城大会指定礼品供应商。硬刻陶精品微雕蛋壳陶在上海世博会上受到客商好评。截至 2015 年底，公司获外观设计、图案设计等国家专利 5 项。

2012 年 10 月，成功举办德州市首届梁子黑陶文化艺术节。

【德州农耕文化教育体验园】 位于德城区南部观光生态园，黄河涯村北 500 米。德城区电大为传

德州农耕文化教育体验园

承优秀传统文化、对青少年深入开展素质教育、普及现代农业科技知识、培养新型农业科技人才创办的一所独具特色的教育机构。建于2010年，占地180亩。包括农耕工具展示区、农耕过程观摩区、农耕产品加工区、农舍参观区、农耕意识文化展示区、农耕活动体验区、禽牧渔养殖观赏区、心理拓展训练区、现代乡村旅游观光区等教育板块。教学楼面积2000平方米，能容纳500人，教学、实训、食宿设施完备，管理制度完善，师资力量强大，引进福建鼎天集团物联网智能控制系统。体验园以“文化推广、科技展示、教育培训”为目标，为德州市中小学生、职业学校涉农专业学生、农业干部、农场主和新型职业农民提供全方位教育实训服务。

（王立勇　郭亚男）

驻中心城区文化设施简介

【德州市图书馆】 主馆位于德城区，明月湖风景区内。1984年10月，位于德州市东方红路22号的原德州地区展览馆，设展览部、图书部和办公室。其中的图书部，为德州市图书馆前身。1989年7月，展览馆、图书馆正式分开。图书馆下设图书部、采编部、研究辅导部、报刊部和办公室。成立伊始，名德州地区图书馆，隶属德州地委宣传部，1988年12月归属德州地区文化局。1999年9月，德州市图书馆搬至湖滨北路36号。2001年9月，搬至明月湖风景区。2011年11月，德州市网络图书馆正式开通，德州市560万城乡居民都成了在馆读者。2013年4月，德州市图书馆对社会实行免费开放。2013年10月，位于德州市会展中心西厅的德州市图书馆新城分馆建成，对外开放。两馆建筑面积8000余平方米，阅览座席400余个，共有各类藏书15万余册，为读者提供文献资源借阅、信息资料查询、各类讲座、展览、培训以及视障借阅等服务。年接待读者23万余人次。截至2015年底，拥有持证读者3万余人。随着多媒体技术的发展，德州市图书馆引进电子读报机、电子图书借阅机、少儿多媒体图书馆等现代化设备，满足读者日益增长的移动阅读需求，也丰富了图书馆多元化阅读服务内容。

截至2015年底，德州市图书馆拥有工作人员32人，其中高级职称8人，中级职称12人；内设机构为四部一室一中心，即借阅流通服务部、报刊借阅部、研究辅导部、采编部、办公室和共享工程德州市分中心。

德州市图书馆始终坚持“读者第一，服务至上”的宗旨，积极开展各类群众性读书活动，不断拓宽先进文化传播渠道。坚持365天对外免费开放，实行开架借阅，通过文献借阅、检索咨询、讲座展览、多媒体欣赏、数字资源阅读、培训辅导等多种形式为广大读者服务。举办元宵灯谜会、全市少年儿童读书征文、全市经典朗诵大赛、全市经典阅读读书征文、国学公益讲座、各类展览、培训等活动。积极开展送书下乡，送书进社区、学校活动。积极开展先进文化进军营活动，每年“八一”和春节两大节日定期为驻德州武警更换书刊资料。加强老年人、残疾人等社会弱势群体服务工作，设立视障阅览室，在德州市特殊教育学校建立盲文分馆。积极在全市范围开展图书馆服务宣传周和全民读书月等活动。先进的服务手段，多样

德州市图书馆

的服务内容，科学的管理方法，使德州市图书馆日益成为市民喜爱的文化殿堂。

（王鹏）

【德州市文化馆】 位于德城区，明月湖风景区内。国家一级文化馆。公益性文化事业机构。全市重大群众文化活动组织指导策划中心、公共文化辅导培训中心、群众文艺作品创作及群众文化理论研究中心、非物质文化遗产保护中心。隶属于德州市文化广电新闻出版局。前身为德州地区群众艺术馆。德州地区群众艺术馆始建于1976年10月，位于中心城区文化路，1995年更名为德州市艺术馆。2002年，德州市政府对位于明月湖风景区的原城市信用社办公楼和原电业局礼堂统一改造后，划拨给德州市艺术馆。2015年2月，德州市艺术馆更名为德州市文化馆。

德州市文化馆包括办公楼、彩虹剧院、室外活动场地三部分。总占地9325平方米，建筑面积6480平方米，其中办公楼建筑面积3500平方米，彩虹剧院建筑面积2980平方米。室外活动场地使用面积2845平方米。彩虹剧院于2012年进行改造，观众座席500个。

德州市文化馆各艺术门类齐全，拥有音乐、舞蹈、美术、摄影、戏剧、曲艺、文学创作、非物质文化遗产保护等一批高素质的专业技术人员，设有音乐部、舞蹈部、美术部、书法部、摄影部、文学部、创作部、辅导部、戏剧部、曲艺部、网络信息部、非物质文化遗产保护中心办公室等职能科室，设有中老年艺术团、少儿艺术团、群星合唱团、群星民乐团、群星京剧社、德州少儿启蒙艺术中心等群众文艺团体。

德州市文化馆常年免费对外开放，连续多年举办免费公益性辅导班，品牌特色活动有青少儿才艺大赛、元宵节广场民间文艺展演、公益性辅导月、非遗进校园等。

【德州市博物馆】 位于德城区东邻，中心城区东方红东路566号。2009年6月开建，2012年7月竣工。总占地72亩，建筑面积2.1万平方米。博物馆造型典雅凝重、朴素大方，以写意“德”字作为标志性装饰手法，突出体现德州宽厚、包容情怀。2012年8月开馆，向社会免费开放。博物馆由序厅、4个基本陈列厅、1个临时展厅、1个学术报告厅、1个3D影视厅、公共休息区、藏品库房、技术室及办公用房组成。其中，以“历史足迹”“文明遗珠”“城市记忆”“继往开来”为主题的四个基本陈列厅是馆内重点，立足历史文脉回顾、文物精品展示、文化遗存及民俗风情再现，对德州各历史时期做纵向全景式展示，集中展现德州现代发展历程和辉煌成就，展示德州发展愿景和美好未来。

德州市博物馆

德州市博物馆开馆以来，根植底蕴深厚的德州地域文化，依托一流的硬件设施，着力提升公共文化服务水平和质量，认真构建公众平等、全民共享的服务体系，在文物收藏、陈列展览、宣传教育、学术研究、社会服务等方面都取得显著成绩。年参观量30万人次，年均推出各种专题和临时展览10余个，同时开展一系列主题宣教活动。在免费参观基础上推出的团体预约免费讲解服务，更是吸引大批公众走进博物馆。

【德州市工人文化宫】 1953年，在城隍庙外围建成，占地12亩，设有图书室、活动楼、电影院、舞厅等。2000年，动迁于明月湖风景区内。下设综合管理部、培训部、文艺部和体育部。2014年有职工22人，其中高级职称1人，中级职称5人，初级职称4人。有4000余平方米活动楼，内设文化、电脑、会计、书法、美术、音乐、舞蹈等教室，有舞厅、游戏厅、茶座、冷饮吧等经营项目。有6000余平方米体育场，设有塑胶灯光篮球场、塑胶灯光网球场、露天舞场等。

（李震龙）

【德州市青少年宫】 创建于1993年。位于明月湖南岸。依靠超前的发展思路、一流的工作业绩，德州青少年宫已经发展成为集中小学业余培训、特色学前幼儿园、游乐园于一体的专业化、正规化的青少年社会教育培训活动机构。2005年9月，在北京召开的中国青少年宫协会第四次会员大会上，德州青少年宫当选为中国青少年宫协会常务理事单位。

1993年，创建青少年宫特色学前幼儿园；1994年，经德州地区行政公署批准，在青少年宫内建立德州市艺术学校。特色学前幼儿园有19个教学班，包括大班和学前班，学前班开设美术、舞蹈、电子琴、英语等特色专业，学员在园人数达900人。艺术学校有8个教学班，在校生500余人，除开设普通高中文化课程以外还开设美术、舞蹈、声乐、器乐等专业课程。德州游乐园，2003年5月营业，2004年11月转交给青少年宫经营，占地68亩，有大型游乐设施12套，引进及合作项目20项。

青少年宫作为德州精神文明建设的窗口，多次承担德州市各类接待和出访任务。曾先后三次作为德州市政府的指定单位接待日本代表团来访。青少年宫还广泛开展各类文艺、科技、体育类活动，吸引广大青少年踊跃参与。在青少年宫培训学员中深入开展“二八工程”，保证让青少年宫学员在宫期间至少有两成时间参加各类活动。在活动中，坚持普及与提高相结合的原则，更多得面向全体青少年儿童，使更多的孩子受益。

十几年间，在德州青少年宫老师的悉心培养下，累计有近千名学员荣获国际、国内各级各类比赛奖项。青少年宫艺术高中先后向中国美术学院、西安美术学院、天津美术学院、山东艺术学院、山东师范大学等高等院校输送300余名大学生，取得良好的人才效益和社会效益。

（姜东辉）

【中国黑陶城博物馆】 位于德城区东邻，经济技术开发区东汇大厦一楼。德州梁子黑陶文化有限公司投资兴建的公益性博物馆。山东省首批“乡村记忆”工程文化遗产。2015年9月对外开放。面积1800平方米。博物馆集收藏、展示、交流、科普、体验于一体，分东西两个展厅。西厅展示黑陶文化及德州黑陶的发展历程，东厅展示黑陶文化的创新和黑陶精品，是全方位展现中国黑陶文化和国家级非物质文化遗产——德州黑陶烧制技艺的重要平台。

中国黑陶城博物馆馆藏

新　闻

区宣传中心业务工作

【机构概况】 德城区宣传中心下设2个编辑部，分别为德城区广播电视编辑部和德城报社，共有《德城新闻》（电视）和《德州日报德城版》（报纸）2个宣传阵地。《德城新闻》为日播节目，在德州广播电视台新闻频道播出，每期时长6分钟。《德州日报德城版》是中共德城区委机关报，每周一、三、五发刊，市直及全区发行。

2017 年 6 月 8 日，"智慧德城"手机客户端正式上线

【业务概述】 2017 年，德城区宣传中心全面贯彻中央和各级党委、政府决策部署，围绕十九大精神、习近平新时代中国特色社会主义思想的学习、宣传，力求本土化，做好结合文章，开设"对标一流、争先进位、争当德城发展排头兵""两学一做"、全力对接京津冀、市容市貌整治、创建全国文明城市、坚决打赢环保攻坚战、棚户区改造、食安德城等栏目，传递主流声音，反映基层呼声，凝聚社会力量，营造良好氛围。

【广播电视新闻工作】 2017 年，《德城新闻》共播发 365 期，编发稿件 1800 余篇，在《山东新闻联播》播发 4 篇，《德州新闻联播》播发 140 篇，头条稿件 10 篇，《今日视点》71 篇，新闻观察 4 期。其中，《全力以赴打好大气污染防治攻坚战》《联合执法出实招 "重拳"整治市容市貌》《"三对照"补足精神之钙加快建设"富美新强"典范区》《双一公司：技术引领市场 创新领跑未来》《齐鲁最美青年陈良：梦想的履带踩过荆棘》《以"五大工程"为统领 全面提升创城水平》《明确动能转换路径 打造现代产业体系》《整治散乱污企业下真功见实效》《北园小区迎来改造，居民重拾美好北园记忆》等重头稿件报道德城区在基层党建、环境保护、市容市貌整治、创建全国文明城市、棚户区改造、新旧动能转换等方面的成就。德州广播电视台《新闻观察》栏目也重点专题报道德城区丰华社区党建、市容市貌综合整治、拆临拆违、老旧小区改造等亮点工作。

【报纸新闻工作】 2017 年，《德州日报德城版》出版报纸 140 期，期发行 4600 份，共发行报纸 64 万多份，采编稿件 4000 多篇。围绕经济工作会议、全区领导干部思想作风大会等重要会议，配发《全面开启德城新一轮大发展》《为崛起积蓄强大正能量》《德城亮剑"中梗阻"腐败》等评论稿件。围绕区委、区政府中心工作进行重点策划，推出《德城项目引领集聚发展》《做活转型发展大文章》《德城 13.86 亿元改善民生》《六条主线打通招商引资新愿景》等稿件；大力宣传弘扬社会主义核心价值观，重点策划"雷锋精神永驻"、德城最美工匠（职工）、文明家庭楷模、道德模范展示、德城好人等主题 20 余个，连续推出环境保护、文明城市创建、市容市貌综合整治、弘扬传统文化、关爱未成年人等公益专版 20 多个。及时报道教育、医疗、民政、社保、城市建管、食药安全、棚户区改造等民生工程，推出《解决大班额擦亮教育名片》《为舌尖安全筑起钢铁长城》《堤岭社区"四议两公开"赢民心》《水污染治理的新华范本》《众志成城打赢防汛攻坚战》等重头稿件及《小区巨变彰显大民生》《打造生态环境共享碧水蓝天》等专题报道。

【新媒体新闻工作】 "2017 年，大德之城"微信公众号发展迅速，共发布 277 期，发布资讯近 2000 条，开辟"权威发布"专栏，在校园欺凌、居民楼火灾、爆竹爆炸事故、广告牌砸中行人等事件中，做到及时正确发声，把握舆论主导权。"智慧德城"是德城区宣传中心联合山东手机台轻快云平台共同打造的德城区第一个新闻资讯生活类综合性服务平台。6 月 8 日正式上线运行。共开设按钮式版块 16 个，开放轮播图位 7 个，单幅图位 5 个，重点推介资讯和视频组件 3 个。"智慧德城"坚持本土化、社会化、服务化发展方向，打造新闻传播、资讯服务轻骑兵，共播发稿件 6736 条，点击量超过 140 万。进行现场直播 177 场，位列轻快云平台一百多家用户日平均直播量首位。山东手机报和德城发布微博共发布手机报 136 期，德城发布微博粉丝数过万，累计增加 3500 多人，日均阅读量 2500 左右，截至 2017 年底微博数过万条。

（石国辉）

上级新闻媒体

【驻市区新闻单位】 大众日报驻市区记者站，山东电视台驻市区记者站，山东广播电台驻市区记者站，齐鲁晚报驻市区记者站、《德州日报》《德州晚报》、德州电视台、德州人民广播电台。

【驻市区网络媒体】 中国·德州　中共德州市委、德州市人民政府主办。http：//www.dezhou.gov.cn/

德州宣传网　中共德州市委宣传部主办。

http：//www.sddzxc.gov.cn/

德州大略网　德州电视台主办。

http：//www.dztv.tv/

德州新闻网　德州日报社主办。

http：//www.dezhoudaily.com/

鲁北热线　中国联合网络通信有限公司德州市分公司主办。

http：//www.dzcnc.com/

【德州电视台简介】 德州电视台 1987 年 12 月 1 日正式开播。是日，《德州新闻》特别节目《德州电视台今日正式开播》顺利播出。德州电视台 142 米千瓦电视信号发射塔几十瓦功率，只能插转中央一台和山东电视台节目。为扩大德州电视信号覆盖范围，1989 年开始建设微波电视网，1993 年全部建成开通。德州市各县（市、区）筹建转播台。微波网络白天传送山东电视台信号，晚上转发德州台信号，至 1993 年德州电视台节目基本覆盖德州地区及其周边河北省几个市县。

开播以来，自办电视节目由原来单一新闻节目发展到集时政、民生、农业、经济、少儿、法制、文艺、卫生、导视等十余个新闻和专题类节目；由原来一个频道，发展为综合、影视、图文三个频道；技术装备实现自制节目的演播室以及后期制作数字化，电视节目非线性制播网络全面运行，拥有全数字彩色电视转播车和 50 套摄录设备。转播电视节目由原来一个无线频道发展为三个频道，有线、无线双路覆盖。有线电视转播，拥有近 200 个频道，实现绝大多数频道每天 24 小时连续转播。覆盖人口由当初城区三万人口扩展到全市及周边城市，1700 万人。

体　育

【荣誉】 2017 年，德城区体育局荣获 2013—2016 年度全国群众体育先进单位称号。

2017 年 9 月，在天津市举行的中华人民共和国第十三届全运会上，德城区培养输送的运动员程冲获得田径女子 4×400 米冠军、男女混合 4×400 米冠军；德城区培养输送的运动员骆玉玺代表解放军队获得男子 1500 米冠军。

【概况】 德城区体育局组建于 1958 年 4 月，原名德城区体育运动委员，2007 年更名为德城区体育局。全局设 2 个职能科室，3 个直属事业单位。全局现有干部职工 28 人。

德城区体育局主要负责贯彻执行党的基本路线和国家体育工作的方针、政策、法规。全面宣传贯彻实施《中华人民共和国体育法》；主管全区体育工作。具体实施区委、区政府和上级业务主管部门有关体育工作的决定。制定全区体育工作的有关政策法规。德城区体育局自组建以来，在区委、区政府和市局党组正确领导下，认真贯彻总局、省局指导方针，勇于开拓，真抓实干，竞技体育、群众体育、体育彩票等各项工作都取得长足发展，先后被授予“全国群众体育工作先进单位”“全国围棋之乡优秀组织奖”“全省群众体育先进单位”“全省体育彩票突出贡献奖”荣誉称号。

【群众体育】 2017年8月，国家体育总局发布《关于表彰2013—2016年度全国群众体育先进单位和先进个人的决定》，德城区体育局被授予全国群众体育先进单位称号。2017年，德城区体育局认真贯彻落实全民健身国家战略，以“提高公共体育服务能力和水平，让群众共享体育改革发展成果”为目标，组织开展全民健身运动会、全民健身月等主题活动和体育赛事，2017年共举办22项赛事，有够级、乒乓球、游泳、机关趣味健身赛、体育舞蹈、国际象棋等，参加人数达到2942人。5月全民健身月举行启动仪式和8月8日“全民健身日”组织全民健身活动项目展演暨首届社区运动会，共200余人参加。组织山东省“百县”篮球、“千乡”乒乓球和“万人”象棋德城区选拔赛，共402人参加。区教育局和体育局联合举办德城区中小学生足球、篮球、乒乓球、羽毛球、田径、游泳、围棋七大联赛，全区共1825名中小学生参加。承办德州市的中小学生游泳联赛，承办德州市第二届气排球比赛。在全市率先实现乡镇体育总会全覆盖。全区6个镇街分别成立体育总会，完成体育总会全覆盖，每个健身站（点）均配有2至3名社会体育指导员，全区健身站点210个，社会体育指导员培训二级39名，三级72名，初步形成遍布城乡、规范有序、富有活力的全民健身组织体系。

【竞技体育】 2017年是德城区竞技体育丰收年。在天津举行的中华人民共和国第十三届全运会上我区培养输送的运动员获得三金一银的优异成绩。2017年，德城区积极推进竞技体育改革，以德城区少儿竞技体育学校为载体，围绕中心备战24届山东省全运会比赛项目突破提升的目标，继续发挥中长跑、举重、摔跤、柔道、武术散打、篮球等我区优势项目，德城区田径队成为德州市队县办项目。德城区少儿竞技体育学校有在训运动员85名，在训运动员中涌现出刘东辉、刘慧如、季惠旭、宋亚超、吕浩冉、聂仁鹏、李勇杰、王安石、廖润泽、马欣欣、解士杰、杨春雨等年轻优秀运动员在国家、省、市比赛中摘金夺银，刘东辉在全国十三届学生运动会中获得5000米冠军，12岁的刘慧如万米成绩接近一级水平，在山东省第十三届中学生运动上李勇杰获得初中组800米和1500米冠军，王安石获得初中5000米冠军。德城区培养输送运动员王东辉2016年输送到山东省体工队，2017年转为正式队员。

【体育协会】 德城区有十一个体育协会，七个体育俱乐部，分别为模型运动协会、围棋协会、武术散打协会、游泳运动协会、信鸽协会、羽毛球运动协会、自行车运动协会、足球协会、乒乓球协会、国际象棋协会、篮球协会和东方之星体育舞蹈俱乐部、晨风体育舞蹈俱乐部、青少年围棋俱乐部、青少年体育俱乐部、兄弟台球俱乐部、汉博台球俱乐部和启风篮球俱乐部。

【体育产业】 2017年，德城区在上年开展体育产业调查摸清体育产业“家底”的基础上进行专项调查，按照2017版《国家体育产业分类说明表》和全省数据采集二合一系统，对全区涉及体育产业的企事业单位进行全面梳理。

2017年，德城区体育彩票全年销售量达到7307.88万元，较上年略增，筹集体彩公益金500余万元。2017年新增终端7台，终端总数达到78台。在渠道发展上，共有商超店4家，实现销量与宣传双丰收。另外，火车站商超店和奥德乐商超店正在筹建中，商超店已逐步覆盖市区重要的交通枢纽和大型商业购物中心。

（孙城龙）

驻中心城区体育设施简介

【德州市体育中心】 位于德城区东邻，经济技术开发区。总占地面积40万平方米。按照规划，体育中心工程分期建设。一期工程建有体育馆和全民健身中心，占地12.8万平方米，于2009年6月建成，投入使用。体育中心建设目标，定位于集体育比赛、健身、休闲、娱乐、购物于一体的综合场所。

体育馆。位于体育中心东侧，南北长174米，东西长117米，椭圆形两层建筑，总建筑面积25300平方米。一层为健身馆和外围十一间独立健身房，建筑面积14000平方米；二层为体育馆，建筑面积11300平方米，由比赛馆和训练馆组成。观众座席4300个，其中固定座席2600个，活动座席1700个。东、南、西座席成扇形，北面直线为活动座席，后侧分隔幕拉开大型文艺演出时为舞台，体育比赛时为训练场地。馆内设有各类完备的功能用房和配套设施，可满足篮球、排球、羽毛球、乒乓球、体操、武术等国际国内各单项竞赛要求。平时可举办大型文艺演出、杂技、展览等活动。

全民健身中心。位于体育中心东北角，南北长117米，东西长76米，包括1000座席的网球馆、9个室内健身活动中心，国民体质检测站和体育局办公区，总建筑面积2.2万平方米。

截至2015年底，德州市体育中心共承办国内外赛事57场，举办商业演出16场，举办各类汇展活动12项，接待市民参加各种体育锻炼为40万人次。先后举办“史丹利之夜 宋祖英”演唱会、山东省第二届古贝春“公仆”杯乒乓球赛、中日泰功夫明星赛、德州市第八届全民健身节开幕式暨市民自行车健身赛、第四届世界太阳城大会晚会、“东海杯”全省公安系统篮球赛、“体彩杯”山东省第三届百县篮球德州赛区决赛、“景津杯”德州乒协会员大奖赛、德州市第四届运动会武术比赛、武林风比赛、德州市第一届运动会象棋比赛、四国男子篮球争霸赛等大型赛事。

【德州市五环体育馆】 德州五环体育馆于1994年7月1日建成，建筑面积5400平方米，是拥有3000多座席的多功能馆。体育馆使用至今，承担包括中美篮球对抗赛、全国男女篮八强赛、乒超决赛等多项国内外重要体育赛事，也成为1996年德州市首届经贸洽谈会，以及山东省首届舞蹈大赛等的举办场地。2017年，德州五环体育馆综合改造项目已经完成立项、规划手续，改造面积5400平方米，对体育馆消防、电气、洗手间、运动地板、座椅、建筑外墙及辅助设施进行整体改造提升，改造项目计划于2018年完成。

（孙城龙）

卫生 医药

卫生综述

【医药卫生体制改革不断深化】 2017年，德城区卫生计生局深化医改各项任务全面推进，国家基本药物制度在政府办基层医疗机构稳步实施、日趋规范。城市公立医院综合改革在区属二级医疗机构全面启动实施，稳步推进法人治理结构建设。进一步加大力度，由区级医院及各镇街卫生院、社区卫生服务中心双向选择，共同建立紧密型医联体，通过专科共建、临床带教、业务指导、教学查房等多种方式，提升基层医疗机构薄弱专业服务能力，逐步实现“首诊在基层，康复回基层”。全年区属医疗机构对口支援基层卫生院达1200余人次。扎实推进基本公共卫生服务，14类基本公共卫生服务项目规范实施，截至2017年底，共为35.24万城乡居民建立规范化电子健康档案，老年人健康管理3.3万人，高血压患者管理3.55万人，Ⅱ型糖尿病患者管理1.2万人，18万余人实现家庭医生签约服务。

【医疗卫生服务能力不断提升】 加强基础设施建设，改善就医住院环境，稳步推进德城区妇幼保健院新院区、德城区肛肠医院新院区两个PPP建设项目，项目可行性研究报告、前期选址规划等工作完成；联合医院投资建设德州五官科医院，以“民办公助”形式建设的脑科医院开诊营业；黄河涯中心卫生院病房楼现竣工投入使用。加强临床重点专科建设，全区拥有省级重点中医专科建设项目2个，市级重点专科11个，数量居各县市区首位。大力推进南融北接战略，积极融入京津济医疗卫生协同发展，与北京、天津、济南等全国数家大医院“联姻”，使全区居民享受到京津济等地优质医疗服务。2017年，市立医院加入北京大学人民医院医联体，成为山东省立口腔医院德州分院，肛肠医院加入北京市肛肠医院医疗联合体，联合医院加入中国中医科学院广安门医院联合体。不断加大对中医药工作的投入，加强中医师承教育，积极引进中医人才，加强中医内涵建设，持续提升中医药服务水平，为居民提供越来越多、越来越好的中医药诊疗服务。

【公共卫生服务水平不断增强】 疾病控制工作在全国有影响、全省有位次，作为全国艾滋病综合防治示范区，德城区作为全省唯一县级示范区代表在全国艾滋病综合防治工作会议上作典型发言。卫生计生综合监督工作走在全市前列，顺利通过省卫计委验收，在全市率先成功创建全省卫生计生执法综合监督示范区。2017年，共对792家公共场所经营单位进行现场审核与卫生监督量化分级评审，卫生监督监测覆盖率达100%。对住宿场所、沐浴场所、美容美发场所共计613家的公共用品用具进行抽检。同时，加强游泳场所水质监测，对全区12家游泳场所水质进行抽检，合格率为95%。加强公共场所空气质量监测，涵盖8家商场及影剧院，合格率为100%。

【创新发展健康服务业】 2017年，德城区启动“省级医养结合示范区”创建工作。按照上级有关要求，结合全区实际，主要以三种模式积极开展医养结合工作的探索。一是在医疗机构设置养老床位，联合医院医养结合中心一期已建成、投入使用。二是在养老机构设置医疗机构，在银龄公馆老年公寓和红湖老年公寓设置医务室（卫生所），由专业医护人员为入住老年人提供基本医疗保健服务。三是养老机构与医疗机构建立合作关系，如新湖阳光颐养中心与顺城社区卫生服务站建立合作关系，由服务站为其收住的老年人提供相应服务。为方便老年人就医，全区70%左右的一级以上医疗机构为老年人开通就诊绿色通道。

【计划生育服务管理成效显著】 积极引导群众依法理性安排生育，全区年均人口出生率10.7‰、年均人口自然增长率7.2‰，性别比控制在正常范围内，为全区经济、社会可持续发展创造良好人口环境。加强城区流动人口服务管理，全区被推荐为全市唯一全省流动人口均等化工作联系县（市、区）。积极落实计划生育家庭奖励扶助政策，在全市首先通过规范性文件落实城镇其他居民独生子女父母奖励扶助工作，实现独生子女父母退休待遇全覆盖，截至2017年底，全区共登记603人，发放资金57.9万元。根据省、市文件精神，为特殊家庭成员发放一次性抚慰金，共计发放148.8万元。企业退休独生子女父母一次性养老补助截至2017年底登记572人，需资金843万元。为农村妇女进行两癌筛查4004人，投入资金51.3万元，发放叶酸5766瓶，发放“四术”费用5940人次、4.4万元。

【统筹推进创卫复审和安全生产等工作】 积极部署省级卫生乡镇迎复审工作。广泛动员市民群众组织开展蚊蝇消杀、卫生整治等形式多样的爱国卫生运动，爱国卫生运动和卫生城市建设不断深入。出台制定《德城区爱卫办关于创建全国文明城市控烟工作实施方案》，同时印制禁烟标志并发各镇街，起草第29个爱国卫生月活动方案。深入开展安全生产大检查活动，全年累计开展各类安全检查10余次，发现并整治各类安全隐患30余处，下达整改意见通知书限期整改落实，确保全行业安全生产形势持续稳定。党的十九大召开期间，为切实做好安保工作，成立全区卫生计生行业安保维稳指挥部成员领导工作小组，抽调24名业务骨干，组建信访稳定、安全生产、反恐防范、卫生应急救援、严重精神障碍患者管理服务、舆情监测处置、信息保密管理、值班值守等8个工作组，落实责任、严防死守，确保十九大期间全区卫生计生工作的平稳运行。畅通群众信访投诉渠道，全年共受理“12345”市民热线550余件，回复率100%，群众满意率达到98%以上。

【招商引资招才引智向上争取积极推进】 2017年事业人员招聘工作，共录取38人，其中取得研究生学历6人。德州市中青年医学专家申报工作，共推荐符合条件的培养对象19人。2016年度高级职称评审工作结束，经过公示，行业内共通过评审正高3名，副高13名。进行2017年职称申报工作，根据人社局批复岗位，全行业内辅系列申报正高1人，副高2人，中级4人，初级9人，主系列正高2人，副高5人，其中基层卫生技术副高3人，完成全部材料审核报送工作。招商引资方面，成功引进德州博能新能源科技有限公司投资经营，全年招商任务圆满完成。

【基层党建工作常抓不懈】 狠抓干部思想作风建设，组织局机关及区属单位开展“对标一流、争先进位，争当德城发展排头兵”主题思想大讨论活动。加强基层医疗机构班子建设，对各镇街卫生院领导班子进行调整，组织新任人员及局机关中层干部在市委党校进行集中培训，基层医疗机构党建及领导班子凝聚力、战斗力明显增强。进一步健全和完善基层医疗机构党组织，经向组织部门申请，2017年增设四个基层党支部，壮大基层党组织力量。组织全体党员在“灯塔—党建在线”综合管理服务平台注册，关注公众号，下载灯塔－党建在线APP，开通山东e支部功能，行业内灯塔党建平台注册率达到100%，顺利完成灯塔党建在线平台注册工作，党员在线学习活动顺利进行。积极推进“两学一做”教育活动常态化，按要求规范开展活动，组织各党支部开展党员活动日活动，及时总结，向区委组织部报送活动开展情况。

【党风廉政主体责任全面落实】 创新开展推行“双签约”模式，层层落实责任，层层传导压力，把党风廉政的责任落实到每一个人。坚持标本兼治，教育为先，组织基层卫生院、社区服务中心班子成员、机关中层以上党员干部等40余人到区人民检察院预防职务犯罪警示教育基地接受警示教育。严格落实谈话制度，加强思想沟通。局主要负责人与班子成员、班子成员与分管科室及下属单位、科室负责人与工作人员进行全覆盖党风廉政主体责任个别谈话。2017年全局进行谈话50余人次，发挥重要教育和约束作用。配合区委巡察办圆满完成对卫计局巡察工作，同时在行业内启动内部巡查工作，全面排查、发现各医疗单位在内部管理、财务收支、资金使用、党风廉政主体责任落实等诸方面存在的问题和不规范现象，及时整改、堵塞漏洞，把问题解决在初始状态。创新风险防控机制，在全区二级公立医院开展廉洁风险防控软件安装工作，该软件正式运行后，将对各医疗机构在权力运行、风险防控等方面进行有效监督和预防，防止医疗腐败案件发生。

（刘蒙）

医院　疾控中心　血站

德州市立医院

【加强对外交流与合作　南融北接谱写新篇章】 2017年，德州市立医院高度重视和不断深化对外交流与合作，向上结缘攀亲，在学科建设、技术支持、学术交流、人才培训等方面进行全面合作，进一步深化南融北接，全面提升医疗服务服务水平。2017年3月13日，加入北京大学人民医院医联体，积极与北京大医院加强合作。2017年5月，德州市立医院肛肠分院加入北京市肛肠医院医疗联合体，进一步强化两地卫生事业的交流合作、资源共享和协作共赢。同时，加大与济南医疗资源的深入对接。自2015年底德州市立医院成为山东省立医院集团德州医院并于2016年初选派12名科主任轮训后，2017年3月，医院选派第二批11名临床医技科室主任及学科带头人到省立医院进行为期两周的培训学习，对医院医疗技术水平提升有很大帮助。2017年7月23日，德州市立医院正式成为山东省立口腔医院德州分院，为医院口腔科的学科建设打下更为坚实的基础。

【以医疗技术为核心　持续加强质量安全】 为切实保障医疗质量，全面落实患者安全，医院扎实医疗质量安全“核心制度落实年”活动，规范诊疗行为，提高医疗质量，确保医疗安全。一是加强督导检查，认真落实医疗安全核心制度。2017年医院开展医疗质量安全“核心制度落实年”活动。医务科按照《医疗质量管理办法》将18项核心制度编印《医疗质量安全核心制度手册》，以口袋书的形式下发科室，有针对性地制定整改措施。医务科护理部院感科每月组织专家深入临床、医技科室进行督导检查，开展手术安全核查、手术风险评估等内容的常态化检查，有效保障手术患者安全，确保核心制度落到实处，为促进医院医疗质量全面提高提供有力保障。二是转变质控方式，精细化管理PDCA，推动护理质量持续改进。通过转变质控方式，将护士长全部纳入质控体系，专人负责专项，提高质控的执行效率。加大对PDCA的管理与关注力度，规范PDCA的书写和科室的质控与追踪时段，推动护理质量持续改进。三是加强对全院院感质量的检查和教育培训。医院多次对临床医技科室、重点岗位、关键环节进行多轮检查、召开专题讨论会，院领导亲自带队现场办公督导，切实发现科室管理、临床诊疗服务、患者管理各环节的质量安全隐患和风险，并进行有效整改。邀请省内知名专家到院进行院感知识专题授课，学习院感相关法律法规的知识。四是规范诊疗行为，扎实推进临床路径管理工作。医院采取临床路径管理员培

2017年12月2日，德州市卫计委组织的全市县级综合医院医疗服务能力督查组到德州市立医院进行督导检查

训、重点科室现场培训、试点科室先行等多种方式，促进临床路径推广工作合力开展。医院临床路径软件自11月1日正式进入全面运行阶段，截至12月25日，共开展临床路径个案管理员培训、模板制作培训、试点科室试运行培训、全院医务人员培训等各类型培训共计7个场次，参与培训人员达300余人。医院临床科室申报并开展临床路径病种170种，进入运行124个病种。路径出院病人共计922人，入径率达到77.22%，完成率82.75%。通过临床路径管理，进一步提高疾病诊疗行为的透明度和规范化，实现患者明明白白治病，规范诊疗行为，确保医疗质量安全。

【加强人才队伍建设 大力实施“人才兴院”战略】 2017年，医院采取各种措施，努力提高医务人员的业务能力。一是拓宽人才引进渠道。引进研究生大学生23人，完成2017年事业编制招聘20人。二是实施重点人才培养工程。2017年，医院选派30余名科主任、学科带头人到大医院对接学习，选派60与人参加学术交流会和培训班。上级知名医院的专家教授到院会诊、手术、教学查房80余人次。三是加强技能培训与考核。医院加强对医务人员的技能考试考核。2017年8月，开展“名医大讲堂”活动，共培训6个场次，累计培训干部职工1500余人次。四是浓厚学术氛围，搭建学术交流平台。2017年医院先后成功举办德州市医学会神经内科专业委员会学术论坛、血管外科专业学术交流会、2017年德城区心血管内科、消化内科、呼吸内科、护理及院感质控工作会议，2017菊城心血管论坛等学术论坛等会议，浓厚医院学术氛围，扩大对外交流协作，进一步提升医务人员诊疗水平。

【以患者为中心 从细节入手 基础服务设施提档升级】 一是医院内镜诊疗室改造升级完毕。医院对胃镜、肠镜、支气管镜、耳鼻喉鼻窦镜、喉镜、耳镜等进行集中的清洗和管理。升级改造后的内镜诊疗室从布局、设施、设备等方面，完全符合《内镜清洗消毒技术规范》要求。二是引进先进医疗设备，满足不同层次群众的就医需求。医院组织召开设备论证会，经院长办公会批准，确定购置设备。全德州市第一台西门子全数字化断层乳腺机在德州市立医院正式投入临床使用。2017年10月，医院引进德国进口牙科CBCT机（锥形束CT）。2017年11月，医院引进了美国GE全数字化多功能彩色多普勒超声诊断仪。以患者为中心，基础服务设施提档升级，弥补医疗资源、设备设施的不足，为病人提供更加全面的医疗保健服务，营造一个环境宜人、设备齐全、功能优化的就诊环境。

【优化服务流程 发挥信息优势 提升患者的就医获得感】 2017年，医院积极实施多项便民服务措施，让就医患者切实感受到国家医疗改革的成效，提升患者就医获得感。一是优化就诊流程，患者看病满意。为诊室安装叫号软件、为门诊40余间诊室的医生工作站安装打印机，让患者对医院的诊疗及花费一目了然。二是多种预约方式，患者就诊方便。为方便患者就诊，医院多渠道多方式推出各种预约服务，通过网络预约、电话预约、现场预约、微信支付宝预约、医联体预约等方式，尽量缩短在医院的等候时间。三是发挥信息优势，改善患者体验。今年，医院秉承“让数据多跑路，让患者少跑腿”的服务理念，医院微信支付宝服务平台正式上线，是医院主动创新服务模式向“互联网＋智慧医院”医疗大数据发展的又一重大举措，也为患者打造了一种精细化、人性化的就医体验。四是打造数字化病案管理平台。2017年，医院引进打造数字化病案管理系统，大力推进信息化建设和数字化信息整合。此项工作不仅为临床查阅病案、相关管理部门质控病案、上级部门检查病案、病人复印病历提供了方便，不断提升对患者和临床一线的服务能力。五是利用信息化，推进医保异地结算，减轻患者垫付资金的压力，简化报销流程，节约患者时间，让患者少跑腿，出院即可享受医保即时结算，提高就医体验。

【加强医院精细化管理 推进公立医院法人治理结构改革】 多举措降低药占比和耗材比。药品、耗材价格及其占比是医改的重要内容。1.严格药品和耗材采购管理。严格落实医院药品和高值耗材采购使用管理，医院全部药品实行山东省网上集中采购。优先采购使用基本药物和常用药品，医院及时完成200多种药品的降价工作（大多为进口合资及价格较高品种），同时不断将用药目录向国家基本药物和常用药物靠拢，使基药常用药比例达到78%，有力促进药占比控制。2. 加强药品使用动态监测。加强医院所有药品用量动态监测，以抗菌药物和心脑血管系统药物为监测重点。对销售数量和销售金额排名靠前的药品进行合理分析，发现有异常情况的，经药事委员会研究，及时采取限量和暂停使用等措施。3. 促进药物临床合理用药，控制药占比。深入开展抗菌药物临床应用专项整治活动，严格执行抗菌药物分级管理制度，增强临床用药透明度，提高医务人员合理用药自觉性。每月开展处方点评。定期召开药事委员会，促使患者用药更加科学、合理、经济、有效，进一步减轻患者就诊负担。4. 实施耗材二级库管理，控制耗材占比。实施耗材二级库信息化管理程序，医院定期召开耗材商降价论证会，对高值耗材进行降价谈判从根本上降低科室的运行成本。

扎实推进公立医院法人治理结构建设。2017年7月28日，德州市立医院成功组建理事会并召开首届理事会成立大会，表决审议相关文件，按照新的体制机制运行。标志着医院法人治理结构迈出关键一步，切实增强医院内生动力和发展活力。

【创新公益服务 自觉履行社会责任】 一是顾全大局，主动承担，认真做好应对突发公共卫生事件和医疗援疆工作。2017年，医院在手足口病防治、甲型HINI流感、创建全国文明城市等重大任务中主动承担起更多的社会责任，2017年2月，医院选派老干部科主任杨林、医务科张松萍赴援疆，开展一年半的医疗帮扶工作。二是推进医联体建设，让优势资源下沉。2017年，推出“市立医院、基层卫生院、基层中心卫生室”医疗网点联动的分级诊疗服务服务措施。医联体建设包括二屯镇、黄河涯镇、新华社区、天衢社区等25个服务网点。医院充分利用技术优势和龙头作用，积极推进分级医疗服务模式，让百姓首诊在社区、大病到医院、康复回社区，真正体现预防－治疗－康复结合的大卫生理念，形成高效、稳定的三级卫生服务网络，为基层居民提供便捷、连续、优惠、优质的医疗服务。三是积极开展惠民活动和志愿者服务活动。继续实施“百万惠民”活动，每月1日、15日门诊检查半价收费惠民活动，自2017年5月起，增加钼靶检查半价检查项目。2017年选派70余名专家下基层、入社区、进机关，广泛开展科普宣教和义诊活动，惠及百姓2000余人次，群众的满意度不断提高。

【发展专科优势 打造强势品牌 分院工作再上新台阶】 2017年，分院在党的惠民政策的指引下，深入推进“两学一做”学习教育，强化医院学科建设，社区基层工作井然有序，全院上下一致、齐心协力、携手奋进，全院发展更上新台阶。5月19日，在京津冀协同发展的背景下，与北京市肛肠医院建立医疗联合体，实现优势卫生资源的共享和对接的大胆探索。8月，德州市肛肠病研究所成立，其下设三个疾病专业组，分别是便秘、炎性肠病和肛瘘病，标志着分院肛肠科工作向更专、更细、更强发展。11月，在山东省中西医结合学会肛肠专业委员会第二届七次学术会议上，分院被授予“先进集体”荣誉称号，肛肠外科主任尹汾喜荣获“全省肛肠学科名专家”称号。

（王慧 杨梅 齐珊珊 张玉刚 肖雪）

德州联合医院

【坚持走“集团式发展”道路】 医院本部发展特色专科，提高医疗水平。突出中西医结合特色，提高对常见病、多发病及部分疑难病例的诊治水平，不断提高业务能力和影响力。（1）做好省、市级中医药重点专科建设。眼科和肿瘤科是医院山东省“十三五”期间省级中医重点专科建设单位，填补德城区卫生系统省级重点专科空白，科室注重强化中医内涵建设，加快高端人才引进与培养，做好以医院专家为主任委员的“德州市中西医结合眼科学会”“德州市中医肿瘤治疗学会”两个学会的学术交流，邀请国内著名专家授课，不断提升两个学术会议的学术水平，突出医院眼科、肿瘤科在德州市区及周边地区的中医特色和中西医结合技术优势。2017年妇产科成为继眼科、骨伤科之后又一获得市级中医药重点专科称号的科室，科室重视中医药项目的使用、科研项目的完成、新技术的开展和优势病种的确立等诸多方面，得到广泛好评。（2）做好“五个中心”建设。①介入中心。与北京天坛医院、北京宣武医院、济南千佛山医院建立技术合作，填补德州联合医院在心脑、肿瘤等领域介入诊疗技术的空白，已发展成为人才队伍完善、设备地区领先、诊疗技术精湛的现代化科室，为医院医疗技术发展装上强有力的助推器。②康复中心。康复中心坚持对神经内科、神经外科、重症监护室（ICU）等临床科室进行康复治疗的早期、全面、多手段介入，在神经康复领域中不断探索，结合中医综合治疗，形成独具联合脑科医院特色的“大康复模式”。③医学影像中心。医院医学影像中心设有CT室、核磁共振、放射科三个部门，拥有美国GE自由心680冠脉CT仪、美国GE32排64层高端昆仑CT、美国GE1.5T超导核磁等多台国内先进设备，每年为德州各地区约3万余人提供一流的影像学检查，一直保持着一流的影像学诊断水平。④陀螺刀治疗中心。精准放疗设备——陀螺刀对肿瘤周边组织无损伤，使患者更易接受。经过五年多

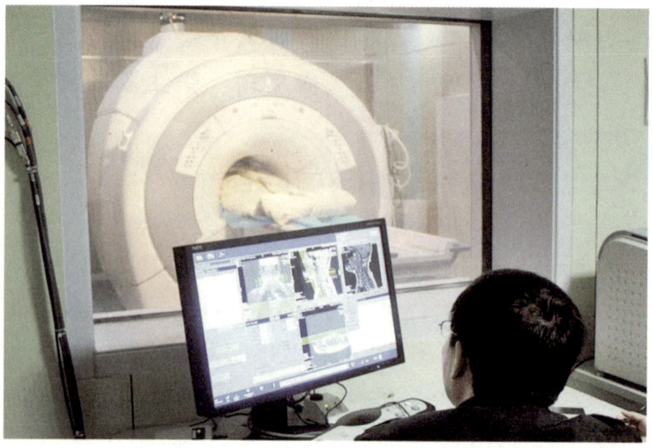

GE 1.5T 核磁

日立7600全自动生化分析仪

的运作，为两千余例各类肿瘤病人进行了精准放疗，疗效确切。⑤医养结合中心。依托医院中西医结合特色技术和服务优势，为失能半失能老人提供疾病护理、生活护理、健康评估、康复训练及营养支持。

建设德州五官科医院。以德州联合医院优势学科眼、口腔、耳鼻喉科为基础成立德州五官科医院，引进眼科532固体激光、眼科蔡司手术显微镜、YAG激光消融仪、口腔CT、水激光、鼻内镜等设备，发挥同北京301医院、北京同仁医院、上海九院等三甲医院的技术协作优势，加大人才引进力度，积极开展新技术、新项目。从而扩大德州联合医院眼、耳鼻喉、口腔各专科整体优势，使五官各专业始终保持在德州市的领先地位。

建设德州联合脑科医院。2017年1月德州联合脑科医院开诊，坚持“聚贤为民 疗效至上”的理念，成立北京天坛医院和宣武医院专家工作站，专家定期坐诊查房手术，建立起密集型技术协作，诊疗技术与国内领先水平同行。德州联合脑科医院打造全市脑病治疗高地，为德州市区及周边脑病患者的本地治疗提供快捷方便的就医选择，有效地解决德州市区脑部重症患者看病难的问题，打造全市脑病治疗高地。

【外树形象 内强素质 推进人文医院建设】 2017年，德州联合医院人文医院建设的重点是：坚持“以病人为中心，全心全意为病人服务”。制定人文医院制度与实施方案，高起点规划。（1）加强服务满意度考核，夯实人文医院建设基础。完善《德州联合医院三级回访制度（试行）》，实行精细化考核；定时随访病人，深入了解患者满意度；强化对全院各科室提高人文修养、推进人本位医疗和人性化服务的落实情况进行全面督导，做到及时汇报、及时总结、及时反馈提高；更新医院网站为患者提供了解医院的平台；完善微信公众平台服务项目，通过手机就能完成缴费、报告单查询等多种功能，方便广大患者就诊，节省了看病时间。（2）树立人文科室和先进典型。以眼科、肿瘤科、妇产科、神经内科、康复理疗科为人文科室建设示范单位，带动全院人文科室建设，加强全院人员的人文知识学习和培训，提高人文素

养。（3）树立牢固人文理念，增强广大干部示范带动作用。组织“医院文化与医学人文精神”专题讲座；建立善行义举榜；举办德州联合医院第一届人文文化节“唤起我心中的人文”演讲比赛和德州联合医院护士节暨第一届人文文化节——“人文之光”护理礼仪知识竞赛，书法比赛等文艺活动，使人文关怀深入人心，形成全院良好的人文风气。

【凸显中医药特色 打造中医药特色品牌】 加入广安门医院医联体。德州联合医院以中医中药为工作基础，以中医创品牌为工作理念。2017 年 7 月 31 日，德州联合医院与中国中医科学院广安门医院建立医联体关系，加强中医药文化交流活动，形成临床科室及重点专科共同发展的全面合作模式。2017 年 11 月 25 日广安门医院对德州联合医院在优势学科的中医帮扶工作正式启动，国家级名中医、中国中医科学院首席研究员、博士生导师林兰教授在德州联合医院建立“林兰教授工作室”，集合广安门医院优势学科力量，实施中医帮扶工作，带教青年中医人才成长，进一步提升德州联合医院中医药及疑难病例的诊疗水平，也对医院中医优势的发展创新起到了积极的作用。

突出中医药特色，建立国医堂、扩建中药房。国医堂荟萃广安门医院肿瘤科、内分泌科、脾胃科等多学科的名老专家、德州市名中医、临床经验丰富的中医药研究生坐诊，以应用中医药为主，诊治各种疑难病症，为广大患者提供更加方便快捷的优质医疗服务。扩建搬迁后的中药房，融中医药文化与现代设备于一体，既保留中药饮片、熬制汤剂、膏方制作等传统工艺，又为方便患者携带及储存中药，引进中药颗粒智能调配机，机器在全封闭的环境下自动将一服中药准确计量，避免药物的二次污染。

发挥“国家中医适宜技术推广基地”的龙头带动作用。医院选派中医科室名老中医及技术骨干组成授课、指导团队，结合医院中医技术经验，从理论和实践两部分为德城区乡镇卫生院、社区卫生服务中心、村卫生室、社区卫生服务站的近百名中医药专业技术人员进行培训，培训内容包括针刺疗法、穴位注射、推拿疗法、耳压疗法、刮痧疗法、拔罐疗法、放血疗法敷贴疗法、灸法、平衡针等，结合独特的治疗穴位，达到治疗多种疾病的目的。

圆满完成德城区“中医中药中国行——中医药健康文化推进行动”系列活动。（1）主办主题为“中医健康你我他”活动，以义诊、展板宣讲等方式普及中医中药医疗保健知识，推动中医药进社区、进家庭，让中医药更好地面向基层、服务社会。（2）承办“德城区‘学经典、用经方、传经验’学术讲座”，普及中医药知识，使中医经方技术与技艺、传统制药、鉴定及炮制技术得以继承、研发并应用，提倡开展经方中成药大品种临床循证研究，发展中医非药物疗法。（3）贯彻山东省中医药事业发展“三经传承”战略，我院成立“三经传承”青年中医团队，大力实施中医药传承与创新，精确解读中医经典，提高经方运用能力，全面提升中医药诊疗水平。

【发展特色专科 提高医疗水平】 介入中心成立，填补德州联合医院在心脑、肿瘤等领域介入诊疗技术的空白，为医院医疗技术发展装上强有力的助推器。德州联合医院与北京天坛医院、北京宣武医院、济南十佛山医院建立技术合作，根据患者需要专家随时前来坐诊并指导手术。另一方面，德州联合医院也派科室骨干医生前往北京三甲医院进修学习，提高介入诊疗水平，成为心脑血管和肿瘤介入专业人才。仅数月，介入中心共完成手术近 90 余例，开展手术类型 10 余种。神经内

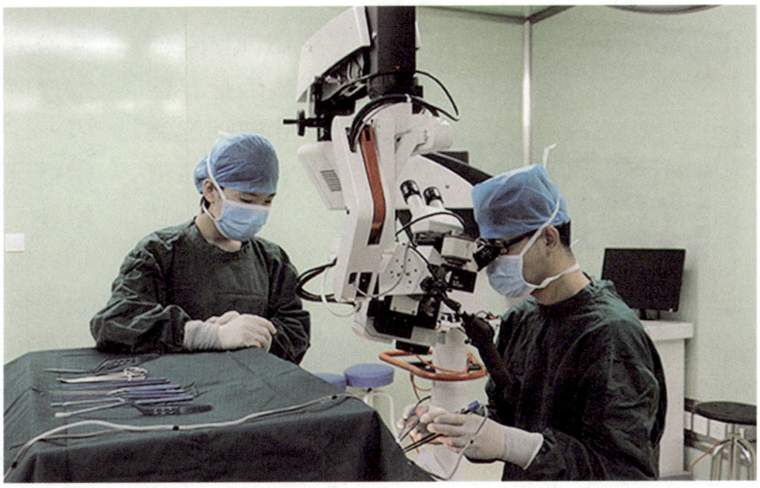

Leica 徕卡手术显微镜系统

科开展全脑动脉造影、经皮穿刺脑血管腔内支架置入；心内科开展冠状动脉造影术、冠状动脉内支架置入术，下腔静脉滤器置入；肿瘤科开展肝动脉造影、肝动脉化疗栓塞、PTCD、营养管置入、食道支架等手术，介入中心治疗技术已达市级先进水平。

德州联合医院组织召开德州市中医药学会肿瘤专业委员会第三次学术交流会、德州市中西医结合学会眼科专业委员会成立大会，彰显中医特色 铸造医院影响力。德州联合医院肿瘤科在继续开展原有中医项目的基础上注重创新，开发新的中医适宜技术，将中医药优势与健康管理相结合，探索融健康文化、健康管理为一体的中医医疗、健康保障模式。德州联合医院眼科致力于中西医结合治疗眼科各种疾病，中医特色明显。眼科专业委员会搭建起中西医眼科学术交流平台，进一步丰富眼科发展内容，为进一步探讨深化眼科医学发展的新机制、新出路奠定了坚实的基础。

各科室开展新技术，提高治疗水平。（1）普内科以呼吸专业为主，其中呼吸衰竭的治疗较为突出，及时准确的药物治疗是科室的强项，能够减少机械通气的使用，最大程度降低医疗费用，同时开展床头无创呼吸机的应用，填补了医院及科室的空白。（2）神经内科集溶栓、介入和康复训练于一体，严格把握溶栓抢救“黄金 4.5 小时”，建立脑卒中患者急诊急救绿色通道；治疗急性溶栓病人能做到入院黄金 1 小时内用药，进入溶栓 1.0 时代。（3）肿瘤科开展新技术有：血管内和非血管性介入治疗；引进高端射频热疗系统（内生场肿瘤热疗系统），深部透热治疗，促进肿瘤细胞凋亡；开展血液病诊疗，独立诊治白血病、巨幼红细胞贫血、淋巴瘤等。创建癌痛规范化治疗示范病房，申请癌痛宁、消肿散结贴敷、消肺化积方口服三项专利。（4）骨伤科在北京专家指导下，为一名腰椎间盘突出症患者实施椎间孔镜下椎间盘摘除术，填补了医院在腰椎间盘突出症微创治疗的空白；成功为 11 岁右肘关节开放性骨折脱位合并肱动脉断裂 4 小时病人行“清创骨折内固定 + 大隐静脉桥接肱动脉吻合术”，术后功能恢复满意；引进德国蛇牌导航系统开展人工膝关节置换术，开启骨伤科运用导航技术精准手术的新纪元。（5）普外科完成胆囊、阑尾、疝气、小儿鞘膜积液、肾囊肿、肝囊肿、静脉曲张、交通支离断、胃肠穿孔修补、结直肠癌根治术以及肠梗阻等腹腔镜手术 170 余例，病例多样，技术成熟：①腹腔镜下完成一例双侧疝手术及一例腹内疝并阑尾炎。腹腔镜完成一例巨脾切除术。②为一位 87 岁高龄肠梗阻肠扭转患者行“乙状结肠切除 肠管吻合 横结肠造瘘术”。③开展腹腔镜肾切除及前列腺电切。④成功抢救 2 位肠系膜上动脉血栓职场坏死的高龄患者；成功抢救一位乙状结肠坏死患者；⑤小切口结合汗腺去除治疗腋臭，手术时间短、切口愈合快、复发率低，是医院独创的一类手术方法。（6）神经外科为脑肿瘤患者、重型颅脑损伤患者带来生的希望。成功为患者行“脑室镜下第三脑室造瘘术”——填补德州市区脑科微创技术空白；在北京天坛医院神经外科专家指导下，完成首例视神经探查减压术精准手术；成功完成首例脑干出血手术，挽救了患者生命。（7）2017 年妇产科获市级中医药重点专科称号，开展新技术：阴道微生态检查；四维彩超排查胎儿畸形；下肢静脉泵预防术后下肢静脉血栓；宫颈锥切诊断和治疗宫颈病变；手术切口变小切口、美容缝合切口等。开辟绿色通道，多学科联合成功抢救产后大出血患者。（8）眼科在市区首家开展玻璃体激光消融术治疗飞蚊症；成功开展首例人工角膜移植手术，填补了德州市区眼科诊疗空白；成立专业视功能训练室，扩大青少年斜弱视、视功能训练科目；开展整形美容、YAG 激光等新技术。（9）口腔科打造德州联合医院口腔种植品牌；成立儿童牙科，集口腔保健、预防、治疗于一体，确保儿童乳牙、恒牙健康发育；口腔正畸科为一名两门牙牙缝达 7 毫米 12 岁男孩行多生牙拔除 + 正畸矫正治疗，现一年效果满意。（10）康复理疗科在脑科康复系

瑞士傲帝超声乳化仪

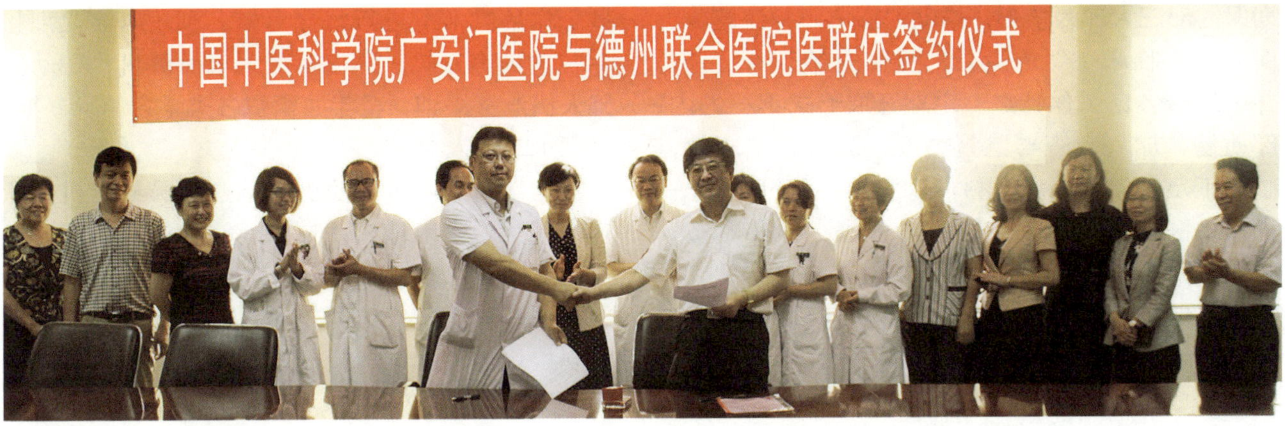

2017 年 7 月 31 日，中国中医科学院广安门医院与德州联合医院举行医联体签约仪式

统中利用康复器械及康复技术对三瘫一截患者进行系统规范化的治疗；用中医综合方法治疗三叉神经痛，临床治愈率 75%；对免疫力低下，长期身体处于病态并且经过了长期的中西药物治疗无果的患者（如：荨麻疹、肠炎、尿失禁、慢性胃肠疾患等）进行中医综合治疗，治疗收效满意。

【投入高端设备 更好地为临床提供诊断治疗依据】2017 年，医院集中招标采购大、中、小型设备 30 多件。购置先进的 64 排 128 层宝石 CT(自由心)，飞利浦 Q7 四维彩超、查体 DR、眼科蔡司手术显微镜、眼科 YAG 消融激光治疗“飞蚊症”、奥林巴斯胃镜、膝关节导航系统、迈瑞 2000I 全自动发光仪、阴道微生态监测系统、肿瘤科射频热疗系统、纤维咽喉镜等设备，更好地为临床提供诊断治疗依据。

【改善诊医流程 优化网络环境】医院更换预交费系统，改变就诊流程，取消挂号服务窗口，医院门诊大厅的服务窗口全部改为办卡充值窗口，免去窗口排队挂号、缴费，节省看病时间，简化看病流程，该服务在五官科医院、脑科医院同步实施。优化医院网络环境，开展“移动医疗”建设网络发面，医院的门诊楼、病房楼实现移动 WLAN 全面覆盖。

【热心公益事业 开展惠民活动】德州联合医院积极投身公益事业，履行社会责任，将“惠民”“义诊”活动作为医院的一项重要公益项目。（1）2017 年，医院正式接入国家异地就医结算系统，成为国家医保异地就医定点医院，可为市民提供跨省异地就医住院医疗费用直接结算服务；（2）义诊宣讲团在部分社区、书店、万达广场、德州学院成立医疗志愿者服务基地，定点赴社区为群众义诊义治 30 余场；医院与红缨新园幼儿园携手共建儿童健康服务站，儿科医生定期为孩子身体检查，及时掌握孩子健康状况；牵手南市社区，共建健康社区，全方位打造新型医患关系；（3）百万惠民计划持续进行，在全面享周末优惠活动的基础上，对凡年满 65 周岁老人每天都可享受优惠，2017 年德州联合医院共惠民 4 万余人次，退费 350 余万元；（4）为方便基层患者就诊，医院启动“联网计划”双向转诊，为分级诊疗制度实施做好铺垫。让惠民工程成为医院回报社会的品牌工程，用爱心传递真情，用真情温暖人心。

（夏建磊 赵霞 夏梦）

德城区妇幼保健计划生育服务中心

【业务指标完成情况】以妇幼卫生工作方针为指导，充分发挥职能，完善妇女、儿童健康管理，全区 3 岁以下、7 岁以下儿童系统管理率分别为 93.95%、94.35%；孕产妇早期检查率、产前检查率、产后访视率和系统管理率分别为 93.74%、99.31%、93.11% 和 92.71%。全年门诊 10 万余人次，住院 4000 多人次，剖宫产率 40%，人均住院费用 3489 元，药品收入占比为 6.96%，持续低位运行。

【加强学科体系建设 提升服务能力】加快大保健模式建设。以妇女保健部、儿童保健部、孕产期保健部三大部为核心，推动“临床业务保健化、保健业务临床化”的运行，强化内部业务转介，并围绕着各自工作特点，定期开展形式不一的内部质控，加大自查与监督力度，及时总结成绩，修正不足。促进二级学科体系发展。通过重点培训，中医适宜技术、小儿推拿按摩、中药贴敷、中药浴，高危儿筛查与早期干预，儿童口腔保健，听力保健，产后康复、孕期营养、孕期糖尿病等一批二级学科得到快速健康发展。

【融入协会医联体集团建设 提升业务能力】 与德州市妇幼保健院、临邑县妇幼保健院作为联合发起人，组建德州市妇幼保健协会，部分专业骨干力量分别成为超声医学分会、产后康复分会、院感分会、妇科内分泌等分会委员；加入山东省妇幼保健专科联盟“蝴蝶集团”，集团内包括内蒙古、河北、重庆、山西、山东等省（自治区）、市21家妇幼保健机构和综合医院，集团整体并入山东省妇幼保健集团，实现更大范围、更高水平共建共享、同质化发展；加入德州市肿瘤医院医联体，在妇科肿瘤防治及群众健康教育方面共同提高。

【持续改进医护质量 医疗救治能力得到提升】 一是医疗保健质量等9个管理委员会，认真履行职责，利用PDCA管理工具，通过不定期检查、内部质控等措施，加强院内监督和交流借鉴，相互取长补短。二是发挥专家带教效应，按照专科建设的工作计划，妇科、生殖保健科、特检科分别与北京天坛医院、首都医科大学附属复兴医院、省立医院、齐鲁医院专家建立联系，通过专家的带教与指导，提升专业技术水平。三是组织和参加院内外专项培训、实际演练和疑难、危重症病例讨论等理论及实践训练，危急重症病人的抢救水平持续提升，在多学科的密切配合下，2017年成功救治羊水栓塞、产后心衰、严重产后出血、DIC等急危重症病8例，确保母婴生命安全。

【认真履职 提高妇幼公共卫生服务水平】 定期组织妇保、儿保技术专家，深入辖区各医疗保健机构，对基本及重大公共卫生项目、妇幼健康服务工作落实情况进行督导考核。利用以会代训和专题培训等方式，强化辖区医疗保健机构妇幼保健人员业务培训，全年共组织各类学习培训6期，培训120余人次。

全年对104所托幼机构从业人员进行机构儿童常见病、多发病预防知识培训，对4所新开设托幼机构依规进行卫生学检查。

认真落实国家公共卫生项目，为890对育龄夫妇提供免费孕前优生健康检查，查体结果高风险182例，其中男性58例，女性104例，夫妻双方均高风险的20对。农村适龄妇女“两癌”筛查4004人，完成目标任务100.1%，确诊早期乳腺癌4例，宫颈癌前病变8人。艾滋病检测5174人，阳性1人，梅毒检测5174人，阳性7人，乙肝检测5174人，阳性110人，活产111人，免费注射乙肝免疫球蛋白111支，对阳性病人均按照项目要求进行了治疗、干预、追踪随访。自2017年9月开始，对辖区内符合条件的孕妇进行免费筛查，共计筛查报销422人次，合计报销金额78840元。新生儿遗传代谢疾病筛查报销2856人次，报销金额342720元。免费为育龄妇女健康查体5362人，异常情况检出率11.54%。发放叶酸4866瓶，避孕药具759940只。全年共为570人进行免费婚前检查，婚检率18.17%。

【播撒健康 为广大妇女儿童搭建安全屏障】 努力做健康使者，借助微信公众号、网站、义诊、讲座等载体，积极传播健康保健知识，不断提升群众自我保健意识。一是丰富孕妇学校内容，开办孕妇瑜伽课堂73期，参练379人次，助力自然分娩；组织孕妇学校51期，其中手工课堂1期，参会孕妇及家属达到1099人次，举办陪人会46期，参会685人次。二是利用“雷锋日”“安全生产日”“5·29”计生协会日、“知性智行——爱要有一套”世界避孕日等主题活动日，组织医务人员共计15次进社区、进商场、进学校，宣传健康知识，助力“文明城市”创建。三是以“优生优育幸福家庭”公益讲座为载体，到大刘庄、状元府等社区进行乳腺保健、妇女保健知识讲座14期，受益群众达600余人次。

（张燕）

德城区疾病预防控制中心

【疾病预防控制工作核心定位提升　职责效能显著】 一是免疫规划服务能力进一步增强，圆满完成经济社会发展综合考核指标。全年接种一类苗224118剂次，二类苗84901剂次，产科接种室为18272名新生儿接种首针乙肝疫苗和卡介苗。全区建卡、建证率100%；国家免疫规划疫苗全程接种率95.01%，麻疹疫苗第1剂、第2剂及时接种率为91.17%、93.73%；乙肝疫苗首针及时接种率为94.01%。数字化预防接种门诊建设进步大，德城区共有预防接种门诊12处，其中数字化门诊9处，数字化门诊建设率达到75%。信息化推进指标完成率高，预防接种门诊和产科接种室客户端使用率100%；VPN管理率达到100%；数据上传率达到100%；接种记录修改率0.38%（目标值<0.5%）；接种记录补录率1.84%(目标值<3%)。预防接种引入互联网+，“德州免疫预防”微信号是互联网+预防接种的一次重要实践，截至2017年底全区绑定儿童信息3194个。接种证查验使疫苗漏种得到有效控制，共查验托幼机构195个，中小学校68个，共查验23593名儿童，学校、托幼机构查验率和入托入学新生查验率达100%；需补种儿童数7474人，20967剂次，补种率95%以上。完成6所大中专院校7319人的新生麻疹疫苗补充免疫，无预防接种异常反应及接种事故发生。二是重点传染病防控成效显著，实现无重大传染病疫情暴发流行、无重点传染病死亡病例的防控目标。全年累计审核病例3678例，审核及时率100%。报告法定传染病例2120例，发病前五位病种分别是手足口789例，其他感染性腹泻515例，乙肝322例，肺结核191例，梅毒92例。管理传染病疫情网络直报单位24个，无零缺报单位，病例及时审核率、预警信息及时处理率达100%，报告卡信息完整率、及时报告率达99%以上。面对严峻的手足口病疫情形势，做到关口前移，重心下沉，全方位安排部署，手足口病高发势头得到有效遏制。通过加强不明原因肺炎监测，全区没有人感染H7N9禽流感病例。霍乱等重点腹泻病防控做到逢泻必检，辖区内医疗机构共报告检索腹泻病人679人，快检病例140人，细菌培养17人，没有检出霍乱弧菌。快速出击，及时调查处置2起托幼机构发生的诺如病毒感染引起的病毒性腹泻聚集疫情。做好布病、狂犬病等人畜共患疾病防控，与畜牧兽医部门建立联防联控机制，开展布病高危职业人群摸底调查工作，对18例布病疫情进行调查处置。卫生应急处置工作常备不懈，按照国家《突发公共卫生事件应急条例》《山东省突发公共卫生事件应急处理办法》，大力开展业务培训和技术指导，对应急物资进行补充和更新，重新梳理编制8个卫生应急预案。三是艾滋病防治特色显著，成为全国典型。重点人群检测坚持五个定向进行艾滋病病毒和梅毒检测，形成稳固的长效监测机制；抓住三个关键节点实施好“一地一策”；掐断经性传播途径，实施好高危人群宣传干预。围绕第三轮全国艾滋病综合防治示范区控制艾滋病经性传播综合防控试点县区整体工作，定期深入场所实施外展服务和流动VCT检测；发挥“心飞翔”和“爱之旅”社会组织作用，分别对男同和艾滋病患者开展干预活动和检测，做好艾滋病感染者和病人的管理治疗与关怀。四是慢病防治工作扎实深入，示范区迎复审精心做准备。全年审核各类报告卡12555张，其中审核死亡报告卡2650张、肿瘤报告卡2951张、脑卒中报告卡5761张、冠心病报告卡1193张。

2017年5月25日，山东省卫计委疾控处副处长谭成森（左一）到德城区督导检查手足口病防治工作

2017 年 11 月 20 至 22 日，山东省卫生计生综合监督示范区评审组由省卫生计生监督所纪委书记张运强（右一）带队到德城区对创建工作进行验收

对 9 所综合医院和 23 所基层医疗机构进行群死因、肿瘤、脑卒中、冠心病漏报调查，撰写了漏报调查报告及 2016 年度德城区死因、肿瘤、心脑血管疾病监测分析报告。有序落实慢病防控国家示范区迎复审工作。制定《德城区迎接国家慢性病综合防控示范区复审实施方案》，进一步细化、量化迎复审各成员单位的职责。全面开展示范单位、示范学校、示范社区、示范餐厅（食堂）建设。打造健康环境支持，开展健康主题公园、步道、小屋、一条街建设。五是认真实施结核病防治新规范，各项防控措施有效落实。全年非结防机构报告疫情 209 例，其中重复报告 24 例，住院 84 例，应转诊 100 例，转诊追踪到位 96 例，总体到位率 96.0%，超过 95% 目标。对 250 例管理病人，209 例疫情报告的管理信息进行网络直报。

【卫生监督执法理念转变 力度及效能提升】 以卫生计生综合监督示范区创建为主线，转变理念，强化措施，全力落实。通过示范区创建，提升了整体卫生监督标准，给出科学规范的顶层设计方案。一是领导重视，建立坚强有力的工作推进机制。区委、区政府高度重视卫生计生综合监督示范区创建工作，将其列入 2016 年卫生计生工作重点项目之一，定期调度、全面推进。二是宣传深入，营造广泛浓厚的创建氛围。采取邀请专家授课、到上级单位进修，集中学习培训等形式，全方位、多层次地提升监督执法人员的法律法规知识水平和综合执法能力。组织开展对管理相对人的定期培训与现场指导，提高其卫生计生法律法规知晓率和自律经营意识。组织召开专题工作会，部署推进示范区创建工作。充分运用报刊、广播电视、政府网站等媒体，加强对综合监督示范区创建活动的新闻宣传。三是程序严格，规范各类行政许可。为全面落实便民利民的原则，将卫生计生审批事项全部集中到市行政服务大厅，实行一个窗口对外，一站式服务，集中受理率达到 100%。为公开许可程序，制定权力清单，编制业务指南、服务手册，在区政府网站进行公示，行政许可规范公示率 100%。严把卫生行政许可准入关，所有审批事项均建立独立档案，卫生计生行政规范审批率、建档率均达到 100%。四是督查高效，统筹推进综合监督工作。加强医疗市场监管工作，全区医疗机构监督覆盖率 100%，执业人员持证率 100%。规范化诊所建设率 100%，全区一级以下医疗机构执业信息公示台建设率达 100%，充分利用网格化监管模式，定期对无证行医进行摸底排查，会同公安、食药等部门对辖区内无证行医联合查处。加强公共场所卫生监督工作，严格标准，强化监管，规范卫生许可发放、审验，全区公共场所卫生许可持证率 100%。全面推行公共场所量化分级管理工作，公共场所三公示执行率达 100%。实行网格化监管，加大日常监督巡查力度，开展专项整治，卫生监督覆盖率 100%。统一标准，健全完善各类公共场所卫生监督管理档案，建档率 100%。加强学校卫生监督工作，开展教学环境、传染病防控等学校卫生综合执法检查，学校卫生监督覆盖率达 100%。开展学校卫生监督综合评价，综合评价率达 100%。加强生活饮用水及涉水产品卫生监督工作，开展生活饮用水专项监督检查，监督覆盖率、水质定期监测规范率均达 100%。完善二次供水单位卫生管理档案，供水单位建档率 100%。对涉水产品经营单位进行监督检查。辖区商场和专卖店涉水产品卫生行政许可批件索证率达 100%。加强传染病防治卫生监督工作，开展医疗机构传染病消毒隔离、医疗废物处置等专项监督检查，传染病防治监督覆盖率达 100%，对存在违法行为的单位进行了立案处罚。建立健全医疗机构传染病防治监督管理档案和病原微生物实验室档案，建档率达 100%，稳步开展传染病防治分类监督综合评价试点工作。加强对消毒产品经营、使用单位的专项监督检查，监督覆盖率达 100%。加强职业健康检查机构监督工作，定期开展职业健康检查机构专项监督，监督覆盖率达 100%。加强放射诊疗监督工作，加大执法力度，严把医疗机构放射诊疗许可准入关，全区依法持证率达 100%。加强督导检查，放射诊疗场所、设备检测率达 100%。加强放射工作人员培训、健康监护督导检查，放射防护知识、健康监护率均达 100%。完善规范放射诊疗卫生监督档案管理，建档率达 100%。加强监督抽检工作。严格按照上级卫生监督抽检计划要求，认真组织落实各类卫生监督抽检任务，按时上报相关材料，抽检任务完成率、抽检信息报送及时率均达 100%。五是执法规范，加大行政处罚工作力度。严格遵循执法程序，加大执法力度，切实维护卫生计生法律尊严。畅通投诉渠道，投诉案件做到件件有着落、有回声。建章立制，结合德城区实际，制定行政处罚核心规章制度，行政处罚制度完备率达 100%。规范执法行为，严格执法流程，明确执法步骤、环节和时限，提高监管规范性。规范执法文书制作和执法档案管理，行政处罚规范率达 100%。坚持有案必立、有立必办、有办必果，符合立案条件的违法行为，严格按照规定在法定期限内立案调查，无案源流失现象发生。严格按照要求公示卫生计生行政处罚结果，曝光非法行医典型案件，规范公示率达 100%。对各类卫生计生违法行为，依法进行立案查处。示范区创建期间，共计对 265 家单位进行行政处罚，罚款 78.5 万元，没收违法所得 10.8 万元，暂停 2 名医师执业活动 6 个月。人均行政处罚办案数 6.3 起，处罚数量、处罚金额年同比增长都在 30% 以上。同时加强大案要案查处力度，查处万元以上大案 7 起，其中一起罚款 3 万元、没收违法所得 5.7 万元。六是保障有力，确保创建工作有序推进。资源整合，健全综合监督执法体系，形成区卫计局卫生计生监督所、卫生计生监督协管站、卫生计生监督协管员三级卫生计生综合监管体系。制度约束，确保综合监督执法工作有序开展，出台《卫生监督信息统计报告制度》，做到各项工作有规可依、有章可循。加强工作目标、风纪风貌稽查，树立良好社会形象。行政管理、行政许可，监督检查和行政处罚全面实现信息化。德城区在严格执行国家卫生监督工作规范的基础上，先后创建“取缔无证行医四、三、二模式”“五结合打击非法行医模式”，推动打击非法行医工作。实施创新模式以来，移送公安机关追究刑事责任的共计 3 家 5 名当事人，有力打击非法行医行为，进一步净化全区医疗市场秩序。通过示范区创建，综合卫生监督工作获得党委政府的肯定和认可，人民群众对卫生计生服务满意度也不断提高。

【做好宣传先导 大力实施健康促进与健康教育】开展国家居民健康素养、中医药健康文化素养、烟草流行监测调查三个国家级入户调查，对六个村居 750 户居民进行入户调查，完成有效调查问卷 662 份，顺利通过验收。开展居民健康素养、吸烟情况二个市级项目入户调查，落实嘉城景园、胜利凯旋花园、罗庄社区 3 个监测点 750 份有效问卷的调查任务，入户访问 2650 户，填报有效问卷 755 份，圆满完成工作任务。组织开展健康教

2017 年 1 月 19 日，山东省健康教育所副所长李凤霞（右中）到德城区就健康素养监测项目工作进行中期督导

育宣传周暨世界无烟日宣传活动，2017年5月31日第30个世界无烟日，先后在德州职业技术学院、新湖北路小学、德州五中、德州学院、德州汽车站等十几个单位场所开展巡展。开展健康知识讲座11场，受益人群900人。

【强化技术支撑 卫生检验监测服务水平提升】 持续加大中心实验室升级改造力度，检验检测能力逐渐迈上多轮驱动的增速发展时期。按照《关于加强全省疾控实验室建设的意见》《山东省县级实验室疾控中心实验室装备项目实施方案》，组织落实县级疾控实验室装备项目工作，上报A、B类仪器设备共23类，总计140.89万元，作为县级实验室德城区疾控中心是全市唯一一家在2017年完成的，中心实验室A、B类仪器装备率达到100%，也是德州市唯一一家县区级达标的实验室。顺利通过2017年度实验室资质认定专项检查和涉环实验室专项检查。在省技术监督局组织的2次能力验证考核、25个项目的盲样考核、18个项目的质控样考核中，结果均符合要求。在此基础上，坚持做好在用检验检测标准的查新，全年更新106个国家标准，并及时在省技术监督局进行变更申请备案，保证使用中的标准的有效性。同时，注重新项目的拓展，新开展了有机磷的测定。圆满完成各类样品检验检测任务，2017年完成医疗门诊样品检测567份，公共场所样品检测3268份，高压锅灭菌效果监测335份，食品安全风险监测共检测样品255份。完成2017年德城区省级项目水质检测90份。接受完成夏津疾控和武城疾控枯水期和丰水期水样检测委托。及时应对5起疑似食物中毒样品采集和检测。作为病媒生物省级监测点，对14个场所开展每月两次的成蚊密度和蟑螂密度的监测。在常规蚊虫密度监测工作的基础上，组织实施了伊蚊监测工作。

（金淑平）

德州市中心血站

【概况】 德州市中心血站建于1992年，公益二类。占地10亩，行政业务综合楼1999年竣工，主体建筑面积3600平方米。截至2016年底，有10个科室。固定资产4776万元。职工108人（在编48人），专业技术人员88人，占81%；卫生专业技术人员80人，占74.1%；高级职称8人，中级职称25人；研究生学历2人、本科51人。拥有酶免检测系统4套；全自动生化分析仪2台；核酸检测系统2套；全自动血型检测仪、血凝仪各1套；细胞洗涤机2台；血细胞分离机5台；大容量低温离心机7台；成品库、试剂库、标本库、待检库6座冷库。有7辆采血车（流动5辆、固定2辆），5座采血房屋、1处机采大厅，5辆冷链送血取标本车。31家供血医院开放床位14290张（三甲1处、二甲11处，余为专科医院和一级医院）。

【采供血情况】 截至2017年12月26日，采全血48933人次，献血人数同比增长4.62%；采血量16.57吨，同比增长0.15%；机采血小板3910个治疗量，同比增长1.1%；检测血液标本51033人份，合格率97.9%。

【临床用血供应】 随着德州市医疗服务能力提升和二孩政策实施，临床用血需求明显加大。为此，血站提前谋划，早作安排，确保临床用血的充足。全年未开展互助献血。

采血模式转变。多布点，开辟乡镇采血点，实现采血网点由市区向乡镇全覆盖，由流动性向固定性转变，达到对13个县市区采血和宣传全覆盖。团体招募占献血总人次的27%，献血人数同比上升20%。

高校无偿献血工作成效显著。高校献血无论献血人数还是献血量比上年都有明显提升，献血量同比增长40.2%。

宣传模式转变。在兼顾传统媒体的同时加大新型媒体的应用。在《德州日报》《德州晚报》有固定的献血宣传版面。加大《德州献血》微信公众号宣传力度。建立血小板之家和稀有血型之家微信群。短信招募效果明显。与深圳雪莲花网络科技有限公司合作，成功实现献血者通过微信预约献血、查询献血结果及记录。

加大节日活动影响力。继续在传统节日举行献血活动，活动期间平均日献血人数达到300多人。在世界献血者日期间，开展“热血连着你我他、生命之光亮州城”活动。6 月 11 日，在长河公园举行第五届世界献血者日健步走活动，当天举行德州市万人应急血库启动仪式。

注重做好献血者关怀。为每一位献血者赠送生活意外险，全年共有 2031 人，成功理赔金额约 50.8 万元。举行 Rh(−) 血液献血者代表座谈会；举行“致敬 60 岁——德州市无偿献血终身荣誉奖颁奖大会”，为 28 名坚持献血至 60 周岁，并且献血量超过 4000 毫升的献血者颁发无偿献血终身荣誉奖。共为 1473 人办理了血液返还报销手续，血量 1039145 毫升，返还金额达 1178115 元。取消献血者和用血者关系证明，为返还报销者提供便利。

【供血安全保障】 血站建立符合血液管理法律法规的质量管理体系，及时将外来文件引入质量体系，保持质量体系的科学性、及时性和有效性。组织内审员专题培训，确保内审工作质量。关注生物安全，对院内感染、消毒、职业防护、实验室备案和医疗废物处理等，都严格按规定办理。加强血液运输全程冷链管理，增配血液运输保护装置，在送血车到达医院时由医院派专人携带专用送血保温箱运送到输血科，对温度进行监控。罗氏核酸检测系统正式运行，形成双套核酸系统，互为备用。4 月至 8 月，吸收省内专家，对 32 家用血医院输血科建设与质量运行、临床合理用血进行专项检查督导。12 月 23 日，组织举办德州市医学会临床输血专业委员会学术会议。

【安全信访和维稳工作】 多年来，血站实现无信访、无事故。血站领导十分重视安全生产工作，成立安全工作委员会，下设 7 个小组并按照分工开展工作，确保采供血工作安全。治安安全实行保安值班制，全站监控无缝覆盖。签订《安全维稳信访工作目标管理责任书》。消防设施从布局到设备全部合格，消防设施每月检查一次、全年安全巡查 17 次。全年开展 2 次消防知识讲座、疏散演练、消防器材使用演练。制定《车辆及驾驶员管理办法》，驾驶员每月签署《安全行车“十不准”》承诺。站内血液管理系统与公共网络物理隔离，且实行双备份。严格落实 24 小时值班和领导带班制度。成立信访工作领导小组，落实岗位职责。制定《德州市中心血站重大事项社会稳定风险评估工作方案》，未发生影响重大社会稳定事件。

（周媛）

2017 年 1 月 20 日，德州市首届“寻找最美献血之家”颁奖晚会

社　会

民族宗教事务

【新建两处民族团结进步宣传教育基地和外来少数民族服务站】 2017 年，区委、区政府发出创建全国文明城市动员号召之后，民宗局高度重视，全员发动，确保创城工作圆满完成。根据区创城领导小组的统筹安排，民宗局承担民族团结进步教育宣传基地建设和民族团结先进模范人物事迹宣传两项任务，为配合全区圆满完成创城工作，民宗局成立创城工作领导小组，制定创城工作实施方案，明确任务目标，将任务分解落实到人，新建立米市清真寺和南营清真寺民族团结进步宣传教育基地和外来少数民服务站，全区民族团结进步宣传教育工作和对外来少数民族服务工作迈上新台阶。

【认真开展伊斯兰教协会专项检查工作】 2017 年 4 月，德州市纪委、德州市民宗局下发对各县市区伊斯兰教协会专项检查的通知。区民宗局对这项工作高度重视，成立专项检查领导小组，召开专题会议进行动员，聘请专业人员对伊协财务账目进行检查清理。通过专项检查，发现伊协在管理方面存在 5 类问题，采取 7 项措施进行彻底纠正和整改，进一步规范伊协的领导和管理体制，使之走向合法、正规、规范。

【顺利完成米市清真寺和北营清真寺换届工作】 2017 年，经过紧密筹备和精心安排，先后对米市清真寺和北营清真寺寺管会进行换届选举，换届工作完全按照清真寺民族管理办法进行，经过民主推荐，伊协审核，报社区党支部、街道办事处党委同意选出新一届寺管会，最后报民宗局批准备案。新的寺管会产生后，根据各自清真寺的实际情况不断完善管理制度，提升整体形象，提高服务质量，得到广大穆斯林群众的认可和赞同，为德城区民族宗教工作做出贡献。

【开展清真食品大调研大排查工作】 为保障清真食品市场安全，防止因清真食品问题引发矛盾纠纷，维护社会稳定，推进民族团结进步事业健康发展。根据德州市民宗局要求，对全市集中开展清真食品生产经营集中调研活动。德城区清真食品生产经营企业数量多，覆盖面广。为此，充分发挥清真食品义务督察员作用，协助开展这项工作，队员们头顶烈日，走街串巷，走访调研清真食品企业近 300 家，利用三天时间完成工作任务。在此基础上，建立完善全区清真食品生产经营企业台账，为进一步做好清真食品管理提供坚实保障。

【开展宗教政策法规学习月活动】 6 月，是宗教法律法规宣传月。德城区开展活动以贯彻落实全国、全省、全市宗教工作会议精神为主线，在全

成功举办首届少数民族大龄青年相亲大会。300 多名少数民族青年参加活动

区范围内全力营造宣传贯彻三级宗教工作会议精神的浓厚氛围。在各宗教团体、各宗教活动场所开展丰富多彩的学习活动，通过聘请专家授课，详细解读有关宗教法例法规政策，增强信教群众守法用法意识和辨别邪教、抵御渗透能力。通过学习，引导宗教团体、宗教活动场所建立健全各项规章制度。

【开展以规范为主题的和谐寺观教堂创建活动】 2017年的和谐寺观教堂创建活动，以完善寺观教堂基础设施、绿化美化环境、健全制度、规范人财物管理为目标，进一步提升寺观教堂整体水平。基督教南关教堂对礼拜大殿地面、屋顶重新进行装修铺设。南营清真寺对所有用电线路进行更新升级，满足不断增加的用电量需求。米市清真寺对内部管理制度进行完善细化，使管理更加细致、规范、全面。小锅市和北营清真寺都新建服务用房，用于满足信教群众需要。各寺观教堂加强安全管理，建立安全管理责任制和安全检查台账及月报制度，把安全管理落实到人，落实到日常工作中。

【积极争取少数民族惠民政策落实】 一方面是积极争取，多为少数民族社区争取项目资金，先后争取落实春节回族牛羊肉价格补贴、桥口社区文化大院建设和德城区少数民族服务站三个项目，争取项目资金30多万元，资金全部到位。另一方面是加强对项目资金的监督管理。联合区财政局、新湖街道办事处共同对项目资金落实使用情况进行监督管理，确保资金落到实处，防止截留、转移，最后请审计事务所对项目资金使用情况进行审计。

【迎接国家宗教局到德城区调研】 2017年3月3日，中央统战部、国家宗教局调研组一行4人由国家宗教局三司司长马劲带队到德城区调研地方政府落实中央民族工作会议和国家宗教工作会议精神情况，了解伊斯兰教工作的最新动态和存在的问题。为配合好马劲司长一行的调研活动，区民宗局精心组织，细心安排，力争把德城区民族宗教工作的亮点、有点呈献给调研组，让调研组掌握基层工作实情，第一手信息，为国家制定民族宗教工作提供依据。接待工作得到调研组认可与赞同。

【迎接市区两级人大对民族宗教工作视察】 2017年4月26日，德州市、德城区两级人大常委会组织部分人大代表对德城区依法管理民族事务工作进行视察。区民宗局精心安排，认真做好迎查工作。视察组先后视察南关基督教堂、米市清真寺、小锅市社区，对德城区依法管理民族宗教工作取得成绩给予充分肯定，指出存在的问题，对以后工作提出建议。

（高玉宝）

老龄工作

【养老保障】 落实高龄津贴发放工作。敬老月期间，区老龄办将高龄津贴、百岁补贴足额及时发放到位。一是为全区9位百岁老人发放长寿补贴金共2.844万元。二是为459位90—99岁老人发放高龄津贴15.12万元。

各级领导开展走访慰问活动。一是老年节前夕，市委副书记刘贵堂、市老龄办主任杨华到德城区走访慰问103岁高龄老人戴长富。二是春节及老年节前夕，德城区几大班子领导走访慰问李春华、赵秀云等14位高龄老年人，为他们每户送去1000元慰问金及米面油等慰问品。

开展走访调研。一是就辖区内多家养老机构运营情况进行专题调研，共走访调研老年公寓、老年活动中心等9家。二是对全区所有养老机构取暖方式进行统计。三是对全区养老机构服务质量进行调研，形成调研报告。四是完成山东省老年人参与社会情况调查问卷及老年人公共监护有关情况统计工作。

迎接省市老龄办调研组进行实地调研。一是省调研组就老年宜居环境建设和老年人优待工作进行调研。二是省调研组就老年人赡养以及监护问题进行调研。三是省考核组就维护老年人合法

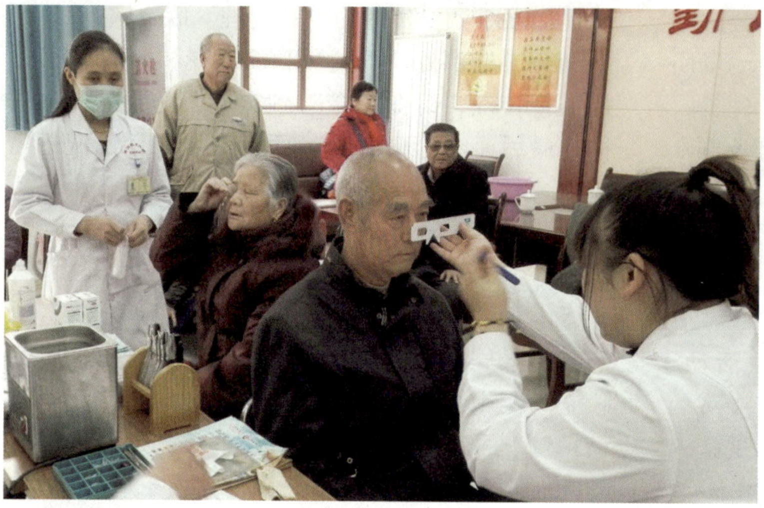

2017 年 11 月 30 日，德城区老龄办与新华街道联合开展“关爱老年人”免费配镜公益活动

权益相关工作进行考核。四是市老龄办检查指导养老、基层组织等工作。

做好先进申报工作。推荐黄河涯镇前后李社区、新湖街道办事处丰华社区申报山东省银龄之家、山东省敬老文化教育基地。

【助老活动】 组织开展系列助老活动。一是组织老年人参观德公馆·银龄公馆尊长园养老圣地，到南部生态片区万亩桃园开展赏花踏青活动。二是参加相关知识讲座。组织十多家养老机构负责人，参加德城电大承办的“中日老年服务与管理研讨会”；组织近百名老年人参加德州市“孝行齐鲁 关爱银龄”老年人健康大讲堂公益巡讲启动仪式，聆听专家养生讲座。三是参加德州市“让孝道蔚然成风”培训班结业典礼暨公益定点培训基地揭牌仪式。四是组织部分养老机构 13 位护理人员，参加市老龄办举办的照护师技能提升培训班。五是组织辖区内一家养老机构参加第九届山东老龄产业博览会。六是与新华街道、英翔视光姜玉坤眼镜公司联合开展“关爱老年人”免费配镜公益活动。

开展敬老月文体活动。敬老月期间，区老龄办联合区体育局、老年大学及区委老干部局等单位举办以“全民参与 文体兼顾”为主题的德城区老年节文体活动，组织开展象棋比赛、老年趣味运动会及老年书画展等系列文体活动。

【老年维权】 开展法制教育活动。制定《2017 年区老龄办普法与依法治区工作实施方案》，为全区老年人深入开展法制宣传教育活动。

开展老年人防网络诈骗活动。一是制定《关于在全区开展老年人防范电信网络诈骗宣传教育活动的实施方案》，向各镇街下发。二是开展多种形式宣传活动。老龄办联合各镇街老龄委等相关单位，深入基层，通过悬挂宣传标语，发放宣传材料等形式向老年人介绍防范电信网络诈骗知识。三是深入多个社区开展活动。在近 70 个社区、村居开展宣传教育活动，累计发放宣传材料共 3 万多份。

调解老年人纠纷。全年参与协调涉老纠纷 3 起。

【向上争取】 争取百岁补贴省级 1.93 万元，市级 0.67 万元。

为银龄公馆争取省级财政扶持资金 18 万元，为安心老年公寓和博爱养老院争取市级扶持资金共计 4 万元。

为 22 位农村高龄特困老年人申请市级救助金 11000。

（陈燕）

2017 年 10 月 17 日，德城区九九重阳节趣味运动会踢毽子比赛

残疾人工作

【康复服务】 全面开展残疾人精准康复服务行动，出台《德州市德城区残疾人精准康复服务行动实施方案（2017—2020年）》。2017年，有942名残疾人得到康复服务，康复服务率达92.8%，超额完成70%的任务目标。其中，实施2017年度残疾儿童康复救助，共有87名残疾儿童进入机构接受康复训练，服务率100%；通过政府招标采购残疾人辅助器具665件，为532名残疾人进行辅具适配服务；对34名精神残疾人开展在定点康复机构服药或住院治疗救助；为289名重度肢体或智力残疾人提供日间照料等支持性服务。开展“爱眼光明行”康复救助活动，共有275人受益。其中白内障手术167人、胬肉手术93人、泪道手术5人、眼底手术4人、眼表手术6人，减免费用21万余元。

【教育就业】 实施“我和你·心连心”助学工程，为全区17名残疾人家庭子女大学生和5名残疾人大学生，发放助学资金7.6万元。举办四期农村残疾人实用技术培训和青壮年残疾人文盲扫盲培训班，培训残疾人284人次。大力开展“百千万残疾人就业创业扶贫工程”，申报3处市级残疾人就业基地，各获奖励资金3万元，1名省级残疾人致富能手，获奖励资金5000元，2名市级残疾人创业标兵，各获奖励资金5000元，2名市级残疾人致富能手，各获奖励资金3000元。扶持残疾人网上创业2名，发放扶持资金各2000元。扶持3家盲人保健按摩店，根据按摩店的盲人按摩师人数分别发放扶持资金5000元和7000元。

【扶残助残】 积极做好残疾人扶贫工作，春节前夕，开展“过暖冬 过好年”活动，区几大班子领导慰问14户贫困残疾人家庭，其中7户为建档立卡的贫困残疾人家庭，为每户送去1000元慰问金和粮油面等生活用品。深入开展“我和你·心连心”志愿助残以及“文明德城 情暖端午 粽叶飘香 和谐社区”活动，组织志愿助残服务队到残疾人家中打扫卫生、料理家务、做饭、包粽子送爱心、送图书，为残疾人带去面油肉菜等食品，与残疾人谈心，使残疾人感受到社会关心和关爱。

【维权工作】 为符合条件的75名肢体残疾人每人发放260元机动轮椅车燃油补贴。继续实施贫困残疾人家庭“无障碍进家庭”建设项目，为5户残疾人家庭配发多功能康复床5张。全年共为784名残疾人办理残疾人证，其中为35名重度肢体残疾人办证提供上门服务。截至2017年底，全区持证残疾人达到5014人。

【宣传文体】 充分利用广场设点、赶大集、宣传栏、悬挂条幅和走访慰问等多种形式，在“全国助残日”“国际残疾人日”“爱耳日”“爱眼日”“残疾预防日”等节点，大力开展《中华人民共和国残疾人保障法》《残疾预防和残疾人康复条例》宣传、惠残政策宣传、残疾预防和残疾人康复知识宣传等活动，发放宣传资料3000余份，张贴残疾预防海报1000份。积极推动创建省级残疾人文

2017年1月23日，中共德城区委书记巩洪波（左一）走访慰问贫困残疾人家庭

2017 年 6 月 20 日，德城区残联举办残疾人信息数据动态更新工作培训会

化体育建设示范区，建设 8 处基层残疾人文化体育活动示范点，组织 200 余名残疾人免费观影 2 次，为建档立卡贫困残疾人和网格化联系残疾人送科普、文学、实用技术、常见病防治等方面图书 300 余册。5 月 25 日，德城区残联与德州市动植物园共同举办残疾人“亲近自然 圆梦旅游”公益活动，40 余名残疾人参加活动。在区图书馆建立视障阅览区，配置盲文点显器、盲文读屏软件和盲文图书、大字版图书 600 余册。

【组织建设】 12 月份，区残联和各镇街残联分别召开第七次代表大会，圆满完成换届任务，选举产生新一届主席团和执行理事会，基层组织进一步健全和加强。

（黄玲　薛飞　魏鹏）

红十字会工作

【开展红十字博爱周宣传活动】 按照德州市红十字统一部署，组织区属会员单位于 5 月 8 日在中心广场开展以“宣传贯彻《中华人民共和国红十字会法》，促进中国特色红十字事业持续健康发展”为主题的博爱周宣传义诊活动，发放宣传资料 3000 多份，解答咨询 200 余人次，义诊 100 多人。

【开展走访慰问送温暖和扶贫救助活动】 一是走访贫困户和因病返贫家庭 15 户，发放大病救助资金 2.2 万元，温暖箱 15 个，为贫困户家庭送去救助金、棉被、米、面、食用油。二是组织基层医疗机构开展送医下乡义诊活动 40 余次，免费为群众做心电图、B 超、针灸、理疗、采血化验等诊疗活动，受益群众达 8000 余人。三是 6 月 21 日得到瑞阳制药有限公司大力支持，为 2 个涉农镇捐助 50 万元药品用于健康扶贫和困难群众救助。四是德州市立医院、黄河涯医院等红十字会成员单位动员职工捐献棉衣棉被和职工爱心捐款，及时救助困难群众。通过一系列关爱救助活动让贫困家庭和群众切实感受到党和政府以及红十字会的温暖和关怀。

【开展无偿献血和器官移植活动】 普及无偿献血知识，组织各医疗机构开展无偿献血 200 余人次，累计献血 3.5 万毫升，动员 10 例签订器官和遗体捐献志愿书。

（刘蒙）

政要文选

关于德城区加快建设现代服务业创新创业园区的调研报告

王洪林

党的十九大报告提出，我国正处在转变发展方式、优化经济结构、转换增长动力的攻关期，必须坚持质量第一、效益优先，以供给侧结构性改革为主线，推动经济发展质量变革、效率变革、动力变革，着力加快建设实体经济、科技创新、现代金融、人力资源协同发展的产业体系。为加快我区现代服务业产业体系发展，加快新旧动能转换步伐，我区组织相关人员对千人计划、人力资源服务、微电影文化等产业的发展现状进行深入调研，同时，对现代服务业产业园区建设的可行性以及建设方案进行了初步研究，现将有关情况报告如下：

一、各产业（行业）发展现状

（一）高端人才创新创业方面。近年来，我区大力实施人才强区战略，在高层次人才和实用人才队伍建设等方面取得了积极成效。一是高端人才引进成效明显。截至目前，全区累计引进姚穆院士、陈蕴博院士等高层次人才95名，其中“院士”2人，“千人计划”2人，“泰山学者”4人。二是创新平台承载能力逐步增强。截至目前，我区已建成省级创新平台载体27家，其中，省级以上高新技术企业8家，市级以上孵化器5家，省级以上平台载体数量位居全市前列。三是创新创业园区建设步伐加快。建成金田创业中心、二屯中小企业园、众智长城人才双创产业园等创业孵化园区，基础设施及配套服务水平不断提高。其中，金田创业中心已入驻电子信息、节能环保、新能源、新材料等企业80余家，被评为国家级高新技术创业服务中心及省级大学生创业孵化示范基地。众智长城人才双创产业园建筑面积1.2万平方米，已引进泰山产业领军人才3名、博士导师5名，入驻北京国金管理咨询有限公司等管理咨询、电子商务、文化传媒等企业30余家。天翔大厦创业园成立了“创业服务指导中心”，为入园企业提供咨询指导、创业实训等创业能力提升服务。现已入驻金融、教育、投资等企业76家。天衢高创智造谷利用原富电电子、科海电子11万平方米闲置厂房，规划建设科技孵化器和企业加速器。目前，园区已引进高端人才领军项目15个。其中，澶（chán）州科技公司研发的智能黑板，被李克强总理“点赞”。由陈蕴博院士领衔的复合材料研究院，建成全市首个先进成形技术与装备国家重点实验室。我区人才建设及创新创业工作虽然取得一定成绩，短板依然明显，突出表现在：高层次人才引进方面，与全市总体进展及先进县市区工作成效相比，还存在层次不高、数量不足的问题；孵化园区专业化、市场化程度偏低，达不到高层次人才创业创新园区要求等。

（二）人力资源服务方面。从全市层面看：由德州市人才服务中心提供的全市中介类人力资源公司名录，截至2017年上半年，我市经备案的中介类人力资源公司共41家，其中处于正常运营的20余家，经营范围主要集中在劳务输出、劳务派遣和职业中介三个方面，大多以劳务输出为主，极少专门从事高层次猎头服务及“双高”人才引进服务。从我区层面看，近年来，我区主要采取“政府+市场”、市场主导两种模式，开展人力资源服务工作。一是“政府+市场”模式的天衢人力资源服务产业园。由天衢工业园联合4家股东成立德州天衢人力资源服务有限公司，租赁天虹生活文化广场A座2、4、5层，建筑面积1.4万平方米。二楼为综合服务大厅，包括就业市场、政府职能服务、市场商务服务三个服务模块；四楼、五楼引进人力资源服务相关企业入驻，实现培训、咨询、评估、创业、管理、专利、策划、营销等相关服务职能一体化，打造人力资源服务产业完整链条。预计于2018年正式投入运营。二是市场主导模式的众智长城人才双创产业园。该园区除引进孵化创新创业小微企业外，还负责引进千人计划、泰山学者等高层次人才公司的注册、落地和政策性项目申报；推动当地企业场外市场挂牌服务；促进相关企业申报科技政策等服务。

（三）广告创意产业方面。据统计，我区范围内共有各类广告设计、制作企业259家，从业人员1000余人，规模较大的有7家。其中，山东祥瑞广告装饰有限公司员工120余人，直投广告业务遍布德州所有县市区及河北三县；德州兆丰广告装饰工程有限公司员工200余人，具备国家贰级广告资质，在我省及北京设立了多处制作加工基地。但整体而言，我区广告产业发展水平还相对滞后，具体体现在以下几方面：一是企业小而散。企业普遍规模不大，多数仅为一人或几人合伙举办企业，租赁一间或几间沿街门市或商务楼宇从事经营活动，规模较小、布局分散，且多仅从事广告彩页设计制作等初级业务，层次较低。二是高层次人才匮乏。虽然从业人员数量较多，但其中多数仅掌握基本绘图操作技能，专业型中高端人才并不多，经营人员总体层次较低。三是投融资渠道较窄。广告行业为轻资产结构行业，很难得到机构资金及社会资本的认可和支持，使得企业难以发展壮大。

（四）婚庆产业方面。一是产业链逐步形成。目前，我区婚庆产业在婚礼服务、婚纱摄影、婚宴服务三大行业的带动下，家电、家具、床上用品、室内装修、房地产、汽车、银行保险等关联行业相互连接，逐步形成了以结婚消费产品和服务为核心的行业链，充满了潜在商机。二是企业规模小、从业水平不齐。从企业平均员工数量看，婚礼策划企业平均每家从业人员10人左右，婚纱摄影企业平均每家20人，一些小规模的婚庆公司甚至只有一间办公室，自身不开展具体业务，仅作为中间人联系各项业务。三是缺少婚庆“一条龙”服务的专业市场。我区除了婚纱影楼相对集中外（商业街和太平街共有20多家），其他行业分布都很松散。婚庆产品主要混合在服装、礼品、小商品市场内，高档产品，珠宝、服装等主要到百货商场、专卖店采购，婚庆公司、摄影公司、鲜花专卖店散居在城市的各角落，市场呈高度分散局面，目前没有真正意义做到婚庆服务“一条龙”服务市场。

（五）微电影产业方面。近年来，微电影产业在我市快速起步、蓬勃发展，已集聚影视创作机构和个人工作室89家，以“德州人、德州事、德州景”为题材的原创影视作品层出不穷，其中，由德州创作人制作的《德州爱情故事》《老爸》《以毕业的名义》《青春骊歌》等一大批优秀的原创作品在国内、国际上荣获多种奖项。近年来，为扶持微电影产业发展，我市先后举办了中国·德州微电影艺术节、美丽德州影像节等活动，其中，中国·德州微电影艺术节活动是我省地级城市举办的首个全国性微电影赛事。今年9月份，我市将举办“中国互联网电影周”活动，该活动今后每年在德州举办一届，活动内容包括互联网电影展映、展览、论坛、推介会等。我区微电影产业发展也较为迅速，已集聚各类微电影创作机构50家，其中，能够独立完成成熟作品创作的机构15家，近年来，山东星感觉影视文化传媒有限公司、德州乾唐文化传媒有限公司等影视制作企业先后创作了《让爱回家》《那些花儿》《生活中的一缕阳光》等一批优秀作品。

二、园区建设可行性研究

根据调研情况，结合宏观政策环境、区情实际、产业（行业）现状及发展趋势、行业企业的意见建议等，对各产业园区建设的可行性进行了初步分析。

（一）千人计划创业园和留学人员创业园。近年来，各地对“千人计划”“留学归国”人才的招引竞争日益激烈，纷纷通过设立创业园、产业基地、给予优惠政策等措施，吸引人才和项目落户。浙江省绍兴市千人计划产业园已集聚“千人计划”人才 33 名，“千人计划”人才落户数占到全市的 40% 以上；烟台留学人员创业园是国内最早设立的留学人员创业园之一，目前已集聚 386 名海外留学人员来区创业，创办企业 638 家，注册资本 21.7 亿元，拥有专利（专有）技术 1115 项。各人才高地成功经验表明，平台载体是招才引智、破解人才引进瓶颈的有效途径。企业引进“千人计划”及海归专家后，往往能帮助企业突破关键技术、发展高新产业，研发出新技术和新产品，从而为企业获得较大的经济效益。人才队伍的发展需要创新平台载体的支撑，平台载体是吸引高层次人才的基本条件，只有栽好梧桐树，方能引得凤凰来。只有不断提高人才创新创业的承载能力，才能实现经济社会发展与人才发展的双赢。德城区区内高新技术企业相对匮乏，能够吸引、承载“高、精、尖、缺”人才的平台载体较少；同时，市、区政府积极落实人才引进“黄金三十条”等政策，我区也有丰富的楼宇资源可作为园区的承接载体，软、硬件环境均相对优越。综上所述，我区建设千人计划产业园和留学人员创业园势在必行，也切实可行。

（二）人力资源服务园。据我市发布的《德州市 2016 年高层次人才引进计划》显示，2016 年度全市 510 家重点企业高层人次人才需求 3617 人，其中高工、副高职称以上、博士学位人才需求数为 307 人，全市高层次人才需求量较大，但企业自主引才能力不足，严重制约企业发展。我区高层次人才总量偏少，2016 年数据显示，我区企业在管理、研发等层面博士学历、副高及以上职称人才需求量达 29 人，格瑞德、双一等重点企业中高级技工严重紧缺问题长期存在，发展人力资源服务业，提高人才服务水平迫在眉睫。天衢人力资源服务产业园和众智长城人才双创产业园运营模式虽然不同，但都突出了社会力量在人力资源产业发展上的专业优势，通过引进专业化的管理机构，突出市场导向，充分提升了人力资源产业园区的竞争力，具有巨大的发展潜力。可以这两个园区为载体，加大扶持力度，分别打造“政府 + 市场”、市场主导两种模式的人力资源服务园区。

（三）广告创意产业园。随着我国产业结构的不断调整，文化产业的比重逐渐提高，广告行业也日益受到重视。2013 年下半年，国家新批了 9 家国家级广告产业园区，并出台了一系列扶持政策，各省市广告产业园区不断挂牌上马。目前，在全国广告产业集聚尚未真正形成之时，我区有必要运作筹建广告产业园。我区建设广告产业园，有优势，也有劣势。优势是：①目前山东省内虽然有烟台、青岛、潍坊 3 家国家级产业园区以及 6 家省级园区，但是目前聊城、泰安、菏泽、滨州等周边城市的广告业还未形成集聚效应。我区北依京津，南靠济南，区位优势明显，上述地区又有很充足的广告业市场需求，为我区发展广告创意产业提供了良好契机。②我区作为中心城区，已发展了一批中小型的广告公司和从业人员，具备一定的产业基础，建设广告产业园区可将零散的广告从业人员集聚，实现集群化、规模化发展。劣势也比较明显：目前，我区广告创意产业缺少行业领军企业和高端人才，互联网、移动媒体、电视广告等新兴广告业刚刚起步，产业整体起点低、同质化明显，导致发展较为缓慢。但综合分析，优势大于劣势，而人才不足、产业层次较低的问题也可以通过集中培植发展逐步得到解决，所以，规划建设广告创意产业园具备可行性。

（四）微电影产业园。当前，我区微电影的发展还处于初级阶段，没有形成良好的市场氛围，由于规模化不够，加上微电影的制作成本低，进入门槛不高，市场上的产品良莠不齐，未形成良好的竞争格局。这些都是微电影产业发展当前存在的问题和面对的挑战。但我市近年来微电影产业较至全国先进地区，起步不算太晚，在全省乃至全国已具备一定影响力，我市已成为中国互联网电影周永久举办地。我区应以此为契机，通过制定一系列政策，引导微电影制作企业及从业人员向商务楼宇或园区集聚，打造微电影产业园区，具备一定可行性。

（五）婚庆产业园。经分析，建设婚庆产业园存在以下问题困难：一是调整产业布局存在困难。目前，我区的婚庆产业布局存在“一聚一散”状态。“一聚”，主要是婚纱礼服、婚纱摄影等经营业户多集中在太平街，经多年发展，“婚纱摄影一条街”已渐成品牌，在全市范围形成较大影响力，多数业户不愿异地发展。“一散”，主要是与婚庆产业关联的其他行业，比如婚宴、珠宝首饰、家电、家具等行业遍布城区，且其中的龙头企业：百货大楼、德百家居广场以及各大酒店，迁址经营不现实。所以，婚庆产业进行产业集聚存在突出困难。二是市场总体需求有限。目前，“三区”年结婚登记对数4000对左右，市场整体需求有限。另外，我区婚庆行业处在‘一低一无’状态：即市场准入门槛低，没有强势领军品牌，对周边县市区的吸引能力不足，婚庆产业的发展前景受到局限。综合所述，我区目前规划建设婚庆产业园的时机还不够成熟。

三、下一步打算

大力发展现代服务业，建设现代服务业创新创业园区，是我区放大中心城区比较优势，推动我区实现优质高效可持续发展的重要举措，也是我区提高现代服务业发展水平、推动全民创新创业的内在要求。根据各产业（行业）发展现状和产业园区建设可行性研究，建议采取以下几方面措施：

（一）制定产业发展规划。坚持规划先行，以协同发展为引领，以新旧动能转换为动力，以建设现代服务业创新创业集聚区为目标，由发改、商务部门牵头，制定全区现代服务业创新创业发展规划，明确发展方向、工作措施、培植目标和保障机制等内容。同时，建议由组织、人社、科技、工商、文化等部门负责，聘请相关机构，分别制定千人计划和留学人员创业、人力资源服务、广告创意、微电影等现代服务业发展子规划，明确各产业园区的功能定位、建设规模、业态分布等，实现各产业协调联动发展。

（二）优化提升承接载体。商务楼宇是现代服务业最重要的承接载体。目前，全区已建成并投入运营的3千平方米以上商务楼宇32座，其中1万平方米以上楼宇19座，总商务面积达到64万平方米；在建商务楼宇10栋，总商务面积36万平方米，包括唐人中心、万达广场、百脑汇资讯广场等大型商务楼宇，楼宇资源日益丰富。但是，我区商务楼宇存在定位不清晰、特色不鲜明，配套设施不完善，管理水平偏低等问题。首先，要注重培育主题楼宇、特色楼宇。借鉴金融大厦、银座大厦成功模式，充分发挥楼宇在创新创业中的载体平台作用，以楼宇为单位，或是在较大规模楼宇中预留特定区域，专门放置现代服务业创新创业企业，倾力培植科技大厦、人才大厦、文化创意大厦等一批产业聚集、税收聚集的主题特色楼宇。第二，要提升楼宇服务管理水平。提高楼宇整体水平，硬件是基础，服务是关键。提高楼宇服务管理水平，需要楼宇和政府双向发力。在楼宇方面，要积极创新、整合资源优势，建立高标准管理与个性化特色服务相结合的经营管理模式，扩大服务范畴，挖掘服务潜力，实现高水平的管理和服务，打造楼宇服务品牌。在政府层面，要借鉴广川街道天翔大厦成功经验，创新发展“楼宇社区”工作理念，以重点楼宇为单位，整合区有关部门、镇街、社区、中介咨询机构职能，组建楼宇服务中心，为入驻企业提供全链条、一站式专业服务，形成“小事不出楼宇、大事不出镇街”的工作格局。

（三）研究制定扶持政策。一是设立产业引导基金。建议由财政、发改、金融等部门负责，研究设立我区现代服务业创新创业引导主基金，主基金可下设若干产业引导子基金，鼓励引导社会资本参与产业园区及优质项目的开发建设。二是研究扶持政策。以企业和创业者最为关心的租金为例，德州经济技术开发区已专门设立扶持基金，对入驻园区、楼宇的企业给予免除1～3年租金的优惠政策。而我区作为主城区，楼宇租金呈现刚性上涨的态势，高档楼宇租金已达到每天每平方米1.2元左右，很多企业难以承受。建议在国家政策允许的范围内，由财政、发改等部门研究制定租金减免、补贴等政策，降低企业初创期运营成本，帮助其尽快成长。此外，对搬迁入园企业可采取适当奖补措施，增加其入园发展的积极性和主动性。

（四）科学进行规划选址。千人计划创业园和留学人员创业园。①借鉴天衢工业将原富电电子厂区改造为天衢高创智造谷的方式，对区内闲置厂房资源进行集中排摸和规划，充分盘活老旧厂房、闲置资产，实现资源再利用、效益最大化。②利用德州学院附近1000亩闲置土地进行规划建设。③依托唐人中心、天翔大厦、百脑汇等现有楼宇进行规划建设。人力资源服务园。可依托天衢人力资源服务产业园和众智长城人才双创产业园，建设我区人力资源服务园区，支持园区引进一批国内高层次人力资源服务公司及其分支机构，开展人才中介及猎头服务。同时，我区可在人力资源服务园内部，筹建人力资源服务业产业沟通平台，为各人力资源公司、用工企业、各人才相关单位之间架起直通桥梁，促进各人力资源公司之间的资源共享及优势互补，提高人力资源综合服务水平。广告创意产业园。可选址在唐人中心或东北城。但从长远发展来看，产业园规划发展上应留有一定空间，相比较而言，东北城更适合产业园的长远布局。例如烟台国家级广告产业园总规划面积10平方公里，建筑面积60万平方米。微电影产业园。可选址在万达商务楼宇、新街口文化产业园、天虹生活文化广场等地，或参照新街口文化产业园模式，对现有闲置厂房进行改建，吸纳微电影等文化创意企业入园发展。婚庆产业园。虽然我区目前在建设婚庆产业园方面条件还不够成熟，但可由区民政局负责，充分发挥婚庆行业协会作用，研究制定相应机制，成立婚庆关联企业战略联盟，为婚庆消费者提供一站式、全链条服务。

德城区人大常委会党组工作汇报

2017年12月26日

闫书德

2017年，区人大常委会认真贯彻党的十八大、十八届历次全会精神和党的十九大精神，以习近平新时代中国特色社会主义思想为指导，在中共德城区委的坚强领导下，围绕中心，服务大局，依法履职，创新有为，圆满完成了人大工作的各项任务。

一、紧扣中心，服务大局，全面落实区委的重大决策部署

（一）坚持党的领导，把握正确的政治方向。认真落实人大常委会党组向区委请示报告制度，做到与区委思想上同心，目标上同向，行动上同步，工作上同力。紧紧围绕区委的重大工作部署，正确处理好区委决策和人大决定的关系，确保区委重大决策通过法定程序转化为全区人民的共同意志和自觉行动。

（二）推动经济发展，强化计划预算监督。听取审议了2016年决算和审计工作情况、2017年上半年预算和计划执行情况报告，全面掌握各项指标的完成进度。听取了区政府关于全区工业经济发展情况和台资台属企业发展情况汇报并提出审议意见。重视支持审计监督，跟踪督促审计问题的整改落实，促进了全区财政资金的高效规范运转。

（三）凝聚发展合力，依法决定重大事项。围绕区委加快棚户区改造工作部署，依法作出了《关于批准将双河社区棚改项目建设贷款资金列入区级财政预算的决定》，并把决议、决定的落实作为监督工作的重点，实施全程跟踪监督。

（四）依法任免干部，强化岗位职责意识。坚持党管干部和人大依法任免干部的有机统一，不断规范任免流程，提高人事任免的准确性和透明度，全年共依法任免国家工作人员48人次，举行向宪法宣誓仪式3次。

二、突出重点，注重实效，扎实开展工作监督和法律监督

（一）深入调研视察，服务经济发展取得新成效。为推动天衢工业园二次创业，常委会调研组深入实华化工、格瑞德、凯盛晶华、益海嘉里等6家企业全方位、深层次调研，并联合发改、经信、金融部门召开座谈会，强化问题导向，深入剖析企业发展中遇到的困难和问题，建议区政府强化统筹协调，完善管理机制，破解制约因素，强力推进项目建设进度。为筑牢食品安全防线，确保人民群众“舌尖上的安全”，常委会组织代表对创建省级食品安全城市工作开展专题调研，并听取相关工作情况报告，建议区政府及主管部门把食品安全监管工作做实、做细、做具体。

（二）搞好工作评议，监督实效得到新提升。对区民政局、财政局、市区国税局、地税分局、城管局、安监局等6个部门进行了工作评议。撰写调研报告6篇，集中视察了12个企业、社区、养老机构等。通过评议，有效促进了部门作风转变和依法行政。

（三）强化司法监督，民主法制建设取得新进展。先后听取审议了区法院关于执行工作情况的报告、区检察院关于刑事执行情况的报告和区公安分局打击毒品犯罪工作情况的报告，并对“两院”公正司法情况开展专题视察。督促“一府两院”及相关部门扎实开展法制宣传教育等。

三、夯实基础，创新载体，充分发挥代表的主体作用

（一）强化培训，增强履职能力。组织部分代表赴全国人大培训中心学习培训，学习如何履职尽责，如何执行代表职务、服务经济发展、回应群众诉求等，全方位提高人大代表的履职能力和工作水平。

（二）优化服务，创造履职条件。邀请代表参加常委会组织的调研视察、工作评议等活动，拓宽代表的知情明政渠道。组织广大代表开展了“双岗建功，助推发展”主题实践活动，高标准建立了24个“代表工作站”，实现了一个代表小组一个标准化工作站的目标。

（三）完善机制，提高议案建议办理实效。做到年初及时交办，梳理确定督办重点；年中限期办结，征求代表意见；年终跟踪问效，深入排查“回头看”，有效提高了部门办理工作力度和代表满意度。

四、健全机制，改进作风，不断加强自身建设

（一）加强思想建设，增强政治定力。坚持把思想政治建设贯穿人大工作的始终，严守党的政治纪律和政治规矩，夯实依法履职的思想基础。

（二）加强作风建设，展示良好形象。修订完善了常委会规章制度和机关管理制度，推动常委会各项工作依法、规范、有序开展。积极参与重点项目建设、环境治理、扶贫帮困、社会稳定等中心工作，深入基层一线，督促落实工作进度，协调解决棘手问题。

（三）加强工作交流，提升履职水平。坚持把对外学习交流作为创新人大工作的重要途径，组织人大机关工作人员带着课题外出考察、上门请教。组织6个镇、街人大主席、主任和区人大机关相关委室负责人先后到济宁微山县、枣庄滕州市学习交流，拓宽工作视野，学习先进经验，提高履职水平。

一年来，区人大工作虽然取得一点成绩，但还存在诸多问题和不足。如监督权是宪法和法律赋予人大的重要权力之一，但是具体工作中，支持鼓励多，有效监督少；理论研究和实践创新还需积极探索；代表履职服务平台还比较薄弱，密切联系代表明显不足；常委会自身建设还需进一步加强等。对此，人大常委会将认真研究改进，不断完善提升。

党的十九大报告对发展社会主义民主政治、坚持和完善人民代表大会制度提出一系列新思想、新举措、新要求，为我们做好新时代人大工作提供了遵循，指明了方向。在今后的工作中，我们要紧密结合人大工作实际，坚持问题导向和目标导向，针对工作中的薄弱环节，不断加强和改进人大常委会的各项工作。

2018年区人大常委会工作打算

一是坚持正确的政治方向。把深入学习贯彻十九大精神作为首要的政治任务，结合组织开展的“大学习、大宣讲、大调研、大落实”活动和“不忘初心、牢记使命”主题教育，深刻理解和把握十九大报告关于“坚持党的领导、人民当家做主和依法治国有机统一”的深刻内涵，推动人大工作与时俱进、健康发展。

二是依法履职尽责。依照宪法法律履行好监督、重大事项决定、人事任免等各项职权，紧紧抓住事关全区改革发展稳定大局的重大事项，正确处理好监督和支持的关系，不断改进监督方式，增强监督实效。

三是进一步改进代表工作。突出代表的主体地位，发挥代表的主体作用，不断改进和完善工作机制，保障代表通过人民代表大会行使好权力。支持和服务代表依法履职，用好代表履职网络平台，加强对代表闭会期间履职活动的指导，扩大代表对常委会工作的有序参与。

四是加强自身建设。按照新时代管党治党的总体要求，以党章为根本遵循，落实好全面从严治党的主体责任，大力加强常委会党组及机关党组织建设，加强党员干部的教育管理，严明政治纪律和政治规矩，强化党内监督，抓好思想作风建设，打造忠诚干净担当的人大干部队伍。

五是做好当前工作。精心组织，落实责任，认真做好德城区十七届人大二次会议的各项筹备工作；以党的十九大精神为统领，谋划好明年的工作思路和工作要点，并认真组织实施，为建设“富美新强”典范区作出应有的贡献。

两点建议

一是学思践悟十九大精神，弛而不息抓作风建设。以十九大精神为引领，扎实有效地开展“大学习、大宣讲、大调研、大落实”活动，坚决反对各种形式的形式主义和官僚主义，促进干部作风转变和工作落实。

二是从讲政治的高度，无条件地服从和服务市委、市政府及市直部门的领导和指导，争取更多地支持和帮助，促进德城经济社会高质量快速度发展。

严守政治规矩　履行责任担当
全面推进“两学一做”学习常态化制度化

2017年7月6日

徐世勇

根据区委“两学一做”学习教育总体安排，今天很高兴以一个普通党员的身份参加这次会议，借此机会，我结合自己的一些学习思考，就如何开展好“两学一做”学习教育常态化制度化工作，进一步发挥好党员的先锋模范作用，与同志们做个交流。

一、深刻认识推进“两学一做”学习教育常态化制度化的重要意义

推进“两学一做”学习教育常态化制度化，是党中央作出的重大决策，是必须履行的政治责任、必须抓好的重大政治任务。我们要站在政治和全局的高度，深刻认识推进“两学一做”学习教育常态化制度化的重要意义，切实增强抓好学习教育的思想自觉、政治自觉和行动自觉。党的十八大以来，各级党委严格落实全面从严治党责任，逐步深入、全面发力，党的建设取得明显进步，但仍存在一些突出问题，少数党员干部对全面从严治党认识不到位、思想不适应、行动不自觉；个别党组织开展党内政治生活不经常、不严肃、不认真，学习教育上热下冷、虚化弱化，落实管党治党责任不力等。这些问题，都需要持续用力加以解决。推进“两学一做”学习教育常态化制度化，就是要坚持思想建党、组织建党、制度治党同向发力、同时发力，坚持标本兼治、更加注重治本，敢管敢严、真管真严、长管长严，推动全面从严治党向基层延伸、向纵深发展。当前，德城区正处于经济社会加快发展的关键时期，面临着新旧动能转换，转方式、调结构，建设绿色化工、食品加工、新型材料、装备材料等“5+2”优势产业集群等大量的工作。同时下半年还将迎接党的十九大胜利召开，这些都需要切实做好政治、思想、组织、作风等方面的准备。推进“两学一做”学习教育常态化制度化，要着眼于教育引导全区党员干部切实增强使命感责任感，把思想和行动统一到习近平总书记系列重要讲话和治国理政新理念、新思想、新战略上来，统一到中央、省市区委各项决策部署上来，坚持低调务实、少说多干，敢于担当、积极作为，对标一流，争先进位，争做德城发展排头兵。

二、推进“两学一做”学习教育常态化制度化重在深入学、扎实做、持续改

中央在部署开展“两学一做”学习教育时，就突出强调“学”是基础、“做”是关键，强调带着问题学、针对问题改，把解决问题贯穿始终。推进学习教育常态化制度化，还要重申这些基本要求。

（一）切实做到在“学”上深化拓展。要聚焦党章党规，筑牢信仰之基。学党章党规、系列讲话，要始终坚持读原著、学原文、悟原理，领会掌握党章党规和系列讲话的基本精神、基本内容、基本要求，把握好贯穿其中的马克思主义立场观点方法。要把学习系列讲话与学习党章党规党纪结合起来，与学习马克思列宁主义、毛泽东思想、邓小平理论、“三个代表”重要思想、科学发展观和习近平总书记系列重要讲话精神相结合，与学习党的历史相结合，与自身思想和工作实际结合起来，通过学习，进一步坚定理想信念，坚定“四个自信”，更好地改进工作、推进党的事业。“人不以规矩则废，党不以规矩则乱。”不遵守党章、不贯彻党章，全面从严治党就没有出发点和落脚点，就会带来严重后果，党的事业就会遭受损失。典型的例子，比如周永康、薄熙来、徐才厚、令计划、苏荣等人，是怎么从党的高级领导干部走到人民的对立面上去的？他们自认为身居高位，谁也管不了，在他们眼里，哪里还有党章，哪里还有规矩？正是这个原因，他们与党离心离德、结党营私、为所欲为，最终倒在反腐铁拳之下，成为党和人民的罪人。其结局可悲，其教训深刻。现实中，一些党组织软弱涣散、缺乏战斗力，一些党员党的意识淡薄、组织观念淡化，一些领导干部理想信念动摇、宗旨观念不强，说到底都与党章意识不强，不了解党章要求，不能很好地遵守党章、贯彻党章有关。针大的窟窿斗大的风。组织也好，个人也好，对这些现象一定要引起高度重视，严格对照党章，把自己摆进去，认真查摆原因，切实解决管党不够全面、治党不严不实的问题，防患于未然。具体地说，就是要落实习近平总书记提出的要求，“在各级党组织的全部活动中，都要坚持引导广大党员、干部特别是领导干部自觉学习党章、遵守党章、贯彻党章、维护党章，自觉加强党性修养，增强党的意识、宗旨意识、执政意识、大局意识、责任意识，切实做到为党分忧、为国尽责、为民奉献”。在具体实践中大家要树立“政治意识、大局意识、核心意识、看齐意识”四种意识，在这里我要特别强调的是核心意识。2016 年 1 月召开的中共中央政治局会议强调：“只有增强政治意识、大局意识、核心意识、看齐意识，自觉在思想上政治上行动上与党中央保持高度一致，才能使我们党更加团结统一、坚强有力，始终成为中国特色社会主义事业的坚强领导核心。”考察党的文献史，中国共产党“核心意识”作为政治词语的表达，经历了一个循序渐进的发展过程并具有密切相关的双重含义。早在 1954 年 9 月召开的第一届全国人民代表大会第一次会议上，毛泽东同志在开幕词中郑重指出：“领导我们事业的核心力量是中国共产党。”这是含有“核心”一词的正式用语，鲜明定位了中国共产党在领导中国社会主义事业发展中的关键性角色。党的八大通过的《中国共产党章程》中规定：“党是阶级的最高组织，它必须努力在国家生活的各个方面发挥它的正确的领导作用和核心作用，反对任何降低党的作用和削弱党的统一的分散主义倾向。”这一规定明确了党在国家生活各个方面中的重要作用，即党既要发挥领导作用，又要发挥核心作用。1957 年 5 月，毛泽东同志在接见中国新民主主义青年团第三次全国代表大会代表时指出："中国共产党是全中国人民的领导核心。没有这样一个核心，社会主义事业就不能胜利。"可以看出，毛泽东同志将领导作用与核心作用作了合并，使用了"领导核心"这一用语，并强调党是全中国人民的领导核心。自此，"领导核心"一词被正式提出来。党的九大通过的《中国共产党章程》中就用了"领导核心"的提法，明确强调"以毛泽东为领袖的中国共产党，是伟大的、光荣的、正确的党，是中国人民的领导核心"。党的十二大通过的《中国共产党章程》则将"中国共产党是中国人民的领导核心"表述调整为"中国共产党是中国工人阶级的先锋队，是中国各族人民利益的忠实代表，是中国社会主义事业的领导核心"。自此，"中国共产党是中国社会主义事业的领导核心"这一表述正式提出并沿用至今，只是后来把"中国社会主义事业"修改为"中国特色社会主义事业"。党的十六大通过的《关于〈中国共产党章程（修正案）〉的决议》（以下简称《决议》）中规定："中国共产党是中国工人阶级的先锋队，同时是中国人民和中华民族的先锋队，是中国特色社会主义事业的领导核心。"党的十八大通过的《中国共产党章程》中，继续沿用了《决议》中的相同表述。回顾党的文献史，增强"核心意识"就是要求全体党员干部自觉在思想上政治上行动上与党中央保持高度一致，并始终坚定不移地把"中国共产党是中国特色社会主义事业的领导核心"与党的执政使命相结合，推进中国特色社会主义事业不断前进。从制度层面看，中国共产党是中国特色社会主义事业的领导核心的政治定位，不仅写入《中国共产党章程》在党内具有权威性依据，而且对中国共产党领导体制形成了有效的体制性保障。从实践层面看，中国共产党带领全国人民建设中国特色社会主义事业所取得的巨大成就，尤其是社会主义市场经济的快速发展和人民物质文化生活水平的不断提高，为党的领导核心地位的巩固提供了强有力的实践支持；十八大以来，以习近平同志为总书记的党中央坚定不移推进全面从严治党，尤其是坚持以零容忍的态度惩治腐败，为巩固中国共产党领导中国特色社会主义事业的核心地位，提供了强大的政治保障，所以，增强"核心意识"指的是中国共产党全体党员要自觉维护好党的总书记这一中央领导集体核心，同以习近平同志为总书记的党中央保持高度一致。

（二）切实做到在"做"上抓紧抓实。"学"和"做"是一体的，"学"的成效最终要体现"做"上。中央提出的"四个合格"，就是"做"的总要求。全区党员干部要按照"四讲四有"标准，以"四个合格"为标尺，主动对照、时时检视，从具体问题改起，从具体事情抓起，真正在理想信念、纪律规矩、修身律己、责任担当上强起来。在"四个合格"中，政治合格是第一位的，是政治标准，要牢固树立"四个意识"，在思想上、政治上、行动上与以习近平同志为核心的党中央保持高度一致，做政治上的明白人。执行纪律合格，讲的是纪律标准，要心有所畏、言有所戒、行有所止。品德合格，明确的是道德标准，要继承发扬党的优良传统和作风，永葆共产党人的政治本色。发挥作用合格，树立的是工作标准，要保持干事创业的精气神，发挥共产党员先锋模范作用。在我们身边就有许多优秀的共产党员，他们就是一面旗帜，一盏明灯，今年的 2 月 15 日，作为基层党代表的退休老党员孙庆华在市第十五次党代会德城代表团分组讨论时发言，谈到党员、志愿者们常年为社区孤寡老人缝缝补补时，在座的市委书记陈勇同志为之动容。他动情地说："你们的做法，让我想起唐代诗人孟郊的一首诗：慈母手中线，游子身上衣。临行密密缝，意恐迟迟归。谁言寸草心，报得三春晖！正是这一针一线、缝缝补补，传递了党和政府的温暖，密切了党同群众的血肉联系，折射出共产党人全心全意为人民服务的本色。我向你们致敬！ 2005 年，干了一辈子社区工作的孙庆华，退休第二天就来到社区党支部，成为丰华社区一名无私奉献的志愿者，她和 6 个老姐妹一起组成了退休党员志愿者服务队，成立了晚霞乐缝创意坊，常年坚持为社区孤寡的老人免费缝补衣被，组织巾帼志愿者制作环保购物袋免费发放给群众。她还积极参加社区活动，发挥党员作用，以实际行动践行"帮忙不添乱，干活不要钱，不图名和利，只为建家园"党员志愿者的诺言。为了排解空巢老人精神上的孤独，她积极开动脑筋，从日常小事入手，帮助身边无人照顾的老人打扫卫生，拆洗衣被，料理家务，让他们感受到家的温暖。在开展“爱心帮扶”、巾帼志愿者“送时服务”活动中，她与社区空巢老人、孤寡老人、特困老人结成帮扶对子，在社区“爱心聊天室”里，她尽自己最大努力当好爱心志愿者陪聊员，为居民排忧解惑，化解家庭矛盾。在6月30日，全区举办建党96周年暨“丰华经验”报告会上，孙庆华做了“志愿服务信念坚，余热生辉做奉献”的事迹报告，他在缝缝补补中密切党群关系的鲜活的生活事例感动着我们、激励着我们，在我们的基层社区有着一大批这样任劳任怨无私奉献的共产党员，他们默默无闻，心系群众，赢得了民心，换来了凝心聚力、守望相助的融洽居民关系，发挥着党员的模范带头作用，与社区居民一道，共同建设美丽、文明、幸福、和谐的家园。

（三）切实做到在“改”上持续用力。学习教育是为了解决问题，这是衡量我们工作成效的重要标准，要强化问题意识、问题导向，建立查找解决问题的长效机制，推动思想问题和实际问题一起解决，新问题和老问题一起解决，个性问题和共性问题一起解决，党组织问题和党员个人问题一起解决。对查找出来的问题，要建立问题清单，明确责任、抓好整改。要不断健全基本制度、牢固树立党的一切工作到支部的鲜明导向，以“示范党支部”创建为抓手，从严加强“三会一课”组织管理，从严落实好双重组织生活制度，从严开展民主评议党员，从严开展“支部主题党日”，进一步完善查找解决问题的长效机制，建立党支部工作经常性督查指导机制，不断规范支部按期换届、党费收缴、发展党员、流动党员管理等工作，推动党内政治生活规范化、常态化、长效化、制度化。

三、推进“两学一做”学习教育常态化制度化，着重把旗帜鲜明讲政治作为任务重点

（一）旗帜鲜明讲政治就要讲政治规矩。为什么要守纪律讲规矩，要加强纪律建设，把守纪律讲规矩摆在更加重要的位置。党的十八大以来，习近平总书记多次强调，党员、干部特别是领导干部要严守政治纪律和政治规矩。他在十八届中央纪委五次全会上，花大篇幅浓墨重彩地论述，政治纪律和政治规矩，提出了五个必需的重点要求。我党历来有“守纪律、讲规矩”的政治传统。马克思说：“我们现在必须绝对保持党的纪律，否则将一事无成。”列宁说，无产阶级的无条件的集中制和极严格的纪律，是战胜资产阶级的基本条件之一。毛泽东同志说：纪律是执行路线的保证，没有纪律，党就无法率领群众与军队进行胜利的斗争。加强纪律性，革命无不胜。小平同志强调，同心同德，一心一意，没有纪律不行。我们过去革命，就是靠纪律，而且是自觉的纪律。我们这么大一个国家，怎样才能团结起来、组织起来呢？一靠理想，二靠纪律。这些话讲的都是同样道理，都是强调？守纪律、守规矩的重要作用。我们党之所以能够从小到大、从弱到强，从胜利走向更大胜利，一个重要原因就是拥有严密的组织和严明的纪律。在党和军队的历史上，不拿老百姓一个红薯，红枣落地也不吃；邱少云烈火烧身纹丝不动；周恩来到杜甫草堂视察买门票；毛泽东到人民大会堂喝一杯茶也要付钱；陈云告诫警卫员不要贪污公家一分钱，都被传为佳话。习近平一再强调守纪律讲规矩，还和当前党风廉政建设和反腐败斗争形势比较严峻复杂有关。2013年11月9日，习近平《在中共十八届三中全会第一次全体会议上的讲话》中说，“当前腐败现象多发，滋生腐败的土壤存在，党风廉政建设和反腐败斗争形势依然严峻复杂，必须加大惩治腐败力度，更加科学有效地防治腐败。”2014年10月23日，他在中共十八届四中全会第二次全体会议上的讲话中，提出“七个有之”的重要论断，明察秋毫，有的放矢，深刻指出：一些人无视党的政治纪律和政治规矩，为了自己的所谓仕途，为了自己的所谓影响力，搞任人唯亲、排斥异己的有之，搞团团伙伙、拉帮结派的有之，搞匿名诬告、制造谣言的有之，搞收买人心、拉动选票的有之，搞封官许愿、弹冠相庆的有之，搞自行其是、阳奉阴违的有之，搞尾大不掉、妄议中央的也有之，如此等等。有的人已经到了肆无忌惮、胆大妄为的地步！而这些问题往往没有引起一些地方和部门党组织的注意，发现了问题也没有上升到党纪国法高度来认识和处理。这是不对的，必须加以纠正。什么是党的规矩？习近平对此有过总体论述，包括四个方面：第一，党章是全党必须遵循的总章程，也是总规矩；第二，党的纪律是刚性约束，政治纪律更是全党在政治方向、政治立场、政治言论、政治行动方面必须遵守的刚性约束；第三，国家法律是党员干部必须遵守的规矩；第四党在长期实践中形成的优良传统和工作习惯。在党的纪律中，习近平指出："在所有的党的纪律和规矩中，第一位的是政治纪律和政治规矩。"党员干部旗帜鲜明讲政治，要有"革命理想高于天"的崇高政治追求。共产党人是用特殊材料制成的，这种特殊材料来自于信仰的力量、真理的力量、忠诚的力量。如果丢掉了对马克思主义的坚守、对共产主义的执着，精神上就会失去"压舱之石"。党员干部立根固本一刻也不能放松、补钙铸魂一刻也不能懈怠。要密切联系群众，全心全意为人民服务。1933年4月临时中央政府从瑞金叶坪迁到沙洲坝，这里干旱缺水，老百姓从池塘里挑来的水很不干净，村民们吃水困难，毛泽东得知情况后，彻夜未眠，反复思考解决问题的办法，他组织战士用楠竹做材料，铺设了简易的水管暂时解决了饮水问题，为了彻底解决吃水问题，他为村里打了两口井，并铺上木炭过滤水质，村民们喝上了又清又甜的井水，高兴地说："毛主席，您替我们把心都操碎了呀！"解放后，沙洲坝村民在井台上竖起了一块纪念碑，刻上了"吃水不忘挖井人，时刻想念毛主席"两行醒目的大字。我们党始终坚持群众利益无小事，把群众冷暖牢记在心上，同时也赢得了人民的拥护和爱戴。

（二）旗帜鲜明地讲政治就是要带头强化党性修养。2015年1月，习近平总书记提出，每位党员干部都要做到"心中有党、心中有民、心中有责、心中有戒"。要有襟怀坦荡严格自律的高尚政治操守。要公道正派、一心奉公，利益面前公而忘私、荣誉面前不争高低、待遇面前不争多少。要坚决同特权思想特权现象作斗争。要清正廉洁，老老实实做人，清清白白做事，在各种诱惑和"围猎"面前保持清醒头脑，永葆政治本色。坚强的党性是党员干部立身之本，也是"两学一做"学习教育的应有之义。要加强党员意识的培养。党员意识是对一个共产党人最起码的要求，也是提高和加强党员的素质和能力的不竭动力和源泉。我们一起了解一下全国优秀党员杨善洲的感人事迹。党员干部的楷模杨善洲：60年来坚守共产党人精神家园。"杨善洲，杨善洲，老牛拉车不回头，当官一场手空空，退休又钻山沟沟；二十多年绿荒山，拼了老命建林场，创造资产几个亿，分文不取乐悠悠……"这首流传于滇西保山市施甸县的民谣，不仅唱出了当地群众对云南省原保山地委书记杨善洲的敬重，还生动地向世人诠释了一名共产党人60年如一日对理想信念的坚守。杨善洲从1953年担任区委副书记起，先后担任过县委副书记、县委书记，1977年担任保山地委书记，直至1988年退休。他很少待在机关，大部分时间都在乡下跑。碰上饭点，老百姓吃什么，他吃什么，吃完结账。他担任地委书记后，按照政策，组织部门上交了他家人"农转非"的报告，他闻讯后坚决要求撤销了报告。他的妻子和大女儿一辈子都在农村。他担任地县领导干部30多年，可直到退休也没有能力为在农村的家盖一所像样的房子，他家的房子曾经是全村最差的。杨善洲退休后回到大亮山林场种树，全家想方设法借了5万元在施甸县城附近买了一块地，勉强盖了一幢新房。老伴找到他：能不能凑点钱，帮娃们还账？他东拼西凑仅拿出9600元。为了不拖累孩子们，杨善洲做主把房子卖了。1988年3月杨善洲退休后，婉拒上级安排他到省城安享晚年的厚意，走进施甸县大亮山，与15名职工一道开始了起早贪黑植树造林的生活。经过22个寒暑，大亮山林场人工林面积达5.6万亩，经济价值超过3亿元。2009年，82岁的杨善洲把大亮山林场的经营管理权无偿移交给国家。经再三劝说，他接下了保山市委市政府奖励的20万元，捐出16万元用于公益事业，仅余4万元留给他一生愧疚的老伴。"杨善洲不仅是共产党员的典范，也是我们每个人做人、做事的楷模。"我们身为一名党员要有荣誉感、成就感和归属感。通过重温入党誓词、重学《党章》、过政治生日、党的纪念日和主题教育等活动，不断强化党员的身份意识、组织意识、责任意识和表率意识，增强党员参与活动、履行义务、发挥作用的自觉性。我们要带头对照党章党规党纪、党内政治生活准则和党内监督条例，以自我革命的精神查找差距、改进提高。要强化组织观念，遵守党的纪律规矩，认真检身正己，在涉及重大问题、重大事项时按规定如实向组织请示报告，做到对党忠诚老实。要筑牢为官从政的思想堤坝和行为底线，脑子里时刻有一盏

“红绿灯”，坚持交往有原则、有界限、有规矩，净化朋友圈、生活圈、社交圈。当前的形势和要求发生着巨大的变化，要正确对待监督，自觉主动接受监督，注重家庭、家教、家风，从自己做起、从身边人做起，从近身处构筑起预防和抵制腐蚀的防护网。

（三）旗帜鲜明地讲政治就是带头担当实干。要勇于担难、善于担事、敢于担责。责任需要担当，实干体现价值。要盯紧目标干。这个目标，就是创造德城区美好的未来，具体而言，就是要做到咬定青山不放松，一张蓝图干到底，推动经济社会发展迈上新台阶。习总书记强调，道不可坐论，德不能空谈。大家要有一种立说立行、立即执行的作风，说了就算、定了就干、干就干成，决不能议而不决、决而不行、行而不果。目前，全区正处于发展的关键期，区委出台了《干部干事创业容错免责办法》，旨在建立干部容错免责机制，支持保护干部勇担当、敢作为，让干部在干事创业中胆子大、步子稳，放心地向前冲、勇敢闯、大胆干。全区上下都要树立担当有位的责任意识，面对困难不退缩、不逃避，同心同德，心往一块想，劲往一处使，聚焦重点、集聚合力，形成群策群力谋发展、万众一心干事业的良好局面。

四、牢记使命，履职尽责，争做新时期合格政协委员

（一）把好“方向舵”，坚持正确政治方向。始终把坚持和发展中国特色社会主义作为巩固共同思想政治基础的主轴，紧密团结在以习近平同志为核心的中共中央周围，自觉把中国共产党的决策部署贯彻到人民政协工作之中。始终保持清醒政治头脑，毫不动摇地坚持中国共产党的领导，坚持人民政协的性质定位，坚持大团结大联合，坚持发扬社会主义民主，保持方向不偏。在中共德城区委领导下，始终做到思想上同心同德，目标上同心同向，行动上同心同行，为建设富美新强典范区贡献力量。

（二）当好“智囊团”，发出“好声音”。政协的话语权，靠的不是“说了算”，而是“说得对”。作为政协委员，要善于运用政协这一话语平台，行使权力、发挥作用，讲好政协话、做好政协事。坚持围绕中心、服务大局。要突出履行职能的重点。坚决服从市委区委决策，切实做到在参与中作为，在合作中履职，在监督中服务。政协常委会要把助推协同发展战略落实到各项工作中，以协同发展战略统领政协工作全局，围绕“四大战略”“五项重点”等重大决策部署找方向、定目标。抓住深化供给侧结构改革、构建现代产业体系、实施创新驱动，促进民生事业发展等重大课题，做好提案征办、协商议政、调研视察、民主评议等工作，深入调查研究，广泛咨询论证，真正做到立论可取，建言可信，献策可用，为建设协同发展示范区竭心尽力。

（三）练好“基本功”，提升履职能力。政协委员的特殊之处，就是拥有特殊的政治地位，肩负着特殊的社会责任，具有双重身份。一要在立足岗位助推发展，发挥带头引领作用。习近平总书记强调：“政协委员社会知名度高、关注度高，一言一行都具有影响力和示范性。”政协委员大多数在业务上有成就、在界别中有威望、在社会上有影响，具有广泛的示范效应。大多数委员都来自经济社会第一线，要充分发挥自身优势和作用，积极适应新常态，在各行各业、各自岗位中发挥聪明才智，争当创业创新的开拓者，争当各项工作的带头人，成为人民群众的标杆和榜样。二是要在委员履职中发挥表率作用。政协委员一定要把调查研究摆到更加重要的位置，融入社会、深入生活、心系发展、关注民生，坚持实事求是，从实际出发，善于查实情、敢于讲真话。政协组织要努力创造委员讲真话、建诤言的环境氛围，为敢于担当的委员担当，充分彰显政协委员的话语权和影响力。要紧抓第一要务，在助力发展上担起更大责任；紧扣两大主题，在凝心聚力上发挥更大作用；紧盯民生热点，在改善民生上实现更大作为，不断提高委员政治把握、调查研究、联系群众和合作共事的能力。以更加饱满的精神、更加务实的作风，助推“富美新强典范区”建设，以优异的成绩迎接党的十九大胜利召开。

建立大网格　打造新品牌
努力推动城市管理再上新台阶

张志芳

网格化建设是城市管理发展的一条必由之路，其在社会服务、公共管理、党建民生等领域发挥的作用越来越明显。近年来，德城区深入贯彻中央和省市关于全面加强党的建设、推进社会治理现代化安排部署，把网格化管理作为打基础、促民生、保和谐的重要着力点，围绕建立重心下移、力量下沉的工作机制，以城乡一体网格化管理为抓手，着力夯实基层服务管理基础，推动城市管理向规范化、机制化、精准化方向迈进，有力地促进了社会和谐稳定。

一、完善组织架构，推动责任落实

制定下发《关于推进城乡网格化建设加强社会服务管理工作的实施办法（试行）》（德城发〔2017〕8 号），在前期工作基础上，整合党建、综治、安全、环保等现行网格，健全完善“区—镇街—管区（社区）—基本网格”四级服务管理平台，形成了一级抓一级、层层抓落实的“大网格”工作格局。在区级层面，建立推进网格化管理工作联席会议制度，由区委副书记为总召集人，组织、政法、安全、环保等部门党政负责同志为召集人，各镇街及相关部门负责同志参加。联席会议下设办公室，负责全区网格化管理工作的统筹协调、管理考核和指挥调度等工作。在镇街层面，6 个镇街各自建立网格化服务管理中心，负责辖区内网格员选配、工作指导、待遇落实、考核管理等工作。在管区（社区）层面，全区 15 个农村管区和 49 个城市社区各自建立网格化服务管理工作站，主要负责网格管理日常工作。在基本网格层面，按照“界定清晰、规模适度、无缝衔接、方便管理、相对稳定”原则，把 49 个城市社区划分为 174 个网格，并建立网格党支部；在 117 个自然村建成基本网格；在企业、学校等人口密集场所设立 197 个独立网格，实现了全覆盖、无缝隙，人在格上、事在网中。

二、加强队伍建设，夯实基层基础

区委、区政府高度重视网格员队伍建设，以打造一支纪律严明、素质优良、业务精湛的网格员队伍为目标，加大投入、精选人员、严格管理，为推进社区服务管理工作提供了坚实保障。一是配齐人员力量。原则上坚持每个基本网格配备 1 名网格长，城市社区由网格党支部书记担任，农村社区由自然村负责人担任，企事业单位独立网格由单位党组织负责同志或法人代表担任。根据网格规模和工作量重新配备了网格员人数，一般配备 2 ～ 3 名。目前，全区 488 个网格共配备网格长 536 名，网格员 1246 名（含退役人员 117 人）。区财政按每个网格每月 1000 元的标准设立网格化管理经费，由镇街负责根据考核情况和任务量统筹向网格员发放补贴。二是强化教育培训。印发网格员工作手册，制定基层党建、综治维稳、公共安全、生态环保等 28 项工作职责，列出 20 项负面清单，指导规范网格员日常工作。分级分批对网格中心人员、网格站长、网格长、网格员进行专题培训，围绕职责制度、政策法规、服务技能、职业道德等培训重点，进一步明确任务职责、提升素质水平。目前，首次集中培训工作已全部结束。三是严格监督管理。各网格长、网格员按规定在所属网格醒目位置设置统一格式的公示牌，公布其姓名、照片、电话号码、工作职责等信息，畅通居民联系渠道，全面接受社会监督。建立常态巡查制度，区联席会议办公室每月组织1次全面巡查，通过实地走访调查、与党员群众谈话、查阅档案材料等方式，提出整改意见，督导整改落实，巡查情况作为镇街、区直部门年底考核的重要依据。

三、创新平台载体，提升管理水平

充分利用新媒介，建立网格三级微信平台，在不涉及敏感问题的前提下，及时报送信息、处置问题。一是社区（管区）网格站层面微信平台。网格长、网格员发现具体问题或苗头性倾向，职责和能力范围之外的，采取手机拍照、编辑文字信息等形式及时上传至微信平台。网格站长处置不了的，将处置意见及依据及时上传镇街网格中心微信平台并备案。二是镇街网格中心层面微信平台。网格中心人员认真分析信息，镇街处置不了的，将处置意见及依据及时上传区联席会议成员层面微信平台并备案。三是区联席会议成员层面微信平台。区联席会议相关职能单位针对平台信息，快速分析研判，分清责任主体，及时转相关镇街、区直部门，明确目标、时限并督导其按期完成；情况复杂，在规定时限内无法完成任务的，提请召开联席会议或相关工作组会议，研究措施、集中解决。目前，三级微信平台已全部正式运行。

四、突出重点工作，发挥网格作用

聚焦党建、安全生产、生态环保、综治维稳等重点工作，牢牢把握工作主动权，切实把每个网格打造成坚实有效的基本单元。一是夯实党建基础。把“两学一做”学习教育与网格化管理紧密联系起来，将每月15日定为党员活动日，充分发挥基本网格党支部战斗堡垒作用，积极组织离退休党员参加“三会一课”、组织生活会、民主评议党员等活动。深入开展“对标丰华、争先进位，打造过硬党支部”活动，充分发挥网格党小组带动引领作用和党员的先锋模范作用，不断延伸基层党建工作触角，实现对网格内居民的全覆盖、全方位、全天候动态管理和服务，切实做到服务群众“无间隙”，为民服务“零距离”。二是筑牢环保屏障。对全区环保监管工作实行定区域、定人员、定职责、定任务、定奖惩的“五定”监管，做到网格边界清晰、责任主体明确、目标任务具体，建立政府组织实施、环保部门统一协调、相关部门各负其责、社会各界广泛参与的环境监管大格局。设立网格化环境监管台账，由每名网格员定期对各类环境污染、生态破坏和环境安全隐患等行为进行巡查，网格长负责对辖区内各类环境污染、生态破坏、环境安全隐患、农村环境综合整治等环境违法行为进行制止并上报政府和环保部门，及时反映群众对环境质量的需求，坚决筑牢生态环保第一道防线。三是完善安全生产监管体系。通过网格化划分责任区域，将安全生产任务分解到每个网格，紧盯重点行业、主要企业、关键部位，细化责任，明确人员，做到情况明、底子清，形成了全覆盖、全过程、全方位的安全生产网格化监管体系。开展生产经营单位安全生产“网格化”“实名制”管理，通过各镇街排查摸底登记，共确定对全区3601家生产经营单位实行“网格化”管理，明确每个明确了每个生产经营单位的属地监管部门、行业主管部门和专业监管部门，做到“责任全覆盖、监管无盲区”的网格化、单元式安全生产监管责任体系，推动安全生产工作迈上新台阶。三是全力做好综治维稳工作。把网格化管理工作作为社会综合治理的基础性工作来抓细抓实，进一步突出工作重点，紧紧围绕重点领域、重点人群集中精力开展矛盾纠纷大排查，坚持边排查边化解，最大限度地从源头上消除矛盾纠纷。认真落实《全省重点信访维稳工作七点意见》，压实责任，强化措施，全力做好重点人员的稳控工作。坚持抓早抓小抓苗头抓关键人，及时发现和上报不稳定因素，努力做到小事不出网格，大事不出社区。特别在重大节日、重要节点，落实属地责任，严防重点人员失管失控。对参与、鼓动大规模进京聚集的人员，坚持开展经常性、常态化的思想政治教育，引导他们带头遵纪守法，按正常程序反映诉求，确保不发生重大政治问题和群体性事件，为党的十九大胜利召开营造安全稳定的社会环境。

德城区安全生产形势分析及对策建议

杨振生

安全生产关系人民群众的生命财产安全，关系改革发展和社会稳定大局。习近平总书记在党的十九大报告中指出，要树立安全发展理念，弘扬生命至上、安全第一的思想，健全公共安全体系，完善安全生产责任制，坚决遏制重特大安全事故。为从总体上把握和摸清全区安全生产基本情况，为领导完善决策部署提供服务，根据区政府主要领导指示，区政府办公室联合区安监局、质监局、建设局、消防大队等部门单位，深入到各类企业、建筑工地、人员密集场所进行了调查研究，总结经验、查找问题、研究对策。现将有关情况报告如下：

一、全区安全生产基本情况

近年来，德城区牢固树立科学发展、安全发展理念，全面落实中央、省、市部署要求，牢固坚持"安全第一、预防为主、综合治理"方针，扎实开展安全生产隐患"大快严"、安全生产百日攻坚等重点领域专项整治行动，有效遏制了重特大生产安全事故发生，全区安全生产形势持续稳定，顺利通过省政府安委会安全生产专项巡查。2015 年，发生生产安全事故 13 起，死亡 4 人；2016 年，发生生产安全事故 16 起、死亡 11 人，分别增长 23.1%、175%；2017 年，发生生产安全事故 5 起、死亡 5 人，分别下降 68.75%、54.55%。德城区被评为 2015 年度全市安全生产先进区，广川街道、新湖街道分别被评为 2015 年度、2016 年度全省安全生产先进镇街。

二、安全生产工作经验做法

（一）落实党政同责、一岗双责，构建安全生产工作新格局。认真学习贯彻省委刘家义书记"六个深刻反思"和龚正省长"八点意见"重要指示精神，将安全生产置于经济社会发展全局谋划和推动，努力构建"党委政府统一领导、部门依法监管、企业全面负责、社会支持监督"的工作格局。

一是加强组织领导。坚持把安全生产工作作为重要政治任务、重大民生工程，列入党委、政府重要议事日程，区委至少每季度召开一次常委会议、区政府至少每季度召开一次常务会议，研究解决安全生产工作中遇到的重大问题。区委、区政府主要负责同志带头履行安全生产"第一责任人"职责，亲自部署、亲自推进、亲自督促，切实做到每逢重大会议必突出强调安全、每到基层必重点调研安全。

二是狠抓责任落实。制定出台《关于进一步加强安全生产工作的意见》，各级党政主要负责人同为本辖区、本部门、本单位安全生产第一责任人，班子成员严格落实"一岗双责"，认真抓好分管领域安全生产工作。根据人员变动和工作需要，及时充实调整区安委会组成人员，由区政府主要负责同志任主任，11 位区委、区政府有关领导同志任副主任，53 个区直部门和责任单位主要负责同志为成员，狠抓党委政府领导、行业部门监管、镇街属地管理和企业主体责任"四项责任"落实，建立了"纵到底、横到边"的闭环式安全生产责任链。

三是健全完善制度。将安全生产工作纳入全区"十三五"规划纲要，并研究制定《安全生产

"十三五"规划》，对安全生产各项工作进行了全面部署。制定出台《安全生产行政责任制规定》，进一步厘清政府及有关部门工作职责，健全完善了区级、镇街、社区三级"网格化、实名制"安全监管体系。区委将各级各部门安全生产工作纳入量化预警问责体系，对消极懈怠、失职渎职等行为严厉问责；组织部门持续加大安全生产考核权重，把工作成效作为评价和使用干部的重要依据；区安委会严格落实安全生产"一票否决"制度，对未认真履行职责，导致辖区或行业发生安全生产死亡事故、重大隐患整改不力等6种情形一律实行"一票否决"，并严肃追究相关人员的责任。

（二）扭住关键环节、重点领域，统筹推进安全生产各项工作。按照"全覆盖、零容忍、严执法、重实效"要求，以遏制重特大事故、减少较大事故和一般事故为主线，坚持源头治理、聚焦重点、过程管控，全区安全生产形势持续稳定好转。

一是深化安全生产隐患"大快严"集中行动。自2015年11月份开始，在全区持续深入开展了安全生产隐患大排查、快整治、严执法集中行动，坚决守住"不发生重特大生产安全事故"这条底线。今年5月份，按照省委、省政府将集中行动延期至2018年底的部署要求，我区又成立综合督导、工矿商贸、危险化学品、巡查暗访4个工作组，全面排查安全生产一般性、习惯性违章违规行为，深入排查容易发生重特大事故的场所部位和岗位环节，累计整改建筑施工、消防、危化品等九大重点行业领域问题隐患1.2万项，真正实现把问题发现在一线、把隐患消除在现场。

二是扎实开展化工产业安全生产转型升级专项行动。6月22日全省动员部署电视会议召开后，我区迅速成立了以区政府主要负责同志为组长，分管负责同志为常务副组长，27个部门单位主要负责人为成员的专项行动领导小组，并在12个职能部门抽调精干力量，对化工生产和危化品的储存、运输、经营、使用、废弃处置等所有环节彻底摸排。截至目前，全区纳入"一县一册"化工生产企业60家，经营户135家，加油站47家，危化品运输车辆41辆。严格落实"八项断然措施"，17家安全、环保差评企业全部断水断电，清产品清原料；14家总评为"优""中"的企业，聘请安全专家深入查找隐患，确保年底前全面完成整改。

三是强化重点行业领域安全监管。建筑施工领域。大力实施工程质量两年治理、三年提升行动，聘请专家开展在建项目深层次大检查17次，对施工中的高大模板支撑体系、深基坑等危大工程集中整治。2015年以来，累计检查在建工程95个，建筑面积654万平方米，下发限期整改通知书476份、停工整改通知书60份，全区建筑施工领域无较大以上事故发生。

危险化学品领域。以化工产业安全生产转型升级专项行动为抓手，实施化工企业"三评级一评价"，持续抓好"两重点一重大"企业安全监管，对合成氨、氯碱等重点行业企业，油气罐区、输送管道等重点部位，检维修、动火、受限空间等特殊作业以及化工装置试生产、开停车等关键环节，实施重点监控。2015年以来，累计检查企业108家，整改安全隐患267项。

火灾消防领域。深入推进社会消防安全"防火墙"工程，实行消防安全重点单位"户籍化"管理，组织开展重大危险源清底、重大火灾隐患集中整治、消防安全"打非治违"等专项行动。2015年以来，累计检查社会单位3945家，督促整改火灾隐患2615处，集中整治重大火灾隐患单位9家；建成微型消防站127处，开展消防演练158次，全区消防安全环境持续改善。

道路交通领域。持续深化道路交通"平安行·你我他"行动，大力实施公路安全生命防护工程，强化对乱停乱放、酒驾、超载等11种重点道路交通违法的高压严管，累计查处各类交通违法行为48.6万起。大力整治农村公路安全隐患，不断完善安全设施，依法强化综合治理，2016年6月，提前完成全区农村公路安全生命防护工程，并于今年上半年全面通过市级验收。

特种设备领域。在气瓶充装方面，对辖区22家气瓶充装单位进行执法检查，取缔无证充装气站1家，对1家无证车用气瓶充装单位强制停止充装。在游乐设施方面，对希森欢乐岛、市动植物园等开展专项检查10余次，消除安全隐患21处，全区游乐设施全部实现安全运行。在电梯整治方面，实行"一梯一档"管理模式，累计检查电梯使用及维保单位300余家，约谈单位2家，立案查处8起。在起重机械方面，联合市检验检测研究院，对堤岭钢材市场37家单位、46台起重机械逐一排查，目前全部检验合格。在液氨制冷方面，重点对金鼎冷藏、六和金珊、铸诚公司3家隐患较大的企业进行约谈整改，截至目前，金鼎冷藏已完成搬迁，六和金珊已完成改造，铸诚公司液氨已抽取完毕。

油气管道领域。建立《油气长输管道网格化实名制管理》制度，通过保护性停输、封存、清除占压物等措施，省、市政府挂牌督办的24处安全隐患（2处属于省政府挂牌督办）已于2016年6月份全部整改完毕，并通过省政府验收复查，成为全市首批整改完成的县（市、区）。

四是持续夯实基层基础。强化队伍建设，6个镇街均设立了安全生产监督管理办公室，配备专兼职安全监管人员28名，每个社区均配备1名专职网格员。强化资金保障，逐年增加区级专项资金投入，严格落实岗位津贴，有效保障了基础建设、装备提升、应急救援等各项工作开展。强化教育培训，积极开展职业教育培训、岗前培训和专业技能培训，年均保持在3000人以上，有效减少“三违”现象发生。强化应急救援，区级成立应急救援工作机构，及时修订生产安全事故应急预案，累计开展各类应急演练294次，事故处置与救援能力显著提升。

三、存在问题及原因分析

当前，我区安全生产工作还存在一些问题和不足，主要表现在以下几个方面：

（一）安全生产监管任务艰巨。我区作为全市主城区和老城区，是区域交通枢纽和商贸物流中心，人口密度、车辆流量大，消防、道路交通等行业领域情况复杂、整治任务艰巨。同时，全区各类生产经营单位3000余家，涉及危化品、建筑施工、涉粉涉爆等多个行业领域，监管任务非常繁重。

（二）企业主体责任落实不到位。安全生产责任落实“上热下冷、上紧下松”现象依然存在，特别是部分生产经营单位仍没有从根本上树立“保障安全就是保障发展”的理念，重生产轻安全、重增长轻保障、重经济效益轻社会效益；个别企业为了一己私利，执行停产措施不严格、不到位，存在逃避监管的现象；有的企业负责人安全意识不够深入，存在麻痹思想和侥幸心理，安全投入不到位、应急制度不健全等违法违规行为依然存在。

（三）重点行业领域隐患较多。危化品领域，个别危化品生产经营单位安全技术措施不达标，安全管理人员素质较低，企业安全投入不足。消防领域，火灾隐患集中存在于工业园区和人员密集场所，大量先天性火灾隐患整改难度大，特别是九州商城、东方红市场等二十世纪八九十年代建成的大型商贸市场，存在与现行消防设计规范不符、消防安全布局不合理等问题隐患。建筑施工领域，部分危大工程施工期间，负责人现场带班制度落实不到位，监理及施工单位安全检查力度不足，从业人员安全教育不及时、安全操作规程掌握不熟练。养老机构领域，部分养老机构灭火器数量配备不足，缺少烟感报警器、疏散楼梯等消防设施，电气线路敷设混乱、线路老化，容易发生火灾事故。

（四）网格化监管体系作用发挥不充分。部分区域机械的以面积均分、社区范围等标准来划分网格，没有充分考虑区域安全生产现状，造成网格作用发挥不充分。网格化监管队伍缺乏系统培训，专业技能培训开展的数量偏少，针对性和实效性不高，导致一些网格长、网格员专业能力素质较低，与当前工作要求尚存差距。专职网格员数量少，一些网格员不仅承担安全生产工作任务，同时还兼顾其他工作分工，难以保证监管效果。

四、加强安全生产工作的对策思路

（一）严格落实“三大责任”。按照“党政同责、一岗双责、齐抓共管、失职追责”和“管行业必须管安全、管业务必须管安全、管生产经营必须管安全”要求，进一步健全安全生产责任体系。一是严格落实企业主体责任。持续深化“企业主体责任落实年”活动，紧密结合辖区、部门、单位实际，创新监管机制，强化监管手段，确保每个企业做到主体责任落实、安全投入、安全培训、基层管理、应急救援“五到位”，全面提高企业本质安全能力和水平。二是严格落实属地管理责任。严格落实党政领导干部安全生产责任制，每月定期研究安全生产工作，加大对重点行业领域明察暗访、夜查、抽查频率，掌握企业安全生产动态，该处罚的严厉处罚，该停产的坚决停产，不折不扣履行好属地管理职责。三是严格落实部门行业监管责任。进一步明确各部门安全生产监管责任，根据职责分工，明晰权力清单、责任清单，严格督促落实企业主管部门的直接管理责任、行业管理部门的监督指导责任、专项监管部门的专项监管责任。

（二）扎实开展“四大行动”。持续深化安全生产大检查、安全生产隐患“大快严”、安全生产百日攻坚、化工产业安全生产转型升级“四大行动”，按照“专家查隐患、企业抓整改、部门抓监管”的要求，对全区所有生产经营单位和人员密集场所，以及危化品、消防、烟花爆竹、涉粉涉氨等行业领域长期存在问题隐患进行集中攻坚。在监督执法过程中，坚决做到“六个必须”：凡是生产经营的企业必须查，凡是检查发现重大隐患的企业必须立案，凡是立案的企业必须顶格处罚，凡是处罚的企业必须公开曝光，凡是整改后仍存在重大隐患的必须停产整顿，凡是经停产整顿仍达不到要求的必须关闭取缔。对查出的隐患，严格落实限期整改、验收销号制度，逐一建立台账，明确整改时限，确定专人负责，确保发现一个、整改一个、到位一个。

（三）夯实筑牢“三大基础”。一是强化队伍建设。严格落实上级要求，尽快配齐配强专职安监人员，充实壮大基层安全监管力量，实现安全监管无缝覆盖。进一步调整充实专家力量，发挥专家在隐患排查、督促整改中的技术支撑作用，促进企业安全生产、安全发展。二是强化业务培训。不断加强对执法人员、企业人员，特别是企业负责人、安全管理人员、特种作业人员的教育培训，提高企业人员安全素质和执法人员专业水平。三是强化应急管理。严格落实应急值守和事故报告制度，完善应急预案，加强应急演练，落实救援队伍、物资等应急资源。同时，进一步强化企业、镇街和部门之间的协调联动，切实加强现场救援、医疗救治、舆论引导、社会稳定等方面的快速反应处置能力。

（四）持续强化“两类宣传”。把安全文化建设纳入社会主义文化建设总体布局，通过报刊、电视、网络等渠道，利用“安全生产月”“交通安全宣传周”“119消防日”等时段节点，做好法律法规、安全常识的宣传普及，营造全社会“关注安全、关爱生命”的浓厚氛围。同时，充分发挥政府门户网站、《德城新闻》《德州日报·德城版》、“智慧德城”手机客户端等媒体作用，加大安全生产违法行为和典型案件曝光力度，对整改落实情况开展追踪报道，倒逼企业落实安全生产主体责任，努力营造“不能违、不敢违、不愿违”的安全法治环境。

牢记使命　敢于亮剑　开启正风反腐新篇章

王玉成

党的十九大提出了新时代党的建设总要求，对推进全面从严治党作出全面部署，发出了夺取反腐败斗争压倒性胜利的总号令，为新形势下深入开展党风廉政建设和反腐败斗争提供了根本遵循。作为纪检监察干部，要把深入学习贯彻党的十九大精神，作为当前最大的政治任务，读原著、学原文、悟原理，准确把握党的十九大精神的思想精髓、核心要义，努力在学懂、弄通、做实上下功夫。深刻领会全面从严治党总体要求，准确把握正风反腐形势，聚焦中心任务，守住职责定位，不松劲、不停步、再出发，忠诚履行党章赋予的监督执纪问责职责。

刚刚闭幕的市纪委十五届二次全会对全市纪检监察机关和纪检监察干部深入学习领会党的十九大精神提出了要求、指明了方向、作出了部署。下一步，德城区纪委将深入学习贯彻党的十九大和市纪委全会精神，牢记使命、敢于亮剑，推动全面从严治党向纵深发展。一是以坚毅如铁的信念，把党的政治建设摆在首位。严肃党内政治生活，严明政治纪律和政治规矩，加强对学习

贯彻落实党的十九大精神和党章执行情况的监督检查，把“四个意识”落实在监督执纪问责的具体工作中。二是以坚定不移的定力，压实管党治党政治责任。继续推行年初“签字背书”、季度巡察督导、年中述职述廉、年底评议考评等督责循环链条，落实压力传导机制，着力在完善和执行上下功夫。三是以坚持不懈的恒心，锲而不舍推动作风建设。继续紧盯关键节点，看住“关键少数”，畅通监督渠道，深挖细查“四风”问题线索，严肃查处各种违纪行为，加大通报曝光力度。四是以坚如磐石的决心，持续保持高压惩腐态势。准确把握运用“四种形态”，把纪律和规矩挺在前面。突出惩治重点，严肃查处“三类人”，强化不敢腐的震慑。聚焦精准脱贫攻坚战，持续开展专项整治。五是以坚韧不拔的毅力，全面加强干部队伍建设。结合即将开展的“不忘初心、牢记使命”主题教育，补短板、强素质、提能力，完善内控机制，建设高素质的纪检监察干部队伍。

在全区务虚工作会议上的发言

许　勇

今年以来，区委组织部按照从严治党要求，以严的标准、实的措施、最讲认真的态度，选干部配班子、抓基层打基础、聚人才强支撑、讲党性树形象，努力为建设“富美新强”典范区提供坚强组织保障。

一、对标一流鼓干劲，建章立制强纪律，着力加强换届后领导班子和干部队伍作风建设

牵头开展“对标一流、争先进位，争当德城发展排头兵”活动，分类指导区直部门、窗口单位、镇街、社区、企业确定全年争创目标，年底兑现奖惩，全区上下干事激情空前高涨。开展一线考察工作，成立 4 个谈话组分赴各镇街、部门，谈话 1000 余人，收集“责任清单”“成效清单”“鉴定清单” 1500 余份，为选准用好干部提供准确依据。建立干部关怀激励机制，把严管和厚爱结合起来，制定拓宽干部晋升渠道、加强多岗位锻炼等 13 条激励关怀措施，该做法得到省委组织部高度评价。建立干部监督管理量化预警机制，出台“量化预警 37 条”，已向 34 人发放《预警告知书》，提醒谈话 40 余次。一年来，密集出台干部管理制度与办法 17 个，收到明显成效。作为全区综合考评责任部门，持之以恒地狠抓考核工作，三季度考核指标位列全市第三。此外，干部培训、专项清理“裸官”“吃空饷”等工作也担当负责，稳步推进。

存在问题，一是区直部门干部年龄、学历结构失衡，梯次配备出现断层，目前全区 35 岁以下科级干部不到 7%；二是干部交流频次偏低；三是混编混岗问题依然存在。

今后重点加强以下工作：一是优化干部队伍结构。结合一线考察、全员谈话、年度考核等情况，加强镇街和部门干部队伍建设，既重点发现、培养和提拔担当创业的优秀年轻干部，又着重发现任劳任怨的老黄牛式干部。二是加大干部交流力度。对任职时间较长的镇街和区直部门干部，分批双向交流，激发干部活力。三是解决混编混岗问题。将年龄接近40岁的优秀事业身份干部尽快调整到事业副科级领导岗位，并有序调任到行政机关进行公务员登记；将行政岗位上工人聘干身份的原科级干部尽量交流到事业单位领导岗位。

二、全面进步、全面过硬，切实提升基层党建水平

推进“两学一做”学习教育常态化制度化，制定“1+5”方案体系，分类指导落细落实。把党员活动日作为有效载体，每月直接到支部督导，有效传导压力。全力建设过硬支部，开展“对标丰华、争先进位，打造过硬党支部”活动，在全市率先出台过硬党支部标准，在补齐党建短板上持续用力。“乐缝创意坊”党支部入选全省过硬支部典型案例。及早谋划“两委”换届，自3月起，及早谋划，逐一研判，对问题全面起底清淤，目前已全面启动“两委”换届，确保于2018年2月全部完成。探索推进区域化党建，4个街道全部改设“党工委”、成立综合党委，48个城市社区全部改设党总支，将共驻共建范围延伸到100个市直机关。全面推行城乡网格化管理，牵头整合资源，建立四级网格管理服务体系，在环保、安全生产、社会稳定等方面发挥较大作用，成功消除各类隐患1936个。创新社区工作者职业化管理机制，在全市率先创新完善社工考录、考核、管理、退出等体制机制，公开招聘85名社区工作者，符合条件的择优招聘为事业编制人员。此外，党员发展、土地股份合作社等工作也稳步推进。

存在问题，一是责任意识逐级递减。部分部门、镇街党组织书记关注经济社会发展多一些，投入党建精力、力量不够；二是组织生活活力不足。有的基层党支部组织生活内容单一、形式单调，党员乐于参加的内生动力不足；三是各领域抓党建工作力度不均衡、不协调，机关党建、“两新”组织党建亮点不多。

今后重点加强以下工作：一是层层压实党建责任。建立各领域党建清单落实制度，解决“怎么抓”“抓什么”“抓到什么程度”问题。建立党建巡查机制，每月进行实地检查督导，全区通报巡查结果，整改情况下月必查。二是全面激发基层组织活力。扎实开展“大学习、大宣讲、大调研、大落实”活动，选派优秀干部到基层党组织担任党建特派员，打牢基础、补齐短板。三是提升基层党建总体水平。鼓励各领域分类创建党建创新项目，努力形成百花齐放新局面。深入开展机关党建“灯下黑”整治，规范制度建设、基础保障、人员配备，推动党建和业务发展同频共振。

三、强队伍、定政策、筑平台，全面突破人才工作

建立健全人才工作者队伍，开眼界，赴广东、浙江等地考察学习；提能力，赴浙大专题培训。完善人才政策，起草“天衢计划”及配套文件，引进陈蕴博院士、王靖康院士等40余名高层次人才，10人入选省级人才工程。推进平台载体建设，在科技、人社、金融、发改、建设、商务、经合等部门共同努力下，推动建设天衢智造谷、人力资源产业园、众志长城孵化器、新华人才产业园，完善人才工作基础平台。先后获批4家省级平台，引进了全市首家国家重点实验室。加大考核权重，对镇街和区直部门实行差别化考核，提升人才意识和工作积极性。提升服务水平，归集、建设人才公寓3万平方米，推广人才工作微信群、公众号，建立高层次人才包保责任制，建立人才成员单位例会制度，提升人才工作者服务意识，人才服务能力得到改善。

存在问题，一是高端引进工作成效不显著，人才项目申报成功率低；二是外国智力引进工作没有打开局面；三是企业创新能力弱、人才承载能力差，企业引才主体作用发挥不明显；四是人才发展环境有待优化，专业化水平低。

今后重点加强以下工作：一是加大人才引进。实施“天衢计划”人才新政，引进国内外人才中介机构，建设德城籍高端人才库。聚力“双招双引”，突破创业及海外人才引进和国家级省级人才工程申报。二是激发企业活力。加大企业家高端和海外培训力度，拓宽引才视野。鼓励企业建立海外离岸研发中心和孵化基地，加大研发和人才投入。三是优化发展环境。推进天衢高创智造谷和新华科技谷建设，提升创业人才承载和服务能力。突破人才公寓建设，年内实现人才公寓全部达到入住条件。设立区级产业引导基金，支撑人才团队引进。健全镇街、成员单位人才工作机构，配强专职工作人员。四是重点工程突破。重点实施“海外工程师”引进计划、“归巢计划”、重点高校大学生引进计划，强力突破重点工程，带动人才全局工作。

四、意见建议

建议一，通过一年工作观察，无论镇街还是区直部门，战斗力强不强，作风好不好，相当长的程度上取决于一把手。请在座的各位一把手，德城区事业和各项工作的中坚力量，持之以恒地抓班子、带队伍，对标一流、争先进位，打造干事创业好班子、好队伍。一把手要提高层次，站在区委、区政府的高度看问题，发现思考事关全区的核心问题，主动解决全局性、谋长远、利群众的重大问题，只有这样，才能统筹我们的能力水平，推动全区工作科学发展。

建议二，关于当前工作，一是抓住机遇，完成好两委换届工作，通过换届，打牢基层基础；二是考核责任部门各负其责、全力以赴冲刺全年综合考评各项指标，力争完成年初确定的目标，组织部将严格落实区内考核政策，并抓好结果运用；三是人才工作是谋长远、利全面的工作，在各人才工作成员单位打下的坚实基础上，请全区各相关部门增强人才强区意识，扎实做好 2018 年人才工作。

在全区宣传文化工作会议上的讲话

2017 年 3 月 21 日

骆晓东

这次全区宣传文化工作会议是区委决定召开的。主要任务是，学习贯彻全市宣传文化工作会议精神，回顾总结 2016 年工作，安排部署今年的工作任务。刚才，会议表彰了全区宣传文化工作先进单位和先进个人、“四德”工程建设先进单位和“四德”标兵、第一届全区文明家庭以及“德城好人之星”。在此，我代表区委、区政府，再次向受到表彰的先进单位和先进个人表示热烈的祝贺！

过去的一年，全区宣传文化战线在区委、区政府的正确领导下，深入贯彻落实党的十八大和十八届三中、四中、五中、六中全会精神以及习近平总书记系列重要讲话精神，紧紧围绕全区发展大局，突出重点，创新思路，主动作为，传播德城好声音，展示德城好形象，各项工作都取得了新的成绩。一是理论武装扎实深入。健全了区委中心组学习制度，制定了《区委理论学习中心组学习方案》，每月确定一个专题，定期组织学习，增强了学习活动的吸引力和时效性。区委理论中心组被评为全省理论学习先进中心组。邀请市“两学一做”学习教育理论宣讲团来我区各镇街巡回宣讲，并组建区“两学一做”宣讲团，面向基层党员干部开展宣讲，推动“两学一做”学习教育在全区基层党员干部中深入开展。积极参加全市“中国梦·我的小康路”百姓宣讲活动，其中 2 人荣获一等奖，2 人荣获二等奖。区社科联被评为全国优秀社科组织。二是舆论宣传正确有力。围绕“协同发展创新示范区建设”“三二联动、创新驱动”战略、“两学一做”学习教育、“文明德城”等重点，在区级媒体开设专题专栏，大力宣传创业、创新、创优的先进典型，深入宣传难中求进、难中有为的经验成效，营造了争先进位、比学赶超的浓厚氛围。“德城发布”微博发布量近9000条，位居全市第一。“大德之城”微信关注量突破3万，每天提供及时、快速的本地社会新闻，深度解读国内外热点，分享生活经验和网络趣事，并在本地突发公共事件中发挥了正面传播引导作用。认真落实郭树清省长批示精神，邀请媒体记者对焦文玉事迹进行集中采访，《大众日报》《德州日报》等主流媒体分别进行了系列报道。组织全区首届青年创新创业大赛、首届邻里文化节两场新闻发布会，有效地引导了社会舆论，取得了良好的发布效果。完善新闻报道定期研究、定期通报、绩效考核等制度，健全新闻宣传网络和队伍建设，对200多名骨干通讯员、舆情信息员进行集中培训，增强了他们的新闻意识和写作能力。加强网上热点问题的引导，撰写新闻通稿5篇，舆情信息15期，正面引导发帖2000余条，在“黄河涯一女生打人视频”“宝林大厦负一楼太阳能蓄电池室起火”事件发生时，做到第一时间了解情况，联系主流媒体及时发布第一声音，有效地防止和化解了网络舆情危机。三是文明创建成效显著。大力弘扬社会主义核心价值观，广泛开展“德城文明·德州文明”主题系列活动，组织开展经典诵读、歌咏比赛、“乡村儒学讲堂”等活动，积极推荐评选“德州好人”“德城好人之星”，培育了一批群众看得见、学得到的先进典型，在全区形成了知荣辱、讲道德、促和谐的文明风尚。扎实推进“四德”工程，各社区（村）四德榜覆盖率达100%，上榜率达100%以上。规范28家省、市级四德工程示范点，申报72家示范点，结合楼门文化、师风校训建设，创新提升社区、学校四德工程建设水平，被评为市级四德工程建设示范区，省委宣传部副部长刘致福给予高度评价，《四德工程进楼门》入选全省基层宣传文化工作创新案例。申报善行义举四德榜“榜上有名”年度人物4人，其中焦文玉入选省委宣传部“榜上有名”典型人物。深化家风建设，突出“师风校训”主题，结合学校“三风一训”建设，在各中小学分别制订了校风校训、班风班训、师风师训，编印《德城百姓家规家训》第二辑《师风校训育春蕾》1万余册，面向全区学校、家庭免费赠阅。深化乡村文明行动，新华街道黄东村、辛庄村被评为第四批省级“乡村文明家园”建设示范村。加强未成年人思想道德建设，清明节期间分别组织五中、九中等学校学生开展网上祭英烈活动，组织开展“国学小名士”征文活动，积极参加全市乡村少年宫书法、乒乓球比赛，与团区委、教育局联合组织开展了“德城美德少年”评选活动。四是文化建设健康繁荣。抓好节庆文化活动，组织元宵节民间文艺展演、百姓大舞台、德城区第十二届“外滩一号杯”社区文化艺术节等活动300余场次，极大丰富了广大市民的文化生活。开展向社区捐赠图书活动，在新街口文化园举行“倡导全民阅读·建设书香社会”图片宣传展览，营造了浓厚的读书氛围。加大文化产业扶持力度，将梁子黑陶、星感觉文化传媒、建志剪纸、新街口文化园等文化产业列入全省文化产业发展引导基金投资项目库，为梁子黑陶争取资金支持20万元，为星感觉文化传媒争取上级资金支持80万元；帮助建志剪纸提档升级建设了建志剪纸创意文化园；将梁子黑陶、新街口文化园列入全省文化产业发展数据库。打造邻里文化建设和非物质文化遗产进校园两个宣传文化创新部长项目。对于邻里文化建设项目，发动城市街道社区搞楼门文化试点，圆满完成第一批10个精品文化楼门试点任务，5月28日举办了全区首届邻里文化节，同时确定每年5月最后一个星期六作为“德城区邻里文化节”启动日。对于非物质文化遗产进校园项目，在18家学校试点，安排大秧歌、水兽旱船、跑驴、黑陶、剪纸等5项非遗文化进校园，并举办“2016年迎国庆非物质文化遗产文艺展演”，引起强烈的社会反响。11月11日，联合教育局、文新局在梁子黑陶园举办黑陶文化进校园暨非遗实践基地揭牌仪式，进一步推动非遗进校园向纵深发展。五是队伍素质不断提升。扎实开展“两学一做”学习教育，强化作风建设，树立“四个意识”，在服务基层、提高能力上有了新作为。加强人才工作，积极挖掘宣传文化骨干，促进宣传文化人才建设，5人被评为德州文化之星，2人被评为德州文化英才。宣传部机关坚持周末学习制度，系统学习了十八届五中、六中全会重要观点和新闻写作、公文写作、舆情引导等内容，并围绕楼门文化、“爱心时间银行”等课题开展调查研究，全面提升了宣传文化干部队伍素质。

在肯定成绩的同时，我们也要清醒地看到，我们的工作还存在一些问题和不足。比如：理论学习宣讲抓得不够深；个别单位对宣传报道工作重视不够，报送、发表稿件数较少；精神文明建设的长效机制有待进一步完善；城乡环卫一体化工作不平衡，存在薄弱环节；基层公共文化基础设施还不健全等等。对这些问题，我们要认真研究，拿出有效措施加以解决。

2017年是党的十九大胜利召开之年，是实施“十三五”规划、全面建成小康社会的关键之年。全区宣传思想文化战线要全面贯彻党的十八大和十八届三中、四中、五中、六中全会精神，以邓小平理论、“三个代表”重要思想和科学发展观为指导，深入学习贯彻习近平总书记系列重要讲话精神和治国理政新理念新思想新战略，贯彻落实中央和省委、市委、区委决策部署，把握迎接、宣传、贯彻党的十九大这条主线，以理论武装、新闻宣传、舆情引导、文明创建、文化建设、队伍建设工作为重点，围绕中心，服务大局，改革创新，为建设“富美新强”典范区提供有力的思想保证、精神力量、道德滋养和文化条件。下面，我讲六个方面的重点工作。

一、突出一个“实”字，理论武装在创新方式、增强实效上下功夫

思想是行动的先导，思想建党是我们党加强自身建设的基本原则和重要法宝。我们要始终抓好思想建党这个根本，抓好理论武装，要把学习宣传贯彻习近平总书记系列重要讲话精神作为理论武装工作的重中之重，用讲话精神统一思想、凝聚共识。

一是抓好区委中心组学习。制定《德城区委理论学习中心组2017年理论学习实施方案》及《2017年德城区委理论学习中心组学习制度》，把学习贯彻习近平总书记系列重要讲话精神和治国理政新理念新思想新战略作为区委中心组和各级领导干部理论学习的重点，通过举办读书会、专题辅导报告会等形式，提升学习质量和效果。建立健全基层党组织理论学习制度，各镇街党委（党工委）、区直各部门党组（党委）要通过集中学习、个人学习、专题辅导、基层宣讲、学习考察等形式，强化对党的理论创新成果学习，并建立理论学习档案。要牢牢掌握意识形态工作主导权，按照中央《党委（党组）意识形态工作责任制实施办法》和省委、市委《实施细则》明确规定，落实“五种责任”，即党委（党组）抓意识形态工作的主体责任、“一把手”的第一责任、分管领导的直接责任、班子成员的“一岗双责”、宣传部门及媒体单位的具体责任。落实意识形态工作责任制情况，已经纳入了巡视工作和执纪问责，各级各部门党委（党组）对此要高度重视，认真学习掌握意识形态工作责任制的内涵要求，把意识形态工作的部署落到实处。

二是宣传贯彻重大理论成果。进一步深化党的十八届三中、四中、五中、六中全会精神及习近平总书记系列重要讲话精神的学习宣传贯彻，把握核心要义，领会思想精髓，真正做到武装头脑、指导实践、推动发展。抓好理论宣讲，深入贯彻中央省市有关会议精神特别是党的十九大提出的一系列新思想新观点新论断，邀请著名专家、学者来我区深入解读，不断提高广大干部的理论素养和分析、解决问题的能力。要利用新媒体创新宣讲方式方法，加强网上理论学习平台建设，丰富平台栏目设置，通过多样化的形式和内容为全区党员干部群众提供更加便捷的理论学习服务。

三是推动理论大众化通俗化。建好用好理论大众化示范点、理论宣教基地，以普通百姓讲身边人、说身边事、话身边理的方式，开展“中国梦·党在心中”百姓宣讲活动，提高党的创新理论和重大政策宣讲的吸引力和感染力。抓好儒学讲堂建设，每个儒学讲堂都要制定讲课计划，邀请专家学者授课，建立活动档案，着力打造一批儒学讲堂示范点。

二、突出一个“正”字，新闻宣传在抓好导向、推动发展上下功夫

新闻宣传工作要坚持正确舆论导向不放松，坚持团结稳定鼓劲、正面宣传为主，成为壮大主流思想舆论、传递正能量的“镇海石”，为建设“富美新强”典范区提供强有力的舆论支持。

一是增强政治敏感意识。就新闻宣传工作而言，政治敏锐性并不是一句空话，新闻里的一个词、一句话、一幅照片、一个镜头，如果考虑不周全，就会带来负面的影响，造成工作的被动。因此，全区新闻工作者要时刻保持清醒的头脑，进一步增强政治敏锐性和鉴别力，在是非和原则问题上，火眼金睛地识别，旗帜鲜明地亮剑，理直气壮地发声。区级各媒体要时刻绷紧“党媒姓党”这根弦，把握好新闻传播的“时、度、效”，对每一篇新闻，每一场演讲、讲座、演出都要注意细节、严格审核，确保客观、全面、准确、及时地反映我们的工作，传播正能量。

二是突出重大主题宣传。我们要牢牢把握正确舆论导向，就要靠正面宣传“成风化人，凝心聚力”。要突出全区“四大战略”“五大重点”、作风建设、文明创城、协同发展等重点工作，进行全方位、多角度跟踪报道，精心组织宣传全区的工作创新和工作亮点。开辟“建设‘富美新强’典范区”“争当德城发展排头兵”等专题专栏，全面挖掘和展示各行各业、各条战线的先进典型，在全区上下营造对标一流、争先进位的浓厚氛围。要继续抓好十八届六中全会精神的宣传，精心做好党的十九大精神的宣传阐释，结合各级“两会”精神的学习贯彻，持续推出言论评论、理论文章、权威访谈，及时反映全区各级各部门贯彻落实的实际举措和进展成效，引导广大干部群众自觉以新理念引领新实践。

三是加强机制队伍建设。要坚持新闻宣传工作联席例会制度，每月的最后一天召开联席会，由各镇街、有关部门提报新闻线索，确定下月宣传要点；各镇街、部门也要围绕各自重点工作，积极梳理宣传线索，定期上报给宣传中心和新闻科，增强新闻宣传的针对性和实效性。对各镇街、部门用稿情况，每月在《德州日报·德城版》上进行通报。各镇街、部门要高度重视新闻宣传工作，加大新闻稿件采写、投稿力度，力争多上稿、上好稿，全面展示各自的工作亮点、工作经验和先进典型。要加强与上级媒体的交流合作，集中新闻宣传资源，深入宣传全区工作亮点，力争《德州日报》头条用稿量居全市前列，省级主流媒体上稿有所突破。同时，要加强通讯员队伍建设，通过轮流跟班学习、举办通讯员培训班等形式，努力打造一支200人以上、专业记者与基层通讯员互为补充的通讯员队伍，为我区各类媒体发展提供坚强保障。

四是拓展媒体传播渠道。要积极创新媒体传播方式，努力构建传统媒体与新兴媒体互动发展的“全媒体”格局。传统媒体要继续办好《德州日报·德城版》《德城新闻》，全面提升节目制作水平，进一步扩大电视宣传的传播力和辐射力；新兴媒体要把原有的《山东手机报德城专刊》、“大德之城”微信、“德城发布”微博、“中国·德城”官方门户网站等平台加以整合，同时开发“智慧德城”手机客户端，将其打造成为集德城资讯、电视直播、栏目点播、阳光政务、便民服务等于一体的媒体平台，全方位、多层次地宣传德城、展示德城、推介德城，努力为建设“富美新强”典范区营造浓厚氛围。

三、突出一个“疏”字，网络舆情在研判引导、强化管理上下功夫

当前，互联网已成为舆论斗争的主战场，我们切实要把网络舆情工作作为重中之重，筑牢网络安全“防火墙”。

一是强化舆情应对引导。完善舆情信息工作，统筹社会舆情、网络舆情和媒体舆情，加强与纪委、政法委、公安分局等部门合作，建立舆情信息收集平台，实现舆情共享，构建大舆情工作格局。积极稳妥地做好突发舆情、公共事件、社会热点问题的舆论引导，加强舆情分析研判，及时发布权威信息，做到“早讲事实，重讲态度，慎讲结论”。同时，要主动设置议题，回应关切、疏导情绪、平衡心理，及时有效处置网络舆情。

二是壮大网上主流声音。充分发挥“德城发布”微博、“大德之城”微信、《山东手机报德城专刊》的主阵地作用，加强与大众网、齐鲁网、德州新闻网等省市重点新闻网站的沟通联系，同频共振、精准投放，使党和政府的权威声音在网上传得开、留得住、叫得响，牢牢掌握网上舆论主导权。要围绕中央和省、市、区重要会议、重大活动、重要决策、重大主题，进行专栏设置和专题策划，开展网上正能量系列传播活动，巩固壮大网上主流舆论。

三是加强“网军”建设力度。建设“一支队伍”，即网评员、舆情信息员和新媒体新闻报道员

"三合一"的队伍，在网媒、微信等新媒体开展正面舆论引导。举办舆情信息培训班，并在日常工作中注重网上培训，加大网上新闻宣传和舆情信息上报力度，并将各镇街、区直各部门的舆情信息用稿情况每月在《德州日报·德城版》进行通报。

四、突出一个"恒"字，文明创建在典型培植、活动引领上下功夫

培育和践行社会主义核心价值观是一项凝魂聚气、强基固本的基础工程。我们要坚持用社会主义核心价值观凝聚人心，在贯穿融入、落细落小落实上下功夫，广泛宣传教育，大力探索实践，在全社会形成奋发向上、崇德向善的强大力量。

一是培育践行社会主义核心价值观。在报纸、电视、网站等区内媒体开设"社会主义核心价值观"专栏，充分利用户外电子屏、社区宣传栏等宣传载体，广泛开展社会主义核心价值观宣传和普及活动。开展第六届全区道德模范评选、"德城好人之星"评选等活动，大力宣传他们的先进事迹，弘扬他们的高尚品德和崇高精神，形成全社会崇尚模范、争当模范的浓厚氛围。

二是深入开展精神文明创建活动。要全力做好文明城市创建工作。建立健全组织领导，抓好平时创建工作，促进创建活动常态发展，确保省级文明城市年度测评取得优异成绩。按照市委、市政府提出的"2017年进入全国文明城市提名城市行列，2020年跻身全国文明城市"的创建目标，对照《全国文明城市测评体系》各项指标，补齐短板，落实责任，高标准完成我区承担的各项创建任务。要抓好文明单位创建工作。加强对文明单位、文明村镇、文明社区创建工作的动态管理，充分发挥文明单位（村镇、社区）在经济社会建设中的示范带头作用，提高整体创建水平。积极开展文明家庭、文明校园创建工作。与妇联联合组织开展第二届全区文明家庭评选，广泛开展"美在我家"主题活动，传承良好家风家训，推动形成爱国爱家、相亲相爱、向上向善、共建共享的社会主义家庭文明新风尚；与教育局联合，组织参加第一届全市文明校园评选活动，筹备参加第四届"国学小名士"经典诵读电视大赛，加强乡村学校少年宫项目建设和管理，推进未成年人思想道德建设。

三是深入推进"四德工程"。要抓好善行义举四德榜建设，社区、学校、机关层面要在保持实体榜全覆盖的基础上，至少一季度一更新，城市社区要把四德榜向居民小区拓展延伸；企业层面要按照"属地管理"原则，由企业负责建榜，各镇街负责指导督促，力争企业四德榜实现全覆盖。要继续加大四德榜网上平台上传力度，凡人善举都要上榜，上传内容多多益善，确保群众上榜率达到100%以上。要结合楼门文化、师风校训建设等工作，做好四德工程创新文章，让四德工程的内涵更丰富、载体更鲜活、覆盖更广泛，年内全区市级以上示范点要达到100个，力争进入省级四德工程建设示范区行列。要加大四德典型宣传力度，各镇街要及时上报"榜上有名"重大典型，广泛开展"树四德新风从我做起""优良家风我传承"等主题活动，形成"人人做好人、好人做好事、好事都上榜"的浓厚氛围。要推广新华街道"一人当榜样、全家得实惠""一人当榜样、全村都受益"的做法，建立道德模范奖励扶助机制，激励人人学榜样、赶榜样、当榜样。

四是推进学雷锋志愿服务制度化。进一步壮大志愿者队伍，文明单位都要建立志愿服务组织，各社区普遍建立学雷锋志愿服务工作站。依托"全国志愿服务信息系统"，探索实施志愿者招募注册、管理使用、项目对接、服务记录、嘉许回馈等制度，使德城区在全国志愿服务信息系统注册志愿者达到5万人。

五是深化乡村文明行动。深入实施乡村文明行动第二个五年计划，以建设美丽乡村为目标，深入推进乡村文明行动人居环境、四德建设、新农村新生活、移风易俗、平安村庄、文化惠民"六大提升工程"，巩固扩大城乡环卫一体化全覆盖成果。深入开展移风易俗，集中整治婚丧嫁娶陈规陋习，全区所有农村社区要将移风易俗纳入村规民约，建立起红白理事会并切实发挥作用，形成移风易俗工作长效机制。

六是精心打造诚信企业。以省、市开展争创"厚道鲁商"企业为契机，深入开展企业诚信文化建设活动，推送30家企业参加"全市诚信红榜企业"评选，并做实做细典型案例的宣传、征集和报送工作，扎实做好企业宣传思想文化工作。

五、突出一个"惠"字，文化发展在丰富载

体、推进项目上下功夫

发展文化不是一句空话。正如经济发展始终要以人民物质生活水平的提高为出发点，文化建设的目的，就是要让人民群众的精神文化生活富足丰盈。我们要着力提升公共文化服务设施，促进文化事业全面发展，增强文化发展活力。

一是提升文化服务设施。推进尼山书院和乡村儒学讲堂建设，力争区图书馆建成尼山书院，在条件成熟的社区或学校新建1—2处尼山书屋。开展公共文化服务效能提升年活动，整合用好各类公共文体设施和服务资源，加快农村综合性文化服务中心建设，对镇街文化站进一步完善提升，90%以上的村级文化大院要达到国家标准并通过验收。实施好全省公共图书馆评估定级工作，确保顺利通过。

二是推进文化惠民工程。以社区文化艺术节、百姓大舞台为主导，举办书画摄影展、戏曲表演、舞蹈秧歌表演等群众文化活动，全年各级文化活动不少于2000场次，规范提升3家农家书屋。实施文化精英人才培训提升工程，组织全区镇街文化站长、社区文化管理员轮训。继续推进“部长项目”，抓好邻里文化建设项目，再打造10个精品文化楼门；提升非物质文化遗产进校园项目，推动非物质文化遗产扎根更多学校。

三是弘扬优秀传统文化。实施城市记忆工程，选取1—2个试点，把历史遗迹以一定形式记录下来，丰富城市历史文化底蕴。实施全民阅读工程，在全区营造良好的读书学习氛围。加强物质文化遗产和非物质文化遗产的科学保护、合理利用，积极申报国家、省、市级的非物质文化遗产项目，认真做好可移动文物普查。继续推荐参加省级“乡村记忆工程”选拔，加快推进老城墙抢救性保护工作。按照上级要求，配合搞好苏禄王御园、古运河等遗迹保护开发。

四是加快文化产业发展。积极争取上级文化扶持政策，参加国家及省级组织的各类博览会、展览会，壮大文化骨干企业，加强文化品牌建设。积极争取尽可能多的项目列入市级文化产业重点项目库。加强招商引资力度，有针对性地引进文化项目，做好文化项目融资工作。

五是加强文化市场监管。对印刷企业、打字复印商户、歌舞娱乐场所等进行定期定时检查，规范经营秩序。加强重大节日和重大活动的安全检查工作，加大对学校周边娱乐场所的检查力度。开展“扫黄打非”专项行动，做好全区文化企业软件正版化工作。

六、突出一个“为”字，队伍建设在增强意识、提高能力上下功夫

做好新形势下的宣传思想文化工作，关键靠队伍。要着力加强宣传思想文化队伍建设，形成凝心聚力的强大合力，努力开创全区宣传思想文化工作新局面。

一是增强“四个意识”。鲜明的党性原则、正确的政治方向、坚定的政治立场，是对宣传思想文化干部的基本要求。全区宣传文化系统各级党组织要严格执行《准则》和《条例》，带头坚持理想信念“高线”，严守党纪党规“底线”。全区宣传文化干部要牢固树立“四个意识”，始终保持正确的政治方向、政治立场、政治言论、政治行为，自觉经常同党中央对标，校准自己的思想和行动，始终在思想上政治上行动上同以习近平为核心的党中央保持高度一致。

二是强化能力素质。全区宣传文化干部要带头学习贯彻党的十八届三中、四中、五中、六中全会精神，对习近平总书记系列重要讲话和市委市政府、区委区政府的部署要求先学一步、学深一层，深入解读，领会精神，把握要义，切实用理论精神武装头脑、指导实践、推动宣传文化工作创新发展。宣传文化系统各单位要加强学习培训，健全学习制度，着力提升宣传文化干部谋划、研究、说写、策划、协调、应急等“六种能力”。

三是狠抓工作落实。一分部署，九分落实。要按照全区协同发展考评总结大会要求，抓住机遇，抓紧时间，狠抓落实。要高举创新大旗，按照“年初建账、年中查账、年底算账”的工作思路，健全“目标到人、问题管理、责任追究”三项制度，利用好督导这个武器，做到工作项目化、项目指标化、指标形象化，把各项计划、任务分解成一张明晰的督查落实表，定期通报，做到事事有着落、件件有结果。

做好新形势下宣传思想文化工作，责任重大，使命光荣。让我们在区委、区政府的坚强领导下，开拓创新、锐意进取、撸起袖子加油干，努力开创全区宣传思想文化工作新局面，为建设“富美新强”典范区作出新贡献，以优异成绩迎接党的十九大胜利召开！

抓住四个关键点 全面提高政法综治维稳工作水平

2017 年 9 月 5 日

李福广

面对不断变化的综治维稳新形势，德城区政法综治维稳工作要全面贯彻落实中央、省、市重要决策部署，深入贯彻习近平总书记系列重要讲话精神，紧紧围绕全区中心工作，强化研判，突出重点，夯实基础，落实责任，努力为“富美新强”典范区建设创造安全稳定的社会环境。

一要坚持打防并举，全力维护社会大局稳定。加大严打整治专项行动力度，提高精准打击各类犯罪的能力和水平。重点打击涉黑涉恶、有组织犯罪和严重经济犯罪，影响群众安全感的爆炸、绑架、杀人等严重暴力犯罪和抢夺、盗窃等多发性犯罪，努力净化社会治安环境。深入推进“三无”镇街、“无五”社区等基层平安创建，以基层“小平安”，实现社会“大平安”。加大对重点要害部位、特种行业、危险物品管理力度，确保不发生重大案事件。突出抓好重点特殊人群服务管理，做好社区矫正、流动人口服务管理、预防青少年犯罪、严重精神患者救治救助等工作，切实维护社会秩序安定有序。做好重大会议、敏感节点的安全维稳工作，确保不出任何问题。

二要坚持夯实基础，切实提高治安防范水平。加强基层综治平台建设，建立健全区、镇街、社区三级综治工作中心（站）和公安派出所、司法所、人民法庭等基层政法组织，筑牢综治维稳“第一道防线”。深入推进“网格化管理、品牌式服务”，充分发挥好“法治道德讲堂”、“邻里守望”、“和事佬”协会等品牌作用，切实提升基层综治工作水平。加强基层综治组织建设，健全完善网格员管理机制，积极组织引导公安、司法、卫计、民政、人社、共青团、妇联等部门深入基层发挥职能作用，壮大基层综治防范合力。加大投入，提升科技防范水平，加快完善立体化治安防控体系建设，积极完成“雪亮工程”，切实维护社会治安的长期稳定。

三要坚持信息预警，及时化解社会矛盾。深化信息预警处置机制建设，充分发挥区综治维稳信息报送处置平台作用，提高对各类矛盾问题预警预防能力，做到社会矛盾超前化解。坚持问题导向，突出源头治理，对一般性矛盾实行“谁主管、谁负责”，化解在当地和萌芽状态，确保大事不出镇街、部门，小事不出社区、单位，对排查出的重点矛盾问题，实行区级领导包保制度，建立台账，落实责任，逐案销号，妥善解决。

四要坚持两手同抓，建设过硬政法队伍。政法队伍建设既要注重抓业务素质提高，更要注重抓思想作风建设，区政法各部门要严格落实全区思想作风建设大会精神，积极争当全市排头兵。继续深化巩固党的群众路线实践教育活动成果，搞好“两学一做”学习教育，促进作风转变，提升工作效能。锲而不舍地推进司法体制改革，进一步提高司法质量、效率和公信力，切实维护社会公平正义。注重抓关键，抓实效，抓提升，不断推动政法维稳工作提档升级，确保城区安全、社会安定、百姓安宁，以优异成绩迎接党的十九大胜利召开。

强化宗旨意识 密切联系群众
深入开展统战工作进社区活动

孟 宇

2017年，德城区委统战部发扬新湖街道丰华社区“缝缝补补”联系群众的纽带作用和工作精神，以改进社区服务职能，提升社会服务质量为着力点，创新“同心党派志愿队、同心民族工作室、同心光彩慈善团”工作模式，以社区为平台，整合统战资源，凝聚“同心”力量，实现社区统战工作向制度化、专业化、精准化转变，有效推动统战工作向基层延伸，形成统一战线服务基层组织的崭新格局。

一、提高参政议政的针对性，以改进社会服务职能，更好地服务群众为着力点

充分发挥各民主党派联系广泛的作用，围绕提升社区服务质量，拓展社区服务职能，改进社区服务方式展开调查研究和社会实践活动。一是科学筛选调研题目。针对社会管理中存在的问题，如何提升社会服务质量和水平展开调研，提合理化建议，发挥参政议政作用。近期拟组织各党派对德城区新湖街道丰华社区、新华街道邹李社区和城苑社区展开调研，分析现状，查找问题，提出合理化改进建议，让社会职能发挥得更好，让人民群众的社区生活更舒适。二是广泛开展艺术家进社区活动。9月份，民革德城支部组织6名民革党员到广川办事处祥和社区为社区群众写字绘画30余幅，通过宣传推介，进一步提升群众艺术修养。10月份，老人节拟安排5名书画艺术家到新华办事处邹李社区为老人写寿字，送去对老人美好的祝福与祝愿。拟于近期在部分社区开设艺术讲堂，各民主党派从音乐艺术、舞蹈艺术、书法艺术、绘画艺术、中医艺术等不同方面义务授课。三是建立同心党派志愿队。由全区7个民主党派支部依据界别特征和各自优势，组建7支志愿服务队伍，现有登记志愿者103人。通过与街道、社区结对，成立志愿者社区服务队，组织志愿者参与社区建设，开展丰富多彩的文艺演出、定期义务诊疗、为空巢老人提供上门服务等，使党派成员将事业舞台从单位延伸至社区。志愿团先后与27个社区结对，参与志愿者服务43次，开展义诊活动6次，文艺会演3次，文化进社区3次，捐赠图书200余册，发放宣传资料1500余份，服务社区居民800余人，受到社区居民的欢迎和社会的一致认可。

二、以构建和谐的民族关系，打造良好的宗教活动环境为出发点和落脚点

一是建立同心民族工作室。近年来，城市少数民族流动人口逐渐增加，对进一步做好城市民族工作提出了更高要求。为此，我们在小锅市社区、桥口社区、北营社区三个少数民族集中的社区，依托社区服务中心，专门建立了少数民族工作室，开设少数民族群众服务窗口，为少数民族群众学习、交流、议事和解决难题搭建平台。工作室先后帮助包括少数民族在内的27户生活困难居民办理了城镇最低生活保障，6户困难群众报销大病医疗10余万元。同时，加强对社区骨干人员的培训，让群众深入了解民族宗教政策，发挥群众的日常监督作用，化解民族宗教矛盾问题。消除不稳定因素，维护社会政治稳定。二是培训社区骨干人员。民族宗教工作与社区工作密切相关，突出构建社会和谐民族关系，以打造良好的民族宗教社区环境为工作重点，大量培训社区骨干人员，让社区工作人员深入了解民族宗教政策，有效及时化解民族宗教矛盾问题。三是做好外来少数民族管理工作。发挥群众的日常监督作用，在社区群众中大量聘用宗教工作义务监督员，对非法宗教活动及时发现及时制止。在社区设立外来少数民族服务站，建立联谊组织，8月份，在北营社区开展了少数民族青年联姻活动，切实解决少数民族存在的现实困难和问题。7月份，制作了《德城区外来少数民族服务指南》，涉及创业、维权、入学、旅游、民俗、交通等多个层面，在社区免费发放，增强社区服务少数民族的功能。同时，进一步规范清真食品监督员志愿者队伍，强化教育培训，适时设立党支部，纳入街道日常管理。

三、以引导工商联会员企业积极履行社会责任为抓手，切实提高企业的社会信誉度

一是建立同心光彩慈善团。为引导工商联会员企业履行社会责任，把光彩事业和慈善事业有针对性的和社区工作相结合，发挥效益的最大化，我们成立了由50家会员企业组成的同心光彩慈善团。先后有31家非公企业与53个社区搭建了扶贫济困、捐资助学、助老爱残等帮扶对子，捐助困难学生78名，实施帮扶项目26个，总金额91万元。统一战线在基层的社会影响得到有效提升。二是开展“双进”活动。把工商联会员企业进社区和社区志愿者文艺队进工商企业相结合。引导工商联会员企业履行社会责任，把光彩事业和慈善事业有针对性的和社区工作相结合，借助社区平台，结对帮扶救助，发挥社会效益的最大化。德州姜玉坤眼镜店为新湖街道丰华社区先后为老年人捐助老花镜200余架；9月份，德州华源生态科技有限公司、德州众捷汽车销售公司、德州安防科技有限公司、德州天翔楼宇商会、德州奥德曼酒庄为黄河涯社区贫困群众捐款5万元。同时，社区志愿者文艺队伍走进工商联会员企业，通过演出丰富多彩的文艺节目，丰富企业员工业余生活。拟于近期在广川街道借助天翔楼宇商会开展智慧工商联讲坛，让社区从业人员免费享受多领域多层面知识成果。

此外，我们牢牢把握迎接党的十九大、学习贯彻党的十九大精神这条主线，通过举办宣传展，印发宣传册，召开座谈会、情况通报会，专题培训等形式，深入开展学习宣传活动，引导社区统战成员正面发声、发挥正能量。组织宣讲团进社区，宣讲各级统战工作会议精神和《中国共产党统一战线工作条例（试行）》。深入学习领会和贯彻落实习近平总书记统一战线重要思想，学习掌握党的统一战线理论和方针政策，始终坚持统一战线发展的正确方向，坚定不移把维护以习近平为核心的党中央权威落实到行动中，更加扎实有效地做好统一战线各领域工作，真正汇聚起推动发展、深化改革、维护稳定的强大合力。

践行“五个坚持”　当好“五个角色”

——关于如何做好新形势下党委办公室工作的几点思考

王　勇

2014年5月8日，习近平总书记在中央办公厅调研视察时，要求中办同志做到“五个坚持”，即坚持绝对忠诚的政治品格，坚持高度自觉的大局意识，坚持极端负责的工作作风，坚持无怨无

悔的奉献精神，坚持廉洁自律的道德操守。新形势下，“五个坚持”既是对党委办公室工作的基本要求，更是党办同志的行动指南。党办同志应当深刻领会习近平总书记的重要讲话精神，自觉把工作和学习统一到践行“五个坚持”上来，努力当好“五个角色”，真正成为党委不可或缺的“左右手”。

一、对党忠诚，做政治清醒的明白人

“五个坚持”的第一条就是坚持绝对忠诚的政治品格。作为党委办公室的同志，应该把讲政治放在第一位，自觉学习贯彻党的十九大精神，做到政治上讲忠诚，组织上讲服从，行动上讲纪律，始终做政治清醒的明白人。

一要坚持正确方向。方向问题是重大政治问题，决不能有丝毫含糊、半点偏差。必须永葆党办姓“党”的本色，牢固树立政治意识、大局意识、核心意识、看齐意识，更加自觉地在思想上政治上行动上同以习近平为核心的党中央保持高度一致。在任何时候、任何情况下，都要对党组织决定的坚决照办，党组织禁止的坚决杜绝，做党的路线方针政策的忠实拥护者和践行者，特别是遇到大是大非、大风大浪、利益诱惑的时候，必须保持清醒的政治头脑，永葆忠诚之心，永怀赤诚之志。

二要坚定理想信念。理想信念是党员干部的精神之“钙”，理想信念不坚定，精神上就会“缺钙”，就会得“软骨病”，就会出现越规出界、跑冒滴漏的问题。党的十九大把习近平新时代中国特色社会主义思想确立为党必须长期坚持的指导思想，对决胜全面建成小康社会、开启全面建设社会主义现代化国家新征程作出了全面部署。党办同志必须把学习宣传贯彻党的十九大精神作为首要政治任务，坚定不移用习近平新时代中国特色社会主义思想武装头脑、指导实践、推动工作，不断坚定道路自信、理论自信、制度自信、文化自信，补足“精神之钙”，铸牢“党性之魂”。

三要严守纪律规矩。习近平总书记在视察中办时生动地讲道：“孙悟空把唐僧放在那，用金箍棒画一个圈，妖魔鬼怪就进不来了，自己要给自己画一个圈。”这个“圈”就是纪律和规矩的底线、红线，我们在任何时候、任何情况下，都必须旗帜鲜明地与党委保持高度一致，自觉维护中央权威、自觉维护政令畅通、自觉反对妄评乱议、自觉执行组织决定。要严守党的政治纪律、组织纪律，严格用纪律和规矩来规范和约束自己的言行，不该说的话坚决不说，不该做的事坚决不做，做到知规矩、懂规矩、讲规矩、守规矩。

二、敢于担当，做履职尽责的带头人

有多大担当才能干多大事业，尽多大责任才会有多大成就。面对艰巨繁重的工作任务，要有一种“能担千斤重，不挑九百九”的精神，有一种“舍我其谁，用我必胜”的魄力，勇挑重担、敢打硬仗，不折不扣完成好党委赋予的重任。

一要当先锋、冲在前。近几年，环境污染治理、新旧动能转换、全面深化改革等大事要事交织，急事难事叠加，办公室责任格外重大、工作格外繁重。必须牢固树立“接受任务不找借口、执行任务不讲困难、完成任务追求圆满”的观念，打头阵当先锋、做表率当标杆，面对矛盾敢于迎难而上，面对困难敢于挺身而出，面对问题不推卸责任，确保圆满完成党委交付的各项任务。

二要不怕苦、不怕累。在办公室工作，就意味着没完没了地爬格子写材料、风风火火地跑腿办事、上传下达协调关系等等，确实是一份“苦差事”。在苦与累面前，要调整好心态，倍加珍惜为党委服务的难得机会，把事业当成生命寄托，把工作当成人生乐趣，以苦为荣、以苦为乐，把承受的压力转换成为工作的动力，转换成为干事创业的激情，以极端负责的态度干好每一天、做好每一件事。

三要做绿叶、讲奉献。从办文办会到公务接待，从机要保密到应急值守，办公室工作没有鲜花、没有掌声，更多的是台下、幕后。但是，当一切任务圆满完成了，一篇稿子最后定稿了，一个活动顺利结束了，自己的价值就实现了，一样会为自己是个幕后工作者而由衷地感到高兴。因此，要把甘居幕后、愿做陪衬当作一种气度、一种修养，把这段过程作为储备知识、提高素质、积蓄能量的阶段，当作人生成长之路上珍贵的一课，耐得下性子，不看重得失，主动担当，有所作为。

三、狠抓落实，做决策部署的执行人

执行是办公室工作的基本职能和核心任务，要把握好“严”“准”“快”“细”“实”五个方面，确保党委指示畅通无阻、不打折扣、毫不走样地一贯到底。

“严”就是严格严谨、谨慎规范。党办作为党委的综合办事机构，尤其要讲严谨规范。在办文上，要严格公文处理程序和办法，从文件的起草、审核、签发、传阅、存档等各个环节，都要严格按程序办理，规范运作，严格把关。加强公文、新闻审核工作，杜绝政策上的漏洞和技术上的差错。在办会上，严格履行会议活动审批制度，凡以党委名义召开的全局性工作会议，都要提前将会议议程、参会人员、出席领导等有关内容报备，严格按程序签批。在机要密码上，加强机要文件处理工作，根据上级有关要求，制定全面、周到、有序的服务规范。

“准”就是找准定位、把握到位。岗位的特殊性决定了想问题、办事情都必须从全局上思考和谋划工作，做到“身在兵位、胸为帅谋”。要发挥好参谋助手作用，立足全局、着眼长远、把握大势，做到参之有道、参之有方、参之有效。要发挥好综合协调作用，既要做好党委的“大管家”“守门人”，又要当好机关和基层的“服务员”“勤务兵”，保证党委各项工作高效运转。要发挥好信息服务作用，提高信息服务工作的科学性和准确性，为党委科学决策提供重要依据。要发挥好督促检查作用，围绕党委决策加强督办，敢于较真碰硬，及时了解决策落实情况，认真搞好反馈，确保各项工作部署落到实处。

“快”就是快捷高效、雷厉风行。节奏快、时效性强是党委办公室工作的一大特点，很多事情的时限要求明确，如果拖泥带水、瞻前顾后，必然耽误大事。对党委决定的事情、交办的事项，要切实增强时间观念和效率意识，以只争朝夕的精神开展工作。对今天要办好的事情，抓紧落实，绝不拖到明天；对有时限要求的工作，加班加点，坚决完成任务；对时限要求宽松的工作，也要快节奏进行，以争取主动，努力做到信息不在手中梗死，文件不在手中积压，事情不在手中延误，工作不在手中中断。

“细”就是细心细致、一丝不苟。党办工作有些看起来是小事，办砸了也会酿成大事，可以说“平时默默无闻，出事惊天动地”。传达领导的一项指示、审核一份文件、接听一个电话，如果传达失准、审核失误、答复失当，就有可能造成恶劣影响和难以挽回的损失。细微之处见精神、细微之处见境界、细微之处见水平。作为党办工作，必须比其他部门更加注重细节，切实把“细致”精神体现到办公室工作的各方面，贯穿于办文办会办事的全过程，做到事情再忙再紧也不草率，事情再小再熟也不马虎，努力把简单的事办好、普通的事办到位、平凡的事办出彩。

“实”就是实事求是、求真务实。关于文风，习近平总书记提出，要讲符合实际的话，不讲脱离实际的话，讲管用的话不讲虚话，讲有感而发的话不讲无病呻吟的话，讲反映自己判断的话不讲照本宣科的话，讲明白通俗的话不讲故作高深的话，要反对假、大、空，力求短、新、实。文风如作风，要大力倡导求真务实的实干作风，在起草文稿、把关文件、报送信息、撰写报告上做到言之有物、务实管用；在督查服务上做到督促落实、真见实效；在会议活动上要做到求真务实、精简高效；在协调服务上要做到节俭节约、注重实际，把着力点真正放到务求实效上。

四、苦练本领，做勤学善思的践行人

办公室人员素质的高低，工作能力的强弱，直接关系到领导决策能否贯彻落实，关系到全局工作能否顺利开展。这就需要办公室人员努力学习新知识、新业务、新本领，坚持不懈地提高综合素质和工作能力，以过硬本领为党委提供优质服务。

一要增强学习动力。当前，随着经济社会快速发展，社会利益关系更加复杂，各种深层次矛盾和问题日益凸显，各地在加快发展、深化改革、维护稳定等方面的任务异常艰巨。面对新形势、新任务、新要求，要牢固树立终身学习意识，主动学习中央大政方针和省、市战略部署，始终把握正确方向；主动学习法律法规、政策条例，力争成为行家里手、“政策通”；主动学习党务、政务、经济、社会等方方面面知识，提高胜任本职岗位的能力。

二要善于思考钻研。无论是适应新形势，还是研究新任务；无论是总结新经验，还是分析新问题；无论是改进工作方法，还是创新工作机制，都不能离开思考钻研。要提高工作效率，提高运转水平，就必须养成勤于思考、善于分析的习惯。因此，在学习中一定要善于联系思想、工作、实际进行思考，举一反三、触类旁通，使各项工作始终充满生机和活力，不断有新思路、新举措，不断开创新局面。

三要提高学习实效。学习的目的在于运用。习近平总书记多次强调“空谈误国、实干兴邦”，说的就是反对学习和工作中的空对空。这就要求把学习成果贯穿于各项具体工作之中，转化为谋划工作的思路、促进发展的举措和改进工作方法的本领。要既用学到的理论知识指导新的实践，又在实践中丰富发展理论，做到学以致用、用以促学、学用相长。同时，要把工作能力的提升深深扎根于人民群众的创造性实践中，经常深入基层，深入群众，了解实情，运用所学的知识去总结经验，处理问题，解决问题。

五、锤炼作风，做廉洁自律的老实人

党委办工作人员身处领导机关，工作在领导身边，身份地位特殊，应该强化自我修炼、自我约束、自我塑造，注意廉洁自律，筑牢思想防线，做到警钟长鸣。

一要严守保密纪律。办公室作为重要涉密部门，接触内部文件多，参加重要会议多，掌握涉密信息多，要切实增强保密意识和防范能力，做到不该说的坚决不说，不该看的坚决不看，不该传的坚决不传。特别是随着互联网迅速发展和智能移动终端的快速普及，要特别注意严禁使用手机等终端设备发送、接收、存储涉密信息，严禁使用微信、微博等违规发布涉密信息，确保党和国家秘密安全。

二要提高道德水平。为官之道，德在其首。党员干部的个人道德修养如何，直接影响到我们党的执政能力和党的形象。党办干部必须从严从实要求自己，常修为政之德，常怀律己之心，不断提高自身道德修养。要树立正确的权力观、地位观、利益观，正确看待自己的荣辱得失，在名利面前多一份淡定，诱惑面前多一份坚毅，去留面前多一份从容，保持“知足常乐”的健康心态。要坚持谦虚谨慎的作风，怀才不炫耀、真诚不吹嘘、成绩不张扬。要培养健康的生活情趣，不沉溺于灯红酒绿、留恋于声色犬马，始终保持高尚的精神追求。

三要永葆清廉本色。“做清官不易，须一生写就，成贪吏不难，仅一念之差”。党办工作人员岗位特殊但办事不能讲特殊，必须严格执行廉洁自律准则、纪律处分条例、中央八项规定等各项纪律规定，绝不能打着领导的旗号办私事，决不能用办公室的牌子搞关系，决不能借工作之便谋私利。要自觉接受党内监督，利用好批评和自我批评武器，经常“扯袖子”“咬耳朵”，相互之间提个醒，防止小毛病演变为大问题。要自觉纯洁社交圈、净化生活圈、规矩工作圈，坚决远离各种“小圈子”，做到交往有原则、有界线、有规矩。

德城区农业转移人口市民化调研报告

孙大鹏

新型城镇化是现代化的必由之路，是最大的内需潜力所在，是经济发展的重要动力，也是一项重要的民生工程。党的十八大以来，党中央深入分析城镇化发展形势，从战略和全局的站位作出决策部署，描绘出一幅以人为本、四化同步、优化布局、生态文明、文化传承的中国特色新型

城镇化宏伟蓝图。而习近平总书记提出："推进城镇化的首要任务是促进有能力在城镇稳定就业和生活的常住人口有序实现市民化。"近年来，德城区紧紧围绕中央、省新型城镇化战略部署，以人的城镇化为核心，全力推进农业转移人口市民化，各项工作取得积极成效。2017 年，该区计划实现 5800 人外来务工人员及农村地区就地转移就业人口市民化，2200 人城中村和城边村居民完全市民化。截至 10 月底，已完成 2403 人外来务工人员及农村地区就地转移就业人口市民化；完成 3303 人城中村和城边村原有居民市民化；城镇人口数 324079 人，城镇化率达到 81.78%。

一、主要工作及成效

（一）健全服务体系，推进外来务工人员市民化。一方面，放开户籍限制，在实行城乡统一的户口登记制度基础上，以经常居住地登记户口为基本原则，对未取得房屋产权证明，但有证据证明该房屋是合法建筑且合法取得该房屋使用权的，本人及其共同居住生活的配偶、未婚子女、父母，给予办理登记常住户口，降低农村居民进城门槛，推进人口市民化进程。另一方面，健全基本公共服务均等化体系，制定《关于切实做好外来经商务工人员子女就学的意见》，对办理居住证、缴纳社保的符合入学条件的外来务工人员子女，100% 就近安排在义务教育公办学校就读，确保进城务工人员随迁子女与城镇居民子女享受同等的受教育权利；实施全民参保计划，扩大社会保障覆盖面，为外来务工人员提供社会保险办理、保险关系转移接续等社会保障服务，以及失业登记、就业政策咨询、就业培训等就业公共服务，实现社会保障由制度全覆盖向人员全覆盖有序推进。

（二）完善公共配套，推进城中村城边村人口市民化。一是坚持现代产业体系与现代城镇体系同步构建，全力实施城镇棚户区改造工程。近年来，该区先后通过市场化运作、政府自主建设、委托代建、政府购买、货币补偿等多种模式，完成肖何庄、胜利街等 30 个城镇棚户区改造项目，安置居民 9300 户，惠及群众 3.5 万余人。其中，2017 年 3110 套棚改新开工任务已全部开工；基本建成 854 套，提前超额完成基本建成任务。二是推进基础设施与公共服务同步延伸，加大公共配套工程建设力度。根据城中村城边村改造规划，制定《德城区解决城镇普通中小学大班额问题实施方案》，全力解决城中村城边村孩子入学难问题。截至目前，明诚学校、第四实验小学等 6 所学校竣工投入使用，萱蕙学校、安居苑小学等 18 所学校正在加快建设。深入推进公立医院改革，积极对接京津优质医疗资源，国家基本药物制度在政府办基层医疗机构全面铺开，市立医院、联合医院、肛肠医院先后加入北京医疗联合体，城中村城边村百姓在家门口便可享受到优质医疗服务。此外，大东关城中村配套道路、新华片区污水管网工程等与群众生产生活息息相关的市政工程也相继完工。三是积极推进集体产权制度改革，切实保障农业转移人口财产权益。制定出台《关于推进农村集体产权制度改革的实施意见》，2017 年完成首批试点村的产权制度改革工作，2018 年在全区范围内铺开；进一步深化农村土地承包经营权确权颁证，加快建设产权交易平台，推进农村土地承包经营权适度规模流转。截至目前，该区累计调查登记耕地面积 10.55 万亩，农户 1.98 万户，建成了区级农村土地承包经营权确权登记颁证数据库；累计流转面积 4.96 万亩，占承包经营土地面积的 38.7%；4 个涉农镇街均建立了独立的农村综合产权流转交易所或业务窗口。

（三）强化产业支撑，推进农村居民就地市民化。一是扩容提质，有序推进农村社区建设。抢抓国家新型城镇化试点机遇，综合考虑村庄自然传统、交通优势、产业发展等因素，进一步完善农村新型社区规划，按每个社区不低于 5000 人标准，科学调整社区总体布局，不断扩大社区规模。坚持"重点优于一般、续建优于新建"，以城区周边、乡镇驻地、产业聚集区和土地挖潜项目区为中心，确定重点建设社区，合理安排建设工作时序。目前，该区规划的20个农村新型社区已开工建设19个，启动率达95%，建成面积170.7万平，入住1.1万户。二是高点定位，发展壮大农村产业园区。坚持产业园区与农村社区同步推进、同步发展，突出地域特色、文化特色、资源特色，有重点的集中优势产业和项目，培优壮大一批带动能力强、支撑作用大的示范园区。加快土地流转步伐，做到土地向龙头集中、产业向园区集中，提高园区对税收、就业的拉动效应，增加农民收入。目前，该区规划的32个产业园区已建成22个，吸引1.9万人就业，其中润德水产、粮油产业园、馨秋现代农业产业园等产业园区产业带动能力强、辐射范围广，有力促进了农民就近就地就业。三是分类指导，强化农村环境综合整治。按照分类指导、整体推进的原则，加强农村环境综合整治。对长期保留的村庄，开展“三清四改四通五化”；对拟撤并的村庄，清理“三大堆”，治理脏乱差；对新建农村社区，全部高标准搞好基础设施、服务设施配套。深入推进城乡环卫一体化，推广“户集、村收、镇运、县处理”的生活垃圾处理模式，重点解决污水处理、垃圾清运等突出问题，今年以来，完成了9965户农村无害化卫生厕所改造。

（四）创新体制机制，切实提高人口市民化工作效率。一方面，建立健全“三挂钩”机制，完善人口市民化成本分担机制。加大人口市民化资金倾斜力度，积极向上争取资金，按照上级转移支付资金的要求，及时足额将涉及基本公共服务的资金拨付到位。同时，需要区级配套资金的项目，除在年初部门预算中留出充足的资金外，通过PPP模式等多种投融资渠道积极筹措资金，切实保障农业转移人口市民化资金需求。另一方面，推进重点领域改革，完善人口市民化组织架构。按照“整合资源、聚拢资产”的原则，通过注入资本、划转股权，初步搭建了以德城区重点建设投资有限公司为主平台，下辖太阳湖公司、新湖置业公司、天衢投资公司等5个子公司的基本框架，全力开展棚户区改造、医院建设、市政设施建设等重点领域投融资工作；建立起城乡一体的居民医保体系，实行统一参保范围和项目、统一缴费标准、统一待遇标准、统一基金管理、统一经办流程、统一信息管理等六统一，近10万农村居民享受与城镇居民同等待遇。

二、面临的困难和问题

今年以来，该区围绕农业转移人口市民化做了大量工作、取得了良好成效，但从实际调研情况看，这项工作仍然面临诸多困境，存在不少制约因素。主要表现在：

（一）公共资源供给与新型城镇化步伐不同步。新型城镇化逐步深入后，群众对公共基础设施的需求量大幅增加，要求政府加快完善公共设施配给。但一方面，该区目前仍面临着住房、医疗、教育、就业等公共资源总量不够大、分布不均衡的问题，公共服务供给与群众需要仍有差距，城市综合承载力需要进一步加强；另一方面，受制于环境约束趋紧、土地空间紧张等现实因素，该区公共服务水平提高速度与群众需求增长速度不成正比，基础设施建设效率亟待提升。

（二）投融资体制机制还不够健全。一是融资平台普遍规模小，融资能力较弱，难以满足当前城市发展和产业建设投资要求；二是融资资源匮乏，政府投融资平台企业缺乏长期实质性经营项目，可抵押、可担保并符合融资条件的有效资源不足。三是金融工具创新能力低，多数平台公司仅仅实现了银行贷款的承接功能，市场化融资占比长期处于较低水平，没有资产运作和投资滚动经营作为支撑，致使造血功能不能内生形成。同时，由于该区为“吃饭财政”，政府难以进行持续性的资本注入，公司无现金流或现金流不足，影响了平台企业与资本市场的有效对接。四是管理运作手段落后，政企关系尚未完全理顺，企业市场化程度不高，法人治理结构还不够完善。以上几个问题，直接导致农业人口转移市民化所需资金难以实现高效筹集，影响了公共服务全覆盖进度。

（三）配套保障政策需进一步完善。农业转移人口市民化是一项复杂而艰巨的系统工程，涉及城乡户籍制度、社会保障制度、公共财政体制、农村土地制度等多方面的综合配套改革。从当前实际看，虽然公安机关采取放宽户口迁移条件，实施流动人口居住证制度等改革措施，但涉及农民利益的土地、计生、教育、住房、社保等配套改革却尚未同步进行，造成各项政策不够衔接，使得户籍制度改革难以取得实质性成效，农村转移人口难以实际享受户籍制度改革带来的实惠，农民进城缺乏动力。

（四）土地要素流转不顺畅。目前该区尚未建成农村综合产权流转交易市场，加之土地流转成本高，供需信息不完善，影响到了土地流转积极性，致使农村资产流转不畅。多数农业转移人口虽然进城落户，但其在农村的资产难以及时流转，不仅造成农村闲置资源难以得到有效利用，也增加了农业转移人口进城后的成本负担，进而影响农业转移人口进城落户的积极性。此外，土地流转是一个复杂的市场化行为，由于农民大多缺乏必要的合同法知识，缺少对土地升值的预见性，在流转中多处于劣势，进而对土地流转失去信心。

三、加快农业转移人口市民化的对策建议

（一）强化农业转移人口市民化产业支撑。产业发展是人口集聚的基础，也是优化提升公共服务供给的有力支撑。一要着力推进传统产业转型升级。把握“中国制造 2025”和“互联网 +”等产业新趋势，推动化工、纺织、食品、机械等传统工业“以旧变新”，通过扩大规模、提升档次，吸纳更多农业转移人口就业。二要深入实施新兴产业培育工程。引导格瑞德、双一集团等科技领军企业，加强产研联合，提高核心竞争力；加快凯盛晶华绿色建材、深圳好家庭健康体育、上海博德尔循环经济等产业园区建设，通过做大增量、裂变优势，为公共基础设施建设提供后续财源支撑。三要加快农业产业园区建设。注重功能整合、产城融合，提升产业辐射带动能力，不断谋划发展、培育形成一批有规模、有实力、有特色、有重大拉动作用的农村现代产业园区，使其成为吸纳农业转移人口的重要载体，增加农民家门口就业的机会。

（二）探索基本公共服务领域融资新模式。做好均衡性转移支付区本级配套资金落实工作，探索推行农业转移人口市民化工作奖励资金补助制度。健全完善投融资平台，加快推进投融资体制机制改革，完善公司法人治理结构，逐步实现平台公司市场化运营，努力推进“融、投、用、管、还”一体化经营。积极探索 PPP 模式融资，加快建立“利益共享、风险共担、全程合作”的共同体关系，充分利用社会资金，吸纳社会资本，完善农业转移人口市民化成本分担机制，减轻政府在基本公共服务项目资金供给方面的财政负担。

（三）深入推进基本公共服务均等化。将进城落户农民纳入城镇住房保障体系，加快城镇棚户区改造进度，支持鼓励农业转移人口集中的园区、企业配建、兴建公租房或农民工公寓，切实保障农业转移人口住房需求。深入推进“全面改薄”和解决“大班额”工作，积极扶持民办学校发展，采取一校多区、集团化学校等办学模式，促进义务教育均衡发展，实现随迁子女从“有学上”到“上好学”的转变。完善就业信息公共服务网络，加大农业转移人口的职业技能培训，并对自主创业者在税费减免、信贷资金等方面给予支持。统筹医疗养老保险，逐步将农业转移人口农村医疗养老保险保险规范接入城镇社会保障体系，消除其进城落户的“后顾之忧”。

（四）深入推进农村集体产权制度改革。以农村土地承包经营权流转为切入口，加快推进农村综合产权流转交易市场建设，逐步扩大交易范围，将集体土地所有权、农户宅基地使用权、林权、集体资产股权等其他可交易类农村产权纳入交易范围，积极推动农村产权和资源的资本化、市场化和股份化。在充分尊重农民意愿前提下，逐步推进农村集体产权制度改革试点工作，依法保障进城农民的土地承包经营权、宅基地使用权，保护成员的集体财产权和收益分配权，引导农业转移人口有序流转土地承包经营权。

关于加快德城区健康养老服务业发展的调研报告

纪　勇

党的十九大报告提出了“积极应对人口老龄化，构建养老、孝老、敬老政策体系和社会环境，推进医养结合，加快老龄事业和产业发展”的要求。德城区作为德州市的中心城区、老城区，人口老龄化程度较高，养老任务繁重艰巨，如何加快推进养老服务业健康发展，是我们当前亟待解决的问题。为深入了解全区健康养老服务业发展状况，对存在问题进行认真研究和分析汇总，并提出合理化建议，近期，我们通过实地察看、资料分析、座谈讨论等形式，开展了专题调研，形成了以下调研报告。

一、基本情况

随着社会经济的不断发展，人口老龄化趋势日益严峻。我区现有人口44.55万人，其中60岁以上老年人口8.02万人，占全区总人口的18%，远远超过全市老龄化平均水平。近年来，区委、区政府高度重视养老服务业发展，积极开展养老服务体系建设工作，先后制定出台了《关于加快社会养老服务体系建设的意见》（德城政发〔2013〕77号）等系列文件，多次召开专题会议，安排部署健康养老服务业建设工作，将养老服务事业发展列入我区经济社会发展规划，作为重要的民生实事，与经济工作同部署、同推进、同落实。去年以来，我区严格按照《全省社区治理暨养老服务创新实验区建设工作方案》（鲁民〔2016〕4号）和《山东省民政厅关于加快推进社区治理暨养老服务创新实验工作的通知》（鲁民〔2016〕66号）要求，聚焦城区社区居家养老，围绕三项重点实验任务，先行先试、勇于创新，积极开展本土化实践，逐步构建起“以居家为基础、社区为依托、机构为补充”的多层次养老服务体系，创新实验区建设工作取得了阶段性进展。截至目前，全区共运营各类养老机构20家，其中公办（含公建）养老机构3家，社区办养老机构2家，民办养老机构15家，建筑面积共43952平方米，设置床位1623张，入住老年人647名，入住率为39.86%。

二、主要发展模式及进展

作为全市唯一一个省级社区治理暨养老服务创新实验区，我区自承担建设任务以来，始终坚持“政府主导、社会参与、点面结合、功能互补、两个效益兼顾、管理服务并重”的工作原则，从居家、社区、机构三方面入手，通过打造一个平台，建设两个中心，树立三个品牌，逐步构建起具有德城特色的养老服务发展新模式。

（一）坚持以人为本，打造“一个平台”。投资500万元，高标准建成社区公共服务综合信息平台，实现市、区、街道、社区四级互联互通。全面完成社区公共服务综合信息平台软件硬件升级改造，为全区102个城乡社区配备电脑、打印机，为49个城市社区配备高拍仪、信息采集器等电子设备。将民政业务纳入信息平台，实现区、街道、社区三级签章，累计录入人口信息数据17.1万条、商户信息2984条、民政服务对象信息2437条、服务居家老年人千余次，“互联网+养老服务”大数据平台的逐步构建，为以养老服务为主体的社区建设提供了坚实的技术支撑。

（二）坚持示范引领，建设“两个中心”。投资700万元，建成心湖阳光颐养中心，该中心建筑面积3000平方米，设置床位68张，共分为宣传展示、室外活动、多功能娱乐等五大功能区，满足入住老人多样化生活需求。目前，该项目以公建民营的方式委托阳光颐康（北京）养老服务有限公司运营，已入住老人30余名；投资800万元，建成建筑面积2600平方米的青龙桥社区综合服务中心，设置党群工作室、四点半课堂、居家养老中心等多个功能区，引入北京阳光颐康、德州乐助社工服务社两家机构，同步开展居家养老、特殊群体照料、青少年教育等公共服务，打造“机构和居家相融合的社区养老”新模式。同时，我区积极探索医养结合养老新模式，动员社会力量，启动兴河湾智慧养老中心项目建设，在全市上半年协同发展督查评议活动中被重点观摩，得到各级领导的充分肯定。

（三）坚持服务先行，树立“三个品牌”。通过政府购买服务的方式，投入300万元，分两批在5个社区开展为期两年的“情系桑榆”老年人服务、“快乐同行”青少年服务、“暖心港湾”特殊家庭服务三个省级社会工作服务项目品牌试点，带动专业社工机构进驻社区开展社会服务。坚持多措并举、以点带面推动社会工作开展，区级层面，成立区社会工作扶持中心，孵化培育德福、乐助2家社工机构，目前这2家社工机构作为中标单位正活跃在社区；镇街层面，鼓励社区工作者参与全国社工考试，落实相关待遇，2016年，全区新增持证社工39人，同比增长170%；社区层面，设置多个个案会谈室、小组活动室，积极运用社会工作专业方法介入工作，成效明显。同时，加快推进社区综合服务设施建设，高标准搭建社区治理和养老服务载体平台，大力实施社区工作服务用房“369”提升工程，新改扩建社区两房17个。截至目前，全区拥有社区工作服务用房面积300平方米以上的社区46个，达标率94%，900平方米以上的精品型社区数量超过四成。

通过省级社区治理暨养老服务创新实验区建设和省级医养结合示范区创建工作，我区计划到“十三五”末，全面建成以居家为基础、社区为依托、机构为支撑，功能完善、规模适度、覆盖城乡的养老服务体系，推动养老事业多元化、多样化发展，让辖区所有老年人都能实现老有所养、老有所依、老有所乐、老有所安。到2020年末，力争实现机构养老床位总数翻一番，每千名户籍老人拥有机构养老床位40张，基本养老服务设施实现城市全覆盖。

三、存在的主要问题

全区健康养老服务业建设和保障体系建设虽然取得了一定成效，但与经济社会发展要求和广大老年人多样化的养老需求相比，还存在明显的差距和薄弱环节，主要体现在以下几个方面：

（一）投资成本较高回报率低，社会资本投资热情受挫。由于养老服务行业的公益性特性，使养老产业前期具有高风险、高投入、低回报的特征，实际运营过程中企业的回报率并不高，反而由于老年人群体的特殊性，承担较大风险。许多投资者和业内人士普遍认为，养老产业是一种潜力巨大的朝阳产业，但较高的门槛设置和较低的投资回报率，使得很多社会资本望而却步。近年来，省政府《关于加快养老服务业的意见》（鲁政发〔2014〕11号）、省政府办公厅《关于贯彻国办发〔2016〕91号文件全面放开养老服务市场提升养老服务质量的实施意见》（鲁政办发〔2017〕52号）等一系列文件的出台，在财政、税收、金融、土地使用等方面对社会资本投资养老产业给予了一定的政策支持，但由于现行体制机制的阻碍，民办养老机构仍然面临融资难、缺少土地支持、人员流动性大等诸多困境，这都成为制约民间资本投资养老机构的重要因素。

（二）养老服务保障制度不健全，可持续发展程度较低。由于养老机构本身属于微利行业，日常运营需要大量资金。目前，除了国家的建设补贴及3年运营补贴外（由于大多数养老机构未取得养老机构设立许可证，所以享受不到建设补贴及运营补贴），长期运营没有奖补资金，养老机构难以得到可持续发展。而在加拿大、美国等发达国家，养老服务业经过80多年发展，已形成了以长期护理为主体的社会养老服务保障体系，老年社会福利、社会保险与商业保险相结合的养老制度成熟完善，保障水平高，为老年人实现老有所养提供了重要经济支撑，养老消费需求拉动了养老服务业的发展。比如，加拿大养老保障制度由老年保障金计划、强制性养老保险计划、雇主养老保险计划和个人退休储蓄计划4部分组成，健康保障资金直接从个人所得税中扣除。通过发挥税收杠杆作用，大力发展老年商业保险的做法，既促进了经济发展，也充分保障了养老服务的健康发展。

（三）养老服务缺乏层次性和针对性，专业人才队伍缺乏。由于观念、收入等诸多因素影响，现有养老机构服务对象多针对有刚性需求的失能、半失能老人，特别是在高龄、独居、空巢和生活需要照料的老年群体的养老服务上存在缺口。同时，由于行业歧视、收入水平等原因，养老机构存在“留不住人”现象，服务人员从业率低、专业化水平低、年龄偏大，缺乏老年服务和医疗护理专业技能，服务质量难以保障。而美国、加拿大等发达国家，养老服务业既着眼于失能、半失能老年人的刚性需求，又充分考虑不同层次老年人高端养老的弹性需求，各种业态成熟、充分，可以满足各类老年人不同的养老服务需求。比如，加拿大养老机构分为护理安老院、护士中心、退休人士之家 3 个层次，护理安老院主要服务于全失能老人，护工 24 小时照顾，属于政府托底性工程；护士中心主要是为生活能基本自理或经过护理安老院照顾情况好转的老人服务；退休人士之家主要为生活能完全自理的老人服务，有护士 24 小时监护，社区医生定期巡访。同时，加拿大多数养老服务中心都是集老年学研究、老年康复、老年医学研究、养老于一体的养老机构，都有严格的养老护理职业准入制度，全部实行养老护理人员和护工持证上岗制，养老护理人员或护工需经过正规的职业培训和考试后才能取得执业证书，而这些人员的培训是养老机构日常工作的一部分。

（四）养老产业发展规划不明晰，部门间政策接续乏力。虽然国家、省、市相继制定出台了关于促进健康养老服务业发展的意见，明确了具体的任务目标，但社会各界面对前景广阔、发展潜力巨大的健康养老服务业，多处在观望或调研阶段，就如何结合自身实际，走出一条具有自身特色的健康养老服务业发展路径，没有明确的方案或计划。同时，由于健康养老服务业内容广泛，产业链长，涉及多个行业部门，许多部门对健康养老服务业的内涵和外延了解不深入，各相关部门配套政策调整不及时或落实不到位，部门间缺乏沟通协作等因素，都间接影响了健康养老服务业的顺利发展。

（五）历史遗留问题情况复杂，规范提升任务繁重。我区部分养老机构是在未实行“养老机构设立许可证”制度以前投入运营，存在手续不完备等问题。同时，部分养老机构以改造、租赁房屋为主，房屋及设施老化，改造成本较高，导致部分养老机构对于规范提升工作持观望态度，整改提升进度较慢。

（六）观念认识尚未到位，宣传力度需进一步加大。部分老年人及其子女传统的养老观念尚未改变，绝大部分老年人习惯于独居或空巢生活，他们的子女也不愿意老人加入社会化养老。部分职能部门对开展社区养老服务的重要性与迫切性尚未引起足够的重视，宣传力度不够，全社会共同关心建设养老事业的氛围尚未形成。

四、相关意见及建议

（一）统筹制定养老服务行业发展规划。建议尽快制定出台全区养老机构发展总体规划和布局规划，并将其建设优先纳入城乡建设规划。按照交通便利、生活方便、环境优美的原则，做好养老机构的选址工作。坚持以民生需求为方向，以消费升级为动力，以新型城镇化和城乡一体化为依托，统筹规划全区养老资源，对全区养老机构的数量、等级、规模，做出详细发展规划，推动实现差异化建设、错位化发展。针对养老机构规范提升难的问题，建议在全面摸排的基础上，重点扶植一批实力强、资质优、发展意愿强烈的龙头机构，以点带面、重点突破，推动养老机构兼并重组、汰弱留强，倒逼不达标养老机构主动退出市场。同时，围绕医疗护理、健康检测、卫生保健、康复陪护、旅游度假等重点，注重服务功能整合，提升养老服务专业化、标准化、网络化水平，加快发展和满足多层次需求的健康养老服务业集聚区，努力打造德城健康养老特色服务品牌。

（二）着力破除行业发展壁垒。从调研情况来看，我区健康养老服务业尚处于起步成长阶段，部分健康养老服务业市场还不成熟，市场主体力量小，抗风险能力差，健康产业聚集程度低。大力发展健康服务业，鼓励社会力量参与健康养老服务业的建设，一方面要出台优惠扶持政策，设立专项发展基金，同时在税收、土地、投融资方面给予优惠，集中力量扶持服务水平高、市场前景好的重点养老机构发展壮大；另一方面，要抓紧清理与健康服务业发展不相适应的政策措施，大胆试点，破除在市场准入、经营性质、审批程序等方面影响发展的体制机制壁垒，为健康养老服务业发展创造良好的外部环境。

（三）加快推进医养结合养老服务新模式。通过推行养老机构内设医疗机构，或者由医疗机构托管养老机构内的医疗服务，社区日间照料中心与基层社区卫生服务机构紧密合作等多种医养结合的运作方式，有效整合辖区医疗和养老服务优质资源，促进养老服务业健康发展。一方面，加快推进“养中有医”。鼓励社会资本在开办的养老服务机构中内设医疗机构，实行正常疗养区、失能和半失能区、失智区等分区管理。300张床位以上的养老机构单独设置综合门诊部，条件具备的可申请设立医院；300张床位以下的养老机构单独设置医务室或诊所。老人所产生的医疗费用，符合医保支付条件的由医疗保险支付，其余的费用由患者自行支付；另一方面，加快推进“医中有养”。依托原有的医院医疗资源，特别是一些特色专科医院，建立老年医疗养护中心，为失能、失智、临终关怀老人提供专业的医疗养护。鼓励医院利用闲置床位，开设医养结合康复中心，引进民办养老机构开展养老服务，医院医疗团队负责老人的医疗需求，社会养老机构负责康复中心老人的养老生活护理，实行医保住院、托护养老两个运行体系，收治以既有医疗需求又有养老需求的老人为主，住院老人收住入院，好转后按需求转入养老模式，医养互换时切换信息。

（四）健全完善居家、社区养老服务网络。依托“12343”信息服务平台，加快推进社区居家养老服务网络建设。大力开发“菜单式”“一键通”“电子保姆”等服务模式，推动实现虚拟养老与实体加盟服务融合发展，打造“15分钟”居家养老服务圈，力争实现全区社区居家养老服务全覆盖。拓展社工团体服务领域，利用“12343”信息服务平台设立养老服务热线和呼叫服务网络系统，及时受理老年人养老需求，向老年人提供定点服务和上门服务，满足居家老人的多样化服务需求。针对高龄、独居、空巢和生活需要照料的老年群体重点推进医疗康复、精神慰藉、送餐服务等入户服务，填补养老服务业存在的缺口。加大养老服务人才培育力度，推行持证上岗制度，通过交流学习、培训辅导等方式，尽快培养一批具有老年常见病护理、康复训练、家政服务、保健理疗等技能的专业服务人员，逐步提高从业人员整体业务水平。积极争取落实养老服务人员待遇、建立养老护理员特殊岗位补贴等制度，吸引更多人才从事养老服务工作，更好地为老年人提供优质服务。

（五）创新引领养老服务体系建设转型发展。在服务理念方面，要推进养老产业由服务“单一化”向“多元化”转变。在重视解决老年人“吃、穿、住”等基本物质需求，满足老年人物质生活保障和生活照料的的基础上，更加注重老年人的精神慰藉和精神关爱，不断丰富老年人精神文化生活，提高老年人的生活和生命质量，让更多的失能、失智老人、高龄老人家庭的子女从繁重的长期照料中解脱出来。在服务模式方面，积极试点互助养老新模式。在“未富先老”“未备先老”的人口老龄化背景下，互助养老是缓解政府养老压力、减轻家庭养老负担的有效方式。可以借鉴美国互助养老“时间银行”模式，采取政府主导、社会参与的原则，组织社会志愿者为居家老年人提供生活照料、精神慰藉等互助式服务，服务以小时为单位，储存到志愿者个人账户中，当其自身需要服务需求时，由其他志愿者提供等量时间的服务，实现互助养老服务的持续发展和健康循环。在服务主体方面，推动实现由“政府主导”向“政府主导与社会参与相结合”的方式转变。积极引领养老服务体系建设转型发展，逐步转变为政府主导、家庭尽责、社区服务和全社会共同参与的多元化发展模式，努力构建全社会齐抓共管的“大养老”格局。

关于德城区食品药品监管体制改革的调研报告

于志新

近年来，德城区高度重视食药安全监管工作，严格按照上级有关要求，围绕“食安德城”建设目标，大力推进食品药品监管体制改革，食药监管职能得到充分整合，监管水平和效率不断提升，有效维护了全区群众的饮食用药安全。但随着食品药品行业的快速发展，食药领域新问题、新矛盾层出不穷，食药监管仍面临严峻形势，特别是随着省级食品安全城市创建工作向纵深推进，食药监管领域硬件设施不完备、基层监管力量薄弱等问题日益凸显，还需持续加大投入力度，不断探索食药监管新模式，进一步提升全区食品药品监管水平。

一、基本情况

全区下辖6个乡镇，102个社区，目前食药监管对象累计1.3万个，其中，食品生产加工企业79家，食品流通行业单位8000家，食品餐饮行业2300家；药品医疗器械生产、经营、使用单位886家（其中医疗机构360家，药品批发企业6家，零售药店270家）；保健食品经营单位1100家，化妆品经营（使用）单位900家。

（一）食品药品机构改革任务完成情况。该区将原食安办、原食品药品监管部门、工商行政管理部门、质量技术监督部门的食品安全监管和药品管理职能进行整合，组建新的食品药品监督管理机构，对食品药品实行集中统一监管，同时承担本级政府食品安全委员会的具体工作。截至目前，新的德城区食品药品监督管理局已组建完毕，下设10个职能科（室、中心）、5个镇（街）食品药品监管所，另设有财政全额拨款的二级单位德城区食品药品稽查大队，改革后德城区食品药品监管系统共有编制85人，从区质监（食品生产监管）和工商部门（食品流通监管）各划转1人和21人，区食安办主任、副主任分别由区食药监局局长、副局长兼任，区食药监局承担食品安全综合协调职能。

（二）食品药品基层监管体系建设。根据食品药品监管执法工作需要，德城区在成立新的药品监督管理局后，不断加大投入力度，改善监管执法条件，建立健全风险监测、检验检测和产品追溯等技术支撑体系，科学监管水平明显提升。一是各镇（街）筹备成立了食品药品安全工作领导委员会，并在行政村和城镇社区设立食品药品监管协管员，承担协助执法、隐患排查、信息报告、宣传引导等职责，着力推进食品药品监管工作关口前移、重心下移，形成食品药品监管横向到边、纵向到底的工作体系，构建起“地方政府负总责、监管部门各负其责、企业是第一责任人”的监管责任体系。二是建立食品药品企业“黑名单”制度，建立完善食品药品投诉举报体系，推进“12331”投诉举报中心建设，实现全区食药投诉统一受理，并认真处理消费者举报投诉，鼓励群众参与监督。同时，加大监管力度，落实进货查验记录制度和索证索票制度，实现食品药品安全可追溯。三是加强监管执法人员培训，通过周五大讲堂、季度学法日、普法宣传周等形式，着力提高执法人员素质，规范监管行为。

二、存在的问题和不足

（一）监管执法人员严重不足。在本轮食品药品监管体制改革前，食品行业采用的是分段监管模式，生产环节由质监部门负责，流通环节由工商部门负责，消费环节由食品药品监管部门负责，卫生部门负责综合协调。职能整合后，监管内容扩展到餐饮服务食品、保健食品、化妆品等领域，也涵盖了食品生产、流通等各个环节，工作量大幅增加，而工商、质监划转人员十分有限。以德城区食药局为例，改革前，全区从事食品生产、流通、消费环节的监管人员分别为5人、145人和45人，全区实际从事食品监管的人员约为195人。改革后，工商、质监部门仅划转22人，加上原食品药品监管部门的9人，全区实际从事食品监管的人数为31人。经过职能整合后，全区实际从事食品监管的人数减少了约164名，这与充实食品药品基层监管力量的改革精神严重不符。

（二）监管队伍结构不合理。德城区食药监局总核定编制85个，目前共有干部职工70人。从年龄结构看，20-35岁的有36人，约占51%；36-45岁的有18人，约占25%；46岁以上的有16人，约占23%，35岁以下年轻职工所占比重过高，队伍骨干力量普遍存在工作经验缺乏，管理协调能力偏弱的情况。从所学专业分布看，食品相关专业3人，约占4%；药品相关专业8人，约占11%；法律专业18人，约占26%；其他专业41人，约占59%。食品药品等相关专业人才短缺，业务骨干的理论功底不厚，执法人员的法律素养不高，高层次复合型人才缺乏等问题突出。

（三）群众食药安全意识亟须提升。从调查结果看，群众的食品药品安全意识比较淡薄，宣传工作还存在盲区，特别是一些农村社区群众还认识不到食药安全的重要性，缺乏安全饮食用药的基本知识。在购买食品药品时，有的群众为贪图便宜，不仔细核对产品成分、制作工艺、生产厂家、生产日期等信息，盲目选购商品；发现假冒伪劣产品，个别群众抱有怕麻烦的心态，而不通过正规渠道解决问题，自我维权意识不强。另外，一些食品药品经营者食品安全意识较差，法律意识不强，在经营过程中，只注重产品价格，忽视产品质量，既不查验供货方的生产经营凭证和产品检测报告，又不重视索票索证，为食药安全及监管埋下隐患。

三、意见建议

（一）优化队伍结构，充实监管力量。协调区编办、人社等部门，争取更多考录指标，加大招考力度。同时，选调一批有工作经验的干部人才，特别是原工商、质监部门的业务人才，充实壮大基层食品药品监管队伍。强化人才培养力度，密切与专业人才培训机构、院校的联系，加强日常业务培训，并采用下派、上挂等方式，扩大干部纵向交流，不断提升食药监队伍的整体素质。

（二）加大投入力度，强化技术支撑。以创建省级食品安全城市为契机，加快完善基层食药监管体系。一是加快食品药品检验所建设。将解决业务用房、检验设备及检验资质等问题纳入全区食品药品技术支撑体系建设，投入专项资金，采购急缺的办公设备、办案设备、执法车辆等设施设备，迅速改善执法装备落后的局面，逐步建立起能够独立开展食品药品检验的机构。二是购置快速检验检测设备。核拨专项经费，购置一批快速检验检测仪器设备，配发到各食品药品监管所，并拟定全年快检计划，开展快速检验检测工作。三是核拨专项检验经费。将食品药品检验经费纳入财政预算，切实保障经费支出，严格落实各项抽检任务。

（三）扩大社会宣传，提高群众意识。将新版《中华人民共和国食品安全法》《中华人民共和国药品管理法》等相关法律、法规列入普法宣传的重要内容，组织食品药品行业的生产经营者认真系统地学习，切实提高市场主体的安全意识。同时，进一步加大省级食品安全城市创建工作宣传力度，扩大对食药监管工作的动态宣传，妥善处置群众对食品安全的投诉举报，强化食品舆情监测与处置，积极回应社会关切，提高全社会对食品药品安全的关注度、认知度。

（四）完善工作机制，强化镇街责任。一是进一步强化镇街监管责任，将食品药品安全全面纳入政府年度目标考核，增加分数权重，细化考核目标，引导各镇街做好食药监管工作。二是建立联席会议机制。由区食安办牵头召集各镇街，每季度召开一次联席会议，分析解决食品药品安全方面存在的突出问题。三是探索网格化监管模式，进一步发挥协管队伍作用。由区财政核拨专项经费到各镇街，各镇街负责协管员队伍的日常管理与具体考核，各片区食药监管所负责协管员的培训和指导，确保基层食药监管工作高效开展，实现全区食药监管工作的常态化、全覆盖。

关于德城区加快现代服务业发展的调研报告

张国亮

现代服务业是现代城市经济发展的核心，对于推进城市经济转型升级，加快新旧动能转换具有重要作用。德城区是德州市政治、经济、文化中心，也是全国交通运输主枢纽城市，金融、信息、人才等资源要素密集，德城区发展现代服务具有得天独厚的区位、交通和资源优势。同时，德州市被纳入京津冀协同发展规划，是京津优势产业重要承接基地。省政府也出台专项扶持政策，支持德州开展智慧城市、产业金融等试点改革，为德城区发展现代服务业提供了战略机遇。为抢抓发展机遇，发挥比较优势，更好地促进我区现代服务业提质增效发展，根据区政府主要领导的要求，区政府办公室组成专题小组深入调研，并结合现代服务业发展实际仔细分析论证，现将有关情况报告如下：

一、现代服务业发展的现状

近年来，德城区坚持把现代服务业摆在优先发展的战略位置，大力发展新兴业态，优化提升传统商贸，服务业主体不断凸显、带动能力日显强劲，被评为全省服务业发展先进区、重点服务业城区。

（一）规模效益稳步提升。2016 年完成服务业增加值 165.68 亿元，增长 7.8%，占 GDP 的比重为 58.4%，高于全市平均水平 16 个百分点，服务业对 GDP 增长贡献率达到 60.7%。今年 1—10 月份预计完成服务业增加值 150.37 亿元，占 GDP 的比重为 59.5%，服务业主体地位进一步凸显。2014—2016 年服务业完成税收 19.6 亿元、18.1 亿元、17.9 亿元，分别占全区财政总收入的 68%、63%、64%，三产服务业已经成为我区财政收入的基石和支柱。

（二）传统商贸持续繁荣。全区限额以上商贸流通企业达到 115 家，各类商业网点 9500 余处，大型商场超市 15 处，涌现出万达、德百、银座等一批骨干企业。各类市场发展到 92 处，交易额过亿元的市场达到 27 处，城南木材、鲁北钢材市场营业收入达到 50 亿元以上。各类物流企业达到 400 家，配送中心 50 多家，建成仓储面积 500 万平方米，物流园区发展到 5 处，运达物流园被评为“省级重点服务业园区”。

（三）新兴业态发展迅速。电子商务持续发展，2016 年，全区电商交易额达到 128.5 亿元，增速连续 3 年保持在 35% 以上。截至目前，全区电商企业达到 2000 余家，万达广场、天虹广场等电商产业园发展到 8 处，其中，银座跨境电商产业园吸引 20 家外贸企业入驻发展，为德州首座跨境电商产业园。现代金融成果丰硕，成功引进齐鲁银行、青岛银行等银行机构，天津海河金融公司等新型业态成功落户，驻区银行、证券、保险等金融机构达到 68 家。家政服务迅速崛起，注册家政服务企业达 54 家，从业人员超 8500 人，培育了宝丽洁、阳光大姐等一批知名家政企业。

（四）楼宇经济初具规模。全区已建成 3 千平以上的商务楼宇 44 座，商务总面积 90 万平方米，其中已投入运营的 40 座，总面积超 78 万平方米。楼宇企业达到 1200 余家，中型以上楼宇企业270余家，占比超过23%，初步形成了沿天衢路、三八路、岔河西岸以及环新湖商务圈等特色楼宇聚集区。金融大厦、天翔大厦、银座大厦全年税收突破1500万元，其中金融大厦入驻企业超过120家，2016年实现税收4500余万元。

二、现代服务业发展存在的问题

总体上看，通过多年的持续发力，我区现代服务业取得了一定成绩，但仍然存在总量不大、结构不优、竞争力不强等问题。具体表现在：

（一）内部结构不合理。由于长期缺乏现代服务业整体规划的指导，服务业虽然在产业构成上发生了一些变化，但内部结构仍不尽合理，尚未形成相互促进、相互支撑的现代化产业体系。一是现代服务业比重低，批发零售、餐饮住宿等传统服务业仍居主导地位，现代物流、电子商务、楼宇经济等现代服务业还刚刚起步。二是面向消费群体的生活性服务业发展较好，而面向一、二产业的生产性服务业却增长乏力，不能为产业发出提供有效支撑。三是缺乏规划引领，城市规划仅限于粗线条的商务定位，没有对特色业态进行精准定位，服务业网点设立随意性较大，结构布局不合理，没有实现集聚发展。

（二）缺大少强问题严重。现代物流、电子商务、楼宇经济等现代服务业虽然近年来得到一定发展，仍处于起步阶段，规模化、集团化程度低，“缺大少强”问题严重。例如，楼宇经济方面，税收最高的金融大厦突破4000万元，单栋亩均税收超过1500元，但是与天津、青岛等城市楼宇集群亩均税收过1800元相比差距过大，同时主题楼宇、特色楼宇也较为缺少。现代物流方面，我区交通便利，位置优越，这对发展现代物流业具有良好的基础作用。但多年来，由于投入规模限制、缺乏整体规划等原因，这些优质资源始终没有得到充分挖掘，虽然有400家物流企业，但没有真正形成大吞吐、大配送的现代化物流园区和产业链条。

（三）产业特色不突出。和周边城区相比，我区拥有诸多的特色服务业资源，但目前没有一个业态真正做大做强，实现规模效益，形成品牌效应。以至于出现了新项目老业态、多项目同业态等问题，在项目建设布局、经营定位上，出现了不必要的内耗和资源浪费。商业特色不明显，没有形成既体现特色商业形象，又符合规划区域定位和适合不同消费群体的商业层面结构，如美食街、数码通信街、风情休闲街等特色街区。

（四）整体配套不完善。现代服务业基础设施、人才资源、扶持政策等产业配套需要进一步完善。我区目前大部分市场仍处在摊位经营的初级流通形态，配套设施亟待提升。部分楼宇、商场存在电梯等候时间长、停车泊位紧张、物管水平低等问题，如德百大楼、银座大厦等楼宇因交通、停车等配套无法满足入驻企业的需求，限制了楼宇的发展。周边市区出台了金融、招商等优惠扶持政策，我区与之相比差距明显。

三、加快现代服务业发展的对策

顺应服务业发展趋势，突出高端化、集聚化、特色化发展方向，坚持生产性服务业和生活性服务业并重、传统服务业和现代服务业并举，因循四项工作路径，抓好三项重点工作，全力争创全省现代服务业集群集聚示范区。

工作路径上要突出四个方面：一是突出科技创投、中介咨询、网络服务等支撑和推动产业升级的生产性服务业的增速提质。二是突出健康养老、生态旅游、社区家政、娱乐休闲等生活性服务业的优化发展。三是突出商场市场、专业街区、步行街、宾馆餐饮等商贸服务业的改造提升。四是突出服务业集聚发展，打造一批楼宇经济、现代物流、金融保险等现代服务业聚集区。

具体工作中要聚力抓好三项工作：

（一）突出五大产业，培育发展新兴服务业。立足服务业转型升级，在现代物流、电子商务、现代金融、养老旅游等新兴业态上持续发力，推动现代服务业提质发展。一是集聚发展现代物流。优化东北物流城功能布局，加快铁路物流园招商步伐，配置仓储配送、货代中转、配套服务等功能区域，适时启动城内物流、市场外迁，打造城区北部现代物流集聚区。借助全市物流标准化试点契机，加快“互联网+高效物流”进程，引导运达、永兴等物流园区建设智能仓储系统、末端配送网络，大力发展智慧物流、特色物流，积极发展社区自提、代收服务点等同城物流，实现“物流+配送”全覆盖。二是做大做强现代金融。发挥楼宇经济优势，出台金融产业扶持政策，全力引进知名银行保险、证券基金等金融机构，提升金融产业层次。大力发展融资租赁、商业保理、互联网金融等新型金融业态，打通“政银企”渠道，助推实体经济发展。优化金融发展环境，督促各类银行、保险、担保机构规范营业，促进金融产业安全、健康发展。三是全力发展电子商务。制定电子商务发展规划，推进产业化发展进程，扶持德州利民网、乐村淘等本土电商企业发展壮大，加快建设银座跨境电商、万达工业电商、天虹电商基地等一批电商示范园区。深入实施电子商务“五进”工程，拓宽黄河涯西瓜、馨秋有机果蔬等特色农产品线上销售渠道，加快农超对接。推进实施电商人才培训计划，发挥中国电商培训中心德州分中心等载体平台作用，全力培植电商人才。四是大力发展文化旅游。坚持“资源为底、文化为魂、旅游为用”，借助大运河成功申遗契机，整合运河漕运、庙会祈福、乾隆下江南等文化元素，建设民宿酒店、田园农庄、高档别墅、游乐公园等配套设施，加快建设蓝城运河新城和北厂运河小镇。加大恒大温泉小镇对接力度，开展养生旅游，借助万亩桃园、馨秋生态园等旅游景点，开展生态旅游，打造南部生态养生旅游度假区。五是积极发展养老产业。以省级社区治理暨养老服务创新实验区建设和省级医养结合示范区创建为契机，采用市场运作、委托运营等模式，积极引入高端的养老养生、健康管理、专科医疗等机构，引导社会资本加大对健康养老产业的投资力度，提升健康养老服务水平。

（二）开展三大工程，改造提升传统服务业。在大力发展新兴业态的同时，立足传统商贸“小、散、弱”的实际，加快推进传统商贸提档升级、焕发生机。一是开展商贸龙头培育工程。鼓励引导万达、德百、银座等商贸龙头创新商业模式，由商品销售为主向“商品＋服务”并重转变，通过完善业态布局，不断丰富消费体验，完善餐饮、教育、休闲、娱乐等服务功能，建设“一站式、全龄层”的现代商业综合体。同时，充分发挥品牌效应，利用网络、配送、管理等优势，结合城市发挥规范化，合理布点，推进发展连锁经营，打造商贸航母。二是开展商贸品牌提升工程。注重品牌创建，强化政策支持，推进又一村、永盛斋扒鸡等“老字号”扩大企业规模，提升品牌知名度，打造“百年老店”。制定商业发展规划，整合辖区商业资源，引入国际、国内知名品牌，依托德城历史文化和街区资源，建设一批文化底蕴深厚、建筑风格鲜明、拉动消费作用明显的特色商业街区，形成错位发展新态势。三是开展专业市场改造工程。推进专业市场、购物中心等传统商贸业态与电子商务融合发展，探索开展线上下单、线下体验、在线支付等功能服务。借鉴北京三源里菜市场先进经验，引导商贸企业以直接投资、兼并入股等方式进入农贸、便民市场，支持改善经营状况，提升管理技术，培育一批集零售、餐饮、生活、配送等于一体的多功能社区商业中心。

（三）实施三大计划，集聚发展楼宇经济。围绕进一步突出楼宇经济比较优势，重点做好三方面工作：一是实施楼宇品质提升计划。新增楼宇抓建设，对全区在建楼宇要强化服务、突出重点，统筹推进项目建设，力争项目早建成、早投入、早见效，扩大楼宇空间。投用楼宇抓提升，围绕楼宇经济税收贡献率和单位面积税收，依托唐人中心、百脑汇资讯广场等载体，积极吸引企业总部、中介咨询、金融保险、大型电商等高层次楼宇企业入驻发展，推动楼宇经济提档升级、提质增效。优质地块抓招商，推进齿轮厂、麦克玻璃等地块开发，结合城区规划，建设城市综合体，同步配置道路、雨污水管、停车场库等基础设施，为楼宇经济营造良好发展环境。二是实施特色楼宇培植计划。按照“一楼一策”原则，在楼宇高端化、品牌化、特色化上下功夫，形成重点楼宇、一般楼宇和特色楼宇三级楼宇发展梯队。全力推广金融大厦成功模式，明确楼宇定位，建设一批主题楼宇、特色楼宇。同时，要注重特色商圈的打造，依托“楼宇＋专业市场”、“楼宇＋特色街区”、“楼宇＋产业园区”等方式，推动商务楼宇集聚发展，打造沿天衢路、城隍庙商圈、外滩商务带三条特色楼宇经济聚集带，形成优势突出、特色鲜明、齐头并进的区域楼宇发展格局。三是实施楼宇管理推广计划。金融大厦成立楼宇服务中心，为楼宇企业提供社区、政务、招商、政策咨询等全方位服务，并由一名办事处副主任常驻楼宇，负责协调解决各类问题，有力促进了楼内企业的发展。下一步，进一步完善对楼宇企业的服务，强化对楼宇物管企业的扶持，支持企业提升资质、创新服务，努力提升物业管理水平。对条件成熟的楼宇，推广楼宇服务中心，并开发建设楼宇信息平台和楼宇信息网，努力实现楼宇经济发展“网络化、动态化”管理。

镇街（园区）概况

天衢工业园

中共天衢工业园党委

书　记　郑茂侠（1 月离职）
　　　　安吉斌（1 月任职）
副书记　张　妍（女）
委　员　肖　刚

天衢工业园管委会

主　任　郑茂侠（1 月离职）
　　　　安吉斌（1 月任职）
副主任　张　妍（女）　肖　刚

【概况】 2017 年，天衢工业园认真贯彻落实区委区政府“二次创业”工作要求，实现招商引资和做强现有企业并举，快速提升园区建管水平，重点完成环保和安全稳定等各项工作任务，取得显著成效。2017 年一至三季度，天衢工业园规模以上工业总产值实现 854.58 亿元，营业收入 873.53 亿元，利润 34.96 亿元，利税 63.02 亿元。2017 年天衢工业园一至三季度完成地方财政收入 30068 万元，同比增长 22.35%。

【扶持重点项目实现转型升级】 不遗余力推进重点项目。始终把项目建设作为工作的重中之重，实行一个重点项目、一名包保领导、一个扶持班子的“三个一”工作法，不断健全完善项目推进机制。落实“进解促”工作要求，梳理项目建设过程中存在的困难和问题，及时协调解决，确保重点项目建设快速推进。全年工业园共有区级以上重点项目 20 个，总投资 81.8 亿元，全年计划投资 38.6 亿元。其中，4 个市级重点项目分别是实华 40 万吨 EDC 催化重整项目、凯盛晶华玻璃生产线搬迁升级改造项目、齿轮公司退城进园整体搬迁项目、益海小麦深加工项目。截至 2017 年底，凯盛晶华项目融化车间、辅助车间、袋装原料库封顶，原料车间、成型车间钢结构主梁安装完成，成品库底槽开挖订购生产线设备 60 台（套）；实华化工 EDC 项目罐区混凝土浇筑完成，罐区基础完成，控制室、变电所正在施工二层，设备已订购；益海嘉里项目一期项目主体封顶；绿霸化工项目一期完工已投产，二期 1 万吨毒死蜱原药车间已完工，设备已安装完毕，正在准备安全、环保验收。

发挥优势实现精准招商。根据工业园自身优势，确立“产业大集聚、项目大体量、活动大力度、成效大突破”的目标，成立八个专业招商小组，瞄准八大重点产业实施精准招商，不断延长产业链条，做大做强实体经济。全年天衢工业园招商引资任务为 28 亿元，一至三季度完成招商引资任务 25.5 亿元。新签合同项目 10 个，合同投资额 30.2 亿元；新开工项目 5 个，到位资金 3.7 亿元。中建材玻璃生产基地项目、万鸿城上城综合体等重点项目进展顺利，天衢工业园高创智造谷、天衢工业园人力资源产业园、深圳好家庭体育器材、嘉澳环保增塑剂、博德尔循环经济产业园、佳纳物流托盘等项目正在稳步推进。

夯实基础提升硬件实力。把棚户区改造项目作为基础提升的重要内容，重点抓好天衢棚户区改造集中安置区、李旺庄安置区建设。计划在后赵村地块建设天衢棚户区改造集中安置点，安置前小屯、后小屯、后赵、于庄、马厂、祝辛、二屯 7 个村庄村民，项目总投资 27 亿元，占地 455 亩，总建筑面积 92 万平方米，可安置 5500 户，项目正在办理土地等各类手续。截至 2017 年底，李旺庄安置区的 4 栋楼已竣工，建筑面积 25200 平方米，安置房 210 套；前小屯村、李旺庄的村庄拆迁工作基本完成。扎实推进道路建设，投资 3000 万元实施道路改造提升工程，建设总长度约 3.6 公里，推动长庄路、福盛路、马厂路、小李路拓宽提升，同时，投资 1500 万元做好道路绿化、亮化、铺装、排水等配套设施建设，夯实园区硬件基础。

【全力推进环境保护工作】 建立网格化环保管理体系。建立天衢街道党工委书记为组长，党工委副书记、办事处主任为副组长，经济发展局、规划建设局、招商局、双管单位主要负责人为成员的环保专项行动领导小组，领导小组办公室设在综合执法大队，设立了环境保护办公室，办公室共有主任一名，副主任一名，成员四名。建立网格化环境监管体系，出台《关于开展辖区内网管化环境监管体系建设的实施方案》，以整个辖区为一个大网格，五个管区为五个子网格，每个管区内的自然村为小网格。网格内实行条块结合，“条”是指成立了道路、建设工地、企业、村居、督查五条线，“块”是指每个子网格都有一名正科级干部负责，一到两名副科级干部包保，每个村（居）有一名机关干部包保，每个村都明确了额网格员，将责任落实到人。

开展散乱污企业排查整治。通过网格“横到边、纵到底”的拉网式排查，共排查散乱污企业185家，包括需要取缔的56家，需要整改提升的129家。需要取缔的56家已全部完成；整改提升的129家已联系环保部门出具整改方案进行整改提升，整改提升后由环保等部门联合签批，对整改提升后仍然不达标的企业，坚决进行取缔。

开展散煤清洁化推广工作。为推广清洁煤，市政府、区政府下达清洁煤、清洁炉子推广任务，为每吨煤补贴600元，每台炉子补贴400元。对辖区未搬迁上楼的9个村居进行清洁煤试烧演示。成立了散煤清洁化治理工作领导小组，全方位宣传散煤清洁化工作，印发明白纸，一是明确中心城区全面取缔燃煤的要求；二是宣传上级补贴政策；三是鼓励举报偷烧燃煤现象。

开展餐饮油烟、露天烧烤整治活动。餐饮油烟整治工作由德城区城管执法局牵头，天衢城管中队协助配合。天衢工业园共有33家餐饮油烟企业，已要求后厨全部安装油烟净化设备；通过对辖区内露天烧烤进行统一摸排，共摸排经营业户93家，现已全部搬进室内，并安装油烟净化设备。

加强燃煤锅炉管理。开展10吨以下燃煤锅炉取缔工作，天衢工业园内有43处，均取缔。对园区取缔完毕的43处燃煤锅炉，进行全面复查，提请环保局直属分局销号，全面做到德州市政府划定的禁燃区内无进行工业生产锅炉。开展10吨以上锅炉整改提升工作。天衢工业园内共有实华化工、虹桥化工、天宇化工使用10吨以上燃煤锅炉，有市环保局等部门联合进行现场验收并销号。

开展黑臭水体整治工作。天衢工业园黑臭水体主要集中在相互关联的萱蕙河、南干渠、长庄沟、东沟等4条河段，沿岸工业企业及居民区众多，存在企业污水、生活垃圾偷排乱排等情况，淤积比较严重，淤积物多为黑臭淤泥和垃圾。2017年，对萱蕙河自大学路至南干渠全长约5.9公里进行清淤，在长庄沟、于庄沟、南干渠建设3座节制闸，新建萱蕙河污水加压泵站；南干渠自萱蕙河至岔河全长约4.4公里，对南干渠土明沟改造为矩形浆砌石渠道，渠道两侧绿化美化。根据排水规划并复核计算，南干渠自萱蕙河—德贤大街，设计矩形渠道宽度10米，改造段长度约2630米；自德贤大街—岔河，设计矩形渠道宽度12米，改造段长度约1500米。东沟自果园路至南干渠全长约4.6公里，在6月份进行管道整修，加大排污泵站的提水量，使污水不再淤积，同时，对东沟裸露河道进行清淤，清理两岸垃圾，解决异味问题。

【构建安全稳定社会环境】 做好涉军信访维稳。涉军信访维稳情况复杂、压力大，是维稳工作的重中之重。组织开展查漏补缺，确保各项政策兑现落实；对重点人员全面落实管控措施，确保党的十九大期间不发生大规模进京聚集上访，党的十九大召开期间不发生一起军队退役人员上访。坚持网格化管理、组团式服务、信息化支撑，深入细致做好教育引导、落实政策、帮扶解困、管控打击等工作。

集中化解信访积案。按照“集中化解一批诉求合理的信访案件，帮扶救助一批生活困难的信访人员，教育转化一批诉求无理的信访人员，依法处理一批以上访为名扰乱社会公共秩序的违法信访人员”的总体要求，开展信访积案集中化解行动。严格落实领导包案制度，每名班子成员包保1至2件信访积案。综合运用教育、协商、听证、诉讼、仲裁等措施，多元化解矛盾纠纷。采取联席会议等形式，统一研究政策、制定方案，确保复杂问题得到有效化解。

强化安全生产检查。建立健全“党政同责、一岗双责、齐抓共管、失职追责”的安全生产责任体系，进一步明确和落实各党支部、单位及村（居）和党政领导干部的安全生产工作职责，全面贯彻“安全第一、预防为主、综合治理”的安全生产工作方针，有效预防各类生产安全事故。定期开展安全生产大检查，定期通报安全生产工作情况、安全生产履职情况，以及事故调查处理情况。实行安全生产“一票否决”制，负有安全生产管理职责的各局办、各村居，凡发生多起较大生产安全事故的，年终考核实行“一票否决”。

开展专项整治行动。根据区委、区政府、区维护稳定工作领导小组工作要求，联合公安分局、区政法委等部门，对当前影响社会稳定、群众反映强烈的突出问题，开展专项整治、打击行动，维护良好社会局面。重点开展打击暴恐、打黑除恶、打霸治痞、扫毒禁毒、打击涉众型经济犯罪等专项行动；突出抓好涉军、涉教、安全生产、征地拆迁领域、房地产领域、金融领域等群众关心、社会关注的重点问题，开展集中排查、整治、化解活动。

（伍亚川　郭洪敏）

天衢街道

中共天衢街道工作委员会

书　记　张　妍（女）
副书记　肖　刚
　　　　韩红军
　　　　郭　勇（挂职，2 月任职）
委　员　李　晶（女）　徐　涛
　　　　陈　英（女）　王　冉
　　　　伍亚川

中共天衢街道纪律检查工作委员会

书　记　李　晶（女）
副书记　许朝晖

天衢街道人大工作委员会

主　任　宋凌云（女）
副主任　郑晓慧（女）

天衢街道办事处

主　任　肖　刚
副主任　曲彦芳　苏　楠（挂职）

天衢街道政协联络室

主　任　韩红军（兼）
副主任　商红军

政区概况

【名称来历】 德城区域历史上有九达天衢之称，引用“天衢”二字得名。

【地理位置】 地处德城区北部。北与河北省，东与德州市经济开发区，南与广川街道、新湖街道，西与德州市运河经济开发区搭界。街道办事处驻湖滨北大道 99 号，距离德城区政府 3.5 公里。电话区号为 0534，邮政编号为 253023。

【政区沿革】 1984 年由长庄公社改为长庄乡，以乡政府机关曾驻长庄村为名。2001 年，撤销长庄乡，以原长庄乡的行政区域设立天衢街道办事处，办事处机关驻原长庄乡人民政府驻地。

【政区划分】 2017 年末，辖罗庄、肖何、乾城、于赵、果园、东长、西长 7 个城市社区，七里庄、小屯、翟时、新四合、贾庄、御园、田龙、罗家院 8 个农村社区。共有肖何、东长、西长、坡芦、罗庄、前赵、后赵、于庄、果园街、大院、七里庄、贾庄、侯庄、肖官屯、王家院、罗家院、安庄、李旺庄、田龙庄、翟时庄、前小屯、二屯、后小屯、马厂、祝辛庄 25 个村（居）。

【人口面积】 2017 年末，辖区总人口 10.4 万人，其中常住人口 5.4 万人，流动人口 5 万人。

辖区东西最大距离 5 千米，南北最大距离 4 千米，总面积 18 平方千米。其中陆地 16.92 平方千米，占 94%，水域面积 1.08 平方千米，占 6%。

人口密度为每平方千米 5778 人。

自然条件

【地形地貌】 地处黄河冲积平原，地势平坦。

【气候】 地处中纬度地带，属温暖带半湿润季风型气候。其特点是季风明显，四季分明，春季干旱少雨，夏季炎热多雨，秋季凉爽干燥，冬季寒冷少雪。冬季长达 136 ~ 157 天，一般在 11 月上旬至次年 3 月下旬；夏季为 105 ~ 120 天，一般在 5 月下旬至 9 月上旬；春、秋季最短，都不足两个月。平均气温 12.9 摄氏度，无霜期 201 天，日照时数 2724 小时。

【水文】 境内河道属京杭大运河流域。

【自然灾害】 主要自然灾害有旱涝、连阴雨、冰雹等。

【主要道路】 辖区内有解放北大道、湖滨北大道、德兴北大道、果园路、萱蕙路、盛园路等。

经济概况

【农业】 耕地面积 1.13 万亩。粮食作物以小麦、玉米为主，主要经济作物有棉花。2017 年，棉花种植面积 409.5 亩，可向社会提供 38 吨商品棉。

【畜牧业】 以养鸡为主。2017 年家禽饲养量 20 万羽，上市家禽 18 万羽。

【林业】 截至 2017 年末，累计造林 72 亩。

【工业】 2017 年，规模以上工业企业 50 家，职工 12270 人，实现营业收入 114 亿元，比上年增加 2%。

【财政金融】 2017 年财政总收入 77497 万元，地方财政总收入 37871 万元。财政总收入增加 18.56%，地方财政收入增加 16.31%。

社会发展

【文化艺术】 2017 年末，有文化艺术团体 12 个，会员 380 人。

【教育】 2017 年末，有幼儿园 40 所，在园幼儿 3880 人，专任教师 520 人。小学 3 所，在校生 6678 名，专任教师 298 人。适龄儿童入学率 100%，小升初升学率 100%，九年义务教育覆盖率 100%。

【医疗卫生】 2017 年末，辖区各类医疗卫生机构 24 个，卫生院 1 所，建筑面积 6400 平方米，病床 80 张，科室齐全，现有在职工 56 人，包括执业医师 18 人，注册护士 20 人，其他卫生人员 18 人。社区卫生服务站 2 所，卫生室 21 所，辖区共有乡村医生 47 名。卫生院门诊诊疗 99538 人次，住院 1075 人次。农村安全饮用水普及率 100%。农村卫生厕所普及率 100%。新型农村合作医疗参保数 34916 人，参保率 100%。居民人口平均期望寿命 80 岁。

【体育】 2017 年末，体育场地 13 处，每年定期举办的体育活动有体操、篮球、乒乓球比赛。100% 的村安装了健身器材。

【社会保障】 2017 年城镇低保生活保障户数 111 户，人数 201 人，支出 835143 元。农村最低生活保障户数 212 户，人数 368 人，支出 1197872 元。农村五保集中供养 6 人，支出 50400 元。农村医疗救助 1 人次，民政部门资助参加合作医疗中，城市低保 198 人次，支出 19800 元，农村低保 365 人次，支出 36500 元。农村临时救济 45 人次，支出 32730 元。国家抚恤、补助各类优抚对象 203 人。

基础设施

【交通运输】 已形成由京沪铁路、104 国道、德滨高速公路、德衡高速公路构成的交通运输网。铁路京沪线境内 9 千米。德滨、德衡高速公路过境，境内总长 4500 千米。104 国道境内 4111 千米。

【城市道路】2017年末，道路总长度55700米，人均拥有道路长度0.5米。道路铺装面积50万平方千米，人均拥有道路面积4.8平方千米。

【给排水】污水治理工程1项，污水处理厂1座，日污水处理能力2.5万吨，工业废水处理率100%。

（伍亚川　郭洪敏）

二屯镇

中共二屯镇委员会

书　记　王立东

副书记　刘桂芝（女）

　　　　张　义

委　员　王　彬　潘卫兵　冯文英（女）

　　　　冯志平

中共二屯镇纪律检查委员会

书　记　王　彬

副书记　王　勇

二屯镇人大主席团

主　席　赵　峰

副主席　汤　华（女）　李林林

二屯镇政府

镇　长　刘桂芝（女）

副镇长　潘卫兵　刘小民　俞学东　王生文

　　　　郅建成（挂职，2月任职）

二屯镇政协联络室

主　任　张　义（兼）

副主任　赵　鹏

政区概况

【名称来历】辖区历史上有德州左卫所属第二屯，因此得名。

【地理位置】位于德城区北部。北与河北省吴桥县东宋门乡搭界，东与天衢街道接壤，西与河北省庙镇隔运河相望，南接新湖街道。二屯镇人民政府驻地距德城区政府8公里。电话区号为0534，邮政编号为253000。

【政区沿革】明初德州设卫，该地为德州卫左所属第二屯，始有村庄。清末撤卫，二屯作为地名沿用下来。1958年为曹村公社二屯管理区。1961年9月建立二屯人民公社，1984年改称二屯乡。1994年9月撤乡设镇至今。

【政区划分】2017年末，辖索庄、舜昕苑、馨苑、老渡口、永和、贵和、丰乐屯、程何8个农村社区。农村社区包括头百户、纪店、张牌、胡官营、李庄、杨庄、许官屯、丰乐屯、第三店、许庄、后园、西南街、东北街、索庄、哨马营、驸马营、闸子、程何18个村。

【人口面积】2017年末，辖区总人口1.8万人，其中城镇非农户籍常住人口1969人。总人口中，男性8799人，占48.8%，女性9235人，占51.2%。14岁以下2527人，占14%，15～64岁12619人，占70%，65岁以上2888人，占16%。总人口中，以汉族为主。

辖区东西最大距离4.5千米，南北最大距离15千米，总面积41.5平方千米。其中陆地39.84平方千米，占96%；水域面积1.66平方千米，占4%。

自然条件

【地形地貌】地处鲁西北平原，地势西高东低，南高北低。

【气候】地处中纬度地带，属温暖带半湿润季风型气候。其特点是季风明显，四季分明，春季干旱少雨，夏季炎热多雨，秋季凉爽干燥，冬季寒冷少雪。冬季长达136～157天，一般在11月上旬至次年3月下旬；夏季为105～120天，一般在5月下旬至9月上旬；春、秋季最短，都不足两个月。

【水文】 境内河道属京杭大运河流域。

【自然灾害】 主要自然灾害有旱涝、连阴雨、冰雹等。

经济概况

【农业】 耕地面积 2.45 万亩。粮食作物以小麦、玉米为主。主要经济作物有棉花，2017 年，棉花种植面积 300 亩。

【畜牧业】 以养鸡、猪为主。2017 年家禽饲养量 17.2 万，上市家禽 61.76 万羽。

【林业】 截至 2017 年末，累计造林 1.5 万亩，其中防护林 0.4 万亩，经济林 1.1 万亩。

【工业】 2017 年，规模以上工业企业 5 家，职工 1600 人，实现工业总产值 9.86 亿元。华北纸业紧跟市场步伐，调整产品结构，推行内部挖潜，产品生产能力显著增强，2017 年税收达 2223 万元，比上年增加 90.65%。

【商业外贸】 2017 年末共有商业网点 926 个，职工 1850 人。

【财政金融】 2017 年地方财政收入 4124 万元。

社会发展

【文化艺术】 2017 年末有文化艺术团体 21 个，会员 630 人。辖区 18 个村居文艺队伍全覆盖且文体小广场每村一处，面积不低于 300 平方米并配备健身路径。

【教育】 2017 年末，有幼儿园 8 所，在园幼儿 403 人，专任教师 24 人。小学 2 所，在校生 1040 人，专任教师 73 人。适龄儿童入学率 100%。初中 1 所，在校生 478 人，专任教师 64 人。小升初升学率 100%。九年义务教育覆盖率达 100%。

【医疗卫生】 2017 年末，有卫生院 1 所，病床 22 张。专业卫生人员 14 人，其中执业医师 8 人，执业助理医师 1 人，检测医师 2 人，注册护士 3 人。2017 年医疗机构（门诊部以上）完成诊疗 37031 人次。

【体育】 2017 年末，体育场地 21 处，每年定期举办的体育活动有体操、篮球、乒乓球比赛。100% 的村安装了健身器材。

【广播电视】 2017 年末，有线电视用户 4103 户，电视综合覆盖率 95%。

【社会保障】 2017 年新型农村合作医疗参保数 1.53 万人，参保率 98%。城镇低保生活保障户数 4 户，人数 6 人。农村最低生活保障户数 252 户，人数 465 人。农村五保集中供养 13 人。国家抚恤、补助各类优抚对象 145 人。

基础设施

【交通运输】 已形成由京沪铁路、104 国道、德滨高速公路、德衡高速公路构成的交通运输网。

铁路京沪线境内长 7 千米。德滨、德衡高速公路过境，高速公路境内总长 2.5 千米。104 国道境内长 7 千米。

【邮政电信】 电信企业 3 家。固定电话用户 4000 户。移动电话用户 1.9 万户，比上年增加 1000 户，移动电话普及率为 98%。

市政建设

【城市道路交通】 2017 年末，镇村交通道路总长度 49.6 千米，以实现硬化道路村村通。公交汽车线路 1 条，运营总里程 15 千米。

【环境治理】 污水治理工程 3 项，污水处理厂 1 座，日污水处理能力 15 万吨，工业废水处理率 100%。

【供电】 2017 年末，拥有 35 万千伏及以上变电站（所）1 座，主变压器 2 台，总容量 4 千伏安，高压输电线路 10 条，总长度 65 千米，电负荷 5 万千瓦，年售电量累计完成 1 亿千瓦时，综合电压合格率 100%，供电可靠率 100%。

（曹莹）

黄河涯镇

中共黄河涯镇委员会

书　记　李　锐

副书记　白希瑞　韩红敏（女）

委　员　闫书庚　叶兰祥

刘　闯（挂职，2 月任职）

陈　鹏　郭玉麟（女）

王　新　刘　忠

中共黄河涯镇纪律检查委员会

书　记　闫书庚

副书记　孔祥祺

黄河涯镇人大主席团

主　席　张　勇

副主席　邹建新　闫志勇

黄河涯镇政府

镇　长　白希瑞

副镇长　叶兰祥

刘闯（挂职，2 月任职）

于文志　张世彬　李宜乐

黄河涯镇政协联络室

主　任　韩红敏（女，兼）

副主任　许立荣

政区概况

【名称来历】 位于黄河故道，因此得名。

【地理位置】 地处德城区南部。东临德州市经济开发区抬头寺镇，南邻平原县三唐乡，西与河北省景县隔古运河相望，北邻新华街道。黄河涯镇人民政府驻黄河涯社区黄宋路 1 号，距德城区政府 3 公里。电话区号 0534，邮政编码 253002。

【政区沿革】 1961 年 9 月建黄河涯人民公社。1984 年改称黄河涯乡。1993 年撤销廿里铺乡，原廿里铺乡行政区域划归黄河涯乡。1994 年 9 月撤乡，设黄河涯镇。2000 年 6 月撤销王村店乡，原王村店乡行政区域划归黄河涯镇。

【政区划分】 2017 年末，辖焦庄、东西屯、大史、前后李、王律、乐章、嘉和、李家庙、李家桥、闸北、王程寨、绿苑、沙杨、三十里铺、九村、滕庄、王村店、黄河涯、馨秋、桃园、鑫源、宋奇屯、许庄、四新、廿里铺、大于庄、新纪庄、漳卫新、耿李杨 29 个农村社区。29 个社区也即 29 个村。

【人口面积】 2017 年末，辖区总人口 58920 人，其中城镇常住人口 2900 人。总人口中，男性 29689 人，占 50.39%，女性 29231 人，占 49.61%。14 岁以下 9380 人，占 16%，15 ~ 64 岁 43891 人，占 75%，65 岁以上 5649 人，占 9%。总人口中，汉族 58331 人，占 99%，回族 408 人，满族 38 人。

辖区东西最大距离 9 千米，南北最大距离 12 千米，总面积 109 平方千米。其中陆地 98.1 平方千米，占 90%，水域 10.9 平方千米，占 10%。人口密度为每平方千米 540 人。

自然条件

【地形地貌】 地处鲁西北平原，地势西高东低，南高北低。

【气候】 地处中纬度地带，属温暖带半湿润季风型气候。其特点是季风明显，四季分明，春季干旱少雨，夏季炎热多雨，秋季凉爽干燥，冬季寒冷少雪。冬季长达 136 ~ 157 天，一般在 11 月上旬至次年 3 月下旬；夏季为 105 ~ 120 天，一般在 5 月下旬至 9 月上旬；春、秋季最短，都不足两个月。

【水文】 境内河道属黄河流域、京杭大运河流域。

【自然灾害】 主要自然灾害有旱涝、连阴雨、冰雹等。

经济概况

【农业】 耕地面积 10.6 万亩。粮食作物以小麦、玉米为主，主要经济作物有棉花、蔬菜。2017 年，棉花种植面积 856 亩，蔬菜种植面积 12224 亩，可向社会提供 280 吨商品棉。1.2 万吨蔬菜。

【畜牧业】 以养鸡、养猪为主。2017 年生猪存栏量 9 万头，生猪出栏 4 万头。家禽饲养量 380 万羽，上市家禽 300 万羽。

【林业】 截至 2017 年末，累计造林 6.8 万亩，其中防护林 3.5 万亩，经济林 3.3 万亩。

【商业外贸】 2017 年末，共有商业网点 997 个，职工 2041 人。

【财政金融】 2017 年财政总收入 2043 万元，比上年增加 17.6%。

社会发展

【文化艺术】 2017 年末，有文化艺术团体 15 个，会员 1211 人。

【教育】 2017 年末，有幼儿园 26 所，在园幼儿 1405 人，专任教师 98 人。小学 10 所，在校生 3041 人，专任教师 187 人，适龄儿童入学率 100 %。初中 2 所，在校生 1895 人，专任教师 140 人，小升初升学率 100%，九年义务教育覆盖率达 100%。2017 年教育经费达 410 万元。

【医疗卫生】 2017 年末，有卫生院 1 所，病床 220 张，专业卫生人员 130 人，其中执业医师 45 人，执业助理医师 17 人，注册护士 40 人。2017 年医疗机构（门诊部以上）完成诊疗 4.5 万人次。农村安全饮用水普及率 100%，农村卫生厕所普及率 100%。新型农村合作医疗参保数 46142 人，参保率 100%。居民人口平均期望寿命 85 岁。

【体育】 2017 年末，体育场地 62 处，每年定期举办的体育活动有体操、篮球、乒乓球比赛。93% 的村安装了健身器材。

【广播电视】 2005 年 5 月开通黄河涯镇有线电视。2017 年末，电视转播 39 个频道，有线电视用户 12010 户，电视综合覆盖率 92%。

【社会保障】 2017 年城镇低保生活保障户 22 户，人数 31 人，支出 132660 元。农村最低生活保障户数 1076 户，人数 1535 人，支出 491.6 万元。农村五保集中供养 38 人，支出 18.67 万元。农村五保分散供养 25 人，支出 12.3 万元。民政部门资助参加合作医疗 2200 人次。农村临时救济 40 人次，支出 20 万元。国家抚恤、补助各类优抚对象 601 人。

基础设施

【交通运输】 已形成由京沪铁路、105 国道、101 省道、京福高速公路构成的交通运输网。铁路境内 12 千米。高速公路境内 1 千米。国道境内 10.8 千米。省道境内 12 千米。

【邮政电信】 2017 年末，有邮政网点 2 个，国内异地特快专递信件完成 35 万件，征订报纸 40 万份。电信企业 3 家，服务网点 3 个。固定电话用户 2000 户，比上年减少 500 户。移动电话用户 2.7 万户，比上年增加 0.1 万户，移动电话普及率为 96%。

城区市政建设

【城市道路】 2017 年末，镇村道路总长度 170 千米，道路铺装面积 752 平方千米，人均拥有道路面积 0.013 平方千米。

【公共交通】 2017 年末，有轨道交通线路 1 条，全长 10 千米。公交汽车线路 3 条，运营总里程达 60 千米。

【供电】 2017 年末，镇村拥有 3.5 万千伏及以上变电站（所）7 座，主变压器 10 台，总容量 2.6 万千伏安，高压输电线路 7 条，总长度 146 千米，年售电量累计完成 0.7 亿千瓦时，综合电压合格率 100%，供电可靠率 100%。

（高东涛）

新华街道

中共新华街道工作委员会

书　记　李国星

副书记　蔺心懂

　　　　李　军

　　　　刘宏明（挂职，2 月任职）

委　员　刘立云（女）　吕晓林

　　　　于　瑛（女，挂职，2 月任职）

　　　　张文柱　石燕燕（女）

　　　　张云峰（挂职）

　　　　信春梅（女）

中共新华街道纪律检查工作委员会

书　记　刘立云（女）

副书记　蔡　玲（女）

新华街道人大工作委员会

主　任　方化娟（女）

副主任　叶永兰（女）

新华街道办事处

主　任　蔺心懂

副主任　吕晓林

　　　　于　瑛（女，挂职，2 月任职）

　　　　李　萍（女）

　　　　郑世国　孙立艳（女）

新华街道政协联络室

主　任　李　军（兼）

副主任　陈淑娟（女）

政区概况

【名称来历】 中华人民共和国成立后，至 2010 年代，新华印刷厂坐落于辖区；因此得名。

【地理位置】 地处德城区南部。东临德州市经济技术开发区，西与德州市运河经济开发区、河北省故城县接壤，南接黄河涯镇，北与新湖街道、广川街道毗邻。新华街道办事处驻振华社区解放南路 1239 号。电话区号为 0534，邮政编码为 253000。

【政区沿革】 1984 年，本辖区于官屯公社改为于官屯乡。2000 年 6 月，撤销于官屯乡、马市街道，以原于官屯乡和原马市街道行政区域设立新华街道，街道办事处驻原于官屯乡人民政府驻地。

【政区划分】 2017 年末，辖德苑、益德、邹李、新河、振华、辛庄、池口、陈公 8 个城市社区，于官屯、新园、双河、魏庄、三七、于庄、城苑、常兴、李何 9 个农村社区。农村社区包括于官屯村、大刘村、谭家铺、小刘村、张八棍、凉水井、后魏、前魏、七东、七西、七中、新堤、小于庄、黄东、黄西、辛庄、常王、包庄、果子李、何庄 20 个村。

【人口面积】 2017 年末，辖区总人口 79289 人，其中城镇常住人口 58376 人。总人口中，男性 41207 人，占 52%，女性 38082 人，占 48%。14 岁以下 14023 人，占 17.7%，15 ～ 64 岁 55462 人，占 69.9%，65 岁以上 9803 人，占 12.3%。总人口中，以汉族为主。

辖区东西最大距离 8.1 千米，南北最大距离 6.7 千米，总面积 43 平方千米。其中陆地 42.9 平方千米，占 99%；水域 0.1 平方千米，占 1%。人口密度为每平方千米 1840.7 人。

自然条件

【地形地貌】 地处黄河三角洲冲积平原，地势平坦，无大起伏，土壤类型以壤质土和黏性土为主。地处鲁西北平原，地势西高东低，南高北低。

【气候】 地处中纬度地带，属暖温带半湿润季风型气候。其特点是季风明显，四季分明，春季干旱少雨，夏季炎热多雨，秋季凉爽干燥，冬季寒冷少雪。年平均气温 13℃，1 月和 7 月的平均气温分别为 −3℃和 27℃，年均降水量 556.2 毫米，无霜期 204 天，冬季长达 136 ~ 157 天，一般在 11 月上旬至次年 3 月下旬；夏季为 105 ~ 120 天，一般在 5 月下旬至 9 月上旬；春、秋季最短，都不足两个月。年均光照 2660 小时、光照率 61%。

【水文】 流经境内的主要河流是马颊河、漳卫新河，境内长度分别为 8.5 公里和 40 公里。京杭大运河、岔河穿境而过。

【自然灾害】 主要自然灾害有连阴雨、冰雹等。历史上未发生过大的地震自然灾害。

经济概况

【农业】 耕地面积 1720 亩，人均 0.12 亩（按总人口计算）。可利用林地面积 1 万亩。粮食作物以小麦、玉米为主，2017 年生产粮食 1355778 公斤。经济作物以棉花为主，2017 年棉花种植面积 25 亩，产量 2986 公斤。蔬菜种植面积 260 亩，产量 1064000 公斤，主要品种有芹菜、油菜、白菜，其中芹菜 192000 公斤，油菜 186000 公斤。

【畜牧业】 以猪、鸡为主。2017 年生猪饲养量 6230 头，年末存栏 2575 头。年末存栏 584 只。家禽饲养量 505368 羽，上市家禽 985721 羽。生产肉类 997447 公斤，其中猪肉 278210 公斤，生产禽蛋 478237 公斤。

【工业】 以整机生产、设备配件、复合材料等为主。2017 年，工业总产值 117.5 亿元，比上年增长 8%。规模以上工业企业 18 家，职工人数 9495 人，规模以上工业实现主营业务收入 30 亿元，利润 2.7 亿元，利税 4.45 亿元。个体私营户数达到 6506 户，同比增长 8.5%，个体工商户 5168 户，同比增长 10%。

【商业外贸】 2017 年末，共有商业网点 3992 个，职工 5623 人，社会消费品零售总额达 122625 万元，比上年增加 15%，其中限额以上企业实现社会消费品零售额 5683 万元，同比增长 12%。

【财政金融】 2017 年，财政总收入 5 亿元，比上年增长 38.5%。其中地方财政收入 28111 万元，比上年增长 32.23%。从各主要税种看，增值税 13760 万元，企业所得税 2865 万元，土地使用税 2287 万元，土地增值税 7075 万元，房产税 937 万元，印花税 460 万元，个人所得税 726 万元。

社会发展

【文化艺术】 2017 年末，有文化馆（站）1 个，设备齐全，建筑面积 500 平方米。公共图书室 18 个，藏书 25000 册。其中九个农家文化大院全部达到验收标准。主要文化艺术团体有陈公庄户剧团、七西秧歌队，从业人员 320 人，比上年增加 60%。

【教育】 2017 年末，有幼儿园（所）31 所，小学 5 所，在校生 2900 人，专任教师 85 人，适龄儿童入学率 100%。

【医疗卫生】 2017 年末，乡镇卫生院 1 所，村卫生室 24 所，城市社区卫生服务中心 2 所，社区卫生服务站 4 所。农村安全饮用水普及率 100%，农村卫生厕所普及率 100%。城乡居民医疗保险参保人数 31857 人，参合率 100%。居民人口平均期望寿命 90 岁。

【体育】 2017 年末，有体育场地 18 个。实施 2 批全民健身工程，经常参加体育锻炼的人数占总人口的 85%。

【广播电视】 2017 年末，有线电视用户 3.2 万户，电视台转播 40 频道，电视综合覆盖率 98.3%。

【社会保障】 2017 年，城镇最低生活保障户数 438 户，人数 787 人，支出 3125039 元，比上年减少 10.9%，月人均 330 元，比上年增长 0.9%。民政部门资助参加合作医疗 1437 人次，城市生活无着人员救助 2 人次。农村最低生活保障户数

314户，人数640人，支出1941863元，比上年减少10.1%，月人均253元，比上年增长5.4%。农村五保集中供养9人，支出50785.1元。低保覆盖率0.95%。国家抚恤、补助各类优抚对象210人，新兵抚恤事业费支出103.7万元，入伍人数30人。慈善超市1个，福利企业2个。年末参加城乡居民养老保险9074人。

基础设施

【交通运输】 北临德州火车站、长途汽车客运站。境内京沪铁路、105国道、101省道、京福（沪）高速公路等贯穿南北东西，道路长度22820米，道路面积201710平方米。与京沪高铁德州东站相距10公里。

【邮政电信】 2017年末，有邮政局1处，邮政业务总量7800万元，其中纯收入230万元。电信营业厅9所。

城区市政建设

【城市道路】 2017年末，城区道路总长度66160米，人均拥有道路长度0.827米；道路铺装面积42360平方米，人均拥有道路面积0.53平方米。城市桥梁11座，总长度约14450米。

【公共交通】 公交汽车线路5条，日发客运汽车120班次，运营总里程达8700千米。日均容量12000余人次。

【给排水】 有自来水厂一处，污水治理工程1项，年供水282万立方米。工业废水处理率100%。

【供电】 2017年末，拥有35千伏及以上变电站（所）2座，主变压器310台，总容量43015千伏安，高压输电线路4条，总长度31.8千米，年售电量累计完成7.1亿千瓦时，综合电压合格率99.9%，供电站可靠率98%。

【园林绿化】 2017年末，城区公园3个，分别位于双一路绿化带、湖滨南路邹李小区和兴河湾小区，公园面积1.3万平方米。105国道、101省道绿化带14万平方米。辖区园林绿地面积7525000平方米，绿地覆盖面积7955000平方米，绿地率35%，绿化覆盖率37%，人均公共绿地面积1.9平方米，道路绿化普及率62%。

（孙立艳）

广川街道

中共广川街道工作委员会

书　记　刘　明

副书记　刘重阳　史　龙（挂职）

委　员　魏书国　金新雷　于士华

　　　　毙　鹏　胡金飞

　　　　刘雅凡（女）

中共广川街道纪律检查工作委员会

书　记　魏书国

副书记　杨景爽（女）

广川街道人大工作委员会

主　任　刘　静（女）

副主任　孔祥明（女）

广川街道办事处

主　任　刘重阳

副主任　金新雷　牟健秀（女）

　　　　王立红（女）　毕　鹏

　　　　封晓丽（女，2月挂职）

广川街道政协联络室

副主任　郑　颖（女）

政区概况

【名称来历】 隋朝时德城区域曾为广川县，因此得名。

【地理位置】 位于德城区东部。北至大学路与天衢街道相邻，南至新华路与新华街道相邻，东至锦绣川风景区与德州市经济开发区相邻，西至湖滨路与新湖街道相邻。办事处驻地距德城区政府 1.5 公里。电话区号为 0534，邮政编号为 253009。

【政区沿革】 1948 年 9 月，德州市划十个镇，属第五镇。1955 年，归三里庄乡，乡址在三里庄。1958 年，划归黄河涯公社，1960 年改为四新公社。1961 年 7 月，划入于官屯公社。1976 年 4 月，建立东地街道。2009 年 3 月，更名为广川街道。

【政区划分】 2017 年末，辖学府、大东关、岔河、长乐、东方家园、小东关、锦绣川、文化、祥和、永庆、兴文、堤岭 12 个城市社区。

【人口面积】 2017 年末，辖区总人口 90073 人。总人口中，男性 45397 人，占 50.4 占 %，女性 44676 人，占 49.6 %。14 岁以下 14862 人，占 16.5 %，15 ~ 64 岁 67555 人，占 75 %，65 岁以上 7656 人，占 8.5%。人口以汉族为主。

辖区东西最大距离 3.4 千米，南北最大距离 3.8 千米，总面积 10.51 平方千米，陆地占 100%。人口密度为每平方千米 8570.2 人。

自然条件

【地形】 地处鲁西北平原，地势西高东低，南高北低。

【气候】 地处中纬度地带，属温暖带半湿润季风型气候。其特点是季风明显，四季分明，春季干旱少雨，夏季炎热多雨，秋季凉爽干燥，冬季寒冷少雪。冬季长达 136 ~ 157 天，一般在 11 月上旬至次年 3 月下旬；夏季为 105 ~ 120 天，一般在 5 月下旬至 9 月上旬；春、秋季最短，都不足两个月。

【水文】 境内河道属京杭大运河流域。

【自然灾害】 主要自然灾害有旱涝、连阴雨、冰雹等。

基层组织建设

【概况】 深化党务、政务、居务公开，严格落实“三重一大”监督机制。

加强两新组织的组织建设、阵地建设、流动党员管理，进一步发挥好党员先锋模范作用。采取“独立建、联合建、孵化建”等措施，加强党组织在“两新”组织的覆盖，2017 年建立 7 家“两新”组织，组织内部机构设置和党务工作人员配备基本齐全，活动场地和经费有效保障。

2017 年，以街区、片区、商务楼宇、居民小区等为依托，合理划分网格，设立网格党支部，对每一网格实行全方位、扁平化、连动式动态管理，配置相应的服务团队，为群众提供多元化、精细化、个性化的服务，做到网格全覆盖、服务零缝隙。共划分 33 个网格，建立 81 个党小组，聘任 117 位网格管理员，下沉一线，实现“人到格中去，事在格中办”。

经济概况

【商业外贸】 2017 年，民营总户数 1300 户，固定投入 28.51 亿元，营业收入 13.48 亿元。

【财政金融】 2017 年地方财政收入 31317 万元，国税 18917 万元，地税 12400 万元。从各主要税种看，完成营业税 7068 万元，增值税 3527 万元，企业所得税 1608 万元，土地使用税 253 万元，土地增值税 1707 万元，房产税 340 万元，印花税 227 万元，个人所得税 287 万元。

【招商引资】 2017 年“四上”企业 68 家，其中，服务企业 14 家，房地产企业 17 家，批零住餐企业 23 家，建筑业企业 14 家。大型商务楼宇 13 栋，建筑面积 40 万平方米。截至 2017 年 11 月底，招商项目完成投资 14 亿元。新签约项目 4 个，新开工项目 5 个，其中，过亿元项目 3 个。

【项目建设】 2017 年共有市级重点项目 1 个，区级重点项目 3 个，其中，新建项目 2 个，续建项目 2 个。

【棚户区改造】 积极推进福东片区、永庆西街、大东关二期棚户区改造项目；加快推动永庆东街棚改进程，为堤岭中学建设腾退土地。加大法制宣传，增强居民法治观念，让群众政策清、情况明、心底亮，引导广大居民有序参与改造工程。

【老旧小区改造】 稳步实施老旧小区改造。广泛开展改造前期摸底工作，充分征求群众意见建议，保障居民合法权利；强化公开监督，严抓工程质量，采取每周统计进度、定期现场检查的形式加强对工程的监督检查，确保按期推进；加强与热力公司、市政公司的协调配合，确保不重复施工，提高改造速度；按照“平稳拆违、有序拆违”的原则，通过联合执法、和谐拆违的方式，依法对园林小区、宝丰农机厂宿舍、区地税局宿舍等小区内违章建筑进行拆除，为老旧小区改造奠定基础，全面改善居民居住环境，全部完成老旧小区拆迁拆违任务。

社会发展

【文化艺术】 2017 年末，有文化馆（站）1 个，建筑面积 300 平方米。公共图书馆（室）3 个，建筑面积 520 平方米，藏书 5000 册。主要文化艺术团体有大东关河北梆子剧团、东方家园腰鼓队、永庆合唱团、文化社区京剧票友社、岔河社区合唱团、文化社区夕阳红秧歌队，从业人员 220 人，比上年增加 60%。

【教育】 2017 年末，有幼儿园 21 所，在园幼儿 4012 人，专任教师 398 人。小学 4 所，在建 2 所，在校生 10900 人，专任教师 416 人。适龄儿童入学率 100%。初中 1 所，在校生 4784 人，专任教师 267 人。普通高中 2 所，在校生 7891 人，专任教师 741 人。初中适龄人口入学率 100%，适龄儿童入学率 100%，小升初升学率 100%，九年义务教育覆盖率达 100%，初中适龄人口入学率 100%。普通高等院校 1 所，在校生 25578 人（其中专科生 5665 人，本科生 19913 人），专任教师 1543 人。

【医疗卫生】 2017 年末，各类医疗卫生机构 6 个，病床 44 张，专业卫生人员 50 人，其中执业医师 25 人，执业助理医师 4 人，注册护 20 人。2017 年医疗机构（门诊部以上）完成诊疗 62822 人次。

【体育】 2017 年末，体育场地 5 处，定期举办的体育活动有体操、篮球、乒乓球比赛。

【社会保障】 2017 年城镇低保生活保障户数 355 户，人数 692 人，发放 29.2 万元。国家优扶、补助各类优扶对象 66 人，抚恤事业费支出 9.8 万元。临时救助家庭 27 户，发放 16.5 万元。残疾人 746 人，发放生活补贴、护理补贴等 6 万元。发放电费补助 37137.4 元，为 15 名 80 岁以上低保老年人发放高龄津贴金 12400 元。为 2 名失能老人发放补助金 1860 元。为 3 名孤儿发放补贴共计 25920 元。为低保内本科新生发放新生入学救助金 40000 元。参加企业养老保险新增就业人员 554 人。居民养老保险缴费人数为 1131 人，缴费金额为 164.8 万余元，医疗保险参保人数为 19528 人，缴费金额为 371 万余元。参加城镇居民医疗保险 19528 人。

【强化监管 保障社会安全稳定】 制定回迁工作预案，配强队伍，为 326 户大东关社区回迁居民逐一做房屋回迁确权，完成交房并入住，完成两河四岸 46 户动迁居民回迁交房入住，为福东片区房屋征收做好启动前的服务准备。高度重视退役军人稳控工作，定期与其谈心谈话，在政策法规允许的范围内开展帮扶。为辖区 38 名失独人员申请山东省计划生育家庭特别扶助金。为 120 名民办教师及时足额发放教龄补助。帮助 25 名为芒果 KTV 装修的工人讨薪 57 万元。“打非治违”专项行动，排查 1400 余家沿街商铺及公共聚集场。开展液化气市场和危险化学品企业的综合整治，加强重要时节烟花爆竹及违规使用彩钢板的安全检查工作。深入开展“安全生产月”和“119”宣传日活动，期间举办宣传活动 2 场，举办消防安全知识培训 2 场、演练 2 场，发放《致辖区居民的一封信》1500 份，各类安全宣传材料 2000 多份，生产月期间共计发放宣传单 3000 余份。

基础设施

【城市道路】 2017 年末城区道路总长度 35000 米，人均拥有道路长度 0.38 米；道路铺装面积 38 万平方米，人均拥有道路面积 4.21 平方米；城市桥梁 1 座，总长度约 28 米。

【交通运输】 广川街道办事处西临德州火车站、长途汽车客运站，东临岔河，境内有大学路、共青团路、文化路、东方红路、东风路道路贯穿东西，育婴街、东地路、德兴路、湖滨路横贯南北。道路长度 35000 米，道路面积 42 万平方米。与京沪高铁德州东站距 10 公里。

【公共交通】 公交汽车线路 14 条，包括 1 路、2 路、5 路、6 路、8 路、10 路、11 路、12 路、17 路、18 路、28 路、30 路、38 路、101 路等，日发客运汽车 900 班次，运营总里程达 30000 公里。日均容量 6 万余人次。

【园林绿化】 2017 年末，位于岔河西岸城区公园 1 个，面积 3 万平方米，公共绿地 40 亩。天衢路、共青团路、东方红路绿化带 10 万平方米。辖区园林绿地面积 39.5 万平方米，绿地覆盖面积 410 万平方米，绿地率 40%，绿化覆盖率 41%，人均公共绿地面积 22.8 平方米，道路绿化普及率 90%。

（贾立红）

新湖街道

中共新湖街道工作委员会

书　记　马　军

副书记　邢建红（女）　吕良缘

李伟华（挂职，4 月任职）

委　员　孟昭喜　辛淑华（女）

袁玉新（女）　秦立群

王书昌（挂职）　李　莉（女）

中共新湖街道纪律检查工作委员会

书　记　王书昌（挂职）

副书记　宋生海

新湖街道人大工作委员会

主　任　冯中建（回）

副主任　赵　霞（女）

新湖街道办事处

主　任　邢建红（女）

副主任　孟昭喜　张晓晶（女）

王利利（女）　王贞涛

郑志安（挂职，4 月任职）

新湖街道政协联络室

主　任　吕良缘（兼）

副主任　高　华（女）

政区概况

【名称来历】 地处新湖北岸，故名。

【地理位置】 位于德城区中部。东至湖滨大道与广川街道相邻，南起新华路与新华街道接壤，西至京杭大运河西岸与德州市运河经济开发区运河街道相邻，北至大学路与天衢街道相接。办事处驻丰华社区天衢西路 1837 号，距德城区政府 1 公里。电话区号 0534，邮政编码 253021。

【政区沿革】 四千年前尧舜时期，此地为兖州之域。至明清属德州。民国改属德县。民国 35 年（1946）6 月德州解放后，属德州市。1994 年 12 月撤市建区后，属德州市德城区至今。2000 年 6 月，建设街道、丰华街道合并，称新湖街道。

【政区划分】 2017 年末，辖马庄、南关、南市、柴市、马市、南营、青龙桥、状元府、城隍庙、尉署、丰华、顺城、罗南、南龙、胜利、桥口、康乐、北园、张庄、荣庄、北营、小锅市 22 个城市社区。

【人口面积】 2017 年末，辖区总人口 13.6 万人，其中城区常住人口10.5万人，流动人口3.1万人。总人口中，男性6.86万人，女性6.77万人。2017年人口出生率10.3‰，人口死亡率4.9‰，人口自然增长率5.4‰。总人口以汉族为主。少数民族为回族，主要聚居在北营、小锅市、桥口、南营四个社区。

辖区东西最大距离2.7千米，南北最大距离5.3千米，总面积16平方千米。人口密度为每平方千米8500人。

自然条件

【地形地貌】 地处黄河三角洲冲积平原，地势平坦，无大起伏，土壤类型以壤质土和黏性土为主。地处鲁西北平原，地势西高东低，南高北低。

【气候】 地处中纬度地带，属暖温带半湿润季风型气候。其特点是季风明显，四季分明，春季干旱少雨，夏季炎热多雨，秋季凉爽干燥，冬季寒冷少雪。年平均气温13℃。年均降水量556.2毫米。无霜期204天。冬季长达1 3 6 ~ 157天，一般在1 1月上旬至次年3月下旬；夏季为105 ~ 120天，一般在5月下旬至9月上旬；春、秋季最短，都不足两个月。年均光照2660小时，光照率61%。

【水文】 流经境内的主要河流是京杭大运河。

【自然灾害】 主要自然灾害有连阴雨、冰雹等。历史上未发生过大的地震等自然灾害。

经济概况

【商业外贸】 以房地产、餐饮服务业、商品销售业为主。201年全社会固定资产投资41.7亿元，增幅15%。外贸进出口总额36444万元。2017年末，有商业网点9786个，职工23011人。社会消费品零售额32亿元，其中限额以上企业实现社会消费品零售额5.6亿元，同比增长54.1%。

【财政金融】 2017年财政总收入6.02亿元，比上年增长63.1%。其中地方财政收入2.87亿元，比上年增长38.6%。2017年共完成国税、地税37483万元，其中地税10899万元，国税17842万元。从各主要税种看，完成营业税6万元，增值税16849万元，企业所得税2965万元，土地使用税851万元，土地增值税1625万元，房产税1692万元，印花税534万元，个人所得税4227万元。

社会发展

【文化艺术】 2017年末，有街道文化站1所，社区（村）文化中心22所，社区图书室22个，藏书2.63万册。舞蹈、秧歌、戏曲等文化娱乐团体45个。

【教育】 2017年末，有幼儿园31所，小学8所。小学在校生20116人，专任在职教师542名。适龄儿童入学率100%。

【医疗卫生】 主要医院有市立医院（二级甲等）、联合医院（二级甲等）。社区医疗卫生服务机构有新湖办事处社区卫生服务中心、顺城社区卫生服务站、小锅市社区卫生服务站、尉署社区卫生服务站、城隍庙卫生服务站、状元府社区卫生服务站、柴市卫生服务站、南市卫生服务站。

【体育】 有体育场地18个。已实施2批全民健身工程，经常参加体育锻炼的人数占总人口的81%。

【广播电视】 2017年末，有线电视用户8.2万户，电视台开通40频道，电视综合覆盖率98.3%。

【社会保障】 2017年新兵抚恤事业费支出102.5万元，入伍人数46人。享受城镇最低生活保障的家庭1147户，1939人，共发放低保金873.4万元，比上年减少5%，低保覆盖率1.7%。有街道社区服务中心22个，慈善超市1个。国家抚恤、补助各类优抚对象116人。城市生活无着人员救助16人次，城市三无人员救助26人。全年新增就业694人，有223名下岗失业人员实现了再就业，困难人员再就业10人。年末城区登记失业人数290人，城区登记失业率为2.7 %。全年参加城镇居民基本医疗保险 28224 人。

基础设施

【交通运输】 辖区内有德州火车站，长途汽车客运站，西邻京沪铁路，105 国道、101 省道辖区内穿过，道路长度 22820 米，道路面积 201710 平方米。与京沪高铁德州东站相距 10 千米。

【邮政电信】 2017 年末，有邮政局 1 处，邮政业务总量 7800 万元，其中纯收入 230 万元。电信营业厅 9 所。

城区市政建设

【城市道路】 建成区总面积 16 平方公里。2017 年末，城区道路总长度 154550 米，人均拥有道路长度 14 米。道路铺装面积 1464000 平方米，人均拥有道路面积 14 平方米。

【公共交通】 2017 年末，开通公交汽车线路有 1 路、2 路、3 路、4 路、5 路、6 路、8 路、9 路、10 路、11 路、12 路、16 路、17 路、18 路、19 路、20 路、21 路、22 路、23 路、24 路、25 路、26 路、27 路、28 路、29 路、30 路、33 路、38 路、101 路 102 路共 30 条线路，运营总里程达 1.2 万公里。日均容量 9789 余人次。

【给排水】 年供水 282 万立方米。

【供电】 2017 年末，拥有 35 千伏及以上变电站（所）2 座，主变压器 310 台，总容量 43015 千伏安，高压输电线路 4 条，总长度 31.8 千米，年售电量累计完成 7.1 亿千瓦时，综合电压合格率 99.9%，供电站可靠率 98%。

【园林绿化】 2017 年末，辖区公园 7 个，公园面积 20 平方千米，公共绿地 50 亩。辖区园林绿地面积 7525000 平方米，绿地覆盖面积 5525000 平方米，绿地率 39%，绿化覆盖率 41%，人均公共绿地面积 25 平方米，道路绿化普及率 95%。

（祝道瑞）

人 物

区级领导干部

王 瑾 中共德城区委常委、副区长。女，汉族，1978年2月出生，内蒙古自治区呼和浩特市人，北京工商大学法律系经济法专业毕业，法学学士学位，中国人民大学法律专业毕业，法律硕士学位，中共党员。2000年7月参加工作。2000年7月至2001年7月任全国人大常委会办公厅秘书局综合处干部，2001年7月至2003年12月任全国人大常委会办公厅秘书局综合处科员，2003年12月至2006年11月任全国人大常委会办公厅秘书一局综合处副主任科员，2006年11月至2006年11月任全国人大常委会办公厅秘书一局办公室副主任科员，2006年11月至2010年6月任全国人大常委会办公厅秘书一局办公室主任科员，期间2009年1月在中国人民大学取得法律硕士学位，2010年6月至2013年2月任全国人大常委会办公厅秘书局监督工作协调处副处长，2013年2月任全国人大常委会办公厅秘书局监督工作协调处处长，2017年7月挂职任中共德城区委常委、副区长。2009年、2010年两次获得全国人大常委会办公厅嘉奖，2014年荣获中央国家机关青年五四奖章。

温福顺 中共德城区委常委、人武部政委。男，汉族，1973年2月出生，德州市陵城区人，中央党校函授学院大学学历，中共党员。1990年3月参加工作。1990年3月至1992年3月任某集团军某师某团一营部战士，1992年3月至1992年9月任赤峰某旅某营某连战士，1992年9月至1994年7月任大连陆军学院学员，取得中专学历，1994年7月至1995年12月任某集团军某师某团某营某连排长，1995年12月至1996年7月任德州陆军预备役某团司令部正排职参谋，1996年7月至1998年1月任德州陆军预备役某师某团某连副连长，1998年1月至1998年10月任德州陆军预备役某师政治部副连职干事，1998年10月至1999年3月任德州陆军预备役某师军械修理所所长，1999年3月至1999年12月任德州陆军预备役某旅修理所副所长，1999年12月至2002年12月任山东陆军预备役某旅政治部宣保科副科长，2002年12月至2007年2月任山东陆军预备役后某旅政治部宣保科科长，2007年2月至2008年12月任乐陵市人民武装部副部长兼军事科科长，2008年12月至2013年4月任陵县人民武装部副部长，2013年4月至2017年6月任中共庆云县委常委、人武部政委，2017年6月至2018年1月任德城区人民武装部政委，2018年1月任德城区委常委、人武部政委。

区直部门

区 委

李 鲲 中共德城区委巡察工作领导小组办公室主任。男，汉族，1975年4月出生，山东省禹城市人，中共党员，大学学历。1997年参加工作。1997年2月至2004年4月任中共德城区委办公室秘书科科员，2004年4月至2005年2月任中共德城区委办公室秘书科科长、副主任科员，2005年2月至2007年4月任中共德城区委督查室副主任、督查科长，2007年4月至2011年12月任中共德城区委办公室副主任，2011年12月至2012年3月任中共广川街道党委副书记、纪委书记，2012年3月至2013年3月任中共广川街道党委副书记、纪委书记、主任科员，2013年3月至2017年1月任中共新湖街道党委副书记、纪委书记、主任科员，2017年1月至2017年6月任德城区水产局局长、党组书记，2017年6月任中共德城区委巡察工作领导小组办公室主任。中共德城区党代会代表。

人 大

周莲花 德城区人大常委会内务司法委员会主任委员。女，汉族，1963年9月出生，德州市陵城区人，中共党员，大学学历。1997年4月至2002年2月任德城区抬头寺乡副乡长，2002年2月至2004年4月任德城区黄河涯镇镇长，2004年4月至2007年3月任德城区畜牧局局长，2007年3月至2010年8月任德城区农办主任、德城区农业综合开发办主任，2010年8月至2013年2月任德城区审计局局长，2013年2月至2017年1月任德城区司法局党组书记、局长，2017年1月任德城区人大常委会内务司法委员会主任委员。曾荣获省级人民满意政法干警称号，立二等功1次。德城区人大代表。

刘长军 德城区人大常委会财政经济委员会主任委员。男，汉族，1958年8月出生，山东省临邑县人，中共党员，大学学历。1976年9月参加工作。1991年3月至1997年4月任临邑县临盘工商所所长，1997年5月至2001年6月任临邑县工商局党组成员、副局长，2001年6月至2009年5月任乐陵市工商局党组书记、局长，2009年6月至2017年1月任德城区工商局党组书记、局长，2017年1月任德城区人大常委会财政经济委员会主任委员。曾荣获全国工商系统优秀工商行政管理人员、山东省工商系统十佳标兵、乐陵市经济工作十大功勋人物称号，创建国家卫生城市工作特殊贡献奖获得者，立二等功1次，三等功1次。德城区人大代表。

陈红升 德城区人大常委会教科文卫委员会主任委员。男，汉族，1966年10月出生，河北省枣强县人，大学学历。1989年7月参加工作。1989年7月至1991年3月任德州市教育局政工科干事；1991年3月至1994年11月任德州市委组织部干部科干事；1994年

11月至1995年6月任德州市委组织部组织员办公室副科级组织员；1995年6月至1996年5月任德城区委组织部组织员办公室副科级组织员（1995年10月至1996年10月挂职宴宾楼饭店有限责任公司党支部副书记、副总经理）；1996年5月至1996年12月任德城区委组织部办公室副主任，副科级组织员；1996年12月至2008年4月任德城区审计局党组成员、副局长；2008年4月至2009年3月任德城区审计局党组成员、副局长，主任科员；2009年3月至2009年8月任德城区政府办公室党组成员、副主任，天衢工业园党委委员、副主任；2009年8月至2010年9月任德城区政府办公室党组成员、副主任，天衢工业园党委委员、副主任，天衢街道办事处人大工委主任；2010年9月至2010年11月任天衢工业园党委委员、副主任，天衢街道办事处人大工委主任；2010年11月至2011年5月任天衢工业园党委委员、副主任兼招商部主任，天衢街道办事处人大工委主任；2011年5月至2012年1月任天衢工业园党委委员、副主任兼企业服务部主任，天衢街道办事处人大工委主任；2012年1月至2014年2月任德城区统计局党组书记、局长；2014年2月至2015年10月任德城区科技局党组书记、局长；2015年10月至2017年1月任德城区科技局党组书记、局长，德城区民政局党组书记、局长；2017年1月任德城区人大常委会教科文卫委员会主任委员。德城区第十五届、十六届、十七届人大代表。

张志强 德城区人大常委会民族侨务外事委员会副主任委员，民族侨务外事工作委员会主任。男，1965年7月出生，1984年7月参加工作。1984年7月至1984年9月任德州市政府办公室秘书；1984年9月至1985年2月任德州市教育局教研室教研员；1985年2月至1986年2月任德州市政府办公室秘书；1986年2月至1990年12月任德州市政府党总支书记、团总支书记；1990年12月至1995年5月任德州市政府法制局科员；1995年5月至1995年11月任德城区法制局科员；1995年11月至1996年10月任德城区政府办公室秘书；1996年10月至1998年5月任德城区政府办公室信息科副科长；1998年5月至2004年2月任德城区政府办公室信息科科长；2004年2月至2007年3月任德城区政府办公室副主任、党组成员；2007年3月至2007年7月任德城区政府办公室副主任、党组成员，天衢工业园管委会副主任、党委委员；2007年7月至2010年8月任德城区委办公室副主任兼区委台湾工作办公室（区人民政府台湾事务办公室）主任，天衢工业园管委会副主任、党委委员；2010年8月至2012年1月任德城区委台湾工作办公室（区人民政府台湾事务办公室）主任，天衢工业园管委会副主任、党委委员；2012年1月至2017年1月任德城区委办公室副主任，德城区机构编制委员会办公室主任；2017年1月任德城区人大常委会民族侨务外事委员会副主任委员，民族侨务外事工作委员会主任。曾荣获全省政府法制工作先进个人、政府系统信息工作先进个人、全省机构编制先进工作者、全市政府系统信息工作先进个人称号，立三等功1次。德城区第十五届、十六届、十七届人大代表。

人民团体

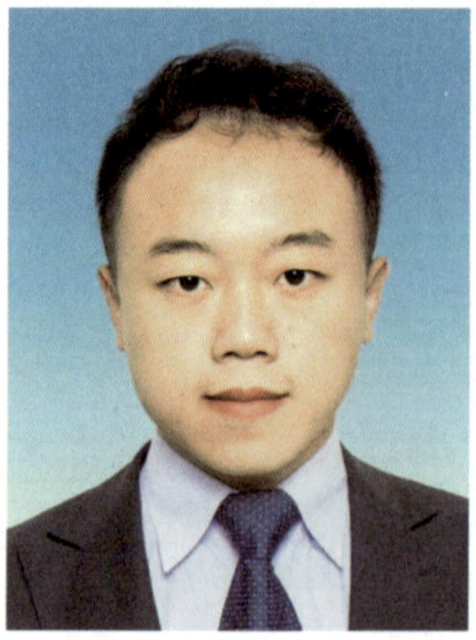

聂玉辉 共青团德城区委书记、党组书记。男，汉族，1986年3月出生，山东省临清县人，中共党员，大学学历。2010年9月参加工作。2010年9月至2013年1月任庆云县政府办公室科员，2013年1月至2015年1月任德州市政府办公室政务四科科员，2015年1月至2017年9月任德州市政府办公室政务四科副科长，2017年9月任共青团德城区委书记、党组书记。曾荣获山东省推进软件正版化工作先进个人、第十届中国艺术节筹办组织工作先进个人（嘉奖）称号。山东省第十四次团代会代表，德城区第十七届人大常委会委员。

国家、省、市驻区单位

徐欣波　德州市公路管理局德城公路局局长。男，汉族，1982年9月出生，山东省莱芜市莱城区人，中共党员，大学学历。2006年参加工作。2011年3月至2013年2月任德州市公路管理局副科级科员，2013年2月至2017年9月任德州市公路管理局办公室副主任，2017年9月任德城公路局局长。曾荣获大众日报先进新闻宣传工作者、德州市创建国家卫生城市先进个人、德州市十二五节能减排工作先进个人、德州市市直机关优秀共产党员、德州市公路管理局机关优秀共青团干部、德州市公路管理局机关先进工作者称号。

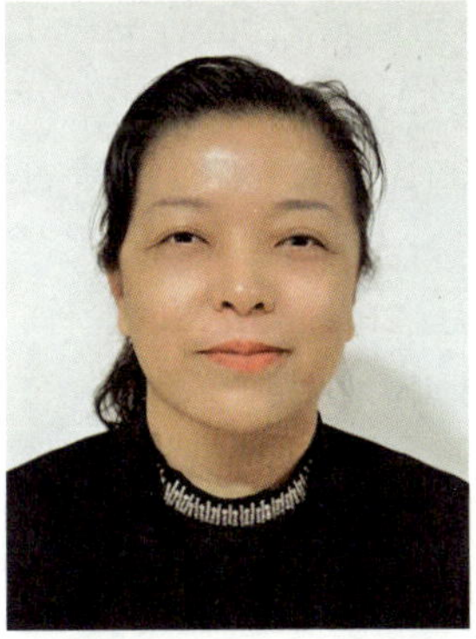

宗丽霞　德州百货大楼总经理。女，汉族，1969年12月出生，德州市德城区人，中共党员，大学学历，1988年参加工作。1999年5月至2002年3月任德百大楼针织商场主任，2002年3月至2009年2月任德百大楼鞋包商场经理，2009年2月至2011年3月任德百大楼店店长助理，2011年3月至2012年4月任德百澳德乐副店长，2012年4月至2017年5月任德百澳德乐店长，2017年5月任德百大楼总经理。曾荣获中国商业服务业优秀店长、山东省富民兴鲁劳动奖章、德州市巾帼建功立业标兵称号。

李友山　德州农村商业银行股份有限公司董事长。男，汉族，1969年7月出生，山东省齐河县人，中共党员，大学学历，经济师。1988年参加工作。1988年12月至1994年3月任齐河县信用社联合社潘店信用社会计，1994年3月至1994年4月任齐河县信用社联合社刘桥信用社会计，1994年4月至1999年11月任齐河县信用社联合社贾市信用社副主任，1999年11月至2000年2月任齐河县信用社联合社祝阿信用社副主任，2000年2月至2001年12月任齐河县信用社联合社华店信用社副主任，2001年12月至2005年4月任齐河县信用社联合社华店信用社主任，2005年4月至2005年7月任齐河县信用社联合社潘店信用社主任，2005年7月至2005年11月任齐河县信用社联合社计划信贷科科长，2005年11月至2007年1月任齐河县信用社联合社风险管理部经理，2007年1月至2009年12月任夏津县信用社联合社党委委员、副主任，2009年12月至2010年9月任临邑县信用社联合社党委委员、副主任（主持工作），2010年9月至2011年10月任武城县信用社联合社党委副书记、主任，2011年10月至2016年4月任武城县信用社联合社党委书记、理事长，2016年4月至2017年7月任武城农商行党委书记、董事长，2017年7月任德州农商行党委书记、董事长。曾荣获山东省公安厅全省单位内部治安保卫工作成绩突出个人、山东省农村信用社优秀共产党员、德州市农村信用社先进工作者、平安武城建设工作先进个人称号。

张小宁　银座集团德州区域总经理，中心店、大学路店总经理。男，汉族，1973年10月出生，山东潍坊市人，中共党员。1994年参加工作。2011年3月至2014年7月任银座长清店总经理，2015年7月至2017年3

月任银座胶州店总经理，2017 年 3 月任银座集团德州区域总经理兼中心店、大学路店总经理。

苗玉晖 中国移动通信集团山东有限公司德城区分公司总经理。男，汉族，1971 年 9 月出生，山东平原县人，中共党员，硕士。1993 年参加工作。2000 年 8 月至 2002 年 5 月任德城区分公司副经理，2002 年 6 月至 2006 年 12 月任德州移动公司市场经营部副经理、重客部经理，2007 年 1 月至 2010 年 6 月任武城移动公司经理，2010 年 7 月至 2017 年 3 月任德州移动公司市场经营部、集团客户部、数据业务部、家庭业务发展部经理，2017 年 4 月任德城区分公司总经理。

卢　滨 齐鲁银行德州分行党委书记，行长。男，汉族，1979 年 3 月出生，山东济阳人，中共党员。2001 年参加工作。2009 年 2 月至 2012 年 9 月任齐鲁银行民营科技园支行行长，2012 年 9 月至 2013 年 12 月任齐鲁银行建设路管辖行风险总监，2013 年 12 月至 2017 年 2 月任齐鲁银行天津分行风险总监，2017 年 2 月任齐鲁银行德州分行行长。

魏　玲 恒丰银行德州分行行长。女，汉族，

1971 年 6 月出生，山东潍坊人，中共党员，大学学历，经济师。1992 年 7 月参加工作。1992 年 7 月至 1994 年 3 月任德州市外贸局工艺公司职员，1994 年 3 月至 2004 年 5 月在建设银行德州市分行营业部、个人金融部、公司业务部任储蓄员、会计、客户经理，2004 年 5 月至 2006 年 10 月任建设银行德州市分行新湖南路分理处主任，2006 年 10 月至 2013 年 1 月任建设银行德州市分行德州东方支行行长，2013 年 1 月至 2013 年 6 月参加恒丰银行德州分行筹备工作，2013 年 6 月至 2017 年 5 月任恒丰银行德州分行副行长，2017 年 5 月任恒丰银行德州分行行长。曾荣获恒丰银行总行 2013 年度、2014 年度、2015 年度、2016 年度先进工作者。

王炳涛 建信人寿保险股份有限公司德州中心支公司副总经理，主持工作。男，汉族，1979 年 12 月出生，山东省宁津县人，中共党员，大学学历。2003 年参加工作。2013 年 10 月至 2016 年 2 月任建信人寿德州中心支公司营销总监兼银保主管，2016 年 2 月至 2017 年 11 月任建信人寿德州中心支公司总经理助理，2017 年 11 月任建信人寿德州中心支公司副总经理，主持工作。

著名企业家

李玉才 德州市鑫华润科技股份有限公司法人代表，总经理。男，汉族，1973 年 4 月出生，山东省乐陵市人，中共党员，大学学历，高级工程师。1998 年 7 月参加工作。1998 年 7 月至 2002 年 9 月任德州市鑫华润聚氨酯工业有限公司技术研发部部长，2002 年 10 月至 2012 年 9 月任德州市鑫华润聚氨酯工业有限公司技术研发部经理，2012 年 9 月至 2013 年 8 月任德州市鑫华润聚氨酯工业有限公司总经理，2013 年 9 月任德州市鑫华润科技股份有限公司法人代表兼总经理。

皮革行业最高奖项“段镇基皮革和制鞋科学技术奖”、全国制鞋标准化技术委员会紫金奖章、山东省优秀新成果奖、山东省优秀新产品奖获得者。曾荣获山东省金桥奖先进个人、德城英才、德城区创新驱动领军人才称号。德城区第十六届、第十七届人大代表，德城区第十三届政协委员。

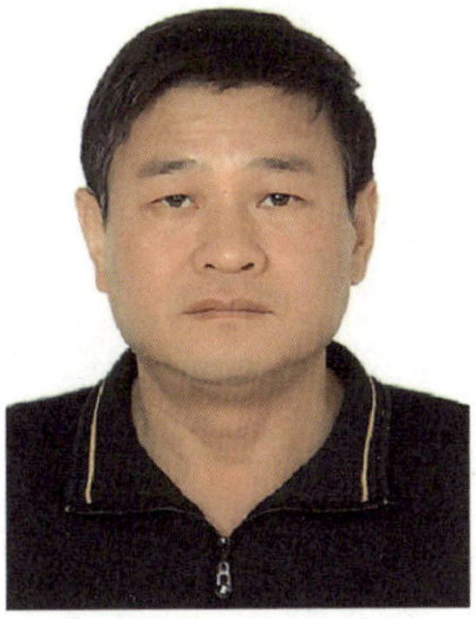

王庆华　山东双一科技股份有限公司董事长。男，汉族，1964 年 3 月出生，山东省武城县人，大学学历，高级工程师。1982 年参加工作。1982 年 7 月至 1984 年 8 月任武城县鲁权屯乡邢庄村卫生室任医生，1984 年 8 月至 1985 年 8 月在河北省故城县医院进修学习，1985 年 8 月至 2000 年 3 月任德州市玻璃钢制品总厂销售员、科长、副厂长、厂长，2000 年 3 月至 2007 年 12 月任山东双一科技有限公司董事长兼总经理，2008 年 1 月任山东双一科技股份有限公司董事长。中国复合材料工业协会常务理事，德州空调复合材料行业协会副会长。曾荣获山东省科协材料学科先进工作者、山东省优秀企业家、德州市创新型优秀企业家、德城区创新驱动领军人才称号。德州市第十八届人民代表大会代表，中国人民政治协商会议德州市委员会第十届、第十一届、第十二届委员。

颜景河　德州实华化工有限公司总经理、党委书记。男，汉族，1962 年 5 月出生，山东省曲阜人。中共党员，大专学历，工程师。1982 年参加工作。1982 年 7 月至 1985 年 7 月任德州实华化工技术员，1985 年 7 月至 1993 年 6 月任德州实华电解车间副主任、主任，1993 年 6 月至 2012 年 1 月任德州实华生产技术处处长，2012 年 1 月至 2014 年 6 月任德州实华技术研发处处长、规划

发展处处长、总工程师，2014 年 6 月任德州实华化工有限公司总经理、党委书记。曾荣获山东省安全生产工作先进个人、德州市优秀企业思想整治工作者称号。德州市五一劳动奖章获得者。德城区第十七届人大代表。在他的领导下，德州实华化工有限公司荣获中国氯碱行业标准化工作先进单位、中国石油和化学工业品牌培育示范企业、低碳山东贡献单位称号。

索存川　山东绿霸化工股份有限公司总经理，德州绿霸精细化工有限公司董事长、总经理。男，

汉族，1963 年 2 月出生，山东省德州市人。中共党员，大学学历，高级工程师。1989 年参加工作。1989 年 7 月至 1993 年 5 月任山东省应用技术开发公司副总工程师，1993 年 5 月至 1996 年 7 月任山东三联集团公司科技处处长，1996 年 7 月至 2003 年 5 月任山东兴业集团公司科技处处长、副总经理，2003 年 5 月至 2011 年 3 月任山东绿霸化工股份有限公司副总经理、总经理，2011 年 3 月任山东绿霸化工股份有限公司总经理、德州绿霸精细化工有限公司董事长兼总经理。

李续川　德州博旺五金工具制品有限公司总经理。男，1982 年 10 月出生，台湾台中市人。2000 年至 2003 年就读于新西兰奥克兰大学，2003 年至 2007 年就读于暨南大学商务英语专业。2009 年担任德州博旺五金工具制品有限公司总经理。2013 年至 2016 年担任德州市台资企业协会副会长，2016 年担任德州市台

资企业协会会长。

科技英才

程　越　中国重庆理工大学教授，中国齿轮协会专家委员会委员，德州齿轮有限公司技术中心副主任。男，1967 年 8 月出生，德州市陵城区人，德国籍。高级工程师。2014 年被评为德州市首席专家，德城英才。

程越 1991 年至 1996 年就读于清华大学机械制造与设计专业，取得学士学位；1998 年至 2002 年留学德国亚琛工业大学机械制造和生产管理专业，取得硕士学位；2002 年至 2005 年留学德国卡尔斯鲁厄大学机械设计专业，取得博士学位。

2005 年至 2012 年 10 月，程越在德国博格华纳公司任产品研发主管，工作期间，负责世界上最先进的欧 6 发动机控制系统关键技术的研发和产业化，首批客户为德国奔驰公司、大众公司、美国通用公司，其负责产品于 2008 年开始量产，先后获得德国汽车创新技术大奖、美国汽车环保技术奖、德国戴姆勒奔驰公司创新产品奖、德国大众公司最佳供应商奖，是世界上最先进的发动机控制系统，应用在北美和欧洲市场，年产值超过 4 亿欧元。

程越博士在德国博格华纳工作期间，同时负责集团的新能源汽车动力传动产品的战略规划，对于电动汽车动力总成和自动变速器进行深入的研究和探讨，据此制定博格华纳公司新能源汽车动力传动产品系列的战略规划。

程越在 2007 至 2009 年，担任欧 6 发动机控制系统量产项目的产品研发总监；2009 至 2011 年，担任纯机械电子控制无级变速器项目负责人和技术总监；2011 年，担任大功率无级变速器开发项目的负责人和技术总监；2012 年，担任电动汽车动力总成项目负责人和技术总监。

程越在节能无级自动变速器以及电动汽车动力总成方面同样做了大量前沿工作，在全球电动汽车动力耦合领域具有世界领先水平。自动变速器和电动汽车动力总成技术的开发，不仅可以开辟中国在此领域具有世界领先水平的产业及产业经济带，更可以带动汽车、工程机械及电动汽车的技术升级，在动力总成领域进入世界先进行列。科技部中小企业创新基金项目“纯机械电子无级变速器”，于 2010 年通过中国机械工业联合会的成果鉴定，鉴定意见为，此技术“具有全部自主知识产权，部分性能达到世界领先水平”。

程越在《机械设计手册》第 5 版 16 卷上发表论文《机械设计手册》；在自动变速器产业化国际会议上，发表电控无级变速器及其在电动汽车中的应用论文。程越获得中国机械工业联合会颁发的中国机械工业科学技术奖一等奖。

2009 年，程越获得 DE10 2008017110 自动变速器用测量控制系统（德国专利）。2011 年，获得实用新型专利“智能加压无级变速器（中国专利）”，专利号 ZL 201020622352.8；获得实用新型专利“无级变速器用挠性元件快速测试跑合系统（中国专利）”，专利号 ZL201120242807.8。2012 年，获得专利 DE10 2010055119 自动变速器控制系统（德国专利）；获得实用新型“无级变速器用金属带钢环测量装置（中国专利）”，专利号 ZL201120281134.7；获得实用新型专利“金属带宽钢环闭环精密剪切装置（中国专利）”，专利号 ZL201120280557.7；获得实用新型专利“金属带钢环组形成装置（中国专利）”，专利号 ZL2011201120281067.9。

程越在重点项目推进方面的成就。1. 指导完成 EM-CVT 汽车无级变速器“B”样机优化设计，优化设计按照轻量化，满足用户使用要求进行设计。“B”样机设计完成，开展样机试制。2. 协调联系 EM-CVT 汽车无级变速器电控系统开发，制定电控系统硬件、底层软件和上层软件开发方案，与开发商进行硬件、底层软件和上层软件开发技术协议洽谈，技术协议的编制、审核。完成协议和合同的签订，正在实施；制定电控系统硬件、底层软件和上层软件的集成方案和车内环境下试验方案。3. 指导完成变速器性能、疲劳寿命试验台的验收。4. 新能源汽车 2DCT 两档双离合器自动变速器在市场调研的基础上，进行产品选型和方案实施策划，完成 2DCT 两档双离合器自动变速器的研发评审、图纸设计以及过程设计开发工作。正在进行样品试制。

程越在队伍建设和管理提升方面的成就。1. 完成山东省技术创新项目“一种无级变速器调速自锁机构和轴外圆轴承球滑道的加工”鉴定验收工作，经专家鉴定，两个技术创新项目分别达到国内领先水平和国内先进水平。2. 完成四季度山东省技术创新项目申报和季度调度资料的申报工作以及专利材料的申报工作。3.APA 公司工具模块的培训与应用提升，通过与 APA 公司的合作，实现先期培训落地，为工具的有效应用和开拓国际市场奠定基础。4. 培养、指导 4 名技术人员。4 名技术人员基本掌握自动变速器设计技术、变速器试验、标定技术。

李玉婕　德州齿轮有限公司总工程师，技术中心副主任。女，高级工程师。主管德州齿轮有限公司新产品研发和技术改造。1992 年毕业于山东工业大学材料科学与工程学院，获本科硕士学位，2015 年 7 月获山东大学材料科学与工程学院工程硕士学位。2009 年 12 月被德州市科学技术协会授予德州市首届杰出贡献工程师称号，2011 年 12 月被中共德城区委德城区人民政府授予德城区专业技术拔尖人才，2012 年 12 月被中共德州市委德州市人民政府授予德州市取力器研发与制造岗位首席专家，2015 年 2 月被中共德城区委德城区人民政府授予德城英才称号，2015 年 3 月被中共德州市委德州市人民政府授予德州市优秀中青年专家。

李玉婕专注科学技术研究与应用，拥有热处理防变形器、快速计算剃齿刀与工件啮合对应点的磨齿机控制系统、一种无级变速器调速自锁机构、取力器用挂挡机构、一种机电式静止挂挡机构 5 项实用新型专利。

李玉婕的科研成果。《快速计算剃齿刀与工件啮合对应点的磨齿机控制系统》2011 年 9 月被山东省经济和信息化委员会评为山东省计算机应用优秀成果三等奖；《SAE8620H 正火珠光体组织的工艺技术研究》2011 年 12 月被德州市科学技术奖评审委员会评为德州市科学技术奖励三等奖；《改进零件结构设计提高制造可行性》2015 年 8 月获得德州市首届企业科技工作者科技大赛科技创新成果二等奖。

李玉婕的主要学术成绩。第一作者论文《浅谈齿轮锻坯等温正火工艺》2009 年入选中国齿轮行业自主创新论文集，《钢件渗碳或碳氮共渗淬火有效硬化层深度的影响因素》2010 年入选齿轮加工委员会第十七届学术年会交流论文汇编，《重型货车贯通轴的热处理质量控制》入选中国汽车工程学会齿轮技术分会第十八次学术年会，《重型货车贯通轴的热处理工艺及质量控制》发表在《金属加工（热加工）》2013 年第 13 期，《浅谈齿轮的材料选用及其热处理》入选中国汽车工程学会齿轮技术分会第十九次学术年会，《重型货车双后桥传动轴扭转断裂的失效分析》发表在《热处理技术与装备》2014 年第 4 期，《超级渗碳技术成本分析》发表在《金属加工（热加工）》2016 年第 17 期。出版论著三部：《齿轮热处理 200 例》，第四作者，化学工业出版社出版；《化学热处理技术与应用实例》，第三作者，化学工业出版社出版；《复合热处理技术与典型实例》，第二作者，化学工业出版社出版。

李玉婕牵头创建省级企业技术中心、德州市汽车变速器工程试验室。承担山东省技术创新计划项目四项：轴外圆轴承球滑道的加工、一种无级变速器调速自锁机构、一种取力器挂挡机构、2DCT 两档双离合器自动变速器。承担科研项目及产业化两项：8000 吨齿轮毛坯精锻、新能源—节能无级变速器。与北京机电研究所进行精密锻造项目的合作。与山东大学材料科学与工程学院联合进行材料热处理及近净成形技术方面研发与试验应用。与重庆理工大学实验室合作研发试验无级变速器和电控标定试验。与吉林大学合作进行 2DCT 两档双离合器自动变速器项目的产业化试验。

姜恭俭 山东格瑞德集团有限公司复合材料技术中心总工程师。男，1963年10月出生，中共党员，工程技术应用研究员。毕业于山东工业大学内燃机专业，获得学士学位。德州市C类省级领军人才，德州市优秀中青年专家。

姜恭俭立足本职工作，勤奋学习，积极进取，发挥技术带头作用，为企业技术进步作出突出贡献，成功开发多项符合国家节能减排政策的新产品、新技术。他获得直接熔融纤维增强热塑性复合材料新工艺、奶牛养殖场奶牛饮水系统、一体化环形厌氧沼气池、双系统生活污水净化沼气池4项发明专利，9项实用新型专利。在国内期刊发表《连续玄武岩纤维/玄武岩玻璃粉体增强无溶剂环氧涂料的制备》《三类中央空调应用于某建筑中的经济性和排放情况的比较》《太阳能辅助对源热泵系统设计计算》3篇论文。主持编制行业标准：JB/T10981-2010《玻璃纤维增强塑料轴流通风机》。参与编订《电站锅炉离心送风机和引风机》《工业蒸汽锅炉用离心引风机》《空调变风量末端装置》3项行业标准。主持编制中国消防手册第四卷第十二章《纤维增强塑料制品生产》。主持开发的《玻璃钢化粪沼气池》科研项目获得山东省中小企业科技进步一等奖。他参与国家火炬计划项目研发，作出重要贡献，项目名称：长纤维增强PP及PA66复合材料，项目编号：2015GH030643。

刘建华 山东格瑞德集团有限公司技术总工。男，1974年4月出生，中共党员，大学学历。1995年7月参加工作。

刘建华致力于中央空调工程产品、系统设计研究工作，积极进取、勇于创新。他共获得授权发明专利证书2项、实用新型专利证书22项，其中第一发明人发明专利证书1项、实用新型专利证书12项。发表专业技术学术论文13篇，其中在《暖通空调》《工程塑料应用》《制冷与空调》国家中文核心期刊发表论文3篇。多次参加由中国制冷学会、制冷空调工业协会、中国热泵学会组织的国内外学术会议、技术论坛并作学术报告。多次担任国家、省重点工程项目管理，其中青岛工商局奥帆赛置换通风项目获得国家优质工程奖，神华宁煤集团400万吨煤制油项目通风空调工程为国家级重点工程、风机墙机组为国家火炬计划立项项目（项目编号2010GH051304）。

作为格瑞德地源热泵系统创新团队领导人，刘建华积极贯彻落实国家节能减排政策，大力推广、应用、研究国家“十一五”期间十大新产品、新技术、新工艺之一的地源热泵技术，设计、应用推广地源热泵中央空调系统工程120余万平方米，年节约标准煤25万吨，相应减排CO_2 75万吨，使格瑞德集团水、地源热泵机组获得国家节能认证证书，格瑞德连续三届成为中国地源热泵主机生产十强企业，先后被授予山东省地源热泵工程技术研究中心、地源热泵产业联盟理事单位、地源热泵山东分会副会长单位。刘建华的科研成果先后获得山东省企业技术创新三等奖、山东省技术市场科技金桥奖优秀项目二等奖、第二届中国制冷空调工业协会工程杯设计安装维修大赛二等奖、德州市青年科技奖。刘建华个人先后被授予德州市优秀中青年专家、D类市级领军人才、德州市十佳创新标兵、德州市优秀创新团队、德州市优秀建造师、德州市“五一劳动奖章”、德城区十大杰出青年荣誉称号。

王青环 山东格瑞德集团销售总工。女，1977年8月出生，汉族，中共党员，大学学历。高级工程师。机电专业一级建造师。注册造价工程师。C类省级领军人才。

本着精益求精的工作态度，踏实肯干的工作精神，王青环通过不断学习提升并学以致用，逐步在暖通空调系统优化、施工、人才培养方面做出成绩。安装过程中出现的一件件技术难题，她都凭着一股韧劲和巾帼不让须眉的性格，刻苦攻坚迎刃而解。由她承建的工程质量合格率达 100%，获得主管部门表彰和业主好评。她连续三年被格瑞德集团公司评为先进工作者。她主要承担中国五矿商务大厦、天津市北辰医院（暖通工程）、北辰区双青新家园 36# 地块公共租赁住房项目（盛康园）通风系统工程、南开大学新校区（津南校区）体育馆、学生活动中心等重点项目施工管理。2016 年 4 月荣获“鲁班奖”工程（天津市蓟县人民医院迁址新建工程通风空调安装工程）项目经理。

2017 年 10 月，王青环作为主要撰稿人，出版《中央空调实用工程技术》著作，先后发表暖通空调专业论文 5 篇。她累计获得国家授权专利 8 项，其中《液压机及点焊机工艺水冷却系统》在项目上得到广泛的应用。

刘保良　德州绿能水处理科技有限公司总经理。男，汉族，1976 年 12 月出生。2001 年毕业于德州学院化学系。

2008 年，刘保良创立德州绿能水处理科技有限公司，致力于环保水处理药剂的研发、生产、销售及技术服务。针对火力发电厂烟气脱硫系统存在的问题，刘保良研发脱硫除油剂、脱硫消泡剂。市场上消泡剂主要是两大类，有机硅和聚醚类。有机硅消泡剂消泡快，抑泡差，聚醚类消泡剂消泡慢，抑泡好；而且，这两类消泡剂不是脱硫系统专用的。针对国内脱硫系统实际状况，刘保良开发改性硅醚类的消泡剂，专门用于电厂烟气脱硫系统，产品消泡快，而且抑泡时间长，经电厂应用效果明显。

刘保良拥有专利的脱硫除油消泡剂（专利号 201611040257.5），创造性地将除油和消泡功能集于一身，填补国内空白，产品应用于华电集团和华能集团部分电厂烟气处理系统；过一硫酸氢钾复合杀菌剂（专利号 201710500878.5），应用于部分医院和生活污水处理。他正在申请的一项发明专利活性氧消毒粉，无毒无味无刺激，属于环境友好型药剂，用于环境、物体表面以及宾馆、家庭公共场所消毒杀菌，同时兼具除垢、除臭、去污功能。其杀菌功能替代传统的有刺激性气味的消毒剂，四大功能于一身，填补国内空白。

刘保良创立的德州绿能水处理科技有限公司荣获 2014 年度德州市大众创业优秀团队称号。刘保良个人荣获 2013 年度德州市十大创业英雄提名奖和 2016 年齐鲁杯十佳创新之星称号。

郭亚萍　山东瑞泰奇洗涤消毒科技有限公司技术部经理。女，汉族，1986 年 4 月出生，硕士研究生学历。2007 年 1 月参加工作。工程师。中华预防医学会消毒分会消毒药械与新技术学组委员，山东省企业标准化检查员，医疗器械质量管理体系内审员。

郭亚萍致力于消毒产品、消毒药械及医疗器械的研发工作，在近十年的从业生涯中，先后研制出具有高效高稳定性的聚维酮碘消毒液、双络合碘伏消毒液、具有协同杀菌作用的复合碘消毒液、具有消毒功能的医用消毒超声耦合剂等产品。在国家核心期刊发表论文 4 篇。申报国家发明专利 4 项，实用新型专利 13 项。主持起草企业标准 36 项。她的中医用消毒超声耦合剂生产工艺的研发，复合碘消毒液产品研发及含量测定方法的研究入选 2017 年山东省第四批技术创新项目计划。她所研究的双络合碘伏消毒液，系采用两种大分子物质与碘在特定的条件下络合反应而成，该研究的产品与普通的碘伏相比有更好的稳定性及更温和的生物相容性，该研究的产品产业化后年销售收入约在 500 万元。她所研究的医用消毒超声耦合剂，系通过皮肤消毒剂与超声耦合剂配伍性研究，并选择合适的增溶剂进行增溶处理，筛选出符合目标要求的产品组成及生产工艺，该研究的产品是国内首个既符合 YY0299《医用超声耦合剂》行业标准，又符合卫生部《消毒技术规范》要求的产品，区别于市面上以抗菌或抑菌功能替代消毒功能的同类产品，载体杀菌试验结果显示该产品对金黄色葡萄球菌、大肠杆菌、白色念珠菌的杀灭对数值 >3，达到真正意义的消毒级，对预防超声诊断中的院内交叉感染起到里程碑作用。

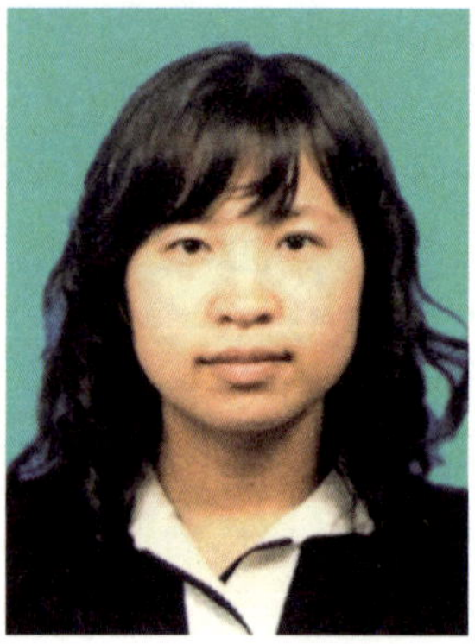

赵翠平 山东宇虹新颜料股份有限公司质管部经理。女，毕业于青岛科技大学，助理工程师。从事有机颜料行业十年，从颜料合成实验技术研究，到产品检测，到产品应用，积累大量经验，从产品合成到车间生产工艺实施，样样精通。

工作中，赵翠平不断总结经验，开拓思路，大力开展技术创新。公司原有的 C.I. 颜料红 53∶1，以其鲜艳的色光、较高的着色力、优异的应用性能以及低廉的价格深受用户的青睐，是因为其合成过程中往往要加入稍过量的色淀化剂氯化钡，造成颜料里含有较高浓度的游离钡；然而，近年来随着人们绿色环保意识的加强，对自身健康意识的重视，对周围易于接触物品的清洁卫生提出越来越高的要求。赵翠平采用加入少量的氯化钙代替氯化钡的方法，既能使其游离钡含量低于 20ppm，远低于 100ppm 的国际标准，又不影响其应用性能。这项低钡量新剂型 C.I. 颜料红 53∶1 获山东省企业技术创新二等奖。

赵翠平任质管部经理后，在检测方面宏观上把握工作方向，微观处细致安排，致力于技术质量管理体系的建立、理顺和完善。以一丝不苟的精神促进公司质量的标准化、制度化。她参与有机颜料行业标准制定 6 项，企业标准制定 26 项，并且重新整理检测规程，把原来零零散散的检测规程制作成标准的检测文件进行编号排序，把精密仪器的操作维护制成规范的文件。尤其在精密仪器的应用方面，对颜料的研究比其他任何一家公司更规范专业。她对颜料的合成、检测和应用都进行深入的研究及实践，使得公司产品的质量检测水平与层次获得极大提升，是公司产品质量严格的把关人。

赵翠平无论在何种岗位，从事何种工作，都是干一行爱一行，一心扑在工作上，兢兢业业、踏踏实实、勤勤恳恳，各项工作想在前、干在前，充分起到模范带头作用。

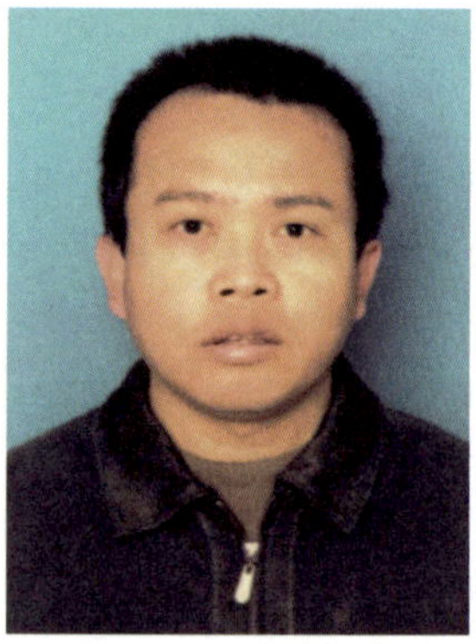

李秀景 山东宇虹新颜料科技有限公司工程师。男，39 岁，中共党员。2004 年毕业于德州学院。主要从事有机颜料新品种、新剂型的研发工作，为公司增加颜料剂型 30 余个。获得奖励的项目有：C.I. 颜料黄 139 的制备获山东省技术市场科技金桥奖二等奖；C.I. 颜料黄 139 的制备获德州市中小企业科技进步奖一等奖；硝基印墨用颜料黄 13 新剂型的制备获德州市中小企业科技进步奖一等奖；典型有机颜料清洁生产关键技术及应用获德州市科学技术奖；低钡量新剂型 C.I. 颜料红 53∶1 获山东省企业技术创新奖。发明专利“颜料黄的制备”获得授权。

李秀景自 2004 年进入山东宇虹新颜料科技有限公司，十几年来恪尽职守，深入钻研探讨，力求精益求精。2009 年，他做 PY1404，试验进行两个多月，毫无进展，后来一个小小的改变，让成功猛然而至；2015 年，做 PY1231，千调万改疑无路，谬误引入又一村，这是大自然给予专注者的馈赠。

敬业的心态是敬畏。李秀景敬畏自然、敬畏历史、敬畏科学，更对自己所从事的职业怀有敬畏之心。

张士旺 德州远景信息科技有限公司总经理。男，1983 年 12 月出生，山东夏津县人。2008 年毕业于山东大学管理学院财务学专业，学士学位。高级工程师。

张士旺于 2008 年至 2009 年成为金蝶软件技术实施工程师，先后成功为山东天源集团、金龙集团、山东龙口蓄电池厂等企业提供信息化咨询和实施服务。2009 至 2014 年成为用友集团高级实施顾问，主要方向是离散制造企业信息化管理咨询，对企业管理咨询和信息化应用有较深认识和理解。

2014 年 11 月，张士旺放弃上市公司北京用友集团优厚待遇，决定回乡创业发展，加入刚刚成立的德州远景信息科技有限公司，任职总经理。当时的德州远景信息科技有限公司只是一个 5 人团队的小公司，没有自己的研发能力和实施能力。张士旺开始招兵买马，亲自深入一线客户，带领技术人员加班加点研发学习。经过 3 年发展，德州远景信息科技有限公司已经成为一家 40 人团队的软件信息化公司，先后服务德州、济南、聊城、河北等地市客户近 600 家，在业内享有较高知名度和口碑。

为打造一支高素质的队伍，张士旺先后回山东大学，找到齐鲁软件学院院长、博士后导师李学信教授，通过李学信教授整合一批山大专业的软件技术力量；同时招聘一批有潜力的大学生，亲自培养培训。几年来，这些学生都成为公司发展的生力军。为提升公司的竞争力，张士旺坚持走自己的创新研发之路。张士旺逐步放弃原有的软件产品代理路线，走上自主研发发展。近 3 年来深入了解不同客户实际信息化需求，不断利用新技术和开发新产品，公司已获得软件著作权 10 项，视频综合管理平台 V1.0、计算机咨询服务平台、技术支持服务平台、购物商城管理系统、远景快速开发框架等逐步用于市场推广，初见成效。为规范管理，2016 年 5 月，公司先后通过 ISO 9001 质量管理体系认证、ISO 14001 环境管理体系认证和 ISO 18001 职业健康安全体系认证，为公司发展提供基础条件。2016 年 12 月，设计发起物流企业信息化平台项目，该项目以物流标准化为纽带，通过信息化手段建设物流公共信息服务平台，建设 1 个信息服务平台和 4 个 SaaS 物流业务支撑服务系统，通过对城际物流专线、零担物流、共同配送、托盘租赁等物流业务的整合，打造一站式商贸物流公共服务平台，同时为物流企业提供信息化和管理咨询服务，该项目已经成为德州物流标准化试点项目。

经过不懈努力，德州远景信息科技渐有羽翼，先后荣获德州市消费者满意单位、德州市高新技术企业、山东省中小企业服务平台单位、山东省高新技术企业称号。

青年标兵

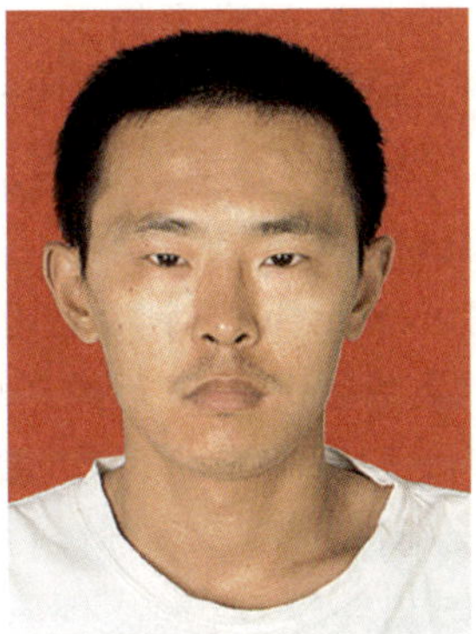

尹书军 德州实华化工有限公司电解车间电解工段技术员。男，汉族，1985 年 12 月出生。2010 年毕业于山东理工大学化工学院应用化学专业。自参加工作以来先后参加 5000 立方米 32% 碱储罐项目、氢气气柜项目、新型电解槽项目等项目建设，积极参加电解工段的技术改造和小改小革工作，认真学习研究、解决生产遇到的难点和异常。在德州实华化工有限公司除从事电解工段设备、安全、生产技术工作外，还参加蒸发及固碱项目的建设，这个项目采用世界一流的瑞士博特的工艺包和进口设备，能够达到低消耗零污染的指标。荣获 2016 年德州市“最美青年”提名奖、公司优秀标兵、专职工程师荣誉称号。获得全国实用性专利 1 项。

李再虎 中共德城区委组织部干部科科长。男，汉族，1987 年 1 月出生。2009 年毕业于聊城大学管理学院人力资源管理专业，2011 年通过公务员考试录用到德城区人社局工作，2014 年调入中共德城区委组织部，先后担任干部科副科长、干部监督科科长、干部科科长。工作中敬业奉献，始终将工作放在首位；开拓创新，力求干到实处。通过制定一线考察识别干部、干部激励关怀、干部日常管理等制度，建立从严管理和激励关怀相结合的全层次干部管理体系，在加强德城区干部队伍建设、严格干部队伍日常管理等方面做出突出成绩。2017年德城区干部工作在全市组织系统考核中排名第一位。

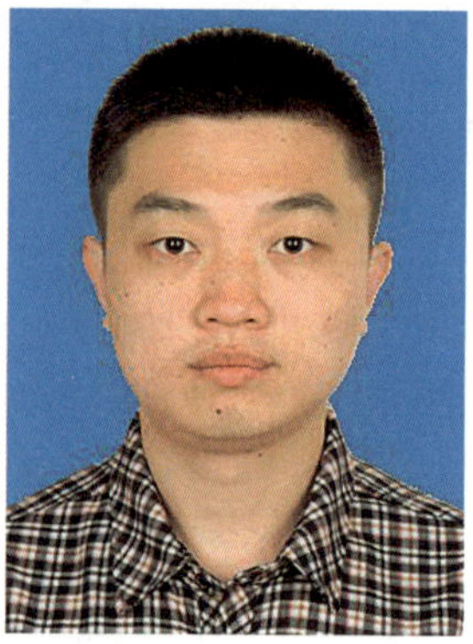

任华琳 德州市立医院重症医学科主治医师兼市立医院团支部书记。男，汉族，1985年12月出生。2009年8月毕业于潍坊医学院临床医学专业，同年就职于德州市立医院。参加工作以来，努力提高自身的业务水平，不断加强理论学习，能够对急危重症做出准确、迅速诊断与治疗。2014年在全市卫生计生系统院前急救技能大赛中荣获个人三等奖，被授予全市院前急救岗位技术能手称号，同年被德城区卫计局授予全区卫生计生工作先进个人称号。在2017年德州市卫生应急技能大赛中，取得突发事件紧急医学救援项目团体一等奖和个人一等奖，代表德州市参加省级竞赛，取得该项目团体二等奖和个人三等奖，同年被授予德州市五一劳动奖章，被德城区人社局、共青团德城区委授予“优秀志愿者”称号。

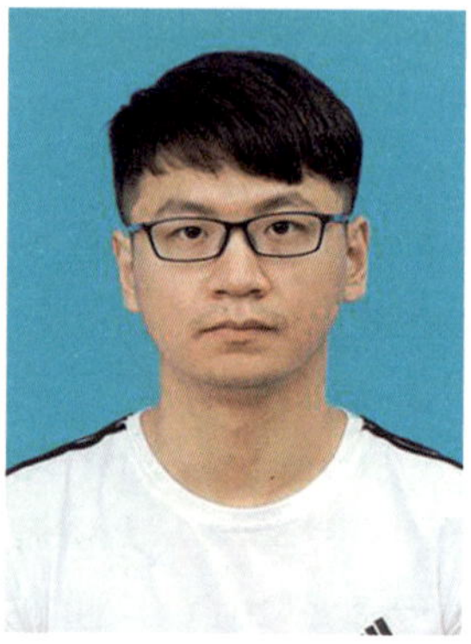

李　鹏 德州市精益社会工作服务中心总干事。男，汉族，中共党员，1988年11月出生。2000年毕业于海军航空工程学院青岛分院，2015年11月回德州创办德州市精益社会工作服务中心任总干事，2018年1月加入德州市青少年社会工作协会任副会长。在青少年社会工作领域积极开展活动，包括“童心向党”系列活动、“童眼看世界”系列活动、“孝心传承”系列活动、“青少年安全自护”系列活动、“青少年权益保护”系列活动、“行知、游学”夏令营冬令营系列活动、“非遗文化传承”系列活动、“亲子阅读”系列活动、“社区小天使”青少年志愿服务活动，在青少年权益维护、兴趣培养、亲子关系调适、能力提升、偏差行为矫正方面取得良好效果。

刘文成 德州德创创业服务有限公司党支部书记，总经理。男，汉族，1989年10月出生。2013年毕业于山东省经济管理干部学院，2016年创办德州德创创业服务有限公司。公司致力于为创业者提供一站式服务、运营创业园区。运营的山东华腾创业园区获得2016年度德州创业孵化示范基地，运营的德州大学生互联网＋产业孵化基地获得2017年度德州大学生创业示范基地。累计为上百家创业企业及创业者提供服务。德城区“青年说”宣讲团成员。

孔　艳 德城区审计局社保科科长。女，汉族，1982年7月出生，中共党员。2007年毕业于山东经济学院会计学专业。工作中勤勤恳恳，认真履责，始终坚持用审视审计新人的标准严格要求自己，她主审的税收征管审计项目在全市地税系统综合考评中获得第一名，撰写的专供得到区委书记和区长双重批示。生活中她以拳拳之心、眷眷之情无怨无悔地侍奉于父母双亲身旁，她自学按摩，坚持每天下班后给母亲按摩。荣获德州市首届审计系统审计十大孝星称号，2017年被区委宣传部、团区委、区文明办、区人社局联合授予德城新青年荣誉称号。

李昊阳 德州德联教育培训学校举办人，德州德城区童彩教育咨询有限公司负责人。女，汉族，1985年2月出生。2008年6月毕业于山东大学行政管理专业，2010年独自创办德联教育培训学校。6年来培训上万名学员，有三家校区，上百名员工，深受家长的信赖。2014年11月，创

办德州童彩美术培训学校，开创德州儿童思维绘画先河，有近500名学生加入童彩。她热心公益，参加贫困学生义务辅导行动，承办雷锋事迹图片展活动。她创办的学校多次被德城区教育局评为先进集体、先进单位，被德州晚报授予德州最具影响力的教育辅导机构、德州教育年会推荐品牌，被德州家教网评为最具家长口碑教育机构、年度优秀办学单位。她个人被授予德城区三八红旗手荣誉称号。德城区政协委员。

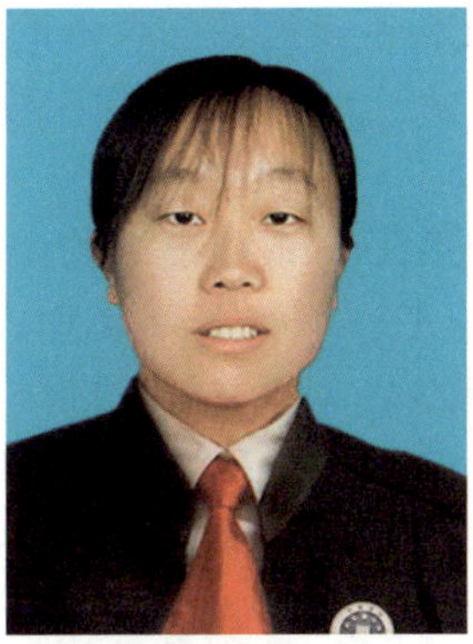

翟秀娟 山东众成清泰（德州）律师事务所专职律师，党支部副书记，团支部书记。女，汉族，1982年1月出生，中共党员。2007年毕业于曲阜师范大学法学院，获得法学学士学位，2010年毕业于烟台大学法学院，获得法学硕士学位（刑法学）。从事法律工作以来，先后办理各类案件300余件。自2012年以来，先后为德州市中小微企业、德城区经信局、德城区黄河涯镇第一中学、德州第九中学等多个单位开办法制讲座，传播法律知识，预防法律风险，得到好评。作为团支部书记，在执业期间，办理多起法律援助案件，并积极组织、参加社会公益活动。2012年入选山东省青少年公益律师服务团，2014年担任德州市律师协会刑事业务委员会委员、青年律师发展委员会委员。2017年当选德州市第十八届人大代表并担任德州市人大常委会法制委员会委员。曾荣获齐鲁巾帼志愿者、山东省维护青少年权益先进个人、德州市维护青少年权益先进个人称号。

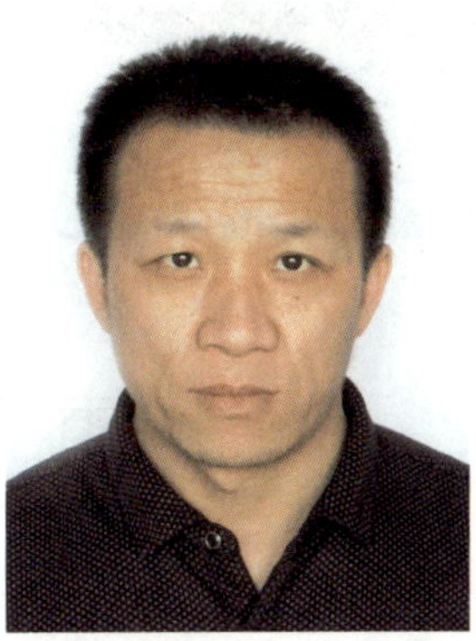

于忠林 德州市第十中学团委书记兼政教处副主任、九年级主任。男，汉族，1977年11月出生。负责学校德育、宣传、安全和年级组工作。2003年参加工作以来，一直担任班主任，担任两个班的英语教学。工作中不辞辛苦，任劳任怨，积极努力，乐于学习，大胆创新。教学方法自由，与学生关系融洽，深受师生和家长的喜爱。担任团委书记后，成立德州市首家少年团校和德州市首家中学少工委和大队部，规范团员发展和初中建队仪式。校团委荣获2016年度德州市五四红旗团委称号。他个人夺得德州市教学成果三等奖，获得山东省未成年人思想道德建设先进个人、德城区优秀教师荣誉称号。

姜东辉 共青团德城区委办公室主任。男，汉族，1986年8月出生，中共党员。2008年毕业于山东轻工业学院轻化工程专业。毕业后参加“三支一扶”，赴陵县丁庄乡中学支教。2009年考入德城区安监局，从事危险化学品监管工作。2013年调入团区委担任办公室主任，负责办公室、组织部、宣传部、青工青农部、统战部工作。主持开展青年文明号创建、德城区首届青年创新创业大赛、大学生志愿支教“艺蕾行动”、团员发展管理、“德城青年”微信公众号运行等活动工作，得到领导、团员青年一致认可。“艺蕾行动”项目荣获省志愿服务项目大赛金奖、全国志愿服务项目大赛银奖。他本人先后荣获全省志愿服务先进个人、全市青少年维权先进个人、全市道路交通安全志愿先进个人称号。

附录：重要文件 统计资料

重要文件

德城区人民政府
关于部分社区行政管理权属调整工作方案

2017年12月29日

为进一步明确镇街行政区划边界，加大社区资源整合力度，促进全区经济社会持续健康发展，经区委、区政府研究，决定对堤岭等社区的行政管理权属予以调整。为保障交接工作平稳有序开展，结合我区实际，制定如下方案：

一、基本原则

（一）服从大局，统筹安排。坚持讲政治、讲大局、讲原则，认真贯彻落实区委、区政府决策部署，做到局部利益服从整体利益，镇街工作服从全区大局，个人行动服从组织安排，确保政令统一、衔接有序、交接顺利。

（二）依法依规，严格程序。严格遵守区划调整、财政税收、户籍管理等相关法律规定，深入摸底调研，科学制定方案，有组织、有计划地推进各项工作，确保交接程序合法合规、划转工作规范有序。

（三）以人为本，因地制宜。以利于发展、方便管理为前提，充分考虑历史沿革、社区实际、群众意愿等客观因素，合理勘定划转界限，精准做好对接服务，确保社区完整性不变、管理模式不变、人员待遇不变，切实维护社区集体和群众利益。

（四）稳妥推进，维护稳定。积极稳妥并迅速开展划转各项工作，及时妥善解决存在的矛盾问题，做到思想不散、工作不断、秩序不乱，实现平稳有序过渡。

二、调整范围

新建路以北，东地南大街以东，岔河以西的堤岭社区部分划归广川街道办事处管辖，其他部分管辖归属权不变。

三、职责分工

各级各部门要在调整交接工作领导小组的统一领导下，按照各自职责分工，积极开展工作，并落实相应责任。领导小组办公室要充分发挥统筹协调作用，严格按照行政区划调整程序，做好现场摸底、边界勘定、手续办理等工作；区审计局要认真做好社区集体资产、资源、债务、债券的审计工作，防止资产流失；区信访局、公安分局要主动排查不稳定因素，及时汇报、妥善处置各类矛盾问题；新华街道、广川街道是调整工作的实施主体和责任主体，要全面配合领导小组和各职能部门开展工作，扎实做好资产盘查、交接办理、宣传动员、社会维稳等各项工作，过渡期间出现稳定问题，责任由原管辖街道承担；社区管理权属调整后，户籍、税收、财政、社保、卫生计生、教育、民政、工商管理等工作由相关部门同步进行调整。

四、工作要求

（一）加强组织领导。为保障社区行政管理权属调整工作顺利开展，成立由王洪林同志任组长，许勇同志任常务副组长，纪勇同志任副组长，各相关单位主要负责同志为成员的社区行政管理权属调整工作领导小组。有关街道、区直有关部门也要成立相应工作专班，由单位主要负责同志亲自挂帅，按照调整的原则和要求，认真制定好实施方案和工作预案，做到任务明确、责任到人、措施到位。同时，要加强调整工作的统一协调，坚持每天调度，及时掌握、汇报、处理工作中出现的问题。

（二）强化统筹配合。领导小组办公室要充分发挥牵头作用，高效率、快节奏地推进各项工作。各成员单位要按照责任分工，各司其职、各负其责，形成协调配合、上下联动的工作格局。工作中要重点把握好方案制定、步骤衔接、应急处理、管理接续等关键环节，认真处理好社区干部的调整划转，社区资产、资金、债权、债务等的审计移交等重点工作，切实做到细致到位、环环相扣、不留空隙，确保各项工作不折不扣地落到实处。

（三）加强宣传发动。各成员单位特别是相关镇街，要认真做好宣传动员工作，让社区居民了解行政管理权属调整对于明晰管理界限、提高服务质量、促进社区发展的重要意义，最大限度争取群众的理解和支持。要做好调整政策的解释工作，打消社区干部群众的思想顾虑，耐心细致地为群众解疑答惑，确保按照时限要求、高标准地完成调整任务。

（四）维护稳定大局。调整工作涉及面广、情况复杂，各相关单位要密切关注调整期间的社会动态和舆论导向，积极防范和应对涉及调整的各类信访事项，妥善解决各类矛盾纠纷。对于调整中易出现问题的隐患区域，要认真排查、超前谋划，并做好应急预案，争取将问题和矛盾解决在基层、化解在萌芽。对于蓄意干扰、阻碍调整工作开展的行为和个人，要采取果断措施，坚决予以打击。

重要文件目录

中共德城区委 2017 年文件目录

1.《中共德城区委德城区人民政府关于开展“对标一流、争先进位，争当德城发展排头兵”活动的实施方案》（德城发〔2017〕1 号）

2.《中共德城区委关于建立量化预警机制从严从实监督管理干部的实施意见（试行）》（德城发〔2017〕2 号）

3.《中共德城区委关于开展组工干部一线考察识别工作的实施意见（试行）》（德城发〔2017〕3 号）

4.《中共德城区委关于加强区委常委会自身建设的意见》（德城发〔2017〕5 号）

5.《中共德城区委德城区人民政府关于深入推进农业供给侧结构性改革开创农业农村发展新局面的实施意见》（德城发〔2017〕6 号）

6.《中共德城区委德城区人民政府关于推进城乡网格化建设加强社会服务管理工作的实施办法（试行）》（德城发〔2017〕8 号）

7.《中共德城区委德城区人民政府关于印发〈德城区加快推进生态文明建设实施方案〉的通知》（德城发〔2017〕9 号）

8.《中共德城区委关于印发〈中共德城区委巡察工作实施办法〉的通知》（德城发〔2017〕10 号）

9.《中共德城区委关于印发〈中共德城区委 2017—2021 年巡察工作规划〉的通知》（德城发〔2017〕11 号）

10.《中共德城区委关于认真学习宣传贯彻习近平总书记在省部级主要领导干部专题研讨班上重要讲话精神的通知》（德城发〔2017〕12 号）

11.《中共德城区委德城区人民政府印发〈关于推进农村社区党支部领办创办土地股份合作社服务农业适度规模经营的实施方案〉的通知》（德城发〔2017〕13 号）

12.《中共德城区委德城区人民政府关于进一步加强基层武装部规范化建设的意见》（德城发〔2017〕14 号）

13.《中共德城区委关于进一步加强全区基层政协工作的意见》（德城发〔2017〕15 号）

14.《中共德城区委德城区人民政府关于加快推进供给侧结构性改革建设富美新强典范区的意见》（德城发〔2017〕16 号）

15.《中共德城区委关于认真学习宣传贯彻党的十九大精神的通知》（德城发〔2017〕17 号）

16.《中共德城区委德城区人民政府印发〈关于深入学习贯彻党的十九大精神认真开展“大学习、大宣讲、大调研、大落实”活动的实施方案〉的通知》（德城发〔2017〕18号）

17.《中共德城区委关于2017年上半年环保工作进展情况的报告》（德城委〔2017〕95号）

18.《中共德城区委关于认真学习贯彻省第十一次党代会精神的通知》（德城委发电〔2017〕1号）

19.《中共德城区委关于认真学习宣传贯彻党的十九大精神的通知》（德城委发电〔2017〕4号）

20.《中共德城区委关于认真组织开展党的十九大精神宣讲工作的通知》（德城委发电〔2017〕5号）

21.《中共德城区委办公室德城区人民政府办公室印发〈关于全面推进政务公开工作的实施意见〉的通知》（德城办发〔2017〕2号）

22.《中共德城区委办公室关于印发〈德城区改革创新干事创业容错免责实施办法（试行）〉的通知》（德城办发〔2017〕3号）

23.《中共德城区委办公室德城区人民政府办公室关于印发〈德城区干部关爱帮扶基金使用管理办法（试行）〉的通知》（德城办发〔2017〕4号）

24.《中共德城区委办公室德城区人民政府办公室关于印发〈德城区党政机关事业单位工作人员请销假管理办法〉的通知》（德城办发〔2017〕7号）

25.《中共德城区委办公室德城区人民政府办公室关于加强督查落实工作的通知》（德城办发〔2017〕9号）

26.《中共德城区委办公室德城区人民政府办公室关于进一步规范机关事业单位工作人员日常管理工作的意见（试行）》（德城办发〔2017〕10号）

27.《中共德城区委办公室德城区人民政府办公室印发〈关于加强城乡社区协商的实施意见〉的通知》（德城办发〔2017〕11号）

28. 中共德城区委办公室关于印发《贯彻〈中国共产党党委（党组）理论学习中心组学习规则〉实施细则》的通知（德城办发〔2017〕12号）

29.《区委办公室区政府办公室关于印发〈德城区深化放管服改革进一步优化政务环境工作方案〉的通知》（德城办发〔2017〕13号）

30.《区委办公室区政府办公室印发〈德城区关于推进农村集体产权制度改革的实施意见〉的通知》（德城办发〔2017〕14号）

31.《中共德城区委办公室关于印发〈德城区群团改革方案〉及〈德城区总工会改革实施方案〉〈共青团德城区委改革实施方案〉〈德城区妇联改革实施方案〉〈德城区科协系统改革实施方案〉的通知》（德城办发〔2017〕15号）

32.《中共德城区委办公室德城区人民政府办公室印发〈关于做好迎接2017年环保部第一季度空气质量专项督查工作方案〉的通知》（德城办字〔2017〕1号）

33.《中共德城区委办公室德城区人民政府办公室关于印发〈德城区市容市貌综合整治方案〉的通知》（德城办字〔2017〕2号）

34.《中共德城区委办公室德城区人民政府办公室关于对全区重点项目建设实行包保责任制的通知》（德城办字〔2017〕3号）

35.《中共德城区委办公室德城区人民政府办公室关于印发〈进一步加强和改进离退休干部工作的实施方案〉的通知》（德城办字〔2017〕6号）

36.《中共德城区委办公室关于印发〈全区农村社区“三整治一增强”活动实施方案〉的通知》（德城办字〔2017〕7号）

37.《中共德城区委办公室关于印发〈2017年区委理论学习中心组学习方案〉的通知》（德城办字〔2017〕8号）

38.《中共德城区委办公室关于印发〈全区维稳工作“大调研、大排查、大整改”活动实施方案〉的通知》（德城办字〔2017〕9号）

39.《中共德城区委办公室德城区人民政府办公室关于印发〈德城区全面实行河长制工作方案〉的通知》（德城办字〔2017〕10号）

40.《中共德城区委办公室印发〈关于开展“对标丰华、争先进位，打造过硬党支部”活动的实施方案〉的通知》（德城办字〔2017〕11号）

41.《中共德城区委办公室印发〈关于深入开展全区网格化党员干部联系服务群众暨选派第一书记工作的实施方案〉的通知》（德城办字〔2017〕12号）

42.《中共德城区委办公室印发〈关于推进“两学一做”学习教育常态化制度化的实施方案〉的

通知》（德城办字〔2017〕13 号）

43.《中共德城区委办公室德城区人民政府办公室印发〈关于落实排查安全隐患防范四类风险专项行动的实施方案〉的通知》（德城办字〔2017〕14 号）

44.《中共德城区委办公室印发〈关于开展“清风德城”教育行动的实施意见〉的通知》（德城办字〔2017〕15 号）

45.《中共德城区委办公室德城区人民政府办公室关于印发〈德城区党委、政府及有关部门环境保护工作职责（试行）〉的通知》（德城办字〔2017〕16 号）

46.《中共德城区委办公室德城区人民政府办公室印发〈关于开展“一村（社区）一法律顾问”工作的实施意见〉的通知》（德城办字〔2017〕17 号）

47.《中共德城区委办公室德城区人民政府办公室关于印发〈德城区中央环保督察工作协调联络组及专项工作组保障方案〉的通知》（德城办字〔2017〕18 号）

48.《中共德城区委办公室德城区人民政府办公室关于成立德城区河长制办公室的通知》（德城办字〔2017〕20 号）

49.《中共德城区委办公室德城区人民政府办公室关于支持人民法院基本解决执行难问题的通知》（德城办字〔2017〕21 号）

50.《中共德城区委办公室德城区人民政府办公室关于印发〈德城区社会信用体系建设工作方案〉的通知》（德城办字〔2017〕22 号）

51.《中共德城区委办公室关于认真组织学习〈习近平的七年知青岁月〉的通知》（德城办字〔2017〕23 号）

52.《区委办公室区政府办公室关于加强和改进新形势下公安基层基础工作的通知》（德城办字〔2017〕24 号）

53.《区委办公室区政府办公室关于印发〈德城区“扫黄打非”暨文化市场管理工作领导小组各成员单位主要职责〉的通知》（德城办字〔2017〕27 号）

54.《区委办公室区政府办公室关于印发德城区全面实行河长制有关工作制度和考核办法的通知》（德城办字〔2017〕28 号）

55.《区委办公室区政府办公室关于印发〈德城区化工产业安全生产转型升级专项行动实施方案〉的通知》（德城办字〔2017〕30 号）

56.《区委办公室区政府办公室印发〈关于进一步把社会主义核心价值观融入法治建设的实施方案〉的通知》（德城办字〔2017〕31 号）

德城区人大常委会 2017 年文件目录

1.《关于常委会主任、副主任工作分工的通知》（德城人发〔2017〕1 号）

2.《关于批准将德城区双河社区棚改项目建设贷款资金列入区级财政预算的决定》（德城人发〔2017〕2 号）

3.《德州市德城区第十七届人大常委会代表资格审查委员会组成人员名单》（德城人发〔2017〕3 号）

4.《德州市德城区人大常委会 2017 年工作要点》（德城人发〔2017〕4 号）

5.《德州市德城区人大常委会关于在全体代表中开展“双岗建功，助推发展”主题实践活动的实施意见》（德城人发〔2017〕5 号）

6.《德州市德城区人大常委会关于加强自身建设的意见》（德城人发〔2017〕6 号）

7.《德城区人大常委会关于支持推动人民法院基本解决执行难工作的决议》（德城人发〔2017〕7 号）

8.《关于批准德城区 2016 年区级财政决算的决议》（德城人发〔2017〕8 号）

9.《关于预算审查前听取区人大代表和社会各界建议的若干规定》（德城人发〔2017〕9 号）

10.《区人大常委会工作评议情况》（德城人发〔2017〕10 号）

11.《德州市德城区人大常委会关于调整 2017 年财政预算的决定》（德城人发〔2017〕11 号）

12.《关于召开德城区第十七届人民代表大会第二次会议的决定》（德城人发〔2017〕12 号）

13.《关于区十七届人大一次会议筹备处（秘书处）各组工作职责分工的意见》（德城人办〔2017〕1 号）

14.《德州市德城区人大常委会机关关于推进文化建设的实施意见》（德城人办〔2017〕2 号）

15.《德城区人大常委会办公室关于印发〈德城区人大常委会2017年度工作评议实施方案〉的通知》(德城人办〔2017〕3号)

16.《关于区十七届人大二次会议筹备处(秘书处)各组工作职责的分工》(德城人办〔2017〕5号)

德城区人民政府2017年文件目录

1.《德城区人民政府关于同意2017年安全监管执法工作计划的批复》(德城政字〔2017〕1号)

2.《德城区人民政府关于同意对德城公安分局部分集体和个人记三等功的批复》(德城政字〔2017〕4号)

3.《德城区人民政府关于公布德城区区级行政执法主体的通知》(德城政字〔2017〕5号)

4.《德城区人民政府关于同意2017年棚户区改造项目采用货币化安置方式的批复》(德城政字〔2017〕8号)

5.《德城区人民政府关于对德州市建设工程质量检测站"12・4"起重伤害事故调查报告的批复》(德城政字〔2017〕9号)

6.《德城区人民政府关于同意〈德城区农村饮水安全巩固提升工程"十三五"规划〉的批复》(德城政字〔2017〕10号)

7.《德城区人民政府关于调整德城区安全生产委员会组成人员的通知》(德城政字〔2017〕15号)

8.《德城区人民政府关于同意启动锦绣豪庭地块房屋征收程序的批复》(德城政字〔2017〕16号)

9.《德城区人民政府关于同意启动市立医院扩建改造项目房屋征收程序的批复》(德城政字〔2017〕17号)

10.《德城区人民政府关于调整全区2017年度区级重点工程防汛负责人名单的通知》(德城政字〔2017〕22号)

11.《德城区人民政府关于调整全区防汛抗旱指挥部成员的通知》(德城政字〔2017〕23号)

12.《德城区人民政府关于同意实施〈德城区锦绣豪庭旧城改造项目房屋征收补偿方案〉的批复》(德城政字〔2017〕24号)

13.《德城区人民政府关于同意〈德州天衢工业园热电联产规划(2017—2030)〉的批复》(德城政字〔2017〕25号)

14.《德城区人民政府关于同意实施〈德城区市立医院扩建改造项目房屋征收补偿安置方案〉的批复》(德城政字〔2017〕27号)

15.《德城区人民政府关于同意启动三八西路下穿京沪铁路建设项目房屋征收程序的批复》(德城政字〔2017〕28号)

16.《德城区人民政府关于做好国务院、省市政府取消、下放、调整行政许可和行政权力事项承接落实工作的通知》(德城政字〔2017〕32号)

17.《德城区人民政府关于公布德城区区级随机抽查事项清单的通知》(德城政字〔2017〕33号)

18.《德城区人民政府关于公布德城区区级、镇(街道)公共服务事项目录的通知》(德城政字〔2017〕34号)

19.《德城区人民政府关于公布镇(街道)行政权力清单的通知》(德城政字〔2017〕35号)

20.《德城区人民政府关于同意申报德州市第四批市级非物质文化遗产项目代表性传承人的批复》(德城政字〔2017〕38号)

21.《德城区人民政府关于公布德城区第三批区级非物质文化遗产项目代表性传承人的通知》(德城政字〔2017〕39号)

22.《德城区人民政府关于同意申报德州市第五批市级非物质文化遗产项目的批复》(德城政字〔2017〕40号)

23.《德城区人民政府关于同意实施〈三八西路下穿京沪铁路建设项目房屋征收补偿安置方案〉的批复》(德城政字〔2017〕49号)

24.《德城区人民政府关于对德州长荣置业有限公司重大火灾隐患摘牌的通知》(德城政字〔2017〕50号)

25.《德城区人民政府关于加强全区危险废物管理工作的意见》(德城政字〔2017〕54号)

26.《德城区人民政府关于加强土壤污染防治工作的意见》(德城政字〔2017〕55号)

27.《德城区人民政府关于做好市政府下放"燃气经营许可证核发"和"燃气经营许可证年检"事项承接落实工作的通知》(德城政字〔2017〕69号)

28.《德城区人民政府关于印发德城区 2017—2018 年采暖季天然气保障供应应急预警方案的通知》（德城政字〔2017〕78 号）

29.《德城区人民政府关于提高全区城乡低保和特困人员供养标准的通知》（德城政字〔2017〕81 号）

30.《德城区人民政府关于〈德城区河湖及水利工程管理范围和保护范围划定工作实施方案〉的批复》（德城政字〔2017〕82 号）

31.《德城区人民政府关于印发〈德城区妇女发展“十三五”规划》和《德城区儿童发展“十三五”规划〉的通知》（德城政发〔2017〕21 号）

32.《德城区人民政府办公室关于印发〈德城区全民参保登记工作实施方案〉的通知》（德城政办发〔2017〕2 号）

33.《德城区人民政府办公室关于印发〈德城区政府债务风险预警监测实施办法〉的通知》（德城政办发〔2017〕3 号）

34.《德城区人民政府办公室关于印发〈全区养老服务机构消防安全专项整治工作方案〉的通知》（德城政办发〔2017〕6 号）

35.《德城区人民政府办公室关于“大班额”建设项目有关问题的通知》（德城政办发〔2017〕7 号）

36.《德城区人民政府办公室关于印发〈德城区非法出租车营运专项整治方案〉的通知》（德城政办发〔2017〕9 号）

37.《德城区人民政府办公室关于印发德城区迎接国家级慢性病综合防控示范区复审实施方案的通知》（德城政办发〔2017〕15 号）

38.《德城区人民政府办公室关于印发德城区低效闲置用地暨土地使用税清查、摸底、征缴专项整治活动实施方案的通知》（德城政办发〔2017〕16 号）

39.《德城区人民政府办公室关于印发德城区被征地农民社会保障政策落实工作实施方案的通知》（德城政办发〔2017〕17 号）

40.《德城区人民政府办公室关于印发德城区 2017 年省级农产品质量安全县创建实施方案的通知》（德城政办发〔2017〕19 号）

41.《德城区人民政府办公室关于印发德城区打击恶意逃废银行债务优化金融生态环境集中行动实施方案的通知》（德城政办发〔2017〕20 号）

42.《德城区人民政府办公室关于印发〈德城区医疗卫生服务体系规划〉的通知》（德城政办发〔2017〕22 号）

43.《德城区人民政府办公室关于印发〈德城区民办幼儿园安全整治工作方案〉的通知》（德城政办发〔2017〕24 号）

44.《德城区人民政府办公室关于印发〈德州市德城区残疾人精准康复服务行动实施方案（2017—2020）〉的通知》（德城政办发〔2017〕25 号）

45.《德城区人民政府办公室关于印发〈全区学校消防安全专项治理工作方案〉的通知》（德城政办发〔2017〕26 号）

46.《德城区人民政府办公室关于印发德城区旅游工作联席会议制度的通知》（德城政办发〔2017〕34 号）

47.《德城区人民政府办公室关于进一步加强民办培训机构管理工作的意见（试行）》（德城政办发〔2017〕35 号）

48.《德城区人民政府办公室关于进一步健全完善基层交通安全管理机构和交通管理员、交通协管员队伍的通知》（德城政办发〔2017〕38 号）

49.《德城区人民政府办公室关于印发德城区化工产业安全隐患大排查快整治严执法紧急行动实施方案的通知》（德城政办发〔2017〕43 号）

50.《德城区人民政府办公室关于印发德城区学生“小饭桌”食品安全专项整治实施方案的通知》（德城政办发〔2017〕45 号）

51.《德城区人民政府办公室关于印发德城区突发环境事件应急预案和辐射事故应急预案的通知》（德城政办发〔2017〕46 号）

52.《德城区人民政府办公室关于印发德城区防范和处置非法集资专项整治活动实施方案的通知》（德城政办发〔2017〕47 号）

53.《德城区人民政府办公室关于印发德城区畜禽养殖污染整治工作实施方案的通知》（德城政办发〔2017〕48 号）

54.《德城区人民政府办公室关于印发德城区涉环保项目“邻避”问题防范与化解工作实施方案的通知》（德城政办发〔2017〕52 号）

55.《德城区人民政府办公室关于印发〈德城

和谐使者选拔管理办法〉的通知》（德城政办发〔2017〕54 号）

56.《德城区人民政府办公室关于印发德城区集中供热或清洁能源全覆盖实施方案的通知》（德城政办发〔2017〕56 号）

57.《德城区人民政府办公室关于印发德城区2017 年“气代煤、电代煤”工程实施方案的通知》（德城政办发〔2017〕57 号）

58.《德城区人民政府办公室关于进一步加强文物安全工作的通知》（德城政办发〔2017〕58 号）

59.《德城区人民政府办公室关于印发德城区2017 年采暖季错峰生产实施方案的通知》（德城政办发〔2017〕60 号）

60.《德城区人民政府办公室关于印发德城区2017—2018 年秋冬季大气污染综合治理攻坚行动方案的通知》（德城政办发〔2017〕61 号）

61.《德城区政府办公室关于印发德城区质量和品牌建设工作实施方案的通知》（德城政办发〔2017〕65 号）

62.《德城区人民政府办公室关于印发德城区推进“多证合一”改革实施方案的通知》（德城政办发〔2017〕77 号）

63.《德城区人民政府办公室关于成立德城区粮食安全责任考核工作组的通知》（德城政办字〔2017〕2 号）

64.《德城区人民政府办公室关于成立全区困难群众生活保障工作领导小组的通知》（德城政办字〔2017〕3 号）

65.《德城区人民政府办公室关于成立德城区基层农业技术推广体系改革与建设补助项目工作领导小组的通知》（德城政办字〔2017〕5 号）

66.《德城区人民政府办公室关于成立萱蕙河黑臭水体治理领导小组的通知》（德城政办字〔2017〕6 号）

67.《德城区人民政府办公室关于调整德城区禁毒委员会的通知》（德城政办字〔2017〕10 号）

68.《德城区人民政府办公室关于成立德城区退伍军人和军队离退休干部安置领导小组的通知》（德城政办字〔2017〕11 号）

69.《德城区人民政府办公室关于成立德城区退役士兵安置和权益保障政策推进落实领导小组的通知》（德城政办字〔2017〕15 号）

70.《德城区人民政府办公室关于成立德州循环经济产业园工作领导小组的通知》（德城政办字〔2017〕16 号）

71.《德城区人民政府办公室关于调整德城区手足口病暨人感染 H7N9 禽流感防控工作领导小组成员的通知》（德城政办字〔2017〕17 号）

72.《德城区人民政府办公室关于成立德城区政府和社会资本合作（PPP）项目推进领导小组的通知》（德城政办字〔2017〕18 号）

73.《德城区人民政府办公室关于成立全区工业经济发展领导小组的通知》（德城政办字〔2017〕19 号）

74.《德城区人民政府办公室关于调整德城区道路交通安全综合治理委员会的通知》（德城政办字〔2017〕21 号）

75.《德城区人民政府办公室关于成立政府性债务管理（应急）工作领导小组的通知》（德城政办字〔2017〕25 号）

76.《德城区人民政府办公室关于调整德城区防范和处置非法集资工作领导小组的通知》（德城政办字〔2017〕27 号）

77.《德城区人民政府办公室关于调整德城区推进政府职能转变领导小组组成人员的通知》（德城政办字〔2017〕28 号）

78.《德城区人民政府办公室关于成立德城区冬季取暖“气代煤、电代煤”工作领导小组的通知》（德城政办字〔2017〕31 号）

79.《德城区人民政府办公室关于成立德城区第二次污染源普查领导小组的通知》（德城政办字〔2017〕36 号）

80.《德城区人民政府办公室关于进一步做好山东省食品安全城市创建工作的通知》（德城政办字〔2017〕37 号）

81.《德城区人民政府办公室关于进一步落实食品“三小”条例加快建立食品摊点管理机制的通知》（德城政办字〔2017〕38 号）

82.《德城区人民政府办公室关于调整德城区创建农产品质量安全区工作领导小组的通知》（德城政办字〔2017〕40 号）

83.《德城区人民政府办公室关于成立德城区城市地下综合管廊和海绵城市建设工作领导小组的通知》（德城政办字〔2017〕42 号）

84.《德城区人民政府办公室关于成立德城区农业水价综合改革领导小组的通知》（德城政办字〔2017〕43 号）

85.《德城区人民政府办公室关于调整德城区防治艾滋病工作委员会成员的通知》（德城政办字〔2017〕44 号）

86.《德城区人民政府办公室关于成立德城区冬季天然气保障供应调度协调小组的通知》（德城政办字〔2017〕46 号）

87.《德城区人民政府办公室关于成立德城区农田水利工程建设领导小组的通知》（德城政办字〔2017〕49 号）

88.《德城区人民政府办公室关于成立新型职业农民培育项目工作领导协调小组的通知》（德城政办字〔2017〕50 号）

中共德城区纪律检查委员会 2017 年文件目录

1.《关于严明区党代会、人代会、政协会期间有关纪律的通知》（德城纪发〔2017〕1 号）

2.《关于表彰 2016 年度全区纪检监察系统综合考核先进单位的决定》（德城纪发〔2017〕2 号）

3.《关于开展“四项整治活动”加强干部队伍作风建设的实施意见》（德城纪发〔2017〕4 号）

4.《关于印发〈关于建立派驻机构与驻在部门单位廉政约谈制度的意见〉的通知》（德城纪发〔2017〕5 号）

5.《关于印发〈德城区纪检监察系统 2017 年度工作要素综合考核办法〉的通知》（德城纪发〔2017〕6 号）

6.《关于印发〈关于建立中层及以上干部廉情信息报告制度的实施意见〉的通知》（德城纪发〔2017〕7 号）

7.《关于强化环境保护领域执纪监督开展专项问责行动的实施办法》（德城纪发〔2017〕8 号）

8.《关于在查办党员和国家工作人员涉嫌违纪违法犯罪案件中加强协作配合有关事项的通知》（德城纪发〔2017〕9 号）

9.《关于修订区纪委常委包保制度的通知》（德城纪发〔2017〕10 号）

10.《关于表彰 2016 年度党风廉政建设网络评论工作先进个人的通报》（德城纪办发〔2017〕1 号）

11.《关于表彰 2016 年度纪检监察先进工作者的决定》（德城纪办发〔2017〕2 号）

12.《关于进一步严肃工作纪律的通知》（德城纪办发〔2017〕3 号）

13.《关于开展落实中央八项规定集中整治“四风”反弹的通知》（德城纪办发〔2017〕4 号）

14.《关于召开落实主体责任座谈会的通知》（德城纪办发〔2017〕5 号）

15.《关于印发〈区纪委监察局 2017 年党风廉政建设和反腐败工作任务分工意见〉的通知》（德城纪办发〔2017〕6 号）

16.《德城区干部作风问题责任追究办法（试行）》（德城纪办发〔2017〕7 号）

17.《关于在全区开展农村基层“微腐败”专项整治的实施方案》（德城纪办发〔2017〕8 号）

18.《关于在全区开展“清风润德城、廉洁伴我行”活动的通知》（德城纪办发〔2017〕9 号）

19.《关于印发〈中共德城区纪委 2017 年度工作要点台账〉的通知》（德城纪办发〔2017〕10 号）

20.《关于开展重复信访举报专项治理实施方案》（德城纪办发〔2017〕11 号）

21.《全区纪检监察系统“自身建设年”活动实施方案》（德城纪办发〔2017〕12 号）

22.《关于规范外出培训、参加学术会议的通知》（德城纪办发〔2017〕13 号）

23.《关于开展“清风德城—书香纪检”读书学习活动的实施方案（征求意见稿）》（德城纪办发〔2017〕14 号）

24.《关于开展 2017 年党风廉政建设重点课题调研的通知》（德城纪办发〔2017〕15 号）

25.《关于开展查处村务公开工作中形式主义问题专项整治的实施方案》（德城纪办发〔2017〕17 号）

26.《关于开展纪检监察重复信访举报“百日攻坚”专项行动的实施方案》（德城纪办发〔2017〕18 号）

27.《关于推荐市委巡察工作人才库人选的通知》（德城纪办发〔2017〕19 号）

28.《关于进一步强化监督执纪问责确保区委

区政府重大决策部署贯彻落实的意见》（德城纪办发〔2017〕20号）

29.《中共德城区纪委办公室印发〈关于对落实中央八项规定精神情况开展常态化专项检查的实施方案〉的通知》（德城纪办发〔2017〕21号）

30.《关于印发〈德城区纪委借调、抽调和内部借用工作人员暂行办法〉的通知》（德城纪办发〔2017〕22号）

31.《关于中秋、国庆“两节”期间进一步严明纪律落实“八项规定”的通知》（德城纪办发〔2017〕23号）

32.《中共德城区纪委办公室关于成立德城区纪委推开国家监察体制改革对接工作领导小组的通知》（德城纪办发〔2017〕24号）

33.《关于进一步严明2018年元旦春节期间纪律要求的通知》（德城纪办发〔2017〕26号）

光荣榜

中共德城区委　德城区人民政府
关于2017年度德城发展排头兵表彰的通报

（2018年2月24日）

2017年是深入实施“十三五”规划、全面深化改革的重要一年，也是加快新旧动能转换、推进经济结构转型升级的关键一年。全区各级各部门在区委、区政府的坚强领导下，认真贯彻党的十八大、十八届历次全会和党的十九大精神，以习近平新时代中国特色社会主义思想为指导，认真践行新发展理念，统筹推进“五位一体”总体布局、协调推进“四个全面”战略布局，深入实施“产业强区、创新兴区、服务立区、开放活区”四大战略，紧紧围绕“财源建设、城市建管、民生改善、安全稳定、从严治党”五大重点，对标一流、争先进位，全区经济社会发展呈现稳中向好态势，“富美新强”典范区建设迈出坚实步伐。

按照“争当德城发展排头兵”活动要求，根据全区协同发展综合考评办法规定，区考评委员会对各镇街、区直各部门和中央、省、市驻区有关单位进行了综合考评。为激励先进、倡树典型，区委、区政府决定，对2017年度德城发展排头兵先进单位、基层党建工作先进单位、重点工作先进单位、依法纳税突出贡献企业予以通报。希望获得先进的单位珍惜荣誉、再接再厉，再创新业绩、再做新贡献。全区各级各部门和广大干部群众要以先进为榜样，更加紧密的团结在以习近平同志为核心的党中央周围，以新旧动能转换为动力，以作风建设为突破，凝神聚力、奋发有为，不忘初心、牢记使命，为决胜全面建成小康社会、加快“富美新强”典范区建设而努力奋斗！

附件：

1.2017年度德城发展排头兵先进单位名单。

2.2017年度基层党建工作先进单位名单。

3.2017年度德城发展排头兵重点工作先进单位名单。

4.2017年度依法纳税突出贡献企业名单。

2017年度德城发展排头兵先进单位名单

一、镇（街道）

一等奖：新华街道

二等奖：广川街道　新湖街道

二、区直部门（单位）

（一）党的工作部门（单位）

一等奖：区委办公室　区委组织部　区委宣

传部

二等奖：区法院 区检察院 区人大机关 区政协机关 区编办

（二）群团工作部门（单位）

一等奖：区妇联

二等奖：区总工会 团区委

（三）经济发展与城市建设部门（单位）

一等奖：区财政局 区统计局 区科技局

二等奖：区发改局 区商务局 区经合局 区经信局

（四）社会管理职能部门（单位）

一等奖：区政府办公室 区审计局 区城管局

二等奖：区工商局 区食药监局 区人社局 区卫计局

三、驻区单位

市区国税局 公安分局 地税分局 区消防大队 国土资源分局 环保直属分局 交通分局 公积金德城管理部 交警直属一大队 规划分局

2017年度基层党建工作先进单位名单

一、镇（街道）

新湖街道 广川街道 黄河涯镇

二、区直部门（单位）

区委办公室 区政府办公室 区卫计局 区审计局 区统计局 区检察院 区商务局

三、社区

新湖街道丰华社区 广川街道祥和社区 黄河涯镇焦庄社区 新湖街道青龙桥社区 新华街道常兴社区 天衢街道西长社区 二屯镇索庄社区

四、企事业单位

实验小学 区疾病预防控制中心 区人社局社会保险中心 德州实华化工有限公司 德州齿轮有限公司 德州华北纸业有限公司 姜玉坤眼镜有限公司 山东格瑞德集团有限公司

五、社会组织

乐缝创意坊志愿服务队 区离退休干部党工委中心广场戏友联合会

2017年度德城发展排头兵重点工作先进单位名单

一、创建全国文明城市工作先进单位

广川街道 新华街道 新湖街道 区教育局 区城管局

二、财源建设先进单位

新华街道 广川街道 市区国税局 地税分局 区财政局

三、环境保护先进单位

二屯镇 新华街道 环保直属分局 区城管局 区建设局

四、安全生产先进单位

新华街道 广川街道 区安监局 区建设局 区消防大队

五、信访稳定先进单位

广川街道 二屯镇 公安分局 区教育局 区商业总公司

六、新旧动能转换先进单位

德州实华化工有限公司 凯盛晶华玻璃有限公司 德州市鑫华润科技股份有限公司 山东格瑞德集团有限公司 山东德隆·博德尔环保装备发展有限公司

七、人才工作先进单位

天衢街道 区人社局 区科技局 山东宇虹新颜料股份有限公司 德州实华化工有限公司

八、招商引资先进单位

天衢街道 新华街道 新湖街道 区金融办 区发改局

九、城市建管先进单位

天衢街道 广川街道 区城管局 区建筑管理处 山东联兴建设集团有限责任公司

十、现代服务业发展先进单位

新湖街道 广川街道 山东德州百货大楼（集

团）有限责任公司　山东楼门口网络科技有限公司　德州阳光大姐家政服务有限公司

十一、向上争取先进单位

区发改局　区财政局　区教育局　区委组织部　区人社局

十二、金融工作先进单位

德州农村商业银行股份有限公司　中国工商银行股份有限公司德城支行　中国建设银行股份有限公司德城支行　中国人民财产保险股份有限公司德城支公司　中泰证券股份有限公司德州三八中路证券营业部

2017年度依法纳税突出贡献企业名单

（按纳税金额排序）

一、纳税功勋企业

德州实华化工有限公司　中国移动通信集团山东有限公司德州分公司

二、纳税先进企业

德州立天唐人置业有限公司　德州万达广场投资有限公司　德州农村商业银行股份有限公司　山东双一科技股份有限公司　山东德州百货大楼（集团）有限责任公司　德州永兴碳素有限公司　中国工商银行股份有限公司德州分行　德州市房屋建设综合开发集团总公司天衢分公司　国网山东省电力公司德州供电公司　德州平德置业有限公司　中国人民财产保险股份有限公司德州市分公司　德州双企平治置业有限公司　德州欧莱恩永兴碳素有限公司　德州市宝林房地产开发有限公司　山东格瑞德集团有限公司　山东省德州泰康药业有限公司　山东联兴建设集团联兴房地产开发有限公司　中国建设银行股份有限公司德州分行 德州百脑汇电子信息有限公司　德州锦绣苑房地产开发有限公司美食城项目部　中国石油天然气股份有限公司山东德州销售分公司　德州华源生态科技有限公司　中国石油天然气股份有限公司管道中原输油气分公司　德州市鲁班房地产开发有限公司　山东东海房地产开发有限公司广川分公司　德州华北纸业有限公司　中国平安财产保险股份有限公司德州中心支公司　德州桦林房地产开发有限公司桦林万豪公馆项目部

三、纳税成长进步企业

山东恒旭药业有限公司　德州市市政工程建设总公司　齐鲁银行股份有限公司德州分行　山东德兴集团建设工程有限公司　山东将军三名置业有限公司德州分公司　青岛银行股份有限公司德州分行　德州扒鸡美食城管理有限公司　德州六和金珊食品有限公司　德州市房地产开发总公司德州新湖湖滨家园项目部　中国联合网络通信有限公司德州市分公司　德州市万泓房地产开发有限公司　山东德百集团超市有限公司　山东壳牌石油有限公司德州加油站　德州万源明日国际广场置业有限公司　中国银行股份有限公司德州分行　德州绿霸精细化工有限公司　德州市荣健体育器材有限公司　德州中燃城市燃气发展有限公司　山东德建建筑科技股份有限公司　山东地鑫实业集团建筑工程有限公司　德州市鑫华润科技股份有限公司　德州博旺五金工具制品有限公司　德州市金盾保安服务有限责任公司　德州嘉汇房地产开发有限公司　山东联兴建设集团有限责任公司　天安人寿保险股份有限公司德州中心支公司

统计资料

德城区2017年度统计资料选编

城市基本情况（一）

指标名称	计量单位	实际数	指标名称	计量单位	实际数
一、人口和土地面积			第二产业	%	39.08
年末常住人口	万人	44.70	第三产业	%	59.40
城镇人口	万人	38.45	地区生产总值（按可比价格算）	亿元	304.26
乡村人口	万人	6.25	第一产业增加值	亿元	5.09
年出生人口	人	4702	第二产业增加值	亿元	120.96
年死亡人口	人	1530	工业增加值	亿元	105.96
人口出生率	‰	11.75	建筑业增加值	亿元	15.00
人口死亡率	‰	3.82	第三产业增加值	亿元	178.21
人口自然增长率	‰	7.93	地区生产总值指数（上年＝100按可比价格计算）	%	107.6
镇政府、街道办事处	个	6			
镇政府	个	2	第一产业增加值指数	%	98.6
街道办事处	个	4	第二产业增加值指数	%	106.6
社区	个	102	工业增加值指数	%	104.3
农村社区	个	53	建筑业增加值指数	%	126.1
城市社区	个	49	第三产业增加值指数	%	108.6
土地面积	平方公里	231	三、工业		
人口密度	人/平方公里	1935	全部工业		
二、综合经济			工业总产值（当年价格）	亿元	192.42
地区生产总值（按当年价格算）	亿元	296.10	工业总产值指数（上年为100）	%	104.0
第一产业增加值	亿元	4.51	年销售收入2000万元以上的工业企业		
第二产业增加值	亿元	115.71	企业单位数	个	84
工业增加值	亿元	100.64	国有企业	个	2
建筑业增加值	亿元	15.07	集体企业	个	--
第三产业增加值	亿元	175.88	股份合作企业	个	--
人均地区生产总值	元	66774	股份制企业	个	2
地区生产总值构成	%	100	外商及港澳台商投资企业	个	10
第一产业	%	1.52			

注：人口出生、出生率、人口死亡、死亡率、人口自然增长率指标均由计生部门提供。

城市基本情况（二）

指标名称	计量单位	实际数	指标名称	计量单位	实际数
其他经济类型企业	个	70	亏损企业亏损额	万元	15540
工业总产值（当年价格）	万元	1645120	本年应交增值税	万元	40640
国有企业	万元	10724	年销售收入2000万元以下的工业企业		
集体企业	万元	--	工业总产值	亿元	27.91
股份合作企业	万元	--	工业总产值指数（上年为100)	%	104.1
股份制企业	万元	60733	工业增加值	亿元	7.98
外商及港澳台商投资企业	万元	195679	工业增加值指数（上年为100)	%	104.2
其他经济类型企业	万元	1377984	四、固定资产投资		
工业总产值指数（上年为100）	%	103.9	规模以上固定资产投资额	亿元	225.65
国有企业	%	104.8	第一产业投资	亿元	0.00
集体企业	%	--	第二产业投资	亿元	84.18
股份合作企业	%	--	第三产业投资	亿元	141.47
股份制企业	%	121.4	房地产开发投资额	亿元	32.69
外商及港澳台商投资企业	%	96.26	住宅投资	亿元	24.54
其他经济类型企业	%	97.96	商品房销售额	亿元	35.71
工业销售产值	万元	1643108	商品房销售面积	万平方米	65.45
工业增加值	万元	914000	全年新增固定资产	亿元	21.10
高新技术产业总产值	亿元	101.63	商品房待售面积	万平方米	14.23
高新技术产值占总产值比重	%	33.3	施工面积	万平方米	498.95
全部职工年平均人数	人	21615	竣工面积	万平方米	69.93
所有者权益	万元	560345	五、国内贸易、外经和旅游		
流动资产年末合计	万元	916468	社会消费品零售总额	亿元	193.39
固定资产原价年末合计	万元	982280	批发零售贸易零售总额	亿元	171.54
资产总计	万元	1874049	限额以上零售总额	亿元	58.70
产品销售收入	万元	1711021	住宿餐饮零售总额	亿元	21.85
产品销售税金及附加	万元	11574	限额以上零售总额	亿元	2.04
利税总额	万元	134765	进出口总额	万元	172330
利润总额	万元	82416			

城市基本情况（三）

指标名称	计量单位	实际数	指标名称	计量单位	实际数
进口总额	万元	24531	新增城镇就业人员数	人	3855
出口总额	万元	147799	享受最低生活保障人员数	人	6687
合同利用外资金额	万美元	44.45	城市居民	人	3657
实际利用外资金额	万美元	2187	农村居民	人	3030
新批外商投资企业	家	1	城乡居民人均可支配收入	元	23244
外派劳务	人	448	城镇居民人均可支配收入	元	25382
接待国内外游客	万人次	458.8	农村居民人均可支配收入	元	13776
旅游总收入	亿元	23.50	商品零售价格指数（以上年为100）	%	101.2
六、财政					
公共财政预算收入	万元	192368	居民消费价格指数（以上年为100）	%	101.2
税收收入	万元	167558			
公共财政预算支出	万元	191500	服务价格指数	%	102.9
一般公共服务支出	万元	19845	消费品价格指数	%	100.1
公共安全支出	万元	5697	工业生产者出厂价格指数（以上年为100）	%	106.0
教育支出	万元	52665			
科学技术支出	万元	795	工业生产者购进价格指数（以上年为100）	%	106.6
社会保障和就业支出	万元	43443			
医疗卫生与计划生育支出	万元	19203	八、教育、文化、卫生		
节能环保支出	万元	4929	学校数	处	45
城乡社区支出	万元	13352	普通中学	处	10
七、居民生活和社会保障			小学	处	33
在岗职工和劳务派遣合计			专任教师数	人	3486
年末人数	人	54328	普通中学	人	1206
年平均人数	人	54027	小学	人	2053
劳动报酬总额	万元	351367	在校学生数	人	62921
人均劳动报酬	元／人	65035	普通中学	人	18240
年末城镇登记失业率	%	3.2	小学	人	40069

城市基本情况（四）

指标名称	计量单位	实际数	指标名称	计量单位	实际数
毕业生数	人	13440	专任教师	人	1576
普通中学	人	6429	在园儿童	人	20365
小学	人	5787	公共图书馆图书总藏量	万册	11.0
招生人数	人	15148	各类卫生机构数	所	344
普通中学	人	5937	各类卫生机构床位数	张	1995
小学	人	7440	卫生技术人员数	人	2590
注册幼儿园	处	104	医生数	人	1385

德城区地方志工作管理办法

德城政发〔2011〕86号

第一条　为规范和加强地方史志工作，全面、客观、系统地编纂地方志，科学、合理地开发利用地方志资源，发挥地方志在促进经济和社会发展中的作用，根据国务院《地方志工作条例》《山东省地方史志工作条例》和《德州市地方志工作管理办法》，结合我区实际，制定本办法。

第二条　本办法适用于全区行政区域内地方志的组织编纂、管理、开发利用等工作。

第三条　本办法所称地方志，是指地方志书、地方综合年鉴等地情资料性文献。

地方志书，是指全面系统地记述本行政区域自然、政治、经济、文化和社会的历史与现状的地情资料性文献。包括区志、镇（街道）志、村（居）志、部门（行业）志等。

地方综合年鉴，是指系统记述本行政区域自然、政治、经济、文化和社会等方面情况的年度地情资料性文献。包括区综合年鉴、镇（街道）年鉴、村（居）年鉴、部门（行业）年鉴等。

第四条　区人民政府加强对本行政区域地方志工作的领导，将地方志工作纳入本地经济和社会发展规划，所需经费列入本级财政预算。

第五条　区地方史志办公室（以下简称区史志办）是本行政区域地方志的工作机构，履行下列职责：

（一）组织、指导、督促和检查地方志工作；

（二）拟订地方志工作规划和编纂方案；

（三）编纂本级综合性地方志书、地方综合年鉴，审查、验收本行政区域下一级综合性地方志书及同级专业性地方志书；

（四）征集、整理、保存地方志文献，开展地方志学术研究和学术交流；

（五）组织开发利用地方志资源，宣传、推广地方志成果，开展地情研究，建设地方志馆（室）、地方志资料库、地方志网站，为公众读志用志提供服务；

（六）培训地方志编纂人员；

（七）法律法规规定的其他职责。

第六条　区人民政府负责制定本行政区域地方志编纂工作规划，并报上一级人民政府负责地方志工作的机构备案。

第七条　区人民政府要组织做好本行政区域综合性地方志书和地方综合年鉴的编纂工作，具体工作由区史志办负责，其他组织和个人不得编纂。

支持和鼓励机关、社会团体、企业事业单位、其他组织和个人编纂出版有助于经济社会发展的其他志书。有条件的街道办事处、镇政府、村可以组织编纂本单位的志书。区史志办应当对有关编纂活动给予业务指导，并做好备案工作。

第八条 区综合性地方志书每20年左右编修一次，地方综合年鉴按年度编纂。每一轮综合性地方志书编修工作完成后，区史志办在编纂地方综合年鉴、搜集资料以及向社会提供咨询服务的同时，启动新一轮综合性地方志书的续修工作。

第九条 编纂地方志应当符合下列要求：

（一）符合宪法和保密、档案等法律、法规的规定；

（二）全面、客观地反映本行政区域自然、政治、经济、文化和社会的历史与现状；

（三）符合志书的体例格式；

（四）文字表述准确，篇目结构合理；

（五）标点符号、计量单位和数字的使用规范、标准；

（六）装帧印刷符合出版要求。

第十条 编纂地方志应当吸收有关方面的专家、学者参加。地方志编纂人员实行专、兼职相结合，专职编纂人员应当具备相应的专业知识，做到恪尽职守、客观公正、秉笔直书、尊重史实。任何单位和个人不得要求编纂人员在地方志中做虚假记述。

第十一条 为执行本单位的地方志编纂任务或者利用本单位的物质技术条件收集、积累的地方志书及有关地情资料，应当按照规定归档管理，任何人不得损毁或者据为己有。

第十二条 区史志办可以向机关、社会团体、企业事业单位、其他组织及个人征集有关地方志资料，有关单位和个人应当在规定的时限内按要求提供全面、系统、翔实、准确的资料。

区史志办可以对所需资料内容进行查阅、摘抄、复制，但涉及国家秘密、商业秘密和个人隐私以及不符合档案开放条件的除外。

第十三条 公民、法人和其他组织可以通过查阅、摘抄等方式利用地方志馆（室）、地方志资料库收藏、展示的地方志文献和资料。

地方志馆（室）、地方志资料库应当将服务范围、开放时间等服务事项进行公示。鼓励单位和个人向地方志馆（室）、地方志资料库捐赠或者有偿提供地方志文献和资料。

地方志文献和资料所有人或者持有人提供有关资料，可以获得适当报酬。地方志文献和资料所有人或者持有人不得提供虚假资料。

第十四条 全区地方志书和地方综合年鉴，实行备案、审查、验收制度。

综合性地方志书编纂完成后，应当报上一级地方史志办公室备案，并经审查、验收后，方可公开出版；专业性地方志书编纂完成后，应当报同级地方史志办公室备案，并经审查、验收后，方可公开出版。地方综合年鉴应当报经本级人民政府批准后，方可公开出版。

第十五条 各级地方志书及相关地情资料性文献的编纂单位，应当在地方志书及相关地情资料性文献出版后30日内，向原审查、验收的地方史志办公室报送样书和电子文本。

第十六条 综合性地方志书、地方综合年鉴为职务作品，依照《中华人民共和国著作权法》第十六条第二款的规定，其著作权由组织编纂的地方志办公室享有，参与编纂的人员享有署名权。

第十七条 区史志办应当加强地方志资源的开发利用，积极开拓社会用志途径，可以编辑、出版地方志简本或者通过建设地方志馆（室）、地方志资料库、地方志网站等方式，加强地方志工作的信息化建设，为经济社会的全面发展服务。

第十八条 地方志成果可以依照有关规定，参加国家、省和市优秀社会科学成果评奖。

第十九条 对在地方志工作中做出突出成绩和贡献的单位及个人，给予表彰和奖励。

第二十条 违反本办法，有下列行为之一的，由区史志办责令限期改正；逾期不改的，提请本级政府或有关行政主管部门予以纠正，并视情节对有关单位和个人予以通报批评或行政处分；构成犯罪的，依法追究刑事责任。

（一）未能在规定时限内提供资料；无故拖延、拒绝提供地方志资料或者提供虚假资料的；

（二）未经审核、验收、批准，擅自出版地方志书的；

（三）损毁单位地方志资料或者将其据为己

有的；

（四）未能在规定时限内报送样书和电子文本的。

第二十一条　违反本办法，涉及其他有关法律、法规的，由相关部门依法予以处罚。

第二十二条　本办法自 2012 年 1 月 1 日起施行。

索 引

说明：

1. 本索引为综合性主题索引。
2. 索引款目按汉语拼音字母（同音字按声调）顺序排列。
3. 款目后的阿拉伯数字表示内容所在的页码。
4. 同一主题的内容在文中多处出现的，在其款目后用不同的页码标明。
5. 对特载、大事记、专记、统计资料、附录等栏目不作索引。

A

A-10 号 …… 076
A-1 号 …… 073
A-2 号 …… 073
A-3 号 …… 073
A-4 号 …… 074
A-5 号 …… 074
A-6 号 …… 074
A-7 号 …… 075
A-8 号 …… 075
A-9 号 …… 075
B-1 号 …… 076
B-2 号 …… 077
B-3 号 …… 077
B-4 号 …… 077
安监信息系统 …… 273
安全保卫措施 …… 176
安全措施 …… 265
安全防范 …… 386
安全工作 …… 195
安全管理 …… 294
安全环保 …… 308
安全生产 …… 269、302
安全生产保持平稳向好 …… 288
安全生产工作 …… 303
安全生产监督管理 …… 212
安全生产监督管理局 …… 106
安全生产态势持续平稳 …… 275
安全生产隐患“大快严”集中行动 …… 212
安全文明工地创建 …… 273
安全信访和维稳工作 …… 413
安武术 …… 081
按时足额缴纳代收各类税金 …… 328
案件管理室 …… 103
案件审理室 …… 103
奥德曼葡萄酒 …… 064

B

办公室 …… 102、103、104、105、107
办文办会效率和质量不断提升 …… 140
办学条件 …… 379
办学宗旨 …… 380
保费收入与赔付支出 …… 330
保险 …… 326
报纸新闻工作 …… 395
北厂沉船遗址 …… 071
备战练兵 …… 200
标准化计量工作 …… 209
播撒健康　为广大妇女儿童搭建安全屏障 …… 408
部署开展在市场体系建设中建立公平竞争

审查制度工作……………………………… 219

C

财政　税务……………………………………… 313
财政…………………………………………… 096、313
财政金融……… 475、478、467、469、471、473
财政金融审计………………………………… 211
财政经济工作委员会………………………… 104
财政经济委员会……………………………… 104
财政局………………………………………… 105
财政业务培训………………………………… 314
采供血情况…………………………………… 412
采暖季错峰生产……………………………… 099
参加党员服务群众活动……………………… 193
参加扶贫攻坚行动…………………………… 192
参加环保攻坚行动…………………………… 192
参政议政……………………………………… 192
餐饮业油烟专项整治………………………… 100
餐饮住宿……………………………………… 299
残疾人工作…………………………………… 417
产品质量和特种设备安全…………………… 210
产业化经营………………………………… 226、232
产业园区建设工作…………………………… 149
常务委员会…………………………………… 104
车险业务实现“双优”目标………………… 328
成本管控……………………………………… 330
成功申请世界文化遗产……………………… 387
成人教育……………………………………… 343
承办省司法厅党组务虚会…………………… 206
城建　环保…………………………………… 272
城建工程……………………………………… 272
城建环保委员会……………………………… 104
城区“清风德城”教育行动动员会议……… 139
城区德城区新的社会阶层人士联合会第一次
　代表大会…………………………………… 140
城区国民经济运行情况新闻发布会………… 170
城区交通运输管理分局………………… 110、260
城区交通运输管理分局概况………………… 260
城区邮政局…………………………………… 267
城市道路…………… 468、471、474、477、479
城市道路交通………………………………… 469
城市公共交通………………………………… 275
城市管理……………………………………… 280
城市管理概况………………………………… 280
城市管理行政执法局………………………… 106
城市违法建设治理……………………… 100、280
城市休闲农业………………………………… 234
城乡规划……………………………………… 274
城乡规划概况………………………………… 274
城乡建设……………………………………… 272
城乡建设　环境保护　安全生产…………… 096
城乡建设环境保护工作委员会……………… 104
程绍…………………………………………… 086
持续改进医护质量　医疗救治能力得到提升
　……………………………………………… 408
持续强化人才支撑引领作用………………… 142
持续提升公共文化服务体系建设…………… 388
持续增强财政实力…………………………… 313
创建国家文明城市…………………………… 281
创建省级食品安全城市……………………… 215
创新保险服务　全力支持德州经济发展…… 328
创新德育形式………………………………… 382
创新发展健康服务业………………………… 399
创新服务理念　支持德州经济发展………… 326
创新公益服务　自觉履行社会责任………… 403
创新亮点……………………………………… 177
创新生态德育机制　彰显内涵发展的本源　359
创新性筹建快餐项目………………………… 304
创新转型……………………………………… 327
促优教师专业成长　奠定内涵发展的前提　359
崔记扒鸡……………………………………… 065
存贷业务………… 318、320、320、322、324

D

搭建销售平台　提高资源整合能力和资源
　交叉利用率………………………………… 327
打造高效课堂………………………………… 382
打造过硬支部………………………………… 143
打造书香校园………………………………… 350
打造特色品牌学校　共建和合精神家园…… 347

打造优秀团队…………………………………… 355
大力保障民生支出………………………………… 313
大量阅读………………………………………… 361
大气污染防治　环境保护……………………… 281
大气污染防治………………………………098、297
大田作物托管……………………………………… 243
大运河遗产构成…………………………………… 387
代表工作………………………………………… 163
贷款情况………………………………………… 280
档案工作指导……………………………………… 153
档案馆简介………………………………………… 153
档案局…………………………………………… 103
档案局工作………………………………………… 153
档案利用………………………………………… 153
党风廉政建设……………………………………… 302
党风廉政建设工作………………………………… 303
党风廉政主体责任全面落实……………………… 400
党风政风监督室…………………………………… 103
党建带社建、社村共建工作……………………… 243
党建工作扎实开展………………………………… 276
党建活动………………………………………… 353
党史宣传………………………………………… 152
党史研究………………………………………… 152
党史研究室………………………………………… 103
党团建设扎实推进　企业文化逐步完善…… 267
党外代表人士队伍建设…………………………… 147
党外干部工作……………………………………… 147
党校……………………………………………… 103
党校工作………………………………………… 152
道路交通管理专项整治新闻发布会………… 165
德城概览………………………………………… 060
德城公路局………………………………………… 262
德城公路局概况…………………………………… 262
德城区 / 中心城区气象条件分析……………… 335
德城区“护航十九大、消防平安攻坚行动”工作部署会议……………………………… 170
德城区“清风德城”教育行动调度会……… 169
德城区“散乱污”企业整治工作会议……… 170
德城区“银农直联”工作动员会…………… 140
德城区 2017 年“三八”国际妇女节庆祝大会……………………………………………… 137
德城区 2017 年第一轮巡察工作动员部署会议……………………………………………… 139
德城区 2017 年教师节庆祝大会 ……………… 139
德城区 PPP 项目推进汇报会 ………………… 170
德城区安全生产工作会议………………………… 169
德城区安全生产工作专项调度会议………… 170
德城区安全生产会议……………………………… 171
德城区安全生产形势分析及对策建议……… 433
德城区安全生产专题会议………………………… 138
德城区安全生产专项巡查工作动员部署会议……………………………………………… 169
德城区被征地农民社会保障政策落实工作会……………………………………………… 165
德城区本级史志事业法规建设………………… 173
德城区残疾人联合会第七次代表大会……… 140
德城区城市违法建设治理工作会议………… 166
德城区窗口单位服务规范化建设座谈会…… 165
德城区创建全国文明城市动员大会………… 138
德城区创建全国文明城市工作部署会议…… 139
德城区创建全国文明城市工作调度会议…… 138
德城区打击恶意逃废银行债务优化金融生态环境工作调度会议……………………… 168
德城区打击恶意逃废银行债务优化金融生态环境集中行动动员会议…………………… 166
德城区低效闲置用地暨土地使用税清查征缴专项整治工作会议………………………… 165
德城区第二实验小学…………………………112、369
德城区第二实验小学概况………………………… 369
德城区二屯镇中学……………………………112、357
德城区二屯镇中学概况…………………………… 357
德城区二屯镇中学荣誉…………………………… 357
德城区法院　检察院……………………………… 107
德城区防治艾滋病工作委员会成员单位会议……………………………………………… 171
德城区丰乐屯中心小学………………………113、383
德城区妇女联合会………………………………… 191
德城区妇幼保健计划生育服务中心……113、407
德城区工商联（总商会）第十三次代表大会……………………………………………… 137
德城区工商业联合会…………………………108、187
德城区工作务虚会议……………………………… 136
德城区公安工作会议……………………………… 136
德城区供暖季重点行业企业错峰生产调控方案

专家评审会…………………………………… 169
德城区供销社收回国铭商贸公司和东方宾馆
…………………………………………………… 242
德城区供销社资产运营管理公司成立……… 242
德城区关心下一代工作委员会……………… 193
德城区关心下一代工作委员会荣誉………… 193
德城区广播电视编辑部……………………… 109
德城区归国华侨联合会……………………… 192
德城区锅炉整治专项工作会议……………… 166
德城区国家园林城市复审工作推进会……… 169
德城区化工产业安全生产转型升级工作调度
会议……………………………………… 168
德城区化工产业安全生产转型升级工作责任
落实部署会议……………………………… 169
德城区环保督查情况通报会议……………… 166
德城区环保工作调度会……………………… 165
德城区环保工作调度会议……… 164、166、169
德城区黄河涯镇第一中学……………… 112、357
德城区黄河涯镇第一中学概况……………… 357
德城区疾病预防控制中心……………… 113、409
德城区集贸市场创城调度会议……………… 138
德城区教师进修学校…………………… 111、341
德城区教师进修学校概况…………………… 341
德城区洁净型煤推广工作调度会议………… 170
德城区老旧住宅小区房屋情况摸排工作部署
会议……………………………………… 170
德城区领导干部座谈会……………………… 140
德城区民主党派参政议政工作座谈会……… 139
德城区农业转移人口市民化调研报告……… 450
德城区棚改现场调度会……………………… 166
德城区青年干部风采展示大赛（决赛）暨庆
“五四”表彰大会 ………………………… 138
德城区庆祝“5·12”护士节暨“十佳护士”
表彰会……………………………………… 138
德城区庆祝建党九十六周年暨“丰华经验”
报告会……………………………………… 139
德城区区直机关幼儿园……………………… 384
德城区区直机关幼儿园概况………………… 384
德城区全面实行河长制工作推进会议……… 169
德城区全区规范干部日常管理工作会议…… 139
德城区人大常委会党组工作汇报…………… 423
德城区人大常委会及所属委室……………… 104
德城区人民代表大会常务委员会…………… 160
德城区人民政府…………………… 105、163
德城区人民政府专题会议提要……………… 164
德城区人武部……………………… 107、195
德城区人武部荣誉………………………… 195
德城区社区“两委”换届选举工作动员会议
…………………………………………………… 140
德城区十六届区委第二轮巡察工作动员部署会
…………………………………………………… 139
德城区史志办自身建设……………………… 173
德城区暑期青少年关爱工作协调部署会议
…………………………………………………… 139
德城区水污染防治工作调度会议…………… 168
德城区四轮低速电动车规范整治行动会议
…………………………………………………… 164
德城区特殊教育中心………………………… 384
德城区特殊教育中心概况…………………… 384
德城区推进城乡网格化管理工作培训会议
…………………………………………………… 139
德城区王村店中学………………………… 112
德城区委政法暨维稳“大调研、大排查、大整
改”工作会议……………………………… 137
德城区文化产业简介………………………… 390
德城区小散乱污企业专项整治工作调度会
…………………………………………………… 167
德城区新的社会阶层人士统战工作会议…… 139
德城区新任职干部集体谈话会议…………… 136
德城区信访维稳工作会议…………………… 136
德城区宣传中心…………………………… 109
德城区亚星管道设备厂……………………… 254
德城区扬尘污染综合治理集中行动工作会议
…………………………………………………… 170
德城区迎“五一”“匠心筑梦 劳动最美”颁奖
晚会……………………………………… 138
德城区迎接安全生产专项巡查工作会议…… 170
德城区援疆干部人才座谈会………………… 136
德城区召开老旧住宅小区整治改造现场会
…………………………………………………… 168
德城区政府常务扩大会议…………………… 170
德城区政府及所属部门单位………………… 105
德城区政府廉政工作会议…………………… 168
德城区政府领导班子民主生活会…………… 164

德城区政府区长办公会议…………………… 164
德城区政府生态文明建设专题学习会议…… 166
德城区政府重点工作调度会………………… 169
德城区政务公开工作调度会………………… 165
德城区重点民兵分队集结点验大会………… 171
德城区重点民生项目调度会………………… 137
德城区综治委预防青少年违法犯罪专项组会议
………………………………………………… 140
德城区总工会……………………………… 188
德城区总工会十五届十四次全委扩大会议
………………………………………………… 137
德瑞大包…………………………………… 066
德药制药…………………………………… 064
德育工作…………………… 343、373、378、381
德育管理…………………………………… 380
德育建设…………………………………… 355
德育文化…………………………………… 351
德苑大酒店………………………………… 309
德州扒鸡…………………………………… 078
德州博旺五金工具制品有限公司…………… 254
德州齿轮…………………………………… 064
德州齿轮有限公司………………………… 256
德州大驴…………………………………… 063
德州大运河概况…………………………… 387
德州大运河文化…………………………… 387
德州德药制药有限公司…………………… 256
德州电视台简介…………………………… 396
德州东方希望碳素有限公司……………… 252
德州东来顺饭庄…………………………… 309
德州动植物园旅游区……………………… 066
德州二职专………………………………… 111
德州枫林自控设备有限责任公司………… 259
德州高跷…………………………………… 079
德州工科所有限责任公司………………… 337
德州工科所有限责任公司概况…………… 337
德州黑陶…………………………………… 078
德州华源生态科技有限公司……………… 258
德州火车站………………………… 110、265
德州火车站概况…………………………… 265
德州监狱业务工作………………………… 206
德州金丝贴………………………………… 063
德州金田高新技术创业发展有限公司……… 251
德州晶华有限公司………………………… 257
德州菊花…………………………………… 062
德州力维机械有限公司…………………… 255
德州联合医院……………………… 113、403
德州梁子黑陶文化有限公司……………… 391
德州烈士陵园……………………………… 071
德州绿霸精细化工有限公司……………… 253
德州梅卡尔机电科技有限公司…………… 256
德州耐垦工业自动化设备有限公司………… 255
德州农村商业银行股份有限公司……… 110、320
德州农村商业银行股份有限公司概况……… 320
德州农耕文化教育体验园………………… 391
德州欧莱恩永兴碳素有限公司…………… 252
德州跑驴…………………………………… 079
德州汽车总站……………………………… 260
德州汽车总站概况………………………… 260
德州日报德城版编辑部…………………… 109
德州萨美特电源有限公司………………… 259
德州圣丰种业有限公司简介……………… 223
德州十二连城……………………………… 083
德州实华化工有限公司…………………… 257
德州市“气代煤电代煤”工作调度推进会
………………………………………………… 163
德州市百货大楼…………………………… 309
德州市百货大楼概况……………………… 309
德州市北园小学…………………… 112、364
德州市北园小学概况……………………… 364
德州市殡仪馆简介………………………… 179
德州市博物馆……………………………… 393
德州市撤市设区…………………………… 086
德州市德城区苗圃………………………… 225
德州市德城区明诚学校…………… 112、352
德州市德城区明诚学校概况……………… 352
德州市德城区区直机关幼儿园…………… 113
德州市德高蔬菜种苗研究所……………… 235
德州市地震局防震减灾工作……………… 336
德州市地震局概况………………………… 336
德州市第二职业中等专业学校…………… 344
德州市第二职业中等专业学校概况……… 344
德州市第九中学…………………… 111、350
德州市第九中学概况……………………… 350
德州市第三中学…………………… 111、345

德州市第三中学概况…………………………345
德州市第十一中学……………………112、351
德州市第十一中学概况……………………351
德州市第十一中学荣誉……………………352
德州市第十中学………………………112、351
德州市第十中学概况………………………351
德州市第四中学………………………111、346
德州市第四中学概况………………………346
德州市第五中学………………………111、347
德州市第五中学概况………………………347
德州市第五中学荣誉………………………348
德州市东风东路小学…………………112、370
德州市东风东路小学概况…………………370
德州市工人文化宫…………………………393
德州市公安局德城分局……………………198
德州市公安局德城分局概况………………198
德州市公安消防支队德城区大队…………107
德州市供水总公司…………………………287
德州市供水总公司概况……………………287
德州市光明街小学……………………112、377
德州市光明街小学概况……………………377
德州市湖滨北路小学…………………112、379
德州市湖滨北路小学概况…………………379
德州市建设街小学……………………112、363
德州市建设街小学概况……………………363
德州市交通警察支队直属一大队…………199
德州市解放北路小学…………………112、374
德州市解放北路小学概况…………………374
德州市解放北路小学荣誉…………………374
德州市解放南路小学…………………112、374
德州市解放南路小学概况…………………374
德州市黎明街小学……………………112、361
德州市黎明街小学概况……………………361
德州市立医院…………………………113、401
德州市立医院分院…………………………113
德州市农业科学研究院……………………337
德州市农业科学研究院概况………………337
德州市气象局业务工作……………………334
德州市青少年宫……………………………394
德州市燃气总公司…………………………290
德州市燃气总公司概况……………………290
德州市热力公司……………………………293
德州市热力公司概况………………………293
德州市荣光生物科技有限公司……………254
德州市石芦街小学……………………112、382
德州市石芦街小学概况……………………382
德州市石芦街小学荣誉……………………382
德州市实验小学………………………112、358
德州市实验小学概况………………………358
德州市实验小学荣誉………………………358
德州市市政工程建设总公司………………285
德州市市政工程建设总公司概况…………285
德州市体育中心……………………………397
德州市天衢东路小学…………………112、367
德州市天衢东路小学概况…………………367
德州市天衢东路小学荣誉…………………367
德州市铁路办公室中心城区业务…………264
德州市图书馆………………………………392
德州市文化馆………………………………393
德州市五环体育馆…………………………398
德州市新湖北路小学…………………112、360
德州市新湖北路小学概况…………………360
德州市新湖南路小学…………………112、375
德州市新湖南路小学概况…………………375
德州市新湖南路小学荣誉…………………375
德州市新影街小学…………………………373
德州市新影街小学概况……………………373
德州市新源热力有限公司…………………295
德州市新源热力有限公司概况……………295
德州市鑫华润科技股份有限公司…………253
德州市园林管理局…………………………285
德州市园林管理局概况……………………285
德州市园林管理局荣誉……………………286
德州市中心血站……………………………412
德州市中心血站概况………………………412
德州陶埙……………………………………079
德州西瓜……………………………………062
德州新华集团中心城区业务………………390
德州信息工程中等专业学校…………111、342
德州信息工程中等专业学校概况…………342
德州学院附属小学……………………112、380
德州学院附属小学概况……………………380
德州窑址……………………………………072
德州银行股份有限公司……………………322

德州元茂纺织有限公司……………………… 252
德州中燃城市燃气发展有限公司…………… 291
德州中燃城市燃气发展有限公司概况……… 291
德州卓澳水质净化有限公司………………… 298
德州综合客运站……………………………… 261
德州综合客运站概况………………………… 261
地储粮管理安全有效………………………… 304
地方名吃……………………………………… 065
地方史志办公室……………………………… 105
地方税务……………………………………… 317
地方税务概况………………………………… 317
地理…………………………………………… 060
地理位置……… 466、468、470、472、474、477
地名由来……………………………………… 060
地形…………………………………………… 475
地形地貌……… 060、467、468、470、472、478
地震…………………………………………… 336
第八次会议…………………………………… 115
第二次会议…………………………………… 116
第二纪检监察室……………………………… 103
第三纪检监察室……………………………… 104
第十六届人大常委会（例会）……………… 160
第十六届人大常委会主任会议……………… 161
第十七届人大常委会（例会）……………… 160
第十七届人大常委会重要会议……………… 161
第十七届人大常委会主任会议……………… 161
第十七届人大常委会组成人员……………… 160
第十七届人民代表大会第一次会议………… 160
第一次会议…………………………………… 115
第一纪检监察室……………………………… 103
第政协第十三届德城区委员会全委会议…… 182
缔造完美教室………………………………… 383
电网运行……………………………………… 251
电信…………………………………………… 268
东站布局……………………………………… 266
董仲舒………………………………………… 086
动物疫病防控………………………………… 227
队伍建设…………… 203、340、358、378、387
队伍素质……………………………………… 266
对接资本市场　持续优化融资结构………… 174
对台工作……………………………………… 150
对外经济……………………………………… 095
对外经济合作………………………………… 300
对外贸易……………………………………… 299
对外协调更加顺畅　合作领域不断扩大…… 325
多彩活动……………………………………… 360
多彩活动　绽放生命精彩…………………… 376
多彩活动提升素养…………………………… 364
多措并举　提高教学质量…………………… 365
多元化经营…………………………………… 390

E

2017—2018 年度冬季供热工作安全平稳推进
……………………………………………… 295
2017 年 10 月 20 日会议 ………………… 133
2017 年 11 月 3 日会议 ………………… 134
2017 年 12 月 12 日会议 ………………… 135
2017 年 12 月 5 日会议 ………………… 134
2017 年 1 月 18 日会议 ………………… 118
2017 年 1 月 23 日会议 ………………… 119
2017 年 1 月 3 日会议 ………………… 118
2017 年 1 月 7 日会议 ………………… 118
2017 年 2 月 14 日会议 ………………… 121
2017 年 2 月 18 日会议 ………………… 121
2017 年 2 月 27 日会议 ………………… 122
2017 年 2 月 3 日会议 ………………… 120
2017 年 3 月 20 日会议 ………………… 124
2017 年 3 月 31 日会议 ………………… 125
2017 年 4 月 14 日会议 ………………… 126
2017 年 4 月 25 日会议 ………………… 127
2017 年 6 月 19 日会议 ………………… 128
2017 年 6 月 9 日会议 ………………… 127
2017 年 7 月 6 日会议 ………………… 129
2017 年 8 月 10 日会议 ………………… 130
2017 年 8 月 14 日会议 ………………… 131
2017 年 8 月 21 日会议 ………………… 131
2017 年 8 月 23 日会议 ………………… 132
2017 年 8 月 5 日会议 ………………… 130
二屯镇………………………………………… 468
二屯镇基础设施……………………………… 469
二屯镇经济概况……………………………… 469
二屯镇社会发展……………………………… 469

二屯镇市政建设……………………………… 469
二屯镇政区概况……………………………… 468
二屯镇自然条件……………………………… 468

F

发挥公益属性　积极承担社会责任………… 275
发展和改革局………………………………… 105
发展特色专科　提高医疗水平……………… 405
发展现代化的品质畜牧业…………………… 226
发展与改革…………………………………… 207
发展专科优势　打造强势品牌　分院工作再上新台阶…………………………………… 403
法律培训宣传………………………………… 174
法院…………………………………………… 202
法制办公室…………………………………… 105
法制工作委员会……………………………… 104
法制联谊委员会……………………………… 107
法治…………………………………………… 197
法治工作……………………………… 174、218
反贪反渎……………………………………… 201
方志馆建设…………………………………… 173
防汛抗旱工作………………………………… 244
房产管理……………………………………… 277
房屋征收……………………………………… 272
放管服改革…………………………………… 149
放心农场建设………………………………… 220
非车险盈利能力进一步增强………………… 328
非物质文化遗产……………………………… 078
丰富课程设置………………………………… 382
风景名胜……………………………………… 066
风控能力……………………………………… 321
风险防范……………………………………… 324
风险管理……………………………………… 323
扶残助残……………………………………… 417
扶持重点项目实现转型升级………………… 464
扶贫脱贫情况………………………………… 150
服务经济…………………………… 320、323、327
服务能力和品质逐步提升…………………… 275
服务社会……………………………………… 312
服务社会　质量为民………………………… 210
服务社会发展大局　圆满完成各类交通警卫任务……………………………………… 199
服务提速……………………………………… 310
服务体系建设………………………………… 241
服务协同发展………………………………… 187
妇联基层组织建设…………………………… 191
妇女创业就业工作…………………………… 191
妇女儿童合法权益维护……………………… 191
妇女儿童活动中心景区……………………… 069
妇女宣传思想………………………………… 191
赴外地招商…………………………………… 150

G

改善工作作风………………………………… 143
改善诊医流程　优化网络环境……………… 407
概况…………………………………………… 246
干部培训……………………………………… 152
高标准严要求落实粮食安全责任制………… 304
高道悦墓……………………………………… 071
高铁德州东站………………………………… 266
高铁德州东站概况…………………………… 266
高效课堂……………………………………… 360
格瑞德集团…………………………………… 065
各民主党派　工商联……………… 108、185
给排水…………………………… 468、474、479
跟踪房地产专项检查税款入库……………… 172
工程建设……………………………… 251、294
工商登记注册………………………………… 215
工商行政管理………………………………… 215
工商行政管理局……………………………… 106
工业……………………… 467、469、473、246
工业创新……………………………………… 208
工业和建筑业………………………………… 094
工业企业（基地）简介……………………… 251
工业生态环保治理…………………………… 099
工业综述……………………………………… 246
工作创新　文化亮点………………………… 390
工作作风建设取得新进步…………………… 141
公安…………………………………………… 198
公共法律服务体系建设全面提速…………… 205

公共交通…………………… 477、471、474、479
公共卫生服务水平不断增强………………… 399
公交衔接……………………………………… 266
公路…………………………………………… 262
公司总体经营持续向好………………… 271、328
公务用车管理………………………………… 177
公用事业单位业务…………………………… 287
公用事业管理………………………………… 276
公用事业配套设施…………………………… 276
攻坚克难　扎实推进重点项目……………… 244
共青团德城区第二十二次代表大会………… 139
共青团德城区委员会…………………… 109、189
供电……………………… 469、47、474、479
供电服务……………………………………… 251
供热宣传……………………………………… 294
供热运行……………………………………… 294
供水队伍建设科学高效……………………… 289
供水服务水平持续提高……………………… 288
供水设施建设………………………………… 287
供销合作社联合社…………………………… 106
供销社机构概况……………………………… 242
供血安全保障………………………………… 413
构建安全稳定社会环境……………………… 465
构建共扶格局………………………………… 148
古树…………………………………………… 073
固定资产投资………………………………… 095
关于德城区加快建设现代服务业创新创业园区
　的调研报告………………………………… 419
关于德城区加快现代服务业发展的调研报告
　…………………………………………… 460
关于德城区食品药品监管体制改革的调研报告
　…………………………………………… 458
关于加快德城区健康养老服务业发展的调研
　报告………………………………………… 454
关注生命　唤醒生命………………………… 374
管理支撑……………………………………… 321
管网建设情况…………………………… 290、291
贯彻学习十九大精神………………………… 142
广播电视……………………… 469、471、473、478
广播电视新闻工作…………………………… 395
广川街道……………………………………… 474
广川街道基层组织建设……………………… 475
广川街道基层组织建设概况………………… 475
广川街道基础设施…………………………… 477
广川街道经济概况…………………………… 475
广川街道社会发展…………………………… 476
广川街道政区概况…………………………… 474
广川街道自然条件…………………………… 475
归集扩面……………………………………… 280
规范课程设置………………………………… 384
规范收费监管　落实收费目录清单制度和
　收费公示制度……………………………… 218
规范土地秩序………………………………… 211
规划编制………………………………… 207、277
国家、省、市在德城区召开会议…………… 163
国家、省、市驻区单位………………… 109、483
国家电网德州供电公司中心城区业务……… 251
国家电网德州供电公司中心城区业务概况
　…………………………………………… 251
国家税务……………………………………… 314
国家园林城市复查…………………………… 281
国民经济和社会发展状况…………………… 093
国内贸易和旅游……………………………… 095
国土资源管理………………………………… 210
国土资源管理概况…………………………… 210

H

夯实根基　锻造和谐团队…………………… 365
夯实基层保障………………………………… 143
夯实基层基础………………………………… 197
夯实基础……………………………………… 310
行业文化建设树精品………………………… 263
好客山东贺年会……………………………… 180
合规经营和安全管理持续深化　管理水平明显
　提高………………………………………… 267
合同监管……………………………………… 217
狠抓专项整治　确保金融环境安全………… 175
恒丰银行德州分行……………………… 111、324
恒丰银行德州分行概况……………………… 324
恒丰银行德州分行经营业绩………………… 324
恒丰银行德州分行荣誉……………………… 324
弘扬传统文化　厚泽精神家园……………… 347

弘扬工匠精神…… 188
红十字会工作…… 418
后勤工作…… 381
户外广告专项整治…… 281
华联商厦…… 310
华联商厦概况…… 310
华源生态科技…… 064
环保…… 247
环保部巡查组座谈会…… 163
环保督察事项整改情况现场推进会…… 169
环保直属分局业务…… 296
环境保护…… 296
环境管理…… 098、297
环境文化…… 351
环境执法…… 100、297
环境治理…… 469
黄河涯蜜桃…… 062
黄河涯镇…… 470
黄河涯镇城区市政建设…… 471
黄河涯镇基础设施…… 471
黄河涯镇经济概况…… 471
黄河涯镇社会发展…… 471
黄河涯镇政区概况…… 470
黄河涯镇自然条件…… 470
会员服务工作…… 187
惠农政策…… 220

J

机构…… 102
机构编制管理…… 148
机构编制委员会办公室…… 103
机构编制资源配置…… 149
机构概况…… 394
机构建设扎实推进　倾力支持县区发展…… 325
机构节能…… 176
机构设置…… 246、337
机构整合…… 319
机关创建活动…… 150
机关党建…… 150
机关党建工作…… 150
机关党建荣誉…… 151
机关行政事务管理局…… 105
机关事务管理…… 176
机关事务管理机构概况…… 176
机关事业单位管理服务工作…… 180
积极办理价格鉴证和价格认定工作…… 219
积极开展老旧小区改造…… 292
积极开展中心城区城市轻轨线网规划论证编制工作…… 264
积极推进课题研究…… 363
积极争取少数民族惠民政策落实…… 415
积极支持经济发展…… 313
基本完成3条已建成铁路遗留问题的处理工作…… 264
基层党建工作常抓不懈…… 400
基层科普行动计划…… 334
基层渔业技术推广体系…… 232
基础管理科学规范　队伍建设不断加强…… 267
基础设施维修…… 363
基于课程标准教学　聚力内涵发展的关键 359
基于小组合作学习下的“235”教学模式… 350
及时化解社会矛盾…… 197
疾病预防控制工作核心定位提升　职责效能显著…… 409
集团信息化…… 268
计划生育服务管理成效显著…… 400
技术改造…… 247
继续深化企业管理…… 293
寄递翼固本强基　快速突破…… 267
加大农业支持力度…… 313
加快项目建设改造步伐…… 295
加强队伍建设　改进工作作风…… 316
加强对外交流与合作　南融北接谱写新篇章…… 401
加强管理…… 309
加强基层组织建设…… 194
加强民主管理…… 383
加强内控合规体系建设…… 327
加强品牌引进　美化购物环境…… 311
加强企业内部管理…… 291
加强企业文化建设…… 296
加强企业宣传　抓好营销促销…… 311

加强人才队伍建设　大力实施“人才兴院”战略…… 402
加强社会面稳控…… 197
加强社会治安综合治理…… 197
加强市场价格监管检查…… 219
加强学科体系建设　提升服务能力…… 407
加强医院精细化管理　推进公立医院法人治理结构改革…… 402
加强组织建设　扎扎实实搞好科技服务…… 333
加速教师培养　助推名师梦想…… 347
佳佳快运仓储物流板块…… 261
家委会工作…… 379
家园共建…… 386
坚持从严治党　筑牢坚强政治保障…… 144
坚持项目带动…… 148
坚持依法行政　构建法治国税…… 315
坚持以人为本　提高企业凝聚…… 311
坚持以学促进　提高思想政治意识…… 143
坚持走“集团式发展”道路…… 403
监察局…… 105
监督工作…… 162
监督管理…… 241
检察…… 201
检察荣誉…… 201
建立大网格　打造新品牌　努力推动城市管理再上新台阶…… 431
建设美丽校园…… 383
建设食药监管“天网工程”…… 215
建信人寿保险股份有限公司德州中心支公司…… 111
建信人寿保险股份有限公司德州中心支公司中心城区业务…… 329
建信人寿保险股份有限公司德州中心支公司中心城区业务概况…… 329
建志剪纸…… 080
建筑节能改造…… 100、272
践行“五个坚持”　当好“五个角色”…… 447
降水…… 335
交通　通信…… 260
交通运输…… 471、260、467、469、477、479
交往交流…… 150
缴纳税款…… 326
教科文卫委员会…… 104
教科研工作…… 381
教师成长…… 385
教师队伍…… 342
教师队伍建设…… 348、352、357、370、383
教师培训…… 373
教师文化…… 351
教学成果…… 344、361、370
教学改革…… 349
教学工作…… 152、357、381
教学管理…… 380
教学教研…… 341、344、360、368、374、377
教学楼施工建设…… 352
教学研究…… 349
教育…… 467、469、471、473、476、478、339
教育成果…… 341、374
教育教学…… 340、357、383
教育教学研究…… 354
教育就业…… 417
教育局…… 105
教育科学文化卫生工作委员会…… 104
教育荣誉…… 339
教育综述…… 339
接收档案…… 153
节能降耗…… 247、294
金融　保险　证券…… 318
金融…… 318
金融保险机构…… 110
金融服务…… 174
金融工作办公室…… 105
金融翼深化转型　稳步发展…… 267
锦绣川景区…… 068
进一步提升安全管理…… 292
经济管理…… 207
经济合作局…… 106
经济和信息化局…… 105
经济科技委员会…… 107
经济联谊活动…… 187
经济统战工作…… 147
经济责任审计…… 211
经营安全…… 307
经营措施…… 331

经营范围…………………………………………… 332
经营格局…………………………………………… 311
经营理念…………………………………………… 331
经营业绩…………… 321、325、327、330、332
经营指标…………………… 242、326、329、331
晶华集团…………………………………………… 064
精品特色农业示范镇规划…………………… 235
精神文明建设…………………………………… 097
竞技体育…………………………………………… 397
靖难之役与德州………………………………… 083
九三学社德城支部……………………… 108、186
九三学社德城支部参政议政……………… 186
九三学社德城支部重要活动……………… 187
就业工作…………………………………………… 180
居民住房按揭和消费贷款………………… 319
居民住宅区服务………………………………… 277
卷烟销售…………………………………………… 306
军事………………………………………………… 195
军事工作…………………………………………… 195

K

开展德育活动…………………………………… 369
开展工作标准巩固月活动………………… 263
开展红十字博爱周宣传活动……………… 418
开展家庭教育系列讲座　推进家校合作…… 363
开展践行社会主义核心价值观实践活动…… 097
开展雷霆行动　严厉打击恶意逃债………… 175
开展清真食品大调研大排查工作………… 414
开展特色课程…………………………………… 350
开展无偿献血和器官移植活动…………… 418
开展以规范为主题的和谐寺观教堂创建活动
……………………………………………… 415
开展自信教育　促进学生成长…………… 347
开展宗教政策法规学习月活动…………… 414
开展走访慰问送温暖和扶贫救助活动……… 418
康复服务…………………………………………… 417
考察调研…………………………………………… 183
科技　教育　卫生　文化　体育…………… 096
科技创新…………………………………… 246、337
科技服务…………………………………………… 338
科技局……………………………………………… 105
科技局工作………………………………………… 333
科技推广…………………………………………… 228
科技业务成果…………………………………… 333
科技英才…………………………………………… 486
科技助农…………………………………………… 223
科普工作…………………………………………… 334
科协工作…………………………………………… 334
科学………………………………………………… 333
科研单位简介…………………………………… 337
客服管理和服务工作不断加强…………… 293
客服热线…………………………………………… 261
客户服务…………………………………………… 270
客运板块和旅游板块………………………… 261
课程建设…………………………………………… 378
课程文化…………………………………………… 351
课题研究…………………………………… 362、377
控告申诉检察…………………………………… 202

L

劳动关系…………………………………………… 180
劳动竞赛…………………………………………… 189
劳模评选…………………………………………… 188
劳模权益保障…………………………………… 189
牢记使命　敢于亮剑　开启正风反腐新篇章
……………………………………………… 436
老城墙遗址………………………………………… 072
老德州羊肠子…………………………………… 080
老干部工作………………………………………… 143
老干部局…………………………………………… 103
老旧小区改造…………………………………… 476
老旧住宅小区整治改造……………………… 272
老龄工作…………………………………………… 415
老龄工作委员会办公室……………………… 103
老年人大学………………………………………… 103
老年人大学工作………………………………… 152
老年维权…………………………………………… 416
李记馋嘴鸡鸭…………………………………… 066
李自成大顺军攻占德州……………………… 084
理论武装…………………………………………… 145

理论研究…………………………………… 152
理赔管控…………………………………… 330
历史名人…………………………………… 086
历史事件…………………………………… 083
立德树人…………………………………… 360
立德树人　培育阳光少年………………… 366
利用外资…………………………………… 299
联盟教研　彰显合作共赢………………… 376
联谊工作及文化交流……………………… 192
粮食　食盐………………………………… 304
粮食储备流通……………………………… 304
粮食生产…………………………………… 220
"两化"融合 ……………………………… 246
"两学一做"学习教育常态化制度化 ……… 142
林木病虫害防治成效显著………………… 225
林业………………………… 224、467、469、471
林业局……………………………………… 106
林业执法…………………………………… 224
林政管理…………………………………… 224
临床用血供应……………………………… 412
领导包案…………………………………… 151
领导下访…………………………………… 151
刘淑度……………………………………… 090
刘特夫……………………………………… 091
楼宇经济…………………………………… 182
卢见曾……………………………………… 088
卢荫溥……………………………………… 089
旅游………………………………………… 180
旅游安全…………………………………… 181
旅游厕所革命……………………………… 181
旅游合作推介……………………………… 181
旅游局……………………………………… 106
绿色出行活动……………………………… 101

M

美丽乡村建设情况………………………… 150
面向全体学生　贯彻教育方针…………… 349
灭火救灾…………………………………… 200
民生审计…………………………………… 211
民事行政检察……………………………… 201
民政工作…………………………………… 177
民政局……………………………………… 105
民主党派工作……………………………… 147
民主管理………………………………… 353、360
民主管理　营造和谐文化………………… 376
民主凝聚团队力量………………………… 364
民族侨务外事工作委员会………………… 104
民族侨务外事委员会……………………… 104
民族与宗教事务局………………………… 106
民族宗教事务……………………………… 414
名称来历……… 466、468、470、472、474、477
名牌带动战略……………………………… 209
明代铜铳…………………………………… 073
明月湖景区………………………………… 067

N

纳税服务…………………………………… 317
南水北调东线德州市区供水单元工程……… 245
南运河德州段……………………………… 387
南赵庄惨案………………………………… 085
内审工作…………………………………… 212
内务司法委员会…………………………… 104
能力提升…………………………………… 212
年度环境质量指标…………………… 098、296
年度经营工作亮点………………………… 331
年度经营数据……………………………… 337
年度科研成果……………………………… 337
年度客运量………………………………… 275
年鉴编纂…………………………………… 173
凝神聚力　开展五大科技活动…………… 333
农产品质量管理…………………………… 222
农村工作…………………………………… 149
农村工作办公室…………………………… 103
农村工作概况……………………………… 149
农村公路安全生命防护工程……………… 260
农村公路建设……………………………… 260
农村公路养护……………………………… 260
农村土地制度改革………………………… 222
农村无害化厕所改造……………………… 100、272
农村现代流通服务网络建设……………… 243

农机服务　农资销售…………………………… 243
农机概况………………………………………… 241
农机购置补贴…………………………………… 241
农机管理………………………………………… 241
农机化生产……………………………………… 241
农林牧渔业……………………………………… 093
农民工工资保障………………………………… 273
农民专业合作社建设…………………………… 243
农业　水利……………………………………… 220
农业…………………… 220、467、469、471、473
农业概况………………………………………… 220
农业机械管理局………………………………… 107
农业结构调整…………………………………… 234
农业局…………………………………………… 106
农业农村工作委员会…………………………… 104
农业农村委员会………………………………… 104
农业种植结构调整……………………………… 221
农业组织机构…………………………………… 220
努力创造风清气正的和谐局面………………… 388

P

派驻第二纪工委（监察分局）………………… 104
派驻第三纪工委（监察分局）………………… 104
派驻第四纪工委（监察分局）………………… 104
派驻第一纪工委（监察分局）………………… 104
棚户区改造…………………………………… 272、476
贫困对象全部脱贫……………………………… 148
品牌活动助力文明城市创建…………………… 189
品牌建设………………………………………… 324
品牌升级………………………………………… 309
平安稳定………………………………………… 301
平台、接口建设………………………………… 324

Q

齐鲁银行德州分行…………………………… 111、325
企业安全管理工作再上新台阶………………… 290
企业联谊………………………………………… 312
企业文化……………………………………… 308、310
启迪生命　放飞生命…………………………… 375
启动校本课程…………………………………… 370
气代煤电代煤工作…………………………… 101、273
气代煤项目取得突出成绩……………………… 290
气候…… 060、467、468、470、472、475、478
气候概况………………………………………… 335
气温……………………………………………… 335
气象……………………………………………… 334
强化管理………………………………………… 152
强化技术支撑　卫生检验监测服务水平提升
………………………………………………… 412
强化监管　保障社会安全稳定………………… 476
强化教师队伍…………………………………… 354
强化路面秩序管理　严厉打击重点违法行为
………………………………………………… 199
强化企业品牌宣传……………………………… 291
强化信访预警机制……………………………… 303
强化隐患排查治理　完善道路交通安全设施
………………………………………………… 199
强化招金引银　全面丰富金融业态…………… 175
强化宗旨意识　密切联系群众　深入开展
统战工作进社区活动………………………… 446
切实提升基层党组织组织力…………………… 142
切实抓好 LPG 储存站建设 …………………… 292
秦怡・奥斯卡影视城…………………………… 070
青春扶贫行动聚焦行业扶贫…………………… 190
青春绿色行动共建美丽德城…………………… 190
青春同行维护青少年权益……………………… 190
青岛银行德州分行…………………………… 111、324
青蓝工程………………………………………… 362
青年标兵………………………………………… 491
青年教师培养…………………………………… 350
青太线开通……………………………………… 266
清德冠香园羊肠………………………………… 065
区财政局概况…………………………………… 313
区财政局工作…………………………………… 313
区残疾人联合会………………………………… 109
区地方税务分局………………………………… 109
区房管分局……………………………………… 110
区扶贫开发领导小组办公室…………………… 102
区妇女联合会…………………………………… 109
区公安分局……………………………………… 110

区公路管理分局…………………………… 109
区关工委办公室…………………………… 109
区归国华侨联合会………………………… 109
区规划分局………………………………… 110
区国土资源分局…………………………… 110
区红十字会办公室………………………… 109
区级领导干部……………………………… 480
区精神文明建设委员会办公室…………… 103
区科学技术协会…………………………… 109
区粮食分局………………………………… 110
区属学校工作……………………………… 341
区司法局工作……………………………… 205
区委………………………………………… 481
区委办公室工作…………………………… 140
区委办公室荣誉…………………………… 140
区委第二巡察组…………………………… 102
区委第三巡察组…………………………… 102
区委第四巡察组…………………………… 103
区委第一巡察组…………………………… 102
区委巡察办公室…………………………… 102
区委抓基层党建工作述职评议会议……… 136
区文新局工作……………………………… 388
区文学艺术界联合会……………………… 109
区宣传中心业务工作……………………… 394
区烟草专卖局（营销部）………………… 110
区盐务局（盐业公司）…………………… 110
区舆情办公室……………………………… 103
区域战略推进……………………………… 207
区政府办公室工作………………………… 171
区直部门…………………………………… 481
区直机关工作委员会……………………… 103
区住房公积金管理部……………………… 110
区住房和城乡建设局业务………………… 272
区综合考评委员会办公室………………… 103
区总工会…………………………………… 109
渠道建设…………………………………… 322
全力打好“合成化基层基础攻坚战”……… 198
全力打好“主动维稳攻坚战”…………… 198
全力塑造规范、担当、活力三型公安队伍
　……………………………………………… 198
全力推进环境保护工作…………………… 465
全力推进气代煤项目……………………… 291
全力支持中心城区和新农村建设………… 335
全力做好扬尘治理………………………… 262
全力做实打击整治、安全监管、治理服务
　“三项治理工程”………………………… 198
全面推进食品药品安全社会共治………… 215
全区安全生产工作会议…………………… 167
全区安全生产工作紧急会议……………… 168
全区安全生产隐患全面排查、集中整治专题
　会议……………………………………… 168
全区创建省级食品安全城市调度会……… 168
全区环境污染状况摸排核查工作部署会议
　……………………………………………… 165
全区机关党的工作会议…………………… 138
全区纪检监察干部队伍建设会议………… 155
全区纪检监察系统半年工作汇报会……… 156
全区经济工作暨 2016 年度协同发展考评总结
　大会……………………………………… 136
全区领导干部会议………………………… 139
全区领导干部思想作风建设大会………… 137
全区农业农村暨扶贫开发工作会议……… 137
全区散煤清洁化治理工作会议…………… 167
全区社区家长学校建设推进会…………… 138
全区食品药品安全暨创建省级食品安全城市
　推进会议………………………………… 167
全区市容市貌综合整治和空气质量专项督查
　工作部署会议…………………………… 164
全区统战工作会议………………………… 137
全区推进“两学一做”学习教育常态化制度化
　工作座谈会……………………………… 138
全区退役士兵安置和权益保障政策落实工作
　会议……………………………………… 138
全区退役士兵安置和权益保障政策落实工作
　会议……………………………………… 167
全区违建治理现场调度会………………… 168
全区消防工作会议………………………… 200
全区协同发展督查评议工作会议………… 137
全区宣传文化工作会议…………………… 137
全区政务公开暨政务服务平台建设工作会议
　……………………………………………… 165
全区组织工作会议………………………… 137
确保安全生产……………………………… 296
群众体育…………………………………… 397

R

热心公益事业　开展惠民活动……………… 407
人才工作…………………………………… 180
人大………………………………………… 481
人防宣传教育……………………………… 196
人防训练演练……………………………… 196
人口　居民生活　社会保障　………………… 097
人口面积……… 061、466、468、470、472、477
人力资源管理与社会保障…………………… 179
人力资源管理与社会保障荣誉……………… 179
人力资源和社会保障局……………………… 105
人民法院…………………………………… 107
人民防空…………………………………… 196
人民公园景区……………………………… 069
人民检察院………………………………… 107
人民团体…………………………………… 482
人事代表工作室…………………………… 104
人物………………………………………… 480
认真开展伊斯兰教协会专项检查工作……… 414
认真落实常规管理………………………… 363
认真履职　提高妇幼公共卫生服务水平…… 408
认真做好文化遗产保护…………………… 389
日常监管与专项整治……………………… 215
日军炮击宋奇屯…………………………… 086
日军侵占德州……………………………… 084
日照………………………………………… 336
荣膺全国文明单位称号…………………… 206
荣誉………………………………………… 153
融入协会医联体集团建设　提升业务能力
……………………………………………… 408
锐意进取的华联…………………………… 310

S

三农服务…………………………………… 242
散煤、散乱污“两散”治理………………… 100
山东德州扒鸡集团有限公司简介…………… 229
山东德州邸氏电子有限公司………………… 258
山东格瑞德集团…………………………… 257
山东省德州市鲁北大厦有限责任公司……… 311
山东省德州市鲁北大厦有限责任公司概况
……………………………………………… 311
山东双一集团……………………………… 065
山东双一科技股份有限公司………………… 259
山东宇虹新颜料股份有限公司……………… 253
商标广告…………………………………… 217
商贸　流通………………………………… 299
商贸　流通荣誉…………………………… 300
商贸　流通综述…………………………… 299
商贸服务…………………………………… 299
商务局……………………………………… 106
商务推介…………………………………… 311
商业外贸…………… 469、471、473、475、478
商业总公司　物资总公司…………………… 301
商业总公司………………………………… 106
商业总公司工作…………………………… 301
商业总公司机构概况……………………… 301
上级新闻媒体……………………………… 396
上缴税金…………………………………… 330
上实环境（德州）污水处理有限公司……… 297
尚美课程　润泽幸福童年…………………… 375
设施建设…………… 322、351、361、373、379
社会………………………………………… 414
社会保险工作……………………………… 179
社会保障……… 177、467、469、471、473、478
社会服务…………………………………… 343
社会公益活动……………………………… 187
社会团体……………………………… 109、188
社会责任……………………………… 307、308
社区建设…………………………………… 178
社区建设工作……………………………… 149
社区配套情况……………………………… 149
涉税案件查处……………………………… 172
深度服务山东市场工作…………………… 331
深化课改　打造和谐高效课堂……………… 345
深化四德工程……………………………… 097
深入开展“两史”学习教育活动…………… 193
深入推进乡村文明行动…………………… 097
深松作业监管……………………………… 241
审计………………………………………… 211

审计局…………………………………………… 106
审计荣誉…………………………………………… 211
审判工作…………………………………………… 202
生态环境治理约谈………………………………… 098
生态文明建设……………………………………… 098
师德建设………………………………… 361、384
师德师风建设……………………………………… 350
师资培养……… 343、344、361、369、372、374
施工安全…………………………………………… 273
石济客专基本完工 德州至济南西年底通车
运营……………………………………………… 264
石油经营…………………………………………… 307
实施民生项目 改善农村生产生活条件…… 244
实施青蓝工程 助力教师专业成长………… 346
食品药品监督管理局……………………………… 106
食品药品监管……………………………………… 214
“食品药品十大联合执法行动” …………… 215
食宿综合楼建设…………………………………… 357
食盐专营…………………………………………… 305
示范引领…………………………………………… 385
市场监管…………………………… 216、305、306
市场建设…………………………………………… 299
市场经营………………………………… 307、308
市环境保护局直属分局…………………………… 110
市交通警察支队直属一大队……………………… 110
市民热线…………………………………………… 172
市区保障性住房建设……………………………… 278
市区国税局………………………………………… 109
市容市貌环境综合整治………………… 099、280
市政工程单位简介………………………………… 285
事业单位监督管理服务工作……………………… 149
书法………………………………………………… 387
书稿报送…………………………………………… 173
蔬菜产品质量安全………………………………… 235
蔬菜局……………………………………………… 107
蔬菜生产…………………………………………… 234
蔬菜生产概况……………………………………… 234
蔬菜种类…………………………………………… 234
树木种类…………………………………………… 224
数字化建设………………………………………… 262
双重预防机制建设………………………………… 213
水表厂经营概况…………………………………… 289
水产局……………………………………………… 107
水产品质量安全…………………………………… 233
水产品种类………………………………………… 232
水产养殖…………………………………………… 232
水产养殖概况……………………………………… 232
水利………………………………………………… 243
水利概况…………………………………………… 243
水兽旱船…………………………………………… 079
水文…… 060、467、469、470、473、475、478
水污染防治……………………………… 098、297
水务局……………………………………………… 106
水资源管理工作…………………………………… 243
税收管理…………………………………………… 317
税收收入…………………………………………… 317
税务………………………………………………… 314
顺利实现安全年…………………………………… 206
顺利完成创城任务………………………………… 097
顺利完成米市清真寺和北营清真寺换届工作
………………………………………………… 414
顺应 4G 发展趋势 加快网络建设 提升消
费者通信质量…………………………………… 271
司法服务…………………………………………… 204
司法改革…………………………………………… 204
司法公开…………………………………………… 203
司法行政…………………………………………… 205
司法行政各项工作迈上新台阶化………………… 205
司法局……………………………………………… 105
思维导图实用于教学……………………………… 352
思想政治建设实现新突破………………………… 140
思想作风建设全力加强…………………………… 263
饲料厂……………………………………………… 226
苏禄国东王墓园…………………………………… 070
素质教育…………………………………………… 340
孙星衍……………………………………………… 088

T

台湾工作办公室…………………………………… 103
特产………………………………………………… 062
特色经济林………………………………………… 224
特色课程人人参与 自主选课……………………… 362

特殊教育中心…………………………………… 113
梯级培养　助力教师成长…………………… 376
提案工作………………………………………… 183
提高安全生产监管服务水平………………… 335
提高财政管理水平…………………………… 314
提高公共气象服务水平……………………… 334
提高供热服务水平…………………………… 295
提取情况……………………………………… 280
提升客户服务工作水平……………………… 291
提升气象防灾减灾能力……………………… 335
体卫艺工作…………………………………… 381
体育……　396、467、469、471、473、476、478
体育产业……………………………………… 397
体育概况……………………………………… 396
体育局………………………………………… 106
体育荣誉……………………………………… 396
体育协会……………………………………… 397
体制创新……………………………………… 343
天衢工业园…………………………………… 464
天衢工业园概况……………………………… 464
天衢街道……………………………………… 466
天衢街道基础设施…………………………… 467
天衢街道经济概况…………………………… 467
天衢街道社会发展…………………………… 467
天衢街道政区概况…………………………… 466
天衢街道自然条件…………………………… 467
天然气管线穿越京沪铁路工程进展顺利…… 290
田雯…………………………………………… 087
田张氏………………………………………… 087
调研考察……………………………………… 161
铁路…………………………………………… 264
铁路沿线环境治理…………………… 100、280
通过省政府安委会安全生产巡查…………… 214
统筹推进创卫复审和安全生产等工作……… 400
统计…………………………………………… 208
统计基层基础建设不断加强………………… 208
统计局………………………………………… 106
统一战线工作………………………………… 147
统一战线工作部……………………………… 102
统战理论宣传工作…………………………… 148
投放贷款……………………………………… 318
投入高端设备　更好地为临床提供诊断治疗
　依据………………………………………… 407
凸显中医药特色　打造中医药特色品牌…… 405
突出党建统领　聚力筑牢根基……………… 314
突出教育警示　狠抓文化建设　营造清正廉
　洁氛围……………………………………… 158
突出纠正“四风”开展专项治理　深化纪律
　作风建设…………………………………… 156
突出特色办学………………………………… 384
突出挺纪在前　用好“四种形态”强化监督
　执纪问责…………………………………… 157
突出源头治理　加强信访工作　整治群众身边
　问题………………………………………… 157
突出责任担当　严肃责任追究　推动“两个
　责任”落实………………………………… 156
突出重点任务　强力推进开展　追责问责环保
　问题………………………………………… 158
突出自身建设　严格监督管理　打造过硬干部
　队伍………………………………………… 159
推动发展服务业……………………………… 207
推动新南门站项目建设进度………………… 290
推行城乡网格化……………………………… 143
推进公路安全设施整治提升攻坚月活动…… 262
推进棚改贷款营销…………………………… 318
推进完成两条铁路联络线征迁和建设……… 264
脱贫攻坚工作………………………………… 148

W

外事侨务办公室……………………………… 105
外事侨务工作………………………………… 174
外树形象　内强素质　推进人文医院建设
　……………………………………………… 404
完成 3.31 调犯行动 ………………………… 206
完成项目情况………………………………… 211
完善管理服务　构筑精神文明高地………… 143
完善规章制度建设　强化考核引导作用…… 325
完善生态课程设置　拓宽内涵发展的途径　359
万亩生态园赏花节…………………………… 181
万亩桃园景区………………………………… 070
王村店中学…………………………………… 358
王村店中学概况……………………………… 358

网点划转………………………………………… 319
网点整体装修改造…………………………… 319
网络建设……………………… 268、269、307
网上共青团建设成效显著………………… 189
威海市商业银行德州分行……………… 111、324
威海市商业银行德州分行概况……………… 324
威海市商业银行德州分行经营业绩………… 324
威海市商业银行德州分行荣誉……………… 324
为农服务中心建设………………………… 242
为侨服务和群众工作……………………… 192
围绕平台化求突破 公司业务扎实推进 …… 325
维权工作…………………………………… 417
维稳安保…………………………………… 151
委员活动室………………………………… 107
卫生　医药………………………………… 399
卫生和计划生育局………………………… 106
卫生监督执法理念转变　力度及效能提升
……………………………………………… 410
卫生综述…………………………………… 399
位置………………………………………… 060
文稿撰写…………………………………… 171
文化　新闻　体育………………………… 387
文化………………………………………… 387
文化产业取得新进步……………………… 390
文化传媒精耕市场　不断超越…………… 267
文化繁荣…………………………………… 146
文化和新闻出版局………………………… 106
文化惠民活动丰富多彩…………………… 389
文化建设…………………………………… 212
文化建设丰富多彩………………………… 276
文化励志…………………………………… 312
文化艺术……… 467、469、471、473、476、478
文明城创建………………………………… 181
文史委员会………………………………… 107
文物古迹…………………………………… 070
文学………………………………………… 387
文艺创作…………………………………… 387
稳步推进贸易粮经营……………………… 304
沃特净水有限公司经营概况……………… 289
戊极大功力拳……………………………… 081
物价管理…………………………………… 218
物价局……………………………………… 106
物业管理…………………………………… 277
物业管理保障到位………………………… 176
物资总公司………………………………… 106
物资总公司工作…………………………… 303
物资总公司机构设置……………………… 303

X

西魏庄惨案………………………………… 085
响应国家“提速降费”助力经济发展……… 271
向上争取…………………………… 247、416
向上争取工作……………………………… 245
项目建设……………………… 233、358、475
消防………………………………………… 200
消费者权益保护…………………………… 217
销售队伍建设……………………………… 330
销售网点…………………………… 307、308
校企合作…………………………………… 345
校园安全…………………………… 152、358
协会工作…………………………………… 218
协调督查…………………………………… 171
协同发展…………………………………… 182
协助外国媒体到德城区采访……………… 174
新档案馆建设……………………………… 153
新湖街道…………………………………… 477
新湖街道城区市政建设…………………… 479
新湖街道基础设施………………………… 479
新湖街道经济概况………………………… 478
新湖街道社会发展………………………… 478
新湖街道政区概况………………………… 477
新湖街道自然条件………………………… 478
新华街道…………………………………… 472
新华街道城区市政建设…………………… 474
新华街道基础设施………………………… 474
新华街道经济概况………………………… 473
新华街道社会发展………………………… 473
新华街道政区概况………………………… 472
新华街道自然条件………………………… 472
新华人寿保险股份有限公司德州中心支公司
……………………………………………… 331
新华人寿保险股份有限公司德州中心支公司

概况…………………………………………… 331
新技术新机具推广……………………………… 242
新建两处民族团结进步宣传教育基地和外来少数民族服务站…………………………… 414
新街口文化产业园……………………………… 390
新媒体新闻工作………………………………… 395
新闻……………………………………………… 394
新闻单位………………………………………… 109
新闻宣传………………………………………… 146
新校区实训区建设……………………………… 344
新型农民培训…………………………………… 243
新型网点建设…………………………………… 390
新兴服务业……………………………………… 299
新兴业务取得新进展…………………………… 292
新影街小学……………………………………… 112
新站房投入使用………………………………… 265
信贷规模不断扩大……………………………… 319
信访工作………………………………………… 151
信访局…………………………………………… 103
信访室……………………………………… 103、104
信息编报………………………………………… 171
信息宣传………………………………………… 212
信誉至上的华联………………………………… 311
刑罚执行监督…………………………………… 201
刑事检察………………………………………… 201
行政效能工作迈上新台阶……………………… 141
许效农…………………………………………… 090
许庄惨案………………………………………… 084
畜牧兽医局……………………………………… 106
畜牧业……………… 225、467、469、471、473
畜牧业政策性保险……………………………… 226
畜禽及产品检疫………………………………… 227
畜禽养殖场……………………………………… 226
畜禽养殖污染综合治理………………… 100、228
畜禽种类………………………………………… 225
宣传部…………………………………………… 102
宣传工作………………………………………… 145
宣传文体………………………………………… 417
宣传信息工作…………………………………… 173
选举任免………………………………………… 162
学前教育………………………………………… 339
学生管理………………………………………… 344
学生培养…………………………………… 368、371
学习教育工作…………………………………… 303
学习委员会……………………………………… 107
学校……………………………………………… 111
学校发展目标…………………………………… 380
学校发展愿景…………………………………… 345
学校管理……… 152、340、357、367、379、383
学校建设………………………………………… 339

Y

烟草专卖………………………………………… 306
严格动态管理…………………………………… 148
严格执法维护文化市场秩序…………………… 389
严守政治规矩　履行责任担当　全面推进“两学一做”学习常态化制度化 ………… 425
研究出台政策方案　推动中心城区铁路专用线整合升级…………………………………… 264
研究室…………………………………………… 104
盐产品经营……………………………………… 305
盐产品经营概况………………………………… 305
扬尘治理工作……………………………… 099、273
阳光财产保险股份有限公司德州中心支公司………………………………………………… 330
阳光人寿保险股份有限公司德州中心支公司………………………………………………… 330
阳光人寿保险股份有限公司德州中心支公司概况………………………………………………… 330
养老保障………………………………………… 415
养老工作………………………………………… 178
邀请外地客商到德城区考察…………………… 150
窑上窑遗址……………………………………… 072
业务创新…………………………………… 325、329
业务发展稳中有好　质量效益稳步提升…… 267
业务概述………………………………………… 395
业务运营…………………………………… 268、270
业务指标……………………………… 287、319、329
业务指标完成情况……………………………… 407
业务种类………………………………………… 269
医疗卫生……… 467、469、471、473、476、478
医疗卫生服务能力不断提升…………………… 399

医药卫生体制改革不断深化…………………… 399
医院 妇幼保健中心 疾控中心…………… 113
医院 疾控中心 血站……………………… 401
依法办园…………………………………… 386
依法履行职责 服务经济发展……………… 315
以患者为中心 从细节入手 基础服务设施提档升级……………………………… 402
以医疗技术为核心 持续加强质量安全…… 401
“一村（社区）一法律顾问”工作全面铺开……………………………………………… 205
义务教育…………………………………… 339
益海嘉里（德州）粮油工业有限公司……… 252
音乐………………………………………… 387
银座商城…………………………………… 311
银座商城概况……………………………… 311
隐患整治…………………………………… 200
迎接国家宗教局到德城区调研……………… 415
迎接市区两级人大对民族宗教工作视察…… 415
盈利能力迅猛提高………………………… 319
营造安全校园……………………………… 356
营造良好教育生态 丰盈内涵发展的根基 358
营造青少年健康成长良好社会环境………… 193
营造文化氛围……………………………… 369
应急办公室………………………………… 105
应急避难场所建设………………………… 196
应急处置…………………………………… 172
应急处置概况……………………………… 172
应急示范点建设…………………………… 172
应急通信保障……………………………… 270
应急预案管理……………………………… 172
应急预案演练……………………………… 172
应急知识宣传……………………………… 172
拥军优属…………………………………… 178
永久基本农田划定………………………… 211
永盛斋扒鸡………………………………… 066
永盛斋酱牛肉……………………………… 066
勇担社会责任 树立良好社会形象………… 328
用户发展情况…………………………… 290、291
用户服务…………………………………… 294
优化财政支出结构………………………… 313
优化服务流程 发挥信息优势 提升患者的就医获得感……………………………… 402
优化后勤服务工作 夯筑内涵发展的保障……………………………………………… 359
优化环境 建设和谐校园…………………… 367
优秀科技工作者…………………………… 334
邮政………………………………………… 267
邮政电信…………………… 469、471、474、479
又一村蒸包………………………………… 065
幼儿活动…………………………………… 385
鱼病防治…………………………………… 233
渔政执法…………………………………… 233
舆情引导…………………………………… 146
宇虹新颜料………………………………… 063
预防职务犯罪……………………………… 201
预算审查工作委员会……………………… 104
园林绿化…………………………… 474、477、479
悦缘复合材料科技有限公司……………… 254
运行安全…………………………………… 265
运行安全检查……………………………… 276
运输生产…………………………………… 265
运输业务…………………………………… 266

Z

灾害………………………………………… 060
在全区务虚工作会议上的发言……………… 437
在全区宣传文化工作会议上的讲话………… 439
造林绿化…………………………… 101、224
责任体系建设……………………………… 201
增加信贷投放 保障间接融资到位………… 174
增殖放流…………………………………… 234
扎实开展学科教研………………………… 363
扎实做好为侨服务工作…………………… 174
扎实做好夏粮收购工作…………………… 304
闸子滚水坝遗址…………………………… 072
站域经济板块……………………………… 261
张龙………………………………………… 091
张吉野惨案………………………………… 085
招商引资…………………………… 181、302、475
招商引资工作……………………… 187、303
招商引资招才引智向上争取积极推进……… 400
招商与区域合作…………………………… 181

赵庄桥惨案…………………………………… 084
着力加强换届后领导班子和干部队伍建设
…………………………………………………… 141
着力提升粮食依法行政能力和服务水平…… 304
真抓实干 科技业务质量明显提升………… 333
镇村志部门志编纂………………………… 173
镇街（园区）概况………………………… 464
征兵工作…………………………………… 195
征地供地…………………………………… 210
证券………………………………………… 331
政策跟踪审计……………………………… 211
政策性收购创新高………………………… 318
政策研究…………………………………… 172
政策研究、信息和改革工作进步明显……… 141
政策研究概况……………………………… 172
政党 政务………………………………… 114
政法队伍建设……………………………… 197
政法委及综治……………………………… 197
政法委员会………………………………… 102
政府机构和体制改革……………………… 148
政府涉法事务……………………………… 174
政府投资审计……………………………… 211
政区划分……… 061、466、468、470、472、477
政区人口…………………………………… 061
政区沿革……… 061、466、468、470、472、477
政务服务…………………………………… 171
政协德城区委员会……………………… 107、182
政协德城区委员会及所属委室……………… 107
政协第十三届德城区委员会常委会议……… 182
政协第十三届德城区委员会主席办公会…… 183
政要文选…………………………………… 419
政银企合作………………………………… 319
政治工作…………………………………… 195
执法证审查申领…………………………… 174
执行工作…………………………………… 202
职工待遇…………………………………… 302
职工培训…………………………………… 294
职业教育……………………………… 343、340
植物园景区………………………………… 068
指标概况…………………………………… 306
指导德州第五中学对外友好交流活动……… 174
指导苏禄东王后裔祭祖、纪念活动………… 174
志鉴编纂…………………………………… 173
质量管理…………………………………… 307
质量技术监督……………………………… 209
质量技术监督局…………………………… 106
质量监督检查……………………………… 273
中共德城区第十六次代表大会提要………… 114
中共德城区第十六届纪律检查委员会全委会
提要………………………………………… 154
中共德城区第十六届委员会常委（扩大）会议
提要………………………………………… 118
中共德城区第十六届委员会全委会提要…… 115
中共德城区第十六届委员会重要会议提要
…………………………………………………… 136
中共德城区第十五届委员会常委（扩大）会议
提要………………………………………… 118
中共德城区第十五届委员会全委会提要…… 115
中共德城区第十五届委员会重要会议提要
…………………………………………………… 136
中共德城区纪律检查委员会………………… 154
中共德城区纪律检查委员会日常工作概要
…………………………………………………… 156
中共德城区纪律检查委员会重要会议……… 154
中共德城区纪委…………………………… 103
中共德城区纪委及所属部门………………… 103
中共德城区委……………………………… 102
中共德城区委办公室全体人员会议………… 138
中共德城区委及所属部门………………… 102
中国大地财产保险股份有限公司德州德城
营销服务部…………………………… 111、329
中国大地财产保险股份有限公司德州德城营
销服务部概况……………………………… 329
中国电信有限公司德州德城区分公司… 110、271
中国工商银行股份有限公司德州德城支行
……………………………………………… 110、318
中国工商银行股份有限公司德州德城支行荣誉
…………………………………………………… 318
中国共产党德州市德城区委员会…………… 114
中国共产党德州市德城区委员会概况……… 114
中国国民党革命委员会德城支部……… 108、185
中国国民党革命委员会德城支部参政议政
…………………………………………………… 185
中国国民党革命委员会德城支部重要活动

…………………………………………………… 185
中国黑陶城博物馆……………………………… 394
中国建设银行股份有限公司德州德城支行
…………………………………………… 110、319
中国联合网络通信有限公司德州市分公司
中心城区业务……………………………… 269
中国民主促进会德城支部……………… 108、186
中国民主促进会德城支部参政议政………… 186
中国民主促进会德城支部重要活动………… 186
中国民主建国会德城支部……………… 108、185
中国民主建国会德城支部参政议政………… 185
中国民主建国会德城支部重要活动………… 185
中国民主同盟德城支部………………… 108、185
中国民主同盟德城支部参政议政…………… 185
中国民主同盟德城支部重要活动…………… 185
中国农工民主党德城支部……………… 108、186
中国农工民主党德城支部参政议政………… 186
中国农工民主党德城支部重要活动………… 186
中国农业发展银行德州市分行……………… 318
中国农业银行股份有限公司德州德城支行
…………………………………………… 110、319
中国农业银行股份有限公司德州德城支行荣誉
…………………………………………………… 319
中国平安人寿保险股份有限公司德州中心
支公司德城区营销服务部………………… 111
中国平安人寿保险股份有限公司德州中心
支公司德城区营销服务部………………… 330
中国平安人寿保险股份有限公司德州中心
支公司德城区营销服务部概况…………… 330
中国人民财产保险股份有限公司德城支公司
…………………………………………… 111、326
中国人民财产保险股份有限公司德城支公司概况
…………………………………………………… 326
中国人寿保险股份有限公司德城区支公司
…………………………………………… 111、327
中国人寿财产保险股份有限公司德州市德城
支公司……………………………… 111、326
中国人寿财产保险股份有限公司德州市德城
支公司概况……………………………… 326
中国石化销售有限公司山东德州石油分公司
中心城区业务……………………………… 307
中国石油天然气股份有限公司山东销售德州
分公司中心城区业务……………………… 308
中国太平洋财产保险股份有限公司德州中心
支公司（城区）………………………… 111、328
中国太平洋财产保险股份有限公司德州中心
支公司概况……………………………… 328
中国太平洋人寿保险股份有限公司德城支公司
…………………………………………… 111、328
中国太平洋人寿保险股份有限公司德城支公司
概况…………………………………………… 328
中国太平洋人寿保险股份有限公司德城支公司
经营业绩……………………………………… 328
中国移动通信集团山东有限公司德城区分公司
…………………………………………… 110、268
中国银行股份有限公司德州德城支行
…………………………………………… 110、320
中国邮政储蓄银行德州市分行……………… 321
中国邮政储蓄银行德州市分行营业部……… 110
中国邮政集团公司德州市分公司…………… 267
中国致公党德城支部…………………… 108、186
中国致公党德城支部参政议政……………… 186
中国致公党德城支部重要活动……………… 186
中华联合财产保险股份有限公司德城区支公司
…………………………………………… 111、329
中华联合财产保险股份有限公司德城区支公司
概况…………………………………………… 329
中间业务……………………… 318、320、322
中间业务大幅增长…………………………… 319
中期规划调整………………………………… 210
中泰证券股份有限公司德州分公司………… 331
中泰证券股份有限公司德州分公司概况…… 331
中信证券（山东）有限责任公司德州湖滨中
大道证券营业部…………………………… 332
中信证券（山东）有限责任公司德州湖滨中
大道证券营业部概况……………………… 332
重点保障任务………………………………… 200
重点宾馆酒店简介…………………………… 309
重点畜禽养殖场简介………………………… 229
重点企业培植………………………………… 246
重点商场简介………………………………… 309
重点蔬菜园区………………………………… 236
重点项目……………………………………… 246
重点项目建设………………………………… 207

重点项目推进…………………………………… 207
重视以文化人 打造“致家”文化品牌…… 314
主题营销………………………………………… 309
主要道路………………………………………… 467
主要经济指标…………………………… 290、291
主要气候事件…………………………………… 336
主业经营………………………………………… 390
助老活动………………………………………… 416
助力教师成长…………………………………… 382
住房公积金管理………………………………… 278
住房公积金管理概况…………………………… 278
住房公积金管理荣誉…………………………… 280
住房公积金使用………………………………… 279
住房公积金征缴………………………………… 279
住房和城乡建设局……………………………… 106
注重课程开发 全方位提升学生综合素质
…………………………………………………… 346
驻区军事机关…………………………………… 107
驻区污水处理企业简介………………………… 297
驻市区网络媒体………………………………… 396
驻市区新闻单位………………………………… 396
驻中心城区体育设施简介……………………… 397
驻中心城区文化设施简介……………………… 392
著名工业品牌…………………………………… 063
著名企业家……………………………………… 484
抓党建 夯基础 党性修养全面增强 ……… 286
抓业务 重精细 长效管理成果显著 ……… 286
抓重点 求实效 目标任务顺利完成 ……… 286
抓住四个关键点 全面提高政法综治维稳
工作水平……………………………………… 445
专家学者指导…………………………………… 385
专题研究………………………………………… 151
专项社会事务工作……………………………… 179
专营政策………………………………………… 306
资产质量………………………………………… 320
资金实力持续增强……………………………… 319
资料征编………………………………………… 152
自然灾害……… 467、469、471、473、475、478
自然资源………………………………………… 060
综合管理 后勤保障…………………………… 350
综合平台整合突破 迅猛发展………………… 267
综合指标………………………………………… 093
综合治税办公室………………………………… 105
综合治税管理…………………………………… 172
走出去 请进来 深入开展“双招双引”… 333
组织“8·15”防空警报试鸣活动 ………… 196
组织部……………………………………… 102、103
组织工作………………………………………… 141
组织机构…………………………………… 148、214
组织建设…………………………………… 188、418
组织建设工作…………………………………… 187
组织学习宣传党的十九大精神系列活动…… 189
尊重生命 认知生命…………………………… 374
做好各项大型普查和调查工作………………… 209
做好价格基础工作……………………………… 218
做好为农气象服务……………………………… 335
做好宣传先导 大力实施健康促进与健康教育
…………………………………………………… 411
做足本地化文章 零售业务多点开花……… 325

图书在版编目（CIP）数据

德城年鉴. 2018 / 德州市德城区地方史志办公室编
. --北京：方志出版社，2018. 12
ISBN 978-7-5144-3518-4

Ⅰ. ①德… Ⅱ. ①德… Ⅲ. ①区（城市）—德州—2018—年鉴 Ⅳ. ①Z525.24

中国版本图书馆CIP数据核字（2019）第011030号

德城年鉴2018

编　　者： 德州市德城区地方史志办公室
责任编辑： 黄　彦

出 版 人： 冀祥德
出 版 者： 方志出版社
地址　北京市朝阳区潘家园东里9号（国家方志馆4层）
邮编　100021
网址　http://www.fzph.org
发　　行： 方志出版社图书经销中心
电话（010）67110500
经　　销： 各地新华书店
印　　刷： 山东黄氏印务有限公司

开　　本： 889×1194　1/16
印　　张： 36
字　　数： 1025千
版　　次： 2018年12月第1版　2018年12月第1次印刷
印　　数： 0001～1000册

ISBN 978-7-5144-3518-4　**定　价：** 380.00元

·版权所有　翻印必究·